Leonie Senne
Dr. Margit Brinke
Dr. Peter Kränzle

USA-Nordosten
mit Neuengland-Staaten

IWANOWSKI'S *i* **REISEBUCHVERLAG**

Im Internet:

www.iwanowski.de

Hier finden Sie aktuelle Infos zu allen Titeln, interessanten Links – und vieles mehr!

Einfach anklicken!

Schreiben Sie uns, wenn sich etwas verändert hat. Wir sind bei der Aktualisierung unserer Bücher auf Ihre Mithilfe angewiesen.

info@iwanowski.de

USA-Nordosten

11., überarbeitete Auflage 2010

© Reisebuchverlag Iwanowski GmbH
Salm-Reifferscheidt-Allee 37 • 41540 Dormagen
Telefon 0 21 33/26 03 11 • Fax 0 21 33/26 03 33
E-Mail: info@iwanowski.de
Internet: www.iwanowski.de

Titelbild: Dr. Volkmar Janicke, München
Alle anderen Farb- und Schwarzweißabbildungen: s. Abbildungsnachweis S. 670
Redaktionelles Copyright, Konzeption und dessen ständige Überarbeitung:
Michael Iwanowski
Lektorat: Annette Pundsack, Köln
Layout: Annette Pundsack und Monika Golombek, Köln
Karten und Reisekarte: Astrid Fischer-Leitl
Titelgestaltung sowie Layout-Konzeption: Studio Schübel, München

Alle Informationen und Hinweise erfolgen ohne Gewähr für die Richtigkeit im Sinne des Produkthaftungsrechts. Verlag und Autoren können daher keine Verantwortung und Haftung für inhaltliche oder sachliche Fehler übernehmen. Auf den Inhalt aller in diesem Buch erwähnten Internetseiten Dritter haben Autoren und Verlag keinen Einfluss. Eine Haftung dafür wird ebenso ausgeschlossen wie für den Inhalt der Internetseiten, die durch weiterführende Verknüpfungen (sog. "Links") damit verbunden sind.

Gesamtherstellung: Grafisches Centrum Cuno, Calbe
Printed in Germany

ISBN: 978-3-933041-81-4

Inhaltsverzeichnis

1. Einleitung — 17

DIE USA IM ÜBERBLICK — 19
DIE STAATEN DES REISEGEBIETS IM ÜBERBLICK — 19

2. USA-Nordosten: Land und Leute — 20

Historischer Überblick — 20
Die ersten Amerikaner — 20
Die „Entdeckung" Nordamerikas — 22
- Die Wikinger an der Nordostküste 22
- Christoph Kolumbus: Der Westweg nach Indien 22
- Weitere frühe europäische Entdecker 23

Die Kolonisierung — 23
- Kolonisierung durch die Spanier 23 • Kolonisierung durch die Franzosen 24 • Kolonisierung durch die Holländer 25 • Kolonisierung durch die Engländer 26
- Das Leben in den Kolonien 27

Der Kampf um die Unabhängigkeit — 28

Gründung und Ausdehnung der Vereinigten Staaten von Amerika — 31
- Die Besiedlung des Westens 33 • Der Nord-Süd-Konflikt 34

Der amerikanische Bürgerkrieg (Sezessionskrieg) — 36
- Vier Jahre blutiger Konflikt 36 • Wiederaufbau nach dem Sezessionskrieg 37

Zeit der Hochindustrialisierung („Gilded Age") — 38
Die USA werden Weltmacht — 38
Die Rolle der USA in den Weltkriegen — 39
- Zwischen den beiden Weltkriegen 40
- Der Zweite Weltkrieg 41

Aufstieg zur globalen Ordnungsmacht — 42
- USA und UdSSR im Wettstreit 43 • Krisenzeiten 44
- Die Suche nach einer neuen Identität 45 • „Nine Eleven" und die USA als Weltenordner 45

Geografischer Überblick — 48
Zwei große Landschaftselemente — 48
- Die atlantische Küstenebene 48 • Die Appalachen 49

Die Nationalparks — 49
- Informationen und Hinweise zum National Park Service 50

• Die wichtigsten National Parks (NP), National Historic Sites (NHS) u. a. Schutzzonen im Nordosten 51
Das Klima ——————————————————— 51

Wirtschaftlicher Überblick   **53**
  Wirtschaftliche Grundlagen ———————— 53
  • Bahnbrechende Erfindungen 54 • Bodenschätze und Industrie 55 • Landwirtschaft 55 • Außenhandel 56
  Arbeitsmentalität und -bedingungen ——————— 56
  Die Bedeutung des Meeres ————————— 58

Gesellschaftlicher Überblick   **59**
  Siedlungsstruktur ———————————— 59
  Die Mär vom „Schmelztiegel" ——————— 59
  • Die Indianer 60 • Die Afroamerikaner 61 • Situation der Afroamerikaner heute 62 • Lateinamerikaner 62 • Iren und Italiener 62 • Amerikas deutsche Wurzeln 63
  Soziale Situation ————————————— 64
  • Rentenversicherung 64 • Krankenversicherung 64 • Arbeitslosenunterstützung und Sozialhilfe 65
  Bildungswesen ————————————— 65
  • Schulen 65 • Universitäten 66
  Religion – „God's own country" ——————— 69
  • Religiöse Vielfalt 70 • Religiöser Verfolgungswahn 71
  Der Osten als Wiege alternativer Ideen ———— 71
  • Reformerisches Neuengland 71 • Umweltschutzorganisationen 72 • Organic Farming – Zurück zur Natur 72
  Gibt es den „American Way of Life"? ———— 73
  • Aus dem Vollen schöpfen 74 • Die angeblich schönste Nebensache 75

Kultureller Überblick   **78**
  Architektur ——————————————— 78
  • Die Anfänge 78 • Georgian Style 80 • Federal Style 80 • Greek Revival 81 • Viktorianische Stile 81 • Moderne Architektur 82
  Malerei ————————————————— 83
  • Die Kunstmetropole New York und die Moderne 83
  Literatur ———————————————— 85
  • Neuengland, Heimat der Dichter und Denker 85
  • Literarisches Multikulti in New York 87

3. USA-Nordosten als Reiseziel   **105**

Allgemeine Reisetipps von A-Z   **105**
Regionale Reisetipps von A-Z   **151**

Die Grünen Seiten: Das kostet Sie das Reisen im Nordosten der USA !

4. Reisen im Nordosten der USA — 321

Routenvorschläge — 321
- **Routenvorschlag 1** — 321
- **Routenvorschlag 2** — 325
- **Routenvorschlag 3** — 325

Zeiteinteilung und touristische Interessen — 327

5. New York City — 329

Überblick — 329
- **Bewohner und Besucher** — 329
- **New York sehen und erleben** — 331
  - Redaktionstipps 330, 334
- **Historisches** — 332
- **Orientierung** — 335

Lower Manhattan – die Südspitze — 334
- **Von der City Hall zum Battery Park** — 334
- **World Trade Center Site** — 337
- **World Financial Center und Battery Park City** — 338
- **Battery Park und Castle Clinton** — 338
- **Liberty Island und die Statue of Liberty** — 339
- **Ellis Island** — 339
- **Abstecher ins „alte" New York** — 340
- **Bowling Green** — 341
- **Das Finanzviertel** — 341
- **South Street Seaport** — 342
- **Brooklyn Bridge** — 343

Lower Manhattan – zwischen Lower East Side und Village — 343
- **Chinatown** — 344
- **Lower East Side** — 344
- **Little Italy** — 345
- **SoHo** — 345
- **Greenwich Village** — 346
- **Rundgang im West Village** — 346
- **East Village** — 347

Zwischen Lower Manhattan und Midtown — 347
- **Gramercy** — 348
- **Chelsea** — 350

Midtown — 351
- Garment District und Murray Hill — 351
- Times Square und Theater District — 352
- Abstecher zum Hudson River — 353
- Grand Central Terminal — 353
- United Nations — 354
- Upper Midtown – zwischen Rockefeller Center und Fifth Avenue — 355
- An der Fifth Avenue — 358
- Zwischen Park und Lexington Avenue — 359

Uptown und Central Park — 361
- Der Central Park — 362
- Museum Mile und Upper East Side — 362
- Metropolitan Museum of Art (MMA) — 363
- Abkürzung zur Upper West Side — 364
- Abstecher nach Yorkville — 364
- Neue Galerie und Guggenheim Museum — 364
- Museen weiter nordwärts — 365
- Madison Avenue und Upper East Side — 365
- Columbus Circle und Upper West Side — 366
- Abstecher zum Lincoln Center — 366
- Central Park West und Upper West Side — 367

Upper Manhattan — 368
- Columbia University — 368
- St. John the Divine — 368
- Riverside Church und Grant's Tomb — 370
- Rundgang durch Harlem — 370
- Washington Heights und Fort Tyron Park — 371

Sehenswertes in den New Yorker Boroughs — 372
- Brooklyn — 372
- Queens — 374
- Bronx — 375
- Staten Island — 375

6. Die Neuengland-Staaten — 376

Connecticut — 376
- Überblick — 376
- Durch Connecticut — 378
  - Redaktionstipps 378
  - Von New York City nach New Haven — 378
    - Greenwich 379 • Stamford 380 • Norwalk 380

Reiserouten

- Westport 381 • Bridgeport 381 • Ausflug nach Long Island 382 • Stratford 384 • New Haven 385
Von New Haven entlang der Atlantikküste nach Mystic 388
- Old Saybrook 389 • New London 390 • Groton 392
- Mystic 393
Routenalternative: Von New Haven über Hartford nach Mystic 394
- Meriden 395 • Middletown 395 • Berlin 395
- New Britain 395 • Bristol 395 • Hartford 396
Von Hartford über Norwich nach Mystic 402
- Norwich 402

Rhode Island 405
Überblick 405
Durch Rhode Island 408
- Redaktionstipps 408
Von Mystic nach Newport 408
- Sehenswertes in Charlestown und Umgebung 408
- Narragansett 409 • Block Island 409
Newport 410
- Sehenswertes in Newport 410 • Newport Mansions 413
- Ocean Drive 414
Von Newport über Providence nach Boston 415
- Portsmouth 415 • Bristol 415 • Providence 416
- Pawtucket 417

Massachusetts 418
Überblick 418
Durch Massachusetts 421
- Redaktiontipps 420
Von Newport über New Bedford nach Cape Cod 422
- Fall River 422 • New Bedford 423
- Ausflug nach South Carver 423
Cape Cod und die Inseln Martha's Vineyard und Nantucket 424
- Cape Cod 424 • Martha's Vineyard 431
- Nantucket Island 432
Von Cape Cod über Plymouth nach Boston 433
- Plimoth Plantation 433 • Plymouth 434
Boston 436
- Metropole mit Tradition 436 • Redaktiontipps 436
- Geschichte der Stadt 438 • Orientierung und Zeitplanung 440 • Sehenswertes in Boston 442
Sehenswertes in der Umgebung von Boston 458
- Cambridge 458 • Lexington und Concord 461
- Lowell 465

Von Boston nach Pittsfield – eine Rundfahrt durch den Westen von Massachusetts _____ **465**
- Worcester 466 • Sturbridge 467 • Springfield 467
- Stockbridge 467 • Lenox und Tanglewood 469
- Pittsfield 471 • Williamstown 472 • North Adams 472
- Shelburne Falls 473 • Greenfield 473 • Deerfield 473

Von Boston entlang der Ostküste nach Maine _____ **474**
- Salem 474 • Von Salem zur Halbinsel Cape Ann 477
(• Gloucester 478) (• Rockport 478)
- Von Gloucester nach Newburyport 479 (• Ipswich 479)
- Newburyport 479
- Von Newburyport über Portsmouth nach Maine 479
(• Portsmouth 479)

Maine — 481

Überblick _____ **481**
Durch Maine _____ **481**
- Redaktionstipps 484, 485

Von Newburyport nach Portland _____ **484**
- Kittery 485 • York 485 • Ogunquit 486 • Wells 486
- Kennebunk und Kennebunkport 486 • Saco und Biddeford 487 • Old Orchard Beach 489
- Cape Elizabeth 489 • Portland 489

Von Portland an der Atlantikküste entlang nach Bar Harbor _____ **490**
- Yarmouth 491 • Freeport 491 • Brunswick 493
- Bath 494 • Wiscasset 494 • Thomaston 495
- Rockland 496 • Camden 496 • Belfast 497
- Searsport 497 • Bucksport 498
- Ellsworth 498 • Bar Harbor 499

Acadia National Park _____ **500**
- Geschichte 501
- Zeitplanung 502
- Redaktionstipps 503
- Tier- und Pflanzenwelt 503 • Rundfahrt durch den Acadia National Park über die Park Loop Road 503

Von Bar Harbor in den Norden von Maine _____ **507**
- Von Bar Harbor zum Baxter State Park und zum Allagash Wilderness Waterway 508
- Von Bar Harbor zum Moosehead Lake 509
- Vom Moosehead Lake nach Kanada 511 • Québec 511
- Vom Moosehead Lake nach New Hampshire 516

Von Bar Harbor nach New Hampshire _____ **517**
- 1. Streckenalternative 517 (• Skowhegan 517) (• Bethel 517)
- 2. Streckenalternative 519 (• Waterville 519)
(• Augusta 519) (• Lewiston 520)
(• Sebago Lake 520)

New Hampshire — 521
Überblick — 521
Durch New Hampshire — 521
- Redaktionstipps 524 • Zeitplanung 525

Die Great North Region und die White Mountains — 524
- Mount Washington 525 • Rundfahrt durch die White Mountains 527 • Lincoln/North Woodstock und Umgebung 527 • Kancamagus-Highway 528 • North Conway und Umgebung 529 • Bretton Woods und Umgebung 530 • Franconia und Franconia Notch State Park 531

Die Lakes Region und der Winnipesaukee-See — 532
- Plymouth und Umgebung 533 • Franklin und Umgebung 533 • Rundfahrt um den Winnipesaukee-See 534

Dartmouth – Lake Sunapee — 535
Monadnock Region — 536
Das Merrimack Valley — 536
- Nashua und Umgebung 536 • Manchester und Umgebung 537 • Concord und Umgebung 538

Von den White Mountains nach Montpelier/VT — 539

Vermont — 540
Überblick — 540
Durch Vermont — 541
- Redaktionstipps 543

Von den White Mountains/NH über Montpelier nach Burlington — 543
- St. Johnsbury 543 • Barre 543 • Montpelier 544
- Waterbury 544 • Ausflug nach Stowe 545
- Burlington 547

Abstecher nach Kanada — 548
- Montréal 548 • Ottawa 554

Green Mountains, Long Trail und Green Mountains National Forest — 558
- Der Long Trail 558
- Der Green Mountain National Forest 559

Von Burlington durch den Bundesstaat New York zu den Niagarafällen — 561
Von Burlington nach Rutland — 561
- Shelburne 561 • Charlotte 562 • Vergennes 562
- Middlebury 563 • Rutland/Proctor 564

Von Rutland nach Brattleboro — 564
- Von Rutland über Bennington nach Brattleboro 564
(• Manchester und Manchester Center 564)
(• Bennington 565) • Brattleboro 566 • Von Rutland über Springfield nach Brattleboro 567

Von Brattleboro durch Massachusetts nach Hartford/CT — 568

7. Auf dem Weg zu den Niagarafällen – New York State — 569

Überblick — 569

Durch den Bundesstaat New York — 571
- Redaktionstipps 571

Drei Routenvorschläge durch den Bundesstaat New York: von Burlington/VT zu den Niagarafällen — 572

Erster Routenvorschlag: von Burlington/VT am Lake George entlang nach Albany und zu den Niagarafällen — 573
- Lake George Village 573 • Saratoga Springs 575 • Albany 576
- Von Albany durch das Hudson River Valley nach New York City 577 (• Catskill und Catskill Mountains 578) (• Kingston 578) (• Rhinebeck 579) (• Hyde Park 579) (• Poughkeepsie 580) (• Westpoint 580) • Von Albany über Utica, Syracuse und Buffalo zu den Niagarafällen 580 (• Oneonta 581) (• Cooperstown 581) (• Springfield/NY 581) (• Utica 582) (• Rome 582) (• Syracuse 582) (• Finger Lakes 583) (• Buffalo 585)

Zweiter Routenvorschlag: von Burlington/VT durch die Adirondacks nach Utica und weiter zu den Niagarafällen — 587
- Adirondack Mountains 588 (• Ausable Chasm 588)
- Wilmington 589 • Lake Placid 589 • Saranac Lake 590 • Tupper Lake 591 • Von Tupper Lake durch die Adirondacks nach Utica und weiter zu den Niagarafällen 591 (• Old Forge 591)

Dritter Routenvorschlag: von Burlington/VT nach Kanada und am Südufer des Ontario-Sees entlang zu den Niagarafällen — 592
- Massena 592 • Ogdensburg 594 • Alexandria Bay 594
- Watertown 595 • Sackets Harbor und Oswego 596
- Rochester 596

Niagara Falls/NY — 598
Überblick — 598
- Reise- und Zeitplanung 599
- Geschichtlicher Überblick 600

Die Niagarafälle und ihre Entstehungsgeschichte — 600
- Redaktionstipps 601

Sehenswürdigkeiten auf der amerikanischen Seite von Niagara Falls — 601
- Sehenswürdigkeiten südlich der Rainbow Bridge 603
- Sehenswürdigkeiten nördlich der Rainbow Bridge 603

**Sehenswürdigkeiten auf der kanadischen Seite
von Niagara Falls** _____ 604
• Sehenswürdigkeiten südlich der Rainbow Bridge 605
• Sehenswürdigkeiten nördlich der Rainbow Bridge 606
**Sehenswürdigkeiten in der Umgebung
von Niagara Falls** _____ 607
Niagara-on-the-Lake _____ 608
Toronto _____ 609
• Rund um den CN-Tower 609 • Im Zentrum der Stadt 612
• Old Town 614 • Yorkville 614 • Kensington Market und
Chinatown 615 • Toronto Islands 615

8. Von Niagara Falls zu den Metropolen im Osten 616

Von Niagara Falls über Williamsport nach Washington, D. C. 616
Geneseo _____ 616
Corning _____ 617
Elmira _____ 618
Williamsport _____ 618
Harrisburg _____ 618
Gettysburg _____ 619

Die Hauptstadt Washington D. C. 619
Überblick _____ 619
• Verwaltung, Geografie und Wirtschaft 619
• Stadtplanung und Geschichte 620
• Redaktionstipps 620 • Orientierung 621
Weißes Haus und Umgebung _____ 624
Beschreibung des Weißen Hauses 625 • LaFayette Square 626
Attraktionen an der National Mall _____ 627
• Albert Einstein Memorial 627 • Vietnam Veterans
Memorial 627 • Lincoln Memorial 628 • Korean War Veterans
Memorial 629 • Franklin D. Roosevelt Memorial 629
• Jefferson Memorial 629 • US Holocaust Memorial Museum 630
• Washington Monument 630 • National World War II
Memorial 630 • National Museum of Natural History 630
• National Museum of American History 631 • National
Archives 631 • National Gallery of Art 631 • United States
Capitol 631 • Library of Congress 633 • The National Museum
of the American Indian (NMAI) 633 • Smithsonian Institution 634
• National Air and Space Museum 634 • Hirshhorn Museum 634
• Arts & Industries Building 634 • Smithsonian Institution
Building 634 • National Museum of African Art, Sackler und
Freer Gallery 635

Weitere Sehenswürdigkeiten in
Downtown Washington — 635
• Kennedy Center for the Performing Arts und Theodore
Roosevelt Island 636 • Am Dupont Circle 636
Ausflug nach Anacostia — 637
Spaziergang durch Georgetown — 637
Arlington — 638

Baltimore — 639
Orientierung — 639
Historisches — 639
Um den Inner Harbor — 640
Unterwegs nach Fell's Point — 642
City Center, Camden Yards und Westside — 643
Mount Vernon — 643
John Hopkins University — 644

Philadelphia, die Stadt der brüderlichen Liebe — 645
Ein Blick zurück — 645
• Redaktionstipps 646
• Orientierung und Charakterisierung der Viertel 647
Independence National Historical Park (INHP) — 650
• Independence Hall 650 • American Philosophical Hall 651
• Liberty Bell Center 651
Weitere Attraktionen im und um den INHP — 651
Society Hill und South Street — 652
Old City und Waterfront — 653
City Center – „Downtown" Philadelphia — 655
City Hall und Umgebung — 656
Die Region um die Broad Street — 656
Von der City Hall zum Logan Square –
Museum District — 656
Philadelphia Museum of Art — 658
Sonstige Sehenswürdigkeiten — 658

9. Anhang — 659

Weiterführende Literatur — 659
Stichwortverzeichnis — 662
Abbildungsnachweis — 670

Außerdem weiterführende Informationen zu folgenden Themen

Zur Terminologie des Wortes „Indianer"	22
Die politischen Staatsorgane und ihre Aufgaben	32
Die Präsidenten der USA	46
Das amerikanische Universitätssystem	68
Baseball, das National Game	77
Die Hudson River School	84
Himmelwärts – New Yorks Wolkenkratzer	356
Wer war Phineas Taylor Barnum?	382
Das „saltbox house"	389
Wer war Eugene O'Neill?	391
„Charter Oak"	398
Mark Twain	399
James F. Cooper und die Indianer Neuenglands	403
Newports Reiche und Superreiche	414
Moby Dick und Herman Melville	423
„Cranberries"	424
Wer war Guglielmo Marconi?	428
Wer waren die Pilgerväter (Pilgrim Fathers)?	435
Benjamin Franklin	444
Boston Tea Party	446
Paul Revere, amerikanischer Nationalheld	448
Der amerikanische Transzendentalismus	463
Wer war Norman Rockwell?	468
Wer war Edith Wharton?	470
Wer waren die Shaker?	471
Die Hexenprozesse von 1692	477
Der „Lobster von Maine"	488
L.L. Bean	492
Harriet Beecher-Stowe	493
Der amerikanische Hummer	504
Der amerikanische Elch (moose)	510
Die Wetterverhältnisse auf dem Mount Washington	526
Abkommen von Bretton Woods	530
Robert Frost	537
Maple Syrup – der süße Saft der Ahornbäume	545
Indian Summer	560
Morgan Horse	563
Grandma Moses	566
Die Amischen (Amish People)	583
St. Lorenz-Strom und St. Lawrence Seaway	592
Abraham Lincoln	628
James Smithson und die Museen der Smithsonian Institution	634

Verzeichnis der Karten und Grafiken

Acadia National Park	501
Architekturstile	79
Baltimore	641
Boston	437
Boston Logan International Airport	172
Boston – Black Heritage Trail	451
Boston – Freedom Trail	441
Boston: Hotels und Restaurants	175
Cambrigde – Harvard University	459
Cape Cod, Martha's Vineyard und Nantucket Island	425
Connecticut – Überblick	379
Englische Kolonien	24
Finger Lakes	584
Hartford	397
Kancamagus-Highway	528
Maine – Überblick	483
Massachusetts – Überblick	420
Montréal	550
New Hampshire – Überblick	523
New Haven	385
New York JFK International Airport	237
New York State – Überblick	574
New York – Central Park/Uptown	360
New York – Der Norden Manhattans	369
New York – Lower Manhattan	336
New York – Midtown (Gramercy und Chelsea)	348
New York – Midtown: Hotels und Restaurants	242
Newport	411
Niagara Falls	602
Niagara Falls - Williamsport - Washington - New York	617
Ottawa	554
Philadelphia: Hotels und Restaurants	270
Philadelphia: Innenstadt und Independence Mall Area	648
Philadelpia International Airport	267

Québec – Vieux-Québec	512
Rhode Island – Überblick	407
Routenvorschlag 1: Große Rundreise durch den Nordosten der USA	322
Routenvorschlag 2: Auf den Spuren der ersten Siedler	324
Routenvorschlag 3: Rundfahrt durch die Neuengland-Staaten	326
St. Lorenz-Seeweg	593
Toronto	610
Toronto – Underground	613
USA vor dem Bürgerkrieg	35
Vermont – Überblick	542
Von Bar Harbor nach New Hampshire	518
Von Bar Harbor zum Moosehead Lake und Baxter State Park	506
Von Boston nach Maine	475
Von Kittery nach Portland	485
Von Portland zum Acadia National Park	491
Washington	622
Washington Dulles International Airport	308
Washington: Hotels und Restaurants	312

VORDERE UMSCHLAGKLAPPE
HINTERE UMSCHLAGKLAPPE

BUCHRÜCKSEITE

▸ USA-Nordosten: Highlights
▸ Niagara Falls
▸ White Mountains
▸ Übersicht mit Seitenverweisen

Interessantes

So geht's

Das Buch ist so aufgebaut, dass dem eigentlichen Reiseteil ein Einblick in Geschichte und Kultur vorausgeht, aber auch andere Aspekte des Reisezieles, ebenso allgemeine Tipps zur Planung und Ausführung einer Reise („**Gelbe Seiten**", Allgemeine Reisetipps von A-Z, S. 105, sowie Regionale Reisetipps für Unterkunft, Essen & Trinken und Verkehrsverbindungen für das Zielgebiet, S. 151). Im Anschluss folgt der **Reiseteil**, in dem auf alle wichtigen und wesentlichen Sehenswürdigkeiten eingegangen wird.

Ein ausführliches Register im Anhang gibt Ihnen die Möglichkeit, schnell und präzise den gesuchten Begriff zu finden. In den „**Grünen Seiten**" sind Preisbeispiele des Reiselandes angegeben.

Wir freuen uns über Kritik, Anregungen und Verbesserungsvorschläge:
info@iwanowski.de

I. EINLEITUNG

… Land der Alten Dreizehn! Land von Massachusetts, von Vermont und Connecticut!
Land ozeanischer Küste! …
Land der Schiffer und Seefahrer! Fischer-Land!
Unzertrennliche Länder! Verklammerte, leidenschaftliche Länder! …
Das Pennsylvanische! das Virginische! das Karolinische Zwillingsland!
O alle und jedes heiß geliebt von mir! meine furchtlosen Staaten!
O ich umfasse euch alle mit vollkommener Liebe! …
(Walt Whitman, „Leaves of Grass", Grashalme, 1855 ff.)

Der Nordosten der USA ist Amerikas „Kulturland": Hier im „Land der Alten Dreizehn", wie Amerikas Nationaldichter *Walt Whitman* die 13 Gründerkolonien nennt, liegen die Wurzeln und schlägt das Herz der USA, hier begegnet einem auf Schritt und Tritt die Historie des ersten modernen demokratischen Staates. Vielleicht ist der Nordosten der USA daher traditionell ein bei europäischen Besuchern besonders beliebtes Reisegebiet. Auf einer Reise durch die Neuengland-Staaten und den Bundesstaat New York erwarten den Besucher nicht nur lebendige Geschichte, sondern auch

- eindrucksvolle Landschafts- und Naturerlebnisse in lieblichen Hügellandschaften, dichten Waldgebieten und an kristallklaren Flüssen und Seen, die überwältigende Farbenpracht der Herbstlaubfärbung im Indian Summer, die gewaltige Wasserkraft der Niagarafälle, Bootsausflüge zur Walbeobachtung oder zum Hummerfang, Wildwasserfahrten und Bergbesteigungen;

- die Ostküsten-Metropolen Boston, Philadelphia, New York City und Washington mit ihren herausragenden Museen, Theatern, Universitäten, Sportstätten und Freizeitangeboten;

- die Begegnung mit freundlichen Menschen in kleinen Ortschaften, wo blumengeschmückte Häuser sich um die weiß leuchtende Dorfkirche scharen und die Bewohner das Erbe der ersten Siedler, Zusammengehörigkeit, Hilfsbereitschaft, Tatkraft und Zuverlässigkeit, bewahren;

- das harmonische Zusammenspiel, die geglückte Verbindung zwischen Natur- und Kulturlandschaft.

Im Osten beginnt die Geschichte der USA; hier trifft man auf die Spuren der Menschen, die in den vergangenen Jahrhunderten auf der Suche nach einem besseren Leben von Europa nach Amerika kamen. Sie bewahrten das europäische Erbe, passten sich aber zugleich den Erfordernissen und Möglichkeiten ihrer neuen Heimat an und formten so eine eigenständige Kultur. Zeugnissen ihrer Geschichte, vor allem aus der Kolonialzeit und dem Kampf um die Unabhängigkeit, begegnet man im Nordosten überall, denn es gibt eine Fülle von Museumsdörfern, historischen Stätten und Schlachtfeldern, Forts, Museen und Bauwerken verschiedener Epochen.

I. Einleitung

Während die schmucken Dörfer von Massachusetts mit ihren kopfsteingepflasterten Gassen und den alten Wohnhäusern ebenso an die Vergangenheit erinnern wie die überdachten Brücken, die Wassermühlen und trutzigen Bauernhöfe von Vermont, die beschaulichen Fischerhäfen von Maine, die baumbestandenen Dorfplätze von Connecticut oder die prachtvollen Sommerresidenzen von Rhode Island, weisen supermoderne Bauwerke in den Städten, langfristig angelegte Straßen- und Brückenprojekte, innovative Forschungsvorhaben und die Förderung von Kunst und Bildung in die Zukunft.

Obwohl die Gesamtfläche Neuenglands, zu dem die Bundesstaaten Connecticut, Rhode Island, Massachusetts, New Hampshire, Vermont und Maine gehören, nur etwa halb so groß ist wie die Bundesrepublik Deutschland, hat jeder Bundesstaat seinen ganz eigenen Charakter und Reiz. Das gilt auch für den Staat New York, der nicht nur die touristischen Highlights New York City und die Niagarafälle aufweist, sondern auch durch hohe Berge, weite Wälder und ausgedehnte Tal- und Seenlandschaften beeindruckt.

Ziel dieses Reise-Handbuches ist es, dem Reisenden Informationen zu geben, um die Planung des Reiseverlaufes und die Auswahl der Sehenswürdigkeiten zu erleichtern. Die dargestellten Routen und Streckenalternativen sollen dabei als Anregungen dienen. Die reisepraktischen Hinweise sind aktuell recherchiert, jedoch sind bei der Fülle der Informationen und der Schnelllebigkeit touristischer Angebote kurzfristige Veränderungen nicht auszuschließen.

Das Buch ist so aufgebaut, dass ein Einblick in Geschichte und Kultur, aber auch andere eher allgemeine Aspekte zur Reiseregion den Routen vorausgeschickt werden, ebenso allgemeine Tipps zur Planung und Ausführung einer Reise (Gelbe Seiten, „Allgemeine Reisetipps von A-Z"). Bei den Spezialtipps zu den einzelnen Orten (Gelbe Seiten, „Regionale Reisetipps von A-Z") finden sich außer den Sights mit ihren Öffnungszeiten und Eintrittspreisen vielerlei andere nützliche Hinweise zum Ort. Bei den Übernachtungs- und Restauranttipps wurde eine Auswahl getroffen, die natürlich auf persönlichen Erfahrungen beruht.

Der Nordosten der USA ist vielseitig und abwechslungsreich; er bietet einerseits vielfältige Erholung und eindrucksvolle Erlebnisse, andererseits verbindet er Vergangenheit und Gegenwart und lädt Besucher zum Kennenlernen und Entdecken ein.

Leonie Senne, Margit Brinke und Peter Kränzle

Benutzerhinweis

Da wir unsere Bücher regelmäßig aktualisieren, kann es im Reisepraktischen Teil (Gelbe Seiten) zu Verschiebungen kommen. Wir geben daher im Reiseteil Hinweise auf Reisepraktische Tipps nur in Form der ersten Seite des Gelben Teils (S. 151). Dort finden Sie alle im Buch beschriebenen Städte, Orte, Parks und Regionen in alphabetischer Reihenfolge.

Die USA im Überblick

Größe	9.826.630 km² (drittgrößter Staat der Welt)
Durchschnittliche Höhe über dem Meeresspiegel	763 m
Höchster Punkt	Mt. McKinley (Alaska) 6.200 m
Niedrigster Punkt	Death Valley (California) 85 m
Längster Fluss	Mississippi (zusammen mit Missouri) 6.420 km
Staatsland	31,9 %
Nationalpark-Land	303.600 km²
Einwohner	ca. 306 Mio (2009)
Hauptstadt	Washington, D. C.
Bevölkerung	67,4 % Weiße, 14,1 % Hispanics, 12,8 % Afroamerikaner, 4,2 % Asiaten, 1,5 % Indianer, Inuit, Hawaiianer, restl. % Angehörige mehrerer ethnischer Gruppen
Religionen	Protestanten 52 %, Katholiken 25 %, Juden 1,4 %, Mormonen 3 %, Muslime 1,4 %, Buddhisten 0,6 %, keine Religionszugehörigkeit 14,2 %
Flagge	13 waagerechte, abwechselnd rote und weiße Streifen, die für die 13 Gründerstaaten stehen; in der blauen oberen linken Ecke 50 weiße Sterne, die die Bundesstaaten repräsentieren
Nationalfeiertag	4. Juli (Verkündigung der Unabhängigkeitserklärung)

Die Staaten des Reisegebiets im Überblick

Staat	Abkürzung	Hauptstadt	Fläche in km²	EW-Zahl
Connecticut*	CT	Hartford	14.356	3.502.309
Delaware	DE	Dover	6.452	864.764
District of Columbia (= Washington)	D. C.		177	591.833
Maine*	ME	Augusta	86.542	1.317.207
Maryland	MD	Annapolis	32.133	5.618.344
Massachusetts*	MA	Boston	27.336	6.449.755
New Hampshire*	NH	Concord	24.217	1.315.828
New Jersey	NJ	Trenton	22.608	8.685.920
New York	NY	Albany	141.299	19.297.729
Pennsylvania	PA	Harrisburg	119.283	12.432.792
Rhode Island*	RI	Providence	4.002	1.057.832
Vermont*	VT	Montpelier	24.923	621.254

* – Neuengland-Staaten

2. USA-NORDOSTEN: LAND UND LEUTE

Historischer Überblick

Geschichte

Während im Westen der USA die Landschaft die Region prägt, sind es im Nordosten die Geschichte und Kultur. Hier spielten sich die französischen Kolonisationsversuche sowie die englische Inbesitznahme ab. Hier keimte die Idee von der modernen Demokratie, hier wurde die Unabhängigkeit erkämpft, in einem blutigen Bruderkampf die Sklaverei abgeschafft und die staatliche Einheit verteidigt. Die amerikanische Geschichte ist im Nordosten auf Schritt und Tritt präsent und die Amerikaner sind stolz darauf. Wenn wir, als egozentrische Europäer, die US-Geschichte als vergleichsweise kurz ansehen, besteht Gefahr, denselben Fehler zu begehen wie die ersten Kolonisten, die die Geschichte der Indianer ebenfalls ignorierten. So gesehen ist nämlich auch Nordamerika ein „Alter Kontinent".

An allen historisch besonders wichtigen Orten – wie Boston, Plymouth, Concord, Salem, New Bedford, Newport, Mystic, Philadelphia oder Washington – erlebt der Besucher die Vergangenheit „live" mit, in beispielhaft ausgestatteten Besucherzentren, durch historisch gekleidete Führer, authentische Nachbauten und Original-Relikte, „Re-enactments" oder Freiluftmuseen.

Die ersten Amerikaner

Ein genaues Datum, wann Indianer den nordamerikanischen Subkontinent erstmals betreten haben, kann bislang nicht festgehalten werden. Archäologische Funde sowie Radiokarbon-Untersuchungen ergaben, dass Einwanderer aus dem fernen Asien eine während der Eiszeiten bestehende Landbrücke nutzten, um den Bereich der Beringstraße trockenen Fußes zu überqueren und so auf den amerikanischen Kontinent zu gelangen. Dies ist vor mindestens 10.000 Jahren geschehen, nach Ansicht mancher Forscher sogar schon etwa 30.000 v. Chr.

Indianische Hochkulturen

Kolumbus, so lernt man in der Schule, habe 1492 Amerika „entdeckt", dabei landete er auf seiner Suche nach einem Seeweg nach Indien „nur" in der Karibik. Immerhin war er es, der in der Annahme, in Indien zu sein, die Ureinwohner fälschlicherweise „Indianer" nannte und ihnen damit einen bleibenden Namen gab. **Die ersten Europäer**, die seit dem 16. Jh. Nordamerika erkundeten – zunächst spanische Abenteurer, dann britische Heilsucher und Religionsflüchtlinge – trafen jedoch nicht nur auf „Wilde", sondern fanden auch die Reste **indianischer Hochkulturen** vor. Zwischen Florida und Kanada sollen beim ersten Auftauchen der Europäer über 150.000 Indianer gelebt haben. Diese fielen allerdings schnell der europäischen Kolonisation zum Opfer, und mit der Umsiedlung im 19. Jh. ins heutige Oklahoma wurden vielfach die letzten Spuren vieler Stämme des Ostens verwischt. So trifft man heute im Nordosten nur noch wenige Indianer an, die in kleinen Reservaten leben.

2. USA-Nordosten: Land und Leute – Historischer Überblick

Es hat lange gedauert, bis die **umherziehenden Gruppen von Ureinwohnern** sesshaft geworden waren; im Osten soll dies um etwa 1.000 v. Chr. geschehen sein. Es bildete sich eine sehr differenzierte Gesellschaft von Ackerbauern, Jägern und Sammlern heraus – Woodland Tradition genannt –, deren Siedlungsgebiet zwischen Atlantik, Mississippi und den Großen Seen lag.

Um 900 n. Chr. entstand in den Tälern des Mississippi und Ohio River eine indianische Hochkultur, die **Mississippian Tradition**. Es waren Ackerbauern, für die Mais, Kürbis, Bohnen, Süßkartoffeln und Tabak die wichtigsten Kulturpflanzen waren. Die Gesellschaft war hierarchisch gegliedert und lebte in großen Siedlungen, die von Holzpalisaden umschlossen waren und charakteristische *mounds* im Zentrum aufwiesen. Auf diesen pyramidalen, künstlichen Erdaufschüttungen befanden sich die kultischen und weltlichen Machtzentren: Tempel, Fürstensitze und Versammlungsplätze. Das Ende dieser Kultur fiel mit der Ankunft der ersten Europäer zusammen, sodass Mitte des 16. Jh. viele der Siedlungen aufgelassen worden waren. Kriege und vor allem die von den Spaniern eingeschleppten Krankheiten und Seuchen hatten die Indianer zu Tausenden getötet.

Es folgte die Zeit der **historischen Indianerstämme** – *Irokesen, Mohikaner, Cherokee* oder *Creek*, um nur die größten Gruppen zu nennen. So unterschiedlich wie die Völker waren, so verschieden verhielten sie sich auch gegenüber den Neuankömmlingen aus Europa: Die einen halfen und waren gastfreundlich, die anderen abweisend und feindlich gesonnen. Am Ende war das Ergebnis jedoch dasselbe: Dezimiert durch eingeschleppte Krankheiten, vertrieben, verfolgt und abgeschlachtet, überlebten nur wenige in abgelegenen Regionen.

Historische Indianerstämme

Unrühmlicher Höhepunkt war der **Removal Act** 1835 unter Präsident und Indianerfeind *Andrew Jackson*: Er zwang über 16.000 Indianer zur Umsiedelung in das Indianer-Territorium westlich des Mississippi (heute Oklahoma). Dieser Trail of Tears kostete zahllosen Indianern der „Fünf zivilisierten Stämme", der *Creek, Cherokee, Chickawa, Choctaw* und *Seminole*, das Leben.

Removal Act

Letztere wehrten sich als einzige vehement in drei Kriegen, und bis heute verweisen Gruppen dieses Stammes mit Stolz darauf, niemals besiegt worden zu sein und leben immer noch auf ihrem angestammten Land in den Sümpfen Floridas

Vor dem Auftauchen der Weißen lebten die Indianer noch in Frieden und Wohlstand

2. USA-Nordosten: Land und Leute – Historischer Überblick

> **INFO** **Zur Terminologie des Wortes „Indianer"**
>
> Beim Wort „Indianer" denken die meisten sofort an die federngeschmückten Reiterkrieger der Prärie, an *Sitting Bull* oder *Crazy Horse*. Doch handelt es sich bei diesen wilden Gesellen um Mitglieder eines ganz bestimmten Kulturkreises, nämlich der Plains-Indianer, zu denen die berühmten *Sioux* oder *Cheyenne* gehörten. Diese hatten jedoch mit den meisten anderen indianischen Völkern in Nordamerika wenig gemeinsam. Die Stämme und sogar die Untergruppen der nordamerikanischen Indianer sind meist grundverschieden, und es fällt schwer, einen gemeinsamen Nenner zu finden.
>
> Als „political correct" wurde lange Zeit die Bezeichnung „Native Americans" empfunden – im Deutschen unzureichend als „Ureinwohner" übersetzt –, allerdings seitens der Weißen, nicht der Betroffenen. Der indianische Chef der Kunstabteilung der Smithsonian Institution in Washington sagte einmal: „Jeder, der in Nordamerika geboren ist, ist ein ‚Native American', ein gebürtiger Amerikaner. Ich persönlich bin ein Hopi, wer das aber nicht weiß, für den bin ich ‚Indianer'." In der Tat bezeichnen sich die meisten Indianer, ob *Sioux*, *Umatilla*, *Mandan-Hidatsa* oder *Pequot*, untereinander als „Indians" – sofern sie die Stammeszugehörigkeit nicht kennen. Von „Indianer" zu sprechen, ist also für einen Ureinwohner selbst durchaus „politisch korrekt".

Die „Entdeckung" Nordamerikas

Die Wikinger an der Nordostküste

Fast 500 Jahre vor *Kolumbus* waren bereits die **seetüchtigen Wikinger** im Nordosten des amerikanischen Kontinents unterwegs gewesen. *Leif Eriksson* (um 975 bis um 1020) genannt der „Rote Eric", soll um 1.000 mit seinen Männern von Grönland bis zum Mündungsbereich des St. Lorenz-Stroms und hinunter bis zur Küste des heutigen Bundesstaates Massachusetts gesegelt sein. Die Wikinger sprachen von „**Vinland**", in Anlehnung an die angeblich gefundenen wild wachsenden Weinreben. Im übertragenen Sinne dürfte damit jedoch eher ganz allgemein die Fruchtbarkeit der besuchten Landstriche gemeint gewesen sein. Zwar unternahmen die Wikinger noch weitere Fahrten nach Nordamerika – in Newfoundland entstand sogar eine Siedlung –, doch nachdem sie ihre grönländischen Siedlungen aufgegeben hatten, ging das Wissen um ihre Entdeckungsfahrten verloren.

Christoph Kolumbus: Der Westweg nach Indien

Westweg nach Indien

Die geschriebene Geschichte Amerikas beginnt mit den Epoche machenden Fahrten von *Christoph Kolumbus* (1451-1506). Der in Genua geborene Seefahrer stand in spanischen Diensten und wollte im Glauben an die Kugelgestalt der Erde den **Westweg nach Indien** finden. Als er 1492 auf der Bahamas-Insel San Salvador landete, meinte er, Indien erreicht zu haben und nannte die Inselgruppe „Westindische Inseln" und ihre Einwohner „Indianer". Insgesamt überquerte *Kolumbus* zwischen 1492 und 1504 viermal den Atlantik, doch setzte er nie einen Fuß auf den nordamerikanischen Kontinent, sondern nur auf karibische Inseln.

Weitere frühe europäische Entdecker

Giovanni Caboto (1450-98) stand als Venezianer in britischen Diensten und erkundete als „John Cabot" 1497/98 den Nordosten des Kontinents. Der Florentiner *Amerigo Vespucci* (1451-1512) vertrat erstmals die Ansicht, dass das von *Kolumbus* betretene Land nicht Teil Asiens sei. Der deutsche Kartograf *Martin Waldseemüller* nannte deshalb zu Ehren *Vespuccis* 1507 den von *Kolumbus* entdeckten neuen Kontinent nach dessen Vornamen *Amerigo* „**America**". 1513 erreichte der spanische Konquistador *Vasco Núñez* die Landenge von Panama und stellte fest, dass westlich davon ein neues Weltmeer, der Stille Ozean, beginnt – er lieferte somit den Beleg für *Vespuccis* These. Im gleichen Jahr entdeckte *Ponce de Léon* (1460-1521), einer der Mitstreiter *Kolumbus'*, Florida und glaubte, dass es sich um eine Insel handle.

„America"

Die Kolonisierung

Der neue Kontinent rückte schnell in die Interessenssphäre der europäischen Mächte. Anfangs konnten sich die Spanier alle Gebiete, die rund 600 km westlich einer von Pol zu Pol über die Azoren verlaufenden Linie lagen, unter den Nagel reißen: Im *Vertrag von Tordesillas* von 1494 hatten sie sich mit Portugal, damals die zweite bedeutende Seemacht, auf diese Trennung der Interessen geeinigt. Der Vertrag wurde sogar vom Papst, der damals völkerrechtlich bindenden Autorität, bestätigt. Als sich jedoch zu Beginn des 16. Jh. der Reformationsgedanke verbreitete und der Machteinfluss Spaniens nach der Niederlage gegen England (1588) schwand, änderte sich die Ausgangslage und mehrere europäische Nationen rangen nun um Einfluss auf dem amerikanischen Kontinent.

Interessenssphären

Kolonisierung durch die Spanier

Eroberer nahmen den amerikanischen Kontinent für Spaniens Krone in Besitz, und Spanien richtete als erste europäische Macht Kolonien ein. Es handelte sich bei den „Konquistadoren" um Männer aus niedrigem, verarmtem Adelsstand, die versuchten, schnell zu Ruhm und Reichtum zu gelangen. Dabei gingen sie mit den angetroffenen Kulturen wenig zimperlich um: *Hernando Cortez* (1485-1547) zerstörte das Aztekenreich in Mexiko, *Franzisco Pizarro* (1478-1541) unterwarf das Inkareich in Peru, *Vasco Núñez de Balboa* (1475-1517) erreichte den Stillen Ozean und erklärte ihn zum spanischen Besitz. *Francisco Vásquez de Coronado* (1510-44) führte Expeditionen auf der Suche nach Gold ins Gebiet der heutigen Bundesstaaten Arizona und New Mexico.

„Konquistadoren"

De Coronado war es auch, der das Pferd in Nordamerika einführte und den Grand Canyon entdeckte. Gold fand er allerdings ebenso wenig wie ihm folgende Expeditionen.

2. USA-Nordosten: Land und Leute – Historischer Überblick

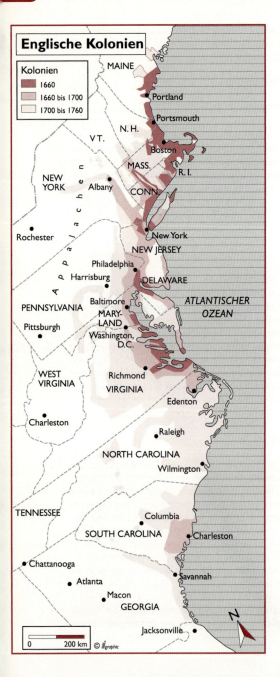

Bis 1575 gab es in Amerika fast 200, zumeist kleine spanische Siedlungen, und als Arbeitskräfte dienten in erster Linie die einheimischen Indianer. Gleichzeitig mit den Konquistadoren hatten katholische Missionare begonnen, ihre Religion unter den „Wilden" zu verbreiten. Sie errichteten Schulen und förderten handwerkliche Fähigkeiten. Und zerstörten mit ihren Bekehrungsversuchen, der gewaltsamen Ansiedlung ganzer indianischer Gruppen um Dörfer oder Missionen und der geforderten Zwangsarbeit die ursprüngliche Kultur der Ureinwohner. Als immer klarer wurde, dass es in Nordamerika jene sagenhaften Gold- und Silberschätze nicht gab, ließ das spanische Interesse ab etwa Mitte des 16. Jh. nach und beschränkte sich nur noch auf wenige Punkte im Südwesten und in Florida.

Kolonisierung durch die Franzosen

In Frankreich nahm man die Geschichten von den Schätzen in Mittel- und Südamerika, die in spanische Hände gelangt waren, mit Interesse auf, ohne jedoch einen Vorstoß in spanische Sphären zu erwägen. Man wandte sich vielmehr dem **Nordosten des neuen Kontinents** zu: 1524 erreichte der Florentiner *Giovanni da Verrazano* (1480-1527) unter französischer Flagge die Hudson-River-Mündung. Er segelte die Küste zwischen dem heutigen North Carolina und Maine entlang. *Jacques Cartier* (1491-1557) war 1534 noch weiter nordöstlich unterwegs und segelte ins Mündungsgebiet des St. Lorenz-Stroms. Nach diesen ersten Erkundungen fasste Frankreich nur ganz allmählich auf dem nordamerikanischen Kontinent Fuß.

Wirtschaftlich gesehen waren die Nordostküste sowie das Landesinnere für die Franzosen durchaus interessant: Normannische und bretonische Fischer schätzten die reichen Fischgründe und liefen mit ihren Flotten von kleinen Stützpunkten an der amerikanischen Küste zum Fischfang aus. Pelzhändler drangen über den St. Lorenz-Strom in das Gebiet der Großen Seen und ins spätere Neuengland vor. Die Besiedlung durch französische Siedler blieb allerdings dünn, zu groß waren die beanspruchten Gebiete. Nur ein Netz von verstreut liegenden Stützpunkten – wie das 1608 von *Samuel de Champlain* gegründete Québec City – hielt **Neu-Frankreich**, dessen Zentrum in der heutigen kanadischen Provinz Québec lag, zusammen.

Neu-Frankreich

1673 stießen der Jesuit *Jacques Marquette* (1637-75) und *Louis Joliet* (1645-1700) vom Nordosten aus bis zum Mississippi vor, und 1682 erreichte *Robert Cavelier de La Salle* (1643-87) die Mississippi-Mündung. Sie untermauerten den französischen Anspruch auf die ganze Region zwischen der Mündung in den Golf von Mexiko bis hinauf an die Großen Seen und weiter in den Nordosten bis zur Mündung des St. Lorenz-Stroms. Das gesamte Flussbecken nannte de La Salle **La Louisiane** und nahm es für König *Ludwig XIV.* in Besitz. 1718 gründete *Jean Baptiste le Moyne, Sieur de Bienville* (1680-1768), **La Nouvelle Orléans**, das heutige New Orleans.

La Louisiane

Aufgrund der sich mehrenden europäischen Konflikte war Frankreich nicht in der Lage, langfristig seine Gebietsansprüche gegen die sich von der Küste aus langsam ausbreitenden Engländer zu verteidigen. Im **Frieden von Utrecht**, 1713, erhielt England beispielsweise die Gebiete der Hudson Bay, Neuschottland und Neufundland zugesprochen. Nach dem **King George's War** (1744-48) sowie dem **French and Indian War** (1754-63) übernahm England die kanadischen Gebiete sowie das Territorium östlich des Mississippi. Im Jahr 1803 schließlich verschwand Frankreich ganz von der Bildfläche.

Kolonisierung durch die Holländer

Das holländische Interesse an der Neuen Welt konzentrierte sich vor allem auf das heutige **Gebiet von New York und New Jersey**. Im Jahr 1609 versuchte *Henry Hudson* im Auftrag der holländischen *Ostindischen Handelsgesellschaft* eine Nordwestpassage nach Asien zu finden. Er gelangte dabei in das Mündungsgebiet des nach ihm benannten Flusses, befuhr ihn bis in die Gegend von Albany und beanspruchte den Fluss sowie das Tal für seine niederländischen Auftraggeber.

Nur wenige Jahre später, 1614, erforschten die Holländer die Landschaften um Long Island und hoben hier **Nieuw Holland** (Neuholland) aus der Taufe. 1626 kaufte der damalige Direktor der neu gegründeten *Westindischen Handelskompanie*, *Peter Minuit*, den Indianern die Insel Manhattan für einen Gegenwert von 60 Gulden ab. Hier wurde **Nieuw Amsterdam** gegründet, die Hauptstadt von Neuholland. Im Jahr 1647 übernahm *Peter Stuyvesant* das Amt des vierten Gouverneurs von Nieuw

Nieuw Holland

Amsterdam und trieb die Stadtentwicklung voran. Schon 1664 endete jedoch die holländische Kolonialepisode mit der Besetzung der Stadt durch die Engländer.

Kolonisierung durch die Engländer

Für die sicherlich **systematischste und nachhaltigste Kolonisierung** waren die Briten verantwortlich. Von Beginn an wurden die englischen Kolonien als Siedlungen angelegt und nicht nur – wie bei den Franzosen – als Handelsstützpunkte. Stets folgte der Gründung auch die Besiedlung des die englischen Kolonien umgebenden unbekannten Inneren des nordamerikanischen Kontinents. Von vornherein zielte die britische Kolonialpolitik auf die Erschließung neuer Siedlungsräume: Auswanderer aus dem überbevölkerten England sowie unliebsame Untertanen sollten hier eine dauerhafte Bleibe finden.

Englische Kolonien

Handelskompanien und andere private Gesellschaften erhielten deshalb Schutzbriefe der britischen Könige und bauten ganz offiziell **„königliche Kolonien"** auf. Natürlich steckte seitens der Krone keine reine Menschenliebe dahinter, sondern man versprach sich neue Steuereinnahmen, Absatzmärkte und Rohstofflieferanten. Nach Bezahlung ihrer Überfahrt an die Koloniebetreiber oder dem Erwerb von Anteilen der Gesellschaft wurden die Einwanderer selbständige Landeigentümer. Da in den Kolonien erstmals auch **neue politische und religiöse Grundstrukturen** erprobt werden konnten, wurden später die in großer Zahl aus dem englischen Mutterland eingeströmten Einwanderer zur führenden Kraft im Kampf gegen die Bevormundung durch das Mutterland und im folgenden Unabhängigkeitskampf.

Plimoth, die erste englische Kolonie im Nordosten

Die **ersten Versuche**, an der Ostküste sesshaft zu werden, starteten *Sir Humphrey Gilberts* im Jahr 1583 auf Neufundland (Kanada) sowie *Sir Walter Raleigh* 1585 auf Roanoke Island an der Küste von North Carolina. Beide mussten jedoch aufgrund der Unwirtlichkeit der Region, wegen Lebensmittelknappheit und Kapitalmangel vorzeitig aufgeben. Die eigentliche Kolonisierung begann so erst **1607** mit der Entsendung von Siedlern durch die „Virginia-Kompanie". Unter der Führung von *John Smith* gründeten sie in diesem Jahr den Ort **Jamestown** in der Kolonie **Virginia**. 1620 folgten die 102 so genannten *Pilgrim Fathers* (Pilgerväter) ihrer Idee und gründeten eine Kolonie weiter nördlich, beim heutigen **Plymouth** in **Massachusetts**. Noch auf dem Schiff, der berühmten „Mayflower", hatten sie den „Mayflower-Vertrag" geschlossen, der die Gründung eines nach religiösen Vorstellungen geordneten politischen Gemeinwesens mit gewählten Repräsentanten vorsah. 1621 brachten die Pilgerväter mit Hilfe der einheimischen Indianer die erste Ernte ein und riefen den

Erste Siedlungen

Thanksgiving Day ins Leben. 1630 erhielt Massachusetts offiziell den Status einer Kolonie, nachdem auch in **Salem** und **Boston** Siedlungen entstanden waren.

Schon 1623 war mit **Portsmouth** die erste Kolonie im heutigen **New Hampshire** gegründet worden und in der Folge ging es Schlag auf Schlag: 1629 übergab *King Charles I.* das ursprünglich von den Spaniern beanspruchte **Carolina** an *Robert Heath* und seine Gesellschaft – 1730 erfolgte erst die Teilung in einen Nord- und Südteil. Die Gründung der Kolonie Maryland erfolgte durch Katholiken, die 1634 von *Cecil Calvert* in **Baltimore** angesiedelt worden waren. Benannt nach *Henriette Marie*, der Frau *Charles I.*, wurde Baltimore erster katholischer Bischofssitz auf nordamerikanischem Boden. 1635 wurde **Connecticut** gegründet, 1636 **Rhode Island** als Kolonie ins Leben gerufen, 1664 besetzten die Engländer das holländische **New York**, **New Jersey** sowie das ehemals schwedische, dann holländische **Delaware**. Der Quäker *William Penn* gründete 1681 **Pennsylvania** und 1683 als dessen Hauptstadt **Philadelphia**, die „Stadt der brüderlichen Liebe". In den Folgejahren ließen sich viele deutsche religiöse Flüchtlinge, meist Mennoniten, dort nieder. Im Jahr 1732 schließlich gründete *James Oglethorpe* mit **Georgia** die letzte der 13 britischen Kolonien in Nordamerika.

Erste Kolonien

Das Leben in den Kolonien

Die **Entwicklung in den einzelnen Kolonien** verlief aufgrund der geografischen und klimatischen Gegebenheiten sehr unterschiedlich. Verbindende Elemente waren die gemeinsame Sprache, ähnliche Bräuche sowie der gemeinsame kulturhistorische Hintergrund, doch war man zunehmend auf Eigenständigkeit bedacht. Florierten in den Neuengland-Staaten, im Nordosten, Fischfang, Holzverarbeitung (Schiffsbau), Pelzhandel und Bergbau, war Pennsylvania zunächst agrarisch geprägt und brachte es durch Getreide zu Wohlstand. In den südlichen Staaten der Ostküste entstand dagegen eine prosperierende Baumwoll-, Tabak-, Reis- und Zuckerrohr-Plantagenwirtschaft mit imponierenden Herrenhäusern, wo eine relativ kleine Oberschicht von der Arbeit eines ganzen Heeres rechtloser Sklaven profitierte.

Eigenständigkeit

In den **Neuengland-Staaten** blieb die Bevölkerung zunächst ziemlich homogen englischer Abstammung. Es galten puritanische Lebensideale wie Glaube, Fleiß und Sparsamkeit. Man lebte weitgehend autark und versorgte sich selbst mit Lebensmitteln, Kleidung und Möbeln. Boston und New Haven mauserten sich zudem zu Zentren einer „Kolonial-Aristokratie"; hier wurden auch mit *Harvard* (1636) und *Yale* (1701) die ersten Universitäten gegründet.

Puritanisches Leben

In den **zentralen Kolonien** Pennsylvania, Delaware, New York oder New Jersey war die Gesellschafts- und Wirtschaftsstruktur bereits facettenreicher als in Neuengland: Es gab sowohl kleine Farmen als auch riesige Landgüter (z. B. im Hudson-River-Tal), es wurden Ackerbau, Viehzucht sowie Obstanbau betrieben. In Städten wie New York und Philadelphia, blühten Handel und Handwerk.

In der späteren Kolonialzeit war das **kulturelle Leben** in den Kolonien bereits rege. Universitäten wie *Harvard*, *Yale* und *Princeton* waren gegründet und es gab sehr gute Privatschulen. Schon 1693 stand in Cambridge/Massachusetts die erste Druckerpresse, und bereits vor dem Unabhängigkeitskrieg erschienen allein in Boston fünf Zeitungen. Die erste Leihbibliothek (1731) ist *Benjamin Franklin* zu verdanken ebenso wie 1743 die Gründung der Amerikanisch-Philosophischen Gesellschaft. Kurzum lebte um 1750 zwischen Boston und Charleston eine Gesellschaft, die sehr wohl mit europäischem Kulturgut vertraut war und mit den entsprechenden sozialen Kreisen in England oder Frankreich auf einer Stufe stand.

Deutsche Zuwanderer

Die **erste bedeutende Einwanderungswelle** in die neuen Kolonien kam aus Großbritannien. Besonders viele verließen den „alten Kontinent", als unter *Charles II.* 1673 alle nicht der anglikanischen Kirche angehörenden Puritaner und Katholiken vom politischen Leben ausgeschlossen wurden. Ende des 17., Anfang des 18. Jh. kamen deutsche und irische Einwanderer hinzu. Der Grund für die deutsche Auswanderung war in erster Linie die religiöse Verfolgung Andersgläubiger (Mennoniten, Herrnhuter). Deutsche siedelten bevorzugt im 1683 von *Franz Daniel Pastorius* gegründeten *Germantown*, heute Stadtteil von Philadelphia, in der Kolonie New York sowie im Mohawk-Tal. Die nördlichste deutsche Siedlung im 18. Jh. war *Waldoboro* in Maine, die südlichste *Ebenezer* bei Savannah in Georgia. Im Jahr 1750 lebten etwa 100.000 Deutsche in Amerika, fast 70 % davon in Pennsylvania. Nach neuesten Zahlen haben ein Viertel der heute lebenden Amerikaner deutsche Wurzeln.

Der Grund für die massive Auswanderung aus Irland und Schottland waren sowohl Verfolgung und Enteignung der irischen Katholiken unter *Cromwell* als auch die herrschenden Hungersnöte in Irland. Zwischen 1600 und 1770 wanderten insgesamt mehr als 750.000 Menschen aus Europa nach Nordamerika aus. Der größte Teil konnte sich die Überfahrt oft nach Verkauf aller Habseligkeiten leisten, andere bezahlten mit ihrer Arbeitskraft, die sie der Schifffahrtsgesellschaft oder einem „Arbeitsvermittler" für eine bestimmte Zeit zur Verfügung stellen mussten. In den Kolonien wurden diese *indentured servants* wie Sklaven versteigert und verloren für eine bestimmte Zeit jede persönliche Freiheit. Nach Ablauf ihrer „Dienstzeit" erhielten sie Bürgerschaft und ein Stück Land.

Der Kampf um die Unabhängigkeit

Unruhe in den Königlichen Kolonien

Schon zu Anfang war die politisch-soziale Stimmung in den neuen Kolonien durch den demokratischen Gedanken bestimmt, wonach allen Menschen die gleichen Möglichkeiten und Rechte zustünden. Der wirtschaftliche, soziale aber auch kulturelle Aufstieg der Kolonien stärkte das Selbstwertgefühl gegenüber dem britischen Mutterland. Man entfremdete sich immer mehr vom Königreich, das gleichzeitig versuchte, die Kolonien durch verschiedene **Maßnahmen und Gesetze** strenger an die Kandare zu nehmen.

Beispielsweise verbot England zum Schutz der eigenen Wirtschaft die Einfuhr von Wolle und Stoffen ins Mutterland. Die amerikanische Textilindustrie durfte ihre Waren nur innerhalb der Kolonien verkaufen. 1707 beschloss das britische Parlament die volle gesetzgebende Macht auch über alle Kolonien. Der König behielt sich das Recht vor, Gouverneure zu ernennen oder abzusetzen. Ebenso konnte er eigenmächtig in den Kolonien verabschiedete Gesetze aufheben.

1750 verbot der *Iron Act* die Errichtung von Eisenhütten und Betrieben zur Eisenverarbeitung in den Kolonien; sie durften allerdings Roheisen nach England ausführen. Der so genannte *Currency Act*, 1764, untersagte die Herausgabe eigenen Geldes in den Kolonien, und der *Stamp Act* (1765) schrieb vor, dass auf alle Urkunden und Druckerzeugnisse Gebührenmarken geklebt werden mussten. Im gleichen Jahr schrieb der *Quartering Act* den Kolonien vor, ein Drittel der Kosten für das britische Militär in den Kolonien selbst zu tragen. Als dann noch 1767 bestimmte Waren wie Papier, Glas, Tee und Malerfarben mit Einfuhrzöllen belegt wurden, (*Townshend Act*) stand das Fass kurz vor dem Überlaufen.

Das Verhältnis zwischen Siedlern und Indianern war nicht immer freundschaftlich

Die Engländer bekamen immer **stärkeren Gegenwind** zu spüren: Nach der Einführung des Stamp Act wurden öffentlich Stempelmarken verbrannt, sodass die englische Regierung ein Jahr später gezwungen war, das Gesetz aufzuheben. Die Parole der Kolonisten, „*no taxation without representation*" (keine Besteuerung ohne Mitspracherecht), wurde zum politischen Wahlspruch. Gegen die Besteuerung der im *Townshend Act* benannten Güter wehrten sich die Bürger aller Kolonien, indem sie sich zum Boykott dieser Waren entschlossen. Bis auf die Besteuerung von Tee musste auch dieses Gesetz 1770 zurückgenommen werden.

Der Boykott brachte besonders die *East India Company* in finanzielle Schwierigkeiten und sie erhielt daraufhin das alleinige Recht, Tee nach Amerika zu exportieren. An der Steuerschraube für Tee wurde weiter gedreht – und der Proteststurm blieb nicht aus: Am 16. Dezember 1773 warfen als Indianer verkleidete Kolonisten unter der Führung von *Samuel Adams* Tee ins Meer. Diesen als **Boston Tea Party** in die Geschichte der USA eingegangenen Vorfall ließ die britische Regierung nicht auf sich beruhen: Sie wollte den Hafen von Boston so lange schließen, bis die vernichtete Teemenge bezahlt worden war – was jedoch nie geschehen ist.

Boston Tea Party

Die nun an Heftigkeit und Gewalt zunehmende Auseinandersetzung mit dem Mutterland schweißte die Kolonien noch stärker zusammen. Sie trafen sich 1774 zum **1. Kontinentalkongress** in Philadelphia und beschlossen, den Handelsverkehr mit dem Mutterland sowie mit den anderen britischen Kolonien abzubrechen; nur Georgia und New York stimmten diesem Plan zunächst nicht zu. Das britische Parlament verbot daraufhin vergeblich allen Kolonien, diesen Boykott umzusetzen. In Massachu-

Auseinandersetzungen mit England

General George Washington kommandierte die Truppen der aufständischen Kolonisten

setts, das wegen der *Tea Party* besonders in Ungnade gefallen war, wurde daraufhin eine Bürgermiliz aufgestellt: Die **Minute Men** hatten sich als feurige Patrioten zum sofortigen Einsatz, „innerhalb von Minuten", bereit erklärt.

Am 19. April 1775 begann der **Unabhängigkeitskrieg**, als bei Lexington (nahe Boston) britisches Militär versuchte, die kolonialen Milizverbände zu entwaffnen. Die britischen Verbände mussten sich zurückziehen, und aus dem Streit um mehr Rechte war ein Kampf um die Unabhängigkeit der nordamerikanischen Kolonien geworden.

Unabhängigkeitserklärung

Am 10. Mai 1775 fand in Philadelphia der **2. Kontinentalkongress** statt. Der bisher eher lockere Verband der *Minute Men* wurde zur „Amerikanischen Kontinentalarmee" zusammengefasst und *George Washington* zum Oberbefehlshaber ernannt. Die professionell ausgebildeten britischen Truppen schienen jedoch mit dem bunt zusammengewürfelten Trupp von Kolonisten kurzen Prozess machen zu können. Dennoch erklärte am **4. Juli 1776** der Kongress in Philadelphia die Unabhängigkeit der Kolonien von Großbritannien. *Thomas Jefferson* war beim Entwurf der **Unabhängigkeitserklärung**, die alle 13 Kolonien wenig später unterzeichneten, federführend. Mit diesem Dokument waren das Leben, die Freiheit sowie das persönliche Streben nach Glück als unveräußerliche Menschenrechte fixiert worden – und die **Vereinigten Staaten von Amerika** waren geboren.

Weitere Kämpfe

Es war durchaus nicht so, dass die Auseinandersetzungen mit den Briten am Tag der Unabhängigkeitserklärung zu Ende gewesen wären. Im Gegenteil: **General Washington** musste sich zunächst bei Brandywine (südlich Philadelphia) geschlagen geben, die Engländer besetzten New York und Philadelphia und der Kongress floh nach York (Pennsylvania). In Europa verfolgte man mit Interesse die Entwicklungen. 1777 segelte der französische **Marquis de La Fayette** mit einer kleinen Freiwilligenschar nach Nordamerika, um Washington zu unterstützen. Außerdem machte sich ein ehemaliger preußischer Offizier namens **Friedrich Wilhelm von Steuben** daran, aus einem zusammengewürfelten Haufen eine schlagkräftige Armee zu formen. Dank seiner Bemühungen wendete sich das Blatt und die Briten konnten mehrmals geschlagen werden, rund 100.000 England-Getreue flohen nach Kanada.

Nach dem Erfolg in der **Schlacht bei Saratoga** am 7. Oktober 1777 erkannte Frankreich die Vereinigten Staaten offiziell an und erklärte Großbritannien den Krieg. 1780 folgten Spanien und 1781 die Niederlande dem Beispiel Frankreichs. Am **19.**

Oktober 1781 schließlich kapitulierten die Briten bei **Yorktown**/Virginia. Nun blieb Großbritannien nichts mehr anderes übrig, als im **Frieden von Paris** („Treaty of Paris") am 3. September 1783 die 13 Kolonien als frei, unabhängig und selbständig anzuerkennen.

Gründung und Ausdehnung der Vereinigten Staaten von Amerika

Auf die Unabhängigkeitserklärung und den militärischen Befreiungsschlag folgte die Verabschiedung einer **Verfassung am 17. September 1787** durch die *Constitutional Convention*. Sie ist im Kern bis heute gültig, wurde lediglich nach und nach durch derzeit 27 Verfassungsänderungen (*Amendments*) ergänzt. Sie ist damit die älteste, immer noch gültige demokratische Verfassung der Welt und beruht auf dem Prinzip eines Bundesstaates mit großer Zentralgewalt sowie der strengen Trennung zwischen Exekutive, Legislative und Judikative.

Die Verfassung trat am 4. März 1789, nach der Ratifizierung durch alle 13 ehemaligen Kolonien in Kraft, und auf ihrer Grundlage wurde **George Washington** einstimmig zum **ersten Präsidenten der USA** gewählt. 1791 wurden die ersten zehn Verfassungsergänzungen (*Amendments*) verabschiedet. In dieser „**Bill of Rights**" wurden die grundsätzlichen Menschenrechte wie Unverletzbarkeit von Eigentum und Person, Presse- und Versammlungsfreiheit sowie freie Religionsausübung gewährleistet.

Bill of Rights

1793 wurde **George Washington** wiedergewählt und als Bundeshauptstadt Washington, D. C. (District of Columbia) bestimmt, das ab 1800 Sitz des Präsidenten und des Kongresses wurde. Zu dieser Zeit lebten rund 4 Mio. Menschen in Amerika, es gab nur fünf Städte mit mehr als 10.000 Einwohnern. Im Jahr 1796 beendete Washington seine Amtszeit, nicht ohne in seiner Abschiedsrede den Amerikanern zu raten, sich nicht in europäische Angelegenheiten einzumischen – was wenig später jedoch nicht beherzigt wurde.

Auf **John Adams** (1797-1801) folgte **Thomas Jefferson** als dritter US-Präsident. In seine Amtszeit fiel 1803 der Erwerb des französischen Territoriums (*Lousiana Purchase*), das die heutigen Bundesstaaten Arkansas, Nebraska, Missouri, Iowa, South Dakota, den größten Teil Oklahomas und Kansas sowie Teile des heutigen North Dakota, Montana, Wyoming, Colorado, Minnesota sowie Louisiana einschloss. Auf einen Schlag konnten die Vereinigten Staaten für den lächerlichen Betrag von $ 15 Mio. ihr Staatsgebiet verdoppeln.

Louisiana Purchase

Kurze Zeit später griffen europäische Auseinandersetzungen auf den amerikanischen Kontinent über. Der **britisch-französische Krieg** um die Vorherrschaft in Europa hatte 1806 zur Kontinentalsperre sowie zur britischen Gegenblockade 1807 geführt – seit dem Unabhängigkeitskrieg waren nämlich Frankreich und die USA stets Verbündete. Amerikanische Handelsschiffe konnten fortan die wichtigsten europäischen Häfen nicht mehr anlaufen, worunter die Wirtschaft der Neuen Welt in

INFO Die politischen Staatsorgane und ihre Aufgaben

„We, the people of the United States, in order to form a more perfect Union, establish justice, insure domestic tranquility, provide for the common defense, promote the general welfare, and secure the blessings of liberty to ourselves and our posterity, do ordain and establish this Constitution for the United States of America."

(„Wir, das Volk der Vereinigten Staaten, getragen vom Willen, die Union zu vervollkommnen, Gerechtigkeit zu schaffen, inneren Frieden zu gewährleisten, für eine gemeinsame Verteidigung zu sorgen, das allgemeine Wohl zu fördern sowie uns und unseren Nachfahren den Segen der Freiheit zu bewahren, begründen und widmen den Vereinigten Staaten diese Verfassung.")

Die Rolle des Präsidenten – die Exekutive

Der Präsident wird auf vier Jahre über Wahlmänner (Elektoren), und nicht vom Volk gewählt. Eine Wiederwahl ist nur einmal möglich, und bei seinem Tod rückt der Vizepräsident automatisch nach. Der US-Präsident ist gleichzeitig Staats- und Ministerpräsident. Er ist für die Bildung seiner Regierung verantwortlich und kann dabei auch auf qualifizierte Personen anderer Parteien oder auf Parteilose zurückgreifen. Der Präsident ist Oberbefehlshaber des Militärs, allerdings ist eine eventuelle Kriegserklärung Sache des Kongresses.

Die beiden großen Parteien, Demokraten und Republikaner, bestimmen auf den Nationalkonventen im Sommer des Wahljahres ihre Präsidentschaftskandidaten. In einer Mischung aus basisdemokratischem Vorgang und Show werden die beiden Parteikandidaten bestimmt. Wenige Staaten, wie Iowa, machen dies mit einem *Caucus*, wo auf offenen Parteiveranstaltungen Wahlmänner gewählt werden. In den meisten Staaten finden hingegen geheime Wahlen, *Primaries*, statt. Die Zahl der Wahlmänner aus jedem der 50 Bundesstaaten hängt von der Größe des entsprechenden Staates ab. Sie bestimmen dann abschließend im Sommer auf einem großen Parteikonvent den Kandidaten.

Die Rolle des Kongresses – die Legislative

Der Kongress setzt sich aus dem **Senat** und dem Repräsentantenhaus zusammen. Unabhängig von seiner Größe entsendet jeder Bundesstaat für jeweils sechs Jahre zwei Senatoren in den Senat, insgesamt sind es also 100. Alle zwei Jahre wird jeweils ein Drittel der Senatoren direkt vom Volk neu gewählt. Der Senat hat insbesondere bei außenpolitischen Fragen eine starke Stellung. Der US-Präsident benötigt eine Zweidrittelmehrheit im Senat, um internationale Verträge abschließen zu können, und auch die Benennung hoher Beamte sowie Richter bedarf der Zustimmung durch den Senat.

Im **Repräsentantenhaus** sind die Bundesstaaten proportional zu ihrer Bevölkerungsgröße vertreten. Die Zahl von 435 Abgeordneten ist seit 1912 konstant, wobei sie jeweils für vier Jahre amtieren, aber alle zwei Jahre eine Hälfte neu gewählt wird. Das Repräsentantenhaus hält aufgrund seiner Stimmenmehrheit insbesondere bei Budgetverhandlungen eine Schlüsselstellung inne.

2. USA-Nordosten: Land und Leute – Historischer Überblick

> **Die Rolle des Gerichtswesens – die Jurisdiktion**
> Dem unabhängigen Gerichtswesen steht der **Oberste Gerichtshof** (*Supreme Court*) vor. Er kann im Bedarfsfall die Verfassungsmäßigkeit aller politischen Entscheidungen überprüfen und ist damit die Kontrollinstanz gegenüber Präsident und Kongress. Der Präsident benennt die Richter des Obersten Gerichtshofes in Beratung und mit Zustimmung des Senats.

wachsendem Umfang litt. Im **Krieg gegen Großbritannien** (1812-14) versuchten die Vereinigten Staaten, sich Kanada einzuverleiben, doch aufgrund der zu kleinen und schlecht ausgerüsteten Armee unterlagen sie und konnten u. a. die Besetzung von Washington, D. C. und die Zerstörung von Kapitol und Weißem Haus nicht verhindern. Diese Schmach im Norden machte die amerikanische Armee während des Kampfes um New Orleans wett und errang damit einen wichtigen psychologischen Sieg. Erst der **Frieden von Gent** sicherte 1814 den Vorkriegszustand und beendete die Feindschaften zwischen Großbritannien und den USA.

Frieden von Gent

Die Besiedlung des Westens

Nach einer militärischen Forschungsreise unter den Offizieren *Meriwether Lewis* und *William Clark* im Auftrag von Präsident *Jefferson* 1804-06 begann die Erschließung und Besiedlung des „**Wilden Westens**". Die *frontier*, jene Grenze, bis zu der die Siedler sesshaft geworden waren, verschob sich weiter westwärts. Der große Zug nach Westen setzte bereits zu Anfang des 19. Jh. ein: Hohe Geburtenraten in den Staaten an der Ostküste sowie ein nicht abreißender Einwandererstrom aus Europa – 1825 waren über 10.000, 1854 bereits über 4 Mio. Menschen zugewandert – förderte die zunehmende Besiedlung der fruchtbaren, verheißungsvollen Gebiete des mittleren und pazifischen Westens. Die Inanspruchnahme des Indianerlandes erfolgte dabei in mehreren Stufen: von Forschern, Trappern und Händlern über Handelsposten bis zu „normalen" Siedlern, Handwerkern, Kaufleuten und anderen Berufen. Hier war wieder einmal der sprichwörtliche Pioniergeist der Kolonisten gefragt – nicht Herkunft, sondern Leistung war maßgeblich.

Lewis & Clark auf ihrem Weg in den „Wilden Westen"

Die Besiedlung des Westens war zugleich die Zeit der Auseinandersetzungen mit den **Indianern**. Hatte *Jefferson* noch edle Pläne und träumte davon, ihnen das Land zu überlassen, überrollten Glücksritter und Siedler schon bald das Indianerland. Dezimiert durch eingeschleppte Krankheiten und erschöpft vom verzweifelt geleisteten militärischen Widerstand, verschlechterten sich die Lebensbedingun-

Besiedlung des Westens

gen der Indianer zusehends. Mit der Ausrottung der vormals riesigen Büffelherden hatte man die einst stolzen „Herren der Prärie" ihrer Lebensgrundlagen beraubt; sie wurden in Reservate gepfercht bzw. umgesiedelt.

Ausbau der Infrastruktur

Bald schon machten die neuen Siedlungsräume Verkehrsverbindungen nötig, um mit der „Zivilisation" des Ostens in Verbindung zu bleiben. **Überlandstraßen** wurden gebaut, als erste Westverbindung die *Cumberland Road*, die bereits 1818 Cumberland in Maryland mit Vandalia in Illinois verband. Ihr folgten weitere Straßen im ganzen Osten und dann auch entlang der alten Siedlertrails, wie dem *Oregon* oder *California Trail*, im Westen. Der **Erie-Kanal** (Bauzeit 1817-25) verband schließlich den Hudson River und den Atlantik mit den Großen Seen. Um 1850 waren die Gebiete an der Ostküste zudem durch **Eisenbahnlinien** verbunden. Als am **10. Mai 1869** die erste Transkontinentalverbindung mit dem symbolischen Zusammentreffen der Bautrupps von *Union* und *Central* (später *Southern*) *Pacific Railroad* bei Promontory, Utah, gefeiert wurde, war ein weiterer entscheidender Schritt zur Besiedlung des Westens getan.

Der Nord-Süd-Konflikt

Parallel zur infrastrukturellen Erschließung verlief der wirtschaftliche Aufschwung, der sich zunächst aber auf die Nordost- und Oststaaten beschränkte: Der Überseehandel blühte auf, ebenso Schiffbau und Fisch- bzw. Walfang. In den **Neuengland-Staaten** entwickelte sich eine produktive Textilindustrie, und in Massachusetts gab es bereits 1814 eine kombinierte Spinnerei und Weberei. Hier erfand 1793 *Eli Whitney* die Baumwollentkernungsmaschine, welche ab 1800 in Serie hergestellt wurde, und *Cyrus McCormick* die Erntemaschine – beides wichtige Impulse für die expandierende Farmwirtschaft.

Schwelender Nord-Süd-Konflikt

Sowohl die industrielle als auch die landwirtschaftliche Produktion stiegen steil an. Gleichzeitig wuchs die **Diskrepanz zwischen den Nordoststaaten und dem Süden**: In den Südstaaten herrschte ein aristokratisch gesonnener Landadel, dem riesiger Grund gehörte und der auf pompösen Landsitzen residierte. Auf Großplantagen wurden, basierend auf der billigen Arbeitskraft der Sklaven, Baumwolle, Tabak und Zuckerrohr angebaut. In den nördlichen Staaten war die Gesellschaftsstruktur differenzierter: Hier lebten Geschäftsleute, Industrielle, Bankiers, Industriearbeiter und Farmer und das demokratische Gedankengut war fester verankert.

Zum zentralen Streitpunkt zwischen Nord und Süd eskalierte die **Sklavenfrage**. Die ersten Präsidenten der USA hatten noch darauf gehofft, dass sich das Problem von selbst lösen würde. *Washington* hatte in seinem Testament die Freilassung seiner Sklaven bestimmt und *Jefferson* 1808 den Sklavenhandel verboten. 1619 erstmals nach Amerika verschifft, lebten zu diesem Zeitpunkt schon über 1 Mio. Sklaven in den USA und stellten ein Viertel der Gesamtbevölkerung. 1818 gab es in den Vereinigten Staaten zehn Bundesstaaten mit Sklavenhaltung und elf „freie" Bundesstaaten.

2. USA-Nordosten: Land und Leute – Historischer Überblick

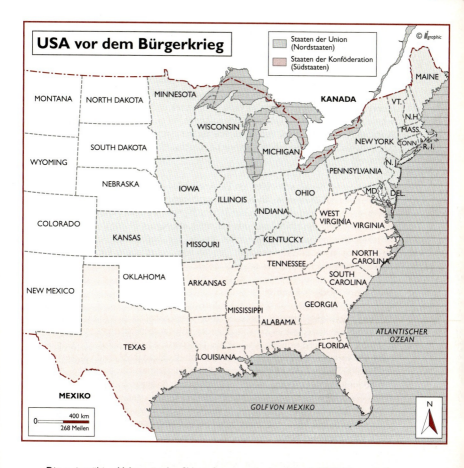

Die zwiespältige Haltung in der Sklavenfrage wurde deutlich, als 1820 Missouri als neuer Bundesstaat aufgenommen werden sollte. Im **Missouri-Kompromiss** spielte schließlich die 1763-67 gezogene **Mason-Dixon-Line** entlang dem 39. Breitengrad als Trennlinie zwischen sklavenhaltenden und sklavenfreien US-Staaten eine entscheidende Rolle. So wurde Missouri erlaubt, Sklaven zu halten, was dort und im benachbarten Kansas in den 1860er Jahren zu bürgerkriegsähnlichen Zuständen führte.

Mason-Dixon-Line

In den Jahren 1832/33 waren bereits erste Gruppen von „**Abolitionisten**", d. h. Zusammenschlüsse von Gegnern der Sklaverei, entstanden, die 1854 die *Republikanische Partei* gründeten. Die Abschaffung der Sklaverei wurde zum heißen Eisen, und vor allem die Staaten mit großen Plantagen (Virginia, Georgia, North und South Carolina) waren um ihren wirtschaftlichen Wohlstand besorgt.

Der amerikanische Bürgerkrieg (Sezessionskrieg)

Als 1860 der Republikaner und Abolitionist *Abraham Lincoln* zum Präsidenten gewählt wurde, brach der Konflikt zwischen den Süd- und Nordstaaten in aller Schärfe aus. Aus Protest gegen seine Wahl schied zunächst Ende 1860 South Carolina aus der Union aus. Im ersten Halbjahr 1861 folgten Mississippi, Florida, Alabama, Georgia, Lousiana, Texas, Virginia, Arkansas, Tennessee und North Carolina. Formell wurde die Spaltung am 4. Februar 1861 vollzogen, als sich die Abtrünnigen zu den **Konföderierten Staaten von Amerika** zusammenschlossen und *Jefferson Davis* zum Präsidenten wählten. Hauptstadt wurde zunächst Montgomery (Alabama), dann Richmond (Virginia).

Kriegsbeginn

Als die Konföderierten schließlich am **12. April 1861 Fort Sumter** (Charleston) angriffen und die Unionstruppen von dort vertrieben, war der Bruderkrieg vorprogrammiert. Anfangs wurde die Auseinandersetzung noch als „sportlicher Wettstreit" betrachtet, doch der zahlen- und materialmäßig überlegene Norden musste rasch einsehen, dass der zusammengewürfelte Haufen mit den *Confederates* sich bravourös wehrte und seine Erfolge vor allem den genialen Schachzügen von erfahrenen Befehlshabern wie *Robert E. Lee* oder „*Stonewall*" *Jackson* zu verdanken hatte.

Vier Jahre blutiger Konflikt

Der Sezessionskrieg zog sich insgesamt **über vier Jahre**, bis zum April 1865, hin und stellte auf allen Gebieten der Kriegsführung, von der technischen Ausrüstung bis hin zu den Menschenverlusten, alles bislang Dagewesene in den Schatten. Frappierend war vor allem die Brutalität der Kämpfe und das Elend im Umfeld. Von den etwa 260.000 Soldaten der Konföderierten, die im Bürgerkrieg starben, kamen „nur" 94.000 im Kampf ums Leben, die große Masse starb hingegen an Krankheiten, Erschöpfung oder in Gefangenschaft. Nach neuesten Forschungen wurde von 40 Soldaten nur einer im Kampf getötet, einer von zehn starb an einer Krankheit und ein Zehntel wurde gefangen genommen. Jeder siebte Gefangene überlebte die primitiven Haftbedingungen nicht.

Überlegenheit der Union

Beide Seiten waren nicht auf einen derart langen Krieg vorbereitet gewesen, doch letztendlich brachten die 23 unionstreuen Bundesstaaten, zu denen alle im Nordosten gehörten, die **besseren Voraussetzungen** für einen Sieg mit, allein zahlenmäßig: Schließlich lebten im Norden 22 Mio. Menschen, im Süden nur 9 Mio. Zudem war die Rüstungsindustrie vor allem im Norden ansässig und auch Kapital stand dort reichlicher zur Verfügung als im Süden. Je länger die Auseinandersetzungen dauerten, umso stärker konnten die Unionstruppen ihre Überlegenheit ausspielen, erst recht, als auf Unionsseite ab 1863 General *Ulysses S. Grant* als Oberbefehlshaber dem Konföderierten-Chef General *Robert E. Lee* gegenüberstand.

Eine Seeblockade sowie das Nichteingreifen der Franzosen und Briten in den „Bruderkampf" brachten die Wende. Die **Einnahme von Vicksburg und die Schlacht bei Gettysburg** machten das Jahr **1863** zum Schicksalsjahr. Der berühmt-berüchtigte Marsch von General *William T. Sherman* von Tennessee durch Georgia an die Küste – der **March to the Sea** – von Mai bis Juli 1864 und die damit verbundene Zerstörung der Nachschubbasis der Konföderierten, Atlanta, brach den letzten Widerstand. Von Atlanta bis Savannah am Atlantik war ein 100 km breiter Streifen total verwüstet und die nördlichen von den südlichen Bundesstaaten abgetrennt worden. Die auseinander fallende Konföderation und deren Heer unter *General Lee* **kapitulierte** schließlich nach langwierigen Rückzugsgefechten am **9. April 1865 in Appomattox**, Virginia, nahe der alten Südstaatenhauptstadt Richmond.

Das Schlachtfeld von Manassas, wenige Kilometer westlich von Washington

Wiederaufbau nach dem Sezessionskrieg

Die Einheit der Nation konnte somit wiederhergestellt werden und die Sklaverei war nominell abgeschafft. Im Jahr 1863 erklärte *Abraham Lincoln* im *Emancipation Act* alle 3 Mio. Sklaven in den Südstaaten für frei. Doch der Süden als politischer und wirtschaftlicher Verlierer auf der einen Seite und der triumphierende Norden auf der anderen Seite waren nach Kriegsende nicht automatisch versöhnt. Abgesehen von den hohen Verlusten an Menschenleben auf beiden Seiten waren das Land in eine Finanz- und Wirtschaftskrise gestürzt, die nationale Verschuldung enorm gestiegen und die Phase des Wiederaufbaus, der „**Rekonstruktion**", wie jene Jahre von 1865 bis 1877 genannt wurden, gestaltete sich höchst schwierig.

Rekonstruktion

Am 14. April 1865 wurde **Präsident Abraham Lincoln,** der stets auf Ausgleich bedacht war, von einem fanatischen Südstaatler in Washington, D. C. erschossen. Es folgte die Zeit der radikalen Republikaner, die vor allem die Interessen der Großunternehmer und des Kapitals vertraten, und die **politische Szene in den Südstaaten** änderte sich schlagartig; man fiel in die frühe Kolonialzeit zurück. *Carpetbaggers*, Geschäftemacher aus dem Norden, *Scalawags*, mit ihnen kooperierende Südstaatler, freie Schwarze, die weder des Schreibens noch des Lesens kundig waren, aber in politische Ämter drängten, und das Nordstaatenmilitär beherrschten das Land – häufig mit dubiosen Mitteln. Folgen waren eine **Verarmung des Landvolkes** und eine starke Opposition in der alten Oberschicht. Der **Klu-Klux-Klan,** ein Geheimbund, entstand, verübte zahlreiche Terroranschläge und versetzte die afroamerikanische Bevölkerung in Angst und Schrecken.

Eine politische Wende – die Demokratische Partei gewann wieder an Boden und mit ihr die Landwirtschaft – und das Ende der Besatzung ermöglichten 1876 die **Rückkehr der Südstaaten in die Union.** Sofort begannen die konservativen Kräfte, die alten Plantagenfamilien, wieder die Macht an sich zu reißen, unterstützt von einer

Rückkehr des Südens in die Union

neuen Schicht von Händlern und Kaufleuten. Vor allem die Großgrundbesitzer hatten jedoch enorm gelitten und es kam teils zwangsläufig zur Aufspaltung in Mittel- und Kleinbetriebe. Vor dem Bürgerkrieg hatte die durchschnittliche Betriebsgröße noch über 1.000 Morgen betragen, um 1875 waren nur noch 153 geblieben. Auch die ärmeren Weißen und befreiten Sklaven konnten nun, zumindest theoretisch, Grund erwerben, zumeist bewirtschafteten sie das Land jedoch nur als **rechtlose Pachtbauern** (*share-cropper*). Es ging ihnen häufig nicht viel besser als den Sklaven zuvor – sie erhielten keinen Lohn, stattdessen Unterkunft und Geräte sowie einen Anteil an der Ernte. Es dauerte, doch die **Landwirtschaft** erholte sich wieder und zur Baumwolle kam die Textilindustrie, der Tabakanbau wurde intensiviert. Es entwickelte sich allmählich auch im Süden mit sich verbessernden Bildungschancen eine breitere Mittelklasse. Ein allmählicher Anschluss an die Nordstaaten schien in Aussicht, doch letztlich verstanden es die Konservativen, die kürzlich aufgehobenen Rassenschranken wieder aufzurichten – unter dem Motto „*seperate-but-equal*" („gleich, aber getrennt").

Zeit der Hochindustrialisierung („Gilded Age")

Wirtschaftlicher Aufschwung

Die weitere Entwicklung der Vereinigten Staaten wurde nach Beendigung des Bürgerkrieges durch die zunehmende Erschließung des Westens geprägt. Der **wirtschaftliche Aufschwung** nahm in der zweiten Hälfte des 19. Jh. gigantische Formen an. Eine immer bessere Verkehrserschließung, riesige Rohstoffvorkommen, eine durch Einwanderung erhöhte Zahl an Arbeitskräften, ein großer Binnenmarkt und staatliche Schutzzölle ließen den **freien Wettbewerb** explodieren. Viele **Erfindungen** sorgten für zusätzliche Dynamik: der Telegraf von *Samuel F. B. Morse* (1837), das Telefon (*Alexander Graham Bell*, 1876), die Schreibmaschine (*Christopher L. Sholes* für *Remington*, 1873) und die wegweisenden Erfindungen von *Thomas A. Edison*. *John B. Dunlop* erfand 1888 den pneumatischen Reifen, und *Henry Ford* stellte 1892 das erste Auto vor.

Im Kontext damit kam es zu ersten Zusammenschlüssen und **Trust-Bildungen**, zunächst bei den Eisenbahngesellschaften, später übergreifend auf die Erdöl- und Stahlindustrie. 1890 griff die Regierung zum Instrument des *Anti-Trust-Law*, einer Art Kartellgesetz, das wettbewerbseinschränkende Zusammenschlüsse von Unternehmen untersagte. Die Arbeitnehmer, auf der anderen Seite, nahmen in **gewerkschaftsähnlich organisierten Formen** national bereits ab 1866 ihre Interessen wahr. Im Vordergrund standen der Kampf um einen Acht-Stunden-Tag und das Verbot von Kinderarbeit. Die verschiedenen Bewegungen wurden 1886 im Dachverband *Federation of Labor* zusammengefasst.

Die USA werden Weltmacht

Monroe-Doktrin

Die wirtschaftliche Dominanz ließ die Vereinigten Staaten von Amerika auch auf der internationalen Bühne aktiver werden. Bislang war die **Monroe-Doktrin** für die amerikanische Außenpolitik maßgebend gewesen, jene Rede, in der Präsident *James*

2. USA-Nordosten: Land und Leute – Historischer Überblick

Monroe 1823 festgelegt hatte, dass sich die USA nicht in europäische Belange einmischen und dass europäische Interessen nicht auf amerikanischem Boden ausgetragen werden dürfen.

Diese **Politik des Isolationismus** wurde immer mehr gelockert, speziell im Zuge einiger Zwischenfälle: 1895 war es in **Kuba** zu einem Aufstand gegen die spanische Kolonialmacht gekommen. Die US-Wirtschaft hatte hier erheblich investiert und sah nun ihre Einlagen gefährdet. Als das US-Schiff „Maine" 1898 im Hafen von Havanna aus ungeklärter Ursache sank, erklärten die USA Spanien den Krieg. Im *Frieden von Paris* (10.12.1898) verzichtete Spanien daraufhin auf Kuba, Puerto Rico und Guam. 1898 annektierten die USA dann Hawaii, Puerto Rico und Guam und die Philippinen wurden als pazifischer Stützpunkt angegliedert.

Immer stärker verstanden sich die USA als **internationale Polizeimacht**. So musste 1902 Kuba den USA Hoheitsrechte einräumen, und als 1903 Panama gegründet wurde, behielten sich die USA Schutzrechte vor, um den Bau des Panama-Kanals abzusichern. 1904 deklarierte Präsident *Theodore Roosevelt* das Recht der USA, sich auch in die inneren Angelegenheiten lateinamerikanischer Staaten einzumischen, um Interventionen europäischer Mächte zu verhindern. Auf dieser Grundlage besetzten die USA 1914-24 die Dominikanische Republik, intervenierten 1914-17 in Mexiko, 1921 in Guatemala, in Honduras 1911, 1913 und 1924/25, in Nicaragua 1912-25 sowie 1927-36 und mischten sich im Pazifik und in Asien als Ordnungsmacht ein. 1900 wurde gemeinsam mit den europäischen Großmächten der *chinesische Boxeraufstand* niedergeworfen.

Die USA als Polizeimacht

Innenpolitisch waren die USA um die Jahrhundertwende von **starken sozialen Spannungen** geprägt. Die monopolistischen Zusammenschlüsse in der Wirtschaft wurden während der Präsidentschaft von *Theodore Roosevelt* (1901-09) heftig bekämpft. In diesen Jahren hatte die **Landwirtschaft** ihre Expansionsmöglichkeiten ausgeschöpft und war dem anhaltenden Zustrom von Einwanderern nicht mehr gewachsen. Diese drängten nun in die Städte, die aus allen Nähten platzten, und die negativen Folgen von Arbeitslosigkeit, Wohnungsnot und Armut nahmen ungeahnte Formen an. Die Quellen dieser sozialen Fehlentwicklungen (Korruption, schrankenloser Kapitalismus, fehlende soziale Absicherungen, Mangel an Arbeitsplätzen) wurden bis heute nur teilweise behoben.

Die Rolle der USA in den Weltkriegen

Beim Ausbruch des **Ersten Weltkrieges** im Jahr 1914 blieben die Vereinigten Staaten zunächst neutral, doch im Folgejahr bahnte sich ein Stimmungswandel an: Das mit Kriegsmaterial beladene britische Passagierschiff „Lusitania" und die „Arabic" wurden durch deutsche U-Boote versenkt, dabei fanden auch amerikanische Staatsbürger den Tod. Als *Woodrow Wilson* 1916 zum Präsidenten wiedergewählt wurde, versuchte er zunächst erfolglos zwischen den kriegführenden Parteien zu vermitteln. Die USA begannen daraufhin aufzurüsten, griffen aber zunächst nicht ein. Erst als 1917 Deutschland den uneingeschränkten U-Boot-Krieg

Erster Weltkrieg

erklärte und deutsche Planungen eines Krieges mit den USA bekannt wurden, kam es zu einer Wende.

Kriegs-eintritt der USA

Am **6. April 1917** erklärte Amerika dem Deutschen Reich den Krieg. In den USA wurde daraufhin der Lebensmittel- und Kraftstoffverbrauch rationiert sowie die allgemeine Wehrpflicht eingeführt. Bereits 1917 kämpften US-Truppen unter dem Befehl General *John Joseph Pershings* an der Seite der europäischen Verbündeten. Bis Kriegsende hatten die USA etwa 2 Mio. Soldaten an die Fronten geschickt, knapp 120.000 Tote hieß die traurige Bilanz auf US-Seite.

Bis zum Kriegsende verfolgte Präsident *Wilson* seine **Maxime** des „**Friedens ohne Sieg**". In einem 14-Punkte-Programm entwarf *Wilson* 1918 eine Vision vom Weltfrieden, von einer freiheitlich-demokratisch orientierten Weltordnung und befürwortete die Gründung eines Völkerbundes. Seine Thesen beinhalteten u. a. das Selbstbestimmungsrecht aller Völker, die Räumung und Rückgabe aller besetzten Gebiete, Abrüstung, Freiheit auf allen Weltmeeren und Abbau von Handelsbeschränkungen sowie Vertragsabschlüsse zwischen den einzelnen Nationen, um sich gegenseitig politische Unabhängigkeit sowie Staatsgebiete zu garantieren. Der daraufhin entstandene Völkerbund konnte sein friedenstiftendes Ziel allerdings nicht erreichen – selbst die USA traten ihm nämlich nicht bei.

Zwischen den beiden Weltkriegen

„Goldene Zwanziger"

Nach dem Ersten Weltkrieg war die Stellung der USA als **führende Industriemacht** unangefochten. Die folgenden „Goldenen Zwanziger" – *The Fabulous (Golden) Twenties* – initiierten einen neuerlichen Wirtschaftsaufschwung. Unter Präsident *Calvin Coolidge* (1923-29), der behauptete *„Amerikas Geschäft ist das Geschäft"* und *„Reichtum ist der Hauptzweck des Menschen"*, wurden die ohnehin privilegierten Kreise weiter begünstigt. 1926 kam es zu einer Steuersenkung für Großverdiener, die Antimonopolgesetze wurden z. T. aufgegeben und die Bildung großer Aktiengesellschaften ermöglicht.

„Schwarzer Freitag"

Ende der 1920er Jahre war der Binnenmarkt durch Massenproduktion weitgehend gesättigt, der Kreditmarkt aufgebläht. Am **24. Oktober 1929** brach das wirtschaftliche Kartenhaus zusammen: Als **„Schwarzer Freitag"** ging der Absturz der Aktien an der New Yorker Börse in die Ge-

Franklin D. Roosevelt Memorial, Washington, D. C.

schichte ein. Eine bisher nicht dagewesene **Depression** erschütterte die USA und in der Folge auch die anderen führenden Wirtschaftsmächte. Das Bruttosozialprodukt sank von $ 85 Milliarden im Jahr 1929 auf 37 im Jahr 1932 und ein Drittel der

Beschäftigten verlor den Arbeitsplatz. Waren es 1930 8 Mio. Arbeitslose, zählte man 1932 bereits 15 Mio.

Präsident *Herbert Clark Hoover* (1929-33) versuchte mit allen ihm zur Verfügung stehenden staatlichen Mitteln die Rezession einzudämmen. Großbauten wie der *Hoover Damm* in Colorado wurden in Angriff genommen, den Unternehmen staatliche Kredite gewährt und die Zölle erneut erhöht – doch alles half nicht viel. Erst mit der Präsidentschaft des Demokraten *Franklin Delano Roosevelt* (1933-45) und seiner Verkündigung des **New Deal Program** wendete sich das Blatt. Erstmals in der US-Geschichte griff damit der Staat lenkend in die Wirtschaft ein, kontrollierte große finanzielle Transaktionen, garantierte Bankeinlagen bis $ 10.000 und förderte das Großprojekt *Tennessee Valley Authority* (TVA) – den Bau von Staudämmen, Wasserkraftwerken und damit Industrieansiedlungen im bis dahin als Notstandsgebiet geltenden Tennessee-Tal – und andere Arbeitsbeschaffungsmaßnahmen.

New Deal

Der US-Dollar wurde 1934 über die Hälfte abgewertet, Besserverdienende höher besteuert und der Bau bzw. die Sanierung öffentlicher Gebäude in Angriff genommen. Die notleidende Landwirtschaft wurde massiv unterstützt (Produktionsbeschränkung bei Überangebot; Maßnahmen zur Beseitigung der Bodenerosion; staatliche Kredite an Landwirte), die Sozialgesetzgebung durch die Einführung von *Social Security* verbessert. **Folge dieser Politik** war ein starker Widerstand von Seiten der Unternehmerschaft und der Besitzenden, doch am Ende konnte die Krise bewältigt werden. 1936 wurde Präsident *Roosevelt* trotz erheblichem Widerstand aus den Wirtschaftskreisen wiedergewählt.

Der Zweite Weltkrieg

Auch nach dem Einmarsch der deutschen Truppen in Polen im September 1939 erklärten die USA ihre Neutralität auf dem europäischen Kriegsschauplatz. Erst als Dänemark und Norwegen von den Deutschen besetzt, Belgien, die Niederlande und Frankreich angegriffen wurden und es zum Dreimächtepakt (Deutschland-Italien-Japan) kam, sahen sich die Vereinigten Staaten gezwungen, ihre neutrale Haltung aufzugeben. Da die Kriege in Europa und Asien so stark ineinander verflochten waren, konnte man sich nicht länger heraushalten.

Die **Wende in der amerikanischen Haltung** nahm Anfang 1941 Gestalt an. *Roosevelt* verkündete in seiner Neujahrsbotschaft die **„Vier Freiheiten"**: Freiheit der Rede und Meinungsäußerung; Freiheit in der Religionsausübung; Freiheit von Hunger und Freiheit von Not und Furcht. Bald darauf trat der **Lend-Lease Act** in Kraft. Er gestattete dem Präsidenten, jene Länder mit kriegswichtigen Dingen zu versorgen, die für die Verteidigung der Vereinigten Staaten große Bedeutung hätten. Im Rahmen dieses Gesetzes gaben die USA bis 1946 insgesamt $ 50 Mio. aus, der Großteil floss an Großbritannien, später auch an die Sowjetunion.

USA im Zweiten Weltkrieg

Am **7. Dezember 1941** kam es zum verhängnisvollen japanischen Überraschungsangriff auf den US-Navy-Stützpunkt in **Pearl Harbor** auf Hawaii. Einen Tag später erklärten die USA den Japanern den Krieg und am 11. Dezember erwiderten die

USA die Kriegserklärung an Deutschland und Italien. Anlässlich der **Konferenz von Casablanca** (14.-21.1.1943) einigten sich *Roosevelt* und *Churchill* auf die Landung alliierter Truppen in Italien sowie in Frankreich und beschlossen, den Krieg bis zur absoluten Kapitulation des Gegners zu Ende zu führen.

Konferenz von Casablanca

Im November 1943 trafen sich auf der **Konferenz von Teheran** *Roosevelt, Churchill* und erstmals auch *Stalin*. Im Vordergrund standen Überlegungen, gemeinsam den Gegner zu besiegen. General *Eisenhower* wurde zum Oberbefehlshaber der alliierten Streitkräfte ernannt. Am 6. Juni 1944 gelang den Alliierten die **Landung in der Normandie**. Über 2,8 Mio. Soldaten und alles erdenkliche Kriegsgerät wurden eingesetzt. Die deutsche Wehrmacht konnte sich nur vorübergehend im Verlauf der Ardennenoffensive (Dezember 1944) gegen die alliierte Übermacht wehren. Das Jahr 1945 wurde kriegsentscheidend: Auf der **Konferenz von Jalta** stimmten sich *Roosevelt, Churchill* und *Stalin* ab, Anfang März überschritten US-Truppen bei Remagen den Rhein, am 25. April begegneten sich erstmals amerikanische und sowjetische Truppen an der Elbe. Schließlich **kapitulierte das Deutsche Reich am 7. Mai 1945** bedingungslos. In der Zwischenzeit war dem im April verstorbenen Präsidenten *Roosevelt* Vizepräsident **Harry S. Truman** gefolgt.

Heftig wurde in der Folge darüber diskutiert, was mit dem besiegten Deutschland geschehen solle. Der amerikanische Finanzminister **Henry Morgenthau** stellte einen nach ihm benannten Plan auf, der besagte, dass die deutsche Industrie völlig vernichtet und Deutschland zu einem reinen Agrarland umgestaltet werden solle – doch auf Druck amerikanischer und britischer Politiker wurde der Plan aufgegeben.

Morgenthau-Plan

Im Juli 1945 gelang den Amerikanern die Zündung der ersten Atombombe. Im gleichen Monat einigten sich auf der **Potsdamer Konferenz** (17.7.-2.8.) *Truman, Churchill* und *Stalin* in der Aufteilung Deutschlands in Besatzungszonen. Zwischenzeitlich gingen die Kämpfe auf dem **japanischen Kriegsschauplatz** weiter, und um den Widerstand der Japaner endgültig zu brechen, entschlossen sich die USA zum Abwurf von **Atombomben**: Am 6. August 1945 wurde **Hiroshima** vernichtet (etwa 200.000 Tote) und am 2. September 1945 zerstörte eine zweite Atombombe **Nagasaki** (etwa 70.000 Tote). Am gleichen Tag kapitulierten die Japaner.

Aufstieg zur globalen Ordnungsmacht

Schon in den beiden letzten Kriegsjahren wurde den Amerikanern bewusst, dass in Europa nicht nur verschiedene Nationalitäten, sondern vor allem auch unterschiedliche Gesellschaftssysteme aufeinander trafen: Kapitalismus und Kommunismus. Lange vor Beendigung des Weltkrieges entwarfen die Amerikaner verschiedene Pläne für das Nachkriegseuropa. *Roosevelt* und seinem Außenminister *Hull* schwebte ein freihändlerisches, kapitalistisch geprägtes Weltwirtschaftssystem vor, das es möglich machen sollte, gefährliche Weltwirtschaftskrisen zu verhindern und den Frieden zu stabilisieren.

Doch es wurde immer deutlicher, dass sich in der Sowjetunion ein konträres Gesellschaftssystem mit antikapitalistischen und undemokratischen Zügen entwickelt hatte. *Truman* war der erste Präsident, der diesen Gegensatz Ost-West offen artikulierte und der „Freien Welt" den **„Weltkommunismus"** entgegenstellte. In der **„Truman-Doktrin"** sagte er 1947 allen bedrohten freien Völkern die Hilfe der Vereinigten Staaten zu. Es begann eine Phase, in der jede der beiden Weltmächte versuchte, ihre Einflussbereiche vor dem Zugriff der anderen Seite zu sichern. Es kam zum **Kalten Krieg**, der in begrenzten Konfrontationsräumen durchaus „heiß" wurde, z. B. in Korea.

Truman-Doktrin

Die USA bedienten sich im Kalten Krieg neuer Mittel, um ihre Einflussnahme zu sichern. In diesen Zusammenhang fällt die **Gründung der NATO** (*North Atlantic Treaty Organization*) im Jahr 1949, mit der sich die USA zum ersten Mal in ihrer Geschichte militärisch mit anderen Staaten verbanden. Ebenso versuchte man mit dem **„Marshall-Plan"**, benannt nach dem amerikanischen Außenminister *George Marshall*, Sympathien zu gewinnen. Er sah massive wirtschaftliche Hilfen für die westeuropäischen Staaten vor. Bis 1951 vergaben die USA im Rahmen dieses Projektes $ 13 Milliarden. Als wohl wichtigste außenpolitische Nachkriegsentwicklung war festzuhalten, dass die USA ihre isolationistische Position zugunsten einer Bündnispolitik aufgegeben hatten.

USA und UdSSR im Wettstreit

Die Etablierung der neuen Militärbündnisse – der *NATO* im Westen und des *Warschauer Pakts* im Osten (ab 1955) – führte dazu, dass ein **Wettrüsten** auf beiden Seiten einsetzte. Um das viel zitierte „Gleichgewicht des Schreckens" aufrechtzuerhalten, traten beide Machtblöcke in eine kostenintensive Phase der Hochrüstung: Atombomben, Langstreckenbomber und sonstiges schreckliches Kriegsgerät wurden entwickelt, um jeweils der anderen Seite Stärke und Überlegenheit zu demonstrieren.

Wettrüsten

Unerwartet zog für kurze Zeit die UdSSR technologisch an den USA vorbei: 1957 umkreiste die russische **„Sputnik I"** als erster künstlicher Satellit die Erde. 1958 zogen die USA mit dem „Explorer I" nach. Am 12. April 1961 schickte die Sowjetunion mit *Juri Gagarin* den ersten Menschen ins All, am 5. Mai folgte der Amerikaner *Alan B. Shepard*. 1969 hatten die USA allerdings mit der ersten Astronauten-Landung auf dem Mond wieder die Nase vorn.

Sowohl die sowjetische Aufrüstung als auch ihre **spektakulären Weltraumerfolge** verunsicherten die Amerikaner zutiefst. Eine neue, wenn auch kurze Ära begann 1961 mit der Wahl **John F. Kennedys**, dem wohl charismatischsten US-Präsidenten der Nachkriegszeit. Mit seinem **„New Frontier"-Programm** wollte er die globalen Gegensätze entschärfen, entwarf eine Vision von Gerechtigkeit und besseren Lebensbedingungen für alle Amerikaner. *Kennedy* hatte nicht nur eine Überwindung der sozialen Gegensätze im eigenen Land im Auge, sondern plante auch, den armen Entwicklungsländern in Asien, Mittelamerika und Afrika zu helfen.

John F. Kennedy

Krisenzeiten

Eine Reihe neuer Krisen erschütterte die USA im Laufe der 1960er und 1970er Jahre. So scheiterte im Jahr 1961 der von Exilkubanern angeführte und von den USA unterstützte Invasionsversuch in der Schweinebucht (Kuba). 1962 eskalierte die **Kubakrise** und führte an den Rand eines neuen Weltkrieges. Die USA hatten ein Handelsembargo gegen das Land verhängt, woraufhin Schiffe der US-Navy von Kubanern beschossen wurden. Im gleichen Jahr stellte Kuba der Sowjetunion Häfen für die Fischereiflotte zur Verfügung, was die USA als ersten Schritt zur Errichtung eines sowjetischen Militärstützpunktes ansah und mit einer Teilblockade erwiderte. Im letzten Augenblick konnten sich *Kennedy* und *Chruschtschow* auf den Abzug der sowjetischen Bomber und den Abbau der Raketenbasen einigen. Kaum war diese Krise gelöst, wurde am 22. November 1963 *John F. Kennedy* in Dallas ermordet.

Vietnamkrieg

Der **Vietnamkrieg** wurde von den Amerikanern in erster Linie als Auseinandersetzung der konkurrierenden Systeme Kapitalismus und Kommunismus angesehen. Es ging den USA dabei vor allem um Prestige, weniger darum, Territorium zu gewinnen oder dem südvietnamesischen Volk die Freiheit zu sichern. **Nordvietnam** war nämlich massiv von der Sowjetunion sowie der Volksrepublik China unterstützt worden. Am 7. August 1964 waren die Auseinandersetzungen eskaliert, als im *Golf von Tonking* amerikanische Schiffe angegriffen worden waren. Der Kongress ermächtigte daraufhin den Präsidenten, ohne Einschränkungen militärisch zu intervenieren. Trotz größten Einsatzes konnte der Krieg von den USA jedoch nicht gewonnen werden. 1968 wurden die Luftangriffe eingestellt, und 1973 konnte nach zähem Ringen in Paris zwischen den USA, Nordvietnam und der Provisorischen Revolutionsregierung der Waffenstillstand vereinbart werden.

Die Verluste betrugen auf amerikanischer Seite rund 56.000 Tote und mehr als 300.000 Verwundete. Der Vietnamkrieg hatte die USA in ihrem Inneren tief erschüttert und moralische Zweifel an der Rechtmäßigkeit solcher Kriege aufgeworfen. **Demonstrationen**, nicht nur von Seiten der Studenten und Intellektuellen, übten Druck auf die Regierung aus. Der Kongress nahm die Sondermachtbefugnisse des Präsidenten wieder zurück, und im **War Powers Act** (1973) wurde festgelegt, dass ein Präsident ohne Zustimmung des Kongresses US-Truppen nur maximal 60 Tage lang einsetzen darf. Im gleichen Jahr wurde die allgemeine Wehrpflicht abgeschafft.

Martin Luther King Jr.

In den 1960er und zu Beginn der 1970er Jahre erschütterten zahlreiche **Rassenunruhen** die Vereinigten Staaten. Ein Höhepunkt war im August 1963 der von **Martin Luther King Jr.** angeführte Protestmarsch nach Washington, D. C., zwei Jahre später zogen die Protestierenden von Selma nach Montgomery. Im gleichen Jahr kamen bei Rassenunruhen in Los Angeles 35 Menschen um, und im Sommer 1967 eskalierten die Auseinandersetzungen in Newark/New Jersey und Detroit/Michigan derart, dass sogar Bundestruppen eingesetzt werden mussten. 66 Tote waren zu beklagen. Die Unruhen griffen um sich und forderten mehr und mehr

Opfer, eines der prominentesten war King selbst, der am 4. April 1968 in Memphis erschossen wurde.

Die **Watergate-Affäre**, bei der am 17. Juni 1972 enge Mitarbeiter Präsident **Nixons** und seines Wahlkomitees in das Wahlkampfhauptquartier der Demokraten einbrachen, erschütterte die Nation aufs Neue. Zwar beteuerte *Nixon* seine Unschuld und sein Unwissen über den Einbruch, doch er wurde durch die Beteiligten schwer belastet. Er kam einem Amtsenthebungsverfahren (*impeachment*) durch freiwilligen Rücktritt zuvor.

Golfkrieg und New Economy

Im Jahr 1989 wurde **George Bush Sen.** 41. US-Präsident. Er übernahm das Amt in einer Zeit des **vielschichtigen Umbruchs**, die durch mehrere Faktoren gekennzeichnet war: Zum einen war es während der Reagan-Administration zu einer Zuspitzung der sozialen Problematik gekommen, andererseits waren ein Niedergang der einstigen wirtschaftlichen Vormachtstellung und ein Anstieg des Handelsdefizits u. a. aufgrund des Fehlens einer staatlichen Energiepolitik eingetreten. Zusätzlich wirkten sich das Ausufern des Dienstleistungssektors und das Fehlen einer nachhaltigen Technologie- und Industriepolitik sowie das weitere ökonomische Vorpreschen der Japaner, aber auch der Europäer, negativ aus.

Vielschichtiger Umbruch

Durch die weitgehende **Entschärfung des West-Ost-Konfliktes** und die demokratischen Entwicklungen in Osteuropa begann die US-Außenpolitik nach neuen Formen zu suchen. Ein Schritt war der erste **Golfkrieg 1991**. Nach dem Einmarsch des irakischen Diktators *Saddam Husseins* in Kuwait drängten die von den USA angeführten Truppen im Namen der UN den Despoten rasch wieder zurück. Der schnell gewonnene Krieg sorgte für Erleichterung und das angeschlagene Selbstbewusstsein wurde etwas besänftigt.

Das wohl bedeutendste innenpolitische Ereignis in den USA war das **Scheitern der Gesundheitsreform**, 1994/95 vom 42. Präsidenten *Bill Clinton* angeregt, am Senat. Dennoch stabilisierte sich während seiner Regierungszeit 1993-2001 die wirtschaftliche Lage nicht nur, das Land erlebte, angeführt von der boomenden „New Economy", sogar eine neue wirtschaftliche Blüte und die Staatsverschuldung sank. In der Wirtschaftspolitik wurde weiterhin der Kurs der Liberalisierung verfolgt und dieser resultierte in der Unterzeichnung des **Welthandelsabkommens** (*GATT*) sowie der Schaffung der **Freihandelszone** *FTAA* aller Staaten Nordamerikas.

Die Ära Bill Clinton

„Nine Eleven" und der schwierige Prozess der Selbstfindung

Die terroristischen Angriffe islamistischer Fundamentalisten am **11. September 2001** – als „Nine Eleven" in die Geschichte eingegangen – haben die USA im Mark getroffen. Zuletzt war das Land am 7. Dezember 1941 direkt angegriffen worden, durch die Japaner am Navy-Stützpunkt in Pearl Harbor auf Hawaii, und damals waren die Amerikaner zum Eintritt in den Zweiten Weltkrieg gezwungen worden. US-Präsident *George W. Bush Jun.* reagierte nach einer Phase der Trauer mit der

„Nine Eleven"

2. USA-Nordosten: Land und Leute – Historischer Überblick

Memorial für die Opfer des 11.9.2001

Ausrufung des **„Kriegs gegen den Terrorismus"** und begann im Oktober 2001 mit der Ausschaltung des fundamentalistischen *Taliban*-Regimes in Afghanistan.

Was verbohrte Extremisten in ihrer Verblendung nicht wahrhaben wollen: New York ist nicht nur als amerikanische Großstadt und Kommerz-Metropole angegriffen worden, sondern vor allem als **multikulturelles Symbol der Welt.** Der Terrorakt hatte einen weiteren Effekt: Er war Auslöser einer vormals unbekannten Solidarität und Katalysator für einen neuen Nationalstolz in den USA.

Als jedoch US-Präsident *Bush* mit dem Diktator *Saddam Hussein* und dem **Irak 2003** ein neues Ziel ins Visier fasste, geriet die einst so fest zusammenstehende westliche Allianz in eine Krise. Dass die *Bush Administration* in ihrem „Krieg gegen den Terrorismus" über das Ziel hinausschoss und uramerikanisch demokratische Bürgerrechte in Gefahr gerieten, brachte mehr und mehr US-Bürger in Rage.

Barack Obama

Zu Beginn des 21. Jh. steckt die amerikanische Gesellschaft, und nicht nur sie, in einer schweren Krise. Wirtschaftskrise und Börsencrash, Arbeitslosigkeit und wachsende Armut machen daher das Amt des im November 2008 gewählten und seit 20. Januar 2009 amtierenden **ersten afroamerikanischen Präsidenten**, dem Demokraten *Barack Obama*, nicht leicht. Allerdings gibt er dem Volk wieder Hoffnung und man traut diesem charismatischen Politiker zu, dass er die Wirtschafts- und Umweltkrise meistern und die Krisenherde beruhigen kann.

INFO Die Präsidenten der USA

Nr.	Name, Vorname, Geburts- u. Sterbedatum	Amtszeit	Partei
1	Washington, George (1732–1799)	1789–1797	Föderalist
2	Adams, John (1735–1826)	1797–1801	Föderalist
3	Jefferson, Thomas (1743–1826)	1801–1809	Demokratischer-Republikaner

4	Madison, James (1751–1836)	1809–1817	Demokratischer-Republikaner
5	Monroe, James (1758–1831)	1817–1825	Demokratischer-Republikaner
6	Adams, John Quincy (1767–1848)	1825–1829	Demokratischer-Republikaner
7	Jackson, Andrew (1767–1845)	1829–1837	Demokrat
8	Van Buren, Martin (1782–1862)	1837–1841	Demokrat
9	Harrison, William Henry (1773–1841)	4.3.–4.4.1841	Whig
10	Tyler, John (1790–1862)	1841–1845	Whig
11	Polk, James Knox (1795–1849)	1845–1849	Demokrat
12	Taylor, Zachary (1784–1850)	1849–9.7.1850	Whig
13	Fillmore, Millard (1800–1874)	1850–1853	Whig
14	Pierce, Franklin (1804–1869)	1853–1857	Demokrat
15	Buchanan, James (1791–1868)	1857–1861	Demokrat
16	Lincoln, Abraham (1809–1865)	1861–15.4.1865	Republikaner
17	Johnson, Andrew (1808–1875)	1865–1869	Demokrat
18	Grant, Ulysses Simpson (1822–1885)	1869–1877	Republikaner
19	Hayes, Rutherford Birchard (1822–1893)	1877–1881	Republikaner
20	Garfield, James Abram (1831–1881)	4.3.–19.9.1881	Republikaner
21	Arthur, Chester Alan (1830–1886)	1881–1885	Republikaner
22	Cleveland, Stephen Grover (1837–1908)	1885–1889	Demokrat
23	Harrison, Benjamin (1833–1901)	1889–1893	Republikaner
24	Cleveland, Stephen Grover (1837–1908)	1893–1897	Demokrat
25	McKinley, William (1843–1901)	1897–14.9.1901	Republikaner
26	Roosevelt, Theodore (1858–1919)	1901–1909	Republikaner
27	Taft, William Howard (1857–1930)	1909–1913	Republikaner
28	Wilson, Thomas Woodrow (1856–1924)	1913–1921	Demokrat
29	Harding, Warren Gamaliel (1865–1923)	1921–2.8.1923	Republikaner
30	Coolidge, Calvin (1872–1933)	1923–1929	Republikaner
31	Hoover, Herbert Clark (1874–1964)	1929–1933	Republikaner
32	Roosevelt, Franklin Delano (1882–1945)	1933–12.4.1945	Demokrat
33	Truman, Harry S. (1884–1972)	1945–1953	Demokrat
34	Eisenhower, Dwight David (1890–1969)	1953–1961	Republikaner
35	Kennedy, John Fitzgerald (1917–1963)	1961–22.11.1963	Demokrat
36	Johnson, Lyndon Baines (1908–1973)	1963–1969	Demokrat
37	Nixon, Richard Milhous (1913–1994)	1969–1974	Republikaner
38	Ford, Gerald Rudolph (1913–2006)	1974–1977	Republikaner
39	Carter, James Earl (1924–)	1977–1981	Demokrat
40	Reagan, Ronald Wilson (1911–2004)	1981–1989	Republikaner
41	Bush, George W. Sen. (1924–)	1989–1993	Republikaner
42	Clinton, Bill (1946–)	1993–2001	Demokrat
43	Bush, George W. Jun. (1946–)	2001–2009	Republikaner
44	Obama, Barack (1961–)	2009	Demokrat

Geografischer Überblick

Im Zentrum des Reiseführers steht der Nordosten der USA, also das Kerngebiet der **Gründerstaaten** mit Connecticut, Delaware, Maryland, Massachusetts, New Hampshire, New Jersey, New York, Pennsylvania, Rhode Island und Vermont, sowie Maine als nordöstlichstem Bundesstaat, und die Hauptstadt **Washington, D. C.**

Verbindendes Element Atlantikküste

Das **verbindende Element** dieser Region ist zweifellos die Atlantikküste mit ihren Felsküsten und Sandstränden, tiefen Fjorden und kleinen Buchten, vorgelagerten schmalen Inselketten und Marschlandschaften. Oberflächlich gesehen ist auch der historische Hintergrund ein Bindeglied, befand sich hier doch das Zentrum der britischen Kolonisation des nordamerikanischen Kontinents und sind hieraus doch die USA entstanden.

Zwei große Landschaftselemente

Den geografischen Rahmen der in diesem Reiseführer beschriebenen Routen durch den Nordosten prägen zwei Großlandschaften: die **atlantische Küstenebene** und das sich im Landesinneren erhebende **Appalachengebirge**. Schon den ersten Siedlern erschien dieses Gebirge als schier unüberwindbare Mauer, hinter der sich bis ins frühe 19. Jh. hinein die *frontier*, der „Wilde Westen", befand.

Die atlantische Küstenebene

Atlantic Coastal Plains

Die **Atlantic Coastal Plains** – die Küstenebene zwischen Atlantik und Appalachen – reichen von Cape Cod im Nordosten der USA bis Florida. Sie sind nur selten über 100 m hoch. Das *Lowland*, wie die Küstenregion auch genannt wird, ist ein vielgestaltiges Areal: So ist die Küstenebene im **Nordosten**, besonders in den Neuengland-Staaten, nur sehr schmal, stellenweise reichen die Gebirgsausläufer sogar direkt ans Meer heran. Nach **Süden** zu wird die Ebene immer breiter und ist von Sandstränden, ausgedehnten Marschlandschaften und Sumpfregionen geprägt.

Die Atlantikebene ist **geologisch** jüngeren Ursprungs (*Tertiär* und *Pleistozän*). Es handelt sich um zeitgeschichtlich junge Aufschüttungsebenen mit geringem Gefälle, die in der Küstenzone des Südens durch Sümpfe, Lagunen und Nehrungen charakterisiert sind. Gegliedert wird sie durch einige große Flusstäler, wie die des Connecticut, des Hudson, des Delaware, des Susquehanna, des Potomac, des Roanoke oder des Savannah River. Manchmal bilden die Flüsse gewaltige Mündungsbuchten, beispielsweise die Delaware Bay oder die Chesapeake Bay, die ganze Landstriche prägen.

Ein charakteristisches Element der Ostküste sind die **der Küste vorgelagerten Nehrungen**, die häufig unterbrochen sind und dann Inselcharakter haben. Diese so genannten **Barrier Islands**, zumeist entstanden durch das Anheben des Meeresspiegels am Ende der letzten Eiszeit, vor einigen 10.000 Jahren, erstrecken sich von Connecticut und Long Island (New York) im Norden bis nach Florida im Süden.

Die Appalachen

Landeinwärts, etwa parallel zur Atlantikküste, ziehen sich die Appalachen als einer der längsten Gebirgszüge der Welt über **rund 4.000 km** von Nordosten nach Südwesten, von der kanadischen Provinz New Brunswick über die Neuengland-Staaten, New York, Pennsylvania, Virginia, North Carolina, Tennessee und Georgia bis nach Alabama. Vom Charakter her sind die Appalachen ein Mittelgebirge, dessen höchste Gipfel kaum 2.000 m erreichen und das eher an Schwarzwald oder Riesengebirge erinnert als beispielsweise an die grandiose Bergwelt der Rocky Mountains.

Appalachen

Die Appalachen sind ein **altes Faltengebirge**, bestehend aus kristallinem Urgestein (Granit, Gneis) sowie Sedimentgestein (u. a. Kalk), das durch Gesteinsbewegungen und Erosion stark zerteilt und eingeebnet wurde. Im Norden gliedern sich die Appalachen in die *Berkshires* (Massachusetts), die *Green* (Vermont) und die *White Mountains* (New Hampshire und Maine). Der 1.916 m hohe **Mount Washington** in New Hampshire und der **Mount Katahdin** (1.729 m) in Maine sind die höchsten Erhebungen. Im Norden (Maine) reichen die Appalachen direkt an die Küstenlinie heran und bilden eine wild zerklüftete Landschaft mit Buchten, Riffen und Kliffen sowie vorgelagerten Inseln. Je weiter man nach Süden kommt, umso weiter entfernen sich die Berge vom Meer.

In den Appalachen

Kein Fluss quert die Mittelgebirgskette der Appalachen – einer der Gründe, warum in der frühen Kolonialzeit die Berge als fast unüberwindbar galten. **Mehrere wasserreiche Flüsse** entspringen in den Appalachen, um sich dann entweder in den Atlantik (Hudson, Susquehanna oder Connecticut River) oder in den Golf von Mexiko (Ohio oder Tennessee River) zu ergießen. Im südlichen Teil des Gebirges bildet die steil aufragenden Kette der **Blue Ridge Mountains** mit dem 2.037 m hohen **Mount Mitchell** den höchsten Punkt.

Flüsse

Die Nationalparks

Im Nordosten der USA gibt es nur einen Naturnationalpark: den im äußersten Nordosten, in Maine, gelegenen **Acadia National Park**. 1872 war mit dem **Yellowstone National Park** das erste Naturschutzgebiet der Welt eingerichtet worden, inzwischen gibt es **rund 50 Nationalparks** – d. h. unter besonderen Schutz gestellte Landschaften. Über 300.000 km² der USA sollen heute unter Naturschutz stehen, und in diesen Gebieten sind, mit wenigen Ausnahmen, Jagen, Bewei-

Acadia National Park

dung, Bergbau und Holzschlag verboten. Die meisten Parks konzentrieren sich im Westen der USA, doch auch im Osten ist eine ganze Reihe sehenswerter Landschaften bzw. Orte ausgewiesen. Seit 1916 kümmert sich der **National Park Service** mit Sitz in der Hauptstadt Washington um diese Schutzgebiete, die neben landschaftlichen Schutzgebieten auch historisch, geologisch oder archäologisch bedeutsame Gebiete und Objekte umfassen.

Schutzgebiete

Zusätzlich zu Nationalparks wurden aber weitere **Kategorien von Schutzgebieten** geschaffen: Es gibt z. B. *National Seashores, National Monuments, National Wildlife Refuges, National Historic Sites* bzw. *Battlefields*. Bei **National Forests** handelt es sich um große Natur- und Waldgebiete im Umkreis eines Nationalparks, in denen in begrenztem Umfang kommerzielle Nutzung (wie Holzwirtschaft oder Fischfang) erlaubt ist; 156 gibt es in den USA und sie unterstehen dem *United States National Forest Service (USFS)* oder dem *Bureau of Land Management (BLM)*. Weitere Schutzzonen sind **National Preserves**, meist große besiedelte Regionen, in denen geregelte wirtschaftliche Aktivitäten erlaubt sind. **National Recreation Areas** sind schützenswerte Naturregionen, die der Öffentlichkeit unter strengen Regeln zur Erholung dienen.

Nach dem Zweiten Weltkrieg entstand darüber hinaus das **National Wilderness Preservation System**, das etwa 600 Areale mit über 420.000 km^2 umfasst. Verwaltet werden diese zumeist vom *United States Fish & Wildlife Service*, dem auch die **National Wildlife Refuges** unterstellt sind. **National Historic Sites** sind zumeist nur einzelne Häuser oder Monumente, die unter Denkmalschutz gestellt wurden. **National Heritage Areas** schießlich dienen dem Schutz ungewöhnlicher geo-

---

ℹ Informationen und Hinweise zum National Park Service

- **National Park Foundation**, 11 Dupont Circle NW, 6th Floor, Washington, D.C. 20036, ☏ 202-238-4200 oder 1-888-467-2757, 📠 202-234-3103, ask-npf@nationalparks.org, 🖥 www.nationalparks.org oder www.nps.gov

- In jedem Nationalpark befindet sich in der Nähe der Zufahrt ein **Visitor Center**. Dort erhält man bei Bezahlung des Eintritts neben einem übersichtlichen Faltblatt mit Plan auch Auskünfte. Meist gehören eine kleine Ausstellung und/oder Film/Dia-Show zu Flora und Fauna, Landschaft bzw. Geschichte dazu, manchmal gibt es einen Verkaufsstand (Bücher, Karten, Souvenirs etc.). In den Parks sind die Park Ranger für alle Belange zuständig. Sie üben Polizeigewalt aus, stellen die nötigen *Permits* (Erlaubnisscheine) für Wanderungen und Zelten im Hinterland aus, überwachen Campingplätze und leiten viele Aktivitäten wie Touren oder Vorträge.

- Der **Eintritt** kostet pro Pkw inklusive Insassen im Schnitt $ 10, bei größeren Parks bis $ 20, das Ticket ist mehrere Tage gültig. Wer mehrere Parks besuchen möchte, sollte den Kauf eines National Park Passes (12 Monate freier Eintritt in allen Parks der USA) erwägen.

2. USA-Nordosten: Land und Leute – Geografischer Überblick

> **Die wichtigsten National Parks (NP), National Historic Sites (NHS) u. a. Schutzzonen im Nordosten**
>
> - Acadia National Park (Mount Desert Island, ME)
> - Essex National Heritage Area (Salem, Essex County, MA)
> - Minute Man NHP (Lexington & Concord, MA)
> - Cape Cod National Seashore (Cap Cod, MA)
> - Statue of Liberty NHS (New York City, NY)
> - Independence NHS (Philadelphia, PA)
> - Gettysburg National Military Park (Gettysburg, PA)
> - National Mall (Washington, D. C.)
> - White House NHS (Washington, D. C.)

grafisch und historisch geschlossener Regionen und den Hinterlassenschaften ihrer Bewohner.

Das Klima

Zwei Faktoren bestimmen das Klima der Vereinigten Staaten: einerseits die **Lage zwischen zwei Weltmeeren**, dem Pazifik und dem Atlantik, andererseits zwei mächtige Gebirgszüge. Sowohl die **Rocky Mountains** im Westen als auch die **Appalachen** im Osten verlaufen, grob gesagt, in Nord-Süd-Richtung – und damit ist ein Luftaustausch möglich. Dieser kann sich in *Hurricanes* äußern, die besonders regelmäßig die Golf- und Südostküste heimsuchen.

Da sich das amerikanische Festland von Norden nach Süden verjüngt, herrscht anteilsmäßig mehr **gemäßigtes, kontinentales Klima** als subtropisches Klima. Entlang der Ostküste gibt es trotz der geografischen Einheitlichkeit **mehrere Klimazonen**, die sich teils deutlich unterscheiden und damit auch höchst **differenzierte Bodennutzung** zur Folge haben: von Weideflächen und Milchwirtschaft im Norden über Gemüseanbau im Zentrum, über den „Baumwollgürtel" zum subtropischen Süden mit Zitrusfrüchten, Tabak und Zuckerrohr. Nach Süden zu steigen jedoch nicht nur die Temperaturen, sondern auch die Länge der **Wachstumsperiode**.

Klimazonen

Der **Nordosten** gehört der **gemäßigten Klimazone** an und weist eine durchschnittliche Niederschlagsmenge von 900 mm auf. Im Vergleich zu den Landschaften im Inneren des Kontinents ist es **relativ feucht**. In den Sommermonaten dringen feucht-heiße Warmluftmassen vom Golf von Mexiko und der Karibik weit nach Norden vor, während im Winter kalte Luft aus dem Norden Kanadas einströmt. Im Bundesstaat New York und in den Neuengland-Staaten sorgen starke Nord- und Nordostwinde dafür, dass es im **Winter sehr kalt** wird und dass es zu heftigen Schneefällen und längeren Frostperioden kommt. Im **Sommer** dagegen sind die Temperaturen **angenehm warm**, bei südlichen Winden sogar tropisch heiß.

Jahreszeiten

2. USA-Nordosten: Land und Leute – Geografischer Überblick

„Indian Summer"

Das Kleinklima in den Neuengland-Staaten ist ebenso vielfältig wie seine Landschaften. Während im Norden von Vermont, New Hampshire oder Maine Temperaturen bis minus 30 °C möglich sind und dort Nadelwälder vorherrschen, ist das Klima weiter im Süden gemäßigter und bringt eine üppigere Flora und vielseitigere Fauna hervor. Da Laubwälder vorherrschen, ist die Region für ihren **„Indian Summer"**, den „Altweibersommer", mit seiner prächtigen herbstlichen Laubfärbung, berühmt. Im September und Oktober reisen deshalb die meisten Besucher hierher, doch auch das späte Frühjahr ist gut geeignet für eine Tour.

Das Wetter **im zentralen Küstenabschnitt** ist wechselhaft und oft unvorhersehbar. Obwohl etwa auf demselben Breitengrad wie Madrid oder Neapel gelegen, spielen beispielsweise in New York **atlantische Einflüsse** eine maßgebliche Rolle. Es herrscht **gemäßigtes Kontinentalklima**, das sich jedoch durch **sehr heiße Sommer** mit Durchschnittstemperaturen im Juli von knapp 25 °C auszeichnet. Zwischen Januar und März fällt meist üppig **Schnee** bei Temperaturen um den Gefrierpunkt

„Indian Summer" in Neuengland

und es kann zu Blizzards, aus Kanada einbrechenden Schneestürmen, kommen. Die Übergangszeiten sind meist nur kurz, vor allem das Frühjahr ist kaum einzuschätzen, jedoch kann der Herbst schöne und warme Wochen bringen und ist demnach die **ideale Reisezeit**.

Ideale Reisezeit

Im Umfeld der **Appalachen** ist die Bergkette wetterbestimmend: Die Temperaturen sind hier niedriger als an der Küste, die Luftfeuchtigkeit meist geringer und die Tag-Nacht- und jahreszeitlichen Schwankungen größer. Es kann hier bis weit ins Frühjahr hinein und bereits früh im Herbst Nachtfrost geben. Dafür erlebt man auch hier in den Herbstwochen einen wunderschönen „Indian Summer". Im Winter, oft schon ab September, kann es in den nördlichen Regionen der Appalachen, um den Mount Washington, viel Schnee und fast arktische Temperaturen geben. Dafür ist die Region in New Hampshire als die Skiregion des Nordostens bekannt.

Wirtschaftlicher Überblick

Lange Jahre galten die USA als Wirtschaftsmacht Nummer eins und der amerikanische Lebensstandard war der höchste der Welt. Im Zuge der weltweiten Wirtschaftskrise, des Börsencrashs und des gesunkenen Dollarkurses in den letzten Jahren sind die USA auf der Rangliste nach unten gerutscht. Zudem haben die militärischen Aktionen des Präsidenten *George W. Bush* nach „Nine Eleven", dem 11. September 2001, das Haushaltsdefizit, das unter Präsident *Bill Clinton* fast abgebaut worden war, wieder in astronomische Höhen getrieben. Großstädte sind hoch verschuldet, und das Wort „Einsparungsmaßnahmen" ist in aller Munde. Dessen ungeachtet kann man jedoch ruhigen Gewissens behaupten, dass die USA immer eine der bedeutenden Wirtschaftsmächte der Welt bleiben werden.

Wer das erste Mal in die USA kommt, wird **einige Besonderheiten** bemerken. Dazu gehört das **fast unüberschaubare Angebot** an Gütern aller Art, in Supermärkten, in Malls (Einkaufszentren), auf Märkten oder in Spezialitätenläden. Die größeren Geschäfte stehen in gnadenloser Konkurrenz zueinander, werben aggressiv und überall, überbieten sich mit Vergünstigungen, Rabatten und Dienstleistungen.

Besonderheiten der USA

Auffällig ist zudem die große **Kundenfreundlichkeit** und das stärkere Servicebewusstsein. Der Kunde ist hier tatsächlich noch König und wird entsprechend hofiert. Und das, obwohl die meisten Kräfte im Dienstleistungsgewerbe unterbezahlt und sozial schlecht abgesichert sind. Dies wiederum ist auch ein Grund dafür, dass **Jobwechsel** ebenso an der Tagesordnung sind wie die gleichzeitige Ausübung mehrerer verschiedener Tätigkeiten. So ist es z. B. durchaus üblich, tagsüber im Büro zu sitzen und am Abend an der Tankstelle oder im Fastfoodlokal auszuhelfen. Auch Senioren bessern mit Nebenjobs ihre Renten auf, arbeiten aber vielfach auch ehrenamtlich. Ohne ihre „**Volunteers**" – eine weitere „Spezialität" des Landes – könnten in den USA zahlreiche Institutionen, Vereine und Museen nicht existieren und derart hohen Standard bieten.

Wirtschaftliche Grundlagen

Dass es mit den Vereinigten Staaten von den Gründerzeiten an wirtschaftlich steil bergauf ging, war vor allem der ersten Einwanderer-Generation zu verdanken. Ihr hohes Sendungsbewusstsein war eng verknüpft mit einer soliden Lebensführung und einer entsprechenden Arbeitshaltung. Eiserne Disziplin, Fleiß, Qualitätsbewusstsein und Sparsamkeit prägten die Puritaner und ließen florierende Wirtschaftszentren entstehen.

Sendungsbewusstsein

Die Neue Welt war grundsätzlich **prädestiniert zur Besiedelung**. Nicht nur hinreichend große Flächen waren vorhanden, man verfügte auch über nahezu alle für die industriellen Produkte nötigen Rohstoffe, war diesbezüglich also weitgehend autark. Dazu wurde die Landwirtschaft in den Oststaaten und im Süden von der Natur und vom Klima her begünstigt. Die Böden waren im Allgemeinen gut, das

2. USA-Nordosten: Land und Leute – Wirtschaftlicher Überblick

Klima gemäßigt und wo Wasser fehlte, baute man Staudamm- und Kanalsysteme oder wählte neu gezüchtetes Saatgut.

Bedeutung der Infrastruktur

Anders als an der Westküste, die erst 1869 durch die Eisenbahn mit dem Osten verbunden wurde, begann man im Osten schon früh mit dem **Ausbau der Infrastruktur**. Das Meer stellte bereits in der Frühzeit die Verbindung zwischen Europa und Nordamerika her und diente zusammen mit den großen Flüssen in den USA als eine Art „Straßensystem". Frachter und Passagierschiffe brachten Güter und Menschen mühelos von Boston nach New York und Philadelphia. An der Atlantikküste entstanden gleich nach Ankunft der ersten europäischen Siedler **Häfen**, in Neuengland wurden Schiffe gebaut, die auf den Weltmeeren kreuzten, und Handel, schwerpunktmäßig mit Sklaven, Holz und Rum, betrieben.

Bereits Mitte des 19. Jh. erschloss die Eisenbahn das Land

Den ersten Siedlern, die die Appalachen überwanden, folgte die Anlage eines **Straßensystems**, und der Ausbau von **Schifffahrtswegen ins Landesinnere** wurde forciert. 1825 wurde der Erie-Kanal eröffnet, der die Atlantikküste mit den Großen Seen verband und damit eine wirtschaftliche Erschließung des Mittleren Westens begünstigte. Für den entscheidenden Aufschwung in der Industrie und der Erschließung des Westens sorgte jedoch erst die **Eisenbahn**: Zwischen den Anfängen in den späten 1820er Jahren – als eine der ersten Linien eröffnete die *Baltimore & Ohio Railroad* 1827 – und der Eröffnung der Transkontinentallinie 1869 lagen nur wenige Jahrzehnte, in denen jedoch das Land mit einem dichten Netz von Schienen überzogen wurde. Bis in die 1960er Jahre hinein blieb die Eisenbahn das wichtigste Transportmittel.

Bahnbrechende Erfindungen

Rationelle Massenfertigung

Viele wegweisende Erfindungen stammen aus den USA und sorgten für das Aufblühen der Wirtschaft. So hatte die Einführung moderner Arbeitsmethoden und Maschinen in den Neuengland-Staaten nach englischem Vorbild schon früh rationelle Massenfertigung, z. B. in den Textilfabriken, ermöglicht. Ende des 19. Jh. wurde der Austausch-Maschinenbau üblich, der es erlaubte, im Reparaturfall nur Einzelteile zu ersetzen. Voraussetzung dafür war wiederum die Einführung neuer Maschinen gewesen, die äußerst präzise die gleichen Teile en masse herstellen konnten. Etwa zur gleichen Zeit gingen die amerikanischen Ingenieure und Baumeister zum Großbau in Stahlskelettbauweise über.

2. USA-Nordosten: Land und Leute – Wirtschaftlicher Überblick

Erfindungen

Seit dem Beginn der Industriellen Revolution waren viele US-Amerikaner an wegweisenden **Erfindungen** beteiligt, hier eine Auswahl:

1752	B. Franklin	Blitzableiter
1793	E. Whitney	Baumwollentkernungsmaschine
1807	R. Fulton	Dampfschiff
1831	S. Colt	Walzen-Revolver
1832/43	S.F.B. Morse	Elektromagnet und Telegraf
1839/44	C. Goodyear	Vulkanisieren des Gummis (Reifen)
1864	G.M. Pullman	Schlafwagen (Seiteneingang, Längsbetten)
1866	C.W. Field	Atlantikkabel (Nachrichtenübertragung)
1876	G. Bell	Telefon
1877	Th. A. Edison	Phonograph
1879	Th. A. Edison	Elektrische Glühlampe
1882	Th. A. Edison	Elektrisches Kraftwerk
1890	G. Eastman	Rollfilm
1903	O. und W. Wright	Motorflug
1907	Th. A. Edison	Betongussverfahren
1913	H. Ford	Fließbandproduktion
1938	W. Carothers	Vollsynthetische Nylonfaser

Bodenschätze und Industrie

Noch immer sind die USA das Land mit der größten Vielfalt und Menge an Bodenschätzen, und nach wie vor gehören sie zu den größten Exporteuren. Trotzdem sind die Vereinigten Staaten auf die Einfuhrung bestimmter Rohstoffe, vor allem Erdöl, angewiesen. Im Osten liegen bedeutende Steinkohlevorkommen in den Appalachen sowie Eisenerzlagerstätten in den Bundesstaaten New York, New Jersey, Virginia und Georgia. Ebenso werden Bauxit (Grundstoff zur Aluminiumherstellung) sowie Phosphate und Kalisalze gefördert.

Große Vielfalt an Bodenschätzen

Der so genannte „Manufacturing Belt" zieht sich von den Neuengland-Staaten nach Süden und Südwesten bis zum Potomac und Ohio River. Im Gebiet zwischen Boston, New York und Philadelphia sind fast alle Industriezweige vertreten.

Landwirtschaft

Die US-Landwirtschaft hat in den vergangenen Jahrzehnten einen **rapiden Wandel** durchgemacht. Während sich die Zahl der Farmen halbierte, stieg die durchschnittliche Größe auf das beinahe Doppelte an. Heute wird die Landwirtschaft von Großbetrieben beherrscht. Amerika ist nicht nur **weitgehend Selbstversorger**, sondern auch einer der größten Exporteure der Welt, vor allem was Getreide und Grundnahrungsmittel angeht. Gesunkene Weltmarktpreise, Überproduktion sowie

Rapider Wandel

der allgemeine Wertverlust der entsprechenden Betriebe hatten in den letzten Jahrzehnten allerdings zahlreiche Konkurse und zunehmende Verarmung zur Folge.

Milchwirtschaft

Im Nordosten der Vereinigten Staaten dominiert die **Milchwirtschaft**. Weiden und Grünfutterflächen bestimmen das Bild im Hinterland. In den vergangenen Jahren hat hier auch die Rinder- und Schweinemast auf der Basis von Mais und Sojabohnen zugenommen. In den Mittelgebirgsregionen ist *Farming* als Kombination von Viehzucht und Ackerbau verbreitet.

Ausgehend von den Neuengland-Staaten – neben Kalifornien auf diesem Gebiet führend – ist in den letzten Jahren ein Zuwachs an **ökologisch wirtschaftenden Betrieben** festzustellen. Nicht nur in ländlichen Gebieten, sondern besonders in den Großstädten macht sich ein gestiegenes Ernährungsbewusstsein der Bevölkerung bemerkbar. So ist die Nachfrage an regionalen und ökologisch hergestellten Produkten überall gestiegen. In Spezialläden, Bio-Supermärkten und auf Wochen- bzw. *Farmers'*-Märkten kann man inzwischen die Produkte, Obst und Gemüse, aber auch Fleisch- und Backwaren sowie Käse und andere Spezialitäten der Region frisch erwerben.

Außenhandel

Nach wie vor gelten die Vereinigten Staaten als die größte Handelsmacht der Welt, auch wenn ihre einst unangefochtene Stellung in Anbetracht der gestiegenen Wirtschaftskraft der EU-Staaten sowie der Japaner längst nicht mehr unangefochten ist. Seit Beginn der 1980er Jahre stieg das **Handelsdefizit** – nur kurz unterbrochen von einem Aufschwung während der Präsidentschaft *Bill Clintons* – und der Import stieg gegenüber dem Export.

Export

Besonders gravierend war der Rückgang beim **Export von Fertiggütern**, wohingegen die Einfuhr von Autos, Unterhaltungselektronik, Eisen, Stahl und Bekleidung – vor allem aus Asien – wuchs. Zollschranken und Quoten traten mit wechselndem Erfolg und abhängig vom Dollarkurs in Kraft. Die wichtigsten **Exportmärkte** der USA liegen heute nicht mehr in Europa, sondern bei den Nachbarn, in Kanada und Mexiko, Lateinamerika und Asien, vor allem aber in Südkorea, Hongkong und Taiwan. Die USA exportieren noch immer die meisten Fertigwaren – Flugzeuge, Rüstungsgüter, Computer – wohingegen sich ein deutlicher Rückgang im Bereich der landwirtschaftlichen Erzeugnisse bemerkbar macht.

Arbeitsmentalität und -bedingungen

In einem Land, das keinen Geburts-, sondern nur einen **Geldadel** kennt, zählt wirtschaftlicher Erfolg mehr als alles andere. Die Gesellschaft erkennt ohne Neid an, wer die „Vom-Tellerwäscher-zum-Millionär-Karriere" erfolgreich absolviert oder durch Geschäfte reich geworden ist. Viel häufiger als in Europa wechselt der Amerikaner seinen Arbeitsplatz, und im Allgemeinen werden vielseitig gesammelte Erfahrungen und Kenntnisse in verschiedenen Bereichen – anders als hierzulande – positiv bewertet. Um einen Job zu bekommen oder ein Geschäft zu gründen sind nicht beigebrachte Zeugnisse und Zertifikate maßgebend, sondern der Ehrgeiz und Einsatz für eine Sache.

Im Vergleich zu Deutschland haben nur wenige Amerikaner – mit Ausnahme von Handwerkern – im klassischen Sinne einen Beruf „erlernt". Die Regel ist **„learning by doing"** und entsprechend wächst mit dem Alter das Spektrum an Einsatzmöglichkeiten. Dabei sind „Berufsethos" bzw. Überheblichkeit gegenüber anderen Berufssparten wenig ausgeprägt. Man ist sich nicht zu fein, in einem komplett anderen, auch „niedrigeren" Berufsfeld zu arbeiten, z. B. würde ein Akademiker durchaus nötigenfalls auch den Job eines Busfahrers annehmen.

„Learning by doing"

Eigenverantwortlichkeit spielt eine größere Rolle, und je anspruchsvoller ein Posten ist, umso geringerer Fehler bedarf es, um wieder auf der Straße zu stehen. Absolute Effizienz ist das oberste Ziel, und dafür arbeiten die Amerikaner im Durchschnitt wesentlich härter und länger als hierzulande: bis zu 50 Wochenstunden, bei nur zwei Wochen Jahresurlaub! Viele Menschen, die in ihrem Hauptjob nur wenig verdienen, gehen noch Nebentätigkeiten nach. **Teamwork** wird groß geschrieben, und die **Arbeitsdisziplin** ist – entgegen dem äußeren Anschein und dem kollegialen „Du" gegenüber dem Chef – strikt. Auf korrekte Umgangsformen und ordentliches Auftreten (*formal attire*) wird zudem großen Wert gelegt.

Einstellung zur Arbeit

Die **Mobilität** im Berufsleben spiegelt sich auch geografisch wieder: Amerikaner sind stets bereit, wenn nötig oder vorteilhaft, eine neue, auch weit entfernte Arbeitsstelle anzunehmen und dafür den Wohnsitz zu ändern. Ein Eigenheim ist ebenso wie eine Arbeitsstelle keine „Sache auf Lebenszeit". Andererseits ist es jedoch in ländlichen Regionen auch noch üblich, den Geburtsort nie länger zu verlassen.

Die **Arbeitslosenrate** beträgt US-weit offiziell derzeit rund 5,5 %, die Inflationsrate 2,5 %. Während immer weniger Fabrikarbeiter gebraucht werden, steigt der Bedarf an Arbeitskräften im Dienstleistungsbereich. Der Stellenabbau fand auf Kosten der gut bezahlten, gelernten und handwerklichen Berufe statt – die neuen „Ersatzjobs" sind meist Teilzeitjobs oder zeitlich begrenzte Stellen mit schlechter Bezahlung. Der gesetzlich geregelte **Mindeststundenlohn** liegt bei derzeit $ 5,15, gilt aber nur für Berufssparten, in denen es keine Trinkgelder gibt; sonst beträgt er nur $ 2,13 und bei Berufstätigen unter 20 Jahren $ 4,25.

Die Macht der **Gewerkschaften** ist heute nurmehr gering, nur etwa ein Fünftel der amerikanischen Arbeiter ist gewerkschaftlich organisiert, am häufigsten in den alten Industrieregionen in den Staaten New York, Michigan und Pennsylvania. Tarifverhandlungen werden fast nur für einzelne Werke, bestenfalls für einen Bundesstaat geführt. Chancengleichheit ist nominal gewährleistet, in der Realität aber nur ansatzweise umgesetzt. Vor allem Frauen, Afroamerikaner, daneben aber auch Angehörige anderer Ethnien wie Latinos oder Asiaten, sind bis heute benachteiligt. Ausbeutung auf Feldern, Zitrusplantagen oder am Fließband ist immer noch gang und gäbe.

Gewerkschaften

Die Bedeutung des Meeres

Schiffsbau

Für eine Küstenregion hat das Meer eine ganz besondere Bedeutung, auch in wirtschaftlicher Hinsicht. Seit jeher diente der Atlantik als **Transportweg** zwischen den Kontinenten und frühen Siedlungen. Zwei Tätigkeiten verhalfen den ersten Siedlern zu Glück und Wohlstand: Der Fischfang und der Schiffsbau. Für den **Schiffsbau** lieferten die riesigen Wälder des Nordostens das Baumaterial. Schiffe ermöglichen den Kontakt zum Mutterland und förderten den Handel mit Afrika, Europa und der Karibik. Im Jahr 1720 lief in den Werften ein Schiff pro Tag vom Stapel. Da die Lohn- und Materialkosten niedrig waren, dominierte die USA auf diesem Sektor bald den Weltmarkt.

Fischfang

Zusätzlich sorgte der Atlantik mit seinen üppigen küstennahen Fischgründen für reichlich Nahrung und der **Fischfang** florierte. Eines der ersten wichtigen Gesetze wurde Mitte des 18. Jh. in Massachusetts erlassen und hatte die Regulierung und Förderung der Fischereiindustrie zum Inhalt. Es waren vor allem **Hummer** und **Kabeljau**, die nicht nur in den amerikanischen Kolonien, sondern auch im Süden und in Europa als vitamin-, eiweiß- und jodreiches Nahrungsmittel begehrt waren. Auch innerhalb der Kolonien wurde gehandelt: Boote aus Salem segelten mit eingesalzenem Kabeljau nach Philadelphia oder Annapolis, um ihn gegen Mais, Mehl, Bohnen oder Fleisch einzutauschen.

Der **Wal** war in der Kolonialzeit mindestens ebenso wichtig, weniger wegen des Fleisches, als vielmehr wegen des für Lampen benötigten Öls. Der Walfang in Neuengland wurde zum legendären – für die Beteiligten aber auch gefährlichen – Industriezweig. Das Meer sorgte für Arbeit und Einkommen, der Handel breitete sich aus und Kaufleute und Kapitäne wurden immer bedeutender. In den Hafenstädten machte sich langsam ein gewisser Reichtum breit.

Außerdem blühte die **Eisindustrie**: Eisblöcke wurden auf Schnellseglern nach Kuba oder Südamerika gebracht. Dampfschiffe lösten Ende des 19. Jh. die Segler ab, und mit dem Bau des Cape Cod Canal und des Intracoastal Waterway wurde die Küstenschifffahrt einfacher. Hinzu kam die Möglichkeit, Erholungssuchende per Schiff zur Sommerfrische in die Küstenstädte zu bringen und damit die **Tourismusindustrie** ins Leben zu rufen.

Bis heute ist das Meer eine wichtige Einnahmequelle für die Küstenregionen geblieben. Es sind allerdings weder Schiffsbau noch Fischfang, die die erste Geige spielen, sondern es ist der **Tourismus**. Die einzigartige landschaftliche Schönheit der Küstenregionen hat gerade in Neuengland den Fremdenverkehr zum neuen wichtigen wirtschaftlichen Standbein werden lassen.

Fischfang spielt im Nordosten bis heute eine wichtige Rolle

Gesellschaftlicher Überblick

Siedlungsstruktur

Der Nordosten gehört zu den am **dichtesten besiedelten** Gebieten der USA. In der Region zwischen Washington und Boston, oft als Megalopolis bezeichnet, leben etwa 20 % aller US-Bürger; die meisten Menschen drängeln sich im Großraum Washington, D. C.: Etwa 3.200 Einwohner leben hier auf 1 km² Fläche! Allein in den Nordoststaaten, die nur etwa ein Fünftel der Gesamtfläche des Landes ausmachen, sind beinahe 50 % aller Amerikaner zu Hause.

Dichte Besiedlung

Städte, die nicht historisch gewachsen sind, wurden vielfach mit Hilfe eines monotonen, aber zweckmäßigen schachbrettartigen Gitternetzes geplant. Musterbeispiel ist Washington, aber auch große Teile New Yorks entstanden so. Viele alte Städte wie Boston hingegen erinnern in manchen Vierteln weit mehr an Europa als an die USA. Die **ländliche Siedlungsstruktur** weicht mit Ausnahme einiger Landstriche in den Neuengland-Staaten meist von mitteleuropäischen Gegebenheiten ab: Es gibt keine eigentlichen Dörfer, sondern eher verstreute Einzelhöfe (Farmen). An Verkehrsknotenpunkten sind zentrale Orte entstanden, die die Versorgungsfunktion für ein größeres ländliches Gebiet übernehmen.

Durch die enorme Verstädterung in der zweiten Hälfte des 20. Jh. verstärkte sich das **soziale Gefälle**: Die Wohlhabenden zogen hinaus ins Grüne, bevorzugt in citynahe Gebiete – in die *Suburbs* –, während sich in den Innenstädten die Wohnbedingungen verschlechterten und dadurch die Slumbildung gefördert wurde. Hier lebten und leben z. T. noch immer die finanziell Schwachen, vor allem Afroamerikaner, zunehmend auch Latinos. Seit einigen Jahrzehnten sind deshalb in vielen Städten Renovierungs- und Sanierungsprojekte im Gang, die für eine Wiederbelebung der Downtowns sorgen sollen. In vielen Fällen ist das auch bereits gelungen, und in den Stadtzentren entstanden neue begehrte Apartments, einhergehend mit einer entsprechenden Infrastruktur. Gute Beispiele finden sich in New York, Philadelphia oder Boston.

Verstädterung

Die Mär vom „Schmelztiegel"

Von den derzeit rund 296 Mio. Einwohnern der USA sind rund 77 % weiß, 13 % Afroamerikaner, 4 % Asiaten und knapp 1 % Indianer. Oft wird die amerikanische Gesellschaft als **Schmelztiegel** oder **Melting Pot** – nach einem Bühnenstück des englischen Autors *Israel Zangwill* – bezeichnet, was suggeriert, dass in der Neuen Welt die verschiedenen Völker und Ethnien zusammengewachsen sind. Genau genommen kann aber von „Verschmelzung" nicht die Rede sein, vielmehr setzt sich die amerikanische Nation aus einer **Vielzahl unterschiedlicher Ethnien** zusammen, die meist ihre spezifischen Besonderheiten behalten haben und pflegen.

Einzigartiges Kulturgemisch

Folge von fast 400 Jahren Siedlungsgeschichte in Nordamerika ist ein einzigartiges **Kulturgemisch**, das besonders in den Großstädten lebendig ist. Einmal glaubt man

2. USA-Nordosten: Land und Leute – Gesellschaftlicher Überblick

sich ins ferne China versetzt, dann mitten in eine pulsierende mexikanische Metropole oder eine süditalienische Kleinstadt, und nur wenige Straßen weiter in ein typisch US-amerikanisches modernes Geschäftszentrum. Die einzelnen Ethnien – allen voran Afroamerikaner, Latinos und Asiaten, aber auch Südeuropäer – bildeten **eigene Enklaven** aus, verfügen über eigene Infrastrukturen und Traditionen, pflegen ihre Sprache – Spanisch ist nach Englisch die am häufigsten gesprochene Sprache der USA –, ihre Feiertage, Feste, Bräuche und ihre Religionen.

Eigene Enklaven

Eines haben sie jedoch alle gemeinsam: die Liebe und den Stolz auf ihre neue Heimat. Obwohl die Weigerung, die eigene Identität abzulegen, kulturübergreifend ist und **kulturelle Differenzierung** wichtiger ist als oberflächliche Integration, sind die amerikanische Flagge, die Hymne und die Verfassung völkerverbindende Symbole. Sie machen einen Asiaten stolz darauf, „Asian-American", einen Farbigen „Afro-American" oder einen Mexikaner „Hispano-American" zu sein. So gesehen handelt es sich um einen **bunten Flickenteppich** oder *Quilt* aus vielen Einzelteilen, die zwar in der Gesamtschau harmonieren, von denen letztlich aber doch jedes Stück für sich steht.

Die Indianer

Die Indianer (ⓘ Info-Kasten S. 22) spielen im Nordosten heute nurmehr eine untergeordnete Rolle. Sie wurden hier früher als im Westen aus ihrem ursprünglichen Siedlungs- und Nutzungsraum vertrieben. Im Gebiet zwischen den Großen Seen und dem Hudson River siedelten einst die **Irokesen**, an der atlantischen Küste des Nordostens die Stämme der **Algonkin**-Sprachgruppe, im Südosten die **Creek**, **Cherokee**, **Choctaw** und **Chickasaw**. Heute leben die verbliebenen Mitglieder in kleinen Reservaten.

Die **Algonkin** bildeten die größte Indianergruppe im Nordosten. Schon um 12.000 v. Chr. waren sie in Neuengland beheimatet. Es handelt sich dabei um keinen Stamm, sondern um eine Sprachgruppe, der unterschiedlichste Völker angehören: die *Mohegan* und *Pequot* aus Connecticut, die *Wampanoag* aus Massachusetts oder die *Narragansett* aus Rhode Island. Dem anfangs friedlichen Zusammenleben mit den Siedlern setzten die englischen Machthaber rasch ein Ende: 1636 erklärten die Engländer den *Pequot* den Krieg, und eine Ausrottung großen Ausmaßes nahm ihren Anfang. 1676 waren von den ursprünglich etwa 5.000 Indianern weniger als 100 übrig geblieben. Das indianische Erbe geriet mehr und mehr in Vergessenheit und Wiedergutmachung blieb aus.

Ausrottung der Indianer

Das **Schicksal der Indianer** im Nordosten spielte sich zumeist nach demselben Schema ab: Der Lebensgrundlagen und angestammten Siedlungsgebiete beraubt und von Epidemien – Masern, Pocken, Grippeviren – heimgesucht, wurden oft ganze Dorfgemeinschaften ausradiert. Hinzu kamen kriegerische Auseinandersetzungen, bei denen die Stämme zwischen die Fronten der europäischen Machtpolitik in Nordamerika gerieten, und so hatte sich zu Ende des 18. Jh. der Bestand bereits radikal verringert. Spätestens mit dem „**Removal Act**" von 1835 und der Vertreibung von 16.000 *Cherokee* drei Jahre später aus ihrem Heimatland in den Appalachen nach

2. USA-Nordosten: Land und Leute – Gesellschaftlicher Überblick

Man ist heute wieder stolz darauf, Indianer zu sein

Oklahoma war die indianische Bevölkerung im Osten fast völlig verschwunden.

Heute ist die **Zahl der Ureinwohner** in den Neuengland-Staaten wieder auf über 20.000 angewachsen. Selbst die nach Oklahoma vertriebenen Stämme pochten und pochen auf **alte Verträge** und versuchen alte Rechte und Ländereien zurückzuerhalten. So wollen beispielsweise gegenwärtig die *Delaware* einen bis heute gültigen Vertrag über Landzusicherung mit der Kolonie Pennsylvania von 1737 vor Gericht durchsetzen. Weniger die neuerliche Umsiedlung als eine angemessene Entschädigung sind Ziel solcher Verfahren.

Man besinnt sich zudem in letzter Zeit auf alte **Traditionen**, und *Powwows* stehen heute auch auf den „Veranstaltungskalendern" vieler Ostküsten-Indianer. Gute Beispiele, wie man Gebräuche wahren und dennoch im 21. Jh. überleben kann, liefern die **Mohegan** bzw. *Mohikaner* und die **Pequot**, die profitable Spielkasinos in Connecticut betreiben.

Die Afroamerikaner

Afro-Americans, wie die schwarze Bevölkerung politisch korrekt genannt wird, stellen in vielen Städten die Mehrheit, so in Washington, D. C. oder Baltimore. Ihre Vorfahren waren nicht freiwillig in die Neue Welt gekommen: 1638 hatte man in Boston die ersten Leibeigenen bestaunt, die auf den West Indies (Karibik) eingefangen und mit Schiffen hertransportiert worden waren. Der organisierte **Sklavenhandel** blühte nach 1660 auf und erlebte im 18. Jh. seinen unrühmlichen Höhepunkt. Schwerpunktmäßig arbeiteten die Schwarzen auf den Plantagen des Südens, wo sie auch die Bevölkerungsmehrheit bildeten.

Mehrheit in vielen Städten

Gegen Ende des 18. Jh. ging von Neuengland die **Befreiung der Afroamerikaner** aus der Leibeigenschaft aus: **Massachusetts** gilt als Vorkämpfer in der Frage der Sklavenbefreiung; schon bei den Wahlen von 1850 gab es in der *Abolitionist Free-Soil Party* schwarze Kandidaten. 1855 wurde die Rassentrennung in Schulen formell aufgehoben, und schon vor dem Bürgerkrieg studierten in Harvard Afroamerikaner. In Boston entstand in der zweiten Hälfte des 18. Jh. an der Nordflanke des Beacon Hill eine blühende schwarze Gemeinde. Wenig später wurde die Sklaverei dann auch in Connecticut und Vermont abgeschafft. Bereits während des **Bürgerkrieges** zog, wer konnte, in den Norden – viele nach Connecticut –, und danach arbeiteten viele Afroamerikaner in der Walfangindustrie. Jene die im Süden geblieben waren, arbeiteten als kleine (ebenfalls abhängige) Pachtbauern. In Zeiten wirtschaftlicher Flauten waren und sind die Afroamerikaner immer als Erste und am härtesten betroffen. Bis heute liegt der Lebensstandard unter dem der Weißen, während die Arbeitslosenquote im Vergleich höher ist.

Rassenfrage

Situation der Afroamerikaner heute

Soziale Situation

Oberflächlich betrachtet, scheint sich die **Situation der Afroamerikaner** verbessert zu haben: Statistiken sprechen von mehr gemischt-ethnischen Ehen, von Gleichberechtigung am Arbeitsplatz und im gesellschaftlichen Leben. Und dennoch scheint der **Teufelskreis** noch immer da zu sein: Farbige Frauen bekommen oft jung und unverheiratet Kinder, dadurch sinken die Chancen auf eine Berufsausbildung, auf einen guten Arbeitsplatz und eine annehmbare Wohnung – der soziale Abstieg ist vorprogrammiert, auch für die Kinder. Noch immer sind schwarze Wohnviertel isoliert, gibt es rein schwarze Schulen, Kneipen und Kirchen, und wer den Aufstieg geschafft hat, zieht in die Nobelviertel und vergisst seine Herkunft.

Vereinzelt können erfreulicherweise auch **Erfolge** verbucht werden, verbesserten sich die Lebensumstände und sozialen Bedingungen in einzelnen Vierteln, was vielfach auf die Initiativen kirchlicher Institutionen, von Gemeindezentren und Selbsthilfeaktionen der Anwohner ausgeht. Solche Projekte haben z. B. in Harlem den sozialen Sprengstoff entschärft. Die wohlhabende schwarze Mittelschicht wächst, und man kann heute in manchen Regionen von Ansätzen eines „Miteinanders der verschiedenen Ethnien" sprechen.

Die USA – ein Vielvölkerstaat

Lateinamerikaner

Einflussreiche Bevölkerungsgruppe

Die Einwanderer aus Lateinamerika, vor allem aus Puerto Rico, Mexiko und Kuba, haben bewirkt, dass Spanisch in weiten Teilen der USA zur zweitwichtigsten Sprache nach dem Englischen geworden ist oder sogar gleichberechtigt neben diesem steht. Im Gegensatz zu vielen anderen Einwanderungsgruppen haben die Spanisch sprechenden Bevölkerungsteile ihre Sprache behalten. Da sie sich auch politisch engagieren und im Wirtschaftsleben aktiv sind, konnten sie sich besonders im Süden Floridas und im Südwesten zu einer **einflussreichen Bevölkerungsgruppe** entwickeln, die nicht nur die Anerkennung ihrer Sprache durchsetzte, sondern inzwischen auch zahlreiche politische Schlüsselämter besetzt. An der Nordostküste stellen die Latinos noch eine Minderheit dar, im zentralen New York gibt es hingegen eine große, stetig wachsende Gemeinde.

Iren und Italiener

Mitte des 19. Jh. herrschte in Irland wirtschaftlich das Chaos und viele Iren machten sich auf den Weg nach Neuengland, vor allem nach **Massachusetts**, um dort ein neues Leben zu beginnen. Um 1860 soll über die Hälfte aller Bostoner irische Wurzeln gehabt haben. Die katholischen Iren waren zunächst in der puritanisch-eng-

2. USA-Nordosten: Land und Leute – Gesellschaftlicher Überblick

lisch geprägten Umgebung nicht sonderlich beliebt, allerdings hartnäckig und politisch engagiert. Bereits 1884 wählte man einen Iren zum Bürgermeister. 1905 übte dieses Amt ein gewisser *John F. Fitzgerald* – der Großvater von *John F. Kennedy* – aus und steigerte damit nicht nur das Ansehen der Iren, sondern begründete zugleich den Ruf der großen Finanz- und Politiker-Dynastie und legte die Basis für die spätere Karriere von *John F. Kennedy* (1917-63), den 35. US-Präsidenten.

Bis heute sind die Iren, vor allem jene der Arbeiterschicht, unter sich geblieben und noch jetzt gibt es in Boston rein irische Gemeinden – wie Charlestown und Süd-Boston – die Enklaven in der Großstadt bilden. Deren katholische Bewohner hassen noch heute die *Yankees* der Oberschicht – die „WAPs", weiße angelsächsische Protestanten – abgrundtief und sehen sich stets als verfolgte und **benachteiligte Minderheit**. Neben Boston sieht man in New York noch häufig „Grün", nicht nur am traditionellen Feiertag, dem *St. Patrick's Day*. Auch hier gibt es eine große irische Bevölkerungsgruppe, aus der sich bis heute die meisten Polizisten und Feuerwehrleute rekrutieren.

Irische Gemeinden

Ab etwa 1900 strömten **Italiener**, in der Mehrzahl arme Bauern aus Süditalien und Sizilien, ins Land, konzentriert nach Philadelphia, New York, Boston und Rhode Island, wo sie sich allein schon aufgrund der unterschiedlichen politischen Ansichten nie mit den Iren verstanden. Während die Iren traditionell demokratisch gesonnen waren, sympathisierten die Italiener mit den Republikanern. Während sich in anderen Städten wie New York oder Philadelphia die *Little Italies* nur mühsam gegen die Viertel anderer Zuwanderer, besonders aus Asien, behaupten, hat sich in Bostons North End ein dorfähnliches italienisches Ambiente erhalten. Immerhin ist ein Zehntel der Bostoner Bevölkerung italienischstämmig.

Amerikas deutsche Wurzeln

Zwischen dem 17. und 19. Jh. suchten zahlreiche Deutsche Zuflucht in der Neuen Welt, wollten sich hier ein neues Leben in Wohlstand aufbauen. Nach neuesten Schätzungen soll **ein Viertel aller Amerikaner deutschsprachige Wurzeln** haben. Vielfach waren die Zuwanderer Mitglieder verfolgter **religiöser Gruppen**, wie *Mennoniten* oder *Amische*, die sich bevorzugt in und um Pennsylvania und im Mittleren Westen der USA niederließen. Die Einwanderer waren nicht ausschließlich Deutsche nach heutiger Definition, es gehörten auch Schweizer, Österreicher, Polen, Niederländer, Franzosen und Tschechen, die Deutsch sprachen, dazu.

Jeder vierte Amerikaner hat deutsche Wurzeln

Natürlich durfte in der neuen Heimat **Vertrautes** nicht fehlen: Vereine, wie die *Auswanderungs-* oder die *Rhein-Bayerische Gesellschaft*, Gesangs- und Turnvereine wurden gegründet, Wohltätigkeitstreffen veranstaltet. Man pflegte das Brauerei- und Destillierwesen, forcierte die Druckkunst, baute die vertrauten Fachwerkhäuser, kochte heimische Gerichte, feierte traditionelle Feste wie Maitanz oder Oktoberfest und hielt, zumindest bis um 1900, an der eigenen Sprache fest. Dennoch waren es letztendlich die deutschsprachigen Einwanderer, die sich gründlicher als andere Gruppen assimilierten. Deshalb ging auch die Mehrzahl ihrer ethnischen Viertel, z. B. in New York, rasch im „Schmelztiegel" unter.

Soziale Situation

Wenn man die sozialen Bedingungen in den USA mit denen in Deutschland bzw. anderen westeuropäischen Ländern vergleicht, werden **Unterschiede deutlich**. Die Vereinigten Staaten sind – verallgemeinernd gesagt – kein Sozialstaat. Das gründet in erster Linie in der Vergangenheit: In den USA spielten stets einzelne Gruppen – wie *Pilgerväter*, *Puritaner*, *Mennoniten* oder *Shaker* – und Individuen – Siedler und Pioniere – auf der Suche nach einem Neubeginn harten Lebensbedingungen ausgesetzt, die entscheidende Rolle. Sie alle zeichneten sich durch Eigenschaften aus, die der Amerikaner noch heute schätzt: Eigeninitiative, energisches Anpacken, Selbstverantwortlichkeit, Beharrlichkeit und Ehrgeiz.

USA kein Sozialstaat

Sich auf den Staat zu verlassen, ist dem Amerikaner noch heute fremd, hingegen ist **persönlicher Einsatz** gefragt. Nur in Notsituationen wird anderen Hilfe gewährt, dann jedoch freiwillig und großzügig. Obwohl für die meisten Amerikaner der Staat als solcher nicht die alles bestimmende und regelnde Autorität ist – immer ausgeprägter wird diese Haltung mit wachsender Entfernung zur Hauptstadt Washington –, gibt es eine Reihe von staatlichen sozialen Errungenschaften.

Rentenversicherung

Im Jahr 1935 wurden mit dem **Social Security Act** die Rentenversicherung, ein Sozialhilfeprogramm und einzelstaatliche Arbeitslosenversicherungen in den USA eingeführt. Heute sind die meisten Arbeitnehmer rentenversichert. Allerdings sind die Altersbezüge (*retirement*) sehr niedrig, da auch die Beiträge gering sind. Die Rente – 42 % des letzten Nettoeinkommens – wird über die *Social Security* finanziert, die anteilig Arbeitnehmer und Arbeitgeber bezahlen. Im Gegensatz zur deutschen Rentenversicherung verfügt die amerikanische Sozialversicherung über einen stetig wachsenden Rentenfond.

Krankenversicherung

Während des Arbeitslebens muss sich ein Amerikaner meist selbst, d. h. privat, versichern. Nicht jeder kann sich das jedoch leisten, und da **keine Versicherungspflicht** besteht, nehmen viele das Risiko einer Krankheit und die damit verbundenen Kosten auf sich. Arbeitgebern ist noch immer freigestellt, ob und in welcher Höhe sie sich an den Krankenversicherungen beteiligen. Erst ganz allmählich scheinen sich größere Firmen stärker um die soziale und gesundheitliche Absicherung ihrer Mitarbeiter zu kümmern, wohingegen Staatsbeamte schon immer entsprechend abgesichert sind.

Keine Versicherungspflicht

Heute ist gut die Hälfte der Bevölkerung durch **betriebliche Krankenversicherungen** geschützt. Mit der Einführung einer Pflichtversicherung zur Herstellung von Chancengleichheit ist Präsident *Bill Clinton* am Widerstand der Republikaner sowie der Verbände der Kleinunternehmen gescheitert. Immerhin konnte er per Bundesgesetz den Erhalt einer privaten Krankenversicherung bei Arbeitsplatzwechsel oder -verlust sichern.

Der Staat gewährt Sozialhilfeempfängern und Rentnern eine **Krankengrundversorgung**, die *Medicaid* bzw. *Medicare* genannt wird. Diese Versicherung wird wie die Sozialversicherungsbeiträge je zur Hälfte vom Arbeitgeber und vom Arbeitnehmer finanziert. Allerdings müssen die Patienten – mit Ausnahme der finanzschwachen *Medicaid*-Versicherten – einen Eigenanteil an den Krankenhaus-, Arzt- und Behandlungskosten leisten.

Grundversorgung

Arbeitslosenunterstützung und Sozialhilfe

Arbeitslose werden noch weniger großzügig unterstützt als bei uns. Ein Arbeitsloser erhält 26 bis maximal 39 Wochen lang eine **Unterstützung**, die zwischen 30 und 50 % seines letzten Arbeitslohnes liegt; bundesstaatlich gibt es dabei große Unterschiede. Genau wie bei der Arbeitslosenversicherung variieren die Leistungen der Sozialhilfeprogramme von Staat zu Staat. **Sozialhilfe** (*workfare*) wird gewährt, wenn das Einkommen unter der offiziellen Armutsgrenze liegt. Bezieher sind etwa ein Drittel aller Afroamerikaner und ein Viertel der Latinos. Neben *Medicaid* erhalten die Bedürftigen *Food Stamps* (Lebensmittelmarken), Kostenbefreiung bei Kindergarten- und Schulbesuch und Mietzuschuss.

Kein Bürger darf länger als fünf Jahre Sozialhilfe aus Bundesmitteln empfangen und jeder Empfänger ist verpflichtet, nach zwei Jahren mindestens 20 Wochenstunden zu arbeiten. Zahlungsdauer und Höhe von Arbeitslosenversicherung und Sozialhilfe haben zur Folge, dass die Betroffenen auch **schlecht bezahlte Jobs** annehmen. Immerhin verfügt die USA über ein Mindestlohngesetz, das gegenwärtig einen Stundenlohn von mindestens $ 5,15 vorschreibt.

Mindestlohn

Bildungswesen

Die Wurzeln des amerikanischen Bildungswesens liegen in den Neuengland-Staaten. Die erste höhere Schule – die „**Boston Latin School**" – wurde 1635 in Boston gegründet. 1671 hatte man in allen Kolonien außer Rhode Island die allgemeine Schulpflicht eingeführt, und 1637 eröffnete in Newtowne, Massachusetts, das „Newtowne College", das ein Jahr später in „**Harvard University**" umbenannt wurde und heute als eine der renommiertesten Hochschulen der Welt gilt. Das amerikanische Bildungssystem war von Anfang an auf **Pragmatik** ausgerichtet, man hing weit weniger einem abstrakten, akademischen Bildungsideal nach als in Europa und erhob nie Anspruch auf eine humanistisch geprägte Allgemeinbildung. Den Siedlern und Pionieren genügten sogar noch die **Three R**, reading, writing, arithmetic (Lesen, Schreiben und Rechnen). Das Schulwesen lag von Anfang an in den Händen der Stadt oder der Gemeinde, was erklärt, wie es zu der immensen Zersplitterung in etwa 16.000 Schuldistrikte kam.

„Three R"

Schulen

Die **Qualität der Schulen** ist in erster Linie von der Sozialstruktur und dem Wirtschaftsgefüge der Gegend, in der sie sich befinden, abhängig. Da sie durch die

Grundsteuer finanziert werden, sind Schulen in „guten Wohngegenden" besser ausgestattet als solche in einer armen Neighborhood mit geringem Steueraufkommen. Die Folge sind **starke Unterschiede in der Ausstattung** der Einrichtungen sowie bei der Bezahlung der Lehrer. Ambitionierte Lehrer meiden vielfach „arme" Schulen.

Qualität der Schulen

Die großen Qualitätsunterschiede im Bildungsangebot haben in Amerika zu einer **Bildungsmisere** geführt, die sich in geringer Allgemeinbildung und Defiziten auf manchen Gebieten äußert. Positiv zu bewerten ist, dass ein Schwerpunkt während der Schulzeit auf die Förderung des Sozialverhaltens gelegt wird – kein Wunder in einem Einwanderungsland wie den USA, wo von Anfang an vielerlei Nationalitäten und Kulturen miteinander auskommen mussten. Außerdem spielen in den Ganztagsschulen **außerschulische Aktivitäten** wie Sport, Musik oder Fahrschulunterricht eine weit größere Rolle als hierzulande. Aufgrund der Größe des Landes und der Unmöglichkeit für viele Bewohner, diese Grenzen jemals zu überschreiten, konzentrieren sich die Lehrinhalte logischerweise überwiegend auf den eigenen Kontinent und die eigene Sprache.

Das **Schuljahr** umfasst nur rund 180 Tage, und statt des deutschen dreigliedrigen Systems mit Grund-/Hauptschule, Realschule und Gymnasium herrscht ein einheitliches Zwölf-Klassen-System, das Chancengleichheit gewährleisten soll. Mit sechs Jahren kommt ein Kind in die sechsklassige **Elementary (Primary) School**, anschließend noch einmal für dieselbe Zeit auf die **High (Secondary) School**. Die High School ist eine Ganztagsschule mit Kursen und ohne Klassenverbände. Die allgemeine Schulpflicht beträgt zehn Jahre, aber rund ein Viertel aller High-School-Schüler verlässt die Schule ohne Abschluss.

Universitäten

„*Your career is our business, and we're here to help you plan for your future in many exciting ways*" – so lautet die Devise an amerikanischen Universitäten. In den gesamten USA gibt es etwa **3.800 höhere Bildungseinrichtungen**, die miteinander konkurrieren. Der Großteil davon sind *Junior Colleges* und *Colleges*, an denen keine höheren Abschlüsse möglich sind. Generell gibt es keine allgemein gültige staatliche Regelung oder Kontrolle des Bildungswesens, keine gesetzlich geregelte staatliche Anerkennung der Hochschulen. Es herrscht **akademische Selbstverwaltung**, und die Aufnahmebedingungen seitens der Unis unterscheiden sich ebenso wie deren Niveau. Eine Pflicht zur Aufnahme besteht generell nicht. Aufnahmetests spielen meist eine geringere Rolle als persönliche Vorsprache, Noten sind oft weniger relevant als persönliche Charakterstärke und Neigungen, und Vermögen zu besitzen ist weniger entscheidend für die Aufnahme als beispielsweise die Tatsache, dass ehemalige Studenten zur Familie gehören.

Hochschulen in den USA

Rund 40 % aller *Colleges* und *Universities* befinden sich in öffentlicher Hand, d. h. sie erhalten Zuschüsse von Bundesstaaten, Gemeinden oder Städten. Die Mehrzahl sind private Hochschulen, die meist einen besseren Ruf als die staatlichen genießen, jedoch auch um einiges höhere **Studiengebühren** (*tuition*) erheben. Unterschiede werden dabei auch nach dem Herkunftsort der Studenten gemacht: Studenten aus dem jeweiligen Bundesstaat zahlen weniger als „Zugezogene". In Renommierschulen wie Harvard kommen leicht um die $ 30.000-40.000 pro Studienjahr zusammen.

Angesichts dieser Summen mag man zunächst den Kopf schütteln, sollte aber bedenken, dass amerikanische Universitäten seit jeher als **Wirtschaftsunternehmen** nach dem Prinzip „Leistung und Gegenleistung" und „Der Kunde ist König" arbeiten. Vor allem die Privatschulen werden komplett **privatwirtschaftlich betrieben** und gehören in den kommerziellen Dienstleistungssektor. Unis finanzieren sich in erster Linie aus Studiengebühren, Stiftungsvermögen, Spenden und Einnahmen – z. B. aus TV-Übertragungsrechten für Sportveranstaltungen – und verfügen im Allgemeinen über **ansehnliche Etats**, die eine gute personelle und materielle Ausstattung der Institutionen erlauben. Die Stiftungsvermögen sind hoch, Gelder werden reinvestiert und hauptberuflich agierende *Fundraiser* sorgen für Spenden und erschließen neue Geldquellen.

Universität als Wirtschaftsunternehmen

Die Hochschulen konkurrieren um die besten Professoren, die begabtesten Studenten und die großzügigsten Sponsoren. Dies führte langsam zur Herausbildung so genannter **Elite-Universitäten** wie *Yale*, *Harvard*, *Brown*, *Princeton* oder *Stanford*. Wer hier studiert hat, dürfte keine Probleme haben, gleich nach erfolgreichem Abschluss in die Chefetagen einzusteigen. Einen wesentlichen Teil tragen die *Alumnis*, die Ehemaligen, bei, die der Uni Geldzuwendungen zukommen lassen und auch aktiv an der Vermittlung von Arbeitsplätzen beteiligt sind.

Das elterliche Vermögen ist nicht allein bestimmend, und bereits bei Aufnahme in eine Universität wird ein individueller „Finanzierungsplan" erarbeitet. Abgesehen von den angebotenen Krediten gibt es eine Vielzahl verschiedenster **Stipendien**, um die man sich bewerben kann, und außerdem eine breite Palette von **Nebenjobs**. In studentischer Hand befinden sich z. B. Verwaltung, Bibliotheken oder Dienstleistungsbetriebe.

Die Universität bzw. der Campus stellt eine **eigene Stadt** für sich dar mit kompletter Infrastruktur und einem breiten Angebot im akademischen und nichtakademischen Bereich; dazu gehören z. B. Sport- und Freizeiteinrichtungen, Kurse und Veranstaltungen. Der Campus bietet **Rundum-Versorgung** – u. a. mit Gesundheitszentrum, Job-Service, Finanzhilfe – und fördert zweifellos die Konzentration auf das Studium.

Harvard gilt als eine der Elite-Universitäten der USA

INFO — Das amerikanische Universitätssystem

College und Universität, öffentliche und private, beruflich und wissenschaftlich orientierte Einrichtungen – es dürfte so manchem High-School-Absolventen, der studieren möchte, schwer fallen, die richtige Wahl zu treffen, zumal sich auch Niveau, Gebühren, Zielsetzung und Studiendauer unterscheiden. Normalerweise schließt sich an die High School ein **College-Studium** in einem der klassischen Ausbildungsgänge an, das jedoch nicht nur an einem *College*, sondern auch an manchen *Universities* absolviert werden kann. Die Begriffe *College* und *University* können nicht strikt voneinander getrennt werden, da einerseits viele Universitäten auch ein College-Studium, andererseits etliche Colleges wie Unis *Master*-Studiengänge anbieten.

Das College-Studium wird auch als **Undergraduate Studies** bezeichnet und dauert zwei oder vier Jahre. Rund 1.400 **Community (Junior) Colleges** sind von den Kommunen betriebene öffentliche Einrichtungen, die eine zweijährige, praxisorientierte Ausbildung gewährleisten. In dieser Zeit – vom Niveau her etwa vergleichbar mit der deutschen gymnasialen Oberstufe – wird der Student auf den Berufseinstieg vorbereitet. Der hier erreichte Abschluss ist der **Associate of Arts** (A.A.) bzw. **Associate of Science** (A.S.). Oft werden die ersten beiden Jahre an einem nahe gelegenen, preiswerten *Community College* und der erlangte *Transfer* oder *Associate degree* genutzt, um darauf aufbauend zwei weitere Studienjahre an einem College oder an einer University anzuschließen. Der *Bachelor*-Abschluss, der auch im Ausland anerkannt ist, beendet dann das vierjährige *Undergraduate*-Studium.

An einem so genannten „regulären" oder **4-year College** können Studenten aus verschiedenen „undergraduate programs" wählen und durchlaufen die vier Stufen *Freshman, Bachelor, Junior* und *Senior*. Die ersten beiden Jahre der **Lower Division** dienen dem **Allgemeinstudium** (*General Studies*) in Naturwissenschaften, Englisch, Sozialwissenschaften. Dazu kommen Grundkurse im selbst gewählten Hauptfachbereich (*Major*). Die **Upper Division** geht dann mit einer **Spezialisierung** im gewählten Fachbereich einher. Der Abschluss nach vier Jahren – dem deutschen Grundstudium entsprechend –, der erste eigentliche *College Degree*, ist der **Bachelor**: der „B.A." (*Bachelor of Arts*) in den Geisteswissenschaften, der „B.S." (*Bachelor of Science*) in naturwissenschaftlichen Fächern, der „B.B.A." (*Bachelor of Business Administration*) in der Wirtschaft oder der „B.Ed." (*Bachelor of Education*) in den Erziehungswissenschaften. Über 80 % der amerikanischen Studenten steigen nach Absolvieren des **Undergraduate-Studiums** in das Berufsleben ein.

Etwa 17 % aller Studenten setzen ihre Ausbildung nach dem College mit einem (Post-) **Graduate-Studium**, meist an den *Graduate Schools* einer Universität fort, da diese über bessere Forschungseinrichtungen verfügen. Absolviert wird hier ein vertieftes, wissenschaftlich ausgerichtetes Studium in einer **bestimmten Fachrichtung**, speziell in den nicht unmittelbar berufsbezogenen Disziplinen der Geistes-, Sozial- und Naturwissenschaften. Die so genannten **Postgraduate Studies** enden in der Regel nach zwei zusätzlichen Jahren und dem Verfassen einer *thesis* – vergleichbar mit Diplom-, Magister-, oder Staatsexamensarbeit – mit dem **Masters Degree**, der etwa unserem Magisterabschluss entspricht und als „M.A." (*Master of Arts*) oder „M.S." (*Master of Science*) vorkommt.

2. USA-Nordosten: Land und Leute – Gesellschaftlicher Überblick

Professional Schools bilden für akademische Berufe aus, z. B. Betriebswirtschaft, Architektur, Medizin, Jura und Ingenieurwesen, und bieten hierfür *undergraduate* und/oder *graduate programs* an. Hier spricht man von *„First Professional Degree"* (*Bachelor*) und *„Second Professional Degree"* (*Magister*). In den medizinischen Berufen folgen auf den Abschluss in der Regel Praktika (*internships*) und Spezialisierungen (*residency*). **Institutes** bezeichnen technische Universitäten (z. B. *Institute of Technology*), Fortbildungskurse (z. B. *Summer Institute of English Education*) oder Fachbereiche (z. B. *Institute of English*).

Der dritte Studienabschnitt wäre ein **Doctorate Program**, das sich je nach Uni auch unmittelbar an den *Bachelor* anschließen kann. Nach mindestens dreijährigem *Postgraduate-Studium* und Verfassen einer Doktorarbeit wird der Titel eines *„Doctor of Philosophy"* (Ph.D.), eines *„Doctor of Science"* (D.Sc.), *„Doctor of Education"* (D.Ed.) oder *„Doctor of Music"* (D.Mus.) verliehen. Normalerweise sind vom *Bachelor* bis zum Doktortitel jedoch vier bis fünf Jahre einzuplanen, doch damit ist dann auch die höchste Stufe der Universitätsausbildung erreicht. Eine **Habilitation** ist in den USA nicht vorgesehen, nach Leistung und jährlicher Punkte-Bewertung durch die Studenten steigt man vom *Assistant Docent* zum Professor auf.

Religion – „God's own country"

In den USA gelten **zwei Grundsätze**: Jeder darf seinem eigenen Glauben anhängen, solange er die Verfassung nicht gefährdet. Zudem gilt prinzipiell, dass das Verhalten eines Menschen wichtiger ist als sein Glaube. Diese Ideen haben sich jedoch erst im Verlauf der Geschichte manifestiert, zu Anfang waren die einzelnen religiösen Gruppen weit weniger tolerant. Dies bekamen nicht nur die Indianer zu spüren, sondern auch die eigenen zweifelnden Glaubensbrüder. Die Ereignisse in Massachusetts nach Gründung von Plimoth im 17. Jh. legen beredt Zeugnis davon ab. Diese ersten puritanischen Siedler hatten den Grundsatz geprägt: *„Wer nicht für mich, ist gegen mich"*. Das führte dazu, dass viele kritische Zeitgenossen wegzogen – wie *Roger Williams* nach Rhode Island – um neue „ideale" Kolonien zu gründen.

Erst mit der Verankerung der **Religionsfreiheit** und der **Trennung zwischen Staat und Kirche** in der Verfassung wurden die USA zu „God's own country", einem Land, in dem jeder seinen Glauben ausleben kann, solange er nicht die Gesellschaft oder den Staat in Gefahr bringt. Dieses *Disestablishment*, als erster **Verfassungszusatz** (*Amendment I*) 1791 der Verfassung zugefügt, führte zu mehr Mobilität. Kirchen und ihre Prediger mussten nun um ihre „Schäfchen" buhlen. Im 19. Jh. erreichte die **Vielfalt an Glaubensgruppen** bzw. Sekten in den USA ihren Höhepunkt, und bis heute ist die religiöse Zersplitterung nirgendwo sonst so groß wie hier.

Religionsfreiheit

Trotz der strikten Trennung von Kirche und Staat ist das Leben der Amerikaner von der Religion bzw. der Kirchengemeinde geprägt – was hierzulande oft unterschätzt wird. So ist in vielen Teilen der USA der Sonntag immer noch ein „Heiliger Tag", an dem man sich in der Kirche trifft. Die Bibel gilt noch immer als das meistgelesene Buch und Gottesfürchtigkeit ist eine wichtige Charaktereigenschaft.

Religiöse Vielfalt

„*Episcopal, Baptist, Methodist, Pentecostal, Presbyterian, Roman-Catholics, Latter Day Saints, Mennonites, Lutheran, Adventist*" – die Gottesdienstkalender in lokalen Tageszeitungen füllen Seiten. Das Spektrum an religiösen Gruppen bzw. Kirchengemeinden ist in den USA enorm, allerdings gibt es gemeinsame Züge: Es handelt sich fast durchweg um **protestantische Richtungen**, die der Glaube an die Allmacht der Bibel und eine eher informelle Gottesverehrung eint. 52 % aller Amerikaner sind Protestanten, 24 % gehören der größten einzelnen Religionsgemeinschaft, der römisch-katholischen Kirche an.

„God's own country"

Protestanten und Puritaner

Im Nordosten war es gerade der Protestantismus, nicht Baptisten, Methodisten, Presbyterianer oder Episkopale, sondern es waren **Puritaner**, die seit der Landung der „Pilgerväter" 1620 den Glauben und die Moral prägten. Obwohl es längst keine puritanische Religion mehr gibt, hat sich der Puritanismus als „Lebensanschauung" gehalten. Die im 17. Jh. zugewanderten Glaubensflüchtlinge aus England waren von einem enormen Missionsdrang beseelt und hatten sich die Schaffung einer zivilisierten, vorbildhaften Gesellschaft, die sich mit Disziplin, Frömmigkeit und Fleiß die „Wildnis" untertan macht, zum Ziel gesetzt.

Resultat war eine **sittenstrenge und kompromisslose Gesellschaft**, die überzeugt war von der Sündhaftigkeit des Menschen, der Vorbestimmtheit der Seele und der Notwendigkeit eines unumstößlichen Glaubens und gottgefälligen Lebensstils. Schlüssel zur Schaffung einer „geläuterten", puritanischen Gesellschaft waren Bildung und Erziehung, und daher sind viele Schulen und Universitäten letztendlich diesen ersten Siedlern zu verdanken. Andersgläubige hatten da zunächst keinen Platz. Erst die Zuwanderungswellen der katholischen Frankokanadier, Italiener und Iren im Laufe des 19. Jh. änderten diese extreme Position.

Kirchengemeinden

Religionszugehörigkeit ist in den USA nichts „Lebenslängliches". Ein Methodist kann bei einem Wohnungswechsel durchaus Mitglied einer Episkopalgemeinde werden, wenn beispielsweise diese Kirche näher zum Wohnsitz liegt oder besondere Dienstleistungen bietet. Solche können in Kinderbetreuung, Alten- und Krankenpflege, Familienberatung oder Kultur- und Fortbildungsprogrammen bestehen. Da staatlicherseits keine finanziellen Zuwendungen fließen und es weder Kirchensteuer noch -geld gibt, gilt der „Blessing Pact": Gott liefert den Segen (und die entsprechenden Einrichtungen), der „Kunde" das Geld. Welcher Religion man angehört, spielt dabei kaum eine Rolle, wohingegen immer noch getrennt wird nach Schwarz und Weiß. Manche behaupten, die Rassentrennung in Kirchen sei noch heute stärker ausgeprägt als in anderen Lebensbereichen.

Religiöser Verfolgungswahn

Das Nebeneinander derart vieler religiöser Gruppen war und ist nie problemlos möglich und immer wieder entlädt sich religiöser Verfolgungswahn gewaltsam. So ist das Leben islamischer Gemeinden nach „Nine Eleven" schwierig geworden, was aber kein Einzelfall in der amerikanischen Geschichte ist. Die Geschichte der **Mormonen** (*Latter Day Saints*) ist beispielsweise geprägt von Verfolgung und Vertreibung. 1805 wurde ihr Religionsgründer *Joseph Smith* in Neuengland (Vermont) geboren. Nach seiner „Erleuchtung" und dem Verfassen des *Book of Mormon* entstand 1830 eine neue Kirche, die misstrauisch beäugt wurde. Viele Gläubige, darunter 1844 der Gründer selbst, wurden Opfer gewalttätiger Auseinandersetzungen. Erst als *Brigham Young* die Gemeinde 1846/47 in den Westen, an den Großen Salzsee im heutigen Utah, geführt hatte, konnte sich die Kirche in Ruhe zu einer der größten Glaubensgemeinschaften der USA entwickeln.

Geschichte der Mormonen

Ende des 17. Jh. war es in **Salem**, einer von Puritanern 1626 an der Küste von Massachusetts gegründeten Siedlung, ebenfalls zu einem Ausbruch religiösen Verfolgungswahns gekommen, der bis heute Rätsel aufwirft. 1692 waren über 400 Menschen der Hexerei angeklagt und 20 hingerichtet worden. Viele von ihnen stammten aus gesellschaftlichen Randgruppen, deren Armut die Puritaner als eine Folge der Unfrömmigkeit auslegten. Beseelt von dem unbarmherzigen Bestreben, das Böse auszumerzen und überzeugt von der eigenen Rechtschaffenheit, schickte man damals Unschuldige in den Tod.

Hexenprozesse

Der Osten als Wiege alternativer Ideen

Was die Menschen im „Alten Europa" an den USA verwirrt und verunsichert, ist das oft friedliche Nebeneinander von Extremen und Gegensätzen. Gelten gerade die Neuengland-Staaten als Wiege des strengen Puritanismus, der westlichen Wirtschaftsordnung und des damit verbundenen Gewinnstrebens, steht hier zugleich die **Wiege alternativer Ideen und Lebensformen**. Die Ereignisse bei dem bis heute legendären Konzert in *Woodstock* (Vermont) im Jahr 1968 sind weder ein Einzelfall noch der Beginn der alternativen Szene.

Reformerisches Neuengland

Schon Anfang des 19. Jh. hatte die puritanische Weltordnung zu bröckeln begonnen. Literaten und Denker aus Neuengland fingen an, sich der romantisch-optimistischen Strömung des **Transzendentalismus** zuzuwenden. Diese **mystische Philosophie** postulierte die Existenz einer die gesamte Schöpfung vereinenden „Überseele", predigte die Vorrangstellung der Erkenntnis über die Vernunft und die zwangsläufige Rechtschaffenheit der Menschheit. *Ralph Waldo Emerson* (1803-82) war das Sprachrohr der Bewegung und scharte die klügsten Köpfe seiner Zeit, wie Henry

Transzendentalismus

David Thoreau oder Nathaniel Hawthorne, um sich. Schon damals begann man alternative Lebensformen zu erproben: *Thoreau* zog sich für einige Zeit in die Einsamkeit am *Walden Pond* (Massachusetts) zurück, und auch in Landkommunen wie der *Brook Farm* (New Hampshire) oder *Fruitlands* in Harvard nahm man die Ideen der 1968er vorweg.

Reformbewegungen

Es waren Politiker und Denker aus Neuengland, die gerade im 19. Jh. an der Spitze vieler **Reformbewegungen** standen. Sie polemisierten vehement gegen die Sklaverei, die auf ihr Betreiben hin schon gegen Ende des 18. Jh. hier im Norden abgeschafft worden war. Die Neuengländerin *Harriet Beecher-Stowe* hatte 1852 mit ihrem weltberühmten Buch „Onkel Toms Hütte" einen wesentlichen Beitrag zur Abschaffung der Sklaverei in den USA geleistet. Nach dem Bürgerkrieg 1865 rückten die Ausbeutung der Arbeiter im Zuge der industriellen Revolution sowie die bis dato untergeordnete Rolle der Frau in der Gesellschaft in den Blickpunkt. So gab es 1879 bereits vier Frauen-Colleges in Massachusetts: Wellesley (bekannt durch *Hillary Clinton*), Smith, Mount Holyoke und Radcliffe.

Umweltschutzorganisationen

Heute ist in den USA der Staat – sowohl *Federal* als auch *State Government* – durch die **Einrichtung von Naturparks** eine der wichtigsten Umweltschutzorganisationen. Hier nehmen verschiedenste Programme ihren Ausgang: Feuerprävention, der Schutz der einheimischen Flora und Fauna, die Sorge für verletzte Wildtiere, Wiederansiedelungsprogramme bedrohter Arten sowie die Rückführung einiger Naturregionen in den Urzustand.

Aktiver Umweltschutz

Glaubt man den Vorurteilen und Presseberichten, sind *die* Amerikaner (die es ebenso wenig als Sammelbegriff gibt wie *die* Deutschen) an Umweltschutz nicht interessiert. Die Realität sieht anders aus: Millionen betreiben heute **aktiv Umweltschutz**, sind Mitglied einer Umweltschutzorganisation oder unterstützen eine solche finanziell oder ehrenamtlich. Mit der Vehemenz, mit der die Puritaner nach Reinheit strebten, kämpfen heute gerade die Bewohner der Neuengland-Staaten für den Umweltschutz. Die Region zählt zu den progressivsten in den USA.

Die so genannten *Big Ten*, die zehn größten **Umweltschutzorganisiationen** – darunter *National Audubon Society*, *National Wildlife Federation*, *Wilderness Society*, *American Hiking Society*, *National Parks and Conservation Association* oder *National Park Foundation* – zählen teilweise mehrere Millionen Mitglieder; sie sind in *Chapters* (regionale Sektionen) und *Local Groups* untergliedert, geben Zeitschriften oder Newsletter, einige – wie die *National Audubon Society* – sogar regionale Naturführer heraus. Auch sind diese Organisationen in der Lage, Einfluss auszuüben – jüngstes Beispiel ist das Rettungsprogramm für die Everglades in Florida.

Organic Farming – Zurück zur Natur

Ausgehend von Kalifornien und Neuengland verbreitet sich in den letzten Jahren eine Gegenbewegung zum konventionellen Anbau, die „**Organic Farming**" und

Biokost aus lokalem Anbau propagiert. Aus den anfangs belächelten Aussteigern, die für den Eigenbedarf produzierten und auf Festivals und Märkten als Exoten galten, ist inzwischen eine lukrative Bewegung geworden, die besonders in den großen Städten der Ostküste der rein wirtschaftlich orientierten Landwirtschaft, dem so genannten *Agrobusiness*, Konkurrenz macht.

Der Begriff des *Organic Farming* entstand 1973, als sich 90 Bauern zur *California Certified Organic Farmers Association* zusammenschlossen. 1979 machte das *Organic Food Law* die Richtlinien dieser Gruppe zum Gesetz. Inzwischen kann man in Buchläden Führer kaufen, in denen die regionalen Mitglieder (Bauern, Weinproduzenten, Brauereien, Bäcker, Läden, Restaurants etc.) aufgelistet sind, die sich alle den gleichen Regeln unterwerfen: Verzicht auf Pestizide und Kunstdünger, Wahl naturgerechter Anbauweisen – statt Monokulturen Beachtung der verschiedenen Ökosysteme und des natürlichen Gleichgewichts –, Ablehnung genmanipulierter Organismen und unnötig langer Transportwege.

Wochenmärkte werden in den USA immer beliebter

Die **Akzeptanz** in der Bewölkerung steigt stetig, immer mehr Amerikaner kaufen regelmäßig mehrmals die Woche bewusst Bio-Produkte ein. „**Natural foods**" sind heute in den USA die am stärksten wachsende Sparte im Einzelhandel, wobei *Organic Farming* bislang nur in Nordkalifornien und Neuengland einen bedeutenden Wirtschaftsfaktor darstellt. Noch legen die meisten Lebensmittel in den USA einen Weg von gut 2000 km vom Produzenten/Bauern zum Verbraucher zurück und fast alle US-Staaten beziehen 85 % ihrer Lebensmittel aus einem anderen Staat. Doch die Stimmen, die „*buy local and organic!*" rufen, werden lauter.

Bio-Produkte

Gibt es den „American Way of Life"?

Hot Dogs und Hamburger, Jeans und Cowboystiefel, Baseball Cap und Kaugummi, endlose Vorortsiedlungen und vielspurige Autobahnen, Shopping Malls und Outlet Center, „How are You" und Oberflächlichkeit, Macht des Geldes und Jagd nach der ewigen Jugend – was macht denn nun eigentlich den „**American Way of Life**" aus? Natürlich trifft man auf die obigen und andere Vorurteile über die Amerikaner, aber es gibt auch Punkte, die nicht in dieses Klischee passen.

Gerade auf einer Reise im Nordosten wird der Besucher auf eine derart vielseitige und oft gegensätzliche Welt stoßen, dass er in Zukunft nicht mehr von einem einheitlichen „American Way of Life" sprechen wird. Er wird gelernt haben, dass das **Klischee vom typischen Amerikaner** ebenso wenig existiert, wie das des typi-

Klischee vom typischen Amerikaner

schen Deutschen und dass Vielfalt statt Einheitlichkeit herrscht. Andererseits gibt es durchaus einige Spezifika, die für grundlegende Unterschiede sorgen. Im Folgenden sollen nur zwei Aspekte des vielschichtigen „American Way of Life" herausgegriffen werden, die sich besonders unterscheiden bzw. besonders unbekannt oder von Vorurteilen belastet sind.

Aus dem Vollen schöpfen

Fast Food ist zwar keine amerikanische Erfindung – schon im alten Rom gab es Garküchen an jeder Straßenecke –, doch in den USA wurde aus der „schnellen Küche" ein lukratives Geschäft. Längst haben sich die amerikanischen Schnellimbissketten weltweit zwischen Döner- und Würstchenbuden gequetscht und in den USA gehören sie zum Bild wie Kapitole oder Kirchen. Kein Wunder, dass die Amerikaner weltweit zu den dicksten Menschen zählen: zwei Drittel der Erwachsenen sind nach einer neuen Studie übergewichtig, die Hälfte davon ist sogar *obese* (fettleibig), d. h. liegt gewichtsmäßig ca. 14 kg über dem Normalgewicht. Allerdings schwindet die Kluft zu Deutschland zunehmend, denn auch hier sind mittlerweile angeblich zwei Drittel der Männer und die Hälfte der Frauen übergewichtig bzw. *obese*.

Nur eine Alternative: preiswerter Imbiss

Doch die USA sind auch hier **ambivalent:** Kaum in einer anderen Region findet man eine derart **kreative und vielfältige Küche**, die von frischen Ingredienzien und variablen Zubereitungsweisen lebt. Eine multiethnische Bevölkerungsstruktur, wachsendes Gesundheitsbewusstsein, Einfallsreichtum und Innovationsgeist haben dazu beigetragen, dass sich die amerikanische Küche zu etwas Besonderem entwickeln konnte und dass viele Restaurants mit den Tempeln der französischen Haute Cuisine konkurrieren können, Wochenmärkte aus dem Boden schießen und selbst Supermärkte eine breite Palette an Obst- und Gemüsesorten, Fisch und Meeresfrüchten anbieten.

Kreative Küche

Die **Küche im Nordosten** kann man mit einem Eintopf vergleichen, in den die unterschiedlichsten Zutaten hineingeworfen wurden, damit sie zu einem leckeren Ganzen verkochen. So verdankt man den **Indianern** die Verwendung einer Vielfalt von lokalen Gemüse- und Obstsorten, das Wild und den Fisch, das Maismehl für die

Tortillas und nicht zuletzt Chilis und Bohnen. Die **Zuwanderer** aus anderen Teilen der Welt führten Pflanzen wie Oliven, Trauben (Wein), Datteln, Nüsse oder Zitrusfrüchte ein, trieben den Fischfang zur Perfektion und entwickelten sich zu Meistern in der Viehzucht und -haltung.

Mancher europäischer Besucher wird sich angesichts des Angebots erstaunt die Augen reiben, denn Fast Food und Fertiggerichte sind nur eine Seite der Medaille. Bis in die 1970er Jahre hinein bestimmten sie tatsächlich die Speisezettel in den USA, dann nahm allerdings mit einer kulturellen auch eine **kulinarische Revolution** ihren Ausgang. Neben Kalifornien entwickelten sich besonders New York und der Nordosten zu kulinarischen Hochburgen. Heute gibt es selbst in kleineren Orten hervorragende Restaurants, in Metropolen wie New York, Philadelphia oder Boston benötigt man eigene Restaurantführer und an der Küste Neuenglands ist der Hummer die Spezialität Nummer eins.

Kulinarische Revolution

Die angeblich schönste Nebensache

Eine Nebensache ist der **Sport** in den USA keineswegs. Ob aktiv betrieben oder passiv zugeschaut – als *couch potato* –, spielt Sport im Alltag der Amerikaner eine **zentrale Rolle**. Ausgehend von den USA ist Sport außerdem zu einem **wichtigen Wirtschaftsfaktor** und einem bedeutenden **Teil des Showgeschäfts** geworden.

Seit über hundert Jahren gilt das passive Miterleben sportlicher Wettkämpfe als **Bestandteil des Kulturlebens** einer Stadt oder Region. Man kleidet sich entsprechend, zahlt viel für ein Ticket und erwartet dafür mehrstündige Rundum-Unterhaltung für die ganze Familie. In nordamerikanischen **Tageszeitungen** ist der Sportteil meist der wichtigste und umfangreichste, und der Erfolg der überregionalen „USA Today", mit einer Auflage von über 3 Mio. die größte Tageszeitung in den USA, beruht nicht zuletzt auf ihrem herausragenden Sportteil. Sport ist ein in allen Bereichen fest integrierter Bestandteil und dazu im Wortschatz fest verankert: Begriffe wie *coach* oder *team* sind lückenlos in die Geschäfts- und Alltagssprache eingegangen.

Sport in Nordamerika – in der Regel die **„Big Five"**, American Football, Baseball, Basketball, Eishockey und NASCAR-Autorennen – ist fest verankert in Geschichte, Kultur und sogar im Kalender. Kein Wunder, reichen die Wurzeln vieler Sportarten doch ins 19. Jh. zurück! Selbst Profiligen und -teams können häufig auf eine **jahrzehntelange Tradition** verweisen, Baseball sogar auf über ein Jahrhundert Geschichte.

„Big Five" des Sports

So interessiert beispielsweise niemanden der kalendarische Frühlingsbeginn, wenn jedoch der US-Präsident Anfang April, am „*Opening Day*", die Baseballsaison eröffnet, dann ist für die Amerikaner **Frühjahr**. Bis in den Herbst hinein werden nun das Schlagspiel mit dem kleinen Lederball und die *Boys of Summer* Gesprächsthema Nummer eins sein. **Baseball** ist nicht einfach nur ein Sport – das *National Game* ist Teil der amerikanischen Geschichte, Kultur, Lebensphilosophie und des Alltags.

2. USA-Nordosten: Land und Leute – Gesellschaftlicher Überblick

American Football

Werden die Blätter gelb, die Tage kürzer und die Abende kühler, hört man überall *Marching Bands* spielen: Der **Herbst** ist die Jahreszeit des **American Football**. Gerade die Profi-Football-Liga **NFL** (*National Football League*) ist die florierendste Sportliga der Welt. Stets sind die Stadien der 32 Clubs gefüllt – der Zuschauerschnitt liegt bei über 60.000 Fans (!) pro Spiel – und die TV-Gesellschaften zahlen fast jede Summe für Übertragungsrechte. Daneben ziehen auf dem „flachen Land", dort wo die meisten Universitäten angesiedelt sind, die American-Football-Mannschaften der Hochschulen Millionen von Fans in ihrem Bann: **College Football** lockt in Hochburgen genauso viele Fans in die Stadien wie die NFL. Sportstudenten, mit Stipendien versehen, stellen vier Semester lang die Kader der Uniteams, um danach – sind sie gut genug – in das Profisportgeschäft überzuwechseln.

Wird es kalt und schneit es, dann pilgert man in die Hallen, um **Eishockey** der weltbesten Liga, der **NHL** (*National Hockey League*) oder **Basketball** zu sehen. Neben der weltberühmten Profiliga **NBA** (*National Basketball Association*) ist auch **College Basketball** beliebt.

Baseball ist Amerikas Nationalsport

Doch nicht nur die Jahreszeiten sind fest mit bestimmten Sportarten verwoben, auch die Feiertage haben traditionell eine feste Verbindung zum Sport: So ist Neujahr ohne *College Football* unvorstellbar und zum Ritual an Thanksgiving gehören Spiele der NFL. Andererseits eroberten sich spezielle Sporttermine im Kalender einen Platz als Festtage: **Opening Day** im Baseball, das Finale der NFL um den **Super Bowl**, die **World Series** (Baseball-Finale) oder die berühmte **March Madness**, wenn im März die besten Collegeteams ihren Basketballmeister ermitteln und an den beteiligten Universitäten Ausnahmezustand herrscht.

Soccer

In den letzten Jahren hat sich eine weitere Sportart zum Volkssport entwickelt: **Fußball**, in den USA „**Soccer**" genannt. Haben einst nur Zuwanderer aus Fußballhochburgen wie Südamerika und Südeuropa dem Fußball gehuldigt, kickt heute in den USA fast jedes Kind. Gerade bei Mädchen und Frauen ist Fußball neben Basketball überaus beliebt. Die **Profiliga MLS** (*Major League Soccer*) legt an Bedeutung zu, wie auch ein Sport, den einst die Indianer „erfunden" haben, **Lacrosse** – gerade im Nordosten ein Sport mit jahrhundertealter Tradition.

INFO Baseball, das National Game

Um Baseball ranken sich viele Legenden: Da behauptete beispielsweise um 1900, als Baseball gerade seinen Kinderschuhen entwachsen war, der Sportartikelmillionär und ehemalige Spieler *Albert G. Spalding*, dass ein gewisser *Abner Doubleday* 1839 in Cooperstown (New York) das Spiel erfunden haben soll. Wissenschaftler wissen es heute besser, denn Schlagballspiele gab es schon in der Antike und es ist anzunehmen, dass in Nordamerika einfach unterschiedliche Varianten zu einer neuen Spielart verschmolzen.

1845 wurde mit dem **Knickerbocker Club of New York** der erste dokumentarisch belegte Baseballclub gegründet und er war maßgeblich an der Aufstellung eines Regelwerks beteiligt. Nach Bürgerkriegsende hatte sich das Baseballfieber über das ganze Land verbreitet. 1869 wurde mit den **Cincinnati Red Stockings** der erste reine Proficlub ins Leben gerufen und am 2. Februar 1876 jene Liga gegründet, die bis heute das Geschehen mitbestimmt: die **National League** (NL). 1900 wurde die **American League** (AL) ins Leben gerufen und beide schlossen sich wenig später zum **MLB** (*Major League Baseball*) zusammen. Seit 1905 ermitteln die Meister der NL und AL in den **World Series** die beste Profimannschaft.

Was wäre Baseball ohne seine **Stars**? Selbst hierzulande kennt man *Babe Ruth*, *Lou Gehrig* oder *Joe DiMaggio*, Letzteren nicht nur, weil er *Marilyn Monroe* heiratete. Heiß verehrt in den schwarzen Vierteln wurden einst die Stars der berühmten **Negro League** – denn erst 1946 wurde mit *Jackie Robinson* der erste Afroamerikaner in die MLB aufgenommen. Egal, ob Schwarz oder Weiß, Namen von Legenden wie *Leroy „Satchel" Paige*, *Willie Mays*, *Hank Aaron*, *Mickey Mantle*, *Pete Rose*, *Yogi Berra*, *Frank Robinson*, *Reggie Jackson*, *Cal Ripken* oder *Nolan Ryan* lassen noch heute die Augen der Fans leuchten; dazu gekommen sind neue Gesichter: *Ken Griffey Jr.*, *Mike Piazza* oder *Randy Johnson*.

Lange Zeit galt der **Nordosten als Heimat des Baseball** und New York als dessen Hauptstadt, waren dort doch ursprünglich gleich drei der berühmtesten Teams zu Hause: die *Yankees*, die *Giants* und die *Brooklyn Dodgers*. Dank vermehrter Radio- und TV-Übertragungen erlebte Baseball in den 1960er Jahren einen neuen Boom, und der Umzug berühmter Mannschaften, z. B. der *Giants* und jener legendären *Dodgers* nach San Francisco bzw. Los Angeles, verbreiterte die MLB-Basis landesweit. Längst sind zu Traditionsclubs wie den *Yankees* oder den *Boston Red Sox* neue Franchises getreten: 30 Profiteams bilden derzeit die beiden Ligen des MLB, dazu kommen zahllose weitere in den unteren Profiligen.

Wer **zwischen April und Oktober** die USA besucht, sollte es nicht versäumen, ein Baseballspiel mitzuerleben, beispielsweise im *Oriole Park at Camden Yards* in Baltimore, im legendären *Yankee Stadium* in New York oder im altehrwürdigen *Fenway Park* in Boston. Zugegeben, ein Spiel scheint endlos und zu Anfang versteht man meist nichts, doch die Stimmung ist toll und meist findet sich schnell jemand, der einen in die Geheimnisse des Sports einweiht.

Kultureller Überblick

Nirgendwo stellt sich die Frage nach einer **einheitlichen Kultur** stärker als in den USA. Zwar hat seit der Gründung der Vereinigten Staaten die angloamerikanische Mehrheit ihre Normen zu setzen versucht, doch andererseits definieren sich die USA bis heute als Summe ihrer verschiedenen Ethnien. Auch wenn Amerika von einer sich **stetig wandelnden, vielschichtigen Gesellschaft** geprägt ist, gibt es einige kulturelle Konstanten, die sich seit der Kolonialzeit herausgebildet haben: der Glaube, im Gelobten Land zu leben, Tugenden wie Unabhängigkeit, Optimismus, Selbstvertrauen, Risikofreude, Fortschrittsglaube, Individualismus, Toleranz, Erfolgsstreben, Mobilität und schließlich die Sehnsucht nach „Wide Open Spaces".

Der im Folgenden unternommene Versuch, einen kulturellen Überblick zu geben, muss als fragmentarisch verstanden werden. Es können lediglich einige typische Elemente herausgegriffen werden und Anspruch auf Vollständigkeit zu erheben, wäre vermessen.

Architektur

Die Anfänge

Mississippian Tradition

Die ältesten erhaltenen Überreste menschlicher Besiedelung an der Ostküste haben die Gestalt von Erdhügeln und Pfostenlöchern. Es handelt sich um die Spuren der so genannten indianischen **Mississippian Tradition**, die sich in den Südstaaten zwischen dem Mississippi und der Atlantikküste ausdehnte. Mit der Ankunft europäischer Siedler an der Ostküste – abgesehen von Louisiana und Florida in erster Linie Engländer – hielten ab dem frühen 17. Jh. bevorzugt englische Architekturstile, Bautypen und -techniken Einzug, wobei allerdings den natürlichen Gegebenheiten der Wahlheimat, insbesondere dem Klima und den vorhandenen Baumaterialien, Rechnung getragen werden musste.

Bescheidene Anfänge in der Architektur, hier eine Log Cabin

Bei den Bauten der ersten europäischen Siedler handelte es sich um bodenständige Zweckarchitektur mit einfachem rechteckigem Grundriss, daneben existierten primitive Blockhütten, **log cabins**. Im 17. Jh. entstanden überwiegend schlichte Einraum-Häuser (*single-room houses*), wie die **saltboxes** in Neuengland, mit je einem Raum und zwei Etagen bzw. die **shotgun houses** in anderen Regionen, besonders im Südosten, mit je einem Zimmer beiderseits eines Mittelgangs. Solchen Grundrissen wurden ab Anfang des

Architekturstile

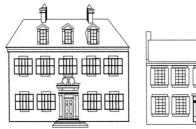
Georgian Style

Fedaral Style

Greek Revival

Gothik Revival

Italianate Revival

Second Empire Style

Queen Anne Style

Tudor Revival

Romanesque Revival

Bungalow Style

International Style

18. Jh. weitere Räume zugefügt. Auf schmückendes Beiwerk wurde anfangs noch weitgehend verzichtet, im Vordergrund standen Langlebigkeit und Schutzfunktion.

Georgian Style

Strenge Symmetrie

Vor dem Ausbruch des Unabhängigkeitskrieges 1776 bildete sich unter englischem Einfluss ein architektonischer Stil in der Neuen Welt heraus, der nach den vier englischen Königen namens *George*, die von 1714 bis 1830 aufeinander folgten, **Georgian Style** genannt wurde. Er manifestierte sich in sehr schlichten und klassisch symmetrisch gegliederten, unverputzten Ziegel- (oder Holz-) Bauten, rechteckigen zweistöckigen Kästen, deren Besonderheit in der **strengen Symmetrie** von Eingang und Fenstern und **klassizistischen Architekturelementen** wie Zierleisten, Säulen und Giebeln zur Rahmung der Eingänge, lag.

Eine Neuerung war die Verwendung zweier, nun schlankerer Kamine und die geometrische Anordnung von normalerweise je zwei Zimmern beidseitig eines zentralen Ganges. Der Stil war zwischen 1700 und 1780 in den englischen Kolonien verbreitet. Besonders viele Beispiele finden sich in Boston, New York, Philadelphia, Portsmouth (NH) oder Newport (RI). Englische Baumeister wie *Inigo Jones* (1572-1652) oder *Sir Christopher Wren* (1632-1723) hatten die wegweisenden Traktate des italienischen Renaissance-Baumeisters *Palladio* (1508-80) – der sich wiederum auf den antiken Theoretiker *Vitruv* stützte – studiert.

Federal Style

Aus dem „englischen" *Georgian Style* wurde nach der Unterzeichnung der Unabhängigkeitserklärung 1776 und mit wachsendem Selbstbewusstsein der jungen Nation der **Federal Style**, ohne dass es zu gravierenden Veränderungen gekommen wäre. Je nach Region und natürlichen Ressourcen wurde häufig weiter mit Holz gebaut und lediglich durch Anstriche oder Verblendwerk der Eindruck wertvolleren Mauerwerks vorgetäuscht.

Thomas Jefferson

Besonders der spätere Präsident *Thomas Jefferson* (1743-1826) gab in der repräsentativen Architektur neue Anstöße, indem er klassizistisch-antikisierende Elemente einführte. Musterbeispiel ist seine Villa in Monticello/VA, wo *Jefferson* erstmals eine komplette Tempelfront – die Kopie der römischen *Maison Carrée* in Nîmes – anwandte. Das frühe 19. Jh. war jedoch auch die große Zeit von Baumeistern wie *Samuel McIntire* (1757-1811) aus Salem oder *Charles Bulfinch* (1763-1844) aus Boston, deren Bauwerke zu den schönsten Beispielen dieser Epoche zählen.

Im Bereich der Innenarchitektur war es der **Adams Style**, der neue Akzente setzte: romantisch-verspielte Züge traten zu schlicht-strengen, klassizistischen Formen. Die beiden britischen Architekten *Robert* und *James Adam* hatten in ihrem Traktat von 1773 eine harmonische und einheitliche Gestaltung des Innenraums gefordert und genügend Beispiele, z. B. in Charleston, dafür geliefert. Aufwändiges und handwerklich hochwertiges Dekor, Stuckaturen an Decken und Wänden, exquisite Kaminverkleidungen, vor allem aber auffällige Grundrisse und gewagte Treppenkon-

2. USA-Nordosten: Land und Leute – Kultureller Überblick

struktionen wurden erst in England, dann auch in der Neuen Welt Mode.

Greek Revival

Der griechische Befreiungskrieg 1821-30 und das Bekanntwerden archäologischer Entdeckungen und Publikationen waren Faktoren, die das Aufkommen des **Greek Revival Style** in Nordamerika förderten. Vor allem in der Architektur des Südens verbreitete sich der neue Stil schnell und nachhaltig. In der Zeit **vor dem Bürgerkrieg**, zwischen 1830 und 1861, wurden antike Bauelemente „modern". An den so genannten **Ante-Bellum-Häusern** wurden nun statt einzelne Säulen um den Eingang, wie zuvor, ganze Säulenhallen (Portiken) gebaut bzw. komplette Tempelfronten vorgeblendet. Einerseits wurde dies als adäquates Mittel zur Selbstdarstellung der wohlhabenden Plantagenbesitzer an Herrenhäusern eingesetzt, andererseits dazu, um Repräsentationsbauten Monumentalität und Würde zu verleihen.

Antike Bauelemente

Greek Revival Style

Zu einer neuen Bauaufgabe wurde der **Kirchenbau**, und speziell in Neuengland gehören bis heute die weißen Kirchtürme zum Markenzeichen. *Asher Benjamin*, einem der einflussreichsten Baumeister Neuenglands zu Beginn des 19. Jh., der sieben Bücher zur Architektur verfasst hat, ist dieser Typus des Kirchturms ebenso zu verdanken wie die Tatsache, dass der *Greek Revival Style* auch im Nordosten, zumindest eingeschränkt, Einzug hielt.

Viktorianische Stile

Bis über die Jahrhundertmitte hinaus blieb das *Greek Revival* en vogue, dann kam es im dritten Jahrhundertviertel zu einer Gegenbewegung, einem kurzen, an sich nicht allzu bedeutenden Intermezzo: das **Gothic Revival** fand vor allem an Kirchen und öffentlichen Bauten Verwendung. Dieser englisch beeinflusste Stil kann jedoch als Wegbereiter für eine Richtung betrachtet werden, die sich nach dem Bürgerkrieg durchsetzte und unter dem Begriff „viktorianisch", nach der regierenden Königin *Victoria* (1837-1901) firmierte und von etwa 1860 bis 1900 populär war.

Gegenbewegung

Der **viktorianische Stil** fasst verschiedene Regional- und Revivalstile zusammen: Zum Gotischen traten, abgeschaut von italienischen Landhäusern und Renaissance-Palästen, das **Italianate Revival** (ca. 1860-85), der **Second-Empire-Stil** mit seinen charakteristischen Dächern (ca. 1870-85) und, in den beiden letzten Jahrzehnten des 19. Jh., Elemente des **Eastlake** und vor allem des **Queen Anne Style**. Den Abschluss der viktorianischen Periode bildet der **Romanesque Style** (1895-1910). Dank Architekten wie *Henry Hobson Richardson*, der die Bostoner Trinity Church entwarf, oder *McKim, Mead and White* (Boston Public Library) konnten sich derartig extravagante Stilvarianten durchsetzen.

Queen Anne Style

Zum beliebtesten viktorianischen Stil entwickelte sich der **Queen Anne Style** mit seinen pittoresken kleinen Türmchen, viel Dekor und Schnickschnack, mit Buntglas und dunklen Holzvertäfelungen in assymetrisch konzipierten Räumen. Auch dieser Stil war einem Engländer namens *R.N. Shaw* zu verdanken; er hatte ihn um 1860 ins Leben gerufen. Ein großes Plus war die **ökonomische Herstellungsweise**: Einzelne Bauteile und Dekorelemente konnten nach Musterbüchern en masse produziert werden. Die Idee von beliebig addierbaren Reihenhäusern mit uniformem „Rohbau" und gleichen Grundrissen, aber individuellen Fassaden und Details, stammte von *John Pelton*.

Moderne Architektur

Die Revivalstile wurden auch noch im 20. Jh. hochgehalten, doch daneben gab es auch Neues: der California- oder **Bungalow Style**, 1910 bis 1940 vor allem von *F.L. Wright* geprägt, und der **International Style**. Die beiden New Yorker Architekten *Johnson* und *Hitchcock* hatten 1932 mit ihrem Manifest „*The International Style*" in der Baukunst neue Wege geebnet und Bauhaus-Anhänger wie *Gropius, Le Corbusier, van der Rohe* oder *Breuer* trugen dazu bei, dass in den 1950er und 1960er Jahren in Boston, New York oder Philadelphia stromlinienförmige, schlicht-funktionale Glastürme entstanden.

Post- und Spätmoderne

Neue Impulse erhielt die Architektur in den 1970er Jahren von Baumeistern wie *Robert Venturi* oder *Charles Moore*. 1972 hatte sich *Venturi* mit dem Manifest „*Learning from Las Vegas*" gegen den herrschenden kommerziellen, funktionalen und uniformen Baustil gewandt und mit Hilfe von Zitaten verschiedener historischer Stile eine neue Richtung begründet: die **Postmoderne Architektur**. *Peter Eisenman, Michael Graves, Richard Meier* oder *Charles Gwathmey* folgten. *Charles Jencks* verfasste das wegweisende Buch „*The Language of Post-Modern Architecture*", und der postmoderne Stil – auch als „*Pop Architecture*" bezeichnet – machte mit Bauten wie dem New Yorker Lipstick Building (1987, *Burgee-Johnson*) Schlagzeilen.

Doch Zitate und Symbolhaftigkeit riefen schon bald eine neue Gegenbewegung hervor: Architektenbüros wie *SOM, J.M. Pei, Burgee-Johnson* oder *Roche, Dinkeloo & Ass.* wandten sich gegen Eklektizismus und Historismus und riefen eine neue Moderne ins Leben. In den 1980er Jahren entstand dann **„spätmoderne" Architektur** ohne Zierrat. Beispiele für sämtliche moderne Stilrichtungen liefert in konzentrierter Form New York, dessen neues Bauprojekt auf der *World Trade Center Site* von *Daniel Libeskind* und *David Childs* dabei ist, neue Impulse zu setzen.

Malerei

Es sollte lange dauern, bis sich in den USA eigene Stilrichtungen – vor allem eine eigene Porträt- und Landschaftsmalerei – herausgebildet hatten. Viele Jahre hatten europäische Kunststile, besonders Klassizismus und Romantik, die Malerei beeinflusst. Zu den Zentren **Charleston** und **New Orleans**, die sich schon zu Anfang des 18. Jh. im Süden zu Kunstmetropolen entwickelt hatten, trat im 19. Jh. eine Bewegung im Nordosten, die nach ihrer Leidenschaft für das Hudson-River-Tal „**Hudson River School**" genannt wurde. Streng genommen handelt es sich aber nicht um eine „Schule", sondern um einen losen Zusammenschluss mehrerer Maler, die sich weder geografisch noch stilistisch in eine „Schublade" stecken ließen, die aber ihre Landschaften verbanden. Anfangs eher abschätzig betrachtet, übte diese von etwa 1825 bis 1875 aktive Künstlergruppe einen unschätzbaren Einfluss auf die nachfolgende amerikanische Landschaftsmalerei aus.

„Hudson River School"

Die Kunstmetropole New York und die Moderne

Mit den Künstlern der *Hudson River School* rückte New York seit dem 19. Jh. als Kunstmetropole ins Blickfeld und seither bestimmt die Weltstadt die amerikanische Kunstszene maßgeblich mit. Zu Beginn es 20. Jh. waren Künstler wie *Marcel Duchamp, Georgia O'Keeffe, Ralston Crawford, Joseph Stella, Charles Demuth* oder *Charles Sheeler* in New York tätig. *Thomas H. Benton* lebte ab 1911 in New York und wurde dort zur Identifikationsfigur des „städtischen Sozialrealismus". *Reginald Marsh* (1898-1954) schlug in dieselbe Kerbe und beschäftigte sich vor allem mit den gesellschaftlichen Problemen der Stadt.

Kunstmuseen geben einen Einblick in die amerikanische Malerei

1917 hatte sich um *Man Ray* und *Duchamp* eine Künstlergruppe formiert, die den New Yorker **Dadaismus** begründete. Dagegen galten Maler wie *Charles Burchfield* (1893-1967) und *Edward Hopper* (1882-1967) mit ihrem Malstil der **Neuen Gegenständlichkeit** als Einzelgänger. Gerade Hoppers Bilder sind wie jene *Norman Rockwells* (ⓘ Info-Kasten S. 468) bis heute für das Amerikabild prägend und tauchen selbst in der Werbung als Zitate auf. Der amerikanische Realismus war in den 1940/50er Jahren zum Niedergang verurteilt und wurde abgelöst durch den **abstrakten Expressionismus**. Ihm gelang es, alle bisherigen Kunstvorstellungen zu sprengen und New York zu internationalem Ruf als neues Kunstzentrum nach Paris zu verhelfen.

Neue Gegenständlichkeit

Zu den wichtigsten Initiatoren gehörte *Jackson Pollock* (1912-56). Zusammen mit *Willem de Kooning, Ad Reinhardt, Robert Motherwell, Barnett Newman, Mark Rothko* und

INFO Die Hudson River School

Als „*Father of American Landscape Painting*" gilt der in England geborene *Thomas Cole* (1801-48), der nicht nur die Hudson River School, sondern zugleich ein neues und selbstständiges amerikanisches Genre begründete: die **Landschaftsmalerei**. Erstmals thematisierten amerikanische Künstler dabei die endlose Wildnis Nordamerikas und ihre frühe Besiedelung. Bis dahin hatte die Porträtmalerei dominiert, mit *Charles Wilson Peale* (1731-1827) und *Gilbert Stuart* (1755-1828) als wichtigen Vertretern.

Cole hatte ebenfalls als herumziehender Porträtist begonnen, war aber nach einer Reise ins Hudson River Valley dermaßen begeistert von der Landschaft gewesen, dass er sich 1825 in den Catskill Mountains – im Staat New York, südwestlich der Hauptstadt Albany – ansiedelte und begann, die „American Scenery" zu malen. Seine Landschaftsbilder, die unter dem Einfluss von *William Turner* standen, wurden rasch bekannt. *Cole* schuf teils dramatisch anmutende großformatige Panoramen der amerikanischen Wildnis, bei denen atmosphärische Stimmungen und ungewöhnliche Lichteffekte eine ebenso wichtige Rolle spielten wie allegorische Inhalte, religiöse und literarische Anspielungen.

Es entstanden Abbilder eines urtümlichen „**Garten Edens**" – Landschaften, die als Gottes Schöpfung ohne menschliche Einflussnahme dargestellt werden. Anders als bei europäischen Meistern der Zeit spielten Mensch, Zivilisation und Technik in den Werken der frühen amerikanischen Landschaftsmaler eine untergeordnete Rolle. Die Hochachtung vor der Natur war ein dominantes und abgrenzendes Merkmal, ein weiteres lag in den breiten Querformaten, die den Horizont betonen und der Landschaft Tiefe verleihen. Der Blickpunkt ist oft erhöht, der Betrachter schaut in die Ferne, in die Zukunft. Obwohl die Naturszenerien größte Detailgenauigkeit aufweisen und überaus realistisch erscheinen, lässt sich doch ein gehöriges Maß an Idealität, an **romantischer Überhöhung** nicht leugnen. Den Bildern eigen ist zudem oft eine **unterschwellige Symbolik** und die Verwendung von Allegorien.

Die neue Landschaftsmalerei ist ein Spiegel ihrer Zeit: Nach dem Krieg von 1812 gegen die Engländer waren das Selbstbewusstsein und der Stolz der jungen Nation gewachsen. Die riesigen und weitgehend unerforschten und unbesiedelten Ländereien im Westen traten erst jetzt richtig ins Bewusstsein. Künstler jener Zeit pflegten **Kontakte zu Philosophen und Dichtern**, wie *Ralph Waldo Emerson* oder *Henry David Thoreau*, zu *Washington Irving* oder *James F. Cooper*. Man wandte sich der Philosophie des Transzendentalismus zu, dem sich *Emerson* mit seinem 1836 erschienenen Manifest „*Nature*" verschrieben hatte. So entstand der Mythos der göttlichen und anbetungswürdigen Wildnis; Landschaft war nicht länger nur Kulisse, sondern Träger vielfältiger Beziehungen zwischen Natur, Mensch und Gott und diente als Symbol für individuelle und kollektive Erneuerung, als Ort der Hoffnung und der spirituellen Wiedergeburt.

Neben Cole gehörten *Jaspar Francis Cropsey* (1823-1900), *Asher Brown Durand* (1796-1886), *Frederick Edwin Church* (1826-1900), *Thomas Worthington Whittredge* (1820-1910), *George Inness* (1825-94) und der deutschstämmige *Albert Bierstadt* (1830-1902) der Hudson-River-Gruppe an. *Bierstadt* war der erste Künstler, der den damals großteils **unbekannten Westen** malte. Er war ab 1859 mehrmals dorthin gereist, hatte an Expeditionen in die Rockies und die Sierra Nevada teilgenommen. Die auf den Reisen entstandenen Skizzen und Fotos wurden später in seinem New Yorker Studio in gigantische Panoramen umgesetzt. *George Inness*, aber auch *Thomas Doughty* (1793-1856) und *John Frederick Kensett* (1816-72) ist es letztendlich zu verdanken, dass die Hudson River School sozusagen fließend in den Impressionismus überging.

Clyfford Still malte er gegen die „laienhaft-provinzielle" Haltung in der Öffentlichkeit an. *Pollock* war ein verkanntes und unverstandenes Genie. Sein Ziel und das des „abstrakten Expressionismus" war die Schaffung einer allgemein gültigen, modernen, länderübergreifenden und originellen Kunst, in der die Farbe als wichtigstes Ausdrucksmittel galt.

In den 1960er Jahren sorgte eine weitere Kunstrichtung aus New York für Schlagzeilen, die **Pop-Art**. Es handelte sich dabei um eine exhibitionistisch veranlagte Kunstrichtung, die die Großstadtkultur ideal verkörperte. Typisch amerikanische Dinge, wie Fast-Food-Restaurants, Reklametafeln, Geldscheine, Comics oder Pressefotos wurden thematisiert und Alltagsgegenstände oder Müll als neue Medien eingesetzt. Neben *Jasper Johns* gehörten *Robert Rauschenberg, Jim Dine, Roy Lichtenstein, James Rosenquist, Tom Wesselmann, George Segal, Claas Oldenburg* und der weltbekannte *Andy Warhol* (1928-88) zu den bedeutendsten Vertretern dieser Kunstrichtung.

Pop-Art

Fotorealismus, Happenings, experimentelle Kunst, Video- und Computerkunst, Konzeptkunst, Minimal Art, Neo-Dada, Neo-Abstraktion, Anti Form, New Image Painting – seitdem Pop-Art als eigenständiger amerikanischer Stil in den 1980er Jahren überwunden worden war, scheint in New Yorks Kunstszene alles erlaubt zu sein und die Stadt ist zu einem spannungsreichen Experimentierfeld der Kunst geworden, in der sich Künstler aus aller Welt austauschen und anregen.

Experimentierfeld der Kunst

Literatur

Zu den Regionen, die literarische Schwerpunkte in den USA setzten, gehörten die **Neuengland-Staaten**, die seit den Gründungstagen der ersten britischen Kolonien Literaten und Denker hervorgebracht haben, die das ganze Land beeinflussten, und die Weltstadt **New York**, wo von jeher alle möglichen Einflüsse aufeinander prallen. So interessant das Thema auch ist, leider kann im Rahmen dieses Reiseführers nur stichwortartig ein Überblick gegeben werden.

Neuengland, Heimat der Dichter und Denker

Ein wichtiger Wegbereiter einer eigenständigen amerikanischen Literatur war *Ralph Waldo Emerson* (1803-82). Als Kopf des **Transzendentalismus** ((i) Info-Kasten

S. 463) propagierte er die schöpferische Intuition des Einzelnen und seine Eingebundenheit in eine pantheistische Natur. Es gelang *Emerson*, dessen Essay „*Nature*" (1836) als Bibel der Bewegung galt, die besten Denker und Dichter seiner Zeit um sich zu scharen. So versuchte *Henry David Thoreau* (1817-62) die Ideen in die Tat umzusetzen und lebte zwei Jahre abgeschottet in einer Hütte in den Wäldern von Massachusetts (Walden Pond). *Nathaniel Hawthorne* (1804-64) ging sogar noch weiter und entlarvte in seinen Hauptwerken, wie „*The Scarlett Letter*" („Der scharlachrote Buchstabe", 1850) und „*The House of Seven Gables*" („Das Haus der sieben Giebel", 1851), die puritanische Doppelmoral. *Emerson* beeinflusste aber auch *Emily Dickinson* (1830-86) oder *Louisa May Alcott* (1832-88), die als Wegbereiterinnen der Gleichberechtigung fungierten.

Am Walden Pond lebte kurzzeitig Dichter Henry David Thoreau in der Wildnis

„Moby Dick"

In New York und in der Abgeschiedenheit der Berkshires war **Herman Melville** (1819-91) zu Hause. Erst nach seinem Tod wurde er als einer der bedeutendsten Dichter der USA verehrt und sein tiefgründiges und symbolisches Hauptwerk „*Moby Dick*" (1851) zum Bestseller. Zu Lebzeiten schätzte man dagegen eher seine in der Karibik spielenden Romane wie „*Typee*" oder „*Omoo*", in denen ein freies Leben ohne Zwänge unter den Ureinwohnern propagiert wird.

Intellektuelle und Literaten aus Neuengland standen im 19. Jh., vor dem Bürgerkrieg, an der Spitze der Anti-Sklavenbewegung. Berühmtestes Beispiel ist **Harriet Beecher-Stowe** (1811-96) und ihr 1852 verfasster Roman „*Uncle Tom's Cabin*" („Onkel Toms Hütte"). Weltberühmt war ihr Nachbar **Mark Twain** (1835-1910), der zwar in Neuengland (Hartford) lebte, aber doch Zeit seines Lebens ein Südstaatler geblieben ist, was seine weltberühmten Abenteuergeschichten um *Tom Sawyer* (1876) und *Huckleberry Finn* (1884) belegen (ⓘ Info-Kasten S. 399).

Der meistgelesene Neuengland-Autor des 19. Jh. war **Henry Wadsworth Longfellow** (1807-82) aus Portland/Maine. Gerade seine epischen Gedichte „*The Song of Hiawatha*" (1855) und „*Evangeline*" (1847), mit denen er den Indianern und der arkadischen Minderheit Kanadas, den *Cajuns*, Denkmäler gesetzt hat, haben ihn zu einem bedeutenden Dichter gemacht. In seiner Tradition steht *Robert Frost* (1874-1963), der wie kein anderer die bäuerliche Welt New Hampshires in Worte fasste.

Obwohl im 20. Jh. die literarische Dominanz Neuenglands zu Ende ging, spielt diese Region bis heute eine tragende Rolle in der nordamerikanischen Literaturszene. Viele bedeutende **moderne Autoren** stammen aus Neuengland oder leben dort. In Bangor/Maine ist es beispielsweise *Stephen King* (geb. 1947), der aus Pennsylvania stammende *John Updike* (geb. 1932) lebt bei Boston, *Thornton Wilder* (1897-1975) wohnte fast 40 Jahre bei New Haven, *John Irving* (geb. 1942) ist ein waschechter Neuengländer, während der in New York geborene *Arthur Miller* (geb. 1915) durch sein Schauspiel „The Crucible" („Die Hexenjagd", 1953), das die Hexenprozesse von Salem 1692 anprangert, berühmt geworden ist. In den letzten Jahren hat *Anne Proulx* (geb. 1935) für Aufsehen gesorgt. Die aus Connecticut stammende Autorin setzt die große Tradition berühmter Schriftstellerinnen aus Neuengland – *Alcott, Dickinson* oder *Beecher-Stowe* – fort.

Als erster eigenständiger amerikanischer Autor gilt **Edgar Allen Poe** (1809-49). Er war besonders in den Gattungen *Short Story* und *Mystery* (Krimi) wegweisend. In Boston geboren, war *Poe* zeitweise in Baltimore, die meiste Zeit jedoch in Richmond/Virginia zu Hause. Nach seiner Entlassung aus der Armee, wegen Aufsässigkeit, 1831, wandte er sich der Schriftstellerei und dem Journalismus zu. Trotz seines kurzen Lebens gilt *Edgar A. Poe* als „America's Shakespeare", der in gleich fünf literarischen Genres Meisterschaft erlangte: Detektiv-, Horror- und Kurzgeschichten sowie Lyrik und Science-Fiction.

Edgar A. Poe

James Fenimore Coopers (1789-1851) weltberühmte „Lederstrumpf"-Romane stellen einen Meilenstein in der nordamerikanischen Literaturgeschichte dar. Der meisterhafte Erzähler *Cooper* war nahe dem heutigen Cooperstown am Lake Otsego (New York) aufgewachsen und hatte die Entwicklung des Nordostens von einem unberührten Naturrefugium zur blühenden Gemeinde miterlebt und in fünf „Lederstrumpf"-Erzählungen, erschienen zwischen 1823 und 1841, verarbeitet.

Literarisches Multikulti in New York

Derart vielgesichtig wie sich die Weltmetropole New York gibt, derart schillernd ist auch ihre Literaturszene. Unzählig viele **berühmte Autoren** wurden in New York geboren oder lebten hier, darunter auch deutsche Größen wie *Bert Brecht, Oskar Maria Graf, Thomas* und *Klaus Mann* oder *Ludwig Thoma*. Zu den bekanntesten „New Yorker" Schriftstellern gehören *Henry Miller* (1891-1980), *Norman Mailer* (geb. 1923) oder *Jack Kerouac* (1922-69). *John Dos Passos* (1896-1970), portugiesischer Abstammung und aktiver Kommunist, beschreibt in „Manhattan Transfer" (1925) die New Yorker Gesellschaft. Der derzeit berühmteste Autor aus der Metropole ist *Paul Auster* – geboren 1947 in Newark/NJ und in Brooklyn lebend –, zu dessen lesenswerten Büchern die „New York Trilogy" (1988) gehört.

Schon in den 1920er Jahren hat in New York die afroamerikanische Kunst- und Literaturszene für Aufsehen gesorgt. Die **Harlem Renaissance** war Ausdruck eines neuen schwarzen Selbstbewusstseins und äußerte sich in den Bereichen Tanz, Musik, Theater, Kunst und Literatur. *Alain Locke* hatte die Bewegung mit einem Essay in „The New Negro"(1925) initiiert, und *Langston Hughes* (1902-67) thematisierte in „The Big Sea" Harlems Blütezeit in den *Roaring Twenties*. Damals waren Jazzmusiker wie *Duke Ellington* oder Tänzer wie *Bill „Bojangles" Robinson* neben großen Literaten in Harlem zu Hause: *Jean Toomer* (1894-1967), *Zora Neal Hurston* (1891-1960), *Claude McKay* (1890-1948) oder *Rudolph Fisher* (1897-1934). Mit der Wirtschaftskrise in den

Harlem Renaissance

1930er Jahren begann der Niedergang des schwarzen Stadtviertels. Zum neuerlichen Aufschwung trug in den letzten Jahren beispielsweise *Toni Morrison* (geb. 1931) mit ihrem Roman „Jazz" (1992) bei.

Jüdische Autoren

Wie breit das Spektrum der Schriftsteller in New York ist, belegt **Kinky Friedman**. Geboren 1944 in Chicago und in Texas aufgewachsen, lebt er in Texas und im New Yorker Greenwich Village und hat mit seinen skurrilen Krimis eine große Fangemeinde gewonnen. *Friedman* ist aber nicht nur ein in New York lebender Cowboy, er ist auch jüdischer Abstammung und setzt so die Tradition der jüdischen Literatur in New York fort. Einer der ersten **jüdischen Autoren** war *Isaac Bashevis Singer* (1904-91), der 1935 als Sohn eines jüdisch-polnischen Händlers eingewandert war. *J.D. Salinger* (geb. 1919) ist nicht nur als Romanautor bekannt, sondern auch als Kolumnist für den „New Yorker", bis heute das wichtigste Kulturmagazin Amerikas. Zur modernen Generation jüdischer Literaten gehören *Tony Kushner*, berühmt geworden mit „Undoing World" (Pulitzerpreis), oder der 1977 geborene *Jonathan Safran Foer*, der mit seinem 2002 erschienenen „Alles ist erleuchtet" berühmt wurde.

Reiseimpressionen 89

Willkommen in **Neuengland**!

Neuengland ist ein Ballungsraum ausgezeichneter Colleges und Universitäten, von denen **Harvard, Yale und** das **MIT** die namhaftesten sind. 800 000 Studenten sind an den 265 Hochschulen Neuenglands eingeschrieben.

Vor dem Hintergrund moderner Architektur erinnert das Denkmal George Washingtons in **Boston** an den amerikanischen Unabhängigkeitskrieg, der hier seinen Anfang nahm.

Reiseimpressionen **91**

Mit der **Mayflower** erreichten die Pilgerväter nach stürmischer Überfahrt die Küste von Nordamerika und gingen 1620 am **Plymouth Rock** an Land.

Immer einen Besuch wert sind die **Museumsdörfer Neuenglands**, die einen Eindruck vom Alltag der Menschen in einer vergangenen Zeit vermitteln.

Reiseimpressionen

Manhattan ist der flächenmäßig kleinste Stadtteil New Yorks. Dieses wird besonders deutlich, wenn man einen Helikopterflug um die Insel macht. Wie eine Spielzeugstadt breitet sich die Metropole unter einem aus.

„A park is a single work of art" schrieb *Frederick Law Olmsted*, nachdem er zusammen mit *Calvert Vaux* den **Central Park** geplant hatte. An Wochenenden nutzen Zig-Tausende New Yorker die „Grüne Lunge", um sich für den stressigen Alltag wieder fit zu machen.

Im Herzen von **Boston** liegt der „Public Garden", der älteste Botanische Garten der USA, der 1859 auf einer Landaufschüttung nach einem Entwurf von George Meacham angelegt wurde.

Zu den Höhepunkten einer Reise durch den Nordosten der USA gehört auch ein Aufenthalt in einem **Bed & Breakfast-Haus**, wie hier in dem einladenden Haus in Gilbertsville.

Der 5.600 km langen, buchtenreichen Küste von **Maine** sind mehr als 1.200 kleine und kleinste Inseln vorgelagert.

Reiseimpressionen 95

Für mehr als 7.800 in **Maine** lizensierte Fischer ist der Hummerfang die wichtigste Erwerbsgrundlage. 26.000 Tonnen Hummer werden in jedem Jahr gefangen und verkauft.

Anfang August findet in **Rockland**, der „Hummerhauptstadt der Welt", das beliebte „Maine Lobster Festival" statt.

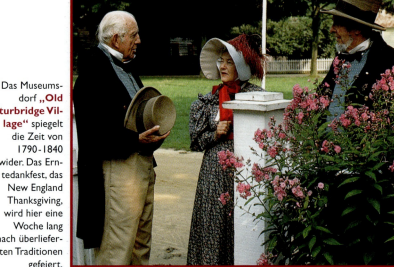

Das Museumsdorf **„Old Sturbridge Village"** spiegelt die Zeit von 1790-1840 wider. Das Erntedankfest, das New England Thanksgiving, wird hier eine Woche lang nach überlieferten Traditionen gefeiert.

Vom Ballon aus bietet sich ein herrlicher Blick über die ausgedehnten Wälder, die sanften Täler und die Bergketten von **Vermont.**

Reiseimpressionen 97

Wenn im September der **Indian Summer** beginnt, leuchten die Wälder in einer unvorstellbaren, überwältigenden Farbenpracht. Mehr als 3 Millionen Besucher beobachten in jedem Jahr das Naturschauspiel und feiern zusammen mit den Einheimischen die *Foliage Festivals*.

Das **Weiße Haus** in **Washington** ist das Machtzentrum der Vereinigten Staaten. Der Grundstein wurde bereits im Jahre 1792 durch George Washington gelegt, aber erst der 2. Präsident der USA - John Adams - zog in das Haus ein.

Gegründet im Jahre 1682 durch William Penn ist **Philadelphia** eine der geschichtsträchtigsten Städte an der Ostküste. Die Stadt bietet jedem, der auf den Spuren der amerikanischen Historie wandeln möchte, absolut Sehenswertes.

Elche finden in der wald- und seenreichen Landschaft von **Maine** auch heute noch gute Lebensbedingungen vor.

Vermont ist Bauernland; noch heute lebt mehr als die Hälfte der Bevölkerung von der Landwirtschaft.

Das eindrucksvolle „State Capitol" in **Hartford**, der Hauptstadt des Bundesstaates **Connecticut**, wurde 1792 nach Plänen des berühmten Architekten *Charles Bulfinch* gebaut.

Bereits seit 1797 ist **Albany** die Hauptstadt des Bundesstaates **New York**, zu deren Stadtbild neben historischen Gebäuden moderne, fast futuristische Bauwerke gehören.

Reiseimpressionen 101

Nicht selten beginnt schon in unmittelbarer Nähe der Ortschaften die unberührte Natur – wie hier in **New Hampshire**.

Wasserflugzeug und Kanu sind unentbehrliche Transportmittel in den Weiten von **Maine** und stellen oft die einzige Verbindung zu den abgelegenen Landesteilen dar.

Wasser und Wald prägen die Landschaft von Maine. Einer der schönsten und größten unter den 2.500 Seen ist der **Moosehead Lake**.

Reiseimpressionen 103

Die **Niagarafälle** zählen zu den größten und berühmtesten Wasserfällen der Welt. Die „donnernden Wasser" stürzen über eine Geländestufe 55 m in die Tiefe.

Mehr als 12 Millionen Besucher kommen jährlich nach **Niagara Falls**, um das grandiose Naturschauspiel zu erleben.

Die eindrucksvolle Schlucht von **Ausable Chasm**, an der Mündung des Ausable River in den Lake Champlain gelegen, lässt sich auf einer Bootsfahrt besonders gut kennen lernen.

3. DER NORDOSTEN DER USA ALS REISEZIEL

Allgemeine Reisetipps von A–Z

> **Benutzerhinweis**
>
> Die Gelben Seiten werden regelmäßig aktualisiert, sodass sie stets auf dem neuest möglichen Stand sind. In den **Allgemeinen Reisetipps von A–Z** (S. 106 ff.) finden Sie – alphabetisch geordnet – **reisepraktische Hinweise** für die Vorbereitung Ihrer Reise und Ihren Aufenthalt im Nordosten der USA. Die **Regionalen Reisetipps von A–Z** (S. 151 ff.) geben Auskunft über Infostellen, Sehenswürdigkeiten (Adressen, Öffnungszeiten und Eintrittspreise), Unterkünfte, Restaurants etc. in den – ebenfalls alphabetisch aufgelisteten – wichtigsten Städten, Ortschaften und Regionen.

Abkürzungen	106	Maße und Gewichte	132
Auto fahren		Medien	133
und besondere Verkehrsregeln	107	Mietwagen	133
Besondere Gesellschaftsgruppen	110	Museen	
Botschaften		und andere Sehenswürdigkeiten	136
und diplomatische Vertretungen	111	Nahverkehr	136
Busse	112	Notfall, Notruf	136
Camping und Camper	113	Öffnungszeiten	137
Einkaufen	115	Post	138
Einreise und Visum	116	Rauchen	138
Eintritt	118	Reisezeit und Klima	139
Eisenbahn	119	Sicherheit und Verhaltensregeln	139
Essen und Trinken	120	Sport und Freizeit	140
Feiertage und Veranstaltungen	123	Sprache und Verständigung	141
Flüge	124	Strom	142
Fotografieren, Filmen	127	Telekommunikation	142
Geldangelegenheiten	127	Trinkgeld	144
Gesundheit,		Umgangsformen und Verhaltensregeln	144
Ärzte und Apotheken	129	Unterkunft	144
Informationen	130	Versicherungen	148
Kanada-Hinweise	131	Zeit und Zeitzonen	149
Kartenmaterial	132	Zoll	149

Allgemeine Reisetipps von A–Z

A) Abkürzungen

- Es wurden außer den gewohnten Abkürzungen wie s., u. a., z. B., etc. auch die üblichen Kürzel für Himmelsrichtungen, Tage und Monate verwendet. Bei Angabe zweier Öffnungszeiten gelten die längeren für die HS bzw. den Sommer.

DZ	Doppelzimmer
HS	Hauptsaison (Memorial bis Labor Day, Ende Mai bis Anfang Sept.)
NS	Nebensaison
mph	miles per hour (1 mi = 1,6 km)
St.	Street
Ave.	Avenue
Blvd.	Boulevard
Dr.	Drive
Frwy.	Freeway
Hwy.	Highway (auch für „Rte." – im Nordosten gebräuchlich – verwendet)
Pkwy.	Parkway
Rd.	Road
I	Interstate (Autobahn)
/	bei Adressangaben, weist auf eine Straßenecke hin
-	Hinweis auf die Straßen, zwischen denen ein Punkt liegt
CVB	Convention&Visitors Bureau (Fremdenverkehrsamt)
VC	Visitors Center (Besucherzentrum)
NP	National Park
SP	State Park
D	Deutschland
AU	Österreich
CH	Schweiz

- Außerdem finden Sie im Buch die gängigen Staatenabkürzungen:

CT	Connecticut
DE	Delaware
D. C.	District of Columbia (= Washington)
ME	Maine
MD	Maryland
MA	Massachusetts
NH	New Hampshire
NJ	New Jersey
NY	New York
PA	Pennsylvania
RI	Rhode Island
VA	Virginia
VT	Vermont
Ont	Kanada: Ontario
Qué	Kanada: Québec

Auto fahren und besondere Verkehrsregeln

Insgesamt gesehen fährt man in den USA weniger aggressiv als in Europa. Man bewegt sich gemächlich vorwärts, agiert rücksichtsvoll, rast selten und überholt wenig. Im amerikanischen Nordosten existiert ein dichtes Straßennetz. Abgesehen von städtischen Ballungsgebieten ist die Verkehrsdichte dennoch geringer, und trotz einer Höchstgeschwindigkeit von normalerweise nur 65 mph (ca. 105 km/h) kommt man über Land meist zügig voran. Das Fahren in großen Städten kann hingegen Zeit und Nerven kosten, vor allem während der Rushhour, d. h. zwischen etwa 7 und 9/10 und von 17 bis 20 Uhr.

▶ Amerikanische Wagen

Komfort und Bequemlichkeit spielen bei amerikanischen Pkws eine große Rolle. *Cruise Control* (Tempomat), Klimaanlage (AC), Servolenkung und -bremsung, mehrere Airbags, Zentralverriegelung etc. gehören meist zur Grundausstattung, ebenso ist Automatikgetriebe üblich. Beim Fahren ist zu beachten, dass die beiden vorhandenen Pedale für Bremse und Gas ausschließlich mit dem rechten Fuß bedient werden und dieser immer bremsbereit sein muss, da das Standgas sonst das Auto langsam in Bewegung setzt. Je nach Fahrzeugkategorie befindet sich der Schalthebel zwischen den Vordersitzen oder als Hebel rechts am Lenkrad. Die Handbremse befindet sich im zweiten Fall dann als kleineres Pedal im Fußraum ganz links außen.

Die **Symbole des Automatikgetriebes** bedeuten:
- **P Park** (Position) – Parken (blockiertes Getriebe, zum Starten des Wagens bzw. zum Abziehen des Schlüssels)
- **N Neutral** – Leerlauf (Bremsen nötig!)
- **R Reverse** – Rückwärtsgang
- **D Drive** = Fahrstufe. Ein eingerahmtes D steht für normal-ebene Strecken, einfaches D für hügeliges bzw. ansteigendes Terrain. Um schnell zu beschleunigen, ist das Gaspedal durchzudrücken.
- **2** entspricht dem **zweiten Gang** und ist bei mittleren Steigungen (kurzzeitig) zu empfehlen. Eine Höchstgeschwindigkeit von 50 mph sollte nicht überschritten werden.
- **1** oder **L** (Low) entspricht dem **ersten Gang** und wird genutzt bei steilen Steigungen und Gefällen und langsamer Geschwindigkeit (max. 25 mph).

▶ Auf Amerikas Highways

Bei Highway-Fahrten passt man sich dem Verkehrsfluss an. Amerikaner wechseln die Spuren nicht häufig und selten abrupt. Ungewohnt ist das erlaubte **Rechtsüberholen** bei mehreren Spuren. Im Stadtbereich hält man sich an die zweite oder dritte Spur von rechts, um nicht auf einer reinen Abbiegerspur zu landen und zugleich auf Linksabfahrten vorbereitet zu sein. Bei nur zwei Fahrspuren wird nur ausnahmsweise überholt. Der Langsamere sollte die nächste Gelegenheit zum Herausfahren wahrnehmen.

Car Pools sind speziell ausgewiesene Fahrbahnen für Fahrgemeinschaften (meist ab zwei Personen), Taxis oder Busse. Da sie weniger Abfahrten aufweisen und gelegentlich von Mauern oder Zäunen begrenzt werden, die einen Spurwechsel unmöglich machen, ist Vorsicht geboten. Besondere Aufmerksamkeit ist auch auf den in Neuengland verbreiteten „**Rotaries**", dem Kreisverkehr, geboten.

Allgemeine Reisetipps von A–Z

Auf Amerikas Highways unterwegs

Auf- und Abfahrten auf **Interstates** sind entweder nach Meilen zur Staatsgrenze beziffert oder – was in Neuengland häufig ist – durchnummeriert. Sie können sich auch links befinden. Oft führen mehrere Ausfahrten (Exits) in eine Stadt, wobei Ankündigungsschilder meist nur Straßennummern, keine Orte nennen. Vorheriges Kartenstudium ist daher erforderlich.

▶ **Straßentypen und -nummerierung**
Highway ist der übergeordnete Begriff für Straßen im Allgemeinen. Exakt wird unterschieden zwischen autobahnähnlichen **Interstates** (auch Interstate Highways), übergeordneten bundesstaatlichen, oft vierspurigen **US Highways** – weiße Schilder mit schwarzer Aufschrift – und untergeordneten **State** oder **County Highways**, die meist zweispurig sind und in manchen Staaten auch Route (Rte.) genannt werden. State-Highway-Schilder zeigen meist außer der Nummer die jeweilige Staatskontur, *County Highways* werden durch kleinere Schilder, meist mit Nennung des County, markiert. **Gravel** oder **Unpaved Roads** sollten hingegen möglichst gemieden werden, erst recht **Dirt Roads** (fast Feldwege).

Interstate Highways werden durch rot-blaue Schilder angekündigt. Ungerade ein- oder zweistellige Straßennummern signalisieren Nord-Süd-, gerade Ost-West-Verlauf. Zubringer oder Nebenstrecken tragen korrespondierende dreistellige Nummern (z. B. I-180 als Zubringer zur I-80). Bei gerader erster Ziffer handelt es sich um eine Stadtumgehung, bei ungerader um eine Stichstraße. Am Straßenrand listen Schilder vorhandene Serviceeinrichtungen wie öffentliche WCs, Rastplätze etc. auf. *Interstates* heißen im städtischen Großraum gelegentlich auch *Freeway* oder *Expressway* und sind mindestens vierspurig. Gelegentlich werden Interstates im Stadtgebiet bzw. als Umfahrung zu gebührenpflichtigen *Toll Roads* oder *Turnpikes*.

▶ **Tanken**
1 Gallone (3,8 l) des für die meisten Mietwagen ausreichenden Normalbenzins (*gas*) kostet im Nordosten der USA ca. $ 2,50-2,80 (Stand: Sommer 2009). Meist teurer ist es an Autobahnen und in Stadtzentren. Üblich ist Selfservice, gezahlt wird bar (*cash*) oder mit Kreditkarte, häufig direkt an der Zapfsäule. Gelegentlich muss, vor allem nachts, vor dem Tanken bezahlt werden („*pay cashier first*"). Verbreitete Tankstellen-Ketten sind z. B. *Exon, Gulf, Shell, BP, Amoco, Mobil* oder *Citco*.

▶ **Automobilclub**
Die **American Automobile Association**, abgekürzt **AAA** (*Triple A*), ist auch für ausländische Besucher eine prima Einrichtung. Mit einem deutschen *ADAC*- oder *AvD*-, einem österreichischen *ÖAMTC*- oder Schweizer *TCS*-Ausweis erhält man gratis vor Ort aktuelle Karten und Stadtpläne, außerdem hilfreiche *Tour*- und *CampBooks*, in denen Sehenswürdigkeiten, Unterkünfte und Restaurants aufgelistet sind. Man kann in den Büros Reiseschecks tauschen und sich Routen ausarbeiten lassen. Jede größere

Stadt verfügt über eine AAA-Niederlassung (Adressen siehe Gelbe Seiten des Telefonbuchs bzw. www.aaa.com), in der man sich am besten gleich zu Reisebeginn mit allen nötigen Karten, Stadtplänen und *TourBooks* eindeckt. In Deutschland gibt es einen Teil der hilfreichen *AAA Books* auch gegen Gebühr beim ADAC.

▶ **Pannen- und Notfälle**
Notruf ist 911. Mietwagenfirmen haben eigene Telefonnummern für den Fall einer Panne oder eines Unfalls und sollten auch als Erste informiert werden. Da in Mietwagen meist Werkzeug und ein Warndreieck fehlen, bindet man im Pannenfall ein weißes Tuch an die Antenne oder befestigt es am Fenster auf der Fahrerseite (nachts Blinker einschalten und alles abschließen) und ruft Hilfe per *Mobil Phone* oder Notrufsäule.

Ein **kostenloser Notruf** in deutscher Sprache ist erreichbar unter ☎ 1-888-222-1373, im Sommer rund um die Uhr, sonst von 8 bis 18 Uhr. Der AAA-Pannendienst (*AAA Emergency Road Service:* ☎ 1-800-336-4357) hilft ebenfalls weiter. Bei kleineren Defekten kann ein Mietwagen meist unkompliziert an der nächsten Verleihstation umgetauscht werden. Als nicht beteiligter Dritter ist Vorsicht mit der Leistung von Erster Hilfe bei Unfällen geboten. Es besteht nämlich Gefahr, in einen Schadensersatzprozess wegen „nicht sachgemäßer Hilfeleistung" verwickelt zu werden. Es ist daher besser, per *Mobil Phone* sofort den Notruf zu aktivieren bzw. jemanden darum zu bitten.

▶ **Parken**
Parken, vor allem in Parkhäusern, kann in Metropolen, aber auch in Hotels höherer Kategorien teuer werden. Auf Überlandstraßen und Autobahnen darf nur in Notfällen abseits der Fahrbahn angehalten werden. In Städten sind Hydranten und **Tow Away**- bzw. **No Parking-Zonen** ein absolutes Tabu. Auf Straßen signalisieren **farbige Randsteinmarkierungen** die Parkregeln. **Rot**: absolutes Halteverbot; **Gelb/Gelb-Schwarz**: Liefer-/Ladezone, über Nacht ist Parken erlaubt; **Grün**: 10-Minuten-Parken; **Weiß**: Anhalten zum Ein-/Aussteigen erlaubt; **Blau**: Behindertenparkplätze. Die Parküberwachung ist streng und Verstöße werden umgehend geahndet, auch bei Ausländern.

▶ **Verkehrsschilder**
Häufiger tragen Schilder Worte als Symbole und Farben signalisieren zudem, um welche Art von Regel es sich grundsätzlich handelt. Dabei bedeutet
- **Gelb**: Warnung (Kurvengeschwindigkeit, Kreuzung etc.)
- **Weiß**: Gebot (Höchstgeschwindigkeit, vorgeschriebene Fahrtrichtung, Abbiegeverbot etc.)
- **Braun**: Hinweise (Sehenswürdigkeiten, Naturparks etc.)
- **Grün**: Hinweise (z. B. nächste Ausfahrten oder Entfernungen)
- **Blau**: Hinweis auf offizielle und Service-Einrichtungen (Rastplätze, Tankstellen etc.)

- **Yield** – Vorfahrt achten
- **Stop** – Halt
- **Speed Limit/Maximum Speed** – Höchstgeschwindigkeit
- **MPH** – *Miles per hour* (Meilen pro Stunde; 1 mi = 1,6 km)
- **Dead End** – Sackgasse
- **Merge** – Einfädeln, die Spuren laufen zusammen
- **No U-Turn** – Wenden verboten
- **No Passing/Do not pass** – Überholverbot

- **Road Construction (next ... miles)** oder **Men working** – Baustelle auf den nächsten ... km
- **Detour** – Umleitung
- **Alt Route** – Alternative Route oder Umleitungsstrecke
- **RV** – *Recreation Van* (alle Arten von Wohnmobilen, Campern)
- **Railroad X-ing** (= *Crossing*) – Bahnübergang
- **Ped X-ing** – Fußgängerüberweg

▶ **Besondere Verkehrsregeln**
- „Rechts vor links" ist in den USA prinzipiell unbekannt, stattdessen gibt es in Ortschaften, wenn Ampeln fehlen, „**4-way-stops**" – d. h. Stoppschilder in allen Fahrtrichtungen. Es gilt: Wer zuerst kommt, fährt zuerst – und das wird auch genau befolgt, falls nötig mit Handzeichen.
- **Ampeln** hängen ungewohnt hoch, mitten über der Kreuzung und schalten unmittelbar von Rot auf Grün.
- **Rechtsabbiegen** bei roter Ampel ist erlaubt, sofern gefahrlos möglich und es kein Schild „*No turn on red*" gibt.
- Auf mehrspurigen Straßen darf *rechts überholt* werden.
- Die **Höchstgeschwindigkeit** variiert je nach Bundesstaat, als allgemeiner Richtwert gilt:

	mph (miles per hour)	km/h (ca.)
Stadtgebiet	20–35	30–55
Landstraßen (US/State Hwys.)	55–65	90–105
Autobahnen	65–70	105–110

- **Rasen** („speeding") wird schärfer überwacht und härter bestraft als hierzulande. Kontrollen erfolgen durch geschickt am Straßenrand oder auf dem Mittelstreifen verborgene Polizeiwagen mit Radargeräten, die sich hinter einem Verkehrssünder einreihen und ihn per Signal zum Halten zwingen. Ggf. sofort halten, im Auto sitzen bleiben, Papiere bereithalten und den Strafzettel widerspruchslos hinnehmen und bar bezahlen.
- Das **Anlegen von Sicherheitsgurten** ist gesetzlich vorgeschrieben.
- **Alkohol** darf nur im Kofferraum transportiert werden. Gesetzlich gelten 0,5 Promille und Verstöße werden streng geahndet.
- **Orangefarbene Schulbusse** dürfen, wenn sie Zeichen (Blinklicht/Kelle) geben, nicht überholt werden, auch nicht in Gegenrichtung.

Besondere Gesellschaftsgruppen

▶ **Behinderte**
Insgesamt gelten die USA als sehr behindertenfreundlich. Rampen an Zugängen, abgesenkte Bordsteinkanten, Lifts in Gebäuden, eigene Parkplätze, Telefonzellen und WCs, spezielle Motelzimmer und Leihwagen, Blindeneinrichtungen, kostenlos zur Verfügung gestellte Rollstühle sowie ein „Helping-Hand-Service" erleichtern *handicapped people* das Reisen. In Detailfragen helfen die regelmäßig aktualisierten Handbücher „*Handi-*

capped Driver's Mobility Guide" vom Automobilclub AAA und der Führer von *Mobility International USA* (☏ 541-343-1248, www.miusa.org) weiter.

Infos erteilt außerdem
- **SATH** (*Society for Accessible Travel&Hospitality*), 347 5th Ave., Suite 610, New York, NY 10016, ☏ 212-447-7284, sathtravel@aol.com, www.sath.org

▶ **Senioren**
Meist ab 60 Jahren, gelegentlich schon früher, genießt man in den USA als *senior* Sonderbehandlung. Abgesehen von bevorzugter Behandlung z. B. an Flughäfen, gibt es zahlreiche Rabatte, z. B. bei Fluggesellschaften, bei der Eisenbahn, bei Tourveranstaltern, in Motels und Hotels oder auch bei Eintritten in Museen und Naturparks.

▶ **Kinder**
Amerika ist kinder- und familienfreundlich. Es gibt vielerlei Vergünstigungen, sei es im Flugzeug, in der Bahn oder in öffentlichen Verkehrsmitteln. In vielen Unterkünften übernachten Jugendliche bis 18 Jahre kostenlos im Zimmer der Eltern. Restaurants bieten Kindersitze und -menüs an, in Fast-Food-Lokalen oder Parks gibt es Spielplätze, neben den Swimmingpools für Erwachsene sind Plantschbecken die Regel. Größere Sehenswürdigkeiten und Parks stellen oft Kinderwagen zur kostenlosen Benutzung bereit. Öffentliche Picknickplätze sind verbreitet, ebenso Toiletten mit Wickeltischen. *Hands-on*-Abteilungen in Wissenschaftsmuseen oder spezielle Kindermuseen bzw. -abteilungen gibt es in jeder größeren Stadt. Auch Aquarien (wie das New England Aquarium) oder Zoos sind ideal für Kinder und verbinden Lernen und Vergnügen. Auch in Vergnügungsparks gibt es (allerdings nicht sehr stark ermäßigte) Sondertarife für Junioren.

Botschaften und diplomatische Vertretungen
siehe auch „Einreise und Visum" und „Kanada-Hinweise"

Die ausländischen Botschaften und Konsulate im Heimatland sind in erster Linie für die Erteilung von Visa zuständig, nämlich

in DEUTSCHLAND
- **Amerikanische Botschaft**, Pariser Platz 2, 10117 Berlin, ☏ (030) 83050; Konsularabteilung: Clayallee 170, 14195 Berlin,
  Visa (Terminabsprachen): ☏ 0900-1-850055 (Mo-Fr 7-20 Uhr, 1,86/Min.) bzw. Faxabruf: 0900-1-850058, http://germany.usembassy.gov
- **US-Generalkonsulat Frankfurt**, Gießener Str. 30, 60435 Frankfurt/M., ☏ (069) 7535-0
- **US-Generalkonsulat München**, Königinstr. 5, 80539 München, ☏ (089) 280-9998 bzw. für Visums-Terminvereinbarungen: ☏ 0900-1-850055 (1,86 €/Min.), keine E-Visa (nur Frankfurt) und keine diplomatischen Visa (Berlin)

in ÖSTERREICH
- **Amerikanische Botschaft**, Boltzmanngasse 16, A-1090 Wien, ☏ (01) 31339-0, E-Mail: embassy@usembassy.at; Visaabteilung. Parkring 12, A-1010 Wien, ☏ 0900-510300 (2,16 €/Min.), E-Mail: ConsulateVienna@state.gov, www.usembassy.at

Allgemeine Reisetipps von A–Z

in der SCHWEIZ
- **Amerikanische Botschaft**, Sulgeneckstr. 19, 3007 Bern, ☏ (031) 357-7011, http://bern.usembassy.gov.

Die **Botschaften** von **D**, **A** und **CH** befinden sich in Washington, D.C.:
- **Embassy of the Federal Republic of Germany**, 4645 Reservoir Rd. NW, Washington, DC 20007-1998, ☏ 202-298-4000, www.germany.info
- **Austrian Embassy**, 3524 International Court NW, Washington, DC 20008, ☏ 202-895-6700, www.austria.org
- **Schweizer Botschaft**, 2900 Cathedral Ave. NW, Washington, DC 20008-3499, ☏ 202-745-7900, www.eda.admin.ch/eda/en/home/reps/nameri/vusa/wasemb.html

In anderen Städten helfen (Honorar-)Konsulate im Notfall weiter. Eine Liste aller Auslandsvertretungen findet sich auf folgenden Webpages:
- www.auswaertiges-amt.de (D), Link „Auslandsvertretungen" oder http://germany.usembassy.gov/germany/addresses.html
- www.bmaa.gv.at (AU), Link „Bürgerservice"
- www.eda.admin.ch (CH), Link „Vertretungen"

Nachfolgend eine Auswahl der wichtigsten Konslate im Reisegebiet:
NEW YORK
- **Deutsches Generalkonsulat**, 871 United Nations Plaza, ☏ 212-610-9700, www.germanconsulate.org/newyork
- **Österreichisches Generalkonsulat**, 31 E 69th St., ☏ 212-737-6400, www.austria-ny.org
- **Schweizer Generalkonsulat**, 633 3rd Ave., 30th Floor, ☏ 212-599-5700

BOSTON
- **Deutsches Generalkonsulat**, Three Copley Place, Suite 500, ☏ 617-369-4934 oder 617-369-4000 (Ansage), www.germany.info/boston
- **Österreichisches Konsulat**, 15 School St., 5th Floor, ☏ 617-227-3131, www.austria-bos.org
- **Konsulat der Schweiz**, c/o swissnex Boston, 420 Broadway, Cambridge, MA, ☏ 617-876-3076, www.swissnexboston.org

PHILADELPHIA
- **Deutsches Honorarkonsulat**, 4 Penn Centre, Ste. 200, 1600 John F. Kennedy Blvd., ☏ 215-568-5573, honconsulphila@aol.com
- **Österreichisches Generalkonsulat**, derzeit geschlossen.
- **Konsulat der Schweiz**, 113 Cameron Dr., Cameron Hills, Hockessin/DE (ca. 65 km südwestlich), ☏ 302-239-2454

Busse

Zwar etwas billiger, aber weniger komfortabel als mit der Bahn, gelangt man mit den Bussen der führenden amerikanischen Busgesellschaft **Greyhound** ans Ziel. Die Überlandbusse genossen früher den Ruf, ein preiswertes, alternatives Transportmittel für Aussteiger und Weltenbummler zu sein, inzwischen sind jedoch die Preise deutlich gestiegen und die Klientel hat sich verändert. Die Busbahnhöfe liegen nicht immer zentral und häufig nicht in guten Vierteln. Vor allem bei nächtlicher Ankunft ist es vielfach ratsam, ein Taxi zu nehmen sowie eine Unterkunft im Voraus zu arrangieren.

Die **Netzkarte „Ameripass"** von *Greyhound* berechtigt den Besitzer zu beliebig vielen Fahrten und Unterbrechungen während eines bestimmten Zeitraums und kann mit Übernachtungsgutscheinen für Jugendherbergen kombiniert werden. Den Pass gibt es in vier verschiedenen Varianten, von sieben bis 60 Tagen (250-630 € in der HS). Er muss im jeweiligen Heimatland, d. h. außerhalb der USA, gekauft werden. Es existieren verschiedene Bustypen: *Local, Nonstop, Express*. Einzelfahrten sind relativ teuer.

Einige **lokale Firmen** bieten außerdem verschiedene Sightseeingtouren per Bus an, die vor Ort arrangiert werden können. Hinweise finden sich ggf. unter den konkreten Zielen in den Gelben Seiten. Auch Reiseveranstalter wie z. B. DERTOUR, FTI, Meier's oder ADAC haben Bus-Rundreisen, z. B. durch Neuengland im Angebot.

▶ **Infos zum Busreisen**
- **Greyhound USA**: ☎ 1-800-231-2222, www.greyhound.com
- Buchung in D ist möglich bei
  Flug- und Reiseservice Hageloch & Henes, Lindenstr. 34, 72764 Reutlingen, ☎ (07121) 330-184, 🖷 330-657, www.buspass.de, oder im Reisebüro über DERTOUR.

Camping und Camper

Für eine Tour im amerikanischen Nordosten ist ein Camper, auch *Motorhome* oder übergreifend „RV" (*Recreational Vehicle*) genannt, als Transportmittel im Unterschied zum US-Westen oder Südwesten normalerweise **nicht unbedingt die erste Wahl**. Die Region ist aufgrund ihrer teilweise dichten Besiedelung und ihrer spezifischen Infrastruktur mit etlichen großen Städten weniger geeignet für große Gefährte. Die Beweglichkeit ist gegenüber dem Pkw eingeschränkt. Hinzu kommen die Kosten, die selbst in Vergleich zu Mietwagen plus Unterkunft um einiges höher ausfallen: Zu den Mietkosten addiert sich der hohe Benzinverbrauch und die Stellplatzkosten.

Ein kleines Gefährt kostet pro Tag inklusive einer gewissen Zahl von Freimeilen mindestens 60 €, in der HS mehr, dazu kommen meist Übergabegebühren und Endreinigungskosten, Kosten für Zubehör, Zusatzversicherungen und ggf. Wochenendgebühren.

Ein Camper lohnt in erster Linie für **Kleingruppen** oder **Familien** mit Kindern, die sich die ständige Hotelsuche sparen und dem Naturerlebnis den Vorrang geben möchten. Wartungsarbeiten, -kosten und strategische Vorausplanung (wie Campingplatzreservierungen in der HS) sind außerdem erforderlich.

Allgemeine Reisetipps von A–Z

Camping ist ein Stück Weltanschauung und grundsätzlich sind die **Bedingungen** in den **USA sehr gut**. Empfehlenswert wäre die Fahrt im Camper beispielsweise in Maine, in den White Mountains (New Hampshire) oder im Norden der Bundesstaaten New York und Pennsylvania. Buchung im Voraus ist in der Hochsaison nötig, wobei die Camper-Preise Mitte Oktober bis Anfang April am günstigsten sind. Noch mehr als beim Mietwagen ist es aufgrund der komplizierten Miet-, Versicherungs- und Haftungskonditionen sinnvoll, einen Camper bereits zu Hause, z. B. im Reisebüro, zu buchen. Große Anbieter sind *El Monte RV, Cruise America, Road Bear* oder *Moturis*.

Über die unterschiedlichen Campertypen, die oft bei jeder Firma anders klassifiziert werden, über deren Ausstattung und Größe sowie über Preise und Bedingungen, Übernahmeprozedere, Zusatzkosten etc. kann man sich z. B. auf folgenden Webpages vorab informieren:
- www.crd.de/camper - North America travelhouse
- www.adac.de/Autovermietung/Wohnmobile/default.asp
- www.usareisen.de/motorhomes
- www.camperboerse.de
- www.CANUSA.de/Wohnmobile-USA

Tatsache ist, dass je größer und komfortabler das Fahrzeug ist, umso höher ist auch der Benzinverbrauch und umso eher sind entlegene Plätze sowie Fahrten in Großstädten tabu.

▶ **Campingplätze**
Campingplätze sind überall zu finden, unterscheiden sich allerdings in Ausstattung und Lage, Preis und Größe. Allen gemeinsam ist, dass sie meist sauber, gepflegt und großzügig proportioniert sind. Man unterscheidet grundsätzlich zwischen kommerziellen – mit *KOA* als größter Kette – und staatlichen Plätzen, wobei jene in den Nationalparks besonders begehrt und nicht unbedingt preiswert sind.

In den meisten **State Parks**, **National** oder **State Forests** gibt es *campgrounds* (*campsides*) meist einfacher Ausstattung, aber in landschaftlich reizvoller Lage. Oft besteht die Möglichkeit zu kostenlosem *backcountry camping* nach Einholen einer Erlaubnis (*permit*) von einer Ranger Station. Die Campingplätze sind in der HS schnell gefüllt, zumal großteils das System „first-come-first-served" gilt und nur ein Teil der Campingplätze über einen zentralen Reservierungsservice gebucht werden kann.

Relativ teuer aber in der Regel gut ausgestattet sind die **kommerziell betriebenen Plätze**, speziell jene von *KOA* – mit so genannten *hook-ups*, d. h. Wasser-, Stromanschluss und Abwasserentsorgung (*dump stations*) sowie Luxus-Sanitäreinrichtungen, Shop und anderen Gemeinschaftseinrichtungen. Sie liegen meist in Straßennähe, allerdings oft wenig idyllisch. Bei privaten Plätzen ist der Standard höchst unterschiedlich. Die Preise beginnen bei ungefähr $ 20 und steigen je nach Lage, Gefährt und Ausstattung an.

Hilfreich bei der **Campingplanung** sind „*AAA CampBook California*" und der „*Rand McNally Campground&Trailer Park Guide*", ansonsten helfen folgende Nummern und Adressen:

Allgemeine Reisetipps von A–Z

- **Allgemein**: www.nps.gov, www.recreation.gov oder www.ohranger.com (Infos zu allen Nationalparks online)
- **Nationalparks**: Reservierungen unter ☏ 1-877-444-6777 oder (518) 885-3639, www. ohranger.com (American Park Network), ☏ 212-581-3380 bzw. NP Service Reservation Center: www.recreation.gov
- **National Forests**: ☏ 1-877-444-6777, www.recreation.gov – große Anzahl an Campingplätzen, auch private *campgrounds*. Sofortreservierung ist möglich; es gibt zudem ein Suchprogramm nach dem passenden Platz mit weiteren touristischen Infos.
- **KOA**: ☏ 406-248-7444, www.koakampgrounds.com (Reservierungsmöglichkeit).
- Außerdem hilfreich: der **Campgrounds Directory** unter www.camping-usa.com (nur Verzeichnisse)

Einkaufen

Es gibt in den USA zwar **kein verbindliches Ladenschlussgesetz**, aber dennoch stimmt das hierzulande verbreitete Märchen von endlos geöffneten Läden nicht. Die meisten normalen Geschäfte sind auch in den USA nur zwischen 9 bzw. 10 und 18 Uhr geöffnet, lediglich Kaufhäuser, Einkaufszentren und Supermärkte/Drugstores haben verlängerte Öffnungszeiten (bis ca. 20 Uhr, Do-Sa auch länger, außerdem Sonntagnachmittags), Buch- und Musikläden sind oft bis 22 oder 23 Uhr geöffnet. In ländlichen Gebieten werden abends die Gehsteige früher hochgeklappt als in Städten.

Zu den angegebenen Preisen kommt in den USA immer noch die **Sales Tax**, eine Art Mehrwertsteuer, in Höhe von 5-10 Prozent je nach Staat und Stadt. New Hampshire gilt wegen des Verzichts auf eine solche Steuer als das „Shoppingparadies" Neuenglands und auch einige andere Staaten dort verlangen keine Steuer auf Kleidung und Schuhe. Trotz Steuer **preiswerter** als zu Hause sind Freizeitkleidung und -zubehör, Jeans, Sportschuhe und

Outdoor-Imperium L.L. Bean – alles begann mit Gummistiefeln

Sportartikel und, für den, der sich auskennt, technische Geräte wie Computer, Kameras etc. Am günstigsten bekommt man diese und andere Sachen in so genannten **Factory Outlets** oder **Outlet Malls**, einer Ansammlung von Shops, in denen Markenartikel bestimmter bekannter Firmen zu enorm reduzierten Preisen angeboten werden. Diese Malls sind Mega-Einkaufs- und Kommunikationszentren, die über verschiedene, oft stark spezialisierte Läden, große *Department Stores* (Bekleidungsgeschäfte) und Kaufhäuser – wie *Macy's*, *Neiman Marcus*, *Nordstrom* oder *JC Penney* – sowie über allerlei Serviceeinrichtungen wie Banken, Kinos, Schlüsseldienst, Reinigung, Friseur, *Food Court/ Eatery* (Imbissstände) und Restaurants verfügen.

> **Größentabelle**
>
> **Herrenbekleidung**
> Deutsche Größe (z. B. 50) minus 10
> ergibt amerikanische Größe (40)
> **Herrenhemden**
> | D | 36 | 37 | 38 | 39 | 40/41 | 42 | 43 |
> |---|---|---|---|---|---|---|---|
> | USA | 14 | 14,5 | 15 | 15,5 | 16 | 16,5 | 17 |
>
> **Herrenschuhe**
> | D | 39 | 40 | 41 | 42 | 43 | 44 | 45 |
> |---|---|---|---|---|---|---|---|
> | USA | 7 | 7,5 | 8 | 8,5/9 | 10 | 10,5 | 11,5 |
>
> **Damenbekleidung**
> | D | 36 | 38 | 40 | 42 | 44 | 46 |
> |---|---|---|---|---|---|---|
> | USA | 6 | 8 | 10 | 12 | 14 | 16 |
>
> **Damenschuhe**
> | D | 36 | 37 | 38 | 39 | 40 | 41 | 42 |
> |---|---|---|---|---|---|---|---|
> | USA | 5,5 | 6/6,5 | 7/7,5 | 8 | 9 | 9,5 | 10 |
>
> **Kinderbekleidung**
> | D | 98 | 104 | 110 | 116 | 122 |
> |---|---|---|---|---|---|
> | USA | 3 | 4 | 5 | 6 | 6x |

Supermärkte – wie *Albertsons, Safeway, Piggly Wiggly, Publix, Shaw's* oder *Shop'n Save* – und **Drugstores** – z. B. *Eckard, Rite Aid, Walgreens* oder *Duane Reade* – befinden sich meist an Ausfallstraßen am Stadtrand und sind umgeben von großen Parkplätzen. Sie sind von Angebot und Service her um einiges besser als hierzulande. Die meisten *Supermarkets* führen Zeitungen, Schreib- und Haushaltswaren, Drogerieartikel und je nach County/ Region auch alkoholische Getränke (ab 21 Jahren, meist nicht am Sonntag), in Drugstores gibt es auch Reformkost, Snacks, Softdrinks, Schreib-, manchmal auch Haushaltswaren und dazu einen Schalter für ärztliche Verordnungen.

In Stadtzentren finden sich häufiger kleinere **Lebensmittelgeschäfte**, *Convenience* oder *General Stores* – eine Art Gemischtwarenladen. In New York übernehmen *Delis* diese Funktion. Große Tankstellen wie *am/pm*, *7 Eleven* oder *Citco* bieten ebenfalls ein breites Lebensmittelangebot, allerdings keine Frischprodukte. *K-Mart, Target* oder *Wal Mart* sind **Kaufhäuser**, die preiswert Lebensmittel, aber auch Kleidung, Haushaltswaren, Möbel u. a. führen.

Große **Baumärkte** sind z. B. *Home Depot* und *Lowe's*; *Office Depot* oder *Staples* führen **Schreibwaren** und Büroartikel. Zu den großen **Buchläden** mit zahlreichen Filialen gehören *Barnes&Noble, Borders, Waldenbook* oder *Dalton*. Meist gehören ein gemütliches Café und eine Zeitschriftenabteilung dazu, manchmal auch eine große Musikabteilung.

Ein Schild mit der Aufschrift „**Antiques**" findet man auf einer Neuengland-Tour an beinahe jeder Straßenecke. Es weist häufiger auf Flohmarktartikel als auf wahre Antiquitäten hin. Gelegentlich heißt es daher auch gleich „**Flea Market**".

Einreise und Visum
siehe auch „Botschaften"

Die Visumspflicht für deutsche Staatsangehörige wurde 1989 für eine Aufenthaltsdauer bis zu 90 Tagen abgeschafft. 27 Staaten, darunter Deutschland, Österreich und die Schweiz, sind an diesem *Visa-Waiver-Programm* (VWP) beteiligt. Außer einem Rückflugticket muss der maschinenlesbare, bordeauxrote Europapass mit einer Restgültigkeit bis mindestens Reiseende vorgelegt werden. Alte Kinderausweise und Einträge in den Reisepass der Eltern sind ungültig. Nach dem 1. November 2005 *neu ausgestellte* Reisepässe – so genannten „ePasses" (59 €, 10 Jahre Gültigkeit) – enthalten biometrische Daten, derzeit in Gestalt eines Chips zur digitalen Speicherung von Gesicht und Fingerabdrücken.

▶ **Visum**
Ein *Visum* ist für „Normaltouristen" nicht nötig. Nur wer keinen neuen Europass besitzt bzw. länger als 90 Tage im Land bleiben möchte (z. B. als Schüler, Student oder Angehöriger bestimmter Berufsgruppen), muss sich der aufwendigen Prozedur der Visumsbeschaffung unterziehen. Dazu ist persönliche Vorsprache in den Konsulaten (ⓘ „Diplomatische Vertretungen") nach vorheriger Terminvereinbarung nötig. Vorgelegt werden muss dabei das ausgefüllte Antragsformular, Reisepass, Passbild und ein Online-Zahlungsbestätigungsformular über geleistete Gebühren in Höhe von derzeit 108 €. Außerdem muss nachgewiesen werden, dass man die USA nach vorübergehendem Aufenthalt wieder verlassen wird und finanzielle Vorkehrungen zur Deckung der Reise- und Aufenthaltskosten getroffen hat. Über das aktuelle Prozedere informieren die Botschaften und Konsulate (siehe auch S. 118).

▶ **ESTA**
Seit 12. Januar 2009 müssen sich Reisende, die ohne Visum einreisen, im Rahmen des **Electronic System for Travel Authorization (ESTA)** spätestens 72 Std. vor Abflug online registrieren lassen. Das kann bereits im Reisebüro oder im Internet auf einer speziellen Website erfolgen. Dabei werden dieselben Angaben abgefragt, die auch auf dem grünen I-94 W-Formular zur Befreiung von der Visumspflicht (Name, Geburtsdatum, Adresse, Nationalität, Geschlecht, Passdaten sowie die erste Adresse in den USA) gemacht werden müssen. Wer einmal registriert ist, kann innerhalb von zwei Jahren beliebig oft einreisen, sofern der Pass solange gültig ist. Updates, wie die Ergänzung bzw. Änderung der ersten Adressen vor Ort, sind nachträglich möglich. Nach der Registrierung erfolgt im Allgemeinen sofort eine Mitteilung, ob die Einreise genehmigt wird („*Authorization Approved*"). Bei Besitz eines Visums ist keine Registrierung nötig.
• **Infos**: http://german.germany.usembassy.gov/germany-ger/visa/esta.html (deutsche Erläuterungen und Link zum Antrag) bzw. https://esta.cbp.dhs.gov (Antrag) oder auch http://esta-usa.de

▶ **Kontrollen**
Seit September 2001 sind **verschärfte Kontrollen** an den Abflughäfen in Deutschland und in den USA üblich. Reisende sollten sich darauf einrichten und genügend Zeit für Check-in bzw. Umsteigen einplanen. Abgesehen von gelegentlichen Handdurchsuchungen des Gepäcks (Koffer nicht abschließen!) wird häufig das Ausziehen der Schuhe und das Aktivieren von Laptops und Kameras verlangt. Alle Art von spitzen Gegenständen, auch winzige Taschenmesser, Pinzetten, Nagelscheren etc. müssen in den Koffer gepackt werden. Die Mitnahme von Waffen, Gaskartuschen, Feuerzeugen u. ä. als gefährlich eingestuften Objekten ist streng untersagt, zudem dürfen Gels/ Flüssigkeiten im Handgepäck nur noch in geringen Mengen (Ausnahme: dringend benötigte Medikamente und Babynahrung) und im Ein-Liter-Plastikbeutel separat mitgeführt werden.

Konkrete Auskünfte erteilen die Fluggesellschaften bzw. gibt es im Internet unter www.TSAtraveltips.us.

Allgemeine Reisetipps von A–Z

> ℹ️ **Infos zu Einreisebestimmungen und Visa**
> - www.dhs.gov/us-visit (allgem. Infos zum US-VISIT Program)
> - http://german.germany.usembassy.gov unter „Visainformationen" (US-Botschaft) bzw. ☏ 0900-1-850055 (1,86 €/Min., Mo-Fr 7-20 Uhr))
> - www.usvisa-germany.com – Informationen zu allen Visumsfragen auf Deutsch oder Englisch

▶ Einreise in die USA

Abgesehen von der ESTA-Registrierung vorab muss beim Check-in ein Standardformular vorgelegt bzw. ausgefüllt werden, das von den Fluggesellschaften vor Abflug an die *U.S. Customs and Border Protection* (CBP) abzuliefern ist. Es dient der erweiterten Datenerfassung bei Einreise in die USA *(APIS – Advance Passenger Information)* und muss Name, Geburtsdatum, Adresse, Nationalität, Geschlecht, Passdaten sowie die erste Adresse in den USA (Hotel, geplante Tour o.ä.) enthalten.

Im Flugzeug werden derzeit trotz ESTA noch immer grüne Formulare (I-94W), die **Immigration Card**, zur Befreiung von der Visumspflicht, bzw. weiße für Visumsbesitzer ausgeteilt. Noch einmal müssen hier persönliche Daten und eine Adresse in den USA auf Englisch und in Druckbuchstaben eingetragen werden. Zusätzlich muss pro Familie ein weißes Zollformular – die **Customs Declaration** – ausgefüllt werden. Auf diesem sind ggf. über die Richtwerte hinaus eingeführte Waren und Devisen anzugeben. Streng verboten ist die Einfuhr von Frischprodukten aller Art (Obst, Gemüse, Wurst etc.), Samen, Drogen/ Medikamente, Waffen, Tiere etc. (ℹ️ „Zoll").

Angekommen am ersten Flughafen in den USA muss zunächst vor den **Immigration Counters** Schlange stehen, ehe das ausgefüllte Formular und Pass geprüft, vier elektronische Fingerabdrücke (jeweils vier Finger und beide Daumen) genommen und ein digitales Foto gemacht werden. Dies alles geschieht während der Pass gescannt wird und der *Officer* Fragen zu Reiseroute, Zweck der Reise, Beruf, Bekannten oder Freunden in USA, gelegentlich auch zu den Finanzen stellt. Daraufhin wird die Aufenthaltsdauer auf normalerweise drei Monate festgelegt und in den Pass eingestempelt. Dazu geheftet wird der untere Teil der *Immigration Card*, der **Departure Record**, der bis zur Ausreise im Pass bleiben muss.

Danach geht es Richtung **Gepäckband** *(baggage claim)*, auch wenn ein Weiterflug gebucht ist. Letzte Station: der *Zoll*. Beim Ausgang mit der Aufschrift „Nothing to declare" wird die Zollkarte abgegeben und abgestempelt; gelegentlich finden Stichproben statt. Bei inneramerikanischem Anschlussflug muss das Gepäck anschließend neu eingecheckt werden. Automietstationen – *Car Rental* – und *Ground Transportation/Public Transport* bzw. Taxis sind im Ankunftsgebäude im Allgemeinen gut ausgeschildert und leicht zu finden.

Eintritt

Je nach Art (staatlich/städtisch/privat) und Größe der Einrichtung unterscheiden sich die Eintrittspreise. Wenige Museen sind gratis, wenn, dann sind dies meist die staatlichen, insbesondere in Washington (Smithsonian Institution). Einige Museen bieten **Kinder-** und **Seniorenermäßigungen** oder gegen Vorlage einer *International Student Indentity Card* (ISIC) **Studentenrabatt**. Manchmal wird eine freiwillige Spende (*suggested donation*) erwartet, die Amerikaner in der Regel auch genau bezahlen. An bestimmten Nachmittagen oder Abenden ist der Eintritt gelegentlich frei oder reduziert.

In Städten mit zahlreichen Sights gibt es häufig Kombitickets bzw. einen *City Pass*. Nicht ganz billig sind die neuen und modernen *Hands-on-* und *Science*-Museen, die großen Freiluftmuseen, *Historic Mansions* und große Vergnügungsparks.

Eisenbahn

Leider ist hierzulande wenig bekannt über das Eisenbahnreisen in den USA, eine bequeme und gesellige Art, große Strecken (über 38.000 km Netz) z. T. im Schlaf zurückzulegen und dabei unterschiedlichste Landschaften und Staaten kennen zu lernen. Im Unterschied zum Flugzeug besteht die Möglichkeit, die Reise beliebig oft gratis zu unterbrechen und so *City Hopping* zu praktizieren.

Im **Vergleich zum Mietwagen** bietet die Bahn den Vorteil, lange Wege stressfrei und unter Einsparung eventuell fälliger Rückführgebühren zurücklegen zu können. Auf Kurzstrecken (z. B. Boston – New York – Washington) dürfte eine Fahrt mit einem der Hochgeschwindigkeitszüge (*Acela Express*), alle Wartezeiten eingerechnet, sogar schneller sein als ein Flug. Der Preisunterschied zwischen Bahn und Flugzeug ist auf längeren Strecken nur gering, wenn man das Bahnticket vor Ort kauft. Viel preiswerter ist es hingegen mit einer der günstigen Netzkarten.

Amtrak, die halbstaatliche Eisenbahngesellschaft, die für den Personenfernverkehr auf Schienen zuständig ist, bietet einen **USA Rail Pass** an. Dieser ist ausschließlich von Nichtamerikanern und Nichtkanadiern über deutsche Reisebüros (s. S. 120) für eine bestimmte Gültigkeitsdauer (15-45 Tage) erhältlich. Der Pass gilt im „Sitzwagen" (*coach*) – Aufpreise fallen für Schlafwagen und bei Benutzung der *Acela-Express*-Züge

Eine höchst bequeme Art zu reisen: mit AMTRAK unterwegs

oder *Metroliner* an. Maximal zwei Kinder im Alter von 2-15 Jahren fahren in Begleitung zum halben Preis, ein Kind unter 2 Jahren ist frei. Kinder zwischen zwei und 15 Jahren zahlen den halben Preis, Jüngere fahren kostenlos. Da in den Fernzügen Reservierungspflicht besteht und täglich bzw. sogar wöchentlich nur ein oder zwei Züge bestimmte Strecken frequentieren, ist eine genaue Vorausplanung und Vorreservierung (beispielsweise über CRD International, (s. S. 120) nötig.

Allgemeine Reisetipps von A–Z

 Preise für 2009

Der **USA Rail Pass** kostet derzeit ganzjährig für
- 15 Tage/8 Abschnitte $ 389/ca. 290 €
- 30 Tage/12 Abschnitte $ 579/ca. 431 €
- 45 Tage/18 Abschnitte $ 749/ca. 557 €

Ein Reiseabschnitt beginnt mit dem Einstieg in ein Fahrzeug und endet mit dem Ausstieg, unabhängig von der Reisedauer.

Bahnverbindungen im Nordosten
- **Northeastern Corridor/ACELA Express**: Intercity- und regionale Intercity-Züge zwischen Washington, Baltimore, Philadelphia, Princeton, New York, New Haven, Providence und Boston
- **Adirondack**: New York/Washington – Montreal
- **Maple Leaf**: New York – Toronto
- **Vermonter**: New York – Vermont
- **Capitol Limited**: Washington – Pittsburgh – Chicago
- **Cardinal**: Washington – Cincinnati – Indianapolis – Chicago
- **Lake Shore Limited**: New York/Boston – Buffalo – Cleveland – Chicago

Informationen
Details finden sich auf der Webpage www.crd.de/amtrak/bahnpaesse.php des **North America travelhouse – CRD International** (Stadthausbrücke 1-3, 20355 Hamburg, ☎ 040/300 616-0 bzw. Hotline 040/300 616-23) oder auch auf der AMTRAK-Seite: www.amtrak.railagent.com

Die eigentlichen **Tickets** holt man sich unter Vorlage von Reisepass und Reservierungsschein am ersten Bahnhof in den USA ab. Man sollte die Tickets und Sitze schon von zu Hause aus reservieren (über CDR, siehe unten, oder direkt unter http://deutsch.amtrak.com).

Essen und Trinken

Über das Essen in den Vereinigten Staaten kursieren leider noch immer eine Menge Vorurteile. Um es vorweg klarzustellen: Die amerikanische Küche besteht nicht aus Hamburgern und Hot Dogs, Budweiser und Coke und die Amerikaner ernähren sich auch zu Hause nicht ausschließlich von Dosen- und Tiefkühlfertigkost. In den letzten Jahren hat sich das kulinarische Angebot in den USA zum Positiven gewandelt und die Gastronomie bietet ein gutes Preis-Leistungs-Verhältnis, auch der Service ist hervorhebenswert. Anders als hierzulande ist für einen Amerikaner Essen gehen etwas beinahe Alltägliches.

Restaurants lassen sich ganz allgemein in **drei Kategorien** einteilen: *Fastfood/Diner/ Eatery* für den schnellen Imbiss, *Cafés/Snackbars/Grills/Family Restaurants* zum preiswerten Lunch und Restaurants der gehobenen Kategorie („Fine Dining") für kulinarische Höhenflüge. Die amerikanischen **Essenszeiten** unterscheiden sich kaum von den unsrigen: Mittagessen (*lunch*) gibt es zwischen 12 und 14 Uhr, Abendessen (*dinner*) etwa von 18 bis 21 Uhr, die spätere Variante heißt auch *supper*.

Selbstversorgung ist ebenfalls kein Problem. Supermärkte sind meist hervorragend sortiert und verfügen häufig über Salatbars und Imbisstheken. Auch die Obst- und Gemüseabteilungen bieten viel und die Auswahl an Bioprodukten (*organic food*) ist mittlerweile sehr ordentlich. Es gibt *Mini Marts* in Tankstellen, *Delis* (Feinkostgeschäfte mit Imbiss) oder Wochenmärkte – die Auswahl ist groß.

▶ **Schnelle Küche**

Man sollte sich hüten, Fast Food als „typisch amerikanisch" abzutun, handelt es sich doch um ein weltweites Phänomen: Wo große Menschenmengen schnell, preiswert und unkompliziert verpflegt werden müssen, halten Pommes und Bratwurst, Döner, Pizza oder China-Imbiss her. Die Palette an Fast Food in den USA ist groß und man überbietet sich gegenseitig mit Sonderangeboten und spektakulären Werbeaktionen.

Abgesehen von den „klassischen" (Hamburger-)Ketten – wie *Wendy's, Burger King, McDonald's* – sorgen *Pizza Hut, Taco Bell, KFC, Denny's* oder *Sizzler* (Seafood u. a.), *Dairy Queen* (Milchprodukte) oder *Dunkin' Donuts* für Abwechslung. Die meisten Fast-Food-Restaurants sind von frühmorgens bis Mitternacht oder sogar rund um die Uhr geöffnet. Alkohol gibt es nicht, dafür preiswerte Softdrinks in verschiedenen Größen, die vielfach sogar gratis nachgefüllt werden können (*free refill*).

Eateries bzw. **Food Courts** in Einkaufszentren sind Konglomerate von Imbissständen verschiedenster Ausrichtung mit einem gemeinsamen Essbereich mit Tischen und Stühlen. Es gibt internationale Gerichte (Pizza, Chinesisches, BBQ, Hühnchen, Sandwiches, Gyros), Salate, Sandwiches, aber auch Kaffee und Süßes zum Gleichessen oder Mitnehmen.

▶ **Essen im Restaurant**

Für den Lunch bieten viele Lokale spezielle, preiswertere Mittagskarten bzw. *Lunch Specials* mit schnell zubereiteten leichten Gerichten an – vor allem Salate, Sandwiches oder Suppen, auch kombiniert. Teurer wird es hingegen am Abend, zum Dinner. In besseren Restaurants ist es speziell an Wochenenden ratsam, einen Tisch zu reservieren. Die Amerikaner sind bekannt für ihre stoische Geduld beim Schlangestehen vor einem bestimmten Lokal, doch das ist nicht jedermanns Sache, und wer reserviert hat, ist im Vorteil. Dinieren in einem Lokal der gehobenen Kategorie (ggf. nach Kleidervorschriften erkundigen!) ist verhältnismäßig teuer, dafür sind Service und Qualität des Essens hervorragend und die Portionen im Allgemeinen groß.

Nach dem **Prinzip „wait to be seated"** wird einem von einem Manager ein eigener Tisch – an dem man auch allein bleibt – zugewiesen und die Speisekarte (*menu*) überreicht. Die Bedienung (*server*) stellt sich am Tisch vor, zählt die Tagesgerichte (*daily specials*) auf und beantwortet Fragen zum Angebot; Brot und Eiswasser kommen automatisch auf den Tisch. Man beginnt mit der Vorspeise (*appetizer*), geht dann zum Hauptgericht (*entrée*) über, wobei ein Salat gelegentlich zum Menü gehört und ggf. als zweite Vorspeise serviert wird. Den Abschluss bildet der Nachtisch (*dessert*) und der

Kaffee. Selbst ein mehrgängiges Menu wird **schnell serviert**; man sitzt nicht im Restaurant, um gemütliche Stunden mit Freunden zu verbringen. Dazu geht man in eine Bar oder einen Pub.

In amerikanischen Lokalen gibt es viel Servicepersonal, wobei die Aufgaben streng aufgeteilt sind. Arbeitskräfte sind billig, schlecht bezahlt und leben zum Großteil von Trinkgeldern. Daher sollte man nach der Schlussfrage, ob alles in Ordnung war, und nach dem anschließenden, unaufgeforderten Erhalt der Rechnung (*cheque*) in einem Ledermäppchen oder auf einem Tellerchen unbedingt rund **15 Prozent Trinkgeld** addieren. Einpacken von Essensresten in ein *doggy bag* ist übrigens selbst in einem Feinschmeckerrestaurant üblich.

▶ **Getränke**
Alkohol gibt es in vielen Supermärkten, je nach Staat bzw. County – vor allem im puritanischen Neuengland – auch in speziell lizenzierten **Liquor Stores**. Generell darf Alkohol nicht an Personen unter 21 Jahren verkauft und **nicht in der Öffentlichkeit konsumiert** werden – eine Vorschrift, die streng beachtet wird. Restaurants und andere Einrichtungen dürfen nur dann Alkohol ausschenken, wenn sie über eine Schanklizenz verfügen. Die meisten Fast-Food-Lokale und einfachen Kneipen bieten nur Softdrinks, Milkshakes und Kaffee an. An Sonn- und Feiertagen darf in manchen Staaten generell kein Alkohol verkauft oder ausgeschenkt werden, manchmal erst ab mittags. Im Auto müssen alkoholhaltige Getränke ungeöffnet im Kofferraum mitgeführt werden, in der Öffentlichkeit, z. B. auf Straßen oder Plätzen, ist der offene Alkoholkonsum verboten.

In **Restaurants mit Schanklizenz** wird am Tisch gefragt, ob etwas „von der Bar" erwünscht sei. Da jedoch Eiswasser automatisch zum Essen gehört und ständig unaufgefordert nachgeschenkt wird, ist man nicht gezwungen, etwas Zusätzliches zu bestellen. Bier oder Wein zu einem guten Abendessen ist durchaus in Maßen üblich, möchte man allerdings mehr, geht man in *Cocktail Lounges*, *Bars* oder *Pubs*, wo Cocktails oder Bier die beliebtesten Getränke sind. Harte Sachen werden, mit Ausnahme von Whiskey, selten konsumiert. Speziell *Brew Pubs* und *Sports Bars* sind gute Alternativen, um den Abend gemütlich ausklingen zu lassen, wobei gerade Erstere oft auch gute, preiswerte Gerichte servieren und *Sports Bars* die Gelegenheit bieten, Sportübertragungen auf Mega-Bildschirmen zu verfolgen.

Wein im US-Nordosten bezieht sich zumeist auf kalifornische oder ausländische, meist französische Produkte. Bei den kalifornischen Weinen kann man kaum fehlgehen, sofern man nicht zu roséfarbenem Zinfandel oder den billigen Blumenkaraffen oder Megaflaschen von Großproduzenten greift. Sofern die Möglichkeit besteht, sollte man Ausschau halten nach lokalen Weinen, z. B. aus Virginia, New York State oder Rhode Island.

Wie in Sachen **Kaffee** – es gibt nicht nur *Starbucks*, sondern mehr und mehr kleine Kaffeeröstereien – hat sich auch, was das **Bier** angeht, in den letzten Jahren viel getan. Ausgehend von der Westküste schießen so genannte *Microbreweries* (Kleinbrauereien) überall wie Pilze aus dem Boden und produzieren Biere, die sogar im „Bierland" Deutschland ihresgleichen suchen. Die Kleinbrauereien verfügen oft über eigene Pubs, in denen die eigenen Produkte vom Fass serviert werden. Im Supermarkt oder *Liquor Store* werden in erster Linie und am preiswertesten die leichten Lagerbiere von Großfirmen wie *Miller, Schlitz, Milwaukee* oder *Budweiser* in 6- oder 12- oder 24-packs, in Dosen oder mehr und mehr in pfandpflichtigen Wegwerfflaschen (0,35 l), verkauft. Darüber hinaus stehen Importbiere (wie *Becks, Amstel* u. a.) und bessere Sorten wie *Samuel Adam's* (aus Boston) oder die Biere lokaler Brauereien in den Kühltheken. Gerade Letztere sind besonders zu empfehlen, obwohl sie teurer sind.

Feiertage und Veranstaltungen

i Gesetzliche Feiertage

- 1. Januar: **New Year's Day** – Neujahr, voraus geht *New Year's Eve* – Silvester (kein eigentlicher Feiertag)
- 3. Montag im Januar: **Martin Luther King's Birthday**
- 3. Montag im Februar: **President's Day** (*George Washington's Birthday*) – Gedenktag zu Ehren aller Präsidenten
- Ende März/April: **Easter Sunday** (Ostersonntag); *Karfreitag* (**Good Friday**) gilt nur eingeschränkt als Feiertag, Ostermontag ist unbekannt.
- Wochenende vor dem letzter Montag im Mai: **Memorial Day Weekend** (zu Ehren aller Gefallenen) – Beginn der Ferienzeit/Hochsaison
- 4. Juli: **Independence Day** (Tag der amerikanischen Unabhängigkeit – Nationalfeiertag)
- Wochenende vor dem 1. Montag im September: **Labor Day Weekend** (Tag der Arbeit) – Ende der Feriensaison
- 2. Montag im Oktober: **Columbus Day** (Erinnerung an die Entdeckung Amerikas)
- 31. Oktober: **Halloween** (kein offizieller Feiertag)
- 11. November: **Veterans' Day** (Ehrentag für die Militär-Veteranen)
- 4. Donnerstag im November: **Thanksgiving Day** („*Turkey Day*", Erntedankfest), *das große Familienfest*
- 25. Dezember: **Christmas Day**; keine Feiertage sind der Heilige Abend (*Christmas Eve, Holy Night*) und der 2. Weihnachtsfeiertag

Da Amerikaner im Schnitt nur **zwei Wochen Jahresurlaub** bekommen und auch die Zahl der Feiertage, der *public holidays*, gering ist, werden einige Feiertage (Ausnahme: Weihnachten, Ostern und 4. Juli) auf einen Montag gelegt, damit ein verlängertes Wochenende entsteht. Anders als hierzulande ist an Feiertagen nicht alles geschlossen; Supermärkte, Museen und andere Attraktionen sind häufig trotzdem geöffnet, zumindest ab mittags.

Neben den offiziellen gibt es verschiedene **lokale Feiertage**, etwa den 15. April, *Patriot's Day* in Massachusetts, in Rhode Island den *Independence Day*, der am 4. Mai begangen wird, oder *Victory Day* (zweiter Montag im August). Am vierten Montag im April begeht New Hampshire den *Fast Day*, Massachusetts am 20. Mai den *Lafayette Day*. Der erste Dienstag nach dem ersten Montag im November gerader Jahre spielt als *General Election Day* besonders in Neuengland eine wichtige Rolle.

Aktuelle **Veranstaltungskalender** finden sich im Internet bzw. sind in den CVBs (*Convention&Visitors Bureaus*) oder Besucherzentren der einzelnen Städte bzw. Bundesstaaten (*Welcome Center*) erhältlich und können regionalen Tageszeitungen und Szene-Magazinen entnommen werden.

Flüge

Delta Airlines ist eine der großen amerikanischen Fluggesellschaften

Es kann verwirrend sein, den passenden Flug in die USA zu finden. Eine schier unüberschaubare Zahl konkurrierender Reiseveranstalter (zu den größten zählen *Meier's, DERTOUR, ADAC Reisen, FTI, TUI, Neckermann*) und verschiedener Airlines stehen zur Auswahl. Dazu kommen unterschiedliche Saisonzeiten, Abflugorte und Routenführungen, ein Wust von Sonder- und Spezialpreisen, Last-Minute-, Frühbucher- und Internet-Angeboten. Gerade deshalb ist es sinnvoll, sich vor der Buchung gründlich über Routen, Preise, Flüge und Bedingungen zu informieren. Das kann im Internet z. B. bei einem der Broker (wie www.expedia.de), anhand von Reisekatalogen oder im Reisebüro geschehen.

Die meisten Fluggesellschaften bedienen die USA täglich oder mehrmals wöchentlich und unterhalten *Codesharing*-Verträge, d. h. kooperieren mit anderen Gesellschaften und erweitern dadurch ihr Angebot. Die bedeutendsten Allianzen im Nordamerika-Bereich sind das **Sky Team** (www.skyteam.com) mit *Delta/AirFrance/Alitalia/KLM/NWA/Continental Airlines* u. a., die **Star Alliance** (www.star-alliance.com) mit *Lufthansa/Swiss/Austrian/SAS/Air Canada/US Airways/United* oder **One World** (www.oneworld.com) mit *American Airlines/British Airways und Iberia*. Für Leute, die regelmäßig mit einer bestimmten Gesellschaft (bzw. Gruppe) fliegen, lohnt es sich, (gratis) Mitglied eines *Frequent-Flyer*-Programms zu werden (günstig ist z. B. das von *Delta*).

 Tipp

America Unlimited ist ein kleiner Nordamerika-Spezialist, der ungewöhnliche Mietwagenrundreisen anbietet und dessen Stärke individuelle Zusammenstellungen von Reisen nach Kundenwünschen sind. Für den Nordosten stehen Rundreisen wie „Historic Highways of the East" oder diverse Neuengland-Touren, z. B. „Neuengland für Kenner", auf dem Programm: www.america-unlimited..de/usa/mietwagenrundreisen/osten/c-119-angebote-1100460-neuengland_fuer_kenner.html

America Unlimited: Leonhardtstr. 10, 30175 Hannover, ☎ 0511-37444750 und Mexikoring 27-29, 22297 Hamburg, ☎ 040-530348-34, www.america-unlimited.de

Bei **Linienflügen** sind Flugunterbrechungen (*Stop-overs*) möglich (einer meist kostenlos, weitere gegen geringen Aufpreis), außerdem dürfen pro Person zwei Gepäckstücke von je meist max. 23 kg Gewicht eingecheckt werden, hinzu kommt ein Handgepäckstück von festgelegtem Gewicht und Größe. Platzreservierung ist vorab möglich. Es wird empfohlen, bei internationalen Flügen mindestens zwei, besser drei Stunden vor Abflug am Schalter der Airline einzuchecken.

▶ **Hauptknotenpunkte**
United Airlines und *Lufthansa* fliegen von München und Frankfurt direkt Washington an, ebenso geht es von Zürich mit *UA* dorthin. *Lufthansa* fliegt zudem ohne Stopp von Frankfurt New Yorks Newark (EWR) und JFK, Boston und Philadelphia an, von München geht es zum JFK, EWR und nach Boston, von Düsseldorf nach Newark. *US Airways* verbindet München, Frankfurt und Zürich mit Philadelphia. *Continental* fliegt nonstop von Hamburg, Berlin oder Frankfurt Newark an, *Delta* von Frankfurt oder Berlin den Kennedy-Airport, ebenso *Singapore Airlines* von Frankfurt und *Air Berlin/LTU* von Düsseldorf aus. Mehrere europäische Gesellschaften wie *SAS, BA, Air France, Iceland Air* oder *KLM* und *LH* verbinden mit Zwischenstopps europäische Ziele mit Städten im Reisegebiet.

▶ **Preise und Bedingungen**
Die **Flugpreise** hängen von mehreren Faktoren ab, wobei generell Flüge in der Nebensaison, vor allem im zeitigen Frühjahr oder im Herbst bzw. außerhalb von Ferienzeiten bzw. Feiertagen preisgünstiger sind als solche in der Hauptsaison. Die genauen Daten schwanken, doch als Hauptreisezeit gelten im Allgemeinen die Sommermonate (15.6.-31.8.), als Zwischensaison die Wochen um Ostern, Pfingsten und Weihnachten sowie im September und Oktober, der Rest ist „Nebensaison" und damit günstiger. **Zubringerflüge** bzw. **Bahntickets** für die Anreise zum Flughafen sind nicht automatisch inklusive. Differieren können ferner die Ticket Handling Fee (geringer bei Internetbuchung), Umbuchungs- und Stornierungskosten, Wochenend- und Hochsaisonzuschläge sowie Service und Alter des Fluggeräts.

Die Preise für einen Flug an die Ostküste beginnen inklusive Steuern und Versicherungen im günstigsten Fall und in der NS bei ca. 350 €, wobei New York am billigsten ist. In den Sommermonaten erhöhen sich die Preise erheblich (ab ca. 700 €)

Fluggesellschaften unterscheiden sich jedoch nicht nur im Preis und darin, von wo aus sie wohin, wann und wie oft fliegen, sondern auch darin, wie viele und welche Zwischenstopps sie einlegen. Davon abhängig ist auch die Höhe der Steuern und Gebühren. Unterschiedlich wird überdies gehandhabt, ob bzw. zu welchem Aufpreis **Gabelflüge und Stop-over** möglich sind – wichtig, wenn man eine Rundreise plant und auf teure Inlandsflüge verzichten möchte. Es ist in der Regel günstiger, diese Möglichkeiten auszuschöpfen, als zusätzliche Flugcoupons zu erwerben. Diese so genannten **Airpässe** – z. B. „Visit-USA" von *US Airways*, „Discover America" von *Delta* oder verschiedene Versionen von *America West* – umfassen eine bestimmte Anzahl an Gutscheinen (Coupons) für eine bestimmte Zielregion und Dauer und müssen außerhalb der USA, oft zusammen mit dem Transatlantikflug, erworben werden.

Sondertarife sind das ganze Jahr über zu bekommen, allerdings unterschiedlich in

Kontingentierung und Bedingungen. Häufig bucht man bei Internet-Brokern (siehe unten) günstiger als bei den Fluggesellschaften selbst bzw. im Reisebüro. Doch vergleichen lohnt, denn vor allem in der NS bieten Linienfluggesellschaften (z. B. *LH, AA, UA, BA, Air France, Iceland Air* oder *KLM*) im Internet **Sonderkonditionen** anbieten, die jedoch nur über einen meist kurzen Zeitraum gebucht werden können und der Flug zu einem bestimmten Datum angetreten und beendet werden muss. Es lohnt sich, die Webpages (siehe unten) zu checken!

Preiswerte **Last-Minute-Flüge** offerieren darauf spezialisierte Reisebüros (siehe Telefonbuch) wie etwa *Travel Overland* (www.travel-overland.de, ☎ 089-27276300 Hotline), *STA-Travel* (www.statravel.de, ☎ 069-74303374) oder *Travel Point* (www.travelpoint.de, ☎ 0800-8727357), wobei Niederlassungen des letztgenannten Unternehmens vor allem an Flughäfen zu finden sind. Auch diverse Broker bieten günstige Flüge, z. B.:

Im Internet:
- www.expedia.de
- www.lastminute.com
- www.ltur.de
- www.mcflight.de
- www.travel24.com
- www.start.de
- www.5vorflug.de
- www.opodo.de
- www.fly.de

Über **Ermäßigungen** für Jugendliche und Studenten, vor allem aber über die unterschiedlich gehandhabten Bedingungen für Kinder informieren Fluggesellschaften bzw. Reisebüros. Auch in Sachen Pauschalreise-Angebote, d. h. Flug plus Mietwagen und Unterkunft („*Fly-&-Drive*") wendet man sich am besten an ein Reisebüro.

! Achtung

Man sollte sich vor dem Rückflug versichern, dass die **Flugzeiten** unverändert geblieben sind. Das geschieht am einfachsten im Internet oder per Anruf bei der Fluggesellschaft. Papiertickets wurden abgeschafft und komplett durch eTickets ersetzt. Bei Buchung im Internet genügt die erhaltene Buchungsnummer oder sogar nur die Vorlage des Pass beim Check-in.
Es wird empfohlen, bei internationalen Flügen drei Stunden vor Abflug einzuchecken. Bezüglich Umfang und Menge an erlaubtem Handgepäck unterscheiden sich die Regeln; sie werden zudem unterschiedlich streng gehandhabt.

▶ **Die wichtigsten Fluggesellschaften**
- **Air Canada**: ☎ (069) 271-15111, in USA: 1-800-268-0024, www.aircanada.com
- **Air France**: ☎ (069) 2566244, in USA: 1-800-237-2747, www.airfrance.com
- **American Airlines**: ☎ (0180) 324-2324, in USA: 1-800-433-7300, www.americanairlines.de

Allgemeine Reisetipps von A–Z

- **Austrian Airlines**: ☏ (05) 1789, in USA: 1-800-843-0002, www.aua.com
- **British Airways**: ☏ (0180) 334-0340, in USA: 1-800-247-9297, www.britishairways.com
- **Continental**: ☏ (06102) 78375, in USA: 1-800-525-0280, www.continental.com
- **Delta**: ☏ (0180) 333-7880, in USA: 1-800-221-1212, http://de.delta.com
- **IcelandAir**: ☏ (069) 29 9978, in USA: 1-800-223-5500, www.icelandair.de
- **KLM**: ☏ (0180) 521-4201, in USA: 1-800-374-7747, www.klm.com
- **Lufthansa**: ☏ (0180) 380-3803, in USA: 1-800-645-3880, www.lufthansa.com
- **Northwest Airlines**: ☏ (0180) 525-4650, in USA: 1-800-225-2525, www.nwa.com
- **Scandinavian Airlines (SAS)**: ☏ (0180) 511-7002, www.flysas.com
- **Swiss**: ☏ (0848) 852000, in USA: 1-877-359-7947 oder 1-800-639-3849, www.swiss.com
- **United Airlines**: ☏ (069) 605020, in USA: 1-800-538-2929, www.united.com
- **US Airways**: ☏ (069) 67806298, in USA: 1-800-943-5436, www.usairways.com

Fotografieren, Filmen

Speicherkarten und Batterien/Akkus für **Digitalkameras** sind in Fotoläden, Elektronikshops und mittlerweile auch in Fotoabteilungen von Drugstores und Supermärkten zu bekommen. Dort gibt es häufig auch digitale Druckservices, *photo kiosks*. Mitgebrachte Ladegeräte müssen „reisetauglich" sein, d. h. der anderen Spannung angepasst werden können, zudem ist ein Adapter für die anderen Steckdosen nötig, gleiches gilt für ein ev. mitgebrachtes Kartenlesegerät. **Kleinbildfilme** – vor allem der Firma *Kodak* – sind ebenso wie Wegwerfkameras einfach in jedem Supermarkt, Drugstore oder Souvenirladen erhältlich.

Kameras und **Zubehör** sind in den USA preiswerter als hierzulande, beim Kauf ist allerdings zu prüfen, ob die Garantie weltweit gilt und ob die Stromspannung von Netzgerät und sonstigem Zubehör passen bzw. angepasst werden können. Zum annoncierten Preis addiert werden muss meistens noch die Steuer, außerdem unter Umständen Zoll am deutschen Einreiseflughafen. In Museen und manchen anderen Sehenswürdigkeiten sowie im Umkreis von militärischen Anlagen ist Fotografieren verboten bzw. nur zu Privatzwecken erlaubt, ohne Verwendung von Blitz und Stativ. Bei Personenaufnahmen ist **Respekt** das oberste Gebot (ggf. vorher eine Erlaubnis einholen).

Geldangelegenheiten G

▶ **Bargeld**
Obwohl nur noch an wenigen Orten nötig – meist nicht einmal mehr in Supermärkten oder an Tankstellen – sollte man auf Reisen nicht ganz auf einen **gewissen Dollarbetrag** in der Tasche verzichten, z. B. am Flughafen für Zeitung, Gepäckwagen oder Getränkeautomaten. EUR oder CHF in Dollar umzuwechseln, ist in Banken (meist Mo-Fr 9-15 Uhr) möglich, aber nicht sonderlich beliebt und zudem u. U. zeitaufwändig. Daher ist es besser, von zu Hause einige Dollars mitzunehmen und größere Summen dann im Land per Reiseschecks oder (teurer) am Automaten per Karte zu beschaffen.

1 Dollar ($) = 100 cent (c.)
Münzen: Penny (1), **Nickel** (5), **Dime** (10), **Quarter** (25). An **Noten** gibt es $ 1, 5, 10, 20, 50, 100, 500, 1000 („Grand"), wobei die alten Scheine alle grün und gleich groß sind. Der Unterschied liegt im Wertaufdruck und dem abgebildeten Staatsmann. Quarter (und Dollarscheine) sollte man sammeln, da sie für Automaten aller Art bzw. als Trinkgeld benötigt werden. Scheine über $ 20 sind den meisten Amerikanern suspekt.

▶ **Kreditkarten**
Als USA-Tourist kommt man ohne Kreditkarte nicht aus, denn nur damit gilt man in den USA als kreditwürdig und kann z. B. eine verbindliche Zimmerreservierung, den Erwerb von Tickets via Telefon oder die Stellung der Kaution für einen Mietwagen vornehmen. *Euro/MasterCard* und *Visa* sind die am meisten **verbreiteten Kreditkarten**, daneben werden oft *American Express* und *Diners Club* akzeptiert.

Kreditkarten sind versichert und bei Verlust oder Diebstahl sorgt die Gesellschaft nach einem Anruf unter ihrer **Notfallnummer** (siehe Kartenrückseite bzw. Merkblatt, Nummer vor der Reise notieren!) für Sperrung und raschen Ersatz (siehe auch: www.kartensicherheit.de).

Wichtig

In Deutschland gibt es seit 2005 eine **einheitliche Sperrnummer 0049-116116** *und im Ausland zusätzlich* **0049 (30) 4050-4050**, *die mit wenigen Ausnahmen für alle Arten von Karten (auch Maestro/EC-Karten) und Banken gilt (www.sperr-ev.de).*

Die „Plastikkarten" müssen rechtzeitig bei der Bank oder Unternehmen wie dem ADAC beantragt werden. Zweitkarten sind preiswerter, „Goldkarten" beinhalten oft Versicherungen und Notfallservice. Die getätigten Ausgaben werden unter Aufschlag einer Umrechnungsgebühr von meist 1 Prozent von einem eigens eingerichteten Konto abgebucht, auf dem für Notfälle immer ein Guthaben deponiert werden sollte, das sich verzinst. Gegen Gebühr von bis zu 5,5 Prozent lässt sich mit einer Kreditkarte Geld an beinahe jedem Bankautomaten – „ATM" (*Automated Teller Machine*) – Bargeld ziehen.

▶ **Reiseschecks**
Neben der Kreditkarte gehören die ebenfalls versicherten Reiseschecks mit in die Brieftasche. Am gebräuchlichsten sind **Traveller's Cheques** (TC) von *American Express*. Sie sind bei jeder Bank erhältlich und sollten am besten in kleinen Stückelungen von $ 20 oder $ 50 bestellt werden. Schneller und unkomplizierter als in Banken lassen sich die Schecks in den USA in *American-Express*- oder *Travelex*-Agenturen eintauschen. Einfacher ist es, im Hotel einen Scheck einzulösen (*to cash a cheque*), wobei normalerweise maximal $ 50 pro Tag ausgezahlt werden. In Läden und sogar in vielen Supermärkten gelten die *Traveller's Cheques* als **Zahlungsmittel**, mit dem selbst Kleinstbeträge beglichen werden können. Restsummen werden bar herausgegeben.

Nur gegen Angabe der Seriennummern (immer notieren!) bzw. des Kaufbelegs werden **Reiseschecks** innerhalb von 24 Stunden ersetzt. Dazu ist bei Verlust oder Diebstahl umgehend Meldung bei *American Express* bzw. *Travelex* nötig: Telefonnummern und Hinweise erhält man zusammen mit den gekauften Schecks bzw. der Card (vorher notieren!). Gegebenenfalls wird ein Polizeiprotokoll gefordert und muss ein Rückerstattungsformular ausgefüllt werden.

Für die **Sperrung von AmEx Reiseschecks**: in D: ☏ 0800-1012 362 (kostenfrei); AU: ☏ 0043-1-5450120; CH: ☏ 0041-17454020; in den USA hilft das deutschsprachige AmEx-Kunden-Service Center unter ☏ 1-888-412-6945.

Maestro(EC)-Karte und Post-Sparcard
Inzwischen kann man an über 200.000 Geldautomaten in den USA Geld abheben, wobei Voraussetzung ist, dass das Maestro-Zeichen vorhanden ist und man seine PIN-Nummer weiß. Auch an vielen Kassen mit Maestro-Zeichen ist mittlerweile Zahlung mit der EC-Karte möglich. Die Gebühr für eine Automatenabhebung variiert je nach Bank, beträgt bis zu 4 € und ist unabhängig von der Höhe der Abhebung (meist max. 500 € pro Tag). Die **Post-SparCard** ist an Visa-Plus-Automaten einsetzbar, und zwar zehnmal jährlich sogar gebührenfrei. Wenn die EC-Karte abhanden kommt, sollte man sie sofort sperren lassen (siehe Sperrnummer), man muss dazu jedoch seine Kontonummer nennen können.

Für österreicherische und schweizerische Karten gelten folgende Sperrnummern:
- **Maestro-Karte** A: ☏ 0043 (1) 2048800; CH: ☏ 0041 (44) 2712230, UBS: 0041 (800) 888601, Credit Suisse: 0041 (800) 800488.
- **MasterCard/VISA** A: ☏ 0043 (1) 71701-4500 (MasterCard) bzw. ☏ 0043 (1) 7111-1770 (VISA); CH: ☏ 0041 (58) 958-8383 für alle Banken außer Credit Suisse, Corner Bank Lugano und UBS.
- **American Express** A: ☏ 0049 (69) 9797-1000; CH: ☏ 0041 (44) 6596333.
- **Diners Club** A: ☏ 0043 (1) 5013514; CH: ☏ 0041 (44) 835-4545

Gesundheit, Ärzte und Apotheken
siehe auch „Notfälle" und „Versicherungen"

Ein USA-Reisender ist **keinen besonderen Gesundheitsrisiken** ausgesetzt. Ernährungsbedingte Umstellungsprobleme sind selten, das Leitungswasser kann unbesorgt getrunken werden, besondere Impfungen sind nicht nötig. Häufig sind Erkältungen aufgrund der Vollklimatisierung der Räume (*Air Conditioning* oder *AC*). Eine Strickjacke oder ein Pullover in der Tasche können nützlich sein. Sauberkeit wird groß geschrieben und ein eigenes Badezimmer gehört zu jedem noch so billigen Motel, ein passables WC zu jeder Raststätte oder Tankstelle. Allerdings sollte man nie nach der *toilet* fragen, ein WC heißt *restroom, ladies' oder men's room, bathroom oder powder room*.

Im Krankheitsfall ist in den USA für rasche und effektive Behandlung gesorgt. An qualifizierten Ärzten (*physicians*) bzw. Zahnärzten (*dentists*) besteht kein Mangel; der Spezialisierungsgrad ist hoch, die Konkurrenz groß. Namen und Adressen von Ärzten können leicht über die Hotelrezeption bzw. die Gelben Seiten des Telefonbuchs herausgefunden werden. Hausbesuche sind unüblich, und meist bieten die in größeren Orten bzw. Städten existierenden *Health Care* oder *Family Centers*, Gemeinschaftspraxen, die ohne Terminvereinbarung (*walk-in*) weiterhelfen, die schnellste Behandlung. Im Notfall ruft man die **Ambulanz (911)** oder fährt zur **Notaufnahme** eines Hospitals (*Emergency Room*). Weiter hilft auch die Touristenorganisation *Traveler's Aid* (siehe Gelbe Seiten des Telefonbuchs).

Arzt-, Medikamenten- und Krankenhauskosten sind hoch und jeder Patient wird systembedingt als Privatpatient behandelt. Das setzt auch beim Besucher einen Nachweis der Zahlungsfähigkeit (Kreditkarte) voraus. Zudem muss für jeden Arztbesuch sofort und häufig bar bezahlt werden. Zu Hause erstattet die Versicherung gegen ausführliche Bescheinigung und Quittungen über Diagnose, Behandlungsmaßnahmen und Medikamente die Kosten zurück. Bei schweren Erkrankungen oder Unfällen sollten zusätzlich der Notfallservice der Versicherung und ggf. Botschaft bzw. Konsulat informiert werden.

Außer den dringend benötigten (rezeptpflichtigen) **Medikamenten** (bei größeren Mengen ist eine englischsprachige Bescheinigung für den Zoll nötig) sollte auch die übliche kleine Reiseapotheke mit dabei sein. **Pharmacies** (Apotheken) existieren eigentlich nur in Form von Spezialabteilungen in Supermärkten und vor allem **Drugstores**. Dort gibt es preiswert und rezeptfrei ein Grundsortiment an Arzneimitteln, Standardmedikamente gegen Schmerzen, Durchfall oder Erkältungen. Am *Prescriptions Counter* in Drugstores löst man ärztliche Verordnungen ein und erhält qualifizierte Beratung durch einen Apotheker.

Es empfiehlt sich, leichte (Baumwoll-)**Kleidung** mitzunehmen und diese ggf. in Schichten übereinander zu tragen. Regenschutz und feste Schuhe, aber auch Sonnenbrille, Mütze oder Hut gehören in den Koffer, außerdem ggf. Insekten- (*bug revelant*) und Sonnenschutzmittel.

Informationen

Allgemeine reisepraktische Infos finden sich bei **www.usa.gov/visitors/travel.shtml** unter „Travel in the US"; ein amerikanisches Fremdenverkehrsamt gibt es nicht mehr. Viele der im Reisegebiet liegenden Staaten sind durch deutsche PR-Agenturen vertreten oder versenden direkt aus den USA Informationsmaterial. Nachfolgend aufgelistet sind die Repräsentanzen der Stellen in Deutschland, die auch für Österreich und die Schweiz zuständig, sowie die Tourismusstellen der einzelnen Bundesstaaten in den USA.

▶ **Neuengland-Staaten** (Connecticut, Maine, Massachusetts, New Hampshire, Rhode Island, Vermont)
• **Discover New England**, c/o Kaus Media Services, Luisenstr. 4, 30159 Hannover, ☎ (0511) 899 8900, discovernewengland@kaus.net, www.discovernewengland.org/deutsch bzw. **Massachusetts**: Buss Consulting, Postfach 1213, 82302 Starnberg, ☎ (08151) 739787, www.massvacation.de.

▶ **New York City**
• **NYC & Company**, c/o Aviareps Mangum GmbH, Sonnenstr. 9, 80331 München, ☎ (089) 2366210, www.newyork.de

▶ **New York State**
New York State Division of Tourism, Seeleitn 65, 82541 Münsing,
☎ (08177) 9989506, www.nylovesu.de bzw. www.iloveny.com

▶ **New Jersey**
derzeit ohne deutsche Vertretung; in USA: New Jersey Commerce&Economic Growth Commission/Office of Travel& Tourism, 20 W State St., Trenton, NJ, ☎ 609-777-0885, www.visitnj.org

▶ **Pennsylvania**
Fremdenverkehrsamt Pennsylvania, c/o Wiechmann Tourism Service, Scheidswaldstr. 73, D-60385 Frankfurt/Main, ☎ (069) 25538250, www.visitpa.com

▶ **Capital Region USA** (Washington, D. C, Maryland, Virginia)
c/o Claasen Communication, Hindenburgstr. 2, 64665 Alsbach, ☎ (06257) 68781, www.capitalregionusa.de; unter der gebührenfreien Nummer ☎ 00 800–96534264 oder per E-Mail unter crusa@claasen.de kann kostenloses Informationsmaterial zur Capital Region USA angefordert werden.

Kanada-Hinweise   K

Auskünfte über Kanada erhält man bei:
- **Canadian Tourism Commission**, c/o Lange Touristik-Dienst, Eichenheege 1-5, 63477 Maintal, ☎ (01805) 526532, 📠 (06181) 497558, www.travelcanada.ca, zudem hilft das regelmäßig aktualisierte **Iwanowski's Reisehandbuch Kanada/Osten**

▶ **Einreise, Visum und Zoll**
Es besteht bei einem Aufenthalt von maximal sechs Monaten keine Visumspflicht bei der Einreise nach Kanada. Es genügen ein gültiger Reisepass und ein Rückflugticket. Bei der Einreise von den USA erhält man einen **Einreisestempel** für sechs Monate. Der bereits von den US-Behörden in den Pass geheftete *Departure Record* muss im Pass verbleiben, sofern man wieder über die Grenze reisen möchte. Darüber sollte man den kanadischen Grenzbeamten informieren, denn sonst entfernt er den Abschnitt und man muss die Einreiseprozedur erneut durchlaufen (Gebühr!). Normalerweise bleibt die einmal erteilte Aufenthaltsdauer für die USA bei Rückkehr aus Kanada weiter gültig. Bei der **Einreise nach Kanada** sind Geschenke bis zu einem bestimmten Wert, außerdem Alkohol und Zigaretten in beschränkter Menge und unterschiedlich je nach Provinz/Territorium erlaubt. Genaue Auskünfte unter: www.cbsa-asfc.gc.ca/menu-eng.html

▶ **Notfälle und Notruf**
Notruf: ☎ 911 (*Ambulance*), **Pannenhilfe**: ☎ 1-800-222-4257
Bei Diebstahl/Verlust von Dokumenten oder Geld ist auf dem Polizeirevier Anzeige zu erstatten. Für die Wiederbeschaffung von Dokumenten ist die diplomatische Vertretung zuständig:
- **Deutsche Botschaft**: Embassy of the Federal Republic of Germany, 1 Waverley St., Ottawa, ON K2P 0T8, ☎ 613-232-1101, www.ottawa.diplo.de

Allgemeine Reisetipps von A–Z

- **Österreichische Botschaft**: 445 Wilbrod St., Ottawa, ON K1N 6M7,
  ☏ 613-789-1444, www.austro.org
- **Schweizer Botschaft**: 5 Marlborough Ave., Ottawa, ON K1N 8E6,
  ☏ 613-235-1837, www.eda.admin.ch/canada

Außerdem gibt es Generalkonsulate u. a. in Montréal und Toronto, ⓘ „Regionale Reisetipps von A–Z".

Kartenmaterial

Neben der diesem Reise-Handbuch beigefügten Reisekarte empfiehlt sich der „Rand McNally Road Atlas USA/Canada/Mexico", der auch hierzulande erhältlich ist, außerdem gibt es beim ADAC gratis Regionalkarten sowie allgemeine Infos („TourSets") zu Autoreisen in den USA und Kanada. Vor Ort sollte die erste Fahrt zu einem *AAA Office* führen (ⓘ „Auto fahren"), um dort *Official Highway* und *City Maps* sowie *AAA TourBooks* mit Motel- und Hotelverzeichnissen, Restaurants, Attraktionen und anderem Wissenswerten, außerdem *CampBooks* zu besorgen. Manche Publikationen sind auch beim ADAC gegen Gebühr erhältlich.

Überblickskarten der einzelnen Bundesstaaten bzw. einzelner Städte gibt es in den entsprechenden Fremdenverkehrsämtern vorab bzw. vor Ort in „Welcome-Centern" bzw. Touristeninformationen/CVBs.

Maße und Gewichte
Kleidergrößen siehe auch „Einkaufen"

Hohlmaße
1 fluid ounce ▸ 29,57 ml
1 pint ▸ 16 fl. oz. = 0,47 l
1 quart ▸ 2 pints = 0,95 l
1 gallon ▸ 4 quarts = 3,79 l
1 barrel ▸ 42 gallons = 158,97 l

Flächen
1 square inch (sq.in.) ▸ 6,45 cm^2
1 sq.ft. ▸ 929 cm^2
1 sq.yd. ▸ 0,84 m^2
1 acre ▸ 4840 squ.yd. ▸ 4046,8 m^2 oder 0,405 ha
1 sq.mi. ▸ 640 acres ▸ 2,59 km^2

Längen
1 inch (in.) ▸ 2,54 cm
1 foot (ft.) ▸ 12 in. ▸ 30,48 cm
1 yard (yd.) ▸ 3 ft. ▸ 0,91 m
1 mile ▸ 1760 yd. ▸ 1,61 km

Gewichte
1 ounce ▸ 28,35 g
1 pound (lb.) ▸ 16 oz. ▸ 453,59 g
1 ton ▸ 2000 lb ▸ 907 kg

Temperaturen
Umrechnung: (Grad F - 32) x 0,56 = Grad C

23 °F ▸ -5 °C	32 °F ▸ 0 °C	41 °F ▸ 5 °C	50 °F ▸ 10 °C
59 °F ▸ 15 °C	68 °F ▸ 20 °C	77 °F ▸ 25 °C	86 °F ▸ 30 °C
95 °F ▸ 35 °C	104 °F ▸ 40 °C		

Allgemeine Reisetipps von A–Z

Medien

An jeder Straßenecke für 75 c. erhältlich ist die einzige wirklich überregionale, optisch gut aufgemachte Tageszeitung **„USA Today"**, die vor allem nationale Geschehnisse behandelt und über einen hervorragenden Sportteil und ausführlichen Wetterbericht verfügt. Renommiert sind die beiden großen überregionalen *daily papers* (Tageszeitungen) **„NewYork Times"** sowie die **„Washington Post"**. Interessant und hilfreich sind die Beilagen der lokalen Tageszeitungen zu verschiedenen Aspekten des Lebens (Essen und Trinken, Literatur, Einkaufen, Nightlife etc.). In Neuengland gibt es den lesenwerten **„Boston Globe"** – mit Veranstaltungskalender am Donnerstag, in Kanada lohnt **„Globe and Mail"**. Große Läden in Städten oder an Flughäfen und Bahnhöfen führen auch einige **deutsche Zeitungen** und Zeitschriften, wie vor allem „FAZ", „SZ", „Spiegel", „Focus" oder „Die Zeit", allerdings teuer und meist nicht aktuell. Amerikanische Zeitungen und Zeitschriften sind preiswerter und in größerer Auswahl als hierzulande erhältlich. Beliebte überregionale Wochenmagazine sind „Time" und „Newsweek"; „Ebony" gibt z. B. einen Einblick in die afroamerikanische Szene und „Sports Illustrated" und „Sporting News" in die Welt des Sports.

Jedes auch noch so billige Motelzimmer verfügt über einen **Fernseher**, wobei sich Empfang und Senderzahl enorm unterscheiden können. Satellitensender wie *HBO* (Spielfilme) oder Kabelsender wie *ESPN* (Sport), *Pay-TV* oder *Movie Channels* senden nicht immer und überall. Überregionale Sender sind *ABC, CBS, NBC, PBS, CNN, TNT, FOX*; viele haben sich auf bestimmte Genres spezialisiert, z. B. auf Nachrichten (*CNN*), Wetter (*Weather Channel*), Sport (*ESPN*), Kochen (*Food Network*), Kirche, Soap operas (z. B. SoapNet), Comics (Disney Channel, Cartoon), Wissenschaft (Discovery Channel, History) oder Verkaufspräsentationen. Im Stundentakt laufen auf festen Programmschienen dieselben Sendungen zur selben Zeit und am selben Tag.

Im **Radio** dominieren die privaten Sender. Sie sind mehr oder weniger stark spezialisiert, z. B. auf Country, Jazz, Rock, Klassik, Sport, Talkshows oder Nachrichten, und je nach Finanzen unterschiedlich stark von Werbung abhängig. Ein überregionaler Sender mit breit gefächertem Angebot ist *National Public Radio (npr)*.

Mietwagen
siehe auch „Auto fahren"

Es birgt finanzielle und sicherheitstechnische Vorteile, einen **Mietwagen** bereits **zu Hause** zu buchen, im Reisebüro oder über das Internet, besonders wenn die Mietdauer mindestens eine Woche beträgt. Abgesehen von den überregionalen großen Anbietern wie *Avis, Alamo* oder *Hertz* gibt es Mietwagen-Broker, die oft ebenfalls günstige Konditionen bieten. Einige Beispiele:
- **Holiday Autos**: www.holidayautos.de
- **Sunny Cars**: www.sunnycars.de
- **FTI**: www.driveFTI.de
- **TUI**: www.tui.de/mietwagen
- **DERTOUR Cars**: www.dertour.de
- **Auto Europe Deutschland GmbH**: www.autoeurope.de

Im Allgemeinen sind die **Wochenpreise am günstigsten**, wobei meist eine **Mindestmietdauer** von vier Tagen gilt. Normalerweise muss ein Wagen an ein- und demselben Ort abgeholt und abgegeben werden. Bei *Avis* oder *Hertz* besteht derzeit z. B. bei Buchung über DERTOUR oder ADAC Reisen auch die Möglichkeit, den Wagen ohne Aufpreis an einer beliebigen Airport-Station (Baltimore, Boston, Hartford, New York, Philadelphia oder Washington) abzugeben. Andere *One-Way*-Strecken sind gegen Bezahlung einer je nach Veranstalter und Strecke unterschiedlichen Pauschale (Rückführgebühr/Einwegmiete) möglich. Es ist wichtig, dass sich Ankunfts- bzw. Abflugort, d. h. an Flughafen bzw. Bahnhof tatsächlich eine Mietstation befindet. Normalerweise fällt zwischen den Stationen in ein und derselben Stadt keine Gebühr an. Bei den großen Anbietern ist ein **Abstecher nach Kanada** normalerweise erlaubt, bei kleineren Anbietern sollte man vorher genau die Bedingungen in Sachen Fahrgebiet prüfen. Eine Einwegmiete zwischen USA und Kanada sind in der Regel nicht möglich (Ausnahme Buffalo-Toronto).

In den letzten Jahren haben sich die Anbieter bezüglich der **Preise** und **Mietbedingungen** weitgehend angeglichen und sind dazu übergegangen, **zwei Pakete** (*A/Sparpaket/Super Saver* oder *B/Super Saver/Preiswert&Gut* oder *B/Super/All/Fully Inclusive* und C mit Navigationssystem) anzubieten. Beide schließen Vollkasko (*CDW/LDW*), pauschale Erhöhung der Haftpflicht-Deckungssumme (*ALI*) und sämtliche Steuern und Zusatzgebühren (*taxes and fees*) sowie *unlimited milage* (freie Fahrmeilen) ein. Bei der (selten nötigen) Luxusversion sind u. a. die Kosten für einen Zusatzfahrer und oft eine Tankfüllung im Preis enthalten, außerdem Zusatzversicherungen (Gepäck-/Insassenversicherung, *PEP/ PAI*), die oft jedoch schon durch bestehende Versicherungen oder Kreditkarten abgedeckt sind. Vorher prüfen! Am ehesten unterscheiden sich die Bestimmungen hinsichtlich des Mindestalters des Fahrers bzw. der Höhe der Aufschläge, der Möglichkeit zu Einwegmieten bzw. der Summe der Rückführgebühren und der Zahl und Verteilung der Mietstationen.

Die gekoppelte Buchung von Flug und Mietwagen – **Fly&Drive** – sollte man speziell in der NS, wenn Flüge billig sind, genau mit den Einzelpreisen vergleichen. Gute, auch individuell abwandelbare Kombiangebote (Flug, Auto, Übernachtungen) bietet *America Unlimited* (www.america-unlimited.de, ☏ 0511-37444750).

▶ **Fahrzeugkategorien**
Die großen Vermieter besitzen neuwertige **Fahrzeugflotten** meist spezieller Automarken, sodass es kaum Probleme mit Pannen gibt. Eine spezielle Marke oder ein bestimmter Wagentyp können nicht reserviert werden, doch ist es vor Ort möglich, Wünsche anzubringen. Alle Wagen haben Automatik (ⓘ „Auto fahren"), Airbags, Klimaanlage und CD-Player, *Cruise Control* (Tempomat), Servolenkung und -bremsung, meist auch Zentralverriegelung und manchmal automatisches Tages-Fahrlicht. Der Zustand der Reifen lässt hingegen gelegentlich zu wünschen übrig und Winterreifen sind unbekannt.

Die Palette reicht von Klein/**Economy** über Mittel/**Compact** oder **Intermediate** bis Groß/**Full Size**, dazu kommen als Sonderkategorien je nach Firma **Premium**, **Minivan**, **SUV**, **Allrad**, **Pickup** oder **Cabriolet**. Bei der Wahl der Kategorie sollten vor allem Personenzahl, Art und Menge des Gepäcks und geplante Streckenlänge bzw.

Fahrzeiten bedacht werden. Meist ist der Unterschied in Preis und Benzinverbrauch zwischen zwei Kategorien nur gering. Zusätzlich sollte man bedenken, dass in den amerikanischen Büros oft nur nach *Small*, *Mid Size* und *Full Size* unterschieden wird und die Zahl der Türen beispielsweise keine Rolle spielt. Mit Glück (vor allem in Stadtbüros) erhält man eine Kategorie höher.

▶ **Wagenübernahme**
An jedem internationalen Flughafen befinden sich Niederlassungen der großen Mietwagenfirmen – *AVIS, Alamo, Hertz, Budget, National* oder *Dollar-Rent-a-Car*. Manchmal gibt es einen Schalter im Flughafen, an dem die Formalitäten erledigt werden und von wo aus dann kostenlose Shuttlebusse den Kunden zum Parkplatz des Unternehmens, wo sich ebenfalls Schalter befinden, bringen. *Rental Car Return* ist an allen Flughäfen gut ausgeschildert, und die Rückgabe verläuft meist unkompliziert und schnell, meist direkt am Auto per Handcomputer. Am **Schalter** muss außer dem *Voucher* der Reservierungsnummer eine Kreditkarte (Bargeld oder Schecks werden nicht akzeptiert!) zur Stellung der Kaution und Begleichung sonstiger anfallender Kosten vorgelegt werden. Dazu kommt der Führerschein (ein internationaler ist kein Muss und allein ungültig) und die Heimatadresse, die man am besten in Form einer Visitenkarte vorlegt. Man vereinbart, sofern als nötig erachtet, vor Abfahrt noch Zusatzversicherungen und mietet Sonderzubehör wie Kindersitz oder Dachgepäckständer. Das vielfach angebotene „günstige" *Upgrading* (Buchen einer höheren Klasse) und das Angebot, eine Tankfüllung im Voraus (teuer) zu bezahlen, lehnt man besser ab und tankt stattdessen vor Abgabe noch einmal selbst. Das muss nicht direkt am Flughafen sein, denn ein gewisser Spielraum ist bei der Tankanzeige immer gegeben.

Der **Mietvertrag** muss mehr oder weniger aufwendig per Initial (z. B. Ablehnung von Zusatzversicherungen oder Tankfüllung) und Unterschrift bestätigt werden. Sicherheitshalber sollte man einen Blick auf die auf dem Mietvertrag angegebene Rückgabezeit werfen, da sich hier gerne „Fehler" zu Ungunsten des Mieters einschleichen. Da viele Firmen im 24-Stunden-Takt berechnen, kostet jede Verspätung von mehr als 30 Minuten extra.

Versehen mit Stadtplan und (leider meist nur einem bzw. zwei fest miteinander verdrahteten) Autoschlüsseln geht es zum Stellplatz des gemieteten Autos, gelegentlich wird dieses auch vorgefahren. Vor Fahrtantritt sollte kurz der äußere Zustand, vor allem die Reifen, die Sauberkeit (auch innen) sowie **Funktionstüchtigkeit** von Lichtern, Blinker, Scheibenwischern, Gurten, Fensterhebern, Motorhaube- und Kofferraumöffnern und Schlössern sowie die Tankanzeige gecheckt werden. Es gibt, wenn überhaupt, eine meist nur sehr knapp gehaltene Bedienungsanleitung im Auto.

▶ **Direktbuchung vor Ort**
Ein Leihwagen kann auch kurzfristig vor Ort, gleich am Flughafen oder im Stadtbüro, gechartert werden; Mindestalter ist meist 21 Jahre (unter 25 Jahren fällt ein Zuschlag an). Direktbuchung ist aber meist teurer, wobei man trotzdem wegen Service, Sicherheit, Fahrzeugflotte und Netz die großen Anbieter den kleineren, lokalen Firmen (in den Gelben Seiten des Telefonbuchs zu finden) vorziehen sollte. Vor allem ist darauf zu achten, ob *unlimited milage* (freie Fahrmeilen) und *CDW/LDW* (Vollkasko, *full coverage*) im genannten Preis enthalten sind. Man sollte unbedingt nach „**Specials**" (z. B. *Weekend/Senior/AAA Specials*) fragen.

Allgemeine Reisetipps von A–Z

Telefonische Reservierung ist sinnvoll, sofern möglich (1-800-Nummern gebührenfrei in USA):
- **Alamo:** ☏ 1-800-462-5266, in D: (0130) 819226, www.goalamo.com
- **Avis:** ☏ 1-800-230-4898, in D: (06171) 681882, www.avis.com
- **Budget:** ☏ 1-800-527-0700, in D: (0180) 521-4141, www.budget.com
- **Dollar:** ☏ 1-800-800-4000, in D: (0180) 522-1122, www.dollar.com
- **Enterprise:** ☏ 1-800-325-8007, www.enterprise.com
- **Hertz:** ☏ 1-800-654-3131, in D: (0180) 533-3535, www.hertz.com
- **National:** ☏ 1-800-227-7368, in D: (0180) 522-1122, www.nationalcar.com

Museen und andere Sehenswürdigkeiten

Der amerikanische Nordosten ist reich an Kultur, und Museen verschiedenster Ausrichtung sind überall zu finden: Kunstmuseen, historische Museen – dazu gehören auch die so genannten *Living-History-* (Open-Air-) Museen – und naturwissenschaftliche Museen, meist *hands-on*, d. h. mit interaktiven Ausstellungsobjekten. Dazu kommen Spezialmuseen, wie *Sports Hall of Fames*, Raumfahrtmuseen, Planetarien etc., Geburts- und Wohnhäuser (*Historic Homes*) berühmter Persönlichkeiten (z. B. Schriftsteller oder Politiker) und Gartenanlagen. Der Nordosten ist gepflastert mit Relikten des Revolutionskrieges, weiter südlich sind es vor allem die Bürgerkriegsschlachtfelder, beides häufig kombiniert mit regelmäßig stattfindenden *re-enactments* (nachgestellten Schlachten).

Nahverkehr

Der öffentliche Nahverkehr ist in Städten wie Boston, Philadelphia, Washington oder New York gut ausgebaut und bietet sich an Stelle eines Autos zur Besichtigung an. Auch wegen der hohen Parkgebühren in Stadthotels ist es günstig, falls möglich, auf ein Auto zu verzichten. Voraussetzung für die Benutzung der Busse und Bahnen ist ein Routenplan und etwas Ortskenntnis bzw. ein guter Stadtplan, außerdem Kleingeld, da Tickets meist vorher am Automaten gekauft oder der Betrag abgezählt beim Busfahrer bezahlt werden muss. In vielen Städten gibt es ermäßigte Tages-, Mehrtagestickets oder Wertkarten. Details zum öffentlichen Nahverkehr finden sich in den „Regionalen Reisetipps von A–Z".

Notfall, Notruf
s. a. „Auto fahren", „Geldangelegenheiten", „Gesundheit", „Sicherheit", „Versicherungen"

Im **Notfall**, egal welcher Art, hilft ein **Polizist** (*cop*), das nächste **Polizeirevier** (**Operator 0**) oder die gebührenfreie **Emergency Number 911** (Notrufzentrale). Auch Traveler's Aid hilft Besuchern weiter. Es gibt in allen größeren Städten Filialen (siehe Telefonbuch).

Bei **Diebstahl oder Verbrechen** ist im nächsten Polizeirevier Anzeige zu erstatten, denn nur bei Vorlage eines Polizeiprotokolls ersetzen Versicherungen den erlittenen Verlust. Ebenfalls zu melden ist der Vorfall bei der betreffenden Stelle, wie Fluggesellschaft oder Bank, möglichst mit Nummern bzw. Kopien der entsprechenden Papiere. Bei Verlust der Kreditkarte oder der Reiseschecks muss umgehend die Sperrung bei der auf der Kartenrückseite oder auf dem zugehörigen Merkblatt angegebenen und vorher notierten variablen Notfallnummer veranlasst werden (ⓘ „Geldangelegenheiten"). Eine Ersatzkarte wird normalerweise innerhalb von 24 Stunden zur Verfügung gestellt. Bei Schecks sind die Vorlage des Kaufnachweises und die Nummern der ausgegebenen Schecks nötig.

Checkliste für die Reise

- **Reiseschecks** und **Dollars** besorgen, sämtliche **Notrufnummern** notieren, Geld auf dem **Kreditkarten-Konto** deponieren
- **Reiseversicherung**, vor allem Auslandsreise-Krankenversicherung bzw. Reise-Notfall-Versicherung abschließen
- Kopien aller wichtigen **Dokumente** (Pass, Versicherungsscheine, Führerschein, Flugticket etc.) anfertigen und sämtliche Nummern und Telefonnummern in einer Art „Notfall-Pass" aufschreiben
- **Originaldokumente** am sichersten am Körper (Brustbeutel, Gürteltasche o. Ä.) tragen oder, wenn möglich, im Hotelsafe **deponieren**
- Wertgegenstände, Dokumente und Karten zwischen zwei Personen **austauschen**.

Im Notfall hilft dank ihres Verfügungsrahmens und des schnellen Ersatzes die Kreditkarte weiter, wobei allerdings mit dieser wie auch mit Maestro-Karte pro Transaktion bzw. Woche nur ein eingeschränkter Höchstbetrag bar abgehoben werden kann. Je nach ausgebender Bank und Art der Karte bzw. Konditionen gilt ein Tageslimit von etwa 500-1.000 €, solange bis der vorgegebene Kreditrahmen ausgeschöpft ist. Außerdem verhilft die Postbank (Minuten-Service oder die *Reisebank* (www.reisebank.de) in Kooperation mit *Western Union* (Büros in vielen Städten) rasch und unkompliziert zu Bargeld. Filialen der Reisebank existieren in vielen städtischen Bahnhöfen, Airports und Grenzübergängen. Auskünfte gibt es unter ☏ (0180) 522 5822 (0,14 €/Min), in den USA bei *Western Union*, ☏ 1-800-325-6000 (www.westernunion.com).

Bei schwerer Erkrankung, Unfall oder schwerwiegenden Verbrechen sind außer dem Notfallservice der Versicherung ggf. auch die zuständigen Botschaften bzw. Konsulate zu informieren. Sie stellen bei Passverlust nach Klärung der Identität ein Ersatzdokument aus.

Öffnungszeiten

Banken öffnen werktags von 9 bis 14 oder 15 Uhr, **Postämter** häufig schon um 8 bzw. 9 Uhr (bis 17 Uhr) und manchmal auch am Samstagvormittag. Als normale Bürozeiten gelten montags bis freitags die Stunden zwischen 9 und 17 Uhr. **Sehenswürdigkeiten** und **Museen** besucht man am sichersten zwischen 10 und 17 Uhr bzw. am Sonntagnachmittag (ab ca. 13 Uhr). Meist montags bleiben Museen und andere Attraktionen geschlossen; einem Wochentag, oft donnerstags, gibt es vielfach eine verlängerte Abendöffnung, oft bei freiem oder reduziertem Eintritt.

Da es **kein verbindliches Ladenschlussgesetz** gibt, sind selbst an Sonn- und Feiertagen viele Läden, vor allem Supermärkte und Malls, sowie touristische Shops geöffnet. Supermärkte sind mindestens von 8 bis 20 Uhr, manchmal rund um die Uhr und täglich offen. Werktags sind Läden meist von 9 oder 10 bis 18 Uhr, Malls (Einkaufszentren) von ca. 10 bis ca. 20 Uhr, freitags und samstags auch länger, sonntags hingegen oft nur von mittags bis 17 Uhr zum Einkauf offen. Große Tankstellen bieten Rund-um-die-Uhr-Service, ebenso viele Fast-Food-Ketten. In kleineren Orten schließen hingegen viele Läden schon um 17 oder 18 Uhr.

Post

Postämter (geöffnet werktags 8/9-17 Uhr) sind nicht immer leicht zu finden, aber zum Glück benötigt man sie normalerweise nur einmal zum Kauf einer größeren Menge Briefmarken. Diese sind zwar auch an Automaten erhältlich, dort allerdings oft in ungünstigen Stückelungen und mit Preisaufschlag. Ein Brief oder eine Karte nach Europa benötigt im Schnitt eine Woche und kostet als Standardsendung, „first-class mail" (Stand Sommer 2009):

- Karten nach D/AU/CH: 98 c.
- Standardbriefe bis 28 g (1 oz.): 98 c., jedes weitere oz 78 c.
- Inlandsbriefe bis 28 g: 44 c., jedes weitere oz. (28 g): 17 c. (Standardkuvert)
- Karten Inland: 28 c.

Teurer sind „Priority Mail" oder „Express Mail".

Bei amerikanischen Adressangaben müssen Bundesstaat sowie die Postleitzahl hinter dem Ortsnamen angegeben werden. Briefkästen sind blau-rot mit Aufschrift „US-MAIL". Normale Briefpost wird als „first class mail" verschickt, teurer sind „Express" oder „Priority mail", dafür schneller und teils versichert. Für größere Eilsendungen gibt es eigene Kurierdienste wie *FedEx, UPS* oder *DHL*.

Rauchen

Raucher haben es auch in Amerika nicht leicht, wobei New York mit seinem strikten **Anti-Rauchergesetz** 2003 nur der Vorreiter war. Rauchen ist auf den meisten öffentlichen Plätzen, aber auch in den meisten Restaurants und Bars verboten und unter Strafe stellt, allerdings gibt es beispielsweise *Raucher-Lounges* oder *Cigar Bars*. Ansonsten sind generell öffentliche Gebäude und Einrichtungen, wie Nahverkehrsmittel, Taxis und Flugzeuge, Büros, Geschäfte, Theater, Museen oder Kinos, komplett *smoke-free*. In Restaurants, in Zügen, auf Bahnhöfen und Flughäfen oder in Sportstadien ist Rauchen, wenn überhaupt, nur in mehr oder weniger abseitigen, abgeschlossenen Arealen (*designated areas*) erlaubt. „*Non-smoking*"-Hotel-/Motelzimmer oder häufig sogar ganze Hotels sind Usus und es gibt „*smoke free*"-Mietwagen.

Reisezeit und Klima
siehe auch „Land und Leute, Geografischer Überblick"

Pauschal kann gesagt werden, dass für den Nordosten (nördlich von Washington), wo ähnliches Klima herrscht wie hierzulande, als Reisezeit die Monate **Mai bis Oktober** die geeignetsten sind, wobei gerade die Naturregionen im Herbst das prächtigste Farbspiel (**Indian Summer**) bieten. Allerdings können auch die Wintermonate mit viel Schnee ihren eigenen Reiz haben. Das Frühjahr gebärdet sich häufig launischer als der Herbst, für den längere Schönwetterperioden und höhere Wassertemperaturen sprechen, andererseits aber sind die Tageslicht-Stunden geringer.

Je weiter man jedoch nach Norden vordringt, umso häufiger kommt es vor, dass von Mitte Oktober bis Ende April/Mai viele Sehenswürdigkeiten und sogar Hotels ihre Pforten schließen. Im Winter liegt nördlich von Boston meist viel Schnee, auch New York kann sich diesbezüglich meist nicht beklagen, wobei in Städten schlechtes Wetter meist eher erträglich ist als in Naturregionen.

Eine Rolle bei der **Zeitplanung** spielt auch die Art des Reisens: Wer zeltet oder im Camper unterwegs ist, wird anders planen als der Hotelgast, der vor allem Städte besucht. Gleiches gilt für sportlich Engagierte, für Wanderer und Wassersportler, Baderatten oder Golfer. Zu bedenken ist überdies, dass in der Nebensaison Flüge, Leihwagen oder Camper preiswerter sind als in der Hochsaison und dass dann und während der amerikanischen **Ferienzeit** vom letzten Montag im Mai (*Memorial Day*) bis zum ersten Montag im September (*Labor Day*) und über lange Wochenenden Hotels, Strände, Campingplätze, Naturparks und andere Sights gerne überfüllt sind.

Sicherheit und Verhaltensregeln
siehe auch „Notfall"

Die USA sind **nicht krimineller** oder **gefährlicher** als jede **andere Reiseregion**. Locker baumelnde Handtaschen und Fotoausrüstungen, dicke Brieftaschen oder lose Scheine in Gesäßtaschen und teurer Schmuck stellen überall auf der Welt ein potenzielles Risiko dar. Brustbeutel oder Gürteltasche und/oder kleiner Rucksack sowie eine begrenzte Bargeldmenge sind empfehlenswert. Sinnvoll ist es auch, Wertgegenstände, Dokumente und Karten zwischen zwei Personen auszutauschen und Kopien aller wichtigen Dokumente (Pass, Versicherungsscheine, Führerschein, Flugticket etc.) anzufertigen und sämtliche Nummern und Telefonnummern zu notieren.

Bei **Massenveranstaltungen**, Menschenaufläufen oder in öffentlichen Verkehrsmitteln ist **Taschendiebstahl** (*pick pocket*) eines der häufigsten Delikte. Wer etwas aufpasst und beispielsweise sein Reisegepäck nicht unbeaufsichtigt lässt, ist schon gut beraten.

Möglichst sollte man mit voll gepacktem **Mietwagen** (auf geschlossenen Kofferraum achten!) überwachte Parkplätze bzw. Parkgaragen aufsuchen, bei langsamer Fahrt, speziell bei Nacht, die Türen des Wagens verriegeln und die Fenster schließen. Gutes

Kartenmaterial und dessen Studium *vor* der Abfahrt sollten selbstverständlich sein. In **Hotels/Motels** sollte man Spione, mehrfache Schließanlagen, verschließbare Verbindungstüren sowie das Angebot, Wertgegenstände im Safe zu deponieren, nutzen. Service-Schilder (wie „*Service, please!*") besser nicht an die Türklinke hängen, da sie anzeigen, dass niemand im Zimmer ist.

Falls man sich in eine „**Bad neighborhoods**" verirrt hat, am besten schnurstracks weitergehen, bis man wieder in belebteres Areal kommt und ggf. in einem Laden o. Ä. nachfragen. Auch Parks, dunkle Parkgaragen und Unterführungen sollte man nach Einbruch der Dunkelheit (besonders allein) meiden und lieber Umwege oder Taxikosten in Kauf nehmen. In U-Bahnstationen gibt es meist gesondert gekennzeichnete und kameraüberwachte Sicherheitsbereiche (*off-hour waiting areas*), und die Zugbegleiter (*attendants*) haben eigene Kabinen in der Mitte des Zuges.

Sport und Freizeit
siehe auch „Land und Leute, Gesellschaftlicher Überblick"

Sportfans kommen im amerikanischen Nordosten voll auf ihre Kosten – von Wassersport und Angeln über Wandern und Biking, Skifahren und Langlauf bis hin zu Reiten, Golf und Tennis ist alles geboten. Ein besonderes Erlebnis ist der Besuch einer großen Sportveranstaltung, und da ist die Palette ebenfalls breit: Es gibt in den Metropolen Profiteams der vier „Nationalsportarten" American Football, Baseball, Basketball und Eishockey – außerdem College-Sport und natürlich Fußball (*soccer*). Der Besuch einer Sportveranstaltung ist identisch mit Spaß für die ganze Familie, mehrere Stunden Unterhaltung und Show, mit Wettbewerben und Verlosungen, Musik, Tanz, *Tailgate-Parties*, Hot Dogs oder BBQ.

- **American Football**: Profiteams der **NFL** (*National Football League* – www.nfl.com) spielen sonntags zwischen September und Dezember in Boston, New York (2 Teams), Philadelphia, Baltimore, Washington und Buffalo.
- **Baseball**: Profiteams der beiden Ligen (*AL – American League* und *NL – National League*) des **MLB** (*Major League Baseball* – www.mlb.com) tragen ihre Spiele zwischen April und Anfang Oktober in Boston, New York (2 Teams), Philadelphia, Baltimore, Washington und Toronto aus. Außerdem lohnt ein Besuch bei einer der zahlreichen *Minor-League*-Mannschaften (Nachwuchs-Profiteams) der drei Klassen A, AA und AAA, die es fast in jeder größeren Stadt gibt.
- **Basketball**: Profiteams der **NBA** (*National Basketball Association* – www.nba.com) spielen zwischen Ende Oktober und April in Boston, New York, New Jersey, Philadelphia, Washington und Toronto.
- **Eishockey**: die Profiteams der weltbesten Liga **NHL** (*National Hockey League* – www.nhl.com) kann man zwischen Oktober und April in Boston, New York (2 Teams), New Jersey, Philadelphia, Washington, Buffalo, Montréal, Ottawa und Toronto anschauen.
- **Soccer**: Profiteams der **MLS** (*Major League Soccer* – www.mlsnet.com) spielen zwischen Mai und Oktober in Boston, New York, Washington, Toronto und ab 2010 auch in Philadelphia.

▶ Wandern
Über die unzähligen Wanderwege in den Appalachen und den berühmten **Appalachian Trail** informiert z. B. der Appalachian Mountain Club, www.outdoors.org

▶ Ski fahren
In den Neuenglandstaaten kommen Skifreunde auf ihre Kosten, Hauptzentren liegen im Staat Vermont – speziell Stowe, Mount Snow, Smuggler's Notch, Stratton oder Killington. Sugarloaf im Carrabassett Valley und Sunday River in Bethel (beide Maine) oder Loon Mountain in Lincoln und das Waterville Valley (beide New Hampshire) sind weitere beliebte Skigebiete; Infos unter www.newenglandskiresorts.com oder www.alpinezone.com.

▶ Segeln
Der Nordosten ist ein Paradies für Segler und solche, die sich einmal den Wind um die Ohren wehen lassen möchten. Für erfahrene Segler gibt es vor allem in Neuengland vielfach Gelegenheit, sich eine Yacht zu mieten. Außerdem stehen vielerlei Segeltörns auch für Ungeübte im Angebot (siehe z. B. www.sailnewengland.com).

Sprache und Verständigung

Es dürfte schwierig sein, in den USA ganz ohne Englisch auszukommen, doch vermutlich ist es eher möglich als an vielen Orten Europas. Die Fremdsprachenkenntnisse der Amerikaner sind gering, doch dafür sind Geduld und Freude über selbst spärliche Englischkenntnisse stark ausgeprägt.

Das **Amerikanische** weicht in mehreren Punkten vom Schulenglischen ab, es gibt Unterschiede in Wortschatz, Grammatik und Aussprache. Auffällig ist vor allem, dass viele Substantive auf -re, wie *centre*, im Amerikanischen auf -er enden (*center*) und *ou* zu *o* wird (*color*). Doppellaute (*travelling*) werden im Amerikanischen vereinfacht und es heißt dann *traveling*. Wo möglich, wird abgekürzt, z. B. *Xmas* (Christmas) oder *Xing* (Crossing). Außerdem unterscheiden sich bestimmte Vokabeln vom Oxford-Englisch (in Klammern), z. B. *baggage* (*luggage*), *gas* (*petrol*), *fall* (*autumn*), *vacation* (*holiday*), *truck* (*lorry*).

Es gibt gewisse **Universalfloskeln**, die man sich schnell angewöhnen sollte, da sie zum guten Ton gehören: „*How are you today?*" ist nicht nur die Frage nach dem Befinden, sondern eine Begrüßungsformel, auf die ein „fine" oder „good" meist genügt. Wer höflich ist, stellt die Gegenfrage. Ebenso gehört ein „*nice/good to see you*" zur Begrüßung. „*Have a nice day (trip)*" dient der Verabschiedung, ebenso wie „*it was a pleasure to meet/meeting you*". „*I would appreciate it*" ist Bitte und Aufforderung zugleich, während man sich mit „*I (really) appreciate it*" für einen Gefallen bedankt. „*See you*" ist weniger eine Einladung als ein legerer Abschiedsgruß.

Small Talk ist ein beliebter Zeitvertreib. Man beginnt eine Unterhaltung über das Wetter, über die letzten Sportergebnisse oder Herkunft und Reisen. Europäer sind beliebt, „*Good Old Europe*" – ein (eher selten realisiertes) Traumziel vieler Amerikaner.

Was die **Anrede** betrifft, sind die Amerikaner zumindest im Schriftverkehr noch altmodisch: Frau Miller übernimmt mit der Heirat in der offiziellen Anrede Vor- und Nachnamen ihres Mannes: „*Mrs. Edwin L. Miller*". Generell wird *Mrs.* (Frau) nicht generell für jede verheiratete Frau verwendet, die allgemein gebräuchliche Formel ist vielmehr „*Miss*" (*Ms.*), doch vielfach verwendet man gleich die Vornamen.

Strom

Der amerikanische Haushaltsstrom hat eine Wechselspannung von **110-115 V**. Daher müssen mitgebrachte Geräte umstellbar sein. Die andere Form amerikanischer Steckdosen erfordert zudem einen **Adapter**, den man am besten schon von zu Hause mitbringt. In vielen besseren Hotels befindet sich ein Fön im Bad und ein Radiowecker auf dem Nachttisch, manchmal gibt es auch ein Bügeleisen.

Telekommunikation

Das Telefonwesen ist in den USA in den Händen privater Gesellschaften und das Telefonnetz ist das dichteste der Welt. Es gibt grundsätzlich mehrere Arten, von den USA nach Europa zu telefonieren: von öffentlichen Apparaten – was sich aber nur für Ortsgespräche bzw. mit *Calling Card* (siehe unten) anbietet, da sonst zu viel Kleingeld nötig ist –, vom Hotel aus (was ohne *Calling Card*, mit Ausnahme von Ortsgesprächen, teuer kommen bzw. unmöglich sein kann) oder per „Handy" (im Englischen korrekt: *Mobile* oder *Cell Phone*). An Airports, Bahnhöfen oder in Malls ist es häufig möglich, mit Kreditkarte zu telefonieren, wobei die Preise höher sind als mit *Calling Card*.

Formal wird unterschieden zwischen local calls (Ortsgespräche, meist 50 c.), non-local oder zone calls (im gleichen bzw. benachbarten Bundesstaat), long-distance (innerhalb USA) und oversea calls (z. B. nach Europa). Gebührenfrei, aber regional (meist auf den Bundesstaat) begrenzt, sind 1-800-, 1-888- oder 1-877-Nummern. In jedem Hotelzimmer gibt es Telefonbücher: ein General Directory (Weiße Seiten) und ein Classified Directory (Yellow Pages – Gelbe Seiten).

Um eine Außenleitung zu bekommen muss im Allgemeinen die 9 oder 8 vorgewählt werden. Bei amerikanischen Telefonnummern folgt einem dreistelligen *Area Code*, der in manchen Bundesstaaten einheitlich ist, die normalerweise siebenstellige Rufnummer, manchmal als werbewirksame Buchstabenkombination angegeben:
2 – ABC • 3 – DEF • 4 – GHI • 5 – JKL • 6 – MNO • 7 – PRS • 8 – TUV • 9 – WXY

 Wichtige Telefonnummern

- von den **USA** nach **D**: 01149 + Ortsvorwahl (ohne 0) plus Teilnehmernummer
- nach **Österreich**: Ländervorwahl 01143
- in die **Schweiz**: Ländervorwahl 01141
- von **Deutschland** in die USA: **001**
- **Operator**: 0
- internationale **Fernsprechauskunft**: 00; internationale **Vermittlung**: 01

Allgemeine Reisetipps von A–Z

Telefonkarten aller Art sind zur schwer durchschaubaren Wissenschaft geworden. Grundsätzlich wird zwischen *Calling Cards* und *Prepaid* oder *Phone Cards* unterschieden.

Eine *Calling Card* muss vor der Reise beantragt werden. Mittels zugeteilter persönlicher Geheimnummer (PIN) und einer Einwahlnummer (USA: 1-800-... kostenfrei) lässt sich einfach (auch ohne Karte) von jedem Apparat aus telefonieren. Die Telefongebühren werden nachträglich und ohne Aufschlag über die Kreditkarte abgerechnet, wobei sie je nach Gesellschaft differieren können. Die Karten müssen bei Verlust gesperrt werden und werden ersetzt.

Calling Cards gibt es vor allem von den großen Telefongesellschaften wie etwa *AT&T* (www.att.com) oder *MCI* (www.mci.com). Auch *Telekom* offeriert verschiedene Telefonkarten (www.teltarif.de/a/telekom/card.html). *Prepaid Cards* sind mit einem bestimmten Guthaben geladen und können über eine Hotline vom Konto jederzeit wieder „aufgeladen" werden. Günstig ist beispielsweise die *US-Calling Card* (www.us-callingcard.info) oder *PennyTalk* (www.pennytalk.com).

Eine Übersicht über die zahlreichen Anbieter gibt z. B. folgende Webpage: **www.fonecards.de**

In den USA gibt es Telefonkarten auch in Supermärkten oder Tankstellen zu kaufen. Die Bedingungen bzw. Einsatzmöglichkeiten unterscheiden sich gravierend und viele sind für Überseegespräche ungeeignet.

Mobil oder **Cell(ular) Phones** – der deutsche Begriff „Handy" existiert im Amerikanischen nicht! – funktionieren in der verbreiteten Triband-Version mit dem in den USA nötigen 1900-Mhz-Band erfahrungsgemäß gut, vor allem in den Einzugsbereichen größerer Metropolen. Man sollte sich vor Reiseantritt bei seinem Provider nach Roamingpartnern erkundigen und diese durch manuelle Netzwahl voreinstellen. Telefonate im D1-Netz sind dank *T-Mobile* in **USA kaum teurer** als mit *Calling Card*, da die Firma zahlreiche Netz-Knotenpunkte in den USA unterhält. Die Rufumleitung auf die Mailbox sollte aus Kostengründen auf alle Fälle deaktiviert werden. Falls das Mobiltelefon **verloren geht** oder gestohlen wird, sollte man die Nutzung der SIM sofort beim Provider sperren lassen.

Mit dem eigenen Laptop mit internem Modem und richtigem Provider stellt **Internetnutzung** kein Problem dar. Die meisten Hotels bieten WLAN/Wireless Internet, häufig noch dazu ohne Gebühr, und haben in der Lobby einen Computer mit Internetanschluss für Gäste stehen. Zudem kann man in Internetcafés (www.worldofinternetcafes.de), öffentlichen Bibliotheken, Buchläden oder Elektronikshops sogar gratis ins Internet gehen.

Die an sich preiswerte Möglichkeit, **SMS** zu schicken, funktioniert in den USA nicht immer und ist abhängig von Anbieter, Vertrag und/oder SIM-Karte.

Trinkgeld

Trinkgeld – *tip* oder *gratuity* – ist in den USA meist nicht inklusive. Da die Löhne der Beschäftigten im Dienstleistungsgewerbe gering sind, ist man auf Trinkgelder angewiesen. Amerikaner achten genau auf die korrekte Höhe von **15-20 Prozent**, die man bei Restaurantbeträgen zu der Gesamtsumme ohne Tax addiert. Etwa denselben Aufschlag erwarten Taxifahrer, und *bellboys* in Hotels bekommen im Schnitt $ 1 pro transportiertes Gepäckstück. Für das Bereitstellen des Pkws in Hotels ist ebenfalls ein Trinkgeld fällig. Zimmermädchen erhoffen sich ca. $ 2 pro Tag.

Umgangsformen und Verhaltensregeln
siehe auch „Sprache und Verständigung"

Die **Schlüsseleigenschaften** der Amerikaner sind Freundlichkeit, Hilfsbereitschaft, Toleranz, Aufgeschlossenheit und Kontaktfreudigkeit. Man stellt sich ordentlich an, lässt anderen den Vortritt oder die Vorfahrt, wartet geduldig und gibt hilfsbereit Auskunft. Freundliche Gesichter in Läden sind für uns ebenso ungewohnt wie ehrlich gemeint – in den USA ist der Kunde noch König und sind freundliche Worte zwar Floskeln, aber immerhin machen sie das Klima angenehmer und erleichtern den Umgang. **Händeschütteln** ist nicht immer üblich, dafür werden gleich die Vornamen benutzt.

Nicht stören sollte man sich an der **amerikanischen Art zu Essen**. Amerikaner schneiden mit dem Messer vor und benutzen dann nur noch die Gabel. Es gilt als gierig und unschicklich, beidhändig „europäisch" zu essen. Andererseits würde es keinem Amerikaner einfallen, Pizza oder Meeresfrüchte mit Messer und Gabel zu essen, nicht einmal in einem Toprestaurant, wo man zudem ein *doggy bag* (eine Box für Essensreste) ohne schiefe Blicke bekommt. Bei Einladungen und in Restaurants achtet man streng auf **Kleidervorschriften** – *formal* (elegant), *business-casual* (Büro-Outfit) oder *casual* (leger). Und genau nimmt man es auch mit dem **Trinkgeld**: Es wird meist auf den Pfennig genau, oft anhand von Tabellen, berechnet: Mindestens 15 Prozent sind üblich.

Unterkunft

In bestimmten Fällen kann es von Vorteil sein, ein **Zimmer vorauszubuchen**: bei später Ankunft in einer Stadt, während Großveranstaltungen, Messen oder an Feiertagen, im Umkreis von Topattraktionen und in Nationalparks während der HS. Buchung kann über das heimische Reisebüro ebenso erfolgen wie übers Internet. Buchung von zu Hause sollte sich jedoch im Normalfall auf wenige Tage beschränken, da es meist um einiges teurer kommt als vor Ort. Zudem beschränkt sich das Angebot der Reiseveranstalter auf Mittelklasse bis gehobene Kategorie, mit Schwerpunkt Standard- und Kettenhotels/-motels.

▶ Zimmersuche vor Ort
Im „Normalfall" gibt es kaum Probleme, spontan ein Zimmer zu finden. Zum einen häufen sich an den Ausfallstraßen von Städten oder in der Nähe von Flughäfen die

Leuchtreklamen und Plakate von Motels und Hotels unterschiedlichster Kategorien (das Schild *Vacancy* bedeutet, dass es noch freie Zimmer gibt), zum anderen helfen die Unterkunftslisten in den *AAA TourBooks* weiter – etliche gewähren sogar Vergünstigungen für Autoclub-Mitglieder.

Auch in *Welcome* oder *Visitors Centers* gibt es Informationen, Hotellisten, Broschüren und Coupons; manchmal wird die Reservierung auch gleich für den Besucher vorgenommen. Ideal für Sparsame sind die dort erhältlichen „**Couponhefte**". Nach Orten bzw. Regionen sortiert, mit Stadt- und Lageplänen versehen, kann man anhand dieser Hefte vor allem in der Nebensaison und an Werktagen günstige Schnäppchen, sogar in Hotels gehobener Kategorien, für eine Nacht bekommen. Man muss lediglich vorher telefonisch mit Hinweis auf den Coupon reservieren. Auf alle Fälle lohnt es sich, nach **Special Rates** zu fragen, seien es *AAA Rate*, ein *Weekend Special* oder ein *Senior Rate*. Stadtrandmotels sind bereits ab ca. $ 60 zu bekommen, Richtung Stadtzentrum erhöhen sich die Preise meist.

▶ **Hotels und Motels**
Zum **Grundpreis**, der sich in Motels (nicht in Hotels!) häufig auf eine Person bezieht (geringer Aufpreis für die zweite und weitere), kommt eine **Tax** (Steuer) von ca. 6-15 Prozent. Ein Zimmer darf maximal mit vier Personen belegt werden, und Kinder und Jugendliche bis zu einem gewissen Alter können gratis im Elternzimmer übernachten. Bei Motels ist **Check-in** ganztags möglich, wohingegen Hotels die Zimmer häufig erst ab 15 Uhr freigeben und in B&Bs von etwa 16 bis 20 Uhr eingezogen werden kann. **Check-out** ist normalerweise am Mittag.

Eine **Reservierung** kann nach 18 Uhr verfallen, wenn sie nicht per Kreditkarte garantiert ist. Ansonsten muss ein Motel normalerweise gleich beim Einchecken, nach Ausfüllen des Anmeldebogens, bezahlt werden. Im Hotel wird die Kreditkarte gespeichert und die entsprechende Summe dann bei Abreise inklusive eventueller Extras („*incidentals*" wie Zimmerbar oder Wäscherei) abgerechnet.

Für relativ wenig Geld bekommt man in den USA eine saubere, wenn auch funktionalschlichte Unterkunft mit eigenem Badezimmer (oder Dusche/WC), genügend frischen Handtüchern, mehr oder weniger lauter Klimaanlage, Telefon und Fernsehen.

Man wird beim Check-in meist vor mehrere **Alternativen** gestellt: *smoking* or *nonsmoking*, in Motels mit Außenkorridoren kann man zwischen *first* or *second floor* wählen, wobei das Erdgeschoss zwar weniger Gepäckschlepperei bedeutet, aber andererseits auch lauter ist, da sich die Parkplätze direkt vor der Tür befinden. Man bekommt meist zum gleichen Preis *one bed* (*king size* 1,95 m) oder *two beds* (zwei *queen-size*-Betten von 1,40/1,50 m). Bei nur einem Bett bleibt meist Platz für Tisch und Stühle oder Couch, bei zwei Betten können bis zu vier Leute nächtigen.

Als „Bonbon" gibt es immer häufiger zumindest ein kostenloses **Frühstück**, manchmal nur Kaffee und Gebäck, manchmal aber auch ein „Hot Breakfast Buffet". *Local calls* sind häufig ebenfalls gratis, und in besseren Hotels wird eine Tageszeitung an die Tür geliefert. In B&Bs oder Inns sind gelegentlich Abendhäppchen mit Sherry oder Nachmittagstee üblich.

Hotel-Preiskategorien in den Regionalen Reisetipps von A–Z

$	unter $ 70
$$	$ 70 bis 100
$$$	$ 100 bis 130
$$$$	$ 130 bis 180
$$$$$	über $ 180

(Preise pro DZ, meist ohne Frühstück und ohne Tax, in der HS)

Die **Übernachtungspreise** schwanken naturgemäß je nach Lage, Ort und Qualität der Unterkunft. Je nach Auslastung können die Preise saisonal stark unterschiedlich sein und sie erhöhen sich zudem bei Veranstaltungen, Messen oder an Feiertagen. Die Übergänge zwischen den einzelnen **Herbergstypen** sind fließend. Zahlreiche Hotels verfügen im Unterschied zu Motels über eigene Gastronomie und Extras wie Spa, Fitnesscenter, Wäscherei/Reinigung, einer größeren Auswahl an TV-Programmen, Kühlschrank, Tageszeitung etc.

▶ **Kettenhotels und -motels**
Die **Qualität** der Hotels/Motels kann selbst innerhalb derselben Kette, abhängig vom Alter des Hauses bzw. vom Ehrgeiz des Pächters, schwanken, je nach Ort und Zustand auch preislich. Im Allgemeinen sind billige Kettenhotels vom Standard her den unabhängigen superbilligen Einzelmotels vorzuziehen. Die **Verteilung und Dichte** von Hotels und Motels verschiedener Ketten ist ebenfalls unterschiedlich.

Mittelklasse-Hotels/-Motels wie *Days Inn, Comfort Inn, Quality Inn, Travelge, Howard Johnson, Hampton Inn, Ramada, Best Western, Travelodge* oder *Holiday Inn* findet man so gut wie überall. Zur preiswerten Motelkategorie zu rechnen sind z. B. *Motel 6, Sleep Inn, Knights Inn, Microtel, Rodeway Inn, Super 8, Best Value Inn* oder *Red Roof Inn*. Die meisten Hotel- bzw. Motelketten verfügen über *Directories*, sind in Telefonbüchern leicht zu finden bzw. über „**www.((Name)).com**" – der Name häufig zusammengeschrieben, seltener mit Bindestrich – abzurufen.

Tipp

Eine Liste der wichtigsten Ketten mit Links findet sich im Internet unter www.us-infos.de/tourtips-motels.html

▶ **Hotelbroker** (mit Buchungsmöglichkeit)
- **www.all-hotels.com/usa** – Hotels der mittleren bis gehobenen Kategorie, auch B&Bs sowie Ketten
- **www.cheaphotellinks.com/usa** – mit Buchungsmaske und Preisvergleich
- **www.hotel.com** – 24.000 Hotels weltweit, kooperierend mit www.hoteldiscount.com
- **www.hotelbook.com** – sofortige Hotelreservierung in verschiedenen amerikanischen Städten
- **www.hrs.de** – weltweite Hotelreservierungen, außerdem Auskünfte zu Airports, Fluggesellschaften etc.

- **www.quikbook.com** – landesweite Hotel-„Schnäppchen" zum Sofortbuchen
- **www.roomsusa.com** – Zimmersuche und Informationen allgemeiner Art
- **www.worldres.com** – 40.000 Hotels weltweit

▶ **Inns, Lodges, Resorts und Farmen**
Historic bzw. **Country Inns** sowie **Historic Hotels** (siehe z. B. unter www.historic hotels.org, ☎ 1-800-678-8946) sind Hotels bzw. ehemalige Gasthäuser, die schon mehrere Generationen Besucher aufnehmen. Das Spektrum reicht vom alten Bauernhaus mit großem offenem Kamin und Nebengebäuden bis hin zum eleganten Herrenhaus im Greek-Revival-Stil. **Lodges**, meist malerisch in der Natur gelegene mehrteilige Hotelanlagen oder **Resorts** (Ferienanlagen mit Sportmöglichkeiten) können preislich nicht pauschaliert werden. Halb- oder Vollpension – (*Modified*) American Plan (*MAP* oder *AP*) – ist in Amerika eher unüblich.

SPEZIELLE TIPPS
- **www.mainefarmvacation.com** – „Urlaub auf dem Bauernhof" in Maine, vor allem im Süden (Landesinneren), einige auch an der Küste
- **www.maineinns.com** – zumeist historische Gasthöfe und Pensionen
- **www.patravel.org** und **www.pafarmstay.com** – Unterkünfte in Pennsylvania
- **www.innbook.com** – Zusammenschluss ausgewählter historischer Inns, Hotels und B&Bs in den ganzen USA
- **www.1000inns.com/usa** – Inns, B&Bs und andere individuelle Herbergen in den ganzen USA

▶ **Bed&Breakfast**
Immer beliebter wird in den USA die Alternative **Bed&Breakfast** (B&B) englischen Stils, d. h. **Zimmer mit Frühstück** mit persönlichem Touch und oft in historischem Ambiente. Das Spektrum reicht von Privathäusern mit zwei oder drei Gästezimmern bis hin zu *B&B Inns* mit bis zu zehn Zimmern, von einfachen Häusern mit Familienanschluss über intime Luxus-Inns und aufwendig restaurierte *Historic Homes* und *Plantation Homes* oder historische Stadtvillen bis hin zu ganz modernen Bungalows.

B&Bs sind im Allgemeinen teurer als Motels und bieten neben individuellem Service persönlichen Kontakt, denn die Besitzer sind meist Vermieter aus Passion und daher sehr kontaktfreudig und ortskundig. Die Zimmer sind sauber und geschmackvoll, liebevoll ausgestattet, aber manchmal etwas überladen und klein. Ein üppiges Frühstück, manchmal auch Extras wie Nachmittagstee, freie Getränke, Snacks etc. und die Möglichkeit zur Nutzung von Gemeinschaftseinrichtungen wie Bibliothek, Musikzimmer o. Ä. sind im Preis enthalten. Manchmal fehlt hingegen ein Fernsehgerät und ein Telefon im Zimmer, und kleine Kinder werden meist nicht aufgenommen.

B&Bs und Inns sind immer eine gute Wahl

ALLGEMEINE INFOS
- **www.abba.com** – **American Bed&Breakfast Association**, ☏ 1-800-769-2468, B&Bs nach Staaten, Orten und Zusammenschlüssen sortiert.
- **www.bedandbreakfast.com** – umfassende Listen nach Staaten und Regionen mit Sofortbuchungsgelegenheit; ebenso hilfreich:
- **www.bbexplorer.com** oder **www.bbonline.com**
- **www.newenglandinnsandresorts.com** – New England Inns & Resorts Association

▶ **Jugendherbergen u. Ä.**

Ein internationaler Jugendherbergsausweis (zu Hause besorgen!) macht sich in *American Youth Hostels* mit den ihnen assoziierten privaten Herbergsunternehmen, die zur *AAIH (American Association of International Hostels)* zusammengefasst sind, in *HI-Hostels (Hosteling international*, **www.hiusa.org**) bezahlt. *North America Hostels* bietet unter **www.hostels.com** ebenfalls eine lange Liste an günstigen Herbergen. Dabei können nicht nur Jugendliche die Herbergen nutzen.

YMCA/YWCA – kurz „Y" genannt – sind weitere Alternativen, wobei Erstere auch gemischtgeschlechtliche Gäste aufnehmen (Infos: *CVJM-Gesamtverband*, ☏ 0561-30870, in den USA: www.ymca.com oder www.ywca.org).

> **Versicherungen**
> *siehe auch „Gesundheit, Ärzte und Apotheken"*

Am unkompliziertesten ist es, gleich mit der Reisebuchung eines der von den Reiseveranstaltern angebotenen **Versicherungspakete** unterschiedlicher Gültigkeitsdauer (z. B. *Rat-und-Tat-* oder *Vierjahreszeiten-Paket*) abzuschließen, das Kranken-, Unfall-, Gepäck- und Haftpflicht-, manchmal auch Reiserücktrittsversicherungen einschließt. Für Leute, die viel reisen, gibt es Jahresversicherungen, für Familien preiswertere Familienvarianten. Gold-Kreditkarten-Besitzer sollten Bedingungen und Leistungsumfang der in der Karte enthaltenen Versicherungen prüfen.

Fest steht, dass der gezielte **Abschluss einzelner Policen**, z. B. bei Banken, freien Versicherungsmaklern oder dem ADAC, billiger kommt. Nicht immer sind nämlich alle Versicherungen auch wirklich nötig und sinnvoll, und oft sind z. B. **Unfall- und Haftpflicht** schon durch bestehende Versicherungen abgedeckt. Eine **Gepäckversicherung** hat viele Haken, so sind z. B. „Sonderausstattung" (Laptop, Foto, Sportgeräte etc.) oder Campinggeräte im Allgemeinen nicht versichert. Eine Mitschuld beim Verlust muss zudem ausgeschlossen sein. Auch bei Reiserücktrittsversicherungen gibt es viele Einschränkungen, zumal sich diese Versicherung meist nur bei Buchung mehrerer (teurer) Leistungen lohnt.

Die einzige Versicherung, auf die man auf keinen Fall verzichten sollte, ist die **Reisekrankenversicherung**. Banken, vor allem aber Privatversicherer wie *Debeka* oder *Universa* bieten günstige Tarife, wobei auf Vollschutz ohne Summenbegrenzung, Verlängerung der Versicherung im Krankheitsfall und ggf. Rücktransport zu achten ist. Europäische Krankenkassen – mit Ausnahme einiger Privatversicherer – übernehmen die hohen medizinischen Kosten in den USA nicht. Krankenversicherungen erstatten hingegen gegen Vorlage ausführlicher Bescheinigungen und Quittungen (mit Datum, Namen, Bericht über Art/Umfang der Behandlung, Medikamente etc.) zu Hause die Kosten.

> **Tipp**
>
> Für alle abgeschlossenen Versicherungen Notfallnummern notieren und mit der Policenummer sicher verwahren!

Zeit und Zeitzonen

Im Nordosten gilt **Eastern Time**, d. h. sechs Stunden Zeitverschiebung zu Deutschland, die auch im Sommer bestehen bleibt, da auch in den USA die Zeit umgestellt wird, und zwar vom ersten März-Wochenende (D: letztes März-Wochenende), bis zum ersten November-Wochenende (D: letztes Oktober-Wochenende). Dann herrscht „*daylight saving time*" (DST).

In den USA werden die Stunden nicht bis 24 durchgezählt, sondern in *ante meridiem*, abgekürzt ***a.m.*** (vormittags), und ***p.m.*** – *post meridiem* (nachmittags) – geteilt. So entspricht 6 a.m. unserer Morgenzeit 6 Uhr, dagegen 6 p.m. 18 Uhr. 12 Uhr mittags heißt *noon* (12 p.m.), 12 Uhr mitternachts *midnight* (12 a.m.) Das **Datum** wird in der Reihenfolge Monat-Tag-Jahr angegeben, z. B. *July 22, 2005* oder kurz *7-22-05*.

Bei sechs bis sieben Stunden Zeitgewinn erreicht man den Nordosten der USA meist am Nachmittag oder frühen Abend und der **Jetlag** spielt kaum eine Rolle, sofern man die innere Uhr sofort an die Ortszeit anpasst. Schwieriger ist es beim Rückflug, da man nach meist durchwachter, unbequemer Nacht am Morgen oder Vormittag in Deutschland ankommt.

Zoll

Über die aktuellen Einfuhrbestimmungen in die USA informiert
- www.customs.gov

Über die Bestimmungen zu Hause:
- in D: **www.zoll.de** (☏ 069-46997600);
- in AU: **www.bmf.gv.at** (☏ 04242-33233);
- in der CH: **www.ezv.admin.ch** (☏ 061-2871111).

Gegenstände des persönlichen Bedarfs sind zollfrei, ansonsten dürfen **zollfrei in die USA** eingeführt werden:
- 200 Zigaretten oder 50 Zigarren
- 1 l alkoholische Getränke
- Geschenke im Gegenwert von $100

Zahlungsmittel im Wert von über $ 10.000 müssen deklariert werden. **Lebensmittel** sowie **Pflanzen** dürfen nicht eingeführt werden.

Bei der **Wiedereinreise nach D und AU** sind zollfrei:
- Tabakwaren (Mindestalter des Reisenden 17 Jahre), d. h. 200 Zigaretten oder 100 Zigarillos oder 50 Zigarren oder 250 g Tabak
- Alkohol (Mindestalter des Reisenden 17 Jahre), d. h. 1 l über 22 Vol.-Prozent oder 2 l bis 22 Vol.-Prozent oder 2 l Schaum-/Likörwein oder 2 l Wein
- 500 g Kaffee (Mindestalter des Reisenden 15 Jahre)
- 50 g Parfüm oder 0,25 l Eau de Toilette
- Sonstige Waren im Wert von 430 €

Bei der **Wiedereinreise in die Schweiz** sind zollfrei:
- 2 l Alkohol bis 15 Vol.-Prozent und 1 l über 15 Vol.-Prozent
- Tabak wie D
- Waren im Wert von CHF 300

Einfuhrbeschränkungen bestehen in ganz Europa für Drogen, Arzneimittel, Waffen, Lebensmittel, Feuerwerkskörper, Raubkopien, verfassungswidrige Schriften, Pornografie, Tiere und Pflanzen.

Regionale Reisetipps von A-Z

> **Hinweis**
>
> Zu den verwendeten **Abkürzungen** siehe Allgemeine Reisetipps von A–Z, „Abkürzungen"
> Jeweils hinter dem Ort ist in **Abkürzung** der Bundesstaat angegeben.
> **Sehenswertes:** Sofern mehrere Öffnungszeiten angegeben sind, bezieht sich der längere angegebene Zeitraum auf die HS (Hauptsaison, Labor bis Memorial Day), der kürzere auf die NS (Nebensaison). Zeiten wie Preise (Angaben für Erwachsene) beziehen sich auf das Jahr 2009 und sind veränderlich. Genaue Beschreibungen der Sights und Museen befinden sich im Reiseteil.
> **Telefonnummern** sind bei Restaurants wie bei Clubs, Diskos etc. meist angegeben, v. a. dann, wenn eine Reservierung (besonders am Abend) empfehlenswert ist bzw. wenn es sinnvoll ist, das aktuelle Programm zu erfragen.

Hotelkategorien

Die im Folgenden angegebenen Preiskategorien gelten pro DZ, wo nicht anders angegeben ohne Frühstück und Tax in der HS; in B&Bs ist mindestens ein üppiges Frühstück immer inklusive. Die Preise hängen von verschiedensten Faktoren ab, sind stark veränderlich und können daher nur als Anhaltspunkte dienen.

$	unter $ 70	$$$$	$ 130-180
$$	$ 70-100	$$$$$	über $ 180
$$$	$ 100-130		

Aktueller Dollarkurs (Stand: Sommer 2009)

1 $ = 0,70 €, 1 € = $ 1,40

Acadia		Block Island/RI	
National Park/ME	153	Boothbay Harbor/ME	170
Adirondacks/NY	155	Boston/MA	171
Albany/NY	156	Brattleboro/VT	179
Alexandria Bay/NY	157	Bretton Woods/NH	180
Allagash Wilderness		Bridgeport/CT	180
Waterway/ME	157	Bristol/CT	181
Augusta/ME	158	Bristol/RI	181
Ausable Cham/NY	159	Brunswick/ME	181
Baltimore/MD	159	Bucksport/ME	182
Bangor/ME	162	Buffalo/NY	182
Bar Harbor/ME	163	Burlington/VT	184
Barre/Graniteville/VT	165	Cambridge/MA	186
Bath/ME	165	Camden/ME	187
Baxter State Park/		Cape Cod/MA	189
Millinocket/ME	166	Cape Elizabeth/ME	191
Bellows Falls/VT	167	Catskill/NY	191
Bennington/VT	168	Charlotte/VT	192
Bethel/ME	168	Clinton/CT	

Concord/MA	192
Concord/NH	193
Cooperstown/NY	193
Corning/NY	194
Crown Point/NY	195
Dartmouth u.	
Lake Sunapee/NH	195
Deerfield/MA	195
Dover-Foxcroft/ME	195
Ellsworth/ME	196
Elmira/NY	196
Essex/VT	196
Fall River/MA	197
Finger Lakes/NY	197
Franconia u.	
Franconia Notch	
State Park/NH	198
Franklin/NH	199
Freeport/ME	200

Regionale Reisetipps von A–Z

Geneseo/NY	201	Nantucket Island/MA	230	Rockwood/ME	289
Gettysburg/PA	201	Narragansett/RI	231	Rome/NY	289
Gilbertsville/NY	201	Nashua/NH	231	Rutland/VT	289
Gloucester/MA	202	New Bedford/MA	231	Sackets Harbor/NY	
Greenfield/MA	203	New Britain/CT	232	u. Oswego/NY	290
Green Mountains		New Haven/CT	232	Saco/ME u.	
National Forest/VT	203	New London/CT	234	Biddeford/ME	290
Green Mountains/VT	203	New York City/NY	235	Salem/MA	290
Greenville/ME u.		Newburyport/MA	252	Saranac Lake/NY	292
Rockwood/ME	203	Newport/RI	252	Saratoga Springs/NY	292
Greenwich/CT	206	Niagara Falls/NY –		Searsport/ME	293
Groton/CT	206	amerikanische Seite	254	Shelburne/VT	293
Guilford/CT	206	Niagara Falls/Ont –		Skowhegan/ME	293
Harrisburg/PA	207	kanadische Seite	256	Southwest Harbor/ME	294
Hartford/CT u.		Niagara-on-		Springfield/MA	294
Umgebung	207	the-Lake/Ont	258	St. Johnsbury/VT	295
Hyde Park/NY	210	North Adams/MA	259	Stamford/CT	295
Ipswich/MA	211	North Conway/NH		Stockbridge/MA	295
Kancamagus-		u. Umgebung	259	Stowe/VT u. Umgebung	297
Highway/NH	211	North Woodstock/NH	259	Stratford/CT	298
Kennebunk u.		Norwalk/CT	260	Sturbridge/MA	299
Kennebunkport/ME	211	Norwich/CT	260	Sugarloaf Mountain/ME	300
Kingston/NY	212	Ogdensburg/NY	261	Syracuse/NY	300
Kittery/ME	213	Old Forge/NY	261	Tanglewood/MA	301
Laconia/NH u. die		Old Lyme/CT	261	Ticonderoga/NY	301
Westküste des Winni-		Old Saybrook/CT	261	Thomaston/ME	301
pesaukee-Sees/NH	213	Ogunquit/ME	262	Toronto/Ont	301
Lake George Village/NY	215	Oneonta/NY	262	Tupper Lake/NY	306
Lake Placid/NY	215	Oswego/NY	262	Uncasville/CT	306
Lee/MA	217	Ottawa/Ont	262	Utica/NY	307
Lenox/MA	217	Pawtucket/RI	267	Vergennes/VT	307
Lewiston/ME	218	Philadelphia/PA	267	Washington, D. C.	307
Lexington/MA	219	Pittsfield/MA	276	Waterbury/VT	315
Lincoln/NH u. North		Pittsford/VT	276	Watertown/NY	316
Woodstock/NH	219	Plymouth/MA	277	Waterville/ME	316
Litchfield/CT	220	Plymouth/NH	277	Weirs Beach/NH	317
Lowell/MA	220	Portland/ME	277	Wells/ME u.	
Madison/CT	220	Portsmouth/NH u.		Ogunquit/ME	317
Manchester/NH	221	Umgebung	279	Westpoint/NY	317
Manchester/VT u. Man-		Portsmouth/RI	280	Westport/CT	317
chester Center/VT	221	Poughkeepsie/NY	280	Williamsport/PA	318
Martha's Vineyard/MA	222	Providence/RI	281	Williamstown/MA	318
Massena/NY	223	Québec City/Qué	282	Wilmington/NY	318
Middlebury/VT	223	Rangeley/ME	286	Wiscasset/ME	319
Millinocket/ME	224	Rhinebeck/NY	286	Wolfeboro u. die Ost-	
Montpelier/VT	224	Rochester/NY	287	küste des Winni-	
Montréal/Qué	224	Rockland/ME	287	pesaukee-Sees/NH	319
Mount Washington/NH	228	Rockport/MA	288	Worcester/MA	320
Mystic/CT	229	Rockport/ME	288	York/ME	320

Acadia National Park/ME (S. 500)

i Information
Hulls Cove Visitor Center, am ME-3, am Eingang des Nationalparks, ☎ 207-288-3338, www.nps.gov/acad, Juli/Aug. tgl. 8-18 Uhr, Mitte April-Ende Juni, Sept./Okt. tgl. 8-16.30 Uhr, Nov.-Mitte April geschl.; im Visitor Center gibt es reichhaltiges Karten- und Informationsmaterial, Veranstaltungspläne und Literatur. Park Rangers stehen zur Auskunft und Beratung bereit; alle 15 Min. wird ein sehenswerter Informationsfilm über den Nationalpark vorgeführt.

EINGÄNGE
Hulls Cove Entrance, 5 km nordwestl. von Bar Harbor, in der Nähe des Visitor Centers und am Beginn der Park Loop Road (der Autostraße innerhalb des Nationalparks)
Cadillac Mountain Entrance, westl. von Bar Harbor
Sieur de Monts Entrance, südl. von Bar Harbor
Stanley Brook Entrance, südl. von Seal Harbor

Öffnungszeiten und Eintritt
Der Park ist ganzjährig geöffnet; die beiden Campingplätze und die zahlreichen Picknickplätze sind von Mai bis Oktober benutzbar; eine begrenzte Zahl von Camping-Übernachtungsmöglichkeiten steht auch von November bis April zur Verfügung. Die Park Loop Road ist bei Schnee und Eisglätte gesperrt. Das Ticket gilt jeweils für 7 Tage und kostet pro Person $ 5, pro PKW von Ende Juni bis Anfang Oktober $ 20, im Mai/Juni und Oktober $ 10.

Parkplätze
Innerhalb des Parks gibt es viele, in den Karten eingetragene Parkplätze, die als Ausgangspunkte für Wanderungen und Radtouren geeignet sind. Entlang der Park Loop Road gibt es an den landschaftlich reizvollsten Stellen ebenfalls Parkbuchten und Parkplätze.

Sehenswertes
Landschaft: Durch eine sehr gut ausgebaute, in Kreisform angelegte Parkstraße, die **Park Loop Road**, ist ein großer Teil des Nationalparks erschlossen. Die 27 mi/42 km lange Route führt zu den großartigsten Naturschönheiten und bietet eindrucksvolle Aussichten auf die zerklüftete Küste, die Seenplatten und die dichten Wälder von Mount Desert Island. Der **Sargent Drive** führt am Somes Sound entlang, einem Fjord mit einer Tiefe von über 400 m.
Im Nationalpark liegen drei interessante **Museen**:
Nature Center, ☎ 207-288-3338, Mitte Juni-Anf. Sept. tgl. 9-17 Uhr, ab Mitte Sept. 9-14 Uhr; mit den Acadia Wild Gardens mit Wildblumen und einheimischen Pflanzen des Parks und einer Ausstellung über das Natur- und Kulturerbe Acadias.
Abbe Museum, Ende Mai-Ende Juni, Sept.-Mitte Okt. 10-16 Uhr, Juli/Aug. 9-17 Uhr; Ausstellung mit Kunst- und Gebrauchsgegenständen der Indianer von Maine.
Islesford Historical Museum, ☎ 207-288-3338, Juli-Sept. tgl. 10.30-12, 12.30-16.30 Uhr; auf der Insel Little Cranberry Island mit einer Ausstellung über das Leben und die Geschichte der Seefahrt an den Küsten Neuenglands.

Unterkunft
Im Park gibt es keine Unterkünfte. In den nahe gelegenen Ortschaften, z. B. in Bar Harbor, Northeast Harbor oder Southwest Harbor gibt es jedoch zahlreiche Übernachtungsmöglichkeiten in allen Preisklassen. Für die Sommermonate ist eine frühzeitige Zimmerreservierung zu empfehlen.

CAMPING

Es gibt drei Campingplätze: bei **Blackwoods**, in der Nähe des Stanley Brook Entrance, mit 325 Plätzen, 8 km südl. von Bar Harbor, ganzjährig geöffnet; bei **Seawall**, 8 km südl. von Southwest Harbor, 218 Plätze, Mitte Mai-Mitte Okt. geöffnet (Übernachtung Mai-Okt.) $ 20 pro Nacht, in der Nebensaison günstiger bzw. gratis; auf der **Isle au Haut**, 50 km südwestl. von Mount Desert Island, nur mit dem Postboot von Stonington erreichbar. Reservierung erfoderlich ($ 25).

Essen und Trinken
Jordan Pond House, traditionsreiches Restaurant mit schöner Atmosphäre und vielen Spezialitäten.

Einkaufen
Innerhalb des Parks gibt es zwei Einkaufsmöglichkeiten: einen Souvenirshop am Cadillac Mountain, u. a. mit Souvenirs, Postkarten, Filmen, Getränken und Süßigkeiten, sowie einen Kiosk am Parkplatz Thunderhole. Falls Sie den ganzen Tag im Nationalpark verbringen möchten, sollten Sie ausreichend Getränke und Esswaren mitbringen.

Führungen/Touren/Veranstaltungen
Die monatlich erscheinende Schrift „Beaver Log" informiert über die täglich stattfindenden Veranstaltungen, z. B. vogel- und pflanzenkundliche Führungen, geologische Exkursionen, Bootsfahrten, Fotoworkshops, Wanderungen, Film- und Diavorführungen. Uhrzeit, Treffpunkt und Veranstaltungsdauer sind jeweils genannt. Die Informationsschrift erhalten Sie in den Informationszentren.

Wandern
Informationen über **geführte Wanderungen** erhalten Sie ebenfalls im Visitor Center. Schwierigkeitsgrad und Dauer der Wanderung sind jeweils genau angegeben. Anmeldungen im Visitor Center und unter ☏ 207-288-3338. **Wanderwege** mit einer Gesamtlänge von 160 km und das etwa 70 km lange Wegenetz der „**carriage paths**" laden zur Erkundung des Nationalparks ein. Diese Pfade, die oft über Steinbrücken führen, sind Wanderern, Radfahrern und Reitern vorbehalten. Autoverkehr ist hier nicht zugelassen, wohl aber werden die Wege von Pferdekutschen benutzt. Im Informationscenter erhalten Sie Auskünfte über den Schwierigkeitsgrad der einzelnen Wanderungen; die Auswahlmöglichkeiten reichen von ebenen, leichten Spaziergängen bis zu anstrengenden Bergsteigertouren, z. B.:
Precipice Trailhead: Wanderweg hinauf zum Gipfel des Champlain Mountain; steiler, schwieriger Aufstieg von ca. 1,3 km; Höhenunterschied ca. 280 m; für kleinere Kinder ungeeignet.
Gorham Mountain Trailhead: führt zum 1,6 km entfernten Gorham Mountain und hinunter bis zum Otter Cliff.

> ### ❗ Vorsicht
> Die felsigen Küstenabschnitte sind sehr rutschig! Im Frühjahr und Herbst ist das Meer oft sehr stürmisch, die Brandung entsprechend stark. Eine hohe Welle kann Sie leicht ins Meer reißen.

Sportliche Aktivitäten
SCHWIMMEN
Schwimmen ist nur ganz Abgehärteten zu empfehlen. Einige Seen im Nationalpark wie Sand Beach, Echo Lake, Lake Wood und Long Pond sind zum Baden freigegeben, aber auch im Hochsommer liegt die Wassertemperatur nur bei 12-14 °C; nur ganz selten steigt sie auf 18 °C an.

WINTERSPORT
Im Park gibt es auf gebahnten Loipen gute Bedingungen zum Skilanglauf und Skiwandern. Einige Straßen des Parks dürfen auch mit Motorschlitten befahren werden.

FAHRRAD FAHREN
Einige der „carriage paths" und viele Wanderwege sind für Radfahrer freigegeben. In Bar Harbor und den anderen kleinen Orten gibt es zahlreiche Geschäfte, die Tourenräder und Mountainbikes stunden- und tageweise vermieten.

BOOTS- UND KUTSCHFAHRTEN
Bootsfahrten: In den Hafenorten werden täglich Bootsrundfahrten angeboten. Einige der Seen im Park dürfen mit Kanus und Kajaks befahren werden.
Kutschfahrten: Für die Kutschfahrten im Nationalpark ist **Wildwood Stables** der Ausgangspunkt; zu erreichen über die Park Loop Road oder über ME-3. Die Fahrten führen über die alten „carriage paths" und vermitteln starke Eindrücke der reizvollen Landschaft. Platzreservierungen sind unbedingt zu empfehlen: ☎ 207-276-3622. Treffpunkt jeweils 15 Min. vor Abfahrt. Es werden tgl. verschiedene Fahrten angeboten, z. B.: Fahrt zur Coblestone Bridge (2 Std.), Kutschfahrt zum Jordan Pond (2 Std.), Bergtour (1 Std.), Fahrt bei Sonnenuntergang zum Day-Mountain-Gipfel (2 Std.).

> **Literaturtipp**
> Im **Visitor Center** gibt es eine Fülle von Informationsmaterial, CDs (auch leihweise), Büchern, Dias und Bildbänden.
> **Motorists Guide, Park Loop Road**, eine empfehlenswerte, kleine Informationsschrift zur Autorundfahrt.

Adirondacks/NY (S. 588)

Information
Department of Environmental Conservation, Bureau of Recreation, am NY-86, Ray Brook, ☎ 518-846-8016, www.adirondacks.org

Unterkunft/Camping
Es gibt im Gebiet der Adirondacks gute Übernachtungsmöglichkeiten in den kleinen Ferienorten und auf den 42 öffentlichen Zeltplätzen verschiedener Größe und Ausstattung, daneben gibt es viele private Campingmöglichkeiten.

Sehenswertes/Touren
Adirondack Museum, Route 28 N und 30, Blue Mountain Lake, ☎ 518-352-7311, www.adkmuseum.org, Mitte Mai-Mitte Okt. tgl. 10-17 Uhr.
Ausable Chasm, 1 mi/1,6 km nördl. von Keeseville am US-9, ☎ 518-834-7454, Mitte Mai-Mitte Okt. tgl. 9.30-16 Uhr.

Albany/NY (S. 576)

Information
Albany County Convention & Visitors Bureau, 25 Quackenbush, Ecke Clinton Ave. und Broadway, ☎ 518-434-1217 oder 1-800-258-3582, www.Albany.org

A

✈ Flughafen
Der **Albany International Airport**, ☏ 518-242-2200, liegt am Knotenpunkt von I-87 und I-90. Flugverbindungen bestehen u. a. mit Boston, New York City, Washington, Philadelphia.

👁 Sehenswertes
Albany Institute of History and Art, 125 Washington Ave., ☏ 518-463-4478, www.albanyinstitute.org
New York State Capitol, State St., ☏ 518-474-2418, Mo-Fr 9-16 Uhr, 1-stündige Führungen um 10, 12, 14 und 15 Uhr.
New York State Museum, Empire State Plaza, ☏ 518-474-5877, www.nysm.nysed.gov, tgl. 9.30-17 Uhr.
Tower Building Observation Deck, ☏ 518-474-2418, tgl. 10-15 Uhr, Eintritt frei; Aussichtsplattform im 42. Stock des Corner Tower Building.

🛏 Unterkunft
In **Flughafennähe** liegen die Kettenhotels von Best Western, Marriott, Hilton, Holiday Inn und Comfort Inn.
Regency Inn & Suites $$, 416 Southern Blvd., ☏ 518-462-6555, www.albanyregency.com; freundliches Hotel mit 132 Zimmern unterschiedlicher Größe, Swimmingpool, Sauna und Tennisplatz, ca. 3 km vom Zentrum entfernt, Shuttlebus zur Innenstadt.
Best Western Sovereign Hotel Albany $$, 1228 Western Ave., am I-87, Exit 1, ☏ 518-489-2981, www.bestwestern.com; Hotel mit 195 modernen, freundlichen Zimmern, ca. 6 km außerhalb des Stadtzentrums, Hallenschwimmbad, Sauna, Flughafen- und Bahnhofstransfer, Frühstück inkl.
Crowne Plaza Hotel $$$, 89 State St., ☏ 518-462-6611, www.cpalbany.com; großes Hotel mit 384 komfortablen, ansprechend eingerichteten Zimmern im historischen Zentrum, mit modernem Fitnessraum und Health Club, Shuttlebus zum Flughafen.
Albany Mansion Hill Inn $$$, 115 Philip St., ☏ 518-465-2038 oder 1-888-299-0455, www.mansionhill.com; direkt im Zentrum gelegenes B&B-Haus mit 8 gediegen eingerichteten Zimmern und gutem Restaurant; www.mansionhill.com

💃 Feste
Tulip Festival, im Washington Park. Anfang Mai wird das Tulpenfest gefeiert, das an die ersten holländischen Siedler erinnert.

⛵ Bootsfahrten
Dutch Apple Cruises, 141 Broadway/Madison Ave., ☏ 518-463-0220, www.dutchapplecruises.com, bieten Mai-Okt. 2-stündige Bootsfahrten auf dem Hudson River. Abfahrtzeiten um 11 und 14 Uhr.

Alexandria Bay/NY (S. 594)

ℹ Information
Alexandria Bay Chamber of Commerce, 7 Market St., ☏ 315-482-9531 oder 1-800-541-2110, www.alexbay.org

👁 Sehenswertes
1000 Islands Skydeck, ☏ 613-659-2335, www.1000islandsskydeck.com, Mitte Mai-Anf. Okt. tgl. 9-20 Uhr, sonst 9-18 Uhr, Eintritt: Erw. $ 9,75, Kin. 6-12 J. $ 5,75.

Boldt Castle, ☏ 1-800-847-5263, www.boldtcastle.com, Mai-Anf. Okt. tgl. 10-18.30 Uhr, Erw. $ 6,50, Kin. 6-12 J. $ 4.
Boldt Yacht House, Ende Mai-Ende Sept. tgl. 10-18.30 Uhr, Fähre zum Boldt Yacht House Erw. $ 3, Kin. $ 2.

Unterkunft
Otter Creek Inn $$, 2 Crossmon St. Extension, ☏ 315-482-5248, www.ottercreekinnabay.com; kleineres Motel mit 32 einfach eingerichteten Zimmern, schöne Lage am Otter Creek, Bootsanlegestelle.
Pine Tree Point Resort $$$, 70 Anthony St., Ecke Walton St., ☏ 315-482-9911, www.pinetreepointresort.com; gepflegte Resortanlage am St. Lorenz-Strom mit 83 stilvoll eingerichteten Zimmern, Sportangebot und Bootsanlegestelle.
Bonnie Castle Resort $$$, Holland St., ☏ 315-482-4511, www.bonniecastle.com; große, komfortable Hotelanlage mit 130 Zimmern am St. Lorenz-Strom gelegen, großes Sport- und Unterhaltungsprogramm mit Golf, Tennis, Reiten und Segeln.
Riveredge Resort Hotel $$$, 17 Holland St., ☏ 315-482-9917, www.riveredge.com; gepflegtes Hotel mit 129 Zimmern, meist mit Balkon und Blick auf den St. Lorenz-Strom, Swimmingpools, Sauna, Bootsanlegestelle.

Bootsfahrten
Uncle Sam Boat Tours, James St., ☏ 315-482-2611 oder 1-800-253-9229, www.unclesamboattours.com, u. a. 2,5-stündige Fahrten auf einem nachgebauten Raddampfer zu den Thousand Islands. Fahrpreis: Erw. $ 17, Kin. 4-12 J. $ 8,50.
Empire Boat Tours, 5 Fullert St., ☏ 315-482-8687, 3-stündige Fahrten durch die Inselwelt, Fahrpreis: Erw. $ 16, Kin. 7-14 J. $ 11.

Allagash Wilderness Waterway/ME (S. 508)

Information
Bureau of Parks and Lands, Northern Region Headquarters, 106 Hogan Rd., Bangor, ME 0440, ☏ 207-941-4014, www.maine.gov/doc/parks/parksinfo/allagash/
North Maine Woods Association, P.O. Box 382, Ashland, ME 04732.
Maine Department of Inland Fisheries and Wildlife, 48 State House Station, Augusta, ME 04333.
Park Rangers geben am Allagash Lake, Chamberlain Thoroughfare, Eagle Lake, Churchill Dam, Long Lake Thoroughfare und an der Michaud Farm Auskünfte über Routen, Gebühren, Zufahrtswege, Campingplätze etc.

Camping
Es gibt mehrere einfache Campingplätze entlang des Wasserweges, die aber alle nur übers Wasser erreichbar sind.

VERSORGUNG
Lebensmittel, Getränke und die Campingausrüstung müssen mitgebracht werden.

Wintersport
Im Winter wird der Park vielfach zum Eisfischen und Snowmobilfahren aufgesucht, allerdings werden die Wege nicht gebahnt.

Bootstouren
Boote und Ausrüstungen müssen mitgebracht werden; es gibt keine Tankmöglichkeit.

An- und Abmeldung/Gefahren
Zur Sicherheit der **Wasserwanderer** sind An- und Abmeldung erforderlich und verbindlich. **Vorsicht**: Je nach Wetterlage können starke Winde ebenso zur Gefahr werden wie die Stromschnellen, deren Auftreten vom Wasserstand des Allagash abhängig ist.

Augusta/ME (S. 519)

Information
Kennebec Valley Chamber of Commerce, 21 University Dr., P.O. Box 676, ☎ 207-623-4559, www.augustamaine.com, Mo-Fr 9-16 Uhr; das Informationszentrum liegt zwar weit vom Stadtzentrum entfernt, bietet aber eine Fülle von Informationen.

Sehenswertes
Maine State Museum, im State House Complex, State St., ☎ 207-289-2301, www.state.me.us/museum, Di-Fr 9-17, Sa 10-16 Uhr, So geschl. Eintritt: $ 2.
State House, State/Capitol Sts., ☎ 207-287-1400, Mo-Fr 8-17 Uhr, Führungen Mo, Di und Fr 9-12 Uhr, Eintritt frei.
Blaine House, State St., ☎ 207-289-2301, Mo-Fr 14-16 Uhr, halbstündige Führungen.
Kennebec County Court House, State/Winthrop Sts.
Children's Discovery Museum, 265 Water St., ☎ 207-622-2209, Mo-Fr 9-16, So 13-16 Uhr, Eintritt: $ 5.
Old Fort Western Museum on the Kennebec, 16 Cony St., ☎ 207-626-2385, Juli/Aug. Mo-Fr 10-16, Sa/So 13-16 Uhr, sonst tgl. 13-16 Uhr, Eintritt: $ 6.
Pine Tree State Arboretum, 153 Hospital St., ☎ 207-621-0031.

Unterkunft
Quality Inn & Suites $, 65 Whitten Rd., am ME-Turnpike, ☎ 207-622-3776, www.bestinnmaine.com; Hotel mit 58 Zimmern unterschiedlicher Größe, beheiztem Swimmingpool.
Holiday Inn Civic Center $$, 110 Community Dr., ☎ 207-622-4751, www.ichotelsgroup.com; in der Nähe des Civic Center gelegenes Mittelklassehotel mit 102 meist geräumigen Zimmern, Restaurant und Fitnessraum.
Best Western Senator Inn & Spa $$$, 284 Western Ave., ☎ 207-622-5804 oder 1-877-772-2224, www.senatorinn.com; empfehlenswertes Hotel mit 106 geräumigen, gut ausgestatteten Zimmern, Swimmingpool, sehr gutem Restaurant, Sauna, Fitnessraum und Wanderpfad hinter der Anlage.

Essen und Trinken
Augusta House of Pancakes, 100 Western Ave., ☎ 207-623-9775; hier können Sie zwischen mehr als 100 Pfannkuchenvariationen wählen.
Tea House, 475 Western Ave., ☎ 207-622-7500; gutes chinesisches Restaurant.
The Senator Restaurant, 284 Western Ave., ☎ 207-622-5804; gepflegtes Restaurant mit mehrfach ausgezeichneter Küche, Maine-Seafood-Spezialitäten, Sonntagsbrunch und köstliche Desserts.

Ausable Cham/NY (S. 588)

ℹ️ Information
Ausable Chasm, am NY-5S, ☏ 518-834-7454, www.ausablechasm.com, Mai-Oktober tgl. 9.30-16 Uhr, Eintritt einschließlich Bootsfahrt, Nature Trail und Bustransport: Erw. $ 25, Kin. 5-11 J. $ 20.95; Nature Trail: Erw. $ 16, Kin. 5-11 J. $ 9.

Baltimore/MD (S. 639)

ℹ️ Information
Baltimore Visitor Center (BACVA), 451 Light St. (Inner Harbor), ☏ 1-877-225-846673 oder 410-659-7065, www.baltimore.org; Broschüren, Auskünfte, Tickets, Hotelreservierungsservice, Touch-Screen-Kioske, interaktive Ausstellungen, Film u. a. (mind. 10-16 Uhr, im Winter nur Mi-So).

✈ Flughafen
Baltimore-Washington International Airport (BWI), ☏ 410-859-7111 oder 1-800-435-9294, www.bwiairport.com; ca. 50 km nordöstl. von Washington gelegen, Verbindung der Terminals durch eine Monorail, Shuttle-Service zum/vom Amtrak-/Nahverkehrsbahnhof, der den Flughafen mit Baltimore und Washington verbindet.

🚍 Verkehr
NAHVERKEHR
Mass Transit Administration (MTA), ☏ 410-539-5000, www.mtamaryland.com; Light Rail (Straßenbahn), Metro und Busse sowie Wassertaxis (Ed Kane's Water Taxi oder Seaport Taxi). Die Metrolinie quert die Stadt von Westen nach Osten, wohingegen die Light Rail in Nord-Süd-Richtung, am Inner Harbor vorbei zur Penn Station im Norden fährt. Günstig ist ein Day Pass für zzt. $ 3,50.

EISENBAHN
Es gibt zwei Amtrak-Stationen:
Baltimore Penn Station (1515 N Charles/Oliver-Lanvale St., ☏ 1-800-872-7245, www.amtrak.com) und **BWI Rail Station** (am Flughafen) mit Shuttleservice.

👁 Sehenswertes
Babe Ruth Birthplace, 216 Emory St. bzw. im Oriole Park, ☏ 410-727-1539, www.baberuthmuseum.com, April-Okt. 10-18 Uhr, an Spieltagen bis 19 Uhr, Nov.-März 10-17 Uhr, $ 6;

> **☞ Tipp für Besucher**
>
> Der **Harbor Pass** ist für $ 42,75 bzw. $ 59 unter http://baltimore.org/harborpass (im VC $ 48/67) erhältlich. Er ist drei Tage lang für vier Attraktionen (National Aquarium, Maryland Science Center, Top of the World Observation Level, Port Discovery oder Children's Museum oder American Visionary Art Museum) bzw. bei der Luxusversion zusätzlich Babe Ruth Birthplace Museum, Geppi's Entertainment Museum, Sports Legends Museum gültig.
> Der **Heritage Pass** ($ 38, 4 Tage) gewährt zusätzlich Rabatte in Läden, Restaurants bei Touren etc., dazu Eintritt u. a. in Baltimore Maritime Museum, Reginald F. Lewis Museum, Top of the World, USS Constellation Museum.

B eine Filiale ist das **Sports Legends Museum at Camden Yards** (im Baseballstadion Oriole Park), allgemein zum Sport in Maryland, $ 8 bzw. Kombiticket für $ 12.
American Visionary Art Museum, 800 Key Hwy. (Federal Hill), ☏ 410-244-1900, www.avam.org, Di-So 10-18 Uhr, $ 14; interessante Wechselausstellungen vor allem zur Kunst von „self-taught" Individuen.
Baltimore Maritime Museum, 301 Pratt St., Piers 3 & 5 Inner Harbor, ☏ 410-396-3453, www.baltomaritimemuseum.org, tgl. mind. 10-16.30 Uhr, $ 10-16 je nach Zahl der Schiffe, die besichtigt werden, besonders sehenswert: „**USS Constellation**" (www.constellation.org); Teil des „National Historic Seaport of Baltimore".
Baltimore Museum of Art, 10 Art Museum Dr., ☏ 443-573-1700, www.artbma.org, Mi-Fr 11-17, Sa/So 11-18 Uhr, Eintritt frei, Sonderausstellungskostenpflichtig; 90.000 moderne/zeitgenössische Kunstobjekte aus aller Welt, umfangreiche Matisse- und Textiliensammlung.
B&O Railroad Museum, 901 W Pratt St., ☏ 410-752-2490, www.borail.org, Mo-Sa 10-16, So 11-16 Uhr, $ 14; sehenswertes Museum über die Anfänge der Eisenbahn. Zugfahrten Mi-So $ 2.
Eubie Blake National Jazz Institute&Cultural Center, 847 N Howard St. (Antique Row), ☏ 410-225-3130, www.eubieblake.org, Mi-Fr 12-18, Sa 11-15 Uhr, $ 6,50; auch Konzerte.
Evergreen House, 4545 N Charles St., ☏ 410-516-0341, www.jhu.edu/historichouses, Di-Fr 11-16, Sa/So 12-16 Uhr, Touren (letzte 15 Uhr), $ 6. Ebenso ein Hopkins University Museum ist das **Homewood Museum**, 3400 N Charles St., ☏ 410-516-5589, $ 6.
Geppi's Entertainment Museum, W. Candom St. (Orioles Park), ☏ 410-625-7060, www.geppismuseum.com, Di-So 10-18 Uhr, $ 10; Alles zu amerikanischer Pop- und Comic-Kunst, rund 6.000 Artefakte wie Comichefte, -Figuren, Spielzeug, Spiele, Poster u. a. vom Ende 18. Jh. bis heute, z. B. Superman, Spiderman, Batman, Star Wars u. a.
Lacrosse Museum&National Hall of Fame, 113 W University Pkwy., ☏ 410-235-6882, www.lacrosse.org/museum/index.phtml, Feb.-Mai Di-Sa 10-15 Uhr, Juni-Jan. Mo-Fr 10-15 Uhr, $ 3; nahe Homewood Field der Hopkins University (www.jhu.edu).
Maryland Historical Society Museum, 201 W Monument St., ☏ 410-685-3750, www.mdhs.org, Mi-So 10-17 Uhr, $ 4; Museum, Bibliothek und Druckerei.
Maryland Science Center, 601 Light St., ☏ 410-545-5927, www.mdsci.org, Di-Do 10-17, Fr 10-20, Sa 10-18, So 11-17 Uhr, $ 14,95 (Fr nach 17 Uhr $ 8), $ 18,95 mit IMAX.
National Aquarium Baltimore, Pier 3/4, 501 E Pratt St., ☏ 410-576-3800, www.aqua.org, tgl. mind. 9-17 Uhr, $ 24,95 sowie diverse Kombitickets.
Port Discovery Children's Museum, 35 Market Place, ☏ 410-727-8120, www.portdiscovery.org, Di-Fr 9.30-16.30, Sa 10-17, So 12-17 Uhr, im Sommer tgl. 10-17, So 12-17 Uhr, $ 12.
Reginald F. Lewis Museum of Maryland African American History, 830 E Pratt St. (Inner Harbor), ☏ 443-263-1800, www.africanamericanculture.org, Di-Sa 10-17, So 12-17 Uhr, $ 8; mit Theater, Shop, Café, Archiven, Ausstellungshallen.
Top of the World Observation Level, 401 E Pratt St., ☏ 410-837-8439, www.viewbaltimore.org, tgl. 10-18, Sa bis 20 Uhr, in der HS sonst nur Mi-So 10-18 Uhr, $ 5.
Walters Art Museum, 600 N Charles St., ☏ 410-547-9000, www.thewalters.org, Mi-So 11-17 Uhr, Eintritt: frei.

Touren/Führungen
A Taste of Italy Tour und The Hollywood on the Harbor Tour, ☏ 410-547-0479; 2 Std. durch Little Italy und zu Baltimores Filmschauplätzen.
Baltimore Black Heritage Tours, ☏ 410-783-5469, http://mysite.verizon.net/vze1ta3t/bbhtour; zur Geschichte der Stadt sowie anderen Themen.

Unterkunft

Es gibt rund 6.000 Hotelzimmer allein in Downtown, viele der großen Kettenhotels gehobener Kategorie liegen im Bereich des Inner Harbor und im Stadtzentrum (Charles/Fayette St.), Mittelklasse ist eher in der Pratt St. vertreten, preiswertere Motels finden sich am Pulaski Hwy. und empfehlenswerte B&Bs im alten Hafenviertel Fell's Point. Einige Tipps:

Days Inn Inner Harbor $$-$$$, 100 Hopkins Place, ☏ 410-576-1000, www.daysinnerharbor.com; 250-Zimmer-Standardhotel, preiswert und in günstiger Lage.
Admiral Fell Inn $$$, 888 S Broadway, ☏ 410-522-7377, www.AdmiralFell.com; renoviertes historisches Hotel an der Waterfront mit gemütlich ausgestatteten Zimmern.
Mount Vernon Hotel $$$-$$$$, 24 W Franklin St., ☏ 410-727-2000, www.mountvernonbaltimore.com; historisches Hotelmitten im Viertel Mount Vernon, mit unterschiedlich luxuriösen Zimmern.
The Inn at Henderson's Wharf $$$-$$$$ (inkl. Frühstück), 1000 Fells St., ☏ 410-522-7777, www.hendersonswharf.com/inn; 38 schöne Zimmer in denkmalgeschütztem Haus mit Garten.
Celie's Waterfront B&B $$$$, 1714 Thames St., ☏ 410-522-2323, www.celieswaterfront.com; 7 geschmackvoll ausgestattete Zimmer und zwei Suiten in einem gemütlichen Haus mit Blick auf den Hafen.

Essen und Trinken/Nightlife

Eine große Auswahl an Restaurants, Cafés etc. findet sich um Inner Harbor und Inner Harbor East, auf dem Lexington Market (400 W Lexington St.). Außerdem gibt es rings um den Inner Harbor (Pratt/Light St.) und im Harborplace (s. Einkaufen) zahlreiche Stände, die „Crab Cakes", die Spezialität der Stadt, verkaufen. Als „Restaurant Row" wird der Innenstadtabschnitt der Charles St. bezeichnet, der auch zum Shopping ideal ist. Das Viertel **Fell's Point** ist bekannt für Dining und Nightlife, Antiquitätenshops und Boutiquen.

Baltimore Brewing Co., 104 Albermarle St., oder **Clipper City Brewing**, 4615 Hollins Ferry Rd., Superbiere und dazu preiswerte Küche.
Boog's BBQ, u. a. Stand im Baseballstadion Oriole Park at Camden Yards, im Besitz von Ex-Baseballer Boog Powell, berühmt wegen der traumhaften Rippchen, außerdem Burger u. a.
Cactus Willie's, Steak Buffet & Bakery, 7940 Eastern Ave., ☏ 410-233-8600; All-you-can-eat buffet.
Corks Restaurant, 1026 S Charles St., ☏ 410-284-4004; Chef Jerry Pelegrino zaubert überraschend kreative Gerichte auf die Teller, komplett amerikanische Weinliste!
The Black Olive, 814 S Bond St., ☏ 410-276-7141; griechisch-türkische Küche, die auf frischen Fisch und organische Produkte setzt.

Einkaufen und Unterhaltung

Power Plant, 601 E Pratt St., Pier 4, www.powerplantlive.com; Entertainment-Komplex in historischem Bau mit ESPN Zone, Hard Rock Cafe, Barnes&Noble sowie Restaurants und Bars.
Harborplace & The Gallery at Harborplace, 200 E Pratt St., www.harborplace.com; u. a. 16 Restaurants wie Joe's Diner oder Donna's Café, dazu ca. 100 verschiedene Shops und Verkaufsstände sowie Food Court.
Lexington Market, 400 W Lexington St., www.lexingtonmarket.com; großer Markt mit Frischprodukten, Delikatessen, Fisch, Fleisch, Bäckereien, Souvenirs, Haushaltwaren.
Berrywine Plantations/Linganore Winecellars, 13601 Glissans Mill Rd. (Mt. Airy), www.linganore-wine.com; Weinproben, Touren und Veranstaltungen.
Boordy Vineyards, 12870 Long Green Pike (Hydes), www.boordy.com; Weinkellerei mit Picknickplatz und Shop.

Regionale Reisetipps von A–Z (Baltimore/MD, Bangor/ME)

B

Veranstaltungen
Alle Festivals finden sich auf der Seite **www.baltimorewaterfrontfestival.com**
Baltimore Tickets, u. a. im Visitor Center, auch rabattiert bzw. über TicketMaster-Outlet, ☎ 1-888-Baltimore oder über www.NorthsideTickets.com.
Preakness Celebration, Anfang Mai, Inner Harbor, mit abendlicher Parade mit Festwagen und Figuren, Konzerte, Vorführungen, Pferderennen, Ballonfahrten.
Artscape, Mitte Juli (ein Wochenende) mit Parade und vielerlei künstlerischen Veranstaltungen (www.artscape.org)

Sport
Baltimore Ravens, ☎ 410-261-7283 oder TicketMaster 410-481-7328, www.baltimoreravens.com. Die Profi-Footballer spielen meist vor vollem Haus im zentral gelegenen M&T Bank Stadium (69.100 Plätze, 200 St. Paul Place).
Baltimore Orioles, ☎ 410-685-9800 oder TicketMaster 410-481-7328, www.theorioles.com; im zentral gelegenen Oriole Park at Camden Yards (333 W Camden St.), einem der schönsten Baseballstadien der USA, kann man den beliebten Baseballern zusehen.

Bangor/ME (S. 509)

Information
Bangor Region Chamber of Commerce, 519 Main St., ☎ 207-947-0307, im Internet www. bangorregion.com, Mitte Mai-Mitte Okt.

Flughafen
Der **Bangor International Airport**, ☎ 207-992-4623 oder 1-866-359-2264, liegt östl. der Stadt. Es bestehen Flugverbindungen u. a. nach New York City, Boston, Portland und Albany.

Sehenswertes
Bangor Historical Society Museum (jetzt befindet sich das **Hill Haus** darin, ein Civil War Museum), 159 Union St., ☎ 207-942-5766, www.bangormuseum.com, Juni-Sept. Di-Fr 10-16 Uhr. Das neue Bangor Museum & Center for History wird derzeit neu gebaut (25 Broad St).
Old Town, über den US-2 etwa 14 mi/22 km am Penobscot River entlang. Old Town ist bekannt für die Herstellung sehr guter Kanus. Sehenswert ist das **Penobscot Cultural Center Museum**, ☎ 207-827-6545, Mo-Fr, das im Indianerreservat auf der Insel Indian Island im Penobscot River liegt. Souvenirshop, Ausstellung von indianischem Kunsthandwerk und Werkzeugen.

Unterkunft
Main Street Inn $, 480 Main St., ☎ 207-942-5282, 🖷 207-947-8733; preiswertes Motel mit 63 einfachen Zimmern, kleines Frühstück inbegriffen.
Fireside Inn $$, 570 Main St., ☎/🖷 207-942-1234, www.firesideinnbangor.com; am I-395 gelegenes Motel mit ansprechenden Zimmern und Apartments, Preis inklusive gutem Frühstück.
Comfort Inn Bangor Hotel $$, 750 Hogan Rd., ☎ 207-942-7899, www.comfortinn.com; das Motel hat 96 Zimmer, Swimmingpool, Kaffeeautomat im Zimmer. Mit Flughafentransfer, in der Nähe der Bangor Einkaufsmall.
Fairfield Inn Bangor $$, 300 Odlin Rd., ☎ 207-990-0001, www.marriott.de; verkehrsgünstig zum Flughafen, zum I-95 und I-395 gelegenes Nichtraucherhotel mit 153 Zimmern, Swimmingpool und Sauna, Einkaufszentren sind in der Nähe des Hotels.
Four Points by Sheraton Bangor Airport $$$, 308 Godfrey Blvd., ☎ 207-947-6721,

www.starwoodhotels.com; das komfortable Hotel ist über eine Fußgängerbrücke mit dem Flughafen verbunden; Universität und das Geschäftsviertel von Bangor liegen in unmittelbarer Nähe.

Veranstaltungen
Kenduskeag Stream Canoe Race, Kanu-Wettbewerb, Mitte April.
Bangor Fair, einer der ältesten Märkte des Landes mit Pferderennen, Ausstellungen und Shows, letzte Juliwoche/erste Woche im Aug.

Bar Harbor/ME (S. 499)

Information
Bar Harbor Chamber of Commerce, Municipal Building, 93 Cottage St., ☎ 207-288-5103 oder 1-800-288-5103, www.barharborinfo.com; Auskünfte über die **Gezeiten** erhalten Sie ebenfalls im Chamber of Commerce. Die Zeiten von Ebbe und Flut zu wissen ist interessant, da man bei Ebbe zu Fuß zur Insel Bar Island hinübergehen kann.

Verkehr
FLUGHAFEN
Der Flughafen liegt etwa 20 km nordwestl. von Bar Harbor. Es gibt einen Autobuszubringerdienst. Flugverbindungen bestehen mit Boston und Rockland.

SCHIFFSVERBINDUNGEN
Cat Ferry, ☎ 1-888-249-7245, Mai-Okt. verbindet die Schnellfähre „The Cat" Bar Harbor und Yarmouth/Nova Scotia. Die Überfahrt dauert knapp 3 Std. Außerdem werden mehrstündige Ausflugsfahrten, Tagesfahrten und Kreuzfahrten durchgeführt.

BUS
Island Explorer: Von Ende Juni bis Anf. Sept. verkehrt der kostenlose Shuttlebus zwischen Bar Harbor, den nahe gelegenen Ortschaften und Stränden und dem Acadia National Park.

Sehenswertes
Robert Abbe Museum, 26 Mt. Desert Rd., ☎ 207-288-3519, www.abbemuseum.org, Ende Mai-Mitte Okt. tgl. 10-17 Uhr, sonst Do-So 10-17 Uhr, Eintritt: Erw. $ 6, Sen./Schüler $ 2.
Abbe Museum at Sieur de Monts Springs, Eintritt: Erw. $ 3, Sen./Schüler $ 1.
George B. Dorr Museum of Natural History, 105 Eden St., ☎ 207-288-5015, Mitte Juni-Anf. Sept. tgl. 10-17 Uhr, Eintritt: Erw. $ 3,50, Sen. $ 2,50, Kin./Jugendl. bis 12 J. $ 1; www.coamuseum.org
Bar Harbor Oceanarium, 1351 SR3, 8,5 mi/13,6 km westl., ☎ 207-288-5005, Mitte Mai-Mitte Okt. Mo-Sa 9-17 Uhr, Eintritt: Erw. $ 12, Kin. bis 12 J. $ 7; www.theoceanarium.com
Bar Harbor Historical Museum, 34 Mt. Desert Rd., ☎ 207-288-4245, Mitte Juni-Mitte Sept. tgl. 10-17 Uhr.

Unterkunft
Trotz des großen Angebots an Übernachtungsmöglichkeiten ist in der Hochsaison die frühzeitige Zimmerreservierung auf jeden Fall notwendig.
Anchorage $, 51 Mt Desert St., ☎ 207-288-3959, www.anchoragebarharbor.com; das Juli bis Anf. Okt. geöffnete Motel hat 46 Zimmer und liegt nur wenige Gehminuten vom Lufen entfernt
Acadia Inn $$, 98 Eden St., ☎ 207-288-3500, www.AcadiaInn.com; modernes, freundliches Hotel mit 95 ansprechend eingerichteten Zimmern und Pool, nicht weit vom Zentrum und Hafen.

B) Bar Harbor Inn $$$, Newport Dr., ☏ 207-288-3351, www.barharborinn.com; sehr schönes, gepflegtes und gut geführtes Hotel in einer großen Parkanlage mit 95 großzügigen Zimmern, sehr gute Lage direkt am Meer, Fußweg am Meer entlang, Restaurant, Swimmingpool.
Bar Harbor Grand Hotel $$$, 269 Main St., ☏ 207-288-5226, www.BarHarborGrand.com; das Hotel, das dem Rodick House aus dem Jahr 1875 nachgebaut wurde, liegt mit 70 gut ausgestatteten Zimmern in der Innenstadt. Mit beheiztem Swimmingpool, Frühstück eingeschlossen, nur wenige Minuten vom Hafen entfernt.
Bar Harbor Regency Holiday Inn $$$, 123 Eden St., ☏ 207-288-9723, www.ichotelsgroup.com; sehr schön gelegenes Hotel mit 221 ansprechend eingerichteten Zimmern, z. T. mit Blick auf die Frenchman Bay, Restaurant, Lobsterpound und Swimmingpool. An der hoteleigenen Marina starten die Boote zur Walbeobachtung. Der Acadia National Park ist nur eine halbe Meile entfernt.
The Ledgelawn Inn $$$, 66 Mt. Desert St., ☏ 207-288-4596, www.ledgelawninn.com; 1904 gebautes Herrenhaus, in dem 33 Gästezimmer ganz unterschiedlich eingerichtet sind. Das neue Carriage House hat 12 Zimmer und bietet reichhaltiges Frühstück im historischen Distrikt von Bar Harbor.
The Bayview $$$$, 111 Eden St., ☏ 207-288-5861, www.thebayviewbarharbor.com; sehr gutes Hotel an der Frenchman Bay mit geräumigen Zimmern mit Balkon im Hauptgebäude, familienfreundlichen Apartments in den Townhouses und einer Ferienwohnung im Bayview House; mit großem Sportangebot, Kinderspielplatz, Flughafentransfer.

CAMPING
Bar Harbor Campground, 409 ME-3, ☏ 207-288-5185, www.barharborcampingresorts.com; ansprechender Platz mit sauberen Einrichtungen, großem Swimmingpool und schönem Blick auf das Meer und die vorgelagerten Inseln, Mai-Sept. geöffnet.
Bar Harbor Woodlands KOA Kampground, 1453 ME-102, ☏ 207-288-5139, www.koa.com; im Wald gelegene Anlage mit sauberen Einrichtungen, Swimmingpool, Sport- und Spielplatz, ca. 5 mi/8 km vom Besucherzentrum des Acadia National Park entfernt gelegen; www.sprucevalley.com

Essen und Trinken
George's Restaurant, 7 Stephens Lane, ☏ 207-288-4505, www.atlanticbrewing.com; gepflegtes Restaurant mit innovativer Küche und großer Auswahl vorzüglicher Weine.
Island Chowder House, 38 Cottage St., ☏ 207-288-4905; familienfreundliches Restaurant mit guten, unterschiedlich zubereiteten Seafood-Gerichten.
The Rose Garden, 90 Eden St., ☏ 207-288-3348; das elegante Restaurant im Bar Harbor Hotel Bluenose überzeugt durch erstklassige, kreative Speisen und ausgewählte Weine.
The Knox Road Grille, 15 Knox Rd., ☏ 207-288-2337, Brauerei-Restaurant der **Atlantic Brewing Company**.

Einkaufen
Atlantic Brewing Company, 15 Knox Rd., ☏ 207-288-2337, tgl. Führungen Mai-Sept. 14-17 Uhr; Bierproben und Souvenirshop.
Porcupine Island Company, 39 Main St., ☏ 207-288-2965 oder 1-800-555-8955; hier finden Sie Spezialitäten von den Porcupine-Inseln und aus anderen Regionen von Maine, z. B. verschiedene Senfsorten, Marmeladen, Saucen, Sirup oder Süßigkeiten.

Touren/Bootsfahrten/Führungen
Acadia Bike, 48 Cottage St., ☏ 1-800-526-8615, www.acadiabike.com; große Auswahl an Leih-Fahrrädern sowie an Kajak- und Kanutouren; **Coastal Kayaking Tours**, ☏ 1-800-526-8615, www.acadiafun.com.

Besonders beliebt sind Bootsfahrten und **Wal- und Vogelbeobachtungsfahrten**:
Bar Harbor Whale Watch Co., 1 West St., Town Pier, ☎ 207-288-2386, www.barharborwhales.com.
Lulu Lobster Boat Ride, 55 West St., ☎ 207-963-2341, www.lululobsterboat.com; auf den Bootstouren führt Captain John Nicolai den Besucher in die Welt der Hummer und des Fischfangs ein; als ehemaliger Küchenchef kann er außerdem mit dem einen oder anderen Rezept aufwarten; Mai–Okt. Bootsfahrten mit der kleinen „Lulu" 2- bis 4-mal tgl. ($ 27) ab Bar Harbor Hafen (55 West St.)

Barre/Graniteville/VT (S. 543)

Information
Central Vermont Chamber of Commerce, Paine Turnpike/Stewart Rd., ☎ 802-229-5711, www.central-vt.com

Sehenswertes
Rock of Ages Quarry and Craftsman, 560 Graniteville Rd., I-89, Exit 6, ☎ 802-476-3119, Juni-Okt. Mo-Sa 8.30-17, So 12-17 Uhr, sonst Mo-Fr 9-15 Uhr. Es werden verschiedene geführte Touren angeboten, z. B. 90-Minuten-Fahrt mit dem Shuttle: Erw. $ 4, www.rockofages.com.

Bath/ME (S. 494)

Information
www.midcoastmaine.com und www.cityofbath.com

Sehenswertes
Maine Maritime Museum, 243 Washington St., ☎ 207-443-1316, www.mainemaritimemuseum.org, tgl. 9.30-17 Uhr, Eintritt: Erw. $ 10, Senioren $ 9, Kin./Jugendl. 6-17 J. $ 7, Familienkarte $ 28;

Unterkunft
Holiday Inn Bath/Brunswick $$, 139 Richardson St., ☎ 207-443-9741, 🖷 207-442-8281, www.holiday-inn.com/bathme; Mittelklassehotel mit 141 modernen Zimmern, Swimmingpool, Sauna, Restaurant.
The Galen C Moses House $$$, 1009 Washington St., ☎ 207-442-8771, www.galenmoses.com; historisches Haus aus dem Jahr 1874 mit vier mit Antiquitäten eingerichteten Nichtraucherzimmern und schönem Garten, sehr reichhaltiges Frühstück.

Essen und Trinken
J R Maxwell & Co, 122 Front St., ☎ 207-443-2014; das gemütliche Restaurant erinnert an die große Zeit des Schiffsbaus, gute Seafood- und Steakgerichte.
Kennebec Tavern & Marina, 119 Commercial St., ☎ 207-442-9636; mit Blick auf den Kennebec River und die Marina gibt es Fisch und Seafood, aber auch Sandwiches, Burger und Suppen.

Schwimmen
Popham Beach State Park, am ME-209, ☎ 207-389-1339, Mitte April-Ende Okt., mit 7 km langem Sandstrand.

B) Baxter State Park/Millinocket/ME (S. 508)

Information
Katahdin Area Chamber of Commerce, 1029 Central St., Millinocket, ☏ 207-723-4443, www.katahdinmaine.com und www.baxterstateparkauthority.com
Da Millinocket Ausgangspunkt für die Fahrt zum Baxter State Park ist, finden Sie hier die **Baxter State Park Headquarters**, 64 Balsam Dr., Millinocket, ☏ 207-723-5140, die Sie vor Ihrer Fahrt in die Wildnis aufsuchen sollten. Hier erhalten Sie alle aktuellen Informationen und gutes Kartenmaterial und können außerdem die notwendigen Platzreservierungen vornehmen lassen.

Öffnungszeiten und Eintritt
15. Mai-15. Okt.: zur allgemeinen Nutzung geöffnet, **15. Okt.-1. Dez.**: nur für Tagesbesuche geöffnet, keine Übernachtungen, **1. Dez.-1. April**: nur für Tagesbesuche geöffnet, Wintersport erlaubt, jedoch kein Bergwandern oder Bergsteigen, **1. April-15. Mai**: nur für Tagesbesuche geöffnet. Es wird ganzjährig eine **Parkbenutzungsgebühr** für alle Personen über 6 Jahren erhoben; Besucher, die nicht im Park übernachten wollen, lösen für $ 12 für das Auto und die Insassen ein Tagesticket. **Haustiere und Motorräder sind zu keiner Zeit zugelassen.**

☞ Hinweis für Autofahrer

Der Baxter State Park liegt 18 mi/28 km nordwestl. von Millinocket und ist nur über drei Straßen erreichbar: über die **Private Road** von Millinocket, über die **Baxter State Park Road** von Greenville und über den **ME-159** von Patten.
Die geschotterten, sehr schmalen und kurvenreichen Wege und häufig kreuzende Tiere lassen nur **geringe Geschwindigkeiten** zu. **Parken** ist nur an den gekennzeichneten Plätzen erlaubt.

EINGÄNGE/AN- UND ABMELDUNG
Alle tagsüber besetzten Tore sind von 21 bzw. 22 bis 6 Uhr geschlossen. Zur Sicherheit der Besucher soll bei jedem Betreten oder Verlassen des Parks an den Parktoren die **An- oder Abmeldung** eingetragen werden. Bei länger dauernden oder schwierigen Touren sollten auch die Uhrzeit, die geplante Route und die Zahl der Teilnehmer angegeben werden. Nur so ist gewährleistet, dass im Gefahrenfalle schnelle Hilfe geleistet werden kann. Zum **Fischen** ist die „Maine Fishing Licence" erforderlich. Genauere Informationen erhalten Sie am Parkeingang.

Rund- und Charterflüge
Katahdin Air Service, Baxter State Park Rd., ☏ 207-723-8378, 1-866-359-6246, www.katahdinair.com, bietet Rundflüge über den Baxter State Park und Charterflüge an.

Unterkunft
Informationen über **Privatzimmer** erhalten Sie bei **Katahdin Area Bed&Breakfast**, 94-96 Oxford St., Millinocket, Maine 04462, ☏ 207-723-5220, Hotels unter www.katahdinmaine.com
Econo Lodge Inn & Suites $$, 740 Central St., Millinocket, ☏ 207-723-4555, www.econolodge.com; Hotel mit glasüberdachtem Innenhof, Swimming-, Whirlpools, Transfer zum Flughafen Bangor.
Best Western Heritage Motor Inn $$, 935 Central St., Millinocket, ☏ 207-723-9777, www.americasbestvalueinn.com; 48 saubere und geräumige Zimmer, freundliches Personal, gutes Restaurant mit zivilen Preisen.

Camping

Im Baxter State Park gibt es außer auf den Campingplätzen keine Übernachtungsmöglichkeit. **Reservierungen** sollten frühzeitig vorgenommen werden. Ab 1. Januar werden Reservierungen entgegengenommen, jedoch nur bei schriftlicher oder persönlicher Anmeldung (Park Headquarters, 64 Balsam Dr., Millinocket/ME 04462). **Infos** erhalten Sie unter www.baxterstateparkauthority.com, ☏ 207-723-5140.

Es gibt 9 einfache, mit dem Auto erreichbare Campingplätze, für die Platzreservierungen unbedingt erforderlich sind. Die Plätze **Roaring Brook**, **Katahdin Stream**, **Daicey Pond**, **South Branch Pond** und **Abol** sind 15. Mai-15. Okt. geöffnet; die Plätze **Nesowadnehunk** und **Trout Brook Farm** sind 23. Mai-15. Okt. geöffnet; die Plätze **Russell Pond** und **Chimney Pond** sind 1. Juni-15. Okt. geöffnet. Darüber hinaus gibt es kleinere Plätze, die man nur zu Fuß erreichen kann.
Waschen: Die Reinigung von Geschirr und Kleidung sowie die persönliche Wäsche soll nur an den ausgewiesenen Stellen erfolgen; grundsätzlich ist auf die Reinhaltung aller Gewässer zu achten.

Essen und Trinken/Einkaufen

Da es weder Geschäfte noch Restaurants im State Park gibt, müssen Lebensmittel und Getränke in ausreichender Menge mitgebracht werden.
Ausrüstungen, Campingutensilien, Boote und Bootsmaterial finden Sie bei **Katahdin Outfitters/ Canoe** Rentals, Baxter Park Rd., ☏ 207-723-5700.

Sportliche Aktivitäten
WANDERWEGE/ FAHRRAD FAHREN

Ein 260 km langes Netz von **Wanderwegen** durchzieht den Park; denken Sie an gutes Schuhwerk und praktische, strapazierfähige und warme Kleidung. **Fahrrad fahren** ist nur auf den Wegen erlaubt.

Bootstouren/ -verleih

Boots- und Kanuverleih gibt es am Russell Pond, South Branch Pond, Daicey Pond und Kidney Pond. Motorboote und Boote mit Außenbordmotor sind nur auf dem Matagamon-See und dem Webster-See erlaubt.
New England Outdoor Center, Old Medway Rd., ☏ 1-800-766-7238, www.neoc.com, u. a. geführte Wildwasser- und Kanutouren.

Literaturtipp

Ausführliche Beschreibungen der Wanderwege und Trails finden Sie in dem offiziellen Wanderführer A.M.C. „**Maine Mountain Guide**".

Bellows Falls/VT (S. 568)

Information
Great Falls Regional **Chamber of Commerce**, 17 Depot St., im Bellow Falls Waypoint Visitors Center, ☏ 802-463-4280, www.gfrcc.org

Sehenswertes
Green Mountain Flyer Railroad, 54 Depot St., in Bellows Falls, ☏ 802-463-3069 oder 1-800-707-3530, www.rails-vt.com, Fahrzeiten: Mitte Juni-Anf. Sept. Di-So, im Herbst Mitte Sept.-Mitte Okt. tgl. Fahrpreise für H+R. Erw. $ 19, Kin. 3-12 J. $ 15. Die Rundfahrt von Bellows Falls dauert ca. 2 Std., inkl. 30 Min.-Pause in Chester Depot. Abfahrt in Bellows Falls um 11 und 14.30 Uhr.

B) Bennington/VT (S. 565)

Information
Downtown Welcom Center, *Route 7 (Ecke South & Elm Sts.), Mo-Sa 9-17 Uhr,* ☎ *802-442-5758, www.bennington.com*
Bennington Area Chamber of Commerce, *100 Veterans Memorial Dr.,* ☎ *802-447-3311, www.bennington.com*

Sehenswertes
Bennington Museum, *West Main St.,* ☎ *802-447-1571, Juni-Okt. tgl. 9-18 Uhr, Eintritt: Erw. $ 7, Sen./Stud. $ 6, Kin. unter 12 J. frei.*
Park-McCullough House, *in North Bennington,* ☎ *802-442-5441, Mitte Mai-Ende Okt. tgl. 10-15 Uhr, Eintritt mit Führung: Erw. $ 8, Sen./Jugendl. 12-17 J. $ 5, Kin. unter 12 J. frei.*

Unterkunft
Bennington Motor Inn **$$**, *143 W Main St.,* ☎ *802-442-5479;* einfaches Motel mit 16 Zimmern im alten Ortskern.
Best Western New Englander Motor Inn **$$**, *220 Northside Dr. (VT-7A),* ☎ *802-442-6311,* 🖷 *802-442-6311, www.bestwestern.com;* Hotel mit 58 geräumigen Zimmern, beheiztem Swimmingpool, Kinderspielplatz, in der Nähe des Bennington Colleges.
Four Chimneys **$$$**, *21 West Rd.,* ☎ *802-447-3500, www.fourchimneys.com;* im restaurierten Herrenhaus gibt es elf stilvoll eingerichtete Nichtrauchergästezimmer, ein gutes Frühstück, eine Bibliothek und ein kleines, empfehlenswertes Restaurant.

Bethel/ME (S. 517)

Information
Bethel Area Chamber of Commerce, *8 Station Place,* ☎ *207-824-2282 oder 1-800-442-5826, www.bethelmaine.com*

Sehenswertes
Bethel Regional History Center, *10-14 Broad St.,* ☎ *207-824-2908, Juli-Anf. Sept. Di-So 13-16 Uhr, sonst Di-Fr 13-16 Uhr.*
Gould Academy, *Church St.,* ☎ *207-824-777.*
Grafton Notch State Park, *14 mi/22,4 km nördl. am ME-26, 1941 Bear River Road Newry,* ☎ *207-824-2912, Mitte Mai-Mitte Okt.*
Perham's Jewelers, *West Paris, bei Trap Corner, US-219/US-26,* ☎ *207-674-2341, tgl. 9-17 Uhr.*

Unterkunft
The Briar Lea Inn **$$**, *150 Mayville Road (Rte. 2) Bethel,* ☎ *207-824-4717, www.briarleainn.com;* hübsches Farmhaus aus dem Jahr 1840, eine Meile von Bethel entfernt. Sechs individuell mit Antikmöbeln eingerichtete Zimmer.
Sudbury Inn **$$**, *Lower Main St.,* ☎ *207-824-2174, www.sudburyinn.com;* historisches Haus in zentraler Lage aus dem Jahr 1873 mit 16 komfortablen Zimmern und sehr gutem Restaurant.
The River View Motel **$$**, *357 Mayville Rd.,* ☎ *207-824-2808,* 🖷 *207-824-6808, www.sundayriveron-line.com;* ruhig, außerhalb des Ortes gelegenes Haus mit 32 geräumigen Zimmern mit Küchenzeile, Sauna und Tennisplatz; gute Wandermöglichkeiten am Androscoggin River.

Bethel Inn and County Club $$$, Bethel Common, ☎ 207-824-2175 oder 1-800-654-0125, 🖷 207-824-2233, www.bethelinn.com; sehr gepflegte, historische Hotelanlage mit antiker Ausstattung und allem neuzeitlichen Komfort, 18-Loch-Golfplatz und Golfschule, Tennisplatz, Swimmingpool und Bootsanlegestelle. Zum Hotelkomplex gehören 40 großzügig geschnittene Apartments und Ferienwohnungen; ruhige Lage mit schönen Ausblicken und trotzdem zentrumsnah.
Grand Summit Resort Hotel Sunday $$$$, Sunday River Rd., ☎ 207-824-3500, 🖷 207-824-3993, www.sundayriver.com; luxuriöses Hotel, großes Sport- und Unterhaltungsangebot.

Essen und Trinken
Bethel Inn, Bethel Common, ☎ 207-824-2175; sehr gepflegtes Restaurant mit vorzüglicher Küche und schönem Blick auf die White Mountains, Tischreservierung empfehlenswert.
The Sudbury Inn, Lower Main St., ☎ 207-824-2174; bekanntes, mehrfach ausgezeichnetes Restaurant, Tischreservierung in den Sommermonaten erforderlich.
Mothers, Upper Main St., ☎ 207-824-2589; traditionelle Gerichte aus Maine und kreative Variationen können Sie in dem beliebten Speiserestaurant probieren.
Sunday River Brewing Co, Sunday River Rd., ☎ 207-824-4253; informativ und zünftig geht es in der privaten Brauerei zu, wo Sie nach einer Besichtigung verschiedene Biersorten zu herzhaften Gerichten probieren können. Zum Kennenlernen der Biere können Sie ein Sortiment von sechs kleinen Probiergläsern bestellen.

Einkaufen
Mountain Side Country Crafts, Sunday River Rd., ☎ 207-824-2518; Kunsthandwerk und dekorative Einrichtungen.
Philbrook Place, Books 'n Things, 162 Main St., ☎ 207-824-0275; gut sortierte Buchhandlung.
The Village Sampler, Main St., ☎ 207-824-4438; 6 Räume in einem viktorianischen Haus sind gefüllt mit Körben, Kerzen, Puppen, Teddybären, Karten, Geschenken und Weihnachtsdekorationen.
Mt. Mann, Main St., ☎ 207-824-2425; Mineralien, Edelsteine und handgearbeitete Schmuckstücke, Edelsteinschleiferei.

Fahrrad fahren/Touren
Great American Bike Renting Company, Sunday River Rd., ☎ 207-824-3092; Verleih von Mountainbikes und Tandems, Fahrradreparatur, Info und Vermittlung geführter Touren.

Block Island/RI (S. 409)

Information
Block Island Chamber of Commerce, Old Harbor Ferry, ☎ 401-466-2982, 401-466-2474 oder 1-800-383-2474, www.Blockislandinfo.com, www.blockislandchamber.com

Unterkunft
The Blue Dory Inn $$, Dodge St., ☎ 401-466-5891 oder 1-800-992-7290, 🖷 401-466-9910, www.blockislandinns.com; freundlich und einladend wirkt das gut eingerichtete viktorianische B&B-Haus mit 11 geräumigen Zimmern, eigenem Bad, schönem Blick auf die See sowie gemütlichen Cottages direkt am Strand. Der Tag beginnt mit einem ausgiebigen Frühstücksbuffet.
The 1661 Inn and Hotel Manisses $$, 1 Spring St., ☎ 401-466-2421 oder 1-800-626-4773, 🖷 401-466-3162, www.blockislandresorts.com; schönes, viktorianisches Haus mit elegant eingerichteten Zimmern und dazugehörigem Gästehaus und Cottage.

B) Boothbay Harbor/ME (S. 494)

Information
Boothbay Harbor Region Chamber of Commerce, 192 Townend Ave., ☎ 207-633-2353, www.boothbayharbor.com

Sehenswertes
Boothbay Railway Village, 586 Wicasset Rd., am ME-27, ☎ 207-633-4727, Mitte Juni-Mitte Okt. tgl. 9.30-17 Uhr, Eintritt: Erw. $ 9, Kin. $ 5; www.railwayvillage.org

Unterkunft
Fisherman's Wharf Inn $$, 40 Commercial St., ☎/≜ 207-633-5090, www.fishermans wharfinn.com; am Hafen gelegenes Hotel mit 54 Zimmern, alle mit Hafenblick, teilweise mit Balkon und gutem Restaurant.
The Pines $$, Sunset Rd., ca. 2 km südöstl., ☎ 207-633-4555; das Motel mit 29 Zimmern liegt in einem kleinen Wäldchen und bietet einen schönen Blick auf den Hafen, Tennisplatz.
Harbour Towne Inn on the Waterfront $$$, 71 Townsend Ave., ☎/≜ 207-633-4300, www.harbourtowneinn.com; das viktorianische Gasthaus mit 12 freundlich eingerichteten Zimmern, schönen Terrassen und Meerblick liegt am Hafen.
Rocktide Inn $$$, 45 Atlantic Ave., ☎/≜ 207-633-4455, www.rocktideinn.com; am östlichen Hafen gelegener Hotelkomplex mit 98 ansprechenden Zimmern mit Balkon, Spezialitätenrestaurants, Bootsanlegestelle.
Spruce Point Inn $$$, am Spruce Point, ca. 2 km südöstl. vom ME-27, ☎ 207-633-4152, ≜ 207-633-6347, www.sprucepointinn.com; das Ferienhotel mit 10 Zimmern im Haupthaus und 34 Cottages liegt auf einer bewaldeten Halbinsel mit sehr schönem Meerblick, Tennisanlage, Wassersportmöglichkeiten und Lobsterküche im Freien.

Essen und Trinken
Brown's Wharf Restaurant, 121 Atlantic Ave., ☎ 207-633-5440; traditionsreicher Familienbetrieb, gute Seafood-Gerichte, Steaks und Pasta, schöner Blick auf den Hafen.
The Daily Catch, 93 Townsend Ave., ☎ 207-633-0777; Seafood in allen Variationen, zu den Spezialitäten gehört das Lobster-Risotto.

Feste/Veranstaltungen
Windjammer Days, Ende Juni findet das große Windjammerfest statt, zu dem viele große alte Schoner in den Hafen einlaufen.

Bootsfahrten
Balmy Days, Pier 8, Commercial St., ☎ 207-633-2284; Fahrten zur beliebten Insel Mohegan mit 4-stündigem Aufenthalt.
Maranbo II, Pier 8, ☎ 207-633-2284; 1-stündige Hafenrundfahrten mit kurzem Halt auf Squirrel Island.
Cap'n Fish Boat Trips and Deep Sea Fishing, Pier 1, ☎ 207-633-3244; Fisch- und Hummerfangfahrten, Seelöwenbeobachtungsfahrten, Fahrten auf dem Kennebec River.
Yankee Clipper, 21 und 100 Commercial St., ☎ 207-633-4574; 3- bis 4-stündige Wal- und Delfin-Beobachtungsfahrten.

Boston/MA (S. 436)

(i) „Cambridge/MA"

i Information

Boston Common Visitor Information Center (Greater Boston CVB), 147 Tremont St. (T: „Park", Green/Red Line), ☏ 1-888-733-2678, www.BostonUSA.com, Mo-Sa 8.30-17, So 10-18 Uhr.
Prudential Center Visitor Information Desk, 800 Boylston St., On Center Court (T: „Prudential", Green Line), Mo-Fr 9-18, Sa/So 10-18 Uhr.
Boston NHP Visitor Center, 15 State St., tgl. 9-17 Uhr, und Charlestown Navy Yard VC, Constitution Rd., ☏ 617-242-5642, www.nps.gov/bost, tgl. 9-17, im Sommer bis 18 Uhr.
Infos liefern auch die Tageszeitung **„Boston Globe"** – mit Veranstaltungskalender am Do –, das **„Boston Magazine"**, das **„Where"**-Magazin oder der **„Panorama Guide"**.

Wichtige Telefonnummern

Vorwahl Boston, ☏ 617
Traveler's Aid, ☏ 617-542-7286
Polizei ☏ 617-343-4200
Generalkonsulat, 3 Copley Place Suite 500, ☏ 617-369-4900

Flughafen
(i) Karte S. 171

Boston Logan International Airport (BOS), etwa 5 km östl. des Stadtzentrums (T: „Airport", Blue Line oder Silver Line – Expressbus zur South Station –, kostenlose Shuttlebusse zwischen T-Station und einzelnen Terminals), ☏ 1-800-2235-6426, www.massport.com; ebenso kostenloser Shuttlebus von den Terminals zum Water Shuttle, der werktags 8-18 Uhr im Viertelstundentakt, sonntags alle 30 Min., zur Rowes Wharf Harbor Front verkehrt (Fahrpreis $ 10, ☏ 617-330-8680); Taxis nach Downtown (kein Festpreis! etwa zwischen $ 25 und 50 in die Stadt).

Verkehr
EISENBAHN

South Station, Atlantic Ave./Summer St. (T: „South Station", Red Line), ☏ 1-800-872-7245, www.amtrak.com; Amtrak-Hauptbahnhof, ab hier etwa stündl. Schnell-Service (Acela oder Metroliner) nach New York, Philadelphia und Washington sowie Verbindungen Richtung Chicago und Nahverkehrszüge nach Süden (☏ 617-222-3200).
North Station, Causeway St. (T: „North Station", Green&Orange Line), ab hier Amtrak-Züge „Downeaster" nach Portland/ME – 4 x tgl., 8 Stopps in NH und ME, ☏ 1-800-872-7245, www.thedowneaster.com – und Nahverkehrszüge nach Norden (u. a. Salem, Newburyport), ☏ 617-222-3200.

NAHVERKEHR

Boston verfügt über ein gut ausgebautes U-/S-Bahn-Netz, genannt „Tube", abgekürzt „T", unter der Ägide der **Massachusetts Bay Transportation Authority** (MBTA, www.mbta.com). Obwohl in die Jahre gekommen, ist das Netz an U- bzw. Trambahn-Linien und Haltestellen dicht. Es gibt vier Linien – Blue, Green, Red und Orange sowie die Silver Line, eine Schnellbuslinie – und die Züge/Busse verkehren werktags 5-0.45, So ab 6 Uhr. Das **CharlieTicket** ist ein an Automaten aufladbares

Regionale Reisetipps von A–Z (Boston/MA)

Ticket für mehrere Personen (erspart ständiges Kaufen), die Einzelfahrt kostet damit $ 2 (Subway), $ 1,50 (Bus). Mit der **CharlieCard** wird es preiswerter: $ 1,70 bzw. $ 1,25. Noch günstiger sind die Ein-Tages- und 7-Tage-Tickets ($ 9/15, nur in den Stationen Back Bay, Downtown Crossing, Havard, North Staion und South Station erhältlich).

Tipp
Go Boston Card, 1, 2, 3, 5, 7 Tage (ab $ 55), für fast alle Attraktionen in Boston u. a. Orten in MA sowie Touren etc., Infos: www.gobostoncard.com
Boston CityPass, $ 44 für fünf Attraktionen, Infos: www.citypass.com/city/boston/next.html

Sehenswertes
ATTRAKTIONEN AM FREEDOM TRAIL
Infos: www.thefreedomtrail.org oder www.nps.gov/bost (Boston National Historical Park), ☎ 617-242-5642 (aktuelles Tourprogramm), lohnend ist das Gesamtticket für $ 12 (www.paulreverehouse.org/trail/tickets.shtml).

State House, Beacon St., ☎ 617-727-3676, Mo-Fr 10-17 Uhr, stündl. Touren (ca. 45 Min.), Eintritt frei.
Park Street Church und **Granary Burying Ground**, Park/Tremont St., ☎ 617-523-3383, www.parkstreet.org, HS tgl. 9.30-15.30 Uhr, sonst Kirche nur zu Gottesdiensten geöffnet; Friedhof tgl. 9-17 Uhr, im Winter bis 15 Uhr, Eintritt frei.
Boston Athenaeum, 10A Beacon St., Touren Di, Do um 15 Uhr, Eintritt frei.
King's Chapel und **King's Chapel Burying Ground**, Tremont/School St., Di-Sa 9-16, So 13-15 Uhr, im Winter nicht regelmäßig geöffnet, Friedhof tgl. 9-17/15 Uhr, Eintritt frei.
Old South Meeting House, 310 Washington St., ☎ 617-482-6439, tgl. 9.30-17 Uhr, $ 5.
New England Aquarium, Central Wharf, ☎ 617-973-5200, www.neaq.org, mind. Mo-Fr 9-17, Sa/So 9-18 Uhr, $ 20, IMAX So-Mi 10-18, Do-Sa 10-20 Uhr, $ 10, auch Kombitickets für $ 25,95.
Old Corner Book Store (Boston Globe Store), School/Washington St., ☎ 617-523-6658, Mo-Fr 9-18, Sa 9.30-15.30, So 11-16 Uhr, Eintritt frei.
Old State House, 206 Washington/State St., ☎ 617-720-3290, www.bostonhistory.org, tgl. 9-17 Uhr, $ 5.
Faneuil Hall, Dock Square, tgl. 9.30-16.30 Uhr, im Obergeschoss der Markthalle befindlicher historischer Meeting Room, Teil des NHP, Eintritt frei.
Paul Revere House, 19 North Square, ☎ 617-523-2338, www.paulreverehouse.org, tgl. 9.30-17.15/16.15 Uhr, $ 3,50.
Old North Church (Christ Church), 193 Salem St., ☎ 617-523-6676, www.oldnorth.com, mind. tgl. 10-16 Uhr, So Gottesdienste um 9, 11 und 16 Uhr. Spende.
Bunker Hill Monument, Charlestown, Monument Square, ☎ 617-242-5641, www.thefreedom trail.org/education/bunker-hill-monument.htrnl, tgl. 9-16.30 Uhr, Eintritt frei, mit
Bunker Hill Pavilion, tgl. 9-17/18 Uhr, $ 4 für Film „White of the Eyes" und **Bunker Hill Museum**, 43 Monument Square, tgl. 9-17 Uhr, Eintritt frei.
„USS Constitution" und **USS Constitution Museum**, Constitution Ave., Charlestown Navy Yard, ☎ 617-242-5601, www.ussconstitutionmuseum.org, Touren tgl. mind. 10-15.30 Uhr, Spende.

SONSTIGE ATTRAKTIONEN (AUSWAHL)
Museum of African-American History (African Meeting House), 46 Joy St., ☎ 617-742-1854, www.afroamuseum.org/afmbeaconhill.htm, Mo-Sa 10-16 Uhr, Spende.
Boston Museum of Fine Arts, 465 Huntington Ave. (T: „Museum", Green Line), ☎ 617-267-9300, www.mfa.org, Sa-Di 10-16.45, Mi-Fr 10-21.45 Uhr, Mi ab 16 Uhr frei, sonst $ 17.
Boston Tea Party Ship & Museum, 380 Dorchester St./Congress Street Bridge (T: „South Station", Red Line), ☎ 617-269-7150, www.bostonteapartyship.com, wegen Renovierung noch bis voraussichtlich Sommer 2010 geschl.
Children's Museum, 300 Congress St. (T: „South Station", Red Line), ☎ 617-426-8855, www.bostonkids.org, tgl. 10-17, Fr bis 21 Uhr, Erw. $ 12, Kin. $ 9.
Christian Science Center, Huntington/Massachusetts Ave., ☎ 617-450-3790, Mo-Sa 10-16 Uhr, Eintritt frei.
Fenway Park, 4 Yawkey Way (T: „Kenmore", Green Line), ☎ 617-226-666; http://boston.redsox. mlb.com/bos/ballpark/ tour.jsp; Baseballstadion-Touren an spielfreien Tagen (Zeiten telefonisch erfragen), $ 12; http://boston.redsox.mlb.com/bos/ballpark/ tour.jsp
Harrison Gray Otis House, 141 Cambridge St., Zugang Lynde St., ☎ 617-227-3956, www.historic newengland.org/visit/homes/otis.htm, Mi-So 11-16.30 Uhr, stündl. Touren, $ 8, mit Bibliothek, Shop.
ICA – Institute of Contemporary Art, 100 Northern Ave. (South Boston), ☎ 617-478-3100, www.icaboston.org, Di/Mi/Sa/So 10-17, Do/Fr 10-21, $ 12. Zeitgenössische Kunst mit interessanten Ausstellungen, Café und Shop.

Regionale Reisetipps von A–Z (Boston/MA)

B) **Isabella Stewart Gardner Museum**, 280 The Fenway (T: „Museum", Green Line), ☏ 617-566-1401, www.gardnermuseum.org, Di-So 11-17 Uhr, $ 12; Sunday Concert Series, Jazz at the Gardner u. a. Veranstaltungen.
John F. Kennedy Library & Museum, Columbia Point (T: „JFK/UMass", Red Line), ☏ 617-514-1600, www.jfklibrary.org, tgl. 9-17 Uhr, $ 12; eine von zwölf Presidential Libraries in den USA, interessantes Museum zu Leben und Werk von JFK.
Museum of Science, Charles River Dam (T: „Science Park", Green Line), ☏ 617-723-2500, www.mos.org, Sa-Do 9-17/19, Fr bis 21 Uhr, Ausst. $ 19, Shows/IMAX und Sonderausst. extra.
Prudential Tower Skywalk, Observatorium im 50. Stock, Copley Square, 800 Boylston St. (T: „Copley" oder „Prudential", Green Line), ☏ 617-859-0648, www.prudentialcenter.com, tgl. 10-20/22 Uhr, $ 12.
Trinity Church, Copley Square, tgl. 8-18 Uhr, Eintritt frei; Führungen So nach dem Gottesdienst, Orgelkonzerte Sept.-Juni Fr um 12.15 Uhr.

Touren/Führungen
Boston By Foot, 77 N Washington St., ☏ 617-367-2345, www.bostonbyfoot.com; seit fast 30 Jahren bietet das Unternehmen interessante Spaziergänge zu historischen und architektonischen Themen an.
Boston Movie Tour, ☏ 866-668-4345, www.bostonmovietours.net; 90-Min.-Walking Tour vorbei an über 30 Filmdrehorten.
Bootstouren: ab New England Aquarium (Central Wharf/Commercial St.) Abfahrt mehrerer Ausflugsschiffe und Fähren, u. a. T-Fähre zum Charlestown Navy Yard sowie **Whale Watching Touren**, ☏ 617-973-5206, www.neaq.org/visit_planning/whale_watch/index.php, April-Okt, vom Aquarium mehrstündiger Bootstrip zur Stellwagen Bank (Marine Sanctuary).
The Boston Beer Company, 30 Germania St. (T: „Forest Hills", Orange Line), ☏ 617-368-5080, www.samueladams.com; Besichtigung, Probe, Museum (Spende $ 2) und Laden der berühmtesten Brauerei im Nordosten, die „Samuel Adams" herstellt.
Boston Harbor Cruise, 1 Long Wharf, ☏ 617-227-4321, www.bostonharborcruises.com; Hafenrundfahrten, Whale Watching und andere Sightseeing Cruises.
Harpoon Brewery, 306 NorthernAve., ☏ 1-888, www.harpoonbrewery.com; erste Brauerei, die Bier abgefüllt hat. Mit Store (Di-Fr 11-17.30, Sa. 11-17 Uhr), außerdem Tastings (Di/Mi/Do 16, Fr 14/16, Sa 12/14/16 Uhr).
Old Town Trolley Tours of Boston, 380 Dorchester Ave., ☏ 617-269-7150, www.historictours.com/boston, tgl. 9-17 Uhr; 1,5-stündige Touren mit mehreren Stopps und beliebigen Unterbrechungen. Haltestelle und Infokiosk vor dem New England Aquarium.

Unterkunft
Holiday Inn Express $$, 69 R Boston St. (I-93, Exit 18), ☏ 617-288-3030, www.ichotelsgroup.com/h/d/ex/1/en/hd/ boshj; ordentliches kleines Kettenhotel mit Zimmern inkl. Frühstück.
Days In Boston $$-$$$, 1800 Soldiers Field Rd., ☏ 617-254-0200, www.the.daysinn.com/boston05515; an der I-90, westl. etwas außerhalb gelegen, daher preiswerter.
Milner Hotel $$$$ (inkl. Frühstück) (4), 78 Charles St./Stuart St., ☏ 1-877-456-6377 oder 617-426-6220, www.milner-hotels.com/boston/index.html; günstig nahe dem

Hotels (Auswahl)
1 Charles Street Inn
2 Sheraton
3 Fairmont Copley Plaza Hotel
4 Milner Hotel
5 Nine Zero Hotel
6 Hotel Intercontinental

Restaurants (Auswahl)
7 Cheers (Bar)
8 George. An American Tavern
9 U-Burger
10 Ye Olde Union Oyster House

Boston Common in einem typischen Brownstone-Haus und dazu für Bostoner Verhältnisse preiswert, neu renovierte Zimmer.
Sheraton Boston $$$$ (2), 39 Dalton St., ☏ 617-236-2000, www.sheraton.com; Top-Hotel, mitten in der Stadt am Prudential Center gelegen. Zimmer neu renoviert, geräumig und modern ausgestattet, vor allem obere Etagen empfehlenswert.

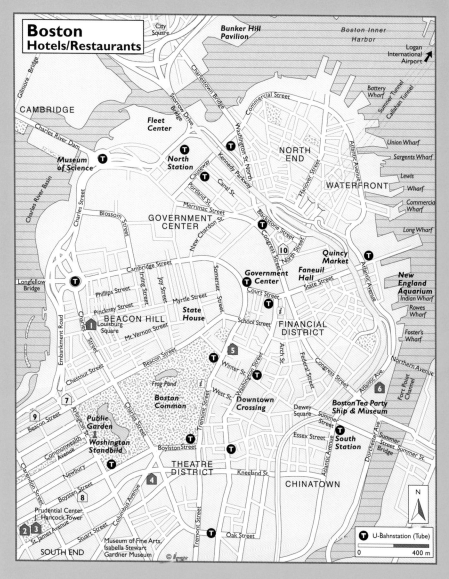

Nine Zero Hotel $$$$-$$$$$ (5), 90 Tremont St., ☏ 617-772-5800, www.ninezerohotel.com; zentral gelegenes neues Boutiquehotel der Extraklasse, mit 190 wunderschönen, intimen Zimmern; ungewöhnliche Innenarchitektur; mit ausgezeichnetem Restaurant Spire (s. u.).

Charles Street Inn $$$$$ (1), 94 Charles St., ☏ 617-314-8900, www.charlesstreetinn.com; gediegenes Inn in einem alten Wohnhaus auf dem Beacon Hill, 9 Suiten, die historischen Charme mit moderner Ausstattung verbinden (u. a. Kamin, Whirlpool Tubs, Kühlschrank) und nicht billig sind.

The Fairmont Copley Plaza Hotel Boston $$$$$ (3), 138 St. James Ave., ☏ 1-866-540-4417, www.fairmont.com/copleyplaza; am Copley Square gelegenes alteingesessenes Top-Hotel, bekannt als „The Grande Dame of Boston", elegante Zimmer, herausragender Service.

Jury's Hotel Boston $$$$$, 350 Stuart St., ☏ 617-266-7200, www.jurysdoyle.com/boston-hotel; in ehemaligem Polizeibau untergebrachtes elegantes Boutique-Hotel in der Back Bay.

Tipp
InterContinental Boston (6), 510 Atlantic Ave., ☏ 617-747-1000, www.intercontinental boston.com; diverse günstige Packages buchbar. Von außen wirkt das Hotel InterContinental wie ein gewöhnliches Businesshotel. Der Bau aus blauem Glas und grauem Granit liegt am Fort Point Channel, einem Seitenarm des Boston Harbor, und am Rose Kennedy Greenway, d. h. in der Innenstadt, angrenzend an das neue Boomviertel South Boston. Auf neun Etagen verteilen sich 424 geräumige Zimmer und Suiten, allesamt sehr geschmackvoll und modern eingerichtet und mit Kunstwerken und in warmen Farben gestaltet. Abgesehen von den Ausblicken auf Boston Harbor oder Skyline gehören Flach-Großbildschirme, WLAN, Schreibtische und mehrere Telefone zur Grundausstattung, ungewöhnlich sind die riesigen Badezimmer. Zur Erholung bieten sich das SPA InterContinental mit großem Pool und Fitnessstudio oder die InterContinental Gardens, entlang der Waterfront an. Bei mehreren Restaurants fällt die Wahl schwer: „Miel"-Brasserie Provençal (24 Std., im Sommer auch im Freien) oder aber „Sushi-Teq", wo Sushi und Tequila eine geniale Symbiose eingehen. Einen Schlummertrunk gibt's in der Rumba Bar oder der heimeligen Champagnerbar.

Essen und Trinken
Artú Take Out&Trattoria, 6 Prince St./North Square, nahe Paul Revere House; kleine italienische Trattoria mit Imbiss, leckere, preiswerte und groß proportionierte Gerichte.

Bruegger's Bagel Bakery, empfehlenswerte Bäckerei mit mehreren Filialen, u. a. School St., neben Old Corner Bookstore; verschiedenste, frische Bagels.

Cheers (7), 84 Beacon St., ☏ 617-227-9605, www.cheersboston.com; berühmt wegen der gleichnamigen Sitcom, die den Eingang und Namen benutzte; eine der besten Burger der Stadt; Filiale im Faneuil Hall Marketplace.

Lionette's Market, 577 Tremont St. (South End); Bäckerei und bald auch wieder Lokal „Garden of Eden", wo frische Farmprodukte verwendet bzw. verkauft werden. Tolle Salate und Sandwiches!

Icarus, 3 Appleton St., ☏ 617-426-1790, www.icarusrestaurant.com; in fast 20 Jahren hat sich Chef Chris Douglas einen guten Ruf erworben, vor allem dafür, dass er nur die besten und frischesten Produkte verwendet.

Locke-Ober, 3 Winter Place, ☏ 617-542-1340, www.lockeober.com; Lydia Shire hat aus dem alten Lokal ein Juwel gemacht und serviert altbekannte Klassiker in neuer Form, so JFK's Lobster Stew oder Rum&Tabacco Smoked Salmon.

Ye Olde Union Oyster House (10), 41 Union St., ☏ 617-227-2750, www.unionoysterhouse.com; seit 1826 eine Bostoner Institution, berühmt für seine Fischgerichte, erschwingliche und große Portionen.

Olives, 10 City Square, Charlestown, ☏ 617-242-1999, www.toddenglish.com; eines der Restaurants von Chef Todd English – er hat zahlreiche in ganz USA –, gilt als eines der besten der Stadt (mediterrane Gerichte!).

Sage, 1395 Washington St. (South End), ☎ 617-248-8814, www.sageboston.com, nur Dinner (außer Mo) und am So Brunch. Moderne italienische Küche im trendigen South End, auch günstige Tasting Menus.
U-Burger (9), 636 Beacon St./Kenmore Sq.; der Topspot für Burger aller Art, beliebt bei Studenten wie bei Baseballfans.

Nightlife

Eine gute Übersicht gibt die Website www.bostonnightclubnews.com. Clubs, Bars und Diskos finden sich gehäuft in Backbay und um den Fenway Park, z. B. in der Lansdowne St., an der Commonwealth Ave. in South End und in Cambridge, u. a.:
Avalon, 15 Lansdowne St., ☎ 617-262-2424, Nachtclub mit Rock und Pop sowie DJs und Tanz, wechselndes Programm.
Paradise Rock Club, 967 Commonwealth Ave., ☎ 617-562-8800; wechselndes Programm, vor allem Rock live.
The Big Easy, 1 Boylston Place, ☎ 617-351-7000; DJs querbeet durch alle Musikrichtungen (nur Do/Fr/Sa).
Ryles Jazz Club, 212 Hampshire St., Cambridge, ☎ 617-876-9330; Jazzclub mit berühmtem Sunday Jazz Brunch und gutem Restaurant.

Tipp

Achilles Project, 283 Summer St. (Fort Point Channel), http://achilles-project.com, ungewöhnliche Designer-Boutique, die am Abend zum Restaurant mit Bar und DJs (☎ 617-423-2257) wird.

Einkaufen

Shopping-Areale: Newbury und Boylston St. in Back Bay, um Downtown Crossing (Winter/Washington St.) sowie – trendig und schick: South End (Tremont, Shawmut, Washington). Auch das Areal um den Havard Square in Cambridge bietet sich an.
Brix, 1284 Washington St., ☎ 617-542-2749, Weinboutique mit großer Auswahl, darunter auch das eine oder andere Schnäppchen.
Faneuil Hall Marketplace, Dock Square, bestehend aus North und South Market, Quincy Market, Faneuil Hall. Quincy Market: vor allem Imbissstände aller Art, z. B. Boston Chowda oder Boston& Maine Fish Company; Ned Devine's Irish Pub sowie Comedy Connection (Kabarett) im Obergeschoss. Ebenfalls Restaurants in Faneuil Hall und S/N Market, z. B. Kingfish Hall (S Market), jedoch schwerpunktmäßig Läden wie z. B. Museum of Fine Arts Store, Discovery Channel Store oder Victoria's Secret.
Filene's Basement, 426 Washington St., u. a. Filialen, www.filenesbasement.com. Marken- und Designerkleidung seit 1908 zu Tiefstpreisen, von Boston aus breitete sich Filene's auf ganz USA aus.
Haymarket, Gassen nahe Quincy North Market, Fr und Sa Wochenmarkt mit Obst, Gemüse, Fisch (auch Imbiss).
The Shops at Prudential Center, Boylston St., ☎ 617-236-3100, www.prudentialcenter.com; u. a. großer Barnes&Noble-Buchladen, Kaufhäuser wie Saks oder Lord&Taylor sowie etwa 70 kleine Spezialgeschäfte und mehrere Restaurants.
South End Formaggio, 268 Shawmut Ave., ☎ 617-350-6996, www.southendformaggio.com; hier gibt es die beste Käseauswahl in der Stadt, aber auch Feinkost und Sandwiches.
Ku De Ta, 663 E. Broadway (South Boston), www.kudetaboston.com; interessante und überaus kreative „Weltmode".
Habit Boutique, 703 E. Broadway (South Boston), http://habitshop.com; Designer-Männer- und Frauenbekleidung sowie ungewöhnliche Accessoires.

THEATER- UND KONZERTHÄUSER

Boston bietet eine große Vielfalt an Theatervorstellungen und Konzerten; weltberühmt sind nicht nur das Boston Symphony Orchestra unter der Leitung von James Levine, sondern z. B. auch das Boston Philharmonic Orchestra und die Kammermusikkonzerte im Isabella Stewart Gardner Museum.

BosTix, ☏ 617-482-2849 www.artsboston.org, Infokiosks Coplex Square und Faneuil Hall; verbilligte Karten ab 11 Uhr des Veranstaltungstages.

Boston Symphony Orchestra/Boston Pops: Symphony Hall, 301 Massachusetts Ave. (T: „Symphony", Green Line), ☏ 617-266-1492, Konzertinformationen ☏ 617-266-2378, www.bso.org; Okt.-April Konzerte des Boston Symphony Orchestra, im Sommer „Boston Pops".

citi Performing Arts Center, 270 Tremont St., ☏ 617-482-9393, www.citicenter.org, Kartenvorbestellung: ☏ 617-931-2000, Ballettaufführungen, Opern, Broadway-Shows.

Jordan Hall At New England Conservatory, 30 Gainsborough St., ☏ 617-262-1100, www.newenglandconservatory.edu, klassische und Jazzkonzerte.

Berklee Performance Center, 136 Massachusetts Ave., ☏ 617-266-7455, www.berkleebpc.com, moderne Musik.

Das **Theaterleben** ist mit klassischen und modernen Bühnenstücken, Broadway-Shows und Musicals ebenso vielseitig:

Boston University Theatre, Huntington Ave., ☏ 617-266-3913, www.bu.edu/but

Loeb Drama Center, 64 Brattle St., Cambridge, ☏ 617-547-8300, Aufführungen des American Repertory Theatre, www.amrep.org

Shubert Theatre, 265 Tremont St., ☏ 617-426-4520, www.citicenter.org/theatres/shubert

Charles Playhouse, 74 Warrenton St., ☏ 617-426-5225, www.charles-playhouse.com; Heimatbühne der Blue Man Group.

Boston Center for the Arts, 539 Tremont St., ☏ 617-426-5000, www.bcaonline.org; Ausgefallenes, Performances u. Ä.

Feste/Veranstaltungen

Boston Harborfest, www.bostonharborfest.com, großes Stadtfest Anf. Juli, mit verschiedenen Veranstaltungen am Hafen und in der Innenstadt.

Boston Marathon, www.bostonmarathon.org, der älteste Marathon stets am Patriot's Day, Mitte April.

Boston Pops, www.bso.org, das berühmte Sommerorchester der Symphonie spielt am Charles River zwischen Mai und Juli.

Sport

Boston Bruins, ☏ 617-931-2222 (Tickets), www.bostonbruins.com; NHL-Profi-Eishockey zwischen Okt. und April im TG Banknorth Garden (ehemals FleetCenter), Causeway St. (T Green oder Orange Line „North Station")

INFO

Sportmekka Boston

Als man 1976 im altehrwürdigen Fenway Park, dem ältesten Baseballstadion der Welt, von 1912, und Heimat der legendären Red Sox, eine elektronische Anzeigetafel einweihte, buhte das Publikum. Das sagt viel über die sportverrückten Bostonians aus: Sie halten wenig von der heute üblichen Show, die jedes Sportereignis zum „Event" macht, sie interessiert vielmehr Sport „pur". Bei einem Besuch im Fenway Park fühlt man sich daher auch in jene Zeiten zurückversetzt, als der legendäre *Babe Ruth* noch „Homeruns" schlug.

INFO

Apropos *Babe „Bambino" Ruth*: Nachdem 1920 die Red Sox ihren Star ausgerechnet an die verhassten New York Yankees verkauft hatten, lag der „Fluch des Bambino" über dem Team. Erst mit dem Titelgewinn 2004 konnte man ihn nach Jahrzehnten endlich brechen. Seit die Red Sox 2007 erneut Meister wurden, hat ganz Neuengland das Red-Sox-Fieber gepackt. Das heißt aber nicht, dass andere Sportarten bedeutungslos wären Boston ist ein Sportmekka. Die Celtics sind 1946 gegründet worden und haben bisher 17 Titel geholt. Die „Grünen" gelten als die erfolgreichste Mannschaft der NBA (Basketball) und sprechen auch derzeit wieder ein gewichtiges Wörtchen bei der Titelvergabe mit. Wenn es um den Super Bowl geht, die Meistertrophäe der NFL (*National Football League*), mischt sich seit Jahren ebenfalls ein Team aus Boston um die Titelvergabe mit; die New England Patriots. Drei Vizemeisterschaften, zuletzt 2007/8, stehen drei Meistertitel – 2001, 2003 und 2004 – gegenüber. Da hat es das zweitälteste Sportteam derzeit schwer, mitzuhalten: Die 1924 gegründeten Bruins gehören inzwischen in der NHL (Eishockey) jedoch auch wieder zur Spitzenklasse. Immerhin hat die Mannschaft auch schon fünfmal den Stanley Cup, die NHL-Meistertrophäe, gewonnen – doch 1972 zum letzten Mal. Dafür sind Spieler wie *Phil Esposito* oder *Bobby Orr* unvergessen; heute sorgt u. a. der Deutsche *Marco Sturm* für Aufsehen.

Boston Celtics, ☎ 1-866-4CELTIX (Tickets), www.celtics.com; das legendäre NBA-Team trägt seine Spiele ebenfalls im TG Banknorth Garden zwischen Nov.-April aus
Boston Red Sox, ☎ 617-482-4SOX (Tickets), www.redsox.com; die Baseballer der AL (American League) des MLB (Major League Baseball), April-Okt. im historischen Fenway Park, 4 Yawkey Way (T Green Line „Kenmore")
New England Patriots, ☎ 508-931-2222 (Tickets), www.patriots.com; die American Footballer spielen Sept.-Dez. im Gillette Stadium im Vorort Foxboro (I-95)
New England Revolution, ☎ 1-877-GET-REVS (Tickets), www.revolutionsoccer.net; ebenso in Foxboro (Gillette Stadium) treten die Profi-Fußballer des MLS (Major League Soccer) Mai-Okt. an.

Brattleboro/VT (S. 566)

i Information
Brattleboro Area Chamber of Commerce, 180 Main St., ☎ 802-254-4565, www.brattleborochamber.org

Sehenswertes
Brattleboro Museum and Art Center, Old Union Railroad Station, ☎ 802-257-0214, www.brattleboromuseum.org, tgl. außer Di 11-17 Uhr, Eintritt: Erw. $ 4, Sen. $ 3, Stud. $ 2.

SEHENSWERTES ZWISCHEN RUTLAND UND BRATTLEBORO
Crowley Cheese Factory, Healdville Rd., in Healdville, ☎ 802-259-2340 oder 1-800-683-2606, Mo-Fr 9-17 Uhr.
Eureka Schoolhouse, am VT-11, Charleston Rd., in Springfield, ☎ 802-828-3226, Mitte Mai-Mitte Okt. tgl. 9-17 Uhr.
Weston Playhouse, Weston, ☎ 802-824-5288; Theater, Vorstellungen im Sommer Di-Sa um 20, So um 19 Uhr.

B) Historic Grafton Village, *Townshend Rd., Grafton, am VT-35/VT-121,* ☏ *802-843-2211.*
Adams Old Stone Gristmill Museum, *Bellows Falls,* ☏ *802-463-3706.*
Basketville, *bei Putney, am VT-5,* ☏ *802-387-5509, tgl. geöffnet; Korbwaren.*
„Santa's Land", *655 Bellows Falls Rd.,* ☏ *802-387-5550.*

Bootsfahrten
The Belle of Brattleboro, *Putney Rd.,* ☏ *802-254-1263, das Flachbodenboot verkehrt Juni-Mitte Okt. Mi-So auf dem Connencticut River, Fahrpreis: Erw. ab $ 13, Kin. 5-16 J. ab $ 7.*

Bretton Woods/NH (S. 530)

Information
Twin Mountain-Bretton Woods Chamber of Commerce, ☏ *1-800-245-8946, im Internet* www.twinmountain.org

Sehenswertes/Touren
Crawford Notch State Park, *ca. 8 mi/13 km südöstl. am US-302,* ☏ *603-374-2272, Ende Mai-Mitte Okt.*

Unterkunft
Bretton Arms Inn $$, *am US-302,* ☏ *603-278-1000,* 🖷 *603-278-3457, www.mt washington.com/resortlodging; restauriertes viktorianisches Haus mit 34 stilvoll eingerichteten Räumen, Sportmöglichkeiten am Mount Washington Hotel.*
Lodge at Bretton Woods $$, *am US-302 gegenüber dem Mount Washington Resort,* ☏ *603-278-1500, www.mtwashington.com/resortlodging; Hotel mit 50 Zimmern und schönem Blick auf den Mount Washington, Hallenbad, Sauna, Tennis- und Golfplatz am Mount Washington Hotel.*
Mount Washington Hotel $$$$$, *am US-302,* ☏ *603-278-1000,* 🖷 *603-278-3457, www. mtwashington.com; elegantes Luxushotel mit allen Annehmlichkeiten und großem Unterhaltungsangebot, exklusives Restaurant.*

Bridgeport/CT (S. 381)

Information
Coastal Fairfield County Convention & Visitors Bureau, *297 West Ave., Norwalk,* ☏ *203-853-7770,* 🖷 *203-853-7775, www.visitfairfieldcountyct.com*

Sehenswertes
Barnum Museum, *820 Main St.,* ☏ *203-331-1104, www.barnum-museum.org, Di-Sa 10-16.30, So 12-16.30 Uhr, Eintritt: Erw. $ 5, Sen. $ 4, Kin./Jugendl. 4-18 J. $ 3.*
Discovery Museum, *4450 Park Ave.,* ☏ *203-372-3521, Di-Sa 10-17, So 12-17 Uhr, Eintritt: Erw. $ 8,50, Kin./Jugendl./Sen. $ 7.*

Unterkunft
Holiday Inn $$, *1070 Main St.,* ☏ *203-334-1234,* 🖷 *203-367-1985, www.ichotels group.com; das Mittelklassehotel mit 234 Zimmern und Swimmingpool, das auch viel von Geschäftsreisenden aufgesucht wird, liegt in der Innenstadt, ca. 8 km vom Flughafen entfernt.*

Bristol/CT (S. 395)

Information
Greater Bristol Chamber of Commerce, 200 Main St., ☏ 860-584-4718, 📠 860-584-4722, www.bristol-chamber.org

Sehenswertes
Hill-Stead Museum, 35 Mountain Rd., Farmington, ☏ 860-677-4787, Di-So 10-17 Uhr.
American Clock and Watch Museum, 100 Maple St., ☏ 860-583-6070, April-Okt. tgl. 11-17 Uhr.
Stanley-Whitman-House, 37 High St., Farmington, ☏ 860-677-9222, Mai-Okt. Mi-So 12-16 Uhr, sonst nur So.

Touren
Naugatuck Railroad, ca. 8 mi/12,8 km westl. von Bristol, Bahnhof von Thomaston, ☏ 860-283-7245; ca. 1,5-stündige Fahrt mit der Museumsbahn durch den Black Rock State Park nach Waterville.

Bristol/RI (S. 415)

Information
East Bay Tourism Council, ☏ 401-245-0750 oder 1-888-278-9948, 📠 401-245-0110, www.eastbaytourism.com, www.eastbaychamberri.org

Sehenswertes
Blithewold Mansion & Gardens, 101 Ferry Rd., am RI-114, ☏ 401-253-2707, www.blithewold.org, April-Anf. Sept. Mi-Sa 10-16 Uhr, So 10-15 Uhr, Gärten ganzjährig bis 17 Uhr, Eintritt: Erw. $ 10, Sen./ Stud. $ 8, Kin./Jugendl. 6-17 J. $ 2.
Haffenreffer Museum of Anthropology, 300 Tower St., ☏ 401-253-8388, Di-So 10-16 Uhr, Eintritt: Erw. $ 3, Kin. $ 1.

Brunswick/ME (S. 493)

Information
Chamber of Commerce of the Brunswick Bath Region, 59 Pleasant St., ☏ 207-725-8797, www.midcoastmaine.com

Sehenswertes
Peary MacMillan Arctic Museum *(Hubbard Hall)* und **Bowdoin College Museum of Art** *(Walker Art Building) auf dem Gelände des Bowdoin College, Di-Sa 10-17, So 14-17 Uhr, Eintritt frei (Spende).*

Unterkunft
The Parkwood Inn $$, 71 Gurnet St., ☏ 207-725-5251, 📠 207-798-5867; gut geführtes Hotel mit 68 ansprechenden Zimmern, Lounge mit Kamin, Pool und kostenloses Frühstück; www.parkwoodinn.com
Captain Daniel Stone Inn $$$, 10 Water St., ☏ 207-725-9898, 📠 207-725-5858, www.captaindanielstoneinn.com; in dem 1819 gebauten Kapitänshaus gibt es 34 komfortable, mit Antiquitäten eingerichtete Zimmer.

Regionale Reisetipps von A–Z (Brunswick/ME, Bucksport/ME, Buffalo/NY)

Feste/Veranstaltungen
Brunswick Music Theater, *Mitte Juni-Aug. werden im* **Pickard Theater** *auf dem Bowdoin College Gelände Broadway-Musicals aufgeführt.* ☎ 207-725-8769, *Di-Sa abends, Mi und Fr auch nachmittags und So vormittags.*
Bowdoin Summer Music Festival, ☎ 207-725-3895, www.summermusic.org; *im Juli/Aug. finden Kammermusikabende und Konzertaufführungen statt.*

Bucksport/ME (S. 498)

Sehenswertes
Fort Knox State Historic Site, *ca. 3 km westl. von Bucksport,* ☎ 207-469-6553, www.fortknox.maineguide.com, *von 9 Uhr bis Sonnenuntergang, Eintritt: Erw. $ 3, Kin. $ 1.*
Wilson Museum, *Perkins St., Castine, Ende Mai-Okt. Di-So 14-17 Uhr.*
Northeast Historic Film, *85 Main St.,* ☎ 207-469-0924, *Museum Mo-Fr 9-16 Uhr, Filmvorführungen Fr-So; In einem historischen Gebäude aus dem Jahre 1916 wurde ein Filmmuseum eingerichtet. Filme, Videoaufnahmen, Bilder und Bücher zeigen Neuengland in Bild und Ton.*

Unterkunft/Essen und Trinken
Best Western Jed Prouty Motor Inn $$, *64 Main St.,* ☎/📠 207-469-3113, www.bestwestern.com; *das moderne Hotel mit 40 Zimmern liegt an der Mündung des Penobscot River und ist gut als Ausgangsort zu den Sehenswürdigkeiten der Umgebung geeignet. Es liegt an der Stelle, an der 1798 eine Postkutschenstation eingerichtet wurde. Vier amerikanische Präsidenten übernachteten hier auf ihrem Weg in den Norden von Maine.*

Buffalo/NY (S. 585)

Information
Buffalo Niagara Convention & Visitors Bureau, *617 Main St., Buffalo, NY 14203,* ☎ 716-852-0511 *oder* 1-888-228-3360, www.visitbuffaloniagara.com

Flughafen
Der **International Airport**, ☎ 716-632-3115, *liegt im Osten der Stadt, 8 mi/12,8 km vom Zentrum entfernt. Es gibt Flüge in alle größeren Städte des Ostens.*

Verkehr
EISENBAHN
Amtrak, *Exchange/Washington Sts.,* ☎ 716-865-2075, 1-800-872-7245, www.amtrak.com

BUS
Überlandbusse: *Greyhound, Ellicot/N Division Sts.,* ☎ 1-800-231-2222, www.greyhound.com
Stadtbusse/Straßenbahn: ☎ 716-855-7211. *Von besonderem Interesse ist hier die „Rideline", eine Straßenbahn, die entlang der Main St. fährt und dabei die meisten Sehenswürdigkeiten zumindest peripher passiert.*

Sehenswertes
Albright-Knox Art Gallery, *1285 Elmwood Ave.,* ☎ 716-882-8700, *Di-Sa 11-17, So 12-17 Uhr.*

Regionale Reisetipps von A–Z (Buffalo/NY)

Buffalo & Erie County Naval & Military Park, One Naval Park Cove, ☎ 716-847-1773, www.buffalonavalpark.org, April-Okt. tgl. 10-17 Uhr, Nov. Sa/So 10-16 Uhr. Erw. $ 9, Sen./Kin. $ 6.
Buffalo City Hall Observation Tower, 65 Niagara Square, Mo-Fr 9-16 Uhr.
Buffalo Museum of Science, 1020 Humbold Pkwy., ☎ 716-896-5200, Di-So 10-17, Fr bis 22 Uhr.
Lower Lakes Marine Historical Society, 66 Erie St., ☎ 716-849-0914, Di, Do, Sa 10-15 Uhr.
Our Lady of Victory Basilica & National Shrine, 767 Ridge Rd., Lackawanna, südl. von Buffalo, tgl. 7-19.30 Uhr.
Theodore Roosevelt Inaugural National Historic Society, 641 Delaware Ave., ☎ 716-884-0095, Mo-Fr 9-17, Sa/So 12-17 Uhr, Jan.-März Sa geschl.

Touren/Stadtführungen
Buffalo & Erie County Historical Society, 25 Nottingham Court, ☎ 716-873-9644, www.bechs.org; professionell geführte Touren zu den historischen und architektonisch interessanten Plätzen in Buffalo. Auch Museum und Bibliothek, Mo-Sa 10-17, So 12-17 Uhr.
Trolley Tours, ☎ 716-885-8825, Sightseeingtouren durch die historischen Stadtbezirke.
Gray Line of Niagara Falls/Buffalo, ☎ 716-695-1603 oder 1-800-695-160, bietet eine Reihe von Sightseeingtouren in Buffalo und Niagara (u. a. Casino-Tours) sowie Überlandtouren nach New York und Ontario.
Touren auf dem Erie-Kanal: mit der „Miss Buffalo", ☎ 716-856-6696, Abfahrt an der Erie Basin Marina, Juni-Sept. Di-So; 2-stündige Fahrten auf dem Buffalo River; mit **Lockport Locks & Erie Canal Cruises**, 210 Market St., Lockport NY 14094, ☎ 716-322-6155 oder 1-800-378-0352, 2-stündige Kanaltouren mit Erklärungen.
Lockport Cave and Underground Boat Ride, 2 Pine St., ☎ 716-438-0174, www.lockportcave.com; unterirdische Entdeckungstour zu Fuß und per Boot.
Etwas Besonderes sind die **Touren durch Industrieunternehmen**, z. B. zu den Getreidemühlen, zu speziellen Hafenanlagen und zur einzigen Fabrik, die selbst spielende Pianos herstellt. Da es sich dabei nicht um regelmäßige Touren handelt, empfiehlt es sich, vorher die Führungszeiten zu erfragen bei QRS Music Technology, 1026 Niagara St., ☎ 716-885-4600.

Unterkunft
B&B-Unterkünfte in und um Buffalo vermittelt der **International Bed&Breakfast Club**, 504 Amherst St., Buffalo, NY 14207-2914, ☎ 716-874-8797 oder 1-800-373-8797.
Weitere preisgünstigere **Motels** finden Sie z. B. im Stadtteil Amherst, direkt am I-290, und in der Nähe des Flughafens.
Adam's Mark Buffalo Niagara $$, 120 Church St., ☎ 716-845-5100 oder 1-800-444-2326, www.adamsmark.com; günstiges Innenstadthotel mit 486 Zimmern und allem erforderlichen Komfort.
Radisson Suite Hotel Buffalo $$, 601 Main St., ☎ 716-854-5500 oder 1-800-668-4200, ✆ 716-854-4836, www.radisson.com; ansprechendes Hotel mit 146 Suiten in der Innenstadt; an Wochenenden gibt es auch Spartarife.
Asa Ransom House $$$, 10529 Main St., Clarence, ☎ 716-759-2315, ✆ 716-759-2791, www.asaransom.com; Clarence liegt 12 mi/19,2 km nordöstl. des Zentrums (County Rd. 5). Das Landgasthaus ist in einem Farmgebäude von 1853 untergebracht und mit ausgesuchten Antiquitäten eingerichtet. Es gibt mehrere Kamine und eine Bibliothek; jedes Zimmer ist anders eingerichtet. Ebenfalls empfehlenswert ist das Restaurant. Absolut Nichtraucher!
Best Western Downtown $$$, 510 Delaware Ave., ☎ 716-886-8333, ✆ 716-884-3070, www.bestwestern.com; zentral gelegenes Innenstadthotel mit 61 Zimmern.
Hampton Inn & Suites Buffalo $$$, 220 Delaware Ave., ☎ 716-855-2223, www.hamptoninn.buffalo.com; zentral gelegenes Innenstadthotel mit 137 Zimmern, wurde grundlegend renoviert.

Hyatt Regency $$$$, Two Fountain Plaza (Ecke Pearl/Huron Sts.), ☏ 716-856-1234, 🖷 716-856-6734, www.buffalo.hyatt.com; zentral im Theaterdistrikt gelegenes Luxushotel mit allen Annehmlichkeiten. Die Lobby ist in einer schönen, gläsernen Atriumhalle.
The Mansion on Delaware Avenue $$$$$, 414 Delaware Ave., ☏ 716-886-3300, 🖷 716-883-3923, www.mansionondelaware.com; 28 Zimmer, mit Butlerservice, eingerichtet in einem alten Herrenhaus bietet dieses Haus wirklichen Luxus und ein außergewöhnliches Ambiente.

Essen und Trinken
Asa Ransom House, 10529 Main St., Clarence, ☏ 716-759-2315; elegantes Restaurant mit guten Fischgerichten. Die Gewürze stammen aus dem eigenen Kräutergarten.
Chop House, 297 Franklin St., ☏ 716-842-6900; elegantes Steakhouse in einem alten Fabrikgebäude von 1880, große Weinkarte, am oberen Ende der Preisskala, Reservierungen erbeten.
Crawdaddy's, 2 Templeton Terrace (Erie Basin Marina am Erie Blvd.); Restaurant, Bar und am Wochenende auch Disko.
Old Red Mill Inn, 8326 Main St., Williamsville, 8 mi/12,8 km vom Zentrum entfernt, ☏ 716-633-7878; Country Inn von 1858. Spezialitäten sind Fleisch- und Fisch-Kombi-Platten. Alte Eisenbahnwaggons dienen auch als Speiseraum.
Siena, 4516 Main St., ☏ 716-839-3108; Pizza und Pasta zu günstigen Preisen.
YaYa Bayou Brewhouse, 617 Main St., ☏ 716-854-9292; modern eingerichtetes Restaurant mit gut gewürzter Cajun-Küche, Szenetreff.

Burlington/VT (S. 547)

Information
Lake Champlain Regional Chamber of Commerce, 60 Main St., ☏ 802-863-3489, www.vermont.org

Flughafen
Der Flughafen liegt 6 km östl. der Stadt. Es bestehen Flugverbindungen nach Albany, Boston, Montpelier und New York City.

Verkehr
EISENBAHN
Die **Amtrak-Züge** verkehren tgl. nach New York City, Washington, Boston und Montréal. Platzreservierungen sind möglich unter der Rufnummer ☏ 1-800-USA-RAIL.

BUS
Vermont Transit Co., Inc., 135 St. Paul St., ☏ 802-864-6811; Burlington ist durch regelmäßigen Busverkehr mit allen größeren Städten im Osten der USA verbunden.

Sehenswertes
Ethan Allen Homestead, ca. 2 mi/3,2 km nördl. von Burlington am VT-127, ☏ 802-865-4556, www.ethanallenhomestead.org, Mitte Mai-Mitte Okt. Do-Sa 10-16, So 13-16 Uhr, Eintritt: Erw. $ 7, Senioren $ 5, Kin./Jugendl. 5-17 J. $ 3, Familienkarte $ 25.
Leahy Center for Lake Champlain, 1 College St., ☏ 802-864-1848, tgl. 11-17 Uhr.
Lake Champlain Maritime Museum, 4472 Basin Harbor Rd., ☏ 802-475-2022.
Discovery-Museum, 51 Park St., am VT-2A, ☏ 802-878-8867, Di-So 10-17 Uhr.

Unterkunft

Doubletree Hotel Burlington $$, 1117 Williston Rd., ☎ 802-658-0250, www.doubletree.com; ansprechendes Hotel in South Burlington, mit 160 Zimmern und Apartments, Restaurant, Swimmingpool.
Holiday Inn $$, 1068 Williston Rd., ☎ 802-863-6363, 🖷 802-863-3061, www.ichotelsgroup.com; Hotel mit 174 Zimmern in South Burlington, 3 Swimmingpools, Restaurant mit Kamin.
Holiday Inn Express $$, 1712 Shelburne Rd., ☎ 802-860-1112, 🖷 802-846-1926; geräumige Zimmer, teilweise mit Küchenzeile, Dachterrasse, Pool und Sauna; www.ichotelsgroup.com
Town & Country Motel $$, 490 Shelburne Rd., ☎ 802-862-5786; kleines Motel mit 12 Zimmern in South Burlington.
Sheraton Burlington $$$, 870 Williston Rd., ☎ 802-865-6600, 🖷 802-865-6670, www.starwoodhotels.com; in South Burlington gelegene, große Hotelanlage mit 309 sehr schönen Zimmern, Swimmingpool, Fitnesscenter und sehr gepflegtem Restaurant, Flughafentransfer.
Wyndham Burlington Hotel $$$, 60 Battery St., ☎ 802-658-6500, 🖷 802-658-4659, www.wyndham.com; Hotel in der Nähe des Fährhafens mit 255 ansprechenden Zimmern, einige mit schönem Blick auf den Lake Champlain bieten. Swimmingpool, Whirlpool, Restaurant, Flughafenbus.

Essen und Trinken

The Dockside, 209 Battery St., ☎ 802-864-5266; sehr beliebtes Restaurant an der Hafenfront mit frischen und guten Seafood-Gerichten.
Isabel's on the Waterfront, 112 Lake St., ☎ 802-865-2522; Gerichte der kreativen Küche und vegetarische Speisen werden auch auf der Terrasse serviert, die einen herrlichen Blick auf den Lake Champlain bietet.
The Vermont Pub & Brewery, 114 College St., ☎ 802-865-0500; nach der Führung durch die Brauerei können Sie verschiedene Biere vom Fass probieren.
The Windjammer Restaurant, 1076 Williston Rd., South Burlington, ☎ 802-862-6585; beliebtes Restaurant mit guten Steak- und Seafood-Gerichten und großer Salatbar.

Einkaufen

Die meisten Geschäfte finden Sie in der **Burlington Square Mall** und in der Fußgängerzone **Church Street Marketplace**. Einen Besuch lohnt auch **Champlain Mill**, One Main St., Winooski, ☎ 802-655-9477, Mo-Sa 10-21, So 12-17 Uhr. In dem historischen Mühlengebäude können Sie durch 34 Geschäfte bummeln und sich anschließend in einem der Restaurants ausruhen.
Apple Mountain-Vermont Gifts & Specialty Foods, 30 Church St., ☎ 802-658-6452; große Auswahl an Vermonter Kunsthandwerk, Töpferwaren, Souvenirs und Spezialitäten.
Champlain Chocolate Company, 431 Pine St., ☎ 802-864-1807, www.lakechamplainchocolates.com, Mo-Fr 9.30-17.30, Sa 9.30-17 Uhr; bei einer Führung durch die Schokoladenfabrik können Sie zuschauen, wie Trüffel, Pralinen und Schokoladenkühe handgefertigt werden. Anschließend können Sie im Laden die köstlichen Süßigkeiten einkaufen.

Fahrrad fahren/Freizeit

Skirack, 85 Main St., ☎ 802-658-3313; hier können Sie Fahrräder, Kinderräder, Tandems und Inlineskates stundenweise leihen.

Fähre/Bootsfahrten

Informationen über die Fahrpläne und Fahrpreise der Fähren erhalten Sie bei **Lake Champlain Ferries**, King St. Dock, unter der Rufnummer ☎ 802-864-9804.

Regionale Reisetipps von A–Z (Burlington/VT, Cambridge/MA)

B **Burlington – Port Kent/NY**: Mai-Anfang Okt. 1-stündige Fahrt über den Lake Champlain nach Port Kent/NY, Fahrpreis: einfache Fahrt pro Auto plus Fahrer $ 17,50, H+R $ 32,75, Passagiere
C $ 4,95 bzw. $ 9,30.
Charlotte – Essex/NY: Überfahrt ca. 20 min., einfache Fahrt Auto plus Fahrer $ 9,50, H+R $ 18, Passagiere $ 3,75 bzw. 6,25.
Grand Isle – Plattsburgh/NY: Überfahrt ca. 15 min., einfache Fahrt pro Auto plus Fahrer $ 9,50, H+R $ 18, Passagiere $ 3,75 bzw. $ 6,25.
An Bord der „**Spirit of Ethan Allen II.**" können Sie Rundfahrten auf dem Lake Champlain machen. Abfahrtsstelle: Burlington Boathouse, College St., ☎ 802-862-8300. 1,5-stündige Fahrt, Abfahrt Ende Mai-Mitte Okt. tgl. 10, 12, 14 und 16 Uhr, Fahrpreis: Erw. $ 14,99, Kin. 3-11 J. $ 6. In der Hochsaison werden noch weitere Fahrten mit dem 500-Passagiere-Schiff durchgeführt.

Cambridge/MA (S. 458)
ⓘ „Boston/MA"

 Information
Cambridge Office for Tourism, 4 Brattle St., ☎ 617-441-2884 oder 1-800-862-5678, www.Cambridge-usa.org. Einen **Info-Kiosk** gibt es am Harvard Square, ☎ 617-441-2884.

Sehenswertes
Harvard Information Center, 1350 Massachusetts Ave., ☎ 617-495-1573, Di-Sa 10-17 Uhr, Mitte Juni-Sept. auch So 10-17 Uhr. Kostenlose Führungen Mo-Sa 10-16 Uhr.
Harvard University Art Museums, ☎ 617-495-9400, www.artmuseums.harvard.edu, Mo-Sa 10-17, So 13-17 Uhr, Eintritt: Kombiticket für alle 3 Museen Erw. $ 9, Sen./Stud. $ 7, unter 18 J. frei. Dazu gehören: **Fogg Art Museum**, 32 Quincy St.; **Busch-Reisinger Museum**, 32 Quincy St.; **Arthur M. Sackler Museum**, 485 Broadway/Quincy Sts.
Harvard University Museums of Cultural and Natural History, 26 Oxford St., ☎ 617-495-3045, www.hmnh.harvard.edu, tgl. 10-17 Uhr, Eintritt: Kombiticket für alle 3 Museen Erw. $ 9, Sen./Stud. $ 7, Kin./Jugendl. 3-18 J. $ 6.
Massachusetts Institute of Technology Information Center, 77 Massachusetts Ave., ☎ 617-253-4795, Führungen Mo-Fr um 10.45, 14.45 Uhr; Orientierungsplan für das Institutsgelände.
MIT Museum, 265 Massachusetts Ave., ☎ 617-253-4444, web.mit.edu/museum/, tgl. 10-17 Uhr, Eintritt: Erw. $ 7,50, Sen./Stud. $ 3.
Longfellow House, 105 Brattle St., ☎ 617-876-4491, www.longfellowfriends.org, Mi-So 10-16.30 Uhr, Führungen: Mi-So 10.30-16 Uhr, Eintritt: Erw. $ 3, Kin. frei.
The Sports Museum, Cambridge Side Galleria (s. Einkaufen), ☎ 617-57-SPORT.

Unterkunft
Wie in Boston sind auch in Cambridge die Übernachtungskosten vergleichsweise hoch.
A Cambridge House B&B Inn $$$, 2218 Massachusetts Ave., ☎ 617-491-6300 oder 1-800-232-2989, 🖷 617-868-2848, www.acambridgehouse.com; das viktorianische Haus von 1892 verfügt über 15 antik eingerichtete Nichtraucherzimmer mit Bad und Kamin und einen gemütlichen Aufenthaltsraum; nur wenige Gehminuten zur U-Bahn zum Harvard Square und nach Boston.
Best Western Hotel Tria $$$, 220 Alewife Brook Pkwy., ☎ 617-491-8000, 🖷 617-491-4932, www.Hoteltria.com; das Hotel mit 73 ansprechenden Zimmern, modernen Aufenthaltsräumen und Pool liegt in der Nähe des Harvard Square. Kleines Frühstück inbegriffen.

Harvard Square Hotel $$$, 110 Mt. Auburn St., ☏ 617-864-5200, 🖷 617-864-2409, www.harvardsquarehotel.com; das Hotel mit 73 modernen, gut ausgestatteten Zimmern liegt im lebhaften Zentrum von Cambridge, umgeben von den Gebäuden der Universität.
Hotel @ MIT $$$$, 20 Sidney St., ☏ 617-577-0200, 🖷 617-494-8366, www.hotelatmit.com; am MIT Campus, die 210 auch technisch gut ausgestatteten Zimmer bieten guten Komfort.

🍴 Essen und Trinken
Cambridge Brewing Co, 1 Kendall Square, ☏ 617-494-1994; seit 1989 kann man in diesem Brauerei-Restaurant nicht nur immer wieder neue Biersorten kennen lernen, sondern auch Pizza, Seafood und gute vegetarische Gerichte genießen.
Legal Sea Foods, 5 Cambridge Center, ☏ 617-864-3400; zu den mehr als 40 unterschiedlich zubereiteten Seafood-Gerichten gehört auch die klassische Clam Chowder.
The Cheesecake Factory of Cambridge, 100 CambridgeSide, ☏ 617-252-3810; in der Cambridge Side Galleria, große Auswahl an Kuchen aller Art, aber auch Pizza, Pasta und Burger.

🎁 Einkaufen
Cambridge Side Galleria, 100 CambridgeSide Place, ☏ 617-621-8666, Mo-Sa 10-21.30, So 11-19 Uhr; modernes großes Einkaufszentrum in schöner Lage.
The Globe Corner Book Store, 28 Church St., ☏ 617-730-3900, www.globecorner.com; umfangreiches Angebot an Reiseliteratur und Landkarten in einer der ältesten Buchhandlungen Nordamerikas.

Camden/ME (S. 496)

ℹ️ Information
Camden-Rockport-Lincolnville Chamber of Commerce, 2 Public Landing (am Hafen), ☏ 207-236-4404 oder 1-800-223-5459, www.camdenme.org

👁 Sehenswertes
Conway Homestead – Cramer Museum, Conway Rd./US-1, ☏ 207-236-2257, Juli/Aug. Mo-Do 10-16 Uhr, Eintritt: $ 5.
Camden Hills State Park, 3 km nördlich am US-1, ☏ 207-236-3109, Mitte Mai-Nov. tgl. von 9 Uhr bis Sonnenuntergang.

🛏 Unterkunft
Abigail's Bed&Breakfast Inn $$, 8 High St., ☏ 207-236-2501, www.abigailsinn.com; vier schön eingerichtete Zimmer und 2 Suiten mit kleiner Küche im ehemaligen Kutschenhaus von 1847.
Cedar Crest Motel $$, 115 Elm St., ☏ 207-236-4839, www.cedarcrestmotel.com; zweistöckige Anlage am Ortsrand mit 37 Zimmern, Restaurant, Ppool und Kinderspielplatz, Mai-Ende Okt. geöffnet.
The Mount Battie Motel $$, in Lincolnville, 2158 Atlantic Hwy., ☏ 207-236-3870, www.mountbattie.com; das Haus liegt außerhalb des Ortes in der Nähe des Camden Hill State Parks und bietet einen schönen Blick auf die Penobscot Bay, Frühstück inbegriffen.
Snow Hill Lodge $$, in Lincolnville, 2298 Atlantic Hwy., ☏ 207-236-3452, 🖷 207-236-3452; das Motel mit 30 Zimmern liegt auf einem baumbestandenen Grundstück mit Blick auf die Penobscot Bay und die vorgelagerten Inseln; das kontinentale Frühstück ist im Preis eingeschlossen.

Hawthorn Inn $$$, 9 High St., ☎ 207-236-8842, www.camdenhawthorn.com; zu dem schönen viktorianischen Haus gehören ein ehemaliges Kutschenhaus und ein großer Garten, reichhaltiges Frühstücksbuffet und 5-Uhr-Tee. Einige Zimmer mit schönem Blick auf den Hafen.

The Camden Windward House $$$, 6 High St., ☎ 207-236-9656, ✉ 207-230-0433, www.windwardhouse.com; im 1854 gebauten Haus mit schönem Garten wurden 8 ansprechende Gästezimmer eingerichtet. Ausgiebiges Frühstück ist im Preis inbegriffen.

The Lodge at Camden Hills $$$, 1 mi/1,6 km nördl. von Camden, ☎ 207-236-8478, www.thelodgeatcamdenhills.com; ansprechende Zimmer und Blockhäuser mit ein und zwei Zimmern, Kamin, Küchenzeile und Jacuzzi.

Whitehall Inn $$$, 52 High St., ☎ 207-236-3391, ✉ 207-236-4427, www.whitehallinn.com; das um 1834 gebaute, 1901 erweiterte Haus hat 50 Zimmer, Veranden, einen schönen Garten und einen Tennisplatz. Es werden Fahrräder vermietet.

Essen und Trinken

The Belmont, 6 Belmont Ave., ☎ 207-236-8053; kleines, gepflegtes Restaurant in einem historischen Haus, kreative neuenglische Küche.

Cappy's Chowder House, 1 Main St., ☎ 207-236-2254; im Zentrum von Camden, Chowder, Sandwiches und Seafood zum Mitnehmen.

Harbor Café, 3 Sharp's Wharf, ☎ 207-236-6011; direkt am Hafen können Sie köstliche Seafood-Gerichte, aber auch vegetarische Speisen genießen.

Einkaufen

Camden hat eine Fülle von kleinen Geschäften, Geschenk- und Souvenirläden und Antiquitätengeschäften, die zum Anschauen und Stöbern einladen.

Once a tree, 46 Bayview St., ☎ 207-236-3995; in diesem Kunstgewerbegeschäft finden Sie besonders schöne und auch recht ausgefallene Gegenstände aus Holz.

The Admiral's Button, 36 Bayview St., ☎ 207-236-2617; klassische Kleidung und Segelzubehör für Damen und Herren.

The Owl and Turtle Bookshop, 8 Bayview St., ☎ 207-236-4769; gut sortierte Buchhandlung zum Stöbern und Schmökern.

Patchwork Barn, an der Route 173, 3 mi/4,8 km von Lincolnville Beach, ☎ 207-763-3423, Mai-24. Dez. tgl. 9-17 Uhr; hier wird Kunsthandwerk von mehr als 400 Herstellern aus Maine verkauft, z. B. Handarbeiten, Quilts, Holzschnitzereien und Puppen.

Bootsfahrten

Im Hafen von Camden informiert eine Hinweistafel über die aktuellen Abfahrtszeiten der vielen Ausflugsschiffe, z. B.:

Lively Lady Too, Public Landing, ☎ 207-236-6672, www.livelyladytoo.com, tgl. außer So Fahrten, im Juni und Sept. um 10 und 13.30 Uhr, Juli/Aug. um 10, 13 und 15 Uhr, 2-stündige Ausflugsfahrt mit dem Hummerfangboot „Lively Lady Too" durch die Penobscot Bay, Fahrpreise: Erw. ab $ 28.

Maine Windjammer Cruises, ☎ 207-236-2938, 3- und 6-tägige Kreuzfahrten mit großen Windjammern.

Schooners Olad, Sharp's Wharf, ☎ 207-236-2323, 2-stündige Segelfahrten in der Penobscot Bay, Fahrpreise: Erw. ab $ 31, Kin. unter 12 J. ab $ 19.

Schooner Lewis R. French, ☎ 207-594-2241, 4- und 6-tägige Fahrten; Fahrpreis: ab $ 540.

Schooner Mary Day, ☎ 1-800-992-2218, 3- und 4-tägige Segelfahrten; Fahrpreis: ab $ 480.

Cape Cod/MA (S. 424)

ℹ️ Information
Visit Cape Cod, 326 Man St., Hyannis, Mo–Fr 9–17 Uhr, Infostand auch im John F. Kennedy Museum Hyannis. Im Internet: www.allcapecod.com oder www.visitcapecod.com.
Cape Cod Chamber of Commerce, 5 Shoot Flying Hill Rd. (Rte. 6/132), Hyannis, ☏ 508-362-3225, www.capecodchamber.org.

🚗 Verkehr
FLUGHAFEN
Flugverbindungen vom **Provincetown Municipal Airport**, ☏ 508-487-0241, bestehen mit Boston, Martha's Vineyard und Nantucket Island.

BUS
Regelmäßiger Busverkehr nach New York, New Haven und Boston; auf Cape Cod sind die wichtigsten Orte duch Linienverkehr miteinander verbunden.

👁 Sehenswertes
Cape Cod National Seashore, www.nps.gov/caco/
Province Lands Visitor Center, Race Point Rd., ☏ 508-487-1256, Anf. Mai-Ende Okt. tgl. 9-17 Uhr.
Salt Pond Visitor Center, am US-6 in Eastham, ☏ 508-255-3421, tgl. 9-16.30 Uhr.
Wellfleet Historical Society Museum, 266 Main St., ☏ 508-349-9157.
Sandwich Glass Museum, 129 Main St., ☏ 508-888-0251, www.sandwichglassmuseum.org, April-Dez. . tgl. 9.30-17 Uhr, sonst Mi-So 9.30-16 Uhr, Eintritt: Erw. $ 5, Kin. $ 1,25.
Heritage Plantation Museum & Gardens, Grove/Pine Sts., ☏ 508-888-3300, www.heritagemuseumsandgardens.org, April-Okt. tgl. 10-17 Uhr, Eintritt: Erw. $ 12, Kin. $ 6.
French Cable Museum, MA 28/Cove Rd., ☏ 508-240-1735, www.atlantic-cable.com
Provincetown Art Association and Museum, 460 Commercial St., ☏ 508-487-1750, www.paam.org, Mo-Sa 9-17, So 12-17 Uhr, Eintritt: Erw. $ 2, Kin. frei.
Zooquarium, 674 MA-28, ☏ 508-775-8883, www.zooquariumcapecod.net, April-Sept. tgl. 9.30-17 Uhr, Eintritt: Erw. $ 9,75, Kin. $ 6,75.
John F. Kennedy Hyannis Museum, 397 Main St., ☏ 508-790-3077, www.jfkhyannismuseum.org, Mitte April-Okt. Mo-Sa 9-17, So 12-17 Uhr, Eintritt: Erw. $ 5, Kin. $ 2,50.
Falmouth Museum on the Green, Village Green, ☏ 508-548-4857, www.falmouthhistoricalsociety.org; Mitte Juni Anf. Okt. Di-Fr 10-16, Sa 10-13 Uhr, ganzjährig Mo-Fr 9-15 Uhr, Eintritt und Führung: Erw. $ 5, Kin. unter 13 J. frei.
Woods Hole Science Aquarium, Water/Albatross St., ☏ 508-495-2001, www.nefsc.noaa.gov, Mo-Fr 11-16 Uhr, Eintritt frei.
Woods Hole Oceanographic Institution's Exhibit Center, 15 School St., ☏ 508-289-2252, www.whoi.edu, in den Sommermonaten Mo-Sa 10-16.30, So 12-16.30 Uhr, Eintritt: $ 2.
Aptucxet Trading Post, 24 Aptucxet Rd., ☏ 508-759-9487, Ende Mai-Anfang Aug. Di-Sa 10-16, So 14-17 Uhr, Eintritt: Erw. $ 4, Kin. $ 2; www.bournehistoricalsoc.org/aptucxettradingpost.html
Chatham Railroad Museum, Depot Rd., ☏ 508-945-5199, www.chathamil.net/history/chathamrailroadstation, Mitte Juni-Mitte Sept. Di-Sa 10-16 Uhr, Eintritt frei.

🛏 Unterkunft
Die Übernachtungsmöglichkeiten konzentrieren sich auf die Südküste entlang der US-Route 28 zwischen Falmouth und Chatham sowie im Nordteil zwischen Eastham und Wellfleet entlang

des US-6 und vor Provincetown am US-6A. Neben einigen Hotels und Motels der großen Ketten gibt es eine Vielzahl von privat geführten Häusern. Die **Preise** sind im Vergleich sehr hoch, erkundigen Sie sich außerhalb der Hochsaison nach „Specials" und Preisnachlässen. **Frühzeitige Zimmerreservierungen** sind unbedingt empfehlenswert. Auskünfte über die aktuelle Belegung der Hotels, Inns, B&B- und Ferienhäuser erhalten Sie bei:
Cape Cod Chamber of Commerce, US-6, MA-132, Hyannis, ☏ 508-362-3225.
Association of Bed&Breakfast Reservation Services Cape Cod, ☏ 508-255-3824 oder 1-800-541-6226, 📠 508-240-0599, www.bedandbreakfastcapecod.com; ein Zusammenschluss mehrerer B&B und kleiner Inns auf Cape Cod, Martha's Vineyard und Nantucket.

IN EASTHAM
Viking Shores Motor Lodge $$$, 5200 Route 6, ☏ 508-255-3200, www.vikingshores.com; die Motorlodge mit 40 freundlich eingerichteten Zimmern liegt nicht weit von der National Seashore entfernt; gleich hinter dem Haus verläuft der Cape Cod Bike Trail, deshalb Fahrradverleih im Haus.

IN FALMOUTH
Captain Tom Lawrence House Inn $$$, 75 Locust St., ☏ 508-548-9178, 📠 508-457-1790, www.captaintomlawrence.com; das historische Kapitänshaus bietet 7 gemütlich und traditionell eingerichtete Gästezimmer und ein reichhaltiges Frühstück.
Inn on the Square $$$, 40 N Main St., ☏ 508-457-0606, 📠 508-457-9694; schönes Landgasthaus mit 72 geräumigen Zimmern, großem Swimmingpool, Garten und Veranda in der historischen Ortsmitte, gutes Frühstück; www.innonthesquare.com
The Palmer House Inn $$$, 81 Palmer Ave., ☏ 508-548-1230, www.palmerhouseinn.com; das Haus von 1901 liegt im historischen Viertel und hat 17 romantische Zimmer und einen schönen Garten; das Frühstück ist sehr reichhaltig. Restaurants, Strände, Geschäfte zu Fuß zu erreichen.

IN HYANNIS
Anchor-In $$$, 1 South St., ☏ 508-775-0357, 📠 508-775-1313, www.anchorin.com; die Anlage mit 43 ansprechend eingerichteten Zimmern bietet einen schönen Blick über den Hafen und die Lewis Bay. Restaurants, Geschäfte und Fähranleger sind nur wenige Schritte entfernt.
Radisson Hotel $$$, 287 Iyannough Rd., ☏ 508-771-1700, 📠 508-771-5156, www.radisson.com/hyannisma; angenehmes Hotel mit 160 geräumigen, gut ausgestatteten Zimmern, es liegt nicht weit vom Hyannis Historic Waterfront District entfernt.

IN PROVINCETOWN
Cape Inn $$$, 698 Commercial St, ☏: 508-487-1711, 📠: 508-487-3929, www.capeinn.com; Hotel mit 78 unterschiedlich großen Zimmern, Swimmingpool und teilweise Blick auf den Hafen.
Surfside Hotel & Suites $$$, 543 Commercial St., ☏ 866-469-4358, 📠 508-487-6556, www.surfsideinn.cc; direkt am Strand liegendes Hotel mit 86 komfortablen Zimmern und Apartment, teilweise mit Küchenzeile, 1,6 km östl. des Zentrums.
Crown Pointe Historic Inn & Spa $$$$, 82 Bradford St., ☏ 508-487-6767, 📠 508-487-5554, www.crownepointe.com; auf einer Klippe gelegenes, von einem großen Garten umgebenes Hotel mit 40 ansprechend eingerichteten Zimmern, teilweise mit Küchenzeile oder Kamin, Swimmingpool, Spa; ein reichhaltiges Frühstück ist im Preis eingeschlossen.

Fähre/Boots- und Walbeobachtungsfahrten
Hy-Line Cruises, Hyannis, Pier 1/Ocean Street Dock, ☏ 508-778-2600, www.hy-linecruises.com; Schnell- und normale Fähren nach Nantucket Island und Martha's Vineyard.

The Steamship Authority, ☏ 508-477-8600, www.steamshipauthority.com; Fähren von Woods Hole/Cape Cod nach Martha's Vineyard, von Hyannis/Cape Cod nach Nantucket Island.
Hyannis Whale Watcher Cruises, Millway Marina in Barnstable Harbor, ☏ 508-362-6088 oder 1-888-942-5392, www.whales.net, 4-stündige Walbeobachtungsfahrten Mai-Okt., Fahrpreis: Erw. $ 45, Kin. $ 25.
Dolphin Fleet, 307 Commercial St., Mac-Millan Pier in Provincetown, ☏ 1-800-826-9300, www.whalewatch.com, 3-4-stündige Fahrten mit sachkundiger Begleitung, Fahrpreis: Erw. $ 39, Kin. $ 31.
Portuguese Princess Excursions, Mac-MillanPier/Fisherman's Wharf, ☏ 1-800-442-3188, www.provincetownwhalewatch.com, 3-stündige Fahrten mit sachkundiger Begleitung, Fahrpreis: Erw. $ 39, Kin. $ 21.

Touren
Cape Cod Besichtigungsfahrt, ganztägige Ausflugsfahrt auf Cape Cod, Abfahrt am Busbahnhof in Hyannis.
Zur Insel **Martha's Vineyard**, 2-4 x tgl., Fahrzeit ca. 1,5 Std.; außerdem gibt es Tagesausflüge mit 4-stündigem Aufenthalt auf der Insel. Reisebusse für Inselrundfahrten sind auf die Ankunfts- und Abfahrtszeiten der Boote abgestimmt.
Zur Insel **Nantucket Island**, 3-5 x tgl., Fahrzeit ca. 2 Std.; außerdem Tagesausflüge mit 3- bis 4-stündigem Inselaufenthalt.
Hyannis Harbour Tour, Pier 1 Ocean Street Dock, ☏ 508-778-2600, 1-stündige Rundfahrten durch den Hafen von Hyannis mit Ausblick auf die Sommerhäuser der Kennedy-Familie, das Kennedy Memorial und den Yachtclub.

Cape Elizabeth/ME (S. 489)

Information
Greater Portland Convention and Visitors Bureau – Cape Elizabeth, 245 Commercial St., Portland, ☏ 207-772-5800, 📠 207-874-9043, www.visitportland.com

Sehenswertes
Portland Headlight, 1000 Shore Rd. im Fort Williams Park, ☏ 207-799-2661. Der Park ist ganzjährig bis zum Einbruch der Dämmerung geöffnet; Museum Juni-Okt. tgl. 10-16 Uhr, sonst nur an Wochenenden.

Catskill/NY (S. 578)

Information
Greene County Tourism, P.O. Box 527, ☏ 518-943-3223 oder 1-800-355-2287, www.greenetourism.com, Information Center am Exit 21 der I-87.

Sehenswertes
Die **Catskill Game Farm** wurde 2006 nach 73-jährigem Bestehen geschlossen.
Mountain Top Arboretum, am NY-23A, Tannersville, ☏ 518-589-3903, www.mtarbor.org.

Eisenbahn/Touren
Catskill Mountain Railroad, ☏ 845-688-7400, www.catskillmtrailroad.com, Fahrpreis der Rundfahrt: Erw. $ 14, Kin. 4-11 J. $ 8.

Unterkunft
Catskill Quality Inn & Conference Center $$, 704 Route 23 B, ☏ 518-943-5800, 🖷 518-943-7084, www.qualityinn.com; Mittelklassehotel am I-87 mit Restaurant und 71 Zimmern, teilweise mit Küchenzeile.
The Caleb Street's Inn $$$, in 251 Main Street, ☏ 518-943-0246, www.calebstreetsinn.com; zentral gelegenes, gepflegtes Haus aus dem Jahr 1785 mit vier liebevoll eingerichteten Zimmern und schönen Aufenthaltsräumen.

Charlotte/VT (S. 562)

Sehenswertes
Vermont Wild Flower Farm, am US-7, ☏ 802-425-3641, www.americanmeadows.com, April-Okt. tgl. 9-17 Uhr, Eintritt: Erw. $ 5, Kin. unter 12 J. frei.

Fähre
Charlotte-Essex-Ferry, ☏ 802-864-9804, Fahrzeiten April-Jan. tgl. Die Überfahrt mit dem Fährschiff über den Lake Champlain nach Essex/New York dauert 20 Min., Fahrpreis: einfache Fahrt pro Auto plus Fahrer $ 9,50, H+R $ 18, Passagiere $ 3,50 bzw. $ 6,25.

Clinton/CT (S. 389)

Information
Clinton Chamber of Commerce, 50 E Main St., ☏ 860-669-3889, www.clintonct.com

Sehenswertes
Stanton House, 63 E Main St., ☏ 203-669-2132, Öffnungszeiten nach Vereinbarung (☏ 860-964-0154).

Concord/MA (S. 461)
ⓘ „Lexington/MA"

Information
Concord VC, 58 Main St., ☏ (978) 369-3120, www.concordchamber.org
Greater Merrimack Valley CVB, ☏ 1-800-443-3332 oder (978) 250-9704, www.merrimackvalley.org
Chamber of Commerce, 15 Walden St., ☏ 978-369-3120, im Internet: www.onconcord.com

Sehenswertes
North Bridge Visitor Center (Minute Man National Historical Park), 174 Liberty St., ☏ 978-369-6993, www.nps.gov/mima, tgl. 9-17 Uhr.
Concord Museum, 200 Lexington Rd., ☏ 978-369-9609, www.concordmuseum.org, Mo-Sa 9-17, So 12-17 Uhr, Eintritt: $ 10, Kin. $ 5.
The Olde Manse, 269 Monument St., ☏ 978-369-3909, www.thetrustees.org, Mitte April-Ende Okt. Mo-Sa 10-17, So 12-17 Uhr, Eintritt: mit Führung Erw. $ 8, Kin. $ 5.
Ralph Waldo Emerson House, 28 Cambridge Turnpike, ☏ 978-369-2236, www.rwe.org/emersonhouse, Mitte April-Okt. Do-Sa 10-16.30, So 13-16.30 Uhr, Führungen, Eintritt: Erw. $ 7, Kin. $ 5.
Orchard House, 399 Lexington Rd., ☏ 978-369-4118, www.louisamayalcott.org, April-Okt. Mo-Sa 10-16.30, So 13-16.30 Uhr, Eintritt: Erw. $ 9, Sen./Stud. $ 8, Kin. $ 5, Familienkarte $ 25.

Walden Pond State Reservation, *915 Walden St. (MA-126)*, ☏ *978-369-3254, www.mass.gov/dcr/parks/northeast/wldn, tgl. bis zur Dämmerung, Parkgebühr $ 5.*
Great Meadows National Wildlife Refuge, *Monsen Rd.*, ☏ *978-443-4661, www.greatmeadows.fws.gov/, Besucherzentrum in Sudbury Mo-Fr 8-16 Uhr, Eintritt frei.*

Unterkunft
Best Western at Historic Concord $$, *740 Elm St.*, ☏ *978-369-6100*, 🖷 *978-371-1656, www.bestwestern.com/historicconcord; das angenehme Hotel verfügt über 106 gut ausgestattete Zimmer, Swimmingpool, Fitnessraum und Restaurant. Es liegt ca. 3 km vom Zentrum entfernt und ist als Ausgangspunkt für Besichtigungen in Concord und Lexington gut geeignet.*
The Hawthorne Inn $$$, *2 Lexington Rd.*, ☏ *978-369-5610*, 🖷 *978-287-4949, www.concordmass.com; das Haus von 1870 liegt auf historischem Gelände. Die 7 Nichtraucherzimmer sind mit antiken Möbeln und Erinnerungsstücken aus der Zeit des Unabhängigkeitskampfes eingerichtet und haben ein eigenes Bad. Ein kleines Frühstück ist im Preis enthalten.*
Concord's Colonial Inn $$$$, *48 Monument Square*, ☏ *978-369-9200*, 🖷 *978-371-1533, www.Concordscolonialinn.com; das 1716 gebaute Haus (seit 1889 Hotel) verfügt über 56 komfortable Zimmer und Suiten und ein bekanntes Restaurant. Nur wenige Schritte entfernt liegen* **Rebecca's Guest House** *mit 4 wohnlichen Zimmern und das gut ausgestattete Ferienhaus* **The Cottage**.

Essen und Trinken
The Colonial Inn Restaurant, *48 Monument Square*, ☏ *978-369-2373; traditionsreiches Restaurant mit ausgezeichneter neuenglischer Küche, darunter Spezialitäten wie „Colonial Chicken Pot Pie" und „Indian Pudding".*
Walden Grille, *24 Walden St.*, ☏ *978-371-2233; das beliebte Restaurant im ersten Feuerwehrhaus Concords bietet kreative amerikanische Küche*

Concord/NH (S. 538)

Information
Greater Concord Chamber of Commerce, *40 Commercial St.*, ☏ *603-224-2508*, 🖷 *603-224-8728, www.concordnhchamber.com, www.ci.concord.nh.us*

Sehenswertes
Museum of New Hampshire History, *6 Eagle Square/N Main St.*, ☏ *603-228-6688, www.Nhhistory.org, Juli-Okt. Mo-Sa 9.30-17, So 12-17 Uhr, sonst Mo geschl., Eintritt: Erw. $ 5,50, Kin. $ 3,50, Familienkarte $ 17.*
State House, *Main St.*, ☏ *603-271-2154, Mo-Fr 8-16.30 Uhr, Eintritt frei.*
Pierce Manse, *14 Horse Shoe Pond Rd.*, ☏ *603-225-2068, Mitte Juni-Mitte Sept. Mo-Fr 11-15 Uhr.*
Canterbury Shaker Village, *Shaker Rd., 15 mi/25 km nördl. am NH-106*, ☏ *603-783-9511, www.shakers.org, Mai-Okt. 10-17 Uhr, Eintritt: Erw. $ 17, Kin. 6-17 J. $ 8, Familienkarte $ 42.*

Cooperstown/NY (S. 581)

Information
Cooperstown Chamber of Commerce, *31 Chestnut St.*, ☏ *607-547-9983*, 🖷 *607-547-6006, www.cooperstownchamber.org*

C

Sehenswertes
National Baseball Hall of Fame and Museum, 25 Main St., ☎ 607-547-7200 oder 1-888-425-5633, www.baseballhalloffame.org, Anf. Mai-Anf. Sept. tgl. 9-21 Uhr, sonst 9-17 Uhr, Eintritt: Erw. $ 16,50, Sen. $ 11, Kin. 7-12 J. $ 6.
Farmer's Museum, Lake Rd./SR 80, ☎ 607-547-1450 oder 1-888-547-1459, Mitte Mai-Mitte Okt. tgl. 10-17 Uhr, Eintritt: Erw. $ 11, Sen. $ 9,50, Kin. 7-12 J. $ 5.
Fenimore Art Museum, Lake Rd./SR 80, ☎ 607-547-1400 oder 1-888-547-1450, Mitte Mai-Mitte Okt. tgl. 10-17 Uhr, Eintritt: Erw. $ 11, Sen. $ 9,50, Kin. 7-12 J. $ 5.

Unterkunft
Best Western Inn & Suites at the Commons $$, Route 28, ☎ 607-547-7100, www.bestwestern.com; modernes Hotel mit 99 freundlichen Zimmern, ca. 4 km außerhalb von Cooperstown an der Hartwick Commons Shopping Plaza.
The Inn at Cooperstown $$, Main/Chestnut Sts., ☎ 607-547-5756, 📠 607-547-8779, www.innatcooperstown.com; viktorianisches Haus aus dem Jahr 1874 mit 18 in verschiedenen Stilen eingerichteten Zimmern und gutem Frühstück.
Cooperstown Lake 'N Pines Motel $$$, 7102 State Highway 80, ☎ 607-547-2790, 📠 607-547-5671, www.lakenpinesmotel.com; freundliches Motel am Otsego Lake mit 24 Zimmern, teilweise mit Balkon, Swimmingpool, kostenlose Benutzung von Paddel- und Ruderbooten, März-Okt. geöffnet.

Essen und Trinken/Führungen
Brewery Omnegang, 656 CR 33, ☎ 607-544-1800 oder 1-800-544-1809, Führungen (mit Bierprobe) finden Ende Mai-Anf. Sept. Mo-Fr 12-19, Sa/So 11-19 Uhr statt, sonst Mo-Fr 12-17 Uhr. Eintritt: frei.

Corning/NY (S. 617)

Information
Information Center of Corning, 1 W. Market St., Suite 302, ☎ 607-962-8997, www.CorningNY.com, www.ExperienceCorningNY.com

Sehenswertes
Corning Museum of Glass, 1 Museum Way, ☎ 1-800-732-6845, www.cmog.org, tgl. 9-17 Uhr, Eintritt: Erw. $ 12,50, Kin./Jugendl. unter 19 J. frei.
The Rockwell Museum, 111 Cedar St., ☎ 607-937-5386, Mo-Sa 10-17, So 12-17 Uhr, Eintritt: Erw. $ 6,50, Sen./Kin./Jugendl. bis 17 J. $ 5,50, Familienkarte $ 20.

Unterkunft
Comfort Inn $$, 66 W Pulteney St., ☎ 607-962-1515, 📠 607-962-1899, www.comfortinn.com; Motel in zentraler Lage mit 62 freundlich eingerichteten Zimmern und Sauna.
Rosewood Inn $$, 134 E 1st St., ☎ 607-962-3253, www.rosewoodinn.com; in dem viktorianischen Haus aus dem Jahr 1855 wurden 7 Gästezimmer mit schönen antiken Möbeln eingerichtet, ausgiebiges Frühstück und Nachmittagstee.
Radisson Hotel Corning $$$, 125 Denison Pkwy. East, ☎ 607-962-5000, 📠 607-962-4166, www.radisson.com; sehr günstig zu den Museen und zum Zentrum gelegenes Hotel mit 177 ansprechend eingerichteten Zimmern, Swimmingpool, Restaurant.

Regionale Reisetipps von A–Z
(Crown Point/NY, Dartmouth u.Lake Sunapee/NH, Deerfield/MA, Dover-Foxcroft/ME)

Crown Point/NY (S. 573)

Sehenswertes
Crown Point State Historic Site, 739 Bridge Rd., ☏ 518-597-3666, www.nysparks.com; das Gelände ist Mai-Okt. tgl. bis Sonnenuntergang geöffnet, das Museum Mi-Mo 9-17 Uhr. Eintritt Gelände: an den Wochenenden $ 5; Eintritt Museum: $ 3, Sen./Stud. $ 2, Kin. unter 12 J. frei.

Dartmouth und Lake Sunapee/NH (S. 535)

Information
Lake Sunapee Region Chamber of Commerce, P.O. Box, New London, ☏ 603-526-6575 oder 1-877-526-6575, www.lakesunapeenh.org

Sehenswertes
Ruggles Mine, in Grafton, nördl. vom Sunapee Lake am US-4, ☏ 603-448-6911, Mitte Juni-Mitte Okt. tgl., Mitte Mai-Mitte Juni nur an Wochenenden.
Dartmouth College, in Hanover, 6016 N. Main St., ☏ 603-646-1110; Führungen.

Wintersport und Wandern
Mount Sunapee State Park, ☏ 603-763-5561, Wandern und Wintersportmöglichkeiten.

Deerfield/MA (S. 473)

Information
Franklin County Chamber of Commerce, 395 Main St., Greenfield, ☏ 413-773-5463, ✉ 413-773-7008, www.franklincc.org

Unterkunft
Deerfield Inn $$$, 81 Old Main St., ☏ 413-774-5587, ✉ 413-773-8712, www.deerfieldinn.com; das 1884 gebaute Landgasthaus verfügt über 23 stilvoll eingerichtete Zimmer und ein sehr gutes Restaurant. Kleine Mahlzeiten kann man auch auf der Terrasse und im Garten einnehmen.

Dover-Foxcroft/ME (S. 509)

Information
Bangor Region Chamber of Commerce, 519 Main St., ☏ 207-945-5717 in Bangor, www.bangorregion.com

Sehenswertes
Blacksmith Shop Museum, Park St./Chandler-Daws Rd., ☏ 207-564-2549, Mai-Okt. tgl.

Sport
Peaks-Kenny State Park, am Sebec-See, 6 mi/9,6 km nördl. am ME-153, ☏ 207-564-2003; schönes Wandergebiet, vielseitige Wassersportmöglichkeiten.

REITEN
Northern Maine Riding Adventures, 186 Garland Line Rd., ☏ 207-564-3451, ✉ 207-564-9004; Abenteuer auf dem Rücken der Pferde, ganzjährige Reitschule, ein- und mehrtägige Reitausflüge.

Regionale Reisetipps von A–Z (Ellsworth/ME, Elmira/NY, Essex/VT)

E) Ellsworth/ME (S. 498)

ⓘ Information
Ellsworth Area Chamber of Commerce, High St., ☏ 207-667-5584, im Internet www.ellsworthchamber.org

👁 Sehenswertes
Woodlawn Museum/Black House, am ME-172, ☏ 207-667-8671, Juni-Sept. Di-Sa 10-17, So 13-16 Uhr, Eintritt: Erw. $ 7,50, Kin. $ 3.
Stanwood Homestead Museum and Wildlife Sanctuary (Birdsacre), am US-3 in Richtung Bar Harbor, ☏ 207-667-8460, Museum: Mitte Juni-Mitte Okt. 10-16 Uhr, Park: ganzjährig.
Lamoine State Park, 8 mi/12,8 km südl. am ME-184, ☏ 207-667-4778.

🛏 Unterkunft
Holiday Inn $$, 215 High St., ☏ 207-667-9341, 📠 207-667-7294, www.holiday-inn.com; Mittelklassehotel mit 102 Zimmern in der Nähe des Einkaufszentrums, ca. 20 Min. Fahrzeit nach Bar Harbor und zum Acadia National Park.
The Colonial Inn $$, 321 High St., ☏ 207-667-5548 oder 1-888-667-5548, www.colonial-inn.com/; freundliches Hotel mit 67 Zimmern, ca. 30 Min. von Bar Harbor und dem Acadia National Park entfernt.

Elmira/NY (S. 618)

ⓘ Information
Chemung County Chamber of Commerce, 400 East Church St., ☏ 607-734-5137 oder 1-800-627-5892, 📠 607-734-4490, www.chemungchamber.org

👁 Sehenswertes
Mark Twain Study, auf dem Gelände des Elmira College, ☏ 607-735-1941.

🛏 Unterkunft
Coachman Motor Lodge $$, 908 Pennsylvania Ave., ☏ 607-733-5526, 📠 607-733-0961, www.coachmanmotorlodge.com; Motel mit 18 Apartments, die jeweils aus einem Schlaf- und Wohnraum bestehen.
Holiday Inn-Elmira Riverview $$, 760 E Water St., ☏ 607-734-4211, 📠 607-734-3549, www.ichotelsgroup.com; modernes Mittelklassehotel mit 148 Zimmern, Sauna und Swimmingpool.

🎭 Veranstaltungen
Mark Twain The Musical, im Murray Center Domes, ☏ 1-800-395-MARK, Vorstellungen: Juli/Aug. Mi-So um 19.30 Uhr, Mi, Sa und So zusätzlich um 14 Uhr, Karten: Erw. $ ab 15 €, Kin. unter 10 J. ab 8 €.

Essex/VT

🛏 Unterkunft
The Essex, Vermont's Culinary Resort & Spa $$$, 70 Essex Way, ☏ 802-878-1100 oder 1-800-727-4295, www.vtculinaryresort.com; das schöne, im Kolonialstil gebaute Haus ist 16 km von Burlington entfernt. Es bietet 97 wohnlich eingerichtete Zimmer mit schönem Bergblick,

Swimmingpool, eine gepflegte Gartenanlage und zwei empfehlenswerte Restaurants des New England Culinary Institutes.

Fall River/MA (S. 422)

Information
Fall River Department of Tourism, One Government Center, ☎ 508-324-2000, www.fallriverma.org

Sehenswertes
Battleship Cove, an der Kreuzung von I-195 und MA-138, ☎ 508-678-1100, www.battleshipcove.org, tgl. 9-17 Uhr, Eintritt: Erw. $ 14, Kin. 6-14 J. $ 8.
Marine Museum, 70 Water St., ☎ 508-674-3533, Mo-Fr 9-17, Sa 12-17, So 12-16 Uhr, Eintritt: Erw. $ 5, Kin. $ 4.

Unterkunft
Best Western Fall River $$, 360 Airport Rd., ☎ 508-672-0011, 📠 508-676-6251, www.bestwestern.com; zweckmäßig eingerichtetes Mittelklassehotel mit 82 Zimmern und Swimmingpool, nicht weit von den Fall River Outlets entfernt.

Einkaufen
Fall River Outlets, an der Kreuzung von I-195 und Hwy. 24 ☎ 1-800-424-5519; Kleidung, Haushalts- und Einrichtungsgegenstände, Geschenkartikel und Kosmetika.

Finger Lakes/NY (S. 583)

Information
Finger Lakes Association, 309 Lake St., Penn Yan, ☎ 315-536-7488 oder 1-800-548-4386, www.fingerlakes.org
Cayuga County Office of Tourism, 131 Genesee St., Auburn, NY 13021, ☎ 315-255-1658 oder 1-800-499-9615, www.tourcayuga.com

Sehenswertes
Memorial Chapel, 17 Nelson St., Auburn, ☎ 315-252-0339.

Unterkunft
Da die Finger-Lakes-Region als Feriengebiet bei amerikanischen Familien sehr beliebt ist, sind die Hotels und die zahlreichen Privatunterkünfte oft sehr früh ausgebucht. Fragen Sie deshalb telefonisch rechtzeitig an!

GENEVA
Ramada Inn Geneva Lakefront $$, 41 Lakefront Dr., ☎ 315-789-0400, 📠 315-781-1850, www.genevaramada.com; sechsstöckiges Hotel mit 148 geräumigen Zimmern, kleinem Swimmingpool, Restaurant mit Seeblick.
Belhurst $$$, 1052 Lochland Rd., ☎/📠 315-781-0201, www.belhurst.com; 1885 am Seneca Lake gebautes Schloss, in dem 13 Gästezimmer stilvoll eingerichtet wurden, mit Swimmingpool und Bootsanlegestelle.

Regionale Reisetipps von A–Z
(Finger Lakes/NY, Franconia u. Franconia Notch State Park/NH)

F Geneva-on-the-Lake $$$$, 1001 Lochland Rd., ☏ 315-789-7190, 📠 315-789-0322, www.genevaonthelake.com; auf einer Klippe stehende Villa mit herrlichem Blick auf den Seneca Lake, 30 komfortable Zimmer und Suiten, Verleih von Segelbooten, Surfbrettern, Kanus und Rädern.

GLENORA
South Glenora Tree Farm $$, 546 S Glenora Rd., ☏ 607-243-7414, www.fingerlakes.net/treefarm; ruhig gelegenes Bed& Breakfast-Haus in einer ehemaligen Scheune mit 5 gemütlich eingerichteten Zimmern, offenen Kaminen und schönen Veranden, die zum Entspannen einladen.
The Inn at Glenora Wine Cellars $$$, 5435 Route 14, ☏ 607-243-9500, 📠 607-243-9595, www.glenora.com; das ansprechende Hotel mit komfortablen Gästezimmern und schönem Blick auf den Seneca Lake liegt inmitten des Weingutes Glenora Wine Cellars.

ITHAKA
Peregrine House Victorian Inn $$, 140 College Ave., ☏ 607-272-0919, www.innsite.com; 1874 gebautes viktorianisches Haus mit 8 Zimmern, 4 mit eigenem Bad, die Aufenthaltsräume haben einen Kamin, gutes Frühstück.

WATKINS GLEN
Chieftain Motel $$, 3815 NY-14, ☏ 607-535-4759, 📠 607-535-6091; einfaches, schön gelegenes Motel mit 14 ordentlichen Zimmern.
Longhouse Lodge Motel $$, NY-14 at Abrams, ☏ 607-535-2565, 📠 607-535-2565, www.longhouselodge.com; Motel mit schönem Ausblick und 21 freundlichen Zimmern.

EMPFEHLENSWERTE UNTERKÜNFTE IN B&B-HÄUSERN
Carriage House Inn $$$, Sodus Point, ☏ 315-483-2100 oder 1-800-292-2990, www.carriage-house-inn.com; dieses historische Haus zählt zu den 50 besten historischen Landgasthäusern des Nordostens. Die 8 Zimmer haben alle ein eigenes Bad und liegen entweder im viktorianischen Haupthaus aus dem Jahr 1870 oder im alten Kutscherhaus gleich neben dem Leuchtturm-Museum direkt am Ufer des Ontario-Sees. Das Carriage House hat einen direkten Zugang zum See.
Silverstrand at Sheldrake $$$, 7398 Wyers Pt. Rd., Ovid, NY 14521, ☏ 607-532-4972 oder 1-800-283-5253, www.silverstrand.net; in dem 150 Jahre alten Haus gibt es 6 Zimmer mit eigenem Bad und eine schöne Terrasse. Das Haus ist nur durch eine schmale Straße vom See getrennt; außerdem gibt es ein modernes Gästehaus mit 3 Zimmern, die jeweils über eine Kücheneinrichtung verfügen.
Driftwood Inn $$, 7401 Wyers Pt. Rd., Ovid, NY 14521, ☏ 607-532-4324 oder 1-888-532-4324, www.fingerlakesbedandbreakfast.com; das ruhige Haus mit 5 Zimmern, die teilweise über ein eigenes Bad verfügen, liegt direkt am See und lädt zur Erholung ein. Außerdem gibt es Apartments und besonders für Familien geeignete Cottages.
Einfachere, in der Ausstattung einander sehr ähnliche **B&B-Häuser** gibt es auch in **Trumansburg** in der Nähe des Taughannock Falls State Parks und in der Nachbarschaft einiger Weingüter, die zu Besichtigungen und Weinproben einladen, z. B.
The Archway $$, 7020 Searsburg Rd., ☏ 607-387-6175, www.cayugalake.com/inns/archway.html; schönes Haus aus dem Jahr 1861 mit freundlichen Zimmern, schönem Garten, einer Terrasse und einem reichhaltigen Frühstück. Das Haus liegt nur wenige Minuten vom Cayuga Lake entfernt.

Franconia und Franconia Notch State Park/NH (S. 531)

 Information
Franconia Welcome Center, an der Route 18 in Franconia, Exit 39 von I-93 (links neben

der Town Hall), ☏ 603-823-5661, Mitte Mai-Columbus Day, Mi-Sa 10-18 Uhr, im Internet: www.franconianotch.org, www.nhparks.state.nh.us

Sehenswertes
Frost Place, Ridge Rd., ☏ 603-823-5510, www.frostplace.org, Juli-Sept. Mi-Mo 13-17 Uhr, sonst Sa/So 13-17 Uhr, Eintritt: Erw. $ 5, Kin. 6-12 J. $ 3.
Cannon Mountain Aerial Tramway, Franconia Notch Pkwy., 5 mi/8 km südl. von Franconia, ☏ 603-823-5563, www.cannonmt.com, Mitte Mai-Ende Okt. tgl. 9-17 Uhr, Rundfahrt + Eintritt The Flume: Erw. $ 24, Kin. 6-12 J. $18, einfache Fahrt: Erw. $ 13, Kin. 6-12 J. $ 10.
The Flume, 10 mi/16 km südl. von Franconia, ☏ 603-745-8391, www.theflume.com, Mitte Mai-Ende Okt. tgl. 9-16.30 Uhr, Eintritt: Erw. $ 13, Kin. 6-12 J. $ 9.
New England Ski Museum, neben der Kabinenseilbahn, ☏ 603-823-7177, Ende Mai-Mitte Okt. Di-So 12-17 Uhr, Eintritt frei.

Unterkunft
Franconia Inn $$, 1300 Easton Rd., 3,5 km westl. am NH-116, ☏ 603-823-5542, 📠 603-823-8078, www.franconiainn.com; historisches Hotel am Fluss mit 32 gut ausgestatteten Zimmern, z. T. mit Bergblick; beheizter Pool, Tennisplätze, Tandemverleih, guter Ausgangspunkt für Wanderungen.
Gale River Motel $$, 1 Main St., ☏ 603-823-5655, 📠 603-823-5280, www.galerivermotel.com; schön gelegenes Motel mit 12 Zimmern und zwei Cottages, Bergblick, Pool, Spielplatz.
Stonybrook Motor Lodge $$, 2 km südl. am NH-18, ☏ 603-823-8192, 📠 603-823-8196, www.stonybrookmotel.com; Motel mit 24 Zimmern, zwei beheizten Swimmingpools, Kinderspielplatz, Grillplatz und Ententeich im Garten; Wanderwege am Haus.

CAMPING
Im Park gibt es einige Zeltplätze; Voranmeldung empfehlenswert unter www.nhparks.state.nh.us, Infos unter ☏ 603-745-8391.

Wanderung
Informationen über Verlauf und Schwierigkeitsgrade der vielen Wanderwege im Franconia Notch State Park erhalten Sie in den örtlichen Informationsstellen. Beliebt sind die Wanderungen zum Kinsman Mountain, zum Lonesome Lake und zum Gipfel des Cannon Mountain; sehr einfach sind die Spaziergänge zum Echo Lake, zum „Old Man of the Mountain" und zu „The Flume".

Freizeit
Bademöglichkeiten, Boote und Picknickplätze gibt es am Echo Lake.

Fahrrad fahren
Für Radfahrer bietet sich eine sehr schöne Möglichkeit, den Park kennen zu lernen. Der neu angelegte Fahrradweg ist 9 mi/14,4 km lang und führt zu den bekannten Sehenswürdigkeiten des State Parks, ist aber durchgängig von der Autostraße getrennt.

Franklin/NH (S. 533)

i Information
Franklin Chamber of Commerce, 406 Central St., ☏ 603-934-6909, www.luconia-weirs.org

Sehenswertes
Congregational Christian Church, 47 Main St., ☏ 603-934-4242.
Daniel Webster Birthplace, North Rd., am NH-127, ☏ 603-934-5057, Ende Juni-Ende Sept. Sa/So 10-18 Uhr, Eintritt: Erw. $ 4, Sen./Kin./Jugendl. $ 2.

Unterkunft
Franklin $, 420 N Main St., ☏ 603-934-4744; kleines Hotel mit 10 Zimmern.
Black Swan $$, 354 W Main St., ☏ 603-286-4524, www.blackswaninn.net; das viktorianische Haus in Tilton stammt aus dem Jahr 1880 und ist sehr stilvoll eingerichtet. Das Frühstück ist im Preis enthalten; nicht für Kinder unter 12 Jahren vorgesehen.

Sport/Freizeit
Franklin Falls/Blackwater Dams, 46 Granite Dr., ☏ 603-934-2116; der Park bietet reichlich Möglichkeit zum Wandern, Reiten und Radfahren.

Freeport/ME (S. 491)

Information
Town of Freeport, 30 Main St., ☏ 207-865-4744, www.freeportmaine.com

Sehenswertes
Desert of Maine, Desert Rd., ☏ 207-865-6962, www.desertofmaine.com, 10. Mai-14. Okt., von 9 Uhr bis Sonnenuntergang, Eintritt: Erw. $ 8,75, Jugendl. 13-16 J. $ 6,75, Kin. $ 5,75.

Unterkunft
Best Western Freeport Inn $$, 335 U.S. Route 1, ☏ 207-865-3106, 🖷 207-865-6364, www.bestwestern.com; Haus mit 80 modern eingerichteten Zimmern, Swimmingpool, Spielplatz, Kanuverleih, 3 mi/4,8 km von L.L. Bean und den Outlets entfernt.
Brewster House Bed and Breakfast $$, 180 Main St., ☏ 207-865-4121 oder 1-800-865-0822, www.brewsterhouse.com; historisches Haus mit 7 geräumigen, mit Antiquitäten eingerichteten Zimmern; Geschäfte und Outlet Center sind zu Fuß bequem erreichbar.
Captain Briggs House B&B $$, 8 Maple Ave., ☏ 207-865-1868 oder 1-888-217-2477, www.captainbriggs.com; ruhig gelegenes Haus von 1853 mit gemütlich eingerichteten Zimmern, jeweils mit Bad, und ausgiebigem Frühstück. Das Outlet-Zentrum ist drei Blocks entfernt.
Freeport Clipper Inn $$$, 181 Main St., ☏ 207-865-9623 oder 1-866-866-4002, www.freeportclipperinn.com; mit schönen Antiquitäten eingerichtetes Haus aus dem Jahr 1840, gepflegte Gartenanlage und Swimmingpool.
Harraseeket Inn $$$$, 162 Main St., ☏ 207-865-9377, 🖷 207-865-1684; sehr komfortables Landgasthaus mit elegantem Restaurant und der gemütlichen Broad Arrow Taverne, alle Zimmer mit Bad, Jacuzzi und Kamin, nur zwei Straßenblocks von L.L. Bean entfernt; www.harraseeketinn.com
Weitere Übernachtungsmöglichkeiten in **B&B-Häusern** können Sie erfragen bei **Freeport Area B&B Association**, P.O. Box 267, ☏ 207-865-1500 oder 1-800-853-2727.

Einkaufen
Direkt am US-1 liegt Freeports große Attraktion, das riesige **Outlet**- und **Einkaufszentrum** mit Geschäften aller Art: Sportgeschäfte wie Levi's, Fila, Bogner oder Reebok, Modeboutiquen wie Calvin Klein und Laura Ashley, Glas- und Porzellangeschäfte wie Villeroy&Boch und Corning, Schuh-

geschäfte, Läden mit Weihnachts- und Geschenkartikeln und mehrere Läden mit neuenglischem Kunsthandwerk.
Hier liegt auch **L.L. Bean**, US-1, 95 Main St., ☎ 1-800-341-4341, www.llbean.com, ein in den USA allseits bekannter Name für Artikel rund um das Thema Freizeitaktivitäten. In dem modernen Geschäftskomplex finden Sie alles, was man sich für Freizeit, Camping, Picknick, Sport nur denken und wünschen kann. Sie können sich umsehen und kaufen, ohne auf die Uhr schauen zu müssen, denn L.L. Bean hat jeden Tag im Jahr Tag und Nacht geöffnet.

Geneseo/NY (S. 616)

Information
Geneseo Chamber of Commerce, 100 West Main St., ☎ 309-944-2686, ✆ 309-944-2647, www.geneseo.org

Sehenswertes
National Warplane Museum, Geneseo Airport, ☎ 716-243-0690, Mo-Sa 9-17, So 11-17 Uhr, Eintritt: Erw. $ 7, Kin. unter 12 J. $ 4.

Gettysburg/PA (S. 619)

Information
Visitor Center (im David Will's House), 8 Lincoln Square, ☎ 717-334-6274 oder 1-800-337-5015, www.gettysburg.travel, Mo-Fr 8.30-17, So 10-15 Uhr.

Sehenswertes
Gettysburg National Military Park Visitor Center, 97 Taneytown Rd., am PA-134, ☎ 717-334-1124, ✆ 717-334-1891, www.nps.gov/gett, Juni-Aug. tgl. 8-18 Uhr, sonst 8-17 Uhr, Eintritt frei.
Cyclorama Center, ganzjährig tgl. 9-17 Uhr, Eintritt: Erw. $ 5, Kin. $ 3.

Unterkunft
Gettysburg Travelodge $$, 613 Baltimore St., ☎ 717-334-9281, ✆ 717-334-9100, www.travelodge.com; ansprechendes Hotel mit 47 modernen Zimmern im Zentrum des historischen Viertels; viele Sehenswürdigkeiten, Restaurants und Geschäfte sind zu Fuß erreichbar.
Best Western Gettysburg $$$, One Lincoln Square, ☎ 717-337-2000 oder 1-800-528-1234, ✆ 717-337-2075, www.gettysburg-hotel.com; nach dem Vorbild des 1797 gebauten Hotels wurde das neue Hotelgebäude errichtet; 96 geräumige, geschmackvoll gestaltete Zimmer bieten allen modernen Komfort.

Gilbertsville/NY (S. 571)

Unterkunft
Leatherstocking Trails, Route 51, Box 40, Gilbertsville NY, ☎ 607-783-2757; sehr empfehlenswertes Bed&Breakfast-Haus mit stilvoll eingerichteten Zimmern, einem großen Garten und einer schönen Veranda, von der aus die hin- und herfliegenden „hummingbirds" beobachtet werden können. Außerdem lädt eine Leseecke mit Literatur und Bildbänden zur Beschäftigung mit der Geschichte der Indianer ein.

G) Gloucester/MA (S. 478)

Information
Cape Ann Chamber of Commerce, 33 Commercial St., ☏ 978-283-1601, 📠 978-283-4740, www.capeannchamber.com, Mai-Okt. 9-17 Uhr.

Sehenswertes
Cape Ann Historical Museum, 27 Pleasant St. Paintings, ☏ 508-283-0455, Di-Sa 10-17 Uhr, Feb. geschl.
Beauport, The Sleeper-Mc Cann House, 75 Eastern Point Blvd., ☏ 508-283-0800, Mitte Mai-Mitte Okt. tgl. 10-17 Uhr.
Hammond Castle, westl. des MA-12780, Hesperus Ave., Manchester-by-the-Sea, ☏ 508-283-7673, tgl. 10-17 Uhr.

Unterkunft
Best Western Bass Rocks Ocean Inn $$, 107 Atlantic Rd., ☏ 978-283-7600, 📠 978-281-6489, www.bestwestern.com; schön gelegenes Motel mit 48 freundlich eingerichteten Zimmern, von denen jedes einen wunderschönen Blick aufs Meer bietet. Fahrräder können kostenfrei ausgeliehen werden.
Captains Lodge $$, 237 Eastern Ave., ☏ 978-281-2420, 📠 978-283-1608; www.captainslodgemotel.com; einfache Motelanlage an der Straße zwischen Gloucester und Rockport mit 47 geräumigen Zimmern, Swimmingpool, Tennisplatz und großem Freigelände.
Cape Ann Marina Resort $$$, 75 Essex Ave., ☏ 978-283-2116, 📠 978-282-4314, www.capeannmarina.com; Sporthotel mit 52 Zimmern mit Meerblick, Restaurant, schöner Gartenanlage und Swimmingpool, Wellnesscenter, Kanuverleih und Unterhaltungsprogramm.

Essen und Trinken
White Rainbow, 65 Main St., ☏ 978-281-0017; gepflegtes Restaurant in einem historischen Gebäude aus dem Jahr 1830 mit guter Weinkarte.
McT's Lobster House & Tavern, 25 Rogers St., ☏ 978-282-0950; Bar und sehr beliebtes Restaurant mit schönem Blick auf den Hafen, Spezialität: Seafood-Gerichte.

Feste/Veranstaltungen
St. Peter's Fiesta, 4-tägiges Fest mit Sportveranstaltungen, Feuerwerk, Umzügen und Segnung der Flotte am letzten Wochenende im Juni
Waterfront Festival, Kunst- und Handwerksausstellungen Mitte Aug.
Schooner Festival, Seglerparade, Bootsrennen, Wassersportaktivitäten, am Wochenende zum Labor Day

Bootsfahrten
Alle Firmen bieten in den Sommermonaten ganztägige, aber auch halbtägige **Walbeobachtungsfahrten** am Vor- oder Nachmittag an.
Cape Ann Whale Watch, 415 Main St., ☏ 978-283-5110 oder 1-800-877-5110, www.caww.com;
Captain Bill's Whale Watch, 9 Traverse St., ☏ 978-283-6995 oder 1-800-339-4253, www.captbillandsons.com;
Seven Seas Whale Watch, Seven Seas Wharf, ☏ 978-283-1776 oder 1-888-283-1776, www.7seas-whalewatch.com.

Greenfield/MA (S. 473)

Unterkunft
The Hitchcock House, 15 Congress St., ☎ 413-774-7452, www.hitchcockhousebb.com; das gepflegte B&B mit 17 Zimmern ist liebevoll mit Antiquitäten eingerichtet; den Gästen stehen Aufenthaltsräume, ein Wintergarten und eine Küche zur Verfügung; das Frühstück wird von den Besitzern, gelernten Köchen, stilvoll serviert, nur etwa 30 Min. von Deerfield und ca. 2 Std. von Boston entfernt.

Green Mountains National Forest/VT (S. 559)

i **Information**
Informationen und Kartenmaterial erhalten Sie beim **Forest Supervisor, Green Mountains National Forest**, 231 N Main St., Rutland, ☎ 802-747-6700, www.fs.fed.us/r9/gmfl/; die Postanschrift ist: Green Mountains National Forest, P.O. Box 519, Rutland, VT 05701.

Green Mountains/VT (S. 558)

i **Information**
Informationen über Wanderwege und Tourenvorschläge erhalten Sie beim **Green Mountains Club**, 47 Waterbury-Stowe Rd., Waterbury Center, VT 05677, ☎ 802-244-7037, 🖷 802-244-586, www.greenmountainclub.org

Greenville/ME und Rockwood/ME (S. 510)

i **Information**
Moosehead Lake Region Chamber of Commerce, Indian Hill Plaza, 156 Moosehead Lake Road (Route15), Greenville, ☎ 207-695-2702, www.mooseheadlake.org, 15. Mai-15. Okt. 9-17, sonst 10-16 Uhr.

Unterkunft
GREENVILLE
Greenwood $, Rockwood Rd., ☎ 207-695-3321 oder 1-800-477-4386, 🖷 207-695-3321; preiswertes, kleines Motel in ruhiger Lage mit 14 Zimmern, ganzjährig geöffnet.
Big Squaw Mt. Resort $$, Big Squaw Rd., 6 mi/10 km nördl. am ME-6/15, ☎ 207-695-2272, www.bigsquawmountain.com; von Wald umgebenes Hotel mit schönem Blick auf den Moosehead Lake, Tennisplatz, Flughafentransfer, beliebtes Wintersporthotel mit Skilift am Haus.
Chalet Moosehead Lakefront Motel $$, Birch St., ☎ 207-695-2950, www.mooseheadlodging.com; direkt am Moosehead Lake gelegenes Motel, zu dem ein Cottage gehört, mit Kanu-, Paddelbootbenutzung, von Mai-Ende Okt. geöffnet.
Pleasant Street Inn $$, Pleasant St., ☎ 207-695-3400, www.pleasantstinn.com; ca. 100 Jahre altes, viktorianisches Haus mit 8 stilvoll eingerichteten Räumen, an ruhiger Straße im Ort gelegen, wenige Gehminuten vom Moosehead Lake entfernt.
The Captain Sawyer House, B&B $$, 18 Lakeview St., ☎ 207-695-2369, www.moosehead.net/sawyer; um 1849 gebautes Haus im Ort mit 3 Gästezimmern und großer Landhausküche, Seeblick, ganzjährig geöffnet.
Greenville Inn $$$, 40 Norris St., ☎ 207-695-2206, 🖷 207-695 2206, www.greenvilleinn.com; mehrfach ausgezeichnetes, restauriertes Herrenhaus aus dem Jahr 1895 mit antikem Mobiliar, Garten und schönem Blick auf den Moosehead Lake oder auf den Squaw Mountain.

G The Lodge at Moosehead $$$$, Lily Bay Rd., ☎ 207-695-4400, 📠 207-695-2281, www.lodgeatmooseheadlake.com; eine besondere Empfehlung für anspruchsvolle Gäste: ein Haus mit 8 behaglichen Gästezimmern, deren Einrichtung von einem örtlichen Kunsthandwerker jeweils nach einem besonderen Motto angefertigt wurde; große Terrasse mit herrlichem Ausblick auf den Moosehead Lake und auf stimmungsvolle Sonnenuntergänge; ausgezeichneter, sehr individueller Service.

ROCKWOOD
Moosehead $, am ME-6, ☎ 207-534-7787, mooseheadmotel.org; einfaches, schön gelegenes Hotel mit 27 Zimmern, Bootsanlegestelle und Bootsvermietung.
Greenwood Motel $$, Rockwood Rd., ME-15/6, ☎ 207-695-3321, www.greenwood-motel.com; das Hotel liegt am Ausgangspunkt des „Little Squaw Wanderweges", Seeblick, ganzjährig geöffnet.
Kineo House $$, ☎ 207-534-8812; am Fuße des Mt. Kineo gelegenes Landhaus mit 8 geräumigen Zimmern und vielfältigen Möglichkeiten zum Fischen, Wandern, Radfahren, Rafting; Shuttle zum 9-Loch-Golfplatz.
The Birches Resort $$, 3 km nördl., ☎ 207-534-7305, www.birches.com; Hotelkomplex aus 17 kleinen Blockhäusern, großes Sportangebot, Fahrradvermietung, ganzjährig geöffnet; Ausgangspunkt der Wilderness-Expeditionen.

🍴 Essen und Trinken
Greenville Inn, Norris St., ☎ 207-695-2206; sehr gepflegtes Restaurant mit eleganter Einrichtung und vielfach ausgezeichneter Küche, Tischreservierung empfehlenswert.
Red's Lakeside Restaurant, im Zentrum, ☎ 207-695-2527; das beliebte Familienrestaurant liegt direkt am See, es bietet gute Seafood- und Steakgerichte in angenehmer, zwangloser Umgebung.
Roadkill Café, Greenville Junction, tgl. 11.30-23.30 Uhr; hier werden Ihnen „Food and Spirits with a sense of humour" serviert.

Touren
TIER- (besonders) ELCHBEOBACHTUNGEN
Es werden verschiedene Touren, z. B. Wanderungen, Bootsausflüge oder Rundflüge, zu solchen Orten angeboten, an denen Elche und andere Tiere häufig zu beobachten sind:
Beaver Creek Guide Service, Greenville, ☎ 207-695-2265 oder 207-695-3091, tgl. 3-stündige Wanderung mit professionellen Führern.
Moose River Landing Wildlife Cruise, Rockwood, ☎ 207-534-7577, www.mooseriverlanding.com, Bootsfahrt über den Moosehead Lake mit Elch- und Vogelbeobachtungen, Abfahrtszeiten: So-Fr 7.30 und 16 Uhr.
Moose Country Guiding Adventure, Greenville, ☎ 207-876-4907, Kanufahrt zur Elchbeobachtung, tgl. 6-11 und 16-21 Uhr, im Winter führt der erfahrene Führer auch Hundeschlittenfahrten durch.
Moose Cruise on the Wilderness Boat, Rockwood, ☎ 207-534-7305, jeden Tag wird eine andere Bucht zur Tierbeobachtung angefahren, tgl. Juni-Sept. 7-9 und 17-19 Uhr.

Sportliche Aktivitäten
WANDERN
Es gibt markierte Wanderwege in der Moosehead Lake Region; Kartenmaterial und genaue Informationen über Länge und Schwierigkeitsgrad erhalten Sie bei der Chamber of Commerce in Greenville.

BOOTSFAHRTEN
Katahdin Cruises, P.O. Box 1151, Greenville, ☎ 207-695-2716, www.katahdincruises.com. Vor dem Ausbau des Straßennetzes waren Schiffe das wichtigste Transportmittel. Sie versorgten die Bevölkerung mit allen Waren. Das Schiff „Katahdin" aus dem Jahr 1914, das wieder hergerichtet wurde, ist das letzte Schiff dieser Epoche und dient nun von Juni bis Sept. als Ausflugsschiff und schwimmendes Museum auf dem Moosehead Lake.
The Float Boat, ☎ 207-534-7582, Ausflugsschiff auf dem Moosehead Lake, das von Rockwood zu den Kliffs von Kineo fährt, Fischfangfahrten.
M/S Schohegan, Rundfahrten zum Nordende des Moosehead Lake mit einem Aufenthalt an der Ostseite des Mt. Kineo. Abfahrt: an US-6/US-15, kurz vor der Mündung des Moose River in den Moosehead Lake.

BOOTSVERMIETUNG
Beaver Cove Marina, Lily Bay Rd., Greenville, ☎ 207-695-3526, Ruder- und Motorboote.
Oldmill Campground, am ME-15, Rockwood, ☎ 207-695-7333, Kanu- und Paddelboote.
Lincoln Camps, am ME-15, Rockwood, ☎ 207-534-7741, Paddelboote, Kanus und Motorboote.
Moosehead Lake Houseboat Vacations, Rockwood, ☎ 207-534-7711, die Hausboote, die für bis zu 6 Personen geeignet sind, sind auch tageweise zu mieten, Haustiere können nicht mitgebracht werden.

WILDWASSERFAHRTEN UND SKI FAHREN
Die kleinen Orte sind im Sommer Ausgangsort für „raft trips", die beliebten Wildwasserfahrten, und im Winter für Ski- und Snowmobiltouren.
Northern Outdoors, ☎ 207-663-4466, www.northernoutdoors.com, Wildwasserfahrten auf dem Kennebec River und dem Penobscot River; im Winter Langlauf und Snowmobilfahrten.
Wilderness Expeditions, ☎ 207-534-2242 oder 1-800-825-9453, www.wildernessrafting.com, Wildwasser- und Kanufahrten auf dem Kennebec River, dem Penobscot River und dem Hudson River; im Winter Skiwanderungen.
Eastern River Expeditions, Greenville, ☎ 207-695-2359 oder 1-800-634-7238, ein- und mehrtägige Wildwasserfahrten für Anfänger, Könner und Familien auf dem Kennebec River und dem Penobscot River.
Pine Tree Whitewater, Greenville, ☎ 207-695-3683, spezielle Kanufahrten.

FAHRRADVERLEIH
North Woods Mountain Bikes Rental, Greenville, Main St., ☎ 207-695-3288, Vermietung von gut ausgestatteten Rädern, zuverlässige Trail-Informationen.

Rundflüge
Currier's Flying Service, Greenville, ☎ 207-695-2778, www.curriersflyingservice.com, Rund- und Tierbeobachtungsflüge überm Moosehead Lake.

Ein wichtiges Transportmittel in der Wildnis

Regionale Reisetipps von A–Z
(Greenville/ME u. Rockwood/ME, Greenwich/CT, Groton/CT, Guilford/CT)

G Jack's Air Service, *Greenville*, ☏ 207-695-3020, *Rundflüge, Flüge nach Kanada.*
Maine Guide Fly Shop & Guide Service, *Greenville*, ☏ 207-695-2266, *4- bis 8-stündige Touren zur Elchbeobachtung.*

Greenwich/CT (S. 379)

i Information
Coastal Fairfield County Convention & Visitors Bureau, *297 West Ave., Norwalk,* ☏ *203-853-7770,* 📠 *203-853-7775, www.visitfairfieldcountyct.com/*

👁 Sehenswertes
Bruce Museum of Arts and Science, *1 Museum Dr.,* ☏ *203-869-0376.*
Bush Holley House, *39 Strickland Rd., Abfahrt vom US-1 in Cos Cob,* ☏ *203-869-6899.*
Audubon Center of Greenwich, *613 Riversville Rd.,* ☏ *203-869-5272.*

Groton/CT (S. 392)

i Information
Chamber of Commerce Eastern Connecticut, ☏ *860-464-7373 oder 1-866-274-5587,* 📠 *860-464-7374, www.chamberect.com*

👁 Sehenswertes
Historic Ship Nautilus/Submarine Force Museum, *Crystal Lake Rd.,* ☏ *860-449-3174, www.ussnautilus.org. Mitte April-Mitte Okt. Mi-Mo 9-17, Di 13-17 Uhr, sonst Mi-Mo 9-16 Uhr, Eintritt frei.*

🛏 Unterkunft
Flagship Inn & Suites $$, *470 Gold Star Hwy.,* ☏ *860-405-1111 oder 1-800-995-0969,* 📠 *860-405-0000; kleines Hotel mit 60 einfach eingerichteten Zimmern, teilweise mit Küchenzeile.*
Best Western Olympic Inn $$$, *360 Route 12,* ☏ *860-445-8000,* 📠 *860-449-9173, www.bestwestern.com; freundliches Hotel mit 140 geräumigen Zimmern, alle mit Mikrowelle und Kühlschrank. Shuttleservice zum Flughafen, gute Lage für Ausflüge in die Umgebung.*
Mystic Marriott Hotel & Spa $$$$, *625 North Rd.,* ☏ *860-446-2600,* 📠 *860-446-2696, www.marriott.com; modernes, elegant gestaltetes Hotel mit 285 komfortablen Zimmern, Pools, Spa und empfehlenswertem Restaurant; günstig zu allen Sehenswürdigkeiten der Region gelegen.*

⛵ Bootsfahrten
Mitte Juni-Anf. Sept 2,5-stündige Kreuzfahrten mit dem Umweltschiff **„Enviro-Lab"**, *„Sunset cruises" zum Ledge Lighthouse und Seehundbeobachtung, Abfahrtsstelle Avery Point,* ☏ *860-445-9007.*

Guilford/CT (S. 388)

i Information
Guildford Chamber of Commerce, *51 Whitfield St.,* ☏ *203-453-9677, www.guilfordct.com*

Sehenswertes
Hyland House, 84 Boston St., ☎ 203-453-9477, Ende Juni-Okt. Di-So 10-16.30 Uhr, sonst nur Sa/So.
Henry Whitfield House, Old Whitfield St., ☎ 203-453-2457, www.whitfieldmuseum.com, April-Okt. Mi-So 10-17 Uhr.
Thomas Griswold House Museum, 171 Boston St., ☎ 203-453-3176, www.guilfordkeepingsociety.com, Juni-Mitte Sept. Di-So 10-17 Uhr.

Harrisburg/PA (S. 618)

 Information
The Hershey Harrisburg Area Welcome Center, ☎ 717-231-7788 oder 1-800-995-0969, www.visithhc.com

 Unterkunft
Best Western Plantation Inn $$, 325 E Winding Hill Rd., ☎ 717-766-0238; Motel mit 35 schönen Zimmern und großer Grünanlage; www.bestwestern.com
Holiday Inn East-Airport $$, 4751 Lindle Rd., ☎ 717-939-7841, www.holiday-inn.com; Hotel mit 298 sehr geräumigen, komfortablen Zimmern, Swimmingpools, Tennisplätzen und Restaurant.

Hartford/CT und Umgebung (S. 396)

 Information
Greater Hartford Convention & Visitors Bureau, 31 Pratt St., ☎ 860-728-6789, 📠 860-293-2365, www.enjoyhartford.com

 Flughafen
Der **Bradley International Airport**, ☎ 860-292-2000, liegt ca. 20 km nördl. von Hartford in Windsor Locks; regelmäßiger Autobuszubringerdienst. Flugverbindungen u. a. nach New York, Boston, Washington, Providence sowie nach Toronto und Montréal.

Verkehr
EISENBAHN
Union Station Transportation Center, 1 Union Place, ist der Bahnhof von Amtrak und Haltestelle aller innerstädtischen Buslinien.

BUS
Täglich verkehren mehrere Busse zwischen Hartford und New York, Washington, Boston etc. Informationen erhalten Sie unter der Rufnummer ☎ 860-727-1776 oder 1-800-872-7245.
Busse von **CTTransit**, ☎ 860-525-9181, fahren auf mehr als 30 Strecken im Großraum Hartford. Der Einzelfahrschein kostet $ 1,25, ein Tagesticket $ 3,25, ein 3-Tages-Ticket $ 7,50.

Sehenswertes
State Capitol, Capitol Ave./Trinity St., ☎ 860-240-0222, Feb.-Mitte Nov. 8.30-16.30 Uhr, tgl. Führungen.
Museum of Connecticut History, 231 Capitol Ave., ☎ 860-566-3056, Mo-Fr 9.30-16 Uhr, Eintritt frei.

Regionale Reisetipps von A–Z (Hartford/CT u. Umgebung)

H Wadsworth Atheneum, *600 Main St., ☎ 860-278-2670, www.wadsworthatheneum.org, Mi-Sa 11-17, So 10-17 Uhr, Mo/Di geschl., Eintritt: Erw. $ 10, Sen. $ 8, Schüler/Stud. $ 5,Kin. unter 12 J. frei.*
Old State House, *800 Main St., ☎ 860-522-6766, Mo-Sa 10-17, So 12-17 Uhr.*
Mark Twain House, *351 Farmington Ave., ☎ 860-493-6411, www.marktwainhouse.org, im Sommer Mo-Sa 9.30-17.30, So 12-17.30 Uhr, Jan.-März Di geschl., Eintritt: Erw. $ 14, Sen./Stud. $ 12, Kin. unter 12 J. $ 8.*
Harriet Beecher-Stowe House, *77 Forest St., ☎ 860-522-9258, www.epodunk.com, im Sommer Di-Sa 9.30-16.30, So 12-16.30, sonst Mi-Sa 9.30-16, So 13-17 Uhr, Eintritt: Erw. $ 9, Kin./Jugendl. 6-16 J. $ 6.*
Traveler's Insurance Company Tower *(Traveler's Tower), Main/Gold Sts., Besteigen der Aussichtsplattform: Anmeldung und Reservierung empfohlen unter ☎ 1-860-277-4208.*
Dinosaurier State Park, *3 mi/4,8 km südl. von Wethersfield am I-91 bei Rocky Hill, ☎ 860-529-8423, tgl. 9-16.30 Uhr, Eintritt: Erw. $ 5, Kin./Jugendl. 6-17 J. $ 2.*
Connecticut Audubon Society Holland Brook Nature Center, *bei Glastonbury, ☎ 860-633-8402, Di-So, zwischen Weihnachten und Neujahr geschl.*
Heublein Tower *im Talcott Mountain State Park, Route 185, Museum: ☎ 860-242-1158, Mitte Mai-Ende Aug. Do-So 10-17 Uhr, Sept./Okt. tgl. 10-17 Uhr.*

Unterkunft
Die Mehrzahl der Übernachtungsmöglichkeiten liegt in den Vororten von Hartford.

HOTELS
Holiday Inn Express Hotel & Suites $$, *185 Brainard Rd., ☎ 860-525-1000, 🖷 860-525-2990, www.hartford-hotel.com;* modernes Hotel mit 129 gut ausgestatteten Zimmern, kostenloser Shuttlebus in die Innenstadt.
Hilton Hartford Hotel $$$, *315 Trumbull St., ☎ 860-728-5151, 🖷 860-240-7264, www.hilton.com;* großes Hotel mit 393 komfortablen Zimmern, Restaurant, Swimmingpool, Sauna, Sportstudio.
Residence Inn Hartford $$$, *942 Main St., ☎ 860-524-5550, 🖷 860-524-0624, www.marriott.com;* angenehmes Hotel im Zentrum der Stadt in einem historischen Gebäude aus den 1870er Jahren mit 120 geräumigen, ansprechend eingerichteten Zimmern mit Küchenzeile.

Lassen Sie sich auf der Butternut Farm verwöhnen

BED&BREAKFAST-HÄUSER *(zwei besondere Empfehlungen)*
Udderly Wooly B&B $$, *581 Thompson St., Glastonbury, ☎ 860-633-4503;* am Ortsrand vom Glastonbury liegt dieses Bauernhaus mit 2 freundlich eingerichteten Zimmern, das vor allem für Ruhesuchende oder Familien mit Kindern geeignet ist, die auf dem weitläufigen Gelände gefahrlos herumtollen können.

Butternut Farm $$$, Glastonbury, 1654 Main St., ☎ 860-633-7197, 📠 860-659-1758, www.butternutfarmbandb.com; das 1720 gebaute und mit Antiquitäten liebevoll und kenntnisreich eingerichtete Haus liegt im Vorort Glastonbury. Der Besitzer Donald B. Reid ist sehr um das Wohlergehen seiner Gäste bemüht, die das ausgezeichnete Frühstück ebenso genießen können wie den schönen Garten mit seinen alten Nussbäumen. Außerdem gehört eine Minifarm mit Ziegen und Geflügel zum Haus. Eine Reservierung ist erforderlich, da das Haus nur über 4 Zimmer/Bad verfügt.

Essen und Trinken
Gaetano's, 1 Civic Center Plaza, ☎ 860-249-1629, im Herzen der Stadt gelegenes, italienisches Restaurant.
U.S.S. Chowder Pot IV, 165 Brainard Rd, ☎ 860-244-3311; maritimes Restaurant mit aufmerksamem Service und bekannt guter Küche, zu deren Spezialitäten neben Fischgerichten auch der „lobster bisque" gehört

Außerdem gibt es im nahe gelegenen **Glastonbury**, im Südosten von Hartford, einige sehr reizvolle, gepflegte Restaurants in historischen Gebäuden und schöner Umgebung:
Blacksmith's Tavern, 2300 Main St., ☎ 860-659-0366;
Parson's Daughter, 2 Hopewell Rd., ☎ 860-633-8698.

Einkaufen/Souvenirs
Das bekannteste Einkaufszentrum von Hartford ist **Civic Center Mall & Pratt Street** in Downtown Hartford, das zzt. aufwändig renoviert und zeitgemäß umgestaltet wird. Zum Zentrum gehören mehr als 70 Fachgeschäfte, mehrere Restaurants, ein Supermarkt und zwei Parkhäuser mit 1.500 Parkplätzen; Mo-Fr 10-19.30, Sa 10-18 Uhr.
Marlborough Country Barn, Marlborough, N Main St., ☎ 860-295-8231, Di-Sa 10-17.30, So 12-17, Do/Fr bis 20 Uhr. Südöstl. von Hartford liegt das ländliche „Shopping Village", wo Sie in alten Scheunen und typischen Neuengland-Häusern eine große Auswahl an rustikalen Möbeln, Gardinen, Stoffen, Lampen, Trockenblumen, Kerzen, Geschirr, Körben und vielen schönen Kleinigkeiten finden. Außerdem gehören ein „Christmas Shop" und ein Restaurant zu dem Einkaufsdorf.
Riverdale Farms Shopping, Route 10 North, ☎ 860-677-6437; in Avon, nordwestl. von Hartford, wurden in historischen Gebäuden, die wie zu einem Museumsdorf zusammengestellt wurden, Geschäfte, Handwerksbetriebe und Restaurants eingerichtet.
Anf. Okt. findet die **Connecticut Antique Show** statt, auf der vor allem antike Möbel, Gemälde, Schmuck und Kunsthandwerk angeboten werden.
Der **Downtown Farmers' Market**, 855 Main St., wird von Juni-November Mo, Mi und Fr abgehalten.

Touren/Führungenn
Mai-Mitte Okt. Mo-Fr 11-14.30 Uhr halbstündl. Führungen durch **Traveler's Tower**, 1 Tower Square, ☎ 860-277-0111, das höchste Versicherungsgebäude der Stadt. Von der Aussichtsplattform bietet sich der beste Blick über die Stadt und das Connecticut River Valley.
Heritage Trails, ☎ 860-677-8867; eine 2-stündige Rundfahrt führt zu den historischen Sehenswürdigkeiten und informiert über die Geschichte der Stadt und des Staates Connecticut.
Backstage at the Bushnell, 166 Capitol Ave., ☎ 860-527-3123, 45-minütige Führung, die die Geschichte der Stadt erläutert, ganzjährig Mi und Do zwischen 11 und 15 Uhr.

Bootsfahrten
Riverboat Cruises, Deep River Navigation Company, River St., ☏ 860-526-4954; geruhsame 1- und 2-stündige Bootsausflüge auf dem Connecticut River.

Hyde Park/NY (S. 579)

ℹ Information
Hyde Park Chamber of Commerce, 4389 Albany Post Rd., ☏ 845-229-8612, 🖷 845-229-8638, www.hydeparkchamber.org

👁 Sehenswertes
Vanderbilt Mansion National Historic Site, am US-9, ☏ 845-229-9115 www.nps.gov/vama, Mi-So 9-17 Uhr, Eintritt: $ 8, unter 15 J. frei.
Franklin D. Roosevelt National Historic Site, am US-9, ☏ 845-229-9115, www.nps.gov/hofr, Mi-So 9-17 Uhr, Eintritt (2 Tage gültig): $ 14, unter 15 J. frei (Eintritt auch für Roosevelt-Bibliothek).
Franklin D. Roosevelt Museum and Library, am US-9, ☏ 845-229-8114, tgl. 9-17 Uhr, Eintritt: $ 8, unter 17 J. frei; www.fdrlibrary.marist.edu
Eleanor Roosevelt National Historic Site, am NY-9G, ☏ 845-229-9115, www.nps.gov/elro, Mai-Okt. tgl. 9-17 Uhr, Eintritt: Erw. $ 8, unter 15 J. frei.

🛏 Unterkunft
Inn the Woods $$, 32 Howard Blvd. Extension, ☏ 845-229-9331, 🖷 845-229-7686, www.innthewoods.com; ländlich-ruhig gelegenes Bed&Breakfast-Haus mit Zimmern in unterschiedlicher Größe und Ausstattung, nicht weit von den Sehenswürdigkeiten von Hyde Park entfernt; das Frühstück wird mit frischen Zutaten aus der Region zubereitet.
Journey Inn $$$, One Sherwood Place, ☏ 845-229-8972, www.journeyinn.com; das angenehme Bed&Breakfast-Haus liegt im historischen Distrikt, gleich gegenüber dem Vanderbilt Mansion. Es verfügt über 6 Gästezimmer, die mit Antiquitäten und Sammlerstücken aus der ganzen Welt eingerichtet sind.
The Willows Bed&Breakfast $$$, 53 Travis Rd., ☏ 845-471-6115, www.willowsbnb.com; in einem alten Farmhaus aus dem Jahr 1765 wurden 2 Nichtraucherzimmer liebevoll mit Antiquitäten eingerichtet; das Frühstück ist wirklich gut und reichhaltig und überrascht durch regionale Köstlichkeiten.

🍴 Essen und Trinken
Culinary Institute of America, 1946 Campus Dr., am US-9; das 1946 gegründete Institut ist bekannt für die hervorragende Ausbildung der Köche in Amerika; die 4 Restaurants des Instituts sind für Gäste geöffnet. Reservierung erforderlich.
American Bounty, ☏ 845-471-6608, Di-Sa 11.30-13, 18.30-20.30 Uhr, 2 Wochen im Juli und Dez. geschl.; hier lernen Sie am besten die regionale Küche mit einheimischen Zutaten und köstliche Desserts kennen. Einige Tische bieten einen Blick in die offene Küche.
Apple Pie Bakery Café, ☏ 845-905-4500, Mo-Fr 8-18.30, an Feiertagen und 2 Wochen im Juli und Dez. geschl.; das Café bietet Salate, köstliche Sandwiches, Gebäck und Kuchen und eine große Auswahl an Kaffee- und Teesorten.
Caterina Le Medici, ☏ 845-471-6608, Di-Sa 11.30-13, 18.30-20 Uhr, 2 Wochen im Juli und Dez. geschl.; hier können Sie aus der Vielfalt der italienischen Küche auswählen.

Regionale Reisetipps von A–Z
(Hyde Park/NY, Ipswich/MA, Kancamagus-Highway/NH, Kennebunk u. Kennebunkport/ME)

Escoffier, ☎ 845-471-6608, Di-Sa 11.30-13, 18.30-20 Uhr, 2 Wochen im Juli und Dez. geschl.; hier genießen Sie die gehobene französische Küche in elegantem Rahmen.

Ipswich/MA (S. 479)

i Information
Ipswich Visitor Information Center, 36 S Main St., ☎ 978-356-8540, im Internet www.ipswichma.com

Sehenswertes
John Whipple House, 1 S Village Green, ☎ 978-356-2811, Mai-Okt. Mi-Sa 10-16, So 13-16 Uhr, Eintritt: Erw. $ 7, Kin. $ 3.
John Heard House Museum, 54 S Main St., ☎ 978-356-2811, Mai-Okt. Mi-Sa 10-16, So 13-16 Uhr, Eintritt: Erw. $ 7, Kin. $ 3.

Unterkunft
Kaede B&B at Town Hill $$, 16 N Main St., ☎/🖨 978-356-8000, www.kaedebb.com; schönes Haus mit 10 ansprechend eingerichteten Zimmern im historischen Zentrum.

Kancamagus-Highway/NH (S. 528)

i Information
Besucherzentren gibt es an beiden Enden des Kancamagus-Highway.
Im Osten liegt bei **Conway** das **Saco Ranger District Office and Information Center**.
Im Westen liegt bei **Lincoln** das **Lincoln Visitor Center**.
Direkt am Highway liegt das **Russell-Colbath House**, wo ein Park Ranger Fragen beantwortet.
Weitere Auskünfte erhalten Sie unter den Rufnummern ☎ 603-447-5448 oder 603-536-1310.

☞ Hinweis zum Camping

An der Strecke des Kancamagus-Highway gibt es 6 gut ausgestattete Campingplätze, 4 Picknickplätze und 4 Aussichtspunkte, jedoch keine Tankstellen, Restaurants oder Geschäfte. Parken am Straßenrand ist i. A. erlaubt; zum Übernachten müssen die Campingplätze aufgesucht werden.

Kennebunk und Kennebunkport/ME (S. 486)

i Information
Kennebunk – Kennebunkport Chamber of Commerce, 17 Western Ave., ☎ 207-967-0857, www.kennebunkport.org

Sehenswertes
Seashore Trolley Museum, 6 km nördl. am US-1, Log Cabin Rd., ☎ 207-967-2800, Juni-Sept. tgl. 10-17.30 Uhr, sonst nur an Wochenenden, www.trolleymuseum.org, Eintritt: Erw. $ 8, Sen. $ 6, Jugendl. bis 16 J. $ 5,50.

K

Unterkunft
The Kennebunkport Inn $$$, 1 Dock Square, ☎ 207-967-2621, 📠 207-967-3705, www.kennebunkportinn.com; zentral gelegenes Gästehaus aus dem späten 19. Jh. mit 34 Zimmern und stilvollem Ambiente.
The Nonantum Resort $$$, 95 Ocean Ave., ☎ 207-967-4050, 📠 207-967-8451, www.nonantumresort.com; im Jahr 1883 gebaute Hotelanlage am Kennebunk River mit mehreren Neubauten und sehr gutem Restaurant, mit Swimmingpools; das Frühstück ist im Preis eingeschlossen.
The Yachtsman Lodge & Marina $$$, 57 Ocean Ave., ☎ 207-967-2511, 📠 207-967-5056, www.yachtsmanlodge.com; Motel mit 30 ansprechend eingerichteten Zimmern direkt am Hafen, mit schönem Blick auf die Marina und den Kennebunk River.
White Barn Inn $$$$, 37 Beach Ave., ☎ 207-967-2321, 📠 207-967-1100, www.whitebarninn.com; mit Antiquitäten und offenen Kaminen eingerichtetes Landhaus aus dem 19. Jh., das in den schönen Aufenthaltsräumen und ansprechend eingerichteten Zimmern und Cottages modernen Komfort bietet. Das mehrfach ausgezeichnete Restaurant bietet wöchentlich wechselnde Speisekarten mit Spezialitäten aus Neuengland.

BED&BREAKFAST-HÄUSER
In der Kennebunk-Region gibt es sehr schöne Bed&Breakfast-Häuser, die oft in historischen Häusern eingerichtet wurden, wie z. B.
English Meadows Inn $$, 141 Port Rd., Kennebunkport, ☎ 207-967-5766; ganzjährig geöffnetes viktorianisches Haus mit 10 unterschiedlich eingerichteten Zimmern; das Frühstück wird nach englischem Vorbild serviert; www.englishmeadowsinn.com
Waldo Emerson Inn $$$, 108 Summer St., Kennebunk, ☎ 207-985-4250, www.waldoemersoninn.com; elegantes Kapitänshaus aus dem 18. Jh. mit geräumigen Gästezimmern mit Bad und Kamin, ausgiebiges Frühstück.
Cove House $$$, 11 South Maine St., Kennebunkport, ☎ 207-967-3704, www.covehouse.com; mit Antiquitäten eingerichtetes Haus der Wende zum 20. Jh., nicht weit vom Meer und dem Ort entfernt.

Essen und Trinken
Olde Grist Mill, 1 Mill Lane, ☎ 207-967-4781; die alte Mühle wurde im Jahr 1749 gebaut und befindet sich seitdem in Familienbesitz. In ihrem Inneren wurden ein alter Dorfladen und ein Restaurant eingerichtet, von dem aus Sie einen schönen Blick auf den Kennebunk River haben. Spezialität des Hauses sind Hummer und andere Meeresfrüchte.

Kingston/NY (S. 578)

Information
Chamber of Commerce of Ulster County, 1 Albany Ave., ☎ 845-338-5100, www.ulsterchamber.org

Sehenswertes
Senate House, 312 Fair St., ☎ 914-338-2786, April-15. Okt. Mi-Sa 10-17, So 13-17 Uhr, Eintritt frei.
Volunteer Firemen's Hall and Museum of Kingston, 265 Fair St., ☎ 845-331-1247.

Regionale Reisetipps von A–Z
(Kingston/NY, Kittery/ME, Laconia/NH u. die Westküste des Winnipesaukee-Sees/NH)

Unterkunft
Holiday Inn $$, 503 Washington Ave., ☏ 845-338-0400, 📠 845-340-1908; Hotel mit 212 ansprechend eingerichteten Zimmern; www.holiday-inn.com
Miss Gussie Bug $$, 39 Broadway, ☏ 845-334-9110, 📠 845-687-9062; nur wenige Schritte vom Hudson River, 5 liebevoll und verspielt eingerichtete Nichtraucherzimmer und ein großes Penthouse mit weitem Ausblick. Das schön angerichtete Frühstück wird auf dem Zimmer serviert.

Bootsfahrten
Hudson River Cruises, Rondout Landing, ☏ 518-340-4700 oder 1-800-843 7472, Mai-Okt. Di-So 1-2 x tgl. 2-stündige Bootsfahrten.

Kittery/ME (S. 485)

Information
The Greater York Region Chamber of Commerce, 1 Stonewall Lane, ☏ 207-363-4422, 📠 207-363-7320, www.gatewaytomaine.org

Sehenswertes
Kittery Historical and Naval Museum, Rogers Rd., ☏ 207-439-3080, www.mainemuseums.org, Anf. Juni-Ende Okt. Di-Sa 10-16 Uhr, Eintritt: Erw. $ 3, Kin.$ 1,50, Familienkarte $ 6.
Fort Mc Clary Memorial State Historic Site, Kittery Point, am ME-103, ☏ 207-384 5160, tgl. von 9 Uhr bis Sonnenuntergang, Eintritt: Erw. $ 2, Kin. frei.

Unterkunft
Coachman's Inn $$, 380 Route 1, ☏ 207-439-4434, 📠 207-439-6757, www.coachmaninn.net; das Motel mit 43 freundlich eingerichteten Zimmern liegt ganz in der Nähe der Kittery Outlets.
Gundalow Inn $$, 6 Water St., ☏ 207-439-4040; viktorianisches Steinhaus in ruhiger Lage mit schönem Blick auf den Piscataqua River, mit 6 stilvoll eingerichteten Zimmern mit Bad, ganzjährig für Nichtraucher geöffnet, für Kinder nicht geeignet.

Einkaufen
Kittery Outlets, am US Hwy 1, www.thekitteryoutlets.com, Mo-Sa 9-21, So 10-18 Uhr; mehr als 120 Geschäfte und Outlet Center wie Levi's, Reebok, Samsonite, Timberland, Etienne Aigner oder Lindt-Schokolade, neben Modcartikeln gibt es auch Geschäfte mit Büchern, Haushaltswaren und Porzellan, Spielzeug, elektronischen Geräten und Sportartikeln.

Laconia/NH und die Westküste des Winnipesaukee-Sees/NH (S. 534)
ⓘ „Weirs Beach/NH"

Information
Greater Laconia-Weirs Beach Chamber of Commerce, 11 Veterans Square, ☏ 603-524-5531, www.laconia-weirs.org

Sehenswertes
Belknap Mill, 25 Beacon St. E., ☏ 603-524-8813, Mo-Fr 9-17 Uhr., Juli/Aug. Do Konzerte im Freien.

Unterkunft
B. Mae's Resort Inn $$, 17 Harris Shore Dr., Gilford, ☎ 603-293-7526; Ferienhotel mit geräumigen, ansprechend eingerichteten Zimmern, Swimmingpool, Hallenbad, Sauna. Fahrradverleih, Flughafentransfer, nicht weit von Gilford Beach entfernt; www.bmaesresort.com
Ferry Point House $$, 100 Lower Bay Rd., ☎ 603-524-5674, www.new-hampshire-inn.com; historisches B&B-Haus mit 6 schönen Zimmern in ruhiger Lage am See, Bootsverleih.
Lord Hampshire $$, 4 mi/6,4 km nördl. am US-3, ☎ 603-524-4331; kleine Motelanlage am Winnisquam-See mit Cottages, Ruder- und Motorbootverleih.
The Margate on Winnipesaukee Resort $$$, 76 Lake St., ☎ 603-524-5210, 🖷 603-528-4485, www.themargate.com; Hotel am See mit 146 Zimmern, 2 Swimmingpools, Hallenbad, Sauna, Kinderspielplatz, Tennisplatz, Fahrrad- und Bootsverleih, Flughafentransfer.

Einkaufen/Ausstellung
Laconia Pottery, 45 Court St., ☎ 603-528-4997, Verkauf von Töpferwaren sowie Vorführungen und Töpferkurse.
Annalee Doll Shop & Museum, am US-3 in Meredith, ☎ 603-279-6544, www.annalee.com, tgl. geöffnet außer in den ersten beiden Januarwochen, Museum, Geschäfte, audiovisuelle Präsentation.
Keepsake Quilting, in Center Harbor, Senter's Marketplace, ☎ 603-253-4026 oder 1-800-525-8086, www.keepsakequilting.com, Mo-Sa 9-18, So 9-17 Uhr; Keepsake Quilting gilt mit seinem großen Warenangebot als Neuenglands größtes Quiltgeschäft; hier gibt es mehr als 3.500 verschiedene Muster, wobei alle Stoffe aus 100 Prozent reiner Baumwolle sind.

Wandern
Gunstock Recreation Area, 7 mi/11 km östl. auf dem NH-11A in Gilford, ☎ 603-293-4341, www.gunstock.com, ganzjährig; für Sommer- und Wintersport gut geeignet.

Bootsfahrten
Kreuzfahrten auf dem Winnipesaukee-See:
Mount Washington Cruises, ☎ 603-366-5531 oder 1-888-843-6686, www.cruisenh.com
mit der „M/S Washington", Abfahrt von Weirs Beach und von Wolfeboro, 3,5-stündige Fahrten, Mitte Mai-Mitte Okt. tgl.;
mit der „Queen of Winnipesaukee", Abfahrt von Weirs Beach, 1,5-stündige Fahrten, Juli-Sept. tgl., im Mai/Juni und Okt. nur an den Wochenenden;
Mondscheinfahrten mit Dinner und Tanz, Juli-Ende Sept. Di-Sa.

Eisenbahnfahrt
Winnipesaukee Railroad, S Main St., Meredith, ☎ 603-528-2330, www.hoborr.com/winni.html, Fahrzeiten: Ende Juni-Ende Okt. tgl.; Mai-Ende Juni an Wochenenden. Die Eisenbahn fährt am See entlang und bietet aus den historischen Wagen der 1920er und 1930er Jahre herrliche Ausblicke auf den See. Besonders beliebt sind die Fahrten im Herbst zur Zeit der Laubfärbung.

Rundflüge
Sky Bright, 65 Aviation Dr., ☎ 603-528-6818 oder 1-800-639-6012, www.skybright.com; die 20-minütigen Rundflüge starten tgl. am Laconia Airport.

Lake George Village/NY (S. 573)

Information
Lake George Chamber of Commerce, P.O. Box 272, ☎ 518-668-5755 oder 1-800-705-0059, www.lakegeorgechamber.com

Sehenswertes
Fort William Henry Museum, Canada St., ☎ 518-668-5471, Mai-Okt. tgl. 10-17 Uhr.
Hyde Collection Art Museum, 161 Warren St., ☎ 518-792-1761, Di-Sa 10-17, So 12-17 Uhr, Führungen Di-So 13-16 Uhr.

Unterkunft
Best Western of Lake George $$, Luzerne Rd., ☎ 518-668-5701, ≞ 518-668-5701, www.bestwestern.com; Motel mit 87 Zimmern, einige mit Küchenzeile, Innen- und Außen-Swimmingpool.
Briar Dell $$, Lake Shore Dr., 1 mi/1,6 km nördl. vom NY-9N, Exit 22, ☎ 518-668-4819, www.briardell.com; einfaches, am See gelegenes Hotel mit Bootsverleih, Anlegestelle und Garten.
Holiday Inn Turf at Lake George $$$, 2223 Canada St., ca. 1 km südl. am US-9, ☎ 518-668-5781, ≞ 518-668-9213, www.lakegeorgeturf.com; Hotel mit 105 Zimmern, darunter haben viele einen schönen Blick auf den See.
Roaring Brook Ranch $$$, Lake George 3, ☎ 518-668-5767, ≞ 518-668-4019, www.roaringbrookranch.com; große Hotelanlage in den Bergen mit 136 Zimmern, Swimmingpools, Sauna, 5 Tennisplätzen und Reitgelegenheit, Restaurant.

Bootsfahrten
Juni-Anf. Okt. verkehren tgl. Fahrgastschiffe auf dem Lake George. Angeboten werden 1- bis 4-stündige Ausflugsfahrten entlang der Küsten, Dinner Kreuzfahrten und Mondscheinfahrten.
Lake George Steamboat CO., ☎ 518-668-5777 oder 1-800-553-2628, www.lakegeorge steamboat.com, Abfahrt am Steel Pier, 1- bis 4-stündige Fahrten, z. B. mit dem Raddampfer „Minne-ha-ha", Rundfahrt: Erw. $ 18,50, Kin. bis 11 J. $ 7,50.
Shorelines Cruises of Lake George, ☎ 518-668-4644 oder 1-800-894-2427, Abfahrt 2 Kurosaka Lane, 1-stündige Küstenfahrten starten alle 30 Min., Fahrpreis: Erw. $ 8,50, Kin. 3-11 J. $ 4,50.

Touren
BALLONFAHRTEN
Hot Air Ballooning, Adirondack Northway (in der Nähe des I-87), ☎ 518-793-6342, April-Okt. tgl. Ballonfahrten.

KUTSCHFAHRTEN
Lake George Carriage Rides, P.O. Box 221, Lake George, NY 12845, www.lakegeorge-saratoga.com/carriage. Die Kutschen (für bis zu 8 Erw.) fahren im Sommer tgl. 10-23 Uhr, im Frühjahr und Herbst an den Wochenenden 10-19 Uhr, Fahrpreis (ca. 20 Min): Erw. $ 8, Kin. bis 11 J. $ 6.

Lake Placid/NY (S. 589)

Information
Lake Placid/Essex County Visitors Bureau, Olympic Center, 216 Main St., ☎ 518-523-2445 oder 1-800-447-5224, www.lakeplacid.com

Verkehr

FLUGHAFEN
Lake Placid Airport, 1 mi/1,6 km südl. am NY-73, ☏ 518-523-2473; für Privatmaschinen und örtliche Chartermaschinen.

BUS
Adirondacks Trailways, ☏ 1-800-342-4101. Der Bus verkehrt zwischen Ottawa, Massena, Albany und New York City.

Sehenswertes

Olympic Center, Main St., ☏ 518-523-1655, tgl. 9-17 Uhr, Touren Ende Mai-Mitte Okt. 9-17 Uhr.
1932 & 1980 Lake Placid Winter Olympic Museum, 218 Main St., ☏ 518-523-1655, tgl. 9-17 Uhr.
John Brown Farm State Historic Site, John Brown Rd., 2 mi/3,2 km am NY-73, ☏ 518-523-3900, Mai-Mitte Okt., Mo, Mi-Sa 10-17, So 13-17 Uhr, Eintritt: Erw. $ 2.
Uihlein Sugar Maple Research-Extension Field Station, Bear Cub Rd., ☏ 518-523-9337, Juli-Okt. Di-Fr 13-17 Uhr.
MacKenzie-Intervale Ski Jumping Complex, 2 mi/3,2 km südöstl. am NY-73, ☏ 518-523-1655 oder 518-523-2202, Mitte Mai-Anf. Okt. 9-17, sonst 9-16 Uhr, Eintritt: Erw. $ 12, Sen./Kin. 5-12 J. $ 7.

Stadtrundfahrten und Trolleys
Lake Placid Sight Seeing Tours, ☏ 518-523-4431, im Sommer bis Mitte Okt. werden Mo-Sa um 9 und 13.30 Uhr und So um 13.30 Uhr Stadtrundfahrten angeboten; die 2,5-stündige Tour führt jeweils zu den historischen Sehenswürdigkeiten des Ortes und zum Olympischen Zentrum.
Olympic Jumping Complex, Trolleybusse fahren zu den olympischen Sportstätten.

Unterkunft
Art Devlin's Olympic Motor Inn $$, 350 Main St., ☏ 518-523-3700, 🖷 518-523-3893, www.artdevlins.com; Hotel mit 40 Zimmern, von denen einige einen Balkon mit schöner Bergsicht haben. Swimmingpool, Sonnenterrasse, Flughafentransfer.
The Northway Motel $$, 5 Wilmington Rd., ☏ 518-523-3500; kleines Motel mit 14 Zimmern, Swimmingpool, Spielplatz und schöner Aussicht auf die Adirondack Mountains.
Golden Arrow Lakeside Resort $$$, 2559 Main St., ☏ 518-523-3353, 🖷 518-523-8063, www.bestwestern.com; direkt am Mirror Lake gelegenes Resorthotel mit 141 gut ausgestatteten Nichtraucherzimmern und kostenlosem Bootsverleih.
Crowne Plaza Resort Lake Placid $$$, 1 Olympic Dr., ☏ 518-523-2556, 🖷 518-523-9410, www.lakeplacidcp.com; sehr gutes Resorthotel im historischen, schon 1877 gebauten Grandview Hotel; 208 komfortabel eingerichtete Zimmer, eindrucksvolle Lobby mit großartiger Fernsicht, Swimmingpool, Sauna, 5 Tennisplätze, Golf, Restaurants, zentrale Lage.
Mirror Lake Inn $$$, 35 Mirror Lake Dr., ☏ 518-523-2544, 🖷 518-523-2871, www.mirrorlakeinn.com; sehr gepflegte Hotelanlage auf weitem Gelände mit Cottages, Swimmingpool, Sandstrand, Segel- und Surflehrgängen.
The Whiteface Lodge $$$, 7 Whiteface Inn Lane, ☏ 1-800-903-4045, www.thewhitefacelodge.com, schönes Resorthotel in rustikal-elegantem Stil, mit allen Annehmlichkeiten. Von hier aus gibt es

viele Ausflugsmöglichkeiten, das Hotel liegt etwa 1,5 km außerhalb von Lake Placid in den Adirondacks.

Wintersport
Mt. Van Hoevenberg Recreation Area, 7 mi/11,2 km südl. am NY-73, ☏ 518-523-4436; Skilanglauf auf 50 km gebahnten Loipen, Biathlonstrecken und Schlittenabfahrten.

Bootsfahrten
Lake Placid Marina, ☏ 518-523-9704, Ende Mai-Ende Okt. werden tgl. um 10.30, 13, 14.30 und 16 Uhr 1-stündige Bootsfahrten auf dem Lake Placid durchgeführt, die sehr schöne Ausblicke auf die Adirondacks bieten. Die Abfahrtsstelle ist an der Lake Placid Marina, 1 mi/ 1,6 km nördl. am Mirror Lake. Fahrpreis: Erw. $ ab 8,25.

Lee/MA (S. 469)
ⓘ „Stockbridge/MA"

Unterkunft
Best Western Black Swan Inn $$, 435 Laurel St., ☏ 413-243-2700, 🖷 413-637-0798, www.bestwestern.com; älteres, direkt am See gelegenes Hotel mit 52 einfach eingerichteten Zimmern, Swimmingpool, Bootsanlegestelle und -verleih, von Tanglewood nicht weit entfernt.
Chambery Inn $$$, 190 Main St., ☏ 413-243-2221, 🖷 413-243-0039, www.chamberyinn.com; seit 1990 gibt es 9 geräumige Gästezimmer in dem ehemaligen Schulhaus aus dem Jahr 1885, die mit Himmelbetten und Antiquitäten liebevoll eingerichtet wurden. Morgens wird das Frühstück auf dem Zimmer serviert. Das Haus liegt nur wenige Autominuten von Lenox/ Tanglewood entfernt.
The Pilgrim Inn $$$, in Lee, 165 Housatonic St., ☏ 413-243-1328, 🖷 413-243-2339, www.pilgriminn.net; Motel mit 34 Zimmern, Swimmingpool und Restaurant am US-20.

Essen und Trinken
Sullivan Station Restaurant, Railroad St., ☏ 413-243-2082, in einem ehemaligen Eisenbahndepot werden jetzt neuenglische Spezialitäten, frische Salate und leckere Hamburger serviert.
The Morgan House, 33 Main St., ☏ 413-243-3661; ist bekannt für gute Fisch- und Seafood-Gerichte und köstliche Desserts.
Cork 'N Hearth, am US-20, ☏ 413-243-0535; Seafood, Steaks und Geflügel kann man zusammen mit einem schönen Blick auf den Laurel Lake genießen.

Lenox/MA (S. 469)
ⓘ „Tanglewood/MA"

Information
Lenox Chamber of Commerce, Curtis Five Walker St., ☏ 413-637-3646, 🖷 413-637-0041, www.lenox.org

Sehenswertes
Berkshire Scenic Railway and Museum, Willow Creek Rd., ☏ 413-637-2210, www.berkshirescenicrailroad.org, Ende Mai-Okt. an Wochenenden, Eintritt frei. Rundfahrt: Lenox-Stockbridge (ca. 90 Min.) Erw. $ 15, Sen. $ 14, Kin. $ 8, Rundfahrt Lenox – Lee (ca. 45 Min.) Erw. $ 9, Sen. $ 8, Kin. $ 5.

L — The Mount, 2 Plunkett St., ☏ 413-637-1899, www.edithwharton.org, Mai-Okt. tgl. 9-17 Uhr, Eintritt: Erw. $ 16, Jugendl. 13-18 J. $ 12. Kin. unter 12 J. frei.

Unterkunft

Eastover Resort $$, 430 East St., ca. 800 m östl. vom US-7/20, ☏ 413-637-0625, www.eastover.com; einfaches Ferienhotel mit Swimmingpools, Kinderspielplatz und Sportangebot in der Nähe.

The Lenox Inn $, 525 Pittsfield Rd., 4 mi/6,5 km nordöstl. am US-7/20, ☏ 413-499-0324, 🖷 413-499-5618, www.thelenoxinn.com; kleines Motel mit 17 freundlich eingerichteten Zimmern, Swimmingpool.

The Village Inn $$, 16 Church St., ☏ 413-637-0020 oder 1-800-253-0917, 🖷 413-637-9756, www.villageinn-lenox.com; historisches Haus aus dem Jahr 1771 mit 32 unterschiedlich großen, mit antikem Mobiliar eingerichteten Gästezimmern in der Ortsmitte von Lenox.

Cranwell Resort & Golf Club $$$, 55 Lee Rd. (US-20), ☏ 413-637-1364, 🖷 413-637-4364, www.cranwell.com; um die Wende zum 20. Jh. gebautes Herrenhaus auf großem Anwesen mit 65 eleganten Gästezimmern, Schwimmbad, 2 Tennisplätzen und 18-Loch-Golfplatz, Fahrrad- und Skiverleih.

Seven Hills Country Inn $$$, 100 Plunket St., ☏ 413-637-0060, 🖷 413-637-3651, www.sevenhillsinn.com; eleganter Landgasthof mit 15 Räumen und Terrassenhaus mit 38 Zimmern, stilvoll mit altem Mobiliar und Kaminplätzen eingerichtet, große Rasenflächen am Haus, Tennisplatz.

The Gables Inn $$$, 81 Walker St., ☏ 413-637-3416, 🖷 413-637-3416, www.gableslenox.com; im ehemaligen Haus der Familie von Edith Wharton gibt es 17 schöne Gästezimmer mit Erinnerungsstücken an die Schriftstellerin. Zum Haus, das im historischen Ortskern liegt, gehören ein Swimmingpool, ein Tennisplatz und ein ruhiger Garten. Das reichhaltige Frühstück wird im Frühstückszimmer serviert.

Blantyre $$$$, 16 Blantyre Rd., ☏ 413-637-3556, 🖷 413-637-4282, www.blantyre.com; großes Anwesen im Tudor-Stil aus dem Jahr 1902, von Wald und Wiesen umgeben, mit Himmelbetten, stilvollen Möbeln, Kaminen und noblen Bädern; im holzgetäfelten Speiseraum werden köstliche Gerichte der Region serviert, 500 Weinsorten füllen den Weinkeller.

Essen und Trinken

The Candlelight Inn Restaurant, 35 Walker St., ☏ 413-637-1555; in gepflegter, stilvoller Umgebung werden vor allem Fisch- und Seafood-Gerichte auf neuenglische Art serviert.

Gateways Inn, 51 Walker St. ☏ 413-637-2532; das Restaurant in einem viktorianischen Haus lädt mit einer großen Auswahl an Fleisch- und Seafood-Gerichten ein.

Unterhaltung

Shakespeare&Company, ☏ 413-637-1197, Mai-Dez. Aufführungen auf dem Gelände von „The Mount" (s. o.).

Lewiston/ME (S. 520)

Sehenswertes

Shaker Village, 707 Shaker Rd., New Gloucester, 12 mi/19,2 km westl. von Lewiston-Auburn, bei Poland Springs, am Sabbathday Lake am US-26, ☏ 207-926-4597, www.maineshakers.com, Mo-Sa 10-16.30 Uhr, Eintritt und Führung: $ 7,50; Kin. $ 2,75.

Thorncrag Bird Sanctuary, Montello St./Highland Spring Rd., ☏ 207-782-5238, tgl. von Sonnenauf- bis Sonnenuntergang.

Lexington/MA (S. 461)
ⓘ „Concord/MA"

i **Information**
Lexington Visitor Center, 1875 Massachusetts Ave., ☏ 781-862-1450, im Internet www.lexingtonchamber.org, tgl. 9.30-16.30 Uhr.

Sehenswertes
National Heritage Museum, 33 Marrett Rd., ☏ 781-861-6559, www.monh.org, Mo-Sa 10-16.30, So 12-16.30 Uhr, Eintritt frei.
Minute Man National Historical Park, Battle Rd., und Minute Man Visitor Center, Airport Rd., ☏ 781-862-7753, www.nps.gov/minma, März-Nov. tgl. 9-17, sonst bis 15 Uhr.
Lexington Historical Society, ☏ 781-862-1703, www.lexingtonhistory.org, Juni-Sept. tgl. 10-16 Uhr: **Munroe Tavern**, 1332 Massachusetts Ave.; **Buckman Tavern**, 1 Bedford St.; **Hancock Clarke House**, 36 Hancock St., Eintritt für alle Häuser: Erw. $ 10, Kin. $ 6.

Touren/Führungen
Liberty Ride, ☏ 781-862-0500, 2-stündige Rundfahrt mit kostümiertem Führer entlang der historischen „Battle Road", beliebig viele Fahrtunterbrechungen sind möglich, Anf. Juli-Anf. Okt. tgl. zwischen 10 und 15 Uhr, Start am National Heritage Museum und am Visitor Center, Ticket: Erw. $ 25, Kin./Jugendl. bis 17 J. $ 10.

Lincoln/NH und North Woodstock/NH (S. 527)

i **Information**
Chamber of Commerce, Lincoln, Route 112, Kancamagus-Highway, ☏ 603-745-6621, www.lincolnwoodstock.com
Visitor Center, North Woodstock, ☏ 603-745-8720.

Sehenswertes
Lost River Reservation, 6 mi/10 km westl. von North Woodstock am NH-112, ☏ 603-745-8031, www.findlostriver.com, Mitte Mai-Mitte Okt. tgl. 9-17 Uhr, Eintritt: Erw. $ 14, Kin. 4-12 J. $ 10.
Loon Mountain Resort/Gondola Skyride, 3 mi/4,8 km östl. von Lincoln am Kancamagus-Highway, ☏ 603-745-8111, www.loonmtn.com, Anf. Mai-Mitte Okt. und Ende Nov.-Mitte April tgl. 9-19 Uhr, Fahrpreis der Gondeln: Erw. $ 14, Senioren $ 12, Kin. 6-12 J. $ 9.
Clark's Trading Post, 18 mi/29 km nördl. am US-3, ☏ 603-745-8913, www.clarkstradingpost.com, Ende Juni-Ende Sept. 9.30-18, sonst 10-17 Uhr, Eintritt: Erw. $ 17, Kin. 3-5 J. $ 7.

Unterkunft
Mount Coolidge $, N Woodstock, ☏ 603-745-8052, www.mtcoolidgemotel.com; das kleine Hotel mit 18 geräumigen Nichtraucherzimmern und 2 gemütlichen Cottages liegt an einem Bergbach am Eingang des Franconia Notch State Park; von April bis Nov. geöffnet.
Indian Head Resort $$, NH-3, N Woodstock, ☏ 603-745-8000, 🖷 603-745-8414, www.indianheadresort.com; Hotel am See mit 98 Zimmern, jeweils mit Balkon und schönem Ausblick, Swimmingpools, Sauna, 2 Tennisplätzen, Kinderprogramm, Restaurant. Das Resort hat ganzjährig geöffnet.

L
M

Woodstock Inn $$, Main St., N Woodstock, ☎ 603-745-3951, www.woodwardsresort.com; das viktorianische Haus aus dem Jahr 1890 hat 24 stilvoll eingerichtete Zimmer unterschiedlicher Größe; das Frühstück wird im Clement Room Grille Restaurant serviert; auch die ehemalige Eisenbahnstation und die Woodstock Inn Brewery gehören zum Woodstock Inn.

Woodward's Resort $$, 1 mi/1,6 km nördl. vom I-93 Exit 33, ☎ 603-745-8141, 🖨 603-745-3408; das schön gelegene Hotel verfügt in mehreren Gebäuden über 85 Zimmer und hat zwei Swimmingpools, Hallenbad, Sauna, Tennis- und Kinderspielplatz und einen Ententeich.

The Mountain Club on Loon $$$, 90 Loon Mountain Rd., Kancamagus-Highway, ☎ 603-745-8111, www.mtnclub.com; großes, komfortables Resorthotel am Loon Mountain mit 354 Räumen und Studios, großem Sportangebot, mehreren Restaurants, ganzjährig geöffnet.

Schwimmen
Whale's Tale Water Park, ☎ 603-745-8810, US-3; Wasservergnügungspark.

Litchfield/CT (S. 401)

Information
Litchfield Hills/Northwest Connecticut Convention & Visitors Bureau, US-202, ☎ 860-567-4506, 🖨 860-567-5214, www.litchfieldhills.com

Einkaufen/Führungen
Weingut Haight Vineyard and Winery, Chestnut Hill Rd., ☎ 860-567-4045, Mo-Sa 10.30-17, So 12-17 Uhr; Führungen und Weinprobe.

Lowell/MA (S. 465)

Information
Greater Lowell Chamber of Commerce, 144 Merrimack St., ☎ 978-459-8154, 🖨 978-452-4145, www.glcc.biz

Sehenswertes
New England Quilt Museum, 18 Shattuck St., ☎ 978-452-4207, www.nequiltmuseum.org, Di-Sa 10-16, So 12-16 Uhr, Eintritt: Erw. $ 7, Kin. $ 5.
American Textile History Museum, 491 Dutton St., ☎ 978-441-0400, www.athm.org, Mi-So 10-17 Uhr, Eintritt: Erw. $ 8, Sen./Kin. $ 6.
James A. M. Whistler House Museum of Art, 243 Worthen St., ☎ 978-452-7641, Mi-Sa 11-16 Uhr, Eintritt: Erw. $ 5, Kin. unter 12 J. frei.

Madison/CT (S. 389)

Information
Madison Chamber of Commerce, 22 Scotland Ave., ☎ 203-245-7394, 🖨 203-245-4279, www.madisonct.com

Sehenswertes
Allis-Bushnell House and Museum, 853 Boston Post Rd., ☎ 203-245-4567, Juni-Okt. Mi, Fr/Sa 13-16 Uhr, sonst nach Voranmeldung.
Deacon John Grave House, Academy/School Sts., ☎ 203-245-4798, April-Okt. Di-So.

Manchester/NH (S. 536)

Information
Greater Chamber of Commerce, 889 Elm St., ☏ 603-666-6600, im Internet www.manchester-chamber.org

Flughafen
Der Flughafen liegt 8 km südöstl. der Stadt, kein Autobuszubringerdienst. Es bestehen Flugverbindungen nach Albany, Boston, Hartford, Lebanon, Montpelier, Newport, New York und Washington.

Sehenswertes
Currier Museum of Art, 201 Myrtle Way, ☏ 603-669-6144, www.currier.org, Mi-Mo 10-17 Uhr, Eintritt: Erw. $ 10, Sen./Stud. $ 9, Kin./ Jugendl. 10-17 J. $ 8.
Millyard Museum, Mill No. 3, Commercial/Pleasant Sts., ☏ 603-622-7531, Di-Sa 10-16 Uhr, Eintritt: $ 6, Familienkarte $ 18. Bustransfer zum **Zimmerman House**, ☏ 603-626-4158; www.manchesterhistoric.org

Unterkunft
Best Western Executive Court Inn $$$, 13500 Willow St., ☏ 603-627-2525, ≜ 603-665-7090, www.bestwestern.com; außerhalb der Stadt gelegenes Hotel mit 123 modernen Zimmern, Restaurant und Swimmingpool.
Radisson Hotel Manchester $$$, 700 Elm St., ☏ 603-625-1000, ≜ 603-206-4000, www.radisson.com; Hotel mit 242 gut ausgestatteten Zimmern auf 12 Etagen, in guter Innenstadtlage.

Manchester/VT und Manchester Center/VT (S. 564)

Information
Manchester-and-the-Mountains Chamber of Commerce, 5046 Main St., Manchester Center, ☏ 802-362-2100 oder 1-800-362-4144, www.manchestervermont.net

Sehenswertes
Historic Hildene, 1005 Hildene Rd., 2 mi/3.2 km am VT-7A, ☏ 802-362-1788, www.hildene.org, Mitte Mai-Ende Okt. tgl. 9.30-16.30 Uhr. Eintritt und Führung durch das Haus: Erw. $ 12,50, Kin. 6-14 J. $ 5, Parkanlage Erw. $ 5, Kin. $ 3.
Equinox Sky Line Drive, ☏ 802-362-1115. Die Straße ist Mai-Okt. tgl. von 9 Uhr bis Einbruch der Dämmerung zu befahren; Gebühr pro Pkw/Fahrer $ 12, pro Motorrad $ 10, weitere Personen $ 2.

Unterkunft
Palmer House Resort Motel $$, Manchester Center, 2 km am US-7, ☏ 802-362-3600, www.palmerhouse.com; Motel mit 50 Zimmern und Apartments, Schwimmbad, 2 Tennisplätze, Golf, Fahrradvermietung und dem bekannten Restaurant Ye Olde Tavern.
Brittany Inn Motel $$, 1056 Main St., ☏ 802-362-1033, ≜ 802-362-0551, www.brittany innmotel.com; kleines, ganzjährig geöffnetes Motel mit 12 Zimmern, die gemütlich eingerichtet sind.

Regionale Reisetipps von A–Z
(Manchester/VT u. Manchester Center/VT, Martha's Vineyard/MA)

Manchester Highlands Inn $$, *Highland Ave., ☎ 802-362-4565, 🖷 802-362-4028, www.highlandsinn.com;* viktorianisches Gästehaus mit 15 gut eingerichteten Zimmern, einer schönen Aussicht und einem reichhaltigen Frühstück.

1811 House $$$, *Manchester Village, 2 km südl. am VT-7A, ☎ 802-362-1811, www.1811house.com;* das Farmhaus aus dem Jahr 1770 bietet seit 1811 Unterkunftsmöglichkeiten und ein behagliches, mit Antiquitäten, Gemälden und Sammlerstücken ausgestattetes Gästehaus mit 14 Zimmern. Es wird ein englisches Frühstück serviert; angeschlossen ist ein britischer Pub mit einer reichen Auswahl an Bier, Wein, Likör und Whisky.

Bromley Village, ☎ *1-800-865-4786;* gut ausgestattete Ferienwohnungen mit Schwimmbad und Tennisplätzen.

Einkaufen
Candle Mill Village, *1,5 mi/3,2 km östl. von der Old Mill Road in Arlington.* Im ältesten Kerzengeschäft Vermonts finden Sie ein sehr großes Angebot verschiedenster Kerzen.
In den Factory Outlets von **Manchester Square** *am VT-7A* und **Manchester Commons & Manchester Marketplace** *am VT-11/30* finden Sie Designermode u. a. von Armani, Calvin Klein, Timberland oder Ralph Lauren.

Martha's Vineyard/MA (S. 431)

Information
Martha's Vineyard Chamber of Commerce, *Beach Road, Vineyard Haven,* ☎ *508-693-0085 oder 1-800-505-4815, www.mvy.com*

Flughafen
Der Flughafen liegt ca. 7 km südl. von Vineyard Haven; es gibt keinen Zubringerdienst. Flugverbindungen bestehen nach Boston, New York, Nantucket Island und Hyannis.

Schiffsverbindungen
Es gibt Schiffsverbindungen mit Hyannis und Woods Hole auf Cape Cod, mit Nantucket Island und New Bedford.
Außerdem gibt es Schiffsverbindungen von Hyannis, Woods Hole und Falmouth nach Vineyardhaven und Oak Bluffs.

Unterkunft
Die Hotels liegen in den Ortschaften Vineyard Haven, Oak Bluffs, Edgartown und Menemsha; die Übernachtungspreise sind in der Hauptsaison wie auf Cape Cod sehr hoch, rechtzeitige Reservierungen sind unbedingt zu empfehlen.

IN EDGARTOWN
Clarion Martha's Vineyard $$$$, *227 Upper Main St., ☎ 508-627-5161, 🖷 508-627-3444, www.clarionmv.com;* das Hotel mit 34 geräumigen Zimmern liegt etwa 1,5 km vom Zentrum und Hafen entfernt.
Colonial Inn of Martha's Vineyard $$$$, *38 N Water St., ☎ 508-627-4711, 🖷 508-627-5904, www.colonialinnmvy.com;* das traditionsreiche Haus mit 43 Nichtraucherzimmern liegt im historischen Distrikt, schöner Blick auf den Hafen.

IN OAK BLUFFS

The Dockside Inn $$$, 9 Circuit Ave., ☏ 508-693-2966, 🖷 508-696-7293, www.vineyardinns.com/dockside.html; nur wenige Schritte von der Anlegestelle der Fähren entfernt. Die 17 Zimmer sind unterschiedlich groß, einige verfügen über eine eigene Küchenzeile. Bei schönem Wetter kann das kleine, im Preis enthaltene Frühstück auch im Garten eingenommen werden.

Oak House $$$$, 75 Seaview Ave., ☏ 508-696-6969, 🖷 508-696-7385, www.vineyardinns.com/oakhouse.html; das Haus aus dem Jahr 1872 verfügt über 10 Zimmer, die nach Themen mit alten Möbeln eingerichtet sind, teilweise haben sie Balkon und Blick auf den Nantucket Sound; zum Aufenthalt gehören ein reichhaltiges Frühstück und ein gemütlicher Nachmittagstee.

IN VINEYARD HAVEN

1720 House $$$, 152 Main St., ☏ 508-693-6407, 🖷 508-696-0489, www.1720house.com; das historische B&B-Haus liegt nur wenige Minuten vom Strand, dem Fähranleger und dem Ort entfernt. Die Zimmer sind liebevoll und ansprechend eingerichtet, Frühstück ist im Preis eingeschlossen; Fahrräder können gemietet werden.

The Doctor's House $$$$, 60 Mt. Altworth Rd., ☏ 508-696-0859, 🖷 508-696-0489, www.doctorshouse.com; das schöne Haus aus dem Jahr 1908 liegt ruhig und von einem schönen Garten umgeben nur wenige Gehminuten von Strand, Restaurants und Geschäften entfernt. Die Zimmer sind gut ausgestattet; das reichhaltige Frühstück wird im Frühstücksraum oder auf der Veranda serviert.

Massena/NY (S. 592)

Information
Greater Massena Chamber of Commerce, 50 Main St., ☏ 315-769-3525 oder 315-769-5000, www.massenaworks.com/chamber

Unterkunft
Econo Lodge Meadow View Motel $$, 15054 NY-37, ☏ 315-764-0246, 🖷 315-764-9615; kleines Hotel mit 52 Zimmern und Swimmingpool, ca. 3 km westl. von Massena.

Middlebury/VT (S. 563)

Information
Addison County Chamber of Commerce, 2 Court St., ☏ 802-388-7951, im Internet www.addisoncountychamber.com

Sehenswertes
Henry Sheldon Museum of Vermont History, 1 Park St., ☏ 802-388-2117, Ende Mai-Mitte Okt. Mo-Sa 10-17 Uhr, Eintritt: Erw. $ 5, Sen./Jugendl. $ 4,50, Kin. $ 3, Familienkarte $ 12; www.henrysheldonmuseum.org **UVM Morgan Horse Farm**, Weybridge, 4 km nordwestl. vom VT-23, ☏ 802-388-2011, www.uvm.edu/morgan, Mai-Okt. 9-16 Uhr. Eintritt: Erw. $ 5, Jugendl. 13-19 J. $ 4, Kin. 5-12 J. $ 2.

Einkaufen/Ausstellung
Vermont State Craft Center at Frog Hollow, 1 Mill St., am US-7, ☏ 802-388-3177, April-Okt. tgl. 10-17 Uhr, Werksausstellungen, Verkaufsstände und Vorführungen von Vermonter Künstlern und Kunsthandwerkern.

Millinocket/ME (S. 508)

ⓘ „Baxter State Park/ME"

Montpelier/VT (S. 544)

Information
Vermont Chamber of Commerce, P.O. Box 37, ☏ 802-223-3443, 📠 802-223-4257, www.vtchamber.com

Flughafen
Der **E.F. Knapp Airport** liegt ca. 10 km südl. der Stadt. Es bestehen Flugverbindungen nach Boston, Burlington, Keene, Lebanon, Newport und New York.

Sehenswertes
State House, 115 State St., ☏ 802-828-2228, Mo-Fr 8-16 Uhr, Juli-Mitte Okt. auch Sa 11-14.30 Uhr, in der Hochsaison Führungen Mo-Fr 10-15.30, Sa 11-14.30 Uhr, Eintritt frei.
Vermont Historical Society Museum, 109 State St., ☏ 802-828-2291, Mai-Okt. Di-Sa 10-16, So 12-16 Uhr, sonst So/Mo geschl., Eintritt: Erw. $ 5, Kin. $ 3.
T.W. Wood Gallery and Art Center, College St., ☏ 802-828-8743, unterschiedliche Öffnungszeiten je nach Ausstellung.
Morse Farm Sugarworks, 1168 County Rd., ☏ 802-223-2740, www.morsefarm.com, Juni-Anf. Sept. tgl. 8-18.30 Uhr, sonst 9-17 Uhr, Eintritt frei.

Unterkunft
Capitol Plaza Hotel $$, 100 State St., ☏ 802-223-5252, 📠 802-229-5427; das Hotel aus den 1930er Jahren mit 41 Zimmern, Pool und Sauna liegt nahe beim State House. Zum Hotel gehört das bekannte Restaurant Morgan's Steakhouse; www.capitolplaza.com
The Inn at Montpelier $$$, 147 Main St., ☏ 802-223-2727, 📠 802-223-0722; zentral gelegenes, aus dem 19. Jh. stammendes Haus mit 19 gediegen eingerichteten Zimmern, von denen einige einen Kamin haben, gutes Restaurant; www.innatmontpelier.com

Essen und Trinken
Main Street Bar & Grill, 118 Main St., ☏ 802-223-3188; in angenehmer, entspannter Atmosphäre können Sie sich von den Auszubildenden des angesehenen New England Culinary Institutes mit klassischen und innovativen Gerichten verwöhnen lassen.

Fahrradtouren
Über Fahrradtouren können Sie sich bei **Vermont Travel Division**, 134 State St., informieren. Reizvoll ist das Angebot über mehrtägige und mehrwöchige Touren „Inn-to-Inn-Bicycle Tour", die von Mai bis Okt. durchgeführt werden.

Montréal/Qué (S. 548)

Information
Montréal Centre Infotouriste, 1001, rue du Square-Dorchester, ☏ 514-873-2015 oder 1-800-363-7777; www.bonjourquebec.com, Anf. Juni-Anf. Sept. tgl. 8.30-19.30 Uhr, sonst 9-18 Uhr.

Konsulate
Deutsches Generalkonsulat, 1250, blvd. René Lévesque ouest, ☏ 514-845-8661, 📠 514-931-7239, www.montreal.diplo.de
Honorargeneralkonsulat von Österreich, 1350, rue Sherbrooke ouest, Suite 1110, ☏ 514-845-8861, 📠 514-845-9397.
Schweizer Generalkonsulat, 1572, ave. Dr. Penfield, ☏ 514-932-7181, 📠 514-932-9028.

Flughäfen
Montréal hat zwei große Flughäfen:
Mirabel International Airport, ☏ 514-394-7377, 1-800-465-1213, www.admtl.com, ca. 54 km nördl. der Innenstadt. Hier werden die internationalen Charter- und Cargoflüge abgefertigt.
Montréal Pierre Elliott Trudeau International Airport, ☏ 514-394-7377 oder 1-800-465-1213, www.admtl.com, ca. 25 km westl. vom Zentrum der Stadt; hier starten und landen alle Maschinen der größeren internationalen Fluggesellschaften, so auch von Lufthansa, British Airways, KLM oder Air France.

Verkehr
NAHVERKEHR
Das öffentliche Verkehrssystem ist sehr gut ausgebaut; die meisten Sehenswürdigkeiten der Stadt sind gut mit U-Bahn und/oder Bus zu erreichen.
Das **U-Bahnnetz** erstreckt sich über 64 km mit 4 farbig gekennzeichneten Hauptlinien und 65 Stationen. Die Bahnen fahren zwischen 5.30 und 1 Uhr im Abstand von 3-7 Minuten. Nur im Berufsverkehr sind die Bahnen sehr voll.

Fahrscheine kann man am Métro-Automaten oder beim Busfahrer kaufen; zum Umsteigen braucht man ein **Transfer Ticket**, das für **Bus und Métro** 90 Min. gültig ist. Für alle Fahrstrecken gilt ein einheitlicher Tarif: Erw. $ 2,75, Kin. 5-13 J. $ 1,75. Außerdem gibt es **Tageskarten** ($ 9), **Mehrfahrtenkarten** mit 6 Tickets ($ 12,75) und einen **3-Tage-Pass** ($ 17).

EISENBAHN
Montréals Hauptbahnhof **Central Station**, ☏ 514-989-2626, liegt an der 935, rue de la Gauchetière ouest, hinter dem Hotel Reine Elizabeth. Der Bahnhof ist unterirdisch mit der Bonaventure Métrostation verbunden. Vom Hauptbahnhof aus fahren Züge der kanadischen Gesellschaft **VIA RAIL** zu allen größeren kanadischen Städten; Züge der amerikanischen Eisenbahngesellschaft **Amtrak** verbinden Montréal mit den amerikanischen Städten an der Ostküste.
VIA RAIL, ☏ 514-989-2626 oder 1-800-561-3949, www.viarail.ca
Amtrak, ☏ 1-800-872-8725, www.amtrak.com

BUS
Die Busgesellschaft **Voyageur**, ☏ 514-842-2281, www.voyageur.com, verbindet Montréal mit allen größeren Orten in den Provinzen Ontario und Québec. Außerdem gibt es innerkanadische Busverbindungen der amerikanischen Busgesellschaft **Greyhound**, ☏ 1-800-231-2222, die auch zwischen Montréal und New York City verkehrt. Abfahrtsstelle für die Busse beider Gesellschaften ist der **Voyageur Terminal**, 505, blvd. de Maisonneuve est, ☏ 514-842-2281. Der Busbahnhof ist mit der Métro erreichbar, Métrostation „Berri-UQAM".

M

Sehenswertes
Altes Fort (Le Vieux Fort), Sainte-Hélène, ☎ 514-861-6701, Mai-1. Sept. Mi-Mo 10-18 Uhr, sonst bis 17 Uhr.
Basilique Notre Dame, 116, rue Notre-Dame ouest, ☎ 514-842-2955.
Biodôme, 4777, ave. Pierre-De-Coubertin, ☎ 514-868-3000, www2.ville.montreal.qc.ca/biodome/, tgl. 9-17 Uhr, Juli/Aug. 9-18 Uhr, Eintritt: Erw. $ 16, Sen./Stud. $ 12, Kin./Jugendl. 5-17 J. $ 8. Kombiticket Montréal Tower/Biodôme: Erw. $ 25,50, Sen./Stud. $ 19,25, Kin./Jugendl. 5-17 J. $ 12,75.
Botanischer Garten, 4101, rue Sherbrooke est, ☎ 514-872-1400, www2.ville.montreal. qc.ca/jardin, Mitte Mai-Mitte Okt., Eintritt: Erw. $ 12, Sen./Stud. $ 9, Kin. 5-17 J. $ 8; die Eintrittskarte ist für den Botanischen Garten, die Gewächshäuser und das Insektarium gültig. Kombiticket Botanischer Garten/ Biodôme: Eintritt: Erw. $ 27, Sen./Stud. $ 20,25, Kin./Jugendl. 5-17 J. $ 13,50.
Centre d'Histoire de Montréal, 335, place d'Youville, ☎ 514-872-3207, Anf. Mai-21. Juni tgl. 9-17 Uhr, 22. Juni-Anf. Sept. Di-So 10-17 Uhr, Eintritt: Erw. $ 6, Kin./Jugendl. 5-17 J. $ 5, Familienkarte $ 15.
Château Ramezay Museum, 280, rue Notre-Dame est, ☎ 514-861-3708, www.chateauramezay.qc.ca, Mitte Juni-Ende Aug. tgl. 10-16.30 Uhr, sonst Mo geschl. Eintritt: Erw. $ 9, Sen. $ 7, Kin. 5-17 J. $ 6, Familienkarte $ 18.
George-Etienne-Cartier-Haus, 458, rue Notre-Dame est, ☎ 514-283-2282, Mai-Sept. tgl. 10-17.30 Uhr, Sept.-Mai (außer Feb-Anf.April) Mi-So 10-12, 13-17 Uhr, Eintritt: Erw. $ 4,50, Kin. 5-17 J. $ 3.
La Ronde, Sainte-Hélène, 22, chemin Macdonald, ☎ 514-397-2000, www.laronde.com, Eintritt: ab $ 27,33, für die Fahrbetriebe: Erw. $ 33,42, Kin. unter 12 J. $ 22,99.
Musée des Beaux-Arts, 1379, rue Sherbrooke ouest, ☎ 514-285-1600, www.mbam.qc.ca/fr/, Di-Fr 11-17, Sa/So 10-17, Fr bis 21 Uhr, Eintritt für die ständigen Ausstellungen frei, für Sonderausstellungen: Erw. $ 15, Kin. 5-17 J. $ 7,50, Familienkarte $ 30.
Musée McCord d'histoire canadienne, 690, rue Sherbrooke ouest, ☎ 514-398-7100, www.mccord-museum.qc.ca, Di, Mi, Fr 10-18, Do 10-21, Sa/So 10-17 Uhr, Mo nur in den Ferien geöffnet, Eintritt: Erw. $ 12, Kin. 6-12 J. $ 4, Familienkarte $ 22.
Notre-Dame-de-Bonsecours, 400, rue St. Paul est, ☎ 514-282-8670, Eintritt: Erw. $ 7, Kin. 5-17 J. $ 4, Familienkarte $ 15.
Olympiapark (Parc Olympique), 4141, ave. Pierre-De-Coubertin, ☎ 514-252-8687, www.rio.gouv.qc.ca
- **Montréal Tower**, Fahrpreis für die Seilbahn: Erw. $ 14, Sen./Stud. $ 10, Jugendl. bis 17 J. $ 7,50, Kin. unter 4 J. frei. Kombiticket mit Biodôme s.o.
- **Führungen zu den Sportstätten**, Erw. $ 8,50, Sen./Stud. $ 7,75, Jugendl. bis 17 J. $ 6,75, Kin. unter 4 J. frei.

Parc Mont Royal, ☎ 514-844-4928, tgl. 6 Uhr bis Mitternacht.

Touren/Führungen/Bootsfahrten
Gray Line, ☎ 514-934-1222; 2- bis 3-stündige und ganztägige Stadtrundfahrten, 2-stündige Spaziergänge durch die Untergrundstadt, Treffpunkt am Dorchester Square und bei den großen Stadthotels.
Calèches, ☎ 514-653-0751; sehr beliebte Kutschfahrten durch Vieux-Montréal, Abfahrtsstellen: Place d'Armes, Dorchester Square und Place Jacques-Cartier, Preis: $ 40/Std.
Croisières du Port de Montréal, ☎ 514-842-3871; 15. Mai-15. Okt. 1- bis 3-stündige Bootsfahrten durch den Hafen von Montréal; Abfahrt vom Victoria Pier am Alten Hafen.

Amphi Tour, ☎ 514-849-5181, am Alten Hafen, 1. Mai-31. Okt. 1-stündige Fahrten mit dem Amphibienfahrzeug „Kamada" durch die Altstadt von Montréal und durch den historischen Hafen.
Montréal Harbour Cruises, Clock Tower Pier, ☎ 514-842-3871; 15. Mai-15. Okt. 2-stündige Bootsfahrten durch den Hafen und rund um die Inseln Sainte-Hélène und Notre-Dame.
New Orleans Cruises, Jacques-Cartier Pier, ☎ 514-842-7655; 1,5-stündige Fahrten mit einem nachgebauten Dampfschiff, tgl. Abfahrten Mitte Mai-Ende Okt.
Saute-Moutons, Clock Tower Pier, ☎ 514-284-9607; Fahrt in einem „Jet-boat" über die Stromschnellen bei Lachine.

Unterkunft
HOTELS IN DER INNENSTADT
Auberge Le Jardin d'Antoine $$, 2024, rue St. Denis, ☎ 514-843-4506, 1-800-361-4506, 📠 514-281-1491, www.hotel-jardin-antoine.qc.ca, angenehmes, kleines Hotel mit 25 Zimmern, persönliche Betreuung durch den Besitzer, Frühstück eingeschlossen.
Gîte Accueil Chez François $$, 4031, Papineu, ☎ 239-4638, www.chezfrancois.ca; schönes, altes Haus mit wohnlichen Zimmern und einladender Terrasse in ruhiger Umgebung gegenüber dem Park La Fontaine.
Au gîte Olympique $$, 2752, boul. Pie IX, ☎: 254-5423 oder 1-888-254-5423, www.gomontrealgo.com; das freundlich geführte Haus liegt sehr günstig zum Olympiastadion, dem Botanischen Garten und dem Biodôme, die Metrostation zur Innenstadt ist nur wenige Gehminuten entfernt.
Le Saint-André $$, 1285, rue St. André, ☎ 514-849-7070, 1-800-265-7071, 📠 514-849-8167, www.hotelsaintandre.ca; kleines Hotel mit einfachen, sauberen Zimmern, kleines Frühstück im Preis inbegriffen.
Lord Berri $$, 1199, rue Berri, ☎ 514-845-9236, 1-888-363-0363, 📠 514-849-9855, www.lordberri.com; modernes Mittelklassehotel in der Nähe von Vieux-Montréal.
Château Versailles $$$, 1659, rue Sherbrooke ouest, ☎ 514-933-3611, 1-800-361-7199, 📠 514-933-6867, www.versailleshotels.com; 70 elegant eingerichtete Räume in einem guten, historischen Stadthotel.
Loews Hôtel Vogue $$$, 1425, rue de la Montagne, ☎ 514-285-5555, 1-800-465-6654, 📠 514-849-8903, www.loewshotels.com; angenehmes Hotel mit schön eingerichteten Zimmern; sehr aufmerksames Personal.
Marriott Château Champlain Montréal $$$, 1, place du Canada, ☎ 514-878-9000, 1-800-228-9290, 📠 514-878-6761, www.montrealmarriottchateauchamplain.com; die gut eingerichteten Zimmer des komfortablen Hotels in zentraler Lage bieten großartige Ausblicke auf die Stadt, mit Swimmingpool und Fitnessraum.
Le Centre Sheraton $$$$, 1201, blvd. René-Lévesque ouest, ☎ 514-878-2000, 1-800-325-3535, 📠 514-878-3958, www.starwoodhotels.com; modernes Luxushotel mit Swimmingpool, Fitnessraum und sehr schönem Atrium mit einer Pianobar.
Ritz-Carlton $$$$, 1228, rue Sherbrooke ouest, ☎ 514-842-4212, 1-800-363-0366, 📠 514-842-2268, www.ritzmontreal.com; traditionsreiches, elegantes Hotel mit prominenten Gästen, sehr guten Restaurants und hübschem Gartencafé.

Essen und Trinken
Mit Hunderten von Cafés, Bistros, Pubs und Restaurants ist Montréal eine der besten Städte, um die Vielseitigkeit der kanadischen Küche kennen zu lernen. Alle Preiskategorien, vom

einfachen Fast-Food-Laden bis zum 5-Sterne-Gourmet-Restaurant sind vorhanden. Außerdem gibt es eine große Vielfalt ethnischer Küchen aus der ganzen Welt.

Auberge le Vieux Saint-Gabriel, 426, rue St. Gabriel, ☏ 514-878-3561; in alten Gemäuern werden herzhafte Québecer Gerichte serviert, in der Altstadt nahe der Place Jacques-Cartier.
Chenoy's, 1206, rue Peel, ☏ 514-861-3354; Familienrestaurant mit großen Portionen zu vernünftigen Preisen.
Chez Clo, 3199, rue Ontario est, ☏ 514-522-5348; in dem einfachen Restaurant werden Québecer Alltagsgerichte gut zubereitet, z. B. Bohnensuppe oder Fleischpastete „tourtière".
Chez la Mère Michel, 1209, rue Guy, ☏ 514-934-0473, So geschl.; ein Feinschmeckerrestaurant mit ausgezeichneter französischer Küche, Tischreservierung erforderlich.
Gibby's, 298, place d'Youville, ☏ 514-282-1837; berühmtes Steakhaus in einem 200 Jahre alten restaurierten Stall in der Altstadt.
Le Beaver Club, 900, blvd. René-Lévesque, ☏ 514-861-3511; erstklassige französische Küche in der eleganten Umgebung des Hotels Reine Elizabeth. Ein Erlebnis ist das sonntägliche Brunch-Buffet, zu dem Sie unbedingt rechtzeitig einen Tisch reservieren müssen.
Schwartz's Delicatessen, 3895, blvd. St. Laurent, ☏ 514-842-4813; kleines, jedoch viel besuchtes jüdisches Restaurant mit bekannt guten Sandwiches mit Rauchfleisch.

Einkaufen

Montréal ist eine verführerische Einkaufsstadt mit sehr vielen unter- und überirdischen Geschäften, die zu jeder Jahreszeit für jedes Auge und jeden Geldbeutel etwas Passendes anbieten. In allen Stadtvierteln gibt es beliebte Einkaufsstraßen, die zum ausgiebigen Einkaufsbummel, zum Schauen, Vergleichen und Einkaufen einladen.

Ein richtiges Einkaufsparadies ist die **Untergrundstadt**. Ein ganzes Netzwerk von Tunneln verbindet große Einkaufszentren, öffentliche Gebäude und Métrostationen in der Innenstadt miteinander. Hier können Sie, unabhängig noch vom schlechtesten Wetter, völlig ungestört Ihre Einkäufe machen.

Mount Washington/NH (S. 525)

!!! **Vorsicht**

Extreme Witterungsverhältnisse und schnelle Wechsel der Wetterlagen sind typisch für den Mount Washington und gefährlich für den Wanderer. Erkundigen Sie sich deshalb immer nach den aktuellen Daten unter der Rufnummer ☏ 603-466-2725.

Information

Informationen über den Zustand der Wege, den Schwierigkeitsgrad und die Dauer der Wanderungen erhalten Sie bei:
White Mountain National Forest, 719 Main St., Laconia, ☏ 603-524-6450, www.fs.fed.us/r9/white/
Appalachian Mountain Club, Pinkham Notch Camp, Gorham, ☏ 603-466-2727, www.amc-nh.org

Eisenbahn/Autostraße

Mount Washington Cog Railway, nördl. von Bretton Woods am NH-302, ☏ 603-278-5404 oder 1-800-922-8825, www.cog-railway.com, tgl. Ende Mai-Mitte Okt. 8-16 Uhr, Fahrpreise: ca. dreistündige Rundfahrt mit etwa 20 Min. Aufenthalt auf dem Gipfel, Erw. $ 59, Kin. 6-12 J. $ 39; rechtzeitige Kartenvorbestellung ist empfehlenswert.

Mount Washington Auto Road, 8 mi/12,8 km südl. von Gorham, am NH-16, ☏ 603-466-3988, www.mountwashingtonautoroad.com, Mitte Mai-Mitte Okt. 8.30-17 Uhr (wetterabhängig!). Fahrpreis: Fahrer $ 23, Mitfahrer $ 8, Kin. 5-12 J. $ 6. Geführte Fahrten $ 29.

Sehenswertes

Sherman Adams Summit Museum, auf dem Gipfel des Mount Washington, ☏ 603-466-3347, je nach Wetterbedingungen tgl. Ende Mai-Anf. Okt. 8-20 Uhr.

Mystic/CT (S. 393)

Information

Southeastern Connecticut Tourism, New London, 470 Bank St., ☏ 860-444-2206 oder 1-800-863-6569, www.mysticcountry.com

Sehenswertes

Mystic Seaport Museum, 75 Greenmanville Ave., am CT-27, 1 mi/1,6 km südl. vom I-95, Exit 90, ☏ 860-572-5315, www.mysticseaport.org, Juni-Aug. 9-20 Uhr, April/Mai und Sept./Okt. 9-17 Uhr, sonst 10-16 Uhr, Eintritt: Erw. $ 24, Kin./Jugendl. 6-12 J. $ 15, große kostenlose Parkplätze.

Mystic Aquarium and Institute for Exploration, 55 Coogan Blvd., am I-95, Exit 90, ☏ 860-572-5955, www.mysticaquarium.org, Juli-Sept. tgl. 9-17 Uhr, sonst 9-16 Uhr, Eintritt: Erw. $ 26, Kin. 6-17 J. $ 19.

Denison Homestead Museum, Pequotsepos Rd., ☏ 860-536-9248, Mitte Mai-Mitte Okt. Di-So 13-17 Uhr.

Old Lighthouse Museum, Stonington, 3 mi/4,8 km östlich von Mystic, 7 Water St., ☏ 860-535-1440.

Unterkunft

Comfort Inn $$, 48 Whitehall Ave., ☏ 860-572-8531, 🖷 860-572-9358, www.comfortinn.com; zweistöckiges Motel mit 120 ordentlichen Zimmern und Frühstück, nicht weit von Mystic Seaport und Mystic Marinelife Aquarium entfernt, Shuttlebus zum Mohegan Sun Casino.

Days Inn of Mystic $$, 55 Whitehall Ave., am CT-27, I-95, Exit 90, ☏ 860-572-0574, 🖷 860-572-1164, www.daysinn.com; einfaches Hotel mit Garten, Swimmingpool und Spielplatz.

Steamboat Inn $$$, 75 Steamboat Wharf, ☏ 860-536-8300, 🖷 860-536-9528, www.steamboatinnmystic.com; am Mystic River gelegenes B&B-Haus mit 10 geräumigen Zimmern, Whirlpool und Kamin, direkt am Hafen von Mystic im historischen Distrikt.

Taber Inn & Suites $$$, 66 Williams Ave., ☏ 860-536-4904, 🖷 860-572-9140, www.taberinn.com; vom Motel, das über gut ausgestattete Zimmer und Suiten verfügt, kann man den historischen Distrikt und Williams Beach gut zu Fuß erreichen.

The Inn At Mystic $$$, an der Kreuzung von US-1 und CT-27, 2 mi/3,2 km südl. vom I-95, Exit 90, ☏ 860-536-9604, 🖷 860-572-1635, www.innatmystic.com; sehr gutes Hotel mit 67 Zimmern und sehr bekanntem Restaurant, in Strandnähe, Tennis, Kanu-, Ruder- und Segelbootverleih, mit schönem Blick auf Mystic Harbour und den Long Island Sound.

The Whaler's Inn $$$, 20 E Main St., ☎ 860-536-1506, 📠 860-572-1250; kleines Motel mit 49 ansprechend eingerichteten Zimmern und beliebtem Restaurant. Der Hafen und Mystic Seaport sind nur wenige Gehminuten entfernt; www.whalersinnmystic.com

Essen und Trinken
Captain Daniel Packer Inne, 32 Water St., ☎ 860-536-3555; historisches Haus aus dem Jahr 1754 mit kleinem, sehr gut besuchtem Restaurant, Pub und Bar.
Flood Tide Restaurant, 3 Williams Ave., ☎ 860-536-8140; mit Blick auf den Mystic River können Sie den Nachmittagstee oder am Abend neuenglische Spezialitäten, wie „Maine Crab Cakes" genießen.

Feste
Spring Lobster Festival, Ende Mai wird das Frühlingsfest mit Musik und Tanz gefeiert, für das leibliche Wohl gibt es vor allem Hummer und anderes Meeresgetier.
Chowder Festival, Mitte Okt. werden traditionsgemäß bei einem Trachtenfest drei verschiedene Fischsuppen angeboten.

Bootsfahrten
Adventure Tours Mystic, 15 Holmes St., 1,5 mi/2,5 km südl. vom I-95, Exit 90, ☎ 860-536-4218; auf den alten Segelschiffen werden ein- und mehrtägige Fahrten angeboten.

Nantucket Island/MA (S. 432)

Information
Nantucket Island Chamber of Commerce, 48 Main St., ☎ 508-228-1700, im Internet www.nantucketchamber.org
Visitor Center, 25 Federal St.; zudem Info-Kioske an „Steamboat Wharf" und „Straight Wharf".

Flughafen
Der Flughafen liegt ca. 5 km südl. von Nantucket; es gibt keinen Zubringerdienst. Flugverbindungen bestehen nach Boston, Hyannis, New York, Washington und Philadelphia.

Schiffsverbindungen
Es gibt Schiffsverbindungen mit Martha's Vineyard und mit Hyannis/Cape Cod.

Sehenswertes
Nantucket Historical Association, 5 Washington St., ☎ 508-228-1894, www.nha.org, Mai-Sept. tgl. 10-17 Uhr, sonst nur Sa/So 11-16 Uhr, Eintritt für mehrere historische Häuser: Erw. $ 15, Senioren $ 12, Kin. $ 8.
Nantucket Life-Saving Museum, 158 Polpis Rd., ☎ 508-228-1885, www.nantucketlifesavingmuseum.com; Mitte Juni-Mitte Okt. tgl. 10-16 Uhr, Eintritt: Erw. $ 5, Kin. $ 3.

Unterkunft
Die Hotels liegen im Hauptort Nantucket und seiner näheren Umgebung. Auch auf Nantucket Island sind wie auf Cape Cod in der Hochsaison die Übernachtungspreise sehr hoch. Rechtzeitige Reservierung ist sehr zu empfehlen. Außerhalb der Hochsaison sind die Kosten deutlich niedriger.

Seven Sea Street Inn $$$, 7 Sea St., ☏ 508-228-3577, www.sevenseastreet inn.com; das Haus mit 11 behaglichen Zimmern und schönem Garten liegt in einer ruhigen Straße, nur ca. 5 Gehminuten von Main St., Strand und Hafen entfernt, reichhaltiges Frühstück im Preis inbegriffen.
Sherburne Inn $$$, 10 Gay St., ☏ 508-228-4425, www.sherburneinn.com; das 1835 gebaute Haus liegt ruhig im historischen Bezirk. Es verfügt über 8 mit Antiquitäten eingerichtete Zimmer, 2 schöne Aufenthaltsräume mit Kamin, kleiner Garten; Frühstück bei schönem Wetter auf der Terrasse.
The Carriage House $$$, 5 Ray's Court, ☏ 508-228-0326, www.carriagehousenantucket.com; das alte, sehr ruhig gelegene Kutscherhaus von 1865 beherbergt 7 gemütliche Zimmer, jeweils mit Bad, und einen schönen Aufenthaltsraum; Preis inkl. Frühstück, nicht weit vom Zentrum entfernt.

Narragansett/RI (S. 409)

Information
Narragansett Chamber of Commerce, 36 Ocean Rd., ☏ 401-783-7121, im Internet www.narragansettri.com/chamber

Unterkunft
The Village Inn at Narragansett Pier $$$, 1 Beach St., ☏ 401-783-6767, 🖨 401-789-3743, www.v-inn.com; Hotel mit 62 komfortablen Zimmern, durch eine Straße vom Stadtstrand getrennt, mit italienischem Restaurant, Swimmingpool.

Sehenswertes
South County Museum, Stratmore St., ☏ 401-783-5400, Juli/Aug. Mi-Sa 10-16, So 12-16 Uhr, sonst Fr/Sa 10-16 Uhr, Eintritt: Erw. $ 5, Kin. $ 2.

Bootsfahrten
Southland Riverboat Cruises, ☏ 401-783-2954, am State Pier, Start der knapp 2-stündigen Bootstouren durch den Great Salt Pond.

Nashua/NH (S. 536)

Information
Greater Nashua Chamber of Commerce, 151 Main St., ☏ 603-881-8333, 🖨 603-881-7323, www.nashuachamber.com

Sehenswertes
Nashua Center for the Arts, 14 Court St., ☏ 603-883-1506.
America's Stonehenge, bei North Salem, 5 mi/8 km östl. vom I-93, am NH-111, ☏ 603-893-8300, Mai-Okt. tgl., April und Nov. an Wochenenden.
Robert Frost Farm, bei Derry, am NH-28, ☏ 603-432-3091, Mitte Juni-Anf. Okt. 12-18 Uhr.
Anheuser-Busch-Brauerei, Merrimack, 1000 Daniel Webster Hwy., US-3, ☏ 603-595-1202.
Silver Lake State Park, ☏ 603-465-2342, Ende Juni-Anf. Sept. tgl.

New Bedford/MA (S. 423)

Information
New Bedford Area Chamber of Commerce, 794 Purchase St., ☏ 508-999-5231, www.newbedfordchamber.com

Regionale Reisetipps von A–Z
(New Bedford/MA, New Britain/CT, New Haven/CT)

Fähre
Martha's Vineyard Ferry, Billy Woods Wharf, ☎ 508-997-1688, tgl. Verbindungen mit Martha's Vineyard; www.steamshipauthority.com

Sehenswertes
New Bedford Whaling National Historic Park mit Besucherzentrum, 33 William St., ☎ 508-996-4095, www.nps.gov/nebe, tgl. 9-17 Uhr, Eintritt Erw. $ 10, Sen./Stud. $ 9, Kin. 6-14 J. $ 6.
New Bedford Whaling Museum, 18 Johnny Cake Hill, ☎ 508-997-0046, www.whalingmuseum.org, in den Sommermonaten Mo-Sa 9-16, So 12-16 Uhr, Eintritt: Erw. $ 10, Sen. $ 9, Kin. 6-14 J. $ 6.

Unterkunft
The Orchard Street Manor $$$, 139 Orchard St., ☎ 508-984-3475, www.the-orchard-street-manor.com; restauriertes Kapitänshaus aus dem Jahr 1845 mit vier mit Antiquitäten liebevoll eingerichteten Zimmern, jeweils mit Bad, nicht weit vom Walmuseum entfernt.

New Britain/CT (S. 395)

Information
Central Regional Tourism District – Connecticut's Heritage River Valley, 31 Pratt St., Hartford, ☎ 860-244-8181 oder 1-800-793-4480, www.enjoycentralct.com.

Sehenswertes
New Britain Industrial Museum, 185 Main St., ☎ 860-832-8651.
New Britain Museum of American Art, 56 Lexington St., ☎ 860-229-0257.

New Haven/CT (S. 385)

Information
Greater New Haven Convention & Visitors Bureau, 59 Elm St., ☎ 203-777-8550 oder 1-800-332-7829, www.visitnewhaven.com; neben Karten- und Informationsmaterial erhalten Sie hier die Broschüre „A Walking Tour of Historic New Haven" mit einem Plan des Zentrums und Kurzbeschreibungen der historischen Gebäude.

Flughafen
Der Flughafen liegt etwa 8 km südöstl. der Stadt in East Haven; es gibt keinen Autobuszubringerdienst. Flugverbindungen: u. a. nach Boston, New York, Washington.

Sehenswertes
Yale University, Informationsbüro im Besucherzentrum, 149 Elm St., ☎ 203-432-2300, www.yale.edu, Mo-Fr 9-16.45, Sa/So 10-16 Uhr. Ausgangspunkt für die kostenlosen, 1-stündigen Führungen: Mo-Fr um 10.30 und 14 Uhr, Sa/So um 13.30 Uhr.
Yale Art Gallery, 1111 Chapel St., ☎ 203-43-0600, Di-Sa 10-17, So 14-17 Uhr, Aug. geschl.
Yale Center for British Art, 1080 Chapel St., ☎ 203-432-2800, Di-Sa 10-17, So 12-17 Uhr, Eintritt frei.
Peabody Museum of Natural History, 170 Whitney Ave., ☎ 203-432-5050 oder 203-432-5799, www.peabody.yale.edu, Mo-Sa 10-17, So 12-17 Uhr, Eintritt: Erw. $ 7, Kin. $ 5.
Yale Collection of Musical Instruments, 15 Hillhouse Ave., ☎ 203-432-0822, Sept.-Juni Di-Do 13-16 Uhr, Eintritt frei.

Beinecke Rare Book and Manuscript Library, High St., ☏ 203-432-2977, www.library.yale.edi/beinecke, Mo-Fr 8.30-17, Sa 10-17 Uhr, Eintritt frei.
Shore Line Trolley Museum, 17 River St., East Haven, ☏ 203-467-6927, www.bera.org, Mai-Sept. tgl. 10.30-16.30 Uhr, Eintritt: Erw. $ 8, Kin. $ 4.
Fort Nathan Hale, Woodward Ave., ☏ 203-787-8790, tgl.

Unterkunft
Courtyard New Haven $$, 30 Whalley Ave., ☏ 203-777-6221, ☏ 203-772-1089, www.marriott.com; Mittelklassehotel mit 160 ansprechend eingerichteten Nichtraucher-Zimmern, Swimmingpool und Restaurant, ganz in der Nähe der Yale-Universität.
The Colony $$, 1157 Chapel St., ☏ 203-776-1234, ☏ 203-772-3929, www.colonyatyale.com; zentral am Campus gelegenes Hotel mit 86 freundlich eingerichteten Zimmern in der Innenstadt.
New Haven Hotel $$$, 229 George St., ☏ 203-498-3100, ☏ 203-498-3190, www.newhavenhotel.com; zentral in der Innenstadt gelegenes Hotel mit 92 ansprechenden Zimmern und großem Swimmingpool, nicht weit von der Yale University entfernt.
Premiere Hotels & Suites $$$, 3 Long Wharf Dr., ☏ 203-777-5337, ☏ 203-777-2808, www.newhavensuites.com; ansprechendes Hotel mit 112 geräumigen Zimmern mit voll ausgestatteter Küche, Shuttlebus, nicht weit von der Innenstadt entfernt.
Omni New Haven Hotel at Yale $$$$, 155 Temple St., ☏ 203-772-6664, ☏ 203-974-6777, www.omnihotels.com; großes Hotel mit 306 sehr komfortablen Zimmern mit Blick auf die Universität oder den Hafen, nur wenige Gehminuten von der Uni gelegen.

Essen und Trinken
Claire's Corner Copia, 1000 Chapel St., ☏ 203-562-3888; gutes vegetarisches Restaurant gegenüber der Universität, das schon seit 30 Jahren sehr geschätzt wird.
Hot Tomatos, 261 College St., ☏ 203-624-6331; in dem historischen Haus an der Westseite des Yale Green werden vor allem gute Nudelgerichte und Desserts serviert.
Union League Café, 1032 Chapel St., ☏ 203-562-4299; stilvoll, mit kreativer französischer Küche.
Galileos, 155 Temple St., ☏ 203-772-6664; das Restaurant liegt im 19. Stockwerk des Omni New Haven Hotels und bietet neben guten Fleisch- und Seafood-Gerichten einen schönen Panoramablick auf New Haven und den Long Island Sound.

Freizeit
Lighthouse Point Park, 2 Lighthouse Rd., ☏ 203-787-8005, Ruhe, Entspannung und Bademöglichkeiten.
East Rock Park, East Rock Rd., ☏ 203-787-6086, Wanderwege, Spiel- und Picknickplätze.

Sport
Mitte Aug. findet im Tennis Center der Yale-Universität ein internationales Herrenturnier, das **Volvo International Tennis Tournament**, mit erstklassigen Spielern statt. Informationen erhalten Sie unter der Rufnummer ☏ 1-800-54-VOLVO.

Bootsfahrten
Eine Besonderheit sind Bootsausflüge mit **Schooner Sound Learning**, 60 South Water St., ☏ 203-865-1737, www.schoonerinc.org. An Bord des „Quinnipiack", dem Nachbau eines Frachtschiffes aus dem späten 19. Jh., können Sie nicht nur die Fahrt entlang der Küste von Connecticut genießen, sondern an Bord des Zweimasters beim Segeln helfen, Segeltechniken kennen lernen und Neues zur Meeresbiologie erfahren.

New London/CT (S. 390)

ℹ Information
Southeastern Connecticut Tourism District, 470 Bank St., ☏ 860-444-2206 oder 1-800-863-6569, www.mysticcountry.com/

✈ Flughafen
Der Flughafen **Groton New London Airport** liegt etwa 10 km südöstl. der Stadt, nahe Groton. Verbindungen nach New Haven, New York, Washington; kein Autobuszubringerdienst.

Fähre
Cross Sound Ferry Services, 2 Ferry St., ☏ 860-443-5281, www.longislandferry.com
ganzjährig mit Fisher's Island/NY, Abfahrt State St., ☏ 631-788-7463
ganzjährig mit Orient Point/NY, Abfahrt Ferry St., ☏ 860-443-5281
Mitte Juni-Mitte Sept. mit Block Island/RI, Abfahrt Ferry St., ☏ 860-442-7891

👁 Sehenswertes
Lyman Allyn Art Museum, 625 Williams St., ☏ 860-443-2545, Di-Sa 10-17, So 13-17 Uhr, Eintritt: Erw. $ 5, Sen./Stud. $ 4.
Monte Christo Cottage, 325 Pequot Ave., ☏ 860-433-0051, Mitte April-Anf. Dez. Mo-Fr 13-16 Uhr, Eintritt: Erw. $ 7, Kin. frei.
US Coast Guard Academy, 15 Mohegan Avenue, ☏ 860-444-8511, Touristenpavillon: Mai-Okt. tgl. 10-17 Uhr; Museum: Mo-Fr 9-16.30, Sa 10-17, So 12-17 Uhr, Eintritt frei.
Ye Olde Town Mill, 8 Mill St./State Pier, ☏ 860-444-2206, Juni-Mitte Sept., tgl. 13-16 Uhr.
Joshua Hempstead House, 11 Hempstead St., ☏ 860-443-7949.

🛏 Unterkunft
Holiday Inn $$, 269 N Frontage Rd., ☏ 860-442-0631, 📠 860-442-0130, www.ichotelsgroup.com; das Hotel mit 136 sehr ansprechend eingerichteten Zimmern, angenehmem Restaurant, schönem Swimmingpool und Whirlpool liegt günstig zu allen regionalen Sehenswürdigkeiten und zu den beiden Spielkasinos.
Red Roof Inn $$, 707 Colman St., ☏ 860-444-0001, 📠 860-443-7154, www.redroof.com; einfaches Hotel mit 108 Zimmern, ca. 3,5 km von der Innenstadt entfernt.
Radisson $$$, 35 Governor Winthrop Blvd., ☏ 860-443-7000, 📠 860-443-1239, www.radisson.com; gutes, zentral gelegenes Hotel mit 120 geräumigen Zimmern, großem Innenswimmingpool, gutem Restaurant und kostenlosem Zubringerdienst zum Flughafen.

🎭 Feste/Veranstaltungen
Harbor Festival, Ende Aug. stattfindendes Hafenfest am City Pier.
Eugene O'Neill Theater Center, 305 Great Neck Rd., Waterford, 1 mi/1,6 km westl. am US-1, ☏ 860-443-5378; im Sommer Bühnenlesungen.

🚤 Freizeit/Touren
Ocean Beach Park, 3 mi/4,8 km südl. an der Ocean Ave., ☏ 860-447-3031, Mai-Okt. tgl., Eintritt: mit Pkw Sa/So $ 16, sonst $ 12.
Es werden ganzjährig **Beobachtungsfahrten** zu Wal-, Delfin-, Seehund- und Tümmlerplätzen durchgeführt.

New York City/NY (S. 329)

Notfallnummern

Notruf (Polizei, Notarzt, Feuerwehr): ☏ *911*
Fundbüro: ☏ *212-374-5084*
Doctors House Call Service/Travelers Medical Center: 952 5th Avenue,
☏212-737-1212, www.travelmd.com, mehrsprachig, 24 Std. tgl.
Ambulanz: St. Vincent's Hospital (153 W 11th St./7th Ave. (Greenwich Village):
☏ 212-604-7000

Hinweis

Diplomatische Vertretungen s. Allgemeine Reisetipps von A-Z, „Botschaften und diplomatische Vertretungen"

Information

NYC & Company *betreibt mehrere Besucherinformationsstellen, die größten zwei in Midtown:*
Official NYC Information Center, *810 7th Ave. (52nd-53rd St.),* ☏ *212-484-1200 (allg.), http://nycgo.com, Mo-Fr 8.30-18, Sa/So 9-17 Uhr, mit Shop und vielerlei Service.*
Official NYC Information Center – Times Square, *1560 Broadway (46th-47th St.), tgl. 8-20 Uhr; Informationsmaterial, Tickets, Touren, MetroCards, Geldautomat, Internetzugang, NY-Souvenirs u. a.*

Außerdem gibt es **Besucherkioske** *an folgenden Stellen:*
Downtown: Official NYC Information Kiosk – City Hall, *Südende City Hall Park, Broadway/Park Row, Mo-Fr 9-18, Sa/So 10-17 Uhr;*
Chinatown: Official Visitor Information Kiosk – Chinatown, *am Kreuzpunkt Canal, Walker, Baxter St., tgl. 10-18 Uhr;*
Harlem: Official NYC Informaton Center – Harlem, *The Studio Museum, 144 W. 125th St. (Adam Clayton Powell Jr. Blvd.-Malcolm X Blvd.),* ☏ *212-222-1014, Mo-Fr 12-18, Sa/So 10-18 Uhr.*
Financial District: Official NYC Information Center – Federal Hall, *26 Wall St. (William-Nassau St.),* ☏ *212-484-1222, Mo-Fr 9-17 Uhr.*

Weiterhin hilfreich:
Lower East Side Visitors Center, *108 Orchard St.,* ☏ *212-226-9010, www.lowereastsideny. com, Mo-So 10-16 Uhr. Infos und Touren.*
Informative Medien *sind die Fr/So-Beilagen in der „New York Times", die Stadtmagazine „Time Out New York" (www.timeoutny.com), „Village Voice" (www.villagevoice.com), IN New York Magazine (www.innewyork.com) und die Gratishefte „WHERE" oder „Quickguide".*

Im **Internet** *sind außerdem interessant:*
www.renewnyc.com *(Lower Manhattan Development Corporation);* **www.nyc.gov** *(NY City Website);* **www.newyorkology.com** *(tägliche Updates und viele Links); Infos zu anderen Boroughs:* **www.visitbrooklyn.org**, **www.ilovethebronx.com**, **www.discoverqueens.info**, **www.sichamber.com**, **www.licvb.com** *bzw. allgemein:* **www.morenyc.info**

INFOS IN DEUTSCHLAND

Deutsche NY-Vertretung: NYC & Company, c/o Aviareps Mangum, Sonnenstr. 9, D-80331 München, ☎ (089) 23 66 21 34, info@newyork.de, www.newyork.de bzw. http://nycgo.com/de Ausführliche Informationen aller Art, aber auch Hintergrundgeschichten und Rundgangvorschläge finden sich in dem ständig aktualisierten Band „**New York City**" von Margit Brinke und Peter Kränzle (Reise Know-How Verlag, ISBN 978-3-8317-1707-1).

Flughäfen

Von den drei New Yorker Flughäfen – **John F. Kennedy International** (JFK), **Newark Liberty International Airport** (EWR) und **La Guardia** (LGA, nur inneramerikanischer Flugverkehr) – ist der JFK in Queens der größte und wichtigste. Die einzelnen Flughäfen sind untereinander mit privaten Kleinbussen verbunden. Infos: www.panynj.gov/CommutingTravel/airports/html/ken_connect.html

Eine **Taxifahrt** von JFK nach Manhattan kostet derzeit $ 45 plus $ 4,50 Brückenzoll und Trinkgeld, dazu kommt werktags zwischen 16 und 20 Uhr ein Aufschlag von $ 1. Von Manhattan zum Airport gibt es keinen Fixpreis, es wird nach Taxameter berechnet.

Wesentlich preiswerter kommt die Fahrt mit der **U-Bahn** ($ 2,25). Die Subwaystation „Howard Beach" erreicht man mit dem neuen AirTrain ($ 5) von jedem Flughafenterminal und von dort geht es mit der A-Linie in 1-1,5 Std. nach Manhattan.

Kleinbusse verschiedener Unternehmen fahren für etwa $ 18-25 nach Manhattan. Am Informationsstand im Flughafen können Auskünfte über die Preise, Abfahrtszeiten und Haltestellen (evtl. bestimmte Hotels) der einzelnen Betreiber eingeholt werden. Der New York Airport Service Express Bus (www.nyairportservice.com) kostet einfach $ 15 ($ 27 H/R) zu Penn Station, Grand Central Terminal, Port Authority, Bryant Park oder diversen Midtown Hotels.

Von **Newark** (New Jersey) ist Manhattan per Airtrain (zwischen Newark Liberty International Airport Station und Airport) und Nahverkehrszügen (PATH, NJ Transit oder Amtrak, z. B. nach/ab Penn Station) relativ gut erreichbar. Infos: ☎ 1-800-626-RIDE, www.njtransit.com. Es verkehren ebenfalls Shuttlebusse ($ 15-20) und Taxis ($ 40-60 plus Zölle und Trinkgeld bzw. Aufschlag).

Von **La Guardia** kostet ein Taxi ab etwa $ 22, SuperShuttle kostet ab $ 18 einfach.

> ### Wichtige Telefonnummern und Adressen
>
> **www.panynj.gov**, Quick Link „All Airports" (Plan, Verkehrsverbindungen, Service etc.)
> **JFK International Airport**, ☎ 718-244-4444, 718-656-4520 (Airport Information Service)
> **Newark International Airport**, ☎ 201-961-2000 (Airport Info Service)
> **La Guardia Airport**, ☎ 718-476-5000

Verkehr
TAXI

New Yorks legendäre gelbe Taxis sind oft schwer zu bekommen. Grundsätzlich sollte man nur in die **gelben Medallion-Taxis**, die mit Taxameter, Foto des Fahrers und Lizenznummer ausgestattet sind, einsteigen. Es ist üblich, sie auch abseits von Standplätzen auf der Straße anzuhalten, wobei ein Schild auf dem Dach anzeigt, ob das Taxi frei ist. Es werden auch mehrere nicht zusammengehörige Passagiere in die gleiche Fahrtrichtung befördert, wobei jeder für sich zahlt.

Taxipreise: Grundgebühr: $ 2,50, pro 1/5 mi (ca. 300 m) bzw. für 90 Sek. Wartezeit: 40 c. Nachtzuschlag zwischen 20 und 6 Uhr (50 c.), $ 1 Zuschlag Mo-Fr zwischen 16 und 20 Uhr, außerdem

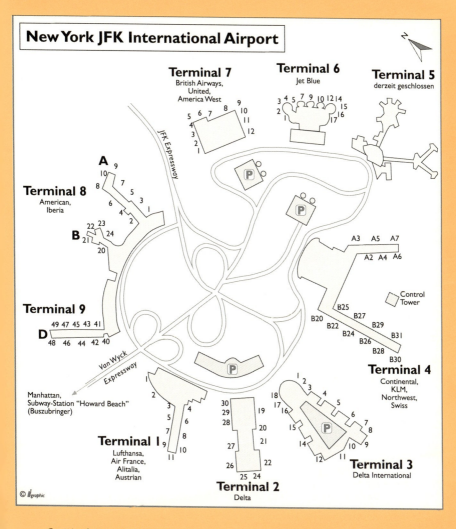

Gepäckaufschlag möglich. Brückenzölle werden gesondert berechnet. Für Fahrten von den Flughäfen stadteinwärts gibt es Pauschalpreise ($ 45). Trinkgeld: üblicherweise 15-20 Prozent.

ÖFFENTLICHER NAHVERKEHR
*Busse und U-Bahnen unterstehen der **MTA** (Metropolitan Transit Authority). Am unkompliziertesten ist es, mit der Subway zu fahren, da sie verkehrsunabhängig und relativ schnell ist. Eine U-Bahnkarte (**MetroCard**) ist an vielen Bahnhöfen bzw. in den Infostellen erhältlich. Busfahren ist prinzipiell etwas schwieriger (und zeitaufwändiger) als U-Bahn-Fahren, doch mit den kostenlos erhältlichen Plänen (nach Stadtvierteln) ebenfalls machbar. Auf Bussen ist vorn die Endstation angegeben,*

N gezahlt wird mit der MetroCard oder mit Bargeld in exakter Höhe. Die Haltestellen sind klar ausgewiesen und werden meist 7-22 Uhr, manchmal auch rund um die Uhr angefahren.
Die **MetroCard** ist eine aufladbare Magnetkarte, die an einer Schranke eingeschoben wird und von welcher der streckenunabhängige Fahrpreis von $ 2,25 ($ 5,50 für Expressbusse) vom Guthaben abgezogen wird. Die Karten können mit Summen ab $ 4,50 beliebig oft „geladen" werden, wobei es ab $ 8 einen Rabatt von 15 Prozent gibt. An den U-Bahnstationen stehen Verkaufsautomaten (auch Kreditkartenbezahlung) und Lesegeräte („MetroCard Reader") zur Überprüfung der Restsumme zur Verfügung. Günstig sind Tageskarten („Unlimited Rides") für $ 8,25 und 7-Tages-Karten für $ 27.
MTA-Infos: ☎ 1-800-638-762273; allgemeine Auskünfte: 718-330-1234 bzw. 718-330-4847 (mehrsprachig), www.mta.nyc.ny.us
Hilfreich und interessant **im Internet** ist außerdem: www.straphangers.org.

BOOTSVERBINDUNGEN
Als regelmäßiger **Schnellboot-Service** verbindet **New York Water Taxi** verschiedene Anlegestellen in Manhattan und Brooklyn, es gibt zusätzlich Hop-on, Hop-off-Touren. Infos: ☎ 212-742-1969; www.nywatertaxi.com und eigene Beaches (www.watertaxibeach.com).
Bootsrundfahrten bieten außer **Water Taxi** das damit kooperierende Unternehmen **Circle Line Downtown**, Pier 16, ☎ 1-866-925-4631, www.harborexperience.com, und **New York Waterway**, Pier 78, ☎ 1-800-533-3779, www.nywaterway.com

EISENBAHN UND BUS
Die zwei größten Bahnhöfe der Stadt heißen **Grand Central Station** (Park Ave./42nd St.; Vorort- bzw. Nahverkehrszüge nach Norden, d. h. NY State und Connecticut) und **Penn Station** (7th Ave./33rd St./Madison Square Garden, ☎ 1-800-872-7245, www.amtrak.com; Züge nach Long Island und Amtrak-Fernzüge). Zwischen Boston, New York, Philadelphia und Washington verkehren neue und schnelle Acela-(Express-)Züge, Metroliner und (langsamere) „Regionals". Sie sind im Unterschied zu den Fernzügen nicht reservierungspflichtig und preiswerter.
Der **Greyhound-Busbahnhof** befindet sich am Port Authority Bus Terminal (W 40th St./8th Ave.); von hier verkehren aber auch Busse zu den Flughäfen und nach NJ.

> **Tipp für Besucher**
>
> Kostenersparnis bringt ein **CityPass** – ☎ 707-253-1222, www.citypass.com – im Internet zu ordern oder im VC erhältlich. Dieser gilt für neun Tage und derzeit sechs Attraktionen (American Museum of Natural History, Guggenheim, Circle Line Sightseeing Cruise oder Liberty/Staten Island Ferry, Empire State Building, Metropolitan Museum, MoMA) und kostet $ 79 (statt $ 140).

Sehenswertes (Auswahl)
American Museum of Natural History, Central Park W/79th St., ☎ 212-769-5100, www.amnh.org, tgl. 10-17.45, $ 15, mit IMAX und Space Show (im Hayden Planetarium) $ 32, auch andere Kombitickets.
American Museum of the Moving Image, 35th Ave./37th St., Astoria (Queens), ☎ 212-784-0077, www.movingimage.us, derzeit Expansion, daher nur Ausstellung „Behind the Screen" (Di-Fr 10-15 Uhr), Filmaufnahmen u. a. Events an verschiedenen Orten (siehe Website).

Bronx Zoo, Bronx River Pkwy./Fordham Rd., ☎ 212-367-1010, www.bronxzoo.com, mind. 10-16.30 Uhr, in der HS länger, $ 15, pay-what-you-wish am Mi (plus $ 11 Parken), auch Kombipakete mit Rides u. a. Vergnügungen.
Brooklyn Botanic Garden, 900 Washington Ave./Eastern Pkwy., ☎ 212-623-7200, www.bbg.org, Di-Fr 8-18, Sa/So 10-18 Uhr, im Winter bis 16.30 Uhr, $ 8; mit Steinhardt Conservatory, Gartenshop und Terrassencafé.
Brooklyn Museum of Art, 200 Eastern Pkwy./Washington Ave., ☎ 212-638-5000, www.brooklynmuseum.org; Mi-Fr 10-17, Sa/So 11-18 Uhr, $ 8, mit Botanic Garden $ 14; mit Museumscafé und Shop.
The Cloisters, Fort Tryon Park, ☎ 212-923-3700, www.metmuseum.org/cloisters, Di-So 9.30-17 Uhr; $ 20 (im Eintritt Metropolitan Mus. enthalten!).
Cooper-Hewitt National Design Museum, 2 E 91st St./5th Ave., ☎ 212-849-8400, www.si.edu/ndm, Mo-Fr 10-17, Sa 10-18, So 12-18 Uhr, $ 15; Veranstaltungen, Bibliothek, Garten (Zugang: 90th St.) und Shop.
Ellis Island Immigration Museum, Fähren ab Castle Clinton, ☎ 212-363-3200, www.nps.gov/elis/index.htm; Eintritt frei, Fähre: $ 12 (Auskunft: ☎ 877-523-9849, www.statuecruises.com), tgl. mind. 9.30-17 Uhr; Touren, Café, Gift Shop, s. auch Statue of Liberty.
Empire State Building, 350 5th Ave./34th St., ☎ 212-736-3100, www.esbnyc.com, tgl. 8-1.15 Uhr, $ 20 (86th Floor Observatory), 102nd Floor Observatory kostet extra $ 15, auch Audiotouren und superteure Express-Pässe.
Frick Collection, 1 E 70th St./Madison-5th Ave., ☎ 212-288-0700, www.frick.org, Di-Sa 10-18, So 11-17 Uhr, $ 15.
Grant's Tomb, W 122nd St./Riverside Dr., ☎ 212-666-1640, www.nps.gov/gegr, tgl. 9-17 Uhr, Eintritt frei.
Solomon R. Guggenheim Museum, 1071 5th Ave./88th St., ☎ 212-423-3500, www.guggenheim.org, Sa-Mi 10-17.45, Fr 10-19.45 Uhr, $ 18; Café Dean&DeLuca und Museum Store, verschiedene Veranstaltungen und Konzerte.
Intrepid Sea-Air-Space Museum, Pier 86, W 46th St./12th Ave., ☎ 212-245-0072, www.intrepidmuseum.org; Di-So 10-17, im Sommer Sa/So bis 18 Uhr, $ 19,50, seit Nov. 2008 neu eröffnet und überaus sehenswert.
Isamu Noguchi Museum, 36-01 43rd Ave., Long Island City (Queens), ☎ 718-204-7088, www.noguchi.org, Mi-Fr 10-17, Sa/So 11-18 Uhr, $ 10.
Jewish Museum, 1109 5th Ave./92nd St., ☎ 212-423-3200, www.jewishmuseum.org, Sa-Mi 11-17.45, Do 11-20 Uhr, $ 12; Gift Shop, Café, Veranstaltungen, Lesungen etc.
Louis Armstrong Home, 34-56 107th St., Corona (Queens), www.louisarmstronghouse.org, Di-Fr 10-17, Sa/So 12-17 Uhr, stündl. Touren, $ 8.
Lower East Side Tenement Museum, 108 Orchard/Broome St. (Shop, Tickets und Touren), ☎ 212-982-842, www.tenement.org/tours.html; tgl. mehrere verschiedene Touren zwischen 11 und 17 Uhr, $ 17; Film und Shop.
Metropolitan Museum of Art (MMA), 5th Ave./82nd St., ☎ 212-535-7710, www.metmuseum.org, So, Di, Mi/Do 9.30-17.30 Uhr, Fr/Sa 9.30-21, $ 20 (inkl. Cloisters); mehrere Restaurants/Cafés. Shops, zahlreiche Veranstaltungen (Infos: ☎ 212-570-3949); Filiale: The Cloisters, s. o.
Museo del Barrio, 1230 5th Ave./105th St., ☎ 212-831-7272, www.elmuseo.org, derzeit wegen Renovierung geschlossen.
Museum of American Folk Art, 45 W 53rd St./6th Ave., ☎ 212-265-1040, www.folkartmuseum.org, Mi-So 10.30-17.30, Fr 10.30-19.30 Uhr, $ 9.
Museum of Arts&Design, 2 Columbus Circle, ☎ 212-299-7777, www.madmuseum.org, Mi-So 1-18, Do bis 21 Uhr, $ 15; mit Gift Shop; derzeit neuestes Museum der Stadt.

Museum of Chinese in the Americas, ab Sommer 2009: 211-215 Centre St., ☏ 212-619-4785, www.moca-nyc.org, derzeit wegen Umzugs geschlossen.

Museum of the City of New York, 1220 5th Ave./103rd St., ☏ 212-534-1672, www.mcny.org, Di-So 10-17 Uhr, $ 9.

Museum of Jewish Heritage, 36 Battery Place, ☏ 1-646-437-4202, www.mjhnyc.org, So-Di, Do 10-17.45, Mi 10-20, Fr 10-17 (im Sommer, sonst nur bis 15 Uhr), $ 12 (frei Mi 16-20 Uhr); mit Café und Shop.

Museum of Modern Art (MoMA), 11 W 53rd St., 5-6th Ave., ☏ 212-708-9400, www.moma.org; Mo, Mi, Do, Sa/So 10.30-17.30, Fr bis 20 Uhr, $ 20 (frei Fr 16-20 Uhr).

Museum of Sex, 233 5th Ave./27th St., ☏ 212-689-6337, www.museumofsex.com, So-Fr 11-18.30, Sa 11-20 Uhr, $ 16

National Museum of the American Indian (NMAI), 1 Bowling Green/State-Whitehall St., ☏ 212-514-3700, www.si.edu/nmai, tgl. 10-17, Do bis 20 Uhr. Eintritt frei.

Neue Galerie, Museum for German and Austrian Art, 1048 5th Ave./86th St., ☏ 212-628-6200, www.neuegalerie.org, Do-Mo 11-18, $ 15; mit Shop und Café.

New Museum of Contemporary Art, 235 Bowery (Stanton-Rivington St.), ☏ 212-219-1222, www.newmuseum.org, Mi-So 12-18, Do/Fr 12-21 Uhr, freier Eintritt Do 19-21 Uhr, sonst $ 12; „Sky Room" auf dem Dach nur an Wochenenden geöffnet!

New York Botanical Garden, 200th St./Kazimiroff Blvd. (Bronx), ☏ 718-817-8700, www.nybg.org, Di-So 10-18 Uhr, $ 6 (nur Garten, Mi und Sa 10-12 Uhr frei); 1891 angelegter Garten mit Haupt Conservatory ($ 20 inkl. Garten-Freiflächen, Parken $ 13).

New York City Police Museum, 100 Old Slip/South St., ☏ 212-480-3100, www.nycpolicemuseum.org, Mo-Sa 10-17 Uhr, So (Sommer) 12-17 Uhr, $ 7.

New York City Fire Museum, 278 Spring St. zw. Varick-Hudson St. (SoHo), ☏ 212-691-1303, www.nycfiremuseum.org, Di-Sa 10-17, So 10-16 Uhr, $ 5; Sammlung von Feuerwehrzubehör vom 18. Jh. bis heute, Souvenirshop.

New York Historical Society, 2 W 77th St./Central Park W, ☏ 212-873-3400, www.nyhistory.org; Di-Sa 10-18, Fr -20 (18-20 Uhr frei), So 11-17.45 Uhr, $ 10, mit Café.

New York Transit Museum, 130 Livingston St./Boerum Place-Schemerhorn St. (Brooklyn Heights), ☏ 718-694-1600, www.mta.nyc.ny.us/mta/museum, Di-Fr 10-16, Sa/So 12-17 Uhr, $ 5, Filiale im Grand Central Terminal, Mo-Fr 8-20, Sa/So 10-18 Uhr, Eintritt frei.

The Pailey Center for Media (früher: Museum of Television&Radio), 25 W 52nd St./5th Ave.-Ave. of the Americas, ☏ 212-621-6800, www.mtr.org, Di-So 12-18, Do bis 20 Uhr, $ 10; mit Shop.

P.S.1, 22-25 Jackson St./46th Ave. (Queens), ☏ 718-784-2084, www.ps1.org, Do-Mo 12-18 Uhr, $ 5.

Rock and Roll Hall of Fame Annex NYC, 76 Mercer St. (SoHo), ☏ 646-786-6680, www.RockAnnex.com, Do/So 11-19, Fr/Sa 11-21 Uhr, $ 24,50; multimediale Ausstellung zur Rock'n'Roll-Geschichte.

The Skyscraper Museum, 39 Battery Place, ☏ 212-968-1961, www.skyscraper.org; Mi-So 12-18 Uhr, $ 5.

South Street Seaport Museum, 12 Fulton St., ☏ 212-748-8600, www.southstseaport.org, Di-So 10-18 (im Winter Fr-Mo 10-17, Schiffe 12-16 Uhr), $ 10; mit Schiffen, Shop und Tourangebot.

Statue of Liberty Museum, Liberty Island, ☏ 212-363-3200, www.nps.gov/stli, Fähre ab Battery Park/Castle Clinton ca. 9.30-17 Uhr alle 45 Min., vorher Sicherheitskontrolle! Fähre (inkl. Ellis Island): $ 12 (mit Audiotour $ 18), Eintritt selbst frei. Tickets kombiniert mit gratis „Monument" oder „Crown Access Pass" (Aussichtsplattformen), zahlenmäßig beschränkt, daher Vorreservierung sinnvoll (Reservierung und Zeitplan: ☏ 877-523-9849, www.statuecruises.com).

Studio Museum Harlem, 144 W 125th St., ☏ 212-864-4500, www.studiomuseum.org, Mi-Fr 12-18, Sa 10-18, So 12-18 Uhr, $ 7; mit Stadtinfo-Kiosk.
Top of the Rock, W 50th St. zw. 5th und 6th Ave., ☏ 212-698-2000, www.topoftherocknyc.com, tgl. 8-24 Uhr (letzter Aufzug 23 Uhr), $ 20; (Art-déco-)Aussichtsplattform auf dem Rockefeller Center, erreichbar per „Sky Shuttle".
Tribute WTC Visitor Center, 120 Liberty St., ☏ 1-866-737-1184, www.tributewtc.org, Mo, Mi-Sa 10-18, Di 12-18, So 12–17 Uhr, $ 10 Ausstellungen, außerdem Walkingtouren So–Fr 11, 12, 13 und 15 Uhr, Sa stündl. 11-16 Uhr, $ 10.
United Nations, 1st Ave./46th St., ☏ 212-963-8687, www.un.org/tours, 45-Min.-Touren Mo-Fr 9.45-16.45 Uhr, $ 12,50; mit Postamt, Shops und Lokal.
Whitney Museum of American Art, 945 Madison Ave./75th St., ☏ 212-570-3676, www.whitney.org, Mi/Do 11-18, Fr 13-21, Sa/So 11-18 Uhr, $ 15 (Fr 18-21 Uhr freiwillig).

Touren/Führungen

Big Apple Greeter Program, ☏ 212-669-8159, www.bigapplegreeter.org; Gratisführungen von New Yorkern durch ihre jeweiligen Wohnviertel auf Anmeldung.
Big Onion Walking Tours, ☏ 212-439-1090, www.bigonion.com; verschiedene Themen (s. unter www.bigonion.com/schedule), $ 15.
Enthusiastic Gourmet, 245 E 63rd St., 838-9611, www.enthusiasticgourmet.com. Susan Rosenbaum bietet kulinarische Touren durch verschiedene ethnische Viertel an – z.B. das jüdische Lower East Side oder Chinatown; gut 3 Std., $ 50 inkl. Proben.
Gray Line, 777 8th Ave./47th-48th St., ☏ 1-800-669-0051 oder 212-445-0848. www.coachusa.com/newyorksightseeing; verschiedenste Doppeldeckerbustouren, auch kombiniert mit Bootstrips möglich.
Harlem Heritage Tours, 104 Malcolm X Blvd., ☏ 212-280-7888, www.harlemheritage.com; Walking-Touren durch Harlem zu verschiedenen Aspekten (Gospel, Jazz, Hiphop, Salsa).
Joyce Gold History Tours, ☏ 212-242-5762, www.nyctours.com; u. a. „Gangs of New York Walking Tour".
Lower East Side Tour, ☏ 1-866-224-0206, www.lowereastsideny.com; April-Dez. Gratistour durch die Orchard Street, So um 11 Uhr, ab Katz's Deli (E. Houston/Ludlow).
NY Insightseeing Tours, ☏ 718-447-1645, www.insightseeing.com; deutschsprachige Führungen in Kleingruppen zu unterschiedlichen Themen, teils zu Fuß, teils mit öffentlichen Verkehrsmitteln.
On Location Tours, ☏ 212-209-3370, www. screentours.com; verschiedene Viertel auf den Spuren der Stars und ihrer Filme neu entdecken.
Wall Street Walking Tour, 1 Bowling Green, Do, Sa 12 Uhr, ☏ 212-606-4064; kostenlose 1,5-stündige Walking-Touren ab US Custom House, Anmeldung nicht erforderlich.

Unterkunft

Viele deutsche Reiseveranstalter bieten ein breites Angebot an Stadthotels, wobei die Preise bei ca. € 180 pro DZ ohne Frühstück beginnen. Günstig ist es, ein Hotel in Midtown zu wählen, da es die beste Ausgangsbasis für Stadtrundgänge bietet. Vorausbuchung ist in New York das ganze Jahr über empfehlenswert, sei es im Reisebüro oder per Internet. Angesichts der ungeheuren Fülle von Unterkünften und wegen der ständigen Veränderungen, sind zutreffende und aktuelle Hotelbeschreibungen kaum möglich.
Die Qualität der Unterkünfte variiert ebenso wie Preise und Ausstattung, wobei in New York das Preis-Leistungs-Verhältnis häufig nicht stimmt. Es gibt einerseits astronomisch teure Luxushotels und andererseits recht miese, aber ebenfalls nicht billige Standardhotels.

N Der offizielle Durchschnitts-Zimmerpreis liegt derzeit bei knapp $ 300, dazu kommen noch gut 14 Prozent Steuern. Am ehesten lassen sich in den Sommermonaten „Schnäppchen" machen. Von der tadellosen Mehrsterne-Kategorie gibt es in NY genügend, z. B. Le Parker Meridien, InterContinental, The Ritz-Carlton, Mandarin Oriental oder The St. Regis, The Pierre oder das altehrwürdige Waldorf-Astoria; sie und viele andere werden auch in deutschen Reisekatalogen (z. B. FTI, Meier's, DERTour) angeboten.

Im Internet helfen u. a. folgende Adressen weiter:
www.expedia.de/hotel_new_york
www.hotelbook.com
www.hotels.com/new-york
www.Hotelreservierung.de/New_York
www.hrs.de
www.justnewyorkhotels.com
www.quikbook.com

Hotels (Auswahl)

1 The Algonquin
2 Buckingham Hotel
3 The Carlton
4 Comfort Inn Midtown
5 Hotel Gansevoort
6 The Gershwin
7 Hilton New York
8 Jazz on the Town
9 Chelsea Lodge
10 Hotel Grand Union
11 Waldorf-Astoria & Waldorf Towers

Restaurants (Auswahl)

12 Aureole
13 2nd Avenue Deli
14 Brooklyn Diner
15 Carnegie Deli
16 Clementine
17 Craft
18 Chelsea Brewing Co.
19 Gramercy Tavern
20 Grand Central Oyster Bar & Restaurant
21 Hamburger Harry's
22 Tabla
23 Veselka
24 Zoe SoHo

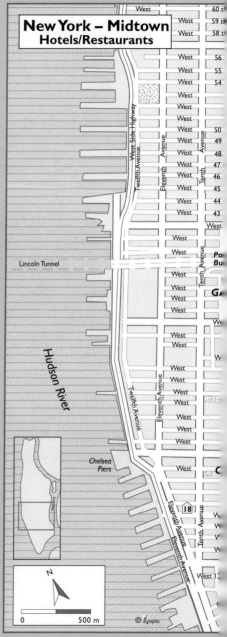

Regionale Reisetipps von A–Z (New York City/NY)

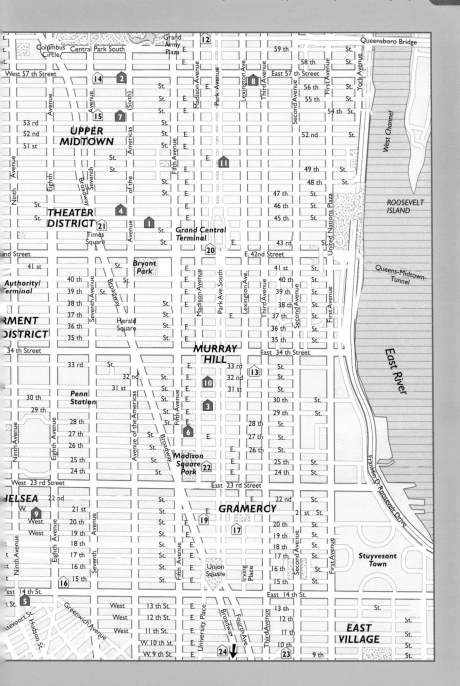

HOTELAUSWAHL
KATEGORIE UNTER $ 100

Jazz Hostels, www.jazzhostels.com, ☏ 212-722-6252, insgesamt fünf Häuser auf Manhattan: 1. Jazz on the Park und 2. on the City – beide Upper West Side, 3. on the Town – East Village (**8**), 4. on Leno (neuestes) und 5. on the Villa – beide Harlem; relative neue, gut ausgestattete Herbergen mit unterschiedlich großen Schlafsälen, teils auch DZ, ab ca. $ 20 im großen Schlafsaal. Buchung übers Internet.

Central Park Hostel & Inn, 19 W 103rd St. (Central Park), ☏ 212-678-0491, http://centralpark hostel.com; Schlafsäle (10 Betten), Zimmer und luxuriöse Studioapartments in altem Brownstone-Bldg. in der Upper West Side, $ 30-75 alles inkl., mit Gemeinschaftsraum, Küche, Fernsehraum, Patio.

Guesthouse, 63 Audubon Ave., ☏ 212-781-1842, www.guesthouseny.com; ca. $ 60/DZ, saubere Gemeinschaftsbäder, kleine Küche und gut erreichbar von JFK mit Blue Line bis 18th St. Western Highs.

KATEGORIE $ 100-180

Apple Core bietet fünf neu renovierte Hotels – Comfort Inn Midtown (**4**), Red Roof Inn Manhattan, La Quinta Manhattan, Super 8 Times Square Hotel und Ramada Inn Eastside – in guter Lage zu meist günstigen Preisen an. Infos: www.applecorehotels.com, ☏ 1-800-567-7720.

Best Western Gregory Hotel, 8315 4th Ave., Brooklyn (Bay Ridge), ☏ 718-238-3737, www.bestwestern.com/gregoryhotel.

The Gershwin (**6**), 7 E 27th (Gramercy), ☏ 212-545-8000, www.gershwinhotel.com; ca. 100 unterschiedliche Zimmer in prima Lage zwischen SoHo und Theater District, preiswerter mit Stockbetten.

Harmony Hospitality House, 216 W 122nd St. (Harlem), ☏ 212-662-2878, E-Mail: HAJA216 @aol.com; zwei gut ausgestattete Studios für je 2 Personen, bei längerem Aufenthalt nur gut $ 100.

Hotel Grand Union (**10**), 34 E 32nd St., 684-5890, www.hotelgrandunion.com; Alte-Welt-Charme und ordentliche Raten, günstig in Midtown gelegen

Americana Inn, 69 W. 38th St./6th Ave., ☏ 212-840-6700, www.theamericaninn.com; seltene Budget-Kategorie im Garment District. 54 ordentliche, neu renovierte Zimmer, weitere Hotels s. unter www.newyorkhotel.com (Empire Hotel Group).

Chelsea Lodge (**9**), 318 W. 20th St./zwischen 8-9th Ave., ☏ 212-243-4499, www.chelsealodge. com; Brownstone-Bau in Chelsea mit 22 preiswerten, kleinen Zimmern mit Waschbecken und Dusche, WC auf dem Gang.

Pod Hotel, 230 E. 51st St., 1-800-742-5945, www.thepodhotel.com; Midtown-Hotel mit ansprechenden Zimmern (360), gut ausgestattet wenn auch winzig. Freiluftterrasse für Gäste und Dachterrasse.

KATEGORIE $ 180-250

Hotel Beacon, 2130 Broadway/ 75th St. (Upper West Side), ☏ 212-787-1100, www.beaconhotel.com; 240 große Zimmer mit Kochecke; mit Restaurant und Fitnesszentrum.

Buckingham Hotel (**2**), 101 W 57th St./6th Ave. (Upper Midtown), ☏ 212-246-1500, www.buckinghamhotel.com; Suitenhotel mit luxuriöser Ausstattung gegenüber der Carnegie Hall.

The Carlton (**3**), 22 E 29th St./Madison Ave. (Upper East Side), ☏ 212-532-4100, www. carltonhotelny.com; Hotel in historischem Bau nahe dem Empire State Building

Hilton New York (**7**), 1335 6th Ave./53rd-54th St. (Upper Midtown), ☏ 212-586-7000, www.newyorktowers.hilton.com; günstig gelegen, mit schöner Clubetage oben, mehreren Lokalen und Ladenpassage.

Off SoHo Suites, 11 Rivington St. (Lower East Side), ☏ 212-979-9808 oder 1-800-633-7646, www.offsoho.com; gut ausgestattete Suiten für 2 bzw. 4 Personen mit Kochnische.

The Strange Dog Inn, Paula & Gail Monroe, 51 DeKoven Court (Brooklyn), ☏ 718-338-7051, www.strangedoginn.com; B&B in historischem Haus und ruhigem Wohnviertel, großes Apartment im Dachgeschoss (max. 4 Personen, Kitchenette), inkl. Gourmet-Frühstück, Metro Card, persönlicher Betreuung und vielen anderen Annehmlichkeiten!

The Strange Dog, ein ungewöhnliches B&B in Brooklyn

Washington Square Hotel, 103 Waverly Place (Greenwich Village), ☏ 212-777-9515 oder 212-222-0418, www.washingtonsquarehotel.com; neu renovierte Zimmer mit Frühstück, besonders obere Etagen empfehlenswert.

KATEGORIE ÜBER $ 250

„Boutique Hotels", kleine schicke Hotels, oft in historischen Gebäuden mit allem erdenklichem Luxus, viel Hightech und Wellness kosten meist ebenso viel wie die legendären Luxushotels. U.a. The Standard (www.standardhotel.com), Dream Hotel (www.dreamny.com), das Night Hotel (www.nighthotelnyc.com), das Blue Moon Hotel (www.bluemoon-nyc.com) oder das Hotel QT New York (www.hotelqt.com) oder die Hotels der Affinia-Kette (www.affinia.com).

The Algonquin (1), 59th W 44th St. (Upper Midtown), ☏ 212-840-6800, www.thealgonquin.net; renommiertes, neu renoviertes Hotel mit 165 gut ausgestatteten Zimmern.

Hotel Gansevoort (5), 18 9th Ave./13th St. (West Village), ☏ 212-206-6700, www.hotelgansevoort.com; neues Designer-Hotel (187 Zimmer) im trendigen Meatpacking District; Pool auf dem Dach, Spa und Restaurant.

Ritz Carlton, 2 West St. (Battery Park), ☏ 212-344-0800, www.ritzcarlton.com/en/Properties/BatteryPark/Default.htm; neues Hotel am Battery Park mit rund 300 Zimmern und Luxussuiten, teils mit Hafenblick; weiteres am Central Park.

Waldorf-Astoria & Waldorf Towers (11), 301 Park Ave./50th St. bzw. 100 E 50th St. (Upper Midtown), ☏ 212-335-3000 bzw. 212-355-3100 (Towers), http://waldorfastoria.hilton.com; traditionsreiches Haus von Weltruf mit mehreren Restaurants.

🍴 Essen und Trinken

Was bereits zu den Hotels gesagt wurde, trifft auch auf Lokale zu: Es gibt eine unüberschaubare Anzahl und die **kulinarische und ethnische Vielfalt** ist gigantisch. Hilfe bei der Auswahl leisten Stadtmagazine, Beilagen der Tageszeitungen (z. B. am Sonntag Restaurantkritik der „New York Times") und die Restaurantführer „Zagat's" und „Fodor" (www.zagat.com/newyork oder www.fodors.com/world/north-america/usa/new-york/new-york-city/restaurants.html). Bei allen höherklassigen Restaurants ist Reservierung (vor allem abends) angeraten. **Für Sparsame** gibt es in New York zahlreiche „push carts" auf den Straßen, die von Bagels und Muffins über ein ganzes Frühstück,

N Hot Dogs und Knishes bis zu Shis-Kebab, Tortillas oder Obstsalat vielerlei preiswerte Gerichte anbieten. Daneben sind auch Schnellrestaurants/Garküchen und Imbissbuden preiswert und Delis eine oft 24 Std. geöffnete Besonderheit der Stadt. Es gibt dort „normale" Lebensmittel zum Einkaufen, aber auch heiße und kalte Gerichte – Suppen, Sandwiches oder Bagels, Salate oder Pasta – zum Mitnehmen, manchmal auch zum Gleich-Essen. Gelegenheit zu einem Menü zum günstigen Festpreis in einem Toplokal gibt es während der NYC Restaurant Week im Winter und Frühjahr. Termine und Restaurantlisten unter: http://nycgo.com/restaurantweek

DELIKATESSEN („DELIS")
Carnegie Deli (15), 854 7th Ave./55th St. (Upper Midtown); preiswert Sattwerden mit Hühnersuppe, Käse-Blintzes, Sandwiches oder Burgers.
Dean&Deluca, 560 Broadway/Prince St. (SoHo); mit Espressobar und großer Käseauswahl. In nächster Nähe ebenfalls empfehlenswert: **The Garage** (453 Broome, mit vier weiteren Filialen).
H&H Bagels, 2239 Broadway/80th St. (Upper West Side) und 639 W 46th St. zwischen 11-12th Aves. (Theater District); Bagels aller Art pur für $ 1.
Katz's Delicatessen, 205 E. Houston/Ludlow St. (Lower East Side); Super-Sandwiches am Tresen bestellt.
Zabar's, 2245 Broadway (Upper West Side); Top-Gourmettempel mit allen erdenklichen Delikatessen plus Küchenaccessoires. Woody Allen soll hier ein- und ausgehen; angeschlossenes Café.

(INTERNET-) CAFES
Cyber Café, 273 Lafayette/Prince St. (SoHo) und 250 W 49th St. (Times Square); www.cyber-cafe.com bzw. allgemein: www.worldofinternetcafes.de
Easyinternetcafé, 234 W 42nd St., 7-8th Ave.; Internet-Surfen zu günstigen Preisen.
Ferrara Pastries&Espresso Bar, 195 Grand St. (Chinatown); historisches Café von 1892 mit italienischem Gebäck und Kaffee.
Internet Café, 82 E 3rd St./1st-2nd Ave. (Upper East Side); tgl. 11-2 Uhr, auch Livemusik.

DINER & IMBISS
Brooklyn Diner (14), 888 7th Ave./57th St.; wie ein Relikt der 1950er Jahre.
City Bakery, 3 W 18th St. zw. 5-6th Ave. (West Village); gut sortiertes Salat- und heißes Buffet.
Empire Diner, 210 10th Ave. (Chelsea); viel fotografierter Diner (Art-déco).
Gray's Papaya, Broadway/72nd St. (Upper West Side) und weitere Filialen; Hot Dogs, Papayasaft und andere ausgefallene Drinks.
Hamburger Harry's (21), W 45th St./Broadway (Theater Distr.); Hamburger in verschiedensten Varianten.
Panini & Co, 115 Broadway (Corber Cedar St./Trinity Place); in der Nähe der World Trade Center Site, ideal zum Frühstück oder schnellen Imbiss.
Papaya King, 179 E 80th St./3rd Ave. (Upper East Side); Hot Dogs und Säfte.
Shake Shack, Madison Square Park (Madison Ave./23rd St.) (Gramercy); Hot Dogs in allen Variationen.
2nd Avenue Deli (13), 162 E. 33rd St./3rd Ave. (East Village); Pastrami, Cornedbeef, gehackte Leber u. a. (jüdische) Delikatessen.

TOPLOKALE
15 East (16), 15 E 15th St. (Union Sq.), ☏ 212-647-0015, neues japanisches Restaurant mit eigenem Sushi-Meister, Sake-Karte und Sushi-Bar mit frischen Kreationen an Sushi and Sashimi, hausgemachte Soba Nudeln, Thunfisch-Kreationen u.a. Günstiges Mittagsmenü!

Aureole (**12**), 34 E 61st St./Madison-Park Ave. (Upper East Side), ☎ 212-319-1660; eine moderne amerikanische Küche mit farmfrischen Produkten, tolle Desserts und Dinner zu Festpreisen.
Café Boulud, 20 E 76th St. (Upper East Side), ☎ 212-772-2600; französische Küche, auch Probiermenüs mittags ab $ 29, abends $ 55; die teurere Variante von Chef Daniel Boulud heißt Daniel's (60 E 65th St., ☎ 212-288-0033).
Gramercy Tavern (**19**), 42 E 20th St. (Flatiron District), ☎ 212-477-0777; amerikanische Küche mit exotischem Touch. 3- und 6-gängige Menüs ab $ 40 und tolle Weine.
Grand Central Oyster Bar&Restaurant (**20**), 42nd St. (Midtown), Grand Central Station, ☎ 212-490-6650; historisches Seafood-Restaurant mit Frischware vom Fulton Market, erlesene Weine.
Balthazar, 80 Spring St. (SoHo), ☎ 212-965-1414; Brasserie, die französische Küche der Extraklasse serviert; lohnend: die Meeresfrüchteplatte.
L'Ecole, 462 Broadway (SoHo), ☎ 212-219-3300; empfehlenswertes und vor allem preiswertes Toplokal des French Culinary Institute (Kochschule).
Tabla (**22**), 11 Madison Ave./25th St. (Gramercy Park), ☎ 212-889-0667; exotische Mischung aus indischen und internationalen Zubereitungsweisen und Zutaten.
Tocqueville Restaurant, 1 E 15th St. (Union Sq.), ☎ 212-647-1515; französisch inspirierte, ungewöhnliche Haute Cuisine in angenehmem Ambiente.

ERSCHWINGLICHE LOKALE (AMERIKANISCHE KÜCHE)
Chelsea Brewing Company (**18**), 18th St./West Side Hwy. (Chelsea Piers/Pier 59), ☎ 212-336-6440; Microbrews und amerikanische Küche.
Craft (**17**), 43 E 19th St.-Park Ave. S (Greenwich Village), ☎ 212-780-0880; neues Konzept, bei dem einzelne Zutaten und Zubereitungsweisen frei kombiniert werden können.
Harry's Café & Steak, Hanover Square, Stone/Pearl St. (Lower Manhattan), ☎ 212-785-9200; im historischen India House, in dem schon George Washington residierte.
Kitchenette, 1272 Amsterdam Ave. zw. 122nd-123rd St. (nahe Columbia Uni) und 80 W Broadway/Warren St. (TriBeCa); begehrtes Brunch zu Superpreisen!
Sarabeth's, 1295 Madison Ave./92nd St. (Upper East Side), ☎ 212-410-7335; amerikanische Küche, besonders gute selbst gemachte Brote, Konditorwaren und Dessert; Filiale: **Sarabeth's at the Whitney Museum**, (s. o.).
Tavern of the Green, Central Park West/67th St., ☎ 212-873-3200; New Yorker Institution im Central Park, schön zum Draußensitzen.
Zoe SoHo (**24**), 90 Prince St., zw. Broadway-Mercer St., ☎ 212-966-6722; perfekt zubereitete, kreative Gerichte zu brauchbaren Preisen aus der offenen Küche.

VERSCHIEDENES
Cercle Rouge, 241 West Broadway, ☎ 212-226-6252, klassische französische Brasserie, die bekannt ist für die hausgemachten Patés, eine tolle Weinkarte und das gemütliche Ambiente. Preiswerte Prix-fixe-Menüs mittags, am Wochenende Brunch und Kinder-Speisekarte sowie Zauber-Brunch Sa 13.30-14.30 Uhr.
Dos Caminos, 475 W Broadway/W Houston St. (SoHo), ☎ 212-277-4300; authentische mexikanische Küche; Filiale: 373 Park Ave. S/26th-27th St., ☎ 212-294-1000.
Mandarin Court, 61 Mott St. (Chinatown); umtriebiger Chinese mit excellenten Dim Sum.
Minangasli, 86-10 Whitney Ave./Broadway; indonesische Küche mit empfehlenswerten Kombi-Platten. Große Portion Reis mit Fleisch oder Seafood schon ab $ 7.
Minca, 536 E 5th St./Ave. B. (East Village); klassisches japanisches „Ramen"(Nudel)-Lokal.

Piccola Cucina, 184 Prince/Sullivan-Thompson St., ☏ 212-625-3200; gemütlicher kleiner Italiener.
Sora Lella, 300 Spring St. (Greenwich Village), ☏ 212-366-4749; Zweigstelle des berühmten römischen Ristorante.
Spina, 175 Ave B/E 11th St. (East Village), ☏ 212-253-2250; winziger gemütlicher Italiener, der sich durch Vorspeisen und Pasta-Gerichte, dazu hervorragende Weine, auszeichnet.
Veselka (23), 144 2nd Ave. (East Village), ☏ 212-228-9682; jüdisch-russische Spezialitäten.

Nightlife

Das Nachtleben im Big Apple ist legendär und mit mehr als 320 Einrichtungen auch sehr vielseitig: Es gibt Blues- und Jazzclubs, Comedy/Cabaret/Supper Clubs, Dance Clubs und Diskos sowie Cocktail Lounges und Bars. Alkohol wird erst ab 21 Jahren ausgeschenkt. In Diskotheken wird normalerweise mindestens $ 15 Eintritt verlangt. In Clubs sind ein Gedeckpreis sowie ein Getränk obligatorisch. In der „New York Times", „Time Out New York", „IN New York" oder „Village Voice" gibt es aktuelle Veranstaltungshinweise. Der Süden Manhattans mit Greenwich und East Village, aber auch Chelsea und TriBeCa lohnen besonders.
Im **Internet** hilft: http://nycgo.com/?event=view.nav&section=nightlife oder www.ny.com/nightlife

Birdland, 315 W 44th/8th Ave., ☏ 212-581-3080, http://birdlandjazz.com; benannt nach Charlie „Bird" Parker, in dessen Fußstapfen heute andere Topstars treten; Progressive Jazz und südamerikanische Küche, Cover $ 20-25, Sets 21/23 Uhr.
Birdland Diskothek, 47 W 20th St./6th Ave., ☏ 212-807-7850, http://birdlandjazz.com; Disko mit verschiedenen Tanzflächen auf 2 Etagen in umgebauter neugotischer Kirche.
Blue Note Jazz Club&Restaurant, 131 W 3rd St./MacDougal-6th Ave., ☏ 212-475-0049, www.bluenote.net/newyork/index.shtml; wechselnde Bands (Jazz, R&B, Soul, Blues u. a.) 21, 23.30 Uhr; hier traten schon Dizzy Gillespie, Ray Charles und B.B. King auf.
Heartland Brewery, 46 Union Square W/17th St., ☏ 212-645-3400; Bar, Restaurant und beliebter Treff in der „Weinstube" oder der Raucher-Lounge „The Skybox".
Mannahatta Restaurant & Lounge, 316 Bowery (LES). 253-8644, www.mannahatta.us; schicke Lounge auf zwei Ebenen mit Restaurant (Tapas-Menü!) und DJs jede Woche.
S.O.B.'s (Sounds of Brazil), 204 Varick St./W Houston, 243-4940, www.sobs.com, Mo-Sa ab 18 Uhr; beliebtes Upscale-Restaurant in SoHo, mit Latino-Küche und Livemusik (vor allem Salsa-Rhythmen, African, African-Caribbean, Reggae, R&B, Samba, Calypso und Merengue), „Soul Kitchen Night".
Village Vanguard, 178 7th Ave./11th St., ☏ 212-255-4037, http://villagevanguard.com; einer der ältesten Jazzkeller der Stadt mit hochkarätigem Programm (tgl. 21.30/23.30, Sa auch 2 Uhr, ab $ 20).

Einkaufen

Auf Kleidung und Schuhe unter $ 110 wird keine Umsatzsteuer erhoben, darüber fallen nur die staatlichen 4,375 Prozent an. Bei einem Einkaufsparadies wie New York verbietet es sich fast von selbst, irgendwelche einzelnen Läden hervorzuheben, deshalb nachfolgend lediglich ein paar regionale Schwerpunkte:
Broadway, zw. 4th-Canal St., zahllose Billigläden und im weiteren Verlauf auch Malls (s. u.).
Lower East Side/Bowery (Canal-Delancey und Orchard-Essex St.), Billigkleidung und Designer-Outlets, Lederwaren, Elektro- und Elektronikartikel.
Chinatown, vor allem Canal/Mott St., Souvenirs, Asiatisches.

SoHo, rings um den Broadway: Kunstgalerien, Antiquitäten, Geschenke, Avantgarde-Kleidung.
Greenwich Village (Washington/Sheridan Square sowie Broadway): Kunstgalerien, Boutiquen, Kurioses und Skurriles.
East Village, östl. Broadway, z. B. Astor Place-Tomkins Square: Flohmärkte, Boutiquen, Secondhandläden, Designermode, Bücher, Antiquitäten u. a.
Historic Orchard Street Bargain District, 7th Ave./30-40th St.: preiswerte Bekleidung und Designermode.
5th Ave./51st-59th St., Luxus-Einkaufsmeile mit weltbekannten Läden wie Tiffany, Cartier, Chanel, Bergdorf, F.A.O. Schwarz.
47th St./5th-6th Ave., „Diamond Row" mit jüdischen Juwelierläden.
Madison/Lexington Ave. (Upper East Side), Antiquitäten (Sotheby's), Schuh-, Museumsläden und Galerien, Luxusboutiquen.
Amsterdam Ave./Broadway, 71st-84th St. (Upper West Side), Designerkleidung, Antiquitäten, Galerien, Delis, Buchläden.

Beliebte Anziehungspunkte sind auch große **Kaufhäuser** und **Einkaufszentren** wie:
Time Warner Building, 10 Columbus Circle, am Central Park/Broadway, Einkaufszentrum mit exklusiven Shops, Buchladen Borders und Bio-Supermarkt Whole Foods.
Bloomingdale's, 1000 3rd Ave./59-60th St., und neu: 504 Broadway, Spring-Broome St. (SoHo).
Macy's, Herald Square/34th St., Mo-Sa 10-20.30, So 11-19 Uhr; weltgrößtes Kaufhaus mit 5 Lokalen.
Manhattan Mall, 6th Ave./33rd St., Mo, Do/Fr bis 20.30 Uhr, auch So; u. a. Stern's Department Store, kleinere Läden und große Eatery im Obergeschoss.
Saks Fifth Ave., 611 5th Ave./50th St.; Herrenbekleidung der Topkategorie.
Takashimaya, 693 5th Ave./54th St.; japanisches Kaufhaus auf mehreren Etagen mit Teestube.

Feste/Veranstaltungen

Aktuell weiter helfen die Tageszeitungen (Freitags-Beilage der „New York Times", Magazine wie „Village Voice", „Where" oder „Time Out" bzw. im Internet die Adresse http://nycgo.com/?event=view.events&section=events. Es gibt eine Reihe regelmäßiger Veranstaltungen, z. B.:
1. Vollmond nach dem 19. Jan.: **Chinese New Years Celebration**, 10-tägiges Neujahrsfest um die Mott St. mit Umzug, Feuerwerk u. a. Events.
17. März: **St. Patrick's Day**, große Parade auf der 5th Ave. (44th-96th St.) und irisches Fest mit viel Grün, Guiness und Whiskey.
Juni: **Gay Pride Day**, schwul-lesbisches, fröhliches Fest in Greenwich Village mit großer Parade.
4. Juli: **Independence Day**, amerikanischer Nationalfeiertag mit Parade u. a. Veranstaltungen rund um Battery Park/City Hall, Feuerwerk auf dem Hudson River.
19. Sept.: **Festa di San Gennaro** in Little Italy (Mulberry/Canal-Houston St.), größtes Fest der italienischen Gemeinde.
3. Wochenende im Sept.: **Steuben Parade**, deutsch-amerikanische Parade auf der 5th Ave. in Erinnerung an General Friedrich Wilhelm von Steuben.
Ende Sept.: **Culture Fest**, volles Programm an einem Wochenende mit über 100 Kunst- und Kulturorganisationen.
31. Okt.: Village **Halloween Parade** (6th Ave./SoHo-20th St.).
letzter Do im Nov.: **Macy's Thanksgiving Day Parade** (www.macysparade.com), Central Park West-Columbus Circle und über den Broadway zum Herald Square (34th St.), zu Macy's.
New Year's Eve: **Silvesterparty** am Times Square, wo um Mitternacht ein Glitzerball aus Alu „fällt".

Unterhaltung

Abgesehen von etwa 30 Broadway-Bühnen gibt es zahlreiche kleinere Off- und Off-off-Broadway-Theater, deren Aufzählung Bände füllen würde. In der „New York Times" ist das Theaterprogramm abgedruckt ebenso wie in etlichen gratis erhältlichen Infoheftchen wie „Times Square Entertainment Guide" oder „Broadway Theatre Guide". Theater konzentrieren sich um den Broadway (vor allem 42nd, 44th-48th St.), außerdem um den Washington Square (Greenwich Village); nicht zu vergessen das legendäre Apollo Theater in Harlem.

Im Internet findet sich das aktuelle Programm (teils mit Möglichkeit zur Ticketbestellung) unter:

www.broadway.com – ausführliche Listen, was wo gespielt wird, mit Möglichkeit zur Ticketbestellung
www.keithprowse.com – „Broadway Theater Guide" u. a. nützliche NY-Informationen
www.nytheatre.com – Hintergrund und Besprechungen von Stücken
www.nytheatre-wire.com – Bühnen und Veranstaltungen, News, Besprechungen und Vorschau
www.ILoveNYTheatre.com – zu Broadway und Theater District, aber auch Restaurants, Hotels etc., mehrsprachig

Tickets (auch zu ermäßigten Preisen für den selben Tag) gibt es bei: **TKTS**, W 47th St./Broadway (Duffy Square), ☎ 212-221-0013, www.tdf.org/TKTS, außerdem Stand am South Street Seaport und Downtown Brooklyn Booth.

Kostenlose Konzerte kann man in öffentlichen Gebäuden (z. B. World Financial Center, Rockefeller Center), aber auch in Parks (vor allem Central Park, Bryant Park, Washington Sq., Prospect Park), auf Plätzen (South Street Seaport, Chelsea Piers), in Museen (MoMA, Frick Collection, MMA, Whitney u. a.), in Kirchen (St. John Devine, St. Peter's, St. Pauls, Trinity Church) erleben. Infos im Internet unter: www.summerstage.org, www.bryantpark.org, www.rivertorivernyc.com oder www.southstreetseaport.com.

HAUPTVERANSTALTUNGSORTE

The Brooklyn Academy of Music (BAM), 30 Lafayette Ave., (Brooklyn), ☎ 718-636-4100, www.bam.org; seit 1861, Sitz der Brooklyn Philharmonic und Okt. Dez. „Next Wave Festival" sowie im BAMcafé „Live's Next Music Series" und Robert Redfords legendäres Sundance Film Festival
Carnegie Hall, 154 W 57th St./7th Ave., ☎ 212-247-7800, www.carnegiehall.org; Touren, Shop.
Jacob K. Javits Convention Center, 655 W 34th St./11th Ave., ☎ 212-216-2000, www.javitscenter.com/events
Lincoln Center for the Performing Arts, Broadway/64th St., ☎ 212-875-5000, www.lincolncenter.org; Touren tgl. 10-17 Uhr; Jazz at Lincoln Center residiert seit einiger Zeit im Time Warner Center (www.jazzatlincolncenter.org).
Madison Square Garden, 4 Penn Plaza, ☎ 212-465-6741, www.thegarden.com/tickets
Radio City Music Hall, 1260 Ave. of the Americas/50th St., ☎ 212-247-4777, www.radiocity.com/tickets; auch Touren.

Sport

Es gibt in New York **Profi-Mannschaften** in allen vier Nationalsportarten – Basketball (NBA-Männer: Nov.-Anf. Juni; WNBA-Frauen: Juni-Aug.), Baseball (MLB, April-Okt.), American Football (NFL: Sept.-Jan.) und Eishockey (NHL: Okt.-Mai), z. T. gleich mehrere. Zu Spielterminen und Orten sowie Ticketkauf helfen die Webpages der Teams weiter:

American Football: **New York Giants** – ☏ 201-935-8111, www.giants.com – und **New York Jets** – ☏ 516-560-8100, www.newyorkjets.com – absolvieren ihre Spiele noch im alten Giants Stadium, Teil des Meadowlands Sports Complex jenseits des Hudson River in NJ (Shuttleservice ab Port Authority Bus Terminal). Ein neues Stadion wird das alte jedoch im Herbst 2010 an gleicher Stelle ersetzen (www.nyg2010.com). Dieses wird leichter mit öffentlichem Nahverkehr erreichbar sein, da eine eigene S-Bahn-Linie (ab Penn Station) entsteht.

Baseball: Die **New York Yankees** – ☏ 718-293-4300, www.yankees.com – spielen im 2009 eröffneten New Yankee Stadium (Subway 4, B oder D) in der Bronx, die **New York Mets** – ☏ 718-507-8499, www.mets.com – im ebenfalls 2009 neu entstandenen CitiField (Subway 7, Flushing). Minor League Baseball bieten die **Brooklyn Cyclones**, 1904 Surf Ave., ☏ 718-449-8497, www.brooklyncyclones.com

Basketball: Die **New York Knicks** – ☏ 212-465-6471, www.nyknicks.com – treten im Madison Square Garden (er wird derzeit grundlegend renoviert) auf, ebenso die Frauen-Profis der **New York Liberty** – ☏ 212-465-6256, www.wnba.com/liberty; die **New Jersey Nets** – ☏ 201-935-8888, www.njnets.com – sind noch in der Continental Airlines Arena (Meadowlands Sports Komplex, s. o.) zu Hause, ein Umzug nach Brooklyn ist geplant.

Eishockey: Die **New York Rangers** – ☏ 212-465-6040, www.newyorkrangers.com – spielen ebenfalls im Madison Square Garden, die **New York Islanders** – ☏ 516-832-4200, www.newyorkislanders.com – im Nassau Veterans' Memorial Coliseum in Uniondale (Long Island), die **New Jersey Devils** – ☏ 201-935-3900, www.newjerseydevils.com – im neuen Prudential Center in Newark (mit PATH auch leicht aus Manhattan erreichbar).

Fußball: **New York Red Bull**, Mitglied der Major Soccer League (MSL), spielen noch im Giants Stadium (s. o.), ☏ 201-583-7000, www.redbulls.com/soccer/newyork/, ziehen jedoch 2010 in ein eigenes Stadion, die Red Bull Arena in Harrison/NJ (www.redbullarena.us), um. Die neue Arena wird über PATH von Manhattan aus leicht erreichbar sein.

Freizeit

Hauptfreizeitareal in New York ist der **Central Park**, wo die verschiedensten Freizeitbeschäftigungen ausgeübt werden: vom Joggen über Fahrradfahren bis zu Eislaufen und Langlauf im Winter. Auch Fahrrad-/Skater-Wege und -Verleih. Infos gibts bei **The Dairy**, ☏ 212-794-6564, www.centralparknyc.org.

Neueste Errungenschaft ist der neue **High Line Park**, derzeit von der Gansevoort St. bis zur 20th St., durch Meatpacking District und Chelsea. Diese begrünte ehemalige Hochbahntrasse bietet Sonnenliegen, Bänke und Ausblicke.

Der **Manhattan Waterfront Greenway**, ein Bike Trail, lädt vor allem entlang der West Side zwischen Battery Park und George Washington Bridge zur Radtour ein (Informationen unter www.nyc.gov/html/dcp/html/mwg/mwghome.shtml).

Auch an **Stränden** besteht kein Mangel, z. B. auf Coney Island/Brooklyn (Brighton oder Manhattan Beach), Long Island (Rockaway Beach) oder Queens mit der Jamaica Bay.

Auf Staten Island liegt die **Gateway National Recreation Area** (Strände, Sportanlagen, Jogging- und Fahrradwege u. a.).

Das größte Fitnesszentrum der Stadt, mit Golf- und Sportplätzen aller Art, liegt auf den **Chelsea Piers** (23rd St./Westside Hwy., ☏ 212-336-6666, www.chelseapiers.com).

N) Newburyport/MA (S. 479)

Information
Greater Newbury Chamber of Commerce, *Greater Newburyport Chamber of Commerce, 38 R Merrimac Street,* ☎: 978-462-6680, 📠 978-465-4145, www.newburyportchamber.org

Schiffsverbindungen
Im Sommer täglicher Bootsverkehr zur Insel Martha's Vineyard und zur Insel Cuttyhunk, die zu den Elisabeth-Inseln gehört.

Sehenswertes
Custom House Maritime Museum, *25 Water St.,* ☎ 978-462-8681, www.customhousemaritimemuseum.org, *Mai-Dez. Di-Sa 10-16, So 12-16 Uhr, Eintritt: Erw. $ 7, Kin. unter 12 J. frei.*
Caleb Cushing House, *98 High St.,* ☎ 978-462-2681, www.newburyhist.com, *Mai-Okt. Di-Fr 10-16, Sa 12-16 Uhr, stündl. Führungen, Eintritt: Erw. $ 7, Kin. $ 2.*
Parker River National Wildlife Refuge *auf* Plum Island, ☎ 978-465-5753, www.fws.gov/northeast/parkerriver, *tgl. bis Sonnenuntergang, Ticket: pro Pkw $ 5, pro Person $ 2.*

Unterkunft
Garrison Inn $$$, *11 Brown Square,* ☎ 978-499-8500, 📠 978-499-8555, www.garrisoninn.com; *schönes Haus von 1809 mit 24 stilvoll eingerichteten Zimmern, im Zentrum.*

Newport/RI (S. 410)

Information
Newport County Convention & Visitors Bureau, *23 America's Cup Ave.,* ☎ 401-845-9123 *oder* 1-800-976-5122, www.gonewport.com, *tgl. 10-17 Uhr.*

Schiffsverbindungen
Block Island Ferry, ☎ 401-783-4613 *oder* 1-866-783-7340, www.blockislandferry.com. Block Island *Mitte Juni-Anf. Sept.,* Point Judith *ganzjährig,* New London/CT *Anf. Juli-Anf. Sept.* Fahrpreise: *Erw. einfache Fahrt $ 10,35, H+R $ 15, Kind einfache Fahrt $ 4,65, H+R $ 6,70, mit der Schnellfähre: Erw. einfache Fahrt $ 16, H+R $ 29,85, Kind einfache Fahrt $ 8,75, H+R $ 13,50, Auto $ 28 (Reservierung nötig).*

Sehenswertes
Newport Mansions, *Preservation Society of Newport County, 424 Bellevue Ave.,* ☎ 401-847-1000, www.newportmansions.org, *Mitte Mai-Dez. tgl. 10-16 Uhr, sonst nur Fr-So, außerdem Sonder- und Festveranstaltungen, Konzerte.* **Einzelpreise** *für die Besichtigung eines Herrenhauses: 11-16 $, Kin. 6-11 J. ab $ 4;* **The Breakers***: Erw. $ 18,50, Kin. $ 4,50;* **The Breakers Plus***: The Breakers und ein weiteres Gebäude: Erw. $ 23, Kin. 6-17 J. $ 6;* **Newport Mansion Experience:** *Kombinierte Eintrittskarten für 5 ausgewählte Häuser, z. B. The Breakers, Chateau-sur-Mer, The Elm, Marble House und Rosecliff: Erw. $ 31, Kin. 6-17 J. $ 10.*
International Tennis Hall of Fame, *Newport Casino, 194 Bellevue Ave.,* ☎ 401-849-3990, www.tennisfame.com, *tgl. 9.30-17 Uhr, Eintritt: Erw. $ 9, Kin. unter 17 J. $ 5, Familienkarte $ 23.*
Newport Art Museum, *76 Bellevue Ave.,* ☎ 401-847-0179, www.newportartmuseum.com, *Di-Sa 10-17, So 12-17 Uhr, Eintritt: Erw. $ 10, Sen. $ 8, Kin. $ 6; wechselnde Ausstellungen mit Werken amerikanischer Künstler des 19. und 20. Jh.*

Museum of Newport History, *127 Thames St.*, ☎ 401-841-8770, *Museum zur Stadtgeschichte.*
Touro Synagogue, *85 Touro St.*, ☎ 402-847-4794, www.tourosynagogue.org, *Ende Juni-Ende Sept. So-Fr 10-17 Uhr.*
Redwood Library and Athenaeum, *50 Bellevue Ave.*, ☎ 401-847-0292, www.redwoodlibrary.org, *Mo-Sa 9.30-17.30 Uhr.*
Newport Historical Society Museum, *82 Touro St.*, ☎ 401-846-0813, *wechselnde Ausstellungen zur Geschichte und Kunst von Newport, Di-Fr 9.30-16.30 Uhr, Eintritt frei.*
Yachtmuseum, *Fort Adams State Park, Harrison Ave.*, ☎ 401-847-1018, *Mai-Nov. 10-17 Uhr.*

Unterkunft

Das Angebot an Übernachtungsmöglichkeiten ist groß und vielseitig, jedoch sind die Kosten vergleichsweise hoch. Besonders reizvoll ist das Wohnen in den traditionsreichen Inns oder den meist sehr ansprechend mit Antiquitäten eingerichteten historischen Kapitänshäusern. Im Besucherzentrum erhalten Sie eine Zusammenstellung der Übernachtungsmöglichkeiten in „Newport Historic Inns".

Best Western Mainstay Inn $$, *151 Admiral Kalbfus Rd.*, ☎ 401-849-9880, 📠 401-849-4391, www.bestwestern.com; *Motor Inn mit 165 modernen, geräumigen Zimmern, nicht weit vom Kasino und ca. 2 mi/3,2 km von den Herrenhäusern entfernt.*
Pilgrim House Inn $$, *123 Spring St.*, ☎ 401-846-0040, 📠 401-848-0357, www.pilgrimhouseinn.com; *das 1806 gebaute Haus mit 11 geschmackvoll eingerichteten Zimmern, jeweils mit eigenem Bad, bietet vom großen Dachgarten einen schönen Blick auf Newport Harbor; es liegt nur wenige Gehminuten von der Hafenpromenade entfernt.*
Admiral Fitzroy $$$, *398 Thames St.*, ☎ 401-848-8000, 📠 401-848-8006, www.admiralfitzroy.com; *im Zentrum gelegenes, 1854 zunächst als Kloster errichtetes, 1987 umgebautes und erneuertes Haus mit 17 freundlich eingerichteten Zimmern, von denen einige einen schönen Blick auf den Hafen bieten; mit Aufzug und nettem Frühstücksraum.*
Castle Hill Inn & Resort $$$, *590 Ocean Dr.*, ☎ 401-849-3800, www.castlehillinn.com; *das außerhalb Newports auf einer Halbinsel gelegene Resorthotel mit herrlicher Aussicht auf das Meer bietet 25 komfortable Zimmer und Cottages am Strand, mit Restaurant und Privatstrand.*
Mill Street Inn $$$, *75 Mill St.*, ☎ 401-848-9500, 📠 401-848-5131, www.millstreetinn.com; *in einer restaurierten Mühle aus dem Jahr 1815 wurden 23 komfortable Suiten, teilweise mit Balkon, eingerichtet; bei schönem Wetter können Sie das Frühstück auf der Dachterrasse mit herrlichem Blick auf den Hafen und die Newport Bridge genießen; das Haus liegt nur wenige Minuten vom Hafen entfernt.*
Cliffside Inn $$$$, *2 Seaview Ave.*, ☎ 401-847-1811, 📠 401-848-5850, www.cliffsideinn.com; *in einer ruhigen Straße gelegene viktorianische Villa aus dem Jahr 1876 mit 16 eleganten, gut ausgestatteten Zimmern und 2 Suiten; köstliches Frühstück.*
Hyatt Regency Newport Hotel & Spa $$$$, *1 Goat Island*, ☎ 401-851-1234, 📠 401-851-3201, www.hyatt.com; *das Hotel liegt auf Goat Island im Hafen von Newport; die meisten der 264 komfortablen Zimmer und Suiten bieten einen schönen Blick auf den Hafen und die Stadt; mit mehreren Restaurants, Swimmingpools, Wellness- und Spa-Bereich und Tennisplätzen.*

Essen und Trinken

White Horse Tavern, *Ecke Marlborough/Farewell Sts.*, ☎ 401-849-3600; *die Tradition einer der ältesten Tavernen Amerikas reicht bis ins Jahr 1673 zurück. Stilvolles Fachwerkhaus mit Kaminen und schöner Ausstattung, Spezialitäten sind Beef Wellington, Entenbrust mit Pflaumensauce; Tischreservierung empfehlenswert.*
la Forge Casino Restaurant, *186 Bellevue Ave.*, ☎ 401-847-0418; *gepflegtes Restaurant im 1880 gebauten Kasino von Newport mit Blick auf die alte Piazza und die Tennisanlage der International Hall of Fame, auch der preiswertere* **Crowley's Casino Pub** *gehört zur Hall of Fame.*

Cliff Walk Manor, 83 Memorial Blvd., ☏ 401-847-1300; das 1855 am „Klippenweg" gebaute Haus bietet einen großartigen Panoramablick auf den Atlantischen Ozean und Easton's Beach.

Einkaufen
Individuelle und originelle Geschäfte, Boutiquen und Souvenirläden finden Sie in **Bannister's Wharf**, America's Cup Ave., und im historischen Distrikt rund um den Hafen.

Veranstaltungen

Newport Music Festival, jährlich Mitte Juli stattfindende Kammerkonzerte. Die Aufführungen finden in den prunkvollen Räumen der „Mansions" statt. Kartenvorbestellung und Verkauf: Festival Box Office, 45 Valley Rd., Middletown, RI; Information: ☏ 401-846-1133, 📠 401-849-1857, www.newportmusic.org
Newport Folk Festival, bekanntes Musikfest, das im Aug. im Fort Adams State Park stattfindet, Kartenvorbestellung ☏ 401-847-3700.

Strände
Easton's Beach, vom nördlichen Ende des Klippenweges bis zur Stadtgrenze von Middletown; viel besuchter, langer Sandstrand mit Badeeinrichtungen, Restaurants und Geschäften, Surfmöglichkeiten, bewachter Parkplatz.
King Park, Wellington Ave., schmaler Strand in Ortsnähe, an Wochenenden gibt es am Ostende des Hafens Strandkonzerte, gebührenfreie Parkplätze.
Fort Adams State Park, Ocean Dr./Fort Adams Rd., Badestrand mit Picknick-, Angel-, Surfmöglichkeiten, Bootshafen; bewachte Parkplätze.

Touren/Führungen
Newport on Foot, ☏ 401-846-5391, geführte Spaziergänge (ca. 2 km) durch die historischen Stadtviertel.
Viking Tours of Newport, 101 Swinburne Row, ☏ 401-847-6921, bietet: **Bustouren**: 2-, 3- und 4-stündige Rundfahrten mit Besichtigungen ausgewählter Sommerresidenzen, Abfahrtstelle am Eingang der Touristeninformation sowie **Bootstouren**: 1-stündige Rundfahrten auf der „Viking Queen" mit Aussicht auf das historische Newport, seine Yachthäfen und die dem Meer zugewandten Seiten der Mansions.
Oldport Harbour Tours, America's Cup Ave., ☏ 401-847-9109, 1-stündige Rundfahrt mit der „Amazing Grace" entlang der historischen Wasserfront, Mitte Mai-Mitte Okt.
Old Colony and Newport Railroad, 19 America's Cup Ave., ☏ 401-624-6951, Fahrt mit der Eisenbahn zu den Weingärten von Portsmouth.
Newport Whale Watching, 23 America's Cup Ave., ☏ 1-800-326-6030, Abfahrtsort am Brown and Howard Wharf, Tagesausflug jeweils Mo und Di 9-16 Uhr.

Rundflüge
Island Air Tours, Newport Flughafen, ☏ 401-884-3489, tgl. Rundflüge über Newport, die Narragansett Bay und verschiedene Sommerhäuser.

Niagara Falls/NY – amerikanische Seite (S. 601)

Information
Niagara Tourism and Convention Corporation, 345 3rd St., Suite 605, ☏ 716-285-2400 oder 1-800-338-7890, 📠 716-285-0809, www.niagara-usa.com

Flughafen

Der **Buffalo Niagara International Airport**, 4200 Genesee St., ☎ 716-630-6000, www.buffaloairport.com, liegt im Osten der Stadt; es gibt Flugverbindungen u. a. mit New York City, Washington, Boston, Toronto und Montréal. Shuttlebusse verkehren zwischen dem Flughafen und großen Stadthotels. Charter- und Privatflüge werden auf dem **Niagara Falls International Airport**, Porter Rd., abgefertigt.

Parken

Zentrale Parkmöglichkeiten gibt es am Visitor Center und in der Prospect St. Wenn Sie hier den Wagen abstellen, können Sie die Hauptsehenswürdigkeiten im Niagara Reservation State Park gut zu Fuß oder mit den Trolleybussen erreichen.

Trolleys

Auf der amerikanischen Seite können Sie sich vom **Viewmobile** bequem zu den Sehenswürdigkeiten fahren lassen. Die kleinen Züge verkehren Mitte Mai-Mitte Okt. tgl. zwischen 8.45 und 22 Uhr. Sie befahren die Strecke vom Prospect Point nach Goat Island mit Haltestellen an: „Cave of the Winds", Terrapin Point, Schoellkopf-Museum, Aquarium und „Three Sister Islands". Auf der **kanadischen Seite** verkehrt der „People Mover" ebenfalls ganztägig.

Sehenswertes

Aquarium of Niagara Falls, 701 Whirlpool St./Pine Ave., ☎ 716-285-3575, tgl. 9-17 Uhr, Erw. $ 9,50, Sen. $ 7, Kin. 4-12 J. $ 6.
Cave of the Winds und **Hurricane Deck**, auf Goat Island, ☎ 716-278-1730, www.niagarafallslive.com, tgl. 9-19.30 Uhr, im Hochsommer an den Wochenenden bis 22 Uhr, Eintritt: Erw. $ 11, Sen./Kin. 4-12 J. $ 8.
Maid of the Mist, www.niagarafallslive.com, Abfahrt u. a. am Prospect Point Observation Tower, Abfahrtszeiten: tgl. ab 9.15 Uhr, Fahrpreis: Erw. $ 14,50, Sen./Kin. 6-12 J. $ 8,90.
Schoellkopf Geological Museum, ☎ 716-278-1780, www.niagarafallslive.com, Ende Mai-Mitte Aug. tgl. 9-19 Uhr, sonst tgl. 10-17 Uhr.
Niagara Power Project Visitor Center, 5777 Lewiston Rd., ☎ 716-285-3211, www.nypa.gov/vc/niagara tgl. 9-17 Uhr, Eintritt frei.
Native American Center for the Living Arts, 25 Rainbow Blvd, ☎ 716-284-2427, Mai-Sept. tgl. 10-20 Uhr.
Earl W. Brydges Artpark, in Lewiston, ☎ 716-754-9000.
Old Fort Niagara, bei Youngstown, ☎ 716-745-7611.

Besichtigungsfahrten/Führungen

zu den Sehenswürdigkeiten auf amerikanischer und kanadischer Seite:
Bedore Tours, 454 Main St., in der Lobby des Howard Johnson Hotels, ☎ 716-285-7550 oder 1-800-538-8433;
Gavin Tours, 1111 Walnut Ave., ☎ 716-282-3715;
Bridal Veil Tours, 9470 Niagara Falls Blvd., am US-62, ☎ 716-297-0329;
Gray Line, 3466 Niagara Falls Blvd., North Tanawanda, ☎ 1-800-695-1603.

Unterkunft

Als eines der weltweit beliebtesten Reiseziele bietet Niagara Falls Hunderte von Übernachtungsmöglichkeiten, die von einfachen Hotels und Motels über Landgast- und B&B-Häuser bis zu Luxushotels reichen. Je nach Jahreszeit, Lage und Aussicht des Hotels gibt es große Preisunterschiede.

Regionale Reisetipps von A–Z
(Niagara Falls/NY – amerikanische Seite, Niagara Falls/Ont – kanadische Seite)

In vielen Hotels werden außerhalb der Hochsaison Sonderkonditionen eingeräumt, sodass sich die Nachfrage lohnt. Viele Hotels der einfacheren Hotelketten und die Mehrzahl der Motels liegen dicht beieinander an der Kreuzung von I-190 und US-62. Sie liegen ca. 5 mi/8 km von den Wasserfällen entfernt und sind in der Regel etwas preiswerter als die Hotels in der Nähe der Wasserfälle.

Comfort Inn The Pointe $$, 1 Prospect Pointe, ☏ 716-284-6853, 🖷 716-284-5177, www.comfortinnthepointe.com; vom Hotel, das über 118 Zimmer, Restaurants und Fitnessraum verfügt, sind die Wasserfälle zu Fuß erreichbar, kontinentales Frühstück im Preis eingeschlossen.

Howard Johnson Inn-Niagara $$, 6505 Niagara Falls Blvd., ☏ 716-283-8791, 🖷 716-283-9313, www.howardjohnsonniagarafalls.com; das preiswerte Hotel mit 88 ordentlichen Zimmern liegt ca. 8 km von den Wasserfällen entfernt.

Butler House Bed and Breakfast $$, 751 Park Place, ☏ 716-284-9846, www.butlerhousebb.com; das Haus aus dem Jahr 1917 bietet vier im Stil der Zeit eingerichtete Zimmer, jeweils mit Bad. Vom Haus aus sind die Sehenswürdigkeiten gut zu Fuß zu erreichen.

Holiday Inn at the Falls $$$, 231 Third St., ☏ 716-282-2211 oder 1-888-263-7135, 🖷 716-282-2748, www.holidayinnniagarafalls.com/; 161 moderne, geräumige Zimmer, Restaurant, Swimmingpool, Sauna, Whirlpool, in der Nähe der Wasserfälle.

Ramada Inn by the Falls $$$, 219 Fourth St., ☏ 716-282-1734, 🖷 716-282-1881, www.ramada.com; das Hotel mit 112 geräumigen Zimmern, Schwimmbad und Restaurant liegt gleich neben dem Seneca Niagara Casino, auch die Wasserfälle sind zu Fuß zu erreichen.

The Red Coach Inn $$$, 2 Buffalo Ave., ☏ 716-282-1459, 🖷 716-282-2650, www.redcoach.com; ein Landgasthof mit 15 Zimmern und Apartments, von denen einige einen schönen Blick auf die Stromschnellen haben, mit bekanntem Restaurant.

Einkaufen

Souvenirgeschäfte und Boutiquen finden Sie vor allem auf der Main St. in der Nähe der Rainbow Bridge; außerdem gibt es große Einkaufszentren mit vielen Spezialgeschäften und kleinen Restaurants:

Rainbow Centre, 302 Rainbow Blvd., Mo-Sa 10-21, So 11-17 Uhr.
Prime Outlets, 1900 Military Rd., Mo-Sa 10-21, So 10-17 Uhr.
Summit Park Mall, 6929 Williams Rd., Mo-Sa 10-21, So 12-17 Uhr.
Artisan Alley, 10 Rainbow Blvd., Geschäfts- und Galeriezentrum für Kunst und Kunstgewerbe.

Niagara Falls/Ont – kanadische Seite (S. 604)

Information
Convention & Visitors Bureau, 5515 Stanley Ave., ☏ 905-356-6061 oder 1-800-563-2557, 🖷 905-356-5567, www.niagarafallstourism.com

Hinweis

Mit dem „**Niagara Falls & Great Gorge Adventure Pass**" erhalten Sie ermäßigten Zutritt zu den vier Sehenswürdigkeiten „Journey behind the Falls", „White Water Walk", Butterfly Conservatory und zu einer Fahrt mit der „Maid of the Mist". Der Pass ist von Mitte Mai bis Mitte Oktober u.a. in den Touristeninformationszentren erhältlich und ist zeitlich nicht begrenzt. Preis: Erw. $ 39,95, Kin. 6-12 J. $ 28,95, Kin. unter 6 J. kostenlos. Außerdem können Sie mit diesem Pass den ganzen Tag über kostenlos den „People Mover" benutzen.

Regionale Reisetipps von A–Z (Niagara Falls/Ont – kanadische Seite)

Sehenswertes

Minolta Tower Centre, 6732 Oakes Dr., ☎ 905-356-1501, www.niagaratower.com, tgl. 7-22 Uhr, Eintritt: Erw. $ 8,95, Kin. $ 6,95.
Skylon Tower, 5200 Robinson St., ☎ 905-356-2651, www.skylon.com, Mai-Okt. tgl. von 8 Uhr bis Mitternacht, sonst 11-21 Uhr, Eintritt: Erw. $ 12,95, Kin. $ 7,55.
Niagara Falls Imax Theatre & Daredevil Adventure, 6170 Fallsview Blvd., ☎ 905-374-4629, www.imaxniagara.com, Juli-Anf. Sept. 10-21 Uhr, März-Juni, Sept.-Anf. Okt. 11-20 Uhr, sonst werktags nach vorheriger Anfrage, Sa 11-20, So 11-16 Uhr, Eintritt: Erw. $ 14,75, Kin. $ 10,62.
Guinness World of Records, 4943 Clifton Hill, ☎ 905-356-2299, www.guinessniagarafalls.com, Juni-Sept. tgl. 9-24 Uhr, März-Mai, Okt./Nov. tgl. 10-20 Uhr, sonst Mo-Fr 11-17, Sa/So 11-19 Uhr, Eintritt: Erw. $ 12,95, Kin. $ 6,99.
Ripley's Believe it or not! Museum, 4960 Clifton Hill, ☎ 905-356-2238, www.ripleysniagara.com, Mai-Aug. tgl. 9-1 Uhr nachts, Sept.-Dez. 10-20 Uhr, sonst 10-17 Uhr, Eintritt: Erw. $ 13,99, Kin. $ 6,99.
Niagara Parks Commission Greenhouses, ☎ 905-356-7944, www.niagaraparks.com, Anf. Mai-Anf. Sept. tgl. 9-22 Uhr, sonst 9-17 Uhr, Eintritt frei.
Great Gorge Adventure, ☎ 905-356-2241, www.cliftonhill.com, Ende April-Ende Juni Mo-Fr 9-17, Sa/So 9-18 Uhr, Ende Juni-Anf. Sept. tgl. 9-20 Uhr, Sept.-Mitte Okt. tgl. 9-17 Uhr.
Niagara Parks Butterfly Conservatory, 2565 Niagara Pkwy., ☎ 905-356-8119, www.niagaraparks.com, 31. Mai-5. Sept. tgl. 10-19 Uhr, sonst 9-17 Uhr, Eintritt: Erw. $ 11,50, Kin. $ 6,80.
Niagara Parks Botanical Gardens, 2565 Niagara Pkwy., ☎ 905-356-8554, tgl. von Sonnenaufgang bis -untergang. Eintritt frei; www.niagaraparks.com
„**Journey behind the Falls**", Start im Besucherzentrum, ☎ 905-358-3268, im Table Rock Complex, ca. 1,5 km südl. der Rainbow Bridge am Niagara Pkwy., Mitte Juni-Anf. Sept. tgl. 9-23 Uhr, Sept. 9-20 Uhr, sonst Mo-Fr 9-18, Sa/So 9-20 Uhr.
Niagara Whirlpool Aero Car, ☎ 905-354-5711, www.niagaraparks.com, Fahrzeiten: Mitte März-Okt. tgl. 10-18 Uhr, Ende Juni-Anf. Sept. 9-20 Uhr, Fahrpreis: Erw. $ 11,50, Kin. $ 6,80.

Unterkunft

Michael's Inn by the Falls $$, 5599 River Rd., ☎ 905-354-2727 oder 1-800-263-9390, 🖷 905-374-7706, www.michaelsinn.com; angenehmes Hotel mit 130 Zimmern, die einen schönen Blick auf die amerikanischen Wasserfälle bieten, Innenpool, Sauna und Wasserrutsche.
Bedham Hall Bed&Breakfast $$$, 4835 River Rd., ☎ 905-374-8515, 🖷 374-9189, www.bedhamhall.com; in dem schönen viktorianischen Haus wurden 4 große, sehr komfortable Gästezimmer mit Kamin eingerichtet. Das Haus liegt ca. 1,5 km nördl. der Wasserfälle.
Niagara Inn Bed&Breakfast $$$, 4300 Simcoe St., ☎ 905-353-8522, www.niagarainn.com; das viktorianische Haus verfügt über 3 antik eingerichtete Zimmer; das reichhaltige Frühstück wird im eleganten Speisesaal serviert. Das Haus liegt etwa 1,5 km von den Wasserfällen entfernt. Der Besitzer spricht deutsch.
Holiday Inn by the Falls $$$, 5339 Murray St., ☎ 905-356-1333 oder 1-800-263-9393, 🖷 905-356-7128, www.holidayinnniagarafalls.com; modernes, komfortables Hotel in der Nähe der Wasserfälle, des Skylon Towers und des Imax Theaters; zum Hotel gehört auch ein Außenschwimmbecken.

Radisson Hotel & Suites Fallview $$$, 6733 Fallsview Blvd., ☎ 905-356-1944, 📠 905-374-2555, www.radisson.com/niagarafallsca; das Hotel mit 232 geräumigen, ansprechend eingerichteten Zimmern, Swimmingpool und Fitnesscenter liegt fußläufig zu den Wasserfällen und bietet einen schönen Blick auf die Horseshoe Falls.

The Old Stone Inn $$$, 5425 Robinson St., ☎ 905-357-1234, 📠 905-357-9299, www.oldstoneinn.com; die restaurierte Getreidemühle wurde zu einem Landgasthaus mit 114 großen, ansprechend eingerichteten Räumen, Kaminen, Innen- und Außenpool und Sprudelbad umgestaltet.

Sheraton Fallsview $$$$, 6755 Oakes Dr., ☎ 905-374-1077 oder 1-800-267-8439, 📠 905-374-6224-295, www.fallsview.com; sehr geschmackvoll eingerichtete Zimmer, viele von ihnen mit großartigem Blick auf die Fälle, Innenswimmingpool, Fitnessraum.

Rundflüge
Niagara Helicopters, 3731 Victoria Ave., ☎ 905-357-5672, www.niagara-helicopters.com, die Hubschrauber starten bei gutem Wetter ganzjährig tgl. zwischen 9 Uhr und Sonnenuntergang, Flugdauer: ca. 12 Min., Flug: ab $ 100.

Niagara-on-the-Lake/Ont (S. 608)

Information
Niagara on the Lake Chamber of Commerce, 26 Queen St., ☎ 905-468-1950, 📠 905-468-4930, www.niagaraonthelake.com

Sehenswertes
Fort George National Historic Site, ☎ 905-468-4257, April-Okt. tgl. 10-17 Uhr, sonst nach Voranmeldung.
Niagara Historical Society Museum, 43 Castlereagh St., ☎ 905-468-3912, Mai-Okt. 10-17 Uhr, sonst 13-17 Uhr.

Unterkunft
Bed&Breakfast Wild Rose $$, 322 Dorchester St., ☎ 905-468-9118; ruhig gelegenes Haus mit schönem Garten und 3 Nichtraucherzimmern, jeweils mit eigenem Bad, nur wenige Minuten von den Sehenswürdigkeiten entfernt; www.bedandbreakfastwildrose.com
Henry's and Irene's Guesthouse $$, 285 William St., ☎ 905-468-3111, www.bbcanada.com/henren; B&B in einem modernen Bungalow mit 2 Gästezimmern und Gemeinschaftsbad, mit Veranda und großem Garten, reichhaltiges Frühstück.
King George III Inn $$, 61 Melville St., ☎ 905-468-4800, www.niagarakinggeorgeinn.com; kleines Hotel mit 8 ruhigen Zimmern in der Innenstadt, mit Balkon und schönem Blick auf den Fluss und die Marina.
Canterbury Inn $$$, 170 Mary St., ☎ 905-468-7945, www.canterburyinn.on.ca; ca. 1 km außerhalb des Ortes gelegenes Landgasthaus mit schönen, komfortabel ausgestatteten Zimmern, das Frühstück ist im Preis enthalten; Fahrradverleih.

Veranstaltungen
Shaw Festival, Ende April-Mitte Nov.; Spielpläne, Karten: Shaw Festival Box Office, P.O. Box 774, Niagara-on-the-Lake, LOS 1J0, ☎ 905-468-2172 oder 1-800-511-7429, 📠 905-468-3804, Tickets: $ 30-110.

North Adams/MA (S. 472)

i Information
North Adams Mayor's Office of Tourism & Cultural Development, 6 W Main St., ☎ 413-664-6180, www.berkshires.com

👁 Sehenswertes
MASS MOCA, Massachusetts Museum of Contemporary Art, MA-2/Marshall St., ☎ 413-662-2111, www.massmoca.org, Juni-Okt. tgl. 10-18 Uhr, sonst Mi-Mo 11-17 Uhr, Eintritt: Erw. $ 15, Stud. $ 10, Kin./Jugendl. 6-16 J. $ 5.

North Conway/NH und Umgebung (S. 529)

i Information
Mt. Washington Valley Chamber of Commerce, N Main St., ☎ 603-356-5701 oder 1-800-367-3364, 🖷 603-356-7069, www.mtwashingtonvalley.org

👁 Sehenswertes
Conway Scenic Railroad, Main St., ☎ 603-356-5251, 1-800-232-5251, www.conwayscenic.com, Fahrzeiten: Mitte Juni-Anf. Okt. tgl., sonst nur an Wochenenden. Fahrpreis: je nach Strecke zwischen $ 13,50 und $ 50, Kin. 4-12 J. $ 9-30, Platzreservierungen sind zu empfehlen.
Echo Lake State Park, Westside Rd., ☎ 603-356-2672, www.nhstateparks.org, 1,5 mi/ 2,6 km westl. vom US-302, Mitte Juni-Anf. Sept. tgl. 9-18 Uhr, Mitte Mai-Mitte Juni nur an den Wochenenden 9-20 Uhr, Eintritt: Erw. $ 4, Kin. $ 2, Kin. unter 5 J. frei.

🛏 Unterkunft
Eastern Inns $$, 2995 White Mountain Hwy., ☎ 603-356-5447 oder 1-800-628-3750, 🖷 603-356-8936, www.easterninns.com; 56 Nichtraucherzimmer, Pool und Frühstücksraum.
Best Western Red Jacket Mountain View $$$, 2251 White Mountain Hwy., ☎ 603-356-5411, 🖷 603-356-3842, www.redjacketresorts.com; angenehmes Hotel, 163 Zimmer, vielfach mit Balkon und schönem Berg- oder Gartenblick; Pool, Sauna, Tennisplätze, gute Wandermöglichkeiten.
Cranmore MT Lodge $$$, 859 Kearsarge Rd., ☎ 603-356-2044 oder 1-800-356-3596, 🖷 603-356-4498, www.cranmoremtlodge.com; ehemaliges Farmhaus mit 22 Nichtrauchergästezimmern, von denen einige mit einer Küchenzeile ausgestattet sind, ruhige Umgebung mit Wiesen, Bachlauf, Teich und Haustieren, ca. 3 km von North Conway entfernt.
North Conway Grand Hotel $$$, At Settlers Green, ☎ 603-356-9300, 🖷 603-356-6028, www.northconwaygrand.com; moderne Hotelanlage mit 200 großen, ansprechend eingerichteten Zimmern, Restaurant, Pool, Sauna und Tennisplätzen; das Hotel liegt direkt am Outlet Village.
The Farm by the River $$$, 2555 West Side Rd., ☎/🖷 603-356-2694, www.farmbytheriver.com; große Farm mit 11 Zimmern, teilweise mit Kamin und Jacuzzi, reichhaltiges Frühstück, Gelegenheit zum Angeln, Schwimmen, Wandern, Reiten, Kutsch- und Schlittenfahrten.

🛶 Kanu-/Kajaktouren
Saco Bound Northern Waters, 2 mi/3,2 km östl. von Center Conway am US-302, ☎ 603-447-2177, geführte Kanu- und Kajakwanderungen, Wildwasserfahrten auf dem Saco River.

North Woodstock/NH (S. 527)
ⓘ „Lincoln/NH"

N Norwalk/CT (S. 380)

ℹ Information
Coastal Fairfield County Convention & Visitors Bureau, 297 West Ave., ☏ 203-853-7770, 🖷 203-853-7775, www.visitfairfieldcountyct.com

👁 Sehenswertes
Maritime Center at Norwalk, 10 N Water St., South Norwalk, ☏ 203-852-0700, www.maritimeaquarium.org, tgl. 10-17, Juli/Aug. bis 18 Uhr, Eintritt: Erw. $ 11,75, Sen./Kin. $ 9,75; Preise für das IMAX-Theater: Erw. $ 11,50, Sen./Kin. $ 9,50; kombinierte Eintrittskarten: Erw. $ 22,50, Sen./Kin. $ 18,50.
Mill Hill Historic Park, Smith/East Wall Sts., ☏ 203-846-0525.

🛏 Unterkunft
Courtyard by Marriott $$, 474 Main Ave., ☏ 203-849-9111, 🖷 203-849-8144, www.marriott.com; gut geführtes Hotel mit 145 geräumigen, sehr ansprechenden Zimmern, Swimmingpool und Restaurant.
Hilton Garden Inn Norwalk $$, 560 Main St., ☏ 203-523-4000, 🖷 203-523-4050, www.hiltongardeninn.hilton.com; gutes Mittelklassehotel mit 170 freundlichen Zimmern, Pool, Fitnessraum.
Norwalk Inn $$, 99 East Ave., ☏ 203-838-200, 🖷 203-855-9722, www.norwalkinn.com, familiengeführtes Hotel mit 72 ansprechend eingerichteten Zimmern; freundlicher Service, gutes Restaurant.

⛵ Bootsfahrten
Bootsausflug nach **Sheffield Island**: Hope Dock, ☏ 203-838-9444. Fahrpreis: Erw. ab $ 15, Kin. unter 12 J. ab $ 12.

Norwich/CT (S. 402)

ℹ Information
Southeastern Connecticut Tourism, 470 Bank St., ☏ 860-444-2206 oder 1-800-863-6569, www.mysticcountry.com

👁 Sehenswertes
Leffingwell Inn-Gebäude, 348 Washington St., ☏ 860-889-9440, Mitte Mai-Mitte Okt. Di-Sa 10-12, 14-16, So 14-16 Uhr, Eintritt: Erw. $ 3, Kin. $ 1.
Slater Memorial Museum & Converse Art Gallery, Gelände der Norwich Free Academy, 108 Crescent St., ☏ 860-887-2506, Di-Fr 9-16, Sa/So 13-16 Uhr, Eintritt: Erw. $ 3, Kin. unter 12 J. frei.
Mohegan Park and Memorial Rose Garden, Rockwell St., ☏ 860-823-3700, Mai-Okt. von 9 Uhr bis Sonnenuntergang, Eintritt frei.
Tantaquidgeon Indian Museum, am CT-32 bei Uncasville, ☏ 860-848-9145, Mai-Okt. Di-So 10-16 Uhr, Spenden werden gern angenommen.
Mashantucket Pequot Museum and Research Center, 110 Pequot Trail, auf dem Gelände des Indianerreservats an der Route 2A, ☏ 1-800-411-9671.

🛏 Unterkunft
Comfort Suites $$$, 275 Otrobando Ave., ☏ 860-892-9292, 🖷 860-892-9198, www.comfortsuitesnorwich.com; Motel mit 119 Zimmern, Swimmingpool, Sauna, kostenloser Shuttlebus zu den Kasinos, Frühstück im Preis inbegriffen.

Regionale Reisetipps von A–Z
(Norwich/CT, Ogdensburg/NY, Old Forge/NY, Old Lyme/CT, Old Saybrook/CT)

The Spa at Norwich Inn $$$, 607 W Thames St., ☎ 860-886-2401, 🖷 860-886-4492, www.thespaatnorwichinn.com; um 1930 gebautes Haupthaus mit Nebengebäuden auf großem Gelände mit 103 Wohneinheiten mit allem Komfort, Swimmingpool, Tennis, Wanderwege und Joggingpfade, Golfplatz und gepflegtem Restaurant.

Ogdensburg/NY (S. 594)

i Information
Greater Ogdensburg Chamber of Commerce, 1020 Park St., ☎ 315-393-3620, www.1000islands.com/ogdensburg

👁 Sehenswertes
Frederic Remington Art Museum, 303 Washington St., ☎ 315-393-2425, Mai-Okt. Mo-Sa 10-17, So 13-17 Uhr, sonst Di-Sa 10-17 Uhr.

Old Forge/NY (S. 591)

i Information
Central Adirondack Association, 3140 State Road 28, ☎ 315-369-6983, im Internet www.oldforgeny.com

☞ Freizeit
Enchanted Forest/Water Safari Parks, 3183 State Rte. NY-28, ☎ 315-369-6145, Juni-Sept. tgl. 9.30-19 Uhr; Erlebnispark.

☞ Touren
Old Forge Lake Cruises, ☎ 315-369-6473, www.oldforgecruises.com, 2-stündige Bootsfahrten tgl. Ende Mai-Anf. Okt., Fahrpreis: Erw. $ 16, Kin. 3-12 J. $ 11; Fahrten mit dem Postboot: Juni-15. Sept. Mo-Sa um 9.45 Uhr, Fahrpreis: Erw. $ 19, Kin. 3-12 J. $ 14.
Adirondack Scenic Railroad, 1 mi/1,6 km südl. am NY 28 an der Oldforge/Thendara Station, ☎ 315-369-6290 oder 1-877-508-6728, www.adirondackrr.com, Abfahrtszeiten: Anf. Mai-Anf. Sept. Mi-So um 12.30 und 14.45 Uhr, Fahrpreis: Erw. $ 12, Sen./Stud. $ 11, Kin. 3-12 J. $ 5.

Old Lyme/CT (S. 389)

i Information
The Lyme-Old Lyme Chamber of Commerce, ☎ 866-274-5587 oder 1-888-302-9246, www.lolcc.com

👁 Sehenswertes
Florence Griswold Museum, 96 Lyme St., ☎ 203-434-5542, Juni-Okt. Di-Sa 10-16 Uhr, sonst Mi-So.

Old Saybrook/CT (S. 389)

i Information
Old Saybrook Chamber of Commerce, 146 Main St., ☎ 860-388-3266, im Internet www.oldsaybrookct.com

Regionale Reisetipps von A–Z
(Old Saybrook/CT, Ogunquit/ME, Oneonta/NY, Oswego/NY, Ottawa/Ont)

Sehenswertes/Ausflüge
General William Hart House, 350 Main St., ☎ 203-388-2622, Mitte Juni-Mitte Sept. Fr-So 10-16 Uhr.
Connecticut River Museum, in Essex, 67 Main St., ☎ 860-767-8269, Di-So 10-17 Uhr.
Gilette Castle State Park, in East Haddam/Hadlyme, ☎ 860-526-2336, Ende Mai-Mitte Okt. tgl. 10-17 Uhr.

Unterkunft
Liberty Inn $$, 55 Spring Brook, ☎ 860-388-1777, 🖷 860-395-4705; kleines Motel mit 22 Zimmern.
Saybrook Point Inn & Spa $$$$, 2 Bridge St., ☎ 860-395-2000, 🖷 860-388-1504; schönes Resorthotel mit 81 sehr geräumigen Zimmern, teilweise mit Balkon, mit mehrfach ausgezeichnetem Restaurant, Innen- und Außenpool, Sauna, Fitnessraum, Tennisplätzen, Marina und schönem Blick auf den Connecticut River und Long Island Sound; www.saybrook.com

Ogunquit/ME (S. 486)
ⓘ „Wells/ME"

Oneonta/NY (S. 581)

Information
Otsego County Chamber of Commerce, 12 Carbon St., ☎ 607-432-4500, im Internet www.toccinc.com

Sehenswertes
National Soccer Hall of Fame, 5-11 Ford Ave., ☎ 607-432-3351 oder 1-800-843-3394, www.soccerhall.org, Anf. Mai-Anf. Sept. tgl. 9-19 Uhr, sonst 10-17 Uhr, Eintritt: Erw. $ 12,50, Kin. 6-12 J. $ 6,50, Sen. $ 8,50.
Science Discovery Center of Oneonta, Ravine Pkwy., im Physical Science Building der Universität, ☎ 607-436-2011, www.oneonta.edu/academics/scdisc, Juli/Aug. Mo-Sa 12-16 Uhr, sonst Do-Sa 12-16 Uhr, Eintritt frei.

Unterkunft
Holiday Inn Oneonta $$$, Route 23 Southside, ☎ 607-433-2250, 🖷 607-432-7028, www.hioneonta.com; gutes Mittelklassehotel mit 120 geräumigen Zimmern, Pool.

Oswego/NY (S. 596)
ⓘ „Sackets Harbor/NY"

Ottawa/Ont (S. 554)

Information
Capital Infocentre, 90 Wellington St., ☎ 613-239-5000, 1-800-465-1867, www.canadascapital.gc.ca, im roten Gebäude gegenüber dem Parlamentsgebäude, hier gibt es umfangreiches Informationsmaterial und Auskünfte aller Art über die Region Ottawa; zudem Multimediashow und Wechselausstellungen, Mai-Mitte Sept. tgl. 8.30-21 Uhr, Mitte Sept.-April Mo-Sa 9-17, So 10-16 Uhr. Empfehlenswerte, deutschsprachige Webseite: www.ottawatourism.ca.

Regionale Reisetipps von A–Z (Ottawa/Ont)

Botschaften
s. Allgemeine Tipps von A-Z, „Kanada-Hinweise"

Flughafen
Der **Ottawa International Airport**, ☎ 613-248-2125, www.ottawa-airport.ca, liegt 10 km südl. der Stadt, etwa 20 Fahrminuten entfernt, jedoch fliegen nur wenige internationale Gesellschaften Ottawa direkt an. Es gibt einen Airport-Shuttle, ☎ 613-260-2359, von und zu den wichtigsten Hotels in der Innenstadt.

Verkehr
BUS
Der öffentliche Nahverkehr **OC Transpo**, ☎ 613-741-4390, www.octranspo.com, ist preiswert, zuverlässig und schnell, da die Busse die eigens eingerichteten Express-Spuren benutzen können. Das Busnetz ist sehr weit ausgebaut, die Busse verkehren auf allen Linien zwischen 6 und 2 Uhr früh. Die **OC Transpo-Stadtbusse** sind rot und weiß, während **Québec-Busse** an den weiß-blauen Farben zu erkennen sind. Das **Fahrgeld** sollte abgezählt bereitgehalten werden; der Grundpreis, der für die meisten Strecken gültig ist, beträgt $ 3, für Kin. 6-12 J. $ 1,50. Für $ 7 erhalten Sie bei der Touristeninformation und bei über 300 gekennzeichneten Verkaufsstellen den **Tagespass** „Ottawa on a Day", der zu beliebig vielen Fahrten mit allen öffentlichen Verkehrsmitteln und auf allen Linien berechtigt. Wenn Sie den Pass erst direkt im benutzten Bus kaufen, verteuert er sich auf $ 7,25. An Sonntagen und Nationalfeiertagen gilt der Tagespass auch als Familienpass für 2 Erwachsene und bis zu 4 Kindern unter 11 Jahren.

Informationen über das Streckennetz und Straßenkarten des OC Transpo sind in der 294 Albert St., ☎ 613-741-4390, www.octranspo.com, erhältlich. $ 4 kosten einige Fahrten während des Berufsverkehrs, mit dem Expressbus oder auf ausgewiesenen Strecken.
Voyageur-Colonial Ltd. unterhält den Linienbusverkehr zwischen Ottawa und Städten in Ontario und Québec. Der **Busbahnhof** ist in der 265 Catherine St., ☎ 613-238-5900.

EISENBAHN
Der **Hauptbahnhof** liegt im Osten der Stadt, 200 Tremblay Rd. am Queensway, ☎ 613-244-8289. Vom Confederation Square fahren Busse zum Bahnhof.
Ottawa – Toronto 4 x tgl., 4 1/4 Std. Fahrzeit
Ottawa – Montréal 4 x tgl., 2 Std. Fahrzeit

Parken
In den Straßen gibt es nur wenige Parkmöglichkeiten, die zudem sehr stark reglementiert sind und genau kontrolliert werden. Stattdessen gibt es in der Innenstadt ausreichend viele Parkhäuser und -garagen (Gebühr: $ 2,50-6 pro Std.; $ 8-12 pro Tag). Unter dem National Arts Centre ist eine öffentliche Parkgarage, in der man auch in der Hauptgeschäftszeit meist einen Parkplatz findet. Bei der Touristeninformation gibt es ein Verzeichnis der innerstädtischen Parkmöglichkeiten.

Sehenswertes
Bytown Museum, neben Château Laurier Hotel, ☎ 613-234-4570, www.bytownmuseum.com, Mitte Mai-Mitte Okt. tgl. 10-17 Uhr, April/Mai, Okt./Nov. Do-Mo 10-14 Uhr, Eintritt: Erw. $ 6, Stud. $ 4, Kin. unter 12 J. $ 3; Familienkarte $ 15.

Canadian Museum of Civilization, 100, rue Laurier, ☏ 819-776-7000, www.civilization.ca, Juli-Anf. Sept. tgl. 9-18, Do/Fr bis 20 Uhr, Sept./Okt. und Mai/Juni Di-So 9-18, Do bis 20 Uhr, sonst 9-17, Do bis 21 Uhr, Eintritt: Erw. $ 12, Sen./Stud. $ 10, Kin. 3-12 J. $ 8, Familienkarte $ 30; **Cinéplus**, ☏ 819-776-7010, Eintritt: Erw. $ 10, Sen./Stud. $ 8, Kin. $ 7, Familienkarte $ 30. Zudem gibt es Kombitickets: Erw. $ 23, Sen./Stud. $ 19, Kin. $ 15,30, Familienkarte $ 60.
Canadian Museum of Contemporary Photography, 380 Sussex Dr., ☏ 613-990-8257, cmcp.gallery.ca, Mitte Mai-Mitte Okt. Di-So 10-17, Do bis 20 Uhr, Eintritt: Erw. $ 9, Sen. $ 7, Stud. $ 4, Familienkarte $ 18.
The Canadian Museum of Nature, Metcalfe/McLeod Sts., ☏ 613-566-4700, www.nature.ca, Anf. Mai-Anf. Sept. tgl. 9.30-17, Do bis 20 Uhr, sonst tgl. 10-17, Do bis 20 Uhr, Spende.
Canadian War Museum, 330 Sussex Dr., ☏ 613-776-8600, tgl. 9.30-17, Do bis 20 Uhr.
Currency Museum, 245 Sparks St., ☏ 613-782-8914, Mai-Anf. Sept. Mo-Sa 10.30-17, So 13-17 Uhr, Eintritt frei.
Canada Aviation Museum, am Rockcliffe Airport, ☏ 613-993-2010, www.aviation.techno muses.ca, Mai-Okt. tgl. 9-17, sonst Mi-So 10-17 Uhr, Eintritt: Erw. $ 9, Sen./Stud. $ 6, Kin./Jugendl. 6-15 J. $ 5, Familienkarte $ 18, nach 16 Uhr tgl. Eintritt frei.
National Gallery of Canada, 380 Sussex Dr., ☏ 613-990-1985, www.nationalgallery.ca, Mai-Sept. tgl. 10-18, Do bis 22 Uhr, Okt.-April Mi-So 10-17, Do bis 22 Uhr, Eintritt frei für die ständigen Ausstellungen, bei besonderen Veranstaltungen gelten unterschiedliche Preise. Führungen um 11 und 14 Uhr.
National Museum of Science and Technology, 1867 St. Laurent Blvd., ☏ 613-991-3044, www.sciencetech.technomuses.ca, Mai-Sept. tgl. 9-17, sonst Di-So 9-17 Uhr, Eintritt: Erw. $ 7,50, Sen./Stud. $ 5, Kin. 6-14 J. $ 3,50, Kin. unter 6 J. frei, Familienkarte $ 18.
Royal Canadian Mint, 320 Sussex Dr., ☏ 613-993-8990, www.mint.ca, Mai-Aug. tgl. Mo-Fr 9-19, Sa/So 9-17.30, sonst tgl. 9-17 Uhr, Eintritt: Erw. $ 5, Sen. $ 4, Kin. unter 6 J. frei, Familienkarte $ 13.

Touren/Führungen
BESICHTIGUNGSTOUREN MIT DEM BUS
April-Okt. werden Stadtrundfahrten von **Gray Line**, ☏ 613-565-5463, in Reisebussen und in englischen Doppeldeckerbussen durchgeführt. Diese Fahrten dauern ca. 2 Std. und werden in englischer und französischer Sprache kommentiert. Die Busse starten Sparks St. und O'Connor und nehmen auch an größeren Hotels noch Fahrgäste auf. Fahrkarten sind am Confederation Square und in den Hotels erhältlich.
Mai-Okt. bietet **Capital Double Decker & Trolley Tours**, ☏ 613-749-3666, 1,5-stündige Fahrten in Doppeldeckerbussen ab Confederation Square an. Für die Trolley Tours gibt es 20 Haltestationen, wo man jederzeit wieder in die Busse einsteigen kann.

BESICHTIGUNGSTOUREN MIT DEM BOOT
Ottawa Riverboat Co., ☏ 613-562-4888, bietet 1,5-stündige Fahrten auf dem Ottawa River an Bord der „Sea Prince II" an. Abfahrtsstelle an der Hull Municipal Wharf an der Alexandra Bridge und an der Rideau-Schleuse hinter dem Chateau Laurier Hotel. Abfahrten: Mai/Juni, Sept. tgl. 12, 13.30, 15 und 17.10 Uhr, Juli/Aug. tgl. 10.30, 12, 13.30, 15, 16.30, 17.45 und 19 Uhr.
Paul's Boat Lines, ☏ 613-225-6781, führt 1,5-stündige Fahrten auf dem Ottawa River und dem Rideau-Kanal durch, bei denen man vom Wasser aus schöne Ausblicke auf die Sehenswürdigkeiten der Stadt hat. Abfahrt an der Ottawa-Schleuse hinter dem Hotel Chateau Laurier. Abfahrtszeiten: 15. Mai-Sept. tgl. 11, 14, 16 und 19.30 Uhr, Sept./Okt. tgl. 11, 14 und 16 Uhr.

Canada Ducks Amphi-Tour, ☏ 1-800-823-6147, lernen Sie die Stadt mit einem Amphibienfahrzeug zu Wasser und zu Lande kennen, Abfahrten Sparks/Metcalfe St.

STADTRUNDGÄNGE
Ottawa Walks, Wellington St., ☏ 613-744-4307; an der Ecke Wellington/Metcalfe Sts. beginnen ca. 1,5-stündige, geführte Spaziergänge zu 25 historischen Sehenswürdigkeiten in Ottawa. Die Führungen werden in englischer und französischer Sprache kommentiert. Anmeldungen sind erforderlich.

Unterkunft
HOTELS IM STADTZENTRUM
Carleton University $$, 1233 Colonel By Dr., ☏ 613-520-5609; preiswerte Zimmer in den Studentenwohnheimen von Ende Mai bis Ende Aug., Frühstück und die Benutzung der Sportanlagen sind im Preis eingeschlossen.
Quality Hotel Downtown $$, 290 Rideau St., ☏ 613-789-7511, www.qualityinn.com; günstig zum Rideau Centre und Byward Market gelegen, 212 ordentliche Zimmer, teils schöne Aussicht.
Cartier Place Suite Hotel $$$, 180 Cooper St., ☏ 613-236-5000 oder 1-800-236-8399, ☐ 613-238-3842, www.suitedreams.com; großes Haus mit 250 Studios und 1- und 2-Raum Apartments mit Küchenzeile, Swimmingpool, Sauna und Fitnessraum.
Delta Ottawa Hotel and Suites $$$, 361 Queen St., ☏ 613-238-6000 oder 1-800-268-1133, ☐ 613-238-2290, www.deltahotels.com; komfortables, familienfreundliches Hotel mit 1- und 2-Bett-Suiten, Kinderspielzimmer, Fitnessraum, Schwimmbad mit großer Wasserrutsche.
Lord Elgin Hotel $$$, 100 Elgin St., ☏ 613-235-3333 oder 1-800-267-4298, ☐ 613-235-3223, www.lordelginhotel.ca; 1940 gebautes, sehr schön renoviertes Hotel mit 312 Zimmern, gegenüber dem National Arts Centre, zentrale Lage, Garage.
Ottawa Marriott $$$, 100 Kent St., ☏ 613-238-1122 oder 1-800-853-8463, ☐ 613-783-4229, www.marriott.com; empfehlenswertes Hotel mit 478 großzügig ausgestatteten Räumen, Pool, Sauna, Drehrestaurant; alle innerstädtischen Sehenswürdigkeiten sind bequem zu Fuß erreichbar, Parkhaus.
The Minto Place Suite Hotel $$$, 433 Laurier W, ☏ 613-232-2200 oder 1-800-267-3377, ☐ 613-232-6962, www.mintosuitehotel.com, 417 ansprechende 1- und 2-Zimmer-Apartments und Suiten, die mit einer voll eingerichteten Küche ausgestattet sind, Fitnessraum, Swimmingpool; von den oberen Stockwerken bietet sich ein schöner Blick auf die Gatineau-Hügel.
The Chateau Laurier Hotel $$$$, 1 Rideau St., ☏ 613-241-1414, ☐ 613-562-7030, www.fairmont.com/laurier; im neugotischen Stil erbautes Hotel mit eindrucksvoller Architektur aus Granit, Marmor und Glas. Ein historisches Canadian Pacific Hotel, das mit der eleganten Lobby, sehr gut ausgestatteten Räumen und Suiten und der vorzüglichen Küche von „Wilfrid's Grill" zu den besten Ontarios zählt; zentrale Lage mit Blick auf den Rideau-Kanal.
Sheraton Ottawa Hotel $$$$, 150 Albert St., ☏ 613-238-1500 oder 1-800-325-3535, ☐ 613-235-2723, www.sheraton.com/ottawa; elegantes, zu allen Sehenswürdigkeiten günstig gelegenes Hotel mit Swimmingpool und Fitnessraum.
The Westin Hotel $$$$, 11 Colonel By Dr., ☏ 613-560-7000, ☐ 613-234-5396, www.starwoodhotels.com/westin; zentral gelegenes, erstklassiges Haus mit Restaurants, Pools, Sportmöglichkeiten und direktem Zugang zum Rideau Centre Complex.

BED&BREAKFAST-HÄUSER
Informationen über B&B-Häuser erhalten Sie bei der **Association of Ottawa Bed&Breakfast***, www.hhcanada.com*

Lyon Guest House $, 479 Slater St., ☏ 613-236-3904; kleines, freundliches Haus in der Innenstadt von Ottawa mit drei einfach eingerichteten Zimmern und gutem Frühstück
Gasthaus Switzerland Inn $$, 89 Daly Ave., ☏ 613-237-0335, 🖷 613-594-3327 oder 1-888-663-0000, www.gasthausswitzerlandinn.com; historisches B&B-Haus von 1872 mit 22 Nichtraucherzimmern, drei geschossiges Haus im Schweizer Stil, begrenzte Zahl an Parkplätzen.
Haydon House $$, 18 The Driveway, ☏ 613-230-2697; kleine, elegant eingerichtete Pension in einem ruhig gelegenen viktorianischen Gebäude, großer Garten, Nähe Rideau-Kanal.
Olde Bytown B&B $$, 459 Laurier Ave. E, ☏ 613-565-7939, 🖷 613-565-7981; das schöne viktorianische Haus liegt ruhig und verfügt über 7 schön mit Antiquitäten eingerichtete Zimmer.
Patterson B&B $$, 500 Wilbrod St., ☏ 613-565-8996, 🖷 613-565-6546; sehr schön restauriertes Haus mit geschmackvoll eingerichteten Zimmern.
By the Way Bed & Breakfast $$, 310 First Ave., ☏ 613-232-6840, www.bythewaybb.com/; das ganzjährig geöffnete Haus mit 5 Zimmern liegt ruhig in fußläufiger Entfernung zu den Museen und zum Rideau-Kanal, andere Sehenswürdigkeiten der Stadt sind leicht mit dem Bus erreichbar.

JUGENDHERBERGE
Ottawa International Hostel, 75 Nicholas St., Ottawa, Ontario, K1N 7B9, ☏ 613-235-2595, 🖷 613-235-9202, www.hihostels.ca. Die Jugendherberge wurde im ehemaligen restaurierten Carleton County Gefängnis eingerichtet! 160 Gäste können hier preiswert (ab $ 22) übernachten und die Atmosphäre der Zellen und Gefängnisgänge nachempfinden; besonders Mutige, die sich von 21 bis 9 Uhr am nächsten Morgen in einer der Todeszellen einschließen lassen, haben die nächste Übernachtung frei.

Essen und Trinken
Die international zusammengesetzte Bevölkerung hat ihr Spiegelbild in dem internationalen Restaurantangebot. Ottawas kleine **Chinatown** zieht sich an der Somerset St. W entlang, von der Kent St. zur Preston St.; italienische Restaurants finden Sie besonders an der Preston St.
Casa Calarco, 495 Somerset St. W, ☏ 613-233-0821; sehr gute italienische Küche, Pasta und Fleischgerichte zählen zu den besten in Ottawa.
Le Café, im National Arts Centre, ☏ 613-594-5127; beliebtes Café mit Blick auf den Rideau-Kanal, frische kanadische Küche mit Lachs- und Lammgerichten; probieren Sie zum Dessert den Neufundland-Kuchen.
Domus Café, 87 Murray St., ☏ 613-241-6007; kanadische Spezialitäten, köstliche Desserts.
Giovanni's, 362 Preston St., ☏ 613-234-3156; beliebtes italienisches Restaurant mit guter Weinauswahl in Little Italy.
Le Bifthèque, 75, rue d'Edmonton, Gatineau, ☏ 819-777-3727, im Ramada Plaza Hotel, mit Blick auf das Casino, sehr gute Fleischgerichte.
Theo's Greek Taverna, 911 Richmond Rd., ☏ 613-728-0909, freundlicher Familienbetieb mit authentischer griechischer Küche.

Einkaufen
Ottawa bietet vielfältige Einkaufsmöglichkeiten, z. B.:
Der **Byward Market** ist ein farbenprächtiger Einkaufsort, der auf das Jahr 1830 zurückgeht, als die Bauern der Umgebung Gemüse und Obst zum Verkauf in die Stadt brachten. Auch heute noch bieten Bauern, Fischer und Bäcker ihre frischen Waren an. Byward Market liegt zwischen York und George Sts. und ist auch am Sonntag geöffnet.

Die **Sparks Street Mall** liegt zwischen Elgin und Lyon Sts.; in der autofreien Zone gibt es zahlreiche Straßencafés, Boutiquen, Galerien und Straßenkünstler.
Die kleine **Old Chelsea Mall**, 1725 Bank St., ist bekannt wegen ihrer Antiquitäten-, Porzellan- und Kunstgewerbegeschäfte.
Im **Rideau Centre**, im Stadtzentrum, gibt es 230 Geschäfte und Kaufhäuser, außerdem ein Hotel und mehrere Kinos.
In der **Bank Street Promenade**, von der Wellington St. bis zur Gladstone Ave., gibt es 500 Geschäfte und kleinere Läden.
Entlang der Bank St., von der 1st bis zur 5th Ave., gibt es im **Glebe** viele kleine, originelle Geschäfte und Boutiquen.

Pawtucket/RI (S. 417)

Information
Blackstone Valley Tourism Council and Visitor Center, 175 Main St., ☏ 401-724-2200 oder 1-800-454-2882, www.tourblackstone.com

Sehenswertes
Slater Mill Historic Site, Roosevelt Ave./Main St., ☏ 401-725-8638, Mai-Okt. Di-So 10-16, sonst nur Sa/So 13-17 Uhr, Eintritt: Erw. $ 10, Sen. $ 9, Kin. bis 12 J. $ 8.

Touren
Blackstone Valley Explorer, 175 Main St., ☏ 401-724-2200, Fluss- und Trolleyfahrten im Blackstone River Valley.

Philadelphia/PA (S. 645)

Wichtige Telefonnummern

Vorwahl Philadelphia: ☏ 215
Notruf (Feuer, Polizei etc.): ☏ 911
Ärzte-Service: ☏ 563-5343
Zahnarzt-Notdienst: ☏ 925-6050
Traveler's Aid Society (111 N 49th St.): ☏ 523-7580,
Emergency service: 1201 Chestnut St.
Konsulate: Deutschland, 1600 John F. Kennedy Blvd.,
4 Penn Centre, Suite 200, ☏ 568-5573;
Österreich, 123 S Broad St., ☏ 772-7630

Information
Independence Visitor Center, 6th/Market St., ☏ 215-965-7676 oder 1-800-537-7676, www.independencevisitorcenter.com, tgl. 8.30-17 Uhr; Informationen aller Art, Unterkunftsvermittlung und Reservierungen, Ausstellungen, Film und Video sowie Veranstaltungstickets; März-Dez. gibt es hier Gratistickets für Independence-Hall-Touren, tgl. ab 9 Uhr (zu bestellen unter ☏ 1-877-444-6777, www.recreation.gov).
City Hall VC, Broad/Market St., ☏ 215-686-2840, im Rathaus Infomaterial, Souvenirshop.

P **Philadelphia CVB**, 1700 Market St., ☎ 215-636-3300, www.philadelphiausa.travel (auch auf Deutsch); außerdem hilfreich: www.gophila.com (Greater Philadelphia) und www.wiechmann.de (deutsche Vertretung, Link „Philadelphia").

Flughafen
Der **Philadelphia International Airport** (☎ 215-937-6937, www.phl.org) liegt etwa 13 km südwestl. der Stadt und ist leicht erreichbar in 20 Min. per **Airport Rail Line R 1** (halbstündl. zwischen Center City und Airport, $ 9) oder Taxi (Flatrate $ 28,50). Der Flughafen wird täglich von US Airways, British Airways und Deutsche Lufthansa nonstop angeflogen.
Wer einen **Weiterflug** plant, sollte genügend Zeit einplanen, da es strenge Sicherheitskontrollen und weite Wege gibt.

Verkehr
MIETWAGEN
Autovermietungen sind am Flughafen vorhanden, viele verfügen zudem über Stadtbüros, z. B.:
Avis, ☎ 215-563-8976, www.avis.com
Hertz, ☎ 215-492-7200, www.hertz.com
Alamo, ☎ 215-492-3960, www.alamo.com

NAHVERKEHR UND TAXI
SEPTA *(Southeastern Pennsylvania Transportation Authority)* ist das Nahverkehrssystem der Stadt mit Bussen und U-/S-Bahnen (O-W: Market-Frankford Line; N-S: Broad St. Line) ☎ 215-574-7800, www.septa.org.
Informationszentrum: 15th/Market St.; Pläne und Tickets hier erhältlich, ebenso im Independence VC (6th/Market St., s. o.);
Fahrpreise: $ 2 pro Fahrt exakt (Tokens $ 1,45); Day Pass für $ 6, auch gültig für die Regionalbahnlinie AirportLinie R 1, die etwa halbstündl. Center City und Airport verbindet.
RiverLink zwischen Delaware River Front (Penn's Landing) und NJ State Aquarium ($ 5 H+R).
Taxi: Yellow Cab ☎ 215-922-8400; United Cab ☎ 215-625-2881; Old City Taxi ☎ 215-338-0838.

EISENBAHN
Die **30th St. Station**, der Hauptbahnhof, liegt jenseits des Schuylkill River. Außer Nahverkehrszügen halten hier Fernzüge (u. a. von/nach Chicago) und Intercitys (Metroliner- und Acela-Service) Richtung New York/Boston bzw. Washington/Baltimore.
Infos: Amtrak ☎ 1-800-872-7245, www.amtrak.com

Sehenswertes
Academy of Natural Sciences, 1900 Ben Franklin Pkwy., ☎ 215-299-1000, www.ansp.org, Mo-Fr 10-16.30, Sa/So 10-17 Uhr, $ 10.
African American Museum, 701 Arch St., ☎ 215-574-0380, www.aampmuseum.org, Di-Sa 10-17, So 12-17 Uhr, $ 8; mit Museumsshop, Wechselausstellungen, Veranstaltungen.
Atwater Kent Museum, 15 S 7th St., ☎ 215-685-4835, www.philadelphiahistory.org, bis März 2010 wegen Renovierung geschlossen.
Barnes Foundation, 300 N Latch's Lane, Merion Station (ca. 20 km nordwestl.), ☎ 610-667-0290, www.barnesfoundation.org; nur nach Anmeldung: Sept.-Juni Fr/Sa/So 9.30-17, Juli/Aug. Mi-So 9.30-17 Uhr, $ 12.
Betsy Ross House, 239 Arch St., ☎ 215-686-1252, www.betsyrosshouse.org, tgl. 10-17 Uhr, NS Mo geschl., $ 3.
College of Physicians of Philadelphia/Mütter Museum, 19 S 22nd St., ☎ 215-563-3737, www.collphyphil.org/visit_mutter.htm, tgl. 10-17 Uhr, Fr bis 21 Uhr, $ 12.
Eastern State Penitentiary, 22nd St./Fairmount Ave. (North Philadelphia), ☎ 215-236-3300, www.easternstate.org, Mitte April-Ende Nov. Mi-So 10-17 Uhr, $ 10 (verschiedene Touren).
Edgar Allan Poe National Historical Site, 532 N 7th/Spring Garden St., ☎ 215-597-8780, www.nps.gov/edal, Juni-Okt. tgl. 9-17 Uhr, sonst Mi-So 9-17 Uhr, Eintritt frei.
Elfreth's Alley, mit Museum in Nr. 124 und 126, ☎ 215-574-0560, www.elfrethsalley.org, alle 15 Min. Touren, April-Okt. Mo-Sa 10-17, So 12-17 Uhr, $ 5; auch historische Aufführungen.
Franklin Institute Science Museum, 222 N 20th St./Benjamin Franklin Pkwy., ☎ 215-448-1200, www.fi.edu, tgl. 9.30-17 Uhr, **IMAX** tgl. 10-17 Uhr, Basis-Eintritt $ 14,25, mit IMAX $ 19,25, IMAX allein $ 9.
Germantown Historical Society Museum Complex, 5501 Germantown Ave., ☎ 215-844-1683, www.germantownhistory.org, $ 10 (Walking Tour), Museum Di 9-13, Do/So 13-17 Uhr, $ 5; zugehörig sind mehrere historische Häuser (unterschiedliche Öffnungszeiten und Preise).
Historical Society of Pennsylvania, 1300 Locust St., ☎ 215-732-6200, www.hsp.org, Library Di-Fr nachmittags, $ 6.
Independence National Historic Park mit **Liberty Bell Center**, 6th/Market St., ☎ 1-877-444-6777, www.nps.gov/inde, 1. Tour 9 Uhr, limitierte Zahl an Gratis-Tickets (http://recreation.gov).

Masonic Temple, 1 N Broad St., ☎ 215-988-1917, www.pagrandlodge.org, Führungen Di-Fr 11, 14, 15, Sa 10, 11 Uhr, Juli/Aug. geschl., Eintritt frei.
National Constitution Center, 525 Arch St., ☎ 215-923-0004, www.constitutioncenter.org, Mo-Fr 9.30-17, Sa 9.30-18, So 12-17 Uhr, $ 12, mit Shop und Café; und **Carpenters' Hall** (320 Chestnut St., Di-So 10-16 Uhr, Eintritt frei).
National Liberty Museum, 321 Chestnut/4th St., ☎ 215-925-2800, www.libertymuseum.org, in der HS tgl. 10-17 Uhr, sonst Mo geschl., Eintritt: $ 7.
(New Jersey State) Adventure Aquarium, 1 Riverside Dr., Camden, NJ, ☎ 856-365-3300, www.njaquarium.org, tgl 9.30-17 Uhr, $ 19,95.
Pennsylvania Academy of the Fine Arts, Broad/Cherry St., ☎ 215-972-7600, www.pafa.org, Di-Sa 10-17, So 11-17 Uhr; $ 10 bzw. 15 mit Sonderausstellung, im historischen Bau sowie Neubau.
Penn's Landing mit **Independence Seaport Museum**, 211 Columbus Blvd./Walnut St., ☎ 925-5439, www.phillyseaport.org, tgl. 10-17 Uhr, $ 12.
Philadelphia Museum of Art, 26th St./B. Franklin Pkwy., ☎ 215-763-8100, Di-So 10-17, Fr bis 20.45 Uhr, www.philamuseum.org, $ 14 (So beliebige Summe); sehenswerte Wechselausstellungen!
Please Touch Museum, Memorial Hall in Fairmount Park, 4231 Ave. of the Republic, ☎ 215-581-3181, www.pleasetouchmuseum.org, Mo-Sa 9-17, So 11-17 Uhr, $ 15 ab 1 Jahr.
Rodin Museum, 22nd St./Franklin Pkwy., ☎ 215-568-6026, www.rodinmuseum.org, Di-So 10-17 Uhr, $ 5 (Spende).
University of Pennsylvania Museum of Archaeology and Anthropology, 3260 South St., ☎ 215-898-4000, www.museum.upenn.edu, Di-Sa 10-16.30, So 13-17 Uhr (HS So geschl.), $ 10.

> **Tipp für Besucher**
>
> Der CityPass für derzeit $ 54 gilt neun Tage lang für sechs Attraktionen: The Franklin, The Academy of Natural Sciences, National Constitution Center oder Eastern State Penitentiary, Philadelphia Zoo, Adventure Aquarium, Philadelphia Trolley Works/Big Bus Company. Er ist u. a. im VC erhältlich (www.citypass.com/city/philadelphia.html).

Touren/Führungen

Außer dem größten Anbieter, **Gray Line** (☎ 215-569-3666), bieten sich an:
Philadelphia Trolley Works, ☎ 215-925-8687, www.phillytour.com, 1 Tag $ 27; diverse Touren, u. a. in 90 Min. durch die Stadt mit Möglichkeit zum Aus- und Einsteigen an mehreren Stationen.
Landmark Tours, ☎ 215-625-9255, www.philalandmarks.org/landmarks.aspx; 1- bis 2-stündige Touren mit Schwerpunkt Architektur, $ 10, aber auch Spezialtouren (kombiniert mit Trolley/Bus), zudem architektonische Vortragsreihe; Touren April-Dez. Sa/So, in der HS auch werktags außer Mo, z. B. durch bestimmte Viertel oder zu interessanten architektonischen und historischen Themen.
Mural Tours, ☎ 215-685-0754, www.muralarts.org; 2-stündige Trolleytouren zu Wandbildern in verschiedenen Stadtvierteln, April-Nov. Sa/So 12.30 Uhr, Mai-Nov. auch Mi 10 Uhr, ab Independence VC (6th/Market Sts.), $ 25.

Unterkunft

B&Bs vermittelt „A Bed&Breakfast Connection of Philadelphia", ☎ 610-687-3565, www.bnbphiladelphia.com, zwei besondere Tipps sind:
Rittenhouse 1715 – A Boutique Hotel $$$$$ (7), 1715 Rittenhouse Square, ☎ 215-546-6500 oder 1-877-791-6500, www.rittenhouse1715.com; 10 elegante Zimmer mit viel Luxus und hervorragendem Service in einer Mansion von 1911, frische Backwaren am Morgen, Wein am Abend.

Society Hill Hotel B&B $$$-$$$$ *(8)*, 301 Chestnut/3rd St., ☏ 215-925-1919, www.societyhill-hotel.com; ältestes B&B der Stadt mit 12 edlen Zimmern (Frühstück im Zimmer!), eigenes Restaurant.

EINIGE HOTELTIPPS
Bank St. Hostel $$ *(1)*, 32 S Bank St., ☏ 215-922-0222, www.bankstreethostel.com; in altem Bau neu ausgestattete Jugendherberge, mitten im Historic District.
Best Western Independence Park Inn $$$ *(2)*, 235 Chestnut St., ☏ 215-922-4443, www.independenceparkinn.com; das „great little" Hotel der Stadt, renoviertes altes, zentral gelegenes Hotel, mit 36 geräumigen Zimmern.
The Inn on Locust $$$ *(4)*, 1234 Locust St., ☏ 215-609-1234; kleines, elegantes Hotel in der Innenstadt mit ungewöhnlich ausgestatteten, großen Zimmern.
Latham Hotel $$$-$$$$ *(5)*, 17th/Walnut St., ☏ 215-563-7474, www.lathamhotel.com; Traditionshotel mit persönlichem Service in zentraler Lage, dazu nette Bar sowie gediegenes Restaurant (**Bogart's**).
Hyatt Regency at Penn's Landing $$$-$$$$ *(3)*, 201 Columbus Blvd., ☏ 215-928-1234, www.pennslanding.hyatt.com; das einzige Hotel der Stadt direkt am Delaware River, mit tollen Ausblicken auch von den 350 Zimmern, mit Pool, Sauna und Fitnesscenter sowie Restaurant (**Keating's River Grill**), auch in D buchbar.
Penn's View Inn $$$$ *(6)* (inkl. Frühstück), 14 N Front St., ☏ 215-922-7600, www.pennsview hotel.com; mit Blick auf den Delaware River mitten in Old Town gelegen, kleines Boutique-Hotel mit 52 geschmackvoll ausgestatteten und geräumigen Zimmern, mit italienischem Restaurant.

🍴 Essen und Trinken
Philadelphias Spezialitäten sind **Philly Cheese Steaks** – geschnetzeltes Steak auf Sandwich mit Käse und Zwiebeln –, **Hoagies** (Fleisch, Käse, Salat, Tomate in der Rolle mit Öl oder Mayonnaise) und **Soft Pretzels** mit Senf, alles an zahlreichen Ständen in der Innenstadt zu haben. Mehrere empfehlenswerte Restaurants (und Bars) konzentrieren sich an der Restaurant Row/Walnut St. nahe dem **Rittenhouse Square** (S 18th/Walnut-Spruce St.), in **Old City** (Market St., www.old-city.org, mit Trendlokalen wie Buddakan, Tangerine, Cuba Libre, Fork, Bluezette) und an der **South Street** im Bereich Front-10th bzw. Lombard-Bainbridge St. An Werktagen lohnt sich ein Abstecher zum **Reading Terminal Market**, preiswerte asiatische Küche gibt's in **Chinatown** (www.phillychinatown.com) und italienische rings um den **Italian Market** (www.phillyitalianmarket.com); multiethnisch ist die Szene im **University City District** (www.ucityphila.org, Chestnut, Sansom, Walnut und Locust zw. 45th und 34th St.).

PREISLICH MODERAT
Beer Garden *(13)*, 12th/Filbert St. (angrenzend an Reading Terminal Market); gutes Bier und einfache Pub-Gerichte.
Campo's Deli@Market Street, 214 Market St.; klassischer Sandwichshop mit Spezialität Philly Hoagies und vielerlei Salate, preiswert.
City Tavern *(9)*, 138 S 2nd/Walnut St., ☏ 215-413-1443, www.citytavern.com; tgl. Lunch, Dinner mit deutschem Touch in historischer Atmosphäre.
Jim's Steaks, 400 South St., ☏ 215-928-1911; bekannt für Philadelphia Cheese Steaks in gemütlicher Atmosphäre in der hippen South St.
Philadelphia Fish&Co. *(14)*, 207 Chestnut St., ☏ 215-625-8605; Sandwiches und andere schnelle Gerichte, darunter viel frischer Fisch.
White Dog Café *(15)*, 3420 Sansom St., ☏ 215-386-9224; Country-Inn in zwei viktorianischen Brownstones im University District, kreative amerikanische Küche mit biologischen Produkten.

Regionale Reisetipps von A–Z (Philadelphia/PA)

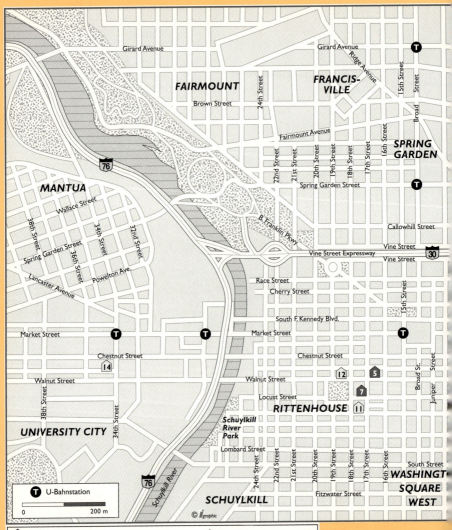

Hotels (Auswahl)
1. Bank St. Hostel
2. Best Western Independence Park Inn
3. Hyatt Regency at Penn's Landing
4. The Inn on Locust
5. Latham Hotel
6. Penn's View Inn
7. Rittenhouse 1715
8. Society Hill Hotel B&B

Restaurants (Auswahl)
9. City Tavern
10. Fork
11. Rouge
12. Striped Bass
13. Beer Garden
14. White Dog Café
15. Philadephia Fish&Co.

Regionale Reisetipps von A–Z (Philadelphia/PA)

HAUTE CUISINE

Fork (10), 306 Market St., ☎ 215-625-9425, www.forkrestaurant.com; ungewöhnliches Ambiente, kreative Gerichte, eines der 20 besten Restaurants der Stadt, relativ günstige Menüs, große Weinauswahl.
Rouge (11), 205 S 18th St., Rittenhouse Square, ☎ 215-732-6622; feines Bistro, wie drei andere im Besitz von Neil Stein, Philadelphias bekanntestem „Wirt".
Butcher & Singer (12), 1500 Walnut St./Rittenhouse Row, ☎ 215-732-4444; Steaks & Chops und toller Service in beeindruckender Atmosphäre.
The Restaurant School at Walnut Hill College, 4207 Walnut St., ☎ 215-222-4200, www.walnuthillcollege.com, Di-Sa 18-21/22 Uhr; vier unterschiedliche Restaurants (Italian Trattoria, American Heartland, European Courtyard, Great Chefs), in denen angehende Köche tätig sind. Preiswerte Prix-fix-Menüs!

Nightlife

Zentren sind die **Restaurant Row/Walnut Street** (www.rittenhouserow.org) mit z. B. Warm Daddy's oder D'Angelo's Ristorante & Lounge. Der **Old City Arts District** ist bekannt für Nightlife, Galerien, Bars und Clubs (www.oldcityarts.org, vor allem südl. Market St. an der 2nd) – z. B. Swanky Bubbles oder Continental. Außerdem nennt sich die **South Street** (Front-10th, Lombard-Bainbridge St.) nicht ohne Grund „the hippest street in town"; sie bietet Topspots wie Downey's, Copabanana oder Rock Lobster. Infos auch unter www.philadelphia.com/nightlife
Continental Restaurant&Martini Bar, 138 Market St., ☎ 215-923-6069; berühmt für verschiedenerlei Martinis.
Cuba Libre Restaurant&Rum Bar, 10 S 2nd St., ☎ 215-627-0666; immer volle Bar und bestes kubanisches Restaurant der Stadt.
Independence Brew Pub, 12th/1150 Filbert St. (Convention Center), ☎ 215-922-4292; Live-Entertainment Mi-Sa, Happy Hour tgl. 16-19 Uhr; eigene Brauerei (Touren Sa 12, 14 Uhr).
The Legendary Blue Horizon, 1314 N Broad St., ☎ 215-763-0500, www.legendarybluehorizon.com; Joe Frazier ist oft zu sehen, außerdem gibt's ein Boxsport-Museum und Veranstaltungen.
Zanzibar Blue, 200 S Broad St., ☎ 215-732-4500; berühmter Jazzclub und ein bekanntes „upscale"-Restaurant (Chef Al Paris).

Einkaufen

Beliebte Viertel zum Einkaufen sind das Areal um **Rittenhouse Square** (Walnut St.), **South Street** (10th-Front St.), der **University City District** im Bereich Chestnut/Sansom/ Walnut/Locust Sts. (45th-34th St.), die **Jewelers' Row** (Sansom/7th-9th St.) und **Antique Row** (Pine/10th-13th St.), zudem **Chestnut Hill** (www.chestnuthillpa.com, 6500-8700 Germantown Ave.).

EINKAUFSZENTREN IM STADTZENTRUM

The Gallery, Market/8th-11th St., Haupteingang: 9th/Market St.; größtes Shoppingcenter in Downtown (www.galleryatmarketeast.com); 4 Etagen, 120 Stände/Läden und Kaufhäuser wie Strawbridge's, Burlington Coast Factory, Big K-Mart dazu Imbissstände wie Philly Steak oder Saladworks.
Shops The Bellevue (200 S Broad/Walnut St.); noble Boutiquen und Restaurants.
The Shops at Liberty Place (16th/Chestnut St.); 60 exklusive Läden und großer Food Court.
The Bourse, Food Court&Speciality Shops, 111 S Independence Mall E, günstig gelegen und ideal für den Snack zwischen den Besichtigungen (www.bourse-pa.com).

MÄRKTE

Reading Terminal Market, 11th-12th, Filbert-Arch Sts., Mo-Sa 8-18 Uhr (Amish-Händler Mi 8-15, Do-Sa 8-17 Uhr), www.readingterminalmarket.org; empfehlenswert sind vor allem Bassett's Ice-

cream, Beiler's Bakery, Termini Brothers Bakery, Fisher's Soft Pretzels, Hatville Farms oder Dutch Eating Place (Frühstück), neben Lebensmitteln auch Souvenirs und Geschenkartikel.
9th Street Italian Market, 9th/Wharton-Christian Sts. (South Philadelphia), Di-Sa 9-17, So 9-14 Uhr, www.phillyitalianmarket.com; vor allem italienische Produkte und Frischwaren, Käse, Fleisch/Wurstwaren, Fisch, Backwaren, Gewürze, Kaffee und Tee, aber auch Kochutensilien und Haushaltswaren. Mehrere Cafés und Imbissstände (Pizza, Philly Cheese Steaks, Hoagies, Seafood).

> **Tipp für Besucher**
>
> Im Großraum befinden sich zwei der größten amerikanischen Malls:
> **King of Prussia Mall**, 160 N Gulph Rd., King of Prussia (25 km nordwestl.), I-76 Exit 327/328 (ausgeschildert), www.kingofprussiamall.com; eines der größten Einkaufszentren der USA mit 8 großen Kaufhäusern und an die 400 Läden, Restaurants sowie Food Court.
> **Franklin Mills Outlet Center**, 1455 Franklin Mills Circle, I-95 Exit „Woodhaven Road" (ca. 25 km nordöstl.), www.simon.com/mall/default.aspx?ID=1245; über 200 Läden, 7 Restaurants und 2 Food Courts, Shuttlebusse von Philadelphia.

Veranstaltungen

First Friday: jeweils am 1. Fr im Monat haben in Old City viele der rund 400 Galerien und Shops bis 23 Uhr (nördl. Market/um die 3rd St.) und Bars sogar bis 2 Uhr (südl. Market, an der 2nd St.) geöffnet, im Sommer Straßenfest mit Konzerten und Veranstaltungen; im University City District gibt es als Pendant einen **Third Thursday**.
Ende Juni: **Manayunk Arts Festival**, www.manayunk.com; großes buntes Fest mit über 250 Künstlern aus ganz Amerika, Gauklern und Musikern.
4. Juli, **Unabhängigkeitstag**, www.AmericasBirthday.com; **Welcome America Festival** mit Konzerten, Paraden, Filmvorführungen und Festivals; außerdem in der Independence Hall „July 4th Ceremony and Awarding of the Philadelphia Liberty Medal".
26./27. Sept., **Von Steuben Day Gala&Parade**, http://phila.steubenparade.com; Fest zu Ehren des deutschen Barons und Generals, verschiedene Veranstaltungen und Umzug vom Logan Circle zur Independence Hall.
1. Sept.-Hälfte: **Philadelphia Fringe Festival – Performing Arts Festival**, www.pafringe.com; 2 Wochen über die Stadt verteilt Theater, Tanz, Musik, Literatur, Puppenspiel und Pantomime.
Im Sommer verschiedene **Re-enactments** und **Vorführungen von Historic Philadelphia**, Infos: www.historicphiladelphia.org; z. B. **Lights of Liberty**, Sound&Light-Spektakel im Independence NHP, ab PECO Energy Liberty Center, 150 S Independence Mall West, ☏ 1-877-462-1776, nächtliche Touren Mai-Okt., $ 19,95.

Unterhaltung

An der Broad St. bzw. der 5 km langen Avenue of the Arts gibt es über 20 Bühnen u. a. Kultureinrichtungen – Infos: www.avenueofthearts.org –, u. a. Freedom, Wilma, Prince Music Theatre, Clef Club of Jazz, Forrest (Broadway-Produktionen) und Walnut Street Theatre sowie
Kimmel Center for the Performing Arts, ☏ 215-893-1999 (Tickets), www.kimmelcenter.org; Heimatbühne von Philadelphia Orchestra, Kammerorchester und Philly Pops.
Ein renommiertes Theater in Old City ist das **Arden Theater** (www.ardentheatre.org), in der Delancey St. **Plays and Players** (www.playsandplayers.org) und in der University City das **Annenberg Theater** (www.pennpresents.org).

P

Sport
Die beiden Sporthallen wie auch Baseball- und Football-Stadion befinden sich im Süden der Stadt, an der Broad St. (U-Bahn-Endstation Orange Line „Patterson/Broad St.").
American Football: Philadelphia Eagles, ☎ 215-463-2500, www.philadelphiaeagles.com; Spiele Sept.-Dez. im Lincoln Financial Field.
Baseball: Philadelphia Phillies, ☎ 215-463-6000, www.phillies.com; April-Anf. Okt. im Citizens Bank Park.
Basketball: Philadelphia 76ers, ☎ 215-339-7600 oder 215-339-7676, www.nba.com/sixers; Nov.-April im Wachovia Center.
Eishockey: Philadelphia Flyers, ☎ 215-465-4500, http://flyers.nhl.com; Okt.-April im Wachovia Center; Philadelphia Phantoms (AHL-Nachwuchsmannschaft der Flyers), ☎ 215-465-4522, www.phantomshockey.com; Okt.-April im daneben gelegenen Wachovia Spektrum.

Pittsfield/MA (S. 471)

Information
Berkshire Visitors Bureau, Berkshire Common, Plaza Level, ☎ 413-443-9186 oder 1-800-237-5747, www.berkshires.org

Sehenswertes
Berkshire Museum, 39 South St., ☎ 413-443-7171, www.berkshiremuseum.org, Juli/Aug. Mo-Sa 10-17, So 12-17 Uhr, Eintritt: Erw. $ 10, Sen./Kin./Jugendl. 3-18 J. $ 5.
Arrowhead House, 780 Holmes St., ☎ 413-442-1793, www.mobydick.org, Ende Mai-Okt. tgl. 10-17 Uhr, sonst an Wochenenden 10-17 Uhr, Eintritt mit Führung: Erw. $ 12, Kin. 6-16 J. $ 8.
Hancock Shaker Village, an der Kreuzung des US-20 mit dem MA-41, ☎ 1-800-817-1137, www.hancockshakervillage.org, Ende Mai-Mitte Okt. tgl. 10-17 Uhr, April und Nov. tgl. 10-15 Uhr, Eintritt: Erw. $ 16,50, Jugendl. 13-17 J. $ 8, unter 12 J. frei.
Crane Museum, Dalton, nordöstl. von Pittsfield, ☎ 413-684-2600, Juni-Mitte Okt. Mo-Fr 14-17 Uhr, Eintritt frei.

Unterkunft
Comfort Inn $$$, 1055 South St., ☎ 413-443-4714, 🖨 413-445-7400; Hotel mit 58 freundlich eingerichteten Zimmern, Fitnessraum; www.comfortinn.com
Thaddeus Clapp House $$$, 74 Wendell Ave., ☎ 413-499-6840, 🖨 413-499-6842, www.clapphouse.com; historisches B&B-Haus mit geräumigen und komfortablen Zimmern, alle Sehenswürdigkeiten sind gut zu Fuß zu erreichen.

Unterhaltung
Berkshire Public Theatre, 30 Union St., ☎ 413-445-4631, Kasse ☎ 413-445-4634.
Berkshire Opera, Cranwell Opera House, ☎ 413-243-1343.

Pittsford/VT (S. 563)

Sehenswertes
New England Maple Museum, am US-7, ☎ 802-483-9414, www.maplemuseum.com, Ende Mai-Ende Okt. tgl. 8.30-17.30 Uhr, März-Mai, Nov./Dez. tgl. 10-16 Uhr, Eintritt: Erw. $ 2,50, Kin. 6-12 J. 75 c.

Plymouth/MA (S. 434)

ℹ Information
Plymouth Information Center, 130 Water St., ☎ 508-747-7524 oder 1-800-872-1620, www.visit-plymouth.com

👁 Sehenswertes
„Mayflower II", ☎ 508-746-1622, www.plimoth.org, Juli/Aug. tgl. 9-19 Uhr, April-Juni, Sept.-Nov. tgl. 9-17 Uhr, Eintritt: Erw. $ 10, Kin. 5-12 J. $ 7, Kombiticket mit Plimoth Plantation Erw. $ 28, Kin. $ 18.
Plimoth Plantation, am MA-3A, ☎ 508-746-1622, www.plimoth.org, April-Nov. tgl. 10-17 Uhr, Eintritt: Erw. $ 24, Kin. 5-12 J. $ 14; Kombiticket mit „Mayflower II" Erw. $ 28, Kin. $ 18.
Pilgrim Hall Museum, 75 Court St., ☎ 508-746-1620, www.pilgrimhall.org, Feb.-Dez. tgl. 9.30-16.30 Uhr, Eintritt: Erw. $ 7, Kin. 6-12 J. $ 4, Familienkarte $ 20.

🛏 Unterkunft
Best Western Cold Spring $$$, 188 Court St., ☎ 508-746-2222, 📠 508-746-2744, www.bwcoldspring.com; das Motel mit 58 freundlich eingerichteten Zimmern liegt im historischen Distrikt, in bequemer Entfernung zum Hafen, auf einem weitläufigen Gelände, schöner Blick auf die Cape Cod Bay.
Radisson Hotel $$$, 180 Water St., ☎ 508-747-4900, 📠 508-746-2609, www.radissonplymouth.com; das Hotel mit 175 geräumigen und ansprechend eingerichteten Zimmern liegt nur wenige Schritte vom Plymouth Rock und der „Mayflower II" entfernt, Swimmingpool, Sauna, Restaurant.
The Governor Bradford on the Harbour $$$, 98 Water St., ☎ 508-746-6200, 📠 508-747-3032, www.governorbradford.com; das Hotel liegt am Plymouth Harbour, nur wenige Gehminuten von den historischen Sehenswürdigkeiten entfernt, einige der 94 Zimmer bieten einen schönen Ausblick auf den historischen Hafen, Swimmingpool.

Plymouth/NH (S. 533)

👁 Sehenswertes
Polar Caves, 5 mi/8 km westl. über den NH-25, ☎ 603-536-1888, www.polarcaves.com, Mitte Mai-Mitte Okt. tgl. 9-17 Uhr, Eintritt: Erw. $ 14, Kin. 6-12 J. $ 10.
Mary Baker Eddy Historic House, 2 mi/3 km westl. auf den NH-25 bis zur Straße zum Stinson Lake, dann 1 mi/1,6 km nördl. nach Nord-Rumney, ☎ 603-786-9943, Mai-Okt. Di-So.

🛏 Unterkunft
The Common Man Inn & Spa $$, 231 Main St., ☎ 603-536-2200, 📠 603-536-7773, www.theCmaninn.com; freundliches Gasthaus mit 37 geräumigen Zimmern, Swimmingpool, Fitnessraum, Spa und Foster's Steakhouse mit seiner beliebten offenen Küche.

🎭 Feste
New Hampshire Music Festival, 52 Symphony Lane, ☎ 603-297-3300, www.nhmf.org; alljährlich finden im Juli/Aug. im Silver Cultural Art Center Konzerte statt, wobei sowohl Kammermusik und Sinfoniekonzerte oder Popmusik auf dem Programm stehen.

Portland/ME (S. 489)

ℹ Information
Convention & Visitors Bureau of Greater Portland, 245 Commercial St., ☎ 207-772-5800, 📠 207-874-9043, www.visitportland.com

Flughafen

Der **Portland International Jetport** liegt etwa 5 km westl. der Stadt. Es gibt einen Zubringerdienst ins Zentrum. Flugverbindungen bestehen nach Boston, New York, Philadelphia, Tampa (Florida) und, innerhalb Maines, nach Bangor, Lewiston, Millinocket und Presque Isle.

Verkehr
BUS

Portland Explorer, ☏ 207-772-4457, www.transportme.org; die Busse verkehren zwischen 6.30 und 20.30 Uhr stündl. zwischen Fährhafen, Stadtzentrum, Portland Transportation Center (PTC), Vermont Transit und dem Flughafen.

Überregionale Busverbindungen bestehen nach Augusta, Bangor, Portsmouth, Burlington, Boston, New York und nach Québec/Kanada.

Sehenswertes

Portland Museum of Art, 7 Congress Square, ☏ 207-775-6148, www.portlandmuseum.com, Di-Do, Sa/So 10-17, Fr bis 21, Eintritt: Erw. $ 10, Sen./Stud. $ 8., Kin. $ 4.
Victoria Mansion, 109 Danforth St., ☏ 207-772-4841, www.victoriamansion.org, Mai-Okt. Mo-Sa 10-16, So 13-17 Uhr, Eintritt: Erw. $ 13,50, Sen. $ 12, Kin. 6-17 J. $ 3.
Wadsworth-Longfellow House, 487 Congress St., ☏ 207-772-1807, Di-Sa 10-16 Uhr, www.mainehistory.com, Eintritt: Erw. $ 8, Kin. 5-17 J. $ 3.
Portland Observatory, 138 Congress St., ☏ 207-774-5561, Führungen im Sommer tgl. 10-17 Uhr.
Maine Narrow Gauge Railroad Company, 58 Fore St., ☏ 207-828-0814, www.mngrr.org; Museum der Schmalspurbahn; Mai-Okt. tgl. Ausflugsfahrten mit der historischen Bahn.

Unterkunft
IM STADTZENTRUM

Eastland Park Hotel $$$, 157 High St., ☏ 207-775-5411, 🖷 207-775-2872, www.eastlandparkhotel.com; zentral gelegenes Hotel mit 202 gut eingerichteten Zimmern, gutem Dachgartenrestaurant im 13. Stock mit großartigem Panoramablick. Der alte Hafen, Restaurants und Geschäfte sind zu Fuß gut zu erreichen.
Holiday Inn By the Bay $$$, 88 Spring St., ☏ 207-775-2311, 🖷 207-761-8224, www.innbythebay.com; im Zentrum gelegenes, elfstöckiges Hotel mit schönem Blick auf den Hafen und 239 geräumigen Zimmern, Swimmingpool, Sauna, Restaurant.
West End Inn $$$, 146 Pine St., ☏ 207-772-1377, 🖷 207-828-0984, www.westendbb.com; viktorianisches B&B-Haus mit 6 wohnlichen Zimmern und reichhaltigem Frühstück.
Portland Regency Hotel $$$$, 20 Milk St., ☏ 207-774-4200, 🖷 207-775-2150, www.theregency.com; das historische Gebäude am alten Hafen bietet 95 geschmackvoll eingerichtete Zimmer und Suiten.

Die Häuser der großen Hotelketten liegen außerhalb des Zentrums in **South Portland** oder **Riverside**, z. B.:
Comfort Inn $$, 90 Maine Rd., ☏ 207-775-0409, 🖷 207-775-1755, www.choicehotels.com; modernes Hotel mit 127 Zimmern, nicht weit von den Sehenswürdigkeiten, Restaurants und Geschäften entfernt.
Howard Johnson Hotel $$, 155 Riverside St., ☏ 207-774-5861, 🖷 207-772-8789, www.hojoportland.com; Mittelklassehotel mit 121 freundlichen Zimmern, Swimmingpool, Shuttlebus zum Flughafen, nicht weit von der Maine Mall und den Stränden entfernt.

Essen und Trinken
Lobster Company, 180 Commercial St., ☎ 207-775-2112; hier gibt es Lobster in allen Variationen und für jeden Geschmack.
The Village Café, 112 Newbury St., ☎ 207-772-5320; familiäres italienisches Restaurant mit langer Tradition, von der die alte Weinpresse im Eingang zeugt.
Sebago Brewing Company, 164 Middle St., ☎ 207-775-2337; gemütlicher Pub im alten Hafen.
Back Bay Grill, 65 Portland St., ☎ 207-772-8833; gepflegtes Restaurant mit täglich wechselnder Speisekarte und großer Weinauswahl.

Einkaufen
Portland Public Market, 25 Preble St., ☎ 207-228-2000, www.portlandpublicmarket. com, Mo-Fr 7-19, So 10-17 Uhr; in der Markthalle finden Sie frische landwirtschaftliche Produkte aus der Region, beispielsweise Obst, Käse, Blumen, Fisch und Seafood sowie frisch zubereitete Salate und Snacks.

Fähre/Bootsfahrten
Es gibt **Wagen- und Personenfähren** zu den Casco Bay Islands, den Calendar Islands und nach Yarmouth/Nova Scotia. Außerdem steht ein breites Angebot von halb- und ganztägigen **Schiffsausflügen** durch die Casco Bay, zur Walbeobachtung und zum Hummer- und Fischfang zur Auswahl:
Casco Bay Lines Ferry Service, Casco Bay Ferry Terminal, ☎ 207-774-7871, im Internet www.cascobaylines.com
Portland Schooner, Maine State Pier, ☎ 207-766-2500, www.portlandschooner.com

Portsmouth/NH und Umgebung (S. 479)

Information
Greater Portsmouth Chamber of Commerce, 500 Market St., ☎ 603-436-3988, 📠 603-436-5118, www.portsmouthchamber.org

Sehenswertes
Strawbery Banke Museum, Hancock/Marcy Sts., ☎ 603-433-1100; Mai-Okt. tgl. 10-17, Eintritt: Erw. $ 15, Kin./Jugendl. 7-17 J. $ 10, Familienkarte $ 40; www.strawberybanke.org

Stadtrundgang
Portsmouth Harbor Trail, ☎ 603-436-1118, die Führungen finden Mo, Do-Sa um 13.30 und 17.30 Uhr statt, So 13.30 Uhr, $ 12.

Unterkunft
Martin Hill Inn $$, 404 Islington St., ☎ 603-436-2287, www.martinhillinn.com; historisches B&B-Haus aus dem frühen 19. Jh. mit 7 gut eingerichteten Zimmern in zwei Gebäuden und schönem Garten, ca. 10 Min. vom Zentrum entfernt.
The Port Inn $$, am US-1 Bypass/Portsmouth Circle, ☎ 603-436-4378, 📠 603-436-4378, www.theportinn.com; schönes, einladendes Hotel mit 56 Zimmern und Studios, einige mit Küchenzeile, Swimmingpool, freies kontinentales Frühstück.
Governor's House $$$, 32 Miller Ave., ☎ 603-431-6546, www.govenors house.com, dieses herrschaftliche, im Jahr 1917 erbaute Haus verfügt über vier sehr schön eingerichtete Zimmer

und einen großen Garten; im Übernachtungspreis inbegriffen ist außerdem ein ausgiebiges Frühstück.

Sheraton Harborside Portsmouth Hotel $$$, 250 Market St., ☎ 603-431-2300, 🖷 603-431-7805, www.sheratonportsmouth.com; zentral gelegenes Hotel mit 202 geräumigen, komfortablen Zimmern, die teilweise einen schönen Blick auf den Hafen bieten, Swimmingpool, Sauna, Fitnessraum.

Sise Inn $$$, 40 Court St., ☎ 603-433-1200, 🖷 603-431-0200, www.siseinn.com; schönes, 1881 gebautes Haus mit 34 Zimmern, mit Antiquitäten eingerichtet und mit eigenem Bad. Ein leichtes Frühstück ist im Preis enthalten.

Wentworth by the Sea $$$$, 588 Wentworth Rd., ☎ 603-422-7322, 🖷 603-422-7329, www.wentworth.com; großes, historisches Luxushotel in reizvoller Lage auf New Castle Island mit 161 Zimmern und Suiten, Restaurants und großem Sportangebot.

Essen und Trinken

The Portsmouth Brewery, 56 Market St., ☎ 603-431-1115; das Restaurant ist mit einer kleinen Brauerei verbunden; frische Fisch- und Seafood-Gerichte, aber auch Sandwiches und Burger.

The Rosa Restaurant, 80 State St., ☎ 603-436-9715; gutes, italienisches Restaurant am Rande des Strawberry Banke Distrikts.

The Oar House Restaurant, 55 Ceres St., ☎ 603-436-4025; das Restaurant liegt in einem alten Speicherhaus direkt am Wasser; auf der Karte stehen Fisch- und Seafood-Gerichte, aber auch Steaks und Salate; im Sommer wird auch auf der Terrasse serviert.

Bootsfahrten

Portsmouth Harbor Cruises, 64 Ceres St., Old Harbour District, ☎ 603-436-8084 oder 1-800-776-0915, www.portsmouthharbor.com, 1- und 2-stündige Rundfahrten im Hafen und auf dem Piscataqua River, Fahrpreis: Erw. $ 16-20, Kin. bis 13 J. $ 8.

Isles of Shoals Steamship Co., 315 Market St./Barker's Wharf, ☎ 603-431-5500 oder 1-800-441-4620, www.islesofhoals.com, Rundfahrten und regelmäßiger Fährverkehr zur Inselgruppe, ab $ 25.

Portsmouth/RI (S. 415)

Information

Town of Portsmouth/RI Offices and Services, Town Hall, 2200 East Main Rd., ☎/🖷 401-683-6804, www.portsmouthri.com

Sehenswertes

Green Animals, Cory's Lane, Portsmouth, am RI-114, ☎ 401-847-1000, April-Okt. tgl. 10-17 Uhr; ein schön angelegter Park mit rund 80 in Tierformen geschnittenen Bäumen und Sträuchern.

Poughkeepsie/NY (S. 580)

Information

Poughkeepsie Area Chamber of Commerce, One Civic Center Plaza, ☎ 845-454-1700, 🖷 845-454-1702, www.dutchesscountyregionalchamber.org

Regionale Reisetipps von A–Z (Poughkeepsie/NY, Providence/RI)

👁 Sehenswertes
Locust Grove, The Samuel Morse Historic Site, 2683 South Rd., am US-9, ☎ 845-454-4500, www.morsehistoricsite.org, März-Dez. tgl. 10-15 Uhr, sonst nur nach Voranmeldung, Eintritt mit Führung: Erw. $ 10, Kin./Jugendl. 6-18 J. $ 6.
Frances Lehman Loeb Art Center, 124 Raymond Ave., ☎ 845-437-5632, Di-Sa 10-17, So 13-17 Uhr.

🛏 Unterkunft
Best Western Inn & Conference Center $$, 2170 South Rd., ☎ 845-462-4600, 📠 845-462-3228, www.bestwestern.com; das Hotel mit 153 Zimmern liegt in der Nähe der Vanderbilt Mansion, mit Swimmingpool.
The Copper Penny Inn $$, 2406 New Hackensack Rd., ☎ 845-452-3045, www.copperpennyinn.com; das alte Farmhaus aus dem Jahr 1860 wurde in ein Gästehaus mit gemütlichen Zimmern umgewandelt. Das reichhaltige Frühstück wird bei schönem Wetter auch auf der Terrasse serviert; eine voll eingerichtete Küche steht allen Gästen zur Verfügung. Die Sehenswürdigkeiten des Hudson Valley sind bequem zu erreichen.
Poughkeepsie Grand Hotel and Conference Center $$$, 40 Civic Center Plaza, ☎ 845-485-5300, 📠 845-485-4720, www.pokgrand.com; im Zentrum gelegenes Hotel mit 200 Zimmern, von denen einige einen schönen Blick auf das Hudson River Valley haben.

Providence/RI (S. 416)

ℹ Information
Providence Warwick Convention & Visitors Bureau, 144 Westminster St., ☎ 401-274-1636 oder 1-800-233-1636, 📠 401-351-2090, www.goprovidence.com/

✈ Flughafen
T.F. Green Airport, Rhode Islands Regionalflughafen mit Anbindung an alle Ostküstendrehkreuze. Sie erreichen den Flughafen über den I-95, Exit 13, über die Airport Access Road in Warwick, 9 mi/14,5 km südl. von Providence.

👁 Sehenswertes
John Brown House, 52 Power St., ☎ 401-331-8575, April-Dez. Di-Sa 10-17, So 12-16 Uhr, sonst Fr/Sa 10-17, So 12-16 Uhr, Eintritt: Erw. $ 8, Kin. $ 4.
Brown University, College St., ☎ 401-863-1000, www.brown/edu, Mo-Fr 8.30-16.30 Uhr, Führungen Mo-Fr 8.30-17 Uhr.
Museum of Art – Rhode Island School of Design, 224 Benefit St., ☎ 401-454-6500, www.risd.edu/museum.cfm, Di-So 10-17, Fr bis 20 Uhr, Eintritt: Erw. $ 10, Kin. $ 3.
Old State House, 150 Benefit St., Mo-Fr 8.30-16.30 Uhr, Eintritt frei.
Rhode Island State House, 82 Smith St., ☎ 401-222-3983, Mo-Fr 9-15.30 Uhr, tgl. finden Führungen statt.

🛏 Unterkunft
Courtyard Providence Downtown $$$, 32 Exchange Terrace, ☎ 401-272-1191, 📠 401-272-1416, www.marriott.com; das Haus mit 216 großzügig geschnittenen Zimmern liegt innerhalb der historischen Union Station Plaza, angrenzend u. a. an die Providence River Mall, es verfügt über Swimmingpool und Fitnesscenter.

P

Q

Holiday Inn Providence Downtown $$$, 21 Atwells Ave., ☎ 401-831-3900, 🖷 401-751-0007, www.holiday-inn.com; 14-stöckiges Hotel im Stadtzentrum mit 274 Standardzimmern, Swimmingpool, Restaurant und Panoramablick.

Radisson Hotel Providence Harbour $$$, 220 India St., ☎ 401-272-5577, 🖷 401-272-0251, www.radisson.com/providenceri; das angenehme Hotel mit 136 ansprechend eingerichteten Zimmern liegt direkt an der Wasserfront, gutes Restaurant mit schöner Terrasse und Blick auf den Hafen.

 Touren/Führungen
Providence Preservation Society, ☎ 401-438-0463, Mai-Okt. 1,5-stündige Stadtführungen durch das historische Stadtviertel.

Québec City/Qué (S. 511)

i Information
Québec City and Area Tourism and Convention Bureau, 399, Saint-Joseph Est, ☎ 418-641-6654, 🖷 418-641-6578, www.quebecregion.com, www.bonjourquebec.com
Infocentre, 12, rue Ste. Anne, Place des Armes, vor dem Château Frontenac, ☎ 1-800-363-7777, im Sommer tgl. 8.30-19.30 Uhr, sonst 9-17 Uhr.

✈ Flughafen
Der Jean Lesage International Airport, 500, rue Principale, ☎ 418-640-2700, www.aeroportdequebec.com, liegt etwa 22 km nordwestl. der Stadt im Vorort Sainte-Foy. Es bestehen Flugverbindungen mit Toronto, Montréal, Ottawa, Halifax und anderen kanadischen Städten. Es gibt keine Busverbindung zur Innenstadt.

Verkehr
BUS
Die Busse von Capital Transit Network (RTQ) verkehren tgl. zwischen 5.30 und 1 Uhr. Eine Fahrt kostet $ 1,85, passendes Fahrgeld ist nötig; preisgünstiger sind Mehrfahrtenkarten und ein Tagespass. Auskünfte erhält man unter ☎ 418-627-2511 und www.stcuq.qc.ca.
Die Busse von **Orléans Express Coach** verbinden Québec mit Montréal, Ottawa und anderen kanadischen und nordamerikanischen Städten; Haltestellen sind 320, rue Abraham Martin und 3001, chemin Quatre Bourgeois in Sainte-Foy. Informationen unter ☎ 1-888-999-3977.

EISENBAHN
Québec hat drei Bahnhöfe, die alle unter der Rufnummer ☎ 418-692-3940 zu erreichen sind: **Gare du Palais**, 450, rue de la Gare-du-Palais, der sehr schön renoviert wurde, **Gare de Sainte-Foy**, 3255, chemin de la Gare sowie **Gare de Charny**, 2326, rue de la Gare, wo die Züge nach Halifax und in andere Städte in den Atlantikprovinzen abfahren.

SEILBAHN
Funicular, ☎ 418-692-1132, www.funiculaire-quebec.com; die Seilbahn zur Unterstadt verkehrt von Ende Juni-Anf. Sept. tgl. von 7.30 Uhr bis Mitternacht, sonst bis 23 Uhr, Fahrpreis $ 1,75, Kin. unter 5 J. frei.

Kutschfahrten
Besonders beliebt sind Fahrten mit den bunt geschmückten Pferdekutschen, die telefonisch zum Hotel bestellt werden können (☎ 418-683-9222), aber auch feste Halteplätze haben, z. B. **Place d'Armes** in der Nähe des Château Frontenac. Die ca. 40-minütige Fahrt kostet ca. $ 60.

Fähre

Anlegestelle der **Fähre nach Lévis** ist der Pier Rue Dalhousie in der Nähe der Place Royale, Infos über aktuelle Abfahrtszeiten und Preise unter ☎ 418-644-3704.

Sehenswertes

Basilique-Cathédrale Notre-Dame-de-Québec, 16, rue Buade, ☎ 418-692-2289, www.patrimoine-religieux.qc.ca, Eintritt: Erw. $ 8,50, Sen./Stud. $ 6, Familienkarte $ 22.
Cathédrale Anglicane, 31, rue des Jardins, ☎ 418-692-2193.
Hôtel du Parlement, Ave. Dufferin/Grande Allée Est, ☎ 418-643-7239, halbstündige Führungen Mitte Juni-Anf. Sept. tgl. 9-16.30 Uhr, sonst nur Mo-Fr, Eintritt frei.
L'Observatoire de la Capitale, 31. Stock des Marie-Guyart-Gebäudes, Blvd. René Lévesque/ Rue de la Chevrotière, Führungen in englischer und französischer Sprache Juni-Sept. tgl. 10-19 Uhr, sonst 10-17 Uhr.
Maison Chevalier, 60, rue du Marché-Champlain, ☎ 418-643-9689.
Musée de L'Amérique française, 9, rue de l' Université, ☎ 418-692-2843, 1. Juni-Ende Sept. tgl. 10-17.30 Uhr, Okt.-Mai Di-So 10-17 Uhr.
Musée de la Civilisation, 85, rue Dalhousie, ☎ 418-643-2158, www.mcq.org, Eintritt: Erw. $ 11, Sen. $ 10, Stud. $ 7, Kin./Jugendl. 12-16 J. $ 4.
Musée des Ursulines, 12, rue Donnacona, ☎ 418-694-0694, www.museocapitale.qc.ca/, Anf. Juni-Ende Nov. Di-Sa 10-12, 13-17 Uhr, Eintritt: Erw. $ 6, Kin. $ 4.
Musée du Cire, 22, rue Sainte-Anne, ☎ 418-692-2289, www.museocapitale.qc.ca/, im Sommer tgl. 9-23 Uhr, sonst tgl. 10-17 Uhr, Eintritt: Erw. $ 5, Kin. $ 3.
Musée du Fort, 10, rue Sainte-Anne, www.museedufort.com, März-Nov. 10-17, sonst 11-16 Uhr, Eintritt: Erw. $ 8, Sen. $ 6, Stud. $ 5.
Notre-Dame-des-Victoires, Place Royale, ☎ 418-692-1650.
Parc Historique de l'Artillerie, 2, rue D'Auteuil, ☎ 418-648-4205, www.pc.gc.ca/lhn-nhs/qc/artiller, Ende Juni-Anf. Sept. 10-18, sonst bis 17 Uhr, Eintritt: Erw. $ 4, Kin. $ 2, Familienkarte $ 10.
Place Royale Interpretation Centre, 27, rue Notre Dame, ☎ 418-646-9072, www.mcq.org, Eintritt: Erw. $ 6, Sen./Stud. $ 5, Kin. bis 16 J. $ 4
Québec Experience, 8, rue du Trésor, ☎ 418-694-4000, www.quebecexperience.com, Eintritt: Erw. $ 7,50, Sen./Stud. $ 5, Kin. unter 6 J. frei.
Theatre IMAX, 5401, blvd. des Galeries, ☎ 418-627-4688.
Vieux-Port de Québec, 84, rue Dalhousie, ☎ 418-648-4370, www.pc.gc.ca/lhn-nhs/qc/portquebec, Informationszentrum, Eintritt HS: Erw. $ 4, Sen. $ 3,50, Kin. $ 2, Familienkarte $ 10.
Zitadelle, Cap Diamant, ☎ 418-694-2815, www.lacitudelle.qu.ca, Juli-Sept. 9-18, sonst bis 17 Uhr, Preis für Führung und Wachablösung: Erw. $ 10, Sen./Stud. $ 9, Kin./Jugendl. 7-17 J. $ 5,50, Familienkarte $ 22; ausreichend kostenlose Parkmöglichkeiten.

Unterkunft

Québec City ist eines der beliebtesten Reiseziele in Kanada mit Übernachtungsmöglichkeiten in jeder Preisklasse, von der Jugendherberge bis zum 5-Sterne-Hotel. Immer ist eine rechtzeitige Hotelreservierung zu empfehlen, da die Nachfrage sehr groß ist.
Université Laval $, Sainte-Foy, ☎ 418-656-5632; preiswerte Übernachtungsmöglichkeiten von Mai bis Ende Aug. in den Studentenwohnheimen der Universität.
B&B Relais Charles-Alexandre $$, 91, Grande Allée Est, ☎ 418-523-1220, 🖷 418-523-9556; schön restauriertes B&B-Haus mit persönlicher Atmosphäre, ein gutes, abwechslungsreiches Frühstück ist im Preis eingeschlossen.

Hôtel Cap-Diamant $$, 39, ave. Sainte-Geneviève, ☎ 418-694-0313, 🖷 418-694-1187; kleines, gemütliches Haus im viktorianischen Stil mit 9 antik möblierten Zimmern und einem schönen Garten; in der Nähe vieler Sehenswürdigkeiten, das Frühstück ist im Preis inbegriffen.

Le Château de Pierre $$, 17, ave. Sainte-Geneviève, ☎ 418-694-0429, 🖷 418-694-0153, www.quebecweb.com/chateaudepierre/; 15 elegante Zimmer in einem früheren Herrenhaus mit Marmorkamin, gleich hinter dem Château Frontenac; sehr freundliche, hilfsbereite Eigentümer.

L'Hôtel du Vieux-Québec $$, 1190, rue Saint-Jean, ☎ 418-692-1850, 1-800-361-7787, 🖷 418-692-5637, www.hvq.com; in der Altstadt gelegenes Hotel mit bequemen Zimmern, teils mit Küchenzeile.

Manoir Sainte-Geneviève $$, 13, ave. Sainte-Geneviève, ☎ 418-694-1666, 🖷 418-694-1666, www.quebecweb.com/msg/; altes Gasthaus von 1880 mit 9 gemütlichen Zimmern, in der Nähe des Château Frontenac.

Gîte Accueil Bourgault $$, 650, de la Reine, ☎ 418-524-9254 oder 1-866-524-9524, www.gites-classifies.qc.ca/accbou.htm; in dem mehr als 100-jährigen Gebäude wurden die Gästezimmer kürzlich renoviert und ansprechend eingerichtet, ein schöner Innenhof mit Blumen lädt zum Ausruhen ein, Sehenswürdigkeiten der Innenstadt sind zu Fuß zu erreichen, ganzjährig geöffnet.

Auberge Sainte-Antoine $$$, 10, rue Saint-Antoine, ☎ 418-692-2211 oder 1-888-692-2211, 🖷 418-692-1177, www.saint-antoine.com; luxuriöser Landgasthof mit sehr schönem Blick auf den St. Lorenz-Strom, elegant eingerichtete Zimmer, einige Suiten haben einen Whirlpool, ein reichhaltiges Frühstück ist im Preis einbegriffen, sehr freundliche Besitzer.

Hôtel des Gouverneurs $$$, 3030, blvd. Laurier, ☎ 418-651-3030 oder 1-888-910-1111, 🖷 418-651-6797, www.gouverneur.com; gutes Hotel mit 320 sehr schönen Zimmern, Garten und Swimmingpool, sehr gute Einkaufsmöglichkeiten in der Nähe.

Manoir Victoria $$$, 44, côte du Palais, ☎ 418-692-1030 oder 1-800-463-6283, 🖷 418-692-3822, www.manoir-victoria.com; sehr schön renoviertes Hotel in der Altstadt mit 150 ansprechend eingerichteten Zimmern, Innenswimmingpool, Fitnessraum.

Radisson Gouverneurs $$$, 690, blvd. René-Lévesque est, ☎ 418-647-1717 oder 1-800-910-1111, 🖷 418-647-2146, www.radisson.com; modernes, empfehlenswertes Hotel in guter Lage.

Québec Hilton $$$$, 1100, blvd. René-Lévesque est, ☎ 418-647-2411 oder 1-800-447-2411, 🖷 418-647-6488, www.hilton.de/quebec; großes, modernes Luxushotel mit schöner Aussicht, Swimmingpool, Fitnessraum, am Eingang zur Altstadt, in der Nähe der Regierungsgebäude.

Loews Le Concorde $$$$, 1225, place Montcalm, ☎ 418-647-2222 oder 1-800-463-5256, 🖷 418-647-4710, www.loewshotels.com; sehr angenehmes Hotel mit sehr großen, luxuriösen Zimmern, vom Dachrestaurant haben Sie großartige Ausblicke auf den St. Lorenz-Strom, die Altstadt oder die Plains of Abraham, Außenswimmingpool.

Le Château Frontenac $$$$$, 1, rue des Carrières, ☎ 418-692-3861 oder 1-800-441-1414, 🖷 418-692-1751, www.fairmont.com/frontenac; das 1893 im Renaissance-Stil erbaute Hotel ist das Wahrzeichen von Québec und Wahlhotel vieler Prominenter. Viele Zimmer mit fantastischem Blick auf den St. Lorenz-Strom. Eindrucksvoll sind die Eingangshalle und die öffentlichen Räume.

BED&BREAKFAST-HÄUSER

Informationen über B&B-Häuser und über die aktuelle Belegung erhalten Sie bei
Bed&Breakfast – Bonjour Québec, 450, rue Champlain, ☎ 418-524-0524, 🖷 418-648-8995, www.bonjourquebec.com

🍽 Essen und Trinken

Québec City bietet eine große Auswahl an Restaurants, unter denen sich einige der besten, kanadischen Feinschmeckerrestaurants und traditionsreiche Lokale befinden.

Au Parmesan, 38, rue Saint-Louis, ☏ 418-692-0341; traditionelle, gut zubereitete italienische Nudelgerichte in gemütlicher Umgebung, alle Wände sind mit Weinflaschen dekoriert.

Au Petit Coin Breton, 655, Grande Allée, ☏ 418-525-6904; Pfannkuchen aller Art bringt Ihnen die Bedienung in traditionellen Kostümen, im Sommer wird das Essen auch auf der Terrasse serviert.

Aux Anciens Canadiens, 36, rue Saint-Louis, ☏ 418-692-1627; dieses berühmte Restaurant befindet sich im ältesten Haus von Québec, das aus dem Jahr 1675 stammt.

Aviatic Club, 450, rue de la Gare-du-Palais, ☏ 418-522-3555; das Restaurant ist in der alten, inzwischen restaurierten Bahnhofsstation eingerichtet. Der Gastraum ist mit alten Fotos von Flugzeugen und Flugzeugmodellen dekoriert. Mexikanische und texanische Spezialitäten, importierte Biere vom Fass.

Gambrinus, 15, rue du Fort, ☏ 418-692-5144; renommiertes, elegantes Restaurant in der Nähe des Château Frontenac, mit ausgezeichneten Seafood- und Lammgerichten.

L'Astral, 1225, place Montcalm, ☏ 418-647-2222; Drehrestaurant im 29. Stock des Hotels Loews Le Concorde. Schöner Ausblick auf Québec, beliebter Ort für den Sonntagsbrunch.

La Maison Gastronomique Serge Bruyère, 1200, rue Saint-Jean, ☏ 418-694-0618; viele betrachten es als das beste Restaurant der Stadt, vorzügliche Küche, perfekter Service, ein Erlebnis!

Le Champlain, 1, rue des Carrières, ☏ 418-692-3861; elegantes, imposantes Restaurant im Château Frontenac, wo Sie die feine französische Küche bei dezenter Harfenmusik genießen können.

Le Commensal, 860, rue St. Jean, ☏ 418-647-3733; gutes vegetarisches Restaurant mit kaltem und warmem Buffet.

Le Saint-Amour, 48, rue Sainte-Ursule, ☏ 418-694-0667; sehr gutes Restaurant mit einem schönen Wintergarten und erstklassiger französischer Küche; interessante, mehrgängige Menüvorschläge.

Restaurant Continental, 26, rue Saint-Louis, ☏ 418-694-9995; klassische französische Küche und Seafood-Gerichte werden hier seit mehr als 30 Jahren zubereitet, angenehme Einrichtung, guter Weinkeller.

🎁 Einkaufen

Québec hat sich mit seinem Warenangebot ganz auf die Wünsche der Touristen eingestellt. Die Auswahl an Geschenken und Souvenirs in den vielen kleinen Geschäften und Boutiquen ist riesengroß. Die meisten Läden konzentrieren sich in der Rue Saint-Jean, Côte de la Fabrique, Ave. Cartier und Rue Saint-Paul in der Gegend am Alten Hafen.

Außerdem hat Québec einige sehr gute **Einkaufszentren** in den Vororten; drei der besten sind:

Galeries de la Capitale, 5401, blvd. des Galeries, ☏ 418-627-5800; 10 Min. von der Innenstadt entfernt, im Nordwesten der Stadt gelegener Gebäudekomplex mit 250 Geschäften, kleinem Vergnügungspark und IMAX-Theater, ☏ 418-627-4688.

Place Fleur de Lys, 522, blvd. Wilfred-Hamel, ☏ 418-529-0728; in Sainte-Foy, 15 Min. entfernt, große Auswahl in 250 Geschäften.

Place Laurier, 2700, blvd. Laurier, ☏ 418-651-5000; in Sainte-Foy, 15 Min. entfernt, 350 verschiedene Geschäfte, die Kaufhäuser „La Baie" und „Zellers" und ein Food Court.

In Sainte-Foy wird an jedem Sonntag in der Rue Place-de-Ville ein **Flohmarkt** abgehalten.

Rangeley/ME (S. 516)

ℹ️ Information
Rangeley Lakes Chamber of Commerce, Main St., ☎ 207-864-5364, im Internet www.rangeleymaine.com

👁 Sehenswertes
Rangeley State Park, ☎ 207-864-3858, Mai-Sept.
Wilhelm-Reich-Museum, Orgonon-Dodge-Pond Rd., ☎ 207-864-3443, Juli/Aug. Mi-So 13-17, Sept. So 13-17 Uhr, Eintritt: Erw. $ 6, Kin. unter 12 J. frei.

🛏 Unterkunft
Country Club Inn $$, Country Club Dr., ☎ 207-864-3831, 📠 207-864-3831, www.rangeleyme.com/ccinn; gepflegtes Hotel mit rustikaler Atmosphäre, Swimmingpool, 18-Loch-Golfplatz, am Ortsrand gelegen.
Rangeley Inn & Motor Lodge $$, 51 Main St., ☎ 207-864-3341, 📠 207-864-3634, www.rangeleyinn.com; zu Beginn des 20. Jh. gebautes, empfehlenswertes Hotel mit gediegener Atmosphäre und 51 Zimmern, die modernen Komfort mit „altmodischem Charme" verbinden; in dem eleganten Speiseraum können Sie die vorzügliche Küche des Hauses genießen. Auf dem großen Grundstück, das direkt am See liegt, wurde zusätzlich die Lakeside Motor Lodge mit 15 Einheiten errichtet.

🎁 Einkaufen
Blueberry Hill Farm, Dallas Hill Rd., ☎ 207-864-5647, Mai-Okt. tgl. 10-17 Uhr; eine sehr schöne Ausstellung mit Landhausmöbeln, handgewebten Teppichen und Einrichtungsaccessoires.

🚲 Fahrrad- und Bootsvermietung
Rangeley Mountain Bike Touring, 53 Main St., ☎ 207-864-5799; Verkauf und Vermietung von Fahrrädern und Zubehör.
Expeditions North, am Highway 17, ☎ 207-864-3622, 2 km außerhalb von Oquossac; Bootsfahrten auf dem Rangeley Lake, Boot- und Kanuvermietung, Verleih von Dachgepäckträgern.

Rhinebeck/NY (S. 579)

ℹ️ Information
Rhinebeck Chamber of Commerce, 23F E Market St., ☎ 845-876-5904, 📠 845-876-8624, www.rhinebeckchamber.com; **Touristkiosk**, ☎ 845-876-4778.

👁 Sehenswertes/Rundflüge
Old Rhinebeck Aerodrome, Church Rd., ☎ 845-752-3200, www.oldrhinebeck.org, Museum: Mai –Okt. 10-17 Uhr, Eintritt: $ 8, Sen. $ 7, Kin. 6-10 J. $ 5. Flugschau nur an Wochenenden: Erw. $ 20, Sen./Stud. $ 15, Kin. $ 5, Flug: Erw. ab $ 65.

🛏 Unterkunft
Beekman Arms & Delamater Inn $$$, 4 Mill St., ☎/📠 845-876-7077, www.beekmandelamaterinn.com; das historische Gasthaus von 1766 und die modernen Hotelgebäude verfügen über geräumige, sehr ansprechend eingerichtete Zimmer, einige mit Kamin. Das Hotel liegt im Ortszentrum; das alte Gasthaus ist sehr bekannt und ein beliebtes Ausflugsziel.

Rochester/NY (S. 596)

Information
Greater Rochester Visitors Association, 45 East Ave., ☏ 585-546-3070 oder 1-800-677-7282, www.visitrochester.com

Sehenswertes
Center at High Falls, 60 Browns Race, ☏ 585-325-2030.
George Eastman House, 900 East Ave., ☏ 585-271-3361, www.eastmanhouse.org, ganzjährig Di-Sa 10-17, So 13-17 Uhr, Eintritt: Erw. $ 10, Sen./Stud. $ 8, Kin. 5-12 J. $ 4, Filmprogramm.
Rochester Museum & Science Center, 657 East Ave., ☏ 585-271-1880, www.rmsc.org, Mo-Sa 9-17, So 11-17 Uhr, Eintritt: Erw. $ 10, Sen. $ 9, Kin./Jugendl. bis 17 J. $ 8. Angeschlossen ist das International Museum of Photography, Mo-Sa 10-17, Do 17-20, So 13-17 Uhr.
Strong Museum, 1 Manhatten Square, ☏ 585-263-2700, www.strongmuseum.org, Mo-Do 10-17, Fr-Sa 10-20, So 12-17 Uhr, Eintritt: Erw. $ 10, Sen. $ 9, Kin./Jugendl. bis 17 J. $ 8.
Memorial Art Gallery, 500 University Ave., ☏ 585-473-6152, http://mag.rochester.edu, Mi-So 11-17 Uhr, Eintritt: Erw. $ 10, Sen. $ 6, Kin./Jugendl. bis 17 J. $ 4.
Susan B. Anthony House, 17 Madison St., ☏ 585-235-6124, Mo-Sa 10-17 Uhr.

Unterkunft
Bed and Breakfast at Dartmouth House $$, 215 Dartmouth St., ☏ 585-271-7872, ☏ 585-473-0778, www.dartmouthhouse.com; das 1905 gebaute Haus mit 4 elegant eingerichteten Zimmern liegt im historischen Bezirk, nicht weit von den Museen entfernt. Das reichhaltige Frühstück wird sehr stilvoll serviert.
Rochester Plaza $$, 70 State St., ☏ 585-546-3450, ☏ 585-546-8712, www.rochesterplaza.com; das große Hotel mit 362 ansprechend eingerichteten Zimmern liegt im Zentrum der Stadt, alle Sehenswürdigkeiten sind auch zu Fuß gut zu erreichen.
The Best Western Diplomat Hotel $$, 1956 Lyell Ave., ☏ 585-254-1000, ☏ 585-254-1510, www.bestwestern.com; ordentliches Mittelklassehotel mit 90 Zimmern, mit Restaurant, kleines Frühstück im Preis enthalten.

Rockland/ME (S. 496)

Information
Chamber of Commerce, 301 Main St., ☏ 207-596-0376, www.maine.info

Flughafen
Der Flughafen liegt etwa 6 km südl. von Rockland; es gibt keinen Autobuszubringerdienst. Flugverbindungen bestehen nach Boston und Bar Harbor.

Sehenswertes
Shore Village Museum, 104 Limerock St., ☏ 207-594-4950, www.lighthouse.cc/shorevillage, Juni-Mitte Okt. Mo-Sa 10-17, So 10-16 Uhr, Eintritt: Erw. $ 5, Kin. unter 12 J. frei.
Owls Head Transportation Museum, ca. 3 km südl. über den ME-73, ☏ 207-594-4418, www.ohtm.org, ganzjährig tgl. 10-17 Uhr, Eintritt: $ 10, Kin. $ 5, Familienkarte $ 25.
Farnsworth Art Museum and the Wyeth Center, 16 Museum St., ☏ 207-596-6457, www.farnsworthmuseum.org, Di-So 9-17 Uhr, Juni-Sept. auch Mo, Eintritt: $ 10, Sen./Jugendl. $ 8.

Unterkunft

White Gates $, 4 mi/6,5 km nördl. am US-1, ☎ 207-594-4625, 📠 207-594-5993, www.whitegatesinn.com; kleines, familiär geführtes Hotel mit 15 einfachen, teilweise holzgetäfelten Zimmern, Juni-Okt. geöffnet.

Trade Winds Motor Inn $$, 2 Park View Dr., ☎ 207-596-6661, 📠 207-596-6492, www.tradewindsmaine.com; Hotel mit 138 Zimmern, einige mit Balkon und Blick auf den Hafen, am Meer gelegen, Swimmingpool, Sauna; ganz in der Nähe stehen auch Tennis- und Golfplatz zur Verfügung.

Navigator Motor Inn $$, 520 Main St., ☎ 207-594-2131, 📠 207-594-7763, www.navigatorinn.com; das seit über 35 Jahren bestehende Hotel mit 81 geräumigen Zimmern liegt im historischen Distrikt, direkt gegenüber der Fähranlegestelle.

Fähre

Maine State Ferry Service, 517 A Main St., ☎ 207-596-2202, www.state.me.us/mdot/opt/ferry/maine-ferry-service.php, Fährschiffe zu den Inseln Vinalhaven, Mantinicius Island und North Haven.

Rockport/MA (S. 478)

Information

Rockport Chamber of Commerce, 22 Broadway, ☎ 978-546-6575 oder 1-888-726-3922, www.rockportusa.com

Führungen

„Footprints", ☎ 978-546-7730, ca. 1-stündiger Stadtspaziergang.

Sehenswertes

Sandy Bay Historical Society & Museum, 12 Main St., ☎ 508-546-9533.
Old Castle in Pigeon Cove, Granite/Curtis Sts., ☎ 508-546-9533.
Paper House, 52 Pigeon Hill St., ☎ 508-546-2629.

Bootsfahrten

Info über Walbeobachtungsfahrten und Hochseefischerei im Informationsbüro, 22 Broadway, ☎ 978-546-6575 und 888-726-3922.

Rockport/ME (bei Camden, S. 496)

Information

Camden-Rockport-Lincolnville Chamber of Commerce, ☎ 207-236-4404 oder 1-800-223-5459, www.camdenme.org

Unterkunft

Strawberry Hill Motor Inn $$, 886 Commercial St., ☎ 207-594-5462, 📠 207-596-6191, www.strawberryhillseasideinn.com; das neue Hotel liegt am US-1 zwischen Rockland und Camden; alle Zimmer verfügen über Balkon oder Terrasse und haben einen sehr schönen Blick auf Glen Cave und die Penobscot Bay.

Samoset Resort $$$, Warrenton St., ☎ 207-594-2511, 📠 207-594-0722, www.samosetresort.com; die große Ferienanlage mit 178 Zimmern, alle mit Terrasse oder Balkon und schönem Blick auf das Meer oder den Golfplatz, bietet ein umfangreiches Sport- und Unterhaltungsprogramm, 9-Loch-Golfplatz.

Rockwood/ME (S. 510)
(i) „Greenville/ME"

Rome/NY (S. 582)

Information
Greater Rome Chamber of Commerce, 139 W Dominick St., ☏ 315-337-1700, www.romega.com

Sehenswertes
Fort Stanwix National Monument, ☏ 315-336-2090, April-Dez. tgl. 9-17 Uhr.
Erie Canal Village, 3 mi/4,8 km westl. am NY-49, New London Rd., ☏ 315-337-3999, www.eriecanalvillage.net, Mitte April-Anf. Sept. Mi-Sa 10-17, So 12-17 Uhr, Eintritt inkl. Bootsfahrt und Vorführungen: Erw. $ 15, Sen./Stud./Kin. bis 12 J. $ 10.
Fort Rickey Children's Discovery Zoo, am NY-46 und NY-49, ☏ 315-336-1930, www.fortrickey.com, Mitte Juni-Anf. Okt. tgl. 10-16 Uhr, Eintritt: Erw. $ 9,50, Sen. $ 8, Kin. bis 15 J. $ 6,50.

Unterkunft
The Beeches Inn $$$, 7900 Turin Rd., ☏ 315-336-1776, 📠 315-339-2636, www.thebeeches.com; sehr empfehlenswertes Hotel mit 73 Zimmern und einigen Apartments auf einem großen Parkgelände, gepflegtes Restaurant, Swimmingpool und Kinderspielplatz. Es bestehen gute Wandermöglichkeiten in der Umgebung. Das Hotel liegt ca. 3,5 km außerhalb der Stadt.

Rutland/VT (S. 564)

Information
Rutland Region Chamber of Commerce, 256 Main St., ☏ 802-773-2747, im Internet www.rutlandvermont.com

Sehenswertes
Norman Rockwell Museum, 654 US-4 E., ☏ 802-773-6095, tgl. 9-16 Uhr, Eintritt: Erw. $ 5, Kin. 5-15 J. $ 2,50; www.normanrockwellvt.com
Vermont Marble Museum, 52 Main St., Proctor, ☏ 802-459-2300, www.vermont-marble.com, Mitte Mai-Ende Okt. tgl. 9-17.30 Uhr, Eintritt: Erw. $ 7, Sen. $ 5, Jugendl. 15-18 J. $ 4.
Wilson Castle, West Proctor Rd., Proctor, ☏ 802-733-3284, www.wilsoncastle.com, Ende Mai-Mitte Okt. tgl. 9-17.30 Uhr, Eintritt: Erw. $ 9,50, Kin. 6-12 J. $ 5,50.

Unterkunft
Best Western Inn & Suites $$, 3 mi/4.8 km östl. am US-4, ☏ 802-773-3200, 📠 802-773 6615, www.bestwestern-rutland.com; Hotel mit 112 Zimmern und Apartments, Swimmingpool, 2 Tennisplätzen.

Regionale Reisetipps von A–Z
(Rutland/VT, Sackets Harbor/NY und Oswego/NY, Saco/ME u. Biddeford/ME, Salem/MA)

R

S

Holiday Inn Rutland/Killington $$$, 476 US-7, ☏ 802-775-1911, www.hivermont.com; gut geführtes Hotel mit 151 ansprechend eingerichteten Zimmern, Swimmingpool, Sauna, Restaurant, Kinderermäßigung.

Mountain Top Inn Resort $$$, Mountain Top Rd. in Chittenden, ☏ 802-483-2311, www.mountaintopinn.com; sehr schönes, hoch am Berg gelegenes Hotel mit rustikal eingerichteten Zimmern, großem Sportangebot während des ganzen Jahres: Tennis, Golf, Wandern, Swimmingpool, Segeln, Kanus, Ski- und Schlittenfahren.

Sackets Harbor/NY und Oswego/NY (S. 596)

i **Information**
Sackets Harbor Visitor Center, 301 W Main St., ☏ 315-646-2321, im Internet www.sacketsharborny.com
Greater Oswego Chamber of Commerce, 44 E Bridge St., ☏ 315-343-7681, 📠 315-342-0831, www.oswegochamber.com

👁 **Sehenswertes**
Sackets Harbor Battlefield State Historic Site, Besucherzentrum: ☏ 315-646-3634.
Seaway Trail Discovery Center, 401 West Main St., Sackets Harbor, ☏ 315-646-1000.
Fort Ontario State Historic Site, E Fourth St., Oswego, ☏ 315-343-4711, Mitte Mai-Mitte Okt. Di-So 10-17 Uhr.
H. Lee White Marine Museum, West 1st Street Pier, Westufer des Oswego River, ☏ 315-342-0480, Juli/Aug. tgl. 10-17 Uhr, sonst Mo-Sa 13-17 Uhr.

Saco/ME und Biddeford/ME (S. 487)

i **Information**
Biddeford-Saco Chamber of Commerce, 110 Main St., Suite 1202, ☏ 207-282-1567, 📠 207-282-3149, www.southernmainecoast.org/biddeford_saco.html

🎡 **Freizeitpark**
Funtown/Splashtown USA, ca. 2 km nordöstl. am US-1, ☏ 207-284-5139, Mitte Mai-Anf. Sept.

Salem/MA (S. 474)

i **Information**
Salem Office of Tourism & Cultural Affairs, 63 Wharf St., ☏ 978-744-3663, www.salem.org
National Park Service Visitor Information Center, 2 Liberty St., ☏ 978-740-1650.

🎡 **Salem Trolley**
Die Besucherbahn hält an den Hauptsehenswürdigkeiten der Stadt. Informationen über die ca. 1-stündigen geführten Fahrten: 59 Wharf St., ☏ 978-744-5469, www.salemtrolley.com, Fahrzeiten: April-Okt. tgl. 10-17 Uhr, sonst nur an Wochenenden. Fahrpreis: Erw. $ 12, Kin. 6-14 J. $ 3.

👁 **Sehenswertes**
Peabody Essex Museum (PEM), East India Square, 161 Essex Street, ☏ 978-745-9500, www.pem.org, Di-So 10-17 Uhr, Juli/Aug. tgl., Eintritt: Erw. $ 15, Stud. $ 11, Kin. unter 16 J. frei.

The House of the Seven Gables, 54 Turner St., ☏ 978-744-0991, www.7gables.org, tgl. 10-17 Uhr, im Sommer 9-19 Uhr, Eintritt: Erw. $ 12, Kin. 5-12 J. $ 7,25.
Salem Witch Museum, Washington Square North, ☏ 978-744-1692, www.salemwitchmuseum.com, tgl. 10-17 Uhr, Juli/Aug. tgl. 10-19 Uhr, Eintritt: Erw. $ 8, Sen. $ 7, Kin. 6-14 J. $ 5,50.
Witch House, 310 1/2 Essex St., ☏ 978-744-0180, tgl. 10-16.30 Uhr, im Sommer bis 18 Uhr, Eintritt: Erw. $ 8, Kin. 6-14 J. $ 5,50.
Witch Dungeon Museum, 16 Lynde St., ☏ 978-741-3570, www.witchdungeon.com, April-Nov. tgl. 10-17 Uhr; Eintritt: Erw. $ 8, Sen. $ 7, Kin. 6-14 J. $ 6.
Pioneer Village-Salem, Forest River, ☏ 978-744-0991, Juni-Okt. tgl. 10-17 Uhr.
Salem Maritime National Historic Site, 174 Derby St., ☏ 978-744-4323, tgl. 9-17 Uhr, frei.

Unterkunft

Clipper Ship Inn $, 40 Bridge St., ☏ 978-745-8022, www.clippershipinn.com; einfaches Hotel mit 56 Zimmern in zentraler Lage im historischen Bezirk, wenige Gehminuten von den Museen und Sehenswürdigkeiten entfernt.
Stepping Stone Inn Bed and Breakfast $$, 19 Washington Square, ☏ 978-741-8900, www.thesteppingstoneinn.com; 1846 gebautes Haus in zentraler Lage mit 8 Zimmern, im Stil des 19. Jh. möbliert. Der „Salem's Heritage Walking Trail" verläuft nur wenige Schritte vom Haus.
Hawthorne Hotel $$$, 18 Washington Square West, ☏ 978-744-4080, 📠 978-745-9842, www.hawthornehotel.com; traditionsreiches, im Jahr 1925 von der Stadt Salem gebautes Hotel, zentrale Lage am Salem Common. Alle Sehenswürdigkeiten sind zu Fuß gut erreichbar.
The Salem Inn $$$, 7 Summer St., ☏ 978-741-0680, 📠 978-744-8924, www.saleminnma.com; in drei Gebäuden aus der Mitte des 19. Jh. wurden 31 komfortable Zimmer, teilweise mit Kamin und Küchenzeile, eingerichtet, alle Sehenswürdigkeiten des Ortes liegen in fußläufiger Entfernung.

Essen und Trinken

Lyceum Bar & Grill, 43 Church St., ☏ 978-745-7665; historisches Gebäude mit antiker Einrichtung. Hier hielten seit 1830 die großen amerikanischen Schriftsteller Hawthorne, Emerson und Thoreau ihre Lesungen ab, Alexander Graham Bell demonstrierte hier 1877 zum ersten Mal öffentlich seine große Erfindung – das Telefon! Spezialitäten: Fish Chowder und Angus Steaks.
Victoria Station, 86 Wharf St., ☏ 978-745-3400; am Hafen gelegen, Spezialitäten: „prime rib" und Seafood, bei schönem Wetter wird das Essen auch auf der Terrasse mit Hafenblick serviert.
Salem Beer Works, 278 Derby St., ☏ 978-745-2337; 16 Sorten Bier vom Fass, Billardtische und Dartboards machen die alte Brauerei zu einem beliebten Treffpunkt.

Einkaufen

Besonders reizvoll ist das Bummeln und Einkaufen in den vielen kleinen Geschäften und Boutiquen der Fußgängerzone von Essex und Derby Sts. entlang dem Heritage Trail. In den Museumsshops finden Sie Nachbildungen, Souvenirs und Literatur zur Stadtgeschichte.

Feste

Heritage Days Celebration, Mitte Aug., mit Paraden, Musikkapellen, Ausstellungen.
Haunted Happenings, Ende Okt., historische Ausstellungen, Kostümparaden, Volkstänze.

S) Saranac Lake/NY (S. 590)

Information
Chamber of Commerce, 30 Main St., ☏ 518-891-1990, www.saranaclake.com

Flughafen
Adirondack Airport, nordwestl. von Saranac Lake am NY-86, ☏ 518-891-5551, Flugverbindungen mit Boston, Albany, Burlington.

Sehenswertes
Robert Louis Stevenson Memorial Cottage, 11 Stevenson Lane, ☏ 518-891-4480, Juli-Mitte Sept. Di-So.
Six Nations Indian Museum, Buck Pond Rd., über den NY-3 in Onchiota, ☏ 518-891-0769, Mitte Mai-Sept. tgl. 10-17 Uhr.

Unterkunft
Best Western Mountain Lake Inn $$, 487 Lake Flower Ave., ☏ 518-891-1970, ☏ 518-891-6195, www.bestwestern.com/mountainlakeinn; angenehmes Haus mit 69 großen Zimmern in ruhiger Lage am See, beheiztem Swimmingpool und Restaurant.
Lake Side $$, 27 Lake Flower Ave., ☏ 518-891-4333, www.saranaclake.com/lakeside.shtml; kleines Hotel mit 22 Zimmern und privatem Sandstrand am Lake Flower, Pool, Kanuverleih und Garten.
Hotel Saranac of Paul Smith's College $$, 101 Main St., ☏ 518-891-2200, ☏ 518-891-5664, http://hotelsaranac.com; das stilvolle, im Ortszentrum gelegene Haus mit 92 Zimmern stammt aus dem Jahr 1927; der Empfangsraum ist dem Foyer eines florentinischen Palastes nachgebildet.

Feste
Adirondack Canoe Classic, ☏ 518-891-2744 oder 1-800-347-1992, 3-tägiger Wettbewerb, Anf. Sept. Von Old Forge zum Saranac Lake geht das Kanu-Kajak-Rennen, das alljährlich die besten Wassersportler anzieht; www. saranaclake.com

Saratoga Springs/NY (S. 575)

Information
Saratoga County Chamber of Commerce, 28 Clinton St., ☏ 518-584-3255, www.saratoga.org

Sehenswertes
National Museum of Racing und Hall of Fame, 191 Union Ave./Ludlow St., ☏ 518-584-0400, www.racingmuseum.org, Mo-Sa 10-16, So 12-16 Uhr, Eintritt: Erw. $ 7, Sen./Stud. $ 5.
Saratoga Spa State Park, nördl. vom I-87, ☏ 518-584-2535, www.saratogaspastatepark.org, Eintritt frei, Parkgebühr für Pkw in den Sommermonaten $ 6.
Saratoga National Historical Park, am US-4, ☏ 518-664-9821, www.nps.gov/sara/, Eintritt in den Park $ 3 für 7 Tage, Pkw $ 5, Fahrräder $ 3.
Congress Park, ☏ 518-584-6920, Ausstellung im Kasino.

Regionale Reisetipps von A–Z
(Saratoga Springs/NY, Searsport/ME, Shelburne/VT, Skowhegan/ME)

Unterkunft
Carriage House Inn $$$, *198 Broadway,* ☏ *518-584-4220,* 🖷 *518-584-3620, www.saratoga.org/carriagehouse; einladendes Haus mit 14 unterschiedlich großen Zimmern, teilweise mit Kamin und Küchenzeile, günstige Lage zu allen Sehenswürdigkeiten.*
The Saratoga Hilton $$$, *534 Broadway,* ☏ *518-584-4000,* 🖷 *518-584-7430, www.the saratogahotel.com; das Hotel mit 212 ansprechend eingerichteten Zimmern und 30 komfortablen Suiten liegt im historischen Distrikt mit Geschäften, Restaurants und Cafés, nicht weit von den Museen entfernt.*

Veranstaltungen
Lake George Opera Festival, *im Spa Little Theatre, Saratoga Spa State Park,* ☏ *518-584-6018, Juli/Aug.*

Searsport/ME (S. 497)

Information
Maine Business and Visitors Guide, *Main St.,* ☏ *207-548-6372, www.searsportme.net/*

Sehenswertes
Penobscot Marine Museum, *Church St.,* ☏ *207-548-2529, Mitte Mai-Mitte Okt. Mo-Sa 10-17, So 12-17 Uhr Eintritt: Erw. $ 8, Kin. $ 3; www.penobscotmarinemuseum.org*

Shelburne/VT (S. 569)

Sehenswertes
Shelburne Museum, *südl. am US-7,* ☏ *802-985-3344, www.shelburnemuseum.org, Ende Mai-Ende Okt. tgl. 10-17 Uhr, Eintritt: Erw. $ 20, Kin./Jugendl. 6-18 J. $ 10.*
Shelburne Farms, *102 Harbor Rd.,* ☏ *802-985-8686, www.shelburnefarms.org, Mitte Mai-Mitte Okt. tgl. 10-17 Uhr. 1,5-stündige Führungen 10-16 Uhr, Eintritt: Erw. $ 8, Sen. $ 6, Kin. 3-14 J. $ 5; die Führungen kosten $ 12 (Kin. $ 10).*

Einkaufen/Souvenirs
Vermont Teddy Bear, *2236 Shelbourne Rd. (Route 7),* ☏ *802-985-3001, Mo-Sa 10-16, So 11-16 Uhr.*
Crafts in Common, *2031 Shelbourne Rd.,* ☏ *802-985-1482; Kunsthandwerk, Souvenirs und Produkte aus Ahornsirup finden Sie in dem Ladenkomplex, der an ein altes neuenglisches Dorf erinnert.*

Skowhegan/ME (S. 517)

Information
Skowhegan Area Chamber of Commerce, *23 Commercial St.,* ☏ *207-474-3621, www.skowheganchamber.com*

Sehenswertes
History House, *66 Elm St.,* ☏ *207-474-6632, Mitte Juni-Mitte Sept. Di-So 13-17 Uhr, Museum zur Stadtgeschichte.*

Unterkunft

Belmont Motel $$, 273 Madison Ave., ☎/🛏 207-474-8315, www.belmontmotel.com; Motel mit 36 nett eingerichteten Zimmern, Garten und großem Swimmingpool.
Towne Motel $$, 248 Madison Ave., ☎ 207-474-5151, 🛏 207-474-6407, www.townemotel.com; am Ortsrand gelegenes, zweistöckiges Haus mit 33 zweckmäßig eingerichteten Zimmern und 7 Apartments und Swimmingpool.

Unterhaltung/Feste

Skowhegan Log Day, zur Erinnerung an die letzten Fahrten auf dem Kennebec River, Paraden, Feuerwerk, Bohnendinner, am letzten Samstag im Aug.
Skowhegan State Fair, www.skowheganstatefair.com; der seit 1818 stattfindende Markt ist einer der ältesten des Landes. Pferderennen, Wettkämpfe, Ausstellungen und Aufführungen, Mitte Aug.
Lakewood Theatre, 6 mi/9,6 km nördlich, ☎ 207-474-3621, Staatstheater von Maine, Aufführungen Mitte Juni-Mitte Sept.

Kanutouren/Wassersport

In der Umgebung Skowhegans gibt es gute Wassersportmöglichkeiten; sehr beliebt sind Kanutouren und Wildwasserfahrten auf dem Kennebec River zwischen Skowhegan und The Forks. Es werden organisierte Kanufahrten von unterschiedlicher Dauer und in verschiedenen Schwierigkeitsstufen angeboten, u. a. von:
Voyagers Whitewater, The Forks, ☎ 207-663-4423, direkt am US-201.

Southwest Harbor/ME (S. 507)

Information

Southwest Harbor-Tremont Chamber of Commerce, 204 Main St., ☎ 207-244-9264, www.acadiachamber.com

Sehenswertes

Mount Desert Oceanarium, 172 Clark Point Rd, ☎ 207-244-7330, Ende Mai-Mitte Okt. Mo-Sa 9-17 Uhr, Eintritt: $ 7,50; www.theoceanarium.com
Wendell Gilley Museum, Main/Herrick Sts., ☎ 207-244-7555, Juli/Aug. Di-So 10-17 Uhr, sonst Di-So 10-16 Uhr, Eintritt: $ 5, Kin. $ 2.

Springfield/MA (S. 467)

Information

Greater Springfield Convention & Visitors Bureau, 1141 Main St., ☎ 413-787-1548 oder 1-800-723-1548, www.valleyvisitor.com

Sehenswertes

Basketball Hall of Fame, 1150 Columbus Ave., ☎ 413-781-6500, tgl. 10-17 Uhr, www.hoophall.com, Juli/Aug. 9-18 Uhr, Eintritt: Erw. $ 16,99, Kin. 5-15 J. $ 11,99.
Freilichtmuseum Storrowton Village, Eastern States Exposition, 1305 Memorial Ave., West Springfield, ☎ 413-205-5051.
Indian Motorcycle Museum, 33 Hendee St., ☎ 413-737-2624.

Regionale Reisetipps von A–Z
(Springfield/MA, St. Johnsbury/VT, Stamford/CT, Stockbridge/MA)

Unterkunft
Holiday Inn $$$, 711 Dwight St., ☎ 413-781-0900, 🖷 413-785-1410, www.ichotelsgroup.com; Hotel mit 245 Zimmern, Pool und Restaurant mit schöner Aussicht im 12. Stock.
Springfield Marriott Hotel $$$, 1500 Main St., ☎ 413-781-7111, 🖷 413-731-8932, www.mariott.com; die 265 Zimmer des zentral gelegenen Hotels sind komfortabel und mit allen Annehmlichkeiten ausgestattet, in der Nähe der Basketball Hall of Fame, gutes Restaurant.

St. Johnsbury/VT (S. 543)

i Information
Northeast Kingdom Chamber of Commerce and Welcome Center, 51 Depot Square, ☎ 802-748-3678 oder 1-800-639-6379, www.nekchamber.com

Sehenswertes
Maple Grove Museum, 1 mi/1,6 km östl. am US-2, ☎ 802-748-5141, tgl. 9-17 Uhr.
Maple Grove Candy Factory, ☎ 802-748-5141, Führungen durch die Ahornzuckerfabrik Mai-Okt. tgl. 8-16 Uhr.
Fairbanks Museum & Planetarium, 1302 Main St., ☎ 802-748-2372, Mo-Sa 9-17, So 13-17 Uhr.

Stamford/CT (S. 380)

i Information
Coastal Fairfield County Convention & Visitors Bureau, 20 Marshall St., ☎ 203-840-0770 oder 1-800-866-7925, www.visitfairfieldcountyct.com

Sehenswertes
Stamford Museum and Nature Center, 39 Scofieldtown Rd., 6,5 km nördl. am CT-137, ☎ 203-322-1646, www.stamfordmuseum.org, tgl. von 8.30 Uhr bis Sonnenuntergang, die Gebäude sind Mo-Sa 9-17, So 11-17 Uhr geöffnet, Eintritt Erw. $ 8, Sen. $ 7, Kin. $ 4.
The Bartlett Arboretum and Gardens, 151 Brookdale Rd., ☎ 203-322-6971, tgl. von 8.30 Uhr bis Sonnenuntergang.

Unterkunft
Fairfield Inn Stamford $$$, 135 Harvard Ave., ☎ 203-357-7100, 🖷 203-358-9332, www.marriott.com; das Hotel liegt günstig zu Stamford, Greenwich und NYC. Die geräumigen Zimmer sind gut ausgestattet, ein kontinentales Frühstück ist im Preis inbegriffen.
Sheraton Stamford Hotel $$$, 2701 Summer St., ☎ 203-359-1300, 🖷 203-348-7937, www.starwoodhotels.com/sheraton/stamford; großes Hotel mit 448 komfortabel eingerichteten Zimmern, Swimmingpool, Sauna.
The Westin $$$, 1 Stamford Place, ☎ 203-967-2222, 🖷 203-967-3475, www.westin.com/Stamford; vor allem bei Geschäftsreisenden beliebtes Hotel mit guten Verbindungen nach NYC und den internationalen Flughäfen.

Stockbridge/MA (S. 467)

i Information
Stockbridge Chamber of Commerce, 6 Elm St., ☎ 413-298-5200, 🖷 413-298-4321, www.stockbridgechamber.org

Sehenswertes

Norman Rockwell Museum at Stockbridge, Route 183, ☏ 413-298-4100, www.nrm.org, Mai-Okt. tgl. 10-17 Uhr, sonst Mo-Fr 11-16, Sa/So 10-17 Uhr, Eintritt: Erw. $ 15, Sen. $ 13,50, Stud. $ 10, Kin./Jugendl. unter 18 J. frei.

Botanischer Garten, Route 102/183, ☏ 413-298-3926, Ende Mai- Mitte Okt. tgl. 10-17 Uhr, Eintritt: Erw. $ 10, Sen./Stud. $ 7, Kin. unter 12 J. frei.

Chesterwood, ☏ 413-298-3579, www.chesterwood.org, Mai-Okt. tgl. 10-17 Uhr, Eintritt: Erw. $ 15, Kin. frei.

Missionshaus, Main/Seargent Sts., ☏ 413-298-3239.

Unterkunft

Merrell Tavern $$, Main St., South Lee, ☏ 413-243-1794, 📠 413-243-2669, www.merrell-inn.com; schönes, altes Haus von 1794, ca. 1,5 km vom Ort, mit 9 Zimmern, z. T. mit antikem Kamin, einem parkähnlichen Garten und schönem Blick auf den Fluss; ausgiebiges Frühstück.

The Inn at Stockbridge $$, ca. 3 km nördl. vom US-7, 30 East St., ☏ 413-298-3337, 📠 413-298-3406, www.stockbridgeinn.com; das traditionsreiche Gästehaus aus dem Jahr 1906 wurde um zwei Gebäude erweitert und verfügt jetzt über 16 mit Antiquitäten eingerichtete Zimmer, teilweise mit Balkon, Terrasse und Kamin, reichhaltiges Frühstück.

The Red Lion Inn $$$, Main St., ☏ 413-298-5545, 📠 413-298-5130, www.redlioninn.com, 1773 wurde das Haus als Postkutschenstation gebaut, das von dem berühmten Illustrator Norman Rockwell in seinem Bild „Mainstreet, Stockbridge" dargestellt wurde und seit Jahrzehnten gepflegte neuenglische Gastlichkeit repräsentiert. Die 111 Zimmer des Haupthauses und der fünf Nebenhäuser sind mit Antiquitäten aus dem 18. und 19. Jh. liebevoll eingerichtet. Und das elegante Restaurant ist für seine ausgezeichnete Küche bekannt.

Unvergleichlich neuenglisch – das Red Lion Inn

Feste/Festivals

Jacob's Pillow Dance Festival, Ted Shawn Theater, 18 km östl. am US-20, ☏ 413-637-1322, Kartenvorbestellung unter ☏ 413-243-0745; www.jacobspillow.org

Berkshire Theatre Festival, Berkshire Playhouse, ☏ 413-298-5536, www.berkshiretheatre.org, im Sommertheater werden Ende Juni-Ende Aug. klassische, zeitgenössische und experimentelle Theaterstücke und Kindervorstellungen aufgeführt.

Aston Magna Festival, ☏ 1-800-875-7156, Great Barrington, 7 mi/10,2 km südl., alljährlich im Sommer, Festival für barocke, klassische und romantische Musik.

Stowe/VT und Umgebung (S. 545)

i Information
Stowe Central Reservations and Information, 51 Main St., ☎ 802-253-7321, 🖷 802-253-2159, www.townofstowevt.org; in dem Gebäude neben dem Rathaus erhalten Sie Informationen und Anregungen für einen abwechslungsreichen Aufenthalt in Stowe.

👁 Sehenswertes
Vermont Ski Museum, 1 S. Main St., ☎ 802-253-9911, www.vermontskimuseum.org, Mi.-Mo, Eintritt: $ 3, Familienkarte $ 5.
Stowe Gondola, Fahrzeiten tgl. 10-17 Uhr, Fahrpreis (auf- und abwärts): Erw. $ 19, Kin. 6-12 J. $ 10 pro Person, Familienkarte $ 42.
Mount Mansfield Auto Toll Road, ☎ 802-253-3000, 1-800-253-4754, www.gostowe.com, Ende Mai-Anf. Okt. tgl. 9-16 Uhr, Preis für Pkw inkl. Passagiere $ 24, Motorrad nicht erlaubt.
Smuggler's Notch State Park, 6443 Mountain Rd., ☎ 802-253-4014.

🛏 Unterkunft
Das Angebot an Übernachtungsmöglichkeiten ist sehr groß, dennoch empfiehlt sich in den Sommermonaten Juli und August und während der Skisaison eine frühzeitige Zimmerreservierung.
Grey Fox Inn & Resort $$, 990 Mountain Rd., ☎ 802-253-8921, 🖷 802-253-8344, www.stowegreyfoxinn.com; schön gelegenes Motel mit 42 Zimmern, teilweise mit Küchenzeile, mit Swimmingpool, Fahrradverleih. Das Frühstück wird im Dutch Pancake Café serviert.
Timberholm Inn $$, 452 Cottage Club, ☎ 802-253-7603, 🖷 802-253-8559, www.timberholm.com; sehr ruhig gelegenes, im nordischen Stil gebautes, mit Schindeln verkleidetes B&B-Haus mit 10 ansprechend eingerichteten Nichtraucherzimmern und zwei 2-Zimmer-Suiten, mit einem großen Garten, einer herrlichen Aussicht und einer schönen Terrasse, auf der am Nachmittag der Tee serviert wird; ausgiebiges Frühstück.
Town & Country Resort at Stowe $$, 876 Mountain Rd., www.townandcountrystowe.com, ☎ 802-253-7595, 🖷 802-253-4764; Motel mit 45 Zimmern in drei auf einem großen Grundstück liegenden Gebäuden am Recreation Pfad, großer Pool, Tennisplatz, Sauna, Whirlpool, Restaurant.
Butternut Inn on the River $$$, 2309 Mountain Rd., ☎ 802-253-4277, www.bbonline.com/vt/butternut/; schönes B&B-Haus am Fluss mit großem, gepflegtem Garten, 18 stilvoll eingerichteten Zimmern, Swimmingpool und Wanderwegen direkt am Haus.
Golden Eagle Resort $$$, 511 Mountain Rd., ☎ 802-253-4811, 🖷 802-253-2561, www.goldeneagleresort.com; das ansprechende Hotel mit 94 Zimmern, einige mit Kamin oder Küchenzeile, liegt am Ortsrand, gute Sportmöglichkeiten.
Stoweflake Mountain Resort & Spa $$$, 1746 Mountain Rd., 1,5 mi/2,5 km nordwestl. am VT-108, ☎ 802-253-7355, 🖷 802-253-6858, www.stoweflake.com; schöne Hotelanlage mit 94 Zimmern und Studios, Golf- und Tennisplatz, 3 Swimmingpools, Sauna, Spa, Fahrradverleih und großem Sportangebot.
Trapp Family Lodge $$$, 700 Trapp Hill Rd., ☎ 802-253-8511, 🖷 802-253-574, www.trappfamily.com; komfortables Hotel mit Gästehäusern, Swimmingpool und Tennisplätzen in schöner Lage über dem Stowe Valley. Dieses Hotel wurde von den Nachkommen der „singenden Trapp-Familie" gegründet, deren Leben im Film „Die Trapp-Familie" dargestellt wurde und deren Schicksal ein Millionenpublikum rührte.

Essen und Trinken
Foxfire Inn, 1606 Pucker St., ☏ 802-253-4887; altes, gepflegtes Landgasthaus mit ausgezeichneter italienischer Küche, Tischreservierung empfehlenswert.
Partridge Inn, am VT-108, ☏ 802-253-8000; gemütliches Restaurant im Landhausstil mit sehr guten Seafood- und Steakgerichten.
Stowehof Inn, Edson Hill Rd., ☏ 802-253-9722; gepflegte Gastlichkeit erwartet Sie in diesem renommierten Restaurant.

Einkaufen
Es gibt viele kleine und sehr reizvolle Geschäfte, von denen einige in hübschen historischen Häusern eingerichtet wurden. Die Mehrzahl der Läden liegt an der Main St. und auch an der Mountain Rd.

Stowe Action Outfitters, 2160 Mountain Rd., ☏ 802-353-7975; in dem ganzjährig geöffneten Sportgeschäft können Sie Inline-Skater, Mountainbikes, Camping- und Wanderausrüstung und Sportkleidung kaufen.
AJ'S Mountain Bikes, Mountain Rd., ☏ 802-253-4593; Fahrräder, Inline-Skater und Tennisschläger können stunden- oder tageweise gemietet werden. Fahrradreparatur im Laden.
Edelweiß Country Store, Mountain Rd., ☏ 802-253-4034; in Stowes einziger Bäckerei werden täglich verschiedene Brotsorten gebacken.
Mountain Chease & Wine, Mountain Rd., ☏ 802-253-8606; Produkte aus Vermont, z. B. Leckereien aus Ahornsirup, Honig und Gewürze, aber auch Wein und Käse aus fremden Ländern.
Stowe Craft Gallery, 55 Mountain Rd., ☏ 802-253-4693; hier finden Sie Handarbeiten und Kunsthandwerkliches aus der Region.

Feste
Jeden Sommer finden viele Festveranstaltungen statt, z. B.:
das **Stowe Blumen-Festival** an einem Wochenende im Juni,
das **Heißluftballon-Festival** an einem Wochenende im Juli und
das **Vermont-Reiter-Festival** im Aug.

Sport
Stowe Mountain Resort, 5781 Mountain Rd., ☏ 802-253-3000 oder 1-800-253-4754; Sportzentrum mit verschiedenen Sportangeboten:
Alpine Rutschbahn, ☏: 802-253-3000 oder 1-800-253-4754, Fahrzeiten Ende Juni-Ende Sept. tgl. 10-17 Uhr, Fahrpreis: Erw. $ ab 18, Kin. 6-12 J. $ 15.
Stowe Launch Zone, 5781 Mountain Road, ☏ 802-253-3000 oder 1-800-253-4754, Tagesgebühr ab $ 20, Halbtagesgebühr ab $ 12; Eintritt plus Leihgebühr für Skates, Helme und Schutzausrüstung: Tagesgebühr ab $ 21, Halbtagesgebühr ab $ 15.
Tennis: pro Std. $ 25.
Golf: Green fee pro Person 18 Löcher $ 54, 9 Löcher $ 28.

Stratford/CT (S. 384)

Information
Town of Stratford, ☏ 203-381-6941, www.townofstratford.com

Sehenswertes
Boothe Memorial Park and Museum, Main St., ☎ 203-381-2046.
David Judson House, 967 Academy Hill, ☎ 203-378-0630, April-Okt. Mi, Sa/So 11-16 Uhr.

Sturbridge/MA (S. 467)

Information
Tri Community Area Chamber of Commerce, 380 Main St., ☎ 508-347-2761 oder 1-800-628-8379, www.sturbridge.org

Sehenswertes
Old Sturbridge Village, 1 Old Sturbridge Village Rd., ☎ 508-347-3362 oder 1-800-733-1830, www.osv.org, April-Okt. tgl. 9.30-17 Uhr, sonst Di-So 10-16 Uhr, Eintritt: Erw. $ 20, Sen. $ 18, Kin./Jugendl. 6-17 J. $ 7. Die Eintrittskarten gelten für 2 aufeinander folgende Tage.

Unterkunft
Quality Inn $$, 400 Haynes Rd., ☎ 508-347-1978, ☏ 508-347-8279; Hotel mit 83 einfachen Zimmern unterschiedlicher Größe, Swimmingpool, Fitnesscenter, Ententeich auf bewaldetem Gelände.
Sturbridge Coach Motor Lodge $$, 408 Main St., ☎ 508-347-7327, ☏ 508-347-2954, www.sturbridgecoach.com; ruhig gelegenes Hotel mit 54 Zimmern, Swimmingpool, in der Nähe des Museumsdorfes.
The Lodges at Old Sturbridge Village Motor Lodges $$ und **Oliver White House $$**, Route 20 West, ☎ 508-347-3327, ☏ 508-347-3018, www.osv.org; Hotelanlage mit 8 Gebäuden im Kolonialstil, die der Leitung des Old Sturbride Village untersteht. 59 komfortable Zimmer unterschiedlicher Größe und Einrichtung in schöner Gartenanlage; das Oliver White House von 1789 hat 10 mit Antiquitäten eingerichtete Räume. Das Frühstück wird im **Gathering Place** serviert.
Publick House Historic Inn & Country Lodges $$$, 295 Main St., am MA-131, ☎ 508-347-3313, ☏ 508-347-1246, www.publickhouse.com; zu der historischen Anlage aus dem Jahr 1771 gehören heute 4 Gästehäuser mit insgesamt 125 Zimmern und 3 Restaurants. Die Gästehäuser, die im ländlichen Stil eingerichtet sind, liegen zwischen Bäumen auf einem Hügel hinter dem alten Public House. Im historischen Gebäude befinden sich 17 Zimmer mit antiker Möblierung; bekannt ist auch das sehr gute Restaurant **Crabapples**; knapp 2 km von Old Sturbridge Village entfernt.
Sturbridge Host Hotel & Conference Center $$$, 366 Main St., ☎ 508-347-7393, ☏ 508-347-3944, www.sturbridgehosthotel.com; Ferienhotel mit 232 Zimmern, Swimmingpools, Tennisplätzen und großem Wassersportangebot am Cedar Lake, gegenüber dem Museumsdorf.

Feste
Während des ganzen Jahres finden im Village Sonderveranstaltungen mit besonderen Darbietungen statt, z. B. das Erntedankfest, das **New England Thanksgiving**, das in Old Sturbridge Village mit den traditionellen Bräuchen eine ganze Woche lang gefeiert wird.

Einkaufen
Im Museumsshop können Sie u. a. Tischdecken, Läufer und Handtücher mit traditionellen Mustern, Reproduktionen nach Museumsvorlagen und Briefpapier kaufen. Im New England Bookstore finden Sie eine große Auswahl an Souvenirs.

S) Sugarloaf Mountain/ME (S. 516)

Unterkunft
Sugarloaf Mountain Hotel, *Carrabassett Valley*, ☏ 207-237-2222, 📠 207-237-2874, www.sugarloaf.com; komfortable Hotelanlage mit 112 gut ausgestatteten Zimmern und Apartments, Restaurant mit schönem Bergblick, vielfältige Golf-, Wander- und Wintersportmöglichkeiten.

Syracuse/NY (S. 582)

Information
Greater Syracuse Chamber of Commerce, *572 South Saina St.*, ☏ 315-470-1800, 📠 315-471-8545, www.Syracusechamber.com

Flughafen
Der Flughafen liegt nördl. der Stadt. Flugverbindungen bestehen u. a. nach Boston, New York, Washington, Albany und Buffalo.

Sehenswertes
Onondaga Historical Association Museum, *321 Montgomery St.*, ☏ 315-428-1864.
Erie Canal Museum, *Weighlock Building, 318 Erie Blvd./Montgomery St.*, ☏ 315-471-0593, Di-So.
Beaver Lake Nature Center, *East Mud Lake Rd.*, ☏ 315-638-2519, 12 mi/19,2 km nordwestlich in Baldwinsville.

Unterkunft
Die Mehrzahl der Hotels liegt nicht im Stadtzentrum, sondern in den Vorstädten East Syracuse, North Syracuse oder Liverpool.
Econo Lodge/University Downtown $$, *454 James St.*, ☏ 315-425-0015, 📠 315-474-7009, www.econolodge.com/hotel/ny405; im Zentrum gelegenes Hotel mit 47 ordentlichen Zimmern, teilweise mit Mikrowelle und Kühlschrank, kleines Frühstück eingeschlossen.
Holiday Inn Farrell Road $$, *100 Farrell Rd.*, ☏ 315-457-8700, 📠 315-457-2379; Hotel mit 151 angenehmen Zimmern, Swimmingpool, Restaurant, günstig zu den großen Shopping Malls und Sehenswürdigkeiten gelegen; www.ichotelsgroup.com
The Dickenson House on James $$$, *1504 James St.*, ☏ 315-423-4777, 📠 315-425-1965, www.dickensonhouse.com; das 1920 gebaute Haus liegt in einer ruhigen Wohngegend, trotzdem nur wenige Minuten vom Stadtzentrum entfernt. Die 4 gemütlich bis elegant eingerichteten Zimmer tragen die Namen englischer Dichter; das reichhaltige Frühstück wird im stilvollen Speisezimmer serviert. Den Gästen steht eine eigene Küche zur Verfügung.

IN LIVERPOOL
Best Western Grace Inn & Suites $$, *136 Transistor Pkwy.*, ☏ 315-701-4400, 📠 315-701-2712, www.bestwesternnewyork.com/liverpool-hotels/; das moderne, gut ausgestattete Hotel mit 61 Zimmern und Apartments liegt ca. 3 mi/4,8 km nördl. von Syracuse.

IN EAST SYRACUSE
Fairfield Inn Syracuse $$, *6611 Old Collamer Rd.*, ☏ 315-432-9333, 📠 315-432-9197, www.marriott.com; freundliches Hotel mit 135 geräumigen Zimmern und Swimmingpool.

Regionale Reisetipps von A–Z
(Syracuse/NY, Tanglewood/MA, Ticonderoga/NY, Thomaston/ME, Toronto/Ont)

Hilton Garden Inn-Syracuse $$, *6004 Fair Lakes Rd.*, ☎ *315-431-4800*, 📠 *315-431-4999, www.hiltongardeninn.com; das angenehme Hotel mit 100 komfortablen Zimmern und Swimmingpool liegt im Pioneer Business Park, ca. 20 Min. vom Stadtzentrum entfernt. Mehrere Restaurants sind zu Fuß zu erreichen.*

Bootsfahrten
New York State Canal Cruises, *3-tägige Kanalfahrten von Albany über Syracuse nach Buffalo.*

Tanglewood/MA (S. 469)
ⓘ „Lenox/MA"

Unterhaltung/Veranstaltungen
Tanglewood Berkshire Music Festival, *197 West St., 3 km südwestl. am MA-183, www.bso.org. Die Konzerte finden von Ende Juni bis Anf. Sept. in der Chamber Music Hall, im Theater und im „Music Shed" statt. Für Karten im „Music Shed" ist eine möglichst frühzeitige Reservierung zu empfehlen, die auch schon von Deutschland aus vorgenommen werden kann.*
Konzertkasse ☎ *413-637-5165 oder 1-888-266-1200*,
Veranstaltungshinweise ☎ *617-266-1492.*

Ticonderoga/NY (S. 573)

Sehenswertes
Fort Ticonderoga, ☎ *518-585-2821*, *www.fort-ticonderoga.org, Anf. Mai-Mitte Okt. tgl. 9.30-17 Uhr, Eintritt: Erw. $ 15, Sen./Stud. $ 13,50, Kin. 7-12 J. $ 7.*

Thomaston/ME (S. 495)

Sehenswertes
Montpelier – The General Henry Knox Museum, *30 High St.*, ☎ *207-354-8062, www.generalknoxmuseum.org, tgl. 9-17 Uhr, Eintritt: Erw. $ 7, Sen. $ 6, Kin. $ 4, Familienkarte $ 18.*

Toronto/Ont (S. 609)

ⓘ Information
Metropolitan Toronto Convention & Visitors Association, *207 Queen's Quay W,* ☎ *416-203-2500 oder 1-800-363-1990*, 📠 *416-203-6753, www.seetorontonow.com Außerdem gibt es das Informationszentrum* **Info T.O.** *im Metro Toronto Convention Centre, 255 Front St. W, tgl. 8-18 Uhr.*
Ontario Travel Information Centre, ☎ *416-314-0944, im 2. Untergeschoss des Eaton Centre mit ausführlichem Informationsmaterial.*

Konsulate
Deutsches Generalkonsulat, *2 Bloor St. East, 25th Floor, Toronto, Ontario, M4W 1A8*, ☎ *416-925-2813*, 📠 *416-925-2818, Notrufnummer: 416-953-3817, www.toronto.diplo.de*

Österreichisches Honorargeneralkonsulat, 2 Bloor St. W, Toronto, Ontario, M4W 3E2, Suite 400, ☎ 416-967-3348, 🖷 416-967-4101, www.bmaa.gv.at
Schweizer Generalkonsulat, 154 University Ave., Suite 601, Toronto, Ontario, M5H 3Y9, ☎ 416-593-5371, 🖷 416-593-5083, www.eda.admin.ch/canada

✈ Flughafen

Torontos wichtigster Flughafen ist der **Lester B. Pearson International Airport**, 27 km nordwestl. vom Stadtzentrum entfernt. Der Flughafen hat drei Terminals (Shuttlebusse). Alle Flüge von Air Canada werden in Terminal 2 abgewickelt; in Terminal 3, dem neuen, modernen Komplex, werden die Flüge von Lufthansa, British Airways, Condor und anderen europäischen Fluggesellschaften abgefertigt. Terminal 1 ist für den nordamerikanischen und den übrigen internationalen Flugverkehr bestimmt. **Flughafeninfo** Terminal 1, 2: ☎ 416-247-7678; Terminal 3: ☎ 905-612-5100, www.gtaa.com

Flughafenbusse (airport bus), ☎ 905-564-6333, fahren regelmäßig von und zu den großen Hotels der Innenstadt.

Schnellbusse (express bus) fahren vom Flughafen zu den U-Bahnstationen „Islington", „York Mills" oder „Yorkdale", wo Sie in die U-Bahn zum Zentrum umsteigen können. Zudem gibt es am Flughafen direkte **Busverbindungen** zu anderen Städten Ontarios, z. B. Kingston und Niagara Falls.

🚌 Nahverkehr

Das öffentliche Verkehrssystem in Toronto ist vorbildlich organisiert. Dazu gehören drei U-Bahnlinien in Nord-Süd- bzw. West-Ost-Richtung mit sauberen, sicheren, pünktlichen und leistungsfähigen U-Bahnen, die in kurzen Zeitabständen fahren. Umsteigebahnhöfe sind Bloor/Yonge St., St. George und Spadina. Die U-Bahnen verkehren Mo-Sa 6-1.30, So 9-1.30 Uhr. Zur Ergänzung des U-Bahnsystems gibt es ein weites Netz von Bussen, Trolleybussen und Straßenbahnen. Die Buslinien versorgen den Großraum Toronto und haben Anschluss an die U-Bahnstationen.

Die **Fahrt mit der U-Bahn** können Sie nur mit genau passendem Geld oder mit so genannten **Token** bezahlen, die in den U-Bahnstationen am Automaten oder am Schalter erhältlich sind. Ein Token gilt für eine einfache Fahrt, die beliebig lang sein kann und Sie, auch durch Umsteigen, in alle Winkel der Stadt bringt. Der Token wird am Eingang zu den Gleisen in ein Drehkreuz gegeben, danach haben Sie Zugang zur Haltestation.

Fahrpreise: Die **Einzelfahrkarte** („Token") kostet für Erw. $ 2,75, Sen./Stud. $ 1,85, Kin. unter 12 J. c 70. Neben Einzelfahrkarten gibt es **Mehrfahrtenkarten** (10 Token $ 22,50) und den preisgünstigen **Tagespass**, der für 24 Std. auf allen Strecken gilt ($ 9). Er ist gültig Mo-Fr nach 9.30 Uhr und Sa ganztägig. Sonn- und feiertags gilt der Tagespass für 2 Erw. und bis zu 4 Kindern. Informationen, wie Sie bestmöglichst Ihr Ziel mit öffentlichen Verkehrsmitteln erreichen, erhalten Sie bei **Toronto Transit Commission** (TTC), ☎ 514-393-4636 (tgl. 7-23.30 Uhr). Das TTC hat einen nützlichen „**Ride Guide**" veröffentlicht, der an vielen U-Bahnstationen erhältlich ist (www3.ttc.ca/).

EISENBAHN

Torontos Hauptbahnhof ist die berühmte **Union Station** im Stadtzentrum an der Front St. zwischen Bay und York St., gegenüber dem Royal York Hotel, wo auch der Flughafenbus hält. Von hier aus unterhalten die kanadische Eisenbahngesellschaft VIA RAIL Zugverbindungen zu allen Großstädten Kanadas und die amerikanische Eisenbahngesellschaft Amtrak zu den Städten an der amerikanischen Ostküste. **VIA RAIL**: www.viarail.ca; **Amtrak**: www.amtrak.com

BUS

Der **Metro Toronto Coach Terminal**, der Busbahnhof der Linien Gray Coach, Greyhound und Trentway-Wagar, befindet sich 610 Bay St., ☏ 416-393-7911. Es gibt mehrmals tgl. Verbindungen mit allen größeren kanadischen Städten und mit einigen Großstädten der USA.

Tipp für Besucher

Der „**Toronto Museum Passport**" berechtigt zum ermäßigten Eintritt in 9 Museen, z. B. Royal Ontario Museum, Historic Fort York, Spadina Historic House and Gardens, Colborne Lodge, Mackenzie House, Montgomery's Inn, Gibson House Museum, Gibson House Museum, Todmorden Mills Heritage Museum and Arts Centre und das Scarborough Historical Museum. Der Pass ist in jedem der genannten Museen erhältlich und gilt vom 1. Mai bis 31. Dezember, Informationen unter ☏ 416-872 1212 oder 1-800-461-3333.

Fähre

Die Abfahrtsstelle der Fähren liegt hinter dem Westin Harbour Castle, Fahrtdauer nach Wards Island Dock 10 Min.

Sehenswertes

Art Gallery of Ontario, 317 Dundas St., ☏ 416-979-6648, www.ago.net, Di-So 10-17.30, Mi bis 20.30 Uhr, Eintritt: Erw. $ 18, Sen./Stud. $ 15, Kin./Jugendl. 6-15 J. $ 10, Familienkarte $ 45, Mi 18-2.30 Uhr freier Eintritt.
Bata Schuhmuseum, 327 Bloor St. W, ☏ 416-979-7799, www.batashoemuseum.ca, Di-Sa 10-17, So 12-17 Uhr, Eintritt: Erw. $ 12, Stud. $ 6, Kin./Jugendl. 5-17 J. $ 5, Familienkarte $ 18.
Casa Loma, www.casaloma.org, tgl. 9.30-17 Uhr, Eintritt: Erw. $ 17, Sen./Stud. $ 11, Kin. 4-13 J. $ 9,25, zusätzlich Parkgebühren.
CN-Tower, ☏ 416-868-6937, www.cntower.ca; „Total Tower Experience" mit Express-Aufzug, im Sommer bis 22 Uhr, Aussichtsdeck, Glass Floor, Skypod und Simulator: $ 32,99; „Observation Sky Pod Experience" mit Express-Aufzug, Aussichtsdeck, Glass Floor, Skypod: Erw. $ 26,99, Kin. bis 12 J. $ 20,99; „Observation Exprience" mit Aussichtsdeck und Glass Floor: Erw. $ 21,99, Kin. bis 12 J. $ 14,99.
George R. Gardiner Museum of Ceramic Art, 111 Queen's Park, ☏ 416-586-8080.
Museum for Textiles, 55 Centre St., ☏ 416-599-5321, www.textilemuseum.ca, Di Fr 11-17, Mi bis 20, Sa/So 12-17 Uhr, Eintritt: Erw. $ 12, Stud./Kin. $ 6, Familienkarte $ 25.
Old Fort York, 100 Garrison Rd., ☏ 416-392-6907, www.toronto.ca/culture/fort_york.htm, Mai-Sept. Mo-Fr 10-17, Sa/So 9-17 Uhr, sonst Di-So 12-16 Uhr, Eintritt: Erw. $ 6, Sen./Stud. $ 3,25, Kin. unter 12 J. $ 3.
Ontario Science Centre, 770 Don Mills Rd., ☏ 416-696-1000, www.ontariosciencecentre.ca, Eintritt: Erw. $ 18, Sen./Jugendl. 13-16 J. $ 13,50, Kin. 5-12 J. $ 11. Parkgebühr $ 8; **Omnimax-Theater**: Erw. $ 12, Sen./Jugendl. 13-16 J. $ 9, Kin. 5-12 J. $ 8, Kombiticket: Erw. $ 25, Sen./Jugendl. 13-16 J. $ 19, Kin. 5-12 J. $ 15.
Rogers Centre Tour Experience, ☏ 416-341-2771, www.rogerscentre.com, Führungen Juni-Okt. stündl. 10-16 Uhr, Juli/Aug. bis 18 Uhr, Nov.-Mai 3 x tgl. um 11, 13 und 15 Uhr, Eintritt mit Führung Erw. $ 13,75, Sen./Jugendl. 12-17 J. $ 10,25, Kin. 5-11 J. $ 8,25.
Royal Ontario Museum, 100 Queen's Park, ☏ 416-586-8000, www.rom.on.ca, Sa-Do 10-17.30, Fr 10-21.30 Uhr, Eintritt: Erw. $ 22, Sen./Stud. $ 19, Kin./Jugendl. 5-14 J. $ 15.

Spadina Historic House & Gardens, *285 Spadina Rd., ☎ 416-392-6910, www.city.toronto. on.ca./culture/spadina, April-Sept. Di-So 12-17 Uhr, sonst nur an Wochenenden, Eintritt: Erw. $ 7,62, Sen./Stud. $ 4,76, Kin. $ 3,81.*
Metro Toronto Zoo, *40 km nordöstl., Meadowvale Rd., ☎ 416-392-5900, www.torontozoo. com, im Sommer tgl. 9-19.30 Uhr, im Winter 9.30-16.30 Uhr, Eintritt: Erw. $ 21, Sen./Jugendl. 12-17 J. $ 15, Kin. 4-12 J. $ 13, Kin. unter 3 J. frei, Parkgebühr $ 8.*
Paramount Canada's Wonderland, *am Hwy. 400, ☎ 905-832-7000, Juni tgl.10-20 Uhr, Juli-Sept. 10-22 Uhr; Freizeit- und Vergnügungspark ca. 30 km nordwestl. vom Stadtzentrum.*
Black Creek Pioneer Village, *Steeles Ave./Jane St., ca. 30 km nordwestl., ☎ 416-736-1733, tgl. 10-17 Uhr, Jan.-Mitte März geschl.; authentische Rekonstruktion eines Dorfes aus der Zeit von 1790 bis 1860.*

Unterkunft

Für die Hauptreisezeiten im Sommer und Herbst sowie während der Messen empfiehlt sich eine rechtzeitige Zimmerreservierung. Gleich am Flughafen können Sie sich an einer Schautafel über die freien Hotelkapazitäten informieren und eine telefonische Reservierung vornehmen. Außerdem können Sie sich informieren und ein Zimmer reservieren bei der
Metropolitan Toronto Convention and Visitors Association, *207 Queen's Quay W, Toronto, Ontario, M5J 1A7, ☎ 416-203-2600 oder 1-800-499-2514, 🖷 416-203-6753, www.torontotourism.com*
Neben den Innenstadthotels gibt es viele Hotels und Motels aller Preiskategorien **im Nordosten der Stadt**, *die weithin sichtbar am Hwy. 401 ausgeschildert sind.*

HOTELS IM ZENTRUM

Bond Place Hotel $$, *65 Dundas St. E, ☎ 416-362-6061 oder 1-800-268-9390, 🖷 416-360-6406, www.bondplacehoteltoronto.com; angenehmes Haus mit ansprechend eingerichteten Zimmern und Restaurant im Theaterbezirk und nicht weit vom Eaton Centre entfernt.*
Strathcona Hotel $$, *60 York St., ☎ 416-363-3321 oder 1-800-268-8304, 🖷 416-363-4679, www.thestrathconahotel.com; Hotel in zentraler Lage, nur 5 Gehminuten von CN-Tower und Sky Dome entfernt.*
Hotel Victoria $$, *56 Yonge St., ☎ 416-363-1666 oder 1-800-363-8228, 🖷 416-363-7327, www.hotelvictoria-toronto.com; kleines, im Theaterbezirk gelegenes Hotel mit 56 netten, recht kleinen Zimmern, freundlicher Service.*
Hyatt Regency Toronto on King $$$, *370 King St. W, ☎ 416-343-1234, 🖷 416-599-7394, http://torontoregency.hyatt.com; 462 ansprechend eingerichtete Räume, Innenpool, Sauna, Fitnesscenter, günstig gelegen zum Sky Dome, CN-Tower und Theaterdistrikt.*
Radisson Plaza Hotel Admiral $$$$, *249 Queen's Quay W, ☎ 416-203-3333 oder 1-800-333-3333, 🖷 416-203-3100, www.radisson.com/torontoca_admiral; elegantes Hotel mit nur 157 Zimmern an der Harbour Front mit Dachterrasse und schönem Blick auf den Ontario-See.*
Sheraton Centre Toronto $$$$, *123 Queen St. W, ☎ 416-361-1000, 1-800-325-3535, 🖷 416-947-4854, www.sheraton.com/centretoronto; Luxushotel in zentraler Lage gegenüber City Hall mit Garten und Wasserfall im Innenhof, Restaurant mit Panoramablick im 43. Stock.*
The Fairmont Royal York $$$$, *100 Front St. W, ☎ 416-368-2511, 🖷 416-368-9040, www.fairmont.com/royalyork; großes, elegantes und traditionsreiches Hotel der Canadian Pacific gegenüber vom Hauptbahnhof.*

Toronto Marriott Bloor Yorkville $$$$, 90 Bloor St. E, ☏ 416-961-8000, 1-800-859-7180, 🖷 416-961-4635, www.marriott.com; empfehlenswertes Hotel mit freundlichem Service, 256 geräumigen, gut ausgestatteten Zimmern in verkehrsgünstiger Lage. Das Hotel ist in den Gebäudekomplex des Hudson Bay Shopping Centre integriert, hat eine Tiefgarage und Zugang zur U-Bahnstation. Wenige Gehminuten zum Eaton Centre, Royal Ontario Museum und nach Yorkville.
Four Seasons Hotel $$$$$, 21 Avenue Rd., ☏ 416-964-0411, 🖷 416-964-2301, www.fourseasons.com/toronto1; Luxushotel in Yorkville mit elegantem, ausgezeichnetem Restaurant.
Le Royal Meridien King Edward Hotel $$$$$, 37 King St. E, ☏ 416-863-3131 oder 1-800-225-5843, 🖷 416-367-5515, www.starwoodhotels.com/lemeridien; traditionsreiches, 1903 gebautes Hotel, stilvoll mit Marmorsäulen und einer Glaskuppel renoviert, luxuriös ausgestattete Räume.

BED&BREAKFAST-HÄUSER
Informationen über private Unterkünfte in Toronto und Umgebung erhalten Sie bei:
The Downtown Toronto Association of Bed&Breakfast Guest Houses, ☏ 416-410-3938, 🖷 416-483-8822, www.bnbinfo.com
Bed and Breakfast Homes of Toronto, P.O. Box 46093, College Park Post Office, 777 Bay St., Toronto Ontario M5B 2L8, ☏ 416-363-6362, www.bbcanada.com/associations/toronto2.
Ambassador Inn Downtown $$, 280 Jarvis St., ☏ 416-260-2608, 🖷 416-260-1219, www.jarvishouse.com; komfortables Gästehaus in der Innenstadt mit antiker Einrichtung, die Zimmer sind sehr geräumig und haben jeweils ein eigenes Bad.
B&B My Guest Bed & Breakfast $$, 17 Gledhill Ave., ☏ 416-422-3663, 🖷 416-422-0465, www.innsite.com/inns/B008288.html; viktorianisches Haus mit gemütlichen Gästezimmern, gutes Frühstück. Innenstadt und Sehenswürdigkeiten sind mit öffentlichen Verkehrsmitteln gut zu erreichen.

🍴 Essen und Trinken
Mehr als 20 Seiten des Branchenverzeichnisses umfasst die Übersicht über die Restaurants der Stadt, die die große ethnische Vielfalt widerspiegelt.
Barberian's, 7 Elm St., ☏ 416-597-0335; eines der besten Steakrestaurants Torontos wurde in einem viktorianischen Haus eingerichtet.
Canoe, 66 Wellington St. W, im Toronto Dominion Tower, ☏ 416-364-0054; das Canoe ist gleichermaßen bekannt für seine köstlichen, regionalen kanadischen Spezialitäten und für den schönen Blick, der sich vom 54. Stock auf den Ontario-See und die Toronto Islands bietet.
Flow Restaurant, 133 Yorkville Ave., ☏ 416-925-2143, www.flowrestaurant.com; moderne nordamerikanische Küche mit einem italienischen Touch, umfangreiches Menü, allerdings nicht günstig.
North 44, 2537 Yonge St., ☏ 416-487-4897; eines der besten Restaurants von Toronto, Spezialitäten sind sehr gut zubereitete kalifornische Gerichte.
Scaramouche, 1 Benvenuto Place, ☏ 416-961-8011; exklusives Restaurant mit spektakulärem Blick auf das Zentrum Torontos.
Shopsy's Deli and Restaurant, 33 Yonge St., ☏ 416-365-3333, www.shopsys.ca; alteingeführtes Restaurant mit Spezialitäten wie Rauchfleisch-Sandwich oder Käsekuchen nach New Yorker Art.
Rodney's Oyster House, 209 Adelaide St. E, ☏ 416-386-8105; das beliebte Restaurant ist bekannt für die Vielfalt der Saucen, die zu den Muschel- und Fischgerichten angeboten wird; erstklassig ist auch das „Lobster Chowder".
Tati Bistro, 124 Harbord St., ☏ 416-962-8284; gute, französisch angehauchte Küche in angenehmer Atmosphäre.

Einkaufen
Toronto zählt zu den besten Einkaufsstädten der Welt. Die interessantesten Einkaufsgegenden sind:
Bloor Street, westl. der Yonge St., exklusive, teure Einkaufsstraße, auch Kanadas „Fifth Avenue" genannt. Hier finden Sie Designerläden wie Holt Renfrew, Birk's, Chanel oder Tiffany's.
Torontos **Chinatown** wächst von Jahr zu Jahr und zieht sich an der Dundas und Spadina St. entlang. Hier können Sie Fernöstliches aller Art erstehen, auch am Sonntag.
Front Street, in der Nähe des St. Lawrence Market, lebendige, aufstrebende Gegend mit interessanten und ausgefallenen Geschäften.
Harbourfront, am Queen's Quay, renovierte Handelshäuser mit interessanten Verkaufsständen, Geschäften und Boutiquen. Der **Harbourfront Antique Market**, 390 Queen's Quay W, ist Kanadas größter Antiquitätenmarkt (u. a. Möbel, Porzellan, Bücher, Schmuck).
Hazelton Lanes, Avenue Rd./Yorkville Ave., Torontos exklusivste und teuerste Einkaufsgegend.
Markham Street Village, in der Nähe von Bloor St. und Bathurst St., in den eleganten viktorianischen Häusern finden Sie kleine Kunstgalerien, Buchhandlungen und Boutiquen.
Queen Street West, zwischen University Ave. und Bathurst St., Gegend mit künstlerischem, avantgardistischem Anstrich. Hier gibt es gebrauchte Bücher, topmodische Kleidung und Galerien.
The Eaton Centre, Yonge/Dundas Sts., zu diesem riesigen, aufwändig mit Glas, Pflanzen und Wasserspielen gestalteten Einkaufszentrum gehört das berühmte Kaufhaus Eaton's und über 300 Geschäfte. Durch eine verglaste Fußgängerpassage mit dem Kaufhaus The Bay verbunden.
Yonge Street Strip, Dundas bis Bloor St., zahlreiche Straßenhändler und winzige Geschäfte.
Yorkville, in der Nähe von Bloor St. und Avenue Rd., ultra-schicke, teure Einkaufsgegend; in den kleinen Seitenstraßen können Sie manche Rarität entdecken.

Tupper Lake/NY (S. 591)

Information
Chamber of Commerce of Tupper Lake, 60 Park St., ☏ 518-359-3328, im Internet www.tupperlakeinfo.com

Unterkunft
Red Top Inn $$, 1562 SR 30, ☏ 518-359-9209, www.redtopinn.com; Motelanlage mit 21 rustikal eingerichteten Zimmern, direkt am See gelegen, Bootsverleih.
Tupper Lake Motel $$, 259 Park St., ☏ 518-359-3381, 🖷 518-359-8549; kleineres Motel mit 18 einfachen Zimmern und Swimmingpool; www.tupperlakemotel.com

Uncasville/CT (S. 404)

Unterkunft
Microtel Inn & Suites $$, 1954 Norwich New London Turnpike, ☏ 860-367-0880, 🖷 860-367-0770, www.microteluncasville.com; das Hotel hat 120 Zimmer und 58 Suiten, die teilweise über eine zusätzliche Schlafcouch, Kühlschrank und Mikrowelle verfügen, knapp 2 km vom Mohegan Sun Casino und ca. 20 km vom Foxwoods Resort Casino entfernt.
Mohegan Sun $$$$, 1 Mohegan Sun Blvd., ☏ 860-862-7100, 🖷 860-862-4644, www.mohegansun.com; in diesem Kasino-Hotel gibt es 1176 luxuriöse Zimmer, 186 Suiten und 22 Restaurants, die Tag und Nacht göffnet sind; außerdem gibt es Geschäfte, Swimmingpools, Saunen, Spas und Unterhaltung jeder Art.

Utica/NY (S. 582)

Information
Mohawk Valley Chamber of Commerce, 520 Seneca St., ☎ 315-724-3151, 🖨 315-724-3177, www.mvchamber.org.

Sehenswertes
Utica Zoo, 99 Steele Hill Rd., ☎ 315-738-0472, www.uticazoo.org, tgl. 10-17 Uhr, Eintritt: Erw. $ 6,75, Sen. $ 5,75, Kin. 2-12 J. $ 4,25, freier Eintritt Nov.-März.
Children Museum, 311 Main St., ☎ 315-724-6129, Di-Sa 10-16.30, So 12-16.30 Uhr.

Touren/Führungen
Matt Brewing Company, Court/Varick Sts., ☎ 315-732-0022, geführte Touren Mo-Sa 10-16 Uhr.
Adirondack Scenic Railroad, ☎ 315-369-6290 und 1-877-508-6728, historische Eisenbahn zwischen Utica und Old Forge/Thendara.

Unterkunft
Best Western Gateway Adirondack Inn $$, 175 N Genesee St., ☎ 315-732-4121, 🖨 315-797-8265, www.bestwestern.com; Mittelklassehotel mit 89 Zimmern auf einem großen, abseits der Hauptstraße gelegenen Gelände, mit Frühstück.
Country Motel $$, Herkimer Rd., ☎ 315-732-4628, 🖨 315-733-8801; kleines Motel mit 25 Zimmern in ruhiger Umgebung mit Grünanlagen.
Radisson Hotel Utica Centre $$$, 200 Genesee St., ☎ 315-797-8010, 🖨 315-797-1490, www.radisson.com/uticany; elegantes, zentral gelegenes Hotel mit 158 geräumigen Zimmern, beheiztem Innenswimmingpool, Sauna, Fitnessraum und empfehlenswertem Restaurant.

Vergennes/VT (S. 562)

Sehenswertes/Unterhaltung
Opernhaus, 120 Main St., ☎ 802-877-6737.

Einkaufen
Kennedy Brothers Factory Marketplace, 11 Main St., Route 7/22A, ☎ 802-877-2975, www.kennedy-brothers.com, tgl. 9.30-17.30 Uhr; in einer ehemaligen Molkerei wurden ein Country Store und ein Einkaufszentrum mit über 200 Geschäften eingerichtet, in denen u. a. Kunsthandwerkliches, Handarbeiten, Antiquitäten und Spezialitäten aus Vermont verkauft werden.

Washington, D. C. (S. 619)

Information
Visitor Information Center, 1300 Pennsylvania Ave. NW, Ronald Reagan Building & International Trade Center (M-Station: „Federal Triangle", Blue&Orange Lines), ☎ 1-866-324-7386, 202-278-8311, www.dcvisit.com, Mo-Sa 8.30/9-16.30/17.30, Sa nur in der HS 9-16 Uhr.
Destination DC, 901 7th St. NW, 4th Floor, Washington DC 20001-3719, ☎ 202-789-7000, www.washington.org; außerdem Infostände im White House VC (1450 Pennsylvania Ave. NW) und im Besucherzentrum des Smithsonian Institute (s. u.).
Im Internet: s. auch www.capitalregionusa.org (auch deutsch) bzw. www.thedistrict.com

Flughäfen

Washington Dulles International Airport (www.mwaa.com/dulles), Hauptknotenpunkt von United Airlines, ca. 40 km im Nordwesten der Hauptstadt in VA (via gebührenpflichtigen Hwy. 267) gelegen, Metro-Anschluss in Planung, derzeit nur Bus (Washington Flyer Coach) zur nächsten Metro-Station (Orange Line, West Falls Curch) bzw. Metrobus 5A in die Stadt (L'Enfant Plaza, mit Metro-Station südl. der Mall, $ 3,10), Taxis (ca. $ 58), Express-Busse von Washington Flyer (alle 45 Min., ☏ 1-888-927-4359, $ 10 zur Metro-Station West Falls Church Station) sowie blaue Vans

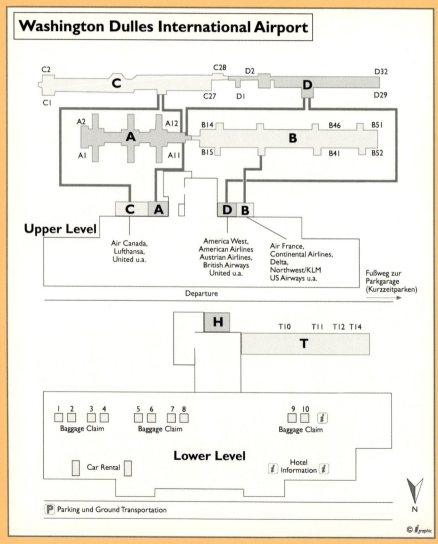

(door-to-door) von SuperShuttle $ 29/$ 10 für weitere Passagiere (☎ 1-800-258-3826), Abfahrt vor Arrivals Level of the Main Terminal. Kürzlich Inbetriebnahme einer neuen (4.) Startbahn und 15 neuen Gates im Abflugbereich B, dazu neues Aero Train-System, das die „People Mover" (Mobile Lounges) im Herbst 2009 ablöste. Drehkreuz von UA. Mit Luft- und Raumfahrt-Museum „Hazy Center" im Flughafen.

Ronald Reagan National Airport, im Süden, am Potomac River/VA; ans Stadtzentrum angebunden mit Washington Flyer, SuperShuttle (s. o.), Metro (Blue/Yellow Line) und Taxis (ca. $ 30).

Baltimore-Washington International Airport (BWI), „Baltimore"; knapp 50 km nordöstl. der Hauptstadt; am günstigsten per Bahn von der BWI Rail Station (kostenloser Pendelbus vom Terminal) zur Union Station (Washington).

Verkehr
EISENBAHN

Amtrak verbindet Washington mit allen großen Städten der Ostküste (Acela- und Metroliner-Service) sowie Chicago, Atlanta und New Orleans. Der sehenswerte und renovierte Bahnhof, die **Union Station**, liegt nahe beim Capitol, 50 Massachusetts Ave. NE (M-Station: „Union Station").
Auskunft: ☎ 202-484-7540 oder 1-800-872-7245; www.amtrak.com

MIETWAGEN
An allen drei Washingtoner Flughäfen haben die großen Mietwagenfirmen eine Station, ebenso z. T. mehrere Büros im Stadtbereich:
Avis, 1722 M St. NW, ☎ 202-467-6585
Alamo/National, u. a. Union Station, ☎ 202-842-7454
Hertz, 301 New York Ave. NE, ☎ 202-628-6174

NAHVERKEHR
Die Washington Metropolitan Area Transit Authority (www.wmata.com) betreibt zahlreiche Buslinien/Metrobus (Einzelfahrt $ 1,35, mit SmarTrip-Karte $ 1,25), vor allem aber die saubere und schnelle **U-Bahn/Metrorail** (Infos und Pläne an den Stationen). Es gibt fünf farblich differenzierte Linien, die zwischen 5.30 bzw. 8 Uhr und Mitternacht bedient werden. Parkplätze an vielen Stationen.
Tickets an Automaten und Schaltern als Wertkarten in beliebiger Höhe bis $ 20. Fahrpreise gestaffelt nach Entfernung und Tageszeit ($ 1,65 bzw. $ 1,35 bis $ 4,50/2,35, billiger zwischen 5.30 und 9.30 sowie 15 und 19 Uhr). Tickets werden bei Fahrtende benötigt, um durch eine Schranke zu gelangen, ggf. muss nachgelöst werden (additional fare), günstig ist der One Day Pass für MetroRail zu $ 7,80 (ab 9.30 Uhr an Werktagen, ganztägig Sa/So).

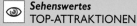
Sehenswertes
TOP-ATTRAKTIONEN
White House, Visitor Pavilion: 1450 Pennsylvania Ave., 15th/E St. NW, ☎ 202-208-1631, www.visitingdc.com/white-house/white-house-visitor-center.htm; an der NO-Ecke des White House, tgl. 7.30-16 Uhr mit zugehörigem Shop (Bücher und Souvenirs) und Video, seit 11.9.2001 keine Touren mehr (Infos: www.whitehouse.gov).
United States Capitol, Zugang: Ostseite 1st St./E. Capitol St., ☎ 202-226-8000, www.visitthecapitol.gov und www.aoc.gov, Anfang 2009 neu eröffnetes unterirdisches Besucherzentrum (Mo-Sa 8.30-16.30 Uhr) mit sehenswerten Ausstellungen und Informativen Filmen sowie Shop und Cafeteria. Capitol-Touren auf Anmeldung unter http://tours.visitthecapitol.gov gratis Mo-Sa 8.50-15.20 Uhr (Screening!).

Library of Congress, *Thomas Jefferson Building, 1st St./Independence Ave. SE*, ☏ (202) 707-8000 www.loc.gov/visit, Mo-Sa 8.30-16.30 Uhr, Gratistouren Mo-Fr 10.30, 11.30, 13.30, 14.30, 15.30, Sa letzte Tour um 14.30 Uhr.

MEMORIALS
Infos zu allen dem NPS unterstehenden Ehrendenkmäler – **Thomas Jefferson Memorial, Korea War Veterans Memorial, Lincoln Memorial** *(kleiner Shop und Infostand)*, **Franklin Delano Roosevelt Memorial, Vietnam Veterans Memorial** *und* **Washington Monument** *gibt es im Internet unter* **www.nps.gov/nacc**. *Alle sind frei zugänglich, Ausnahme ist das Washington Monument (www.nps.gov/wamo), das tgl. 9-16.45 Uhr in Touren bestiegen werden kann. Es gibt Gratistickets am Kiosk zu Füßen des Monuments ab 8.30 Uhr (15th St./Madison Dr.) auf „first-come, first-served basis".*

SMITHSONIAN MUSEEN AN DER NATIONAL MALL
Museen meist tgl. 10-17.30 Uhr geöffnet, Eintritt frei; **Infos:** **www.si.edu/museums** *mit Links zu den jeweiligen Museen.*
Information: Smithsonian Institution Building/The Castle, *Jefferson Dr./19th St. SW,* ☏ 202-633-1000, www.si.edu, tgl. 8.30-17.30 Uhr; Infos zu den 17 zugehörigen Museen, zu Zoo und zu den zwei Smithsonian-Museen in NY, Cooper-Hewitt und American Indian Museum, mit Shop und Café. Metro-Station „Smithsonian Station" (Blue/Orange Lines) oder Independence Avenue L'Enfant Plaza Station (alle Linien außer Red).

African Art Museum, *950 Independence Ave. SW*
Air and Space Museum, *Independence Ave. SW/7th St., www.nasm.si.edu; Filiale: Udvar-Hazy Center im Dulles National Airport (www.nasm.si.edu/udvarhazycenter, Shuttlebusse)*
American History Museum, *14th St./Constitution Ave. NW*
American Indian Museum, *Independence Ave. SW/4tth St.*
Freer & Sackler Galleries, *Jefferson Dr. SW/12th St. bzw. 1050 Independence Ave. SW, unterirdisch miteinander verbunden.*
Hirshhorn Museum&Sculpture Garden, *Independence Ave. SW/7th St.*
Natural History Museum, *10th St./Constitution Ave. NW*
Ripley Center International Gallery

SONSTIGE MUSEEN AN DER NATIONAL MALL
Corcoran Gallery of Art, *500 17th/E St.,* ☏ 202-639-1700, www.corcoran.org, Mi, Fr-So 10-17 Uhr, Do bis 21 Uhr, $ 10.
The National Archives, *Constitution Ave./7th-9th St., (M: „Archives-Navy Memorial-Penn Quarter"),* ☏ 202-357-5450, www.archives.gov, auch Touren.
National Gallery of Art, *4th/Constitution Ave.,* ☏ 202-842-6188, www.nga.gov, Mo-Sa 10-17, So 11-18 Uhr, Eintritt frei; mit Cafeteria und Museumsladen.
US Holocaust Memorial Museum, *100 Raoul Wallenberg Place SW, Zugang: 14th St., im Sommer Gratis-Zeittickets, www.ushmm.org, tgl. 10-17.30 Uhr, mit Shop.*

SONSTIGE SIGHTS
Anacostia Museum and Center for African American History and Culture *(Smithsonian Inst.), 1901 Fort Place SE, tgl. 10-17 Uhr, Eintritt frei.*
Arlington National Cemetery, *Arlington/VA (M: „Arlington"), www.arlingtoncemetery.org, tgl. 8-17/19 Uhr, am Grab des Unbekannten Soldaten April-Sept. halbstündl., sonst stündl. zwischen 8 und*

17 Uhr Wachwechsel, Infos im Besucherzentrum des Friedhofs (ausgeschildert); im Westen sehenswert Fort Myer mit Old Guard Museum, Fort Myer.
Dumbarton Oaks Garden and Museum, *1703 32nd St. NW/R-S St., Georgetown, ☏ 202-337-6425, www.doaks.org, Di-So 14-17 Uhr, Garten (Zugang R/31st St.) 14-18 Uhr, $ 8; mit Shop.*
Ford's Theatre & Museum, *511 10th St. NW, ☏ 202-347-4833, www.fordstheatre.org, tgl. 9-17 Uhr freie Touren (Gratisticket nötig) durch das Theater, in dem Abe Lincoln ermordet wurde; am Abend Veranstaltungen.*
International Spy Museum, *gegenüber National Portrait Gallery (8th/F St.), www.spymuseum.org, 9.30-18/19 Uhr, letzter Einlass 2 Std. vor Schließung, $ 18; informiert über Geheimdienste, Spionage.*
National Museum of Women in the Arts, *1250 New York Ave. NW (M: „Metro Center"), www.nmwa.org, Mo-Sa 10-17, So 12-17 Uhr, $ 10.*
National Postal Museum, *2 Massachusetts Ave. (Union Station), NE., www.postalmuseum.si.edu, tgl. 10-17.30 Uhr, frei (Smithonian Inst.).*
National Zoological Park *(Smithsonian Inst.), 3001 Connecticut Ave. NW (M: „Woodley Park"), http://nationalzoo.si.edu, mind. tgl. 10-16.30 Uhr.*
Newseum, *555 Pennsylvania Ave., NW/6th St. NW (M: „Archives"), www.newseum.org, tgl. 9-17 Uhr, $ 20, im April 2008 neu eröffnet und hochspannend zur Geschichte der Medien.*
The Phillips Collection, *1600 21st St. NW (M: „Dupont Circle"), www.phillipscollection.org, Di-Sa 10-17, Do 10-20.30, So 11-18 Uhr, $ 10/12 an Wochenenden, sonst Dauerausstellung Eintritt frei, Sonderausst. $ 12; u. a. So Klassikkonzerte, „Artful Evenings".*
Woodrow Wilson House, *2340 S St. NW (M: „Dupont Circle"), www.woodrowwilsonhouse.org, Touren Di-So 10-16 Uhr, $ 7,50.*
Smithsonian American Art Museum, *8th/F St. NW (M: „Gallery Place/Chinatown"), http://americanart.si.edu, tgl. 11.30-19 Uhr, Eintritt frei; Sammlung amerikanischer Kunst im Donald W. Reynolds Center; Dependance:* **Renwick Gallery**, *1661 Pennsylvania Ave. NW/17th St., tgl. 10-17.30 Uhr, frei. Im selben Bau wie das American Art Museum:* **National Portrait Gallery**, *www.npg.si.edu, tgl. 11.30-19 Uhr, frei.*

☞ Touren/Führungen

Mehrere **Walkingtouren**, *auch durch Georgetown, s. z. B. unter www.tourdc.com oder www.washingtonwalks.com*
Old Town Trolley Tours, *3150 V St. NW, ☏ 202-269-3020, 9-16/19 Uhr alle 30 Min. 2-stündige Rundfahrten, $ 35, www.trolleytours.com/Washington-DC; 19 Stationen inkl. Georgetown, beliebiges Ein- und Aussteigen möglich.*
Tourmobile Sightseeing, *☏ 202-554-5100, www.tourmobile.com, $ 27; verschiedene Touren, u. a. alle Attraktionen an der Mall (bis Arlington Cemetery) abgefahren; 18 beliebige Stopps u. a. am Arlington Cemetery (auch P) und entlang der Mall.*
Ausflugsboote *auf dem Washington Channel, Potomac River oder C&O Canal (April-Okt. ab Pier 4, 6th/Water St.) o. am alten Hafen von Georgetown (C&O Canal Barge Rides, ☏ 202-653-5190, www.nps.gov/archive/choh/BoatRides/PublicBoatRides.html).*

🛏 Unterkunft
ⓘ *Karte S. 312/313* – **Washington Hotels/Restaurants**

Allein im Stadtzentrum gibt es über 100 Hotels – zumeist recht teuer; preiswerter ist es im Umkreis, z. B. am Capital Beltway I-495/95, günstig mit der Metro erreichbar. Zu Engpässen kann es in der Ferienzeit oder bei großen Kongressen und Veranstaltungen kommen. Es empfiehlt sich dann, im Voraus zu reservieren – was auch über dierse deutsche Veranstalter möglich ist. Besonders an Wochenenden sind Special Rates erhältlich. Reservierungen sind auch über folgende Stellen möglich:

Regionale Reisetipps von A–Z (Washington, D. C.)

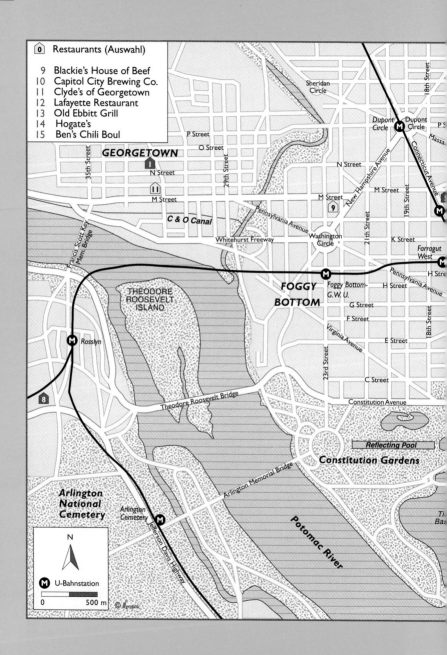

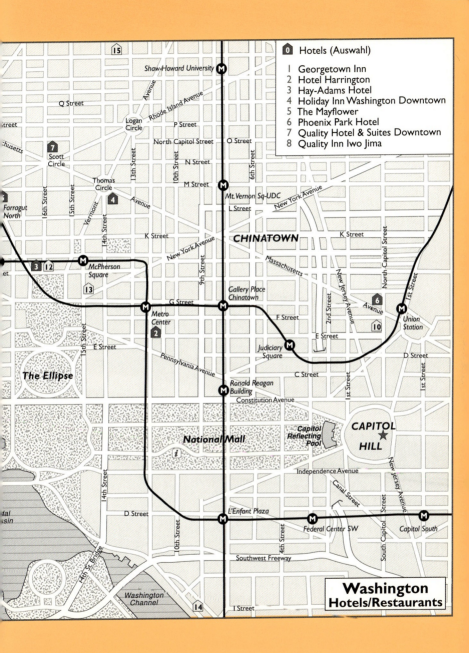

Capitol Reservations Inc., ☎ 1-800-847-4832 oder 202-452-1270, www.hotelsdc.com oder www.Washingtondchotels.com
DC Accommodations, ☎ 202-289-2220, 1-800-503-3330 (auch dt.), www.dcaccommodations.com

EINZELNE TIPPS
Hotel Harrington $$-$$$ (**2**), 11th/E St. NW, ☎ 202-628-8140, www.hotel-harrington.com; zentral gelegenes Hotel in historischem Bau.
Quality Inn Iwo Jima $$ (**8**), 1501 Arlington Blvd., Arlington/VA, ☎ 703-524-5000, www.washingtondchotels.com/quality_inn_iwo_jima.html; nur zwei Blocks von der Metrostation „Rosslyn" entfernt (Parken gratis!), geräumige, modern eingerichtete Zimmer und Pool.
Quality Inn $$-$$$ (**7**), 501 New York Ave. NE, ☎ 202-543-7400, www.qualityinn.com; günstige Lage nahe National Mall, sonst guter Standard.
Phoenix Park Hotel $$$-$$$$ (**6**), 520 N Capitol St. NW, neben Union Station, ☎ 202-638-6900, 1-800-824-5419, www.phoenixparkhotel.com; 150 Zimmer mit altehrwürdigem, irisch angehauchtem Charme.
The Liaison Capitol Hill, An Affinia Hotel $$$-$$$$$ (**415** New Jersey Ave. NW, ☎ 202-638-1616, www.affinia.com; 343 Zimmer superluxuriös und geschmackvoll in Capitol Hill Neighborhood mit Dachterrassenbar, Kopfkissen-Auswahlkatalog, Pool, Flat-TVs.
Holiday Inn Washington Downtown $$$-$$$$ (**4**), 1155 14th St. NW, ☎ 202-737-1200, www.holidayinn.de/washington-dc; zentral gelegenes Kettenhotel der Mittelklasse, 212 modern ausgestattete Zimmer, auch in D buchbar.
Georgetown Inn $$$$$ (**1**), 1310 Wisconsin Ave. NW, ☎ 202-333-8900, 1-888-587-2388 www.georgetowninn.com; kleines Boutique-Hotel in altem Backsteinbau mit kolonialem Interieur, gemütlich und individuell ausgestattete 96 Zimmer, einige mit Himmelbetten.
Hay-Adams Hotel $$$$$ (**3**), One Lafayette Square (16th/H St. NW), ☎ 202-638-6600 oder 1-800-323-7500, www.hayadams.com; superteures, edles Luxushotel in denkmalgeschütztem Haus mit Blick aufs Weiße Haus; zugehörig: Top-Restaurant Lafayette.
The Mayflower $$$$$ (**5**), 1127 Connecticut Ave. NW, ☎ 202-347-3000, www.marriott.de; unweit des Weißen Hauses gelegenes altehrwürdiges, unter Denkmalschutz stehendes Hotel, völlig restauriert, mit luxuriösen Zimmern.

Essen und Trinken
Das Stadtviertel **Capitol Hill** ist bekannt für gutes Essen, Bummeln und Nightlife, ein weiterer attraktiver Treff ist **Georgetown**, wo es neben Studentenkneipen auch feine Lokale gibt, besonders um die M St./Wisconsin Ave.; ethnische Lokale und einladende Bars/Kneipen finden sich im Viertel **Adams Morgan**, vor allem um den Dupont Circle. In der **Union Station** (50 Massachusetts Ave.) kann man beispielsweise im Eastern Market Complex einen Snack zu sich nehmen.
Ben's Chili Bowl (**15**), 1213 U St. NW (M „U Street"/„Cardozo" – Green Line); seit 1958 bekannt für „chili half-smokes" und „chili dogs"; erst durch Bill Cosby, dann durch Präsident Barack Obama berühmt geworden.
Blackie's House of Beef (**9**), 1217 22nd/M St. NW, ☎ 202-333-1100; amerikanische Küche, insbesondere tolle Steaks und leckere BBQ-Rippchen, auch Entertainment.
Capitol City Brewing Co. (**10**), 2 Massachusetts Ave. NW, ☎ 202-842-2337; die älteste Hausbrauerei der Stadt mit Fassbieren und schmackhaft deftigen Gerichten.
Clyde's of Georgetown (**11**), 3236 M St. NW, ☎ 202-333-9180; nettes, erschwingliches Restaurant und Bar mit Atmosphäre, beliebter Treff vieler Washingtoner.
Hogate's (**14**), 800 Water St. SW, ☎ 202-484-6300; großes Lokal, das sich auf superfrischen Fisch und Meeresfrüchte spezialisiert hat, angemessene Preise.

Lafayette Room im Hay-Adams Hotel (s. o.) (12), ☎ 202-638-6600; fein und teuer, aber innovative „Weltküche" der Spitzenklasse.
Old Ebbitt Grill (13), 675 15th St. NW, ☎ 202-347-4801; der älteste Saloon der Stadt wurde 1856 gegründet, äußerst pittoresk, zwanglose Atmosphäre, nett und preiswert vor allem zum Lunch.

Nightlife & Unterhaltung
Beliebt am Abend sind die **U Street** (Bohemian Caverns, Polly's) oder auch die **H Street** nördlich Union Station (Atlas District). Details und Adressen findet man unter www.washington.org/visiting/experience-dc/urban-explorer/night-life
John F. Kennedy Center for the Performing Arts, 2700 D St. NW/Rock Creek Pkwy. (M: „Foggy Bottom"), ☎ 202-467-4600, www.kennedy-center.org; Abendvorstellungen, auch Touren.
Woolly Mammoth Theatre Company, ☎ 202-393-3939, www.woollymammoth.net; vielfach Schauspielaufführungen.
H Street Playhouse 1365 H St. NE, ☎ 202-544-0703, www.hstreetplayhouse.com; Sitz der Theater Alliance (www.theateralliance.com).

Einkaufen
Nett zum Einkaufsbummel sind **Capitol Hill** und **Georgetown**, doch nach Washington fährt man eigentlich nicht zum Shopping. Lohnend sind die unterschiedlich sortierten Museumsshops an der Mall. Die größte Shopping Mall der Region mit über 200 Läden und Kaufhäusern wie JC Penney oder Nordstrom liegt ca. 50 km südl. an der I-95 (Exit 158 B o. 156) in **Potomac Mills**.

Sport
Washington Nationals, ☎ 202-675-5100 bzw. 202-675-6287 (Tickets); seit 2008 spielt das Team im neuen Nationals Park (im SO direkt am Anacostia River zwischen S. Capitol St., N St., 1st St. Und Potomac Ave., M: „Navy Yard"); http://washington.nationals.mlb.com
Washington Capitals, ☎ 202-628-3200, http://capitals.nhl.com; Eishockey-Profis (NHL) Okt.-April Spiele im zentral gelegenen MCI Center (601 F/7th St., M-Station „Gallery Place/Chinatown").
Washington Wizards, ☎ 202-661-5050, www.nba.com/wizards; die Profi-(NBA)-Basketballer sind Nov.-April im MCI Center (s. o.) zu Hause.
Washington Redskins, ☎ 703-726-7000 oder 301-276-6060, www.redskins.com; die heiß geliebten Profi-Footballer (NFL) spielen im neuen FedExField (91.665 Plätze) im östl. gelegenen Vorort Landover/Maryland.
Washington Mystics, ☎ 202-661-5000, www.wnba.com/mystics/; Juni-Aug. Spiele der Profi-Basketballerinnen (WNBA) im MCI Center (s. o.).
DC United, ☎ 703-478-6600, www.dcunited.com; Erstliga-Fußball April-Okt. im RFK Stadium (M-Station: „Stadium Armory")

Waterbury/VT (S. 544)

Information
Waterbury Tourism Council, 51 South Street, ☎: 802-244-7033, www.waterbury.org

Sehenswertes/Einkaufen/Verkostung
Ben & Jerry's Ice Cream Factory, 1,5 km nördlich am VT-100, ☎ 802-244-5641, tgl. 9-17 Uhr, Juli/Aug. 9-20 Uhr; halbstündige Führungen durch die Eiscremefabrik.
Cold Hollow Cider Mill, 3600 Waterbury-Stowe Rd., ☎ 802-244-8871, tgl. 8-18 Uhr; Informationen zur Apfelmostherstellung mit Probe und Verkauf.

The Cabot Creamery Annex, 1 Home Farm Way, am VT-100, ☏ 802-244-6334, tgl. 9-18 Uhr; Käserei mit Verkostung.

Unterkunft
Best Western Inn of Waterbury-Stowe $$, 45 Blush Hill Rd., am I-89, ☏ 802-244-7822, www.bestwesternwaterburystowe.com; ruhig gelegenes Hotel mit 84 gut ausgestatteten Zimmern, Hallenbad, Sauna und Tennisplatz, ganz in der Nähe der Ben & Jerry's Icecream Factory.
The Old Stagecoach Inn $$, 18 N Main St., ☏ 802-244-5056, 🖷 802-244-6956; in der Postkutschenstation von 1826 wurden 10 Gästezimmer mit antiken Möbeln eingerichtet, schöne Lage, nicht weit vom Winooki River und von Restaurants und Geschäften; www. oldstagecoach.com

Wandern
Informationen und Kartenmaterial über Wanderwege erhalten Sie vom **Green Mountains Club**, 4711 Waterbury-Stowe Rd., ☏ 802-244-7037, www.greenmountainclub.org

Watertown/NY (S. 595)

Information
Greater Watertown North Country Chamber of Commerce, 230 Franklin St., ☏ 315-788-4400, www.watertownny.com

Flughafen
Der Flughafen liegt östl. von Watertown; es bestehen Flugverbindungen mit Albany, Burlington und Montréal.

Sehenswertes
Jefferson County Historical Society, 228 Washington St., ☏ 315-782-3491.

Unterkunft
Davidson's Motel $, Black River Rd., am NY-3, ☏ 315-782-3861, 🖷 315-786-0599; kleines Hotel mit 20 Zimmern, beheiztem Pool, Garten, Wanderpfad am Haus, nahe Fort Drum.
Best Western Carriage House Inn $$, 300 Washington St., ☏ 315-782-8000, 🖷 315-786-2097, www.bestwestern.com; günstig gelegenes Mittelklassehotel mit 160 Zimmern, Pool, Sauna, Radverleih und gutes Restaurant.

Waterville/ME (S. 519)

Information
Mid-Maine Chamber of Commerce, One Post Office Square, P.O. Box 142, ☏ 207-873-3315, 🖷 207-877-0087, www.midmainechamber.com

Sehenswertes
Redington Museum, 62 Silver St., ☏ 207-872-9439, Mai-Ende Sept. Di-Sa, Führungen um 10 und 11 Uhr sowie um 13 und 14 Uhr.

Unterkunft
Best Western Inn $$, 356 Main St., ☏ 207-873-3335, www.bestwestern.com; freundliches Motel, 86 zweckmäßig eingerichtete Zimmer unterschiedlicher Größe, Restaurant, großer Pool.

Regionale Reisetipps von A–Z
(Waterville/ME, Weirs Beach/NH, Wells/ME u. Ogunquit/ME, Westpoint/NY, Westport/CT)

Holiday Inn $$, *375 Main St., ☎ 207-873-0111, 📠 207-872-2310, www.ichotelsgroup.com; gut ausgestattetes Hotel mit 139 Zimmern, Restaurant, beheiztem Ppool, Sauna und Fitnessraum.*

Weirs Beach/NH (S. 534)
ⓘ „Laconia/NH"

i Information
Greater Laconia-Weirs Beach Chamber of Commerce, *11 Veterans Square, ☎ 603-524-5531, www.laconia-weirs.org*

Touren/Bootsfahrten
„MS Mount Washington", *☎ 603-366-5531, http://cruisenh.com/MtWashington/home/index.php, tgl. Abfahrten Mai-Ende Okt., Fahrpreis: Erw. ab $ 22, Kin. bis 12 J. ab $ 12.*
Winnipesaukee Scenic Railroad, *☎ 603-279-5253, www.hoborr.com/winni.html*, *2-stündige Eisenbahnfahrt am Winnipesaukee-See entlang, Ende Juni-Aug. tgl. 10.30-16.30 Uhr, Mai/Juni, Sept. nur Sa/So, Erw. $ 14, Kin. $ 11.*

Wells/ME und Ogunquit/ME (S. 486)

i Information
Wells Chamber of Commerce, *Post Rd./Kimball Lane, ☎ 207-646-2451, www.wellschamber.org*

👁 Sehenswertes
Wells Auto Museum, *am US-1, ☎ 207-646 9064, Juni-Sept. tgl., sonst nur Sa/So.*
Rachel Carson National Wildlife Refuge, *321 Port Rd., ☎ 207-646-9226.*
Ogunquit Museum of American Art, *543 Shore Rd., ☎ 207-646-4909.*

Westpoint/NY (S. 580)

👁 Sehenswertes
Unites States Military Academy, *um US 9W, ☎ 845-938-2638, www.usma.edu, knapp 1-stündige Bustouren: Erw. $ 7, Kin. unter 12 J. $ 4, Besucherzentrum: tgl. 9-16.45 Uhr.*
Bear Mountain State Park, *5 mi/8 km südl. am US-9W, ☎ 845-786-2701, der Park ist April-Nov. geöffnet, der Aussichtsturm 9-16 Uhr.*

Westport/CT (S. 381)

i Information
Coastal Fairfield County Convention & Visitors Bureau, *297 West Ave., Norwalk, ☎ 203-853-7770, 📠 203-853-7775, www.visitfairfieldcountyct.com*

👁 Sehenswertes
Earth Place, The Nature Discovery Center, *10 Woodside Lane, ☎ 703-227-7253, Mo-Sa 9-17, So 13-16 Uhr.*

W) Williamsport/PA (S. 618)

Information
Williamsport/Lycoming Chamber of Commerce, 100 West Third St., ☏ 570-326-1971, 📠 570-321-1208, www.williamsport.org

Sehenswertes
Reptiland, ca. 10 mi/16 km südl., Mitte Mai-Mitte Sept. tgl. 9-20 Uhr.

Unterkunft
The Reighard House $$, 1323 E Third St., ☏ 570-326-3593; restauriertes Haus aus dem Jahr 1905 mit 6 freundlich eingerichteten Nichtraucherzimmern.
Holiday Inn Williamsport $$, 100 Pine St., ☏ 570-327-8231 oder 1-800-181-7341, 📠 570-322-2957, www.holidayinn.com; angenehmes, im Zentrum gelegenes Hotel mit 148 ansprechend eingerichteten Zimmern, Frühstücksservice und Swimmingpool.

Williamstown/MA (S. 472)

Information
Williamstown Chamber of Commerce, ☏ 413-458-9077 oder 1-800-214-3799, www.williamstownchamber.com

Sehenswertes
Sterling and Francine Clark Art Institute, 225 South St., ☏ 413-597-2462, Juli/Aug. tgl. 10-17 Uhr, Sept.-Juni Di-So 10-17 Uhr, Eintritt Juni-Okt.: Erw. $ 12,50, sonst frei; www.clarkart.edu
Williams College Museum of Art, Main St., ☏ 413-597-2429.

Veranstaltungen
Williamstown Theater Festival, ☏ 413-597-3399, Theaterkasse ☏ 413-597-3400, Theateraufführungen auf mehreren Bühnen Ende Juni-Aug.

Wilmington/NY (S. 589)

Information
Whiteface Chamber of Commerce, Main St., Box 277, ☏ 518-946-2255, 📠 518-946-2683, www.whitefaceregion.com

Sehenswertes
Whiteface Mountain Veterans' Memorial Highway, ☏ 518-523-1655, www.whiteface.com/newsite/summer/highway.php; gebührenpflichtige Straße: Auto und Fahrer $ 9, Insassen $ 5, Kin. unter 6 J. frei.
Gondola Rides, ☏ 518-462-6236, www.whiteface.com, Mitte Juni-Anf. Sept., 10-16.30 Uhr, Sept./Okt. nur Fr, Sa und So, Fahrpreis: Erw. $ 17, Sen./Kin. $ 12.
Whiteface Mountain Ski Center, am NY-86, ☏ 518-946-2223.
High Falls Gorge, am NY-86, ☏ 518-946-2278, www.highfallsgorge.com, Mai-Okt. tgl. 9-17 Uhr, Nov.-April wechselnde Zeiten, Eintritt: Erw. $ 10,50, Kin. 4-11 J. $ 7,50.
Santa's Workshop, North Pole, ☏ 518-946-2211, Ende Mai-Mitte Okt. tgl. 9.30-16.30 Uhr, Eintritt: Erw. $ 19,95, Kin./Jugendl. 3-17 J. $ 17,95.

Regionale Reisetipps von A–Z
(Wilmington/NY, Wiscasset/ME, Wolfeboro u. die Ostküste des Winnipesaukee-Sees/NH)

Unterkunft
Hungry Trout Resort $$, 2 mi/3,2 km westl. am NY-86, ☏ 518-946-2217, 🖷 518-946-7418, www.hungrytrout.com; Hotel mit 20 rustikal eingerichteten Zimmern und Aufenthaltsräumen am Ausable Chasm River, schöner Blick auf die Berge, beliebtes Restaurant.
Ledge Rock at Whiteface Mountain $$, am NY-86, ☏ 518-946-2379, 🖷 518-946-7594, www.LedgeRockAtWhiteface.com; ruhig gelegenes Motel mit 18 geräumigen Zimmern, von deren Balkon sich ein toller Blick auf den Whiteface Mountain bietet, Pool, Spielplatz, Wanderwege.

Wiscasset/ME (S. 494)

Sehenswertes
Castle Tucker House, Lee/High Sts., ☏ 207-882-7364, www.historicnewengland.org/visit/homes/castle.htm, 1. Juni-15. Okt. Mi-Sa 11-16 Uhr, geführte Touren, Eintritt: $ 5.
Musical Wonder House – Music Museum, 16-18 High St., ☏ 207-882-7163, Juni-Mitte Okt. tgl. 10-17 Uhr, Vorführungen und Konzerte, $ 10-35; www.musicalwonderhouse.com
Colonial Pemaquid State Historic Site, Colonial Pemaquid Dr., Pemaquide Point, am ME-130 bei New Harbor, ☏ 207-677-2423, Mai-Sept. tgl. 10-18 Uhr.

Wolfeboro und die Ostküste des Winnipesaukee-Sees/NH (S. 535)

Information
Wolfeboro Chamber of Commerce, 32 Central Ave., ☏ 603-569-2200 oder 1-800-516-5324, 🖷 603 569-2275, www.wolfeboroonline.com

Sehenswertes
Clark House, S Main St., ☏ 603-569-4997, Juli/Aug. Mo-Sa.
New Hampshire Antique and Classic Boat Museum, 397 Center St., NH-28, ☏ 603-569-4554, Mo-Sa 10-16, So 12-16 Uhr.
Libby Museum, 3,5 mi/5,6 km nördl. am NH-109, ☏ 603-569-1035, Ende März-Anf. Okt. Di-So 10-16 Uhr.
Castle in the Clouds, in Moultonborough, am NH-171, ☏ 603-476-2352, Mitte Juni-Mitte Okt. tgl., Mai-Mitte Juni an Wochenenden.

Unterkunft
Lakeview Inn & Motor Lodge $$, 200 N Main St., ☏ 603-569-1335, 🖷 603-569-9426, www.lakeviewinn.com; zur Anlage gehören 17 ansprechend eingerichtete Zimmer im modernen Gebäude oder im gut restaurierten Gasthaus aus dem 17. Jh.; einige Zimmer verfügen über eine Küchenzeile, Balkon oder Terrasse, gutes Restaurant.
The Lake Motel $$, am NH-28, ☏/🖷 603-569-1100, 🖷 603-569-1258, www.thelakemotel.com; Motel mit 35 Cottages, teilweise mit Küchenzeile, am Crescent Lake, Privatstrand, Bootsverleih, Tennisplatz.
Piping Rock Resort $$, 680 N Main St., ☏ 603-569-1915, 🖷 603-569-3864; das Motel mit 21 Zimmern und Cottages liegt in Winter Harbour direkt am Lake Winnipesaukee, mit Strand, Bootsverleih und Bootsanlegestelle; www.pipingrockresort.com
The Wolfeboro Inn $$$, 90 N Main St., ☏ 603-569-3016, www.wolfeboroinn.com; das historische Gebäude aus dem Jahr 1812, 2009 komplett renoviert, wurde durch Neubauten erweitert und verfügt nun über 44 ansprechende Zimmer und zwei Restaurants. Es liegt direkt am See mit Privatstrand, Kanu-, Ruder- und Segelbootverleih, nur wenige Minuten von Geschäften entfernt.

Regionale Reisetipps von A–Z
(Wolfeboro u. die Ostküste des Winnipesaukee-Sees/NH, Worcester/MA, York/ME)

W
Y

Einkaufen/Souvenirs
Hampshire Pewter Company, 9 Mill St., Wolfeboro, ☎ 603-569-4944, Mo-Sa 9-17 Uhr, Fabrikführungen tgl. außer So; in der 1974 gegründeten Firma wird die alte Handwerkskunst des Zinngießens lebendig gehalten. Dabei wird eine spezielle Legierung verwendet, die unter der Bezeichnung „Königsmetall" bekannt und seit dem 16. Jh. überliefert ist; www.hampshirepewter.com

Bootsfahrten

Kreuzfahrten auf dem Winnipesaukee-See:
Mount Washington Cruises, ☎ 603-366-5531, www.cruisenh.com, tgl. Abfahrten Mitte Mai-Mitte Okt., 3 1/4-stündige Fahrten und Abendfahrten.

Worcester/MA (S. 466)

Information
Worcester County Convention & Visitors Bureau, 30 Worcester Center Blvd., ☎ 508-755-7400 oder 1-800-231-7557, www.worcester.org

Sehenswertes
Worcester Art Museum, 55 Salisbury St., ☎ 508-799- 4406.
Ecotarium, 222 Harrington Way, ☎ 508-929-2700.
American Antiquarian Society, 185 Salisbury St., ☎ 508-755- 5221.

Einkaufen
Worcester Common Fashion Outlet, 100 Front St., ☎ 508-798-2581, Mo-Sa 9-21, So 12-18 Uhr.

York/ME (S. 485)

Information
The Greater York Region Chamber of Commerce, 1 Stonewall Lane, ☎ 207-363-4422, 🖷 207-363-7320, www.gatewaytomaine.org

Sehenswertes
Old York Historical Society, 207 York St, ☎ 207-363-4974, 🖷 207-363-4021, www.oldyork.org, Mitte Juni-Sept. Di-Sa 10-16 Uhr. Eintritt für alle Gebäude: Erw. $ 10, Sen. $ 9, Kin. unter 16 J. $ 5, Familienkarte $ 20; die Eintrittskarte gilt für zwei aufeinander folgende Tage.
The Marketplace – Cape Neddick House, 1300 US 1, Cape Neddick, ☎ 207-363-2500, www.capeneddickhouse.com; im ehemaligen Cape Neddick Postamt gibt es einen Laden, voll mit Dingen von einheimischen Handwerkern und Künstlern, z. B. handgemachte Seifen, Töpferarbeiten, Bilder und Schmuck.

IWANOWSKI'S
Das kostet Sie das Reisen im Nordosten der USA

News im Web:
www.iwanowski.de

• Stand: Sommer 2009 •

Der gegenwärtig günstige Dollarkurs (1 $ = 0,70 €, 1 € = $ 1,40) hat die USA wieder zu einem **erschwinglichen Reiseziel** gemacht. Zudem hat sich der Preisanstieg Ende der 1990er inzwischen abgeschwächt und Unterkünfte, Restaurants, Touren und Eintritte liegen preislich gesehen sogar unter dem europäischen Standardpreis. Flüge sind trotz Steuern und Abgaben immer noch sehr günstig – vor allem in der Nebensaison. Nahverkehr, Benzin, Motels und Fast Food sowie bestimmte Güter sind sogar günstiger als in Nord- und Mitteleuropa.

Generell wird in den USA auf alle Waren und Dienstleistungen eine „tax", eine Art Mehrwertsteuer, aufgeschlagen, die je nach Staat um die 4-7 Prozent beträgt (Ausnahmen: New Hampshire, wo es keine tax gibt, und New York, wo sie – außer bei Kleidung und Schuhen – 8,75 Prozent beträgt). Hotels erheben je nach Zimmerzahl zusätzliche Steuern, so dass z. B. in New York um die 15 Prozent herauskommen. Im Nordosten fällt ein großes **Preisgefälle** auf. Das teuerste Pflaster, vielleicht sogar in den gesamten USA, ist Neuengland, aber auch in den Metropolen, allen voran New York, Boston oder Washington, sind die Preise gesalzen und man lebt dort teurer als in den „Dörfern" auf dem „flachen Land" oder in den touristisch weniger umworbenen Städten Baltimore, Buffalo oder Philadelphia.

Die „Grünen Seiten" sollen **Preisbeispiele** für eine Reise im Nordosten der USA geben um es so zu ermöglichen, die Kosten eines Aufenthaltes halbwegs realistisch einschätzen zu können. Die Angaben verstehen sich jedoch lediglich als **Orientierungshilfen** und erheben keinerlei Anspruch auf bleibende Aktualität, Allgemeingültigkeit oder Vollständigkeit.

Beförderung

▶ Flüge
Die große Zahl konkurrierender Reiseveranstalter und verschiedener Airlines macht es schwer, bei der Masse angebotener Transatlantikflüge den Überblick zu behalten. Zumal sich die Offerten abhängig von Saison und Wochentag, Abflugort und Routenführung, dem Zeitpunkt der Buchung bzw.

der Art der Buchung (z. B. Internet) unterscheiden und jeweils verschiedene Buchungskategorien mit unterschiedlicher Kontingentierung angeboten werden.

Generell sind **Flüge in der Nebensaison**, vor allem im zeitigen Frühjahr oder im Herbst bzw. außerhalb von Ferienzeiten bzw. Feiertagen, preisgünstiger als solche in der Hauptsaison (Mitte Juni bis Ende August, meist etwa 40 Prozent teurer), wobei die genauen Saisondaten schwanken und es überdies „Zwischensaisons" gibt.

Für Kinder zwischen zwei und elf Jahren berechnen die meisten Fluggesellschaften 65-75 Prozent des Vollzahlertarifs. Kleinkinder unter zwei Jahren zahlen ohne Platzanspruch etwa 10 Prozent des regulären Ticketpreises.

Linienflüge Deutschland – USA/Nordosten

... gibt es z. B. von
Lufthansa/United Airlines
u. a. ab Düsseldorf, Frankfurt, Hamburg, München, Berlin-Tegel
- nach New York bzw. Newark, Boston, Philadelphia und Washington

British Airways
u. a. ab Berlin-Tegel, Düsseldorf, Hamburg, München, Frankfurt, Köln, Stuttgart
- nach New York bzw. Newark, Boston, Philadelphia und Washington bzw. Baltimore

Delta Airlines
u. a. ab Berlin-Tegel, Düsseldorf, Hamburg, München, Frankfurt, Stuttgart
- nach New York, Boston, Philadelphia und Washington

Sonstige
ab Frankfurt fliegt relativ günstig **Icelandair** (über Reykjavik)
- nach New York und Boston
ab Frankfurt und München fliegt relativ günstig **USAirways** direkt
- nach Philadelphia
ab Düsseldorf fliegt **LTU/Air Berlin** direkt
- nach New York

PREISE
Die Preise für einen Flug an die Ostküste – weitgehend egal, welchen Flughafen man auswählt – beginnen inklusive Steuern und Versicherungen im günstigsten Fall und in der NS bei ca. 350 €, im Schnitt sind eher 450-500 € zu rechnen. New York ist gelegentlich sehr billig zu bekommen, Philadelphia und Washington eher teurer.

Im Frühjahr und Herbst steigen die Preise, doch vor allem in den Sommermonaten bewegen sie sich um bzw. sogar über 700 €. Gründlicher Vergleich ist unabdingbar, wobei sich die angepriesenen Superangebote von reinen Internet-Brokern oder die Listen in Reisezeitschriften oft als Flop erweisen, da nur geringe Sitzplatzkapazitäten vorhanden sind oder die Tickets an strikte Bedingungen gekoppelt sind.

Sondertarife, die niedriger liegen können als obige Preise, sind das ganze Jahr über erhältlich, allerdings unterschiedlich in Kontingentierung und zu variablen Bedingungen. In letzter Zeit waren langfristig im Voraus gebuchte Flüge oder kurzzeitig gültige Internetangebote preiswerter als „klassische" Last-Minute-Angebote. Vor allem in der NS bieten renommierte Fluggesellschaften wie Lufthansa, BA, SAS, UA oder auch LTU immer wieder einmal günstige Tickets über Zeitungsannoncen bzw. im Internet an, und man bekommt unter 400 € einen Flug an die Ostküste.

▶ **Inlandsflüge**
Inlandsflüge sind im Allgemeinen unverhältnismäßig teuer. So genannte **Rundflugtickets** (*Visit-USA/VUSA*) bzw. „*Air Passes*" umfassen eine je nach Gesellschaft differierende Anzahl von Gutscheinen (*Coupons*) und werden meist am günstigsten in Verbindung mit dem Transatlantikflug erworben. Zur Wissenschaft können die unterschiedlichen damit verknüpften Bedingungen werden, z. B. die Gebühren für eine Umbuchung, die Notwendigkeit von Festbuchung vorab, Zeitlimits, Sperrzeiten und Streckenführung betreffend.

Offeriert werden Rundflugpässe beispielsweise von *Air Canada, Delta, Northwest Airlines, US Airways*, und es gibt einen „*All American Airpass*" (AAA) von mehr als 50 beteiligten Airlines (www.allairpass.com). Günstiger ist es in den meisten Fällen, die Möglichkeit zu Gabelflügen und Stop-overs zu nutzen, die auf Transatlantikflügen in jeweils unterschiedlichem Umfang möglich sind.

▶ **Mietwagen**
Einen Mietwagen zu Hause **im Reisebüro** oder im Internet zu buchen, ist bei einer Mietdauer ab einer Woche oder länger im Allgemeinen **wesentlich billiger**, da es Inklusivpreise gibt. Direktbuchung bei Mietwagenfirmen vor Ort ist teuer, da meist Versicherungen, manchmal auch Fahrtmeilen gesondert berechnet werden, und lohnt nur bei kurzfristiger bzw. kurzzeitiger Buchung. Vorsicht ist bei kleineren lokalen Anbietern geboten, was Versicherung, Zusatzkosten und Qualität der Fahrzeuge angeht. Eine Buchung über das Internet bei renommierten Firmen ist für ein paar Tage meist die günstigere Variante.

Die großen Anbieter haben sich preislich und was die Versicherungshöhe angeht, weitgehend angeglichen und bieten im Allgemeinen zwei verschiedene „Packages" an, die beide Vollkasko (CDW/LDW) und sämtliche *taxes* (Steuern) und Gebühren einschließen. Bei dem teureren Komfortpaket sind weitere Zusatzversicherungen enthalten, deren Notwendigkeit man jedoch genau prüfen sollte.

Die Miete für einen **Mittelklassewagen** im Standardpaket beläuft sich pro Woche – inkl. unbegrenzter Freimeilen, Steuern, Gebühren und CDW/LDW (Vollkasko) plus Zusatzhaftpflicht von 1 Mio. € für über 24-Jährige auf **durchschnittlich 180-220 €**, wobei DerTour bzw. Alamo meist preislich etwas günstiger liegen als die anderen Anbieter.

Achtung

*Gibt man den Mietwagen an einer anderen als der Abholstation zurück, gilt das als „One-way"-Miete und es fällt eine von Veranstalter zu Veranstalter unterschiedliche distanzabhängige Pauschale (**Rückführgebühr**) ab $ 100 an. Nur bei AVIS wird zwischen den Flughafenstationen Boston, New York/Newark, Philadelphia, Hartford, Baltimore und Washington keine Zusatzgebühr verlangt.*

▶ Camper

Generell sprechen die komplizierten Miet-, Versicherungs- und Haftungsbedingungen für eine Buchung bereits im Heimatland. Wohnmobile oder „RVs" (Recreation Van = alle Arten von Wohnmobilen, Campern) kosten je nach Größe, Ausstattung und Saison zwischen **60 und 250 €/Tag**. Der Preis hängt stark von den unterschiedlichen Modellen (Motorhome, Van und Pickup- bzw. Truck-Camper), ein wenig von den diversen Anbietern (wie El Monte, Cruise America, Moturis) und vor allem von der jeweiligen Saison ab. HS ist im Allgemeinen die Zeit von Anfang Juli bis Mitte August, am preiswertesten sind die Fahrzeuge von November bis März. So genannte Flex-Tarife zielen auf frühzeitige Buchung und senken dann den Tagessatz.

Zum Grundpreis addieren sich **beträchtliche Nebenkosten** für Zusatzausstattung, Endreinigung und gelegentlich Übergabe, ggf. auch für Zusatzversicherungen, Wochenendzuschläge und gefahrene Meilen (meist keine oder nur wenige inklusive). Die Campingplätze schlagen gesondert zu Buche: Für ein Campmobil inklusive zwei Personen sind mindestens um die $ 30 für den Stellplatz zu rechnen, auf kommerziellen Plätzen auch mehr.

▶ Eisenbahn

An der Ostküste bildet der Zug eine attraktive Alternative, um zwischen den großen Metropolen zu pendeln. Zwischen Boston, New York, Philadelphia, Baltimore und Washington fahren fast stündlich Intercity-Züge (Acela Express und Metroliner) der halbstaatlichen Gesellschaft Amtrak. Wer viel mit dem Zug unterwegs ist, sollte sich schon in Deutschland einen **USA Rail Pass** besorgen (ausschließlich von Nichtamerikanern und Nichtkanadiern über deutsche Reisebüros erhältlich). Er erlaubt für einen bestimmten Zeitraum in einer festgelegten Region Zugfahrten ganz nach Wunsch. Relevant für den Nordosten sind folgende Tickets, die auch in Deutschland erhältlich sind:

PREISE FÜR 2009
Der **USA Rail Pass** kostet derzeit ganzjährig für
- 15 Tage/8 Abschnitte $ 389/ca. 290 €
- 30 Tage/12 Abschnitte $ 579/ca. 431 €
- 45 Tage/18 Abschnitte $ 749/ca. 557 €

Ein Reiseabschnitt beginnt mit dem Einstieg in ein Fahrzeug und endet mit dem Ausstieg, unabhängig von der Reisedauer. Lange Strecken sollten im Voraus reserviert werden, Schlafabteile gibt es gegen Zuzahlung. Max. zwei Kinder im Alter von 2 bis 15 Jahren fahren in Begleitung zum halben Preis, ein Kind unter 2 Jahren ist frei.

Wer nur eine oder zwei Fahrten unternehmen möchte, kann auch vor Ort ein Ticket erwerben. Die Fahrten sind preiswert, selbst in dem mit dem deutschen ICE vergleichbaren *Acela Express*. So kostet beispielsweise eine Fahrt von New York nach Washington (etwa 360 km) zwischen $ 140 und 310, je nach Zugart (Regional oder Acela). Der Preis hängt auch davon ab, ob man in der Rushhour (Mo-Fr 5-9 sowie 14-18 Uhr) oder zu ruhigeren Zeiten unterwegs ist.

▶ Bus
Greyhound bietet eine Gesamt-Netzkarte namens **Ameripass** an, die für eine Reisedauer von 7 bis 30 Tagen gilt. Der **Eastern Canam Pass** gilt an der Ostküste inklusive Kanada. Die Pässe gibt es in vier verschiedenen Varianten, zwischen 250 und 505 €.

▶ Fly&Drive
Die gekoppelte Buchung von Flug und Mietwagen (oder auch Camper) kann eine sinnvolle Alternative sein. Die Kombinationen sind jedoch genau mit den Einzelpreisen zu vergleichen und auf die Personen umzulegen – zudem gelten sie zumeist nur ab zwei Personen. Die Kombination Flug und Mittelklassewagen kostet – je nach Reiseveranstalter – pro Person ab 600 € für eine Woche.

Aufenthaltskosten

▶ Übernachtung
Es ist schwer, genaue Preise anzugeben, denn vor Ort bestimmen Angebot und Nachfrage, Saison und Wochentag, Lage und Stadtnähe, Specials und gewährte Rabatte die Preise. Entlang der Highways versuchen Hotels und Motels verschiedener Kategorien mit „**Specials**" (Sonderangeboten) Kunden zu ködern. Generell berechnet sich der Preis in den USA für das Zimmer, unabhängig von der Belegung bzw. mit nur geringem Aufpreis für weitere Personen.

In den großen Städten ist für ein gutes Hotelzimmer leicht mit rund $ 200 (in New York mit mehr) zu rechnen. Dafür gibt es in abgelegeneren Regionen durchaus gute Unterkünfte, in denen man für unter $ 100 nächtigen kann. Wer die **preiswerte Kategorie** bekannter Motelketten (siehe Allgemeine Reisetipps) wählt, kann mit Glück sogar mit rund $ 60-70 fürs Doppelzimmer wegkommen. In der **Mittelklasse** beginnen die Preise je nach Lage bei etwa $ 80, doch es gibt immer wieder „Specials" und Rabattcoupons.

In einem deutschen Reisebüro vorab zu buchen, lohnt – mit Ausnahme von ev. New York oder für den Ankunfts- bzw. Abflugtag – nur in Sonderfällen, da erstens meist nur gehobene Hotels im Angebot stehen und zweitens die Preise meist höher sind als die Specials vor Ort.

Spartipp

In vielen staatlichen Infobüros wie den Welcome Centern an den Staatsgrenzen, manchmal auch in lokalen Besucherzentren, liegen kostenlose Couponhefte aus. In diesen bieten Hotels für Kurzentschlossene Zimmer für eine Nacht zu günstigen Preisen – oft bis zu 50 Prozent ermäßigt – an. Beim vorher nötigen Anruf zwecks Reservierung muss man auf den Coupon verweisen. Mit Glück und bei geringer Belegung ist es manchmal sogar möglich, mehrere Nächte zum günstigen Preis zu bekommen. Auch Senioren oder Automobilclubmitglieder sollten nach Ermäßigungen fragen.

▶ Verpflegung

Was für Unterkünfte gilt, trifft auch auf Restaurants zu, auf Fast-Food-Ketten, *Food Courts* in Shopping Malls und sonstige Läden: Im Nordosten und in den Großstädten ist es am teuersten, je weiter man nach Süden fährt, umso billiger wird es. Generell liegt das Preislevel für **Lebensmittel** in etwa auf europäischem Niveau. Feinkost (guter Käse, gute Wurst) ist teurer, Fertigkost aller Art, Fleisch und Fisch, Softdrinks und Drogerieartikel sind meist billiger.

Fast Food ist erheblich preiswerter als in Europa („Menü" mit Getränk ab ca. $ 3), und die diversen Ketten versuchen sich mit Sonderaktionen zu überbieten. Die untere und mittlere Restaurantkategorie entspricht trotz hinzuzurechnender taxes und Trinkgeld in etwa der unsrigen (wobei Qualität und Service meist besser und die Portionen größer sind), durchschnittlich dürften es mit Getränk, alles inklusive, ca. $ 25 sein. In Top-Lokalen sind pro Mahl mindestens $ 50 zu rechnen; sie sind allerdings meist gut angelegt.

DURCHSCHNITTLICHE PREISE
- 6-pack gutes (lokales) Bier: ab $ 7 (Massenware preiswerter!)
- mittelgroßer (guter) Kaffee: ab $ 1,50
- Donuts/Muffins: ab $ 0,50 (Supermarkt), ab $ 0,70 bei Ketten wie *Dunking Donut*

- Weißbrot (Supermarkt): ab ca. $ 1
- Hot Dog: ab $ 1,50
- Frühstück (2 Donuts, Kaffee): ab ca. $ 2,50
- Brotzeit-Einkauf im Supermarkt: ca. $ 5-10 pro Person (Brot/Brötchen, Wurst/ Käse, Obst, Getränk)
- Saft/Soda (Dose) $ 1-2

▶ **Eintritte und Veranstaltungen**

In der Regel kosten die teilweise hervorragend aufgemachten Museen, historischen Attraktionen und *Living-History*-Museen zwischen $ 10 und 15; kleinere Museen oder Sights sind schon für etwa $ 5 zugänglich, Vergnügungsparks kosten erheblich mehr. Vielfach sind die vom National Park Service betriebenen historischen Attraktionen frei oder kosten zwischen $ 5 und 10. Gelegentlich sind auch freiwillige Spenden, *„Suggested Donation"*, üblich, wobei man allerdings die korrekte Entrichtung der vorgeschlagenen Summe erwartet. National Parks kosten zwischen $ 10 und (seltener) $ 30 pro Pkw und das Ticket gilt meist eine Woche lang. Im Nordosten gibt es nur den Acadia NP, der kostet derzeit $ 20 im Sommer, sonst $ 10.

Preise für Veranstaltungen anzugeben, ist fast unmöglich. Hingewiesen sei auf die einzelnen Ticketverkaufsstellen in den Großstädten (s. *Regionale Reisetipps von A-Z*). Hier bekommt man vielfach für Veranstaltungen jeglicher Art, auch Sport-Events, am gleichen Tag erheblich vergünstigte Eintrittskarten. Der Ticketpreis für Letztere hängt von der Sportart ab: Baseballtickets gibt es schon ab $ 15, für Eishockey und Basketball muss man für einen guten Platz mit $ 40/50 rechnen und bei den American Footballern der NFL sollte man um die $ 50 einplanen. Preiswertere Tickets (ca. $ 15) bedeuten weit vom Spielfeld entfernte Plätze, die ein Fernglas erfordern. Die Stimmung ist bei Spielen der Universitätsmannschaften am besten, doch diese Spiele sind meist rasch ausverkauft, dafür liegen die Preise deutlich niedriger.

▶ **Benzin**

Normalbenzin (*regular*) genügt für die meisten Mietwagen und kostet derzeit zwischen etwa $ 2,50 und $ 2,80 pro Gallone (3,8 l), was etwa 0,50 €/ Liter gleichkommt.

Gesamtkostenplanung

Die folgende Aufstellung bezieht sich auf zwei gemeinsam reisende Personen bzw. eine dreiköpfige Familie, die 3 bzw. 4 Wochen die Ostküste erkundet. Nicht eingerechnet sind Ausgaben für Einkäufe, für Telefonate, Sonderausgaben und eventuell im Vorfeld nötige Versicherungen (Auslandskrankenversicherung, Jahrespolice ab etwa 15 €) und Kreditkarten. Auch der ev. nötige Zubringer zum Flughafen wurde nicht einkalkuliert, da er bei manchen Flugtickets im Preis enthalten und individuell verschieden ist.

Das kostet Sie das Reisen im Nordosten der USA

Man sollte sich das eine oder andere Mal den Luxus gönnen, in einem B&B oder historischen Inn zu nächtigen, deshalb wurde der Durchschnittspreis auch relativ hoch angesetzt. Zudem ist es ratsam, seinen Mietwagen nicht zu klein zu wählen, verbringt man doch viel Zeit darin und sollte das Gepäck stets gut verstaut werden können.

Hier ein paar Anhaltspunkte für die **Kalkulation** des Reisebudgets (**Kosten in €** für **2 Personen**, bei einem Mittelwert von $ 1 = 0,77 €, gerundete Summen):

	3 Wochen	4 Wochen
2 Flugtickets	1.200	1.200
Unterkunft (Mittelklasse, durchschn. $ 100/DZ, 20/27 Nächte)	1.400	1.900
Verpflegung-Sparversion mit Selbstverpflegung, Fast Food (pro Tag/Pers. $ 20)	300	380
Verpflegung mit regelmäßigen Restaurantbesuchen (pro Tag/Pers. $ 40)	560	760
Eintritte (geschätzt, stark variabel)	200	300
Mietwagen-Standardpaket (Mittelklasse)	660	880
Benzinkosten (für 2.400 bzw. 3.500 km bei ca. 9 l/100 km und $ 3/Gallone)	80	120
Gesamt	ca. 4.440	ca. 5.540

Für ein zusätzliches **Kind** im Alter von unter elf Jahren kämen etwa folgende Kosten hinzu (Übernachtung im Zimmer der Eltern), für Kleinstkinder gelten Sondertarife:

	3 Wochen	4 Wochen
Flugticket (65 Prozent des Normalpreises)	780	780
Unterkunft (zusätzlich $ 15/Tag)	210	280
Verpflegung (Sparversion, halbe Summe)	150	190
Verpflegung (bessere Version)	280	380
Eintritte (geschätzt)	100	150
Gesamt	ca. 1.520	ca. 1.780

4. REISEN IM NORDOSTEN DER USA

Routenvorschläge

Der Nordosten der USA, der in diesem Reise-Handbuch beschrieben wird, umfasst das weite Gebiet des Bundesstaates **New York** mit der Metropole New York City und die nördlich und östlich angrenzenden sechs Neuengland-Staaten **Connecticut**, **Rhode Island**, **Massachusetts**, **New Hampshire**, **Vermont** und **Maine**. Da viele Reisende auf dieser Reise auch **Washington, D. C.** und **Philadelphia** besuchen möchten, wurde die Beschreibung dieser beiden Städte mit in diesen Reiseführer aufgenommen.

Obwohl der Nordosten ein relativ überschaubares Gebiet ist, bietet er eine große Fülle an Sehenswürdigkeiten und eine große Vielfalt an Landschaftsformen. Die Ihnen zur Verfügung stehende Zeit sollte ausschlaggebend für die Planung Ihrer Reise und die Auswahl der zu besichtigenden Sehenswürdigkeiten sein.

Im Folgenden werden drei Routenalternativen (s. nachstehende Übersicht) gegeben, die je nach individuellen Interessen und Möglichkeiten verkürzt oder verlängert oder miteinander kombiniert werden können.
Da die meisten europäischen Besucher, die den Nordosten der USA bereisen wollen, in New York City oder Boston ankommen, wurde NYC als Ausgangsort für die nachfolgenden Rundreisevorschläge gewählt. Alle Rundreisen können aber auch in Boston begonnen werden.
Genauere Angaben zu den Übernachtungsvorschlägen finden Sie in den entsprechenden reisepraktischen Kapiteln (ⓘ Regionale Tipps von A-Z).

Routenvorschlag 1

für eine 4- bis 6-wöchige Rundreise durch den Nordosten der USA

Entfernung: 1.675 mi/2.680 km
Routenverlauf: New York City – New Haven – Newport – Boston – Portland – Plymouth/NH – Montpelier – Burlington – Ogdensburg – Thousand Islands – Niagarafälle – Corning – Gettysburg – Washington, D. C. – Philadelphia – New York City

Diese Rundfahrt führt von New York City an der Ostküste entlang über New Haven und Newport nach Boston und weiter nach Norden bis Portsmouth oder Portland.

Hinweis: Wenn Sie die unberührte Landschaft von Maine mit ihren Flüssen, Seen und Wäldern kennen lernen möchten, können Sie von Portland aus noch weiter nordwärts zum Acadia National Park oder zum Baxter State Park fahren (s. 2. Alternative: Rundfahrt durch die Neuengland-Staaten).

Von Portsmouth fahren Sie landeinwärts am bezaubernden Winnipesaukee-See oder von Portland aus am Sebago-See entlang zu den dicht bewaldeten Höhenzügen der White Mountains in New Hampshire. Über den Kancamagus-Highway erreichen Sie den Franconia Notch State Park. Über St. Johnsbury und Montpelier, die Hauptstadt Vermonts, kommen Sie nach Burlington zum Lake Champlain, der die Grenze zum Bundesstaat New York bildet.

Hinweis: Von St. Johnsbury und Burlington aus können Sie einen Abstecher zu den kanadischen Städten Montreal und Ottawa machen.

Für die Weiterfahrt von Burlington aus zu den Niagarafällen können Sie zwischen zwei Wegstrecken wählen:

1. Fahrtstreckenalternative
mit dem Schwerpunkt: „Adirondacks"

Mit der Fähre überqueren Sie den Lake Champlain und fahren dann nach Westen durch eine waldreiche Hügel- und Berglandschaft über Lake Placid zum Saranac Lake und weiter zum Tupper Lake. Die Straße führt Sie dann durch fluss- und seenreiches Gebiet nach Ogdensburg zum St. Lorenz-Strom. An seiner Mündung in den Ontario-See können Sie auf einer Bootsfahrt die „Thousand Islands" kennen lernen und dann am Ontario-See entlang über Syracuse zu den Niagarafällen fahren.

2. Fahrtstreckenalternative
mit dem Schwerpunkt: Lake Champlain und Lake George

Mit der Fähre überqueren Sie den Lake Champlain, an dessen Westufer eine landschaftlich sehr reizvolle Straße nach Süden führt. Sie kommen am Fort Ticonderoga vorbei und erreichen den Lake George mit seinen ausgezeichneten Erholungsmöglichkeiten. Die Straße führt weiter nach Albany, der Hauptstadt des Bundesstaates New York. Von dort aus fahren Sie nach Westen über Utica und Syracuse zu den Niagarafällen.

Im Süden dieser Straße liegen sehr schöne Landschaften und Erholungsgebiete, deren Schönheiten sich jedoch weniger auf der Durchfahrt als vielmehr bei einem längeren Aufenthalt bei Wanderungen und Bootsausflügen erschließen, wie z. B. die herrlichen Seen der Finger Lakes, das sanfte Hügelland der Catskills oder das liebliche Hudson River Valley.

Wenn Sie von den Niagarafällen aus Ihre Rundreise fortsetzen, können Sie in Corning das Glas-Museum besuchen, in Pennsylvania die *Amish People* mit ihrem überlieferten Brauchtum kennen lernen und über Gettysburg nach Washington, D. C. fahren. Nach dem Besuch der Regierungshauptstadt fahren Sie über Baltimore und Philadelphia zurück nach New York City.

4. Reisen im Nordosten der USA – Routenvorschläge

Routenvorschlag 2

für eine 4- bis 7-wöchige Rundreise auf den Spuren der ersten Siedler in den USA und Kanada ab/bis New York City

Entfernung: 1.900 mi/3.075 km
Routenverlauf: New York City – New Haven – Newport – Boston – Portland – Augusta – Skowhegan – Jackman – Québec – Montréal – Ottawa – Thousand Islands – Toronto – Niagarafälle – Corning – Gettysburg – Washington, D. C. – Philadelphia – New York City

Auf dieser Rundfahrt, die zunächst von New York City über Boston und Portland nach Augusta und dann weiter zu den kanadischen Städten Québec, Montreal, Ottawa und Toronto führt, verbinden sich Kultur und Natur auf das Feinste. Sie lernen die pulsierenden Metropolen und die großen historischen Sehenswürdigkeiten des Nordostens kennen und erleben auf der Weiterfahrt die Schönheit der „Thousand Islands", die tosenden Niagara-Wasserfälle und die Lebensweise der traditionsverhafteten Nachfahren der *Amish People*, die im 16. Jh. aus Deutschland auswanderten und das Land in Pennsylvania urbar machten. Letzte Stationen dieser Rundreise sind die Städte Washington, D.C. und Philadelphia, bevor Sie nach New York City zurückkehren.

Hinweis: Auch von Niagara Falls aus ist Toronto gut zu erreichen; die beiden Städte sind durch Schnellstraßen verbunden, die Entfernung beträgt nur ca. 120 km.

Routenvorschlag 3

für eine 3- bis 6-wöchige Rundfahrt durch die Neuengland-Staaten ab/bis New York City

Entfernung: 1.645 mi/2.630 km
Routenverlauf: New York City – New Haven – Newport – Cape Cod – Boston – Portsmouth – Portland – Bar Harbor – Acadia National Park – Bangor – Baxter State Park – Moosehead Lake – Augusta – Mount Washington – Montpelier – Burlington – Rutland – Hartford – New York City

Diese Rundfahrt führt von New York City an der Ostküste entlang über New Haven, Newport und Cape Cod nach Boston und weiter nach Norden bis zum Acadia National Park, zum Baxter State Park und zum Moosehead Lake. Auf der Weiterfahrt besuchen Sie u. a. die Städte Augusta, Montpelier und Hartford mit interessanten Sehenswürdigkeiten und sehenswerten Museen. Ihre Reise führt Sie zu den unberührten Wald- und Seengebieten von Maine, zu den Höhenzügen

4. Reisen im Nordosten der USA – Routenvorschläge

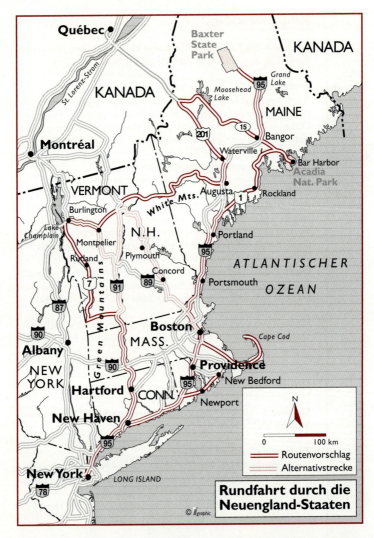

der White Mountains in New Hampshire und zu den dichten Wäldern der Green Mountains in Vermont, zeigt Ihnen die liebliche Hügellandschaft der Berkshire Hills und ermöglicht Ihnen einen erholsamen Strandurlaub in den beliebten Badeorten an der Atlantikküste.

Hinweis: Vom Moosehead Lake aus ist es nicht mehr weit bis zur Grenze der kanadischen Provinz Québec; von dort erreichen Sie auf einer gut ausgebauten Straße nach 136 km Québec City.

Zeiteinteilung und touristische Interessen

Gebiet	Unternehmungen Ausflugsziele	Tage	ca. km	Touristische Interessen
New York ⓘ S. 329	Stadtrundgänge, Museen, Theater, weltbekannte Attraktionen, Stadtviertel	2-3	30	Stadterlebnis, moderne Architektur, Museen, Einkaufen, Restaurantbesuche, ethnische Vielfalt
New York – Mystic ⓘ S. 378	Westport, Bridgeport, New Haven, Hartford, Mystic	3-5		Stadterlebnis, Marinemuseum, State Parks
Newport – Boston ⓘ S. 394	Newport, Providence, Cape Cod, Plymouth, Boston	2-3	140	Geschichte, Architektur, Inselleben
Boston ⓘ S. 436	Stadtrundgänge, Freedom Trail, Museen, Cambridge (Harvard University)	2-3	30	Stadtleben, Geschichte, Architektur, Kunst
Boston – Acadia NP und zurück ⓘ S. 474	Lexington, Concord, Salem, Kennebunkport, Portland, Freeport, Boothbay Harbor, Rockland, Bar Harbor	3-5	500	Geschichte, Strandleben, Hummerfang und Walbeobachtung, Desert of Maine, Einkaufen
Acadia NP ⓘ S. 500	Rundfahrt, Champlain Mountain	2-4	100	Naturerlebnis, Wandern, Wassersport, Tierbeobachtung, Laubfärbung im Herbst
Acadia NP – Moosehead Lake ⓘ S. 507	Naturerlebnis, Wandern, Wassersport, Tierbeobachtung, Laubfärbung im Herbst	2-4	185	Naturerlebnis, Wandern, Wassersport, Tierbeobachtung, Laubfärbung im Herbst
Moosehead Lake – kanadische Städte				
Québec ⓘ S. 511	Château Frontenac, Altstadt, Zitadelle, Isle d'Orléans	1-2	30	Stadtrundgang, Museen, Fahrt mit der Pferdekutsche
Montréal ⓘ S. 548	Vieux-Montréal, Olympiapark, Botanischer Garten, Insel Sainte-Hélène	2-3	50	Stadtleben, Museen, Restaurants, Theater, Einkaufen
Ottawa ⓘ S. 554	Besichtigung des Parlaments, Museum of Civilization, Gatineau Park, Rideau-Kanal	2-3	50	Stadtgeschichte, Kultur, Museen, Bootsfahrten
Toronto ⓘ S. 609	Stadtrundgänge, Eaton Centre, Royal Ontario Museum, Toronto Islands Park	2-3	50	Theater- und Museumsbesuche, Einkaufen, Restaurants, Sportveranstaltungen

4. Reisen im Nordosten der USA – Zeiteinteilung und touristische Interessen

Gebiet	Unternehmungen Ausflugsziele	Tage	ca. km	Touristische Interessen
Acadia NP – White Mountains ⓘ S. 524	Kancamagus-Highway, Mount Washington, Bretton Woods, Franconia Notch State Park	3-5	215	Naturerleben, Wandern, Wassersport, Tier- und Pflanzenwelt, Laubfärbung im Herbst
White Mountains – Burlington ⓘ S. 543	Montpelier, Stowe, Burlington, Long Trail, Green Mountains	3-5	200	Stadtrundgänge, Wandern, Laubfärbung im Herbst, Wintersport
Burlington – Niagara Falls ⓘ S. 573	Lake George, Albany, Hudson River Valley, Catskill Mountains, Adirondack Mountains, Tupper Lake, St. Lorenz-Strom, Buffalo	5-8	600	Naturerlebnis, Laubfärbung im Herbst, Wandern, Wassersport, Skifahren, Architektur, Geschichte, Stadtrundgänge
Niagara Falls ⓘ S. 598	Wasserfälle, Stadtbesichtigung	2-3	30	Wasserfälle auf der amerikanischen und kanadischen Seite, Bootsfahrt, Museen, Botanischer Garten
Niagara Falls – Washington ⓘ S. 616	Corning, Finger Lakes, Williamsport, Gettysburg	2-3	450	Museen, Geschichte, Wassersport
Washington ⓘ S. 619	Stadtrundgänge, weltberühmte Museen, Ausflüge nach Georgetown und Arlington	3	20	Stadtleben, Museen, Geschichte, Politik, Kunst
Washington – Philadelphia ⓘ S. 630, 645	Stadtrundgänge in Baltimore und Philadelphia	3	280	Stadtleben, Geschichte, Kunst
Philadelphia – New York	Princeton und Trenton	1	230	Princeton University

5. NEW YORK CITY (ⓘ S. 151)

Überblick

New York City, die größte nordamerikanische Stadt, liegt an der Mündung des Hudson River in den Atlantik, und zwar auf ähnlicher Breite wie Neapel, allerdings ohne dessen Klima. Durch atlantische Einflüsse herrscht gemäßigtes Kontinentalklima mit sehr heißen Sommern und kalten Wintern mit Schnee und Blizzards.

New York City ist mit insgesamt 825 km² Fläche und gut 8 Mio. Menschen Heimat von etwa 45 % der Bewohner des Bundesstaates New York (N.Y.), dessen Hauptstadt Albany heißt. Der Großraum, **Greater New York**, besteht aus fünf Bezirken (*Boroughs*): dem relativ kleinen **Manhattan** und den *Boroughs* **Queens** (2 Mio. Einwohner), **Staten Island** (knapp 400.000 Einwohner), **Brooklyn** (2,3 Mio. Einwohner) und **Bronx** (ca. 1,2 Mio. Einwohner), eigentlich allesamt Städte für sich. Nur die Bronx ist Teil des Festlands, während Staten Island ebenso wie Manhattan eine Insel ist und Brooklyn und Queens beide auf **Long Island** liegen.

Größte amerikanische Stadt

Zum Inbegriff New Yorks wurde das knapp 60 km² große **Manhattan**, die 21,5 km lange und 1,3 bis 3,7 km breite Insel, die durch Hudson, East und Harlem River vom Festland abgetrennt wird. Manhattans unverwechselbare Skyline gilt als Wahrzeichen der Weltmetropole New York. Hier befinden sich die meisten Sehenswürdigkeiten und touristischen Einrichtungen, hier spielt sich der Großteil des kulturellen Lebens ab.

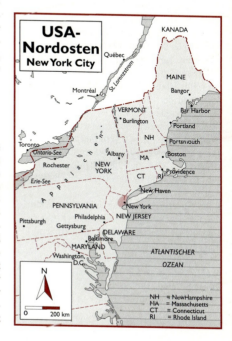

Bewohner und Besucher

New York City ist eine **Kulturstadt**, die ihren unverwechselbaren Charakter durch ihre **ethnische Vielfalt** erhält. Kaum anderswo auf der Welt findet man eine solche Vielfalt an unterschiedlichsten Hautfarben, Sprachen, Kulturen und Lebensphilosophien. Etwa 35 % der Gesamtbevölkerung sind europäischer Herkunft, 25 % afroamerikanischer, 27 % lateinamerikanischer und 10 % asiatischer. New York ist seit jeher eine **Immigrantenstadt**, in der die einzelnen Ethnien Enklaven mit eigener Infrastruktur und eigenem Charakter bilden. Man legt nämlich die eigene Identität

5. New York City – Überblick

Redaktionstipps

Sehens- und Erlebenswertes
- Außer den Giganten wie Metropolitan (S. 363), Guggenheim (S. 365) oder American Museum of Natural History (S. 367) auch ein paar **kleinere Museen** besuchen, z. B. Whitney Museum (S. 365), Museum of the American Indian (S. 341), Cooper-Hewitt (S. 365), Skyscraper Museum (S. 338), Lower East Side Tenement (S. 345) oder New York Transit Museum (S. 373)
- Vom **Empire State Building** (S. 352), von „**Top of the Rock**" (Rockefeller Center) oder von der **Staten Island Fähre** (S. 375) den Ausblick genießen
- In **The Cloisters** (S. 372) in klösterlich-mediterrane Atmosphäre eintauchen
- Über die **Brooklyn Bridge** (S. 343, 373) spazieren und in **Brooklyn Heights** (S. 373) an der Promenade oder im **River Café** den Sonnenuntergang erleben
- Nach **Coney Island** (S. 374) fahren und Hot Dogs bei Nathan's essen
- Mit der Linie 7, dem **International Express**, quer durch Queens (S. 374)
- Den **New York Marathon** (Anf. Nov.) miterleben
- Auf **Ellis Island** (S. 339) nach Vorfahren suchen und der **Statue of Liberty** (S. 339) seine Referenz erweisen
- Einen geruhsamen Sonntagnachmittag im **Central Park** (S. 362) verbringen
- An einem sonnigen Sonntagvormittag durch **Harlem** (S. 370), die 125th St., Mount Morris und Hamilton Heights Historical District bummeln
- Eine **Sportveranstaltung** besuchen, denn bei Eishockey (*Rangers*), Baseball (*Yankees* oder *Mets*) oder Basketball (*Knicks*) lernt man die New Yorker erst richtig kennen
- Statt in einem der (meist teuren) Hotels, einmal in einem **B&B** nächtigen, z. B. im **Strange Dog Inn** in Brooklyn oder im **Harmony Hospitality House** in Harlem.

nie ab, ist gerne ein so genannter „Bindestrich-Amerikaner". Die bekanntesten ethnischen Stadtviertel sind Chinatown, Little Italy und Harlem in Manhattan, doch vor allem in Queens und Brooklyn wächst die Zahl der Enklaven ständig. Nahezu alle Religionen sind in New York vertreten, wenn auch Katholiken vor Protestanten, Baptisten und Juden die Mehrheit stellen. Es soll rund 6.000 Kirchen, Synagogen, Moscheen und sonstige Gebetsräume geben.

New York ist die **Finanzhauptstadt** der Welt, Sitz zahlreicher Banken und Versicherungsunternehmen, der legendären New York Stock Exchange (NYSE), der Amerikanischen Aktienbörse (NASDAQ) und zahlreicher Produktbörsen. New York teilt sich einen wichtigen eisfreien Containerhafen mit dem benachbarten New Jersey. Mit über 150 Mio. Tonnen jährlich gilt dieser als wichtigster Umschlagplatz für Getreide und Agrarprodukte. War New York einstmals ein führendes Industriezentrum, ist davon heute in erster Linie noch die Textilindustrie bedeutsam. Wichtigstes wirtschaftliches Standbein und Hauptarbeitgeber ist jedoch das **Dienstleistungsgewerbe**, vor allem mit Einzelhandel und Tourismus.

Für die derzeit rund 40 Mio. Besucher jährlich, die nach New York reisen, präsentiert sich die Stadt als der „Big Apple", der für jeden einen Leckerbissen bereithält. Selbst die Ereignisse des 11. September 2001 konnten den Zustrom nur vorübergehend bremsen; New York ist das **beliebteste Reiseziel in den USA** geblieben. Und schließlich ist man mit über 67.000 Hotelzimmern und 18.000 Restaurants auf Besucher bestens eingestellt. Doch das sind nicht die einzigen Superlativen: mehr als 150 Museen, über 5.000 Straßenfeste im Jahr, an die 300 Theater, 200 öffentliche Bibliotheken und mit dem Central Park eine 340 ha große Grünfläche im Stadtzentrum – welch andere Stadt kann das bieten?

New York sehen und erleben

Der **Big Apple** ist so groß, dass es unmöglich ist, ihn in wenigen Tagen „aufzuessen". Man würde sich „verschlucken" und den Appetit verlieren. Wer zum ersten Mal nach New York reist, sollte **eine Woche einplanen**, um sich zumindest das Allerwichtigste anschauen zu können. Jene, für die die Millionenstadt nur die erste oder letzte Station im Verlauf einer längeren USA-Reise ist, ein Stop-over also, seien gewarnt: Man kann in kurzer Zeit durchaus einiges erleben und sehen, sollte sich jedoch davor hüten, hinterher zu behaupten, New York zu kennen.

Für **Kurzreisende** lässt sich eine Liste von „*Must-See*"-Sights aufstellen, die ungefähr wie folgt aussehen könnte, jedoch immer subjektiv sein muss und zudem von Interessenslage und Besichtigungstempo des Reisenden abhängt. In **drei oder vier ganzen Tagen** dürfte man die unten genannten Sehenswürdigkeiten/Rundgänge im Allgemeinen schaffen. Stadtrundfahrten sind zwar bequem, kosten jedoch Zeit und Geld und geben oft nur einen unbefriedigenden globalen Überblick. Besser man beginnt im Süden und rückt mit der U-Bahn stückweise nach Norden vor, wobei die einzelnen Schwerpunktviertel dann zu Fuß erkundet werden.

Besichtigungsvorschläge für 3-4 Tage

- **Downtown** oder **Lower Manhattan**

Rundgang vorbei an WTC Site, Battery Park und Castle Clinton, South Street Seaport, City Hall, Federal Hall, Bowling Green und Wall St. Abstecher nach SoHo und Greenwich Village, evtl. nach Chinatown und Little Italy. Falls Zeit: Gang über die Brooklyn Bridge, Fährtour nach Ellis und Liberty Island (mindestens ein halber Tag!).

- **Midtown**

Startpunkt Times Square mit dem Broadway und dem umliegenden Theater District. Vom Aussichtsdeck des nahen Empire State Building oder vom Rockefeller Center sollte man den Ausblick genießen. Radio City Music Hall und St. Patrick's Church sind weitere „Pflicht"-Attraktionen. Auf der 5th Ave. nordwärts zum Central Park. Evt. Besuch dess Areals um Penn Station/Madison Square Garden, Grand Central Terminal, UNO und einiger Museen.

- **Uptown & Upper Manhattan**

Von der Grand Army Plaza zur „Museumsmeile" mit u. a. Frick Collection, Whitney Museum, Metropolitan, Guggenheim, Cooper-Hewitt, Museum of the City of New York und Austrian-German Museum. Der **Central Park** selbst ist vor allem an einem sonnigen Sonntag ideal zum Beobachten der Leute. Im Norden lohnt **Harlems** Zentrum um Martin Luther King Blvd./125 St. und Malcolm X Blvd., außerdem im Westen die Cathedral of St. John the Devine sowie The Cloisters.

... für Besucher mit Zeit

Wer mindestens eine Woche in New York ist, kann sich die nachfolgend beschriebenen Spaziergänge vornehmen. Wer zum wiederholten Mal die Stadt besucht, sollte Abstecher nach Brooklyn, evtl. Queens (z. B. Fahrt mit der Linie 7) einplanen.

Historisches

Der Mythos der Glimmer- und Glitzer-Metropole New York ist ungebrochen, und immer noch gilt es mit Recht als die **Welthauptstadt** und nimmt eine Sonderstellung innerhalb der USA ein. New Yorks Aufstieg zur Metropole verlief nicht reibungslos, aber insgesamt zielstrebig und rasant, von den Wigwams der *Mana-Hatta*-Indianer über die Handelsstation der Holländer und die englische Kleinstadt bis hin zur größten Stadt Amerikas.

1524 sichtete der Italiener in französischen Diensten, *Giovanni da Verrazano*, als erster Europäer die Insel Manhattan.

1609 setzte mit dem Briten *Henry Hudson* erstmals ein Europäer seinen Fuß auf New Yorker Boden. Er suchte im Auftrag der holländischen Ostindien-Gesellschaft nach einer Nord-West-Passage nach China.

1626 gelang es *Peter Minnewit* (oder *Minuit*) aus Wesel, den *Mana-Hatta*-Indianern die Insel (*menatay*) abzukaufen. Der kleine Ort mit den paar Hundert holländischen Siedlern wurde „**Nieuw Amsterdam**" getauft. Dank der Ostindien-Gesellschaft blühte das Gemeinwesen binnen kürzester Zeit um einen alten Indianerpfad, den heutigen Broadway, auf.

1647-64 führte Gouverneur *Peter Stuyvesant* in Nieuw Amsterdam Steuergesetze ein und ließ eine Mauer entlang der heutigen Wall St. zum Schutz gegen Indianer und Engländer bauen. 1660 lebten rund 1.500 Menschen in der Stadt.

1664 musste sich *Stuyvesant* dem englischen König *Charles II.* beugen, die Stadt wurde britisch und „Nieuw Amsterdam" zu Ehren des Herzogs von York, Bruder des englischen Königs, in „**New York**" umgetauft.

Mitte des 18. Jh. erlebte die Stadt eine **kulturelle Blüte**: 1725 wurde die „*New York Gazette*" gegründet, 1732 öffnete das erste Theater, 1733 erschien erstmals das „*New York Weekly Journal*" und 1752 wurde King's College, die spätere Columbia University, gegründet.

Ende des 18. Jh. war der Hafen New Yorks zu einem der **größten Warenumschlagplätze** des Kontinents aufgestiegen, der Handel florierte.

1773-75 Nach der *Boston Tea Party* 1773 wurde *George Washington* 1775 Oberbefehlshaber und machte New York kurzzeitig zum Hauptquartier seiner Truppen. Nach der Niederlage in der Schlacht von Long Island fiel die Stadt an die Engländer, die sie erst **1783** wieder räumten.

1789 Am 4. März wurde *George Washington* im New Yorker Rathaus als erster US-Präsident vereidigt. Obwohl nur einige Monate lang **Bundeshauptstadt** und nur bis 1797 Hauptstadt des Bundesstaats New York, begann die Stadt mit 33.000 Einwohnern wieder aufzublühen.

1792 wurde die Börse an der Wall St. gegründet.

1810 war New York mit über 100.000 Einwohnern die **größte Stadt der USA**.

1811 wurde wegen der wachsenden Zuwanderung aus Europa beschlossen, die Straßen nördlich der Houston St. nach einem Rasterprinzip anzulegen und durchzunummerieren.

Zweite Hälfte des 19. Jh. Hunderttausende Zuwanderer aus Euroapa sahen New York als verheißungsvolles „Tor zur Neuen Welt".

1851 Gründung der „*New York Times*".

1869 eröffnete der Central Park als nördliche Stadtgrenze, und um **1880** lebten über 1,5 Mio. Menschen in New York.
1873 Börsenkrach und Weltwirtschaftskrise.
1880 Eröffnung des Metropolitan Museum of Art.
1883 Einweihung der Brooklyn Bridge über den East River.
1885 wurde die **Freiheitsstatue** zum neuen New Yorker Symbol.
1898 Greater New York entstand aus dem Zusammenschluss der vormals unabhängigen Städte bzw. Landkreise Manhattan, Brooklyn, Bronx, Queens und Staten Island. Damit war New York zu Beginn des 20. Jh. mit gut 3,5 Mio. Menschen die größte Stadt der Welt.
Anfang des 20. Jh. wurden Straßen-, Tunnel- und Brückenbauten forciert, **1904** begann der Bau der U-Bahn; **1913** gewann der Eisenbahnverkehr mit der Eröffnung der Grand Central Station an Bedeutung.
1907 wurde mit 1.285.000 Immigranten pro Jahr der **Höhepunkt der Einwanderungswelle** erreicht. Bis zum Beginn des Ersten Weltkrieges machten insgesamt 12 Mio. Menschen New York zu ihrer neuen Heimat.
1911 Massendemonstrationen für bessere Arbeitsbedingungen und zur Stärkung der Gewerkschaften.
Am **29. Oktober 1929** markierte der „**Schwarze Freitag**" an der New Yorker Börse das Ende einer glanzvollen wirtschaftlichen Phase. Beginn der Weltwirtschaftskrise.
1932 Bürgermeister *Fiorello H. La Guardia* (1882–1947) sorgte für infrastrukturelle, verwaltungstechnische und soziale Verbesserungen; gleichzeitig neuer Bauboom.
Zweiter Weltkrieg An der Columbia University arbeiteten Physiker am „**Manhattan Project**", den ersten Atomwaffentests.
1949 wurde New York fester Sitz der **UN** und bezog **1952** das Gebäude am East River.
Anfang der 1980er Jahre Allmähliche Erholung der Börse und fruchtbare Zeit des populären demokratischen Bürgermeisters *Ed Koch* (1978–89), u. a. Förderung des Tourismus.
19. Okt. 1987 Der Börsensturz am „**Black Monday**" verstärkt die sozialen Missstände und die Kriminalität erneut.
1994 begann der Republikaner *Rudolph Giuliani* mit „eiserner Hand" gegen Kriminalität und Missstände vorzugehen.
11. September 2001 Terroranschlag auf das World Trade Center, der über 2.800 Menschen das Leben kostete und verheerende Zerstörungen anrichtete.
2002 trat der neue Bürgermeister *Michael R. Bloomberg* das schwere Erbe *Rudolph Giulianis* an, der sich mit seinem besonnenen Auftreten während der Rettungsarbeiten einen glanzvollen Abgang verschafft hatte.
Im **Sommer 2003** begannen die Bauarbeiten auf der „**World Trade Center Site**", nachdem man sich für den Entwurf von *Daniel Libeskind* entschieden hatte, dieser aber bis **Juni 2005** von *David Childs* (SOM) komplett umgearbeitet wurde.
4. Juli 2004 Grundsteinlegung für den neuen Freedom Tower.
Sommer 2005 New York scheiterte als einer von fünf Bewerbern für die Ausrichtung der Olympischen Spiele 2012.
8. November 2005 *Michael R. Bloomberg* wurde zum zweiten Mal zum Bürgermeister gewählt.

Redaktionstipps

Essen und Trinken
- Keine Stadt hat so viele ausgezeichnete Restaurants wie New York, doch auch jene, die es etwas preiswerter möchten, können hier aus einem breiten Spektrum wählen: **Delis** (wie The Garage oder Zabar's), **Farmer's Markets**, auch mit Backwaren, **Push-carts**, die Hot Dogs, Hot Knishes oder Pretzels, Gyros oder Obstsalat anbieten, Straßenstände mit Muffins oder Bagels, asiatischer Imbiss oder Matzen, Pizza oder Baguette – das Angebot ist endlos.
- Die **Brooklyn Brewery** (S. 373) beweist, dass die Amerikaner dank ihrer deutschen und tschechischen Wurzeln bestes Bier brauen können (Tasting und Touren).

Einkaufen
- Durch **Bloomingdale's** (S. 366) Feinkostabteilung bummeln
- Im japanischen Nobelkaufhaus **Takashimaya** (S. 358) mit großen Augen schauen und Tee trinken
- Mit Kindern **FAO Schwartz** unsicher machen
- Im **NBA Store** Videos ansehen und Basketball-Souvenirs kaufen
- Mitbringsel in **Macy's** (S. 351) oder in den **ausgefallenen Läden** in **SoHo** (S. 345) aussuchen

Lower Manhattan – die Südspitze

Die Südspitze Manhattans umfasst den historischen Kern New Yorks mit Baudenkmälern aus der frühen Kolonialzeit, fungiert daneben aber auch als das weltgrößte Finanzzentrum mit der Börse, weist die höchsten Wolkenkratzer der Stadt auf und gibt den Blick frei auf den Hafen. Ein günstiger Start- und Zielpunkt für diesen Spaziergang ist die City Hall am City Hall Park, mit den U-Bahnlinien (Subway) 4, 5, 6, J, M, R, W oder Z erreichbar.

Von der City Hall zum Battery Park

Viele sind erstaunt über die Bescheidenheit des New Yorker Rathauses, das den Kern des heutigen Civic Center Districts bildet. Als es jedoch zu Anfang des 19. Jh. im klassizistischen Stil errichtet wurde, war es für die 60.000-Einwohner-Metropole groß genug. Damals lag die **City Hall (1)** noch am nördlichen Stadtrand und der heutige Park war freies Feld, auf dem während der Revolution zu mehreren Schlachten gekommen war. 1776 soll General *Washington* hier vor seinen Truppen die Unabhängigkeitserklärung verlesen haben, und noch heute finden im **City Hall Park** Paraden und politische Kundgebungen statt. Die Grünfläche wird nicht nur von architektonisch interessanten Hochhäusern verschiedener Epochen gerahmt, sondern auch von *Push-carts* (fahrbaren Imbissständen), Restaurants und Delis und ist daher bei Büroangestellten, Bankern und Touristen gleichermaßen beliebt, zumal es südlich eine Besucherinfo, das NYC Heritage Tourism Center, Broadway/Barclay St. gibt.

Das **Rathaus** selbst gilt als eines der schönsten frühen Baudenkmäler der USA. Es besteht aus einem dominanten Mitteltrakt mit Portikus und einer von einer Statue der *Justitia* (1819) bekrönten Kuppel sowie zwei seitlich vorspringenden Flügeln. Nach Norden schließen sich mehrere andere Verwaltungs-, vor allem Gerichtsbauten, an.

Am Broadway, am Rand des Parks, erhebt sich das berühmte **Woolworth Building (2)**, 1913 von Präsident *Wilson* als damals höchstes Gebäude der Welt (241 m) eröffnet. Bis 1930, dem Jahr der Fertigstellung des Chrysler Building (319 m), hielt die

Orientierung

- Die **Orientierung** in Manhattan ist durch das **Rastersystem** der Straßen einfach. Die **Streets** (St.) verlaufen in Ost-West-Richtung und sind ab der 1st St. südlich des Washington Square nach Norden zu durchnummeriert; die **Avenues** (Ave.) haben hingegen Nord-Süd-Verlauf und sind von Ost nach West nummeriert, von der 1st Avenue am East River bis zur 11th Avenue am Hudson.
- Die **5th Avenue** bildet die Zentralachse und unterteilt Manhattan in East und West. Eine Adresse wie 59 W 44th Street bedeutet demnach: 44. Straße, westlich der 5th Ave., Hausnummer 59. Die Hausnummerierung auf den Avenues erfolgt von Süden nach Norden.
- Der **Broadway**, ein ehemaliger Indianerpfad, durchschneidet die Insel als einzige Ausnahme diagonal. Einige Avenues tragen einen eigenen oder zusätzlichen Namen: York Ave., Lexington Ave., Park Ave., Madison Ave., Avenue of the Americas (6th Ave.), Columbus Ave., Amsterdam Ave., West End Ave.

Stadtviertel
Manhattan besteht aus **vier Hauptteilen**:
- **Downtown** oder **Lower Manhattan** – der Südteil der Insel, der historische Kern plus das nördlich angrenzende Gebiet bis zum Union Square an der 14th St. Hierzu gehören *Neighborhoods* wie das Bankenviertel um die Wall St., SoHo, Greenwich Village, Chinatown und Little Italy. Da es sich um die Keimzelle der Stadt handelt, ist das Straßensystem noch unregelmäßig; im Südteil (ab Houston St.) sind die Straßen nicht durchnummeriert, sondern tragen Namen.
- **Midtown** – bezeichnet die Gegend zwischen Union Square und Central Park (14th-59th St.), mit der legendären Fifth Ave., dem Times Square und dem Theaterviertel, Madison Square Garden, Empire State Building und UNO.
- **Uptown** – umfasst die Region um und mit dem Central Park, Upper East und Upper West Side und die „Museumsmeile".
- **Upper Manhattan** – wird die nördlichste Region Manhattans genannt, die bis hinauf zum Harlem River reicht, dazu gehören Harlem, East Harlem, der Bereich um die Columbia University und The Cloisters.

Zentrale des Kaufhauskonzerns den Rekord. 1879 hatte *Frank W. Woolworth* mit der Idee, Waren für 5 Cent zu verkaufen, die Konsumwelt erobert. Sehenswert am Bau sind die neogotischen Fassadendetails, allerlei kurioses Getier, und die Türme. In der Lobby fallen erlesene Materialien und aufwändiges Kunsthandwerk mit Reliefs, Mosaiken und Wandbildern auf. Besonders sehenswert: die Aufzüge. Hinter dem Woolworth Building, einige Meter in die Barclay St. hinein, entdeckt man die bescheiden wirkende **St. Peter's Church**, die älteste katholische Kirche der Stadt von 1785.

Kaufhaus Woolworth

Zurück auf dem Broadway, folgt mit der **St. Paul's Chapel** (3) (Ecke Fulton St.) eine weitere Kirche. Sie gilt als das älteste erhaltene Gotteshaus Manhattans, und ihr konnte überraschenderweise der Einsturz des nahen World Trade Centers am 11. September 2001 nichts anhaben – im Gegenteil, die Kirche wurde zum Dreh- und Angelpunkt sämtlicher Hilfsaktionen, zum Ruhepol und Ort des Trostes. Der westliche Haupteingang (zum Kirchhof) und das Hauptschiff wurden 1766 fertig gestellt,

5. New York City – Lower Manhattan – die Südspitze

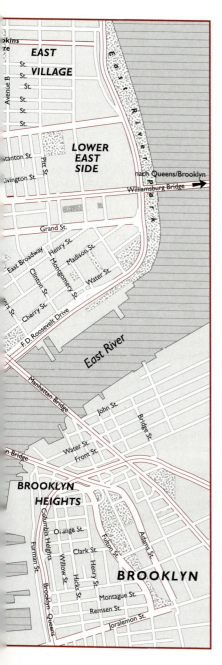

während der Osteingang (Broadway) mit Portikus und Säulen sowie der westliche Turm 1794 dazukamen. Innen überrascht die Kirche, in der schon *Washington* betete, mit ihrem hellen, freundlichen Raum, der vom französischen Architekten *L'Enfant*, dem Planer der Hauptstadt Washington, entworfen wurde.

World Trade Center Site

Folgt man hinter der Kirche der Fulton St. nach Westen, erreicht man in wenigen Minuten die **World Trade Center Site** (**4**). Seit der 1973 nach Plänen des Japaners *Yamasaki* fertig gestellte Mehrzweckkomplex am 11. September 2001 von Terroristen komplett in Schutt und Asche gelegt wurde und Tausende von Menschen unter sich begrub, vermisst man das ehemalige Wahrzeichen New Yorks mit seinen beiden über 400 m hohen Türmen und dem beliebten Aussichtsdeck schmerzlich.

„Nine Eleven"

1 City Hall
2 Woolworth Building
3 St. Paul's Chapel
4 World Trade Center Site
5 World Financial Center
6 Museum of Jewish Heritage
7 Castle Clinton National Monument
8 Shrine of Mother Seton
9 Fraunces Tavern
10 New York City Police Museum
11 National Museum of the American Indian (Bowling Green)
12 Trinity Church
13 Federal Hall
14 New York Stock Exchange
15 Chase Manhattan Bank
16 South Street Seaport Historic District
17 Columbus Square
18 Lower East Side Tenement Museum
19 Old St. Patrick's Cathedral
20 Bayard Building
21 New York University
22 Cooper Union Building
23 St. Mark's in the Bowery
24 Grace Church

Es wird noch Jahre dauern, bis der Schock überwunden ist und der in den Grundzügen von *Daniel Libeskind* geplante Baukomplex eröffnet werden wird. Auf einen Wettbewerb der **LMDC** (*Lower Manhattan Development Corporation*) hin war im Februar 2003 die Wahl auf den Entwurf des *Studios Daniel Libeskind* gefallen, der von dem Architekten *David Childs* inzwischen jedoch komplett überarbeitet wurde. Die Grundsteinlegung für den Freedom Tower erfolgte im Sommer 2004.
• Mehr Infos im Internet: 🖳 www.Renewnyc.org und www.WTCSiteMemorial.org

World Financial Center und Battery Park City

Weltfinanzzentrum

Vorbei an der *Viewing Wall* – Erinnerungstafeln zum 11. September 2001 rings um die Baustelle – erreicht man über die Vesey Street Bridge im Norden bzw. die Liberty Street Bridge im Süden (Fußgängerbrücken) das **World Financial Center (5)**. Es wurde 1981-88 nach Plänen des Argentiniers *Cesar Pelli* auf einem 90.000 m^2 großen Gelände errichtet und fällt durch die markanten geometrischen Dachaufbauten auf. Sehenswert im Inneren ist der Wintergarten, in dem verschiedenste Veranstaltungen stattfinden. Ringsum entstand auf dem hier aufgeschütteten Aushub vom World Trade Center eine eigene „Stadt" – **Battery Park City** – mit Apartmentblöcken, Jachthafen, Promenade und Grünanlagen.

Von der **Esplanade** mit ihren Parkbänken bietet sich ein fantastischer Ausblick auf den Hudson River, auf Ellis und Liberty Island und hinüber nach New Jersey. Die Promenade führt vorbei am **Museum of Jewish Heritage (6)** im Wagner Park – das eindrucksvoll mit verschiedensten Medien die Geschichte der Juden ab 1880 schildert – zum Battery Park. Hier bietet sich ein Abstecher zum neuen **Skyscraper Museum** im Ritz Carlton Hotel an der West St. an.

Battery Park und Castle Clinton

„The Sphere"

Vor der beeindruckenden Wolkenkratzerkulisse des Financial District liegt **Battery Park** mit Denkmälern und Statuen von bedeutenden Denkern und Dichtern, von Immigranten(gruppen) und Persönlichkeiten. Auffällig ist der Bronzeadler des **East Coast War Memorials**. Von besonderer Bedeutung ist das ursprünglich zwischen den Türmen des World Trade Centers aufgestellte abstrakte Stahl-Bronze-Kunstwerk des Bayern *Fritz König*, genannt „**The Sphere**" (am Eingang Bowling Green), das nur leicht beschädigt den Einsturz der Bauten ringsum überstand und später wieder an seinen angestammten Ort zurückkehren soll.

Inmitten des Battery Park – benannt nach einer hier ehemals aufgestellten Geschützreihe – fällt der massige runde Ziegelkomplex des **Castle Clinton National Monument (7)** ins Auge. In der Nähe des ehemaligen holländischen „Fort Amsterdam" war es als eine von mehreren Befestigungsanlagen zur Sicherung des Hafens während des britisch-amerikanischen Krieges 1812, mit dem Ufer durch eine Zugbrücke verbunden, entstanden. 1824 wurde ein Vergnügungspark, „Castle Garden", daraus. 1855-92 fungierte die mittlerweile mit dem Festland verbundene Festung als die Vorgängerin des berühmteren Ellis Island. Nach weiteren 45 Jahren als Heimat des New Yorker Aquariums drohte 1941 der Abriss, doch zum Glück erfolgte fünf Jahre später die Ausweisung als nationale Gedenkstätte.

Abgesehen von Ausstellungssälen gibt es hier Informationsstände der Parkverwaltung und Verkaufsbuden für Fährtickets nach Liberty und Ellis Island. Die Anlegestellen der Fähren zu den Inseln, aber auch für Hafenrundfahrten befinden sich am Nordende des Parks (Pier A) bzw. am **Ferry Terminal** im Süden. Von diesem unlängst renovierten Fährbahnhof verkehren regelmäßig Fähren nach **Staten Island**. Die Fahrt dauert einfach eine knappe halbe Stunde, allerdings lohnt sich das Aussteigen auf der Insel kaum. Das Faszinierende an der Fahrt ist der Ausblick vom Fährschiff, besonders auf der Rückfahrt.

Liberty Island und die Statue of Liberty

Vor 1886 und der Aufstellung des bekanntesten Wahrzeichens New Yorks, wenn nicht der USA, hieß die kleine Insel **Liberty Island** noch nach ihrem Eigentümer *Bedloe's Island*. Die **Statue of Liberty** war ein Geschenk des französischen Volkes an die Amerikaner. Das Kunstwerk sollte an die Waffenbrüderschaft in der Zeit der Revolution erinnern und an deren vornehmstes Symbol, die *Liberté*. Gleichzeitig sollte der erhobene Arm der Figur mit der Fackel der Freiheit als Leuchtturm dienen und so ein neuzeitliches Ebenbild zum antiken Koloss von Rhodos bilden. Die Statue besteht aus gehämmerten Kupferplatten und ist ein Werk des Bildhauers *Frédéric-Auguste Bartholdi* unter Mithilfe von *Gustave Eiffel*, der für das tragende Eisengerüst zuständig war. Die viel bewunderte Figur mit ihren 46 m Höhe und 204 t Gewicht wurde erst auf der Pariser Weltausstellung 1884 ausgestellt, dann zerlegt in einer spektakulären Aktion über den Atlantik gebracht. Gleichzeitig war der 47 m hohe Unterbau durch *Richard M. Hunt* fertig gestellt worden. Am 28. Oktober 1886 wurde das Monument feierlich eröffnet und zum 100-jährigen Jubiläum im Jahr 1986 gründlich renoviert.

Ein Geschenk Frankreichs

Im Zuge der Ereignisse des 11. September 2001 wurden die Besuchsregeln verschärft. Heute sind nur noch der Sockel der Statue und die untere Aussichtsterrasse zugänglich. Das Innere der Statue kann lediglich durch eine eingezogene Glasplatte von unten betrachtet werden. In der Basis befindet sich das interessante **American Museum of Immigration**, das sich mit dem Thema „Einwanderung" befasst und Exponate (Kostüme, Möbel, Schriftstücke etc.) von Immigranten verschiedener Völker zeigt und die Einwanderung berühmter Persönlichkeiten dokumentiert.

Geschichte der Immigration

Ellis Island

Während die Freiheitsstatue die Einwanderer verheißungsvoll begrüßte, bedeutete die kleine Insel **Ellis Island** für viele zunächst einmal langes Warten und langwierige Befragungen. Fast drei Viertel aller US-Einwanderer passierten ab 1892 diesen

Ellis Island – Durchgangsstation zahlloser Einwanderer

Nachfolger von Castle Clinton, und die rund 12 Mio. Menschen, die bis 1954 durchgeschleust wurden – bis zu 5.000 täglich –, erwartete zunächst eine gründliche Registrierung und Inspektion. Vielfach dauerte das Verfahren mehrere Tage bis Wochen, und etwa 350.000 Personen wurden wieder abgeschoben. Besonders für „politisch oder moralisch Fragwürdige" und hauptsächlich während der beiden Weltkriege wurde Ellis Island für viele zur „Träneninsel".

„Tränen-insel"

Auf Ellis Island stehen verstreut 35 Gebäude, die bis zu der Quotensenkung 1924 meist gefüllt waren. In den 1940er Jahren wurde die Insel zum Deportationszentrum für Fremde, dann zum Militärhospital und zur Küstenwachstation umfunktioniert. 1954 geschlossen und 1976 der Öffentlichkeit zugänglich gemacht, eröffnete 1992 zur Hundertjahrfeier das informative **Immigration Museum**, mit der Great Hall im Zentrum und Ausstellungsabteilungen wie *Treasures from Home* – Memorabilien der Immigranten – und *Peopling of America* zu vier Jahrhunderten Einwanderergeschichte in den USA. Es gibt Filme zu sehen und man kann sich in Anhörungsräumen, Schlafsälen, Hospital oder Speisesaal ein Bild von den damaligen Verhältnissen machen. Auf dem Freigelände finden sich die *Wall of Honor* mit den Namen der Immigranten, außerdem gibt es eine große Forschungsbibliothek mit einem Archiv für Leute, die in den USA nach ihren europäischen Wurzeln suchen.

Abstecher ins „alte" New York

Vom Battery Maritime Building geht es stadteinwärts. Vorbei am **Shrine of Mother Seton** (8) an der State St. – das Haus einer bewundernswerten Ordensschwester (1774-1821), die als erste Amerikanerin 1975 vom Papst heilig gesprochen wurde – geht es in den *Fraunces Tavern Historic District*, einem original erhaltenen Straßenblock aus dem 18. Jh.

Bei der **Fraunces Tavern** (9), Pearl/Broad Sts., handelt es sich um eines der ältesten Privathäuser des Viertels, 1719 im georgianischen Stil erbaut. In diesem Gasthof verabschiedete sich 1783 *George Washington* von seinen Offizieren. Zwischen 1785 und 1788 war er Sitz des amerikanischen Außenministeriums. Heute beherbergt das Gebäude ein kleines Museum und ein Restaurant.

Polizei-museum

Von hier aus sollte man weiter der Pearl St. folgen, die zum **Hanover Square** führt. Dort verdient das **India House** von 1837 im Barockstil, Sitz der Baumwollbörse, Beachtung. Ein Stückchen weiter südlich, am Old Slip, zwischen Water und South Sts., befindet sich das **New York City Police Museum** (10).

Bowling Green

Vom Hanover Square ist es nicht weit zum Battery Park (via Beaver St.) und **Bowling Green**, das am spitz zulaufenden Kopfende des Parks liegt. Der Platz markiert jene Stelle, wo 1626 *Peter Minnewit*, der Deutsche in holländischen Diensten, den *Manna-Hatta*-Indianern ihre Insel „abgekauft" haben soll. Später fanden hier Viehmärkte und Paraden statt und eine Bowling-Spielwiese entstand, nach der der Platz seinen Namen erhielt.

Seine Nordspitze markiert ein bronzener Stier – Symbol für eine florierende Wirtschaft – vor der dekorativen Kulisse des **US Custom House** aus dem Jahr 1907. Der vormalige Zollbau zeigt im Inneren Wandmalereien des amerikanischen Malers *Reginald Marsh* mit Hafenszenen und beherbergt das **National Museum of the American Indian** (11), einen Ableger der Washingtoner Smithsonian Institution. Es handelt sich um die weltgrößte Sammlung zu den Indianerkulturen Nord-, Zentral- und Südamerikas.

Indianermuseum

In nördlicher Richtung erinnert auch das **Cunard Building**, 25 Broadway, an die maritime Geschichte der Stadt. Wo heute Briefmarken erhältlich sind, verkaufte die Cunard-Reederei, unter deren Namen 2004 der Luxusliner „Queen Mary II" vom Stapel lief, Tickets für die großen Luxusliner wie die legendäre „Titanic" oder die „Queen Elizabeth". Noch heute erinnern oben an den Wänden gemalte Weltkarten an die lange Firmentradition.

Ein Stückchen den Broadway nordwärts, fällt zwischen modernen Wolkenkratzern, teils mit sehenswerter Bauplastik, die **Trinity Church** (12) ins Auge. Ihr knapp 100 m hoher Turm hatte bis Mitte des 19. Jh. das Viertel überragt. Die Kirche war Ende des 17. Jh. vom englischen König *William III.* gestiftet worden, das heutige Gotteshaus stammt aus dem Jahr 1846. Der Friedhof aus der Gründungszeit enthält sehenswerte alte Grabmäler; u. a. fand hier *Alexander Hamilton*, der erste Finanzminister der USA, seine letzte Ruhe. In das Innere der neogotischen Kirche mit ihren (deutschen) Buntglasfenstern gelangt man durch Bronzeportale nach dem Vorbild der Florentiner Paradiestür des Renaissance-Künstlers *Lorenzo Ghiberti*.

Das Finanzviertel

Biegt man vom Broadway auf Höhe der Trinity Church nach rechts ab, steht man in der **Wall Street**, die als „Mauer" die nördliche Stadtgrenze der holländischen Siedlung markierte, und damit mitten im geschäftigen Finanzviertel. Manche lassen sich zum Lunch kurz auf den Stufen der **Federal Hall** (13) nieder, und von hier bietet sich auch für Besucher ein guter Überblick über das hektische Viertel. Bei dem Gebäude selbst handelt es sich um das alte Zollhaus (1842), vorher befanden sich hier das alte Rathaus der Stadt, die City Hall (1701) und die Federal Hall (1788), die bis 1790 als erstes Kapitol der Vereinigten Staaten fungierte. 1789 hatte der erste Präsident der USA, *George Washington*, hier seinen Amtseid abgelegt und dafür 1883 eine Statue erhalten. Den Kern der Federal Hall – ein „National Monument" – bildet eine

Hektisches Treiben

Rotunde im Stil des römischen Pantheon, wohingegen die Front sich am Athener Parthenon orientiert. Im Inneren erinnern eine Ausstellung mit Originaldokumenten und Memorabilien sowie ein Film an *George Washington* und seine Zeit.

Die Börse

Schräg gegenüber, an der 8 Broad St., versteckt sich hinter der klassisch-römischen Tempelfassade von 1903 die berühmte Wertpapierbörse **New York Stock Exchange (14)**, in der die Aktien der mehr als 1.500 mächtigsten Firmen der Welt gehandelt werden. Vor allem der „Schwarze Freitag" 1929 und der „Schwarze Montag" 1987 brachten die Börse in unliebsames Rampenlicht. Ihre Besuchergalerie ist seit dem 11. September 2001 für den Publikumsverkehr gesperrt.

Über die Pine St. geht es zur William St., wo man an der Ecke Liberty unvermutet vor einem mächtigen 60-stöckigen Klotz steht, 248 m hoch und nicht sonderlich schön, aber wegweisend. Die **Chase Manhattan Bank (15)** leitete 1960 einen neuen Bauboom in Lower Manhattan ein. Auf dem tiefer gelegten Platz fällt eine 14 m hohe schwarz-weiße Plastik von *Jean Dubuffet* aus dem Jahr 1972 mit dem Namen „Four Trees" auf.

South Street Seaport

Über die **Maiden Lane** mit Blick auf das Continental Center (Nr. 180) erreicht man schließlich den **South Street Seaport Historic District (16)**, der von der Water bis zur South St. und von Pier 14 bis Pier 17/18 bzw. von der Dover bis zur John St. reicht. Ursprünglich befand sich hier das alte Hafenviertel New Yorks, das nur knapp vor dem Verfall gerettet werden konnte. In die alten Häuser aus dem 19. Jh., vor allem Lagerhäuser, zogen beginnend mit der **Schermerhorn Row** (Fulton zwischen South und Front Sts.) Cafés, Lokale und Läden ein und verhalfen dem Viertel zu neuer Attraktivität. Schlendert man durch die alten Gassen – den Kern bilden vier Häuserblocks zwischen Beekman und John, Water und South Sts. – stößt man auf das **Titanic Memorial**, Fulton/Water Sts., in Form eines kleinen Leuchtturms oder auf das alte **Meyer's Hotel** von 1873 (Peck Slip).

Renovierte Lagerhäuser

Geschäfte konzentrieren sich zwischen Front und Water Sts.; verteilt auf das ganze Areal gibt es Ausstellungsräume und Galerien zu maritimen Themen, so das *Maritime Crafts Center* mit Schiffsmodellen und Galionsfiguren. Es ist Teil des **South Street Seaport Museum**, dessen Aushängeschild die historischen Schiffe sind, die an den Piers 15 und 16 liegen, z. B. die 1911 in Hamburg gebaute Viermastbark „Peking", der Dreimastsegler „Wavertree" (1885) und das Feuerschiff „Ambrose" (1907).

Am Pier 17 entstand in alten Lagerhallen eine zum Bummeln einladende Shopping Mall namens „**Pier 17 Pavilion**" mit Aussichtsterrassen. Vor dem Pier liegt ein kleiner, lebhafter Platz mit Freilichtbühne und dem *Pilot House*, der Fahrerkabine eines alten Schleppers, wo es Informationen und Tickets für Hafenrundfahrten gibt.

Unter dem erhöhten F. D. Roosevelt Drive hindurch gelangt man von Pier 17 zum **Fulton Fish Market**. Die Hallen dieses seit 1821 existierenden Fischmarkts lohnen vor allem in den frühen Morgenstunden den Besuch. Setzt man den Rundgang auf der **Fulton Street** fort, erhält man Gelegenheit zum Einkaufen, denn die Straße ist bekannt für ihre Kleider- und Ramschläden. Über die Fulton, Gold und Spruce Sts. gelangt man in einer knappen halben Stunde zu Fuß wieder zum City Hall Park, dem Ausgangspunkt des Stadtspazierganges.

Brooklyn Bridge

Vom South Street Seaport aus bietet sich, besonders bei Sonnenuntergang, ein Spaziergang über die **Brooklyn Bridge** an. Der Aufgang zur Brücke erfolgt entweder direkt von der City Hall aus oder man läuft vom South Street Seaport am Titanic Memorial vorbei auf der Water St. Richtung Norden dorthin.

Etwa 60 Brücken verbinden in New York die einzelnen *Boroughs* miteinander, die Brooklyn Bridge ist eine der ältesten und zweifellos die schönste. 1867 hatte der deutsche Einwanderer *Johann August Roebling* mit dieser **kühnsten Ingenieurleistung der Epoche** begonnen: 84 m hohe gotische Doppelbögen als Hauptpfeiler, an deren Ankerplatten die Hauptstahlseile befestigt wurden, die wiederum durch Stahlseile verstrebt waren. Der Thüringer Ingenieur, der als „Erfinder des Stahlseils" galt, starb bereits drei Wochen nach Baubeginn. Als *Roeblings* Sohn *Washington* bzw., nach dessen Unfall, seine Frau *Emily* das Werk im Jahr 1883 vollendete, war die Brooklyn Bridge nicht nur die erste Hängebrücke New Yorks, sondern mit einer

Ein Meisterwerk der Ingenieurskunst: die Brooklyn Bridge

Höhe von 40 m über dem East River und einer Länge von über 1 km (ohne Rampen) die längste der Stadt! Bis zum Jahr 1903, der Fertigstellung der **Williamsburg Bridge**, blieb die Brooklyn Bridge die längste Hängebrücke der Welt.

Lower Manhattan – zwischen Lower East Side und Village

Anders als die Südspitze Manhattans verfügen die Stadtviertel im Bereich zwischen Rathaus im Süden und 14th St. im Norden über keine weltberühmten Einzelgebäude, spektakulären Museen oder Sehenswürdigkeiten. Vielmehr ist es ihre unverwechselbare Atmospäre, die die Viertel mehr oder weniger klar abgrenzt. Oft verwischen die Grenzen, beispielsweise zwischen **Little Italy** und **Chinatown**, wo die Asiaten die Italiener mehr und mehr zu verdrängen scheinen, aber dennoch sind es Enklaven mit eigenen Kulturen geblieben. **SoHo** steht für *Cast Iron Buildings*, schicke Lofts, exklusive Boutiquen und ungewöhnliche Galerien, das südlich anschließende

TriBeCa repräsentiert hingegen ein ehemaliges Industrie- und Lagerhausviertel im Wandel.

Die **Bowery**, das ehemalige irische Viertel mit Bordellen und Spelunken, genießt noch immer ein bisschen den Ruf legendärer Verkommenheit, wohingegen die **Lower East Side** (LES) sich eher ramschig gibt und der frühere deutsche bzw. jüdische Charakter weitgehend abhanden gekommen ist. Das nördlich angrenzende **East Village** liegt heute als Künstler- und Kneipenviertel voll im Trend und zieht mehr und mehr mit seinem westlichen Nachbarn, **Greenwich Village**, gleich.

Verschiedene Rundgänge

Wer einen Eindruck von der Unterschiedlichkeit der Viertel erhalten möchte, dem sei nachfolgender **Rundgang** empfohlen. Er gliedert sich in mehrere Teile: 1. Chinatown, Little Italy und SoHo; 2. East und Greenwich Village. Geeigneter Start- bzw. Zielpunkt für den ersten Rundgang sind die Subway-Stationen an der „Canal St." (6 bzw. J, M und Z bzw. N, Q, R und W), für den Village-Rundgang „New York University" (N, R und W) oder „14th St.-Union Square" (N, Q, R und W bzw. 4, 5 und 6).

Chinatown

Obwohl die meisten der nach Amerika eingewanderten Chinesen ihre Gemeinden an der Westküste, in San Francisco und Vancouver, gründeten, ist auch das New Yorker Chinesenviertel dicht besiedelt und unverkennbar ostasiatisch, allerdings weniger touristisch geprägt. Es erstreckt sich im Areal von Canal St., Broadway und Bowery St. und die sehenswerten Hauptachsen sind Mott und Grand Sts. Marktstände mit exotischen Früchten und fremde Gerüche, chinesische Schriftzeichen und Wortfetzen, Hinterhof-Textilfabriken, Kinos, in denen chinesische Filme mit englischen Untertiteln laufen, eine Menge fernöstlicher Imbissbuden, Restaurants und Läden machen Chinatown zu einem besonderen Viertel.

Chinesisches Zentrum

An der **Canal Street**, der Lebensachse von Lower Manhattan, reihen sich zunächst chinesische Läden aneinander, Richtung East River übergehend in Heimwerker-, Elektro-, Haushaltswaren- und Ramschläden, die sich auf der Bowery St. Richtung Uptown fortsetzen. Über die Mulberry St. geht es zum **Columbus Square (17)**, der heute das Zentrum Chinatowns bildet. Am Ostrand der Parkanlage informiert das kleine **Museum of Chinese in the Americas**, 70 Mulberry St., über die Geschichte der chinesischen Einwanderung in Amerika. Die parallel im Osten verlaufende **Mott Street** ist die Hauptstraße des Viertels mit zahlreichen chinesischen Restaurants und Läden. Folgt man ihr südwärts, erreicht man den zentralen **Chatham Square**. Von dort führt die Bowery wieder nordwärts zur Canal St.

Lower East Side

Die Canal St. führt ostwärts in die **Lower East Side** (LES), zu der offiziell auch Chinatown, Little Italy und die Bowery gehören. In diesem Viertel wohnen hauptsächlich Polen, Ukrainer, Puertoricaner und eingewanderte Asiaten. Früher war die

Lower East Side einmal fest in deutscher Hand, und Anfang des 20. Jh. hatte sich hier eine der Hochburgen des New Yorker Judentums entwickelt.

Über die Canal St. erreicht man an der Orchard St. den **Lower East Side Historic District**. Mitten im ramschigen Einkaufsviertel *Orchard Street Bargain District* befindet sich an der Ecke zur Broome St. das interessante **Lower East Side Tenement Museum (18)**, 90 Orchard St., das eindrucksvoll über das Leben der Einwanderer um 1900 in diesem Viertel informiert und Touren durch Häuser und das Viertel veranstaltet. Wenige Schritte weiter Richtung Uptown steht man an der **Delancey Street**, der immer noch turbulenten Hauptgeschäftsstraße der alten Lower East Side. Dort reihen sich Billigläden auf, vereinzelt gibt es noch jüdische Läden wie *Schapiro's*, 126 Rivington St., *Streit's Matzen Factorei*, 150 Rivington St. oder *Guss' Pickle Emporium*, 85 Orchard St.

Little Italy

> **Hinweis**
> Den Stadtplan finden Sie S. 336.

Spaziert man auf der Delancey zurück Richtung Westen und anschließend auf der Bowery Richtung Downtown, steht man nach wenigen Minuten auf der **Grand Street**. Westwärts verändert sich der Charakter des Viertels und an der Kreuzung Grand/Mulberry Sts. schlägt das Herz von **Little Italy**, des alten Italienerviertels von Manhattan. Statt Dim Sum gibt es hier Pasta und Pizza, anstelle der buddhistischen und taoistischen Tempel römisch-katholische Kirchen wie die **Old St. Patrick's Cathedral (19)**, 260 Mulberry St., Prince-Houston St. Die Nordgrenze von Little Italy bildet die schon erwähnte **Houston Street** (gesprochen „Hauston"). Ein wenig nördlich davon steht das **Bayard Building (20)** von 1898 (65 Bleeker St., Lafayette-Broadway), ein Werk des berühmten Architekten *Louis Sullivan*, der in Chicago als Wegbereiter der modernen Hochhausarchitektur berühmt wurde.

Pizza und Pasta

SoHo

1848 kam in Amerika erstmals Gusseisen bei der Konstruktion von Häusern zum Einsatz, in der zweiten Jahrhunderthälfte wurde diese Bauweise immer populärer. Die meisten und schönsten der noch erhaltenen Cast-Iron-Bauten befinden sich in SoHo, dessen abgekürzter Name einfach „**South of Houston**" bedeutet. Das Viertel trägt deshalb den Beinamen „**Cast-Iron-District**" und steht unter Denkmalschutz. Da die stabile Konstruktionsweise mit einem Skelett aus Eisenträgern, zwischen die gusseiserne vorfabrizierte Fassadenteile geschoben wurden, keine Stützwände benötigte, sind viele und hohe Fenster typisch für das Aussehen der meist fünf- bis achtstöckigen Gebäude. Die „Sweat Shops", Fabrikhallen der Leder- und Textilindustrie in den oberen Etagen, fungieren heute als schicke Lofts, unten sind Künstlerateliers und Galerien, Boutiquen und Cafés eingezogen. Inzwischen haben gestiegene Mietpreise mehr und mehr Bewohner nach **TriBeCa** („Triangle Below Canal") abwandern lassen, das im Begriff ist, sich zum neuen Szeneviertel zu entwickeln. Ein Spaziergang über die Harrison St. oder die White St. gibt einen Eindruck vom Charakter dieses Stadtteils.

Gusseisenarchitektur

Einen **Rundgang durch SoHo** startet man am besten an der Kreuzung Houston und Broadway. In der **Prince Street** ist eine Filiale von *Dean&DeLuca*, einem der besten Delis der Stadt. Ein Block weiter, am Broadway, finden sich einige der sehenswerten Cast-Iron-Bauten wie das *New Era Building*, 495 Broadway, und daneben das *Haughwout Building*, in dem 1857 der erste dampfbetriebene Fahrstuhl zum Einsatz kam. Auf der **Greene Street** (via Broome St.) sieht man die schönsten Beispiele von Cast-Iron-Architektur bis hinauf zur Houston St. Die Greene St. zwischen Houston und Canal Sts. gilt als umtriebige Lebensader von SoHo. Auf dem parallel westlich verlaufenden **West Broadway** mit seinen Kunstgalerien geht es hingegen vergleichsweise ruhig zu.

SoHo ist bekannt für seine Cast Iron Buildings

Greenwich Village

Treff der Bohème

Von der Houston St. über den West Broadway sind es nur wenige Schritte zum Washington Square und damit nach Greenwich Village (Subway-Linien N und R, ab Ecke Prince St./Broadway). Am Square und am östlich anschließenden **Astor Place** liegt das Zentrum des **Greenwich Village**, östlich davon breitet sich das **East Village** aus. Wo schon im 18. Jh. Engländer ihre Gutshöfe bauten und sich im 19. Jh. schwarze, irische und italienische Einwanderer niederließen, blühte um 1900 das kulturelle Leben. Allmählich entwickelte sich das Areal zum Treff der Bohème, Homosexuellen, Dichter und Künstler. Heute ist es Wohnort des besser verdienenden Mittelstandes.

Wenige Schritte östlich des Broadway erreicht man über Waverly oder Washington Place (d. h. 6th bzw. 5th St.) den **Washington Square**. Der Platz mit seinem markanten Triumphbogen ist der größte in Lower Manhattan und ein beliebter Treff. Früher war er Richtstätte, Armenfriedhof, Exerzierplatz und ab 1828 öffentlicher Park. Der Triumphbogen von 1892 ist ein Denkmal für *George Washington* und heißt deshalb auch Washington's Arch. Östlich des kürzlich renovierten Platzes residiert in mehreren Gebäuden die **New York University (21)**. 1831 gegründet, ist sie eine der größten Privatuniversitäten der USA.

Rundgang im West Village

Ein **Rundgang** könnte vom Washington Square über die W 4th St. mit ihren Cafés, Buchläden und Galerien führen. Diese stößt auf die 6th Ave. (Ave. of the Americas). Im gesamten Bereich zwischen 6th und 7th Ave. konzentrieren sich Boutiquen, Lokale und Kneipen, wie die legendäre *Club 55*, die *Garage* oder die *Stonewall Bar*. Bleibt man auf der 4th St., die sich nun nach Nordwesten wendet, erreicht man am **She-**

ridan Square die 7th Ave. Dieser Platz, an dem auch das Jefferson Market Courthouse von 1833 steht, ist das lebhafte Zentrum des **West Village**.

Eine empfehlenswerte Route führt über die Christopher St., die wegen der **Christopher Street Day Parade**, der bedeutendsten „Schwulen-Parade" der Welt im Juni, berühmt wurde. Dort, wo die Christopher auf die Bleeker St. stößt, folgt man Letzterer Richtung Downtown. Über die Barrow St. erreicht man die Commerce St. mit ihren schönen Backsteinhäusern und dem Theater „Cherry Lane". Auf der 7th Ave. geht es nach rechts bis zur Kreuzung **Leroy St.**, die zusammen mit dem **St. Luke's Place** eine der typischsten Straßen des Viertels ist. Über die Cornelia St. gelangt man wieder zur 6th Ave. und einen Block östlich zum Ausgangspunkt des Rundgangs, dem Washington Square.

Christopher Street Day Parade

East Village

Der **Astor Place** (Subway-Station) ist ein günstiger Ausgangspunkt für einen Rundgang durch das **East Village**. Dieses Viertel wandelte sich in den frühen 1980er Jahren vom Slum zum neuen Künstlerzentrum und, da billiger, zum Nachfolger von SoHo. An der East Houston verläuft die Südgrenze des East Village, dessen Herz am **Tompkins Square** schlägt. Der **Astor Place** geht östlich in den **Cooper Square** mit dem **Cooper Union Building** (22) über. Nach wenigen Schritten steht man auf der Lafayette St. vor dem **Public Theatre**. Gegenüber (Nr. 428-434) erinnert die **Colonnade Row** (vier von ursprünglich neun Häusern) an jene Zeit, als an dieser repräsentativsten Adresse New Yorks u. a. die Familien *Astor* und *Vanderbilt* wohnten.

Vom Cooper Square führt die 8th St., die jetzt **St. Mark's Place** heißt und reichlich Graffiti, Diskos, ausgefallene Läden und Kneipen aufzuweisen hat, direkt zum **Tompkins Square**, einem beliebten Demonstrationsort der Flower-Power-Generation. Zurück zum Astor Place liegt, ein Block weiter an der Ecke 2nd Ave./10th St., **St. Mark's in the Bowery** (23). Als eine der ältesten Kirchen der Stadt von 1799 (Turm und Vorhalle aus dem 19. Jh.) geht sie auf die Hauskapelle des Holländers *Peter Stuyvesant* zurück. Er und viele Familienmitglieder sind auf dem zugehörigen Friedhof beigesetzt. Auf dem Weg zurück zum Platz lohnt die neogotische **Grace Church** (24) aus dem Jahr 1846 einen Besuch.

Peter Stuyvesant

Zwischen Lower Manhattan und Midtown

Die Abgrenzung von Downtown und Midtown erfolgt durch zwei „Pufferzonen" zwischen der 14th und der 34th St., die wechselweise dieser oder jener Region zugerechnet werden: **Gramercy** im Osten, Richtung East River, und **Chelsea** im Westen, Richtung Hudson River. Mit dem *Flatiron District* südlich des gleichnamigen Gebäudes und der *Fashion Row* an der 23rd St. verfügen beide Viertel über Bummel- und Vergnügungszonen, zeichnen sich aber ansonsten durch keine besonderen Sehenswürdigkeiten aus.

Gramercy

Günstiger Startpunkt für eine Tour durch **Gramercy** ist der **Union Square** (Subway-Linien N, Q, R, W, 4, 5 und 6) am Übergang vom Village zu Gramercy. Er gilt seit 1839 als Ort von Versammlungen und Demonstrationen und war lange Zeit als Drogenumschlagplatz berüchtigt, dann als Künstler- und Aussteigerviertel beliebt; z. B. hatte *Andy Warhol* am Union Square sein Atelier. Rings um den Platz befinden sich mehrere sehenswerte Hochhäuser wie das **Edison Building** mit auffälligem Uhrturm. Einstmals promenierte zwischen Union und Madison Square auf der 5th Ave. oder dem Broadway – der **Ladies' Mile** – die feine Gesellschaft.

Ein Stückchen östlich (via 14th St.) befindet sich mit dem **Stuyvesant Square** (1) ein weiterer markanter Platz auf ehemaligem Farmland *Stuyvesants*. Er wird u. a.

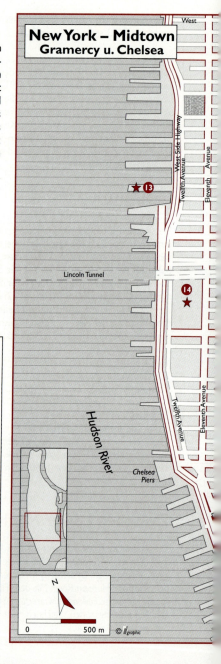

1 Stuyvesant Square
2 Pete's Tavern
3 Gramercy Park
4 Flatiron Building
5 Museum of Sex
6 Chelsea Hotel
7 Chelsea Historic District
8 Macy's
9 Madison Square Garden
10 Empire State Building
11 Pierpont Morgan Library
12 New York Public Library
13 Intrepid
14 Jacob K. Javits Convention Center
15 Altria Building
16 Chrysler Building
17 Tudor City
18 United Nations
19 Radio City Music Hall
20 Rockefeller Center
21 St. Patrick's Cathedral
22 Museum of Modern Art
23 Trump Tower
24 Citicorp Center
25 Waldorf-Astoria Hotel
26 Seagram Building
27 Park Plaza Hotel

5. New York City – Zwischen Lower Manhattan und Midtown

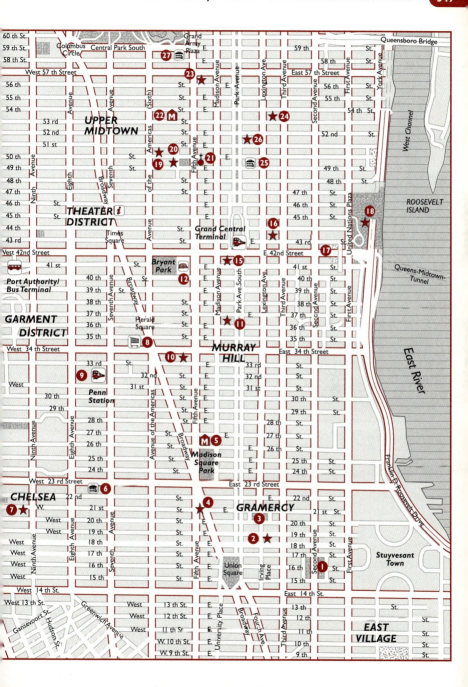

eingefasst vom Versammlungshaus der Quäker und Mennoniten, dem Rutherford Meeting House (1861) und von der St. George's Episcopal Church. Über den Irving Place, wo sich die älteste Kneipe New Yorks, **Pete's Tavern** (**2**), befindet, gelangt man zum **Gramercy Park** (**3**). Dieses Grünareal wurde 1840 für die Reichen und Schönen angelegt und ist noch heute der einzige Privatpark Manhattans. Umgeben von vornehmen Clubs, ist es nur einen Steinwurf von **Theodore Roosevelts Geburtshaus**, 28 E 20th St., entfernt.

Ebenfalls vornehm gibt sich der nördlich, am Kreuzpunkt von Broadway und 5th St. gelegene **Madison Square Park**, der an Stelle des ehemaligen *Roosevelt*-Privatparks entstand. Der Weg dorthin führt vorbei an **St. Luke's Place**, 24th St./Park-Madison Ave. – 15 Reihenhäuser aus den 1850er Jahren. Der Madison Square Park verfügt über eine interessante Bebauung: z. B. an seiner Ostseite die **Metropolitan Life Insurance Headquarters**, deren aufragender Turm mit 230 m von 1909 bis 1913 den Bau zum höchsten Gebäude der Welt machte und dem Campanile von San Marco in Venedig gleicht. Nördlich befand sich der **erste Madison Square Garden**, 1889 gebaut und bis 1925 in Betrieb.

An der Südwestecke des Platzes (5th Ave./Broadway/23rd St.) sorgte 1902 das erste Hochhaus von New York für Aufsehen: das **Flatiron Building** (**4**) von *David Burnham*. Die hier angewandte Konstruktionsweise erwies sich als bahnbrechend für die weitere Entwicklung der Hochhausarchitektur. Ungewöhnlich war schon allein der dreieckige Grundriss des 20-stöckigen Gebäudes, der den Bau, nur 2 m breit, wie ein riesiges Bügeleisen aussehen ließ. Im Umkreis, an der 5th Ave., entwickelte sich der lebhafte **Flatiron District**. An der Ecke 5th Ave. und 27th St. befindet sich das **Museum of Sex** (**5**), 233 5th Ave.

1902 das erste Hochhaus New Yorks: das Flatiron Building

Chelsea

Fashion Row

Folgt man der 23rd St. Richtung Westen, taucht man in das rechtwinklig angelegte Mittelklasse-Wohnviertel **Chelsea** ein. Noch heute genießt das „Bermudadreieck" um 14th, Gansevoort und Hudson Sts. – an der Grenze zum Village – nicht den besten Ruf. Ein Stück weiter an der Hauptachse, der 23rd St., auch *Fashion Row* genannt, steht zwischen 7th und 8th Ave. das legendäre **Chelsea Hotel** (**6**), das schon zahlreiche prominente Gäste wie *Ernest Hemingway*, *Bob Dylan* oder *Jack Kerouac* beherbergte.

Weiter ostwärts, bis zur 9th Ave., erstreckt sich rings um den Chelsea Square der **Chelsea Historic District** (**7**) mit schönen alten Backsteinhäuschen. Weiter geht's zum Fluss: Am Hudson River befand sich bis vor ein paar Jahren außer einer Müllverbrennungshalle, dem Fleischmarkt und aufgelassenen Docks und Lagerhäusern nicht viel. Hier, wo einst die großen Ozeandampfer anlegten, entstanden in den späten 1990er Jahren die **Chelsea Piers** (Zugang: 16th oder 23rd St./West Side Hwy.), ein vielseitiger Sportkomplex mit Eisbahn, Golfhalle, Bowlingbahn und Fitnessstudio. In letzter Zeit hat sich Chelsea mehr und mehr in ein lebhaftes Wohnviertel verwandelt. Über die 23rd St. gelangt man zurück Madison Square Park.

Am Hudson River

Midtown

> **Hinweis**
> Den Stadtplan finden Sie S. 348.

Midtown, wie das große **Areal von der 34th St. nordwärts bis zum Central Park** genannt wird, verfügt über die dichteste Konzentration an Wolkenkratzern, darunter so weltberühmte wie das Empire State oder das Chrysler Building. Aber auch der Theaterdistrikt und der schillernde Times Square, der riesige Komplex des Rockefeller Centers, das Hauptquartier der Vereinten Nationen, Kaufhäuser, Hotelpaläste, Museen, interessante Plätze, der berühmte Madison Square Garden und elegante Einkaufsstraßen prägen das Viertel. Angesichts der Fülle der Sehenswürdigkeiten wird man sich je nach Interesse entscheiden müssen, ob z. B. der Flugzeugträger „Intrepid" und die „Concord" wichtiger sind als das Museum of Modern Art oder ob man einen Bummel über die Park Ave. der UN-Besichtigung vorzieht.

Garment District und Murray Hill

Das Zentrum des südlichen Teils von Midtown, das die Viertel **Garment District** und **Murray Hill** umfasst, ist der **Herald Square**. Der Platz an der Kreuzung von 34th St., 6th Ave. (Ave. of the Americas) und Broadway (Subway-Linien B, D, F, N, Q, R, V und W) ist nach der Tageszeitung „New York Herald", deren Hauptquartier sich einst hier befand, benannt. Wo früher das legendäre Rotlichtviertel, der *Tenderloin District*, lag, gab an der 34th St. das **Kaufhaus Macy's** (**8**) den Anstoß zur Sanierung. Als kleiner Laden an der W 14th St. 1857 gegründet, entstand 1902 das nach eigenen Angaben größte Kaufhaus der Welt. Macy's ist vor allem bekannt für die große *Thanksgiving Parade*, die seit 1927 auf Betreiben der Firmenangestellten stattfindet. Im Umkreis liegene große Läden und Kaufhäuser, z. B. am südlich anschließenden Greeley Square die große **Manhattan Mall**.

Kaufhaus Macy's

Vom Herald Square lohnt ein Abstecher zum **Madison Square Garden** (**9**), zwischen 7th und 8th Ave. und 31st und 33rd Sts. Es handelt sich um die bekannteste Sporthalle der Welt, in der fast jeden Abend eine große Sport-, Musik- oder sonstige Veranstaltung stattfindet. Besonders wenn die einheimischen Profi-Sportteams – die **Rangers** (Eishockey) oder **Knicks** (Basketball) – zu Hause spielen, sollte man sich das nicht entgehen lassen. Unter der Sporthalle befindet sich der zweite große Bahnhof der Stadt, die **Penn Station**, von der aus *Amtrak*- und Nahverkehrszüge verkehren. Auf der gegenüberliegenden Seite, an der 8th Ave., steht das sehenswerte **Farley Building** (derzeit Hauptpostamt) mit seiner griechisch-römischen Fassade vom Anfang des 20. Jh.

An der Ecke 5th Ave./34th St. ragt das **Empire State Building** (10) auf. Mit *King Kong* 1933 bekannt geworden, frequentieren heute gut 3 Mio. Besucher jährlich das Aussichtsplateau, durchlaufen die strengen Sicherheitskontrollen und warten geduldig vor den Aufzügen. Mit seinen 110 Stockwerken und einer Höhe von 381 m (mit Antenne 443 m) galt das Gebäude von seiner Fertigstellung 1931 bis zum Bau des World Trade Centers im Jahr 1973 als das höchste Gebäude der Welt. Mit einer Bauzeit von nur zwei Jahren, seinen 60.000 t Stahl, den Unmengen von Kalkstein, Granit und Marmor, mit seinen 6.500 Fenstern, 73 Fahrstühlen und auch wegen seiner schönen Art-déco-Architektur wurde es bereits von Zeitgenossen als „*8th World Wonder, the only one built in the 20th century*" oder als „*The Cathedral of the Skies*" bezeichnet. Seine oberen Stockwerke sind zu wichtigen Anlässen beleuchtet.

King Kong und Weltwunder

Nordwärts wird die 5th Ave. nun vornehmer. In Höhe der 36th St./Ecke Madison Ave. – bereits im Stadtviertel **Murray Hill** – kann man einen Blick in die prachtvoll ausgestattete **Pierpont Morgan Library** (11) werfen, die eine beachtliche Sammlung alter Bücher und Manuskripte besitzt. Weiter im Norden rückt dort, wo die 5th auf die 40th St. stößt, die **New York Public Library** (12) ins Blickfeld. Außer dem weltgrößten Lesesaal, verschiedenen Sammlungen und Ausstellungsräumen gibt es auch einen Computerraum, in dem Besucher gratis im Internet surfen können.

Nach Westen zu schließt sich der **Bryant Park** an, eine Oase der Ruhe im geschäftigen Midtown. Als Überbleibsel der Weltausstellung von 1853 wird der Park heute zu verschiedensten Veranstaltungen genutzt. Hier angelangt, steht der Besucher vor der Qual der Wahl: Welche Richtung soll er auf der berühmten **42nd St.** – der Hauptachse von Lower Midtown – einschlagen? Nach Westen – zu **Times Square** und **Theater District** – oder nach Osten, zum **Grand Central Terminal**, vorbei an etlichen interessanten Wolkenkratzern zum **UN-Komplex**? Beide Alternativen sind nachfolgend kurz beschrieben.

Times Square und Theater District

Seinen Namen erhielt der **Times Square** (Subway-Linien N, Q, R, W, 1, 2, 3 und 7) vom Verlagshaus der „*New York Times*", die 1904 hierher umzog, inzwischen aber einige Blocks weiter westlich residiert. Das Besondere an dem Bau war der 1928 hoch oben angebrachte Mega-Bildschirm, auf dem ständig Nachrichtenbänder durchliefen. Bekannt ist der Platz auch durch den 1,80 m messenden Alu-Glitzerball, der an Silvester pünktlich um Mitternacht von einem Flaggenmast aus 23,5 m Höhe herabfällt. Taucht man heute aus dem Untergrund auf, tun einem fast Augen und Ohren weh: Schrill blinkende Leuchtreklamen, tosender und hupender Verkehr, dampfende Gullyschächte und ein hektisches Menschengewirr haben den Times Square zum Synonym für Manhattan und „**the city that never sleeps**" gemacht. Eigentlich handelt es sich um zwei Plätze, die in den Dreiecken am Schnittpunkt von Broadway und 7th Ave. entstanden: der **Times Square** im Süden und der **Duffy Square** im Norden. Das **Ticketoffice TKTS**, wo verbilligte Broadway-Tickets verkauft werden, bildet den Kern des Times Square, wohingegen im historischen *Embassy Theater* am Duffy Square das Besuchern hilfreiche **Times Square Visitors Center** zu Hause ist.

Synonym für Manhattan

In den letzten Jahren ist rings um den Platz ein attraktives Viertel entstanden. Kinokomplexe und Theater, Hotels und Läden wie *Hershey's* (Broadway/47th St.) oder *Toys'R'Us* (Broadway/44th St.), Hochhäuser – wie das Paramount Building von 1927, das moderne Reuters oder das Condé-Nast Building – *ESPN Zone* und *NASDAQ Marketside* sind die markanten Punkte.

Doch wir befinden uns auch mitten im Herzen des **Theater District**, dem Viertel zwischen 7th und 9th Ave., 42nd und 57th Sts., das mit seinen knapp 40 Broadway-Theatern und zahllosen weiteren Off- und Off-off-Broadway-Bühnen weltberühmt ist. Bereits ab dem späten 19. Jh. waren hier im Rotlichtviertel um 42nd St. und Broadway Theater- und Vergnügungseinrichtungen, Clubs und Bars entstanden. Der **Broadway** galt als Symbol für Glanz und Glimmer, verfiel allerdings nach dem Zweiten Weltkrieg zunehmend. Nach einem „Theatersterben" in den 1980ern kam es dann in den späten 1990er Jahren zu einer Wiederbelebung. Von der 42nd bis zur 45th St. reiht sich heute ein Theater ans andere, z. B. das *Victory* (42nd St./7-8th Ave.) als eines der ältesten, das Jugendstiltheater *New Amsterdam* (214 W 42nd St.) oder in der Shubert Alley (44-45th Sts.) das *Booth* und *Shubert Theater*. Die W 45th St. wird **Theater Row** genannt; *Royale*, *Golden* und *Lyceum Theatre/Theater* sind hier zu finden.

Theater, nichts als Theater

Abstecher zum Hudson River

Die 42nd St. führt zum Ufer des Hudson, wobei sich in ihrem Verlauf das Stadtbild ändert: Von den Wolkenkratzern im Zentrum geht es zu den Mietskasernen der Westside, einstmals das „Irenviertel", das im Musical „Westside Story" verewigt wurde.

Man passiert den *Port Authority Bus Terminal* auf Höhe der 8th Ave., einen der größten Busbahnhöfe der Welt. Nach Überqueren der 12th Ave. und des West Side Highway steht man vor den Schiffsanlegestellen am Hudson River. Vor allem an den nördlichen Piers 88 bis 94 legten früher die transatlantischen Passagierdampfer an, heute noch gelegentlich Kreuzfahrtschiffe. Einer der wichtigsten Piers ist die Nr. 83, wo die Boote von *Circle Line* und *N.Y. Waterway* zu Rundfahrten ablegen. Auf Höhe der 45-46th Sts. liegt an Pier 86 der riesige Flugzeugträger **„Intrepid"** (13), der auf den Kampfplätzen des Zweiten Weltkrieges und des Koreakrieges eine wichtige Rolle spielte und heute als Marinemuseum fungiert. Dazu kam kürzlich eine „Concord", 2003 von *British Airways* ausgemustert.

Schiffsanlegestellen

Drei Straßen weiter südlich befindet sich das **Jacob K. Javits Convention Center** (14), das architektonisch interessant aus ineinander geschachtelten, verspiegelten Kuben besteht und sich über fünf Blocks erstreckt.

Grand Central Terminal

Nach dem Rundgang im Westteil Midtowns geht es nun in den Osten. Läuft man vom Times Square bzw. Bryant Park die 42nd St. Richtung East River, stößt man auf Höhe der Park Ave. auf die prächtige „Eisenbahn-Kathedrale", den **Grand Central**

Terminal, der erst vor ein paar Jahren komplett renoviert wurde. Wo ab 1913 die Fernzüge hielten, verkehren heute nur noch Nahverkehrszüge in den Norden. Der zentrale *Grand Concourse*, die prunkvolle Empfangshalle, gilt als einer der größten überdachten Räume der Welt. Neben der altehrwürdigen *Grand Central Oyster Bar* ist das **New York Transit Museum** zur Geschichte des New Yorker Schienenverkehrs einen Besuch wert.

Hinter dem Terminal fällt der Blick auf einen gut 260 m hohen architektonischen Markstein: Das ehemalige **PanAm Building**, 200 Park Ave., von *Walter Gropius* 1963 erbaut, ist heute im Besitz der Versicherungsgesellschaft *Metropolitan Life Insurance Company* und trägt deren Namen: **MetLife Building**. Es erdrückt von den Dimensionen her fast das davor stehende **Helmsley Building**, die 1929 errichtete Zentrale der *New York Central Railroad Company* mit großer Uhr und verschwenderischen goldenen Details. Gegenüber dem Haupteingang des Bahnhofs gibt es Gelegenheit zum Kunstgenuss: In der Lobby des **Altria Building** (15), 120 Park Ave./42nd St., befinden sich Kunstwerke des Whitney Museum of Art.

Art-déco-Hochhaus

Auf der 42nd St. ostwärts folgt ein architektonisches Highlight im Art-déco-Stil: das **Chrysler Building** (16), 405 Lexington Ave. *Walter P. Chrysler*, der 1925 die gleichnamige Autofirma gründete, wollte mit dem 1930 eröffneten Gebäude das goldene Zeitalter des Autos symbolisieren und verwendete entsprechende Materialien, z. B. rostfreien Stahl, und Formen am Bau. Die gestaffelte Turmspitze mit ihren Bögen und pfeilförmigen Fenstern ist nachts beleuchtet, sehenswert sind auch die Lobby und die 18 Fahrstühle mit Holzintarsien. Mit 319 m Höhe ohne Antenne galt das Chrysler bis zur Fertigstellung des Empire State Building 1931 als höchster Bau der Welt.

Für Kontrastprogramm sorgt gleich dahinter an der **Lexington Ave. Nr. 425** der verspiegelte Glasturm des deutschen Architekten *Helmut Jahn* aus den 1980er Jahren, dann folgt, ein wenig weiter nach Osten, ein weiterer Art-déco-Bau von 1930, das **Daily News Building**. Gegenüber steht das 1967 erbaute Haus der **Ford Foundation** mit Hochschule, Bibliothek und schön begrüntem Atrium. Dann fällt ein hufeisenförmiger Baukomplex ins Auge: die 1929 errichtete, städtebaulich wegweisende Wohnsiedlung **Tudor City** (17), die sich am gleichnamigen englischen Architekturstil orientiert. Die beiden Teile dieser höher gelegten „Stadt in der Stadt" sind durch eine Brücke über die 42nd St. miteinander verbunden.

United Nations

Sitz der Vereinten Nationen

Von Tudor City ist es nur ein Steinwurf zum Sitz der **United Nations** (18) (Vereinten Nationen), ein Areal aus mehreren Gebäuden, Straßen und einem Park. Die meisten Staaten der Welt sind Mitglied dieser Organisation, die aus verschiedenen Ausschüssen und Abteilungen – wie Vollversammlung, Sicherheitsrat, UNESCO, UNICEF u. a. – besteht. Landesflaggen markieren das Areal, das formal weder zu New York noch zu den USA gehört, sondern im Besitz der Staatengemeinschaft ist. 1952 bezog man den 73.000 m^2 großen Komplex, der von den Architekten *Niermeyer* (Brasilien) und *Le Corbusier* (Schweiz) geplant worden war.

Am markantesten sind das 39 Stockwerke hohe, grüne Glashochhaus der Verwaltung, das **Secretarial Building**, und das geschwungene **General Assembly Building** mit dem Saal der Vollversammlung. Hier befindet sich auch der Besuchereingang (1st Ave., 45-46th St.); im Untergeschoss sind eine Cafeteria, ein Postamt und Souvenirshops zu finden. Bei der Tour durch den Bau sieht man zahlreiche Kunstwerke bedeutender Künstler, ebenso im Park, meist Geschenke von Mitgliedsländern. Auf der gegenüberliegenden Straßenseite, an der 1st Ave., fällt der interessante Hotel- und Büroturm des **One UN Plaza Building** auf.

Upper Midtown – zwischen Rockefeller Center und Fifth Avenue

Idealer Ausgangspunkt für einen Rundgang durch Upper Midtown ist die **Radio City Music Hall** (19) (Subway-Linien B, D, F und V). Das im Art-déco-Stil erbaute Theater wird auch „The Showplace of the Nation" genannt und ist mit rund 6.000 Plätzen eines der größten Theater der Welt. 1932 eröffnet, wurde hier Musikgeschichte geschrieben, fanden Galaveranstaltungen und Ehrungen statt und traten Stars wie *Ella Fitzgerald*, *Diana Ross*, *Frank Sinatra*, *Sting* oder der Moskauer Staatszirkus auf.

Das sich Richtung Westen anschließende **Rockefeller Center** (20) ist eine Ansammlung von 21 miteinander verbundenen Gebäuden, die ab 1929 auf Initiative von *John D. Rockefeller* geplant wurden und täglich von rund einer Viertelmillion Menschen frequentiert werden. Ihre zentrale Achse stellt die Promenade mit ihrer Flaggengalerie dar, von der aus man auf die tiefer gelegene **Sunken Plaza** blickt. Im Winter kann man den Schlittschuhläufern auf dem Ice Rink zuschauen.

Rockefeller Center Plaza

Das älteste Gebäude ist das **General Electric Building**, in dessen 65. Stock sich der legendäre *Club Rainbow Room* befindet. Im 70. Stock wurde 2005 die offene **Aussichtsplattform** im Stil eines Kreuzfahrtschiffes der 1930er Jahre mit Art-déco-Details wiedereröffnet. Im Erdgeschoss sind die **Fernsehstudios der NBC** (*National Broadcasting Company*) zu Hause, und vor dem Studiofenster scharen sich jeden Morgen Menschenmengen, um in der **NBC Today Show** gezeigt zu werden. Es gibt einen großen Shop und Touren durch die Studios. Vor dem **International Building** (630 5th Ave.) wacht eine vergoldete Bronzestatue des *Atlas*, und im **AP Building** (50 Rockefeller Plaza, 50th-51st Sts.) von 1937 ist die gleichnamige Presseagentur zu Hause. Einen Block südlich (W 47th St., 5-6th Ave.) befindet sich die **Diamond Row**, das Zentrum des New Yorker Diamantenhandels.

NBC-Fernsehstudios

> **INFO** **Himmelwärts – New Yorks Wolkenkratzer**

Beim Namen „New York" denkt jeder an Wolkenkratzerschluchten und die spektakuläre Skyline. New York bietet Alt und Neu, Konventionelles und Revolutionäres auf engstem Raum. Dabei waren die Anfänge der Metropole eher bescheiden: Nieuw Amsterdam, die erste Siedlung Manhattans, hatte sich ab dem zweiten Viertel des 17. Jh. noch weitgehend planlos entwickelt. Erst 1811 schlug Stadtbaumeister *John Randall* ein Rastersystem und Planquadrate vor und ließ die Straßen durchnummerieren.

„Dem Himmel entgegen"

Anfangs waren Backstein und Brownstone die verbreiteten Baumaterialien und der schlichte Colonial bzw. Federal Style die gängigen Architekturstile. Als Mitte des 19. Jh. **Gusseisen** aufkam, war dem Bauen in die Höhe Tür und Tor geöffnet. *William Le Baron Jenney* setzte erstmals 1884 in Chicago Gusseisenträger ein und „erfand" das erste Hochhaus, wohingegen in SoHo die ersten *Cast Iron Buildings* entstanden.

1903 realisierte der Chicagoer Architekt *Daniel H. Burnham* 21 Stockwerke beim **Flatiron Building**, doch erst das fünf Jahre später fertig gestellte Singer Building ging als erster „Wolkenkratzer" in die Annalen ein. Anfang des 20. Jh. entstanden repräsentative Bauten im klassizistischen bzw. anderen historisierenden Stilen – Public Library, Grand Central Station, Pierpont Morgan Library oder Farley Building – und die maßgeblichen Architekturbüros hießen *Carrère & Hastings* oder *McKim, Mead & White* oder *Cass & Gilbert*. Das **Woolworth Building** (1910-13) belegt, wie freimütig man damals mit historischen Zitaten umging.

Nachdem 1915 das Equitable Building fertig gestellt worden war, wurden Bauvorschriften erlassen, die zu enges und hohes Bauen untersagten. Ende der 1920er Jahre feilschte man dann beim **Chrysler** und **Empire State Building** um Höhenmeter. Beide Bauten sind Musterbeispiele für das Art déco, das auch beim Daily News Building und Waldorf-Astoria Hotel Anwendung fand.

Die beiden New Yorker Architekten *Philip Johnson* und *Henry-Russell Hitchcock* stießen mit einer Ausstellung und einem Manifest 1932 das Tor zur Moderne auf: Der **International Style** war geboren. Bauhaus-Anhänger wie *Gropius*, *Le Corbusier* oder *Mies van der Rohe* trugen dazu bei, dass dieser erste eigenständige Stil in den USA Verbreitung fand: Die 1950er und 1960er waren geprägt von stromlinienförmigen Glaspalästen, funktional und von eleganter Schlichtheit. *Johnsons* 1958 in Zusammenarbeit mit *van der Rohe* fertig gestelltes Seagram Building machte ihn weltweit bekannt. *SOM* und *Eero Saarinen* verewigten sich mit dem TWA Building, 1962, oder dem CBS Building, 1965, *Le Corbusier* war am UN-Hauptquartier (1952) beteiligt und *Gropius* schuf das PanAm Building (1963). Ein Baugesetz regelte 1961 erneut die zulässige Gebäudehöhe und schrieb Rücksprünge sowie das Vorhandensein öffentlicher Plätze vor. Diese wurden ab Ende der 1960er mit Skulpturen berühmter Künstler geschmückt, und man schuf große begrünte Foyers oder Wintergärten.

Neue Impulse erhielt die moderne Architektur in den 1970ern von Baumeistern wie *Robert Venturi* oder *Charles Moore*. Als Vertreter der **postmodernen Richtung** bedienten sie sich aus dem großen Repertoire vergangener Stile und ersetzten Funktionalität und Minimalismus durch einen neuen Eklektizismus. Die Architektengruppe der *New York Five*, mit *Peter Eisenman, Michael Graves, John Hejdrik, Richard Meier* und *Charles Gwathmey*, die sich 1972 formiert hatte, sorgte für Aufsehen. Selbst *Johnson* ließ sich von dem „neuen" Stil beeinflussen und schuf mit dem Sony Building 1984 den ersten postmodernen Bau der Welt, gefolgt vom symbolträchtigen Lipstick Building, das 1987 entstand.

Moderne und Postmoderne, diese beiden an sich divergenten und heftig diskutierten Strömungen finden sich in New York eindrucksvoll vereint, dazu kommen zahlreiche in den 1980ern und 1990ern entstandene „**spät- oder nachmoderne**" Bauten, teils ohne viel Dekor und eher unauffällig.Dazu zählen beispielsweise das Javits Convention Center von *I. M. Pei*, das World Financial Center von *Cesar Pelli*, UN Plaza I und II von *Roche, Dinkeloo&Ass.* oder das Citicorp Building von *Stubbins Associates* oder *Murphy/Jahns* 425 Lexington Ave. Building. Wichtige städtebauliche Projekte waren Battery Park City, Times Square, Columbus Circle und natürlich die World Trade Center Site. Dort sorgte erst *Daniel Libeskind*, dann *David Childs* von *SOM* für Aufsehen. Sie werden auf alle Fälle dafür sorgen, dass New York mit dem Freedom Tower wieder in die Schlagzeilen gerät, wenn auch kaum als „welthöchster Wolkenkratzer".

Die höchsten Wolkenkratzer der Welt
(Anm.: Höhenangaben hier ohne Antenne)

1908	**Singer Building (N. Y.)**	187 m
1909	**PanAm/Met Life Building (N. Y.)**	246 m
1913	**Woolworth Building (N. Y.)**	241 m
1930	**Chrysler Building (N. Y.)**	319 m
1931	**Empire State Building (N. Y.)**	381 m
1972	**One World Trade Center (N. Y.)**	417 m
1974	**Sears Tower (Chicago)**	442 m
1997	**Petronas Tower 1+2 (Kuala Lumpur/Malaysia)**	452 m
2004	**Taipeh 101 (Taipeh/Taiwan)**	508 m
2007	**World Financial Center (Shanghai)**	492 m
2008	**Burj Dubai (Dubai)**	705 m
2010 (?)	**Freedom Tower (N. Y.)**	541 m

An der Fifth Avenue

Luxusmeile

Im beliebten Areal von Upper Midtown, zwischen Park Ave. und Broadway, gilt unumstritten die **5th Ave.** als die Schlagader. Auf dieser Luxusmeile reihen sich feinste Läden, wie *Chanel, Tiffany, Ralph Lauren, Bergdorf Goodman* oder das japanische Nobelkaufhaus *Takashimaya* auf, daneben renommierte Spezialgeschäfte, die potenzielle Kunden nur nach Klingeln und Gesichtskontrolle einlassen, oder bekannte Markenläden.

Vom Rockefeller Center ein Stückchen weiter, an der 5th Ave., steht die monumentale **St. Patrick's Cathedral (21)** in interessantem Kontrast zur modernen Hochhausarchitektur ringsum. An der neogotischen Kirche, die von Anfang an als Bischofskirche und Zentrum des New Yorker Katholizismus geplant war, wurde ab 1858 gearbeitet. 1879 erfolgte die Einweihung, 1888 waren auch die beiden 100 m hohen Westtürme fertig gestellt; im Jahr 1905 kam die östliche Marienkapelle hinzu. Wie der Name andeutet, dient der Dom vor allem der großen irischen Gemeinde der Stadt, deren *St. Patrick's Parade* natürlich hier vorbeiführt.

St. Patrick's Cathedral und Olympic Tower

Das neue MoMA

Dort, wo die 5th Ave. auf die 52nd und 53rd St. stößt, befinden sich gleich mehrere Museen: den Anfang macht das **Museum of Television and Radio**, 25 W 52nd St., in einem modernen *Philip-Johnson*-Bau von 1991. Gegenüber der neogotischen **St. Thomas Church**, 11 W 53rd St., folgt das **Museum of Modern Art (22)**, kurz „MoMA" genannt, mit einer der weltweit bedeutendsten Sammlungen moderner Kunst von 1880 bis zur Gegenwart. In dem architektonisch interessanten, von *Philip Johnson* entworfenen Gebäude, das im November 2004 enorm vergrößert neu eröffnet wurde, finden sich sechs Museumsabteilungen – Malerei und Skulptur, Druckgrafik und Buchillustration, Grafik, Architektur und Design, Fotografie, Film und Medien – auf sechs Ebenen. Einige der größten Meisterwerke des Impressionismus, Expressionismus, Kubismus, Fauvismus und der amerikanischen abstrakten Kunst und Pop-Art sind hier zu sehen.

Gegenüber liegt derzeit noch das **Museum of Arts and Design**, 40 W 53rd St. (Umzug an den Columbus Circle geplant), in dem amerikanisches Kunsthandwerk von 1900 bis zur Gegenwart gezeigt wird. Gleich nebenan befindet sich das interessante **American Folk Art Museum**, 45 W 53rd St./6th Ave.

Zurück auf der 5th Ave. geht es zum **Sony Building**, dem ehemaligen *AT&T Building*, einem Musterbeispiel für den postmodernen Stil aus rosafarbenem Granit, mit sechsstöckigem Portal und Chippendale-Giebel von *Philip Johnson* (1983). Weiter geht es zum **Trump Tower (23)** an der Ecke zur 56th St. mit 68 Stockwerken, der 1982 als exklusiver Büro- und Wohnturm vom Baulöwen *Donald Trump* privat finanziert wurde. Viel Stahl und verspiegelte Glasflächen, im Inneren edelste Materialien, Marmor, Glas, viel Grün, großzügige Atrien kennzeichnen dieses Luxuseinkaufszentrum mit den wohl teuersten Apartments der Stadt in den oberen Etagen.

In nächster Nachbarschaft erhebt sich 43 Stockwerke hoch das **IBM Building**, 590 Madison Ave./56th St., ein weiteres Beispiel moderner Hochhausarchitektur (1982). Am Zugang steht eine Wasserskulptur, im Atrium befindet sich ein schöner Skulpturen- und Bambusgarten. Ein paar Schritte weiter, 580 Madison Ave., lohnt für Kunstfreunde ein Blick ins **Dahesh Museum of Art**, eine sehenswerte Privatsammmlung europäischer Kunst.

Postmoderne Bauten

Zwischen Park und Lexington Avenue

> **Hinweis**
> Den Stadtplan finden Sie S. 348.

Wie die 5th oder Madison Ave. ist die **Park Avenue**, nur einen Block östlich des IBM Building, als exklusiver Boulevard, Flanier- und Einkaufsstraße bekannt. An der Park und der parallel verlaufenden Lexington Ave. findet sich eine Reihe interessanter Gebäude, Kirchen und Hochhäuser. Einer der imposantesten Wolkenkratzer erhebt sich an der Ecke 53rd St./Lexington Ave.: das über 300 m hohe **Citicorp Center** (**24**) aus den Jahren 1973-78. Es fällt auf durch sein weithin sichtbares charakteristisches Schrägdach, den Unterbau aus vier Säulen und die „längs gestreifte" Aluminiumhaut. Nicht minder auffällig ist das **Lipstick Building** (855 3rd Ave./53rd. St.) dahinter, ein postmoderner Bau von *John Burgee* und *Philip Johnson*.

Südlich des Citicorp Centers erreicht man auf der 50th St., im Block zwischen Lexington und Park Ave., das weltberühmte **Waldorf-Astoria Hotel** (**25**) in einem der schönsten Art-déco-Bauten der Stadt. Der Name geht zurück auf die Familie des deutschen Einwanderers *Jacob Astor* aus Walldorf, der 1848 als einer der reichsten Männer New Yorks gestorben war. Die Familie, deren Zweige sich getrennt und zwei Hotels mit Namen „Astoria" und „Waldorf" eröffnet hatten, vereinigte sich wieder mit diesem 1931 fertig gestellten Bau. Schräg gegenüber steht an der Park Ave., Ecke 51st St., die **St. Bartholomew's Protestant Episcopal Church** von 1919, eine Ruheoase und „Konzertbühne".

Wieder weiter nördlich an der Park Ave., zwischen 52nd/53rd Sts., folgt mit dem **Seagram Building** (**26**) ein weiterer architektonischer Markstein. Der sich über einer Granit-Plaza erhebende 100 m hohe Bau (38 Stockwerke) gilt als Paradebeispiel des International Style und wurde unter Leitung von *Mies van der Rohe* und dessen Schüler *Philip Johnson* 1958 errichtet.

Zurück auf der 5th Ave., geht es dem Ende des Rundgangs, dem Central Park, entgegen. Auf dem Weg warten noch drei Highlights: das berühmte Schmuckgeschäft Tiffany, FAO Schwartz, ein riesiger Spielwarenladen, und das renommierte **Park Plaza Hotel** (**27**), das, 1907 errichtet, lange als die „Grande Dame" unter den New Yorker Hotels galt. Unter großem Aufsehen schloss es im April 2005 seine Pforten, um es in einträglichere Eigentumswohnungen umzuwandeln. Es kam zum Kompromiss: ca. 350 Hotelzimmer, der legendäre Palmenhof und die *Oak Bar* sollen erhalten bleiben.

Grande Dame der Hotels

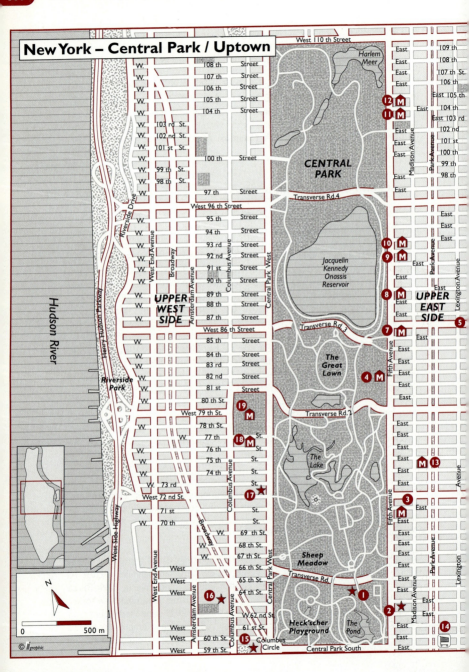

Uptown und Central Park

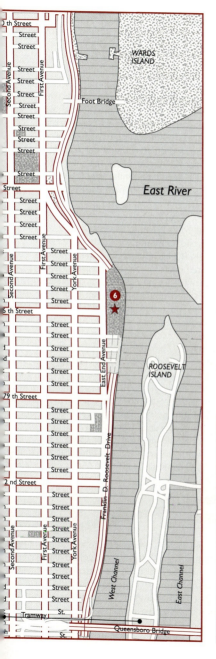

Ein Spaziergang rund um den Central Park lässt sich gut an einem Tag bewältigen, man kann allerdings auch Tage damit zubringen. Zentraler Anziehungspunkt ist die so genannte „**Museum Mile**", die 5th Ave. auf der Upper East Side, an der sich mehrere bedeutende Museen aneinander reihen. **Wie viele und welche Museen** man auswählt und **wie lange der Rundgang dauert**, hängt von der zur Verfügung stehenden Zeit, der Kondition, von persönlichen Interessen und nicht zuletzt auch vom Geldbeutel ab. Im Metropolitan Museum, das in einem Atemzug mit Louvre, British Museum, Eremitage oder Vatikanischen Museen genannt werden muss, kann man ganze Tage verbringen, etliche Stunden auch im Guggenheim Museum. Ruhiger und überschaubarer sind die Frick Collection oder das Museum of the City of New York. Mit Kindern braucht man möglicherweise viel Zeit im naturhistorischen Museum. Gerade bei den großen Sammlungen ist es nötig, anhand der Lagepläne besonders interessante Abteilungen

1	Dairy
2	Tempel Emanu-El
3	Frick Collection
4	Metropolitan Museum of Art
5	Yorkville
6	Carl Schurz Park mit Gracie Mansion
7	Neue Galerie, Museum for German and Austrian Art
8	Guggenheim Museum
9	Cooper-Hewitt National Design Museum
10	Jewish Museum
11	Museum of the City of New York
12	Museo del Barrio
13	Whitney Museum of American Art
14	Bloomingdale's
15	AOL Time Warner Center
16	Lincoln Center
17	Dakota Building
18	New York Historical Society
19	American Museum of Natural History

5. New York City – Uptown und Central Park

auszuwählen, ansonsten ist man bei dem Versuch, alles in kürzester Zeit sehen zu wollen, hoffnungslos verloren.

Der Central Park

So angenehm erholsam und grün der **Central Park** auch ist, es lohnt sich kaum, ihn in seiner gesamten Nord-Süd-Ausdehnung zu durchwandern. Am schönsten ist ein Besuch an einem möglichst sonnigen Sonntagnachmittag, wenn die New Yorker selbst ihre grüne Oase genießen und überall etwas geboten wird. Empfehlenswert ist besonders der **Teil südlich des großen Sees**, des *Reservoir*, vor der majestätischen Kulisse der New Yorker Wolkenkratzer. Als Erstes sollte man die alte **Dairy (1)**, wo früher Kühe und Schafe Milch für bedürftige Kinder spendeten, im westlichen Teil des Parks nahe der 64th St. aufsuchen, da sich hier ein Besucherzentrum befindet.

Die „Gute Stube" der Stadt

Als „**Grüne Lunge**" und „**Gute Stube**" New Yorks bekannt, als kühle Ruheoase im Sommer, als Ort der sportlichen Betätigung und für Picknicks geschätzt – das ist der Central Park. Seinen ursprünglich schlechten Ruf hat er zum Glück weitgehend abgelegt, lediglich die nördlichen Regionen gelten noch als kritisch, vor allem nach Einbruch der Dunkelheit und abseits der Hauptwege. Im Park gibt es u. a. drei Seen und mehrere Teiche, einen Zoo, eine Eislaufbahn (*Wollman Rink*), einen Pool für Modellboote (*Conservatory Water*), verschiedenste Sport- und Spielplätze (*Heckscher Playground*), Open-Air-Bühnen (*Delacorte Theater* u. a.), Picknickplätze, Aussichtspunkte, Liegewiesen, Springbrunnen und Statuen, das Restaurant *Tavern-on-the-Green* und rund 50 km Fußwege. Die wenigen Autostraßen (*Transverse Roads*), die den Park durchqueren, sind an Wochenenden für den Autoverkehr gesperrt und werden dann zum Eldorado für Jogger, Radfahrer und Skater.

Die bereits zwischen 1859 und 1873 am nördlichen Stadtrand von dem renommierten Landschaftsarchitekten *Frederic Law Olmsted* angelegte Grünanlage war groß proportioniert: Zwischen der 59th (Central Park South) und 110th St. und zwischen 5th und 8th Ave. (Central Park West) misst der Park rund 4 km in der Länge und 800 m in der Breite und bedeckt damit ein Zwanzigstel der gesamten Bodenfläche Manhattans. Für Aufsehen sorgte im Februar 2005 das Kunstprojekt von *Christo* und *Jeanne-Claude* mit dem Titel „The Gates".

Museum Mile und Upper East Side

Museumsmeile

Im Südosten des Central Parks, wo 5th Ave. und 59th St. aufeinander treffen, bildet die **Grand Army Plaza** (Subway-Linien N, R und W) das Gegenstück zum Columbus Circle (s. unten). Direkt am Zugang zum Central Park fällt die **Installation** „Street Crossing" von *George Segal* ins Auge. Hier, am Anfang der „**Museum Mile**", verkörpert Manhattan vielleicht am deutlichsten die „Große Welt": Besucher besteigen weiße Pferdekutschen, Straßenmusikanten und Künstler unterhalten ihr Publikum und Diener in Livree bewachen Hauseingänge.

5. New York City – Uptown und Central Park

Zum Metropolitan Museum kann man entweder auf der 5th Ave., vorbei an noblen Apartmenthäusern, oder durch den Central Park laufen. Dort führt der Weg vorbei am *Wollman Rink*, der *Dairy* und dem Zoo, ehe die Transverse Road 1 (65th St.) auf die 5th Ave. stößt und in Höhe der 65/66th Sts. die Synagoge **Tempel Emanu-El** (2) auffällt. Sie stammt aus dem Jahr 1929 und ist Sitz der reichsten jüdischen Gemeinde von New York. Mit 2.500 Plätzen ist das Gotteshaus nicht nur eines der größten der Stadt – größer als St. Patrick's! –, sondern wahrscheinlich sogar die größte Synagoge der Welt.

Weiter nördlich ist an der 5th Ave., in Höhe der 70th St., in einem Beaux-Arts-Gebäude die **Frick Collection** (3) zu Hause. Der dem Central Park zugewandte Bau mit Terrasse, Freitreppe und kleiner Grünfläche entstand zwischen 1913 und 1914 für den Stahlindustriellen *Henry C. Frick* und ist nicht „bloß" ein Museum, sondern ein Gesamtkunstwerk. Im Inneren birgt der prunkvolle Stadtpalast heute eine großartige Sammlung von 130 Gemälden alter Meister, exquisite Möblierung und elegante Innenarchitektur. Kaum anderswo kommt die Stimmung der Gründerzeit mit ihrem am klassischen Europa orientierten Geschmack so deutlich zum Tragen wie hier. Nach Besichtigung der 16 Räume des Erdgeschosses kann man eine Ruhepause im herrlichen Innenhof des *Garden Court* einlegen.

Gründerzeit

Metropolitan Museum of Art (MMA)

Als einziger Museumsbau steht das **Metropolitan Museum of Art** (4) *im* Park. Nähert man sich von der Parkseite, präsentiert sich das Museum als moderner Glaskomplex, zur 5th Ave. hin liegt dagegen der Haupteingang im historisierenden Stil. Die Wurzeln des „MMA" reichen ins Jahr 1870 und auf die Eigeninitiative einer Künstlergruppe zurück; der Kernbau entstand ab 1880, die monumentale Eingangsfassade Anfang des 20. Jh. und viele Ausstellungsflügel wurden erst in den letzten Jahrzehnten zugefügt. Neueste Zufügung (bis 2007) werden im Süden ein Römischer Hof für antike Kunst und eine neue Abteilung für Kunst des 19. Jh., der Moderne und für Fotografie sein. Das MMA birgt die größte Kunstsammlung der westlichen Welt; in etwa 300 Räumen werden rund 100.000 Exponate gezeigt, Kunst und Kunsthandwerk aller Epochen und von fast allen Kontinenten. Dazu kommen ständig mehrere Wechselausstellungen. Außerdem verfügt das Museum über riesige Archive und eine Bibliothek, mehrere gut sortierte Shops und Restaurants.

Weltklassemuseum

Besonders sehenswert sind die **ägyptische Abteilung** mit dem komplett nachgebauten **Tempel von Dendur**, gefolgt vom **American Wing** mit amerikanischen Meisterwerken und Wintergarten.

Im Metropolitan Museum kann man mehrere Tage verbringen

Über das zentrale Treppenhaus gelangt man in das Obergeschoss mit der Sammlung **europäischer Malerei**. Berühmt sind außerdem die Abteilungen zu **griechischer** und **römischer Kunst** und zum **Mittelalter**. Allein schon wegen des Ausblicks ist der *Cantor Roof Garden* mit zeitgenössischen Plastiken und kleinem Café interessant, ebenso wie der *Lila Acheson Wallace Wing* mit **Kunst des 20. Jh.** auf drei Ebenen.

Abkürzung zur Upper West Side

Wer möchte, kann nach dem MMA der Transverse Road 2, 79th St., durch den Central Park folgen, um zur Upper West Side und zu den dortigen Museen (Hayden Planetarium und Museum of Natural History) zu gelangen. Dabei geht es vorbei an *Shakespeare Garden* und *Belvedere Lake*, an dessen Ufer sich das *Delacorte*-Freilichttheater befindet und das **Belvedere Castle**, der verkleinerte Nachbau einer europäischen Burg, steht.

Cleopatra's Needle ist ein original ägyptischer Obelisk aus der Regierungszeit des Pharaos *Thutmosis* (ca. 1500 v. Chr.). Er wurde 1869 als Geschenk Ägyptens an die Stadt New York von Alexandria hierher geschafft.

Abstecher nach Yorkville

Deutsches Zentrum

Bis zum weltberühmten Guggenheim Museum sind es vom MMA sechs Blocks zu Fuß, aber da keine U-Bahn entlang der 5th Ave. verkehrt, sondern nur staugefährdete Busse auf der Madison Ave. nordwärts fahren (südwärts auf der 5th Ave.), ist ein Fußmarsch die schnellste Variante. Genau gegenüber dem Metropolitan fällt der Blick zunächst auf das **Goethe Haus**, 1014 5th Ave., das mit Vorträgen, Lesungen, Konzerten, Lesesaal und Bibliothek als Multiplikator der deutschsprachigen Kultur in Erscheinung tritt. Seine Adresse ist kein Zufall, erstreckte sich doch dahinter, von der Lexington Ave. bis zum East River, zwischen 71st und 96th Sts. das Viertel **Yorkville (5)**, das als deutsches bzw. jüdisches Viertel bekannt war. Die 86th St. war bekannt als Hauptachse, als der „**German Broadway**", doch viel ist nicht geblieben, sieht man von der Metzgerei *Schaller&Weber* oder dem *Heidelberg*-Restaurant ab.

Schon am East River befindet sich der **Carl Schurz Park**, umgeben vom Henderson Historic District, zu dem die **Gracie Mansion (6)** von 1774, die offizielle Residenz des New Yorker Bürgermeisters, gehört.

Neue Galerie und Guggenheim Museum

Etwa auf halbem Weg auf der 5th Ave. zum Guggenheim Museum, an der 86th St., findet sich in einem nicht allzu auffälligen Beaux-Arts-Gebäude von 1914 die **Neue Galerie, Museum for German and Austrian Art (7)**. Diese Sammlung entstand auf Initiative des deutschen Kunsthändlers *Serge Sabarsky* und zeigt deutsche und österreichische Kunst aller Genres aus der ersten Hälfte des 20. Jh., darunter Werke von *Schiele*, *Klimt* oder *Klee*.

Schon allein der Bau selbst, ein Meisterwerk des weltberühmten Architekten *Frank Lloyd Wright*, lohnt den Weg zum folgenden **Guggenheim Museum (8)**. Der Architekt hatte 1943 von dem Industriellen *Salomon Guggenheim* den Auftrag erhalten, eine adäquate Behausung für seine Kunstsammlung zu entwerfen. Es sollten 16 Jahre bis zur Fertigstellung vergehen und *Wright* erlebte die Eröffnung selbst nicht mehr. Der gestaffelte Rundbau besteht im Kern aus einer 432 m langen Spirale, die nach außen zu fensterlos ist und sich um einen tiefen Innenraum legt. Inzwischen sind mehrere Anbauten hinzugekommen, doch die thematischen Schwerpunkte sind dieselben geblieben: klassische moderne Kunst und spektakuläre Wechselausstellungen.

F. L. Wrights Meisterwerk: das Guggenheim Museum

Museen weiter nordwärts

Vorbei am **Cooper-Hewitt National Design Museum (9)** im alten Carnegie-Palast von 1902 und am **Jewish Museum (10)** geht es weiter nordwärts. Wer sich für die wechselvolle Geschichte der Stadt New York interessiert, sollte das **Museum of the City of New York (11)**, 1220 5th Ave./103rd St., nicht versäumen. Dieses am nordöstlichen Rand des Central Parks gelegene, nicht allzu große, aber hochinteressante Museum zeigt auf fünf Stockwerken etwa 500.000 Exponate – alte Stadtansichten, Kostüme, Fahrzeuge, Schaufenster, Inneneinrichtungen, Spielsachen – von der Kolonialzeit bis heute, dazu gibt es immer wieder sehenswerte Wechselausstellungen. In nächster Nähe liegt das **Museo del Barrio (12)**, 1230 5th Ave., eine modern aufgemachte Ausstellung lateinamerikanischer Kunst und Kultur.

Madison Avenue und Upper East Side

Der Rundgang wäre nicht komplett, würde man nicht einen Bummel auf der **Madison Avenue** anschließen. Sie durchzieht die **Upper East Side**, ein teures Wohnviertel und Shoppingareal. Die Madison Ave. durchstreifen New Yorker vor allem wegen der Galerien, aber auch Designerboutiquen und exklusive Shops sind reichlich vorhanden. Die parallel verlaufende Park Ave. gibt sich etwas weniger elitär, aber ebenfalls attraktiv, und die Third Ave. in Höhe der 70er-Straßen gilt als Gourmetparadies mit Feinkostläden, Cafés und Restaurants.

Shoppingareal

An der Ecke Madison Ave./75th St. folgt ein weiteres Museumshighlight: das **Whitney Museum of American Art (13)**. Dieses 1930 von der Bildhauerin *Gertrude Vanderbild Whitney* gegründete Museum birgt die wohl umfangreichste und wichtigste Sammlung amerikanischer Gegenwartskunst einschließlich Film- und Videokunst.

Es ist darüber hinaus in einem interessanten und zur Umgebung kontrastierenden Gebäude des Architekten *Marcel Breuer* (1966) untergebracht. Skulpturen aus dem Museumsbestand sind auch im **Altria Building**, Park Ave./42nd St., zu sehen.

Am Übergang der Upper East Side zu Midtown liegt mit **Bloomingdale's (14)**, Lexington Ave./59th St., ein Mekka für Shopper. 1872 gegründet, gilt es als eines der bestsortierten Kaufhäuser New Yorks; besonders sehenswert ist die Feinkostabteilung. An der Ecke 59th St./2nd Ave. kann man mit der Seilbahn zur **Roosevelt Island** übersetzen.

Roosevelt Island

Columbus Circle und Upper West Side

> **Hinweis**
> Den Stadtplan finden Sie S. 360.

Der **Columbus Circle** (Subway-Linien A, B, C, D und 1), markiert durch einen überdimensionierten versilberten Erdball, befindet sich an der südwestlichen Ecke des Central Parks, in den das *Merchant's Gate* hineinführt. Es handelt sich um einen weiteren großen Verkehrsknotenpunkt Manhattans, an dem Broadway, 8th Ave. und 59th St. (Central Park South) zusammentreffen. Ein monumentales Denkmal ist *Christopher Columbus*, dem Entdecker der Neuen Welt, gewidmet. Spektakuläre Architektur verkörpern das neue **AOL Time Warner Center (15)** – mit dem *Mandarin Oriental Hotel*, dem *Whole Foods-Biosupermarkt*, den *CNN-TV-Studios* (Touren!) und *Jazz at Lincoln Center* –, aber auch der **Trump International Hotel & Tower**.

Rund um den Platz bzw. an der 57th und 58th Sts. gruppiert sich eine Vielzahl von Restaurants und Cafés. Etwas südlich des Platzes, an der 57th St., stehen zwei beachtliche Gebäude: einmal die **Carnegie Hall** (Ecke 7th Ave.), jener weltberühmte Konzertsaal, der 1891 im Neorenaissance-Stil eröffnet wurde und wohl schon Tausende von Berühmtheiten gesehen hat. Der Carnegie Hall Tower wurde 1988-90 im postmodernen Stil angebaut. An der Ecke 8th Ave. kann man das **Hearst Magazine Building** bewundern, einen Zeitungspalast im Jugendstil, der 1928 für den Großverleger *William R. Hearst* errichtet wurde und dessen Säulen hoch über die Mittelportale und Ecken des Gebäudes hinausragen.

Abstecher zum Lincoln Center

Vom Columbus Circle ließe sich ein kurzer Abstecher zum **Lincoln Center (16)** anschließen. Zwischen 1959 und 1966 erbaut, umfasst dieser Komplex Musikschulen, mehrere Theater und Bühnen, Bibliotheken und ein Opernhaus. Nähert man sich vom Broadway der Anlage, blickt man auf dessen Schauseite mit großzügiger Plaza und Springbrunnen. Hinter dem Platz beherrscht die Front des weltberühmten **Metropolitan Opera House**, die „Met", mit ihren hohen Arkaden das gesamte Ensemble. Im Inneren sind große Wandgemälde von *Marc Chagall* zu sehen. Links rahmt das **New York State Theater** (New York Ballett, New York Opera Company) die Plaza und rechts die **Avery Fisher Hall** (New York Philharmoniker). Die weiteren Gebäude gruppieren sich rechter Hand um einen hübschen rechteckigen Brunnen, während links neben der Oper der **Damrosch Park** zur Pause einlädt.

Die „Met"

Central Park West und Upper West Side

Ab dem Columbus Circle heißt die 8th Ave. **Central Park West,** und die **Upper West Side** schließt sich westlich davon an. Das gesamte Areal zwischen der 71st und 84th Sts., vor allem zwischen Columbus und Broadway, gilt als Shoppingparadies – und zugleich als eine der begehrtesten Adressen der Stadt. In den hoch aufragenden, äußerlich klotzigen Wohnanlagen mit livrierten Türstehern und überdachten Zugängen von der Straße befinden sich die wohl teuersten Apartments der Stadt. In den Seitenstraßen zwischen Broadway und Central Park West stehen hingegen kleinere, aber ebenso begehrte braune Reihenhäuschen aus Sandstein.

Von besonderem Interesse sind Häuser wie das 1931 errichtete **Century** (62nd/63rd Sts.), an der 65th St. **55 Central Park West** im Art-déco-Stil (Drehort von „Ghostbuster") oder das **Hotel des Artistes** (1 W 67th St.) von 1910. Am bekanntesten dürfte jedoch das **Dakota Building** (17), 72nd St., sein, das 1894 als erstes Luxusapartmentgebäude im historisierenden Stil erbaut wurde und bis heute die Adresse großer Stars aus Film und Showbusiness ist. Der Bau war Drehort von Roman Polanskis „Rosemary's Baby", wurde aber vor allem durch *John Lennon* berühmt, der hier wohnte und in nächster Nähe (Strawberry Hills) ermordet wurde.

Wohnung John Lennons

Auf das **Eldorado**, in dem *Marilyn Monroe* wohnte (300 Central Park W), folgt das **Majestic** (71st-72nd Sts.), elegant im Art-déco-Stil. Aus demselben Jahr, 1930, stammt der kathedralartige Bau des **San Remo**, zwischen 74th und 75th St., mit riesigen Luxuswohnungen. Klein, aber interessant ist an der Ecke zur 77th St. das stadtälteste Museum, die **New York Historical Society** (18), 77th St. Es wurde 1803 gegründet und informiert ähnlich wie das Museum of the City of New York (s. oben) über die Geschichte der Stadt. Zwischen der 77th und 81st St. tritt dann die Wohnbebauung zurück; auf einer Fläche von drei Blocks erhebt sich das 1869 gegründete Naturkundemuseum.

Das **American Museum of Natural History** (19) gilt als eines der ältesten Museen, als eines der größten der Stadt und sogar als weltgrößtes Naturkundemuseum. Der ursprüngliche Kernbau von 1877 erfuhr im Laufe der Zeit zahlreiche An- und Umbauten. Vor dem Museum erinnert ein Reiterstandbild an *Theodore Roosevelt*, der sich der Natur besonders verpflichtet fühlte. Zu den wichtigsten Abteilungen gehören jene mit den Exponate der Ureinwohner Amerikas, aber auch der dritte Stock mit seinen spektakulären Dinosaurierskeletten. Kinder sind besonders von den Dioramen begeistert, wo hinter Glas ausgestopfte Tiere in „natürlicher" Umgebung gezeigt werden.

Weltgrößtes Naturkundemuseum

Zum Komplex gehört das **Hayden Planetarium**, in dem Interessierte ein Modell des Sonnensystems, Meteoriten, Filme, Dias und Modelle der Erde, der Planeten und des Mondes etc. sehen können. Der Sternenhimmel wird an Werktagen zweimal täglich, an Wochenenden nachmittags stündlich gezeigt, am Abend gibt es eine Lasershow. Das **Rose Center of Earth&Space** zeichnet ein hochmodernes, multimediales Konzept auf und geleitet Besucher gezielt durch die Phasen der Entstehung des Universums.

Delis

Ein Rundgang auf der Westseite des Central Parks ohne einen Bummel durch die **Upper West Side** wäre unvollständig. Hier gibt es zahlreiche Läden, Delis mit leckerem Angebot, Cafés und „fancy" Restaurants. Gerade **Zabar's Deli**, Broadway/ W 79th St., eine New Yorker Institution, muss man auch von innen gesehen haben.

Vom American Museum of Natural History sind es nur zwei bzw. drei Blocks zur Amsterdam Ave. und zum Broadway, den beiden Hauptachsen des Viertels mit Läden und Restaurants, konzentriert zwischen 78th und 84th St. (Subway-Stationen der Linien 1, 2, 3 und 9 am Broadway, Ecke 72nd, 79th oder 86th Sts.).

Upper Manhattan

Auch **Upper Manhattan** hat einiges zu bieten: Die Bandbreite reicht von der größten neogotischen Kirche der Welt über das monumentalste Mausoleum, die angesehenste Universität, ein mediterranes Kloster und interessante Museen bis hin zum schönsten Ausblick, den Manhattan zu bieten hat. Verschiedene zentrale Punkte sollten mit öffentlichen Verkehrsmitteln (Subway oder Bus) angesteuert werden, so z. B. die Columbia University, Washington Heights oder Fort Tryon Park. Eine Besichtigung von Harlem sollte ebenfalls unbedingt zum Programm gehören.

Columbia University

An der Subway-Station „116th St." (Linien 1, 2 und 3) erstreckt sich der Campus der privaten **Columbia University (1)**. Mit etwa 20.000 Studenten ist sie die bekannteste und älteste städtische Institution, deren Ruf weit über die amerikanische Ostküste ausstrahlt. Sie war 1754 vom englischen König *Georg II.* als *King's College* gegründet worden. Hier studierten u. a. *Franklin* und *Roosevelt*, „*Ike*" *Eisenhower* war erst Präsident der Columbia University ... und dann der USA. Mitten auf dem Campus liegt die ehemalige Bibliothek, die **Low Memorial Library** (mit VC). 1893 von *Charles McKim* entworfen, präsentiert sie sich als überkuppelter Block mit ionischer Säulenhalle über einer monumentalen Freitreppe. Im Zentrum der Treppe steht die „Alma Mater" (1903), der eine Eule unter den Rock schaut. Neben diesem Bau finden sich die heutige Zentralbibliothek, die **Butler Library**, und ebenfalls am Platz die renommierte, von *Joseph Pulitzer* gegründete **School of Journalism**. Die **St. Paul's Chapel** (1907) an der Nordostecke wurde Anfang des 20. Jh. erbaut und ist bekannt für ihre gute Akustik.

Renommierte Hochschule

St. John the Divine

Läuft man von der Columbia University über die Amsterdam Ave. ein Stück in südliche Richtung, kann man den riesenhaften Bau der Kathedrale **St. John the Divine (2)** in Höhe der W 112th St. nicht verfehlen. 1892 begonnen, ist das „größte gotische Gotteshaus der Welt" mit 42 m Höhe, 50 m Breite und 200 m Länge, dessen

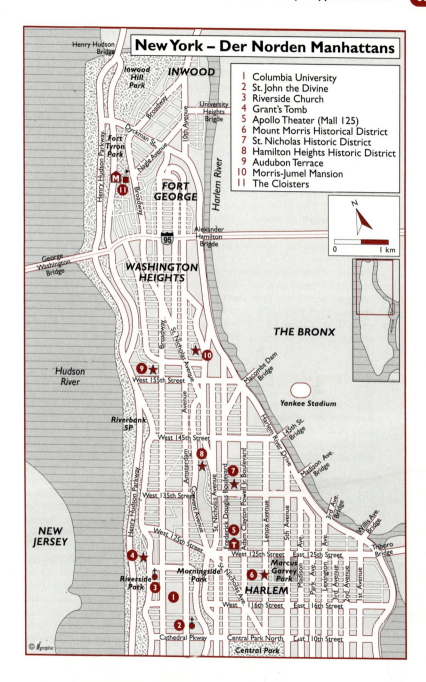

Vorbild Notre-Dame in Paris ist, bis heute nicht vollendet. Immer wieder fehlt das nötige Geld, und die authentisch mittelalterliche Bauweise ist zudem sehr zeitaufwändig. Dennoch wird der neogotische Bau mit kleinem Kirchenmuseum und Garten bereits seit vielen Jahren genutzt. Es gibt zahlreiche Veranstaltungen, Touren und Konzerte sowie eine Tiermesse am 4. Oktober (*St. Francis Day*).

Riverside Church und Grant's Tomb

Auf der 112th St. westwärts erreicht man nach der Kreuzung mit dem Broadway den Riverside Drive am gleichnamigen Park erreicht. Richtung Norden (120th-122nd Sts.) fällt der Blick auf den imposanten Turm der **Riverside Church (3)**. Von *John D. Rockefeller* gestiftet, wurde die Kirche mit ihrer gotischen Chartres-Fassade im Jahr 1930 fertig gestellt. Im Inneren sind europäische Glasmalereien des 16. Jh. zu sehen, außerdem Ehrentafeln und Statuen. Das eigentlich Ungewöhnliche aber ist der Ausblick von der Aussichtsplattform des zwölfstöckigen Turmes. Dort erinnert ein Glockenspiel mit 74 Glocken an Mutter *Rockefeller*.

Grabmal des Präsidenten Grant

Vis-à-vis der Kirche, an exponierter Stelle im Riverside Park, ragt das **Mausoleum** des Bürgerkriegsgenerals und US-Präsidenten (1869-77) *Ulysses S. Grant* über das hohe Ufer des Hudson River. Der mächtige Zentralbau, der sich an antiken Vorbildern orientiert, wurde 1897 nach sechsjähriger Arbeit im antikisierenden Stil vollendet. **Grant's Tomb (4)** birgt in der Krypta die Sarkophage *Grants* (1822-85) und seiner Frau, außerdem Büsten seiner Generäle und eine kleine Ausstellung.

Rundgang durch Harlem

Von Grant's Tomb ist es ein Katzensprung zur **125th St.**, auch **Martin Luther King Blvd**. Wir befinden uns in **Harlem** (zwei Subway-Stationen 125th St./Ecke 8th Ave. – A, B, C und D – sowie Ecke Malcom X Blvd. – 2 und 3), einem Viertel, das in den letzten Jahrzehnten einen enormen Wandel zum Positiven durchgemacht hat, nicht nur, weil *Bill Clinton* hier sein Büro eingerichtet hat.

Ein Sonntag in Harlem

Zu **Harlem** wird offiziell das Areal von der Nordgrenze des Central Parks (110th St.) bis zur 150th St. im Norden und von der 8th Ave. im Westen bis zur Madison Ave. im Osten gerechnet. Östlich schließt sich **East** oder **Spanish Harlem** an, schwerpunktmäßig das Viertel der Puertoricaner. Der Name „Harlem" stammt aus der Kolonialzeit, als sich hier ein holländisches Dorf befand. In den 1920er Jahren waren gehäuft Afroamerikaner zugewandert und Harlem hatte sich zum „Black Capital" der westlichen Welt entwickelt. Die Künstler- und Literatenbewegung **Harlem Renaissance** kam auf, und die **Roaring Twenties**, das Aufblühen von Jazz, Bebop, Blues und Soul, sorgten für weltweites Interesse und brachten das afroamerikanische Viertel, vor allem die Etablissements entlang der 125th St., wie das legendäre *Apollo Theater* oder den *Cotton Club*, ins Gespräch.

Harlem Renaissance

Besonders typisch für Harlem sind Lenox Ave. (Malcom X Blvd.) und 125th St. Letztere heißt rings um die Kreuzung mit der 8th Ave. auch „Mall 125" und bietet einige preiswerte Einkaufsgelegenheiten. Das **Apollo Theater (5)**, 253 W 125th St., ist ebenso eine Legende wie das **Restaurant Silvia's** (328 Lenox Ave./W 126th St.). Gegenüber dem Apollo liegt das ehemalige jüdische Kaufhaus *Blumstein* und wenig davon entfernt das *Magic (Johnson) Theatre*, ein Kinokomplex. Das **Studio Museum of Harlem** (144 W 125th St.) lohnt wegen der Ausstellung zeitgenössischer afroamerikanischer Kunst und einer großen, wechselnden Fotosammlung.

Das südlich angrenzende Areal zwischen W 119th und 124th St. ist der **Mount Morris Historical District (6)**, ein hübsches Viertel mit viktorianischen Reihenhäuschen aus dem späten 19. Jh. und Kirchenbauten an jeder Straßenecke. Ein Stück weiter nördlich, an der Lenox Ave./135th St., befindet sich das **Schomburg Center**, Museum und Forschungsstätte für afroamerikanische Kultur. Vorbei am **YMCA Building** (180 W 135th St.) mit riesigem Wandbild, geht es zur **Abyssinian Baptist Church** (132 W 138th St.). Die Gospel-Gottesdienste in dieser ältesten „schwarzen" Kirche New Yorks sind inzwischen eine Touristenattraktion.

Weiter im Norden folgen zwei historische Viertel, die man bei genügend Zeit und architektonischem Interesse durchstreifen sollte: der **St. Nicholas Historic District (7)** (W 138-139th Sts.) mit Reihenhäuschen aus dem späten 19. Jh. und der **Hamilton Heights Historic District (8)**, ein vormals begehrtes afroamerikanisches Wohnviertel. Ebenfalls in Höhe der W 138th St. und Convent Ave. schließt dann das **City College of New York**, 1847 gegründet, in idyllischer Lage mit neogotischen Gebäuden den Harlem-Rundgang ab.

Washington Heights und Fort Tyron Park

Washington Heights heißt das Stadtviertel nördlich der 151st St. und südlich der I-95. Es wurde als Endstation des von *Duke Ellington* besungenen *A-Train* bekannt. Zahlreiche Emigranten hatten sich in der ersten Hälfte des 20. Jh. hier angesiedelt, wobei in den 1940er Jahren die Deutschen in der Überzahl waren. Auch *Oskar Maria Graf* lebte hier mit seiner jüdischen Frau *Mirjam*. Es gab deutsche Metzgereien und Bäckereien, wie die heute noch betriebene *Gruenebaum's* (725 W 181st St.).

„Take the A-Train"

Sehenswürdigkeiten sind hingegen rar: Die **Audubon Terrace (9)** (Subway-Station 157th St., Linie 1) zwischen 155th und 156th St., Broadway und Riverside Drive war ab 1908 als Sitz mehrerer angesehener Kultureinrichtungen geplant; geblieben sind die *American Numismatic Society* und die *Hispanic Society of America*. Die **Morris-**

Jumel Mansion (10) (W 160th St./Edgecombe Ave., Subway-Linie C „163rd St.") von 1765, in der auch *George Washington* vorübergehend wohnte, legt mit ihren zwölf zeitgemäß eingerichteten Räumen Zeugnis vom Lebensstil damaliger Zeit ab.

Eindrucksvolle Hängebrücke

Am Hudson River liegt der **Fort Tryon Park** (Subway-Linie A „Dyckman St."), mit Manhattans höchstem natürlichem Punkt (76 m ü. d. M.). Der Blick fällt von hier weit über den Hudson und auf das gegenüberliegende Ufer, aber auch auf die weiter südlich gelegene **George Washington Bridge**, eine der längsten Brücken New Yorks. Als achtspurige Hängebrücke von 2.650 m Länge 1931 vollendet, war ihre Kapazität bereits in den 1950er Jahren erschöpft und man zog in einem komplizierten Verfahren ein zweites sechsspuriges Deck ein.

In erster Linie fährt man jedoch wegen **The Cloisters (11)** hierher, einem ungewöhnlichen Museum in idyllischer Umgebung, das einem das Gefühl gibt, irgendwo in Spanien oder Italien zu sein. Diese Dependance des Metropolitan Museum widmet sich der mittelalterlichen Sakralkunst und obwohl der Bau selbst neuzeitlich (1935-38) ist, wirkt der Komplex wie ein mittelalterliches Klostergebäude. Das liegt vor allem an den vielen originalen Architektur- und Ausstattungsteilen, die man aus den verschiedensten französischen, italienischen, spanischen, englischen und deutschen Kirchen, Kapellen und Klöstern hergebracht hat. Die Geschichte der Anlage mit ihren hübschen Innenhöfen ist eng mit *John D. Rockefeller* verknüpft, der für sein Vorhaben das Gelände des Fort Tyron Parks erwarb. Zu sehen gibt es von ganzen Kapellen über einzelne Bauteile und Skulpturen, Glaskunst und Gobelins auch wertvolle Schätze der Sakralkunst.

Sehenswertes in den New Yorker Boroughs

Brooklyn

Neue Topadresse

Brooklyn ist für sich genommen die viertgrößte Stadt der USA und wurde schon 1646 von den Holländern gegründet. Lange Zeit galt Brooklyn als der wenig beachtete „Hinterhof" New Yorks, doch heute heißt die Parole „*Brooklyn is hip, Brooklyn is hot*". Die kleinen Brownstone-Häuschen oder Lofts gelten als Topadressen, und wer „Multikulti", egal in welchem Bereich, sucht, ist hier richtig aufgehoben, auch zum Übernachten (ⓘ Regionale Reisetipps, „Unterkunft").

Brooklyn ist das neue Trendviertel und verfügt über erstaunlich viele ethnische **Neighborhoods**: jüdische (Crown Heights und Williamsburg) und Italiener-Viertel (Bensonhurst), das Russen-Viertel „Little Odessa" (Brighton Beach), die orientalische Atlantic Ave., das afroamerikanischen Fort Greene oder Bedford Stuyvesant, das Strand- und Vergnügungsviertel Coney Island, das „Fischerdorf" Sheepshead Bay, die Künstlerviertel DUMBO oder South Brooklyn, oder die hippen Topadressen Park Slope und Prospect Heights. Die neuen *Steiner Studios* im Brooklyn Navy Yard (am East River) sollen Brooklyn zudem zum **zweiten Hollywood** machen, und ein neuer Kreuzfahrtschiffhafen wird angelegt.

5. New York City – Sehenswertes in den New Yorker Boroughs

Brooklyn würde leicht einen eigenen Reiseführer füllen, daher kann in diesem Rahmen nur auf die wichtigsten Viertel und Sights hingewiesen werden.

Lohnend ist ein Spaziergang über die **Brooklyn Bridge**. Wer den ganzen Weg (ca. 30-45 Minuten) nicht scheut, steht am Ende in **Brooklyn Heights**, dem ersten Historic District New Yorks von 1965 (auch Subway-Linien 2 oder 3 zur Station „Clark St."). Hier wurden nach der Einrichtung der Fährverbindung mit Manhattan (1814) elegante Ein- oder Mehrfamilienhäuser im historisierenden Stil gebaut.

Besonders reizvoll ist der Kontrast zur gegenüberliegenden Hochhauskulisse Lower Manhattans, der am besten von der Uferpromenade *The Esplanade* – am schönsten bei Sonnenuntergang – bewundert werden kann. **Downtown Brooklyn**, mit *Borough Hall* und *Fulton Street Mall*, hat als besondere Sehenswürdigkeit das **New York Transit Museum** (Boerum Place/Schermerhorn St.) zu bieten. In einer alten, stillgelegten Subway-Station entstand eine großartige Ausstellung zur New Yorker U-Bahn, über ihren Bau, die Betreiber, die Arbeiter, Planung und Technik.

Das im Norden liegende **Williamsburg** ist eine der lebendigsten Ecken von Brooklyn. Trotz der vielen hier lebenden Juden ist „Brooklyn's East Village" ein buntes Hip-Viertel, dessen Zentrum die Bedford Ave. (Subway L „Bedford Ave.") bildet. Neben osteuropäischen Läden und Restaurants befinden sich hier zahlreiche Cafés und in einer Nebenstraße die 1988 gegründete **Brooklyn Brewery** (79 N 11th St.) mit Ausschank/Shop und Führungen am Samstag. Um 1880 gab es alleine hier 50 Brauereien. Heute hält nur noch die kleine *Brooklyn Brewery* an der alten „Brewer's Row", 11th St., die Tradition hoch und hat dank Braumeister *Garrett Oliver* weit über Brooklyn und New York hinaus einen herausragenden Ruf.

Brauertradition

Im Zentrum Brooklyns liegt der große **Prospect Park** (Subway-Linien 2, 3 – Stationen „Grand Army Plaza" und „Eastern Parkway/Brooklyn Museum" – oder Linien B, Q „Prospect Park"), in dem sich der Botanische Garten und ein Museum von Weltruf befinden. Er stammt vom Planer des Central Parks, *Frederic Law Olmsted*. Es handelt sich um einen zentralen englischen Garten, um einen Platz der Erholung, des Sports und der Gesellschaft, aber auch um eine Stätte der kulturellen Erbauung. Eines der markantesten Bauwerke am Zugang ist der Triumphbogen „The Soldier's and Sailors Memorial Arch" (1892).

Im Park liegt das **Brooklyn Museum** (Subway-Linie B, Q „Prospect Park"), das mit seinen bedeutenden kulturhistorischen Sammlungen zu den wichtigsten in den USA gehört. In dem grandiosen und sehenswerten Beaux-Arts-Bau der Architekten McKim, Mead&White (1897), der 2004 um einen modernen Glaspavillon erweitert wurde, sind auf fünf Stockwerken völkerkundliche Exponate (Amerika, Afrika, Naher und Ferner Osten, Ozeanien), antike Kunst, eine der größten ägyptischen Sammlungen der Welt, europäische Malerei und neuzeitliche Architektur ausgestellt.

Sehenswertes Museum

Im nordöstlichen Teil des Parks, nahe dem Museum, befindet sich der zwischen 1859 und 1869 angelegte **Brooklyn Botanic Garden**. Er besteht aus mehreren unterschiedlichen Einzelgärten, es gibt Seen und ein schönes gründerzeitliches Bootshaus, einen Rosen- und einen Japanischen Garten. An seinem westlichen Rand führen im Stadtviertel **Park Slope** hohe Treppen zu den Eingängen der viktorianischen Reihenhäuser, die genauso gut in London stehen könnten.

Strandbad und Vergnügungspark: Coney Island

Im äußersten Süden von Brooklyn ist das wohl bekannteste Strandbad New Yorks, **Coney Island** (Endstation der Subway-Linien D, F und Q „Stillwell Ave."). Seit 1920 mit Manhattan verbunden, war es bis zum Zweiten Weltkrieg das heiß geliebte Ausflugsziel der New Yorker mit riesigem Vergnügungspark. Nach Jahrzehnten des Verfalls gibt es heute wieder mehrere, vor allem neue Fahrtgelegenheiten und Vergnügungen, wie den *Astroland Amusement Park* oder den reanimierten *Cyclone Rollercoaster*. Nicht entgehen lassen sollte man sich einen Hot Dog bei *Nathan's*, dem angeblichen Erfinder des Hot Dog (1871), und einen Spaziergang über den **Boardwalk**, vorbei am Baseball-Stadion **KeySpan Park** (1904 Surf Ave.), Heimat der *Brooklyn Cyclones*. Diese kilometerlange Strandpromenade führt nach **Brighton Beach** in das sehenswerte ukrainisch-russische Viertel mit der Brighton Beach Ave. als lebhafter Hauptachse (Subway B, Q zurück nach Manhattan).

Queens

Ethnische Vielfalt

Die meisten Besucher betreten in **Queens** erstmals New Yorker Boden, nämlich auf den Flughäfen *John F. Kennedy* oder *La Guardia*. Hier finden aber auch die US Open statt, und hier gibt es mehr verschiedene Ethnien als sonstwo. Der „**International Express**", die Subway-Linie 7 (ab Times Square), erlaubt es, zwanglos auf Weltreise zu gehen und die bunten Viertel von Queens zwischen der 33rd St. und dem Endpunkt in Flushing zu entdecken. Neueste Attraktion kurz vor dem Ende der Route ist das **Haus von Louis Armstrong** (34-56 107th St.) am Queens Jazz Trail. Armstrong lebte hier von 1943 bis zu seinem Tod im Jahr 1971.

Zentrum von Queens ist **Long Island City**, wo sich zwei ungewöhnliche Museen befinden: zum einen das **P. S. 1** (22-25 Jackson/46th Ave., Subway 7 bis „45 Rd./Court House Square" oder E/F bis „23rd St./Ely Ave."), in dem den allerneuesten, nicht immer leicht verständlichen Kunstentwicklungen Rechnung getragen wird. Steinskulpturen eines japanischen Bildhauers gibt es andererseits im architektonisch sehenswerten und mit Garten versehenen **Isamu Noguchi Garden Museum** (32-37 Vernon Blvd.) zu betrachten.

Im ehemaligen „Griechen-Viertel" **Astoria** (Subway N und W), heute ein multikulturelles Viertel, lohnt der Bummel schon allein wegen der kulinarischen Vielfalt, aber auch wegen der *Kaufman Astoria Studios* und dem lohnenden, sehr instruktiven **American Museum of Moving Image** (35th Ave./36th St.) nebenan.

In **Flushing Meadow/Corona Park**, wo alljährlich das Tennisturnier US Open stattfindet, und im **Shea Stadium**, wo die zweite Baseball-Mannschaft der Stadt, die *Mets*, spielen, befindet sich auch das **Queens Museum of Art** (Subway-Linie 7). Es ist Teil des ehemaligen Weltausstellungsgeländes, neben der *Unisphere*, und lohnt vor allem wegen des weltgrößten Architekturmodells von New York aus dem Jahr 1964 einen Besuch.

Bronx

Die **Bronx** ist kein eigentliches Touristenziel und weist bis heute die höchste Kriminalitätsrate in New York City auf. Doch die Bronx hat durchaus auch ihre schönen Seiten. Die größte Attraktion des Stadtteils neben dem **Yankee Stadium** (Touren möglich, Neubau geplant), der Heimat der weltbekannten Baseball-Mannschaft *New York Yankees* (Subway-Linien 4 bzw. B und D), ist der weltberühmte **Bronx Zoo**, Teil des *Wildlife Conservation Centers* im Bronx Park (Subway-Linie 2). Auf mehr als 1 km² leben hier über 4.000 Tiere, darunter schwerpunktmäßig Reptilien, Vögel und Säuger aus Malaysia, dem Himalaja, Afrikas Steppe und Asiens Dschungel; daneben ist auch die amerikanische Tierwelt vertreten.

Heimat der Yankees

Mit dem Zoo verbunden ist der nördlich gelegene **New York Botanical Garden**, der ebenso hohes Ansehen genießt, vor allem wegen des *Enid A. Haupt Conservatory*, des größten viktorianischen Glashauses der USA (1902) mit 30 m hoher Kuppel. Zudem gibt es mehrere Themengärten, Herbarien, Palmenhäuser und ein Museum.

Staten Island

Die Insel **Staten Island** ist etwa doppelt so groß wie Manhattan und wird bis heute geprägt von eher ländlich agrarischem Charakter. Sie ist das wohl beliebteste Ausflugsziel der New Yorker. Besucher erreichen die Insel mit der **Staten Island Ferry**, von der aus man herrliche Ausblicke auf die Skyline von Manhattan genießt.

Ländliches New York

Von der Anlegestelle geht es per Bus Nr. 74 oder der *Staten Island Railroad* zum ca. 6 km entfernten Zentrum der Insel, nach Richmond, wo man in **Historic Richmondtown**, 441 Clarke Ave., 26 Gebäude von historischem und/oder architektonischem Wert restauriert und zu einem überaus interessanten Freiluftmuseum zusammengestellt hat. Besucher bekommen hier drei Jahrhunderte Geschichte und Kultur der Insel demonstriert, z. B. im *Voorlezer's House* aus dem Jahr 1696, dem ältesten erhaltenen Schulgebäude der Vereinigten Staaten.

Staten Island ist auch für seine Strände bekannt: Südlich der Verrazano-Narrows Bridge werden **South Beach**, **Graham Beach**, **Midland Beach** und **Woodland Beach** im Sommer von Erholungsuchenden bevölkert.

6. DIE NEUENGLAND-STAATEN

Connecticut

Überblick

Der breite Connecticut River, der den Bundesstaat von Norden nach Süden durchzieht, gab dem Land seinen Namen. Das indianische Wort „Quinnehtukqut" wird übersetzt mit: „an dem langen Fluss, der dem Wechsel der Gezeiten unterworfen ist", denn die Gezeitenströmung macht sich bis weit ins Land hinein bemerkbar.

Die Geschichte Connecticuts begann im Jahr 1614, als *Adrian Block* das Land erkundete. 1633 entstand eine holländische Handelsniederlassung; ab 1636 kamen auch englische Siedler, die dem Land den heutigen Namen und eine erste Verfassung gaben. Da diese Verfassung aus dem Jahr 1639 (*Fundamental Orders of Connecticut*) als die erste schriftliche Verfassung Amerikas gilt, trägt Connecticut den Beinamen „Constitution State". Bereits im Jahr 1637 wurden im „Pequot War" die ansässigen Indianer vertrieben oder dezimiert, sodass im Sinne der weißen Kolonisten Raum und Sicherheit für weitere Siedlungen geschaffen wurde. Das Land beteiligte sich schon frühzeitig an den Unabhängigkeitsbestrebungen und trat als fünfter Staat der Union bei.

Mit dem Namen Connecticut ist eine bis zur Gegenwart für die amerikanische Verfassung gültige Entscheidung verbunden: Der „Connecticut-Kompromiss", der 1787 von *C. Roger Sherman* vorgeschlagen wurde, sichert die Interessen der kleineren Bundesstaaten. Auf diesen Kompromiss geht die Unterteilung des Kongresses zurück:
- in den Senat, in dem alle Staaten mit gleicher Stimmenzahl vertreten sind und
- in das Repräsentantenhaus, in dem die Bundesstaaten im Verhältnis zur Bevölkerungszahl vertreten sind.

Schon frühzeitig machte Connecticut sich mit der Gründung kleiner Betriebe und Fabriken einen Namen als technisch orientiertes Land. Heute ist Connecticut ein hoch entwickelter Industriestaat mit dem zweithöchsten Pro-Kopf-Einkommen in den USA, wo vor allem Präzisionsprodukte wie Computer, Uhren und Schreibmaschinen hergestellt sowie Flugzeugmotoren, Hubschrauber und Unterseeboote gebaut werden.

Connecticut auf einen Blick

Fläche	12.973 km²
Einwohner	3,5 Mio.
Einwohnerdichte	271,5 Einwohner/km² (USA 32 Einwohner/km²)
Hauptstadt	Hartford, 123.400 Einwohner, Metropolitan Area 1,1 Mio. Einwohner
Staatsmotto	Qui transtulit sustinet (Wer schon etwas erduldet hat, der hält durch)
Staatsbaum	Weißeiche
Staatsblume	Berglorbeer
Staatsvogel	Wanderdrossel
Wirtschaft	Connecticut ist ein hoch entwickelter Industriestaat, wo vor allem Präzisionsgeräte wie Computer, Uhren oder Flugzeugmotoren hergestellt werden. Die Landwirtschaft verliert immer mehr an Bedeutung; sie dient vorwiegend der Selbstversorgung, nur Tabak aus dem Connecticut Valley wird exportiert. Connecticut hat das zweithöchste Pro-Kopf-Einkommen der USA ($ 41.000), profitiert dabei jedoch von den vielen Pendlern, die in New York City arbeiten, aber im Südwesten Connecticuts wohnen.
Arbeitslosenrate	4,3 % (USA 5,8 %)
Zeitzone	In Connecticut gilt die Eastern Standard Time (= MEZ -6 Stunden)
Städte	Bridgeport (140.000 Einwohner), New Haven (124.000 Einwohner) und Waterbury (104.500 Einwohner)
Information	Connecticut Commission on Culture and Tourism, 505 Hudson St., Hartford, CT 06106, ☎ 860-270-8080 und 1-800-282-6863, 🖳 www.ctbound.org
Hotline zur herbstlichen Laubfärbung	☎ 1-800-282-6863

Außerhalb der Großstädte Hartford, Bridgeport, New Haven oder Waterbury macht Connecticut auf den Reisenden einen eher ländlichen Eindruck: kleine Dörfer mit spitzen Kirchtürmen, weißen Häusern und gepflegten Gärten, große Bauernhöfe inmitten gut bestellter Felder, sanftes Hügelland, klare Seen und dichte Wälder.

Diese Vorzüge werden natürlich auch von den New Yorkern geschätzt: Da die Entfernung zwischen New York City und beispielsweise New Haven nur ca. 120 km beträgt, wählen immer mehr Menschen ihren Wohnsitz im westlichen Connecticut, behalten aber ihren Arbeitsplatz in New York. So gehört das Land zwischen New York City und New Haven zu den begehrtesten Wohngegenden Neuenglands. Die Städte Stamford und Greenwich, nur eine gute Autostunde von New York City entfernt, zählen zu den teuersten Wohngebieten der gesamten USA.

6. Die Neuengland-Staaten – Connecticut

Connecticut gilt als „Bedroom Community of New York" und bietet seinen Bewohnern ein breit gefächertes Angebot an Sport- und Freizeitaktivitäten, an dem auch die Touristen teilhaben können. Es ist kein Land der Superlative; es bietet keine spektakulären Attraktionen, aber es hat durch die harmonische Verbindung von Kultur- und Naturlandschaften seinen ganz eigenen, typisch „neu-englischen" Reiz.

Durch Connecticut

Von New York City führen drei Hauptstraßen nach Norden:
- **Highways I-91, I-84, I-90** als direkte, schnellste Verbindung zwischen New York und Boston
- der **I-95**, der durch die Bundesstaaten Connecticut, Rhode Island, Massachusetts und Maine führt. Die Fahrt über diesen Highway ist für eilige Reisende zu empfehlen, die schnell, ohne große Abstecher und Besichtigungen, nach Norden kommen, aber dennoch den einen oder anderen Stopp an der Küste einlegen wollen.
- der **US-1**, der an der Atlantikküste entlang nach Norden führt; vom US-1 aus sind Abstecher an die Küste oder ins Inland möglich.

Von diesen Hauptstrecken zweigen viele Straßen aller Größenordnungen ins Inland von Connecticut und zur Hauptstadt Hartford ab.

 Hinweis zur Route

Entfernung: 77 mi/123 km
Sie beginnen Ihre Fahrt nach Norden in New York City und können dabei wahlweise den I-95 oder den US-1 benutzen.
Der I-95 ist zu erreichen:
- von Manhattan-Ost: über den East River Drive oder den Henry Hudson Parkway direkt auf den streckenweise mautpflichtigen I-95;
- vom Kennedy Airport: über den I-678 direkt auf den I-95.

Der US-1 ist zu erreichen:
- vom I-95 (s. o.), Exit 15 oder Exit 20, aus direkt auf den US-1; dabei umfahren Sie die Bronx.

Von New York City nach New Haven

Entlang der Küste und beiderseits des I-95 und des US-1 gibt es eine so große Fülle von historischen, künstlerischen, technischen und naturkundlichen Sehenswürdigkeiten, dass eine Auswahl getroffen werden muss. Die folgende Routenbeschreibung folgt dem US-1 und beschreibt interessante Ziele, die vom US-1 aus gut erreichbar sind. Auf Ihrer Fahrt nach Norden verlassen Sie bei Port Chester den Staat New York und kommen bei Greenwich in den Bundesstaat Connecticut.

Redaktionstipps

Sehens- und Erlebenswertes
- Die ehrwürdigen Gemäuer der **Yale-Universität** (S. 387) in **New Haven** mit der eindrucksvollen Beinecke-Bibliothek besuchen
- Von **Old Saybrook** (S. 390) aus eine Fahrt mit der Dampfeisenbahn und dann mit dem Boot auf dem **Connecticut River** machen
- Das Nautilus-Schiffsmuseum in **Groton** (S. 392) besichtigen
- In **Mystic Seaport** (S. 393) das Leben einer Hafenstadt im 19. Jh. erleben
- In der Hauptstadt **Hartford** (S. 396) die Welt von *Mark Twain* und *Harriet Beecher-Stowe* kennen lernen
- Im **Mashantucket Pequot Museum** (S. 404) viel Interessantes über die indianischen Ureinwohner Neuenglands erfahren

Essen und Trinken, Übernachten, Einkaufen
- Wie in einem Dorf des 18. Jh. im **Olde Mistick Village** (S. 394) einkaufen und speisen
- In **Glastonbury** bei Hartford in den stilvollen Räumen auf der Butternut Farm übernachten und sich schon beim Frühstück verwöhnen lassen
- In einem der schönen State Parks an der Atlantikküste schwimmen, tauchen, wandern und ein Picknick machen

Greenwich (ⓘ S. 151)

Obwohl sich Siedler bereits 1614 in Greenwich niederließen, entstand eine dauerhafte Siedlung erst um 1640. Heute ist die Stadt mit rund 58.000 Einwohnern eine Mischung aus Wohnsiedlung für wohlhabende New Yorker, exklusiven Countryclubs, modernen Firmensitzen und einem alten restaurierten Stadtkern als Einkaufszone.

Sehenswürdigkeiten sind das **Bruce Museum of Arts and Science**, 1 Museum Drive, das in einem ehemaligen Landgut Gemälde amerikanischer Künstler, indianische Töpfereien und Textilien sowie Schaustücke zur Naturgeschichte ausstellt, und

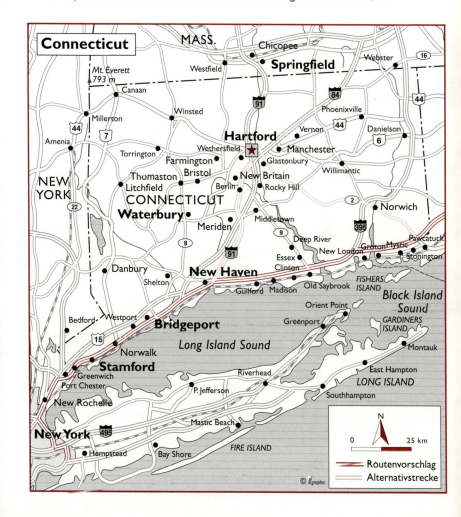

das **Bush Holley House**, 39 Strickland Rd., Abfahrt vom US-1 in Cos Cob, das um 1732 von dem wohlhabenden Mühlenbesitzer *David Bush* gebaut wurde und Gemälde der Impressionisten und Möbel des 18. Jh. zeigt.

Das **Audubon Center of Greenwich**, 613 Riversville Rd., ist ein weitläufiges Parkgelände mit schönen Wanderwegen, einem Besucherzentrum und Souvenir- und Buchladen.

Stamford (ⓘ S. 151)

1640 erwarben Siedler das Land von den hier ansässigen Indianern und begannen im darauf folgenden Jahr mit dem Bau ihrer Häuser. Das interessanteste Gebäude innerhalb der Ortschaft ist die **First Presbytarian Church** in der Bedford St. mit einem fischförmigen Grundriss und der größten mechanischen Orgel in Connecticut.

Reizvolle Parkanlage

Einen Ausflug lohnt **The Bartlett Arboretum and Gardens**, 151 Brookdale Rd., eine große Garten- und Parkanlage, die vor allem wegen ihrer vielfältigen Rhododendren, Azaleen und Wildblumen bekannt ist; interessant sind auch die Bibliothek und die Gewächshäuser. Durch das angrenzende Waldgebiet führen Naturpfade.

Das **Stamford Museum and Nature Center**, 39 Scofieldtown Rd., 6,5 km nördlich am CT-137, ist eine typische neuenglische Farm mit Tieren, einer Werkzeugsammlung und indianischen Ausstellungen. Außerdem gibt es ein Planetarium, Wanderwege, Picknickplätze und einen Aussichtsturm.

Norwalk (ⓘ S. 151)

Restauriertes Stadtviertel

Um 1650 beginnt die Geschichte Norwalks, das zur damaligen Zeit die größte Küstensiedlung war. Nach langer Zeit des Aufschwungs und des Wohlstands, bedingt durch Fischerei und Manufakturbetriebe, ging es im letzten Jahrhundert mit der Stadt bergab. Der Stadtteil am Hafen, **South Norwalk** oder auch „**SoNo**", wurde kürzlich im Stil des 19. Jh. restauriert und bietet jetzt vor allem in der Washington St. eine Vielzahl von Galerien, Boutiquen, Restaurants und Bars.

Zum **Mill Hill Historic Park**, Smith/East Wall Sts., einem Komplex restaurierter historischer Kolonialgebäude, gehören das Rathaus (ca. 1835), das Gerichtsgebäude (ca. 1740), das Schulhaus (1826) und ein alter Friedhof.

Hauptsehenswürdigkeiten des **Maritime Center at Norwalk**, 10 N Water St., South Norwalk, sind das Aquarium mit mehr als 125 Tierarten, zu denen auch Seelöwen und Haie zählen, Dia- und Filmvorführungen, historische Nachbildungen und Kinderprogramme. Eine besondere Attraktion ist das sechs Stockwerke hohe **IMAX-Theater** mit einem faszinierenden Filmangebot. Die Filmvorführungen beginnen in der Hochsaison zu jeder vollen Stunde.

Reizvoll ist eine Fährüberfahrt nach **Sheffield Island**. Die Anlegestelle ist beim Maritime Center, Hope Dock. Auf der knapp dreistündigen Fahrt geht es durch den

Long Island Sound, vorbei an einigen Norwalk-Inseln. Auf der Insel Sheffield können Sie für etwa 90 Minuten aussteigen und den alten vierstöckigen Leuchtturm aus dem Jahr 1868 mit dem dazugehörigen Park besichtigen.

Inselausflug

Westport (ⓘ S. 151)

Viele bekannte Schauspieler, Schriftsteller und Werbefachleute haben sich in der kleinen Stadt niedergelassen, die nur 45 mi/72 km von New York City entfernt ist und mit bewaldeten Hügeln, Stränden und dem Sherwood Island State Park gute Erholungsmöglichkeiten bietet. Die Strände sind die eigentliche Hauptattraktion, leider sind die Parkgebühren z. T. sehr hoch.

Zur Erinnerung an den 11. September 2001 wurde im **Sherwood Island State Park** mit Blick auf die Skyline von Manhattan ein Denkmal aus Granit errichtet.

Das **naturwissenschaftliche Museum Earth Place**, The Nature Discovery Center, 10 Woodside Lane, bietet Ausstellungen und Diavorführungen. In Experimenten und Wassergüteuntersuchungen beschäftigt man sich u. a. mit Fragen zur Umwelterziehung; im Freigehege sind einheimische Tierarten zu beobachten..

Ein Abstecher führt zum kleinen Städtchen **Southport** (Exit 19, I-95), 10 mi/16 km östlich von Westport, das direkt am Long Island Sound liegt. Reizvoll ist der historische Stadtkern. Häuser, Kirchen und öffentliche Gebäude gruppieren sich um den malerischen Hafen.

Bridgeport (ⓘ S. 151)

Die erste Ansiedlung stammt aus dem Jahr 1639. Heute zählt die moderne Industriestadt 140.000 Einwohner und ist damit die größte Gemeinde des Bundesstaates. Die Stadt leidet immer noch erkennbar unter den Strukturproblemen, die Ende des 20. Jh. zur Schließung vieler Fabriken und Geschäfte führten, sichtbar auch an heruntergekommenen Stadtvierteln.

An der Promenade am historischen Black Rock Harbor wurde der Gebäudekomplex **Captain's Cove**, 1 Bostwick Ave., restauriert und mit kleinen Souvenir- und Kunsthandwerksläden, Handwerksbetrieben, Cafés, Restaurants und einem Fischmarkt zu einem beliebten Ausflugsziel. Die Geschäfte sind vom 1. März bis zum 1. November geöffnet. In den Sommermonaten werden Hafenrundfahrten durchgeführt und Tauchbootfahrten angeboten.

Einladung zum Einkaufsbummel

Die Hauptattraktion des Ortes ist zweifellos das **Barnum Museum**, 820 Main St. Hier lernen Sie das Leben und die Karriere von *P.T. Barnum* kennen und erfahren Wissenswertes über seinen Zirkus, seine Kuriositäten und Stars. Der bedeutendste Star des Zirkus und zugleich ein Sohn der Stadt Bridgeport war *Charles S. Stratton*. Diesem nur 71 cm großen Mann, der als General *Tom Thumb* auftrat, ist auf dem Mountain Grove Cemetery ein Denkmal errichtet worden: eine Figur in Lebensgröße auf einer 3 m hohen Säule.

INFO — Wer war Phineas Taylor Barnum?

1810 wurde in der kleinen Stadt Bethel/Connecticut der Junge geboren, der später als der größte Showman galt und unter dem Spitznamen „König des Humbugs" weltbekannt wurde. Unter seiner Leitung wurde *Scudders Amerikanisches Museum* in New York zu einer Weltattraktion, denn hier wurden immer ganz neue und aufregende Kuriositäten zur Schau gestellt. Später wurde *Barnum* Unternehmer: Sein Name ist untrennbar mit dem Zirkus Barnum und „der größten Show der Welt" verbunden.

Zu jener Zeit passierte es gelegentlich, dass Zugreisende bei ihrer Fahrt durch Bridgeport voller Staunen Elefanten erblickten, die vor einen Pflug gespannt waren! Dann wusste man, dass der Zirkus Barnum wieder sein Winterquartier bezogen hatte.

1891 starb *Barnum* in Bridgeport. Ihm zu Ehren findet in jedem Jahr Ende Juni/Anfang Juli das **Barnum Festival** mit Paraden, Konzerten und Shows statt, die an die „größte Show der Welt" erinnern.

Einen Besuch wert ist auch das **Discovery Museum**, 4450 Park Ave. Es lädt mit Ausstellungen, Labors, Computern, Versuchsstationen und einem Planetarium zum Hantieren, Probieren und Studieren ein.

Ausflug nach Long Island (ⓘ s. New York City, S. 151)

Long Island

Von Bridgeport fahren ganzjährig Fähren nach Port Jefferson auf Long Island. Long Island, mit kilometerlangen Sandstränden das beliebteste Naherholungsziel der New Yorker, liegt nur etwa ein bis zwei Autostunden von New York City entfernt. Die größte Insel an der Ostküste der USA erstreckt sich zwar vor der Küste Connecticuts, sie gehört jedoch zum Bundesstaat New York! Die Insel ist etwa 190 km lang und zwischen 20 und 32 km breit und bietet auf einer Fläche von 4.463 km² nicht nur Platz für den J. F. Kennedy International Airport und die beiden New Yorker Stadtteile Queens und Brooklyn, sondern auch für einladende Ferienorte mit schönen Yachthäfen, weiße Dünenlandschaften, prächtige Landsitze und Weingüter. Seit den 1950er Jahren nimmt die Bevölkerung ständig zu und ist jetzt, Queens und Brooklyn eingeschlossen, auf über 8 Mio. Einwohner angewachsen.

Die Insel wird in West-Ost-Richtung von mehreren parallel verlaufenden Straßen durchzogen, von denen Stichstraßen zu den Ortschaften an der Nord- und Ostküste abzweigen.

„Gold Coast"

Im **Norden**, am Long Island Sound, finden Sie lange Strände, schöne Buchten und kleine Hafenstädte. Der Küstenabschnitt von Glen Cove über Oyster Bay nach Huntington Bay wird seit Anfang des 20. Jh. als „Gold Coast" bezeichnet, da sich hier besonders viele New Yorker Millionäre herrschaftliche Landsitze mit wunderschönen Gartenanlagen bauten, ganz so, wie im Roman „Der große Gatsby" von *F. Scott Fitz-*

gerald beschrieben. In **Huntington** steht das zweitgrößte Privathaus Amerikas, das 1919 bis 1921 erbaute Oheka-Castle mit 125 Zimmern des Architekten *Stanford White*.

In **South Huntington** befindet sich das Geburtshaus von *Walt Whitman*, 246 Old Walt Whitman Rd., ☏ 631-427-5240. Ausstellungen mit Bildern, Briefen, Manuskripten und Erinnerungsstücken dokumentieren das Leben des Dichters, der 1819 als Sohn eines Zimmermanns geboren wurde, im Kreis von sieben Geschwistern aufwuchs und im Laufe seines Lebens an vielen Orten in vielen verschiedenen Berufen arbeitete. 1855 veröffentlichte er den Gedichtband „Grashalme", der ihn berühmt machte. In seiner Lyrik thematisiert *Whitman* die Schönheit der Natur, die Kraft menschlicher Gefühle, aber auch politische Themen wie Fragen zum Bürgerkrieg und zur Gleichberechtigung der Geschlechter. *Whitman* gilt als einer der Begründer der modernen amerikanischen Dichtung. Seine Schriften hatten nicht nur großen Einfluss auf *Ralph Waldo Emerson* und das pantheistische Gedankengut der Transzendentalisten, sondern auch auf den europäischen Naturalismus und Expressionismus. Am 26. März 1892 starb *Walt Whitman* mit 73 Jahren in Camden, New Jersey.

Geburtshaus von Walt Whitman

In **Centerport** bietet das Vanderbilt Museum, 180 Little Neck Rd., ☏ 631-854-5579, eine große Sammlung von Marine-Ausstellungsstücken; in **Stony Brook**, das schon 1665 gegründet wurde, finden Sie an der restaurierten Hauptstraße das Long Island Museum of American Art, History and Carriages, Main St., ☏ 631-751-0066, in dem neben wechselnden Ausstellungen eine große Kutschen- und Schlittensammlung zu sehen ist. Außerdem sind ein altes Schulhaus, die Schmiede und eine Scheune aus dem 18. Jh. zu besichtigen. Von **Port Jefferson** gibt es ganzjährige Fährverbindungen nach Bridgeport/Connecticut.

Auch im **Süden** reihen sich lange Sandstrände aneinander, die im Sommer viele Besucher anziehen. Besonders beliebt sind die schönen State Parks, wie z. B. der **Jones Beach State Park** oder der **Robert Moses State Park** mit ausgezeichneten Bademöglichkeiten, Bootsverleih, geführten Wanderungen und Besucherzentrum. Der Küste vorgelagert sind die „Barrier Islands", von denen ein großer Teil als „**Fire Island National Seashore**" unter Naturschutz gestellt wurde. Sie erreichen den Park mit Besucherzentren, schönen Stränden und Marinas mit dem Auto über den Robert Moses Causeway im Westen oder den Smith Point County Park im Osten; Fährüberfahrten gibt es im Sommer ab Bay Shore, Sayville und Patchogue. Informationen über das Meer, die Meeresbewohner und die Lebensbedingungen der Fischer erhalten Sie im **Long Island Maritime Museum** in West Sayville, 86 West Ave., und im **Long Island Aquarium** in Bay Shore, 28 West Main St.

Schöne State Parks

Während der **Westen** von den dicht bevölkerten Stadtteilen Queens und Brooklyn dominiert wird, ist der **Osten** eher ländlich geprägt. Die Ostspitze, das **East End**, läuft in zwei lang gezogene Landzungen aus, die durch eine tief einschneidende Meeresbucht getrennt sind: North Fork mit Gartenbaubetrieben, Obstplantagen und bekannten Weingütern, South Fork mit langen Sandstränden, die der Küste den Namen „New York Riviera" geben, historischen Ortschaften und viel besuchten Seebädern wie Sag Harbor, Montauk und den „Hamptons", die alle ausgezeichnete Wassersport- und Unterhaltungsmöglichkeiten bieten.

Aufgrund der geschützten Lage war **Sag Harbor** seit seiner Gründung um 1707 ein wichtiger Hafenort, der durch den Walfang zunehmend an Bedeutung gewonnen hatte. Die restaurierten, unter Denkmalschutz stehenden Häuser im historischen Bezirk zeugen vom einstigen Wohlstand der Inselbewohner. Das **Sag Harbor Whaling & Historical Museum**, Main St., ☏ 631-725-0770, informiert über Walfang, Schiffsbau und die Geschichte der Region. Sehenswert ist der Hafen, in dem Yachten aller Größen Mast an Mast liegen.

Die Hamptons

Südwestlich von Sag Harbor liegen die „**Hamptons**", kleine, freundliche Ortschaften wie East Hampton, Hampton Bays, Beach Hampton oder Bridgehampton, die sich seit dem Bau der Long-Island-Eisenbahn im Jahr 1870 zu bevorzugten Sommerzielen wohlhabender New Yorker entwickelten und heute Feriengäste mit netten Restaurants, Geschäften, kleinen Museen und sommerlichen Festveranstaltungen, vor allem aber mit sehr schönen Stränden einladen. Eine der ältesten Ortschaften ist **Southampton**, das schon 1640 gegründet wurde. An die Vergangenheit des Ortes erinnern einige restaurierte Häuser aus der Kolonialzeit.

Über **East Hampton** und **Amagansett**, bei Künstlern sehr beliebten Wohnorten, führt der Hwy. 27 nach Montauk und weiter bis an die äußerste Spitze zum **Montauk Point State Park**. Das **Montauk Point Lighthouse Museum** wurde im 1796 gebauten Leuchtturm eingerichtet, der zu den ältesten noch aktiven Leuchttürmen des Landes gehört. Seine Spitze erreicht man nach 137 Stufen! Montauk ist besonders für Surfer und Angler ein beliebtes Ausflugsziel.

Montauk

Montauk, das von *Max Frisch* in seinem gleichnamigen Buch beschrieben wird, ist nur ein Beispiel für die literaturgeschichtliche Bedeutung der Insel. Die Insel ist eng mit dem Namen *Walt Whitman* verbunden, der auf der Insel geboren wurde, mit dem Schriftsteller *F. Scott Fitzgerald*, der hier ab 1922 lebte und mit *John Steinbeck*, der die letzten Lebensjahre in Sag Harbor verbrachte.

Von Mitte Mai bis Mitte Oktober fährt täglich um 9 Uhr eine Fähre, ☏ 631-668-5700, von Viking Landing nach Block Island/RI.

Stratford (ⓘ S. 151)

Die 1639 gegründete Ortschaft erhielt ihren Namen zur Erinnerung an *Shakespeares* Geburtsort. Um *Shakespeares* Dramen aufführen zu können, wurde in der Elm St. eine originalgetreue Nachbildung des *Globe Theatre* in London errichtet. Das **American Shakespeare Theater** kann momentan zwar nicht für Aufführungen genutzt werden, die Stadt hofft jedoch, den Bau renovieren und den Spielbetrieb bald wieder aufnehmen zu können.

In dem um 1750 errichteten **David Judson House**, 967 Academy Hill, gibt es ein Museum mit Ausstellungsstücken aus der Kolonialzeit. Stratford wartet ferner mit dem **Boothe Memorial Park and Museum**, Main St., auf. Zehn der 20 historischen Gebäude auf dem ehemaligen Besitztum der Familie Boothe wurden gerichtet und zu einem Museum umgewandelt, in dem landwirtschaftliche Geräte, Kutschen und Fahrzeuge ausgestellt sind. Beliebt ist der schön angelegte Rosengarten.

New Haven (ⓘ S. 151)

Der Ruf der 1638 gegründeten Stadt ist mit der Yale-Universität und den Namen bedeutender Techniker und Erfinder eng verbunden. Von 1701 bis 1873 war New Haven zusammen mit Hartford Hauptstadt von Connecticut. Um 1830 wanderten viele Iren und Bayern nach New Haven ein, die ebenso wie die ab 1870 gekommenen Italiener und russischen Juden dem Wirtschafts- und Kulturleben starke Impulse gaben.

Stadt der Wissenschaften

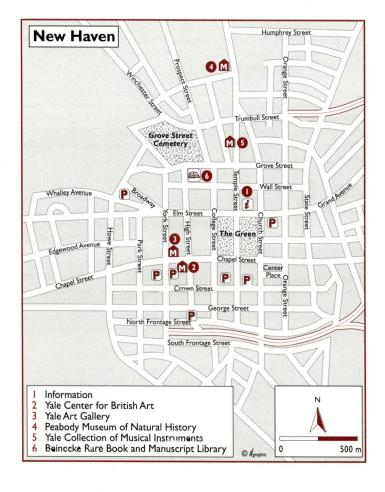

1 Information
2 Yale Center for British Art
3 Yale Art Gallery
4 Peabody Museum of Natural History
5 Yale Collection of Musical Instruments
6 Beinecke Rare Book and Manuscript Library

6. Die Neuengland-Staaten – Connecticut

Das Jahrhundert von 1765 bis 1860 war das Zeitalter der großen Erfindungen in New Haven. In den schmalen Gassen der Stadt lebten so bedeutende Männer wie *Eli Whitney, Samuel Colt* und *Charles Goodyear* eng beieinander, die als die „Väter der amerikanischen Technologie" gelten.

Berühmte Söhne der Stadt

Eli Whitney wurde 1765 in Westborough/ Massachusetts geboren. Schon 1793 erfand er die Baumwollentkernungsmaschine, die weitreichende Veränderungen für die Baumwollwirtschaft der Südstaaten mit sich brachte. Das bahnbrechend Neue seiner Erfindung war die Einführung der Serienherstellung und der Arbeitsteilung. Gleichartige Einzelteile einer Maschine konnten im Bedarfsfall jederzeit und beliebig oft ausgetauscht werden. **Samuel Colt** wurde 1814 in Hartford/Connecticut geboren. 1835 entwickelte er eine Repetierschusswaffe, die in den folgenden Jahren seinen Namen weltberühmt machte. 1853 gründete Colt in Hartford eine große Waffenfabrik, „Colts Armory". Auch hier wurde weitgehend das Prinzip der Austauschbarkeit von Einzelteilen angewandt. **Charles Goodyear** wurde 1800 in New Haven geboren. 1839 gelang es ihm, Kautschuk zu vulkanisieren, d. h. in Gummi umzuwandeln. Durch die Fabrikation von Hartgummi im Jahr 1852 wurde er zum Begründer der modernen Gummiindustrie.

Das äußere Erscheinungsbild der Stadt wird heute geprägt vom Nebeneinander aufgegebener Fabriken und Geschäfte, Wohnvierteln mit hoher Arbeitslosigkeit sowie der Eliteuniversität Yale. Dem Spannungsfeld „town-versus-gown" („Stadt gegen Talar") versucht man allerdings von Seiten der Kommunalpolitik seit einigen Jahren zu begegnen. Als Universitätsstadt hat New Haven ein großes Angebot an Nightlife, Theater, Livemusik, Pubs und Bars.

Sehenswürdigkeiten

Sehenswerte Kirchen

„The Green" wird der zentrale Platz genannt, auf dem 1638 die ersten Häuser von New Haven nach einem einheitlichen Entwurf gebaut wurden. New Haven gilt daher als die erste geplante Stadt in den USA. Sehenswert sind die drei historischen Kirchen **Center Church on the Green** (1812) – die Krypta birgt Grabstätten, die bis in das Jahr 1687 zurückreichen –, **Trinity Episcopal** (1816) und besonders die aus dem Jahr 1813 stammende **United Congregational Church**, die zu den Meisterwerken der georgianischen Architektur („Georgian Style") in Amerika gehört. Am Südostende des Greens liegt die **Town Hall** von 1861 mit einem Stadtmodell.

Nordöstlich vom „Green" liegt der **Grove Street Cemetery**, Grove/Prospect Sts. Auf diesem alten Friedhof sind einige der bekannten Erfinder wie *Noah Webster, Charles Goodyear* und *Eli Whitney* begraben.

Mehr als hundert Straßenbahn- und Schnellverkehrswagen aus den Jahren 1878 bis 1939 können Sie im **Shore Line Trolley Museum**, 17 River St., erreichbar über I-95, Exit 51, besichtigen. Außerdem kann man in historischen Wagen eine beschauliche, ca. 3 km lange Fahrt über das Gelände machen (Abfahrt alle 30 Minuten).

Hafenblick

Das rekonstruierte **Black Rock Fort** wurde um 1775 gebaut; das **Fort Nathan Hale** stammt aus der Zeit des Bürgerkrieges. Von der Befestigungsanlage, Woodward Ave., bietet sich ein schöner Blick auf den Hafen von New Haven.

Ruhe, Entspannung und Bademöglichkeiten finden Sie im **Lighthouse Point Park**, 2 Lighthouse Rd., oder im **East Rock Park**, East Rock Rd., mit schönem Blick auf den Hafen, mit Wanderwegen, Spiel- und Picknickplätzen.

Yale University

Die Yale University ist eine der ältesten, berühmtesten und besten Universitäten der Vereinigten Staaten. Die 1701 in Old Saybrook gegründete Collegiate School wurde 1716 nach New Haven verlegt. Von dem Mäzen *Elihu Yale* zur Verfügung gestellte Geldmittel ermöglichten den Ausbau des Colleges, das 1887 Universität wurde. Heute sind etwa 10.000 Studenten an der Universität eingeschrieben; viele der ehemaligen Studenten wurden durch große wissenschaftliche Erfolge oder durch politische Karrieren bekannt. Auch *Bill Clinton* ist ein „Yaly"!

Sehenswertes auf dem Universitätsgelände

- die **georgianische Connecticut Hall** aus dem Jahr 1752, das älteste Gebäude New Havens.
- die **Yale Art Gallery** (**3**), 1111 Chapel St.

Die Yale Art Gallery wurde von dem amerikanischen Maler *John Trumbull* gegründet, dessen bekanntestes Werk „Die Unabhängigkeitserklärung" ist. Das Museum besitzt wertvolle Ausstellungen europäischer Malerei des 13.-20. Jh. und Sammlungen amerikanischer und asiatischer Kunst sowie afrikanische Skulpturen.

- das **Yale Center for British Art** (**2**), 1080 Chapel St.

Das Museum wurde wie die Yale Art Gallery von dem bekannten Architekten *Louis Kahn* entworfen. Hier sind britische Kunstwerke von der Elisabethanischen Zeit bis zur Gegenwart ausgestellt. Im Museum finden Führungen, Lesungen, Konzerte und Filmvorführungen statt; die aktuellen Termine erfahren Sie im Informationsbüro.

- das **Peabody Museum of Natural History** (**4**), 170 Whitney Ave.

Im Museum gibt es sehr interessante naturwissenschaftliche Sammlungen, einen „Entdeckerraum" für eigene Experimente und Beobachtungen sowie Filmvorführungen an den Wochenenden. Bekannt ist das Museum vor allem für die Dinosauriersammlung.

- die **Yale Collection of Musical Instruments** (**5**), 15 Hillhouse Ave. Konzerte, Lesungen und Ausstellungen.
- die **Beinecke Rare Book and Manuscript Library** (**6**), High St.

Der Bestand der besuchenswerten Bibliothek wird mit rund 455.000 Büchern und über 1 Mio. Manuskripten angegeben! Zu den wertvollsten Ausstellungsstücken gehören illustrierte mittelalterliche Handschriften und eine Gutenberg-Bibel. Schenswert sind auch die Ar-

> **Tipp für Besucher**
>
> Ein **Informationsbüro** (**1**) befindet sich im Besucherzentrum, 149 Elm St., ☎ 203-432-2300, Mo-Fr 9-16.45, Sa/So 10-16 Uhr. Hier erhalten Sie Informationen, Kartenmaterial und Broschüren.
> Ausgangspunkt für die kostenlosen, einstündigen **Führungen** ist das Besucherzentrum; Führungen: Mo-Fr 10.30 und 14 Uhr, Sa/So 13.30 Uhr.

Yale University

Die Bibliothek der Yale-Universität beherbergt wertvolle Schätze

chitektur und die Innengestaltung der 1963 gebauten Bibliothek: Zum Schutz der Bücher vor zu großer Sonneneinstrahlung wurde das Gebäude fensterlos errichtet und mit hellen, durchscheinenden Alabasterplatten verkleidet, sodass das Innere der Bibliothek von einem warmen Licht erfüllt ist. In diesem Gebäude befinden sich die Bestände selbst in einem Glashaus wie in einem Aquarium.

Von New Haven entlang der Atlantikküste nach Mystic

 Hinweis zur Route

Entfernung: 61 mi/97 km
Sie können ab New Haven wahlweise dem schnellen I-95 bis Groton folgen oder über den landschaftlich reizvollen US-1 fahren, von dem die so genannten „shun-pikes" abzweigen, die direkt ans Meer führen.
Bei beiden Alternativen fahren Sie von Groton aus auf dem US-1 nach Mystic.

Die Fahrt von New York an der Atlantikküste entlang nach Norden gehört zu den schönsten Küstenstrecken der Neuengland-Staaten. Im Gebiet von Connecticut führt die „Route No. 1" durch malerische Ortschaften mit weißen Holzhäusern, hohen Kirchtürmen und gepflegten Gartenanlagen, wie sie charakteristisch für die neuenglischen Dörfer sind.

An dieser Strecke liegen einige sehr schöne **State Parks**:
• der **Hammonasset Beach State Park**, 2 mi/3,2 km östlich von Madison, ☏ 203-245-2785. Der größte State Park liegt am Long Island Sound und bietet mit seinem schönen Strand, Sonnenschutzdächern, Picknick- und Campingplätzen gute Sport- und Erholungsmöglichkeiten.
• der **Rocky Neck State Park**, 6 mi/9,6 km östlich von Old Lyme, ☏ 203-739-5471. Der Park wird geschätzt wegen seiner guten Schwimm- und Tauchmöglichkeiten. Es gibt Angelgelegenheiten, Wanderwege, Picknickplätze und einen Campingplatz.
• **Ocean Beach Park**, 3 mi/4,8 km südlich an der Ocean Ave., ☏ 203-447-3031, Mai-Okt. tgl. Der Park gehört mit seinem langen Strand, den gepflegten Anlagen, dem großen Wassersportangebot, Geschäften und Picknickplätzen zu den schönsten, aber auch meistbesuchten Stränden der Neuengland-Staaten.

Wenn Sie sich für **Architektur und Geschichte** interessieren, finden Sie in nahezu jedem Ort Sehenswertes. Im Folgenden werden einige Sehenswürdigkeiten aufgezählt, aber Sie sollten selbst eine Auswahl treffen:

Historische Häuser Die **historischen Häuser von Guilford** (ⓘ S. 151), von denen drei auch von innen besichtigt werden können:

• **Hyland House**, 84 Boston St. Das Haus aus dem Jahr 1660 wurde völlig renoviert und mit Mobiliar des 17. Jh. eingerichtet. Sehenswert ist auch der Kräutergarten.
• **Henry Whitfield House**, Old Whitfield St. Das 1639 gebaute Haus gilt als das älteste Steinhaus in Neuengland, mit Möbeln des 17. und 18. Jh., einer kleinen Brauchtumsausstellung und einem Kräutergarten.
• **Thomas Griswold House Museum**, 171 Boston St. Das Haus ist ein gutes Beispiel für das traditionelle „saltbox house". Es wurde um 1774 gebaut. Zu sehen sind historische Ausstellungen und eine restaurierte Schmiede.

6. Die Neuengland-Staaten – Connecticut

> **INFO** Das „saltbox house"
>
> Die „saltbox" ist das typische Siedlerhaus Neuenglands; es entstand nach dem Vorbild und in der Tradition der Bauernhäuser in der alten Heimat: ein einfaches rechteckiges Rahmengerüst mit Holzwänden und einem steilen Giebeldach.
>
> Zentrum des Hauses war eine offene Feuerstelle mit einem großen, hohen Kamin, der das obere Stockwerk mit beheizte. Wenn die Familie sich vergrößerte und mehr Raum benötigt wurde, zimmerten die Siedler einen niedrigeren Anbau an die Rückseite des Hauses. Um Sonnenwärme zu nutzen, waren die Häuser immer mit der Front nach Süden ausgerichtet. Die Häuser erinnerten in ihrer Bauweise an die damals gebräuchlichen Holzkisten mit Klappdeckel, in denen das Salz aufbewahrt wurde.

Die **historischen Häuser von Madison** (ⓘ S. 151):
- **Allis-Bushnell House and Museum**, 853 Boston Post Rd. Das Haus wurde im Jahr 1785 mit vier Feuerstellen gebaut; interessant ist der „Arztraum" mit Inventar und medizinischen Instrumenten des 18. Jh.
- **Deacon John Grave House**, Academy/School Sts. Das Wohnhaus aus dem Jahr 1675 befand sich immer im Besitz der Familie Grave, diente aber im Laufe der Zeit vielfältigen Zwecken.

Stanton House, 63 East Main St., in **Clinton** (ⓘ S. 151). Zu dem 1789 gebauten Haus gehörte ein Laden, dessen Einrichtung noch vorhanden ist. 1824 übernachtete der *Marquis de La Fayette* in diesem Haus.

General William Hart House in **Old Saybrook**, 350 Main St. Das 1767 gebaute Haus enthält viele architektonisch reizvolle Details, wie z. B. die bemalten Kacheln der Öfen und die Original-Wandtäfelungen. Sehenswert ist auch der nach alten Vorbildern angelegte Kräutergarten.

Florence Griswold Museum in **Old Lyme** (ⓘ S. 151), 96 Lyme St. Von der Wende zum 20. Jh. bis zur Gegenwart ist Old Lyme ein vor allem von Künstlern sehr geschätzter Aufenthaltsort. Das 1817 im georgianischen Stil gebaute Haus wurde zu einem kleinen Museum umgestaltet, in dem Werke dieser „Künstlerkolonie" ausgestellt sind.

Künstlerkolonie

Old Saybrook (ⓘ S. 151)

Puritanische Siedler errichteten 1635 ein Fort, um die Einfahrt in den Connecticut River zu überwachen. Bedeutung erlangte Old Saybrook durch Schiffsbau und Seehandel, wovon noch einige Häuser an der Main St. zeugen. In Old Saybrook stand das erste Gebäude des Yale College, bevor dieses 1716 nach New Haven umsiedelte. Heute ist Old Saybrook an der Mündung des Connecticut River ein beliebter Ferienort mit einem großen Sport- und Unterhaltungsangebot.

Beliebter Ferienort

6. Die Neuengland-Staaten – Connecticut

Abstecher
Von Old Saybrook aus besteht die Möglichkeit, den Unterlauf des Connecticut River zu erkunden.
Zwei Ausflüge bieten sich an:

1. Mit Dampfzug und Flussboot am Connecticut River entlang

Bootsfahrt auf dem Connecticut River

Bei dieser Fahrt werden Sie in die Vergangenheit versetzt: In Essex (3 mi/4,8 km nördlich von Old Saybrook) beginnt eine ca. zweistündige Fahrt mit dem Dampfzug durch das Connecticut-Tal nach Deep River/Chester. Dort können Sie an Bord des alten Flussbootes gehen und eine einstündige Fahrt über den Connecticut River machen. Die Fahrt führt Sie auch an Gilette Castle (s. u.) vorbei. Für die Rückfahrt nach Essex nehmen Sie wieder den Zug, dessen Abfahrtszeiten auf die Schiffsanlegezeiten abgestimmt sind.

2. Von Old Saybrook zum Gilette Castle
Von Old Saybrook aus können Sie eine lohnende Rundfahrt über die landschaftlich schöne Strecke Essex – Chester – Gilette Castle – Hamburg – nach Old Lyme machen, die Ihnen den Zauber Neuenglands erschließt und die Besichtigung von Gilette Castle ermöglicht.

> **Hinweis zum Abstecher**
>
> **Entfernung**: ca. 38 mi/60 km
> Von Old Saybrook aus fahren Sie über den CT-154 nach Essex und auf derselben Straße weiter bis zur Kreuzung mit dem CT-148, der Sie dann am Gilette Castle vorbei auf den CT-82 führt. Diesen verlassen Sie an der Kreuzung zum CT-156, dem Sie bis zum US-1 folgen, der Sie zurück nach Old Saybrook bringt.

Connecticut River Museum
in Essex, 67 Main St.
In dem beliebten, am Fluss gelegenen Naherholungsziel befindet sich das in einem Packhaus aus dem Jahr 1878 untergebrachte Museum. Die ehemalige Bedeutung des Flusses, als Verbindung zwischen New York und Hartford, wird in Gemälden, Fotografien und Modellen dargestellt. Eine Hauptattraktion ist eine 1:1-Nachbildung des weltweit ersten U-Bootes, der allerdings ziemlich erfolglosen „American Turtle".

Gilette Castle State Park, in East Haddam/Hadlyme.

Ein amerikanisches Schloss

Gilette Castle ist eine amerikanische Kuriosität: In einem großen Park am Ostufer des Connecticut River liegt ein Schloss, das auf den ersten Blick an die rheinischen Burgen erinnert. Der amerikanische Schauspieler *William Gilette*, der aus Hartford stammte, ließ sich dieses Schloss mit 42 Zimmern in den Jahren 1914-19 aus Feldsteinen bauen. Nach der Besichtigung des Schlosses können Sie im Park den Blick auf den Connecticut River genießen, picknicken und wandern. Wenn Sie der R 148 folgen, können Sie für ein geringes Entgelt mit der Fähre übersetzen.

New London (ⓘ S. 151)

New London ist die wichtigste Hafenstadt Connecticuts, die seit ihrer Gründung im Jahr 1646 von Seeleuten und Fischern wegen ihrer tiefen Hafenbecken gleichermaßen geschätzt wird. Sie verdankte ihren Reichtum der großen Walfangflotte, die Mitte des 19. Jh. nur von der Flotte New Bedfords in Massachusetts übertroffen wurde. Noch heute zeugen davon die vier Herrenhäuser in der *Whale Oil Row* (105-119 Huntington

St.), die zwar nicht von innen besichtigt werden können, aber ahnen lassen, wie viel Geld mit Walfang zu verdienen war. Im Hafen von New London sieht man heute Schiffe aller Art: Fischkutter, Segelyachten, Kreuzfahrtschiffe, Marinekreuzer und U-Boote. Von New London fahren ganzjährig Fähren nach Orient Point auf Long Island.

Fähren nach Long Island

New Londons Industrie ist geprägt durch den Bau von Dieselmotoren, Turbinen und Stahlerzeugnissen sowie durch Elektronikbetriebe. Doch Umstellungen und Kürzungen im Militärhaushalt setzen der lokalen Industrie zu.

Sehenswürdigkeiten
US Coast Guard Academy, 1 mi/1,6 km nördlich am I-95, Exit 83, Touristenpavillon und Museum.
Die Akademie, die seit 1876 besteht, ist eine der vier militärischen Akademien der USA; 750 Kadetten werden hier ausgebildet. Die Hauptattraktion ist das Segelschulschiff „Eagle", das besichtigt werden kann. Die „Eagle" wurde 1932 in Deutschland gebaut und ist ein fast identischer Vorgänger des deutschen Seglers „Gorch Fock". Fotografieren ist erlaubt.

Segelschule „Eagle"

Schräg gegenüber der Akademie liegt der Eingang zum **Lyman Allyn Art Museum**, 625 Williams St. Das Museum beherbergt sehenswerte Sammlungen europäischer und amerikanischer Malerei sowie eine Puppenausstellung.

Science Center of Eastern Connecticut, 33 Gallows Lane.
Das ehemalige lokal ausgerichtete Thames Science Center ist restauriert und neu gestaltet worden. Die Ausstellungen richten sich mit den beliebten „Hands On"-Aufforderungen an Kinder und Jugendliche. Es werden auch Führungen zum *Connecticut*

> **INFO** Wer war Eugene O'Neill?
>
>
>
> *Eugene O'Neill* wurde 1888 in New York geboren. Nach seinem Studium in Princeton wurde er zunächst Kaufmann und arbeitete dann als Goldgräber, Matrose, Journalist und Schauspieler. 1913 begann er mit seiner literarischen Arbeit; in den nächsten Jahren schloss er sich der Künstlerkolonie in Provincetown/Cape Cod an. Für die „Provincetown Players" schrieb er Einakter wie „Unter dem karibischen Mond". Seine nachfolgenden Dramen brachten ihm internationale Anerkennung. Er wurde Direktor der „Provincetown Players" und gründete die „Theatre Guild", die seine späteren Stücke aufführte. Einige seiner Dramen tragen autobiografische Züge; das Haus in New London gibt zuweilen den Rahmen dazu, wie z. B. in „Eines langen Tages Reise in die Nacht". Höhepunkt seines künstlerischen Schaffens ist die Trilogie „Trauer muss Elektra tragen", eine Übertragung des griechischen Schicksalsdramas in die Gegenwart. Nach dem Pulitzer-Preis wurde *O'Neill* 1936 auch der Nobelpreis für Literatur verliehen. Er starb 1953 in Boston.

College Arboretum angeboten; außerdem gibt es Workshops, Führungen, Lehrpfade, einen Garten und Museumsshop.
Zu den historischen Häusern gehören das **Joshua Hempstead House**, 11 Hempstead St., das älteste, 1678 gebaute Wohnhaus der Stadt, und das **Nathaniel Hempstead House** aus dem Jahr 1759 auf demselben Grundstück.

Im **Monte Christo Cottage**, 325 Pequot Ave., verbrachte *Eugene O'Neill* seine Kindheit (ⓘ Info-Kasten, S. 391). Sein Leben wird durch Bücher, Bilder und eine Medienpräsentation dargestellt. Zum Komplex **Eugene O'Neill Theater Center**, 305 Great Neck Rd., Waterford, 1 mi/1,6 km westlich am US-1, gehören verschiedene Kulturinstitute. In den Sommermonaten finden Bühnenlesungen neuer Stücke im Theater oder Amphitheater statt.

Ye Olde Town Mill, 8 Mill St./State Pier.
Die 1650 gebaute, 1981 restaurierte Mühle liegt unter der Gold Star Bridge, auf der man von New London nach Groton fährt.

Viel besuchter Strand

Ocean Beach Park, 3 mi/4,8 km südlich an der Ocean Ave.
Der Park gehört mit seinem langen Strand, den gepflegten Anlagen, dem großen Wassersportangebot, Geschäften und Picknickplätzen zu den schönsten, aber auch meistbesuchten Stränden der Neuengland-Staaten.

Groton (ⓘ S. 151)

Groton, eine Stadt mit etwa 10.000 Einwohnern, ist Heimatort einer sehr großen U-Boot-Basis der amerikanischen Marine. Schiffsbau und Marine haben in Groton eine lange Tradition: 1912 wurde hier von einer privaten Werft das erste dieselbetriebene U-Boot gebaut; 1955 gelang der Bau des ersten atomgetriebenen U-Bootes, der „USS Nautilus", das täglich viele Besucher zur Besichtigung anlockt.

„USS-Nautilus"

Historic Ship Nautilus/Submarine Force Museum, Crystal Lake Rd.
Anfahrt: Sie fahren auf dem CT-12 nach Süden und folgen nach etwa 8 mi/13 km hinter Norwich der Ausschilderung zum USS Nautilus Museum.
Das moderne Museum liegt am Thames River, wo das erste atomgetriebene U-Boot, das 1955 unter dem Namen „USS Nautilus" vom Stapel lief, besichtigt werden kann. Sie gelangen zuerst in eine große Ausstellungshalle, in der Sie die Geschichte der amerikanischen Marine in Filmen, Diashows, Materialsammlungen, Büchern und kleinen Theaterszenen kennen lernen können. Arbeitsweisen und technische Hilfsmittel wer-

Am Eingang der „USS Nautilus"

6. Die Neuengland-Staaten – Connecticut

den vorgeführt; in einem Nebenraum können Sie betriebsbereite Periskope erproben. Dargestellt wird die Entwicklung der amerikanischen Unterseeboote von „Bushnell's Turtle" bis heute. Zum U-Boot geht es über eine Brücke; am Eingang der „USS Nautilus" bekommen Sie von einem Matrosen einen Kopfhörer, über den Sie ausführliche Informationen (in englischer Sprache) über das Schiff, dessen Funktionen und die Lebensweise seiner Besatzung erhalten. Außerdem sehen Sie das **USS Croaker Submarine Memorial** zur Erinnerung an den Zweiten Weltkrieg.

Bootsfahrten

Von Mitte Juni bis Anfang Sept. werden 2 1/2-stündige Kreuzfahrten mit dem Umweltschiff „Enviro-Lab" mit fachkundigen Erklärungen durchgeführt. Es werden auch „Sunset cruises" zum Ledge Lighthouse und Fahrten zur Seehundbeobachtung angeboten. Abfahrtsstelle: Avery Point.

Mystic (ⓘ S. 151)

Die Ortschaft Mystic ist mit dem Freilichtmuseum **Mystic Seaport**, dem **Mystic Marinelife Aquarium** und dem in der Nähe liegenden **USS Nautilus Museum** mit jährlich rund 500.000 Besuchern die meistbesuchte Attraktion Connecticuts. Vom 17. bis zum 19. Jh. war Mystic eine Schiffsbauer- und Walfängerstadt. In der Innenstadt finden Sie die alte **Zugbrücke**, die immer noch stündlich öffnet; von den Anlegestellen an der Zugbrücke fahren Ausflugsboote in den Fishers Island Sound; dabei sind Fahrten zur Zeit des Sonnenuntergangs besonders beliebt. Ebenfalls am Wasser liegt die **Mystic Art Association Gallery** mit Werken des modernen Impressionisten William North und wechselnden Ausstellungen.

Großes Freilichtmuseum

Mystic Seaport

75 Greenmanville Ave., am CT-27, 1 mi/1,6 km südlich vom I-95, Exit 90. Am Eingang erhalten Sie Informationsmaterial und das Tagesprogramm mit den genauen Anfangszeiten der einzelnen Aktivitäten. Mystic Seaport ist für Besucher jeden Alters interessant; Sie sollten sich einen ganzen Tag Zeit dafür nehmen. Mystic Seaport, das größte Marinemuseum der Vereinigten Staaten, ist die sorgfältige Rekonstruktion einer Hafenstadt des 19. Jh., als die großen Segelschiffe die Weltmeere kreuzten. Sie können durch die Straßen mit ihren historischen Häuserfronten bummeln und dabei in die Wohnhäuser und Werkstätten schauen, in denen Seiler, Schmiede, Drucker oder Kupferstecher arbeiten. Sie können den Handwerkern, die in der Tracht des 19. Jh. ihrer Arbeit nachgehen, Fragen stellen und vielleicht auch einmal selbst bei einer Arbeit zufassen, z. B. in der Bootswerft, wo die Boote wie im 18. und 19. Jh. gebaut werden.

Größtes Marinemuseum der USA

Im Hafen von Mystic Seaport liegen Schiffe aller Art, darunter auch einige alte Segelschiffe. Sie können an Bord der „Charles W. Morgan" gehen; dieses im Jahr 1841 gebaute Schiff ist das letzte erhaltene hölzerne Walfangschiff; Sie können dem Segelsetzen auf der „Charles W. Morgan" oder der „Joseph Conrad" zuschauen und sich die Handgriffe erklären lassen. Außerdem gibt es ein Kindermuseum, Kinderspielräume, Vorträge, Dia- und Filmvorführungen, Konzerte, ein Planetarium, Kutschfahrten, Schiffsrundfahrten, einen Bootsverleih, Restaurants, Geschäfte und einen in-

Altes Walfangschiff

teressanten Museumsladen. Je nach Saison besteht auch die Möglichkeit, einen Ausflug mit einem Segel- oder Dampfschiff zu unternehmen. Die Tickets für die Kutschfahrten erhalten Sie an Chubb's Wharf, die Tickets für die Dampferfahrten bekommen Sie am Sabino Booth.

Mystic Marinelife Aquarium and Institute for Exploration
55 Coogan Blvd., am I-95, Exit 90.

Aquarium in Mystic

In den 30 Aquarien und in großen Freigehegen leben mehr als 3.500 Tiere, die aus allen Gewässern der Welt stammen. Zwischen 10 und 16 Uhr gibt es stündliche Vorführungen mit Delfinen, Seelöwen und Walen. Einen interessanten Einblick in die Forschungsarbeit des Instituts vermitteln die Ausstellungen zur Unterwasserarchäologie und zu verschiedenen Expeditionen.

Olde Mistick Village, Coogan Blvd., Kreuzung I-95 (Exit 90) und Route 27, ist ein im Kolonialstil des 18. Jh. nachgebautes Dorf mit über 60 Geschäften, Boutiquen, Kunstgewerbeläden, Souvenirshops und Restaurants.

Denison Homestead Museum, Pequotsepos Rd.
In dem 1717 gebauten Haus können Sie Gebrauchsgegenstände betrachten, die seit elf Generationen der Familie Denison gehören.

Abstecher nach Stonington
3 mi/4,8 km östlich von Mystic lohnt ein Abstecher ins beschaulichere Stonington, das sich den Charme einer gewachsenen Gemeinde erhalten hat und Heimathafen der letzten nennenswerten Fischereiflotte Connecticuts ist. Es lohnt ein Spaziergang entlang der Main und Water Sts. Im alten Leuchtturm wurde das **Old Lighthouse Museum**, 7 Water St., eingerichtet. Der Turm wurde 1823 errichtet, aber bereits 1840 wegen Erosionsgefahr ein Stück landeinwärts versetzt. Anhand von Originalexponaten erhält man einen guten Überblick über die lokale Seefahrtsgeschichte sowie Fischerei und Walfang. Empfehlenswert ist der Aufstieg auf den Turm, der bei entsprechendem Wetter mit der Aussicht auf drei Bundesstaaten und den Long Island Sound entlohnt.

Ausflug nach Stonington

Hinweis zur Route

Die Routenbeschreibung von Mystic nach Newport finden Sie in Kapitel Rhode Island, S. 408 ff.

Eine Zeitreise in die Ära der geografischen Entdeckungsfahrten ist das **Captain Nathaniel Palmer House**. *Palmer* wurde berühmt durch die Entdeckung des antarktischen Kontinents im Jahr 1820. Ausgestellt sind Stücke, die an *Palmers* und andere Reisen seiner Zeit erinnern.

Routenalternative:
Von New Haven über Hartford nach Mystic

Die Fahrt nach Hartford führt Sie durch landschaftlich reizvolle Gegenden mit klaren Wasserbächen und Flussläufen, zu State Parks mit Wanderwegen, Naturpfaden und Picknickplätzen und auf möglichen Abstechern links und rechts der Hauptstraße

Meriden

Meriden war früher durch die Herstellung von Silberwaren bekannt und trug ehemals den Namen „Silberstadt der Welt".

Middletown

Am Connecticut River auf halber Strecke zwischen New Haven und Hartford liegt Middletown, Sitz der **Wesleyan-University**, die bekannt für ihre liberale und offene Geisteshaltung ist. Auf dem Campus dominieren einige alte herrschaftliche Häuser aus dem frühen 19. Jh. Vom Harbor Park legen Schiffe zu vierstündigen Kreuzfahrten auf dem Connecticut River ab. Eindrucksvoll sind besonders die „foliage cruises" im Herbst zur Zeit der Laubfärbung.

> **Hinweis zur Route**
>
> *Entfernung*: 97 mi/152 km
> Im Zentrum von New Haven fahren Sie auf den I-91, der direkt nach Hartford führt. Alternativ können Sie auch über den vom I-91 abzweigenden US-5 über Meriden nach Berlin fahren und von dort aus weiter über den CT-9 durch New Britain auf den I-84 nach Hartford.

Der **Wadsworth Falls State Park**, am CT-157, ☎ 203-344-2950, ist ein schöner Park mit einem Wasserfall, Aussichtsturm, Wanderwegen, Schwimm- und Angelgelegenheiten. Beim Spaziergang durch den Park werden Sie sicher auf die Staatsblume Connecticuts, den Berglorbeer, treffen, der hier stark verbreitet ist.

Berlin

Berlin ist der geografische Mittelpunkt von Connecticut.

New Britain (ⓘ S. 151)

Die Stadt kann auf eine große Tradition der Eisenwarenherstellung zurückblicken; von Schlittenglocken bis zu Schleusentoren wurde hier früher alles aus Eisen angefertigt. Im **New Britain Industrial Museum,** 185 Main St., wird die Entwicklung der Eisenwarenproduktion in der Stadt anhand von Werkzeugen über Art-déco-Küchenmaschinen bis hin zur Geschichte der großen Eisen verarbeitenden Firmen dargestellt.

Das **New Britain Museum of American Art**, 56 Lexington St., beherbergt eine umfangreiche Ausstellung amerikanischer Künstler des 18.-20. Jh. sowie Wandmalereien von Thomas Hart Benton.

Bristol (ⓘ S. 151)

Seit dem Jahr 1790 ist Bristol als „Uhrenstadt" bekannt, als *Gideon Roberts* hier seine ersten Uhrwerke herstellte und verkaufte. Heute ist Bristol mit ca. 57.000 Einwohnern eine Industriestadt, in der Präzisionskugellager und Elektrogeräte hergestellt werden. Die Stadt ist auch Sitz der Kabelsender *ESPN* und *ESPN2*, die durchgängig über alle Sportarten berichten.

„Uhrenstadt" Bristol

Sehenswert ist das **American Clock and Watch Museum**, 100 Maple St. Das Museumsgebäude stammt aus dem Jahr 1801. Eine umfangreiche Ausstellung mit mehr als 3.000 Uhren verschiedenster Art und eine interessante Diashow vermitteln einen Überblick über die Herstellung von Uhren in Vergangenheit und Gegenwart. Interessant ist auch der Garten mit Sonnenuhren.

Uhrenausstellung

Ca. 8 mi/12,8 km westlich von Bristol ist der Bahnhof von **Thomaston** Ausgangspunkt für eine 20 mi/32 km lange und ca. 1 1/2-stündige Fahrt mit der Museumsbahn **Naugatuck Railroad**. Die Route führt durch den Black Rock State Park nach Waterville. Besonders lohnend ist die Tour im Oktober während des Indian Summer, als Special werden Weinproben an Bord des Zuges angeboten. Der Bahnhof von Thomaston beherbergt ein kleines Eisenbahnmuseum.

Das nahe gelegene **Farmington** wartet mit sehenswerten historischen Gebäuden auf. Das **Stanley-Whitman-House**, 37 High St., stammt aus dem 18. Jh. und ist mit antikem Mobiliar eingerichtet. Hier finden Wechselausstellungen statt. Kräuter- und Blumengarten sind im Stil des 17. und 18. Jh. angelegt. Das **Hill-Stead Museum**, 35 Mountain Rd., beherbergt eine Sammlung französischer und amerikanischer Impressionisten im ehemaligen Anwesen des Industriellen *Alfred A. Pope*. Interessant ist die Tatsache, dass das Haus von *Popes* Tochter *Theodate* entworfen wurde, zu einer Zeit, als Frauen als Architektinnen nicht in Erscheinung traten.

Hartford (ⓘ S. 151)

Die Hauptstadt des Staates Connecticut entwickelte sich aus einer holländischen Poststation, die 1633 eingerichtet worden war. Einer der Gründer der neuen englischen Siedlung war *Samuel Stone*, der aus Hartford/England stammte und dem neuen Ort den Namen seiner Heimatstadt gab. Gegen Ende des 19. Jh. gehörte Hartford zu den wohlhabendsten Städten der USA. Zugleich ließen sich Schriftsteller und Künstler nieder, z. B. *Mark Twain* und *Harriet Beecher-Stowe*. 1758 wurde hier der Lexikograf und Grammatiker *Noah Webster* geboren, der 1828 das inzwischen berühmte „*American dictionary of the English language*" herausgab, das seitdem wie der „Duden" laufend neu bearbeitet wird. Bereits 1764 wurde mit dem Druck der Zeitung „Hartford Courant" begonnen, die noch heute erscheint.

Hauptstadt von Connecticut

Hartford ist die Versicherungshauptstadt der USA, wie die modernen, hoch aufragenden Verwaltungsgebäude der fast 40 Versicherungsgesellschaften zeigen, die das Zentrum der Stadt prägen. Wichtig für die Wirtschaft Hartfords ist auch die Gewehrfabrik *Colt*, deren blaue Kuppel weithin sichtbar ist. In den vergangenen Jahren wurden in mehreren Stadtvierteln umfangreiche Sanierungsmaßnahmen durchgeführt, die eine Um- und Neugestaltung der Stadt bewirkten, die richtungsweisend für andere Städte sein könnte. Hartford besitzt eines der ältesten öffentlichen Museen Amerikas. In der näheren Umgebung gibt es etwa 50 Parkanlagen, die mit vielen Sport-, Kultur- und Freizeitangeboten der Bevölkerung zur Erholung dienen. Geeigneter Ausgangsort für eine Stadtbesichtigung ist der **Bushnell Park**, der sich vor dem Capitol ausdehnt. Von hier aus sind die interessantesten Sehenswürdigkeiten gut zu Fuß erreichbar.

6. Die Neuengland-Staaten – Connecticut

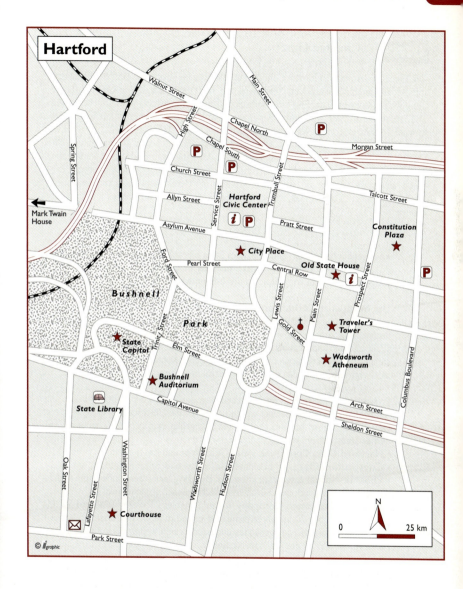

Das **State Capitol**, Capitol Ave./Trinity St., das auffallende Gebäude mit der goldenen Kuppel, wurde 1878/79 nach Plänen von *Richard Upjohn* errichtet. Bei den Führungen durch das Capitol mit seiner historischen Ausstellung wird auf einen Stuhl hingewiesen, der aus dem Holz der berühmten „Charter Oak" geschnitzt ist.

6. Die Neuengland-Staaten – Connecticut

> **INFO** „Charter Oak"
>
> Die Eiche ist der Staatsbaum von Connecticut. Ein alter Eichbaum aus dem 17. Jh. ist eng mit der Geschichte Connecticuts verbunden. Im Jahr 1662 hatte König *Charles II.* der „English Colony of Connecticut" die Selbständigkeit in einer Charta gewährt, aber schon 1687 versuchte *Sir Edmund Andros*, der Gouverneur Neuenglands, diese königliche Charta wieder einzuziehen. Um das Dokument zu retten, versteckte *Joseph Wadsworth* es in einer hohlen Eiche, die seitdem als „Charter Oak" bekannt ist. Als der Baum 1856 gefällt werden musste, wurde die Charta ins Historische Museum nach Hartford gebracht. Die Erinnerung an das historische Ereignis wird lebendig gehalten durch die Markierung der Stelle, an der die Eiche stand. Außerdem gab man einer quer durch das Land führenden Straße den Namen „Charter Oak Trail". Wer diesem Weg folgt, lernt Connecticut sehr gut kennen.

Im gegenüberliegenden Gebäude, dem State Library and Supreme Court Building, 231 Capitol Ave., befindet sich das **Museum of Connecticut History** mit dem Original der Charta von 1662 und der bekannten „Colt-Feuerwaffen-Sammlung".

Wadsworth Atheneum

Das **Wadsworth Atheneum**, 600 Main St., wurde bereits 1842 gegründet und gehört damit zu den ältesten öffentlichen Kunstgalerien der USA. Es besitzt außer historischen Sammlungen eine Gemäldesammlung europäischer Meister des 16. und 17. Jh. und der Impressionisten, zeitgenössische Kunst, eine Textil- und Porzellanausstellung und zwei Galerien mit afroamerikanischer Kunst. Eine Gedenktafel erinnert an *George Washington*, der die Stadt sechsmal besuchte.

Im Norden und Osten des Bushnell Parks liegt der alte Teil der Stadt, der in den letzten beiden Jahrzehnten saniert wurde und durch die Umgestaltung ein völlig neues Gesicht bekommen hat. Wo ehemals ein Slumgebiet war, sieht man heute ein modernes Stadtzentrum mit markanten Bauwerken:
- **Hartford Civic Center** mit vielen Geschäften und Restaurants,
- **Constitution Plaza**, ein bekanntes Geschäfts- und Einkaufszentrum,
- **Phoenix Mutual Life Insurance Co. Building**, eines der modernsten Gebäude der USA, ein elliptisches Bürohaus, das „The Boat" genannt wird,
- **Traveler's Insurance Company Tower** (Traveler's Tower), Main/Gold Sts. Mit Aufzügen und über 70 Stufen erreichen Sie in 160 m Höhe die Aussichtsplattform des höchsten Versicherungsgebäudes und haben einen weiten Blick über die Stadt Hartford und das Tal des Connecticut River.

Schöne Fernsicht

Zwischen all den modernen Gebäuden zieht das alte Rathaus die Blicke auf sich. Das **Old State House**, 800 Main St., wurde 1796 nach Plänen des berühmten Architekten *Charles Bulfinch* errichtet. In der restaurierten Senatskammer ist ein von *Gilbert Stuart* gefertigtes Porträt *George Washingtons* zu bewundern. Im State House gibt es eine Touristeninformation und einen Museumsshop. Auf dem Rasenplatz vor dem Haus finden im Sommer Konzerte statt.

INFO Mark Twain

Er wurde am 30. November 1835 als *Samuel Langhorne Clemens* in Florida geboren. 1839 zog er mit seinen Eltern nach Missouri und begann dort nach dem Tod seines Vaters im Jahr 1848 eine Setzer- und Druckerlehre. Schon bald veröffentlichte er in der Zeitung seines Bruders eigene kleine Artikel. Von 1857 bis 1860 arbeitete er als Lotse auf dem Mississippi. Während des Bürgerkrieges ging er als Silbergräber und Reporter unter dem Namen *Mark Twain* nach Nevada und Kalifornien. 1865 erschien seine erste bedeutende Kurzgeschichte „*The Celebrated Jumping Frog of Calaveras County*". Reisen führten ihn nach Hawaii und ans Mittelmeer; sie fanden ihren literarischen Niederschlag in Kurzgeschichten und seinem ersten Buch „*The Innocents Abroad*". Auf einer der Reisen lernte er *Olivia Langdon* kennen, die er 1870 heiratete. 1871 zog das Ehepaar nach Hartford, wo 1872 seine Tochter *Susy* geboren wurde. 1873/74 ließ er das Haus in der Farmington Ave. bauen, wo er intensiv arbeitete. 1878/79 machte er noch einmal eine Europareise, und 1889 erschien sein Buch „*A Connecticut Yankee in King Arthur's Court*".

Die folgenden Jahre brachten schwere Schicksalsschläge für *Mark Twain*. Die Beteiligung an einem Verlag, Investitionen in eine neue Setzmaschine und andere Erfindungen führten 1894 zum finanziellen Bankrott. Um seine Schulden in Höhe von $ 190.000 zurückzahlen zu können, unternahm er in den folgenden Jahren ausgedehnte Vortragsreisen durch die ganze Welt. Sein Privatleben wurde 1896 durch den Tod seiner Tochter *Susy* und 1897 durch den Tod seines Bruders erschüttert. Um die Jahrhundertwende begann für ihn mit der Verleihung der Ehrendoktorwürde von Yale, Missouri und Oxford die Zeit der großen, äußeren Ehrungen. Seine Lausbubengeschichten von *Tom Sawyer* und der als Fortsetzungsgeschichte geschriebene Schelmenroman von *Huckleberry Finn* waren durch Humor, Spottlust, Heimatliebe und Menschlichkeit geprägt.

Nach dem Tod seiner Frau im Jahr 1904, mit der er, aus Sorge um ihre Gesundheit, nach Italien umgezogen war, nahm *Mark Twain* die Arbeit an seiner Autobiografie auf, die aber auf seinen ausdrücklichen Wunsch hin erst nach seinem Tod veröffentlicht wurde. Er starb am 21. April 1910 in Redding/Connecticut.

Etwa 3,5 km vom Zentrum entfernt liegt im Westen der Stadt die größte Sehenswürdigkeit von Hartford, die **Nook Farm**, auf deren Gelände sich das „Mark-Twain-Memorial-Haus" befindet. Das **Mark Twain House**, 351 Farmington Ave., ist nur mit Führung zu besichtigen; die einstündigen Führungen beginnen im Besucherzentrum, die letzte Führung beginnt um 16 Uhr.

Mark Twain House

Mark Twain ließ das Haus 1873/74 nach eigenen Vorstellungen und Plänen bauen. Er liebte das verwinkelte, mehrgiebelige Haus mit seinen Balkons, seinen Türmchen und seinem Anbau, der an einen Flussdampfer erinnert. Hier lebte er mit seiner Familie bis 1891 und verfasste einige seiner bekanntesten Werke wie „Tom Sawyer" und „Die Abenteuer von Huckleberry Finn".

Berühmte Nachbarn

Ebenfalls auf dem Gelände der Nook Farm liegt das **Harriet Beecher-Stowe House**, 73 Forest St. Es ist jedoch einfacher als die Villa von *Mark Twain*. *Harriet Beecher-Stowe*, die Verfasserin von „Onkel Toms Hütte", kaufte das zwei Jahre zuvor gebaute Haus im Jahr 1873 und lebte mit ihrer Familie darin bis zu ihrem Tod im Jahr 1896 (ⓘ Biografisches zu *Harriet Beecher-Stowe*, S. 493) Das Haus hat 17 Räume, die mit Erbstücken aus dem 18. Jh. und mit Möbeln der viktorianischen Zeit eingerichtet sind. Bilder, Wandteller und viele Sammelobjekte sind Erinnerungsstücke, die die *Stowes* von ihren Reisen nach Europa mitgebracht haben. Zum Haus gehört ein schön angelegter Garten.

Das restaurierte Wohnhaus von Harriet Beecher-Stowe

Sehenswertes in der Umgebung von Hartford
Wethersfield

Historisches Viertel

Wethersfield ist eine der beiden ältesten Siedlungen in Connecticut. Die ersten Siedler, deren Familien bald folgten, kamen schon 1634 und gaben dem Dorf seinen heutigen Namen. Mit mehr als 115 vor 1840 errichteten Gebäuden ist Wethersfield der größte historische Bezirk Connecticuts. Die historischen Häuser, von denen das **Buttolph Williams House** (1692) und das **Webb Deane Stevens Museum** (1752), das aus drei restaurierten Häusern besteht, besonders sehenswert sind, zeugen vom Wohlstand des Ortes. Am Nordende der Main St. steht **The Cove Warehouse**, in dem eine Ausstellung über die maritime Vergangenheit berichtet, durch die Wethersfield zu Wohlstand gelangte. An einigen der Häuser, die vor 1800 gebaut wurden, kann man den Namen des Bauherrn und das Datum der Fertigstellung ablesen.

3 mi/4,8 km südlich von Wethersfield befindet sich am I-91 bei Rocky Hill der **Dinosaurier State Park**. Im Park können Sie über 2.000 Fußabdrücke von dreizehigen Dinosauriern entdecken, die vor etwa 200 Mio. Jahren hier lebten, und das Modell eines Sauriers in Originalgröße betrachten. Sie können auch selbst einen Fußabdruck in Gips gießen.

Glastonbury

Glastonbury ist seit 1693 eine selbständige Ortschaft. Seit Mitte des 17. Jh. ist es durch eine Fähre mit Rocky Hill auf der anderen Seite des Connecticut River verbunden.

6. Die Neuengland-Staaten – Connecticut

Bei Glastonbury liegt das **Connecticut Audubon Society Holland Brook Nature Center**. Auf dem großen Gelände am Connecticut River gibt es naturkundliche Ausstellungen, eine Pflanzenbörse und einen Forschungsraum für Besucher.

An der Route 185 liegt der **Talcott Mountain State Park**. Vom Parkplatz führt ein ca. 2 km langer Weg hinauf zum **Heublein Tower**, von dessen Höhe Sie einen Rundblick über vier Staaten haben. Im Inneren des Turmes gibt es ein kleines Museum.

Blick vom Heublein Tower

Avon
Nordwestlich von Hartford erreichen Sie über die Route 44 **Avon** und das **Tal des Farmington River**. Die Gegend ist noch landwirtschaftlich geprägt, auch wenn jetzt viele Pendler aus dem Großraum Hartford hier ansässig sind. Große *Farmhouses* zeugen davon, dass sich die Landwirtschaft hier lohnte und auch heute noch lohnt.

Litchfield (ⓘ S. 151)
Von Hartford aus können Sie einen Ausflug in den reizvollen Nordwesten Connecticuts machen. Auf der Fahrt nach **Litchfield** und Umgebung lernen Sie am besten den Charme der neuenglischen Dörfer kennen, die mit ihren gepflegten „Commons", den alten Häusern und den für Neuengland typischen weißen Kirchtürmen in ein sanftes Hügelland eingebettet sind.

In Litchfield, einem bereits 1719 gegründeten Ort mit schönen alten Kolonialhäusern, wurde *Ethan Allen* geboren (ⓘ S. 547); *Harriet Beecher-Stowe*, die Verfasserin von „Onkel Toms Hütte", verbrachte hier ihre Kindheitsjahre (ⓘ S. 493). Heute ist Litchfield ein beliebter Ausflugsort mit kleinen Boutiquen, Galerien und zahlreichen Restaurants. Die Ortsmitte mit der weißen Congregational Church auf dem weitläufigen Rasen und den alten Bäumen ist ein beliebtes Fotomotiv. Wandermöglichkeiten finden Sie im Topsmead State Forest, 2 mi/ 3,2 km östlich am CT-118. Der Park ist täglich von 8 Uhr bis zur Dämmerung geöffnet.

Das Weingut **Haight Vineyard and Winery**, Chestnut Hill Rd., gegründet 1975, als der Weinanbau durch den *Farm Winery Act* freigegeben wurde, lädt zu Führungen und Weinproben ein. Angebaut werden Weißweine, vor allem die Rebsorten Chardonnay und Riesling.

Weiße Kirchtürme setzen Akzente in Neuengland

Von Hartford über Norwich nach Mystic

> **Hinweis zur Route**
>
> **Entfernung**: 55 mi/85 km
> Sie fahren von der Broad St. auf den I-84, verlassen diesen am Exit 56 und folgen nun dem CT-2, der Sie direkt nach Norwich führt.
> **Alternativroute**: Wenn Sie nicht bis Norwich die Schnellstraße CT-2 benutzen wollen, sondern eine reizvolle, sehr abwechslungsreiche Hügel-, Fluss- und Seenlandschaft, die zum Wandern, Schwimmen und Erholen einlädt, kennen lernen möchten, bietet sich folgende Alternativroute an: von Hartford über den US-44 über Manchester bis Bolton Notch, dann über den US-6 in Richtung Willimantic, bis Sie auf den CT-66 stoßen, der Sie dann zum CT-32 führt. Es schließen sich noch 2 mi/3,2 km auf dem CT-2 bis Norwich an.

Norwich (ⓘ S. 151)

Norwich, 1659 gegründet, zählt zu den ältesten Städten von Connecticut. Die Stadt liegt an den beiden Flüssen Yantic und Shetucket, die sich im Stadtgebiet zum Thames River vereinigen. Norwich wird auch nach dem Dichter *James Lloyd Greene* die „Rose New Englands" genannt, da die umgebenden Hügel die Form einer Rosenblüte haben sollen. Im 18. Jh. wurde die Stadt durch technische Neuentwicklungen bekannt: 1766 wurde hier die erste Papiermühle Connecticuts in Betrieb genommen, 1772 wurden die ersten Nägel maschinell gefertigt, und 1790 wurde mit der Baumwollspinnerei begonnen.

„Rose New Englands"

Sehenswürdigkeiten
Leftingwell Inn-Gebäude, 348 Washington St.
Das Haus stammt aus dem Jahr 1675 und war im Besitz von *Thomas Leftingwell*, eines Führers der Unabhängigkeitsbewegung. Die Ausstellungsstücke im heutigen Museum erinnern an die hier abgehaltenen Versammlungen.

Slater Memorial Museum & Converse Art Gallery, auf dem Gelände der Norwich Free Academy, 108 Crescent St.
Das Museum besitzt Sammlungen amerikanischer Kunst des 17.-20. Jh. sowie indianische Gebrauchsgegenstände.

Mohegan Park and Memorial Rose Garden, Rockwell St.
Der Park mit einem kleinen Zoo und Bademöglichkeiten wird vor allem von Juni bis September wegen des schönen Rosengartens gern besucht.

Rosengarten und Tiergehege

Chelsea Harbor Park
Am Thames River an der Hafenfront finden Sie Einkaufsmöglichkeiten, ein Restaurant und die Bootsanlegestelle; ganzjährig gibt es kleine Konzerte und Straßenveranstaltungen.

INFO — James F. Cooper und die Indianer Neuenglands

Namen wie „Lederstrumpf" und „Der letzte der Mohikaner" erinnern an die eigene Kindheit, als man die Geschichten von Indianern, Siedlern und Trappern, vom Kampf zwischen Weißen und Roten verschlang. Neben *Karl May* ist *James F. Cooper* der bei uns bekannteste Autor von Indianergeschichten, der 1826 mit seinem Buch „Der letzte der Mohikaner" ein literarisches Denkmal schuf.

James Fenimore Cooper wurde 1789 in Burlington/New Jersey geboren und wuchs in Cooperstown, einer Pioniersiedlung im Norden des Staates New York auf, die von seinem Vater, dem Friedensrichter *William Cooper*, gegründet worden war. Nach seinem Studium in Yale und einer fünfjährigen Dienstzeit in der amerikanischen Marine verbrachte er sieben Jahre in Europa und lebte dann ab 1833 wieder auf seinem Besitztum in Cooperstown. Er interessierte sich für die indianische Kultur und verfasste zahlreiche Romane, die das naturnahe, abenteuerliche Leben der ersten Siedler, der Trapper und Indianer schildern. Dabei sind seine Erzählungen geprägt durch geschichtstreue Darstellungen und eine Fülle kulturgeschichtlich interessanter Einzelheiten.

Die **Mohikaner** waren ein nordamerikanischer Indianerstamm aus der Gruppe der *Algonkin*-Indianer; sie lebten im Osten des heutigen Bundesstaates Connecticut, in der weiteren Umgebung des Hudson River. Bei der Ankunft der ersten europäischen Siedler in Neuengland verbündeten sich die *Mohikaner* mit den Engländern gegen andere Indianervölker und waren um 1700 das letzte größere Indianervolk in dieser Region. Die *Mohikaner* lebten vorwiegend von Jagd, Fischfang und Landwirtschaft; dabei war Mais ihr Hauptnahrungsmittel. Durch die fortschreitende Ausbreitung der weißen Siedler verloren sie mehr und mehr ihre Lebensgrundlage. Ihre Zahl ging immer weiter zurück; heute leben nur noch etwa 500 stark mit anderen Indianerstämmen vermischte *Mohikaner* in der Nähe von Norwich.

Der mächtige Stamm der **Pequot-Indianer**, der in ständigem Streit mit den *Mohigan* lebte, widersetzte sich der Landnahme durch die weißen Siedler und kämpfte mit anderen Indianerstämmen gegen die Kolonisten. Überfälle der Weißen auf die größte Siedlung des Stammes im Jahr 1637 und verlustreiche Kämpfe dezimierten jedoch ihre Zahl, sodass der Stamm vom Aussterben bedroht war. Die wenigen Überlebenden flüchteten zu anderen Stämmen. Auch mit der Einrichtung der Indianerreservate verbesserten sich die Lebensumstände nicht wesentlich.

Die *Pequots* erzählen gern die folgende Geschichte: Als die letzte im Reservat lebende Frau im Sterben lag, nahm sie ihrem Neffen das Versprechen ab, die im ganzen Lande verstreut lebenden *Pequots* zur Rückkehr ins Reservat zu bewegen. Dieser konnte einige Freunde und Verwandte überzeugen und plante mit ihnen mehrere landwirtschaftliche Projekte, die aber nur geringe Einnahmen erbrachten. Erst eine Pizzeria warf genügend Geld ab, um damit eine kleine Bingo-Halle zu finanzieren – dies war der erste Schritt auf dem Weg zum erfolgreichen Foxwoods Casino, das mitten im *Mashantucket Pequot Reservat* liegt.

*Indianer-
kultur*

Auf den Spuren der Indianer
Wenn Sie Interesse an der Kultur der Indianer haben, können Sie in der näheren Umgebung von Norwich Stätten aufsuchen, die an das Leben, die Kultur und Geschichte der einstmals hier ansässigen Indianer erinnern:
- **Indian Leap**, an den Wasserfällen des Yantic River. Die Wasserfälle waren ein bei den *Mohegan*-Indianern beliebter Rast- und Beobachtungsplatz. Nach einem Kampf mit einer Schar Narragansetts im Jahr 1643 flohen diese vor ihren Verfolgern bis an den Yantic River. Um sich zu retten, mussten sie von den Klippen in die tiefer liegende Schlucht springen; daher der Name „Indian Leap" („Indianer-Sprung").
- **Indian Burial Grounds**, Sachem St., am CT-32. Dies ist der Begräbnisplatz von *Uncas*, einem großen Häuptling der *Mohegan*-Indianer, der den ersten Siedlern in der Umgebung von Norwich indianisches Land zur Bebauung gab.
- **Tantaquidgeon Indian Museum**, am CT-32 bei Uncasville. Die Ausstellung zeigt altes und modernes Kunsthandwerk, Gebrauchs- und Kultgegenstände der *Mohegan*-Indianer und anderer Indianerstämme aus den Neuengland-Staaten.

*Lebendiges
Museums-
dorf*

- **Mashantucket Pequot Museum and Research Center**, 110 Pequot Trail, auf dem Gelände des Indianerreservats an der Route 2A. Das moderne Museum vermittelt durch große Dioramen, eindrucksvolle Filme und Fotos und das lebendig gestaltete Museumsdorf einen sehr interessanten Einblick in das Leben der *Pequot*-Indianer von der Eiszeit bis zur Gegenwart.

Kasinos
Das **Foxwoods Casino**, am CT-2, ☏ 860-312-3000, bei **Ledyard** ist mit bis zu 50.000 Besuchern täglich zu einem Besuchermagnet geworden. Das von den *Mashantucket Pequot*-Indianern betriebene Kasino verfügt über 4.600 Spielautomaten und 300 Spieltische, an denen u. a. Roulette, Poker und Bakkarat gespielt werden kann – damit ist es das größte weltweit! Von den Einnahmen werden jährlich mehr als $ 150 Mio. an den Staat Connecticut abgeführt. Der Komplex beschäftigt 12.000 Menschen. Zum Foxwoods Resort and Casino gehören zwei Luxushotels; das Kasino ist täglich 24 Stunden geöffnet. Von Norwich folgen Sie der Route 2 in Richtung Pawcatuck und der Beschilderung.

Das **Mohegan Sun Casino**, 1 Mohegan Sun Blvd., I-395, **Uncasville** (ⓘ S. 151), ☏ 860-226-7711, begann um einiges kleiner, aber nachdem vor einigen Jahren $ 1 Mrd. investiert wurden, steht es den Foxwoods kaum noch nach. Es wird von *Mohegan*-Indianern betrieben. Zu beiden Kasino-Komplexen gehören große Hotels, viele Restaurants, Geschäfte und Freizeitangebote.

Hinweis zur Route

Von Norwich fahren Sie über den CT-12 nach Groton und folgen dann dem US-1 in Richtung Mystic. Von Ledyard folgen Sie der CT-117 nach Groton oder der SR-2 nach Pawcatuck, bis Sie den I-95 oder den US-1 erreichen.

Rhode Island

Überblick

Rhode Island ist der kleinste und zugleich der am zweitdichtesten bevölkerte Bundesstaat der USA. Über die Entstehung des Namens gibt es zwei Versionen: Die erste geht auf den Seefahrer *Giovanni da Verrazano* zurück, der 1524 durch die Narragansett Bay segelte, sich beim Anblick der Insel an Rhodos erinnert fühlte und ihr daher den Namen Rhode Island gab. Die zweite Version bezieht sich auf den Holländer *Adriaen Block*, der 1614 die Insel erkundete und ihr wegen der rötlichen Färbung des Ackerbodens und der Felsen die holländische Bezeichnung „Roodt Eyland", „rotes Eiland", verlieh.

Kleinster Bundesstaat der USA

Die Menschen finden Arbeit in der Hauptstadt Providence und in den Industriestädten in der Narragansett Bay; den Besucher locken dagegen eher die kleinen Hafenstädte, die schönen Strände und die guten Wassersportbedingungen an der 644 km langen Küste des Atlantischen Ozeans.

Die größte Sehenswürdigkeit von Rhode Island, die seit vielen Jahren in- und ausländische Touristen anzieht, ist die Stadt Newport mit ihren kulturellen und sportlichen Höhepunkten, wie z. B. der Segelregatta um den „America's Cup", und ihren prunkvollen Häusern des 19. Jh. Diese bescheiden als „Cottages" bezeichneten Sommerhäuser reicher amerikanischer Familien sind europäischen Schlössern vergleichbar – eine Besichtigung lohnt sich!

Schon 1524 hatte *Giovanni da Verrazano* die Narragansett Bay besucht, aber die Besiedlung von Rhode Island begann erst 1636 und ist mit den Namen *Roger Williams* und *Anne Hutchinson* eng verbunden. Beide wurden wegen ihrer individualistischen, vom Freidenkertum geprägten Überzeugung aus dem strenggläubigen, puritanischen Massachusetts ausgewiesen, flohen nach Süden und gründeten dort neue Siedlungen. So entstand 1636 Providence, die heutige Hauptstadt von Rhode Island; andere Dörfer gehen auf den Zuzug weiterer Glaubensgemeinschaften zurück. 1643 reiste *Roger Williams* nach London, um durch eine Charta des britischen Parlaments eine Rechtsgrundlage für die neuen Städte und eine Bestätigung ihrer Religionsfreiheit zu erwirken. So wurde „Rhode Island and Providence Plantations", wie der offizielle Name nun lautete, zu einer Zufluchtsstätte und neuen Heimat für Freidenker und Anhänger verfolgter Sekten und Religionen, wie z. B. Juden, Quäker und Baptisten. Obwohl auch Rhode Island vom transatlantischen Dreieckshandel mit Sklaven, Rum und Zuckermelasse profitierte, erließ es 1652 das erste Gesetz gegen Sklaverei in Nordamerika. 1790 ratifizierte Rhode Island als letzter der 13 Gründungsstaaten die Verfassung der Vereinigten Staaten, nachdem die *Bill of Rights* verabschiedet worden war, die individuelle Rechte garantierte. Rhode Island schmückt sich gerne mit dem Titel der Geburtsstätte der industriellen Revolution, da 1790 im Blackstone River Valley die erste wassergetriebene Baumwollmühle in Nordamerika ihren Betrieb aufnahm. Und … der kleinste aller Bundesstaaten beherbergt mehr als 20 % aller *National Historic Landmarks* der USA!

Geschichte des Bundesstaates

Rhode Island auf einen Blick

Fläche	3.144 m²
Einwohner	1,1 Mio.
Einwohnerdichte	387,3 Einwohner/km² (USA 32 Einwohner/km²)
Hauptstadt	Providence, 175.000 Einwohner, Metropolitan Area 900.000 Einwohner (Providence, Warwick, Pawtucket)
Staatsmotto	Hoffnung, Ocean State
Staatsbaum	Rotahorn
Staatsblume	Veilchen
Staatstier	Rhodeländer Huhn
Wirtschaft	Textilindustrie, Maschinenbau und Metallwarenherstellung sind die Schwerpunkte der Wirtschaft Rhode Islands, das zu den sehr stark industrialisierten Bundesstaaten der USA gehört; die Landwirtschaft hat nur wenig Bedeutung. Das jährliche Pro-Kopf-Einkommen entspricht dem nationalen Durchschnitt.
Arbeitslosenrate	5,1 % (USA 5,8 %)
Zeitzone	In Rhode Island gilt die Eastern Standard Time (= MEZ -6 Stunden)
Städte	Warwick (86.000 Einwohner), Cranston (81.000 Einwohner), Pawtucket (74.000 Einwohner)
Information	Rhode Island Tourism Division, One West Exchange St., Providence, RI 02903, ☏ 1-800-556-2484 und 401-222-2601, 🖥 www.visitrhodeisland.com
Hotline zur herbstlichen Laubfärbung	☏ 1-800-886-9463

Inseln der Narragansett Bay

Das Gebiet von Rhode Island ist durch die Narragansett Bay geprägt. In dieser Bucht, die etwa 45 km weit ins Land hineinreicht, liegen zahlreiche Inseln, z. B. Rhode Island und Prudence Island. Im Westen der Narragansett Bay geht das flache Land, das New England Seaboard Lowland, allmählich in hügeliges Land über, die New England Uplands. Dabei nimmt die Bedeutung der auf Milchwirtschaft und Geflügelhaltung („Rhode Island Red" ist eine bekannte Hühnerrasse) spezialisierte Landwirtschaft ständig ab; heute sind nur noch weniger als 1 % der Bevölkerung in der Landwirtschaft beschäftigt. Haupterwerbszweige sind die traditionsreiche Textilindustrie, der Maschinenbau und die Metallwarenherstellung mit dem Schwerpunkt von Tafelsilber. Die bedeutendsten Industriestädte sind **Woonsocket**, **Pawtucket**, **Cranston** und **Warwick**, die an den Flussmündungen im Inneren der Narragansett Bay liegen.

In zwei bis drei Tagen können Sie die Sehenswürdigkeiten von Rhode Island kennen lernen, aber auch ein längerer Aufenthalt lohnt sich durchaus. Ganzjährig gibt es zahlreiche sportliche Veranstaltungen wie Segelregatten und Tennisturniere und ein vielfältiges kulturelles Angebot mit Konzerten und Theateraufführungen. Die Wasser-

6. Die Neuengland-Staaten – Rhode Island

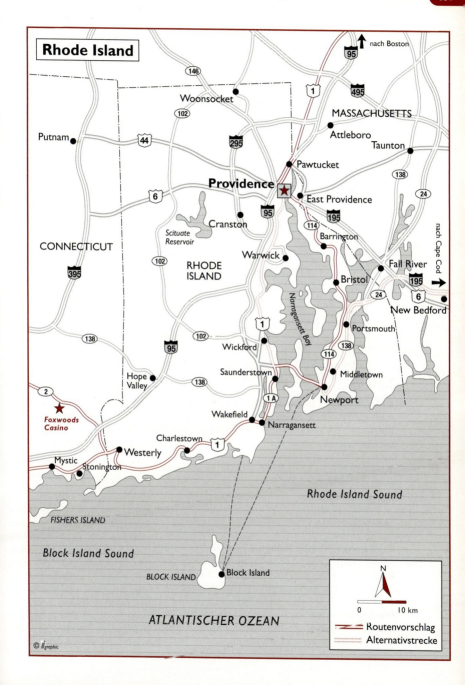

Redaktionstipps

Sehens- und Erlebenswertes
- In **Newport** (S. 410) Prunk und Pracht der noblen Herrenhäuser kennen lernen
- Ein Konzert beim **Newport Jazz Festival** miterleben
- Zu einer Radtour auf **Block Island** (S. 409) starten
- Eine Rundfahrt mit der „Amazing Grace" durch den **Hafen von Newport** unternehmen

Essen und Trinken, Übernachten und Einkaufen
- In einer Fischtaverne am Hafen von Newport essen
- Das Essen in der schon 1687 eröffneten *White Horse Tavern* in Newport genießen
- Eine Weinprobe in der Winzerei *Newport Vineyards*

---

sportbedingungen und die langen Sandstrände sind ausgezeichnet, und die beiden Weltstädte New York und Boston sind auch nicht weit entfernt. Da Rhode Island nur 78 km lang und 60 km breit ist, kann man auf schönen Fahrradtouren die abwechslungsreiche Landschaft besonders gut kennen lernen.

Durch Rhode Island

Zwei Hauptstraßen durchziehen Rhode Island:
- der **I-95**, der von Connecticut kommt, Rhode Island durchquert und zur Hauptstadt Providence und weiter nach Boston/Massachusetts führt,
- der **US-1**, der zunächst der Küstenlinie folgt, dann in die Narragansett Bay hineinführt, nach Providence und weiter nach Massachusetts führt. Vom US-1 zweigen jeweils kleine Stichstraßen zu den State Parks und Badestränden am Meer ab. Von Connecticut kommend, erreicht man über den US-1 und den RI-138 die Stadt Newport.

Von Mystic nach Newport

Die Grenze zwischen Connecticut und Rhode Island ist der Pawcauck River, mit etwa 40 km der längste Fluss von Rhode Island.

Im South County, entlang der Strecke von Mystic nach Newport, gibt es attraktive Ausflugsziele. Kleine Hafenstädte, Feriensiedlungen, Badestrände (State Beaches) und herrliche Ausblicke auf das Meer prägen den südlichen Teil Rhode Islands, der vor allem auch für Segler und Surfer interessant ist.

Westerly, eine kleine Stadt mit ca. 15.000 Einwohnern, ist das Handels- und Einkaufszentrum für die nahe gelegenen Feriengebiete.

Sehenswertes in Charlestown und Umgebung

Wildpark — Das **Kimball Wildlife Refuge**, 2,5 mi/4 km südwestlich vom US-1, 401-521-1670, liegt am Südende des Watchaug Pond im Burlington State Park; in den Sommermonaten gibt es Führungen und Veranstaltungen.

Eine Begräbnisstätte von Familien und Häuptlingen der *Narragansett*-Indianer ist der **Royal Indian Burial Ground**, Narrow Lane, am US-1.

Hinweis zur Route

Entfernung: 52 mi/83 km
Sie können wahlweise dem US-1 oder der landschaftlich reizvollen Alternativroute RI-1A folgen, die dann beide auf den RI-138 treffen, der nach Newport führt. Besonders der letzte Streckenabschnitt ist sehr interessant, wenn der RI-138 als Brücke „Newport Bridge" in einer Länge von 488 m über die Narragansett Bay führt. Die Brücke wurde 1969 fertig gestellt.

Feste
- **Seafood Festival**, am ersten Sonntag im August, mit Verkaufsständen und Heißluft-Ballonfahrten
- **Theatre-by-the-Sea**, Ende Mai-Mitte Sept., Theateraufführungen von New Yorker Bühnen

Strände
An diesem Streckenabschnitt liegen einige sehr schöne State Parks und State Beaches mit ausgezeichneten Bade- und Wassersportmöglichkeiten, wie z. B. Misquamicut State Beach, East Matunuck Beach, Roger Wheeler State Beach, Galilee State Beach, Fisherman's Memorial State Park und Scarborough State Beach.

Schöne Strände

Narragansett (S. 151)

Narragansett liegt an der Westseite des Eingangs zur gleichnamigen Bucht. Ende des 19. Jh. konkurrierte der Ort mit Newport um die Stellung des führenden Seebadeortes. Ein Feuer zerstörte 1900 den Kasinokomplex und damit auch die Hoffnungen auf eine glamouröse Zukunft. Heute befindet sich im restaurierten Kasino das Fremdenverkehrsamt. Der Ortskern um den **Narragansett Pier** wirkt recht beschaulich, lohnt aber einen Abstecher.

Das **South County Museum**, Stratmore St., informiert über die Ortsgeschichte und gibt einen Einblick in das Leben in der Gegend von 1800 bis 1940. Zu Ehren der Indianer wurde das **Narragansett Indian Monument**, Kingstown Rd./Strathmore St., aufgestellt, das aus einer einzigen Douglastanne gefertigt wurde und Szenen aus der Geschichte der *Narragansett*-Indianer darstellt.

In den Sommermonaten beginnen am State Pier die knapp zweistündigen **Southland Riverboat Cruises**, die durch den Great Salt Pond führen und einen schönen Blick auf Block Island bieten.

Schiffstouren

Block Island (S. 151)

In den Sommermonaten, von Mitte Juni bis Anfang September, besteht reger **Schiffsverkehr** zwischen dem Festland und der Insel. Abfahrtshäfen sind Providence, Newport, Point Judith und New London/Connecticut. **Flugverbindungen** nach Block Island bestehen vom Westerly State Airport, Flugzeit ca. 15 Minuten.

Die 11 km lange und 5,6 km breite Insel liegt etwa 19 km von der Küste Rhode Islands entfernt. Die Insel ist nach dem holländischen Forscher *Adriaen Block* benannt, der dort 1614 anlegte; besiedelt ist die Insel seit 1661. Der Tourismus begann mit dem Bau des ersten Hotels im Jahr 1842. Heute leben etwa 800 Menschen auf Block Island, das wegen seines besonders angenehmen Klimas sehr geschätzt und oft mit Schottland verglichen wird. In den letzten Jahren wurden von Seiten der Bewohner Anstrengungen unternommen, den Massentourismus einzudämmen, Zelte und Wohnmobile wurden verbannt, ein nächtliches Fahrverbot verhängt; Verkehrsampeln gab es noch nie auf der Insel. Bemerkenswert ist auch das Fehlen von Fast-

Traditionelles Ferienziel

Food-Restaurants und Kettenhotels. Am Fährhafen Old Harbor liegen mehrere Hotels, Restaurants, Geschäfte, Kunstgalerien und Boutiquen.

Besuchenswert sind die steilen, ca. 60 m hohen Klippen von **Mohegan Bluffs** im Süden, die heute noch aktiven **Leuchttürme North** und **Southeast Light**, **Settlers Rock**, eine Erinnerungsstätte für die ersten holländischen Siedler, und **Rodman's Hollow**, eine glazial geprägte Schlucht, die jetzt ein Vogelreservat ist. Außerdem bietet Block Island jede Menge Strände, der längste, **Crescent Beach**, ist der „Hausstrand" von Old Harbor an der Ostküste. Aufgrund des geringen Verkehrsaufkommens und der abwechslungsreichen Natur (es werden 365 Seen und Tümpel gezählt) bietet sich das Fahrrad zur Erkundung der Insel an.

Klippen von Mohegan Bluffs

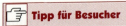 **Tipp für Besucher**

Sollten Sie einen Aufenthalt auf Block Island planen, buchen Sie Fähre und Unterkunft auf jeden Fall rechtzeitig vor der Reise.

Redaktionstipps

Sehens- und Erlebenswertes
- Besuch der prachtvollen **Sommerresidenzen** des 19. Jh. mit Innenbesichtigung
- Fahrt über den „**Ten Mile Ocean Drive**": Die 16 km lange Autofahrt entlang der wild zerklüfteten Atlantikküste bietet großartige Ausblicke auf das Meer und führt zu einigen der schönsten und interessantesten Sommerhäusern.
- Spaziergang über den „**Cliff walk**"; ein 1- bis 2-stündiger, gut angelegter Weg entlang der felsigen Atlantikküste mit steil abfallenden Klippen; Beginn am Memorial Blvd.
- Bummel durchs **Hafenviertel** mit seinen alten Werften, zahlreichen Geschäften und vielen kleinen Restaurants, in denen Sie die Ostküsten-Spezialität *Clam Chowder* (Muschelsuppe) oder frische Meeresfrüchte probieren sollten
- **Fahrradtour** über die Bellevue Ave. und den Ocean Drive, der an einigen Herrenhäusern vorbeiführt

Newport (ⓘ S. 151)

Newport, das den Beinamen „America's First Resort" trägt, ist ganzjährig ein beliebtes Reiseziel in- und ausländischer Touristen. Die Stadt wurde 1639 von Gefolgsleuten von *Roger Williams* gegründet; 1640 wurde die erste Schule gebaut, und seit 1646 hat der Schiffsbau in Newport Tradition. Die Stadt nahm aktiv an den Unabhängigkeitskämpfen teil.

Newports Ruhm als besonders schöner Sommeraufenthaltsort begann nach dem Bürgerkrieg und erreichte seinen Höhepunkt in der Belle Epoque vor dem Ersten Weltkrieg. Einige reiche Familien wie die *Belmonts*, *Astors* und *Vanderbilts* machten die Stadt zu ihrem sommerlichen Treffpunkt und zu einem Ort prunkvoller und verschwenderischer gesellschaftlicher Ereignisse. Sie errichteten sich Sommerresidenzen, die mit 50 und mehr prachtvoll ausgestatteten Räumen eher Schlössern als Wohnhäusern ähneln. Heute sind elf dieser „Paläste" von der „Preservation Society of Newport County" aufgekauft und können besichtigt werden (s. Newport Mansions, S. 413). Der Tourismus hat das ganze Jahr über Saison, und heute gibt es Angebote nicht nur für die „upper happy few".

Sehenswertes in Newport

Newport besitzt viele interessante, sehr gut restaurierte Bauwerke, die die Geschichte der Stadt und den Reichtum ihrer Bewohner widerspiegeln. Daneben

6. Die Neuengland-Staaten – Rhode Island

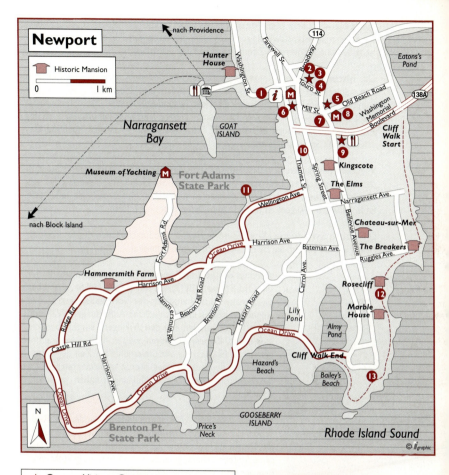

1. Gateway Visitors Center
2. Wanton-Lyman-Hazard-House
3. Touro Synagogue National Historic Site
4. Historical Society
5. Redwood Library and Athenaeum
6. Trinity Church
7. Old Stone Mill
8. Art Museum & Art Association
9. International Tennis Hall of Fame & Museum
10. Samuel Whitehorne House
11. Rochambeau Statue & Monument
12. Astors' Beechwood Mansion
13. Belcourt Castle

Tipp für Besucher

Die Newport Historical Society bietet von Mitte Juni bis September an Freitagen und Samstagen **Führungen durch das historische Viertel** von Newport an. Info: ☎ 401-846-0813.

bietet Newport dem Besucher ein reiches Sport- und Unterhaltungsangebot, sodass Sie einen mindestens zweitägigen Aufenthalt planen sollten. Für die Sommermonate ist dabei eine rechtzeitige Zimmerreservierung erforderlich.

Das **historische Viertel** von Newport lädt zum Bummeln, Schauen und Kaufen in den zahlreichen Kunstgalerien, Antiquitätenläden und Modeboutiquen ein. Für Sammler ist ein Besuch im **Brick Market** besonders lohnend. Das ursprüngliche Gebäude aus dem Jahr 1762, heute *National Historic Landmark*, beherbergt auch das **Museum of Newport History**, 127 Thames St., das anschaulich über die Geschichte der Stadt informiert.

Musikfestivals

Während des ganzen Jahres finden Konzerte, Festivals und Ausstellungen statt, z. B. das **Newport Jazz Festival**, das 2004 seinen 50. Geburtstag feierte, oder das **Newport Music Festival** mit Konzerten klassischer Musik, das man jedes Jahr Ende Juli/Anfang August an historischen Orten miterleben kann.

Die **Touro Synagogue** (**3**), 85 Touro St., wurde 1763 nach Plänen des Architekten *Peter Harrison* gebaut. Sie ist die älteste Synagoge Amerikas.

Old Stone Mill – eines der ältesten Bauwerke der USA

Als eines der ältesten Bauwerke der Vereinigten Staaten gilt die **Old Stone Mill** (**7**), am Touro Park, Mill St., aber über die genaue Entstehungszeit des von Säulen getragenen Rundbaus gibt es unterschiedliche Auffassungen. Während einige Historiker den Bau den Wikingern zuschreiben, die hier um 1040 gelandet waren, weisen neuere Ausgrabungen darauf hin, dass die alte Steinmühle zur Zeit der ersten Siedler auf den Resten eines älteren, unbekannten Gebäudes aufgebaut wurde. Beide Meinungen haben viele Fürsprecher.

Das aus dem Jahr 1748 stammende Gebäude der **Redwood Library and Athenaeum** (**5**), 50 Bellevue Ave., ist die älteste Bibliothek der USA, die seit ihrer Einweihung ohne Unterbrechung genutzt wird. Am Eingang steht eine Bronzestatue von *George Washington*.

Die **Trinity Church** (**6**) am Queen Ann Square gilt als erstes Kirchengebäude der anglikanischen Kirche aus dem Jahr 1726. Sehenswert sind die Kirchenfenster und die Orgel. Der schneeweiße, fast 50 m hohe Turm dient auch der Schifffahrt als Navigationshilfe.

Wo im ehrwürdigen Country Club 1881 die ersten nationalen Tennismeisterschaften ausgetragen wurden, zeigt heute das größte Tennismuseum der Welt, die **International Tennis Hall of Fame** (**9**), Newport Casino, 194 Bellevue Ave., prominente Spieler und Persönlichkeiten aus der Tenniswelt.

Newport Mansions

Eher Pälasten als Wohnhäusern gleich, erinnern die „Mansions" an französische, italienische oder deutsche Schlösser, nach deren Vorbild sie gebaut wurden. Die *Preservation Society* verwaltet und betreut elf der früheren Sommerresidenzen; alle Einnahmen der Gesellschaft werden für die Restaurierung und Erhaltung der Gebäude verwendet, für die in den nächsten 30 Jahren ca. $ 100 Mio. aufgewendet werden müssen. Im Folgenden ein kurzer Überblick über die öffentlich zugänglichen Sommerhäuser:

Newport Mansions

- **The Breakers**, Orchre Point Ave. 1895 entwarf *Richard Morris Hunt*, der Architekt von Marble House, dieses 70 Zimmer große Haus für die Familie von *Cornelius Vanderbilt* nach dem Vorbild eines italienischen Palastes des 16. Jh. Es ist die größte Sommerresidenz in Newport und beeindruckt durch die prunkvolle Ausstattung der Räume und den großartigen Blick auf die weite Gartenanlage, die sich bis zum Atlantischen Ozean erstreckt.
- **The Elms**, Bellevue Ave. 1901 wurde das Haus in Anlehnung an das Schloss d'Asnieres bei Paris für den aus Pennsylvania stammenden Kohlemagnaten *Edwars Berwind* erbaut. Besonders reizvoll ist die Gartenanlage.
- **Marble House**, Bellevue Ave. Marble House wurde 1892 von dem berühmten Architekten *Richard Morris Hunt* für *William Vanderbilt* entworfen. Vorbild war das Petit Trianon in Versailles. Die Gestaltung aus europäischem Marmor und die Inneneinrichtung mit dem Originalmobiliar sind luxuriös; geradezu verschwenderisch aber ist der Goldene Ballsaal, der als prunkvollster Raum Nordamerikas gilt. Zum Haus gehört auch ein chinesisches Teehaus.
- **Rosecliff**, Bellevue Ave. Das Haus wurde 1902 nach dem Vorbild des Grand Trianon der *Marie Antoinette* in Versailles gebaut. Die Besitzerin, *Mrs. Hermann Oelrichs*, rühmte sich, den größten privaten Ballsaal in Newport zu besitzen.
- **Chateau-sur-Mer**, Bellevue Ave. Das „Schloss" ist eines der besten Beispiele für die geradezu verschwenderische Pracht der viktorianischen Architektur in Amerika. Chateau-sur-Mer wurde 1852 für *William S. Westmore* gebaut, der sein Vermögen im China-Handel gemacht hatte. 1872 wurden von *Richard Morris Hunt* sehr umfangreiche Renovierungsarbeiten durchgeführt; eine Besonderheit der prachtvollen Gartenanlage ist das chinesische „Mondtor" in der Südmauer.
- **Kingscote**, Bellevue Ave.
Kingscote wurde 1839 im viktorianischen Stil erbaut und 1864 von *William Henry King* erworben. Sehenswert sind das 1881 angefügte „Weiße Speisezimmer", die Tiffany-Fenster, das schöne Mobiliar und die chinesische Porzellansammlung.

Verschwenderische Pracht

Tipp für Besucher

Wenn Sie mehr als ein Herrenhaus besichtigen wollen, lohnt sich der Kauf von **kombinierten Tickets**, *die für mehrere Häuser gelten. Die Karten und Informationsmaterial erhalten Sie an den Eingängen aller Mansions und bei der* **Preservation Society of Newport County**, *424 Bellevue Ave., ☎ 401-847-1000. Die geführten Touren dauern ca. 1 Stunde je Mansion.*

In der jeweiligen Eingangshalle der Mansions wird eine Vielzahl von Büchern, Informationsschriften, Bildern, Dias und Kunstkarten angeboten. Eine gute bebilderte Darstellung finden Sie in der Schrift **„A Guidebook to Newport Mansions"**, *die von der Preservation Society herausgegeben wird.*

6. Die Neuengland-Staaten – Rhode Island

Tipp für Besucher

Im Sommerhaus *Astors' Beechwood (12)* können Sie als Hausgäste an einer Einladung Lady Astors teilnehmen. Bei der Aufführung der „Beechwood Theatre Company" werden das gesellschaftliche Leben im Hause Mrs. Astors, die täglichen Ereignisse beim Dienstpersonal sowie Klatsch und Skandale der feinen Gesellschaft dargestellt.

• **Hunter House**, 54 Washington St. Das Hunter House wird auch von der *Preservation Society* unterhalten; es ist jedoch keine ehemalige Sommerresidenz, sondern das Haus von *Jonathan Nichols*, eines Gouverneurs von Rhode Island. Das 1748 im Kolonialstil errichtete Haus diente während des Amerikanischen Unabhängigkeitskampfes als Hauptquartier von *Admiral de Ternay*.

Ocean Drive

Der 10 mi/16 km lange Ocean Drive beginnt beim Ida Lewis Yacht Club an der Wellington Ave. Er bietet eindrucksvolle Ausblicke auf den Atlantischen Ozean und die klippenreiche Küste und führt an den folgenden Sehenswürdigkeiten vorbei:

• **Fort Adams State Park**, Harrison Ave., auf der Landspitze gegenüber Downtown und den Wharfs. Das Fort wurde in den Jahren 1824 bis 1857 zum Schutz der Einfahrt in den Newporter Hafen und der Narragansett Bay errichtet. Die Wiesen laden zum Picknick, Grillen und Sonnenbaden ein und bieten eine hervorragende Aussicht auf die Einfahrt in die Narragansett Bay. Hier finden im Sommer das Newport Jazz Festival und andere Konzerte statt.

Veteranen des „America's Cup"

• **Im Yachtmuseum** im Fort Adams State Park wird die Geschichte der Segelschifffahrt lebendig. Von besonderem Interesse ist eine Ausstellung zur berühmten Segelregatta „America's Cup", der begehrtesten Seglertrophäe, die zwischen 1930 und 1983 vor Newport ausgesegelt wurde. Einige der „America's Cup"-Veteranen wurden vor dem Abwracken gerettet und liegen vor dem Museum vor Anker oder segeln in der Bucht. Für Segelinteressierte ein Muss!

• **Hammersmith Farm**. Das 1887 gebaute Haus war vier Generationen lang der Sommeraufenthaltsort der Familie Auchincloss und ist noch heute mit dem Ori-

INFO Newports Reiche und Superreiche

Alljährlich zwischen 1890 und 1914 war Newport in den Sommermonaten der exklusive Treffpunkt für die reichen Familien Amerikas. Hier ließen sie sich ihre Sommerhäuser bauen, die sie dann für zwei bis drei Monate bewohnten. Sie brachten ihre Kinder und deren Kindermädchen mit, aber auch Köche und Küchenhilfen, Gärtner und Pferdeknechte, das gesamte Dienstpersonal eines großen Hauses. Die kurze Zeit war für die „Sommerfrischler" eine Zeit der Abendgesellschaften, der Feste und Bälle, die in großem Rahmen gefeiert wurden und immer wieder Reichtum und Luxus, aber auch Originalität des Gastgebers demonstrieren sollten.

Mittelpunkt des gesellschaftlichen Lebens war „Mrs. Astor". Ihre Einladungsliste war der Maßstab der gesellschaftlichen Anerkennung: Da ihr Ballsaal in „Beechwood" nur 400 Gäste aufnehmen konnte, gehörten nur jene in den Kreis der „oberen Vierhundert", die zu ihren Festen geladen wurden.

ginalmobiliar eingerichtet. Es diente 1953 nach der Trauung von Tochter *Jacqueline Bouvier* mit *John F. Kennedy* in der Kirche St. Mary's Church in Newport dem Empfang der Hochzeitsgäste. In den 1960er Jahren war Hammersmith Farm vor allem als Sommersitz der Familie *Kennedy* bekannt. Während seiner Amtszeit als Präsident der Vereinigten Staaten zog *Kennedy* sich oft hierher zurück, sodass der Name „Summer White House" geprägt wurde. Hammersmith Farm wird wieder privat genutzt und ist daher für die Öffentlichkeit geschlossen.

Einstiger Sommersitz der Kennedys

- **Oceancliff**, wo ein im Jahr 1896 im irischen Stil errichtetes Sommerhaus steht, bietet einen besonders eindrucksvollen Blick auf die imposante Newport Bridge, die die Narragansett Bay überquert.
- **Castle Hill Coast Guard Station**, ☏ 401-846-3676, 9-16 Uhr. Besucher sind in der Küstenwachstation willkommen.
- **Brenton Point State Park** bietet einen großartigen Blick auf den Atlantischen Ozean und die Narragansett Bay und ist zugleich bevorzugter Ort von Fischern und Tauchern. Es gibt einige Picknickplätze.

Von Newport über Providence nach Boston

Die Region Providence – Warwick – Pawtucket umfasst die Bezirke Bristol, Kent, Providence und Washington mit 962.900 Einwohnern. Vom Flughafen, der sich südlich von Providence und östlich von Warwick unweit der I-95, Exit 13 befindet, werden rund 30 Flugziele an der Ostküste direkt angeflogen.

> **Hinweis zur Route**
>
> *Entfernung: 35 mi/56 km bis Providence*
>
> *Sie verlassen Newport auf dem RI-114, fahren über die mautpflichtige Mount Hope Bridge bis nach Bristol und weiter über RI-114 oder RI-103 nach East Providence; über die Washington Bridge erreichen Sie das Zentrum von Providence.*

Portsmouth (ⓘ S. 151)

Für Gartenfreunde lohnt sich eine Fahrtunterbrechung in Portsmouth für einen Besuch von **Green Animals**, Cory's Lane, Portsmouth, am RI-114. Die berühmte Gartenanlage, die zu den schönsten des Landes gehört, wurde bereits 1880 angelegt. Es gibt 80 aus Bäumen und Sträuchern geschnittene Skulpturen, z. B. Elefanten und Saurier, ferner Blumenrabatte, Obst- und Gemüsegärten. Zur Anlage gehören noch eine Pflanzenverkaufsstelle und ein Spielzeugmuseum.

Bristol (ⓘ S. 151)

Blithewold Mansion & Gardens, 101 Ferry Rd., das frühere Sommerhaus des Kohleindustriellen *Augustus van Wickle*, wurde 1908 mit 45 Zimmern nach dem Vorbild eines englischen Herrenhauses des 17. Jh. gebaut. Es umfasst eine ausgedehnte, landschaftlich sehr reizvoll gestaltete Gartenanlage und bietet einen herrlichen Ausblick auf die Narragansett Bay. Es werden knapp einstündige Führungen durch das Haus und den Park durchgeführt; der Park ist ganzjährig für Besucher geöffnet.

Herrenhaus mit Ausblick

Nördlich von Bristol liegt das **Haffenreffer Museum of Anthropology** mit Ausstellungen zur Geschichte und Kultur der Indianer in Nord- und Südamerika.

6. Die Neuengland-Staaten – Rhode Island

Providence (ⓘ S. 151)

Providence liegt am nördlichen Ausläufer der Narragansett Bay. Die Stadt wurde 1636 von *Roger Williams*, einem Vorkämpfer der Religionsfreiheit und frühen Vertreter der Trennung von Kirche und Staat, und seinen Gefährten gegründet. 1663 erkannte *Charles II.* von England die neue Kolonie als „Rhode Island and Providence Plantations" an. Providence entwickelte sich im 18. Jh. zu einer bedeutenden Handelsstadt und wurde im 19. Jh. ein wichtiges Industriezentrum. Heute ist Providence mit ca. 176.000 Einwohnern die drittgrößte Stadt und die zweitgrößte Metropolitan Area Neuenglands und zugleich führender Wirtschaftsstandort von Rhode Island. Sieben Hügel und die beiden Flüsse **Moshassuck River** und **Woonasquatucket River**, an deren Ufern sich die Stadt entlangzieht und die sich im Stadtzentrum zum **Providence River** vereinen, geben der Stadt ihre geografische Vielfalt. Ende des 20. Jh. wurden große stadtplanerische und finanzielle Anstrengungen unternommen, um die Innenstadt zu revitalisieren. Der Erfolg kann sich zu beiden Seiten des Providence River sehen lassen.

Die **Touristeninformation** befindet sich in der renovierten **Union Station**, der eindrucksvollen ehemaligen Eisenbahnstation aus dem Jahr 1898. Einen Stadtrundgang beginnt man am besten am **Rhode Island State House**, 82 Smith St. Das State House, das zu den schönsten der USA gehört, wurde 1901 fertig gestellt. Auffallendes Merkmal ist die große Marmorkuppel des Kapitols; nur die Kuppeln des Petersdoms in Rom, des State House in Minnesota und des Taj Mahal in Indien sind noch größer! Auf ihrer Spitze erhebt sich eine 3 m hohe vergoldete Bronzestatue, die den „unabhängigen Menschen" (*Independent Man*) symbolisiert. Im Inneren können die Bibliothek, der Senat und der Audienzraum besichtigt werden. In der Nähe des State House erinnert an der Stelle der ersten Ansiedlung das **Roger Williams National Memorial**, 282 Main St., an den Gründer der Stadt.

„Independent Man"

Südlich des State House liegt am Zusammenfluss von Moshassuck und Woonasquatucket in den Providence River der neu gestaltete **Waterplace Park**, dem ein Amphitheater, venezianische Brücken und Gondeln italienisches Flair verleihen. Gepflegte Parkwege führen ans andere Ufer des Providence River, wo rund um die Benefit St. das historische Stadtviertel mit Gebäuden im Colonial und Federal Style liegt.

An der „Mile of History" liegen mehr als 200 Gebäude wohlhabender Bürger von Providence aus dem 18. und 19. Jh., die aufwändig restauriert wurden und nun als Wohnhäuser und Geschäftsgebäude genutzt werden. Eines der schönsten Häuser ist das dreistöckige **John Brown House**, 52 Power St., das 1786 von dem reichen Kaufmann *John Brown* gebaut und mit kostbaren Gemälden, Möbeln, Porzellan, Silber- und Zinngeschirr ausgestattet wurde. Am John Brown House beginnen 1 1/2-stündige **Stadtführungen** durch das historische Stadtviertel, die von der **Providence Preservation Society** durchgeführt werden.

Renommierte Universität

Auf der **East Side** liegt auch die traditionsreiche, schon 1764 gegründete **Brown University**, College St., eine der neun Universitäten der *Ivy-League* und damit eine der renommiertesten Hochschulen der USA. Das älteste Gebäude ist die University Hall aus dem Jahr 1770, das im Unabhängigkeitskrieg als Hospital diente.

In den Straßen auf dem **College Hill** herrscht studentisches Leben, z. B. auf der lebhaften Thayer St. mit beliebten Straßencafés, Kneipen und Buchhandlungen. Im **Prospect Terrace Park** können Sie einen herrlichen Ausblick auf die Stadt genießen.

> **Hinweis zur Route**
>
> *Entfernung:* 51 mi/82 km
> *Streckenabschnitt von Providence nach Boston:* Von Providence aus fahren Sie auf dem I-95 über Pawtucket direkt nach Boston.

Weitere Sehenswürdigkeiten in Providence
- Im **Museum of Art – Rhode Island School of Design**, 224 Benefit St., werden rund 80.000 Kunstobjekte aus Amerika, Asien und Europa in eindrucksvollen Ausstellungen präsentiert.
- **Old State House**, 150 Benefit St. In dem heutigen Gerichtsgebäude tagte von 1762 bis 1900 die Generalversammlung von Rhode Island. Von hier aus wurde die Unabhängigkeit ausgerufen, bereits zwei Monate vor Unterzeichnung der Unabhängigkeitserklärung in Philadelphia.
- **Cathedral of St. John**, 271 North Main St. Eine 1810 gebaute anglikanische Kirche mit neogotischen Details.
- **First Baptist Meeting Church**, 75 North Main St. Die schöne Kolonialkirche von 1775 ist die Nachfolgerin der 1638 an gleicher Stelle errichteten ersten Kirche von *Roger Williams.* Sie ist die größte Holzkirche Neuenglands mit 55 m hohem Turm.
- **Governor Stephen Hopkins House**, Benefit/Hopkins Sts. Das 1707 gebaute Wohnhaus des *Stephen Hopkins*, einer der beiden Männer, die die Unabhängigkeitserklärung für Rhode Island unterzeichneten.
- Die 1828 im Greek-Revival-Stil erbaute **Arcade**, 65 Weybosset St., in der sich ein Einkaufszentrum befindet.

Historische Bauwerke

Pawtucket (ⓘ S. 151)

In Pawtucket können Sie den **Slater Mill Historic Site** besuchen, Roosevelt Ave. an der Main St. Slater Mill gilt als die Geburtsstätte der industriellen Revolution in Amerika. Durch Ausstellungen, Modelle und Demonstrationen wird in den drei restaurierten Gebäuden das beginnende Industriezeitalter lebendig. In **Old Slater Mill**, der 1793 gebauten Mühle, wurde die erste durch Wasserkraft betriebene Baumwollspinnerei Amerikas in Betrieb genommen; sehenswert ist die restaurierte Wasserkraftanlage mit dem großem Wasserrad.

Old Slater Mill

Der **Blackstone River Valley National Heritage Corridor** zieht sich von Pawtucket bis Worcester in Massachusetts. Die Route 122 folgt dem Tal in vielen Kurven und gibt immer wieder den Blick frei auf typische Neuenglandsiedlungen, gepflegte Kolonialhäuser, Farmen, Wälder und den Blackstone River. Wer möchte, kann eine Fluss- oder eine Trolleyfahrt mit **Blackstone Valley Explorer**, 175 Main St., Pawtucket, unternehmen.

> **Hinweis zur Route**
>
> Die Streckenbeschreibung von *Providence über New Bedford nach Cape Cod* und weiter an der Atlantikküste entlang nach Boston finden Sie im Kapitel Massachusetts, S. 423 ff.

Massachusetts

Überblick

Der Name Massachusetts ist indianischen Ursprungs und ein Hinweis auf die anfänglich hier ansässigen Indianer aus einem von sechs Stämmen auf dem Gebiet des heutigen Bundesstaates. Bedeutsam für Massachusetts sind die hohe Bevölkerungsdichte mit etwa der Hälfte der Bevölkerung der Neuengland-Staaten, die Metropolitan Area um die Großstadt Boston, die landschaftliche Vielfalt und die vielen historischen Stätten.

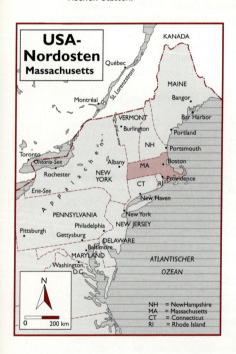

Obwohl bereits während des gesamten 16. Jh. europäische Abenteurer an den Küsten Neuenglands und Neufundlands auf der Suche nach der Nordwestpassage entlang gesegelt waren, begann die Geschichte von Massachusetts mit der Gründung der ersten Siedlungen in **Plymouth** (1620) und **Salem** (1626), denen viele weitere Ansiedlungen folgten. Die ersten Siedler waren nicht nur die heute so verehrten „Pilgrim Fathers", sondern ihnen schlossen sich auch „Stranger" an, die England aus wirtschaftlichen und nicht aus religiösen Motiven verließen. Außerdem machten Diener („Tenants") einen bedeutenden Anteil aus, die sich auf sieben Jahre verpflichteten und hofften, danach als Freie ein neues Leben beginnen zu können. In den ersten 30 Jahren folgten ca. 20.000 weitere Einwanderer aus England. 1632 wurde **Boston** Hauptstadt der streng theokratisch regierten „Massachusetts Bay Colony". Nach dem blutigen Indianerkrieg 1675/76 (King Philip's War) und nach einem Zerwürfnis mit dem Mutterland wurde die Kolonie 1686 mit den Nachbarkolonien und New York zum „Commonwealth of New England" vereinigt. 1691 erhielt Massachusetts einen neuen Freibrief, der die Theokratie abschaffte und Massachusetts seine Selbständigkeit unter einem königlichen Gouverneur gab.

Der stark angewachsene Handel im 18. Jh. schuf viele Berührungspunkte mit England, dessen Handels- und Steuerpolitik die Einwohner von Massachusetts zunehmend als Unterdrückung empfanden; deshalb wurde Massachusetts zum Vorkämpfer der Unabhängigkeitsbewegung. Im 19. Jh. erlebte Massachusetts im Zuge der Industrialisierung einen wirtschaftlichen Aufschwung. Gleichzeitig errang es als Aus-

Massachusetts auf einen Blick

Fläche	21.386 km²
Einwohner	6,5 Mio.
Einwohnerdichte	312,7 Einwohner/km² (USA 32 Einwohner/km²)
Hauptstadt	Boston, 600.000 Einwohner (Metropolitan Area 5,85 Mio. Einwohner)
Staatsmotto	Mit dem Schwert suchen wir Frieden, aber Frieden nur in Freiheit
Staatsbaum	Amerikanische Ulme
Staatsblume	Maiblume
Staatsvogel	Schwarzmeise
Wirtschaft	Massachusetts war ein Industriestaat mit den Schwerpunkten Elektroindustrie und Maschinenbau, die in jüngster Zeit von Finanzdienstleistungen, Computer- und Biotechnologie abgelöst worden sind. Boston, die Hauptstadt, ist das Wirtschafts- und Verkehrszentrum der Neuengland-Staaten und zugleich der kulturelle Mittelpunkt mit angesehenen Universitäten und ausgezeichneten Museen. Das jährliche Pro-Kopf-Einkommen liegt über dem amerikanischen Durchschnitt; Massachusetts steht in der Rangfolge auf dem 5. Platz ($ 38.000).
Arbeitslosenrate	5,3 % (USA 5,8 %)
Zeitzone	In Massachusetts gilt die Eastern Standard Time (= MEZ -6 Stunden)
Städte	New Bedford (93.000 Einwohner), Springfield (152.000 Einwohner), Worcester (173.000 Einwohner)
Information	The Massachusetts Office of Travel and Tourism, 10 Park Plaza, Suite 4510, Boston, MA 02116, ☏ 617-973-8500 und 1-800-227-6277, 🖥 www.massvacation.com
Hotline zur herbstlichen Laubfärbung	☏ 1-800-447-6277

gangspunkt der Anti-Sklavereibewegung politische Bedeutung und entwickelte sich auch zum kulturellen Mittelpunkt Neuenglands.

Massachusetts ist heute ein hoch entwickelter Industriestaat, dessen wirtschaftlicher Aufschwung vor allem durch die Ansiedlung von High-Tech-Industrie erreicht wurde. Verkehrs-, Wirtschafts- und Kulturzentrum von Massachusetts und zugleich von Neuengland ist Boston, eine lebendige Stadt, in der sich Vergangenheit und Gegenwart harmonisch vereinen. Massachusetts bietet eine Fülle von historischen Sehenswürdigkeiten, deren zentrales Thema die Entwicklung des amerikanischen Staates von der Zeit der ersten Siedler bis zum Unabhängigkeitskampf ist. Fast jeder Ort

High-Tech-Industrie

Redaktionstipps

Sehens- und Erlebenswertes
- Auf dem **Freedom Trail** (S. 442) die historische und moderne Stadt Boston kennen lernen
- **Cape Cod** (S. 424) mit dem Fahrrad erkunden und die langen Sandstrände genießen
- Mit der Fähre nach **Martha's Vineyard** (S. 431) oder **Nantucket Island** (S. 432) fahren
- In **Plimoth Plantation** (S. 433) die Welt der Pilgrimväter kennen lernen
- Harvard University und das MIT in **Cambridge** (S. 458) besuchen
- Im **Minute Man National Historic Park** (S. 462) eine Einführung in die Geschichte des amerikanischen Unabhängigkeitskrieges erleben
- In **Salem** (S. 474) nicht nur den „Hexen" nachspüren, sondern auch den Seefahrern und Kaufleuten im Peabody Essex Museum
- Im **Old Sturbridge Village** (S. 467) vom Leben im 18./ 19. Jh. erfahren
- In Stockbridge das **Norman Rockwell Museum** (S. 469) besuchen
- Ein Konzert der Boston Symphoniker in **Tanglewood** (S. 470) erleben

Essen und Trinken, Übernachten und Einkaufen
- Die erste *Clam Chowder* in Bostons **Faneuil Hall Marketplace** probieren
- Im ältesten Restaurant von Boston, dem **Ye Olde Union Oyster House**, frischen Fisch genießen
- In den **Buchhandlungen** von Boston und Cambridge stöbern
- Im stilvollen *Red Lion Inn* in **Stockbridge** neuenglische Gastlichkeit genießen
- Schaufensterbummel über **Bostons** Geschäftsstraße Newbury Street

hat solche Gedenk- und Erinnerungsstätten, die sorgfältig restauriert und oft als Museen eingerichtet sind. Für den Touristen ist es schwer, jedoch nicht zu vermeiden, aus dieser Fülle eine Auswahl nach eigenem Interessenschwerpunkt zu treffen.

Groß ist auch das weitere touristische Angebot von Massachusetts, das von ausgezeichneten kulturellen Veranstaltungen der Städte über Sport- und Unterhaltungsangebote in den Ferienorten an der Atlantikküste bis zu den ruhigen, beschaulichen Erholungsmöglichkeiten im sanften Hügelland der Berkshires mit ihren Seen reicht.

Durch Massachusetts

Massachusetts ist von einem Netz von Highways durchzogen. Der Reisende in Richtung Boston und nördliche Neuengland-Staaten kann die folgenden Hauptstraßen benutzen:
- **I-95** von Providence nach Boston und weiter nach Norden
- **I-195** von Providence über New Bedford nach Cape Cod
- **I-495** zur weiträumigen Umfahrung von Boston
- **I-91** von Hartfort/CT über Springfield nach New Hampshire
- **I-90**, der gebührenpflichtige Massachusetts Turnpike durchquert Massachusetts in Ost-West-Richtung

Der US-1, dem Sie schon durch Connecticut und Rhode Island gefolgt sind, verläuft auch in Massachusetts parallel zum I-95 und führt Sie über Providence nach Boston und weiter in den Norden. Der US-20 ist die Parallelstraße zum gebührenpflichtigen Massachusetts Turnpike, der von Boston zum Bundesstaat New York führt. Durch landschaftlich schöne Gegenden und an der Atlantikküste entlang führen MA-Straßen, von denen wiederum viele kleine Straßen zu allen Sehenswürdigkeiten abzweigen.

Von Newport über New Bedford nach Cape Cod

Fall River (ⓘ S. 151)

Die Straße führt von Newport über Portsmouth zunächst nach Fall River, einer Stadt, die im 19. Jh. durch die Textilindustrie zu Wohlstand gekommen war. Mit deren Niedergang in der ersten Hälfte des 20. Jh. versank die Stadt in Depression, von der sie sich allmählich wieder erholt.

Schiffsmuseum Hauptsehenswürdigkeit der Stadt ist das Schiffsmuseum **Battleship Cove**, an der Kreuzung von I-195 und MA-138. Hier können Sie U-Boote und Kriegsschiffe des 20. Jh. besichtigen, so z. B. das U-Boot „Lionfish" und das Schlachtschiff „USS Massachusetts" aus dem Zweiten Weltkrieg sowie Zerstörer aus dem Korea- und dem Vietnamkrieg.

 Hinweis zur Route

Entfernung: 55 mi/88 km
Von Newport fahren Sie über den RI-114 auf den RI-24; diesen verlassen Sie an der Auffahrt zum I-195. Der I-195 führt Sie über New Bedford zum MA-25, dem Sie bis zum Ende folgen, wo die Halbinsel Cape Cod beginnt. Die südlichere Bourne Bridge wie auch die nördlichere Sagamore Bridge sind im Sommer verkehrstechnische Nadelöhre.

Nicht weit vom Museum entfernt liegt ein großes Segelschiff, das Ihnen sicherlich bekannt vorkommt. Es ist der Nachbau der „**Bounty**" für den Film „Meuterei auf der Bounty". Ein kostümierter Schiffsoffizier führt Sie über das Schiff und erzählt Ihnen die Geschichte der „Bounty".

Im **Marine Museum**, 70 Water St., gibt es eine Ausstellung zur Geschichte der Dampfschifffahrt und ein Modell der „Titanic". Kinder freuen sich über das altmodische **Fall River Carousel**, das ganz nah beim Battleship Cove steht. Es ist ein restauriertes Karussell aus dem Jahr 1920 mit 48 handgeschnitzten und bemalten Karussellpferden und zwei Kutschen. Das Karussell fährt in den Sommermonaten tgl. 10-21 Uhr.

An der Kreuzung von I-195 und Highway 24 wurden in sechsgeschossigen Mühlengebäuden aus den 1870er Jahren über hundert Läden mit Fabrikverkauf eingerichtet: die **Fall River Outlets**. Zwischen den Gebäuden, die nur fünf Gehminuten voneinander entfernt liegen, verkehrt in den Sommermonaten an Samstagen ein Shuttlebus. Angeboten

Aufregend schön – die „Bounty"

werden u. a. Kleidung namhafter Hersteller, Haushalts- und Einrichtungsgegenstände, Geschenkartikel und Kosmetika.

New Bedford (ⓘ S. 151)

Die 1640 gegründete Stadt New Bedford war bis zur Mitte des 19. Jh. der bedeutendste Walfanghafen der Welt. Der **New Bedford Whaling National Historic Park** umfasst einige historische Häuser an kopfsteingepflasterten, mit Gaslaternen beleuchteten Gassen und das besuchenswerte **New Bedford Whaling Museum**, 18 Johnny Cake Hill. Das Museum vermittelt mit vielen Ausstellungsstücken, dem Modell eines großen Walfangschiffes, mit Walfängerbooten, Harpunen, Lanzen, Netzen und einem anschaulichen Film einen guten Einblick in die Arbeit der Walfänger und die Geschichte der Stadt. Dazu kommen Wechselausstellungen über aktuelle maritime Themen. Im Hafen liegt der im Jahr 1894 gebaute Schoner „Ernestina". Heute fahren Personenfähren hinüber nach Martha's Vineyard und nach Cuttyhunk Island.

Sehenswertes Walfangmuseum

Ausflug nach South Carver

Auf der Strecke von New Bedford nach Cape Cod kommen Sie nach Wareham. Von dort aus machen Sie einen Abstecher über den MA-28 und weiter über den MA-58 nach South Carver.

Die Ortschaft South Carver liegt inmitten eines großen Moosbeerenanbaugebietes. Der Wert der Ernte beträgt heute rund $ 100 Mio. Viele der unabhängigen Farmer haben sich einem der beiden großen Produzenten, *Ocean Spray* und *Northland Corporation*, als Kooperative angeschlossen. Am Columbus Day im Oktober findet das

Anbau von Moosbeeren

INFO **Moby Dick und Herman Melville**

„Moby Dick" heißt der große weiße Wal in der gleichnamigen Erzählung von *Herman Melville*, der von *Kapitän Ahab* gesucht und gejagt wird. New Bedford, das große Walfangzentrum, Seamen's Bethel, die Seefahrerkirche und der Atlantische Ozean sind die Schauplätze des Romans.

Herman Melville wurde 1819 in New York geboren. Schon als Siebzehnjähriger ging er als Matrose zur See; vier Jahre lang fuhr er auf amerikanischen Kriegsschiffen durch alle Weltmeere. Das Erlebnis dieser Seefahrten wurde die Grundlage seines dichterischen Werkes.

Sein Roman „Moby Dick" ist die Geschichte einer Walfischjagd, aber auch die Geschichte des vergeblichen menschlichen Strebens, zum wahren Sinn der Dinge vorzudringen. Nach anfänglichen Erfolgen lebte *Herman Melville* bis zu seinem Tod im Jahr 1891 einsam und unbekannt in New York.

INFO „Cranberries"

„Cranberries" werden die nordamerikanischen Moosbeeren genannt, die etwas größer als die hiesigen Preiselbeeren sind und vor allem in Heidelandschaften, Mooren und bodensauren Wäldern wachsen und meist in Sumpfgebieten kultiviert werden. Die niedrigen Zwergsträucher aus der Familie der Heidekrautgewächse haben kleine, ledrige, immergrüne Blätter und tragen im Frühjahr hängende, rosafarbene Blüten, aus denen im Laufe des Sommers dicke rote Beeren heranreifen, die sehr reich an Vitamin C sind.

Die Früchte werden von September bis Anfang Oktober geerntet, wobei die sumpfigen Anbaugebiete überflutet und die auf dem Wasser treibenden, weithin rot leuchtenden Beeren zusammengeharkt und mit großen Saugmaschinen aufgenommen werden. Der Großteil der Früchte wird zu *Cranberry*-Saft verarbeitet, ein Teil kommt auch als Kompott oder Gelee in die Regale. *Cranberry*-Kompott gehört zum traditionellen *Thanksgiving-Turkey*.

Cranberry Harvest Festival statt, in dessen Mittelpunkt Ernte und Verkauf der Moosbeeren (*cranberries*) stehen, die unseren Preiselbeeren vergleichbar sind.

Nachdem Sie hinter **Buzzards Bay** auf der Sagamore Bridge den Cape Cod Canal überquert haben, erreichen Sie Cape Cod.
Von Juni bis Oktober gibt es tägliche **Bootsfahrten** durch den Cape Cod Canal: Cape Cod Canal Cruises, Onset Town Pier, ☏ 508-295-3883.

Cape Cod und die Inseln Martha's Vineyard und Nantucket

Cape Cod (ⓘ S. 151)

Ferienparadies Cape Cod

Südlich von Boston ragt Cape Cod wie eine Sichel in den Atlantischen Ozean. Mit der Fertigstellung des Cape Cod Canal im Jahr 1914 wurde die Halbinsel zu einer Insel, die heute durch drei Brücken mit dem Festland verbunden ist. Zwischen den Brücken am Cape Cod Canal bis zum „Ellenbogen" bei Chatham und zu ihrer geballten „Faust" in Provincetown liegen ca. 110 km.

Wegen der reichen Fischbestände vor der Küste gaben die ersten europäischen Siedler der Halbinsel den Namen „Cape Cod" = „Kabeljau-Kap"; heute wird die Insel von Reisenden oft „das Sylt der Ostküste" genannt. Und wie Sylt ist Cape Cod eine Insel der Schönen und Reichen, der Künstler und Originale. Direkt am Strand sieht man die Sommerhäuser von Prominenten wie z. B. *Robert Redford*, *Barbra Streisand* und natürlich den *Kennedys*, aber auch viele weniger begüterte Familien aus Boston haben ein Ferienhaus auf der Insel.

Cape Cod ist ein ideales Feriengebiet mit besten Möglichkeiten zum Schwimmen, Fischen, Segeln, Golfen, Wandern, Radfahren und Kajakfahren. Es gibt viele kleine Mu-

6. Die Neuengland-Staaten – Massachusetts

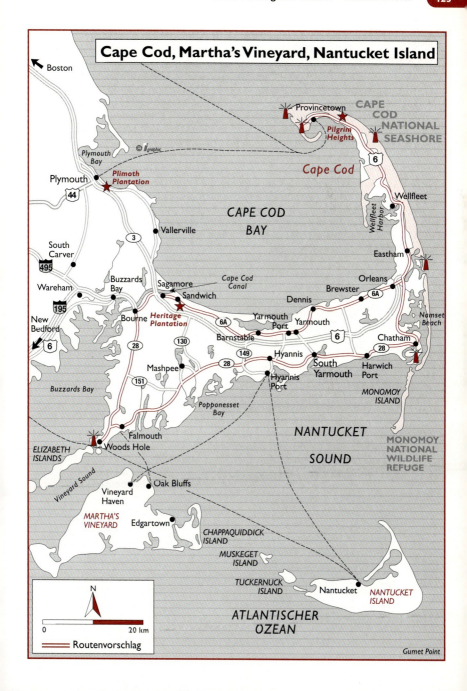

seen, Antiquitätenläden, gute Einkaufsmöglichkeiten, Musik- und Theateraufführungen und Walbeobachtungsfahrten. Diese vielseitigen Urlaubsfreuden ziehen jährlich ca. 4,5 Mio. Urlauber an; nicht alle zur selben Zeit, aber im Zeitraum zwischen Ende Juni und Anfang September. Dies macht sich sowohl auf den Brücken der MA-6 und MA-28, auf den meisten Straßen von Cape Cod sowie an vielen Stränden bemerkbar. Leider gibt es nur bedingt Alternativen zum eigenen Auto. Es gibt zwar reguläre Buslinien und Trolleys, die in der Sommersaison verkehren, und laut Fahrplan auch fast jede Ortschaft der Insel anfahren. Sie fahren aber recht selten und nur auf den Hauptstraßen.

Angenehme Temperaturen

Ein angenehmes Klima mit Temperaturen, die auch im Hochsommer selten über 26 °C steigen, eine fast 500 km lange Küste mit langen Sandstränden, schönen Buchten und weiten Dünen sowie lebhafte Ferienorte mit vielen Sport- und Unterhaltungsmöglichkeiten und verträumte Fischerhäfen sind die Anziehungspunkte von Cape Cod. Für viele Touristen sind die Walbeobachtungsfahrten die größte Attraktion. Von mehreren Häfen laufen täglich moderne Schiffe auf der Suche nach den großen Meeressäugetieren aus.

Geologie

Cape Cod besteht fast vollständig aus Sand, Kies, Ton und Gesteinsbrocken. Hartes Festgestein befindet sich erst viele Meter im Untergrund. Das gesamte Material wurde von den Gletschern mitgeführt, die während der Eiszeit diesen Teil des Kontinents bedeckten. Als das Eis schmolz, geschah dies in Intervallen. Es hinterließ die Geröllfracht, die sich an kleineren Erhebungen im Untergrund staute. Durch das schmelzende Eis stieg der Meeresspiegel weltweit an, sodass die weitere Entwicklung der Halbinsel durch Wellen und Wind geprägt wurde. Nach aktuellen Untersuchungen wird es keine 5.000 Jahre mehr dauern, bis Cape Cod vollständig in den Atlantik erodiert ist.

Im November des Jahres 1620 legte die „Mayflower" an der Nordspitze der Halbinsel an. Bald entwickelten sich die ersten Siedlungen zu Fischerorten, deren Bewohner vor allem vom Walfischfang lebten. Im Laufe des 18. Jh. ließen sich wohlhabende Kapitäne auf der Insel nieder, deren prächtige Häuser mit Möbeln und Dekorationen aus der ganzen Welt eingerichtet wurden. Einige sind heute als Museum zu besichtigen. Um 1900 entdeckten Schriftsteller und Maler die Insel für sich; es folgten reiche Familien aus Neuengland, die hier ihre Sommerhäuser bauten, und bald kamen auch die ersten Touristen auf die Insel.

Gliederung von Cape Cod

Cape Cod ist in drei Teile gegliedert: das **Upper Cape** erstreckt sich vom Cape Cod Canal bis nach Woods Hole und Falmouth. Hier finden Sie in kleinen Buchten versteckte Strände, Naturreservate, historische Dörfer und die Ablegestellen der Fähren nach Martha's Vineyard und Nantucket.

Das **Mid Cape** mit dem Barnstable County und den Ortschaften Hyannis, Yarmouth, Dennis und Harwich ist der viel besuchte mittlere Teil von Cape Cod mit Stränden an der Cape Cod Bay im Norden und am Nantucket Sound im Süden. Zum **Lower Cape** im „Ellenbogen" des Cape Cod gehört das Naturschutzgebiet Cape Cod National Seashore mit endlosen Stränden und schönen Wander- und Radwegen. Auf dem Lower Cape liegen die Ortschaften Chatham, Orleans, Brewster, Eastham, Wellfleet, Truro und Provincetown.

6. Die Neuengland-Staaten – Massachusetts

Rundfahrt über Cape Cod

Der im Norden von Cape Cod verlaufende MA-6A ist gesäumt von Hotels, Inns und Antiquitätenläden. Insbesondere zwischen Barnstable und Brewster häufen sich die Antiquitätenläden, deren Angebot von altem Plunder bis zu wirklichen Sammlerstücken reicht.

Die Autorundfahrt beginnt an der Sagamore Bridge. In **Sandwich**, einem der ältesten Orte der Insel, können Sie im **Sandwich Glass Museum**, 129 Main St., mehr als 5.000 Objekte der einheimischen Glaskunst betrachten, z. B. Kerzenleuchter, Tischlampen, Gläser und Vasen. Bis zum Ende des 19. Jh. war in Sandwich

 Hinweis zur Cape-Cod-Rundfahrt

Entfernung: 145 mi/235 km
Das gute Straßennetz von Cape Cod ermöglicht eine schöne Rundfahrt über die Insel. Dabei durchzieht der US-6, die schnellste Verbindung, Cape Cod in der gesamten Länge.
Abwechslungsreicher ist die Fahrt, wenn Sie zunächst von Sagamore aus über den MA-6A an der Nordküste entlang bis Orleans fahren. Für die Hin- und Rückfahrt nach Provincetown, am Nordzipfel der Insel, benutzen Sie den US-6.
Auf dem Rückweg können Sie von Orleans auf dem MA-28 die Südküste mit den Ortschaften Chatham, Hyannis und Falmouth erreichen. Bei Bourne fahren Sie dann auf den direkt nach Sagamore führenden MA-25 oder US-6.

eine der größten amerikanischen Glasfabriken in Betrieb. Das Leben der ersten Siedler, ihre Geschichte und Kultur veranschaulicht die **Heritage Plantation**, Grove/Pine Sts. Außerdem gibt es eine Ausstellung alter Autos, eine Sammlung historischer Spielzeuge und schön angelegte Gärten mit Wanderwegen.

Auf der Weiterfahrt nach Osten durchfahren Sie die kleinen Fischerorte
- **Barnstable** mit dem **Trayser Museum Complex** aus dem Jahr 1856 mit einer Ausstellung von Schiffsmodellen, nautischen Instrumenten und Gemälden;
- **West Barnstable** mit dem 1717 gebauten **West Parish Meetinghouse**, 2049 Meetinghouse Way, einer der ältesten Kirchen mit einer Glocke von *Paul Revere*;
- **Yarmouth Port** mit mehreren historischen Häusern, z. B. einer Postkutschenstation und einem alten Drugstore aus dem Jahr 1899;
- **Dennis** mit großzügigen Sommerresidenzen, Kunstgalerien und dem **Cape Playhouse**, das als ältestes Sommertheater seit 1927 erstklassige Aufführungen bietet;
- **Brewster** mit schonen Kapitänshäusern aus dem 19. Jh., reizvollen Antiquitätenläden, Kunstgalerien und dem **Cape Cod Museum of Natural History**, 869 MA-6A, und dem **New England Fire and History Museum**, MA-6A;
- **Orleans** mit weiten Sandstränden und waldreicher Umgebung; die großen Parkplätze lassen darauf schließen, wie beliebt die Strände am Atlantik und in der Cape

Sehenswürdigkeiten der Insel

Tipp für Wanderer und Radler

*Wanderer und Radfahrer können auf dem 39 mi/62,5 km langen **Cape Cod Bike Trail** die schönsten Stellen der Insel erkunden. Er führt von Dennis über Brewster und Eastham nach Wellfleet und folgt dabei einer alten Eisenbahntrasse. Eine Informationsschrift über den Radweg erhalten Sie bei: **Massachusetts Division of Forests & Parks**, 100 Cambridge St., Boston, MA 02202, ☎ 617-727-3180.*

6. Die Neuengland-Staaten – Massachusetts

Cod Bay sind. Der beliebteste Strand ist der Nauset Beach. Im **French Cable Museum**, MA-28/Cove Rd., wird über die Geschichte des Transatlantikkabels informiert, das 1879 nach Frankreich verlegt wurde.

In Orleans treffen Sie auf den US-6, der über das Lower Cape bis nach Provincetown führt.

Unberührtes Naturschutzgebiet

Dieser Teil der Insel ist geprägt durch die **Cape Cod National Seashore**, ein großes Naturschutzgebiet mit langen, weiten Sandstränden, Dünen und einsamen Wanderwegen durch Marschgebiete und unberührte Küstenlandschaft. Das über 170 km² große Gebiet wurde 1961 auf Betreiben des damaligen Präsidenten *John F. Kennedy* unter Naturschutz gestellt.

Cape Cod National Seashore ist in vier Bereiche gegliedert:
- **Salt Pond Area** und das Salt Pond Visitor Center bei Eastham, am US-6, wo Sie sich über das Naturschutzgebiet informieren können; hier erhalten Sie auch vielfältiges Informations- und Kartenmaterial und können einen kurzen Einführungsfilm anschauen.
- **Marconi Station Area** mit der Hauptverwaltung der Cape Cod National Seashore, einem beliebten Badestrand, und einem schönen Spaziergang über den Atlantic White Cedar Swamp Trail.
- **Pilgrim Heights Area** mit Strand, Picknickplätzen, Wanderwegen, Naturlehrpfad und Informationstafeln über die Indianer und die Pilgerväter, die hier erstmals nach ihrer Atlantiküberquerung an Land gingen.
- **Province Lands Visitors Center**, Race Point Rd., in der Nähe von Provincetown mit Informationsständen, einer Buchhandlung, dem Lebensrettungsmuseum, einem Amphitheater, Strand und Dünen und einem 8 km langen Radfahrweg.

INFO   Wer war Guglielmo Marconi?

Marconi war ein italienischer Funktechniker, der 1874 in Bologna geboren wurde. 1895 erfand er die geerdete Senderantenne, Anfang 1896 gelang ihm die Übertragung drahtloser Signale auf 3 km. Er zog 1896 nach England, um seine Erfindung weiterzuentwickeln. Er erhielt das britische Patent für die drahtlose Übertragung von elektrischen Impulsen und Signalen. Im Mai 1897 konnte er Signale schon auf eine Entfernung von 14,5 km übertragen, und noch im Dezember desselben Jahres gelang es mit der Distanz von 29 km.

Die Übertragungstechnik wurde immer weiter verbessert: 1899 auf 52 km zwischen England und Frankreich, 1901 auf 3.600 km zwischen England und Neufundland. Dabei wurde der Buchstabe „S" als Morsezeichen übertragen. 1903 gelang es ihm, von der Stelle der heutigen Marconi-Station die ersten telegrafischen Nachrichten über den Atlantik zu senden. 1909 erhielt *Marconi* zusammen mit *K.F. Braun* den Nobelpreis für Physik. Er starb 1937 in Rom.

In **Eastham**, das schon seit 1644 besiedelt ist, steht die älteste noch funktionsfähige Windmühle von Cape Cod, die 1680 in Plymouth gebaut und 1793 in Eastham aufgestellt wurde. Gelegentlich wird in der Mühle noch Korn gemahlen. Aus dem Jahr 1869 stammt das alte einklassige Schulhaus.

Wellfleet war früher vor allem als Walfanghafen und Zentrum der Austernzucht bekannt, wie Sie in der Ausstellung des **Wellfleet Historical Society Museum**, 266 Main St., sehen können.

Provincetown war früher der Hauptstützpunkt der Walfangflotte. Heute bestimmt der Fremdenverkehr das wirtschaftliche Geschehen. Der Ort ist heute ein sehr beliebtes, im Sommer aber auch überlaufenes Ausflugs- und Ferienziel, in dem sich Feriengäste und Tagesausflügler in den Straßen mit vielen Lokalen und Souvenirshops drängen. Wer länger in Provincetown bleibt, spürt das besondere, weltoffene und tolerante Flair des Ortes. Wo die Pilgerväter zuerst an Land gingen, wo in den vergangenen Jahrhunderten die bekanntesten Walfänger Neuenglands lebten, wo sich im 19. Jh. Schriftsteller und Maler niederließen, die den Ort vor dem Ersten Weltkrieg zu Amerikas bekanntester Künstlerkolonie machten, leben auch heute neben den alteingesessenen Fischerfamilien viele Künstler, Intellektuelle, Außenseiter, Idealisten und Visionäre.

Beliebtes Ferienziel

Mittelpunkt des Ortes ist die **Commercial St.** mit vielen Geschäften, Cafés und Restaurants. Der MacMillan Pier am Hafen ist Ausgangspunkt für 3- bis 4-stündige Ausflugsfahrten zur Walbeobachtung und zur Hochseefischerei.

Das 1910 gebaute **Pilgrim Monument & Provincetown Museum** am High Pole Hill erinnert an die Landung der Pilgerväter, die im Jahr 1620 mit der „Mayflower" hier anlegten. Von der Aussichtsterrasse des fast 77 m hohen Monuments haben Sie einen schönen Blick auf die Stadt, den Hafen und die Küsten von Cape Cod. Im Provincetown Museum erfahren Sie Wissenswertes über die ersten Siedler, den Walfang, der für viele Familien die Existenzgrundlage war, und den Dichter *Eugene O'Neill*.

Landung der „Mayflower"

Im **Provincetown Art Association and Museum**, 460 Commercial St., sehen Sie eine Ausstellung mit Werken zeitgenössischer Künstler.

Erholungsmöglichkeiten bieten sich im nahe gelegenen Cape Cod National Seashore und an den kilometerlangen Stränden der Umgebung. Außerdem gibt es ein breites Sportangebot, z. B. Reiten, Fahrradfahren, Tennis, Segeln, Surfen.

Am letzten Sonntag im Juni findet im Hafen die stimmungsvolle und farbenprächtige „Segnung der Flotte", **Blessing of the Fleet**, statt.

Buchtipp

Michael Cunningham: **Land's End**. Ein Spaziergang in Provincetown. Cunningham schrieb diesen ungewöhnlichen Reiseführer über den Ort, den er seit mehr als 20 Jahren kennt und liebt.

Die Rückfahrt führt zunächst wieder nach Orleans, dann weiter über den MA-28 an die Südküste von Cape Cod. Zwischen Chatham und Hyannis reihen sich die lebhaften Ferienorte aneinander; sehenswert sind die für die Insel typischen Leuchttürme, z. B. Old Bass River Lighthouse und Chatham Lighthouse. Aus dem kleinen alten Fischerdorf **Chatham** hat sich ein beliebter Ferienort mit eleganten Geschäften, Boutiquen, Restaurants und Cafés entwickelt, aber noch immer laden an jedem Nachmittag die Fischer am Shore Road Pier ihren Fang aus. Für Sportfischer ist Chatham der geeignete Ort, um zum Salzwasserangeln aufzubrechen; im Hafen liegen Boote, die zur Seehundbeobachtung auslaufen. Der besondere Reiz des Ortes liegt darin, dass Chatham sowohl am Nantucket Sound als auch am Atlantischen Ozean liegt. Einen Besuch wert ist das **Railroad Museum**, Depot Rd., das früher einmal eine Eisenbahnstation war. Bei **West Yarmouth** lädt das **Zooquarium**, 674 MA-28, mit Land- und Wassertieren, einem Streichelzoo, Delfin- und Seelöwenvorführungen zu einem Besuch ein.

Cape Cod Lighthouse

Hauptort von Cape Cod

Hyannis ist mit knapp 10.000 Einwohnern der Hauptort der Insel und Verkehrsknotenpunkt mit ausgezeichneten Verkehrsverbindungen. Es gibt Museen, Galerien, Theater, Antiquitäten- und Kunstgewerbegeschäfte, aber auch Golf- und Tennisplätze und schöne Strände, von denen Craigville Beach der beliebteste ist. Im Hafen **Hyannis Port** liegen elegante Yachten neben kleinen Fischerbooten und den Fähren nach Martha's Vineyard und Nantucket. Machen Sie einen Stadtbummel durch den *Hyannis Main Street Waterfront District* mit mehr als 200 Geschäften; besuchen Sie das **John F. Kennedy Memorial**, Ocean St., das an den Präsidenten der Vereinigten Staaten erinnert, der ganz in der Nähe aufwuchs. Im Alten Rathaus wurde das **John F. Kennedy Museum**, 397 Main St., eingerichtet, das mit Fotos, Ausstellungen und in einem Videofilm über die *Kennedy*-Familie informiert.

Die ehemalige Quäkersiedlung **Falmouth** war im 19. Jh. ein wichtiges Zentrum der Glasindustrie und des Walfangs. Heute ist es ein beliebter Ferienort und Fährhafen für Schiffe nach Martha's Vineyard und in der Hochsaison auch nach Nantucket Island. Die Sammlungen des **Falmouth Museum on the Green**, Village Green, vermitteln einen Eindruck von Walfang, Glasherstellung und Silberverarbeitung.

Fähren zu den Nachbarinseln

Woods Hole, an der südwestlichen Spitze von Cape Cod, ist ein wichtiger Hafen mit ganzjährigen Fährverbindungen nach Martha's Vineyard und Fairhaven auf dem Festland. Überregionale Bedeutung hat das **Ozeanografische Forschungszentrum**, dessen Ausstellungsräume, 15 School St., besichtigt werden können. Interessant ist auch das **Woods Hole Science Aquarium**, Water/Albatross Sts.

Die Rundfahrt führt weiter über den MA-28 an der buchtenreichen Westküste entlang nach **Bourne**, wo sich südlich der Bourne Canal Bridge das **Aptucxet Trading Post**, 24 Aptucxet Rd., befindet. Es ist die Nachbildung des wahrscheinlich ersten Handelsplatzes in Nordamerika aus dem Jahr 1627. Sehenswert ist ein Steinbrocken mit eingravierten Zeichen, die, unterschiedlichen Theorien zufolge, entweder von den Wikingern (um das Jahr 1000) oder von den Phöniziern (um 400 v. Chr.) stammen sollen.

Martha's Vineyard (ⓘ S. 151)

Die Cape Cod vorgelagerte dreieckige Insel im Nantucket Sound erreicht die Fähre von Cape Cod nach ca. 2-stündiger Fahrt. Die Insel ist ein Relikt aus der letzten Eiszeit, als die schmelzenden Gletscher den Meeresspiegel erhöhten und Martha's Vineyard vom Festland trennten. Ursprünglich war die Insel im Besitz der *Wampanoag*-Indianer, die sie „Noepe – Land unter den Strömen" nannten. Ihren heutigen Namen erhielt die Insel von *Bartholomew Gosnold*, der 1602 die Küste erkundete und dabei wild wachsende Weinreben entdeckte. Seiner Tochter *Martha* zu Ehren nannte er die Insel „Marthas Weingarten". Die Insel wurde schon 1642 besiedelt und war lange Zeit eine wichtige Walfangstation. Der Walfang machte auch den Wohlstand der Bewohner aus, der sich noch heute in den gepflegten Herrenhäusern der Kapitäne in Vineyard Haven und Edgartown ausdrückt. Heute ist der Fremdenverkehr die Haupteinnahmequelle der Insel; vor allem rund um den 4. Juli, dem amerikanischem Nationalfeiertag, wird die Insel von Besuchern überströmt.

Geschichte der Insel

Viele prominente Politiker, Schriftsteller, Schauspieler und Künstler haben Martha's Vineyard als Sommerresidenz gewählt und suchen Ruhe in der Abgeschiedenheit der Insel. Hohe Dünen, Kliffe, Heideland, Wälder und schöne Strände, von denen viele in Privatbesitz sind, machen die Schönheit der Insel aus. Touristisch erschlossen ist vor allem der nordöstliche, „Down Island" genannte Teil der Insel, an dem auch die meisten öffentlichen Strände liegen, z. B. der bei Familien beliebte Joseph Sylvia State Beach.

Vineyard Haven ist der größte Ort der Insel, ein wichtiges Schiffsbauzentrum und Anlegestelle für die Fähren von Cape Cod und Fairhaven/New Bedford. Gleich am Fähranleger gibt es einige Fahrradverleihstationen, denn die weitgehend flache Insel lässt sich sehr gut mit dem Rad auf einer ca. 70 km langen Rundfahrt erkunden. Außerdem verkehren von Mitte Mai bis Mitte Oktober Shuttlebusse zwischen den Ortschaften.

Oak Bluffs ist schon seit dem 19. Jh. ein beliebter Ferienort. Der Ort ist vor allem wegen der mit ungewöhnlichen Schnitzereien verzierten Häuser bekannt, den so genannten „Gingerbread Cottages". Der Küstenstreifen zwischen Oak Bluffs und Edgartown war Schauplatz für den Film „Der weiße Hai", der 1973 hier gedreht wurde.

„Gingerbread Cottages"

Edgartown ist die älteste Siedlung der Insel; sie wurde bereits 1642 gegründet. Im Ort gibt es mehrere schön restaurierte Häuser, die wie die Old Whaling Church im

Stil des Greek Revival erbaut worden sind. Das älteste Haus der Insel, **Vincent House**, Main/Church Sts., stammt aus dem Jahr 1672 und dient heute als Museum.

Im Westen liegen einige indianische Siedlungen, z. B. Squibnocket und **Gay Head**, das wegen seiner eindrucksvollen Klippen bekannt ist. Der Martha's Vineyard State Forest im Inselinneren lädt ebenso zu Wanderungen ein wie das Felix Neck Wildlife Sanctuary.

Nantucket Island (ⓘ S. 151)

Wie Martha's Vineyard ist auch die Insel Nantucket mit Fähren von Woods Hole und Hyannis ganzjährig in ca. 2 Stunden zu erreichen. Außerdem gibt es Flugverbindungen zwischen der Insel, die ca. 25 mi vom Festland entfernt im Atlantik liegt, und Boston sowie Hyannis/Cape Cod.

„Land in weiter Ferne"

Der Name Nantucket ist indianischen Ursprungs und bedeutet „Land in weiter Ferne." Die ca. 23 km lange Insel ist seit etwa 1659 besiedelt; im 17. Jh. entstand eine bedeutende Walfangflotte mit etwa 150 inseleigenen Schiffen. Nantucket entwickelte sich bis zur Mitte des 19. Jh. zu einem wichtigen Walfangzentrum, das der Insel durch den Handel mit Walöl großen Wohlstand brachte. Aus dieser Zeit stammen die herrschaftlichen Häuser der Kapitäne und Kaufleute, die heute noch im Hauptort Nantucket zu sehen sind.

Heute ist der Fremdenverkehr zur Haupteinnahmequelle geworden. Jeden Sommer übersteigt die Zahl der Feriengäste bei weitem die der rund 3.500 Einwohner. Es gibt ausgezeichnete Übernachtungsmöglichkeiten, elegante Hotels, historische Landgasthäuser, rustikale Cottages und gemütliche Bed&Breakfast-Häuser; auch die Gastronomie zeigt sich sehr vielfältig.

Sport und vielseitige Unterhaltung

Schöne Badestrände, Küsten, die vor allem zum Segeln und Surfen geeignet sind, Rad- und Wanderwege, Tennis- und Golfplätze laden zu einem erholsamen und sportlichen Aufenthalt ein; Theateraufführungen, Konzerte, Kunstgalerien und Museen sorgen ebenfalls für vielseitige Unterhaltung. Auch zum Einkaufen zieht es viele Besucher nach Nantucket, denn in zahlreichen Antiquitätenläden, Kunstgewerbe- und Schmuckgeschäften gibt es viel Originelles zu erstehen, so z. B. holzgeschnitzte Vögel oder die für Nantucket typischen „lightship baskets", Deckelkörbe mit schönen Verzierungen.

Der Hauptort trägt den Namen der Insel. Im Besucherzentrum, 25 Federal St., und bei der **Nantucket Historical Association**, 5 Washington St., erhalten Sie Karten und eine Informationsschrift für einen Rundgang zu den Sehenswürdigkeiten des Ortes; auch Führungen durch den **Historischen Distrikt** mit ca. 800 Häusern aus dem 18. und 19. Jh. sind möglich. Mittelpunkt des Ortes sind die Waterfront und die kopfsteingepflasterte **Main Street**.

Das **Walmuseum**, Broad St., informiert über den Walfang und veranschaulicht das Leben an Bord eines Walfangschiffes. Im **Nantucket Life-Saving Museum**, 158

Polpis Rd., erfahren Sie etwas über die harte Arbeit der Lebensretter, die vor der gefährlichen Küste bei mehr als 700 Schiffsbrüchen zum Einsatz kamen.

Versäumen Sie nicht, ein Picknick am Strand mit dem traditionellen „New England Clambake" einzunehmen, das vor allem aus Kammmuscheln, den heimischen *bay scallops*, besteht.

Von Cape Cod über Plymouth nach Boston

Nach der Überquerung des Cape Cod Canals fahren Sie an der Küste entlang, wobei sich herrliche Ausblicke auf die weite, sichelförmige Bucht von Cape Cod bieten. Nach ca. 18 mi/28 km sehen Sie bereits die Ausschilderung zur „Plimoth Plantation", einer der meistbesuchten Sehenswürdigkeiten in Neuengland.

Plimoth Plantation (s. Plymouth, S. 151)

Von Plymouth aus können Sie mit Trolleybussen oder mit dem eigenen Wagen zur Plimoth Plantation fahren, 3 mi/5 km südlich von Plymouth am MA-3A. Parkplätze sind ausreichend vorhanden.

Hinweis zur Route

Entfernung: 60 mi/96 km
Von Sagamore/Cape Cod aus fahren Sie über die reizvolle Küstenstraße MA-3A bis Plimoth Plantation und weiter bis Plymouth. Nachdem Sie Plymouth wieder auf dem MA-3A verlassen haben, stoßen Sie auf den MA-3. Diesem folgen Sie bis zum I-93, der ins Zentrum von Boston führt.
Zwischen Plymouth und Boston liegen mehrere State Parks und Ferienorte mit schönen Stränden. Diese erreichen Sie von Plymouth aus über die Abzweigungen vom MA-3A, der ebenfalls nach Boston führt.

„Willkommen im 17. Jh." lädt ein Schild am Eingang des Museumsdorfes ein, und tatsächlich fühlen Sie sich bei Ihrem Rundgang durch das Museumsdorf schon bald in diese Zeit zurückversetzt. Plimoth Plantation ist die Rekonstruktion der ersten Siedlung, die die Passagiere der „Mayflower" im Jahr 1627 errichtet hatten. Der Komplex besteht aus dem Besucherzentrum, dem Pilgrim Village und der Siedlung der *Wampanoag-Indianer*.

Einladung ins 17. Jh.

Im **Visitor Center** finden Sie einen Museumsshop und eine Cafeteria und erhalten durch eine zwölfminütige Diavorführung, durch Exponate und Literatur einen Eindruck von der ersten Siedlung und ihren Bewohnern.

„Willkommen im 17. Jh."

Das **Pilgrim Village** ist die von Palisaden umgebene Nachbildung des ersten Dorfes mit einem befestigten Versammlungsgebäude und 15 Häusern. Auf der Dorf-

6. Die Neuengland-Staaten – Massachusetts

Alltag im Museumsdorf

straße begegnen Ihnen Menschen, die geschäftig ihrem Tagewerk nachgehen, nach der Mode des 17. Jh. gekleidet sind, deren Werkzeuge und Arbeitsweise jener Zeit entsprechen und deren Sprache die des 17. Jh. ist. Sie können in die strohgedeckten Häuser hineingehen und den Frauen beim Kochen und Hauswirtschaften, bei der Kindererziehung und beim Füttern der Tiere zuschauen, die Männer beim Schreinern, Schmieden oder Schustern beobachten und ganz viele Fragen zum Alltag jener Zeit stellen. In den Gärten werden verschiedene Obst- und Gemüsearten angepflanzt, und in den Ställen und auf den Weiden werden Haustiere gehalten.

Vom Pilgrim Village führt ein Weg am Ufer des Eel River entlang zur **Hobbamock's Homeside**, der Nachbildung einer Siedlung der *Wampanoag*-Indianer. Indianische Nachfahren machen Traditionen, Handwerkskünste und Kultur der Indianer des 17. Jh. deutlich, ohne deren Unterstützung die Siedler den ersten Winter in der neuen Heimat nicht überlebt hätten. Sie können beim Bootsbau, bei der Feldarbeit und beim Bau eines Tipi zuschauen.

Plymouth (ⓘ S. 151)

Am Plymouth Rock legte 1620 die „Mayflower" an

Der heutige Ort steht ganz im Zeichen der Vergangenheit, denn Plymouth ist die älteste amerikanische Siedlung nördlich von Virginia, die seit ihrer Gründung dauerhaft bewohnt ist; sie trägt deshalb stolz den Beinamen „Amerikas Heimatstadt".

Plymouth Rock

An einem Felsblock am Hafen, am **Plymouth Rock**, legte am 21. Dezember 1620 nach zweimonatiger Seefahrt die „Mayflower" an. An Bord waren 102 Passagiere, Männer, Frauen und Kinder, sowie 25 Besatzungsmitglieder. Der historische Felsbrocken Plymouth Rock wurde mit einem an einen griechischen Tempel erinnernden Gebäude überbaut. Am Erntedankfest und an allen Freitagen im Juli und August findet in der Nähe des Plymouth Rock eine „Pilgerprozession" in Kostümen aus der Zeit der Pilgerväter statt. Im **Informationsbüro**, nahe beim Plymouth Rock, erhalten Sie Informationsmaterial und kombinierte Tickets zur Besichtigung der „Mayflower II" und von Plimoth Plantation.

Das **Pilgrim Hall Museum**, 75 Court St., wurde im Jahr 1824 eröffnet. Hier sind Möbel, Handwerkszeug und Gebrauchsgegenstände aus der Zeit der Pilgerväter sowie das einzig bekannte Porträt eines Passagiers von der „Mayflower" ausgestellt.

Auf dem Hügel oberhalb von Plymouth Rock sind zu besichtigen:
- **Cole's Hill**, die Begräbnisstätte der Siedler, die während des ersten Winters gestorben sind,
- die **Massasoit Statue**, ein eindrucksvolles Standbild des Indianerhäuptlings *Massasoit*, der 1621 einen Friedensvertrag mit den Pilgervätern abschloss,
- das **National Wax Museum**, in dem 27 Szenen aus dem Leben der ersten Siedler nachgebildet sind,
- historische Häuser aus dem 18. Jh. mit Originalmobiliar.

Die größte Sehenswürdigkeit der Stadt ist die „**Mayflower II**", die nahe beim Plymouth Rock am State Pier liegt. Die „Mayflower II" ist die originalgetreue Nachbildung des Pilgerschiffes, das 1620 in Plymouth anlegte. Sie wurde 1955-57 in England

„Mayflower II"

INFO Wer waren die Pilgerväter (Pilgrim Fathers)?

Pilgerväter werden die ersten Siedler genannt, die nach der Atlantiküberquerung im Jahr 1620 in Plymouth Rock an Land gingen. Es waren Puritaner, religiöse Sektierer, die ihre englische Heimat aus Glaubensgründen verlassen hatten. Die Puritaner lehnten im Gegensatz zur anglikanischen Kirche jeden Mittler zwischen den Gläubigen und Gott ab; nach ihrer Meinung genügte die Bibellesung innerhalb der Familie. Sie verlangten völlige Freiheit in der Auslegung der Heiligen Schrift. Schon 1606 flohen einige Puritaner vor der Verfolgung durch die Staatskirche in die Niederlande. Andere beschlossen, in der Neuen Welt eine neue Heimat nach eigenen Vorstellungen aufzubauen. Sie nahmen Kontakt mit den Siedlern in Virginia auf und entschlossen sich dann zur Überfahrt mit der „Mayflower". Am 16. September 1620 gingen im englischen Hafen Plymouth 102 Passagiere an Bord, nachdem sie einen Vertrag unterschrieben hatten, in dem sie sich verpflichteten, zusammenzubleiben und den gemeinsam aufgestellten Regeln zu gehorchen. Es waren nicht nur fromme Pilger unter den Auswanderern, sondern auch Kaufleute, Händler und solche, die sich die Überfahrt erarbeiten mussten.

In einem der heftigen Herbststürme geriet der Kapitän vom Kurs ab, sodass das Schiff nach zwei Monaten nicht in Virginia landete, sondern auf Cape Cod anlegte. Von dort aus suchten die Passagiere nach einer geeigneten Stelle für ihre erste Siedlung und entschieden sich für Plymouth, wo sie am 21. Dezember 1620 ankamen. Wegen des einsetzenden Winters waren die Lebensbedingungen für die Ankömmlinge sehr hart; mehr als die Hälfte der Kolonisten überlebte den ersten Winter nicht, sie starben an Schwäche, Fieber oder Skorbut. Mit Unterstützung der ansässigen Indianer, die sie Fischen, Jagen und den Anbau von Mais lehrten, gelang es den anderen zu überleben. Schon im Herbst des folgenden Jahres konnten in der ersten Siedlung, „Plimoth Plantation" genannt, Landwirtschaft, Viehzucht und Gartenbau so erfolgreich betrieben werden, dass die Siedler gemeinsam mit ihren indianischen Freunden ein Erntedankfest feierten – *Thanksgiving Day*, heute ein nationaler Feiertag!

gebaut und segelte wie das Originalschiff vom englischen Hafen Plymouth zum amerikanischen Hafen gleichen Namens. Sie können an Bord des Schiffes gehen und sich dort mit den Passagieren und Besatzungsmitgliedern unterhalten, die Ihnen in zeitgenössischen Kostümen und in der Sprache des 17. Jh. von ihren Wünschen, Hoffnungen, Erfahrungen und Entbehrungen berichten.

Boston (ⓘ S. 151)

Metropole mit Tradition

Es heißt, dass Boston, die Hauptstadt von Massachusetts, das Beste aus der Alten und der Neuen Welt in sich vereinigt. Diese Mischung aus Alt und Neu zeigt sich schon im Stadtbild, das durch historische Bauwerke, ehrwürdige Kirchen, kopfsteingepflasterte Gassen und Gaslaternen vor roten Backsteinhäusern ebenso geprägt ist wie durch 60 Stockwerke hohe Wolkenkratzer, moderne Brücken und gläserne Malls.

Boston gehört zu den geschichtsträchtigsten und gleichzeitig modernsten Städten der Vereinigten Staaten. Die Stadt wurde Anfang des 17. Jh. von Nachfahren der Pilgerväter gegründet. In der Vergangenheit war Boston vor allem als Ort bekannt, an dem der Kampf um die Unabhängigkeit begann. Daran erinnert der Freedom Trail, der sich als markierter Fußweg durch die Innenstadt zieht und den Besucher zu den historischen Stätten des Befreiungskampfes führt. Doch Boston ist kein Museum, sondern mit ca. 600.000 Einwohnern eine moderne, kosmopolitische Großstadt, in der Einwanderer aus der ganzen Welt eine neue Heimat gefunden haben. Die Stadt behauptet sich als Kulturmetropole mit herausragenden Universitäten, Theatern und Museen, als Zentrum von Medizin, moderner Technologie, Finanzwesen und Forschung, und bietet Einwohnern und Besuchern eine hohe Lebensqualität.

Redaktionstipps

Sehens- und Erlebenswertes
- Fahren Sie in Boston nicht selbst mit dem Auto, sondern benutzen Sie die öffentlichen Verkehrsmittel oder die Trolleybusse
- Fahren Sie hinauf auf den **Hancock Tower** oder den **Prudential Tower** und schauen Sie sich die Stadt aus der Vogelperspektive an
- Lernen Sie auf dem **Freedom Trail** wichtige Ereignisse des amerikanischen Unabhängigkeitskampfes kennen und stärken Sie sich mittags im **Faneuil Hall Marketplace**
- Machen Sie einen Spaziergang durch das malerische Stadtviertel **Beacon Hill**
- Abendessen im **Ye Olde Union Oyster House** oder nach einem Stadtbummel im volkstümlichen Faneuil Hall Marketplace
- Nehmen Sie sich Zeit für einen Einkaufsbummel über die **Newbury Street** und durch eines der eleganten Einkaufszentren
- Besuchen Sie die ausgezeichneten Museen, eine Theateraufführung, ein Konzert oder ein Baseballspiel der *Red Sox*
- Lernen Sie die **Harvard-Universität** auf der anderen Seite des Charles River kennen

6. Die Neuengland-Staaten – Massachusetts

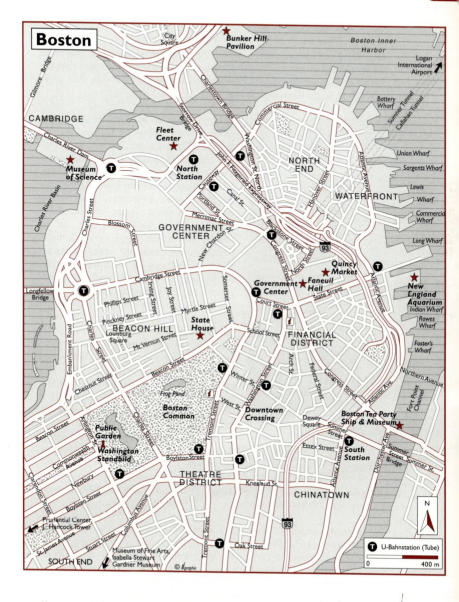

Kaum eine andere amerikanische Stadt kann eine so gelungene Mischung aus amerikanischen und europäischen Traditionen vorweisen. Es gibt viel zu sehen und zu erleben in Boston – mindestens drei Tage sollten Sie sich Zeit nehmen!

Geschichte der Stadt

Vor Ankunft der Europäer lebten in dieser Region *Algonkin*-Indianer, die zwar etwas Landwirtschaft betrieben, sich aber überwiegend von der Jagd und dem Fischfang ernährten. Durch heftige Stammesfehden und Krankheiten war ihre Zahl gegen Ende des 16. Jh. stark zurückgegangen.

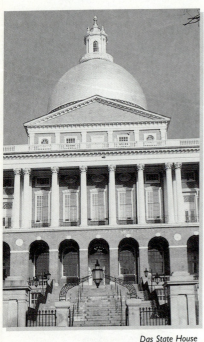

Das State House von Massachusetts

1630 gründete *John Winthrop* mit einer Gruppe englischer Puritaner am Charles River die Kolonie „Massachusetts Bay Company", die sich schon bald zu einer ständig wachsenden und wohlhabenden Hafenstadt entwickelte. Die Stadtväter erkannten frühzeitig die Notwendigkeit einer durchdachten Stadtplanung und erließen schon wenige Jahre nach der Gründung das „Street System Law", das die Anlage der Straßen regelte. Wirtschaftliche Grundlage der Stadt war neben Forstwirtschaft und Fischfang vor allem der Seehandel mit England, das nach dem englisch-französischen Krieg zur Weltmacht aufgestiegen war. Um höhere Einnahmen zu erzielen, beschloss das englische Parlament Steuererhöhungen für die amerikanischen Kolonien, was den Widerstand der Kolonisten hervorrief, zu einer von England verhängten Handelssperre und schließlich zum „Boston Massaker" führte (ⓘ Info-Kasten zur Boston Tea Party, S. 446). Damit begann der Kampf um die amerikanische Unabhängigkeit, der Boston zum Zentrum des amerikanischen Freiheitskampfes machte und am 4. Juli 1776 mit der Verlesung der Unabhängigkeitserklärung im State House von Boston endete.

1788 gehörte Massachusetts zu den Gründerstaaten der USA, und Boston wurde vorübergehend zur Hauptstadt gewählt.

Einwanderer aus Europa, Russland und China

Während in den ersten 200 Jahren der Stadtgeschichte vor allem Einwanderer englischer Herkunft den Großteil der Bevölkerung ausmachten und mit ihrem puritanischen Erbe das Leben in der Stadt prägten, kamen ab 1841 nach einer großen Hungersnot in Irland viele Iren nach Boston. Später folgten Einwanderer aus Italien, Polen, Russland, Griechenland und China sowie auch eine große Gruppe von Juden aus Osteuropa; sie alle machten Boston zu einer multikulturellen Stadt. Mit ihnen nahm auch der politische Einfluss z. B. der katholischen Iren und Italiener zu, sodass schon 1918 erstmals ein Ire zum Gouverneur von Massachusetts gewählt wurde.

6. Die Neuengland-Staaten – Massachusetts

Mit der Industrialisierung erlebte die Stadt in der zweiten Hälfte des 19. Jh. einen neuen wirtschaftlichen Aufschwung. Um für die ständig wachsende Bevölkerung neuen Lebensraum zu schaffen, wurde ab 1857 das Back-Bay-Viertel dem Meer durch Landaufschüttungen abgerungen; heute sind 58 % der Fläche der Innenstadt künstlich aufgefülltes Land.

Die wohlhabenden Familien der Stadt, die sich selbst als „Brahmins" bezeichneten, und bis heute die gesellschaftliche Elite bilden, richteten ihre Aufmerksamkeit aber nicht nur auf den wirtschaftlichen Erfolg, sondern auch auf die kulturelle Entwicklung der Stadt. Nachdem das 1636 gegründete Priesterseminar Harvard zur Keimzelle der ältesten amerikanischen Universität geworden war, folgten weitere Universitätsgründungen, z. B. 1861 das Massachusetts Institute of Technology (MIT).

Universitätsgründungen

Boston entwickelte sich im 19. Jh. zum kulturellen Zentrum Amerikas und wurde das „Athen von Amerika" genannt! Hier gab es Universitäten, Verlagshäuser, Theater und Konzerte: das erste Museum, die erste öffentliche Bibliothek und die erste Zeitung des Landes, hier lebten die Schriftsteller *Ralph Waldo Emerson*, *Henry Wadsworth Longfellow*, *Henry David Thoreau* und *Nathaniel Hawthorne*, hier wirkte der bedeutende Architekt *Charles Bulfinch*, hier gab es Erfindungen und technische Neuerungen, wie z. B. den Bau der ersten Untergrundbahn, die unter dem Boston Common verlief.

„Athen von Amerika"

Als 1910 dort, wo der Charles River in den Boston Harbor mündet, ein **Staudamm** gebaut wurde, plante man auch, die sich am Flussufer entlang ziehende Grünfläche zu einem Erholungsgebiet zu machen. Heute ist die **Esplanade** zu jeder Jahreszeit bei Spaziergängern, Sportlern und Musikliebhabern sehr beliebt.

Trotz sorgfältiger Stadtplanung entstanden in der ersten Hälfte des 20. Jh. große Probleme durch den hohen Zustrom von Einwanderern. 1921 ergab eine Volkszählung, dass mehr als ein Drittel der Einwohner Bostons außerhalb der USA geboren war und ein weiteres Drittel mindestens ein Elternteil hatte, das nicht aus Nordamerika stammte. Ein Hauptproblem war die Verelendung ganzer Stadtviertel. Um dem entgegenzuwirken, wurde 1957 die „Boston Redevelopment Authority" gegründet mit dem Ziel, innerstädtische Bereiche zu erneuern. Als Beispiele besonders gelungener Altstadtsanierung gelten nun Quincy Market und Faneuil Hall, die 1976 wiedereröffnet wurden.

Stadtplanung

1980 feierte die Stadt aufwändig ihr 350-jähriges Bestehen. 1987 wurde mit dem größten öffentlichen Bauvorhaben der USA begonnen: **„The Big Dig"**, die „große Wühlerei", nennen die Bostonians das Projekt, dessen Fertigstellung für 2006 angestrebt wird. Im Laufe der Bauarbeiten sollen die innerstädtischen Highways unter die Erde verlegt und die Autobahnen gleichzeitig von bisher sechs auf acht oder sogar zehn Spuren verbreitert werden. Im Zuge dieser Maßnahmen wurden 2003 der Freedom Tunnel und die Bunker Hill Bridge bereits eröffnet. Die Kosten belaufen sich inzwischen schon auf 14 Milliarden US-Dollar! Einer der politischen Höhepunkte der letzten Jahre war 2004 der Parteitag der Demokraten mit der offiziellen Nominierung für den demokratischen Präsidentschaftskandidaten.

6. Die Neuengland-Staaten – Massachusetts

 Orientierung und Zeitplanung

Ein Blick auf den Stadtplan zeigt die klare Gliederung der Stadt, die die Orientierung leicht macht. Das Zentrum von Boston bilden die beiden Parkanlagen **Boston Common** und **Public Garden**, das State House und die historischen Gebäude des 18. und 19. Jh. Nördlich des Boston Common stehen an kopfsteingepflasterten, von Gaslaternen beleuchteten Gassen die herrschaftlichen Häuser von **Beacon Hill**, während sich im Westen des Boston Common die Viertel **Back Bay** und **Kenmore** ausdehnen. Östlich vom Boston Common weisen die Hochhäuser auf den **Finanzdistrikt** hin, der sich bis zum Hafen hinzieht. Südlich vom Boston Common liegen Bostons **Chinatown** und der **Theaterdistrikt**.

In Richtung Charles River liegen **West End** und **North End**, südlich der Back Bay beginnt **South End**. Die Harvard-Brücke und die Longfellow-Brücke verbinden Boston mit **Cambridge**, das am anderen Ufer des Charles River liegt. Auch **Charlestown** ist durch die Charlestown Bridge mit Boston verbunden.

Zeitplanung: 3-4 Tage sollten Sie mindestens für den Besuch Bostons und die nähere Umgebung einplanen.

Vorschlag für einen drei- bis viertägigen Aufenthalt:

1. Tag:
- Fahrt auf den **John Hancock Tower** oder den **Prudential Tower** mit herrlichem Überblick über die Stadt
- Freedom Trail: Dieser 4,8 km lange Spaziergang führt Sie zu den wichtigsten Sehenswürdigkeiten aus der Zeit des amerikanischen Unabhängigkeitskampfes
- Bummel über **Faneuil Hall Market Place**

2. Tag:
- Besuch eines oder mehrerer der wirklich ausgezeichneten **Museen**, z. B. Museum of Fine Arts, Isabella Stewart Gardner Museum, Museum of Science oder J.F. Kennedy-Bibliothek
- Besichtigung einiger innerstädtischer Sehenswürdigkeiten, z. B. des historischen Wohnviertels **Beacon Hill**, der **Waterfront** oder **Chinatown**

3. Tag:
- Fahrt zur **Harvard-Universität** in **Cambridge**, Führung über das Universitätsgelände, Besuch der Museen, des Science Centers u. a.

4. Tag:
- Fahrt nach **Salem**, der Stadt der historischen Hexenprozesse, oder Fahrt nach **Lexington** und **Concord**, wo der Unabhängigkeitskampf begann

1 State House
2 Shaw-Denkmal
3 Park Street Church
4 Granary Burying Ground
5 King's Chapel und Burying Ground
6 Old City Hall
7 Old Corner Book Store
8 Old South Meeting House
9 Old State House
10 Boston Massaker
11 Faneuil Hall
12 Paul Revere House
13 Old North Church
14 Copp's Hill Burying Ground
15 Bunker Hill Monument
16 USS Constitution Museum

6. Die Neuengland-Staaten – Massachusetts

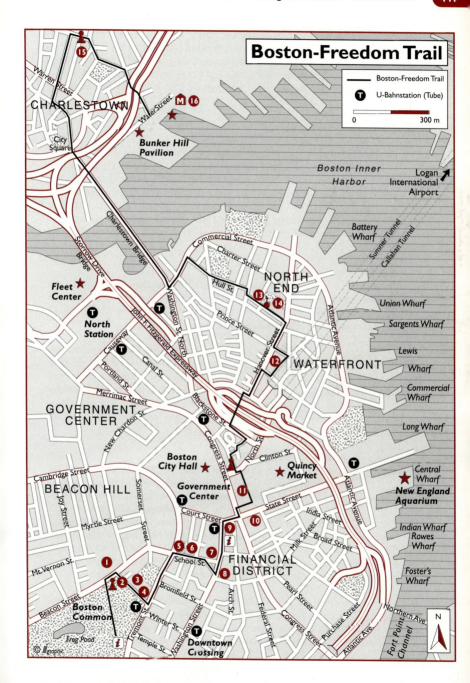

Noch heute betrachten viele Amerikaner Boston mit den drei berühmten Universitäten Harvard, MIT und Boston University neben New York als das kulturelle Zentrum der USA. Sie wählen die Stadt als Reiseziel, um großartige Museen und Bibliotheken, Theater- und Ballettaufführungen und Konzerte des Boston Symphony Orchestra oder der Rolling Stones zu besuchen, die 2005 im Fenway Park Stadion zu ihrer Welttournee starteten.

Sehenswertes in Boston

Zu den touristischen Hauptsehenswürdigkeiten zählen der Freedom Trail mit den historischen Bauwerken aus der Zeit des amerikanischen Unabhängigkeitskampfes, das vornehme, beschauliche Wohnviertel von Beacon Hill, die hervorragenden Museen und Theater und die glitzernden Einkaufsparadiese mit ihren exklusiven Geschäften. Boston ist eine überschaubare Stadt, eine Stadt für Fußgänger, in der fast alle Sehenswürdigkeiten dicht beieinander liegen. Auf den eigenen Wagen kann der Besucher gut verzichten, zumal ein dichtes U-Bahn- und Buslinennetz die ganze Stadt überzieht.

Freedom Trail
Der Freedom Trail

Ein „Muss" für jeden Besucher ist der **Freedom Trail**. Der „Freiheitspfad", der 1958 fertig gestellt wurde, führt in seiner Gesamtlänge von 4,8 km nicht nur zu 16 historischen Stätten und Gebäuden Bostons, die im Kampf um die Unabhängigkeit von Bedeutung waren, sondern auch durch die moderne Stadt.

 Tipp für Besucher

Einen Stadtplan und Informationsmaterial über den Freedom Trail erhalten Sie
* *im Besucherzentrum am Boston Common; Haltestelle der U-Bahn: „Park St.",*
* *im Boston National Historical Park Visitor Center, 15 State St., und*
* *am Charlestown Navy Yard Visitor Center.*

Der Weg ist durchgängig durch eine rote Linie auf Bürgersteig und Straße sowie durch Hinweisschilder markiert. Günstigster Ausgangspunkt ist der Boston Common Park; Sie können Ihren Spaziergang aber auch an jedem beliebigen Punkt des Freedom Trails beginnen. Viele der Sehenswürdigkeiten sind gut mit der Schnellbahn, der „Tube", zu erreichen.

Freedom Trail I

Der Freedom Trail beginnt am **Boston Common**. Der Boston Common, eine Parkanlage im Herzen der Stadt, ist der älteste öffentliche Park Amerikas. 1634 wurde das knapp 3,5 ha große Stück Land von den Bürgern der Stadt erworben und nach englischem Vorbild zunächst als militärisches Übungsgelände und Viehweideplatz genutzt. 1775 brachen vom Boston Common die britischen Soldaten auf nach Lexington und Concord, wo die ersten kriegerischen Auseinandersetzungen mit den Aufständischen ausgetragen wurden. Im Mittelpunkt des Parks steht das Reiterstandbild von *George Washington*.

Heute lädt der Park mit seinen Grünflächen zum Verweilen und zu Sport und Spiel ein; im angrenzenden **Public Garden**, dem ältesten Botanischen Garten der USA, sind seit 1877 Fahrten in den bekannten Schwanenbooten auf dem kleinen See besonders beliebt. Vielleicht fallen Ihnen die acht kleinen bronzenen Entenküken auf, die ihrer Mutter folgen – sie wurden zur Erinnerung an das in den USA sehr beliebte Kinderbuch „Make Way for Ducklings" von Robert McCloskey aufgestellt.

State House (1)
Beacon St.
Das State House liegt gleich am Boston Common und ist an seiner goldenen Kuppel schon von weitem erkennbar. Es wurde 1795-98 von dem Architekten *Charles Bulfinch* entworfen und gebaut und seitdem mehrfach erweitert. Heute ist hier der Regierungssitz des Bundesstaates Massachusetts. Kostbare Marmorböden, Gemälde, Flaggen und Denkmäler schmücken das Gebäude, vor dem auch eine *Kennedy*-Statue aufgestellt wurde.

Reiterstandbild von George Washington im Boston Common

Gegenüber dem State House steht das **Shaw-Denkmal** (2) von *Augustus Saint-Gauden*, das zur Erinnerung an das 54. Massachusetts Regiment aufgestellt wurde. Es war das erste aus schwarzen Soldaten zusammengesetzte Regiment, das im Bürgerkrieg für die Nordstaaten kämpfte; Anführer war der junge, weiße Colonel *Robert Gould Shaw*.

Das erste „schwarze" Regiment

Park Street Church (3)
Park/Tremont Sts.

> **Hinweis**
> Den Stadtplan finden Sie S. 441.

Die kleine Kirche, die 1810 nach Plänen des Architekten *Peter Banner* gebaut wurde, scheint mit ihrem weißen Turm eher in ein dörfliches Umfeld zu passen als in eine moderne Großstadt. An der Grundsteinlegung nahmen der Gouverneur *Samuel Adams* und der Silberschmied *Paul Revere* teil. 1829 wurde hier von *William Lloyd Garrison* die erste öffentliche Rede gegen die Sklaverei gehalten.

Granary Burying Ground (4)
Park/Tremont Sts.
Gleich neben der Park Street Church, an der Stelle des ersten Bostoner Kornspeichers (*Granary*), wurde 1660 ein Friedhof angelegt, auf dem viele berühmte Persönlichkeiten beigesetzt sind. Hier sind auch die Grabstätten von drei Männern, die zu den Unterzeichnern der amerikanischen Unabhängigkeitserklärung gehörten: *John Hancock, Samuel Adams* und *Robert Treat Paine; Paul Revere, Peter Faneuil* und die Opfer des Massakers von Boston sind ebenfalls hier begraben.

Begräbnisstätte

King's Chapel und King's Chapel Burying Ground (5)
Tremont/School Sts.
King's Chapel, 1688 gebaut, war die erste anglikanische Kirche in Boston. Sie war von König *James II.* von England mit einer kostbaren Kanzel und von seinen Nachfolgern mit Bildern, Silbergegenständen und einer Orgel ausgeschmückt worden. Das heutige Bauwerk aus Granit wurde 1754 eingeweiht; korinthische Säulen und

INFO Benjamin Franklin

Benjamin Franklin wurde am 17. Januar 1706 in Boston als drittjüngstes von 17 Kindern eines Krämers geboren. Er trat nach kurzem Schulbesuch eine Stelle als Buchdruckerlehrling an und ging 1724 zur Verbesserung seiner beruflichen Ausbildung für zwei Jahre nach London. Nach Amerika zurückgekehrt, gelang es ihm rasch, durch selbst herausgegebene Zeitungen zum angesehensten Buchdrucker und Zeitungsverleger Philadelphias und sogar Nordamerikas aufzusteigen. Sein geschäftlicher Erfolg war so groß, dass er sich mit 42 Jahren zurückziehen und sich ganz seinen naturwissenschaftlichen Neigungen widmen konnte.

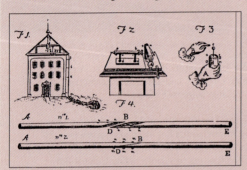

Seine Experimente und Studien brachten ihm auch in Europa viele wissenschaftliche Ehrungen ein; höchstes Ansehen errang er durch die Erfindung des Blitzableiters. Seine Forschungstätigkeit war unmittelbar auf die Praxis ausgerichtet: So erfand er z. B. eine Art von Harmonika, das Glasychord, bifokale Brillengläser und einen Kondensator. Schließlich wandte er sich ganz der Politik zu. Er setzte sich überzeugend bei seinen diplomatischen Missionen für die amerikanische Unabhängigkeit ein und konnte 1776 die Unabhängigkeitserklärung und 1787 die Bundesverfassung mit unterzeichnen. Von 1785 bis 1788 amtierte er als Präsident von Pennsylvania. Hoch verehrt starb *Benjamin Franklin* am 17. April 1790 in Philadelphia.

das typische Kirchengestühl aus der Kolonialzeit prägen den Innenraum. 1785, nach der amerikanischen Revolution, wurde die Kirche umgewandelt in die erste unitarische Kirche Amerikas, die die Einheit Gottes betont und die Dreifaltigkeit und die Dogmen der Erbsünde und der Höllenstrafe ablehnt. Auf dem dazugehörigen Friedhof sind z. B. *John Winthrop*, der erste Gouverneur der Kolonie, und *William Dawes*, der Begleiter *Paul Reveres* begraben.

Old City Hall (6), Site of First Public School und Standbild Benjamin Franklins
School St.

Das alte Rathaus

Umgeben von einer kleinen Grünanlage ist die Stelle, an der die 1635 gegründete, erste Schule Bostons stand, durch eine Tafel gekennzeichnet. 1862 wurde hier die **Old City Hall**, das alte Rathaus, gebaut, das heute Büroräume und ein Restaurant beherbergt. Vor der City Hall steht eine Statue *Benjamin Franklins*, der einer der größten Söhne der Stadt war. Die Statue ist das erste Porträtstandbild Bostons; die Bronzetafeln zeigen *Franklin* als Drucker, Wissenschaftler und Politiker.

Old Corner Book Store (7)
School/Washington Sts.

Ein Wohnhaus aus dem Jahr 1712 wurde 1828 als Buchhandlung eingerichtet, die schon bald zum Treffpunkt berühmter amerikanischer Schriftsteller und Literaten wurde. Gemeinsame Treffen und Lesungen der Autoren *Henry Wadsworth Longfellow, Ralph Waldo Emerson, Henry David Thoreau, Nathaniel Hawthorne* und *Harriett Beecher-Stowe* begründeten den Ruf Bostons als „Athen von Amerika". Eine Bürgerinitiative rettete das historische Gebäude 1960 vor dem Abbruch. Nach der Renovierung richtete die große Bostoner Tageszeitung *„Boston Globe"* dort wieder eine Buchhandlung ein.

Treffpunkt bedeutender Schriftsteller

 Buchtipp

Im *„Globe Corner Book Store"* finden Sie das größte Sortiment des Landes an Reiseliteratur, außerdem Bücher, Stiche und Landkarten zur Geschichte Bostons und der Neuengland-Staaten.

Old South Meeting House (8)
310 Washington St.

> **Hinweis**
> Den Stadtplan finden Sie S. 441.

Die 1729 gebaute Kirche Old South war während der Kolonialzeit das größte Gebäude der Stadt; es wurde jedoch nicht nur als Gotteshaus genutzt, sondern diente den Bürgern auch als Versammlungsstätte, wenn die Faneuil Hall zu klein war. Das Old South Meeting House verkörpert ein Stück amerikanischer Geschichte, denn hier hatten sich am 16. Dezember 1773 etwa 7.000 Menschen versammelt, um über die neue britische Teesteuer zu beraten und gegen die verhasste Kolonialherrschaft zu protestieren. Heute dient der Bau als Museum mit einer Ausstellung zur Geschichte der Stadt.

Historische Stätte

Old State House (9)
206 Washington/State Sts.

Das älteste öffentliche Gebäude Amerikas im georgianischen Stil wird heute von modernen Wolkenkratzern umgeben und überragt. Es ist der ehemalige Sitz der englischen Kolonialregierung, der in den Jahren 1712/13 erbaut wurde. Am Giebel sind Einhorn und Löwe zu sehen, Nachbildungen jener Symbole, die einst die britische Kolonialmacht repräsentierten. Vom Balkon dieses Hauses wurde am 18. Juli 1776 unter großem Jubel der Zuhörer die Unabhängigkeitserklärung verlesen. In dem fast gemütlich wirkenden Ziegelbau mit dem weißen Türmchen übte *John Hancock* als erster Gouverneur des neuen Staates sein Amt aus; ebenfalls seit 1766 konnte in diesem Haus die Öffentlichkeit an den Regierungssitzungen teilnehmen. Heute dient es als historisches Museum der Bostonian Society.

Ort des Bostoner Massakers (10)

 Tipp für Besucher

Im Straßenpflaster auf der Verkehrsinsel vor dem Old State House sehen Sie einen Kreis aus Pflastersteinen, der die Stelle des „Massakers von Boston" markiert. Am 5. März 1770 wurden hier fünf amerikanische Demonstranten nach hitzigen Wortgefechten von englischen Soldaten erschossen.

Im Hafen von Boston liegt das **„Boston Tea Party Ship"**, *eine Nachbildung des Schiffes, von dem aus die Teeladungen ins Meer geworfen wurden.*

INFO: Boston Tea Party

Nach dem englisch-französischen Krieg, der in Europa bis zum Jahr 1763 geführt wurde, war England durch den Erwerb von Kanada und Indien zur Weltmacht geworden. Um diesen mächtigen Besitz zu verwalten und zu sichern, musste das englische Reich Heer und Flotte verstärken, Festungen und Häfen anlegen. Da diese Maßnahmen viel Geld kosteten, beschloss das Parlament in London, die Kolonien in Nordamerika zu besteuern.

Neue Steuern wurden für Luxusgüter wie Zucker oder Zeitungen eingeführt, aber die Amerikaner antworteten mit der Forderung: *„No taxation without representation!"*, denn kein Vertreter der Kolonien hatte im englischen Parlament mitentscheiden können. Zu den Beschlüssen des Parlaments gehörte auch eine „Teesteuer", eine indirekte Steuer, mit der indischer Tee bei der Einfuhr belegt wurde. Die Kolonisten weigerten sich, diesen besteuerten Tee abzunehmen; die Ladungen der Teeschiffe wurden nicht gelöscht, sodass die Schiffe beladen nach England zurückkehren mussten.

Als am 16. Dezember 1773 wieder einmal Teeschiffe im Hafen von Boston angelegt hatten, glitten in der Nacht plötzlich Boote über das Wasser zu den Teeschiffen. „Indianer" enterten die Schiffe, sperrten die Wachen ein, brachen die Laderäume auf und warfen die dort gefundenen 343 Teekisten ins Meer. Dann verschwanden die „Indianer" wieder, die in Wirklichkeit verkleidete Bostoner Bürger waren. Dem anfänglichen Gelächter über diesen Streich folgten bald die Strafmaßnahmen des Königs. Der Hafen von Boston wurde durch Kriegsschiffe blockiert, die Selbstverwaltung der gesamten Kolonie wurde aufgehoben. Die Bürger sollten Schadensersatz leisten und die Schuldigen ausliefern.

Der Bostoner Teesturm und die Gegenmaßnahmen der Engländer waren das Signal zur offenen Empörung der amerikanischen Kolonisten. Aus dem Kampf gegen die Steuern wurde ein Kampf für die Unabhängigkeit.

Das „Boston Tea Party Ship"

Im gegenüberliegenden Haus, 15 State St., befindet sich das **Boston National Park Visitor Center**, wo Sie ausführliche Informationen zur Stadtgeschichte, zu Sehenswürdigkeiten der Umgebung und zu den State und National Parks erhalten und einen Film zur Geschichte Bostons ansehen können.

Der Freedom Trail führt nun an modernen Hochhäusern und dem **Custom House Tower**, einem hohen Glockenturm aus dem Jahr 1915, vorbei ins Zentrum der Stadt, zum Faneuil Hall Marketplace (Dock Square).

Faneuil Hall (11) und Quincy Market

Im Jahr 1742 schenkte der hugenottische Kaufmann *Peter Faneuil* der Stadt Boston ein Gebäude, in dessen Erdgeschoss die Markthalle eingerichtet wurde und dessen Obergeschoss politischen Versammlungen diente. Vor dem Unabhängigkeitskrieg trafen sich hier die Bostoner Bürger, um gegen die englische Politik zu protestieren, was den amerikanischen Anwalt und Politiker *James Otis* dazu veranlasste, dieses Haus die „Wiege der Freiheit" zu nennen.

> **Tipp für Besucher**
>
> Ein schöner **Stadtspaziergang** ist der **Boston Harbor Walk Northend & Downtown**, der vom Quincy Market zum Hafen und zur ebenfalls sanierten Boston **Waterfront** mit dem **New England Aquarium** führt. Sie können sich auf einer der zahlreichen Bänke ausruhen und dabei die ein- und auslaufenden Schiffe im Hafen beobachten und den Blick auf die See und die vorgelagerten Inseln genießen.
>
> Im **Harborlights Pavillion** an der Hafenpromenade finden in den Sommermonaten Konzerte statt.

Hinter der Faneuil Hall, Dock Square, liegt der **Faneuil Hall Marketplace** mit der 1824 von *Alexander Parris* im damals beliebten Baustil des Greek Revival gebauten Markthalle **Quincy Market**. Heute gilt der restaurierte Quincy Market als besonders gelungenes Beispiel für eine geglückte Altstadtsanierung. Der Fußgängerbereich um Quincy Market ist Einkaufs- und Kommunikationszentrum zugleich; in der Markthalle reihen sich Verkaufsstände mit Spezialitäten aus aller Welt aneinander, und in den beiden ehemaligen Lagerhäusern North und South Market gibt es zahlreiche Geschäfte, Boutiquen, Galerien und Restaurants. Am Faneuil Hall Marketplace endet der erste Teil des Freedom Trails. Sie können eines der kleinen originellen **Restaurants** aufsuchen oder sich mit einem Imbiss von den vielen Spezialitätenständen an einem der Holztische in der Markthalle niederlassen. Vielleicht probieren Sie hier zum ersten Mal eine köstliche *Boston Clam Chowder*!

Treffpunkt Faneuil Hall Marketplace

Freedom Trail II

Der zweite Teil des Freedom Trails führt Sie von der Faneuil Hall vorbei am alten Union Oyster House durch das italienische Viertel North End bis zum Charleston Navy Yard und zum Bunker Hill Monument. Wenn Sie weiterhin der roten Markierung des Freedom Trails folgen, kommen Sie zunächst zum **Government Center**, das von *I. M. Pei* entworfen wurde, und weiter zur neuen City Hall.

Der Freedom Trail folgt der Union St., die parallel zur Congress St. verläuft, und führt an den Glastürmen des New England Holocaust Memorial vorbei. Nach der Durchquerung des Tunnels unter dem John F. Fitzgerald Expressway führt der Freedom Trail nach **North End**, dem ältesten Stadtviertel von Boston. Hier hatten sich zuerst irische Einwanderer, später dann jüdische Familien niedergelassen. Heute ist das Viertel an der Hanover St. und ihren kleinen Nebengassen mit vielen Läden, Cafeterias, Gelaterias, Pizzerias und Restaurants italienisch geprägt.

Ältestes Stadtviertel von Boston

Paul Revere House (12)

19 North Square.
Die nächste Sehenswürdigkeit ist das Paul Revere House, das zwischen 1676 und 1680 gebaut wurde. Es ist das älteste noch erhaltene Gebäude Bostons. 30 Jahre lang

6. Die Neuengland-Staaten – Massachusetts

> **INFO** **Paul Revere, amerikanischer Nationalheld**
>
> Spät am Abend des 18. April 1775, nachdem er das Warnlicht an der Old North Church gesehen hatte, verließ der Bostoner Silberschmied *Paul Revere* sein Haus, setzte mit einem Boot nach Charlestown über, lieh sich dort ein Pferd und ritt los, um seinen Auftrag auszuführen: Er sollte nach Lexington und Concord reiten, um dort *Samuel Adams* und *John Hancock*, die Führer der amerikanischen Unabhängigkeitsbewegung, vor den englischen Truppen zu warnen, die von Boston aufgebrochen waren, um das Waffenlager der Patrioten zu zerstören. Es gelang *Revere*, die feindlichen Wachen zu umgehen und seine Warnung rechtzeitig zu übermitteln. Etwa ein Jahrhundert später verfasste der amerikanische Dichter *Henry Wadsworth Longfellow* ein Gedicht über diesen Ritt, das *Paul Revere* zum Nationalhelden machte.
>
> Nach dem Unabhängigkeitskampf übte *Revere* verschiedene Tätigkeiten aus; er war nicht nur der wahrscheinlich beste Gold- und Silberschmied seiner Zeit, sondern auch Glockengießer, Kaufmann, Politiker, Künstler und Erfinder. Von 1770 an lebte *Paul Revere* mit seiner Frau und seinen 16 Kindern im Haus am North Square, bevor er im Jahr 1800 in ein nahe gelegenes größeres Haus umzog. 1818 starb er im Alter von 83 Jahren.

lebte *Paul Revere* in dem engen, verwinkelten, zweistöckigen Schindelhaus. Die Einrichtung des renovierten Hauses stammt aus dem 17./18. Jh. und zeigt noch einige Möbelstücke und private Gegenstände aus *Reveres* Besitz, z. B. seine Satteltaschen.

Auf dem Weg zurück zur Hanover St. sehen Sie zunächst die **St. Stephen's Church**, die einzige Kirche, die nach den Plänen des Architekten *Bulfinch* gebaut wurde. Gegenüber dieser Kirche liegt die **Paul Revere Mall**, eine kleine Parkanlage, in deren Zentrum die 1940 gegossene Reiterstatue von *Paul Revere* steht. Im Sommer ist der beschattete Platz ein beliebter Treffpunkt der Anwohner. Von der Mall nähert man sich der Rückseite der Christ Church.

Christ Church – Old North Church (13)
193 Salem St.

Schönstes Gotteshaus der Stadt

Die 1723 nach Plänen von *Sir Christopher Wren* erbaute Old North Church ist die älteste, schönste und beliebteste Kirche Bostons mit dem weithin sichtbaren spitzen, weißen, 53 m hohen Kirchturm und seinen acht Glocken. Am 18. April 1775 hängte der Küster *Robert Newman* zwei Laternen in den Glockenstuhl: Dies war das mit *Paul Revere* verabredete Warnzeichen, dass englische Truppen auf ihrem Weg nach Concord den Bostoner Hafen überquerten. Der Innenraum der Kirche ist angefüllt mit Erinnerungsstücken an die Zeit der Freiheitsbewegung. In der kleinen Kapelle neben der Kirche wurden ein kleines Museum und ein Souvenirladen eingerichtet.

Copp's Hill Burying Ground (14)
Hull St.

Hinter der Kirche liegt der 1659 angelegte Friedhof, auf dem Politiker und Freiheitskämpfer, aber auch Sklaven begraben sind. Es ist der zweitälteste Friedhof von

Boston. Diese hoch gelegene Stätte wurde später von den Engländern als Standort für ihre Kanonen zum Kampf gegen die Amerikaner am Bunker Hill genutzt.

Bunker Hill Monument (15)
Charlestown, Monument Square.
Nach dem Überqueren der Charlestown Bridge, die den Charles River überspannt, kommen Sie zum Bunker Hill Monument. Dieser 67 m hohe Obelisk aus Granit wurde an der Stelle errichtet, an der am 17. Juni 1775 die erste größere Schlacht im amerikanischen Unabhängigkeitskrieg stattfand. Nach den Zusammenstößen in Lexington und Concord zogen sich die englischen Truppen nach Boston zurück und griffen dort die Kolonisten an, die sich am Bunker Hill verschanzt hatten. Trotz der zahlenmäßigen Überlegenheit der Engländer fügten die Freiheitskämpfer den Gegnern schwere Verluste zu und hielten so lange dem englischen Angriff stand, bis ihre Munition völlig aufgebraucht war. Von der Höhe des Monuments, 294 Stufen hoch, bietet sich bei guter Sicht ein großartiger Blick auf den Charles River und die Stadt. Im **Bunker Hill Pavilion**, Constitution Ave., wird die Schlacht in der Multimediashow „*The Whites of Their Eyes*" dargestellt.

Stätte des Freiheitskampfes

„USS Constitution" und USS Constitution Museum (16)
Nicht weit entfernt vom Bunker Hill Pavilion liegt die Marinewerft Charleston Navy Yard, die Teil des Boston National Historic Park ist. Die Marinewerft wurde im Jahr 1800 eröffnet und ist heute der Heimathafen der **„USS Constitution"**, des ältesten, noch schwimmfähigen Kriegsschiffes der Welt. 1797 wurde dieses Schiff vom Stapel gelassen und in vielen Piratenkämpfen und im Krieg von 1812 gegen die Briten eingesetzt. Da es nie besiegt wurde, nannte man es später „Old Ironside". Alljährlich am 4. Juli, dem amerikanischen Unabhängigkeitstag, fährt die „USS Constitution" unter vollem Flaggenschmuck durch den Bostoner Hafen. Das Schiff ist zu besichtigen; um lange Wartezeiten zu vermeiden, sollte man möglichst zuerst die alte Fregatte aufsuchen.

Im **USS Constitution Museum** wird die Geschichte des Schiffes dargestellt und ergänzt durch Ausstellungen über den Schiffsbau und audiovisuelle Programme über die Schifffahrt im 19. Jh.

> **Hinweis**
>
> Vom Charleston Navy Yard können Sie mit der U-Bahn entweder in die Stadt zurückkehren oder, ebenfalls mit der U-Bahn, nach Cambridge fahren.

Beacon Hill und der Black Heritage Trail
U-Bahnstation „Arlington St." oder „Park St."
Ein weiteres Highlight von Boston ist ein Spaziergang durch das Patrizierviertel Beacon Hill. Das bekannteste Viertel von Boston liegt nördlich des Boston Common und ist am besten über die Beacon St. zu erreichen. Den besonderen Reiz dieses denkmalgeschützten Stadtviertels machen die hohen rotbraunen Backsteinhäuser aus, die in der ersten Hälfte des 19. Jh. im Federal-Stil oder Greek-Revival-Stil erbaut wurden und die kopfsteingepflasterten Straßen mit den alten Gaslaternen, die Tag und Nacht brennen. Ein besonderes Merkmal vieler Beacon-Hill-Häuser sind kleine gepflegte Vorgärten, säulengestützte Hauseingänge, schmiedeeiserne Zäune und die „purple glass windows"; das sind die alten, zu Beginn des 19. Jh. eingesetzten, aufgrund einer Unreinheit im Glas purpur schimmernden Fensterscheiben.

Begehrtes Wohnviertel

Die schönsten Häuser sehen Sie in der **Mount Vernon Street** und am **Louisbourg Square**. Der Platz, in dessen Mitte eine kleine Grünanlage mit zwei Statuen liegt, erhielt seinen Namen zur Erinnerung an die Schlacht von Louisbourg, bei der im Jahr 1758 die Engländer die Stadt von den Franzosen zurückeroberten.

Beacon Hill

Für Besucher geöffnet sind das **Nichols House**, 55 Mount Vermont St., in dem das Mobiliar wohlhabender Bürger vom 16. bis 19. Jh. ausgestellt ist, und das **Harrison Gray Otis House**, 141 Cambridge St., das von *Charles Bulfinch* für den Bürgermeister von Boston gebaut wurde. Heute hat hier die „Society for the Preservation of New England Antiquities" ihren Sitz.

Die wichtigste Geschäftsstraße von Beacon Hill ist die **Charles Street**, in der Sie vor allem Antiquitätengeschäfte, Buchhandlungen und kleine Kunstgalerien finden, aber auch kleine Frühstückslokale und Restaurants. Schmiedeeiserne, nostalgische Schilder locken Kunden und Besucher an!

Black Heritage Trail

Beacon Hill war aber nicht nur die Wohngegend der angesehenen und reichen Einwohner, sondern auch das Viertel der Künstler und Schriftsteller. Im 19. Jh. ließ sich im Norden von Beacon Hill auch eine stetig wachsende Wohngemeinschaft von freigelassenen Sklaven nieder, deren Häuser Sie auf dem **Black Heritage Trail** kennen lernen können. Wie der Freedom Trail führt auch der Black Heritage Trail in die Vergangenheit. Er führt zu jenen historischen Stätten, die für die schwarze Bevölkerung zwischen 1800 und 1900 in ihrem Kampf um Freiheit und Gleichberechtigung bedeutsam waren.

Neue Heimat für Flüchtlinge

Als im Jahr 1783 in Massachusetts die Sklaverei abgeschafft wurde, suchten viele entflohene Sklaven in Boston eine neue Heimat und siedelten sich u. a. in North End an, nördlich von Beacon Hill. Der Nordteil von Beacon Hill ist historisch bedeutsam als Sitz einer frühen aktiven Gemeinschaft von freien Schwarzen. Die Wohnungen, die sie bauten, die sozialen Institutionen und ihr Beitrag zur Sklavenbefreiungs- und Bürgerrechtsbewegung sind mit der Errichtung der *African American National Historical Site* in Boston anerkannt worden.

Eine Broschüre über den Black Heritage Trail ist erhältlich bei den Stellen des *Greater Boston Convention & Visitors Bureau*.

African Meeting House (1)
46 Joy St./Smith Court.

Das 1806 von Schwarzen errichtete Gebäude ist die älteste noch bestehende Kirche der schwarzen Bevölkerung in Amerika. Von der Kanzel des African Meeting House verlas *William Lloyd Garrison* Erklärungen gegen die Sklaverei.

6. Die Neuengland-Staaten – Massachusetts

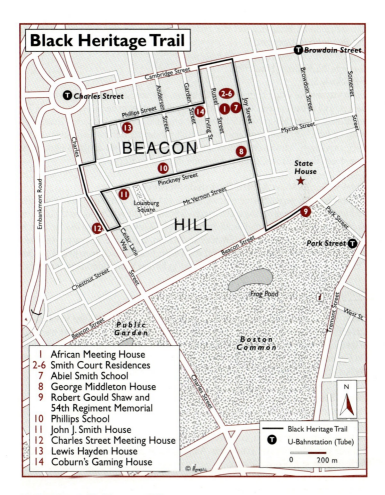

1 African Meeting House
2-6 Smith Court Residences
7 Abiel Smith School
8 George Middleton House
9 Robert Gould Shaw and 54th Regiment Memorial
10 Phillips School
11 John J. Smith House
12 Charles Street Meeting House
13 Lewis Hayden House
14 Coburn's Gaming House

Smith Court Residenzen (2-6)
Smith Court.
Die am Smith Court liegenden Häuser gehörten schwarzen Arbeitern, Angestellten oder Händlern und verdeutlichen die Wohnverhältnisse der schwarzen Bevölkerung von Boston im 19. Jh.

Abiel Smith School (7)
46 Joy St./Smith Court.
Die Schule, die zur Ausbildung schwarzer Schüler aus dem gesamten Stadtgebiet erbaut worden war, wurde im Herbst 1885 geschlossen, da von dieser Zeit an auch schwarze Kinder die für sie nächstgelegene Schule besuchen konnten. 1887 wurde

Alte Schule

das Gebäude als Hauptquartier der Hilfsorganisation für die schwarzen Veteranen des Bürgerkrieges genutzt.

George Middleton Haus (8)
5 Pinckney St.

Wortführer der schwarzen Gemeinde

Es ist das älteste noch existierende Gebäude, das von einem Schwarzen auf dem Beacon Hill gebaut wurde. *George Middleton*, ein Colonel in der amerikanischen Revolution und der Anführer der Schwarzen-Kompanie „Bucks of America", baute sein Haus im Jahr 1797. *Middleton* war ein Wortführer der schwarzen Gemeinde, der die dort ansässigen Schwarzen zum Widerstand mobilisierte, als einige weiße Jungen eine durch den Boston Common führende Prozession störten.

Robert Gould Shaw & 54th Regiment Memorial (9)
Dieses Denkmal gegenüber dem State House soll an die Leistungen der Schwarzen im Bürgerkrieg erinnern. Es war schwarzen Soldaten nicht erlaubt, in die Union Army einzutreten, bis schwarze und weiße Anhänger der Sklavenbefreiung 1863 die Durchsetzung eines entsprechenden Erlasses erreichten. Das erste schwarze Regiment wurde in Massachusetts gegründet und von *Robert Gould Shaw*, einem jungen weißen Offizier aus Boston angeführt, der sich freiwillig für das Kommando gemeldet hatte.

Phillips School (10)
Anderson/Pinckney Sts.

Schule für alle

Diese Schule war eine der ersten öffentlichen Schulen Bostons, die Schüler verschiedener Rassen aufnahm. Bis 1855 mussten schwarze Schüler entweder die Schule im Erdgeschoss des African Meeting House oder die Abiel Smith School besuchen. Ein Gesetz schaffte separate Schulen ab, sodass schwarze Schüler in Beacon Hill die Phillips School zusammen mit Weißen besuchen konnten.

John J. Smith House (11)
86 Pinckney St.

Dieses Haus ist eine Erinnerung an den Staatsmann *John Smith*, der 1848 von Richmond, Virginia, nach Boston kam. Sein Friseurgeschäft an der Ecke Howard/Bulfinch Sts. war ein Zentrum der schwarzen Anhänger der Sklavenbefreiung und ein Zufluchtsort für entflohene Sklaven.

Charles Street Meeting House (12)
Mt. Vernon/Charles Sts.

Gemeindehaus

Nach dem Bürgerkrieg wuchs die schwarze Bevölkerung ständig an, sodass es nötig wurde, ein großes Haus für die Gemeinde zu erwerben. Die größte Kirche für Schwarze in Boston – die *African Methodist Episcopal Church* (A.M.E.) – kaufte das Gebäude 1876 und nutzte es bis zum Jahr 1939. Es diente als Kanzel für die Anhänger der Sklavenbefreiung, wie z. B. *Frederick Douglass, Soujourner Truth* und *Wendel Phillips*.

The Lewis and Harriet Hayden House (13)
66 Phillips St.

Dieses Haus war ein Stopp entlang der „Underground Railroad", nachdem 1850 das „Flüchtlings-Sklaven-Gesetz" erlassen worden war.

Coburn's Gaming Haus (14)
Phillips/Irvin Sts.
Das Haus wurde von dem Bostoner Architekten *Asher Benjamin* entworfen, dessen Werk die Fassade des African Meeting House beeinflusst hatte, und 1844 von *John P. Coburn* als Privatbesitz erbaut. Es diente als Versammlungsort für die wohlhabenderen Schwarzen.

Back Bay Area und Copley Square
Die Back Bay erstreckt sich vom Ufer des Charles River bis zur Huntington Ave. und vom Public Garden bis zur Gloucester St. Dieses Viertel wurde erst im 19. Jh. durch Landaufschüttung gewonnen. Die Back Bay wird in ihrer ganzen Länge von fünf breiten Straßen durchzogen: Boylston St., Newbury St., Commonwealth Ave., Marlborough St. und Beacon St., die von kleineren Straßen im rechten Winkel gekreuzt werden. Die Back Bay zählt heute zu den geschäftigsten Vierteln Bostons; hier finden Sie nicht nur elegante Einkaufszentren, exklusive Geschäfte, anspruchsvolle Galerien, gepflegte Restaurants und einladende Straßencafés, sondern auch viele architektonisch interessante Bauwerke und die beiden höchsten Gebäude der Stadt.

Back Bay

Ausgangspunkt des Spaziergangs ist der Public Garden oder die U-Bahnstation „Arlington St." Vom Public Garden gehen Sie zunächst zur **Commonwealth Avenue**, die zu den schönsten Straßen der USA gezählt wird. Die Straße wurde nach den Vorbildern französischer Boulevards angelegt; auf dem breiten, baumbestandenen Mittelstreifen wurden Statuen aufgestellt. Das Viertel rund um die Commonwealth Ave. ist bekannt für exklusive Geschäfte, Designerboutiquen, Galerien, elegante Cafés und Restaurants. Auffälligste Gebäude sind das bekannte Hotel Ritz-Carlton und die First Baptist Church mit den Statuen der Dichter *Ralph Waldo Emerson*, *Nathaniel Hawthorne* und *Henry Wadsworth Longfellow*.

Über die rechts abbiegende Berkeley St. kommen Sie zur Beacon St. mit ihren typischen viktorianischen Backsteinhäusern. Von der Beacon St. zweigt nach rechts die Dartmouth St. ab, die Sie über eine Fußgängerbrücke zum **Charlesbank Park** führt, einem beliebten Treffpunkt für Jogger, Radfahrer, Skater, Spaziergänger und Hundebesitzer. Über 1 km zieht sich der Park mit der **Storrow Lagoon** hin und bietet einen schönen Blick über den Charles River hinüber nach Cambridge mit dem imposanten Bauwerk des MIT.

Blick über den Charles River

Sie können an der Lagune entlang spazieren und über eine andere Fußgängerbrücke ins Geschäftsviertel zurückkehren; die Fairfield St. führt Sie zu Bostons eleganter Einkaufsstraße, der **Newbury Street**. Hier finden Sie exklusive Designermode in auffälligen Boutiquen, Antiquitäten und Kunstgegenstände in Galerien und teuren Geschäften, ausgezeichnete Restaurants, beliebte Straßencafés und Eisdielen.

Wenn Sie weiter der Fairfield St. folgen und dann die Boylston St. überqueren, sehen Sie schon den **Prudential Tower**, ein in den frühen 1960er Jahren gebautes Hochhaus mit 52 Stockwerken. Sie können mit einem der schnellen Aufzüge zum **Prudential Tower Skywalk** in das 50. Stockwerk hinauffahren, die Bar oder das Restaurant besuchen oder auch nur den herrlichen Ausblick auf die Stadt genießen. Obwohl der John Hancock Tower höher ist, bietet der Prudential Tower einen umfassenderen Panoramablick und für Fotografen die besseren Lichtverhältnisse.

Stadtrundfahrt im Amphibienfahrzeug

Von der Boylston St. bis zur Huntington Ave. reicht das **Prudential Shopping Center** mit zahlreichen Geschäften und Restaurants und dem Boston Sheraton Hotel, das mit dem *John B. Hynes Veterans Memorial Convention Center* verbunden ist. Vor dem Prudential Center treffen Sie auf die **„Boston Duck Tours"**, Huntington Ave., bunt gestrichene Amphibienfahrzeuge, mit denen Sie die Stadt zu Land und zu Wasser erkunden können. Die Fahrt führt zunächst zu den wichtigsten Sehenswürdigkeiten Bostons und wird zum besonderen Erlebnis, wenn die „Ente" in den Charles River eintaucht und die Rundfahrt mit schönen Ansichten von Boston und Cambridge auf dem Wasser fortgesetzt wird.

Religionsgemeinschaft der Christian Science

Wenn Sie das Prudential Center zur Huntington Ave. hin verlassen, kommen Sie zum **Christian Science Center**, Huntington/Massachusetts Ave. Um ein rechteckig angelegtes, 200 m langes Wasserbassin gruppieren sich die eindrucksvollen Gebäude des Christian Science Center. Es ist das internationale Hauptquartier der 1892 gegründeten Religionsgemeinschaft. Die Mutterkirche wurde 1894 im romanischen Stil erbaut und ist mit Fresken und Mosaiken ausgestaltet. Die Glasfenster aus opalschimmerndem Glas wurden von Bostoner Künstlern gestaltet und stellen bekannte Bibelszenen dar. Schon 1904 wurde ein Erweiterungsbau notwendig. Das 1906 fertig gestellte Gebäude mit seiner großen Kuppel bietet 3.000 Besuchern Platz. Die Orgel zählt mit 13.595 Orgelpfeifen zu den zehn größten Orgeln der Welt und wird bei allen Gottesdiensten gespielt.

Im Verlagshaus der Gesellschaft werden der *„Christian Science Monitor"* und religiöse Zeitschriften gedruckt. Sehr interessant ist das **Mapparium**, der einzige begehbare Globus der Welt. Der in den Jahren 1932-35 gebaute Globus sollte die weite Verbreitung der Glaubensgemeinschaft verdeutlichen; er hat einen Durchmesser von 9 m, besteht aus 608 in Bronzerahmen eingesetzten farbigen Glasscheiben und wird durch 300 Glühbirnen von außen beleuchtet. In diesem gläsernen Raum wird der Schall von allen Seiten zurückgeworfen, sodass sich ein bizarres Echo ergibt. Die Weltkugel zeigt die politische Aufteilung der Welt in den 1930er Jahren; da das Mapparium als Kunstwerk verstanden wird, werden aktuelle politische Veränderungen nicht berücksichtigt. In den 1970er Jahren wurden nach Plänen des Architekten *I. M. Pei* drei weitere sehenswerte Gebäude errichtet.

Elegantes Einkaufszentrum

Vom Prudential Center können Sie zum **Copley Place** gelangen, dem zurzeit schönsten Einkaufszentrum von Boston; zu diesem Gebäudekomplex gehören das Marriott Hotel und das Westin Hotel, elegante Geschäfte, Boutiquen, Restaurants und Kinos. Gleich am Eingang fahren Sie auf einer Rolltreppe unter einem Wasserfall durch; im Zentrum des Innenhofes beeindruckt eine 20 m hohe Wasserskulptur.

Sie verlassen den Copley Place durch das Westin Hotel und kommen zum **Copley Square**, an dem nicht nur viele Geschäftshäuser, Cafés und Hotels, sondern auch besonders markante Bauwerke der Stadt liegen.

6. Die Neuengland-Staaten – Massachusetts

An der Ostseite des Platzes steht die **Trinity Church**. Die 1872-77 vom Architekten *Henry Hobson Richardson* in neoromanischem Stil gebaute Kirche wurde mit sehr schönen Glasfenstern, Mosaiken, Holzschnitzereien und Wandmalereien von *John La Farge* gestaltet.

Auf der Westseite des Copley Square steht die **Boston Public Library**, die im Jahr 1895 von *Charles McKim* erbaut und von *Philip Johnson* 1972 erweitert wurde. Das Motto „Free for All", das über dem Eingangsportal zu sehen ist, erinnert daran, dass dies die erste kostenlose öffentliche Bibliothek der Welt war. Mit einem Bestand von etwa 5 Mio. Büchern zählt die Boston Public Library zu den größten Bibliotheken der Welt. Im Inneren der Bibliothek gibt es bedeutende Wandmalereien von *Sargent* und Skulpturen von *Daniel Chester French*. Zum Ausruhen unter Bäumen lädt der schön gestaltete Innenhof ein.

„Free for All"

Zwischen der Trinity Church und der Bibliothek findet Di und Fr 11-18 Uhr der **Copley Plaza Farmers' Market** mit lokalen Produkten aus Massachusetts statt. Zu den Sehenswürdigkeiten am Copley Square gehört auch das **Copley Plaza Hotel** aus dem Jahr 1912, das wie das New Yorker Plaza Hotel von dem Architekten *Henry J. Hardenbergh* entworfen wurde und zu den traditionsreichen Hotels des Landes gehört. An der Nordseite des Platzes steht die **New Old South Church** aus dem Jahr 1875 mit ihrem auffälligen Glockenturm.

Bauernmarkt

Der **John Hancock Tower & Observatory**, 200 Clarendo St./Copley Square, der von *I. M. Pei* entworfen und zu einem Wahrzeichen Bostons wurde, überragt den Copley Square und die Back Bay. Mit ca. 240 m Höhe ist der John Hancock Tower das höchste Gebäude Neuenglands, umgeben von den historischen Bauwerken der Back Bay, die sich in der riesigen Glasfläche des Hancock Tower widerspiegeln. Mit Expressaufzügen erreichen Sie das **Observatorium** im 60. Stockwerk in 225 m Höhe. Von dort oben bietet sich ein eindrucksvoller Ausblick auf die Stadt. An einem Modell, das die Stadt im Jahr 1775 zeigt, wird die Geschichte des Unabhängigkeitskampfes audiovisuell dargestellt; außerdem informieren Fotos, Texte und ein Film über die alte und neue Stadt.

Bostons Waterfront
U-Bahnstation „Aquarium".
Das Hafenviertel von Boston wurde in den letzten Jahrzehnten saniert und völlig neu gestaltet. Vom **Christoph Columbus Park**, der 1976 angelegt wurde und sich gut zur Beobachtung des Geschehens im Hafen eignet, kommen Sie über die Promenade zum Marriott Hotel und zur **Long Wharf**, die seit 1710 bis ins 20. Jh. Ablegestelle der großen Schiffe war. Hier legen Fähren zur Museum Wharf und nach Charlestown sowie die Ausflugsboote für Hafenrundfahrten und zu den Inseln ab.

Der John Hancock Tower überragt die Stadt

Interessantes Aquarium

Von der ältesten Kaianlage Bostons gehen Sie zur südlich gelegenen **Central Wharf** mit dem **New England Aquarium**. Das große Aquarium, an dessen Eingang sich Robben in einem Bassin tummeln, zeigt im Inneren in 70 Aquarien Meeresbewohner aus allen Ozeanen. Im Mittelpunkt steht ein riesiger „Ocean Tank" mit künstlichen Korallenriffen, zwischen denen 95 Fischarten leben. Zum Museum gehört auch ein IMAX-Theater. Neben dem Aquarium können Sie im **Discovery** Vorführungen mit Seelöwen besuchen. Von April bis Mitte Oktober werden Walbeobachtungsfahrten und Hafenrundfahrten durchgeführt.

1987 wurde der Komplex **Rowes Wharf** fertig gestellt, in dem Geschäfte, Büros, Apartments und das elegante Boston Harbor Hotel zu finden sind. Hier legen die Boote des *Airport Water Shuttle* ab, die in sieben Minuten Passagiere zum Flughafen bringen. Die kurze Fahrt lohnt sich aber auch für einen kleinen Ausflug, bei dem sich herrliche Ausblicke auf die Stadt bieten.

Über die Northern Avenue Bridge kommen Sie zur Museum Wharf mit dem **Computermuseum** und zum **Children's Museum** (s. S. 458), das Sie leicht an der 12 m hohen Milchflasche erkennen.

Ihr Spaziergang führt Sie zur Congress Street Bridge, von der aus Sie eine detailgetreue Rekonstruktion des **Boston-Tea-Party-Schiffes** sehen können (ⓘ Info-Kasten zur Boston Tea Party, S. 446). Wenn Sie Lust dazu haben, können Sie vom Deck der originalgetreu nachgebauten „Beaver II" Teekisten ins Wasser werfen.

> **Hinweis für Besucher**
>
> Von der Brücke können Sie nach links über die Dorchester Ave., dann nach rechts über die Summer St. bis zur U-Bahnstation **„South Station"** gehen. Das riesige Bahnhofsgebäude von 1900 wurde inzwischen weitgehend restauriert und ist an dem mächtigen Eingangsportal zu erkennen. Im Inneren gibt es Geschäfte, Cafés und eine Information.

Chinatown

In der Nähe der South Station liegt Bostons **Chinatown** (U-Bahnstation „South Station"). Das chinesische Viertel Bostons, das sich südöstlich an den Theaterdistrikt anschließt, ist zwar nicht groß, vermittelt aber dennoch einen Hauch von Fernost mit den vielen Menschen, den exotischen Reklameschildern, dem Eingangstor und den Telefonzellen, die Pagodendächer tragen. Es gibt zahllose kleine Geschäfte und Restaurants, in der Sie chinesische Gerichte aus allen Provinzen Chinas probieren können.

South End, Museen und Fenway Park
Südlich der Innenstadt liegt South End, ein junges, multikulturelles Viertel mit teilweise restaurierten viktorianischen Häusern und reichem Kulturleben. Hier befinden sich die **Symphony Hall** der Boston Symphoniker und das **Boston Center for the Arts**, 539 Tremont St., mit mehr als 50 Künstlerateliers, drei kleinen Theatern, Aufnahmestudios und dem 1884 gebauten **Cyclorama**, in dem Ausstellungen, Theateraufführungen und Konzerte stattfinden.

Die Hauptsehenswürdigkeit ist jedoch das **Museum of Fine Arts**, 465 Huntington Ave., U-Bahnstation „Museum". Das 1909 gebaute Museum zählt mit seinen Sammlungen asiatischer, griechischer und römischer Kunst zu den besten Museen der USA; hervorragend sind auch die Abteilungen für europäische und amerikanische Malerei. Die Gemäldesammlung europäischer Maler, die eine Zeitspanne von fast

6. Die Neuengland-Staaten – Massachusetts

tausend Jahren umfasst, zeigt Werke u. a. von *Rembrandt, El Greco, van Gogh* und die französischen Impressionisten, von denen *Paul Monet* allein mit 36 Bildern vertreten ist. In der Sammlung amerikanischer Künstler befinden sich Werke u. a. von *John Singer Sargent, Gilbert Stuart, John Singleton Copley, Winslow Homer, Edward Hopper*. Außerdem werden amerikanische dekorative Kunst und Möbel aus unterschiedlichen Epochen präsentiert. Von besonderer Bedeutung sind die Sammlungen ägyptischer und japanischer Kunst. Im Westflügel, um den das Museumsgebäude 1981 erweitert wurde, finden Wechselausstellungen, Vorträge und Konzerte statt. Dieser Anbau wurde vom Architekten *I. M. Pei* entworfen und ist mit seinem von einer Glaskuppel gekrönten Atriumbau und den Arkaden sehenswert. Im Museum gibt es Cafés und einen Museumsshop.

Museum of Fine Arts – eines der besten Museen der USA

Nur wenige Schritte entfernt liegt das **Isabella Stewart Gardner Museum**, 280 The Fenway, U-Bahnstation „Museum". Wie ein venezianischer Palazzo wirkt das 1899 von *Isabella Stewart Gardner* gebaute Haus, in dem sie inmitten ihrer kostbaren Gemäldesammlungen lebte. Den begrünten Innenhof zieren Blumenrabatte und römische Mosaiken des 2. Jh. Auf ihren Reisen durch Europa hatte sie Bilder u. a. von *Botticelli, Raffael, Tizian, Rubens, Rembrandt, Vermeer, Dürer* und *Holbein* gekauft; diese Schätze stellte sie seit 1903 in ihrem Haus auf drei Etagen aus. Zu den ca. 2.500 Kunstobjekten gehören Gemälde, Skulpturen, Bildteppiche, antike Möbel, Bücher, Manuskripte und dekorative Kunst. In ihrem Testament verfügte *Isabella Stewart Gardner*, dass nach ihrem Tod keine Veränderungen an ihrer Kunstsammlung vorgenommen werden sollten. Dieses Vermächtnis wurde 1990 verletzt, als Diebe, die sich als Bostoner Polizisten verkleidet hatten, in das Museum eindrangen und 13 Gemälde in ihren Besitz brachten.

Ein venezianischer Palazzo

Für Sportinteressierte lohnt sich der Weg zum **Fenway Park**, 4 Yawkey Way, wo die Baseball-Spiele der *Boston Red Sox* ausgetragen werden. Sie können an einer Führung durch das Sportgebäude mit Halt an der Pressebox, am „Club der 600" und einem Rundgang über das Spielfeld teilnehmen.

Übersicht über weitere Museen in Boston
Boston hat als Kulturstadt international einen ausgezeichneten Ruf, was durch die vielen hervorragenden Museen, Konzerte und Theatervorstellungen bestätigt wird.

John F. Kennedy Library & Museum
Columbia Point, Dorchester, U-Bahnstation „JFK/UMass Station". Von der U-Bahnstation fahren kostenlose Shuttlebusse zwischen 9 und 17 Uhr alle 20 Minuten zur Bibliothek, im Sommer verkehren Fährboote ab Long Wharf.
Museum, Bibliothek und Archiv sind in dem architektonisch sehr reizvollen Gebäude eingerichtet, das zur Erinnerung an *John F. Kennedy*, den 35. Präsidenten der USA, und seinen Bruder *Robert Kennedy* nach Plänen des Architekten *I. M. Pei* errichtet wurde. Die Ausstellung verdeutlicht durch Filme, Dias, Bilder, Dokumente, Briefe und persönliche Besitzstücke das Leben und Wirken der *Kennedys*, ist zugleich aber auch eine sehr interessante zeitgeschichtliche Dokumentation.
Auch das **Geburtshaus** John F. Kennedys, in dem seine Familie von 1914 bis 1920 lebte, ist zu besichtigen: 83 Beals St., Brookline.

John F. Kennedy

6. Die Neuengland-Staaten – Massachusetts

Museum of Science und **Charles Hayden Planetarium**
Science Park an der Charles River Dam Bridge, U-Bahnstation „Science Park".

Naturwissenschaft und Planetarium

Viele Bereiche aus Naturwissenschaft und Technik, vom Dinosaurier bis zum Raumschiff, werden durch Filme, Demonstrationen, Spiele, Experimente, Modelle und Computer den Besuchern anschaulich und eindrucksvoll nahe gebracht. Im angrenzenden Planetarium gibt es astronomische Vorführungen und Wechselausstellungen, im Omni Theater werden technisch herausragende naturwissenschaftliche Filme gezeigt.

Children's Museum
300 Congress St. (Museum Wharf), U-Bahnstation „South Station".
In den anregend gestalteten Museumsräumen gibt es ein umfassendes, didaktisch sehr gut aufbereitetes Lern- und Spielangebot für Kinder und Jugendliche aus vielen Wissenschafts- und Erfahrungsbereichen.

Computermuseum
300 Congress St. (Museum Wharf), U-Bahnstation „South Station".
In diesem riesigen Computermuseum wird die Entwicklung der Roboter- und Computertechnik bis zum neuesten Stand an mehr als 75 Ausstellungsstücken deutlich gemacht. Besondere Anziehungspunkte sind ein zweistöckiges begehbares Computermodell, an dem die Arbeitsweise moderner Computer demonstriert wird, das Lerncenter und die Roboter-Galerie.

Sehenswertes in der Umgebung von Boston

Cambridge (S. 151)

Harvard

Am Ufer des Charles River, der Stadt Boston gegenüber, liegt Cambridge, eine Industriestadt mit ca. 95.000 Einwohnern. Cambridge wurde 1630 gegründet, erhielt seinen Namen nach der englischen Stadt und wurde ist diese von bedeutenden Universitätsstadt. Rund 17.500 Studenten sind an der **Harvard University** eingeschrieben, und noch einmal 9.500 Studierende besuchen das ebenfalls in Cambridge liegende renommierte **Massachusetts Institute of Technology** (MIT).

Stadtrundgang
Ausgangspunkt des Stadtrundganges ist der **Harvard Square** mit vielen Geschäften,

> **Hinweis zur Route**
>
> *Entfernung*: 5 mi/8 km
> *Mit dem Auto*: Cambridge ist mit Boston durch die beiden Straßenbrücken des MA-3 und MA-2A, die über den Charles River führen, verbunden. Die Harvard University erreichen Sie über den MA-2A.
> *Mit der U-Bahn*: Um sich die Parkplatzsuche zu ersparen, können Sie die U-Bahn benutzen. Sie fahren mit der U-Bahn (Red Line) vom Zentrum Bostons aus über den Charles River direkt bis zur Station „Harvard" und sind damit im Zentrum von Cambridge, am Harvard Square.

Straßencafés, Studentenkneipen, Hotels, der Touristeninformation und der Haltestelle der U-Bahn nach Boston. Eine Besonderheit ist das Coop-Kaufhaus, das seit 1882 alles für das Studium und das Studentenleben Notwendige anbietet. Rund um den Harvard Square liegt der historische Kern mit Häusern des 18. und 19. Jh. und der 1761 gebauten Christ Church. In der Brattle St., östlich vom Harvard Square, ist

6. Die Neuengland-Staaten – Massachusetts

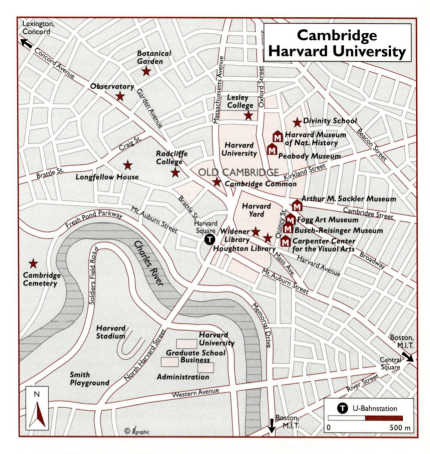

das **Longfellow House**, 105 Brattle St., zu besichtigen. Das 1759 gebaute Haus war in den Jahren 1775/76 während der Belagerung Bostons das Hauptquartier von George Washington. 1837 zog der Dichter Henry Wadsworth Longfellow in dieses Haus, das er bis zu seinem Tod im Jahr 1882 bewohnte. An George Washington erinnert ein Denkmal im Stadtpark **Cambridge Common**, als er hier am 4. Juli 1775 das Kommando über die amerikanischen Truppen übernahm.

Nördlich des Harvard Square liegt das Gelände der **Harvard University**. Am **Harvard Information Center**, 1350 Massachusetts Ave., beginnen die Führungen über das weitläufige Universitätsgelände. Die Universität, 1636 als College gegründet, trägt seit 1639 den Namen des englischen Geistlichen John Harvard, der seiner Lehranstalt seine vollständige Bibliothek und die Hälfte seines Grundbesitzes vererbte. 1780 wurde das College zur Universität und entwickelte sich in der Folgezeit mit zehn Fakultäten und 160 verschiedenen Fachrichtungen zu einer der angese-

Information und Führungen

6. Die Neuengland-Staaten – Massachusetts

hensten Bildungsstätten nicht nur der USA, sondern der Welt. Die Harvard-Bibliothek umfasst mehr als 13 Mio. Bücher, Manuskripte und Filmmaterial. Die Universität gilt mit einem Vermögen von $ 19 Mrd. als reichste der Welt. Ihren herausragenden Ruf begründen 40 Nobelpreisträger, acht US-Präsidenten, Schriftsteller und Künstler; darunter befinden sich so berühmte Namen wie *Theodore* und *Franklin D. Roosevelt, John F. Kennedy, Ralph Waldo Emerson, Henry David Thoreau* und *Thomas S. Eliot.*

Begehrte Studienplätze

Jedes Jahr übersteigt die Zahl der Studienbewerber um ein Vielfaches die Zahl der Studienplätze, denn jeder weiß, dass ein erfolgreicher Abschluss in Harvard den Aufstieg in die Führungselite des Landes ermöglicht. Entsprechend hart sind die Zulassungsbestimmungen, weniger als 20 % der Bewerber werden angenommen. Auswahlkriterien sind neben selbstverständlich guten Leistungsnoten auch Teamgeist, soziales Engagement und individuelle Vorlieben und Fähigkeiten. Dem Gemeinschaftserlebnis, der Verbundenheit mit der Universität und dem Austausch zwischen Studenten und Lehrenden wird große Bedeutung zugemessen; dazu tragen auch sportliche Wettkämpfe bei, die im Harvard-Stadion mit mehr als 38.000 Sitzplätzen stattfinden.

Sehenswertes auf dem Universitätsgelände

Mittelpunkt des weitläufigen Geländes ist der Harvard Yard, den mehrere Gebäude umgeben. Die **Massachusetts Hall** aus dem Jahr 1720 ist das älteste Gebäude auf dem Campus und seit 1939 der Sitz des Universitätspräsidenten. Die **University Hall** wurde von dem berühmten Architekten *Charles Bulfinch* entworfen und in den Jahren 1813-15 gebaut. Das weiße Granitbauwerk gehört zu den schönsten Gebäuden der Universität; vor der Halle steht ein von *Daniel Chester French* gestaltetes Denkmal des Universitätsgründers *John Harvard.* Die **Widener Library** fällt durch ihren großen korinthischen Portikus auf; sie ist Teil des umfassenden Bibliothekssystems der Universität und hat einen Bestand von 3 Mio. Büchern.

Auf dem Universitätsgelände befinden sich mehrere sehenswerte Museen, die täglich geöffnet sind. Der Komplex der **University Art Museums** umfasst das **Fogg Art Museum**, 32 Quincy St., mit europäischen und amerikanischen Gemälden, Skulpturen und Grafiken des 18.und 19. Jh., das **Busch-Reisinger Museum** im Obergeschoss desselben Gebäudes mit Werken aus Mittel- und Nordeuropa sowie das **Arthur M. Sackler Museum**, 485 Broadway/Quincy St., mit hervorragenden Sammlungen asiatischer, speziell chinesischer Kunst und mit Kunstobjekten aus griechischer und römischer Zeit.

Museen in Harvard

Zum Komplex der **Harvard University Museums of Cultural and Natural History**, 24 Oxford St., gehören das **Peabody Museum of Archeology & Ethnology**, das **Museum der vergleichenden Zoologie**, das **Botanische Museum** und das **Mineralogische und Geologische Museum**. Zu den bekanntesten Ausstellungsstücken zählen die berühmten „Blaschka Glas Blumen", die von den deutschen Glasbläsern *Leopold* und *Rudolf Blaschka* hergestellt wurden: 700 verschiedene, naturgetreue, gläserne Pflanzen aus 164 Pflanzenfamilien! Im Peabody Museum befindet sich eine bemerkenswerte Ausstellung zur Kultur der Indianer Nordamerikas.

Tipp für Radfahrer

Der **„Minute Man Bikeway"** führt von Cambridge über Arlington und Lexington nach Bedford. Informationen über die 10 mi/16 km lange Strecke erhalten Sie unter der Anschrift: Friends of Minute Man Bikeway, Town Hall, 730 Massachusetts Ave., Arlington, MA 02174, ☏ 781-641-4891.

Über den Memorial Drive, der am Ufer des Charles River entlang führt, oder mit der U-Bahn (Red Line, Station „Kendall") erreichen Sie das **Massachusetts Institute of Technology**, 77 Massachusetts Ave., das wie die Harvard University eine lange Tradition hat. Die am Ufer des Charles River gelegene Universität wurde 1861 gegründet und gilt als weltweit führend in den Naturwissenschaften und im Bereich technologischer Forschung und Lehre. Die ca. 9.500 Studenten werden schon frühzeitig an den Forschungsaktivitäten beteiligt. Auf den Grünflächen zwischen Instituten und Laboratorien fallen die modernen Skulpturen u. a. von *Pablo Picasso* und *Henry Moore* auf.

Eine Henry Moore-Plastik auf dem Campus des MIT

Besuchenswert sind: das **MIT Museum**, 265 Massachusetts Ave., mit Sammlungen und Ausstellungen zur Geschichte und Entwicklung von Naturwissenschaft und Technik, und das **List Visual Arts Center at MIT**, Wiesner Building, 20 Ames St., mit Sammlungen zeitgenössischer Kunst und einer Skulpturenausstellung mit Werken von *Picasso*, *Moore* und *Calder*.

Nicht weit vom **Museum of Science** und bequem mit Shuttlebussen erreichbar, die alle 15 Minuten vom Kendall Square abfahren, liegt das neue Einkaufszentrum von Cambridge, die Cambridge Side Galleria. Über 100 Geschäfte, mehrere Restaurants und die drei Kaufhäuser Filene's, Lechmere und Sears sind in dem gläsernen Palast untergebracht. Im Erdgeschoss finden Sie **The Sports Museum**, das u. a. über Baseball, Football, Basketball, Hockey, Fußball, Rugby, Tennis, Boxen, Rudern, Segeln, Golf und über die Olympischen Spiele informiert.

Lexington und Concord (ⓘ S. 151)

 **Hinweis zur Route**

Entfernung: 11 + 8 mi/17 + 12 km
Über Cambridge und den Concord Turnpike (MA-2) geht es nach Lexington und Concord.

Nur wenige Meilen westlich von Cambridge liegen die historischen Ortschaften **Lexington** und **Concord**, die ihren festen Platz in der Geschichte Amerikas und im Herzen der freiheitsliebenden Amerikaner haben, denn auf dem Schlachtfeld zwischen Lexington und Concord begann der Kampf um die Unabhängigkeit mit den ersten kriegerischen Auseinandersetzungen zwischen den aufständischen Kolonisten und den britischen Truppen.

6. Die Neuengland-Staaten – Massachusetts

Im **National Heritage Museum**, 33 Marrett Rd., informieren Ausstellungen über den amerikanischen Unabhängigkeitskrieg. Das historische Schlachtfeld, das sich zwischen Lexington und Concord erstreckt und von der Battle Rd. durchzogen wird, wurde als **Minute Man National Historical Park** unter Schutz gestellt. Im Minute Man Visitor Center, Airport Rd., gibt es Filme zur Einführung in die amerikanische Geschichte, Informationen zu den Ereignissen im April 1775 sowie alljährlich am 19. April eine Rekonstruktion der Kampfhandlungen.

Beginn des Kampfes um die Unabhängigkeit

Auf dem **Lexington Battle Green**, Massachusetts Ave./Bedford St., ist die Stelle markiert, an der die „Minutemen" auf ihren Einsatz warteten. Als „Minutemen" wurden Zivilisten, meist Farmer, bezeichnet, die auf Abruf bereit standen und innerhalb weniger Minuten marsch- und kampfbereit sein konnten, da sie ihre Waffen im eigenen Haus aufbewahrten. Seit 1774 schlossen sie sich zu einer Bürgermiliz mit kleinen beweglichen Einheiten zusammen, die die Briten immer wieder überraschend angriffen, um sich danach sofort aufzulösen und an anderer Stelle erneut zuzuschlagen. Die „Minutemen" spielten im Unabhängigkeitskrieg eine wichtige Rolle. Als am 19. April 1775 „der Schuss, der auf der ganzen Welt gehört wurde" abgegeben wurde, begannen die ersten Auseinandersetzungen zwischen Engländern und Amerikanern: Bei den Eröffnungsschlachten von Concord und Lexington stellten sich den 400 britischen Soldaten 100 „Minutemen" der amerikanischen Bauernmiliz entgegen. Dabei verloren acht Amerikaner das Leben – die ersten Toten des Freiheitskampfes. Ihnen zu Ehren wurde 1799 das Denkmal auf dem Green errichtet.

Folgt man der Battle Rd., kommt man zur **Munroe Tavern** (1695), der Befehlszentrale der Briten, zur **Buckman Tavern** (1709), dem Hauptquartier der „Lexington Minutemen", und dem **Hancock Clarke House** (1698), wo Samuel Adams und John Hancock die Nachricht vom britischen Vormarsch durch Paul Revere erhielten.

„The Minute Man"

Concord ist mit seinen weißen, schindelgedeckten Kirchen, den gut erhaltenen Häusern im Kolonialstil und gepflegten alten Grünanlagen ein hübscher Ort, der mit historischen Sehenswürdigkeiten, gemütlichen Cafés und Restaurants, einem Besuch der historischen Stätten, einem literarischen Stadtrundgang und einer Bootsfahrt auf dem Concord River zum längeren Aufenthalt einlädt. Im Mittelpunkt des Interesses steht auch hier der Kampf um die Unabhängigkeit. In dem Bereich des **Minute Man National Historical Park**, der zu Concord gehört, steht ein Nachbau der **Old North Bridge**, vor der 1885 die berühmte Bronzestatue „The Minute Man" von *Daniel Chester French* mit einem Vers von *Ralph Waldo Emerson* aus seiner *„Concord Hymn"* aufgestellt wurde. Wenige Schritte weiter befindet sich auf dem Hügel das **North Bridge Visitor Center**, 174 Liberty St., mit Ausstellungen, einer Diashow und einem Garten mit Blick auf die North Bridge. An den Sommerwochenenden werden auch zweistündige Führungen zu den historischen Stätten angeboten.

Concord hat noch aus einem weiteren Grund Berühmtheit erlangt. Nicht zu Unrecht wird der Ort das „Weimar Nordamerikas" genannt, denn er galt im 19. Jh. als das literarische Zentrum Amerikas. Hier lebten die Hauptvertreter des Transzendentalismus, der ersten eigenständigen amerikanischen Literaturbewegung. Zu ihnen gehörten *Nathaniel Hawthorne, Ralph Waldo Emerson, Henry David Thoreau, Louisa May*

INFO Der amerikanische Transzendentalismus

Die Bezeichnung „Transzendentalismus" geht auf *Immanuel Kant* zurück, der davon ausging, dass es eine Art der Erkenntnis gibt, die nicht auf der durch Vermittlung der Sinnesorgane gegebenen empirischen Erfahrung beruht, sondern die eine über die sinnliche Erfahrung hinausgehende, vor ihr liegende und sie erst bedingende Erkenntnis ist. Die Transzendentalisten waren eine Gruppe von etwa 30 Intellektuellen, die sich von 1836 an in unregelmäßigen Abständen in Concord trafen, um über theologische, philosophische und literarische Probleme zu diskutieren. Sie wandten sich gegen das traditionelle rationalistische Denken in Staat, Kirche, Erziehung, Dichtung und Philosophie und suchten in der Hinwendung zur Natur und in der Verwirklichung der eigenen Individualität den Lebenssinn. 1841-47 gründeten sie in der Nähe von West Roxbury, Massachusetts, die „Brook Farm", wo sie sozial-utopische Ideen in Erziehung und Landwirtschaft umzusetzen versuchten. Das Experiment scheiterte. Die führenden Vertreter des Transzendentalismus waren *Henry David Thoreau* und *Ralph Waldo Emerson*.

Henry David Thoreau wurde 1817 geboren und studierte von 1833 bis 1837 in Harvard, wo er für kurze Zeit als Lehrer tätig war. 1838 gründete er mit seinem Bruder *John* eine eigene Privatschule, die jedoch nach dem frühen Tod des Bruders geschlossen wurde. *Thoreau* lernte 1841 den Dichter und Philosophen *Ralph Waldo Emerson* kennen, unter dessen Einfluss *Thoreau* reformerische Ideen entwickelte. Um die „wesentlichen Dinge des Lebens" zu erfahren, lebte er zwei Jahre lang in einer selbst gebauten Blockhütte bei Concord am Walden Pond. In seinem Buch „Walden. Oder das Leben in den Wäldern" beschrieb er sein einfaches Leben am See und forderte: „Wollt Ihr Euch wohl fühlen, dann achtet darauf, mit jeder Stimmung der Natur in Harmonie zu sein." *Thoreau* war einer der radikalsten Vertreter des Transzendentalismus und machte den Individualismus und die Abneigung gegen den Staat gesellschaftsfähig. So weigerte er sich 1846 Steuern zu bezahlen, um nicht die amerikanische Regierung und deren Haltung zur Sklaverei und zum Mexiko-Krieg zu unterstützen. Neben „Walden" zählt „Über die Pflicht zum Ungehorsam gegen den Staat" zu seinen Hauptwerken. *Thoreau* starb 1862 in Concord.

Ralph Waldo Emerson wurde 1803 als Sohn eines unitarischen Pastors in Boston geboren, der verstarb, als *Emerson* zehn Jahre alt war. Nach dem Tod des Vaters wurde er von seiner Tante *Mary Moody Emerson* erzogen. Er studierte in Harvard, wo er 1825 graduierte. Er arbeitete als Pastor, später als Lehrer an der Harvard-Universität. 1829 heiratete er *Ellen Louisa Tucker*, die aber schon zwei Jahre nach der Hochzeit verstarb. Nach dem Tod seiner Frau reiste *Emerson* nach Europa, wo er die Bekanntschaft von *Thomas Carlyle*, *William Wordsworth* und *Samuel Taylor Coleridge* machte. Auf dieser Reise lernte *Emerson* auch den deutschen Idealismus und asiatische Philosophien kennen, die ihn nachhaltig beeinflussten. Nach seiner Rückkehr aus Europa heiratete er 1835 *Lydia Jackson* und zog mit ihr nach Concord. Schon in der frühen Schrift „Nature" von 1835 trat er dafür ein, dass Menschen im Einklang mit der Natur und mit sich selbst leben sollten. Er gewann beachtlichen Einfluss auf seine Zeitgenossen und ermutigte sie in ihrer Individualität. Nach dem Brand seines Hauses 1872 zog *Emerson* sich immer mehr aus der Öffentlichkeit zurück. Er starb am 27. April 1882 in Concord.

6. Die Neuengland-Staaten – Massachusetts

Nathaniel Hawthorne wurde 1804 geboren. Er entstammte einer alten Puritanerfamilie. Einer seiner Vorfahren war Richter bei den berüchtigten Hexenprozessen von Salem 1692, sein Vater fuhr zur See und fand 1808 mit seinem Schiff den Tod. *Hawthorne* wuchs behütet in der Familie seiner Mutter auf. Nach dem Besuch einer Privatschule studierte er am bekannten Bowdoin College in Maine, wo er den Dichter *Henry Wadsworth Longfellow* kennen lernte. Er lebte als Journalist und freier Schriftsteller, freundete sich mit *Henry David Thoreau* und *Ralph Waldo Emerson* an und schloss sich 1840 den Transzendentalisten von Concord an. 1841 verbrachte er ein halbes Jahr auf der „Brook Farm" und verarbeitete dieses Erlebnis in dem Roman „Die Blithedale-Maskerade". 1842 heiratete er die Malerin *Sophia Peabody*, 1853 wurde er zum amerikanischen Konsul in Liverpool ernannt. Dort blieb er vier Jahre, hielt sich noch ein Jahr in Italien auf und kehrte 1859 nach Concord zurück, wo er weitere Romane wie „Das Haus der sieben Giebel" verfasste. Er starb 1864 in Plymouth, New Hampshire. Wie in seinem berühmtesten Roman „Der scharlachrote Buchstabe", in dem er die Hexenprozesse in Salem anklagte, greift er auch in seinen anderen Romanen und Kurzgeschichten Themen wie Schuld, Strafe, Entfremdung und Intoleranz auf und distanziert sich damit von der „transzendentalistischen Schwärmerei" seiner Freunde. Er gilt als einer der Begründer der amerikanischen Literatur.

Der Einfluss der Transzendentalisten auf die nachfolgenden Generationen war sehr groß und reicht bis in die Gegenwart hinein. Darauf wies 1998 der damalige Präsident *Bill Clinton* in seiner Ansprache zur Einweihung des Thoreau-Intituts in Concord hin und verwies auf *Mahatma Gandhi*, *Martin Luther King* und *Nelson Mandela*, die in dieser Tradition stehen.

Alcott und *Margaret Fuller*; zu ihnen gesellte sich der Bildhauer *Daniel Chester French*, dessen bekannteste Skulpturen die *Lincoln*-Statue in Washington und das Denkmal „The Minute Man" in Concord sind.

Das **Concord Museum**, 200 Lexington Rd., verbindet historisches und literarisches Interesse. Der Film „ Exploring Concord" bietet einen guten Einstieg in die Geschichte. Zu den sehenswerten Ausstellungsstücken gehören zahlreiche Dokumente und die Laternen von *Paul Revere*, die in Boston vor dem Anrücken der Briten warnten, das nachgebildete Arbeitszimmer von *Emerson* und Manuskripte und persönliche Gegenstände von *Thoreau*.

Historische Häuser

Bei einem Spaziergang durch den Ort können Sie einige der historischen Häuser besichtigen. Gleich bei der Old North Bridge im Minute Man National Historical Park steht **„The Olde Manse"**, 269 Monument St., das 1770 vom Großvater *Ralph Waldo Emersons* gebaut wurde. *Emerson* lebte hier nur kurze Zeit mit seiner Familie. Das Haus erhielt seinen Namen von *Nathaniel Hawthorne*, der hier von 1842 bis 1845 lebte und diese Jahre später als die schönsten seines Lebens bezeichnete. Das **Emerson House**, 28 Cambridge Turnpike, in dem *Ralph Waldo Emerson* von 1835 bis zu seinem Tode 1882 wohnte, bewahrt viele Erinnerungsstücke an den Dichter. Das **Orchard House**, 399 Lexington Rd., war das Wohnhaus der Familie *Alcott*; hier schrieb *Louisa May Alcott* ihren bekannten Roman „Little Women".

Auf dem **Sleepy Hollow Friedhof** können Sie die Grabstätten von Emerson, Hawthorne, Alcott, Thoreau und French besuchen.

Ein Ausflug führt zum **Walden Pond**, wo Henry David Thoreau 1845 sein Blockhaus am See baute, um dort für zwei Jahre in der Abgeschiedenheit zu leben. Heute ist das Land als Naturschutzgebiet ausgewiesen; lange Wanderungen, Schwimmen und Bootsfahrten sind möglich.

Walden Pond

Ein weiteres Ausflugsziel ist das **Great Meadows National Wildlife Refuge**, Monsen Rd. Naturlehrpfade und Wanderwege durchziehen das Naturschutzgebiet; Frühjahr und Herbst eignen sich besonders gut zur Vogelbeobachtung. Das Besucherzentrum befindet sich in Sudbury.

Lowell (S. 151)

Nördlich von Lexington liegt am US-3 die Stadt **Lowell** mit ca. 105.000 Einwohnern. Das Gebiet der heutigen Stadt wurde schon um 1650 von Engländern besiedelt. Im 19. Jh. entwickelte sich die Stadt zu einem wichtigen Zentrum der Textilindustrie. Der Ort wurde in den letzten Jahren behutsam restauriert und besitzt nun mit den schönen alten Lagerhäusern ein ganz eigenes Flair. Viel Wissenswertes zur Textilindustrie wird in mehreren Museen anschaulich dargestellt, z. B. im **New England Quilt Museum**, 18 Shattuck St., das eine interessante Sammlung traditioneller und moderner Quilts zeigt, und im **American Textile History Museum**, 491 Dutton St., dem weltweit größten Textilmuseum mit umfangreichen Ausstellungen und Vorführungen. Das Geburtshaus des Malers **James A. M. Whistler**, 243 Worthen St., aus dem Jahr 1823 zeigt eine Sammlung von neuenglischen Künstlern des 19. und 20. Jh.

Textilmuseen

Von Boston nach Pittsfield – eine Rundfahrt durch den Westen von Massachusetts

Auf dieser Rundfahrt, die Sie von der Atlantikküste ins Innere von Massachusetts führt, lernen Sie das ländliche Neuengland kennen. Die **Berkshires** sind ein beliebtes Feriengebiet, das nur knapp drei Autostunden von Boston entfernt liegt. Sie fahren durch die reizvolle Hügellandschaft der **Berkshire Hills**, die sich von Vermont

Hinweis zur Route

Entfernung: ca. 310 mi/496 km
Sie folgen von Boston aus dem MA-9 über Worcester bis zum MA-49, der Sie auf den US-20 und weiter nach Sturbridge führt. Von Sturbridge aus folgen Sie wieder dem landschaftlich schönen US-20 über Springfield bis zum MA-102. Dieser bringt Sie nach Stockbridge. Von dort aus fahren Sie auf dem US-7 nach Pittsfield. Falls Sie über Lenox fahren wollen, benutzen Sie den nach ca. 5 mi/8 km vom US-7 abzweigenden MA-7A. Von Pittsfield fahren Sie über den US-7 nach Williamstown, von dort auf dem MA-2 ostwärts nach Greenfield und weiter über Leominster direkt nach Boston.
Strecke: Boston – Worcester – Sturbridge – Springfield – Stockbridge – Lenox – Tanglewood – Pittsfield – Hancock Shaker Village – Deerfield – Greenfield – Leominster – Boston.

bis Connecticut hinziehen, mit dichten Wäldern, klaren Seen und Bächen, grünen Weiden und Koppeln zu kleinen verträumten Ortschaften in typischer Neuengland-Architektur mit kleinen weißen Kirchen und spitzen Türmen, alten Kolonialhäusern und einem schönen Dorfplatz. Hier lässt sich der Indian Summer auf Wanderungen und in den historischen Dörfern besonders intensiv erleben.

Landschaft und Kultur vom Feinsten

Wenn es Ihre Zeit erlaubt, sollten Sie eine oder zwei Übernachtungen während dieser Rundreise einplanen, um nicht nur den landschaftlichen Reiz dieser Region kennen zu lernen, sondern auch das abwechslungsreiche „Kulturprogramm" der Berkshires zu erleben. Tagsüber können Sie die zahlreichen historischen Sehenswürdigkeiten und interessanten Museen besuchen, einen Einkaufs- und Antiquitätenbummel machen oder sich sportlich mit Wandern, Tennis, Golf und Radfahren sowie Skifahren im Winter betätigen. Cafés und Restaurants mit ihrer renommierten Gastronomie, die von traditionellen neuenglischen Gerichten bis zur feinen internationalen Küche reicht, laden zum Verweilen und Entspannen ein. Vielleicht können Sie in einem der reizvollen alten Landgasthäuser (Country Inns) übernachten und dabei die historische Umgebung genießen. Für Musikliebhaber gibt es ausgezeichnete Open-Air-Konzerte, und besonders ein Konzert in Tanglewood mit seiner unverwechselbaren Atmosphäre ist dann der Höhepunkt Ihrer Reise durch die Berkshires!

Ferienziel mit Tradition

Schon seit Beginn des 20. Jh. sind die Berkshires ein bevorzugtes Ferienziel für die Großstadtbewohner von Boston und New York, die in schöner ländlicher Umgebung nach Ruhe und Erholung beim Wandern, Schwimmen und Fischen suchten. Viele von ihnen bauten sich Sommerhäuser, einige errichteten große, von Parkanlagen umgebene Herrenhäuser in den Berkshires. Und weil die wohlhabenden Bürger auch auf dem Lande ein kulturelles Angebot schätzten, luden sie das Boston Symphony Orchestra unter *Serge Koussevitzky* im August 1936 erstmals in die Berkshires ein. Gleich das erste Konzert war so erfolgreich, dass die Familien *Gorham Brooks* und *Mary Aspinwall Tappan* dem Orchester ihr Anwesen Tanglewood bei Lenox samt aller Gebäude und Ländereien überließen.

Worcester (ⓘ S. 151)

Die 1673 gegründete Stadt ist nach Boston die zweitgrößte Stadt Neuenglands, eine Industrie- und Handelsstadt mit ca. 172.000 Einwohnern. Das kulturelle Leben wird durch die zwölf Colleges, mehrere interessante Museen und Theater geprägt.

Neben dem **Worcester Art Museum**, 55 Salisbury St., mit einer Sammlung ägyptischer Kunst und Werken der Impressionisten, ist das **Ecotarium**, 222 Harrington Way, mit interaktiven Ausstellungen, einem Planetarium, Naturlehrpfaden und Tiergehegen einen Besuch wert.

Die Bibliothek der **American Antiquarian Society**, 185 Salisbury St., informiert schwerpunktmäßig über die ersten 250 Jahre der amerikanischen Geschichte.

Für Kauflustige ist das **Worcester Common Fashion Outlet**, 100 Front St., interessant, ein Einkaufszentrum mit über 100 Geschäften, Restaurants und Kinos.

Sturbridge (ⓘ S. 151)

Sturbridge mit ca. 2.000 Einwohnern wurde schon 1729 besiedelt. Wichtigste Lebensgrundlage der Dorfbewohner war die Landwirtschaft, später verdienten sich einige Familien ihren Lebensunterhalt in mehreren Getreide- und Sägemühlen.

Heute ist Sturbridge ein beliebtes Ausflugsziel wegen des bekannten Freiluftmuseums **Old Sturbridge Village,** 1 Old Sturbridge Village Rd. Das Museumsdorf spiegelt die Zeit von 1790 bis 1840 widert. Die einzelnen Gebäude stammen aus verschiedenen Gegenden Neuenglands; sie wurden zu einem typischen Dorf zusammengesetzt mit öffentlichen Gebäuden und privaten Wohnhäusern von Stadt- und Dorfbewohnern von unterschiedlichem gesellschaftlichem Rang. Bei Ihrem Gang durch das Dorf können Sie Handwerkern und Bauern in historischer Kleidung bei der Arbeit zuschauen, einen Blick in die alte Schulstube oder die Töpferei werfen. Sie lernen die Arbeitsweisen jener Zeit in einer Druckerei, einem Sägewerk, einer Schmiede, einer Weberei, einer Mühle oder einer Bäckerei kennen und können die selbst hergestellten Waren des Dorfes, z. B. Mehl und Brot, kaufen.

Einblicke ins Leben von 1790 bis 1840

Springfield (ⓘ S. 151)

Die Industriestadt Springfield, in der ca. 152.000 Einwohner leben, breitet sich an den Ufern des Connecticut River aus und geht auf einen alten Handelsposten aus dem Jahr 1636 zurück. Die Stadt hat einige Kunst- und Geschichtssammlungen, z. B. im **Indian Motorcycle Museum**, 33 Hendee St., **Springfield Library and Museum**, State/Chestnut Sts., oder im **Springfield Science Museum**. Da sich in Springfield viele Griechen niedergelassen haben, findet jedes Jahr Anfang September ein Volksfest mit griechischen Tänzen und griechischen Spezialitäten statt. Darüber hinaus ist Springfield bekannt als Geburtsstätte des Basketballspiels.

Griechisches Volksfest

Auf dem Gelände des Springfield Colleges liegt die **Basketball Hall of Fame**, 1150 Columbus Ave. Hier gibt es eine Fülle von Informationen, Ausstellungsstücken und Videospielen zu dieser Sportart, die auch im Film vorgestellt wird. Außerdem können Besucher an Übungsstationen und Basketballspielen teilnehmen.

In **West Springfield** erinnert das **Freilichtmuseum Storrowton Village**, Eastern States Exposition, 1305 Memorial Ave., mit sieben restaurierten Häusern an die Zeit von 1767 bis 1850. Wie im Old Sturbridge Village wurden auch diese Häuser an anderer Stelle abgebaut und in Storrowtown wieder aufgebaut.

Freilichtmuseum

Stockbridge (ⓘ S. 151)

Auf der Fahrt nach Stockbridge kommen Sie in die **Berkshires** und das sanfte Hügelland der **Berkshire Hills** mit seinen dichten Wäldern, stillen Seen und kleinen Flüssen. Die Gegend lädt tagsüber zum Spazierengehen, Wandern und zu vielen Besichtigungen ein, am Abend können Sie erstklassige Theateraufführungen und Konzerte besuchen und in sehr schönen, historischen Landgasthäusern oder Privathäusern übrnachten.

6. Die Neuengland-Staaten – Massachusetts

INFO **Wer war Norman Rockwell?**

Norman Rockwell wurde 1894 in New York geboren. Von Jugend an hatte er den Wunsch, Illustrator zu werden. Schon mit 15 Jahren besuchte er die National Academy of Design, und bereits vor seinem 16. Geburtstag zeichnete er eine erste Kollektion mit Motiven für Weihnachtskarten. 1915 zog *Rockwell* nach New Rochelle, wo sich bereits einige namhafte Illustratoren niedergelassen hatten, und arbeitete für das bekannte *„Magazin Life"*. 1916 erschien sein erstes Titelbild für die *„Saturday Evening Post"*, für die er in den kommenden 47 Jahren 321 Titelblätter anfertigte.

1939 ließ er sich mit seiner Familie in Arlington, Vermont, nieder und begann, das Leben in amerikanischen Kleinstädten zu beobachten und darzustellen. 1943 schuf er eine Serie von vier Bildern, die auf *Roosevelts* „Vier Freiheiten" beruhte und sich mit der Rolle des Individuums in der amerikanischen Demokratie auseinander setzte. 1953 zog die Familie *Rockwell* nach Stockbridge, wo *Rockwells* Frau 1959 starb. 1960 erschien *Rockwells* Autobiografie *„My adventures as an Illustrator"*, die er zusammen mit seinem Sohn verfasste und illustrierte. Die *„Saturday Evening Post"* veröffentlichte Passagen und Illustrationen aus diesem Buch, zu denen auch das berühmte und beliebte *„Triple Self-Portrait"* gehört. 1963 beendete *Rockwell* die Zusammenarbeit mit der *„Saturday Evening Post"* und trat in den nächsten zehn Jahren mit seinen Bildern für die Bürgerrechte und für den Kampf gegen die Armut ein. Seit 1969 wurden einige seiner Bilder im Old Corner House in Stockbridge ausgestellt, 1973 übergab *Rockwell* seine persönliche Bildersammlung dem Rockwell Art Collection Trust. 1976 vermachte *Rockwell* sein Studio mit allem Inventar der Stiftung. Er starb am 8. November 1978 in seinem Haus in Stockbridge.

Rockwells Lebenswerk zeichnet ein Bild von Amerika und seinen Menschen, mit dem diese sich identifizieren können. Er zeigt die Probleme der Gegenwart auf, wie sie dem Einzelnen in seinem Alltag und seiner Umwelt begegnen.

Stockbridge wurde 1734 als Missionsstation für die *Algonkin*-Indianer angelegt und ist heute mit ca. 1.200 Einwohnern ein beliebter Ferien- und Erholungsort, der mit dem Slogan *„The Best of New England"* wirbt. Historische Häuser mit kleinen Boutiquen und Geschäften in der Ortsmitte, das *Red Lion Inn*, eines der bekanntesten Hotels in Neuengland, das neue Norman Rockwell Museum, das angesehene Berkshire Theater-Festival und der Botanische Garten laden zu einem längeren Aufenthalt ein.

6. Die Neuengland-Staaten – Massachusetts

Auf keinen Fall sollten Sie den Besuch des **Norman Rockwell Museum at Stockbridge**, Route 183, versäumen. Es besitzt die größte Sammlung von Illustrationen des beliebten Künstlers, dessen Zeichnungen die Titelseiten der *„Saturday Evening Post"* schmückten. Das Museum liegt eingebettet in eine liebliche Hügellandschaft mit Blick auf den Housatonic River. Seine fünf Sammlungen umfassen insgesamt 504 Bilder und Zeichnungen von *Norman Rockwell*. Das 1993 eröffnete Museum ist eine der meistbesuchten Attraktionen im Westen von Massachusetts. Weitere Sehenswürdigkeiten sind das **Missionshaus**, Main/Seargent Sts., aus dem Jahr 1739 mit Ausstellungen zur Geschichte der frühen Kolonialzeit, und der **Botanische Garten**, Route 102/183, ein weitläufiges, schönes Parkgelände mit Rosen-, Stauden- und historischen Kräuterbeeten, Weihern, Waldwegen und Picknickplatz.

Norman Rockwell Museum

In der Nähe der Ortschaft Glendale befindet sich **Chesterwood**, Sommersitz und Studio des Bildhauers *Daniel Chester French* (1850-1931), der das Lincoln Memorial in Washington, die Statue des „Minute Man" in Concord und mehr als 100 weitere Skulpturen schuf. *Chester* lebte mehr als 30 Jahre auf seinem Landsitz. Eindrucksvoll ist ein Besuch im Atelier des Künstlers, wo die Arbeitsatmosphäre noch sehr lebendig ist. Zum Landsitz gehört ein schön angelegter Garten, in dem von August bis Oktober einige der Skulpturen ausgestellt werden.

Great Barrington, 7 mi/10,2 km südlich von Stockbridge, wurde um 1725 gegründet und ist heute ein beliebter Ferienort. Wanderungen führen auf den **Mount Everett**, wo Sie den Blick auf die Berkshires und das Housatonic-Tal genießen können oder zum **Monument Mountain**, wo sich 1850 *Nathaniel Hawthorne* und *Herman Melville* erstmals begegneten.

Jeden Sommer treffen sich Musikliebhaber zum **Aston Magna Festival**, dem ältesten Festival in Amerika für barocke, klassische und romantische Musik.

Festivals für Musik ... und Tanz

In **Lee** (ⓘ S. 151) findet jedes Jahr das international renommierte „**Jacob's Pillow Dance Festival**", 358 George Carter Rd., statt. Von Juni bis Ende August gibt es in zwei Theatern und auf Freilichtbühnen Tanzaufführungen von Klassik bis Jazz.

Lenox und Tanglewood (ⓘ S. 151)

Lenox ist ein beliebter Ferienort mit ausgezeichneten Wandermöglichkeiten. Im Besucherzentrum werden auch geführte Wanderungen angeboten. Eisenbahnfreunde besuchen das **Berkshire Scenic Railway and Museum**, Willow Creek Rd., das auf dem Gelände eines restaurierten Bahnhofs aus dem Jahr 1902 Ausstellungen, Modelleisenbahnen und Lokomotiven zeigt. Eine kurze Fahrt mit der historischen Eisenbahn ist vor allem bei Kindern sehr beliebt.

Lenox ist die Heimat der **Shakespeare&Company**-Schauspieltruppe, die klassische und moderne Schauspiele zur Aufführung bringt. Wie der Name aber schon sagt, sind es vor allem Stücke von Shakespeare, die hier von Mai bis Dezember auf dem Gelände von „The Mount" aufgeführt werden. Es werden aber auch Stücke von *Edith Wharton*, deren Haus „The Mount" zu besichtigen ist, gespielt.

Stücke von Shakespeare

INFO Wer war Edith Wharton?

Edith Newbold Jones wurde 1862 in New York geboren. Sie stammte aus einer reichen, angesehenen Familie. 1885 heiratete sie den Bankier *Edward Wharton*. Während der 90er Jahre des 19. Jh. verfasste sie zahlreiche Erzählungen, die in Zeitschriften veröffentlicht wurden. 1905 erschien ihr Roman „*The House of Mirth*" („Das Haus der Freude"), das ihren Ruf als Schriftstellerin begründete. 1907 verließ *Edith Wharton* ihre Heimat und ließ sich in Frankreich nieder. Sie schrieb in der Folgezeit mehrere Romane, Reisebücher, Erzählungen und Gedichte. Besonders bekannt wurde sie durch den satirischen Gesellschaftsroman „*The Custom of the Country*" (1913) und den Entwicklungsroman „*The Age of Innocence*" („Im Himmel weint man nicht", 1920), für den sie mit dem Pulitzer-Preis ausgezeichnet wurde.

Edith Wharton verbrachte ihr Leben in der Gesellschaft von Künstlern und Schriftstellern, zu denen auch *Henry James*, *Aldous Huxley* und *André Gide* gehörten. 1924 wurde ihr als erster Frau ein Ehrentitel der Yale-Universität verliehen. Sie gilt als Meisterin der realistisch-gesellschaftskritischen amerikanischen Literatur und findet in jüngster Zeit wieder großes Interesse, wie z. B. der 1993 gedrehte Film „Zeit der Unschuld" deutlich macht.

The Mount, 2 Plunkett St., ist der historische Landsitz der Pulitzer-Preisträgerin *Edith Wharton*. Das Haus wurde 1901-02 im Auftrag der Schriftstellerin gebaut. Dabei war es ihr besonderes Anliegen, Architektur und Landschaft harmonisch miteinander zu verbinden; die Räume wurden nach den Prinzipien gestaltet und eingerichtet, wie sie es zuvor in ihrem Buch „*The Decoration of Houses*" dargestellt hatte. Das Haus wird zurzeit restauriert, ist aber bei Führungen für Besucher geöffnet.

Unvergessliches Konzerterlebnis

Eng mit Lenox verbunden ist der Name **Tanglewood**, denn seit 1936 treffen sich jeden Sommer in der ländlichen Idylle von Tanglewood Klassikfans und Freunde des Boston Symphony Orchestra, das hier seine Sommerresidenz hat. Der große Landsitz mit Herrenhaus, Cottage und Konzertsälen ist von Gärten und weiten Rasenflächen umgeben. Ein Konzertbesuch in Tanglewood gehört zu den großes Open-Air-Erlebnissen in den USA. In jedem Jahr von Ende Juni bis Anfang September zieht das Festival 300.000 Besucher durch erstklassige Konzerte mit hervorragenden Interpreten und Orchestern und die besondere Atmosphäre im Park von Tanglewood in seinen Bann. Das musikalische Erlebnis wird noch vertieft durch die besondere Atmosphäre in Tanglewood: Die Besucher können den Konzerten von den 5.000 Plätzen der überdachten, aber an den Seiten offenen Musikarena „Shed" zuhören, die auf Entwürfe des finnischen Architekten *Eliel Saarinen* zurückgeht. Sie können sich aber auch auf der „Great Lawn", einer großen Rasenfläche, zum traditionellen Picknick niederlassen und dabei den Konzerten lauschen.

In Tanglewood, im **Little Red House**, lebte und arbeitete *Nathaniel Hawthorne* (ⓘ S. 464) in den Jahren 1850/51. Er gab seinen Erzählungen den Titel „*Tanglewood Tales*". Die Nachbildung seines Wohnhauses, in dem sich heute Musikstudios befinden, ist vor jedem Konzert für Besucher geöffnet.

Pittsfield (ⓘ S. 151)

Die 1743 gegründete Stadt, in der heute knapp 46.000 Menschen leben, liegt im Zentrum des Feriengebietes der Berkshire Hills und bietet gute Wander- und Wassersportmöglichkeiten sowie drei im Winter gern besuchte Skigebiete.

Das **Berkshire Museum**, 39 South St., wurde 1903 gegründet; es vereinigt Galerien mit Gemälden des 15.-20. Jh., eine Skulpturensammlung, historische und naturwissenschaftliche Ausstellungen und ein Aquarium unter einem Dach. Im 1780 gebauten **Arrowhead House**, 780 Holmes St., lebte 1850-63 **Herman Melville**, der Verfasser des Romans „Moby Dick" (ⓘ Info-Kasten zu *Herman Melville*, S. 423). Im Haus gibt es Erinnerungsstücke an ihn, Kostüme, Bilder und einen historischen Film.

Herman Melville

Kulturinteressierte können das **Berkshire Public Theatre**, 30 Union St., besuchen, wo das bekannte Theaterensemble ganzjährig Musicals, Komödien und Dramen zur Aufführung bringt. Im Juli und August werden Operninszenierungen in englischer Sprache mit erstklassiger internationaler Besetzung in der **Berkshire Opera**, Cranwell Opera House, aufgeführt.

Nordöstlich von Pittsfield liegt der kleine Ort **Dalton** mit Sitz der Firma *Crane Paper Company*, Route 9, die u. a. das Papier für die amerikanischen Banknoten herstellt. In dem angeschlossenen **Crane Museum** gibt es eine Ausstellung zur Geschichte der Papierherstellung.

Pittsfield ist auch Ausgangsort für einen Besuch im 8 km westlich gelegenen Museumsdorf **Hancock Shaker Village**, an der Kreuzung des US-20 mit dem MA-41. An der Stelle des heutigen Museumsdorfes lebte von 1790 bis 1960 eine *Shaker*-Gemeinde, die ihr Dorf „Friedensdorf" nannte. Hancock war die dritte der 18 ameri-

Hancock Shaker Village

INFO Wer waren die Shaker?

Als *Shaker* („Zitterer" oder „Schüttler") werden die Anhänger der „Vereinigten Gemeinschaft der an die zweite Wiederkunft Christi Glaubenden" bezeichnet. Diese Gemeinschaft, deren Gründer *James* und *Jane Wardley* waren, wird bereits um 1750 in Großbritannien erwähnt. Der Name *Shaker* wird darauf zurückgeführt, dass die Gläubigen in ihren Gottesdiensten tanzten und in die Hände klatschten.

1774 wurde die neue Glaubensform von der Quäkerin *Ann Lee* aus der englischen Stadt Manchester in Amerika eingeführt. 1976 wurde die erste Gemeinschaft gegründet. Von ihren Anhängern wurde *Ann Lee* „Mutter Anna" genannt. Bis 1826 entstanden 18 neue Gemeinschaften mit etwa 6.000 Mitgliedern, die bereit waren, auf religiöser Grundlage ein Leben in Einfachheit und Bescheidenheit zu führen. Grundlagen des Zusammenlebens waren das gemeinsame Besitztum und eine asketische, keusche Lebensweise. Nach 1860 gingen die Mitgliederzahlen stark zurück. Sehr geschätzt ist noch heute das von den *Shakern* gestaltete Kunsthandwerk; besonders die Möbelstücke überzeugen durch ihre Einfachheit und schlichte Formgebung.

kanischen *Shaker*-Gemeinden; hier lebten um 1830 etwa 300 Menschen. 1961 wurde Hancock Shaker Village als Museum eröffnet. In 20 restaurierten Häusern können Sie das Leben, die Bauernarbeit und das Handwerk der *Shaker* nacherleben. Täglich finden Vorführungen der alten Arbeitsweisen statt. Es gibt Ausstellungen, Haustiere, einen Kräuter- und Gemüsegarten und einen Museumsshop.

Williamstown (ⓘ S. 151)

Auf dem Weg nach Williamstown passieren Sie zunächst den Mount Greylock, den höchsten Berg von Massachusetts. Williamstown, eine kleine Universitätsstadt mit ca. 4.800 Einwohnern, besitzt eines der besten Museen der Neuengland-Staaten, das **Sterling and Francine Clark Art Institute**, 225 South St., mit einer außergewöhnlichen Silbersammlung und einer beeindruckenden Impressionisten-Ausstellung mit Gemälden von *Auguste Renoir*, *Claude Monet* und *Edgar Degas* sowie von den amerikanischen Malern *Winslow Homer*, *Frederic Remington* und *John Singer Sargent*. Seit 1955 findet alljährlich das bekannte **Williamstown Theater Festival** statt. Von Ende Juni bis August werden auf mehreren Bühnen Theaterstücke aufgeführt, deren Inszenierungen zu den renommiertesten Amerikas gehören.

Werke der Impressionisten

Im **Williams College Museum of Art**, Main St., befindet sich in den Ausstellungen der zeitgenössischen Kunst das bekannte gelb-schwarze Selbstbildnis von *Andy Warhol*; in der Universitätsbibliothek sind seltene Bücher und historische Manuskripte zu sehen.

In der näheren Umgebung gibt es zwei 18-Loch-Golfplätze, ein öffentliches Schwimmbad im Margaret Lindley Park und die Mineralwasserquelle von Sand Springs. Es gibt ein weites Netz an Wander- und Radwegen und Langlaufloipen, und Skigebiete am Mount Greylock.

Reizvoller Mohawk Trail

Wenn Sie in Williamstown auf den MA-2 auffahren, befinden Sie sich auf dem historischen **Mohawk Trail**, der von Williamstown über Greenfield nach Gardner führte. Es war zunächst nur ein Pfad der *Mohawk*-Indianer, den die ersten europäischen Siedler dann zu einem Ochsenkarrenweg verbreiterten. Im 19. Jh. wurde eine Eisenbahntrasse gebaut, und heute verbindet die Autostraße die Ortschaften und Städte miteinander. Dabei zählt der Mohawk Trail, vor allem auf der Strecke zwischen Williamstown und Greenfield, auch heute noch zu den reizvollsten und landschaftlich schönsten Straßen.

North Adams (ⓘ S. 151)

Am MA-2 liegt North Adams, eine Stadt mit knapp 15.000 Einwohnern, die eines der neuesten und größten Museen der USA besitzt.

Das **MASS MOCA**, Massachusetts Museum of Contemporary Art, MA-2/Marshall St., wurde in 27 ehemaligen Fabrikgebäuden eingerichtet. Dieses „Museum der Superlative" zeigt in riesigen Galerien wechselnde Ausstellungen zeitgenössischer Künstler.

Im **Natural Bridge Park** am MA-8 ist eine natürliche Brücke zu sehen, die am Ende der letzten Eiszeit entstanden ist. Im **Western Gateway Heritage State Park**, 9 Furnace St., wurden sechs historische Gebäude restauriert, in denen sich jetzt Geschäfte, Ausstellungen und ein Restaurant befinden. Im ehemaligen Frachthaus informiert eine Ausstellung über die Geschichte der Stadt und den Bau der Eisenbahn.

Shelburne Falls

Die weitere Fahrt führt nach Shelburne Falls, wo eine ehemalige Eisenbahnbrücke über den Deerfield River zur „Bridge of Flowers" umgestaltet wurde. Beim Überqueren der Bogenbrücke, die an Sommerabenden illuminiert wird, laufen Fußgänger wie durch einen kleinen, schön angelegten Park mit über 500 verschiedenen Pflanzenarten. In der Umgebung von Shelburne Falls gibt es über 50 „potholes" (kreisförmige Auswaschungen), die in Jahrtausenden vom Deerfield River ausgewaschen worden sind.

Bekannte Bogenbrücke

Greenfield (ⓘ S. 151)

In Greenfield, wo am Anfang des 19. Jh. die erste Messerschmiede Amerikas gegründet wurde, ist heute die Glas- und Silberschmiedewerkstatt **Lunt Silver Museum & Design Center**, Federal St., zu besichtigen.

Deerfield (ⓘ S. 151)

Die Stadt, bereits um 1600 gegründet, musste nach zweimaliger Zerstörung in den Indianerkriegen im 18. Jh. wieder aufgebaut werden. Aus dieser Zeit stammen einige der Kolonialhäuser an der **Old Deerfield Street**, die zu einer der schönsten historischen Straßen Amerikas zählt.

Historic Deerfield umfasst 14 dieser insgesamt 65 historischen Häuser aus dem 18. und frühen 19. Jh., die aufwändig restauriert und mit Möbeln und Gebrauchsgegenständen der damaligen Zeit eingerichtet sind, z. B. das **Allen House** (1702), die ehemalige Postkutschenstation **Barnard Tavern**, das **Dwight House** (um 1725) und das **Wright House** (1824). Bei der interessanten Besichtigung lernen Sie das Leben der Dorfbewohner in der Zeit von 1650 bis 1850 kennen. Anschließend können Sie im Museumsshop einkaufen, die Atmosphäre des Ortes bei einem Tee auf der schönen Terrasse des **Dierfield Inn** genießen oder auch eine Nacht in diesem stilvollen Landgasthaus aus dem Jahr 1884 verbringen.

Aber Deerfield ist mehr als ein Freilichtmuseum der neuenglischen Geschichte, den besonderen Reiz des Ortes

Einladend: Deerfield Inn

macht das Miteinander von Vergangenheit und Gegenwart aus. Die 14 historischen Häuser an der Straße „The Street" sind umgeben von schönen Wohnhäusern mit gepflegten Gärten, öffentlichen Gebäuden und der Deerfield Academy.

Hinweis zur Route

Von Deerfield fahren Sie zurück nach Greenfield und von dort über den MA-2 über Gardner und Leominster zurück nach Boston.

Von Boston entlang der Ostküste nach Maine

Die Küste zwischen Boston und Maine

„Quintessentially New England" wird diese Gegend genannt, von der das *„Money Magazin"* sagt, dass sie zu den zehn Plätzen gehöre, an denen es sich in Amerika am besten leben lasse. Die Küstenregion zwischen Boston und Maine ist mit felsigen Küstenabschnitten, feinen Sandbuchten, kleinen Fischerdörfern, großen Vogelschutzgebieten, Museen, alten Wassermühlen und vielen historisch interessanten Sehenswürdigkeiten landschaftlich und kulturell besonders vielseitig und erlebnisreich.

1996 wurde die Region, die sich nordöstlich von Boston bis zur Grenze von New Hampshire hinzieht, unter dem Namen **„Essex National Heritage Area"** vom amerikanischen Kongress zu einem Schutzgebiet für historische Stätten und Naturlandschaften erklärt. In vielen der 34 Städten und Gemeinden gibt es Informationszentren, z. B: in Lynn und Salem.

Salem (S. 151)

Von Boston führt der MA-IA über Lynn nach Salem. Der 1629 gegründete Ort zählt zu den ältesten Gemeinden Neuenglands. Im **Lynn Heritage State Park Visitors Center**, 590 Washington St., können Sie sich über die Geschichte des Ortes informieren.

Ort mit interessanter Vergangenheit

Salem zieht alljährlich mehr als 1 Mio. Besucher an, von denen die meisten den Ort der berüchtigten Hexenverfolgungen und -prozesse im Jahr 1692 kennen lernen möchten – und so stehen die historischen Stätten mit Gruselkabinett und Wachsfiguren im Mittelpunkt des Interesses. Aber Salem hat auch eine interessante Vergangenheit als reiche See- und Handelsstadt. Der Ort, der schon 1626 gegründet wurde, entwickelte sich im frühen 18. Jh. rasch zu einer bedeutenden Hafenstadt. Eine große Flotte von privaten Handelsschiffen machte zunächst während des amerikanischen Unabhängigkeitskrieges reiche Beute bei den Auseinandersetzungen mit englischen Schiffen, und nach dem Kriegsende begann für Salem der sehr einträgliche weltweite Handel, der die Schiffe bis nach Russland, Indien und China führte. Der Reichtum der Seefahrer fand seinen Ausdruck im Bau sehr großzügig geplanter und mit wertvollem Mobiliar ausgestatteter Wohnhäuser, die heute für Besucher zugänglich sind. Wegen seiner historisch bedeutenden Rolle und der eindrucksvollen Architekturschätze aus dem 17. bis zum 19. Jh. wurde Salem offiziell als „American Historic Treasure" anerkannt.

6. Die Neuengland-Staaten – Massachusetts

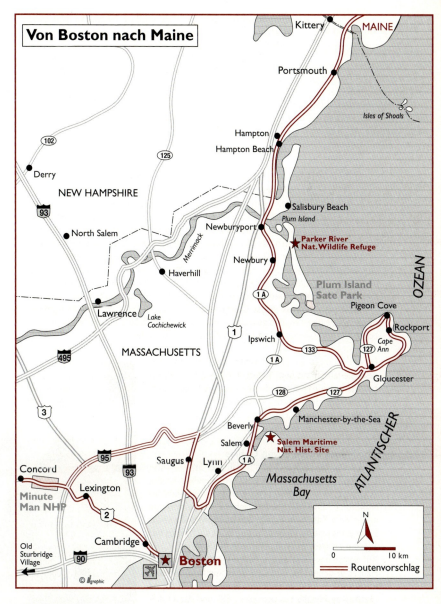

Heute laden gute Restaurants, nette Geschäfte, ein Spaziergang entlang der historischen Derby Wharf und der Hafen zu einem längeren Aufenthalt ein.

6. Die Neuengland-Staaten – Massachusetts

Tipp für Besucher

In der Stadtmitte gibt es mehrere ausgewiesene, allerdings gebührenpflichtige Parkplätze. Im **National Park Service Visitor Information Center**, 2 Liberty St., erhalten Sie einen Stadtplan mit Vorschlägen für einen Stadtrundgang. Am einfachsten ist es, wenn Sie dem etwa 2 km langen **Heritage Trail**, einer roten Linie auf den Bürgersteigen, folgen, der Sie zu den interessantesten historischen Sehenswürdigkeiten führt.

Zum Seefahrer-Geschichtspark, **Salem Maritime National Historic Site**, 174 Derby St., gehören mehrere historische Häuser, wie z. B. das Alte Zollhaus (1819), der Zollspeicher, das Derby-Haus (1762), die Derby Wharf und der 1871 gebaute Leuchtturm und drei Anlegestellen des historischen Hafens von Salem. Besucher können an Bord der „Friendship" gehen, der Nachbildung eines Schiffes von 1797. Das **Custom House**, 174 Derby St., wurde 1819 gebaut. Wo früher *Nathaniel Hawthorne* drei Jahre als Angestellter arbeitete, gibt es heute interessantes Infomaterial und Dia- und Filmvorführungen zur Geschichte der Stadt.

Nicht versäumen sollten Sie einen Besuch des **Peabody Essex Museums**, East India Square, das die Geschichte des Seehandels eindrucksvoll spiegelt. Kernstück der Anlage ist eine ganze Straßenzeile mit elf historischen Häusern des ausgehenden 19. Jh. Zusammen mit dem **Essex Institute**, 132 Essex St., hat sich das Museum auf maritime Kunst und Kunst aus Neuengland spezialisiert, zudem gibt es interessante naturgeschichtliche und ethnologische Sammlungen, Ausstellungen zu Walfang und Fischerei, Silber- und Glaskunst, Einrichtungsgegenstände, eine Porträtsammlung und Kunstobjekte aus aller Welt, die von den Seefahrern von langen Fahrten mitgebracht worden sind. Der Museumskomplex selbst ist etwas Besonderes, denn es ist dem Architekten *Moshe Safdie* überzeugend gelungen, die historischen Gebäude mit modernen Räumlichkeiten und Glaskuppeln zu einem Ganzen zu verbinden.

Entweder folgen Sie zu Fuß weiter dem Heritage Trail oder Sie fahren mit dem **Salem Trolley** zu den weiteren Sehenswürdigkeiten, die alle einen Bezug zu den historischen Hexenverfolgungen haben und die heutigen Besucher durch „Hexenprozesse" und Folterwerkzeuge das Gruseln lehren wollen.

The House of the Seven Gables
„Das Haus der sieben Giebel", 54 Turner St.

Romanschauplatz

Das 1668 gebaute Haus mit den vielen Giebeln ist der Schauplatz des gleichnamigen Romans von *Nathaniel Hawthorne*. Die dort beschriebene Geheimtreppe neben dem Kamin im Esszimmer ist ebenso wie sechs Räume des Hauses zu besichtigen. Es ist auch eines der ältesten erhaltenen Wohnhäuser in Neuengland.

Auf demselben Grundstück liegen weitere historische Häuser, in denen der Museumsladen, ein Besucherzentrum und ein Café eingerichtet wurden, das **Hooper Hathaway House** aus dem Jahr 1682 und das an dieser Stelle aufgebaute Geburtshaus von *Nathaniel Hawthorne* (S. 464).

Das „Haus der sieben Giebel"

INFO: Die Hexenprozesse von 1692

Die europäischen Hexenprozesse erreichten ihren schrecklichen Höhepunkt zwischen 1590 und 1630; Tausende wurden hingerichtet oder auf dem Scheiterhaufen verbrannt, weil man glaubte, sie seien mit dem Satan verbündet oder sie böswillig dessen beschuldigte. In Neuengland begannen die Hexenverfolgungen, als 1691 in Salem acht Mädchen an einem merkwürdigen Leiden erkrankten, das sich in seltsamen Bewegungen, wirrem Sprechen, Krämpfen und Halluzinationen ausdrückte. Als jede Behandlung fehlschlug, lautete die Diagnose: Die Mädchen sind verhext! – und schon bald wurden Frauen und Männer des Dorfes als Hexen angeklagt und ins Gefängnis geworfen; 19 vermeintliche Hexen wurden hingerichtet. Die Salemer Hexenprozesse gehören zu den am besten dokumentierten Hexenprozessen in der Geschichte. Sie wurden mehrfach literarisch bearbeitet, z. B. von *Nathaniel Hawthorne* in „Der scharlachrote Buchstabe" oder in dem bekannten Schauspiel „Hexenjagd" des amerikanischen Dramatikers *Arthur Miller*.

Salem Witch Museum, Washington Square North. Lebensgroße Wachsfiguren stellen in Anlehnung an die Prozessakten den Verlauf der Hexenprozesse nach, eine audiovisuelle Show und eine Ausstellung zum Thema „Hexen" bieten weitere Informationen und Erklärungen.

Hexenmuseum und Hexenhaus

Witch House, „Hexenhaus", 310 1/2 Essex St. In dem 1642 gebauten Haus, das zeitweilig von einem Richter der Hexenprozesse bewohnt war, wurden Voruntersuchungen gegen die „Hexen" durchgeführt. Kostümierte Führer erzählen die Geschichte des Hauses und seiner Bewohner und ihre Rolle während des Prozesses.

Witch Dungeon Museum, 16 Lynde St. Die Zuschauer erleben die Theatervorstellung eines Hexenprozesses und können an einer Führung durch den restaurierten Hexenkerker teilnehmen.

Pioneer Village-Salem, Forest River. Im Forest River Park wurde die erste Puritaner-Siedlung aus dem Jahr 1626 mit Befestigungen, Zelten, strohgedeckten Hütten, einem Pranger und Lagerhäusern rekonstruiert.

Ausflug nach Marblehead
Von Salem aus können Sie einen Abstecher über die MA-114 zum reizvollen Hafenort Marblehead mit seiner sehenswerten Altstadt und dem eleganten Yachthafen machen. Hier finden an den Wochenenden und besonders in der letzten Juliwoche große Regatten statt.

Von Salem zur Halbinsel Cape Ann

Die reizvolle **Halbinsel Cape Ann** ist ein beliebtes Ausflugsziel; ihren besonderen Reiz machen die kleinen Fischerorte mit ihren malerischen Häfen, die Küste mit steilen Felsen und stillen Sandbuchten, gute Restaurants und vielerlei Wassersportmöglichkeiten aus.

Cape Ann

Hinweis zur Route

Entfernung: 15 mi/24 km
Sie verlassen Salem auf dem MA-1A und biegen in Beverly auf den schnelleren MA-128 oder auf den küstennahen MA-127, die beide nach Gloucester führen. Von Gloucester aus können Sie auf dem MA-127A an der Küste entlang nach Rockport und weiter auf dem MA-127 über die Halbinsel Cape Ann fahren.

Der Weg führt zum kleinen Ferienort **Manchester-by-the-Sea** mit seinem „singenden" Strand. Westlich des MA-127 liegt **Hammond Castle**, 80 Hesperus Ave., das 1926-29 von dem Erfinder der Hammond-Orgel wie eine mittelalterliche Festung errichtet wurde. Das Haus dient heute als Museum. In der großen Halle, in der regelmäßig Konzerte stattfinden, steht eine eindrucksvolle Orgel mit 8.200 Pfeifen.

Gloucester (ⓘ S. 151)

Die Stadt wurde schon 1623 gegründet und entwickelte sich in den folgenden Jahrzehnten zu einem bedeutenden Fischereizentrum. Auch heute steht der Fischfang als Erwerbsquelle noch an erster Stelle, aber der Fremdenverkehr gewinnt immer mehr an Bedeutung. Viele Besucher kommen nach Gloucester, um von hier zu Walbeobachtungsfahrten aufzubrechen. Da einige Hauptnahrungsplätze der Wale nicht weit entfernt sind, bedarf es keiner langen Anfahrten, um zu guten Beobachtungsmöglichkeiten zu kommen.

Denkmal für Fischer und Seeleute

Im Ort wurde 1923 zum 300-jährigen Bestehen des Ortes das **Gloucester Fisherman Memorial** von *Leonard Craske* aufgestellt, eine Bronzestatue, die zu Ehren der vielen Seeleute errichtet wurde, die ihr Leben auf dem Meer gelassen haben.

Das **Cape Ann Historical Museum**, 27 Pleasant St. Paintings, zeigt eine Ausstellung über den örtlichen Fischfang, Mobiliar aus dem frühen 19. Jh. und Wechselausstellungen zur Geschichte von Cape Ann.

Beauport, **The Sleeper-Mc Cann House**, 75 Eastern Point Blvd. Durch die Zusammenarbeit des Designers *Henry Davis Sleeper* mit dem aus Gloucester stammenden Architekten *Halfdan Hanson* entstand über mehrere Jahre dieses Museum mit 40 Räumen, von denen 26 jetzt besichtigt werden können. Sie sind ausgestaltet mit antikem Mobiliar, kostbaren Teppichen und Tapeten und modernen europäischen und amerikanischen Kunstwerken.

Rockport (ⓘ S. 151)

Künstlerdomizil

Rockport, ein ehemaliges Fischerdorf, ist heute ein beliebter Ferienort und eine bekannte Künstlerkolonie. Den Reiz des alten Ortes entdeckte frühzeitig der Maler *Winslow Homer* (1836-1910). Ihm folgten viele andere Künstler, die sich ganzjährig in Bearskin Neck niedergelassen haben, wo sich Ateliers, Galerien, Geschäfte und Restaurants aneinander reihen. Viele Maler und Fotografen haben in Rockport ein so ansprechendes Motiv für ihre Kunst gefunden, dass dieses allgemein nur noch als „Motif Number One" bezeichnet wird: eine alte, von Wind und Sturm gezeichnete Fischerhütte auf einer Werft!

Tipp

Eine schöne **Rundfahrt** führt von Gloucester über den MA-127A nach Rockport und Pigeon Cove.

Stadtspaziergang: Um Rockport besser kennen zu lernen, können Sie an dem ca. einstündigen Spaziergang „**Footprints**" teilnehmen, der bei Tageslicht oder bei Laternenschein durch den reizvollen Ferienort führt.

Das **Sandy Bay Historical Society & Museum**, 12 Main St., informiert über die Geschichte des Fischfangs und die frühe amerikanische Geschichte. Das **Old Castle** in Pigeon Cove, Granite/Curtis Sts., ist als so genanntes „saltbox house" ein gutes Beispiel für die Architektur des 18. Jh. Eine Besonderheit ist das **Paper House**, 52 Pigeon Hill St., zu dessen Errichtung und Ausstattung Zeitungspapier, 215 Lagen stark, verwendet wurde.

Von Gloucester nach Newburyport

Die Straße bietet eindrucksvolle Ausblicke auf die Atlantikküste und führt zu alten Städtchen mit gepflegten Kapitänshäusern, zu schönen Badestränden und durch liebliches Hügelland.

Ipswich (S. 151)

Im heutigen Ferienort Ipswich ist die Vergangenheit noch lebendig: Fast 50 Häuser aus dem 17. und 18. Jh. rund um den Common sind noch gut erhalten. Zu besichtigen sind das **John Whipple House**, 1 S Village Green, am MA-1A, aus dem Jahr 1640 und das **John Heard House**, 54 S Main St., aus dem Jahr 1795 mit kostbaren chinesischen Möbeln aus der Zeit des Chinahandels.

> **Hinweis zur Route**
>
> *Entfernung:* 25 mi/40 km
> Sie verlassen Gloucester auf dem MA-133, der Sie in Ipswich auf den MA-1A führt; diesem folgen Sie bis Newburyport.

Crane Beach an der Ipswich Bay gehört mit seinem 8 km langen Strand zu den schönsten Badeplätzen an der Atlantikküste Neuenglands.

Crane Beach

Newburyport (S. 151)

Newburyport liegt an der Mündung des Merrimack River. Obwohl viele Gebäude durch einen Brand im Jahr 1811 zerstört wurden, zeugen die schönen alten Häuser der Reeder und Kapitäne an der High Street noch von der einstigen Bedeutung als Handels- und Fischereizentrum. Einige der Häuser sind zu besichtigen, z. B. das **Caleb Cushing House**, 98 High St., ein Herrenhaus mit 21 im Stil des 19. Jh. eingerichteten Zimmern und einem schönen Garten. Das **Custom House Maritime Museum**, 25 Water St., ist im 1835 gebauten, ehemaligen Zollhaus eingerichtet und informiert über den Seehandel, die Geschichte des Schiffsbaus und der Stadt.

Auch von Newbury aus fahren von Mai bis Oktober Ausflugsschiffe zur **Walbeobachtung** aus. Ein Ausflug lohnt sich zum 3 mi/5 km entfernten **Parker River National Wildlife Refuge** auf **Plum Island**. Dieses Naturschutzgebiet ist die Heimat vieler Vogelarten, Säugetiere und Reptilien. Salz- und Frischwasser-Marschen sind Rast- und Futterplätze für die Zugvögel. Auf der Insel gibt es gute Möglichkeiten zum Wandern, Radfahren und Kanufahren.

Walbeobachtung

Von Newburyport über Portsmouth/NH nach Maine

Portsmouth (S. 151)

Nördlich von Newburyport beginnt der knapp 30 km lange Abschnitt der Atlantikküste, der zu New Hampshire gehört. Es

> **Hinweis zur Route**
>
> *Entfernung:* 70 mi/112 km
> Der US-1 bringt Sie von Newburyport direkt nach Portland.

6. Die Neuengland-Staaten – Massachusetts

gibt einige gute Sandstrände und schöne State Parks wie den Sandstrand von **Hampton Beach** und den **Rye Harbor State Park** mit großartigem Blick von der Felsküste auf den Atlantischen Ozean.

Portsmouth, die einzige Hafenstadt von New Hampshire, liegt an der Mündung des Piscataqua River und zählt mit ca. 20.000 Einwohnern zu den größeren Städten des Bundesstaates. Portsmouth war im 19. Jh. ein wichtiges Handels- und Schiffsbauzentrum; von der früheren Bedeutung der Stadt zeugen die stattlichen Häuser von Kapitänen, Reedern und Kaufleuten, die zu besichtigen sind. In den alten Gebäuden am Hafen, wo früher Seeleute und Händler ihren Geschäften nachgingen, sind jetzt Cafés, Restaurants und nette Läden zu finden.

Portsmourth Harbor Trail

Am besten lernen Sie die Stadt auf dem **Portsmouth Harbor Trail** kennen. Der Weg beginnt am Market Square und führt an der Hafenfront entlang und durch die Innenstadt zu sechs sehenswerten historischen Häusern: dem Moffatt-Ladd-House (1763), Warner House (1716), John Paul Jones House (1758), Governor John Langdon House (1784), Rundlet-May House (1807) und Wentworth Gardner House (1760).

 Tipp

*Einen Plan des **Portsmouth Trail** erhalten Sie bei der Chamber of Commerce, Sie können aber auch an einem der geführten Rundgänge teilnehmen, die in den Sommermonaten durchgeführt werden.*

Im Hafen am Ceres St. Dock starten die Boote zur Hafenrundfahrt; die Portsmouth Harbor Cruises umrunden die 14 kleinen Inseln in **Portsmouth Harbor**. Nachbauten alter Dampfschiffe bringen Sie zur Gruppe der **Isles of Shoals**, die im Mündungsgebiet des Piscataqua River liegen.

Strawberry Banke Museum, Hancock/ Marcy Sts. Der Weg ist vom Zentrum her ausgeschildert.
Als Ort für die ersten Häuser der Stadt wählten die Siedler um 1630 ein Gebiet in der Nähe des Piscataqua River aus. Da das Flussufer mit Erdbeersträuchern bewachsen war, nannten sie die Ansiedlung „Strawberry Banke". Nach aufwändiger Restaurierung sind diese historischen Gebäude heute Teil eines großen Freilichtmuseums mit 42 Häusern. Besonders sehenswert sind das **First New Hampshire State House** aus dem Jahr 1758, das **Daniel Webster House**, in dem der Dichter zwei Jahre lebte, die Kapitänshäuser und die Werkstätten von Schiffsbauern, Kupferschmieden, Töpfern und anderen Handwerkern und die schönen Bauerngärten. Im Sommer finden Vorführungen statt, bei denen man den Handwerkern zuschauen und ihre Produkte kaufen kann. Ein Café lädt zum Ausruhen ein.

Strawberry Banke Museum in Portsmouth

Maine

Überblick

Wald und Wasser sind die bestimmenden Merkmale des nur dünn besiedelten Bundesstaates Maine. Im Norden und Westen gibt es große Seengebiete und Bergzüge, die bis zu 1.600 m aufsteigen; im Süden und Osten finden sich breite Flusstäler und weites Hügelland. Der 5.600 km langen, überwiegend felsigen, von Buchten eingeschnittenen Küste sind etwa 1.200 kleine und kleinste Inseln vorgelagert.

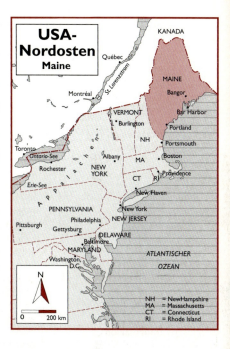

Fast 80 % der Staatsfläche, das entspricht etwa der doppelten Größe von Nordrhein-Westfalen, ist bewaldet, wobei Nadelbäume überwiegen. Die meisten der etwa 2.500 Seen sind von Wäldern umgeben, was den großen landschaftlichen Reiz des Landes ausmacht. Die weiten Waldgebiete sind nur sehr dünn besiedelt und nur zu einem geringen Teil durch Straßen erschlossen. Eine Fahrt durch das Innere Maines berührt nur wenige Ortschaften.

So stehen auch für den Touristen Landschafts- und Naturerlebnisse im Vordergrund. Maine ist vor allem ein Land für Naturliebhaber, für Wanderer, Radfahrer, Camper, Angler, Segler und Kanuten, aber im Winter auch für Ski- und Motorschlittenfahrer. Wildwasserfahrer begeistern sich für den Allagash Wilderness Waterway, Bergsteiger können sich am Mount Katahdin erproben, dem nördlichsten Punkt des Appalachian Trail, der als Wanderweg von Georgia nach Maine führt.

Ferienziel für Naturliebhaber

Touristische Anziehungspunkte sind die vielen, gut besuchten Ferienorte mit ihren schönen Stränden an der Atlantikküste, der Acadia National Park auf Mount Desert Island, der Baxter State Park, der Moosehead Lake und die „Factory Outlets", die von Jahr zu Jahr mehr Besucher anziehen.

Durch Maine

Auch durch Maine können Sie weiterhin auf dem US-1 und dem I-95 fahren:
• Der (streckenweise gebührenpflichtige) **US-1** führt an der Atlantikküste entlang bis zur kanadischen Grenze nach New Brunswick. Die Fahrt, die durch viele kleine Ortschaften und beliebte Feriengebiete geht, ist landschaftlich sehr reizvoll und abwechslungsreich, nimmt jedoch viel Zeit in Anspruch.

Maine auf einen Blick

Fläche	86.027 km² (das entspricht etwa der Größe aller anderen Neuengland-Staaten zusammen)
Einwohner	1.274.923
Hauptstadt	Augusta, 18.560 Einwohner
Staatsmotto	Dirigo (I direct)
Staatsbaum	Weißkiefer
Staatsblume	Kiefernzapfen
Staatstier	Elch
Staatsvogel	Schwarzmeise
Wirtschaft	Papierindustrie und Fremdenverkehr sind die wichtigsten Einkommensquellen in Maine; die früher Gewinn bringenden Erwerbszweige Fischfang und Schiffsbau verlieren zunehmend an Bedeutung. Nur der Hummerfang ist noch lohnend. Die wichtigsten landwirtschaftlichen Produkte sind Geflügel und Kartoffeln, die vor allem im Aroostock County angebaut werden. Das jährliche Pro-Kopf-Einkommen ist in Maine niedriger als in allen anderen Neuengland-Staaten; innerhalb der USA liegt Maine an 38. Stelle.
Zeitzone	In Maine gilt die Eastern Standard Time (= MEZ -6 Stunden)
Städte	Portland (64.249 Einwohner), Lewiston (35.690 Einwohner), Bangor (31.473 Einwohner)
Information	Maine Office of Tourism, 59 State House Station, Augusta 04333-0059, ☏ 207-287-5710 und 1-800-533-9595, 📠 207-287-8070, 💻 www.visitmaine.com
Hotline zur herbstlichen Laubfärbung	☏ 1-800-533-9595

- Der **I-95** verläuft bis Portland parallel zum US-1, wendet sich dann ins Innere von Maine und führt Sie sehr schnell über die Hauptstadt Augusta in den Norden des Bundesstaates.
- Der **US-201** zweigt in Waterville vom I-95 ab und führt durch den nordwestlichen Landesteil nach Kanada.

Von diesen Hauptstraßen zweigen viele Nebenstraßen ab, sodass der südwestliche Landesteil von einem dichten Straßennetz durchzogen ist. Im Norden dagegen führt außer Privatstraßen nur der ME-11, der in East Millinocket vom I-95 abbiegt, hinauf nach Fort Kent an der kanadischen Grenze.

Die Fahrt durch Maine macht deutlich, dass die letzten 200 Jahre die Landschaft kaum veränderten. Der ursprüngliche Charakter des „wilden Nordens" ist weitgehend erhalten geblieben und hat nichts von seinem Charme eingebüßt.

6. Die Neuengland-Staaten – Maine

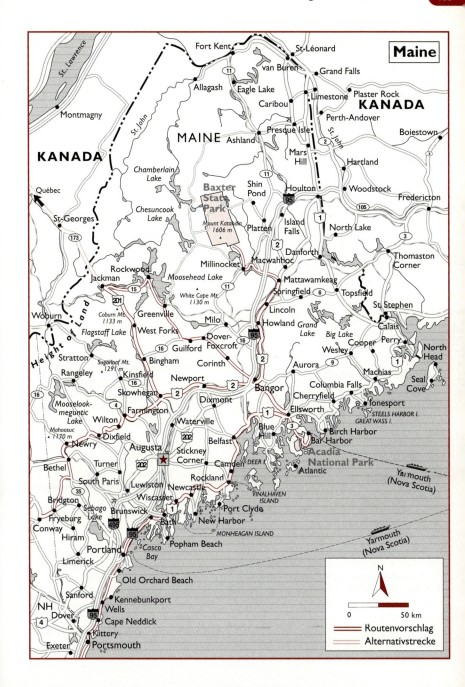

Redaktionstipps

Sehens- und Erlebenswertes
- Wanderungen im **Acadia National Park** (S. 500)
- Besuch des Maine Maritime Museums in **Bath** (S. 494) und Bootsfahrt mit der „Sherman Zwicker"
- Entdecken Sie die weiten Landschaften von Maine und nehmen Sie sich viel Zeit zur Elchbeobachtung, zum Wandern und Kanufahren
- Am Wochenende können Besucher im **Seashore Trolley Museum** (S. 487) bei Kennebunkport eine Trolleyrundfahrt machen.

Essen und Trinken
- Frischen Hummer gibt es nicht nur in eleganten Restaurants, sondern auch an den vielen „**Lobster Pounds**" am Straßenrand.
- Zu den Spezialitäten Neuenglands gehört auch „**Clam Chowder**", ein gut gewürzter Muscheleintopf mit Kartoffeln.
- Köstliche „**Blueberry Muffins**" und „**Blue Pancakes**" gehören zu einem landestypischen Frühstück.

Sport
- Ideale **Wanderbedingungen** mit gut angelegten Wanderwegen finden Sie im Acadia National Park und in der Mooshead Lake Region.
- Geführte **Kanu- und Rafting-Touren** gibt es von Mai bis Oktober auf dem Kennebec River.

Veranstaltungen
- Am 1. Wochenende im August wird das **Maine Lobster Festival** mit einer farbenprächtigen Parade und viel Musik in Rockland/ME gefeiert.
- Zum **Clam Festival** lädt am 3. Wochenende im Juli die Stadt Yarmouth ein.
- Der Elch steht im Mittelpunkt der „**Moosemainea-Wochen**", die Mai-Juni in Greenville am Moosehead Lake mit Fotowettbewerb, Elchbeobachtung, Wanderungen, Regatten und Paraden stattfinden.
- Freeport lädt mit *L.L. Bean* und vielen anderen „**Factory Outlets**" zum ausgiebigen Einkaufsbummel ein.

Von Newburyport nach Portland

Hinweis zur Route

Entfernung: ca. 70 mi/112 km
Der US-1 bringt Sie von Newburyport/Hampshire direkt nach Portland.

Von Newburyport/Massachusetts über Portsmouth/New Hampshire bis nach Portland und weiter nordwärts von Portland nach Bar Harbor reihen sich zahllose Küstenorte, Hafenstädte und Seebäder aneinander. Sie alle sind ganz auf den Fremdenverkehr eingestellt, verfügen über Hotels und Restaurants aller Kategorien und bieten vielfältige, abwechslungsreiche Erholungs- und Erlebnismöglichkeiten.

Viele der Orte blicken auf eine lange Geschichte zurück, denn die ersten Siedlungen wurden schon um 1625 angelegt. Zeugnisse der Vergangenheit sind die alten, stilvollen Wohnhäuser und die für Neuengland so typischen Kirchen im Georgian Style. Da jeder Ort stolz auf seine Vergangenheit ist, werden die historischen Gebäude mit großer Sorgfalt restauriert und sind dann als Museum oder als Erinnerungsstätte für die Öffentlichkeit zugänglich. Viele dieser historischen Häuser sind im nachfolgenden Text beschrieben. Wenn Ihre Zeit begrenzt ist, müssen Sie aus der Vielzahl auswählen. Dies dürfte nicht so schwer fallen, da die Gedenkstätten einander häufig ähneln und ihre Erbauer oder früheren Besitzer oft auch nur regionale Bedeutung haben.

6. Die Neuengland-Staaten – Maine

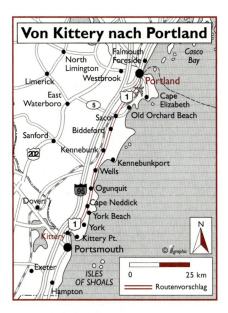

Kittery (S. 151)

Die 1623 gegründete Stadt liegt am Ufer des Piscataqua River, der die Grenze zu New Hampshire bildet. Während in der Vergangenheit Seefahrt und Schiffsbau den Ort prägten, begründet heute der Fremdenverkehr den Wohlstand von Kittery. Dazu trägt vor allem die „Miracle Mile" bei, die mit über 100 Factory Outlets die Besucher gleich busweise anzieht.

Ausstellungen zur Geschichte und Seefahrt des Ortes zeigt das **Kittery Historical and Naval Museum**, Rogers Rd. Das restaurierte **Fort Mc Clary Memorial** in Kittery Point an der Route 103 wurde im Jahr 1715 als Militärstützpunkt errichtet; erhalten blieben die Mole und ein sechseckiges Blockhaus aus dem Jahr 1846. Das **John Paul Jones State Memorial** an der River Bank wurde zu Ehren der Seeleute und Soldaten von Maine errichtet.

York (S. 151)

York besteht aus den vier Ortsteilen **York Village** mit seinen Gebäuden aus der Kolonialzeit, **York Harbor** und **York Beach** mit schönen Strandabschnitten und **Cape Neddick** mit dem 1879 erbauten Leuchtturm Nubble Light. Die Ortsteile

Redaktionstipps

Übernachten
Wenn der Besucher auch nicht mehr per Postkutsche anreist, so kann er doch noch an den Herrenhäusern jener Zeit aussteigen und in den alten „**Country Inns**" Quartier beziehen. Diese anspruchsvollen Landgasthäuser laden mit modernem Komfort, mit im alten Stil ausgestatteten Räumen, rustikalen Holzdecken und offenen Kaminen zu längerem Verweilen ein. Zu den „Country Inns" gehören meist traditionell gut geführte Restaurants, in denen man vor allem die Delikatessen des Atlantischen Ozeans genießen kann: Jakobsmuscheln, Shrimps, Taschenkrebse und natürlich Hummer, denn Maine genießt den Ruf, das „Hummerparadies" schlechthin zu sein.

Die Broschüre „**Maine Guide to Inns and Bed&Breakfasts**" informiert über individuelle Unterkunftsmöglichkeiten. Sie erhalten die offizielle Informationsschrift in den Touristenbüros und über folgende Anschrift: Maine Office of Tourism, 59 State House Station, ME 04333-0059; weitere Informationen unter www.visitmaine.com.

sind in den Sommermonaten durch Trolleybusse miteinander verbunden. York ist mit seinen schönen, baumbestandenen Straßen und den historischen Häusern eine liebenswerte Stadt und ein beliebtes Seebad. Ein Spaziergang führt Sie durch den York Historic District, der zwischen der York St. und dem York River liegt.

Im Rahmen einer Führung der **Old York Historical Society**, York St./Lindsay Rd., können sieben historische Häuser besichtigt werden, z. B. das John Hancock Warehouse, die Jefferds Tavern aus dem Jahr 1759 und das alte Gerichtsgebäude von 1719.

Ogunquit (ⓘ S. 151)

Schöner Spaziergang

„Schöner Platz am Meer" nannten die Indianer den Ort, der auch heute vor allem wegen seines schönen Strandes besucht wird. Über 5 km lang ist der feine weiße Sandstrand zwischen Ogunquit und Wells – eine Besonderheit an der sonst meist felsigen Küste Maines. Herrliche Ausblicke auf den Atlantik genießen Sie bei einem Spaziergang auf dem 1,6 km langen, befestigten **Marginal Way**, der zum kleinen malerischen Hafen **Perkins Cove** führt.

Landschaft und Atmosphäre des Ortes haben schon viele Künstler angezogen, wie z. B. die Maler *Edward Hopper* oder *Reginald Marsh*, deren Arbeiten in den Kunstgalerien des Ortes und im **Ogunquit Museum of American Art**, 543 Shore Rd., ausgestellt sind.

Wells (ⓘ S. 151)

Der Ferienort Wells gehört zu den ältesten Siedlungen Maines. Landwirtschaft und Fischfang waren die Erwerbsgrundlage der Bevölkerung, bevor der Fremdenverkehr zur wichtigsten Einnahmequelle wurde. Interessant ist das **Wells Auto Museum**, am US-1. An 70 Oldtimern können Sie die Entwicklung des Automobils nachvollziehen.

Vogelschutzgebiet

Das **Rachel Carson National Wildlife Refuge**, 321 Port Rd., ist ein 1,6 ha großes Feuchtgebiet, das 1966 zum Schutz der Salzwassermarschen und der dort lebenden Vögel eingerichtet wurde. Der Park wurde nach der Biologin *Rachel Carson* benannt, die mit ihrem Buch „Der stumme Frühling" einen Grundstein für die weltweite Ökologie-Bewegung legte und Begriffe wie „Umwelt" und „Ökologie" allgemein bekannt machte.

Kennebunk und Kennebunkport (ⓘ S. 151)

Beliebtes Seebad

An der Mündung des Kennebunk River gelegen, war Kennebunkport früher ein Ort der Schiffsbauer, Händler und Seeleute. Hier ließen sich wohlhabende Familien nieder, denen es im 19. Jh. gelungen war, durch die Seefahrt ein Vermögen zu erwerben. Heute ist Kennebunkport ein beliebtes Seebad, das nicht nur viele Sommergäste, sondern ganzjährig auch Maler und Schriftsteller anzieht – und auch Politiker, wie den früheren amerikanischen Präsidenten *George Bush sen.*

6. Die Neuengland-Staaten – Maine

Kennebunkport ist ein typisches Neuengland-Städtchen mit weiß gestrichenen Kirchen und sorgfältig restaurierten Wohn- und Geschäftshäusern. Sehenswert sind u. a. die **First Parish Church** in Kennebunk, 8 Maine St./Portland Rd., die im Jahr 1772 gebaut wurde und eine von *Paul Revere* gegossene Glocke besitzt, sowie das **Nott House** in Kennebunkport, 8 Maine St., ein im Greek-Revival-Stil gebautes Haus mit alten Möbeln, Tapeten und Teppichen. Zentrum des Ortes

Vorbereitungen zum Hummerfang

ist der **Dock Square** mit schönen Geschäften, Galerien und Restaurants; am Hafen liegen Ausflugs- und Fischerboote, die mehrmals täglich zur Walbeobachtung, zum Hummerfang (ⓘ Info-Kasten, S. 488) oder zum Segeln und Angeln ausfahren.

Etwas außerhalb der Stadt steht das so genannte **Wedding Cake House**, ein reich verziertes Holzhaus aus dem Jahr 1846, das ein wohlhabender Kapitän seiner Frau zum Hochzeitsgeschenk machte.

An der Küste liegen schöne Strände, wie Gooch's Beach und Kennebunk Beach, und die nahe gelegenen Küstenorte **Perkins Cove** und **Cape Porpoise** sind ganzjährig beliebte Ausflugsziele. Cape Porpoise ist über einen Küstenweg, der schöne Ausblicke auf das Meer bietet, leicht zu Fuß erreichbar. Auch in Cape Porpoise haben sich viele Künstler niedergelassen, die ihre Arbeiten in zahlreichen Galerien ausstellen.

Im **Seashore Trolley Museum**, 6 km nördlich am US-1, Log Cabin Rd. sind mehr als 150, teils liebevoll restaurierte Straßenbahnen, die in Großstädten wie New Orleans, Budapest, New York, Nagasaki oder Sydney eingesetzt waren, zu bestaunen, außerdem Pferdekutschen und andere alte Transportfahrzeuge. Ein Film informiert über die Entwicklung öffentlicher Verkehrsmittel seit dem Ende des 19. Jh.; eine Straßenbahnfahrt über eine ca. 6 km lange Strecke rundet den Museumsbesuch ab.

Historische Verkehrsmittel

Saco und Biddeford (ⓘ S. 151)

Die beiden im 17. Jh. gegründeten Städte sind nur durch den Saco River voneinander getrennt. Da die Wasserkraft des Flusses schon früh genutzt wurde, entstand ein wichtiges Industriezentrum. In der Umgebung der Schwesterstädte gibt es gute Wassersportmöglichkeiten. An der felsigen Küste bei **Biddeford Pool** wurde ein schöner Küstenweg angelegt; auf dem Spazierweg kann man hinübersehen zu den Vogelkolonien auf den beiden kleinen vorgelagerten Inseln.

Funtown/Splashtown USA, ca. 2 km nordöstlich am US-1, sind zwei Freizeitparks mit großen Rutschen für Kinder und Erwachsene, Wasserrutschen, Scootern und Minigolf.

Freizeitparks

INFO Der „Lobster von Maine"

Der amerikanische Hummer (Homarus americanus) ist vor der Ostküste Nordamerikas von Neufundland bis nach North Carolina anzutreffen, jedoch nirgends so zahlreich wie in den kalten Küstengewässern vor der 5.600 km langen Küste von Maine. Er hält sich vorzugsweise in dunklen Felsspalten und Höhlen auf. Die Tiere kehren nach ihren nächtlichen Ausflügen, auf denen sie sich von Schnecken, Muscheln und toten Fischen ernähren, stets wieder zu ihren Höhlen zurück. Hummer sind Krustentiere, die ein- oder mehrmals jährlich ihren Panzer abwerfen, um wachsen zu können.

Der Hummerfang ist trotz moderner technischer Hilfsmittel noch immer eine harte, viel Zeit beanspruchende Arbeit. Für ca. 7.800 in Maine lizenzierte Fischer ist er die wichtigste Erwerbsgrundlage. 26.000 Tonnen Hummer werden in jedem Jahr gefangen und an Feinschmeckerlokale in aller Welt verkauft. Trotz der großen Fangmengen ist der Bestand in Maine nicht gefährdet, denn die natürlichen Feinde, z. B. Robben und Dorsche, sind selten geworden.

Vom Maine Department of Marine Resources erlassene Gesetze beschränken den Hummerfang: Die Tiere dürfen nur in Fangkörben gefangen werden und müssen eine bestimmte Größe (mindestens 8 cm und höchstens 12 cm Länge des Rückenpanzers) erreicht haben. Außerdem ist es verboten, weibliche, Eier tragende Tiere an Land zu bringen. Diese werden vielmehr zum Schutz mit einer V-Kerbe an der Schwanzflosse gekennzeichnet, die auch nach der Häutung erhalten bleibt.

Um keine Schwierigkeiten beim Verkauf ihres Hummerfangs zu bekommen, müssen die Fischer das „Gesetz der Minimum- und Maximumgröße" genau beachten. Als Hilfsmittel dient ihnen dabei ein geeichter Messstab, der hinter dem Hummerauge angesetzt wird und die genaue Länge des Rückenpanzers angibt. Eine weitere Beschränkung ist, dass die Anzahl der Reusen pro Fischer auf 800 begrenzt wird.

Beim Verkauf wird zwischen Softshell- und Hardshell-Hummern unterschieden. Dabei werden als Softshell jene Hummer bezeichnet, die gerade ihren alten Panzer abgeworfen haben und deren neuer Rückenschild noch weich ist. Ein alter Hardshell-Hummer bringt viel mehr Fleisch auf die Waage und erzielt deshalb beim Verkauf einen höheren Preis.

In vielen Küstenorten sind am Straßenrand deutlich sichtbar die Hinweisschilder aufgestellt: Lobster! Selbst im einfachen Schnellrestaurant an der Durchgangsstraße erhält man mit Hummerfleisch gefüllte Sandwiches, und im noblen Restaurant sieht man, wie jeder Hummer fangfrisch und zappelnd auf Bestellung in dampfende Bottiche geworfen wird; immer gemäß den Tierschutzverordnungen, mit dem Kopf voraus, um das Tier schnell sterben zu lassen. Dem Hummergenießer verdirbt in Maine auch der Preis nicht den Appetit, denn hier ist der Hummer so preiswert wie sonst nirgends.

(ⓘ Info-Kasten über den amerikanischen Hummer, S. 504)

Old Orchard Beach

Der 1630 gegründete Ort ist schon seit Jahrzehnten ein beliebter und vor allem an den Wochenenden viel besuchter Bade- und Ferienort. Hauptanziehungspunkt ist der über 12 km lange und 200 m breite sichelförmige Sandstrand. Viel sportliche Abwechslung gibt es außerdem in mehreren Vergnügungs- und Wasserparks, beim Tennis, Golfen und Hochseefischen.

Cape Elizabeth (ⓘ S. 151)

An der nach Cape Elizabeth führenden Küstenstraße, gleich an der Hafeneinfahrt, steht **Portland Headlight**, 1000 Shore Rd. im Fort Williams Park. Dieser heute noch benutzte Leuchtturm wurde im Jahr 1791 auf Veranlassung von *George Washington* gebaut und gilt als der älteste noch in Betrieb befindliche Leuchtturm. Zum Fort Williams Park gehören ein Museum, Picknickplätze und Wanderwege, die einen schönen Blick auf Portland Harbor bieten.

Ältester Leuchtturm

Portland (ⓘ S. 151)

Portland ist mit rund 65.000 Einwohnern die größte Stadt in Maine und der gesellschaftliche, kulturelle und wirtschaftliche Mittelpunkt des Bundesstaates. Portland ist eine wichtige Hafenstadt mit einem Fischereizentrum, eine Industriestadt mit Nahrungsmittel-, Holz- und Papierfabriken und zugleich ein sehr beliebter Ferienort. Die Stadt liegt in der ca. 32 km tiefen Casco Bay, der viele kleine Inseln vorgelagert sind.

Die Stadt, die schon 1631 gegründet wurde und mehrfach ihren Namen gewechselt hat (u. a. auch „Casco"), erlebte eine wechselvolle Geschichte, denn bereits 1675 wurde sie durch Indianer, 1775 durch die Briten zerstört, war von 1820 bis 1832 Hauptstadt von Maine und wurde 1866 ein weiteres Mal durch ein großes Feuer schwer beschädigt. Von dem Wiederaufbau nach dem Brand zeugen die gut erhaltenen viktorianischen Häuser im restaurierten historischen Viertel **Old Port Exchange**, das mit seinen schmalen Kopfsteinpflastergassen, den alten Wohnhäusern und Kirchen und den schönen Ulmen den Charme des 19. Jh. widerspiegelt. Entlang der Waterfront und in den Gassen zwischen Commercial St. und Congress St. finden Sie viele Geschäfte, Cafés und Restaurants.

Historisches Viertel

Zu den schönsten **historischen Häusern** gehört das **Victoria Mansion**, 109 Danforth St., das 1858-60 im Stil eines italienischen Palastes gebaut wurde und im Inneren mit kostbaren Fresken, zeitgenössischem Mobiliar und Kaminen aus Marmor eingerichtet ist.

Das **Wadsworth-Longfellow House**, 487 Congress St., ist das Geburtshaus des Dichters *Henry Wadsworth Longfellow*. Es ist das erste Ziegelsteinhaus in Maine, das von seinem Großvater im Jahr 1785 gebaut worden war. Das Haus wurde restauriert und mit Möbeln und Erinnerungsstücken aus dem Familienbesitz ausgestattet. *Henry Wadsworth Longfellow* wurde 1807 in Portland geboren, wo er bis 1821 lebte. 1836-54 war er Professor für neuere Sprachen an der Harvard University in Cam-

Geburtshaus von Henry Wadsworth Longfellow

bridge. Auf vielen Reisen lernte er Europa kennen, dessen Dichtungen er einfühlsam übersetzte. Mit eigenen Gedichten und Dramen, die aktuelle Themen aufgriffen und von tiefer Religiosität zeugen, erreichte er große Popularität und zählte bis zum Ersten Weltkrieg zu den meistgelesenen Dichtern in englischer Sprache. Zu seinen bekanntesten Werken zählen der erste Gedichtband „Voices of the Night" (1839).

Schöner Ausblick

Bevor Sie zu einem Stadtrundgang aufbrechen, können Sie sich auf dem Turm des **Portland Observatory**, 138 Congress St., einen schönen Überblick über die Stadt und die Casco Bay verschaffen; das kleine Museum informiert über die historische Bedeutung des ehemaligen Leuchtturms.

Von dort sind es nur wenige Schritte zur **Eastern Promenade** an der Ostspitze der Halbinsel, wo Sie ebenfalls den Blick aufs Meer genießen können. Wenn Sie der Eastern Promenade stadteinwärts folgen, sehen Sie das Gelände der **Maine Narrow Gauge Railroad Company**, 58 Fore St., wo Sie im Museum die Geschichte der Schmalspurbahnen im Staat Maine kennen lernen. Von Mai bis Oktober finden täglich Ausflugsfahrten mit der historischen Bahn entlang der Casco Bay statt.

Im Bereich der **Western Promenade** finden Sie das sehenswerte, vom Stararchitekten *I. M. Pei* und seinen Partnern entworfene Gebäude des **Portland Museum of Art**, 7 Congress Square. Hier finden Sie eine Sammlung europäischer Kunst mit Werken u. a. von *Degas*, *Monet*, *Renoir* und *Picasso*, Gemälde der amerikanischen Künstler *Andrew Wyeth*, *Winslow Homer*, *Edward Hopper* und *Rockwell Kent* sowie eine Werksausstellung von Künstlern aus Maine.

Walbeobachtungsfahrten

An der langen Hafenfront finden Sie die Anlegestellen der Ausflugs- und Fischerboote und der Fähre nach Nova Scotia. Vom Ferry Terminal am Maine State Pier laufen die Boote zu Walbeobachtungsfahrten und zu Rundfahrten durch die Casco Bay aus. In der Casco Bay liegen die **Casco Islands**, die schon zu Beginn des 17. Jh. von *John Smith* besucht wurden und auch **Calendar Islands** genannt werden.

Von Portland an der Atlantikküste entlang nach Bar Harbor

Auf dieser Strecke lernen Sie die Schönheit der Küste von Maine kennen mit ihren Sandstränden und steilen Felsküsten, mit den bizarren Klippen, gegen die die Wellen des Atlantiks branden, mit zahllosen Buchten und tiefen Fjorden, mit Flussmündungen, an denen gepflegte Ortschaften mit stattlichen, historischen Häusern liegen und mit schönen State Parks, die zum Wandern einladen.

 **Hinweis zur Route**

Entfernung: 164 mi/262 km
Auf der gesamten Strecke von Portland bis nach Ellsworth können Sie den US-1 benutzen; die Reststrecke (ca. 20 mi/32 km) zwischen Ellsworth und Bar Harbor legen Sie auf dem ME-3 zurück.

Vom US-1 führen Stichstraßen zu den meisten Ortschaften, wo Schiffsausflüge, Fisch- und Hummerfang- oder Walbeobachtungsfahrten angeboten werden; beinahe jeder Ort feiert während der Sommermonate ein originelles und traditionsreiches Fest.

6. Die Neuengland-Staaten – Maine

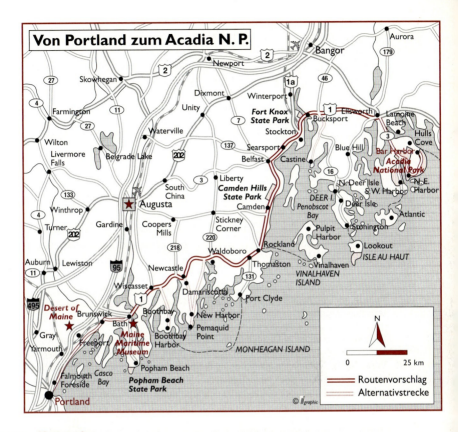

Yarmouth

Der 1636 gegründete Ort ist ein beliebtes Seebad, nur etwa 15 km von Portland entfernt. Gut erhaltene historische Häuser und die Brücke, die Yarmouth mit Cousins Island in der Casco Bay verbindet, machen den Reiz des Ortes aus. Im **Yarmouth Historical Society and Museum**, 215 Main St., ☏ 207-846-6259, wird die Geschichte des Ortes durch Fotografien, alte Möbelstücke, Werkzeuge und Kleider lebendig.
Am 3. Wochenende im Juli wird das **Clam Festival**, das „Muschelfest" gefeiert.

Muschelfest

Freeport (ⓘ S. 151)

Freeport hat für Maine historische Bedeutung, denn hier wurde der Vertrag unterzeichnet, der die Trennung Maines von Massachusetts bestätigte. Den meisten Besuchern ist Freeport jedoch eher als Einkaufsparadies mit vielen „Factory Outlets" bekannt, von denen die Outdoor-Firma *L.L. Bean*, 95 Main St., besonders viele Kunden

INFO L.L. Bean

1912 hatte *Leon Leonwood Bean*, ein Mann, der in Freeport lebte und sich tagsüber bei Wind und Wetter viel im Freien aufhielt, die Idee, einen Stiefel mit einem wasserdichten unteren Teil aus Gummi und einem leichten oberen Teil aus Leder herzustellen, um so das Gewicht der schweren Lederstiefel zu verringern. Er stellte 100 Stiefelpaare her und verkaufte sie ab 1917 in einem kleinen Laden in der Main St. und über den Versandhandel. Als es ein Problem mit den Nähten der Stiefel gab, schickte Bean seinen Kunden ihr Geld zurück und fing noch einmal von vorn an – eine Entscheidung, mit der er die Grundsätze seines Unternehmens bis heute festlegte: Ehrlichkeit, traditionelle Qualität und die inzwischen legendäre „L.L.-Bean-Garantie hundertprozentiger Zufriedenheit". Im Laufe der Jahre wurde das Warenangebot erweitert und umfasst Artikel für Camping, Jagen und Fischen, Freizeitkleidung, Sportausrüstungen und geführte Wanderungen und Kanutouren.

Das L.L.-Bean-Geschäft, das über eine Milliarde Dollar jährlich einbringt, ist 24 Stunden am Tag geöffnet und hat sich mit über 3,5 Mio. Besuchern pro Jahr zu einer Touristenattraktion in Maine entwickelt.

anzieht. Entsprechend der großen Zahl der Besucher gibt es in Freeport eine große Auswahl an Übernachtungsmöglichkeiten und Restaurants und ein vielseitiges Unterhaltungsprogramm.

Desert of Maine

Die zweite Attraktion ist **Desert of Maine**, die „Wüste von Maine", 95 Desert Rd., Maines berühmtes Naturphänomen, das etwa 5 km westlich von Freeport liegt. Wenn Sie das Gelände am Haupteingang betreten, deutet noch nichts auf die Nähe einer Wüste hin. Und doch haben Geologen, so ist es der Informationsschrift zu entnehmen, die Echtheit der Wüste in dieser geografischen Region bestätigt.

Am Ende der letzten Eiszeit ließ ein Gletscher hier Sand- und Mineralablagerungen zurück. 1797 zog der Farmer *William Tuttle* mit seiner Familie auf das neu erworbene Farmgelände, wo er erfolgreich Kartoffeln und Getreide anpflanzte. Da er im Laufe der Jahre aber den für den Boden so wichtigen Wechsel der Fruchtfolge nicht beachtete, wurde der Boden ausgelaugt und immer weniger ertragreich; die Versteppung begann. Als die Sandflächen sich so weit ausbreiteten, dass *Tuttle* dem nicht mehr entgegenwirken konnte, verließ er die Farm und überließ das Land der „Verwüstung". Der spätere Besitzer, *Henry Goldrup*, widmete sich fortan der Aufgabe, die Wüste zu erhalten. Dahin gehen auch die heutigen Bemühungen.

In der Wüste von Maine

6. Die Neuengland-Staaten – Maine

Sie können durch den heißen Wüstensand laufen, am Thermometer die Temperatur ablesen und im Sand Ihre Spuren hinterlassen. Sie können auch mit dem Museumsbähnchen durch das fast 1 km² große Gelände fahren und sehen, wie die Wanderdünen im Laufe der Zeit Bäume, Sträucher, Ochsenkarren und das Spring House aus dem Jahr 1938 unter einer dicken Sandschicht begraben haben.

Heißer Wüstensand

Brunswick (ⓘ S. 151)

11.000 Einwohner leben in der Handelsstadt am Androscoggin River, die die Heimat der **Brunswick Naval Air Station** ist. Diese Behörde ist für die U-Boot-Überwachung im Atlantik zuständig. Eng verbunden ist der Name der Stadt mit dem schon 1794 gegründeten **Bowdoin College**, Maine St. Heute besuchen 1.350 Studenten das College, das auf einige bedeutende Schüler zurückblicken kann, wie die Schriftsteller *Nathaniel Hawthorne* und *Henry Wadsworth Longfellow*, den US-Präsidenten *Franklin Pierce* und die beiden Polarforscher *Robert E. Peary* (1856-1920) und *Donald B. MacMillan* (1874-1970).

Auf dem Gelände des Bowdoin College erinnert das besuchenswerte **Peary MacMillan Arctic Museum** an die Forscher und ihre Expeditionen. Ebenfalls auf dem Campus liegt das **Museum of Art**, Walker Art Building, mit Werken amerikanischer Künstler, mit einer Porträtsammlung und Ausstellungen assyrischer, griechischer und römischer Exponate.

Interessante Museen

Das **Joshua Lawrence Chamberlain Museum**, 226 Maine St., und das **Pejepscot Museum**, 159 Park Row, informieren über die Geschichte des Ortes.

Das historische **Stowe House**, 63 Federal St., in dem *Harriet Beecher-Stowe* lebte, wird heute als Restaurant genutzt.

INFO — Harriet Beecher-Stowe

Harriet Beecher-Stowe wurde 1811 in Litchfield/Connecticut geboren, wo sie in einem streng puritanischen Elternhaus aufwuchs. Sie entschloss sich, Lehrerin zu werden, und heiratete 1836 *Calvin Ellis Stowe*, der Professor für Bibelkunde war.

1851/52 lebte sie in dem Haus an der Federal St. und veröffentlichte in einer Zeitung die Fortsetzungsgeschichte „Onkel Toms Hütte" („*Uncle Tom's cabin or Life among the lowly*"), die schon im darauf folgenden Jahr auch als Buch erschien. „Onkel Toms Hütte" ist ein scharfer Angriff gegen die Sklaverei; es wurde im amerikanischen Bürgerkrieg (1861-65) zu einer Propagandawaffe, die gegen die Südstaaten und gegen die Befürworter der Sklaverei eingesetzt wurde. Das Buch erregte Aufsehen in der ganzen Welt und wurde in 37 Sprachen übersetzt. Die weiteren Schriften von *Harriet Beecher-Stowe*, in denen sie sich für die Befreiung der Sklaven und für die Emanzipation der Frauen einsetzte, waren weniger erfolgreich.
Im Jahr 1896 starb *Harriet Beecher-Stowe* in Hartford/Connecticut.

Bath (ⓘ S. 151)

Bath, die Stadt am Westufer des Kennebec River, ist seit Jahrhunderten ein bedeutendes Schiffsbauzentrum, wie die Zahl von 4.000 hier vom Stapel gelaufener Schiffe belegt. Heute werden vor allem Frachtschiffe und Schiffe für die US-Marine gebaut. In der Innenstadt finden Sie nette Geschäfte und Restaurants.

Seefahrtsmuseum

Die größte Attraktion von Bath ist das sehr interessante **Maine Maritime Museum**, 243 Washington St. Das Museumsgelände mit dem modernen Museumsbau und mehreren Nebengebäuden liegt am Ufer des Kennebec River. Sie können sich zunächst im Museum über die Geschichte der Seefahrt und des Schiffsbaus informieren und dann draußen am Wasser den Schiffsbauern bei der Arbeit zuschauen, an Bord des alten Schoners „Sherman Zwicker" gehen oder mit dem Boot auf dem Kennebec River fahren. In einer Werfthalle gibt es eine sehr informative Ausstellung zum Fisch- und Hummerfang.

Nach dem Museumsbesuch können Sie sich am 7 km langen Sandstrand des **Popham Beach State Park**, am ME-209, erholen und beim Schwimmen erfrischen. An diesem Küstenabschnitt waren 1607 die ersten englischen Siedler an Land gegangen, aber die Kolonisten scheiterten an den harten Lebensbedingungen der langen, kalten Winter. Besonders reizvoll ist es, bei Ebbe einen Strandspaziergang zu den vorgelagerten Felseninseln zu machen.

Wiscasset (ⓘ S. 151)

Sehenswerte Ortschaft

Wiscasset liegt am Sheepscot River und zählt zu den hübschesten Ortschaften an der Atlantikküste von Maine. Den Charme des kleinen Ortes machen die alten Häuser aus, wie sie z. B. an der Main St. und an der Federal St. zu sehen sind. Diese Häuser stammen aus der ersten Hälfte des 19. Jh., als wohlhabende Reeder und Kapitäne sich in Wiscasset niederließen. Heute leben Maler, Schriftsteller und Antiquitätenhändler in diesen Häusern, die am „Open House Day" im August auch von innen zu besichtigen sind.

Das eindrucksvolle viktorianische Herrenhaus **Castle Tucker House**, Lee/High Sts., das einen schönen Blick auf den Hafen von Wiscasset bietet, zeigt Möbel, Einrichtungs- und Haushaltsgegenstände aus viktorianischer Zeit. Eine Besonderheit ist das **Musical Wonder House – Music Museum**, 16-18 High St., in dem alte Musikinstrumente, Musikboxen und Musikapparate zu besichtigen sind, von denen einige auch vorgeführt werden. Gelegentlich finden abends Konzerte statt.

Südöstlich von Wiscasset liegt das **Fort Edgecomb**, das 1808/09 errichtet wurde.

 Hinweis zur Route

Entfernung: 9 mi/14,5 km
Hinter Wiscasset biegen Sie vom US-1 auf den ME-27, der Sie nach Boothbay Harbor führt.

Ausflug nach Boothbay Harbor (ⓘ S. 151)
Von Wiscasset aus sollten Sie einen Abstecher nach Boothbay Harbor machen, einem der beliebtesten und schönsten Ferienorte von Maine.

6. Die Neuengland-Staaten – Maine

Bevor Sie Boothbay Harbor erreichen, kommen Sie am **Boothbay Railway Village** vorbei, 586 Wiscasset Rd., am ME-27. Zu sehen sind Dampflokomotiven, Oldtimer und die Nachbildung eines neuenglischen Dorfes im 19. Jh. Von Juni bis Anfang Oktober werden an den Wochenenden Dampfzugfahrten durchgeführt.

Ausflug für Eisenbahnfreunde

Boothbay Harbor liegt auf der Halbinsel zwischen dem Sheepscot River und dem Damariscotta River in einer geschützten Bucht. Hotels, Restaurants, Boutiquen und Privathäuser liegen rund um den Hafen, der von einer Fußgängerbrücke überspannt ist. Boothbay Harbor hat nur etwa 2.300 Einwohner, die Zahl der Sommergäste ist jedoch um ein Vielfaches höher. Vor allem Sportfischer und Segler bevorzugen den Ort, in dessen Hafen Boote aller Größen liegen. Interessant sind die im Wasser liegenden Hummerkörbe; oft kann man zuschauen, wie die Fischer die Körbe zum Fang vorbereiten, warten oder reparieren.

Wenn Sie auf den US-1 zurückgekehrt sind, sehen Sie 2 mi/3,2 km nördlich von **Newcastle** die 1808 gebaute St. Patrick's Church, die älteste römisch-katholische Kirche in Neuengland.

Ausflug

Ein kurzer Abstecher über den ME-129 führt Sie nach **Damariscotta** und nach Pemaquid Point. Damariscotta liegt am gleichnamigen Fluss, dessen indianischer Name „Fluss der vielen Fische" bedeutet. In dem kleinen Ort gibt es mehrere sehenswerte Häuser aus der Mitte des 19. Jh.

Ausflug für Eisenbahnfreunde

Von Damariscotta führt der ME-130 an die Südspitze der Halbinsel nach **Pemaquid Point**, wo sich schon im Winter 1625/26 englische Siedler niedergelassen hatten. Über die Geschichte der Siedlungen aus dem 17. Jh. und über die Kultur der hier ansässigen *Wawenock*-Indianer informiert das Museum der **Colonial Pemaquid State Historic Site**, Colonial Pemaquid Dr., am ME-130 bei New Harbor. 1813 fanden hier Kämpfe zwischen Briten und Amerikanern statt. Das rekonstruierte **Fort William Henry Memorial** (in der Nähe von Pemaquid Beach) erinnert an die heftigen Kämpfe im 18. Jh. zwischen Engländern und Franzosen. An der Spitze der Halbinsel steht der 1827 gebaute **Pemaquid-Point-Leuchtturm**, der allerdings nur von außen zu besichtigen ist.

Der US-1 führt Sie weiter nach **Waldeboro**, wo sich 150 Familien, die überwiegend aus dem Rheinland stammten, zwischen 1740 und 1753 niederließen. Jeweils im August findet ein Treffen der „Old Broad Bay German Families Reunion" statt. Im Mittelpunkt des Treffens stehen die Geschichte der deutschen Siedler und deren Familienchronologien. Im Rahmen dieses Festes findet am Samstagabend (17-19 Uhr) ein traditionelles Bohnenessen statt, bei dem auch Besucher gern gesehen sind.

Geschichte deutscher Siedler

Thomaston (ⓘ S. 151)

Der Ort war schon im 19. Jh. eine wichtige Hafenstadt und besitzt auch heute noch mehrere Werften. Es ist ein hübscher Ort mit ansehnlichen alten Häusern; Lebensgrundlage der Bevölkerung sind Schiffsbau, Fisch-, Muschel- und Hummerfang.

Sehenswert ist das **Haus Montpelier – The General Henry Knox Museum**, 30 High St. Es ist die Nachbildung des 1795 für General *Henry Knox* gebauten Wohnhauses, das dieser sich als Ruhesitz bauen ließ. *Henry Knox* war einer der fähigsten Generale im amerikanischen Unabhängigkeitskrieg.

Rockland (ⓘ S. 151)

Die Stadt an der Penobscot Bay ist das Handels- und Wirtschaftszentrum dieser Region und zugleich ein wichtiger Hafen. Rockland trägt stolz den Beinamen „Hummerhauptstadt der Welt", denn von hier aus wird mehr Hummer verschifft als von allen anderen Häfen in Maine.

Maine Lobster Festival

Hummerfestival

Seit fast 50 Jahren findet alljährlich am 1. Wochenende im August im Harbor Park das **Maine Lobster Festival** statt. Das dreitägige Fest wird mit Ausstellungen, Paraden und viel Musik gefeiert. An vielen Ständen werden Hummer, aber auch andere Meeresfrüchte wie Muscheln, Garnelen und Krabben auf landestypische Art zubereitet. Dank vieler ehrenamtlicher Helfer können etwa 5.000 Hummer gleichzeitig für die vielen Besucher gekocht werden. Im Verlauf des Festivals werden auch Wettbewerbe ausgetragen, z. B. eine Kochmeisterschaft, ein Hummeressen oder das „Hummerkistenrennen", bei dem man sich auf Hummerkisten möglichst lange über Wasser halten muss.

Das **Farnsworth Art Museum and the Wyeth Center**, 16 Museum St., stellt Werke amerikanischer Künstler des 18.-20. Jh. aus, u. a. von *Winslow Homer* und *N.C. Wyeth*. Das **Shore Village Museum**, 104 Limerock St., informiert über Bau und Funktion der Leuchttürme und zeigt eine große Sammlung von altem Leuchtturmzubehör.

Im **Owls Head Transportation Museum**, ca. 3 km südlich über den ME-73, sind alte, noch funktionstüchtige Autos, Motorräder, Fahrräder und Flugzeuge ausgestellt.

Camden (ⓘ S. 151)

Beliebter Ferienort

Camden gehört wegen seiner schönen Lage „da, wo die Berge das Meer treffen", zu den beliebtesten Ferienorten an der Küste von Maine. Rund um den belebten Hafen spielt sich das Leben ab: Es gibt gute Hotels, Restaurants, Geschäfte und Galerien. Wenn Sie durch den Ort bummeln, kommen Sie an einigen stattlichen, alten Häusern vorbei, die in schönen, gepflegten Gartenanlagen liegen. Einige von ihnen haben das Hinweisschild „Bed&Breakfast" ausgehängt.

Oberhalb des Hafens liegt das schöne Gebäude der 1928 eröffneten **Bibliothek** des Ortes. Von dort blickt man hinunter auf den Hafen, den Park von Camden und auf das schön gelegene **Amphitheater** an der Atlantic Ave., wo im Juli und August Theaterstücke und Musicals aufgeführt werden.

Sehenswert ist auch das **Conway Homestead – Cramer Museum**, Conway Rd./US-1. Auf dem Gelände sehen Sie Kutschen, Schlitten und landwirtschaftliche Geräte, eine Schmiede, das restaurierte Farmhaus aus dem 18. Jh. und den dazugehörigen Bauerngarten.

Die besondere Attraktion des Ortes sind jedoch die Aktivitäten im und am Hafen. Wenn möglich, sollten Sie auf jeden Fall an einem der vielen **Schiffsausflüge** teilnehmen. Public Landing ist die Abfahrtsstelle der ein- bis 4-stündigen Rundfahrten durch die Inselwelt der Penobscot Bay. Besonders beliebt sind die eintägigen oder auch 3- bis 6-tägigen Kreuzfahrten auf alten Schonern, die an der Küste von Maine entlangfahren. Es ist ein herrliches Bild und ein großartiges Erlebnis, wenn diese Windjammer ihre Segel voll gesetzt haben. Informationen über Abfahrtszeiten, Routen und Preise erhalten Sie bei der Chamber of Commerce, Public Landing.

Schiffsrundfahrten

Einen Ausflug lohnt der **Camden Hills State Park**, 3 km nördlich am US-1. Dieser drittgrößte State Park von Maine liegt beiderseits des US-1; er verfügt über ein großes Netz von Wanderwegen, die nur geringe Anforderungen stellen. Sein besonderer Reiz ist, dass er von der Höhe des Mount Battie bis ans Meer hinunter reicht. Ein Weg, der 1897 für Kutschen angelegt und 1963 zu einer Autostraße erweitert wurde, führt hinauf zum Gipfel, von wo Sie einen großartigen Panoramablick auf die Penobscot Bay haben. In den Sommermonaten ist ein Campingplatz auf dem Parkgelände geöffnet; im Winter ist der State Park ein beliebtes Skigelände.

Mit dem Auto zum Berggipfel

Belfast

Die Stadt an der Penobscot Bay wurde 1770 von irischen Siedlern gegründet und nach der Heimatstadt in Irland benannt. Etwa 6.500 Menschen leben heute in Belfast. Viele der alten Häuser, die von Schiffsbauern und Kaufleuten im 19. Jh. gebaut worden sind, wurden inzwischen restauriert und bestimmen das Bild des Ortes, in dem sich bildende Künstler und Schriftsteller gerne niederlassen. Eisenbahnfreunde können eine Fahrt mit der Belfast-Moosehead-Bahn machen. Die alte Dampflokomotive startet in den Sommermonaten zu einer 1 1/2-stündigen Rundfahrt bis nach Unity am US-202.
Am 3. Wochenende im Juli findet das **Belfast Bay Festival** mit Paraden, Umzügen, Konzerten und einem „**Brathähnchen-Tag**" statt.

Fahrt mit einer Dampflokomotive

Searsport (ⓘ S. 151)

Die frühere Bedeutung der Hafenstadt, 8 km nordwestlich von Belfast gelegen, und ihrer Werften lässt sich an den schönen alten Häusern der Kapitäne und Schiffsbauer ablesen, in denen heute vielfach Antiquitätenläden eingerichtet sind, die zum ausgiebigen Stöbern einladen.

Penobscot Marine Museum
Church St. In sechs alten Gebäuden aus dem 19. Jh., z. B. dem Rathaus (1845), der Phillips Library und dem Marithew House (1860), sind Schiffsmodelle, Walfanggeräte und Bilder von der Seefahrt ausgestellt.

Nachdem der US-1 den breiten Penobscot River hinter Stockton Springs überquert hat, kann man einen Abstecher zum **Fort Knox State Park** machen. Das Fort diente 1844 zur Verteidigung im „Aronstock War" zwischen Amerikanern und Engländern im Streit um das Aronstock Valley.

Bucksport (ⓘ S. 151)

Der Ort wurde 1762 gegründet, 1779 von den Engländern niedergebrannt und erst ab 1812 neu besiedelt. Es ist eine kleine Handelsstadt mit 4.200 Einwohnern, die vorwiegend in der Papierindustrie arbeiten. Eine Besonderheit ist der Grabstein des Stadtgründers *Jonathan Buck*, Main St., Buck Cemetery. „**Accursed Tombstone**" wird sein Grabmal genannt, weil auf dem Obelisken ein Mal in der Form eines Frauenbeines sichtbar ist. Der Überlieferung nach soll das Zeichen von einer „Hexe" stammen, die von Buck gehängt worden sei.

Restaurierte Festung

Castine ist ein malerischer Ort, der in den Auseinandersetzungen zwischen Amerikanern und Engländern um den Besitz von Kanada eine Rolle spielte, wie das restaurierte **Fort George** zeigt. Interessant ist das **Wilson Museum**, Perkins St., mit Sammlungen zur Geschichte der Indianerkultur in Nordamerika. Castine ist Sitz der **Maine Maritime Academy**. Hier werden 300 Studenten für die amerikanische Handelsmarine ausgebildet. Das Schulschiff „State of Maine" kann besichtigt werden.

> **Abstecher**
>
> *Entfernung*: 20 mi/32 km.
> Von Bucksport können Sie einen Abstecher nach „Down East" machen, wie die Einheimischen die Halbinsel im Osten der Penobscot Bay nennen. Der Ausflug führt Sie entlang der malerischen buchtenreichen Küste nach Castine, zum Fort George und zur Insel Deer Isle.

Steinbrüche

Die Insel **Deer Isle** erreichen Sie über eine große Straßenbrücke. Der Hauptort ist Stonington, bekannt wegen seiner Steinbrüche. Aus dem hochwertigen Granit wurden so bekannte Bauwerke wie das Rockefeller Center und die Brooklyn Bridge in New York und das *J. F. Kennedy Memorial* auf dem Nationalfriedhof Arlington in Washington geschaffen.

Ellsworth (ⓘ S. 151)

Die 1763 gegründete Stadt ist das Verwaltungs- und Handelszentrum des Hancock County. 1933 wurde ein großer Teil des Ortes durch einen Brand zerstört, sodass der Ort jetzt durch den Kontrast zwischen alter und moderner Architektur geprägt ist.

Im **Woodlawn Museum/Black House**, am ME-172, um 1820 von einem Gutsbesitzer gebaut, wurde ein Kutschenhaus mit einer Ausstellung alter Kutschen und Schlitten eingerichtet. Durch den weitläufigen Park führen schöne Wanderwege.

Die Nähe zum Acadia National Park macht Ellsworth zu einem beliebten Ferienort mit guten Übernachtungsmöglichkeiten, Restaurants und Geschäften, aber auch die Umgebung lädt mit zahlreichen Seen und Flüssen zu einem längeren Aufenthalt ein. Es gibt gute Möglichkeiten zum Angeln, Schwimmen und Kanufahren, aber auch zur Tierbeobachtung, wie z. B. im **Ellsworth Marine Waterfront Park**, Water St., wo Sie Fischadler und Seehunde beobachten können.

Der **Lamoine State Park**, 8 mi/12,8 km südlich am ME-184, ist ein beliebtes Erholungsgebiet mit schönen Ausblicken auf Mount Desert Island, mit Picknick- und Campingplätzen und Gelegenheit zum Angeln und Bootfahren.

Stanwood Homestead Museum and Wildlife Sanctuary (Birdsacre)

Am US-3 in Richtung Bar Harbor. Im ehemaligen Wohnhaus der bekannten Ornithologin *Cordelia Stanwood* (1865-1958) wurde ein Vogelkundemuseum eingerichtet; im Schutzgebiet sind mehr als 100 Vogelarten zu beobachten. Es werden Führungen angeboten, außerdem gibt es ein Vogelschutzzentrum mit Souvenirshop, Wanderwege und Picknickplätze.

Hulls Cove

Bevor Sie Bar Harbor erreichen, stoßen Sie am ME-3 in Hulls Cove auf das **Informationszentrum** für den Acadia National Park. Hier können Sie die Tickets für den Parkbesuch kaufen; Sie erhalten alle wichtigen Informationen, Kartenmaterial, die aktuelle Parkzeitung und können sich zur Einstimmung einen 15-minütigen Film über den Nationalpark anschauen.

Infos für den Acadia National Park

Bar Harbor (ⓘ S. 151)

Mount Desert Island ist durch eine Straßenbrücke mit dem Festland verbunden. Der größte Teil der Insel, die 1604 von dem französischen Forscher *Samuel de Champlain* entdeckt wurde, gehört heute zum Acadia National Park.

Bar Harbor ist mit knapp 3.000 Einwohnern der Hauptort von Mount Desert Island. Die ersten Einwohner, die den Ort im 18. Jh. gründeten, gaben ihm den Namen „Eden", denn wie ein kleines Paradies erschien ihnen die Insel mit ihren Wäldern und der buchtenreichen Küste. Um die Mitte des 19. Jh. entdeckten die reichen Familien aus Boston und New York den reizvollen Fischerhafen, bauten sich Sommerhäuser und machten den Ort zu einem exklusiven Sommerferiensitz, vergleichbar mit Newport in Rhode Island.

Durch die Weltwirtschaftskrise, den Zweiten Weltkrieg und einen Brand im Jahr 1947, der viele Häuser zerstörte, verringerte sich die Zahl der Besucher. Heute ist Bar Harbor wieder ein sehr beliebter und viel besuchter Ferienort, das touristische Zentrum von Mount Desert Island mit guten Unterkunftsmöglichkeiten, Restaurants und vielen Geschäften, in denen originelle Souvenirs und Kunsthandwerk aus der Region angeboten werden. Während der Sommermonate herrscht viel Betrieb in Bar Harbor, sodass eine rechtzeitige Zimmerreservierung zu empfehlen ist. Außerhalb der Saison zeigt Bar Harbor sich als ruhiges und beschauliches Fischerdorf.

Zentrum von Mount Desert Island

6. Die Neuengland-Staaten – Maine

Walbeobachtungsfahrten sind besonders beliebt

Ein- oder mehrtägige Ausflüge und Wanderungen zum **Acadia National Park** und **Walbeobachtungsfahrten** sind die Hauptattraktionen des Ortes. Die Ausflugsboote brechen in den Sommermonaten mehrmals täglich zu 3-stündigen Fahrten auf, bei denen Sie mit etwas Glück Wale, Delfine und Seehunde beobachten und beim Hummerfang zuschauen können. Die sachkundigen Ausführungen der Bootsführer werden unterstützt durch Live-Übertragungen der Unterwasserkameras.

Geschichte der Indianer von Maine

Interessant ist auch das 2001 eröffnete **Robert Abbe Museum**, 26 Mt. Desert Rd., das sehr anschaulich über Kunst und Kultur der Indianer informiert. Die neue 15,8 km² umfassende Anlage umfasst neben einer interessanten Korbsammlung die große Dauerausstellung „Wabanaki: Volk der Dämmerung", die den Spuren von Maines Indianern durch die 10.000-jährige Geschichte folgt und von den Anfängen ihrer Kunst und Kultur bis zu ihren heutigen Sportstars und gegenwärtigen Umweltthemen reicht. Das Abbe Museum führt Forschungs- und Bildungsprogramme zur indianischen Kultur durch.

Das **Bar Harbor Oceanarium**, 8,5 mi/13,6 km westlich der Stadt, 1351 SR 3, besteht aus dem Maine Lobster Museum und einer Hummer-Zuchtstation. Sie können sich über den Hummerfang informieren, sich auf einem Fangboot umschauen und an einer geführten Tour durch das Marschland teilnehmen.

Ausstellungen zur Geschichte von Bar Harbor, Fotos und Karten zeigt das **Bar Harbor Historical Museum**, 34 Mt. Desert Rd.

Das **George B. Dorr Museum of Natural History**, 105 Eden St., wurde in dem historischen „Turrets Cottage" auf dem Gelände des „College of the Atlantic" eingerichtet. Das Museum vermittelt Wissenswertes über die Tierwelt von Mount Desert Island.

Acadia National Park (ⓘ S. 151)

Acadia National Park

Der Acadia National Park, der einzige Nationalpark der Neuengland-Staaten, liegt im Norden von Maine auf den Inseln **Mount Desert Island**, **Isle au Haut** und **Schoodic Peninsula**. Hoch aufragende Berggipfel und runde Bergrücken, der Atlantische Ozean, Wellen, die gegen die steile Granitfelsküste branden, dichte Wälder mit reichem Pflanzen- und Tierbestand, kleine Flüsse, Bäche und Seen, Fjorde und Buchten, machen die Schönheit des Nationalparks aus.

6. Die Neuengland-Staaten – Maine

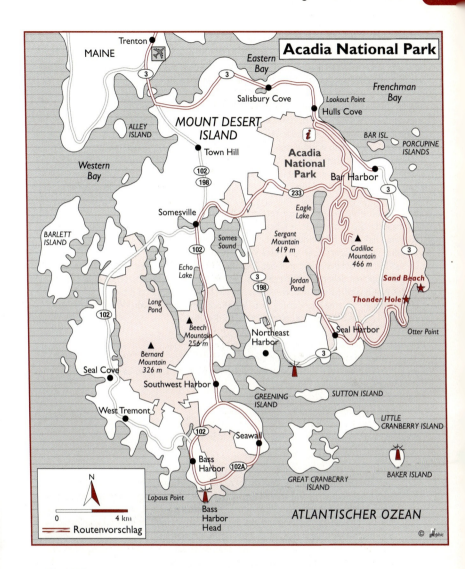

Geschichte

Fundstücke wie Werkzeuge aus Knochen und Stein und verschiedene Tonwaren belegen, dass die *Abenaki* schon vor Jahrtausenden die Sommerzeit auf Mount Desert Island verbrachten. 1604 betrat der Franzose *Samuel de Champlain* als erster Europäer die Insel, die Engländer folgten bereits 1606. Die Besitzansprüche beider Län-

Zeitplanung

Von der Ihnen zur Verfügung stehenden Zeit hängt es ab, wie Sie sich den Acadia National Park erschließen. Einige Vorschläge sollen Ihnen Anregung geben:

Wenn Sie **fünf Stunden oder weniger Zeit** zur Verfügung haben:
- Informieren Sie sich im Visitor Center und schauen Sie sich den 15-minütigen Einführungsfilm „Search for Acadia" an.
- Machen Sie mit dem kostenlosen Pendelbus „Island Explorers" oder mit dem eigenen Wagen die Rundfahrt über die Park Loop Road, die Sie zu den eindrucksvollsten Ausblicken und Sehenswürdigkeiten des Nationalparks führt.
- Unternehmen Sie einen kurzen Spaziergang über den Naturlehrpfad am Jordan Pond.

Wenn Sie **einen ganzen Tag** zur Verfügung haben:
- Informieren Sie sich im Visitor Center über das Tagesprogramm (z. B. geführte Wanderungen, Dia- oder Filmvorführungen, Pflanzenbestimmungstouren) und lassen Sie sich von den Park Rangers über geeignete Wanderwege beraten.
- Lassen Sie sich bei der Autorundfahrt über die Park Loop Road Zeit; steigen Sie bei den ausgeschilderten Sehenswürdigkeiten aus und machen Sie kurze Abstecher in das Innere des Nationalparks (s. nachfolgende Beschreibung der Park Loop Road.)
- Unternehmen Sie eine Wanderung Ihrer Wahl oder machen Sie von Wildwood Stables aus eine 1- oder 2-stündige Kutschfahrt durch den Park.

Wenn Sie **mehr als einen Tag** zur Verfügung haben:
Außer den vorgenannten Vorschlägen bieten sich an:
- ein kurzes Bad am sehr kalten Sand Beach oder im wärmeren Echo Lake,
- Wanderung zum Cadillac Mountain,
- Fahrradrundfahrt über die „carriage paths",
- Kanufahrt am Jordan Pond oder am Echo Lake,
- ein Besuch der kleinen Hafenorte,
- eine Überfahrt zur Insel Isle au Haut oder nach Schoodic Peninsula.

Seit 1929 Nationalpark

der führten bis zum Ende des 18. Jh. zu heftigen kriegerischen Auseinandersetzungen. Nachdem das Land in den Besitz der USA übergegangen war, wurde es zum Kauf angeboten. Nicht nur Einwanderer erwarben das Land, sondern auch wohlhabende Familien aus Neuengland, die dort die Sommermonate in ihren komfortablen Sommerhäusern verbrachten. Bereits 1916 setzten sich *George Dorr* und *Charles Eliot*, der Präsident der Harvard Universität, dafür ein, durch die Gründung eines Naturparks die einzigartige Natur zu schützen. Es gelang ihnen, einflussreiche Einwohner von Maine und einige der reichen Sommergäste von ihrer Idee zu überzeugen, wie z. B. *John D. Rockefeller jun.*, der mehr als 4.400 ha Land stiftete, das Gesamtkonzept für den Park entwickelte und den Bau der rund 80 km Fahrwege finanzierte. 1929 konnte das insgesamt etwa 15.000 ha große Gelände als Nationalpark eingerichtet werden, um das für die Nordostküste Amerikas einzigartige Zusammenwirken von Bergen und Seen in seiner Ursprünglichkeit zu bewahren.

Tier- und Pflanzenwelt

Die Tierwelt zeigt sich mit mehr als 300 Vogelarten und über 50 Säugetierarten sehr artenreich; auf Wanderungen werden Sie Biberbauten sehen und vielleicht auch Schildkröten und ungiftigen Schlangen begegnen. An Land sind Rotfuchs, Murmeltier, Waschbär und Weißwedelhirsch verbreitet, im Wasser und an den felsigen Küsten leben u. a. Hummer, Thunfisch, Robben, Tümmler und Schweinswal. Für Strand- und Wasservögel, wie z. B. Möwen, Enten, Seeschwalben und Regenpfeifer, bietet der Park ausgezeichnete Lebens- und Brutbedingungen; in den Wäldern sind verschiedene Sing- und Greifvögel, Spechte und Nachtvögel heimisch.

Die dichten Mischwälder sind geprägt durch Ahorn, Birken, Ulmen, Buchen und Eichen, zwischen denen Weiß- und Schwarztannen, Rotfichten und Kiefern stehen. Je nach Bodenbeschaffenheit bestimmen Moose und Farne oder blühende Wiesen das Bild.

Redaktionstipps

Sehens- und Erlebenswertes
- Autofahrt über die **Park Loop Road** mit herrlichen Ausblicken
- **Kutsch- oder Planwagenfahrt** über die „carriage paths" durch den Nationalpark
- **Bootsausflüge** zu den kleinen vorgelagerten Inseln
- Nachmittagskaffee mit „Popovers" oder Abendessen bei Kerzenschein im traditionsreichen **Jordan Pond House**
- **Wanderungen** und Tierbeobachtungen

Rundfahrt durch den Acadia National Park über die Park Loop Road

Die ausgeschilderte 26 mi/42 km lange Park Loop Road beginnt in der Nähe des Visitor Center und kann mit dem Auto oder Rad befahren werden. In den Sommermonaten kann man auf die Fahrt im eigenen Pkw verzichten, denn kostenlose Pendelbusse, die „Island Explorers", verbinden alle wichtigen Punkte des Nationalparks miteinander; Haltestellen gibt es an besonders markanten Punkten, an Parkplätzen, Campingplätzen und Hütten. Von den Parkplätzen führen Wanderwege ins Innere des Nationalparks. Die Straßenverhältnisse sind gut. Einige Straßen sind ganzjährig geöffnet, andere werden im Winter geschlossen. Von Mitte November bis Mitte April ist auch die zum Cadillac Mountain führende Straße geschlossen.

Rundfahrt über die Park Loop Road

Da die Park Loop Road im ersten Teil weitgehend der Küstenlinie folgt und großartige Ausblicke auf das Meer bietet, wird sie auch *Ocean Drive* genannt. Besonders schön gelegene Aussichtspunkte und Parkplätze sind gekennzeichnet; Hinweistafeln informieren über Natur, Geschichte und Besonderheiten des Nationalparks. Die Park Loop Road führt zunächst entlang der Frenchman Bay und bietet schöne Ausblicke auf die vielen kleinen Inseln.

Ocean Drive

- **Frenchman Bay**: *Samuel de Champlain* war der erste Franzose, der 1604 in die Bucht segelte. Er gab der Insel wegen ihrer unbewaldeten Berggipfel den Namen „Mount Desert". Die nachfolgenden Franzosen trieben mit den hier lebenden Indianern regen Handel. In den Auseinandersetzungen zwischen Engländern und

Franzosen im 17. und 18. Jh., bei denen es um den Besitz Nordamerikas ging, lagen französische Schiffe in der Frenchman Bay.
- **Sieur de Monts Spring**: Im **Nature Center** und in den **Acadia Wild Gardens** bekommen Sie einen Eindruck von der Vielfalt des einheimischen Pflanzenlebens, denn der Botanische Garten zeigt mehr als 300 endemische Bäume, Sträucher und Blumen in ihrer natürlichen Umgebung. Im **Abbe Museum** informiert seit 1928 in den Sommermonaten eine Ausstellung über die Indianer, die zur Zeit *Samuel de Champlains* auf Mount Desert lebten.

Biber
- **Beaver Dam Pond**: Dieser Platz ist gut geeignet, um nach Biberdämmen und -bauten und nach Nagespuren an den Bäumen Ausschau zu halten.
- **Champlain Mountain**: An diesem Aussichtspunkt bietet sich Ihnen ein eindrucksvoller und großartiger Panoramablick auf Bar Harbor, die Porcupine-Inseln und die Ostküste der Insel.
- **Schooner Head**: Die Hinweistafel am Schooner Head Overlook informiert über den amerikanischen Hummer.

Sand Beach

Dieser Sandstrand ist eine Besonderheit an der sonst felsigen Küste des Nationalparks. Er entstand durch Gletschermassen, die sich zum Meer hin bewegten und Stein und Kies mit sich führten. Durch die Meereswellen wurden diese Ablagerungen fein gemahlen und bilden nun zusammen mit angespülten Sandmengen den feinen Sandstrand.

Auch im Hochsommer liegt die Wassertemperatur nur bei 12-14 °C; Schwimmen ist deshalb nur ganz Abgehärteten zu empfehlen.

INFO   Der amerikanische Hummer

Der besonders hoch geschätzte Hummer von Maine lebt in den kalten Küstengewässern und hält sich vorzugsweise in dunklen Felsspalten und Höhlen auf. Die Tiere kehren nach ihren nächtlichen Ausflügen, auf denen sie sich von Schnecken, Muscheln und toten Fischen ernähren, stets wieder zu ihren Höhlen zurück. Diese Standorttreue wird durch die gute Orientierungsfähigkeit der Tiere ermöglicht.

Die Weibchen werden erst mit sechs Jahren geschlechtsreif; sie sind dann etwa 25 cm lang und legen rund 8.000 Eier. Ältere Weibchen können über 30.000 Eier hervorbringen. Die Eiablage erfolgt meist nur alle zwei Jahre; dabei trägt das Weibchen seine Eier bis zum Ausschlüpfen der Larven unter dem Hinterleib mit sich. Die Larven leben einige Wochen frei schwimmend. Die Haut oder Schale der Hummer bildet ein starkes Außenskelett, das periodisch abgeworfen wird und nachwächst; erst von der dritten Häutung an leben die jungen Tiere am Felsengrund. Vier Beinpaare dienen der Fortbewegung. Das erste Beinpaar trägt mächtige, meist ungleich starke Scheren; die größere Knackschere dient dazu, die Beute zu bewältigen. Die Fühler, Tast- und Gleichgewichtsorgane werden zur Fortbewegung und zur Nahrungssuche benutzt. Der Schwanz steuert die Rückwärtsbewegungen. Durch internationale Schutzbestimmungen soll der Bestand des beliebten Speisekrebses gesichert werden. (ⓘ Info-Kasten über den „Lobster von Maine", S. 488)

Thunder Hole

Thunder Hole gehört zu den Hauptattraktionen des Nationalparks. Es ist eine enge Felsschlucht mit steilen Seitenwänden, in die die Wellen, je nach Gezeitenstand und Wetterlage, mit gewaltiger Kraft einrollen. Das Donnern des Wassers übertönt alle anderen Geräusche, und die starken Wellen wirbeln Steine vom Grund auf. Die beste Zeit für einen Besuch des „Donnerlochs" ist etwa 3 Stunden vor Hochflut; die genauen Gezeitenstände erfahren Sie im Visitor Center und durch die monatliche Informationsschrift „Beaver Log". Besonders eindrucksvoll ist der Besuch bei stürmischem Wetter. Es ist vor allem bei hohem Wellengang wichtig, auf den markierten Wegen zu bleiben, da die nassen Steine glatt sind, sodass man leicht ausrutschen kann.

Besuch des „Donnerlochs"

Von der hohen Granitfelswand **Otter Cliff** bieten sich großartige Ausblicke auf den Atlantik bis hinüber zur Südspitze von Nova Scotia. Ein Wanderpfad führt an der Küste entlang zum reizvollen **Otter Point**.

Jordan Pond ist mit dem See, dem alten Teehaus, dem Torhaus und dem Naturlehrpfad einer der Hauptanziehungspunkte des Nationalparks. **Jordan Pond House**, ein einfaches Bauernhaus aus dem Jahr 1847, wurde gegen Ende des 19. Jh. durch Anbauten zu einem Restaurant erweitert, in dem die wohlhabenden Cottage-Bewohner und ihre Gäste in ländlicher Umgebung die Teezeremonie genossen oder zu speisen pflegten. Zu den berühmtesten Gästen zählten *Rockefeller*, *Ford*, *Astor*, *Carnegie* und *Pulitzer*. Nach einem Brand wurde 1979 das gesamte Anwesen wieder aufgebaut und seither in alter Tradition weitergeführt. Die Spezialität des Hauses für den Nachmittag ist das besonders luftige Teegebäck „Popover", am Abend sind Hummer und Hähnchen beliebte Spezialitäten.

Bereit für die nächste Kutschfahrt

Nostalgisch und stilecht ist die Fahrt zum Jordan Pond House mit den Pferdekutschen von **Wildwood Stables**; tgl. um 13.15 Uhr beginnt die Fahrt zu „Afternoon Tea and Popovers".

Ganz in der Nähe liegt das **Gate House**; dieses alte Steinhaus liegt am Zugang zu den „carriage paths" der *Rockefellers*.

Der **Jordan Pond Nature Trail** führt am Ufer des **Jordan-Pond-Sees** entlang und gibt den Blick auf eine großartige Gletscherlandschaft frei, die entstanden ist, als am Ende der Eiszeit die abschmelzenden Eismassen riesige Anhäufungen von Steinen und Felsbrocken hinterließen. Die aufgestellten Informationstafeln schildern die Entstehung der Gletscherlandschaft.

Jordan Pond Nature Trail

Cadillac Mountain

Großartiger Ausblick

Mit 466 m ist der Cadillac Mountain nicht nur die höchste Erhebung des Nationalparks, sondern auch der gesamten amerikanischen Atlantikküste. Der Cadillac Mountain ist sowohl über Wanderwege als auch über eine Autostraße erreichbar. Von der Höhe des Berges bietet sich ein großartiger **Ausblick** auf die Frenchman Bay im Osten, die Cranberry-Inseln im Süden und auf den Atlantik. Besonders be-

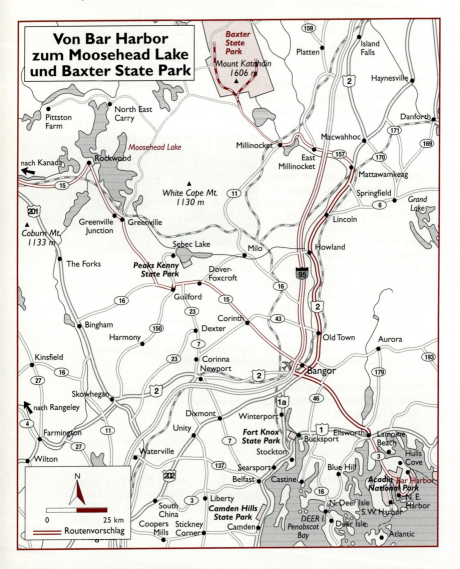

liebt ist der Besuch in den frühen Morgenstunden zur Zeit des Sonnenaufgangs. Die genauen Zeiten von Sonnenauf- und Sonnenuntergang erfahren Sie im Visitor Center oder durch die Informationsschrift „Beaver Log". Namensgeber des Cadillac Mountain ist der französische Offizier, Pionier und Abenteurer *Antoine de la Mothe Cadillac*, der gegen Ende des 17. Jh. die Insel Mount Desert in Besitz nahm. Im Jahr 1701 gründete *Cadillac* die Stadt Detroit. Eine dort ansässige Automobilfirma übernahm später seinen Namen und verlieh ihn ihrer Luxuslimousine.

Southwest Harbor (ⓘ S. 151)

Außerhalb des Nationalparks liegt die Ortschaft Southwest Harbor, Heimat von 70 Hummerfischern, die hier ihrer Arbeit nachgehen. Einen Besuch wert ist das **Mount Desert Oceanarium**, 172 Clark Point Rd., mit Ausstellungen und vielen Informationen über Meerestiere, die Gezeiten und den Fischfang. Das **Wendell Gilley Museum**, Main/Herrick Sts., zeigt mehr als 200 Holzschnitzarbeiten des in Southwest Harbor geborenen Künstlers *Wendell Gilley*, der vor allem für seine aus verschiedenen Hölzern geschnitzten Vögel bekannt wurde. Außerdem können Sie sich im Museum über die Lebensgewohnheiten einheimischer Vögel informieren und einem Holzschnitzer bei der Arbeit zuschauen.

Meerestiere und Vögel aus Holz

3 mi/4,8 km südlich von Southwest Harbor am ME-102 steht der 1858 gebaute **Leuchtturm Bass Harbor Head**, ein wegen seiner schönen Lage und der großartigen Sicht auf die vorgelagerten Inseln Sutton Island, Greening Island und die Cranberry Islands beliebtes Ausflugsziel. Ausflugsboote fahren hinüber nach Baker Island.

Isle au Haut

Zum Acadia National Park gehört auch ein Teil der Isle au Haut, ca. 50 km südwestlich von Mount Desert Island gelegen. Die Insel ist nur mit dem Postboot von Stonington erreichbar, es verkehrt keine Autofähre. Die wilde Insel ist noch weitgehend unberührt und unerschlossen. Eine Übernachtungsmöglichkeit, fern von der Zivilisation und ohne Telefon und Elektrizität, finden Sie im Leuchtturm von Isle au Haut. Mit dem Fahrrad können Sie von dort aus die Insel erkunden.

Einsame Insel

Von Bar Harbor in den Norden von Maine

Das große, im Norden gelegene Waldgebiet, das sich zum überwiegenden Teil im Besitz von Papierfabriken befindet, wird nur von wenigen Straßen durchzogen. Hauptanziehungspunkte sind der **Moosehead Lake**, ein beliebtes Feriengebiet mit vielseitigen Sport- und Erholungsmöglichkeiten, und der **Baxter State Park**, ein riesiges Wildnisgebiet mit zahlreichen Seen und Wasserläufen und dem Mount Katahdin, dem höchsten Berg von Maine.

> **Hinweis zur Route**
>
> Von Bar Harbor aus fahren Sie über den ME-3 nach Ellsworth und über den US-A-1 weiter nach Bangor (Entfernung: 45 mi/72 km). Von dort aus folgen Sie entweder dem I-95 oder dem US-2, bis Sie auf den ME-157 treffen, der Sie über East Millinocket nach Millinocket führt, wo die Private Road zum Baxter State Park beginnt.

Von Bar Harbor zum Baxter State Park und zum Allagash Wilderness Waterway

Millinocket (ⓘ S. 151)

Ausgangsort zum Baxter State Park

Der ca. 7.000 Einwohner zählende Ort Millinocket ist zusammen mit East Millinocket Sitz einer der größten Papierfabriken des Landes, wo u. a. Zeitungspapier hergestellt wird. Millinocket liegt ca. 25 km südöstlich vom Eingang zum Baxter State Park. Besucher des Baxter Parks können sich mit Lebensmitteln und allen für die Wildnis notwendigen Utensilien in den Geschäften versorgen; es gibt einige Hotels, Restaurants, etliche Campingplätze in der näheren Umgebung und das New England Outdoor Center, Old Medway Rd., das u. a. geführte Wildwasser- und Kanutouren anbietet.

Anfahrt zum Baxter State Park

Der **Baxter State Park** liegt 18 mi/28 km nordwestlich von Millinocket und ist nur über drei Straßen erreichbar:
• über die Private Road von Millinocket,
• über die Baxter State Park Road von Greenville und
• über den ME-159 von Patten.

Baxter State Park (ⓘ S. 151)

Während seiner Amtszeit als Gouverneur von Maine veranlasste *Percival P. Baxter* die Einrichtung eines Naturschutzgebietes im Bereich des **Mount Katahdin**, des höchsten Berges von Maine. Unter großen Schwierigkeiten erwarb er das Land 1931 mit seinem eigenen Vermögen und schenkte es dem Staat. Dieses Besitztum macht den Großteil des heute 80.940 ha umfassenden Baxter State Parks aus. Baxter knüpfte an seine Schenkung die Verpflichtung, dass „das Land für immer in seinem natürlichen, wilden Zustand belassen werde"; das bedeutet für die heutigen Besucher, dass sie hier in weitgehend unberührter Natur noch Elchen, Bären, Stachelschweinen oder Waschbären begegnen können. Flora, Fauna, Geologie und Ökologie können im Baxter State Park auf vielfältige Weise erforscht werden; dem Besucher bietet der Park großartige Natureindrücke und eindrucksvolle Erlebnisse.

Allagash Wilderness Waterway (ⓘ S. 151)

Riesiges Wildwassergebiet

Im Norden von Maine, nahe der kanadischen Grenze, liegt in nahezu unberührter Natur ein Paradies für Kanufahrer. Der Allagash Wilderness Waterway ist eine ca. 150 km lange Wasserstraße von Flüssen und Seen zwischen Chamberlain Thoroughfare am Chamberlain-See im Süden und Allagash Village im Norden. 1970 wurde dieser Wasserweg des Allagash River zum nationalen Wildwassergebiet bestimmt. Je nach Können und Erfahrung bietet der Allagash Wilderness Waterway für jeden Erlebnismöglichkeiten. Während der erfahrene Kanufahrer für die ganze Strecke etwa 7-10 Tage benötigt, kann der Anfänger auch kürzere Ausflüge mit geringem Schwierigkeitsgrad wählen.

Zufahrt zum Allagash Wilderness Waterway

Der günstigste Zufahrtsort ist Chamberlain Thoroughfare am Zusammenschluss von Chamberlain-See und Telos-See. Chamberlain ist über die von Greenville nach Norden führende Straße (Private Road open to Public) zu erreichen. Zwar gibt es einen Zugang vom Baxter State Park zum Allagash Wilderness Waterway, aber die Besucher werden aufgefordert, die Parkwege nicht als Durchgangsstraßen zu benutzen, sondern über die regulären Straßen zu fahren.

Von Bar Harbor zum Moosehead Lake

Bangor (ⓘ S. 151)

Die Geschichte der Stadt Bangor beginnt 1604, als der Forscher *Samuel de Champlain* den Penobscot River entlangfuhr und die Gegend mit den Worten „sehr angenehm mit eindrucksvollen Eichen und guten Jagdmöglichkeiten" charakterisierte. 1769 wurde die Stadt gegründet und entwickelte sich zu einem Zentrum der amerikanischen Holz- und Forstwirtschaft und zum führenden Holzhafen der Welt. In der ersten Hälfte des 19. Jh. war Bangor der Treffpunkt der Holzfäller aus dem Norden, die nach dem Fällen der Bäume in jedem Frühjahr Tausende von Baumstämmen über die reißenden Flüsse ins Tal nach Bangor brachten. Ihnen wurde in der Gestalt der 10 m hohen **Paul-Bunyan-Statue** ein Denkmal gesetzt: Aufrecht stehend, im karierten Hemd, mit geschulterter Axt, verkörpert der Holzfäller Kraft, Geschicklichkeit und Mut. Heute ist Bangor der wirtschaftliche Mittelpunkt des nördlichen Maine mit seiner Papier-, Holz- und Elektronikindustrie.

> **Hinweis zur Route**
>
> Von Bar Harbor aus fahren Sie über den ME-3 nach Ellsworth und über den US-A-1 weiter nach Bangor (Entfernung: 45 mi/72 km), folgen dann dem ME-15 bis Dover-Foxcroft und anschließend dem ME-6/ME-15 bis Greenville oder Rockwood am Moosehead Lake.

Stadt der Holzfäller

Am Broadway und am West Broadway stehen mehrere alte **herrschaftliche Häuser**. In den Räumen eines alten Gebäudes aus dem Jahr 1836 zeigt das **Bangor Historical Society Museum**, 159 Union St., Originalmobiliar, Gemälde und Porträts aus dieser Zeit.

Dover-Foxcroft (ⓘ S. 151)

Der um 1800 gegründete Ort hat heute etwa 3.000 Einwohner. Interessant ist das **Blacksmith Shop Museum**, die Rekonstruktion einer Schmiede aus der Mitte des 19. Jh., Park St./Chandler-Daws Rd.

Im **Peaks-Kenny State Park**, am Sebec-See, 6 mi/9,6 km nördlich am ME-153, gibt es ein schönes Wandergebiet und vielseitige Wassersportmöglichkeiten.

Wandern

Moosehead Lake Region

Die nördliche Berg- und Seeregion von Maine ist zu jeder Jahreszeit ideal für naturnahe Ferien. In den Sommermonaten lädt die Gegend zum Schwimmen, Rudern, Wandern und zur Elchbeobachtung ein, in der Wintersaison sind Abfahrtsski, Skilanglauf und Fahrten mit dem Schneemobil möglich.

Der Moosehead Lake ist mit 40 Meilen Länge und 20 Meilen Breite der größte der zahllosen Seen von Maine. Sehr reizvoll sind die vielen Buchten, die kleinen Inseln im See und die nähere Umgebung mit dichten Wäldern, Teichen, Bächen und kleinen Wasserläufen. Die reiche Pflanzen- und Tierwelt lädt zum Beobachten und Verweilen ein; häufig ist der Ruf des Loon zu hören, den man die „Nachtigall des Nordens" nennt, und sicher werden Elche Ihren Weg kreuzen. Da nur wenige Straßen durch die dichten, endlosen Wälder und zu den zahlreichen Seen führen, sind Kanu, Wasserflugzeug oder Schneemobil wichtige Transportmittel für die Bewohner der Camps und Lodges in der Wildnis von Maine.

Unberührte Natur

INFO Der amerikanische Elch (moose)

Elche, die zur Paarhufer-Familie der Hirsche gehören, leben in meist sumpfigen Laub- und Mischwäldern, in Mooren und Tundren. Ihr Verbreitungsgebiet liegt in Nordeuropa, Asien und Nordamerika. Der Elch ist der größte und schwerste lebende Hirsch; er kann bis zu 3 m lang, 2,5 m hoch und bis 800 kg schwer werden und erreicht ein Alter bis zu 25 Jahren. Er ernährt sich von Weichholz, Blättern und Kräutern. Das auffallendste Merkmal ist das mächtige Geweih des männlichen Elchs, das bis zu 20 kg wiegen kann, sich meist zur Schaufel verbreitert und jährlich gewechselt wird.

Der Elch, der ein guter Schwimmer ist, lebt im Sommer einzeln oder familienweise; im Winter schließen sich die Elche zu kleinen Trupps zusammen. Sie ziehen in ihren weiten Revieren unregelmäßig umher. Oft machen sie weite, mehrere hundert Kilometer lange Wanderungen, wobei selbst große Seen keine Hindernisse für sie sind. Der Wandertrieb erfasst sie vor allem zur Brunftzeit; der Ruf des Elchs klingt dann dumpf röhrend durch den Wald, unterbrochen von krachenden Geweihschlägen gegen Bäume und Geäst.

Gelegentlich kommen Elche bis an den Straßenrand

Im nördlichen Maine, in der waldreichen Umgebung des Moosehead Lake, gibt es die größte Elchherde im Nordosten der USA. Da Elche hauptsächlich Nachttiere sind, lassen sie sich am besten in den frühen Morgenstunden und nach Einbruch der Dämmerung beobachten. Es ist nicht selten, dass Sie schon vom Auto aus die an den Straßenrändern äsenden Tiere sehen können, die sich von den Menschen gar nicht stören lassen.

Greenville und **Rockwood** (ⓘ S. 151) sind die Zentren des Fremdenverkehrs und bieten vielerlei Möglichkeiten, zu Fuß, per Boot oder per Flugzeug die unberührte Natur kennen zu lernen. Für einen angenehmen Aufenthalt sorgen gemütliche Restaurants, oft mit schönem Blick auf den See, die große Auswahl an Übernachtungsmöglichkeiten in stilvollen Bed&Breakfast-Häusern, rustikalen Cottages oder eleganten Lodges, Läden und Galerien mit Souvenirs und Kunsthandwerk einheimischer Künstler.

Moosemainea-Wochen

In Greenville gibt es das ganze Jahr über etwas zu feiern: Während im Winter Schneefeste und Autorennen auf dem zugefrorenen See zum Programm gehören, steht der Elch im Mittelpunkt der „**Moosemainea-Wochen**", die von Mitte Mai bis Mitte Juni mit einem Fotowettbewerb, Elchbeobachtungen, Wanderungen, Regat-

6. Die Neuengland-Staaten – Maine
Abstecher nach Kanada - Québec

> **Hinweis zur Route**
>
> Wenn Sie vom Moosehead Lake nach Norden zum Baxter State Park oder zum Allagash Wilderness Waterway fahren wollen, nehmen Sie von Greenville aus die Bay Road, die nach Kokadjo führt. Hinter Kokadjo hört die Asphaltierung für einige Meilen auf, jedoch ist die Straße weiterhin ausgeschildert und gut befahrbar. Ab Sias Hill wird sie zu einer Privatstraße, die Straße ist gebührenpflichtig. Die Straße, jetzt Golden Road genannt, führt am Westufer des Penobscot River entlang und trifft dann nördlich von Millinocket auf die Baxter State Road.

ten und Paraden stattfinden. Im August werden die **Forest Heritage Days** gefeiert, im September das internationale „**Sea Plane Fly-In**" und im Oktober das „**Moose on the Run Road Race**" mit Teilnehmern aus vielen Ländern.

Vom Moosehead Lake nach Kanada

Wenn Sie einen Abstecher nach Kanada planen, ist der Moosehead Lake ein geeigneter Ausgangspunkt für die Fahrt zur nahe gelegenen kanadischen Provinz Québec und ihrer gleichnamigen Hauptstadt. Von Québec City können Sie dann südwärts am St. Lorenz-Strom entlang bis nach Montréal fahren.

Québec (ⓘ S. 151)

Québec, die Hauptstadt der gleichnamigen Provinz, ist die am meisten französisch anmutende Stadt Kanadas. Sie wurde 1608 von *Samuel de Champlain* am Steilufer des St. Lorenz-Stroms als befestigte Siedlung gegründet und diente dem französischen Entdecker als Ausgangspunkt für seine Forschungsreisen ins Landesinnere. Den Reiz einer großen historischen Vergangenheit bewahrt Québec noch heute; als eine der ältesten Städte Kanadas wird sie häufig die „Wiege der französischen Zivilisation in Nordamerika" genannt. Québec ist auch in der Gegenwart das Zentrum der französischen Kultur in Nordamerika; 95 % der knapp 500.000 Einwohner im Großraum Québec sprechen Französisch; französische Lebensart und Lebensfreude sind überall lebendig.

Zentrum der französischen Kultur in Nordamerika

> **Abstecher nach Kanada**
>
> *Von Rockwood aus folgen Sie dem ME-6/15 bis Jackman, wo Sie auf den US-201 stoßen, der nach 16 mil/26 km die kanadische Grenze erreicht. Auf kanadischer Seite führen der Hwy. 173 und der Hwy. 73 über St. Georges (Beauce) nach Québec City. Von Québec fahren Sie weiter über den Hwy. 40 nach Montréal (Beschreibung Montréal s. Kapitel Vermont, Abstecher von Burlington/VT, S. 548).*
>
> **Entfernung vom Moosehead Lake**
> - nach Québec 105 mil/168 km
> - nach Montréal 244 mil/391 km
> - nach Ottawa 368 mil/589 km
> - nach Toronto 585 mil/936 km

Québec besteht aus zwei Teilen: Innerhalb der alten Stadtmauern liegt die Altstadt **Vieux-Québec** mit der Unterstadt „Basse-ville", wo die Franzosen die erste Siedlung errichtet hatten, und der Oberstadt „Haute-ville", wo die meisten historischen Gebäude liegen. Besonders sehenswert sind die mächtige Zitadelle, die prächtigen Regierungsgebäude, das historische Viertel mit aufwändig restaurierten Häusern, engen Gassen, kleinen Plätzen und dem prachtvollen Château Frontenac, dem Wahrzeichen der Stadt. Vor den Stadtmauern dehnen sich die **modernen Vororte** mit Verwaltungsgebäuden, Einkaufszentren und Wohnsiedlungen immer weiter aus. Hier

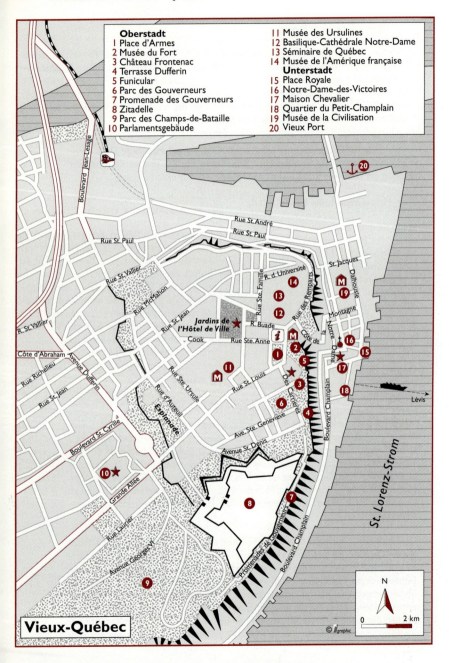

wirkt Québec wie jede andere moderne kanadische Stadt, während man sich beim Bummel durch die malerische Altstadt, die unter Denkmalschutz steht und in die Liste des Weltkulturerbes der UNESCO aufgenommen wurde, in eine französische Kleinstadt versetzt fühlt.

Weltkulturerbe

Vieux-Québec – Die Oberstadt

Im Herzen der Altstadt liegt die **Place d'Armes** (1). Hier wurden in früherer Zeit die Paraden abgehalten und öffentliche Reden vorgetragen. Heute ist es ein gepflegter Platz, in dessen Mitte ein Denkmal steht, das an die Ankunft der ersten Missionare im Jahr 1615 erinnert. In der näheren Umgebung dieses Platzes liegen die wichtigsten Sehenswürdigkeiten der Altstadt.

Das **Musée du Fort** (2), 10, rue Sainte-Anne, zeigt ein Modell der Stadt aus der Zeit um 1750. In einer Ton- und Lichtshow werden wichtige Ereignisse der Stadtgeschichte dargestellt, darunter auch die Schlacht auf den Plaines d'Abraham.

Das **Château Frontenac** (3) ist das Wahrzeichen der Stadt, ein großes, weithin sichtbares Schlosshotel, das 1892 im Auftrag der *Canadian Pacific Railways* errichtet wurde. Das gewaltige Bauwerk wurde nach mehreren Anbauten 1925 durch den Bau des 17 Stockwerke hohen Mittelturmes fertig gestellt und beherrscht mit seinen Türmen seitdem die Stadt. Werfen Sie einen Blick in die noble Eingangshalle oder speisen Sie in einem der erstklassigen Restaurants.

Château Frontenac – das Wahrzeichen von Québec

Vor dem Château Frontenac und 65 m über dem St. Lorenz-Strom liegt die etwa 50 m lange **Terrasse Dufferin** (4), ein breiter Plankenweg, ein beliebter Treffpunkt und eine viel besuchte Promenade mit Aussichtspunkten und wundervollen Ausblicken auf den St. Lorenz-Strom, den St. Charles River, die Île d'Orléans und die Côte de Beaupré. Am Nordende der Terrasse Dufferin steht das **Samuel-de-Champlain-Denkmal**, das den Gründer der Stadt darstellt. Von der Terrasse Dufferin können Sie mit dem **Funicular** (5), einer Seilbahn, hinunterfahren zur Place Royale, dem Zentrum der alten Unterstadt.

Etwa in der Mitte der Terrasse Dufferin führt ein Treppenweg zum **Parc des Gouverneurs** (6). An ihrem westlichen Ende geht sie in die **Promenade des Gouverneurs** (7) über, die unterhalb der mächtigen Festungsmauern verläuft, sodass nun eine Verbindung zwischen dem Château Frontenac und der Zitadelle besteht. Die **Zitadelle** (8) liegt auf dem vorspringenden Cap Diamant, ca. 110 m über dem St. Lorenz-Strom. Sie wurde 1820-52 an der Stelle einer älteren Festung gebaut. Es ist die größte Festungsanlage auf dem nordamerikanischen Kontinent, eine riesige, gut erhaltene, sternförmige Anlage, deren Bauten durch Festungsmauern, Wälle und Gräben geschützt sind.

Große Festungsanlage

6. Die Neuengland-Staaten – Maine
Abstecher nach Kanada - Québec

Westlich der Zitadelle liegt der ca. 80 ha große **Parc des Champs-de-Bataille** (**9**) mit den **Plaines d'Abraham**. Hier fand 1759 eine entscheidende Schlacht im Krieg zwischen England und Frankreich statt. Im Sommer fährt ein Shuttlebus zu den Sehenswürdigkeiten auf dem Gelände; dazu gehören das **Musée de Québec** mit einer Kunstsammlung, das **Wolfe Monument**, die mächtigen **Martello Towers**, die zur Abwehr feindlicher Angriffe gebaut wurden, und die **Grey-Terrasse**, die einen tollen Ausblick über das weite Tal des St. Lorenz-Stroms bietet. Der Park ist ein beliebter Ort zum Spazierengehen, Picknicken, Radfahren und Ski- und Eislaufen.

Zu den Befestigungsanlagen der Stadt, die zu verschiedenen Zeiten immer weiter ausgebaut und verstärkt wurden, gehören Bastionen, Türme, Tore, Mauern und Wälle. Der die Altstadt schützende, 4,6 km lange, aus Sand und Granitsteinen gebaute Wall wurde 1832 fertig gestellt. Neben dem Stadttor Porte Saint-Louis steht das alte Pulvermagazin.

Regierungsviertel
Das große **Regierungsviertel** von Québec liegt westlich vom Stadttor Saint-Louis, auf dem Parlamentshügel außerhalb der alten Stadtmauern. Hier verläuft die Prachtstraße Québecs, die **Grande Allée Est**, die häufig mit den Champs-Elysées in Paris verglichen wird. In den schönen, oft im viktorianischen Stil gebauten Häusern gibt es viele kleine Restaurants und Straßencafés.

Das **Hôtel du Parlement** (**10**), Ecke Ave. Dufferin/Grande Allée Est, wurde 1877-86 gebaut. Es ähnelt den großen französischen Schlössern des 16. Jh. Zu besichtigen sind der große Sitzungssaal der Nationalversammlung und der Saal der Legislative.

Das Ursulinenkloster mit dem **Musée des Ursulines** (**11**), 12, rue Donnacona, wurde schon 1639 gegründet und diente als Bildungsanstalt für junge Französinnen und Indianermädchen. Die anglikanische Kirche, **Cathédrale Anglicane**, 31, rue des Jardins, wurde 1804 nach dem Vorbild der Londoner Kirche Saint-Martin-in-the-Fields gebaut. Es ist die erste anglikanische Kathedrale, die außerhalb Großbritanniens gebaut wurde. Sehr schön sind das aus Eiche gefertigte Chorgestühl und die Empore. Im Sommer finden regelmäßig Orgelkonzerte in der Kirche statt.

Persönlichkeiten in Wachs
Das Wachsmuseum, **Musée du Cire**, 22, rue Sainte-Anne, wurde in einem schönen Haus aus dem 17. Jh. eingerichtet. Mit 80 Wachsfiguren werden bedeutende Persönlichkeiten und wichtige Ereignisse aus der Geschichte der Provinz Québec dargestellt.

Die **Basilique-Cathédrale Notre-Dame-de-Québec** (**12**), 16, rue Buade, ist aus der alten Kapelle, die *Samuel de Champlain* 1633 errichten ließ, hervorgegangen. Sehenswert ist das reich geschmückte Kircheninnere mit schönen Glasfenstern, Malereien und einer Kanzellampe, die ein Geschenk *Ludwigs XIV.* ist.

Das Jesuitenseminar **Séminaire de Québec** (**13**) wurde 1663 vom Bischof *Laval* gegründet. Aus diesem Priesterseminar entwickelte sich die Universität Laval. Die modernen **Universitätsgebäude** liegen im Vorort Sainte-Foy; in den alten Seminargebäuden befindet sich die über 300.000 Bände umfassende Bibliothek. Zum Seminar gehört die mit Holzschnitzereien ausgeschmückte Briand-Kapelle (1785).

Das **Musée de L'Amérique française** (14), 9, rue de l' Université, zeigt Werke europäischer und kanadischer Künstler, alte Bücher- und Münzsammlungen, Gold- und Silberarbeiten und ethnologische Studien. Der Schwerpunkt liegt auf der Darstellung der Geschichte der Franzosen in Nordamerika.

Vieux-Québec – Die Unterstadt
Die Unterstadt, **Basse-ville**, lockt viele Besucher an, die den Reiz der liebevoll restaurierten, historischen Häuser und die lebendige Atmosphäre der Unterstadt gleichermaßen genießen.

Mittelpunkt der Unterstadt ist die **Place Royale** (15); hier begann 1608 die französische Kolonisation in Nordamerika. Mit dem Bau der *habitation*, dem ersten Wohn- und Lagerhaus, gründete *Samuel de Champlain* die erste dauerhafte Siedlung in Neufrankreich. Viele der Häuser wurden sorgfältig restauriert und vermitteln einen sehr guten Eindruck von einer französischen Stadt des 17. und 18. Jh.

Zentrum der Unterstadt

Die kleine Kirche **Notre-Dame-des-Victoires** (16), Place Royale, wurde 1688 erbaut und trotz starker Zerstörung durch die Engländer im Jahr 1759 nach den Originalplänen wieder aufgebaut.

Die **Maison Chevalier** (17), 60, rue du Marché-Champlain, besteht aus drei Gebäudeteilen und wurde zwischen 1675 und 1752 errichtet. In dem restaurierten Gebäude gibt es eine ethnografische Ausstellung mit alten Landkarten, Stichen, Töpferwaren und Handarbeiten.

Das **Quartier du Petit-Champlain** (18) liegt am Fuß des Treppenweges „Cassecou", der nicht ganz so gefährlich ist, wie der Name „Halsbrechertreppe" vermuten lässt. Nach seiner Restaurierung ist das Viertel heute der Blickpunkt der Unterstadt. In den Gassen drängen sich die Besucher, Straßenhändler bieten ihre Waren an, Musiker und Akrobaten führen ihre Künste vor. In den Häusern wurden kleine Cafés und Restaurants, Geschäfte, Galerien und Ateliers eingerichtet, in denen man Kunsthandwerk, indianische Lederwaren, Kunst der Inuit und Bilder junger Künstler findet.

Bekanntes Künstlerviertel

Das **Musée de la Civilisation** (19), 85, rue Dalhousie, nach einem Entwurf von *Moshe Safdie*, ist ein Beispiel gelungener moderner Architektur. Es zeigt verschiedene Aspekte der Menschheitsgeschichte und im Besonderen der Geschichte und Kultur Québecs sowie moderne Erfindungen und technische Neuerungen und deren Auswirkungen auf das Leben der Menschen.

Der Alte Hafen erreichte in der ersten Hälfte des 19. Jh., in der Zeit der großen Segelschiffe, seine größte Bedeutung. Die Anlagen wurden in den vergangenen Jahren gründlich erneuert und sind heute als **Vieux-Port de Québec** (20), 84, rue Dalhousie, ein beliebtes Ausflugsziel. Zum Bereich des Alten Hafens gehören noch ein Yachthafen, ein Freilufttheater am St. Lorenz-Strom und der **Marché du Vieux Port**, wo Bauern frisches Obst und Gemüse verkaufen. In den kleinen Straßen, wie der Rue Saint-Paul oder Rue Saint-André, gibt es schöne Boutiquen, Antiquitätenläden, Kunstgalerien und gemütliche Cafés.

Alter Hafen

Vom Moosehead Lake nach New Hampshire

 Hinweis zur Route

*Von Rockwood aus fahren Sie auf dem ME-6/15 bis **Jackman**, fahren dann auf dem US-201 nach **West Forks** und dann am Kennebec River entlang nach Süden bis Solon.*

Der Kennebec River, der ganzjährig ausreichend Wasser führt, ist an den Sommerwochenenden ein beliebtes Ziel von Wassersportlern. Hier treffen sie sich, um mit Kanu, Kajak oder Floß die Stromschnellen zu durchfahren. Die besten Bedingungen für Wildwasserfahrten bietet der erste, ca. 10,5 km lange Streckenabschnitt. Von Mai bis Mitte Oktober werden Touren von Rafting-Unternehmern angeboten, z. B. **Voyagers Whitewater**, The Forks, direkt am US-201. Die Fahrten werden je nach Teilnehmerzahl mit unterschiedlich großen Booten von zuverlässigen Führern geleitet.

Ausflug

Wasserfall
Vom US-201 können Sie ab **West Forks** einen lohnenden Abstecher zu den **Moxie Falls** machen, einem der schönsten und mit ca. 20 m einem der höchsten Wasserfälle Neuenglands. Ein Wanderweg führt durch ein Waldgebiet und an einigen schönen Kaskaden des Moxie Stream entlang und bietet dann einen schönen Blick auf den freien Fall des Wassers.

In **Solon** können Sie zwischen zwei Strecken wählen:

1. Streckenalternative: Weiterfahrt auf dem US-201 bis Skowhegan und von dort auf dem US-2 über Farmington, Rumford und Bethel nach New Hampshire (S. 517 f.)

2. Streckenalternative: Sie führt in das Feriengebiet am **Sugarloaf Mountain** (ⓘ S. 151), das hervorragende Wintersportmöglichkeiten bietet und auch zum Wandern und Mountainbiking sehr gut geeignet ist, und zum beliebten Ferienort **Rangeley**. Folgen Sie von Solon zunächst dem ME-16 bis Kingfield und fahren Sie dann weiter auf dem landschaftlich sehr reizvollen ME-27 über Bigelow nach **Stratton**. Von dort führt der ME-16 Sie nach Rangeley.

Rangeley (ⓘ S. 151)

Hübscher Ferienort
Das Seengebiet um Rangeley ist ein bei vielen Amerikanern ganzjährig beliebtes Feriengebiet. Der kleine, etwa 1.200 Einwohner zählende Ort verfügt über mehrere Hotels, Restaurants und Geschäfte und bietet im Sommer neben guten Wassersportmöglichkeiten vielfältige Gelegenheiten zum Wandern und Mountainbiking im Gebiet der **Saddleback Mountains** und des **Appalachian Trail**; im Winter finden Skiläufer hier ein sicheres Schneegebiet vor. Rangeley gehört auch zu jenen Regionen Neuenglands, in denen sich vor allem im Frühsommer Elche besonders gut beobachten lassen.

Rangeley – ein hübscher Ferienort

Sehenswertes in der Umgebung
- **Rangeley State Park**, von Mai bis September geöffneter Park mit Picknickplätzen, Schwimmgelegenheit, Wanderwegen und Zeltplatz.
- **Wilhelm-Reich-Museum**, Orgonon-Dodge-Pond Rd. Das in seinem Wohnhaus eingerichtete Museum zeigt in Bildern und Modellen das Leben und Werk von *Wilhelm Reich*, einem österreichischen Psychoanalytiker und Schüler *Sigmund Freuds*, der 1939 in die USA emigrierte. Experimente zu seiner Theorie von der Lebensenergie „Orgon" brachten ihn in Konflikt mit dem amerikanischen „Kurpfuschergesetz". Er starb 1957 im Gefängnis, nachdem man ihn zu zwei Jahren Haft wegen „Missachtung des Gerichts" verurteilt und seine Werke verbrannt hatte. Seine Bibliothek und das Arbeitszimmer können besichtigt und sein Grab besucht werden.

Von Bar Harbor nach New Hampshire

Von Bar Harbor aus fahren Sie nach Bangor; von dort aus bieten sich zwei Alternativstrecken an:

1. Streckenalternative

Skowhegan (ⓘ S. 151)
Die 1771 gegründete Stadt liegt in einer reizvollen, wasserreichen Umgebung. Die hier ansässigen *Abenaki*-Inianer ga-

> **Hinweis zur Route**
> Die landschaftlich reizvolle, aber zeitaufwändige Fahrt geht durch das Binnenland von Maine bis nach New Hampshire. Von Bangor aus folgen Sie immer dem US-2, der Sie über **Skowhegan, Farmington, Rumford** und **Bethel** nach **Gorham** in New Hampshire führt.

ben dieser Stelle den Namen Skowhegan, was in ihrer Sprache „Mann, der schaut" bedeutet. Hier am Kennebec River hielten sie Ausschau nach Lachsen, die auf ihren Laichzügen vorbeizogen. Skowhegan ist wegen der großen, 12 t schweren **Indianerstatue** von *Bernard Langlais* bekannt, die aus einem einzigen Baumstamm gearbeitet und im Ortszentrum aufgestellt ist. Das **History House**, 66 Elm St., liegt am Kennebec River und zeigt Interessantes und Amüsantes zur Stadtgeschichte. Für Kinder bietet das interaktive **Children's Museum** viele Objekte zum Spielen und Lernen.

Das **Lakewood Theatre**, 6 mi/9,6 km nördlich, ist das Staatstheater von Maine. Es wurde schon 1901 gegründet und ist damit eines der ältesten Sommertheater des Landes. Von Mitte Juni bis Mitte September finden Aufführungen, meist Komödien und Musicals, in dem sehr schön am Lake Wesserunsett gelegenen Theater statt. *Schön gelegenes Sommertheater*

Auf der Weiterfahrt auf dem US-2 können Sie vor **Wilton** zu einem Abstecher auf den ME-156 abbiegen. Nach ca. 6 mi/9,6 km liegt auf der linken Seite der **Bald Mountain**. Nach einem relativ leichten, etwa einstündigen Aufstieg können Sie einen großartigen Blick in alle Himmelsrichtungen genießen.
Die 1774 gegründete Stadt **Rumford** ist ein ganzjährig beliebter Erholungsort; bekannt vor allem wegen der eindrucksvollen Penacook Falls.

Bethel (ⓘ S. 151)
Der 1774 gegründete Ort liegt auf beiden Ufern des an Windungen reichen Androscoggin-Flusses, im Vorgebirge der White Mountains. Bethel ist wegen der vielseitigen Erholungsmöglichkeiten und hervorragender Wintersportgegebenheiten ganz-

6. Die Neuengland-Staaten – Maine

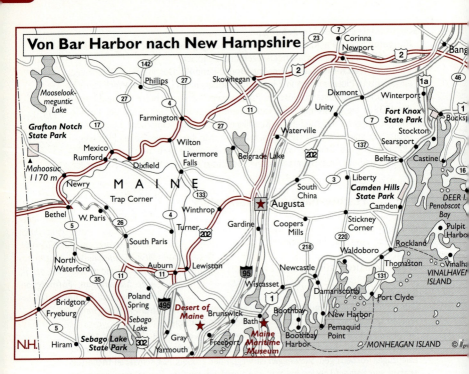

Sehr gutes Skigebiet

jährig ein viel besuchter Ferienort. Die Sunday River Ski Area zählt gar zu den besten Skigebieten Neuenglands. Der reizvolle Ort bietet ein breites Angebot an schönen Übernachtungsmöglichkeiten, Restaurants, Geschäften und Unterhaltung.

Die **Gould Academy**, Church St., wurde schon 1836 gegründet und gilt als eine der besten Privatschulen zur Vorbereitung auf den College-Besuch. Das **Bethel Regional History Center**, 10-14 Broad St., umfasst zwei restaurierte Häuser aus dem frühen 19. Jh. Zu sehen sind antike Möbel, Wandmalereien, Urkunden, Dokumente, alte Karten und Bücher. Mit Museumsshop.

Ausflugziele in der Umgebung
- **Grafton Notch State Park**, 14 mi/22,4 km nördlich von Bethel am ME-26, 1941 Bear River Road Newry. Mit Picknickplätzen, Badeplätzen, den Screw Auger Falls und Spruce Meadow; im Park liegt ein Streckenabschnitt des Appalachian Trails; der Park ist von Mitte Mai bis Mitte Oktober geöffnet.
- **Perham's Jewelers**, in West Paris, bei Trap Corner an der Einmündung des US-219 auf den US-26. Hier finden Sie eine eindrucksvolle, nicht nur für Geologen und Mineralogen interessante Sammlung von Mineralfundstücken aus Maine und der ganzen Welt. Sie können rohe und bearbeitete Edelsteine und Mineralien sowie Ausrüstungsgegenstände zur Mineraliensuche und Fachliteratur ansehen und kaufen.

Mineraliensammlung

2. Streckenalternative

Waterville (S. 151)
Die 1754 gegründete Stadt hat heute etwa 15.600 Einwohner, die Arbeit in Betrieben der Biotechnologie und der Papierherstellung finden. Zu den Sehenswürdigkeiten der Stadt gehören die **Lorimer-Kapelle** aus dem Jahr 1937 mit einer von *Albert Schweitzer* entworfenen Orgel, das **Redington Museum**, 62 Silver St., mit einer Apotheke aus dem Jahr 1814, Einrichtungen des 18. und 19. Jh., Dokumentationen zum Bürgerkrieg und indianischen Ausstellungsstücken, und das **Old Fort Halifax** aus dem Jahr 1754;

> **Hinweis zur Route**
>
> Diese Alternative ist für eine schnelle Fahrt über die Highways geeignet: Von **Bangor** aus folgen Sie dem I-95 über **Waterville** nach **Augusta** und verlassen den I-95 bei der Abfahrt 14. Von dort folgen Sie dem I-495 bis zur Abfahrt 11, fahren von dort zunächst über den US-202 nach Süden, dann auf dem ME-35/US-302 am **Sebago Lake** entlang nach Conway in **New Hampshire**.

von der Brücke über den Kennebec River bietet sich ein schöner Blick auf die Ticonic-Fälle. Eine Besonderheit ist die „**Two-Cent-Bridge**"; zum Überqueren der Brücke müssen Fußgänger eine Maut von 2 Cents bezahlen!

Zwischen Waterville und Augusta liegt das schöne Ausflugsgebiet der **Belgrade Lakes** mit kleinen, ruhigen Ferienorten und guten Möglichkeiten zum Wandern und Kanufahren. Lohnend ist eine Fahrt mit dem **Belgrade Lakes Postschiff**, das den Bewohnern an den Seeufern die Post zustellt und auch Pakete und Passagiere befördert.

Augusta (S. 151)
Im Jahr 1628 gründeten Siedler aus Plymouth eine Poststation an der Stelle eines indianischen Dorfes. 1754 wurde das Fort Western zum Schutz der Siedler vor feindlichen indianischen Überfällen gebaut. Seit 1827 ist Augusta mit ca. 18.500 Einwohnern die Hauptstadt des Bundesstaates Maine. Die Stadt liegt auf beiden Ufern des Kennebec River und ist das Handels-, Bank- und Kulturzentrum von Maine.

Hauptstadt von Maine

Das **State House**, das Parlamentsgebäude, State/Capitol Sts., wurde in den Jahren 1829 bis 1832 nach Plänen des berühmten Bostoner Architekten *Charles Bulfinch* gebaut, der auch die State Houses von Boston/Massachusetts und Hartford/Connecticut entworfen hatte. Sie alle zeigen mit den klassizistischen Säulenfronten und der vergoldeten Kuppel starke Ähnlichkeiten mit dem Capitol in Washington. Auf der Spitze des Gebäudes steht die von *W. Clark Noble* stammende Statue der Minerva. Das 1910 erweiterte State House liegt sehr schön inmitten der gepflegten Grünanlagen des Capitol Park, in der Nähe des Kennebec River.

Sehenswertes State House

Sehenswerte Ausstellungen zur Geschichte und Entwicklung von Maine von der Staatsgründung bis zur Gegenwart erwarten den Besucher im **Maine State Museum** im State House Complex, State St.

6. Die Neuengland-Staaten – Maine

Das 1833 gebaute **Blaine House**, State St., ist seit 1919 die offizielle Residenz des Gouverneurs von Maine. Es werden halbstündige Führungen angeboten.

Greek Revival

Das im Jahr 1830 gebaute **Kennebec County Court House**, State/Winthrop Sts., diente bis 1969 als Gerichtsgebäude. Es gilt als gutes Beispiel für den Greek-Revival-Stil und ist noch mit dem Originalmobiliar eingerichtet.

Das **Children's Discovery Museum**, 265 Water St., bietet eine Fülle von Spiel- und Entdeckungsmöglichkeiten. Dieses Kindermuseum ist auch schon für kleinere Kinder geeignet.

Einen Besuch wert ist das **Old Fort Western Museum** on the Kennebec, 16 Cony St. Das Fort wurde 1754 von wohlhabenden Bostoner Bürgern gebaut und diente in einer Kette ähnlicher Befestigungen den englischen Siedlern zur Verteidigung gegen die Franzosen. Kostümierte Führer informieren über die Geschichte des Forts.

Naturkundliches Ausflugsziel

Das große Gelände des **Pine Tree State Arboretum**, 153 Hospital St., lädt auf Lehrpfaden zum Kennenlernen der Bäume und Pflanzen, zur Vogelbeobachtung, zum Wandern und Picknicken ein. Dabei bieten sich immer wieder schöne Ausblicke auf das Kennebec-Tal.

Lewiston ((i) S. 151)

Lewiston bildet mit **Auburn**, das auf der gegenüberliegenden Seite des Androscoggin-Flusses liegt, eine Zwillingsstadt und ist mit rund 35.000 Einwohnern die zweitgrößte Stadt von Maine. Die ersten Siedler ließen sich um 1770 am Fluss nieder, dessen Wasserkraft im 19. Jh. für eine ständig wachsende Textilindustrie genutzt wurde.

Sehenswertes in der Umgebung von Lewiston

- **Thorncrag Bird Sanctuary**, an der Kreuzung Montello St. und Highland Spring Rd. Das Schutzgebiet bietet an kleinen Seen, Teichen und Weihern vielen verschiedenen Vogelarten Lebensraum; es gibt Wanderwege und Picknickplätze.
- **Shaker Village**, 12 mi/19,2 km westlich von Lewiston-Auburn, bei Poland Springs, am Sabbathday Lake am US-26. Hier lebte die letzte aktive Glaubensgemeinschaft der *Shaker* in Amerika; die Ursprünge der Gemeinde gehen bis auf das Jahr 1782 zurück ((i) Info-Kasten, S. 471). Die meisten Häuser stammen aus dem späten 18. oder frühen 19. Jh. Im Museum können Sie Möbel, Werkzeuge, Textilien, Zinn- und Holzgegenstände und Kunsthandwerk aus der Gründungszeit sehen.

Sebago Lake

Sebago Lake

Der Sebago Lake ist der zweitgrößte See von Maine und ein beliebtes Ausflugsziel für die Bewohner der nur 20 km entfernten Stadt Portland. Der fischreiche See ist von bewaldeten Hügeln umgeben; an seinem Ufer liegen kleine Dörfer und zahlreiche gepflegte Hotelanlagen. Zu den Ferienunternehmungen gehören besonders Bootsausflüge, Spaziergänge, Picknicks, Wanderungen und Ausflüge zum beliebten **Sebago Lake State Park** am Nordufer des Sees.

New Hampshire

Überblick

Nach Massachusetts nimmt New Hampshire unter den Neuengland-Staaten den zweiten Platz im Fremdenverkehr ein. Das ist nicht weiter verwunderlich, denn in New Hampshire findet sich alles, was Neuengland ausmacht: Seen und Berge, weite Wälder, die im Indian Summer in großer Farbenpracht leuchten, kleine Ortschaften mit weiß gestrichenen Häusern, historische Stätten und sogar Sandstrände am Atlantischen Ozean. Weitere Gründe sind die sehr guten Wander- und Wassersportmöglichkeiten in vielen State Parks und an zahlreichen Seen, die ausgezeichneten Wintersportbedingungen und die landschaftliche Schönheit und Vielfalt der sieben Regionen, die im folgenden von Norden nach Süden beschrieben werden:

- die **Great North Woods Region** mit dem White Mountains National Forest und vielen Flüssen und Seen,
- die **White Mountains** mit dem 1.917 m hohen Mount Washington, dichten Wäldern, tiefen Schluchten und einem weiten Wanderwegenetz,
- die **Lakes Region** mit Wäldern, Hügeln, Bergen und Seen, deren größter und bekanntester der Winnipesaukee-See ist,
- die **Seacoast Region** mit Meeresbuchten, Sandstränden, Leuchttürmen und alten Fischerhäfen,
- das **Merrimack Valley** mit kleinen Handels- und Verwaltungsstädten in ländlicher Umgebung,
- die **Monadnock Region** mit kleinen Dörfern, weißen Kirchen und überdachten Holzbrücken und
- **Dartmouth** mit seinen beschaulichen Dörfern und dem schönen Lake Sunapee im Westen.

Durch New Hampshire

New Hampshire ist über folgende Hauptstrecken zu erreichen
- **von Maine**: über den US-2 oder US-302
- **von Vermont**: über den I-89 oder I-91
- **von Massachusetts**: über den I-93 oder I-95

New Hampshire auf einen Blick

Fläche	24.097 km²
Einwohner	1.235.786
Hauptstadt	Concord, 40.687 Einwohner
Staatsmotto	Freiheit oder Tod
Staatsbaum	Weißbirke
Staatsblume	Blauer Flieder
Staatsvogel	Purpurfink
Wirtschaft	New Hampshire zählt zu den zehn am stärksten industrialisierten Staaten der USA. Dies trifft vor allem auf den Süden New Hampshires mit seinen Städten zu. Besonders wichtig sind neben der traditionellen Textilindustrie Elektroindustrie, Maschinenbau und Bergbau. Die Einnahmen aus der Landwirtschaft sind nur von geringer Bedeutung. Das jährliche Pro-Kopf-Einkommen liegt über dem nationalen Durchschnitt; dabei liegt New Hampshire an neunter Stelle in der Rangfolge der Bundesstaaten.
Zeitzone	In New Hampshire gilt die Eastern Standard Time (= MEZ -6 Stunden)
Städte	Manchester mit 107.006 Einwohnern, Nashua mit 67.865 Einwohnern und Portsmouth mit 20.784 Einwohnern
Information	New Hampshire Office of Travel and Tourism, P.O. Box 1856, Concord, ☏ 603-271-2665 und 1-800-386-4664, 🖳 www.visitnh.gov
Hotline zur herbstlichen Laubfärbung	☏ 1-800-258-3608

New Hampshire ist durch ein dichtes Straßennetz erschlossen. Vom I-93, der als Hauptachse das Landesinnere von Norden nach Süden durchzieht, führen viele Straßen in West-Ost-Richtung nach Vermont und nach Maine. Am I-93 liegen sowohl die wichtigen Städte Manchester und Concord als auch Ortschaften wie Franklin, Plymouth, Woodstock und Franconia, die sich als Ferienorte oder als Ausgangspunkte für Fahrten zum Winnipesaukee-See oder zu den White Mountains besonders eignen.

Sie lernen New Hampshire am besten auf einer Rundfahrt durch die White Mountains kennen, die das Herzstück New Hampshires sind, auch für den Fremdenverkehr. Eine der schönsten Straßen in diesem Gebiet ist der Kancamagus-Highway, der von Lincoln nach Conway führt. Ein weites Wanderwegenetz durchzieht die Wälder, die vor allem im Indian Summer durch ihre Farbenpracht beeindrucken. Sie sollten sich auf jeden Fall ausreichend Zeit für genügend Zwischenstopps, ein Picknick oder eine Wanderung nehmen.

6. Die Neuengland-Staaten – New Hampshire

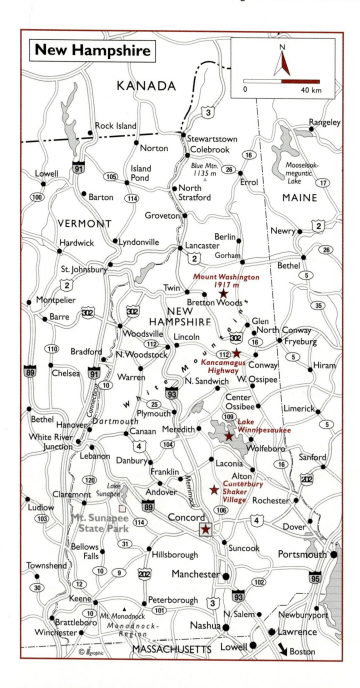

Die Great North Region und die White Mountains (ⓘ S. 151)

Ganz im Norden von New Hampshire liegt die Great North Region, die an Vermont und Maine und die kanadische Provinz Québec grenzt. Wald und Wasser prägen die Landschaft und bieten vielseitige Sportmöglichkeiten wie Jagen, Fischen, Schwimmen, Wandern, Kanufahren und Langlauf, aber auch Gelegenheit zu vielfältigen Tierbeobachtungen. Eingebettet in die Landschaft liegen kleine Ortschaften wie Littleton, Lancaster und Berlin. Das beliebteste Ausflugsziel ist der **White Mountains National Forest**, der bereits 1911 zum Naturschutzgebiet erklärt wurde. Grund für diese Maßnahme war, dass durch unkontrollierten Holzschlag und durch heftige Feuer schwere Schäden in den Wäldern verursacht wurden.

> **Hinweis zur Route**
>
> Sie erreichen die White Mountains
> * von Boston kommend über den I-93;
> * von Newburyport/MA kommend über Portsmouth und von dort auf dem US-4 bis zur Kreuzung mit dem NH-125, dem Sie nach Rochester folgen. Ab Rochester führt der NH-11 bis zum US-3 und dieser weiter nach Plymouth;
> * von Maine kommend über den US-2, den US-302 oder den ME-2.

Redaktionstipps

Sehens- und Erlebenswertes
* Im **Canterbury Shaker Village** (S. 539) das Alltagsleben der *Shaker* kennen lernen
* Mit der **Mount Washington Cog Railway** (S. 526) auf den höchsten Berg Neuenglands hinauffahren
* Auf dem **Kancamagus-Highway** (S. 528) die White Mountains im Indian Summer erleben
* Im **Franconia Notch State Park** (S. 531) wandern und dann ein Bad im **Echo Lake** nehmen
* Eine Dampferfahrt auf dem **Lake Winnipesaukee** (S. 534) unternehmen

Essen und Trinken, Übernachten und Einkaufen
* In einem gemütlichen **Bed& Breakfast-Haus** oder in einem **Landgasthaus** übernachten
* Auf der Terrasse des **Mount Washington Hotels** einen Tee genießen
* In den Outlet-Geschäften von **North Conway** auf Einkaufstour gehen

Den Norden durchziehen die zerklüfteten Bergzüge der **White Mountains**, zu denen auch die „**Presidential Range**" gehört, eine Bergkette, deren Gipfel die Namen amerikanischer Präsidenten tragen wie Mount Franklin, Mount Jefferson oder Mount Washington. Die White Mountains sind Teil des Appalachen-Gebirges; etwa 80 % der Fläche gehören zum White Mountains National Forest. Die Gesteinsschichten der White Mountains bestehen größtenteils aus Granit; davon leitet sich der Name „Granit-Staat New Hampshire" ab. Die Berglandschaft ist durch tiefe Schluchten, enge Felsscharten, Höhlen und tief eingeschnittene Flusstäler gestaltet.

Die White Mountains sind nicht nur das höchste Gebirge Neuenglands, sondern auch das Herzstück New Hampshires, der touristische Hauptanziehungspunkt mit zahlreichen Attraktionen, interessanten Sehenswürdigkeiten und vielen Erholungs- und Sportmöglichkeiten zu allen Jahreszeiten. Im Sommer sind die ausgedehnten Bergwälder bei Wanderern und Radfahrern besonders beliebt, und in den Wintermonaten bietet ein ausgedehntes Netz von Loipen und Pisten den Skifahrern beste Bedingungen. Auch der Herbst lockt viele Besucher an, wenn das Laubwerk der Bäume sich im Indian Summer verfärbt und in allen Rot- und Goldschattierungen leuchtet.

6. Die Neuengland-Staaten – New Hampshire

 Zeitplanung

Von der Ihnen zur Verfügung stehenden Zeit hängt es ab, wie Sie das große Gebiet der White Mountains erschließen. Hier einige Vorschläge:

Wenn Sie **einen Tag** Zeit haben:
- Ausflug zum Gipfel des Mount Washington oder
- Rundfahrt durch die White Mountains;
- Spaziergang oder kleine Wanderung im Franconia Notch State Park.

Wenn Sie **2-3 Tage** Zeit zur Verfügung haben, bieten sich zusätzlich an:
- Ausflug zum Mount Washington:
  - über die Mount Washington Auto Road oder
  - mit der Dampfeisenbahn zum Gipfel oder
  - zu Fuß über herrliche Wanderwege;
- Fahrt nach North Conway und Eisenbahn-Rundfahrt mit der Conway Scenic Railroad;
- Wanderung auf den 1.059 m hohen Mount Chocorua mit herrlichem Blick über die White Mountains;
- Wanderungen oder Spaziergänge.

Mount Washington (ⓘ S. 151)

Der Mount Washington ist der zentrale Bergstock der White Mountains und zugleich mit 1.917 m der höchste Berg Neuenglands. Seinen Namen erhielt er im Jahr 1784, während die übrigen Berggipfel um 1820 in chronologischer Folge nach weiteren US-Präsidenten benannt wurden, z. B. *Adams, Jefferson, Madison, Monroe* und *Eisenhower*. 1642 erreichten die ersten Bergsteiger, der englische Kolonist *Darby Fields* und seine indianischen Führer, den Gipfel des Mount Washington; heute kommt alljährlich eine Viertelmillion Besucher in dieses Gebiet!

Die Region des Mount Washington ist von einem weiten Wanderwegenetz durchzogen, das alle Möglichkeiten vom kurzen, leichten Spaziergang bis zum mehrtägigen schweren Aufstieg bietet. Auf den Wanderungen werden Sie eine besondere Pflanzenwelt bemerken, die sich den extremen Klimabedingungen angepasst hat.

Ideales Wandergebiet

Die Siedlungsgeschichte reicht, wie zahlreiche Funde belegen, bis ans Ende der letzten Eiszeit vor ca. 10.000 Jahren zurück. Nach der Erstbesteigung führten ab 1784 die ersten wissenschaftlichen Expeditionen auf den Gipfel mit dem Ziel, die außergewöhnlichen geologischen, klimatischen und botanischen Bedingungen zu erforschen. 1809 wurde der erste Wanderweg angelegt und 1840 so verbreitert, dass der zum Gipfel führende Weg auch für Pferde zugänglich war. Seit 1861 führt eine Straße, seit 1869 eine Zahnradbahn hinauf zum Gipfel, wo inzwischen mehrere Häuser, zwei einfache Herbergen und ein Luxushotel gebaut worden waren. Im Jahr 1908 zerstörte ein Feuer mehrere Gebäude, die nur teilweise wieder aufgebaut wurden. Heute befinden sich auf dem Gipfel das Sherman Adams Summit Building

> **INFO** **Die Wetterverhältnisse auf dem Mount Washington**
>
> Der Mount Washington ist bekannt und berüchtigt für seine schnell wechselnden, häufig extremen Witterungsverhältnisse und wird deshalb nicht zu Unrecht der Ort mit dem „schlechtesten Wetter der Welt" genannt. Heftige Stürme und plötzliche Temperaturstürze werden dadurch verursacht, dass kalte Luft aus Kanada sich an der Gebirgskette staut und dabei auf feuchtwarme Luft aus dem Süden und Westen trifft. Schneefälle im Sommer sind nicht ungewöhnlich, denn sogar im Juli/August liegt die Durchschnittstemperatur nur bei 9,4 °C; die niedrigste Temperatur wurde mit minus 44 °C gemessen. Auch mit Nebel muss auf den Höhen zu jeder Jahreszeit gerechnet werden, denn laut Statistik ist der Gipfel 60 % des Jahres von dichtem Nebel umhüllt. Außerdem hält der Mount Washington den Rekord für die höchste Windgeschwindigkeit, die jemals auf der Erde außerhalb eines Tornados gemessen wurde. Am 12. April 1934 wurde im Observatorium auf dem Mount Washington eine Geschwindigkeit von 372 km/h gemessen!
>
> **Vorsicht**: Wanderer sollten sich auf die extremen Witterungsverhältnisse und schnelle Wechsel der Wetterlagen einstellen, warme Kleidung mitnehmen und auf jeden Fall die kurzfristigen Wettervorhersagen des National Forest Service (☏ 603-528-8721) oder des Appalachian Mountain Club (☏ 603-466-2721) beachten. An den Wanderwegen zum Gipfel des Mount Washington wurden Schilder aufgestellt, die den Wanderer auffordern, bei schlechtem Wetter unbedingt umzukehren.

mit dem Besucherzentrum, das Mount Washington Observatorium mit Wetterstation und Museum, das aus dem Jahr 1853 stammende Tip Top House, ein ehemaliges Hotel, und eine Rundfunk- und Fernsehstation.

Sie können den Gipfel des Mount Washington zu Fuß, mit der Zahnradbahn oder mit dem Auto erreichen.

Mount Washington Cog Railway, die Talstation der Mount Washington-Zahnradbahn, liegt nördlich von Bretton Woods am NH-302, ☏ 603-278-5404 oder 1-800-922-8825. Die Rundfahrt dauert ca. drei Stunden, für den Aufenthalt auf dem Gipfel sind ca. 20 Minuten vorgesehen. Nehmen Sie auf jeden Fall warme, wetterfeste Jacken mit hinauf zum Gipfel. Die Mount Washington-Zahnradbahn ist zurzeit die einzige Dampf-Zahnradbahn der Welt. Für die Fahrt braucht jede Lokomotive 2 t Kohle und 2000 Gallonen Wasser, um einen Personenwagen zu ziehen. Die erste Lokomotive, die „Old Peppersass", die am 3. Juli 1869, lange bevor es elektri-

„Old Peppersass" auf dem Weg zum Gipfel des Mount Washington

sches Licht und Automobile gab, den Mount Washington-Gipfel als erste Zahnradbahn der Welt emporkroch, wurde mühevoll wiederhergerichtet und kann jetzt an der Talstation besichtigt werden.

Fahrt über die Mount Washington Auto Road

südlich von Gorham, am NH-16, ☏ 603-466-3988, Mitte Mai-Mitte Okt. 8.30-17 Uhr (wetterabhängig); die Straße ist nicht zugelassen für Wohnwagen und Lieferwagen.

Die etwa 8 mi/12,8 km lange Mount Washington Auto Road beginnt in der Nähe von Glen House am NH-16 und führt an der östlichen Seite des Berges in vielen Serpentinen hinauf zum Gipfel. Die Fahrt dauert ca. 25 Minuten. Unterwegs bieten sich schon viele eindrucksvolle Ausblicke, oben angekommen genießt man einen überwältigenden Blick über die Berge und Wälder der White Mountains. Da die Fahrt mit starken Steigungen und vielen Kurven recht anstrengend ist, stehen Minibusse bereit, um Passagiere in den so genannten „Stages" zur höchsten Stelle Neuenglands zu bringen.

> **Camping**
>
> Der National Forest Service hat eine Broschüre mit Informationen zum Camping herausgegeben. Auf dem Gipfel des Mount Washington, oberhalb der Baumgrenze und im Bereich des Lake of the Clouds ist Zelten verboten; am Osthang des Berges ist das Campen nur im Bereich des Hermit Lake Shelter erlaubt.

Das **Sherman Adams Summit Museum** auf dem Gipfel des Mount Washington vermittelt einen geologischen Überblick und zeigt die Entwicklung von einheimischer Flora und Fauna unter extremen Lebensbedingungen. Interessant sind auch die Informationen über die besonderen Klima- und Wetterverhältnisse auf dem Mount Washington.

Gipfelmuseum

Rundfahrt durch die White Mountains

Die Karte zur Rundfahrt durch die White Mountains befindet sich in der hinteren Umschlagklappe.

> **Hinweis zur Route**
>
> Die Rundfahrt beginnt in Lincoln/North Woodstock und führt über den Kancamagus-Highway (NH-112) nach Osten bis Conway. Von dort aus folgen Sie dem NH-16 nach Norden, bis Sie in Glen auf den nach Nordwesten führenden US-302 treffen. Diesem folgen Sie bis Twin Mountain, wo Sie auf den US-3 nach Lincoln/North Woodstock wechseln.

Durch den **White Mountains National Forest** zieht sich der **White Mountains Trail**, der von den Highways 3, 302 und dem Kancamagus-Highway 112 gebildet wird. Immer wieder bieten sich von vielen Aussichtspunkten entlang dieser Straßen herrliche Ausblicke auf die Landschaft der White Mountains.

Lincoln/North Woodstock und Umgebung (ⓘ S. 151)

Eingebettet in eine eindrucksvolle Berglandschaft und nur durch den Pemigewasset River getrennnt, liegen die beiden Ortschaften Lincoln/North Woodstock am Kreuzungspunkt des Kancamagus-Highway und der Straße, die durch den Franconia Notch State Park führt. Lincoln ist ein lebhafter Ferienort und gut als Ausgangspunkt für Ausflüge in die White Mountains und zu den vielen Sehenswürdigkeiten geeignet.

6. Die Neuengland-Staaten – New Hampshire

Lost River Reservation
6 mi/10 km westlich von North Woodstock am NH-112.

Findlinge, Höhlen und Wasserfälle

Lost River in Kinsman Notch wurde während der Eiszeit durch die vordringenden Eismassen gebildet; heute können Sie über Wege, Stege und Leitern in das Felsengewirr mit Findlingen und Granitblöcken steigen und Felsspalten, Höhlen und Wasserfälle entdecken. Außerdem gibt es einen Naturgarten mit mehr als 300 einheimischen Pflanzen, ein naturgeschichtliches Museum und einen ökologischen Wanderweg. Auch im Sommer sollten Sie festes Schuhwerk und eine Jacke mitbringen!

Loon Mountain Gondola Skyride
3 mi/4,8 km östlich von Lincoln am Kancamagus-Highway.
Die Fahrt in den 4-Personen-Kabinen auf den Gipfel des Loon Mountain dauert etwa zehn Minuten; von der Höhe haben Sie nicht nur einen herrlichen Rundblick, sondern auch die Möglichkeit, eine kurze Wanderung über einen Naturpfad zu machen oder die „Sky Tower Observation Area" zu besuchen.

Clark's Trading Post
18 mi/29 km nördlich am US-3.
Im Museum des rekonstruierten Feuerwehrhauses aus dem Jahr 1884 können Sie alte Löschgerätschaften, Kameras und Spielzeug betrachten; außerdem gibt es Vorführungen mit amerikanischen Schwarzbären und Fahrten mit der White Mountains-Eisenbahn.

Der **Whale's Tale Water Park** ist ein Vergnügungspark mit Wasserrutschen, mehreren Schwimmbecken und Wellenbad; erreichbar über den US-3.

Kancamagus-Highway (ⓘ S. 151)

Kancamagus-Highway

Der Kancamagus-Highway gilt als eine der fünf landschaftlich reizvollsten und schönsten Straßen der USA. Ihren Namen erhielt die Straße zur Erinnerung an den indianischen Häuptling *Kancamagus* (der Name *Kancamagus* wird Kan-kuh-maw-gus ausgesprochen!), der sich im 17. Jh. um die Wahrung des Friedens zwischen Indianern

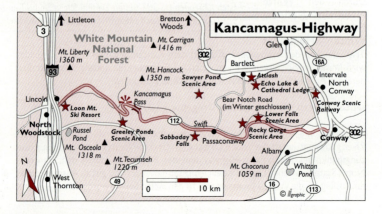

und Weißen bemühte. Mit dem Bau der Straße wurde schon 1930 begonnen, aber erst 1959 konnte diese direkte West-Ost-Verbindung in den White Mountains fertig gestellt werden. Der Kancamagus-Highway ist 55 km lang und steigt bis auf etwa 900 m Höhe an; er verbindet die Ortschaften Lincoln und Conway miteinander.

Auffahrten zum Highway gibt es sowohl im Westen bei Lincoln als auch im Osten bei Conway; in den Sommermonaten kann man die Fahrt nach Norden abkürzen und von der Bear Notch Road nach Bartlett und zum US-302 fahren.

Direkt am Kancamagus-Highway beginnen zahlreiche **Wanderwege** von unterschiedlicher Dauer und Schwierigkeit. Empfehlenswert, im oberen Teil aber zunehmend schwierig, ist die Wanderung zum Mount Chocorua (1.059 m). Vom Gipfel bieten sich großartige Blicke auf die Berge, Wälder und Seen New Hampshires.

Wandern mit Fernsicht

Zu den **Höhepunkten am Kancamagus-Highway** zählen:
* der **Pemi Overlook** – an diesem Aussichtspunkt bietet sich ein besonders eindrucksvoller Ausblick auf die Berge New Hampshires. Die Bergnamen erinnern daran, dass dieses Land einst Indianerbesitz war. Vor sich sehen Sie den 872 m hohen Mount Kancamagus, den 1.318 m hohen Mount Osceola und den 1.220 m hohen Mount Tecumseh;
* die **Sabbaday Falls**, deren Wasserfälle in eine tiefe Klamm stürzen; von der Straße führt ein etwa 15-minütiger Spaziergang dorthin;
* **Passaconaway Historic Site**, wo die Verwaltung des White Mountains National Forest in einem ehemaligen Holzfällerlager aus der Zeit um 1790 eingerichtet wurde. Im Sommer finden hier traditionelle Handwerksvorführungen statt (Ende Juni-Anfang Okt. tgl. 9-17 Uhr, Eintritt frei);
* **Rocky Gorge Scenic Area** und **Lower Falls Scenic Area**, wo sich der Swift River durch eine enge Schlucht windet und in starken Stromschnellen weiterfließt.

Wasserfälle

North Conway und Umgebung (ⓘ S. 151)

Eingebettet in eine schöne Landschaft und mit eindrucksvollem Blick auf den Mount Washington ist **North Conway** ein seit langem beliebter, ganzjährig viel besuchter Ferienort mit sehr guten Wandermöglichkeiten und vielen Sehenswürdigkeiten in der näheren Umgebung. Vor allem aber ist North Conway wegen seiner vielen **Outlet-Geschäfte**, in denen man preisgünstig Markenkleidung, Sportzubehör und Campingausrüstungen kaufen kann, zum Anziehungspunkt für Kauflustige geworden; es ist *das* Zentrum für Outlet-Shopping in New Hampshire. In der Main St. finden Sie u. a. das *L.L. Bean Shopping Center, Red Barn Factory Stores, Sehler's Green* und *Tanger Factory Outlet Center*. Der Ort ist entsprechend gut besucht; nicht selten sind die Straßen verstopft. An der langen Hauptstraße liegen viele Hotels und Motels.

Outlet-Geschäfte

An der alten Bahnstation **North Conway Station** aus dem Jahr 1874 starten die Dampf- oder Diesellokomotiven der **Conway Scenic Railroad**, Main St., und ziehen die Züge über Gleise, die schon in den 1870er Jahren verlegt wurden. Angeboten werden Fahrten z. B. nach Conway und Bartlett, einstündige Rundfahrten oder eine fünfstündige Fahrt durch die Crawford Notch.

In der Umgebung des kleinen, 1764 gegründeten Ortes, in dem ca. 2.000 Menschen leben, gibt es u. a. folgende Ausflugziele:

Lohnende Fahrtunterbrechung

Durch den **Echo Lake State Park**, Westside Rd., 1.5 mi/2.6 km westlich vom US-302, führt eine landschaftlich reizvolle Straße hinauf zur **Cathedral Ledge**, einer eindrucksvollen Bergformation, die einen großartigen Blick auf die White Mountains und das Saco-River-Tal bietet. Im Park State liegt der **Echo Lake**, ein wunderschöner Bergsee, der zum Schwimmen einlädt und Ausgangspunkt für schöne Wanderungen und Klettertouren sein kann.

Saco Bound Northern Waters

2 mi/3.2 km östlich von Center Conway am US-302, geführte Kanu- und Kajakwanderungen und Wildwasserfahrten auf dem Saco River, der auf dem Mount Washington entspringt, den Saco Lake durchfließt und in den Atlantik mündet.

Bretton Woods und Umgebung (ⓘ S. 151)

Die 1791 gegründete Ortschaft **Bretton Woods** liegt im Herzen des White Mountains National Forest. Schon im 19. Jh. war dieses Gebiet nobles Reiseziel der wohlhabenden Familien Neuenglands. Davon zeugt noch heute das elegante Mount Washington Hotel in Bretton Woods, das eindrucksvoll am Fuß des Berges liegt. Seit der Fertigstellung des Hotels im Jahr 1902 ist Bretton Woods ein ganzjährig beliebtes Ferienziel mit ausgezeichneten Wandermöglichkeiten, guten Wintersportbedingungen und einem großen Golf- und Tennisangebot.

Crawford Notch State Park

„Presidential Range"

ca. 8 mi/13 km südöstlich am US-302. Der US-302 folgt dem Saco River durch die Crawford Notch, die sich von Barlett im Süden bis zum Saco Lake im Norden erstreckt. Zu beiden Seiten der tiefen Schlucht ragen hohe Felsen auf: Mount Nancy und Mount Willie im Westen, Mount Crawford, Mount Webster und Mount Jackson im Osten. Diese gehören zur „Presidential Range" ebenso wie die anderen Berge, die die Namen bedeutender amerikanischer Präsidenten tragen. Der Crawford Pass wurde nach der Pionierfamilie *Crawford* benannt, die zuerst einen begehbaren Weg

---

INFO **Abkommen von Bretton Woods**

Vom 1. bis 22. Juli 1944 stand Bretton Woods im Blickpunkt der internationalen Öffentlichkeit. Während dieser Zeit tagte im Mount Washington Hotel die Währungs- und Finanzkonferenz der Vereinten Nationen. Vertreter von 44 Staaten beschlossen in dem Abkommen von Bretton Woods die Errichtung des „Internationalen Währungsfonds" und der „Weltbank". Ein Kernpunkt des Abkommens war die Einrichtung eines Systems fester, aber anpassungsfähiger Wechselkurse. Der Goldstandard wurde auf $ 35 pro Unze festgesetzt und der amerikanische Dollar als Leitwährung für den internationalen Handel gewählt. Seit dem 14. August 1952 gehört auch die Bundesrepublik Deutschland den beiden Institutionen an.

auf den Gipfel des Mount Washington fand, des höchsten Berges der „Presidential Range", und dort Fremden in ihrer Hütte Schutz boten. Am Nordende des Passes liegen die **Silver Cascade** und **Flume Cascade**; ein ausgeschilderter Wanderweg führt zu den **Arethusa Falls**, 1,25 mi/2 km vom US-302. Diese Wasserfälle zählen zu den höchsten in New Hampshire. Im gesamten State Park gibt es Rast- und Campingplätze und gut ausgeschilderte Wanderwege.

Spaziergang zu den Wasserfällen

Franconia und Franconia Notch State Park (ⓘ S. 151)

Der kleine Ort **Franconia** liegt am Eingang des Franconia Notch State Parks, eines tiefen, von hohen Bergen umschlossenen Tales.

1 mi/1,6 km südlich von Franconia über den NH-116 zur Ridge Rd. befindet sich **Frost Place**. Zwei Räume des Hauses, in dem der Dichter *Robert Frost* von 1915 bis 1920 arbeitete, sind mit Erinnerungsstücken ausgestattet und für Besucher zugänglich. Hier schrieb Frost zahlreiche Gedichte aus seiner Sammlung „New Hampshire", für die ihm der Pulitzer-Preis verliehen wurde.

Der **Franconia Notch State Park** gehört seit Mitte des 19. Jh. zu den beliebtesten Erholungsgebieten der Neuengland-Staaten. Alljährlich kommen mehr als 2 Mio. Besucher hierher, um auf vielen Wanderwegen durch Täler und Schluchten, über Brücken und Pässe die großartige Landschaft kennen zu lernen. Der State Park ist eingeschlossen von den Bergketten der Kinsman und der Franconia Region; weit im Osten sind die Berggipfel von Mount Liberty, Mount Lincoln und Mount Lafayette zu erkennen, und im Westen bildet der Mount Cannon eine steile Mauer aus Granit.

Franconia Notch State Park

Die bekanntesten Naturschönheiten des State Parks liegen dicht beisammen, nur wenige Kilometer südlich von Franconia zu beiden Seiten des US-3. Einen besonders eindrucksvollen Panoramablick auf den Franconia Notch State Park gewinnt man von der Höhe des **Cannon Mountain**, den man zu Fuß oder mit einer Seilbahn erreicht.

Cannon Mountain Aerial Tramway
Franconia Notch Parkway, 5 mi/8 km südlich von Franconia. Mit der Kabinenseilbahn „Aerial Tramway" können Sie in sieben Minuten auf den Gipfel gelangen und eine fantastische Aussicht bis nach Maine und Kanada und im Westen bis zu den Adirondacks genießen. Die Wanderwege auf dem Cannon Mountain sind markiert.
Gleich neben der Kabinenseilbahn liegt das **New England Ski Museum**. Es informiert in einem Videofilm, in Fotografien und Ausstellungen über alles Wissenswerte rund um das Thema Ski und Skifahren.

The Old Man of the Mountain
5 mi/8 km südlich von Franconia, ganzjährig. Das steinerne Wahrzeichen von New Hampshire existiert seit dem 3. Mai 2003 nicht mehr. In dieser Nacht brach der charakteristische Felsvorsprung, der wegen der großen Ähnlichkeit mit dem Gesicht eines alten Mannes seinen Namen erhielt, ab und stürzte in die Tiefe. Die Felsformation, die sich aus fünf Granitschichten zusammensetzte und 12 m hoch war,

Steinerne Wahrzeichen

Abgestürzt – Das steinerne Wahrzeichen von New Hampshire: „The Old Man of the Mountain"

wurde 1805 entdeckt. Fast ein Jahrhundert lang hatte man versucht, den etwa 200 Mio. Jahre alten, von Erosion durch Regen, Wind und Frost bedrohten Felsen zu retten. Nach dem Absturz bemüht sich nun eine Bürgerinitiative entweder um die Restaurierung des Felsens oder um die Einrichtung eines Museums am Fuß des Cannon Mountain, in dem Besuchern multimedial nahe gebracht werden soll, wie der „Old Man of the Mountain" einmal ausgesehen hat.

Der **Echo Lake**, der größte See im Franconia Notch Park, liegt am nördlichen Ende und ist an drei Seiten von Bergen umgeben. Hier lässt es sich gut schwimmen und fischen; am Ufer gibt es einen Bootsverleih.

Steile Schlucht
The Flume, 10 mi/16 km südlich von Franconia, ist eine fast 250 m lange Schlucht, die durch gewaltige Verschiebungen schon vor der Eiszeit entstanden ist. Sie wurde im Jahr 1808 entdeckt. In den Felsen geschlagene Stufen und Bretterwege führen die Besucher zur Schlucht, deren Wände auf beiden Seiten steil aufragen, weiter zu einem Wasserfall und zu zwei der traditionellen gedeckten Holzbrücken.

The Basin, westlich vom US-3, ist ein tiefer, eiszeitlicher Gletschertopf am Fuß eines Wasserfalles. Unterhalb des Basins strömt der Pemigewasset River durch eine kleinere Schlucht.

Die Lakes Region und der Winnipesaukee-See

 Hinweis zur Route

Sie erreichen die Lakes Region und den Winnipesaukee-See
• von Portsmouth kommend auf dem US-4, dem NH-125 und dem NH-11 über Rochester nach Alton Bay am Südzipfel des Winnipesaukee-Sees. Hier können Sie zwischen zwei Strecken wählen:
- dem NH-11, dem NH-11B und dem US-3, die am Westufer entlang über Laconia nach Plymouth führen = 42 mi/67 km,
- dem NH-109, dem NH-113 und dem US-3, die am Ostufer entlang über Wolfeboro nach Plymouth führen = 65 mi/104 km;
• von Norden kommend über den I-93 durch die White Mountains.

Südlich der White Mountains breitet sich eine fluss- und seenreiche Landschaft aus, die bis an die Außenbezirke von Concord und Manchester heranreicht. Zur Lakes Region gehören nur 42 Gemeinden wie z. B. Franklin und Concord, aber 273 Seen und Weiher! Es gibt beschauliche Ortschaften, die mit ihren historischen Hauptstraßen und den kleinen, weißen Kirchen seit der Kolonialzeit fast unverändert zu sein scheinen, und lebhafte Ferienorte, in denen sich Vergangenheit und Gegenwart harmonisch verbinden. Die Landschaft ist geprägt von weiten Wäldern und sanften Hügeln, in die die Seen malerisch eingebettet sind. Die Namen der Seen – Kanasatka, Waukewan oder Pemigewasset – erinnern an die Vergangenheit, als noch Indianer mit ihren Kanus die Seen befuhren. Heute werden die Seen vor allem von Wassersportlern aufgesucht – die Boote reichen vom kleinen Kajak bis zum großen Ausflugsschiff. Der größte See ist der **Winnipesaukee-See** mit 274 bewohnten Inselchen, dessen indianischer Name „Das Lächeln des Großen Geistes" bedeutet. Auch für andere Sommersportarten, wie Wandern, Fahrradfahren oder Golf, ist die Gegend bestens geeignet, und im Winter bieten die mehr als 30 Skigebiete allerbeste Bedingungen für jeden Wintersport.

Großartige Seenlandschaft

Plymouth und Umgebung (ⓘ S. 151)

Der 1764 gegründete Ort ist seit der Mitte des 19. Jh. ein beliebter Ferienort in landschaftlich reizvoller Umgebung.

5 mi/8 km westlich über den NH-25 liegen die **Polar Caves**. Vor 50.000 Jahren bewegten sich kontinentale Gletscher südwärts bis nach New Hampshire. Nach dem Auftauen der Eisschichten lösten sich mächtige Granitbrocken von Hawks Cliff und bildeten die „Polar Caves", ein System von Felsspalten und Höhlen – heute durch Wege und Passagen erschlossen. Durch das Gelände führen Naturlehrpfade mit Hinweistafeln zur Naturgeschichte und einheimischen Pflanzenwelt.

Höhlengelände

Zum **Mary Baker Eddy Historic House** geht es von Polar Caves 2 mi/3 km weiter westlich auf den NH-25 bis zur Straße zum Stinson Lake, dann 1 mi/1,6 km weiter nördlich nach Nord-Rumney. In diesem Haus lebte die Gründerin der Christian-Science-Bewegung von 1860 bis 1862.

Franklin und Umgebung (ⓘ S. 151)

Erste Siedler ließen sich 1764 in der Gegend um Franklin nieder; ihren Namen erhielt die Ortschaft aber erst 1828 zur Erinnerung an *Benjamin Franklin*. Zu den Sehenswürdigkeiten der Stadt gehört die **Congregational Christian Church**, 47 Main St., die aus dem Jahr 1820 stammt und wegen ihrer sehr guten Orgel bekannt ist. Vor dem Kirchengebäude steht eine Büste von *Daniel Webster*, die von *Daniel Chester French* geschaffen wurde, dem Bildhauer der berühmten Abraham-Lincoln-Statue in Washington.

Daniel Webster Birthplace liegt 4 mi/6.5 km südwestlich am NH-127. Ein Teil des alten Farmhauses, in dem *Daniel Webster* 1782 geboren wurde, ist restauriert und mit Erinnerungsstücken ausgestattet worden. *Webster* war mit nur vierjähriger Unterbrechung 1827-50 Senator für Massachusetts und vertrat mit wachsendem Einfluss die merkantilen und industriellen Interessen Neuenglands. Er setzte sich mit ganzer Kraft für die nationale Einheit ein und suchte in der das Land zerreißenden Sklavereifrage nach Lösungen. *Webster* wird von den Amerikanern besonders verehrt, da es ihm während seiner Amtszeiten als Außenminister (1841-43, 1850-52) gelang, einen Ausgleich mit England über die lange umstrittene Nordgrenze zu Kanada zu finden.

Geburtshaus von Daniel Webster

Ein Ausflug lohnt sich auch zu den **Franklin Falls/Blackwater Dams**, 46 Granite Drive. Der am Pemigewasset River und am Franklin Fall Reservoir gelegene Park bietet gute Wander-, Rad- und Reitwege. Besonders interessant ist die reiche Flora des Parks.

Rundfahrt um den Winnipesaukee-See (ⓘ S. 151)

Die Rundfahrt um den Winnipesaukee-See beginnt in **Laconia** (ⓘ S. 151). Die bereits 1777 gegründete Stadt Laconia, das Handelszentrum der Lake Region, breitet sich an den Ufern der Seen Winnisquam und Opechee und an der Paucus Bay aus. Von hier aus starten tägliche Rundflüge über die White Mountains und den Winnipisaukee-See.

Rundflüge

Zu den Sehenswürdigkeiten der Stadt gehört **Belknap Mill**, 25 Beacon St. E. In der 1823 gebauten Mühle sehen Sie die älteste authentische amerikanische Spinnerei. Im angeschlossenen Museum gibt es Wechselausstellungen zu Textilgestaltung und Kunsthandwerk, und im Juli und August werden donnerstags Konzerte im Freien aufgeführt. Einen Besuch lohnt auch die **Laconia Pottery**, 45 Court St., mit einem großen Angebot an Töpferwaren, Vorführungen und Töpferkursen.

Eisenbahnfahrten und Bootsausflüge

Nur 5 mi/8 km entfernt liegt der lebhafte Ferienort **Weirs Beach** (ⓘ S. 151) direkt am Winnipesaukee-See. Der Ort bietet gute Möglichkeiten zum Wandern, Baden, Surfen und Segeln, aber auch Vergnügungsparks, Minigolfplätze, Bowlingbahnen, Souvenirshops und ein wöchentliches Feuerwerk. Im Sommer herrscht am Seeufer viel Betrieb, ebenso am Bahnhof, wo die Passagiere auf den Panoramazug „Winnipesaukee Scenic Railroad" warten, der zwei Stunden am Winnipesaukee-See entlangfährt. Sehr beliebt sind auch die Bootsfahrten auf dem Winnipesaukee-See; dabei können Sie wählen zwischen Fahrten mit der historischen „MS Mount Washington", der Nachfolgerin eines Dampfschiffs, das bereits 1872 über den See fuhr, oder dem Postboot, das Sie bei der zweistündigen Fahrt noch in die abgelegenste Bucht bringt.

Meredith ist ein ruhiger Ferienort und ebenfalls Bahnstation des Panoramazuges. Im **Annalee Doll Mueum**, 50 Reservoir Rd., sind mehr als 500 Puppen ausgestellt.

Der kleine Ort **Moultonborough** am Ostufer erinnert an *Robert Frost*, der sich hier mehrmals aufhielt und diese Zeit in seinen Gedichten verarbeitete. Die meisten Besucher aber zieht es in den „Old Country Store". Dieser alte Krämerladen besteht seit mehr als 200 Jahren und bietet eine Fülle an Antiquitäten, Kuriositäten, Kunsthandwerk und Souvenirs.

„Schloss in den Wolken"

Die bekannteste Sehenswürdigkeit ist das **Castle in the Clouds** in Moultonborough, am NH-171 (Schlossführungen, Souvenirshop). Zu Beginn dieses Jahrhunderts baute der exzentrische Millionär *Thomas Plant* dieses „Schloss in den Wolken" mit Türmen und Zinnen hoch oben auf einer Bergspitze. Von dort bietet sich ein großartiger Ausblick auf die tief unten liegenden Wälder und Seen. Auf dem 2,5 ha großen Parkgelände gibt es viele Wanderwege und Picknickplätze; besonders reizvoll sind die Fahrt auf einem Heuwagen oder ein Ausritt in geführten Gruppen.

Wolfeboro (ⓘ S. 151) ist ein beschaulicher Ferienort am Ostufer des Winnipesaukee-See und gilt als „*America's first summer resort*", denn schon 1763 wählte *John Wentworth*, der Kolonialgouverneur von New Hampshire, Wolfeboro zum Sitz seiner Sommerresidenz. Seither gilt Wolfeboro mit weißen Häusern, Dorfkirche und blühenden Gärten als einer der ältesten und schönsten Ferienorte Neuenglands, eingebettet in eine friedliche Landschaft. Sehenswert ist z. B. das **Clark House**, S Main St. In dem Haus (1778) der *Clarks* wurden ein Klassenraum aus der Zeit um 1820 und ein Feuerwehrmuseum mit Löschwagen und Ausstattung von 1862 eingerichtet.

Malerischer Ferienort

Das 1912 gebaute **Libby Museum**, 3,5 mi/5,6 km nördlich am NH-109, bietet eine Ausstellung über das ländliche Leben im 18. und 19. Jh.; außerdem werden Kult- und Gebrauchsgegenstände der Indianerstämme gezeigt. Interessantes aus der Geschichte der regionalen Schifffahrt zeigt das **New Hampshire Antique and Classic Boat Museum**, 397 Center St., NH-28.

Alton Bay, ein ruhiger Ferienort am südlichen Ausläufer des Sees, ist ebenfalls Anlegestelle der Ausflugsboote.

Dartmouth – Lake Sunapee (ⓘ S. 151)

Hinweis zur Route

Diese Region, die bis zur Grenze von Vermont reicht, ist geprägt durch die typischen neuenglischen Dörfer, Farmland und Berge. Auf die Besucher warten Antiquitätenläden, ausgezeichnete Restaurants und Landgasthäuser, gemütliche Dorffeste und Handwerkermärkte. Im Zentrum liegt der **Lake Sunapee**, dessen reizvolle Umgebung schon seit dem 19. Jh. ein

Sie erreichen Dartmouth – Lake Sunapee
• von Boston kommend über den I-93 bis Concord, dann über den I-89, NH-9 und NH-114 bis Newbury;
• von Vermont kommend über den I-89.

ganzjährig beliebtes Ferienziel ist. In den Sommermonaten starten in Sunapee Harbor Bootsfahrten auf dem Lake Sunapee; auf der zweistündigen Fahrt fahren Sie vorbei an Loon Island, Georges Mills Bay, Fishers Bay und am Mount Kearsage.

Den **Mount Sunapee State Park** durchzieht ein weites Netz ausgeschilderter Wanderwege, ein Sessellift bringt Besucher auch im Sommer zur Aussichtsplattform auf den Gipfel des Mount Sunapee. Im Winter finden Skifahrer ausgezeichnete Wintersportbedingungen vor. Alljährlich im August wird ein neuntägiger Handwerkermarkt veranstaltet.

Wandern und Ski fahren am Mount Sunapee

Nördlich vom Sunapee Lake finden Sie am US-4 bei dem kleinen Ort **Grafton**, die **Ruggles Mine**. In der ältesten Glimmer-, Feldspat- und Beryllmine Amerikas gibt es mehr als 150 verschiedene Mineralien. Sie können, umgeben von einer großartigen Landschaft, selbst Mineralien sammeln.

In **Hanover**, an der Grenze zu Vermont, befindet sich das Dartmouth College, 6016 N. Main St., das schon 1769 gegründet wurde und heute eine der bekanntesten und exklusivsten amerikanischen Universitäten ist. Sie können das College im Rahmen einer Führung kennen lernen.

Monadnock Region

Reiseziel für jede Jahreszeit

Südlich schließt sich die Monadnock Region an; sie reicht bis zur Grenze von Massachusetts. Hier finden Sie alles, was Neuengland ausmacht: Straßen, die sich in vielen Kurven über sanfte Hügel und weite Felder ziehen, kleine Ortschaften, deren Zentrum das „Green", die weiße Kirche und das alte Rathaus bilden, blühende Obstbaumwiesen im Frühjahr und leuchtende Wälder im Herbst. Die Monadnock ist ganzjährig ein beliebtes Reiseziel, das zum Wandern, Radfahren, Skifahren und zu Schlittenfahrten im Winter ebenso einlädt wie zu Konzerten, Theateraufführungen und Ahornzuckerfesten. Der **Mount Monadnock**, der Namensgeber der Region, ist weithin sichtbar. Es heißt, dass er nach dem Fuji in Japan der meistbestiegene Berg der Welt ist.

Hinweis zur Route

Sie erreichen die Monadnock Region
• von Norden kommend über den I-91 und NH-12,
• von Brattleboro kommend über den VT-9.

Keene (22.500 Einwohner) ist der größte Ort der Monadnock Region, eine kleine Universitätsstadt, die den umliegenden Dörfern als Einkaufszentrum dient. Über New Hampshire hinaus sind die Konzerte und Theateraufführungen der Kunstakademie bekannt. Am NH-10, zwischen Keene und Winchester, können Sie drei der für Neuengland typischen „covered bridges" sehen, die den Ashuelot River überspannen.

Peterborough, am US-202, ist seit dem 19. Jh. ein von Künstlern bevorzugter Ort mit einem bekannten Sommertheater. Jedes Jahr ziehen die neuen Aufführungen der *Peterborough Players* viele Besucher an, ebenso wie das Jazzfestival „Folkway" mit hervorragenden Darbietungen.

Das Merrimack Valley

Hinweis zur Route

Sie erreichen das Merrimack Valley von Boston kommend über den I-93, der Sie über Nashua, Manchester und Concord nach Plymouth und in die White Mountains führt.

Der Merrimack River, der zweitlängste Fluss in Neuengland, gibt der Region ihren Namen. Im Merrimack Valley ließen sich schon die ersten europäischen Siedler nieder, bebauten das Land und nutzten frühzeitig die Wasserkraft für industrielle Zwecke, sodass sich hier die drei größten Städte von New Hampshire entwickeln konnten. Daneben gibt es viele hübsche kleine Ortschaften, State Parks mit gutem Wanderwegenetz, fischreiche Seen und einladende Landgasthäuser und Restaurants. Die Nähe zu Boston macht das Merrimack Valley zu einem beliebten Ausflugs- und Ferienziel.

Nashua und Umgebung (ⓘ S. 151)

Die ehemalige Pelzhandelsstation entwickelte sich schon im frühen 19. Jh. zu einer lebhaften Handelsstadt. Heute leben in dem 1656 gegründeten Ort ca. 83.000 Einwohner, die in sehr unterschiedlichen Industriezweigen, von der Computertechnik bis zur Bierbrauerei, ihren Lebensunterhalt verdienen. Nashua wird wegen seiner Nähe zu Boston auch als Wohnort sehr geschätzt.

INFO Robert Frost

Robert Frost, einer der volkstümlichsten amerikanischen Dichter, wurde 1875 in San Francisco geboren, zog aber schon 1885 mit seiner Familie nach New Hampshire. Anfangs verdiente er seinen Lebensunterhalt als Spindeljunge und Schuhflicker; später, von 1900 bis 1911, lebte er als Bauer auf der Derry-Farm. Er war der Herausgeber eines Wochenblattes und wurde schließlich, von 1916 bis 1938, Professor für Englisch am Amherst College. Seine Gedichte, die auf dem Hintergrund der Landschaft und Kultur seiner neuenglischen Heimat entstanden, zeugen von tiefen Einsichten in menschliches Verhalten und darüber hinaus von großem Verständnis für die amerikanische Demokratie.

Im **Nashua Center for the Arts**, 14 Court St., finden im Sommer neben Kunstausstellungen auch klassische Konzerte, Jazz- oder Folkloreveranstaltungen statt.

Sehenswürdigkeiten zwischen Nashua und Manchester
America's Stonehenge liegt bei North Salem, 5 mi/8 km östlich vom I-93, am NH-111. Es gibt ganz unterschiedliche Erklärungen für die Entstehung dieser ungewöhnlichen Anlage. Eine Theorie besagt, dass die Anlage mit 22 Steinsetzungen, die von langen Steinmauern umgeben ist, aus dem 3. bis 2. Jahrtausend v. Chr. stammen soll. Sehen Sie selbst die großen, bearbeiteten Monolithe, die Sonnenaufgang und -untergang bei der Sonnenwende und bei der Tag- und Nachtgleiche anzeigen.

Stonehenge Amerikas

In der Nähe der Ortschaft **Derry**, am NH-28, liegt die **Robert Frost Farm**.

In **Merrimack**, am US-3, können Sie die **Anheuser-Busch-Brauerei**, 1000 Daniel Webster Hwy., eine der größten Brauereien der Welt, bei der kostenlosen „Industrial Tour" besichtigen. Zum Abschluss steht eine Bierprobe auf dem Programm.

Brauereibesuch

Der **Silver Lake State Park** bietet Erholung an einem schönen Badesee mit feinem Sandstrand und Grillplätzen.

Manchester und Umgebung (ⓘ S. 151)

Manchester ist mit ca. 107.000 Einwohnern die größte Stadt in New Hampshire. Das Handels- und Industriezentrum liegt am Merrimack River, an dessen Ufern die *Abenaki*-Indianer lebten. Zu Beginn des 18. Jh. ließen sich die ersten weißen Siedler nieder und gründeten 1720 Derryfield, das sich schon bald zu einem Handelszentrum entwickelte. Als es im frühen 19. Jh. gelang, die Kraft der Wasserfälle für industrielle Zwecke zu nutzen, entstanden die ersten Baumwollspinnereien und die Textilfabrik *Amoskeag Manufactoring Company*, die sich in der Folgezeit zur größten Textilfabrik der Welt mit fast 16.000 Arbeitern entwickeln sollte. 1810 wurde Derryfield in Anlehnung an die nordenglische Industriestadt in „Manchester of America" umbenannt. Der wirtschaftliche Aufschwung hielt bis zum Anfang des 20. Jh. an, dann setzte der Niedergang ein, bis 1935 die letzte Fabrik geschlossen wurde. Durch ein umfangreiches Sanierungskonzept der **Manchester Historic Association** ist es in den letz-

Industriekultur

ten Jahren gelungen, der Stadt wieder ein neues Gesicht zu geben; einige der alten Werksgebäude wurden restauriert und werden nun als Büros, Boutiquen, Galerien, Restaurants oder Wohnraum genutzt.

In einem ehemaligen Fabrikbau befindet sich das **Manchester Historic Association Millyard Museum**, Mill No. 3, Commercial/Pleasant Sts. In der sehr interessanten Dauerausstellung „11.000 Jahre an den Amoskeag-Fällen" wird die Geschichte der Region und ihrer Bewohner lebendig dargestellt.

Interessantes Kunstmuseum

Das **Currier Museum of Art**, 201 Myrtle Way, in einem schönen Bau aus dem Jahr 1929 besitzt eine bekannte Gemälde- und Skulpturensammlung des 13.-20. Jh. und eine herausragende Sammlung amerikanischer Kunst, u. a. mit Werken von *Winslow Homer*, sowie eine Ausstellung mit Kunstgewerbe aus Neuengland. Vom Museum fährt ein Kleinbus zum dazugehörigen **Zimmerman House**, das 1950 von *Frank Lloyd Wright* einschließlich der Inneneinrichtung für das Ehepaar *Zimmerman* entworfen wurde und als eines seiner Meisterwerke des Prairie Style gilt.

Concord und Umgebung (ⓘ S. 151)

Hauptstadt von New Hampshire

Im Siedlungsgebiet der *Algonkin*-Indianer am Merrimack River wurde 1659 zunächst ein Handelsposten errichtet; 1727 ließen sich die ersten Siedler nieder und nannten ihre Stadt Rumford. Die Auseinandersetzungen zwischen New Hampshire und Massachusetts, die beide Ansprüche auf die Stadt erhoben, wurden zugunsten New Hampshires beigelegt. 1765 wurde die Stadt in Concord umbenannt und ist seit 1808 die Hauptstadt von New Hampshire. Bekannt wurde die Stadt durch die 1827 von *Lewis Downing* und *J. Stephens Abbot* gegründete Kutschenfabrik, deren Fahrzeuge wesentlich zur Erschließung des amerikanischen Westens beitrugen. Heute werden in Concord vor allem Elektro- und Kommunikationsausrüstungen hergestellt.

Der Rundgang „**Concord on Foot**" führt zu einigen historischen Häusern der recht beschaulichen Stadt, in der ca. 40.000 Menschen leben. Er beginnt am Eagle Square Marketplace.

1819 wurde das **State House**, Main St., gebaut, das durch seine goldene Kuppel auffällt und das älteste Rathaus der USA ist, in dem die Ratssitzungen noch in den Originalräumen abgehalten werden.

Gleich gegenüber steht das **Museum of New Hampshire History**, 6 Eagle Square/N Main St., mit interessanten Ausstellungen zur Geschichte von New Hampshire. Besonders interes-

Das State House in Concord

sant sind ein Modell der Mount Washington Coq Railway und der Kutschenraum, in dem eine der berühmten, in Concord gebauten Kutschen ausgestellt ist. Die Concord-Kutschen, die ein hohes Fahrgestell und große Räder hatten, wurden vielfach bei den großen Trecks in den Westen eingesetzt.

Pierce Manse, 14 Horse Shoe Pond Rd., ist das Wohnhaus des amerikanischen Präsidenten *Franklin Pierce*, dessen Amtszeit von 1842 bis 1848 dauerte. Es wurde rekonstruiert und von der Montgomery St. an die heutige Stelle versetzt und dann mit dem Originalmobiliar und Gebrauchsgegenständen jener Zeit eingerichtet.

Canterbury Shaker Village, 15 mi/25 km nördlich am NH-106.
Erste Informationen zur Gemeinschaft der *Shaker* (ⓘ Info-Kasten, S. 471) erhalten Sie im Besucherzentrum, wo auch die empfehlenswerten Führungen beginnen. Der letzte Bruder im Canterbury Village war bereits 1939 verstorben, die letzte Schwester starb 1992. Zur Erinnerung und um das Erbe der *Shaker* zu bewahren, wird das Canterbury Shaker Village als Museum weitergeführt; in Sabbathday/Maine besteht noch die letzte aktive Gemeinschaft mit zwei Gläubigen.

Besuchenswertes Museumsdorf

Das Gelände dehnt sich beiderseits der Straße aus, von den ehemals 100 Gebäuden der Siedlung wurden 25 Häuser restauriert, von denen einige zu besichtigen sind, wie z. B. das Meeting House oder das Dwelling House. Im Meeting House aus dem Jahr 1792 wurden die Gottesdienste abgehalten, in denen ebenfalls die bei den *Shakern* übliche Trennung nach Geschlechtern beibehalten wurde. In der Molkerei und der Bäckerei können Sie Leckeres aus der traditionellen *Shaker*-Küche kosten; im Syrup Shop finden Sie viele Heil- und Küchenkräuter. Im Haus Nr. 13 sind die Holzwerkstatt und ein Laden eingerichtet. Hier gibt es die geschätzten *Shaker*-Schachteln aus hellem Ahorn- oder Kirschbaumholz in verschiedenen Größen, außerdem Möbel, Bücher, Handarbeiten, Samen und natürlich auch die bekannten *Shaker*-Besen. Besuchen Sie auch die schön angelegten Gärten und genießen Sie die ländliche Stille.

Begehrte Souvenirs

Zur **Küstenregion New Hampshires** s. Kapitel „Von Boston entlang der Ostküste nach Maine", S. 474 ff.

Von den White Mountains nach Montpelier/VT

 Hinweis zur Route

Für Ihre Fahrt von den White Mountains nach Vermont bieten sich zwei Alternativen an:
- *Von* **Plymouth** *fahren Sie auf dem NH-25 bis Wentworth, folgen dann dem NH-25A bis zum Connecticut River, der die Grenze nach Vermont bildet. Am anderen Flussufer fahren Sie auf den I-93, den Sie nach wenigen Kilometern am Exit 16 wieder verlassen. Sie folgen dann dem NH-25B bzw. NH-25, der hinter West Topsham auf den US-302 stößt, der Sie über Barre nach Montpelier führt.*
- *Von* **North Woodstock** *folgen Sie dem NH-112, bis dieser auf den US-302 stößt. Sie überqueren den Connecticut River und die Grenze nach Vermont und folgen weiter dem US-302, der Sie über Groton und Barre nach Montpelier führt.*

Vermont

Überblick

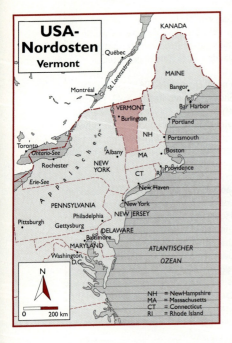

Die das ganze Land prägenden „Grünen Berge" gaben ihm auch den Namen: „Les verts monts" nannte es der französische Forscher und Entdecker *Samuel de Champlain*. Von Norden nach Süden durchziehen die „Green Mountains", die bis zu 1.339 m ansteigen, den Bundesstaat; mehr als 60 % der Fläche sind mit Wald bedeckt.

Vermont ist Bauernland; fast drei Viertel seiner Bevölkerung leben und arbeiten auf dem Land, dessen karger Boden nur unter Mühen bestellt werden kann. Ertragreicher sind Rinderhaltung, Milchwirtschaft und vor allem die Gewinnung und Verarbeitung von Ahornzucker.

Vermont ist ein liebliches Land mit sanften Tälern, gerundeten Bergkuppen, stillen Seen, hölzernen Mühlen an klaren Wasserbächen, kleinen, idyllischen Ortschaften, trutzigen Bauernhöfen und grünen Weideflächen.

Es gibt keine spektakulären Sehenswürdigkeiten; es sind eher die kleinen, versteckten, selbst zu entdeckenden landschaftlichen Schönheiten, die Vermont so anziehend machen. Vor allem der Wald- und Seenreichtum, die Herbstfärbung der Wälder und die ausgezeichneten Wintersportbedingungen ziehen viele Besucher an, sodass der Fremdenverkehr zu einer der wichtigsten Einnahmequellen geworden ist.

Die **Geschichte Vermonts** beginnt mit der Entdeckung und Erforschung durch *Samuel de Champlain*. Dann kämpften Franzosen und Engländer um das Gebiet zwischen dem Lake Champlain und dem oberen Connecticut River. Nach der Beendigung der Kämpfe und der Vertreibung der Franzosen besiedelten britische Farmer das Land, auf das New York und New Hampshire Anspruch erhoben. Unter der Führung *Ethan Allens* kämpften die „Green Mountain Boys" zunächst gegen New York, dann gegen die Briten um die Unabhängigkeit. 1777 wurde Vermont als unabhängiger Staat ausgerufen und am 4. März 1791 als 14. Staat in die Union aufgenommen.

Zu den Sehenswürdigkeiten zählen u. a. die 114 **„covered bridges"**, kleine Brücken, die vor Regen und Schnee durch hölzerne Wände und ein Dach geschützt sind.

6. Die Neuengland-Staaten – Vermont

Vermont auf einen Blick

Fläche	24.887 km²
Einwohner	608.827
Hauptstadt	Montpelier, 8.035 Einwohner
Staatsmotto	Freiheit und Einigkeit
Staatsbaum	Zuckerahorn
Staatsblume	Rot- oder Wiesenklee
Staatsvogel	Einsiedler-Drossel
Wirtschaft	70 % der Bevölkerung arbeiten in der Landwirtschaft, wobei Milch und Milcherzeugnisse sowie Ahornprodukte an erster Stelle stehen. Von wirtschaftlicher Bedeutung sind auch die Marmor- und Granitvorkommen bei Rutland und Barre. Der Fremdenverkehr, insbesondere in den Wintersportmonaten und zur Zeit des Indian Summer, ist die zweitwichtigste Einkommensquelle. Das jährliche Pro-Kopf-Einkommen liegt geringfügig unter dem amerikanischen Durchschnitt.
Zeitzone	In Vermont gilt die Eastern Standard Time (= MEZ -6 Stunden)
Städte	Burlington (38.889 Einwohner), Rutland (17.292 Einwohner) und Bennington (9.168 Einwohner)
Information	Vermont Department of Travel & Tourism, 134 State St., Montpelier 05601, ☏ 802-828-3236 und 1-800-Vermont, 🖷 802-828-3233, 🖥 www.travel-vermont.com
Hotline zur herbstlichen Laubfärbung	☏ 802-828-3239

Durch Vermont

Drei große Verkehrsadern durchziehen Vermont:

- der **I-89**, der von Lebanon/NH über die Hauptstadt Montpelier nach Burlington am Lake Champlain und weiter nach Kanada führt,
- der **I-91**, der von Süden nach Norden weitgehend parallel zur Grenze zu New Hampshire verläuft und im Norden bis nach Kanada führt,
- der **US-7**, der von Massachusetts kommend im Westen von Vermont über Bennington und Rutland nach Burlington und dann weiter nordwärts nach Kanada führt.

Zwischen dem I-89 und dem US-7 erstreckt sich in Nord-Süd-Richtung der **Green Mountains National Forest**, an dessen Rändern Straßen landschaftlich sehr reizvolle Gegenden erschließen.

6. Die Neuengland-Staaten – Vermont

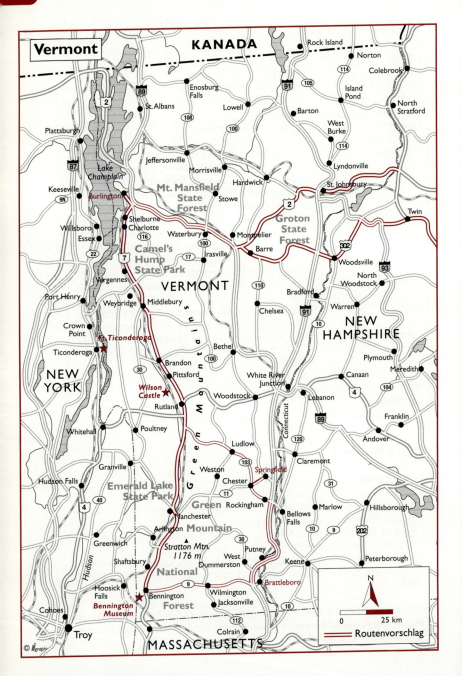

Von den White Mountains/NH über Montpelier nach Burlington

Hinweis zur Route

Der Connecticut River bildet die Grenze zwischen New Hampshire und Vermont. Von New Hampshire führen der US-302 über Groton und Barre sowie der US-2 über St. Johnsbury nach Montpelier und weiter, ebenso wie der schnellere I-89, nach Burlington. Wenn Sie die Rundfahrt unterbrechen wollen und einen mehrtägigen Aufenthalt planen, eignen sich Montpelier, Waterbury und Stowe besonders gut für Ausflüge und Wanderungen in den Green Mountains.

St. Johnsbury (ⓘ S. 151)

Seit dem 19. Jh. ist die Verarbeitung des Ahornsaftes eine wichtige Erwerbsquelle für die Bewohner der Stadt. Besucher erfahren im **Maple Grove Museum**, 1 mi/1,6 km östlich am US-2, in Bild und Ton Wissenswertes über die Gewinnung des Ahornsaftes. Führungen durch die **Maple Grove Candy Factory**, die älteste Ahornzuckerfabrik, werden von Mai bis Oktober täglich zwischen 8 und 16 Uhr angeboten.

Das **Fairbanks Museum and Planetarium**, 1302 Main St., besitzt eine große Sammlung ausgestopfter Vögel und Säugetiere und lädt Kinder zum Beobachten und Experimentieren ein. Täglich finden Vorführungen im Planetarium statt.

Barre (ⓘ S. 151)

Auf dem US-302, dem Scott Memorial Highway, erreichen Sie nach 48 mi/77 km die Stadt **Barre**, in

Redaktionstipps

Sehens- und Erlebenswertes
- Unvergesslich ist das Farbenspiel des **Indian Summer**, am besten in den Green Mountains zu erleben
- Gondelbahnfahrt zum **Mount Mansfield** (S. 546)
- Wandern über den **Long Trail** (S. 558) und durch den **Green Mountains National Forest**
- Erleben Sie „living history" im **Shelburne Museum** und auf den **Shelburne Farms** (S. 561)
- Genießen Sie die Fahrt mit der historischen Eisenbahn **Green Mountains Flyer Railroad** (S. 568)
- Wahrzeichen Vermonts sind die „**covered bridges**", z. B. in Middlebury und Waitsfield

Essen und Trinken

Es gibt nicht nur den berühmten Ahornsirup – Vermont ist auch bekannt für seine reichhaltigen Milchprodukte. Schauen Sie einmal bei der **Morse Farm Sugarworks**, bei Ben & Jerry's Ice Cream Factory, bei der **Cabot Creamery Annex** oder bei der **Cold Hollow Cider Mill** vorbei, um die frischen Köstlichkeiten zu probieren! Bei den regionalen Festen werden **Chicken Pie Suppers** veranstaltet.

Übernachten

Übernachten Sie in einem einladenden Bed&Breakfast-Haus oder einem stilvollen Landgasthof.

Veranstaltungen
- Das **Vermont Maple Festival** wird im April in St. Albans mit Musik und Umzügen gefeiert
- Das **Northeast Kingdom Annual Fall Foliage Festival** wird zur Zeit der schönsten Laubfärbung gefeiert, z. B. in Walden, Groton und St. Johnsbury

Einkaufen
- Ahornsirup
- Kinder lieben die handgemachten Teddybären von **Vermont Teddy Bear** bei Shelburne
- Im **Vermont State Craft Center at Frog Hollow** können Sie Kunstgewerbliches aus Vermonter Werkstätten kaufen
- Antiquitäten, Kunsthandwerk und mancherlei Kurioses finden Sie in den kleinen Läden am VT-100

6. Die Neuengland-Staaten – Vermont

> **Ausflugstipp**
>
> Mit einer Werksbahn können Sie auf einer ca. 20-minütigen **Rundfahrt die Steinbrüche in Graniteville** kennen lernen und von der Besucherplattform aus den Arbeitern bei ihrer Arbeit zuschauen: Rock of Ages Quarry and Craftsman, 560 Graniteville Rd.

deren Umgebung sich die größten Granitsteinbrüche der Welt befinden. Aus heimischem Granit wurde die Statue des schottischen Nationaldichters *Robert Burns*, 60 Washington St., von ortsansässigen Künstlern geschaffen.

Montpelier (ⓘ S. 151)

Die Stadt Montpelier wurde 1787 an den Ufern des Winooski River gegründet. Das Wahrzeichen Montpeliers ist das State House, das auf die Bedeutung der Stadt hinweist, die mit ihren ca. 8.300 Einwohnern sonst eher einen beschaulichen Eindruck macht.

State House
115 State St. Das erste Versammlungsgebäude wurde in Montpelier schon 1807 gebaut und 1833 nach Plänen von *Ammi Young* erweitert. Da dieses Gebäude durch ein großes Feuer stark zerstört wurde, erhielt der Architekt *Thomas W. Silloway* den Auftrag, ein neues State House zu bauen. Es wurde 1857 aus örtlichem Granit errichtet. Die vergoldete Kuppel trägt eine Statue der Ceres, der Göttin der Fruchtbarkeit. Das State House, das in den letzten Jahren restauriert wurde, zählt zu den schönsten öffentlichen Gebäuden der USA.

Das neu gestaltete **Vermont Historical Society Museum**, 109 State St., informiert anschaulich über die Geschichte Vermonts, während das **T. W. Wood Gallery and Art Center**, College St., Werke amerikanischer Künstler des 19. und 20. Jh. zeigt.

Ahornsirup

Bei einem Besuch der **Morse Farm Sugarworks**, 1168 County Rd., können Sie einen Film über die Gewinnung und Verarbeitung des Ahornsirups sehen und im zugehörigen Shop die heimischen Produkte erwerben (ⓘ Info-Kasten, s. rechts).

Waterbury (ⓘ S. 151)

Kinderwünsche gehen bei Ben & Jerry's in Erfüllung

Waterbury liegt 12 mi/19.2 km von Montpelier entfernt inmitten eines ausgedehnten Feriengebietes, das im Sommer und Winter ausgezeichnete Sport- und Erholungsmöglichkeiten bietet.

Ben & Jerry's Ice Cream Factory, 1,5 km nördlich am VT-100. Auf einem halbstündigen Rundgang und in einem Film lernen Sie eine der größten Eiscremefabriken der Welt kennen. Dabei ist vor allem für Kinder das Probieren das Wichtigste!

INFO Maple Syrup – der süße Saft der Ahornbäume

„Maple Syrup" ist eines der bekanntesten Produkte Neuenglands! Der süße Saft der Ahornbäume wird nur in den Neuengland-Staaten und im Osten Kanadas gewonnen, denn nur in diesen Landschaften gibt es die nötigen klimatischen Voraussetzungen.

Eine indianische Legende erzählt, dass eine Irokesenfrau nach einem heftigen Sturm hinausging, um einen Krug mit Regenwasser hereinzuholen. Dieser stand unter einem Ahornbaum, der vom Sturm umgeknickt worden war. Die anschließend mit dem Regenwasser zubereitete Mahlzeit hatte einen so angenehm süßlichen Geschmack, dass von nun an der Ahornsaft zum Kochen genutzt wurde. Als die ersten Kolonisten in Amerika ankamen, lernten sie von den Indianern die Gewinnung des süßen Saftes.

Die Saison der Saftgewinnung, wenn der Saft des Zuckerahornbaumes (*Acer saccarum*) besonders reichlich fließt, ist kurz; sie beginnt am ersten Dienstag im März und dauert ca. sechs Wochen. Im späten, noch verschneiten Winter, wenn tagsüber strahlender Sonnenschein herrscht, die Nächte aber noch frostreich und klirrend kalt sind, beginnt der Saft in den Bäumen zu tauen und im Baum hochzusteigen. Zum Sammeln des Ahornsaftes werden an den Bäumen Einschnitte in die Rinde gemacht, damit er in kleine, am Stamm befestigte Behälter fließen kann. Manchmal werden statt des Behälters auch Plastikschläuche angebracht, durch die der Saft von mehreren Bäumen in einen Sammelbehälter fließt. Es dauert mehrere Stunden, bis ein Eimer (bis zu drei pro Baum) voll ist. Etwa 40 l Ahornsaft werden benötigt, um 1 l Ahornsirup zu erzeugen. Je nach Farbe und Geschmack wird dieser den Handelsklassen A bis C zugeordnet. Immer ist der Arbeitsaufwand sehr hoch, dementsprechend teuer der Sirup. Der Ahornsirup wird bei der Zubereitung vieler Gerichte verwendet und ist besonders beim Kuchenbacken und als Sauce bei Pfannkuchen unverzichtbar. Einige der „Sugarhouses" von Vermont können besichtigt werden. Beim Vermont Department of Agriculture, 116 State St., Montpelier, Vermont 05620, ☎ 802-828-2416, erhalten Sie die Broschüre „Maple Sugarhouses".

In kurzer Entfernung, ebenfalls am VT-100, können Sie noch einen Besuch bei der **Cold Hollow Cider Mill**, 3600 Waterbury-Stowe Rd., machen, wo aus Vermonter Äpfeln Apfelmost hergestellt wird. Auch hier kann probiert und eingekauft werden!

The Cabot Creamery Annex, 1 Home Farm Way, am VT-100, 2,5 km nördlich von Ben & Jerry's. Sie können Vermonts größte Käserei, deren Produkte in den USA sehr bekannt sind, in einem Videofilm, der die verschiedenen Produktionsschritte zeigt, kennen lernen und verschiedene Käsesorten und frisches Brot probieren.

Besuch in der Käserei

Ausflug nach Stowe (ⓘ S. 151)

Von Waterbury aus lohnt sich eine Fahrt nach Stowe und in das Gebiet der Green Mountains. Stowe hat nicht nur eines der bekanntesten Skigebiete der amerikanischen Oststaaten, sondern ist ganzjährig einer der beliebtesten Ferienorte in Vermont mit einem großen und vielseitigen Sport- und Unterhaltungsangebot.

6. Die Neuengland-Staaten – Vermont

Ein Dorf wie aus dem Bilderbuch

Der beschauliche Ort mit ca. 3.400 Einwohnern, der in eine sanfte Hügellandschaft mit dichten Wäldern eingebettet ist, scheint mit den kleinen, weißen Häusern, dem spitzen Kirchturm und den gepflegten Rasenflächen ein Dorf wie aus dem Bilderbuch zu sein. Wenn Sie in den Ort einfahren, werden Sie sich bald nach Bayern oder Österreich versetzt fühlen. Das liegt nicht nur an der voralpinen Landschaft, sondern auch an den Hotels, Restaurants und Geschäften, deren Schilder z. B. die Namen *Innsbruck*, *Alpenrose* oder *Salzburg* tragen. Eines der Hotels wird von den Nachkommen der „singenden Trapp-Familie" geführt, deren Leben im Film „Die Trapp-Familie" dargestellt wurde und deren Schicksal ein Millionenpublikum rührte.

Sehenswertes in Stowe und Umgebung

Zwar wurde Stowe urkundlich schon 1763 erwähnt, aber die ersten Siedler ließen sich erst 1794 nieder. Der Ort entwickelte sich wegen seines guten Klimas bereits im späten 19. Jh. zu einem beliebten Ferienort; nachdem 1933 erstmals Loipen für den Fremdenverkehr gebahnt wurden, entstand im Gebiet um den Mount Mansfield eine hoch geschätzte Wintersportregion.

Durch das historische Viertel

Um den Ort kennen zu lernen, können Sie einen Spaziergang durch den historischen Bezirk machen, wo die meisten Häuser aus der zweiten Hälfte des 19. Jh. stammen. In der Touristeninformation erhalten Sie die Informationsschrift „*A Walking Tour of the Stowe Historic District*" mit einem Plan und Erläuterungen zu den einzelnen Häusern. Im **Vermont Ski Museum**, 1 S. Main St., im alten Rathaus erfahren Sie Interessantes rund um das Thema „Ski".

Zu den Attraktionen von Stowe gehört das **Stowe Mountain Resort**, 5781 Mountain Rd., ein großes Sportzentrum mit Tennisplätzen, einem Golfplatz, einer alpinen Rutschbahn, einem In-Line-Skate-Park, der Gondelbahnstation und mehreren Restaurants. Das Mountain Resort liegt direkt an der Route 108, am Fuß des Mount Mansfield.

Tipp für Besucher

*Ein 8 km langer Fuß- und Radfahrweg, der „**Stowe Recreation Path**", führt vom Zentrum von Stowe durch Wiesen und Felder und am West Branch River entlang bis zur Topnotch am Mount Mansfield.*

Der **Mount Mansfield** ist mit 1.393 m der höchste Berg Vermonts, dessen Gipfel nicht nur zu Fuß, sondern auch mit einer 8-Personen-Gondelbahn und über eine 6,6 km lange, sehr kurvenreiche Straße (gebührenpflichtig) erreichbar ist. Von der Höhe bietet sich ein fantastischer Panoramablick, der in der Ferne bis zum Lake Champlain reicht. Am Berggipfel können Sie sich im Restaurant Cliff House ausruhen und den Fernblick genießen.

Verbotene Schmugglerpfade

Nicht versäumen sollten Sie eine Fahrt durch **Smuggler's Notch State Park**, 6443 Mountain Rd. In vielen Schleifen und Kehren führt die enge Passstraße durch die Schlucht mit steil abfallenden Felsen auf jeder Seite. Der Weg erhielt seinen Namen während des Handelsembargos zur Zeit des Krieges von 1812 zwischen den USA und Kanada/Großbritannien. Da für die Kaufleute aus Vermont der Handel mit Montréal lebenswichtig war, wurden Vieh und andere Waren über diesen schmalen Weg geschmuggelt. Später nutzten flüchtende Sklaven die Smuggler's Notch als Weg in die Freiheit. Zur Zeit der Prohibition in den

1920er Jahren wurde Alkohol aus Kanada geschmuggelt. Ihre außergewöhnliche Form gab einigen Felsen und Klippen ihren Namen, z. B. „Elefantenkopf" oder „Jäger mit Hund". An den ausgewiesenen Parkplätzen beginnen schöne Wanderwege, auf denen seltene endemische Pflanzen zu entdecken sind.

Burlington (ⓘ S. 151)

Blick auf den historischen Distrikt von Burlington

Burlington, 1775 gegründet, ist mit knapp 39.000 Einwohnern die größte Stadt in Vermont, Sitz der 1791 gegründeten Universität von Vermont und Erscheinungsort der ältesten Zeitung von Vermont. Die Stadt liegt am inselreichen Lake Champlain, einem großen Binnensee, der sich bis nach Kanada hinzieht.

Der älteste Teil der Stadt findet sich zwischen Battery und Church Sts., nicht weit vom Lake Champlain entfernt. Dieser historische Distrikt ist auch der Mittelpunkt der modernen Stadt: Hier finden Sie die einladende Fußgängerzone **Church Street Marketplace** mit über 100 Geschäften, vielen Straßenverkäufern, kleinen Restaurants und Straßencafés und **Burlington Square**, ein Einkaufszentrum mit 60 gut geführten Geschäften. Ein zu allen Tageszeiten beliebter Treffpunkt ist das **Burlington Boathouse** an der College St. mit Caférestaurant und Bootsvermietung. Gleich neben dem Bootshaus liegt das **Leahy Center for Lake Champlain**, 1 College St. Das Museum informiert mit vielen interaktiven Ausstellungsobjekten sehr anschaulich über Schiffsbau, Geologie und Geschichte der Region am Lake Champlain. Das **Lake Champlain Maritime Museum**, 4472 Basin Harbor Rd., thematisiert das Leben der Menschen am See.

Bummel durch Burlington

Der 10 km lange „**Bikepath**" führt am Lake Champlain entlang und wird von Spaziergängern, Radfahrern und Skatern gern benutzt.

Auf dem Gelände der Universität steht **The Old Mill**, das alte Schulhaus mit Originalmobiliar aus dem frühen 19. Jh. Im **Discovery-Museum**, 51 Park St., am VT-2A, ist „Anfassen" das Motto. Das Kindermuseum vermittelt Wissenswertes aus Natur, Geschichte und Technik.

Ausflug
Ethan Allen Homestead, ca. 2 mi/3,2 km nördlich von Burlington am VT-127, die Wegstrecke ist vom I-89 her ausgeschildert. Nach der Revolution ließ sich *Ethan Allen*, der als Gründer von Vermont verehrt wird, auf dem Farmgelände am Ufer des Winooski River nieder. Das restaurierte Farmhaus aus dem Jahr 1787 vermittelt ebenso wie das Besucherzentrum einen Einblick in die Zeit und das Leben der hier ansässigen Indianer, französischen Kolonisten und englischen Siedler. Das weitläufige Gelände lädt mit Wanderwegen und Rastplätzen zu einem schönen Ausflug ein.

Ethan Allen Homestead

Abstecher nach Kanada

> **Hinweis zur Route**
>
> Von Burlington aus können Sie einen Abstecher nach Kanada machen und die kanadischen Städte Montréal und Ottawa besuchen. Dazu fahren Sie zunächst nordwärts über den I-89 bis zur kanadischen Grenze und weiter auf dem Hwy. 133 nach Montréal. Von Montréal führt der Hwy. 417 zur kanadischen Hauptstadt Ottawa.
> **Entfernung** von Burlington nach **Montréal**: 78 mi/125 km; nach **Ottawa**: 197 mi/315 km

Montréal (ⓘ S. 151)

Die Stadt Montréal liegt auf der gleichnamigen Insel im St. Lorenz-Strom; es ist die zweitgrößte Stadt Kanadas und nach Paris die zweitgrößte französischsprachige Stadt der Welt. Im Großraum Montréal leben knapp 3 Mio. Menschen, von denen etwa 70 % Französisch sprechen. Obwohl der französische Einfluss in fast allen Lebensbereichen spürbar ist, ist Montréal zugleich auch eine zweisprachige Stadt.

Wirtschafts- und Kulturzentrum

Montréal ist eine wichtige Industrie- und Handelsstadt; große Bedeutung hat der Hafen, der gleichermaßen Binnen- und Seehafen ist, obwohl Montréal 1.600 km vom Atlantischen Ozean entfernt ist. Zu den großen Produktionszweigen (Eisenbahn- und Flugzeugbau, petrochemische Industrie, Nahrungs- und Genussmittelindustrie, Textilgewerbe) kommen viele Hightech-Firmen hinzu, die ihren Sitz in Montréal haben und den Ruf der Stadt bestätigen, führend in der technologischen Entwicklung zu sein. Montréal ist auch das Banken- und Wirtschaftszentrum der Provinz Québec und wichtiger Verwaltungssitz. Die Stadt ist ein bedeutendes Kulturzentrum mit großartigen Museen und Galerien, zahlreichen Theatern mit erstklassigen Opern-, Konzert- und Ballettaufführungen, mit Jazz- und Filmfestivals und vier Universitäten, von denen jeweils zwei französisch- und zwei englischsprachig sind.

Vieux-Montréal – die Altstadt von Montréal

Vieux-Montréal

Vieux-Montréal, die größte Altstadt auf dem nordamerikanischen Kontinent, liegt zwischen dem St. Lorenz-Strom und der modernen Innenstadt und lädt mit verwinkelten, kopfsteingepflasterten Gassen, alten, meist restaurierten Häusern aus dem 17., 18. und 19. Jh., kunstvollen Wirtshaus- und Ladenschildern, Straßencafés und vielen kleinen Restaurants zum Verweilen ein. Die **Place d'Armes** ist das alte Bankenviertel der Stadt. Die **Basilique Notre Dame (7)**, 116, rue Notre-Dame ouest, wurde 1829 im neogotischen Stil erbaut und ist eine der größten Kirchen Nordamerikas und die älteste katholische Stadtpfarrkirche. In der Kirche werden ganzjährig Konzerte aufgeführt. Neben der Kirche liegt das **Vieux Séminaire Saint-Sulpice (8)**, das 1685 gegründet wurde. Es ist einer der ältesten Steinbauten der Stadt, der im Besitz der Ordensgemeinschaft der *Sulpizianer* ist. Dazu gehört ein schöner Uhrenturm von 1710, den man durch das schmiedeeiserne Tor sehen kann.

Das **Château Ramezay Museum (4)**, 280, rue Notre-Dame est, wurde von dem Gouverneur *Claude de Ramezay* 1705 gebaut und bis 1724 bewohnt, später auch als

Universität und Justizpalast genutzt. Im Museum sind Möbel, Gemälde und Kleidungsstücke des 18. und 19. Jh. sowie eine Sammlung indianischer Kunst ausgestellt.

Notre-Dame-de-Bonsecours (2), 400, rue Saint-Paul est, ist die älteste Kirche Montréals. 1657 wurde an dieser Stelle ein kleines Gotteshaus von der ersten Lehrerin Montréals, der 1982 heilig gesprochenen *Marguerite Bourgeoys*, errichtet, das jedoch dreimal einem Brand zum Opfer fiel; das jetzige Gebäude stammt aus dem Jahr 1885. Der **Marché Bonsecours** (3), 330, rue Saint-Paul est, wurde von 1845 bis 1852 von dem Architekten *William Fortner* gebaut und seitdem als Rathaus, Parlamentssitz, Konzertsaal und von 1878 bis 1964 als Markthalle genutzt.

Älteste Kirche der Stadt

Im **George-Etienne-Cartier-Haus** (1), 458, rue Notre-Dame est, das aus zwei Steinhäusern besteht, lebte *Cartier*, einer der „Väter der Konföderation" 1841-71. Im östlichen Gebäudeteil wird sein Leben und Wirken dargestellt, während der westliche Teil so restauriert wurde, dass der Besucher einen Eindruck vom bürgerlichen Leben im viktorianischen Zeitalter erhält.

Die ausgedienten Hafenanlagen am Alten Hafen, **Le Vieux-Port** (5), wurden in den vergangenen Jahren mit großem Aufwand restauriert und zu einem beliebten Treffpunkt der Montréaler Bevölkerung mit hübschen Straßencafés und dem schönen Yachthafen umgestaltet. Weitere Attraktionen in Vieux-Montréal sind das **IMAX-Theater** (9) am Quai King-Edward und der in der Nähe gelegene **Flohmarkt** (6).

Ville-Marie – die Innenstadt von Montréal

Die moderne Innenstadt, die sich zwischen dem Mont Royal und der historischen Altstadt ausbreitet, lässt sich am besten von den U-Bahnstationen „Bonaventure" und „McGill" aus erreichen. Zwischen diesen beiden Stationen liegt die **Place Ville-Marie**, das Zentrum der Stadt. Hier begann 1962 mit dem Bau der Place Ville-Marie ein neuer Abschnitt der kanadischen Stadtarchitektur. Erstmals wurde bei diesem kreuzförmigen Gebäudekomplex der unterirdische Raum mit in die Planung einbezogen. In den folgenden Jahren wurden die großen Gebäudekomplexe und alle wichtigen Plätze der Stadt unterirdisch durch ein weit verzweigtes Wegenetz miteinander verbunden. In den Tunneln, Passagen und Malls dieser „**Untergrundstadt**" entstand auf einer Gesamtfläche von 3 Mio. m² ein Einkaufsparadies mit Hunderten von Geschäften, mehr als 130 Restaurants und Cafés, mit Banken, Kinos und Theatern. Gläserne Aufzüge, Springbrunnen, Wasserspiele, Blumenbeete und Pflanzenarrangements schaffen eine helle, freundliche Atmosphäre.

Die „Untergrundstadt"

Aber auch auf den Straßen zu ebener Erde gibt es Sehenswertes: Die schönen Plätze **Place du Canada** und **Square Dorchester** mit dem ehemaligen, im viktorianischen Stil gebauten Hotel Windsor, mit modernen Hochhäusern und einer Plastik von *Henry Moore*, die **Cathédrale Marie-Reine-du-Monde** (10), die 1894 in verkleinertem Maßstab dem Petersdom in Rom nachgebaut wurde, die anglikanische Kirche **Saint-George** aus dem Jahr 1870, die anglikanische Bischofskirche **Christ Church** und die **Maison des Coopérants**, in deren moderner Glasfassade sich die Türme der Christ Church spiegeln. Das Kunstmuseum **Musée des Beaux-Arts** (17) 1379, rue Sherbrooke ouest, U-Bahnstation „Peel" oder „Guy-Concordia", be-

6. Die Neuengland-Staaten – Vermont
Abstecher nach Kanada – Montréal

1. Maison George-Etienne Cartier
2. Notre-Dame-de-Bonsecours
3. Marché Bonsecours
4. Château Ramezay Museum
5. Le Vieux Port de Montréal
6. Flohmarkt
7. Basilique Notre Dame
8. Séminaire Saint-Sulpice
9. IMAX
10. Cathédrale Marie-Reine-du-Monde
11. Musée McCord
12. Universität McGill
13. Christus-Kreuz und Aussichtspunkt
14. Observatorium
15. Monument de Cartier
16. Université
17. Musée des Beaux-Arts
18. Botanischer Garten
19. Olympiapark
20. Biodôme

herbergt in 65 Räumen Sammlungen mit Gemälden, Zeichnungen, Radierungen und Skulpturen aus allen Epochen kanadischer und internationaler Kunst. Bemerkenswert sind die Ausstellungen mit Gemälden des 19. Jh. sowie die hervorragende Sammlung kanadischer Kunstwerke.

Museum zur Stadtgeschichte

Das **Musée McCord d'histoire canadienne** (11), 690, rue Sherbrooke ouest, U-Bahnstation „McGill", präsentiert sich mit einem Dokumentationszentrum, Leseräumen, einem Atrium, einem Teesalon und sehr umfangreichen sozialgeschichtlichen Sammlungen und Dokumentationen zur Geschichte der Stadt und der Ureinwohner des Landes und als einziges kanadisches Museum mit einer Dauerausstellung historischer Kostüme. Im **Centre d'Histoire de Montréal**, 335, place d'Youville, einem schönen Gebäude aus dem späten 19. Jh., wird mit Videoanimationen und mehr als 300 Ausstellungsstücken das Alltagsleben der Menschen in Montréal von der Zeit der ersten Siedler bis zur Gegenwart dargestellt.

6. Die Neuengland-Staaten – Vermont
Abstecher nach Kanada – Montréal

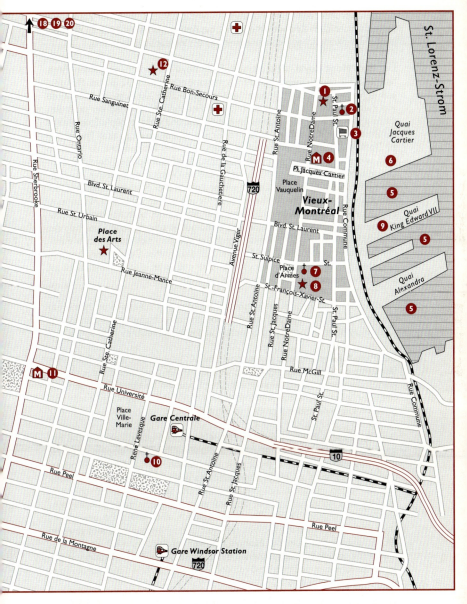

Die **McGill University** (12), 805, rue Sherbrooke, U-Bahnstation „McGill", ist die sehr angesehene, englischsprachige Universität Montréals. Das McGill College wurde 1821 gegründet. Auf dem weitläufigen Universitätsgelände lohnt der Besuch des naturgeschichtlichen **Redpath Museums**, des **Arboretums** mit schönen Wanderwegen, des ökologischen **Ecomuseums** und des **Versuchsbauernhofs**.

Parc Mont Royal

Der **Parc Mont Royal**, U-Bahnstation „Mont Royal", erstreckt sich auf dem Berg, der der Stadt seinen Namen gab. Der Mont Royal erhebt sich 232 m über Montréal und ist für die Montréaler ein beliebtes Ausflugsziel. Der 200 ha große Park wurde von dem amerikanischen Gartenarchitekten *Frederick Law Olmsted*, der auch den Central Park in New York entworfen hat, geplant und gestaltet. Viele Spazierwege durchziehen den Park, führen zu kleinen Teichen, zum Bibersee, zu alten Friedhöfen, zu Denkmälern berühmter Persönlichkeiten, z. B. zum **Monument de Cartier (15)**, und zu schön gelegenen Picknickplätzen. Geruhsam holpern Pferdekutschen über die Wege, wo im Sommer die Jogger und im Winter die Langläufer ihre Bahnen ziehen. Auf der Höhe des Berges erhebt sich ein über 30 m hohes, in der Dunkelheit beleuchtetes **Christus-Kreuz (13)**, das an ein Versprechen von *Maisonneuve* erinnert: Als die Stadt im Jahr 1642 von einer großen Flut bedroht wurde, gelobte *Maisonneuve*, ein Kreuz zu errichten, wenn die Stadt verschont bliebe. Unterhalb des Kreuzes wurde ein Aussichtspunkt eingerichtet, von dem sich ein herrlicher Panoramablick über die Stadt und den St. Lorenz-Strom eröffnet. Das **Observatorium (14)** steht an der höchsten Stelle von Montréal und bietet einen schönen Blick auf den nordwestlichen Teil der Stadt und auf den Saint-Louis-See.

An den Parc Mont Royal schließt sich das Gelände der **Université de Montréal (16)** an. Sie ist außerhalb von Paris die größte französischsprachige Universität mit 13 Fakultäten, einer Wirtschaftshochschule und einer Technischen Hochschule.

Der **Parc Maisonneuve**, U-Bahnstation „Pie IX" oder „Viau", liegt ca. 8 km vom Stadtzentrum entfernt und umfasst das Gelände des Olympiaparks und des sehenswerten Botanischen Gartens und ist darüber hinaus ein beliebter Freizeitpark mit einem Golfplatz, einer Rollschuhbahn, Wander- und Fahrradwegen, gebahnten Loipen im Winter und zahlreichen Picknickplätzen.

Olympiastätten

Der Olympiapark, **Parc Olympique (19)**, 4141, av. Pierre-De-Coubertin, U-Bahnstation „Pie IX", war der Austragungsort der Olympischen Sommerspiele von 1976. Besonders interessant ist das große **Olympiastadion**, 4141, av. Pierre-de-Coubertin, in dem heute bis zu 75.000 Zuschauer den großen Baseballspielen zuschauen oder an Messen und Shows teilnehmen können. Das Stadion ist architektonisch interessant: Das Äußere erinnert an die Form einer Muschel, in deren Inneren sechs übereinander liegende Ebenen die Wettkampfarena umschließen. Ein bewegliches Dach, das je nach Witterung geöffnet oder geschlossen werden kann, wird von dem 190 m hohen, etwas geneigten **Montréal Tower** gehalten, der 1987 als Olympiaturm fertig gestellt wurde. Sie können mit einer Seilbahn auf die Plattform an der Spitze des Turmes hinauffahren und von dort oben den herrlichen Blick auf die Stadt und die Umgebung genießen.

Der **Biodôme (20)**, 4777, av. Pierre-de-Coubertin, liegt ebenfalls im Olympiapark und ist ein hochinteressantes, „lebendiges" Museum, das die Abhängigkeiten und

Wechselbeziehungen von Mensch und Natur in vier Lebensbereichen des nord- und südamerikanischen Kontinents verdeutlicht.

Der **Botanische Garten** (18), 4101, rue Sherbrooke est, U-Bahnstation „Pie IX", ist einer der bedeutendsten Botanischen Gärten in Nordamerika und der zweitgrößte der Welt. Er wurde 1931 von Bruder *Marie Victorin* angelegt und zeigt auf einer Fläche von 73 ha in zehn Gewächshäusern und über 30 Außenanlagen mehr als 21.000 verschiedene Pflanzenarten, darunter allein 10.000 Rosensträucher. Sie können mit einer kleinen Bahn durch das weite Parkgelände fahren. Besondere Anziehungspunkte sind der 2,5 ha große **Chinesische Garten** im Stil der Ming-Dynastie mit einem Wasserfall, einem Teich und kleinen Pavillons sowie der gleich große **Japanische Garten** mit kleinen Teichen, Bachläufen und Brücken, einem Hof mit Bonsai-Pflanzen und einem Teehaus.

2001 wurde der **First Nations Garden** eröffnet: In einer modernen, von Birken- und Ahornwäldern umgebenen Außenanlage lernen die Besucher das Alltagsleben der Ureinwoh-

Blick vom Botanischen Garten auf den Olympiaturm

ner, ihre tiefe Kenntnis und Verbundenheit mit der Natur und die Traditionen der Indianer und Inuits kennen. Das **Insektarium** zeigt Sammlungen von Schmetterlingen und anderen Insekten aus mehr als 100 Ländern.

Im St. Lorenz-Strom, der alten und modernen Stadt vorgelagert, liegen die Inseln Sainte-Hélène und Notre-Dame (U-Bahnstation „Île Sainte-Hélène"). Auf den beiden Inseln fand 1967 die Weltausstellung „EXPO 67" statt, zu deren Eröffnung die 22 m hohe und 60 t schwere Skulptur „L'homme" von *Alexander Calder* geschaffen wurde.

Die Insel **Sainte-Hélène** ist heute ein beliebter Freizeitpark mit Schwimmbädern, Picknickplätzen, einem Aqua-Park mit 20 langen Wasserrutschen und dem großen Vergnügungspark **La Ronde**. Sehenswert ist das **Alte Fort** (Le Vieux Fort), das 1822 auf Befehl des *Duke of Wellington* errichtet wurde, um Montréal und den St. Lorenz-Strom vor möglichen amerikanischen Angriffen zu schützen.

Inseln im St. Lorenz-Strom

Die Insel **Notre-Dame**, die künstlich aufgeschüttet worden ist, zieht ebenfalls viele Besucher zum Wasser- und Wintersport an. Am Abend lädt dann das sehr beliebte **Casino de Montréal** zur Unterhaltung ein. Im Februar findet auf der Insel das berühmte **Schneefestival** statt, zu dem auch Hundeschlittenrennen sowie Wettbewerbe im Schneeburgenbauen und Skifahren gehören.

6. Die Neuengland-Staaten – Vermont
Abstecher nach Kanada – Ottawa

Ottawa (ⓘ S. 151)

Kanadas Hauptstadt

Ottawa beeindruckt nicht wie andere nordamerikanische Großstädte durch riesige Wolkenkratzer und hektische Geschäftsviertel, sondern eher durch den Charme einer liebenswerten Stadt in einer außergewöhnlich schönen landschaftlichen Umgebung. Ottawa liegt am Zusammenfluss des Ottawa River und des Rideau River, wird durchzogen vom Rideau-Kanal und ist umgeben von einer wald- und seenreichen Landschaft mit vielfältigen Erholungsmöglichkeiten. Ottawa ist die Bundes-

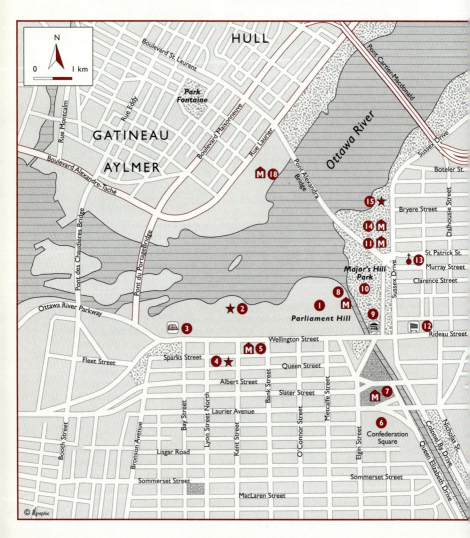

6. Die Neuengland-Staaten – Vermont
Abstecher nach Kanada – Ottawa

hauptstadt Kanadas; die Bevölkerung ist zu 44 % britischer und zu 41 % französischer Abstammung. Die Stadt ist Sitz der Bundesregierung, des Generalgouverneurs der britischen Krone, des Obersten Gerichtshofes, der hohen Verwaltungsbehörden sowie der Botschaften und Handelsniederlassungen von 90 Nationen. Als fünftgrößte Stadt Kanadas besitzt Ottawa mehrere Universitäten, Hochschulen, Colleges und wissenschaftliche Institutionen. Die Stadt ist Sitz eines katholischen Erzbischofs und eines anglikanischen Bischofs. Wahrzeichen sind die Parlamentsgebäude auf dem Parliament Hill und der Rideau-Kanal, an dessen nördlichem Ende die Stadt liegt.

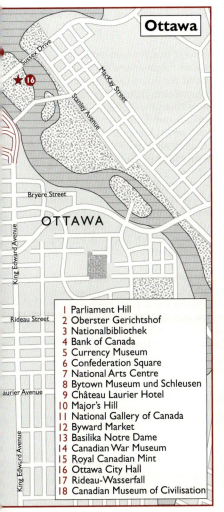

Ottawa

1 Parliament Hill
2 Oberster Gerichtshof
3 Nationalbibliothek
4 Bank of Canada
5 Currency Museum
6 Confederation Square
7 National Arts Centre
8 Bytown Museum und Schleusen
9 Château Laurier Hotel
10 Major's Hill
11 National Gallery of Canada
12 Byward Market
13 Basilika Notre Dame
14 Canadian War Museum
15 Royal Canadian Mint
16 Ottawa City Hall
17 Rideau-Wasserfall
18 Canadian Museum of Civilisation

Sehenswertes in Ottawa

Parliament Hill (1) wird der Hügel am Ufer des Ottawa River genannt, auf dem in der Mitte des 19. Jh. die Parlamentsgebäude nach englischem Vorbild errichtet wurden. Der große Gebäudekomplex besteht aus drei im neogotischen Stil mit grünen Kupferdächern errichteten Regierungsgebäuden. Am Haupteingang, vor den Regierungsgebäuden, wurde 1967 ein Brunnen errichtet, in dessen Mitte eine ewige Flamme, **Centennial Flame**, zur Erinnerung an das hundertjährige Bestehen der Konföderation und als Symbol für Kanadas Einheit angezündet wurde.

Parlamentsgebäude

Zum **Centre Block** gehört der 92 m hohe Friedensturm (**Peace Tower**), der 1927 zu Ehren der im Ersten Weltkrieg gefallenen Soldaten errichtet wurde. Das Glockenspiel des Turms besteht aus 53 Glocken. In der Turmspitze brennt ein weißes Licht, wenn das Parlament tagt. Sie können den Turm besteigen und den Ausblick auf die Hauptstadt genießen.

Die Parlamentsgebäude sind von großen Grünflächen umgeben; hier paradieren täglich die Wachsoldaten, die in ihrer Erscheinung an die Garde vor dem Buckingham-Palast erinnern. Der Wachwechsel, „Changing the Guard", ist eine der städtischen Attraktionen, die im Sommer jeden Tag viele Besucher anzieht. Die feierliche Zeremonie findet von Ende Juni bis Ende August jeden Morgen um 10 Uhr statt. Beim Wachwechsel treten die *Governor General's Foot Guards* und die *Cana-*

Wachwechsel

dian Grenadier Guards in ihren traditionellen rot-schwarzen Uniformen und mit schwarzen Bärenfellmützen zu einer 30-minütigen Zeremonie mit Musikkapellen an. Zu den Grünanlagen gehört auch der **Skulpturengarten** mit einer Statue der Königin *Victoria* und mit den Statuen kanadischer Premierminister.

Westlich der Regierungsgebäude, ebenfalls am Ufer des Ottawa River, liegen das 1875 erbaute Gebäude des Obersten Gerichtshofes (**2, Supreme Court of Canada**), die Nationalbibliothek (**3, Archives and National Library**) und der schöne Garten der Provinzen (**Garden of the Provinces**). Dieser kleine Park, in dem die Fahnen der zehn kanadischen Provinzen wehen, wurde als Sinnbild der kanadischen Einheit geschaffen und mit Blumenbeeten, Springbrunnen und Skulpturen ansprechend gestaltet.

Fußgängerzone

Nur einen Straßenblock vom Parliament Hill entfernt, zwischen Lyon und Elgin Sts., liegt die **Sparks Street Mall**, eine schön gestaltete Fußgängerzone mit vielen Geschäften, Straßencafés und Restaurants. Lohnend ist der Besuch der zwölfstöckigen **Bank of Canada** (**4**), die im Innenbereich mit baumhohen Pflanzen, Springbrunnen und Kunstwerken gestaltet ist, und des **Currency Museums** (**5**), das Zahlungsmittel aus allen Epochen zeigt. Folgen Sie der Sparks St. nach Osten bis zum **Confederation Square** (**6**), dem Hauptplatz der Stadt, wo das **National War Memorial** an die Gefallenen des Ersten Weltkrieges erinnert. An diesem Platz wurde 1969 das **National Arts Centre** (**7, NAC**) eingeweiht, zu dem ein Opernhaus, ein Theater und eine Experimentierbühne gehören.

Lehrpfad entlang der Schleusen

An den Schleusen des Rideau-Kanals liegt das **Bytown Museum** (**8**), das in einem der ältesten Steinhäuser der Stadt eingerichtet wurde und die Anfänge von Bytown/Ottawa veranschaulicht. Ein Lehrpfad führt an den Schleusen entlang. Die Schleusen sind auch Ausgangsort für die Bootsfahrten auf dem Ottawa River und auf dem Rideau-Kanal.

Oberhalb der Schleusen liegt das **Château Laurier Hotel** (**9**), ebenfalls ein Wahrzeichen der Stadt, das 1912 im Stil eines französischen Schlosses gebaut und nach dem früheren kanadischen Premierminister *Sir Wilfred Laurier* (1841-1919) benannt wurde. Das Château Laurier Hotel war das Prestigeobjekt der Canadian-National-Hotelkette, bis es an die Canadian Pacific verkauft wurde. Zu seinen Gästen zählten und zählen Könige, Politiker und Berühmtheiten wie *Marlene Dietrich*, *Duke Ellington* und *Nana Mouskouri*. Von der Terrasse des Hotels bietet sich ein schöner Blick auf den Rideau-Kanal und auf den **Major's Hill Park** (**10**). Der zentral gelegene Park ist ein beliebter Treffpunkt, ein schöner Platz für kurze Mittagspausen und ein ge-

Die Terrasse des Château Laurier Hotels und der Rideau-Kanal

eignetes Gelände für Spaziergänger und Jogger. Im Park steht die so genannte „12 Uhr Kanone", eine alte Schiffskanone, die seit 1869 werktags um 12 Uhr, sonntags um 10 Uhr abgefeuert wird. Am Ende des Parks liegt der schöne Aussichtspunkt **Nepean Point**; hier steht eine Statue von *Samuel de Champlain*, der das Gebiet des Ottawa als erster Europäer erforscht hat.

Die **National Gallery of Canada** (11), 380 Sussex Drive, verfügt nicht nur über die größte Sammlung europäischer Kunstwerke in Kanada, sondern lohnt auch wegen ihrer ungewöhnlichen Architektur von *Moshe Safdie* einen Besuch. Kennzeichen der National Gallery sind große Glasflächen, Lichtschächte und verglaste Türme. Das Museum verfügt mit über 40.000 Gemälden, Zeichnungen, Skulpturen und Drucken über eine umfassende Sammlung internationaler und kanadischer Kunst.

Zwischen George und York Sts. liegt der **Byward Market** (12), ein beliebtes und geschäftiges Viertel. Seit 1840 treffen sich hier die Bauern der Umgebung, um frisches Obst und Gemüse zu verkaufen. In und rund um die große Markthalle werden auch heute noch Blumen und landwirtschaftliche Produkte verkauft. Doch nach der sorgfältigen Restaurierung des Marktviertels finden sich hier auch kleine Boutiquen, Kunstgewerbeläden, Kaufhausfilialen, Straßencafés, Eisdielen und Restaurants.

Markttreiben

Ecke Sussex Drive/St. Patrick St. liegt die **Basilika Notre Dame** (13). Mit dem Bau der römisch-katholischen Kirche wurde bereits 1846 begonnen, doch es dauerte fast 50 Jahre, bis die im neogotischen Stil gebaute und mit sehr schönen Holzschnitzereien und Glasmalereien ausgestaltete Basilika völlig fertig gestellt war. Die Kirche ist der Sitz des Erzbischofs von Ottawa. Das **Canadian War Museum** (14), 330 Sussex Drive, besitzt eine umfassende Waffensammlung von der Indianerzeit bis zur Gegenwart und dokumentiert die kanadische Militärgeschichte. Die **Royal Canadian Mint** (15), 320 Sussex Drive, ist die kanadische Münzprägeanstalt. Nach Voranmeldung können Sie an einer Führung teilnehmen und bei der Prägung der Münzen zuschauen oder auch frisch geprägte Gold- und Silbermünzen kaufen.

Auf Green Island liegt die **Ottawa City Hall** (16), 111 Sussex Drive, das Rathaus von Ottawa. An das 1958 errichtete Gebäude fügte der Architekt *Moshe Safdie* später einen bemerkenswerten Anbau an. Gegenüber dem Rathaus liegt ein kleiner Park, von dem aus der **Rideau-Wasserfall** (17) gut zu sehen sind. Diese wirken dort, wo sich der Rideau River in den Ottawa River ergießt, wie ein „Vorhang aus Wasser", sodass die ersten Forscher dem Wasserfall den Namen „Rideau" (Vorhang) gaben. Folgen Sie weiterhin dem Sussex Drive, so erreichen Sie die **Rideau Hall**, 1 Sussex Drive, den Wohnsitz des britischen Generalgouverneurs in Kanada. Von Ende Juni bis Ende August findet täglich von 10 bis 18 Uhr die Wachablösung der Gardesoldaten vor dem Haus statt. Kanadier suchen sich gerne in den schattigen Wäldern oder auf den weiten Wiesen ein schönes Plätzchen für ein Picknick aus. Gegenüber der Rideau Hall beginnt der **Rockcliffe Park**, der sich am Ottawa River entlangzieht und ein beliebter Ort zum Spazierengehen, Ausruhen, Joggen und Picknicken ist.

Rideau Wasserfall

Am Nordufer des Ottawa River, der kanadischen Hauptstadt direkt gegenüber und durch Brücken mit ihr verbunden, liegt die Stadt **Hull/Gatineau** mit dem sehr ein-

6. Die Neuengland-Staaten – Vermont

Museums-highlight

druckvollen **Canadian Museum of Civilization** (18), 100, rue Laurier. Das 1989 entstandene architektonische Meisterstück von *Dougla Cardinal* liegt am Ufer des Ottawa River und soll nach den Aussagen des Architekten durch seine gerundeten und geschwungenen Formen an die von Wind, Wasser und Eis geprägte kanadische Landschaft erinnern. Ausstellungen, Sammlungen, Filme, Diavorführungen und Theateraufführungen veranschaulichen das Leben der Ureinwohner und die vielen verschiedenen Kulturen der heutigen kanadischen Bevölkerung. Neben dem Museum liegt das **Casino de Hull**.

Green Mountains, Long Trail und Green Mountains National Forest

Vermont wird in Nord-Süd-Richtung vom waldreichen Gebirgszug der **Green Mountains** (ⓘ S. 151) durchzogen, dessen Ausläufer im Süden bis nach Massachusetts zu den Berkshire Hills reichen. Die höchsten Erhebungen der Green Mountains mit 1.200 bis 1.400 m sind **Mount Mansfield**, **Mount Ellen**, **Killington Peak** und **Camel's Hump**.

Parallel zum Höhenzug der Green Mountains, die Teil des Appalachen-Gebirges sind, verlaufen im Westen der US-7, im Osten der VT-100. In West-Ost-Richtung durchqueren zahlreiche Straßen das Gebiet. An den Straßen beginnen die Wanderwege durch die Green Mountains, ein dichtes Wegenetz, das vom Green Mountains Club angelegt und instand gehalten wird. Entlang der Straßen wurden Aussichtspunkte zur Tierbeobachtung eingerichtet, denn in den dichten Wäldern leben noch viele Elche.

Der Long Trail

Bekannter Fernwanderweg

Der Long Trail ist ein 423 km langer Fernwanderweg, der von Massachusetts im Süden bis zur kanadischen Grenze im Norden führt. Es ist der älteste Fernwanderweg der USA, dessen Anfänge bis ins Jahr 1910 zurückreichen. Er vereinigt sich nördlich von Rutland mit dem **Appalachian Trail**, dem längsten Wanderweg der Welt, der in Georgia beginnt und nach 3.210 km in Maine endet. Zusätzlich zum Long Trail umfasst das „Long Trail System" ein Wegenetz von 280 km Wanderwegen, in das 62 einfache Unterkünfte einbezogen sind.

Der Long Trail trägt den Beinamen „Fußweg durch die Wildnis". Der Wanderweg folgt weitgehend dem Verlauf der Green Mountains und überquert dabei mehrere Bergpässe, Flusstäler und Berggipfel und bietet immer wieder herrliche Ausblicke auf die weite Berglandschaft mit dichten Wäldern und einer einzigartigen Flora. Besonders auf den Gipfeln des Camel's Hump und des Mount Mansfield gibt es eine Vielzahl seltener alpiner Pflanzen. Die beste Jahreszeit für Wanderungen auf dem Long Trail ist die Zeit von Mitte Juni bis September. Da sich die Wetterverhältnisse in Vermont sehr schnell ändern, muss auf den Höhen auch im Sommer mit Regen oder plötzlichen Kälteeinbrüchen gerechnet werden. Insekten können zu bestimmten Zeiten zu einer Plage werden: *Blackflies* sind am schlimmsten in den Monaten Mai und Juni; Moskitos sind im Sommer nach Einbruch der Dämmerung besonders lästig.

6. Die Neuengland-Staaten – Vermont

📖 Buchtipp

„*Guide Book of the Long Trail*", Green Mountains Club 2002, Taschenbuch mit 16 topografischen Karten, Tourenvorschlägen und genauen Wegbeschreibungen

Der Long Trail ist auch für Wanderer geeignet, die nur Tagesausflüge oder kürzere **Wanderungen** unternehmen wollen. Der Green Mountains Club hat eine Übersicht über Tagesausflüge in der Region Morrisville/Stowe und Waterbury zusammengestellt, in der auch der Anfahrtsweg, der jeweilige Schwierigkeitsgrad und die Dauer der Wanderung angegeben sind, z. B.

- **Moss Glen Falls**, knapp 1 km, 30 Min., leichter Weg zu Kaskaden und kleineren Wasserfällen, 3 km nördlich von Stowe,
- von **Smuggler's Notch** zum **Sterling Pond**, 4,5 km, 2 Std., mittlerer Schwierigkeitsgrad, schöner Blick auf den Mount Mansfield,
- **Stowe Pinnacle**, 4,5 km, 2 Std., mittlerer Schwierigkeitsgrad, herrliche Ausblicke auf die Green Mountains,
- **Hunger Mountain**, 6,5 km, 4 Std., mittlerer Schwierigkeitsgrad, großartige Blicke auf die Green Mountains und bis zu den White Mountains in New Hampshire.

Wandervorschläge

Der Green Mountains National Forest (ⓘ S. 151)

Der 108.000 ha große Green Mountains National Forest zieht sich am Rückgrat der Green Mountains entlang. Gut angelegte Wanderwege führen durch dichte Kiefern-, Tannen-, Fichten- und Ahornwälder. Der Green Mountains National Forest gliedert sich in eine nördliche und eine südliche Hälfte; der nördliche Teil reicht von Bristol bis nach Rutland, der südliche Teil erstreckt sich von Wallingford bis zur Grenze von Massachusetts. Zwischen diesen beiden Hälften verläuft der Highway US-4, der den Staat Vermont in West-Ost-Richtung durchquert.

Der Green Mountains National Forest ist durch ein dichtes **Wanderwegenetz** von 800 km erschlossen; dazu gehören Abschnitte des Appalachian/Long Trail und des Robert Frost National Recreation Trail. Mit zahlreichen Camping-, Rast- und Grillplätzen, mit Schwimm- und Angelmöglichkeiten, mit Schutzhütten und Rangerstationen ist der Green Mountains National Forest ein ideales Wander- und Erholungsgebiet. Geeignete Ausgangspunkte für Wanderungen sind Bennington, Wilmington, Manchester, Rutland, Waitsfield und Warren, wo Sie gemütliche B&B-Häuser, Landgasthäuser und gepflegte Restaurants finden; zum Einkaufsbummel laden kleine Läden mit schönem Kunstgewerbe ein oder z. B. der originelle Gemischtwarenladen „Warren Store", in dessen Mitte zwischen Waren aller Art ein alter Ofen steht. Zur Mittagszeit können Sie zwischen selbst gebackenem Kuchen, üppig belegten Sandwiches und heißer Suppe wählen.

Aber die Green Mountains sind nicht nur im Sommer ein beliebtes Ferienziel; noch mehr Besucher kommen im Herbst, wenn mit der Laubfärbung die Zeit des **Indian Summer** beginnt. An den Highways sind Hinweisschilder mit aktuellen Informationen zur Laubfärbung aufgestellt; die Hotline zur herbstlichen Laubfärbung (s. S. 541), Tageszeitungen, regionale Rundfunk- und Fernsehsender informieren über die „Hot

Herbstliche Laubfärbung

> **INFO** Indian Summer

Der Indian Summer, die Laubfärbung der Bäume, beginnt nach den ersten Kälteeinbrüchen im Osten Kanadas und breitet sich von Norden nach Süden aus. Die *Algonkin*-Indianer erklärten die alljährliche Laubfärbung mythologisch: Sie glauben, dass das Rot der Bäume vom Großen Bären stamme, den der himmlische Jäger im Herbst erlegt habe und dessen Blut nun auf die Erde herabtropfe.

In der modernen Biochemie sieht man die Laubfärbung viel nüchterner: Danach ist diese durch die Pigmentierung durch gelbe Karotine und Anthozyan (rötliche Schattierungen) begründet. Die Karotine, denen z. B. auch die Mohrrüben ihre Farbe verdanken, sind bereits im Sommer in den Blättern enthalten. Doch erst im Herbst, wenn kein grünes Chlorophyll produziert wird, kommen die gelben Karotin-Pigmente zum Vorschein. Anthozyan, das z. B. die Eichen- und Ahornblätter leuchtend rot werden lässt, entsteht aus überschüssigem Zucker, der in eiskalten Nächten nicht mehr zum Stamm zurücktransportiert wird.

Die Neuengland-Staaten bieten perfekte Bedingungen für den Altweibersommer. Während die Tage noch warm und sonnenklar sind, bringen Nord- und Nordwestwinde schon kalte und trockene Luft heran, sodass die Abende und Nächte sehr kühl werden. Gerade dieser Gegensatz von sonnigen Tagen und kühlen Nächten bewirkt die besonders lebhafte Laubfärbung.

Die ungewöhnlich eindrucksvolle Farbenpracht und -vielfalt ist vor allem für Europäer überraschend, die aus ihrer mitteleuropäischen Heimat vergleichbare klimatische Bedingungen und verwandte Baumarten kennen. Während in Europa aufgrund der ungünstigeren topografischen Verhältnisse im Verlauf der letzten Eiszeit viele Baumarten ausgestorben sind, konnten in Nordamerika die meisten Baumarten nach dem Rückgang des Eises ihre frühere Heimat wieder besiedeln.

Dieser Artenreichtum der Laubwälder (etwa 20 Ahornarten und neun Eichenarten) sorgt für das prächtige Farbenspiel; jedoch entsteht die eindrucksvolle und fast überwältigende Laubfärbung nicht nur aus der Leuchtkraft der einzelnen Farben, die Wirkung wird noch verstärkt durch die Weite der riesigen Waldbestände und durch den Kontrast zum strahlend blauen Himmel.

Spots" der prächtigen Laubfärbung und geben Routenvorschläge für Ausflüge in den Indian Summer. Im Internet (www.travel-vermont.com) werden aktuelle Karten und Tabellen zum Indian Summer veröffentlicht, sodass alle „Laubgucker" (*Leaf Peeper*) der „Foliage" von Norden nach Süden folgen können.

Wintersport

In den langen, kalten Wintermonaten sind die Green Mountains eine bevorzugte Wintersportregion mit einer großen Zahl an ausgezeichneten Abfahrts- und Langlaufskigebieten, wie z. B. Killington, Stratton oder Mount Snow. Informationen über die aktuellen Wintersportbedingungen erhalten Sie bei der Vermont Ski Areas Association, ☎ 802-223-2439.

Von Burlington durch den Bundesstaat New York zu den Niagarafällen

In Kapitel 7, New York State, werden drei Routenalternativen durch den Bundesstaat New York beschrieben (S. 572 ff.).

Von Burlington nach Rutland

Shelburne (S. 151)

Shelburne liegt nur 7 mi/11,2 km südlich von Burlington; der kleine Ort mit 6.000 Einwohnern liegt nahe am Lake Champlain, zwischen den Adirondacks im Westen und den Green Mountains im Osten. Der Ort wurde im Jahr 1768 von zwei deutschen Holzfällern gegründet und später nach einem englischen Adeligen benannt. Einige historische Gebäude des 18. Jh. wurden restauriert und beherbergen heute einige reizvolle Geschäfte.

> **Hinweis zur Route**
>
> **Entfernung**: 67 mi/107 km
> Von Burlington aus erreichen Sie Rutland direkt auf dem US-7. Die landschaftlich reizvolle Strecke führt zu einigen hübschen Ortschaften mit interessanten Sehenswürdigkeiten und bietet schöne Ausblicke auf die Adirondack Mountains im Bundesstaat New York.

Das **Shelburne Museum**, südlich am US-7, ist ein Freilichtmuseum mit 39 historischen Gebäuden. Es gilt als eines der größten Museen amerikanischer Volkskunst und Architektur und veranschaulicht die geschichtliche Entwicklung der Neuengland-Staaten. Besonders interessant sind der acht Minuten dauernde Einführungsfilm, die Besichtigung der original möblierten Wohnhäuser, Schmiede, Wagenstation und Kutschenausstellung, Kunstsammlungen und die reizvollen Gartenanlagen.

Einen Besuch wert – das Shelburne Museum

Shelburne Farms, 102 Harbor Rd., wurde 1866 von *William Steward Webb* und seiner Frau *Lila Vanderbilt Webb* gebaut; das Farmgelände und die Gärten wurden nach Plänen von *Frederic Law Olmsted*, dem Architekten des Central Park in New York, gestaltet. Von Beginn an wurde die Farm nach neuesten landwirtschaftlichen Prinzipien und mit dem modernsten technischen Gerät bewirtschaftet. Heute wird sie zu Lehr- und Demonstrationszwecken als Musterfarm geführt. Im ehemaligen „Sommerhaus" (*cottage*) der Familie wurde ein Landgasthof mit Restaurant eingerichtet. Eine einführende Diashow zeigt die Entstehung und Entwicklung der Shelburne Farms; das weite Gelände können Sie bei einer geführten Tour oder Kutschfahrt kennen lernen, die u. a. zur Kinderfarm mit vielen Haustieren führt. Am Besucherzentrum beginnen einige Wanderwege, die schöne Ausblicke auf die Adirondacks, die Green Mountains und den Lake Champlain bieten.

Musterfarm

Nicht nur Kinder sind von dem Ausstellungs- und Verkaufsraum der „**Teddybärfabrik**" Vermont Teddy Bear, 2236 Shelburne Rd. (Route 7), begeistert; bei Werksführungen können Sie beobachten, wie die liebenswerten Bären in vielen Größen und Formen hergestellt und angezogen werden.

Charlotte (ⓘ S. 151)

Wildpflanzen

Auf dem Weg nach Charlotte können Sie die **Vermont Wild Flower Farm** am US-7 besuchen. Im Wildblumencenter werden Sie durch eine Diapräsentation in die Schönheit der Wildpflanzen und Gartenblumen eingeführt. Hinweisschilder machen auf besondere Merkmale und Ansprüche der Pflanzen aufmerksam. Der Farm angeschlossen ist ein Buch- und Souvenirladen, in dem auch Samen der gezeigten Pflanzen verkauft werden.

Der kleine Ort **Charlotte** wurde gegen Ende des 18. Jh. als Postkutschenstation gegründet. An die Vergangenheit erinnern noch einige Gebäude im historischen Viertel und drei überdachte Holzbrücken. Von Charlotte setzt die Fähre über nach Essex im Bundesstaat New York. Die angenehme Fahrt über den Lake Champlain dauert nur ca. 20 Minuten.

Vergennes (ⓘ S. 151)

Vergennes, älteste Stadt Vermonts

Vergennes wurde 1766 gegründet und erhielt 1788 das Stadtrecht. Damit ist Vergennes die älteste Stadt in Vermont, die drittälteste in den Neuengland-Staaten und zugleich eine der kleinsten Städte der Welt, denn sie zählt nur 2.741 Einwohner auf einer Fläche von ca. 2,5 km². Es gibt im Ort einige historische Häuser, wie z. B. das **John Strong Mansion** aus dem Jahr 1795 und **Rokeby** aus dem Jahr 1784, das zur Zeit der Sklavenbefreiung ein Zufluchtsort für flüchtende Sklaven war. Das 1897 gebaute Opernhaus, 120 Main St., kann werktags besichtigt werden. Ein beliebtes Ausflugsziel ist der ca. 10 km westlich am Lake Champlain gelegene **Button Bay State Park** mit guten Wander- und Wassersportmöglichkeiten, Picknick- und Grillplätzen und einem Bootsverleih.

Weiter südlich, am US-17 bei **Chimney Point**, führt eine Brücke über einen Ausläufer des Lake Champlain; hier wurden die Außenaufnahmen zum Film „Schatten der Wahrheit" mit *Harrison Ford* und *Michelle Pfeiffer* gedreht. In der Umgebung bieten sich Möglichkeiten zur Vogelbeobachtung, z. B. von Kanadagänsen, Reihern und Uhus.

In **Weybridge**, am VT-23, liegt die **UVM Morgan Horse Farm**, 74 Battell Drive. Der Weg ist von Mid-

Bei einer Führung über die Morgan Horse Farm

INFO — Morgan Horse

Das *Morgan Horse* ist insofern einzigartig, als sich die Pferderasse sicher auf einen einzigen Hengst zurückführen lässt. Dieses Pferd hieß ursprünglich *Figure*, wurde aber nach seinem Besitzer, einem armen Gesangslehrer, der im 18. Jh. in England wohnte, nur als das „*Pferd von Justin Morgan*" bekannt. *Morgan* erwarb das kleine, kaum 143 cm große und nur etwas mehr als sieben Zentner schwere zweijährige Pferd im Jahr 1795. Es erwies sich bald als ein außerordentlich starkes und vielseitiges Tier, das in der Landwirtschaft und beim Holztransport sehr gut eingesetzt werden konnte. Aber „*Morgans Pferd*" war nicht nur ein tüchtiges Arbeitstier und ein erfolgreiches Rennpferd über die Distanz von einer Viertelmeile, sondern es vererbte seine positiven Eigenschaften wie Kraft, Schnelligkeit und Ausdauer auch an seine Nachkommen. Auch die heutigen *Morgan-Pferde* sind wie ihre Vorfahren erstaunlich vielseitig, gehen hervorragend unter dem Sattel, ebenso gut vor dem Wagen und haben ein großes Springtalent. Bei den Olympischen Spielen 1948 in London gewann das *Morgan-Pferd Arete* unter dem inzwischen verstorbenen Springreiter General *Humberto Mariles* eine Goldmedaille.

dlebury her ausgeschildert. In dem Gestüt, das zur Vermont-Universität gehört, werden die bekannten Morgan-Pferde gezüchtet, die als Staatstier von Vermont gelten. Zuschauer sind beim täglichen Training willkommen. Es gibt Führungen über das Gestütsgelände und eine Diashow zur Information.

Middlebury (ⓘ S. 151)

Der Ort wurde 1761 gegründet und ist seit 1803 Sitz des angesehenen Middlebury College. Dieses entstand aus der „Female Academy", einer Akademie für Frauen, die von *Emma Hart Willard*, einer Vorkämpferin für Frauenrechte, geleitet wurde. Middlebury ist ein ganzjährig beliebter Ferienort. Im örtlichen Informationscenter, 2 Court St., erhalten Sie eine Karte zur „**Historic Middlebury Village Walking Tour**", die Sie zu den Sehenswürdigkeiten der Stadt führt.

Vorkämpferin für Frauenrechte

Ein altes Steinhaus, das 1829 mit schwarzen Marmorkaminen gebaut wurde, beherbergt heute das **Henry Sheldon Museum of Vermont History**, 1 Park St. Das Museum für Volkskunst zeigt u. a. eine Spielzeug- und Puppensammlung und eine Uhrenausstellung. In einer restaurierten Mühle und auf dem dazugehörigen weitläufigen Gelände im **Vermont State Craft Center at Frog Hollow**, 1 Mill St., am US-7, gibt es Werksausstellungen, Verkaufsstände, Vorführungen und Lehrgänge von mehr als 250 Vermonter Künstlern und Kunsthandwerkern.

Auf der Strecke nach Rutland durchfahren Sie **Brandon**, einen hübschen Ferienort am Westrand der Green Mountains mit historischen Häusern und alten Bäumen, und kommen dann nach **Pittsford** (ⓘ S. 151) mit vier „covered bridges" und dem **New England Maple Museum**, am US-7. Hier können Sie den Verarbeitungsprozess von Ahornsaft zu Sirup durch praktische Vorführungen, einen Diavortrag und durch eigenes Probieren kennen lernen.

„covered bridges"

Rutland/Proctor (ⓘ S. 151)

Rutland, 1761 gegründet, ist die zweitgrößte Stadt Vermonts, die vor allem wegen der großen und sehr tiefen Marmorsteinbrüche im benachbarten Ort Proctor bekannt ist. Rutland ist als Ausgangsort für Wanderungen und Skiausflüge in die Green Mountains gut geeignet.

Das **Norman Rockwell Museum**, 654 US-4E, besitzt eine große Sammlung von *Rockwells* Illustrationen und zeigt viele Reproduktionen seiner bekanntesten Arbeiten, sodass man einen guten Einblick in sein Werk erhält (ⓘ Info-Kasten, S. 468).

„Galerie der Präsidenten"

In einer Filmvorführung im **Vermont Marble Museum**, 52 Main St., erfahren Sie, wie Marmor gebrochen und verarbeitet wird. Von der Besucherplattform aus können Sie Bildhauern bei ihrer Arbeit zuschauen. In der „Galerie der Präsidenten" sehen Sie das Projekt eines bekannten Vermonter Bildhauers, der Büsten von allen früheren amerikanischen Präsidenten aus feinstem weißem Marmor geschaffen hat. Im Marmorshop werden Marmorarbeiten verkauft. Ebenfalls im Ort Proctor liegt das **Wilson Castle**, West Proctor Rd. Das schlossähnliche Herrenhaus wurde 1867 mit 32 Räumen und 13 großen Kaminen gebaut. Es gibt Kunst- und Möbelausstellungen. Einige der kostbar eingerichteten Räume können während einer Führung besichtigt werden.

Nordwestlich von Rutland liegt **Hubbardton Battlefield and Museum**, ca. 12 km über den US-4, Exit 5. Hier fanden im Jahr 1777 Kämpfe zwischen amerikanischen und britischen Truppen statt.

Von Rutland nach Brattleboro

Südlich von Rutland breiten sich die Green Mountains bis nach Massachusetts aus. Von Rutland aus können Sie zwischen zwei Strecken wählen, die westlich bzw. östlich vom Green Mountains National Forest verlaufen und beide landschaftlich sehr reizvoll sind. Auf beiden Strecken gibt es Sehens- und Erlebenswertes, das im Folgenden kurz dargestellt wird.

Von Rutland über Bennington nach Brattleboro

 Hinweis zur Route

Entfernung: 96 mi/154 km
Von Rutland aus fahren Sie bis nach Manchester Center auf dem US-7 und von dort weiter auf dem reizvollen VT-7A nach Bennington. Von dort aus folgen Sie dem VT-9 nach Brattleboro.

Manchester und Manchester Center (ⓘ S. 151)
Ob für den Sommerurlauber oder für den Wintersportler – Manchester ist zu jeder Jahreszeit ein beliebter Ferienort mit einer fast hundertjährigen Tradition im Fremdenverkehr. Der kleine Ort, 1764 gegründet, ist von den Hügel- und Bergketten der Green Mountains umgeben und wirkt mit seinen alten baumbestandenen Straßen sehr gemütlich und einladend.

Das Wohnhaus **Historic Hildene**, 1005 Hildene Rd., 2 mi/3,2 km am VT-7A, wurde 1904 von *Robert Todd Lincoln*, dem einzigen Sohn *Abraham Lincolns*, gebaut und bis 1975 von der Familie *Lincoln* bewohnt. Das sehr schöne Haus, das im Rahmen einer 45-minütigen Führung auch von innen besichtigt werden kann, liegt in einem großen Park mit schönem Blick auf die Green Mountains. Der Ziergarten wurde originalgetreu angelegt.

Equinox Sky Line Drive

Der Mount Equinox liegt westlich von Manchester. Die 5,6 mi/9 km lange, kurvenreiche Straße, die zum Gipfel hinaufführt, ist von Mai bis Oktober täglich von 9 Uhr bis zum Einbruch der Dämmerung zu befahren. Sie ist aber für Wohnmobile ungeeignet; bei Nebel oder Regen ist die Straße schlecht befahrbar. Informationen erhalten Sie unter ☏ 802-362-1115. Vom Gipfel bietet sich ein herrlicher Blick auf die Green Mountains und weit hinüber nach New York, Massachusetts und New Hampshire. Auf der Höhe gibt es schöne, gut ausgeschilderte Wanderwege.

> **Wandertipp**
>
> **Lye Brook Wilderness Area**, *1,5 mil 2 km östlich über den VT-11/30 zur Ost Manchester Rd., dann nach Süden zur Glen Rd. Im Gebiet des Green Mountains National Forest führt ein knapp 4 km langer Wanderweg zu den Lye-Brook-Wasserfällen. Eine Übersichtskarte über die Wanderwege erhalten Sie beim Informationsbüro in Manchester Center.*

Beliebte Ausflugsziele

- Der **Emerald Lake State Park**, 6 mi/9,6 km nördlich am US-7 in North Dorset, bietet einen Badestrand, Angelmöglichkeiten sowie Picknick- und Campingplätze.
- In **Bromley** liegt 6 mi/10,8 km von Manchester entfernt am SR 11 Vermonts größter **Freizeitpark** mit Wasserrutschen, Skatebahnen, Kletterfelsen, Trampolin, Achterbahnen und Sommerrodelbahnen. Der Bromley Alpine Slide and Scenic Chairlift bringt Sie zum Gipfel des **Mount Bromley**, von dem sich ein herrlicher Blick auf Vermont und seine Nachbarstaaten bietet. Im Sommer gibt es gute Wandermöglichkeiten, im Winter finden Sie hier ausgezeichnete Ski- und Rodelbedingungen; für die Abfahrt können Sie zwischen der Sommerrodelbahn und den „DévalKarts" wählen.
- Im „**Bromley Village**" gibt es gut ausgestattete Ferienwohnungen mit Schwimmbad und Tennisplätzen.
- In **Shaftsbury** können Sie das **Robert Frost Stone House Museum** besuchen, in dem der Pulitzer-Preisträger *Robert Frost* von 1920 bis 1929 lebte.

Ausflugsziele

Bennington (ⓘ S. 151)

In Bennington, das 1761 gegründet wurde, leben heute rund 10.000 Menschen. Charakteristisch für Bennington sind die viktorianischen Häuser der Wende zum 20. Jh., die im Kolonialstil errichteten Häuser, Kirche und Common in Old Bennington und drei überdachte Brücken („covered bridges") in der näheren Umgebung. In der Touristeninformation bekommen Sie Kartenmaterial für Spaziergänge zu den historischen Gebäuden, für Fahrradtouren und eine Wegbeschreibung zu den drei Brücken.

Häuser im Kolonialstil

In Old Bennington steht das „**Bennington Battle Monument**", das an die Schlacht vom 16. August 1777 während des amerikanischen Unabhängigkeitskampfes erinnert. Die schöne Dorfkirche aus dem Jahr 1762 gehört zu den ältesten Kirchen Vermonts. Auf dem Friedhof ist *Robert Frost* begraben.

INFO Grandma Moses

Bis zu ihrem 72. Geburtstag hatte *Anna Mary Robertson*, 1860 in Massachusetts in einer kinderreichen Farmersfamilie geboren, das ganz normale Leben einer amerikanischen Farmersfrau geführt. Sie zog mehrere Kinder groß und verkaufte, um den Lebensunterhalt der Familie zu sichern, viele Jahre selbst gemachte Butter. Als sie die siebzig überschritten hatte und ihr Mann bereits gestorben war, begann sie farbenfrohe Bilder zu malen, die das Leben in ihrem Dorf schilderten. Ihre ersten Bilder zeigte sie auf einem Basar zusammen mit eingemachten Früchten und selbst hergestellter Marmelade. 1940 erschien in der „*New York Herald Tribune*" ein Bericht über „Grandma Moses", der sie weithin bekannt machte. Sie erwarb sich einen guten Ruf als „naive Malerin". Als sie 1961 im Alter von 101 Jahren starb, hinterließ sie mehr als 1.500 Bilder.

Bennington – gemalt von Grandma Moses

Buchtipp

„**My Life's History**", 1952 – die Autobiografie von *Grandma Moses*.

In der Nähe liegt das **Bennington Museum**, West Main St., mit Ausstellungen zu Geschichte, Kunst und Kunsthandwerk in Vermont und einer Bildersammlung von *Grandma Moses*, die auch einige Ansichten von Bennington enthält. Zum Museum gehört auch das alte, hierhin versetzte Schulhaus, das *Grandma Moses* als Kind besuchte. Im Schulhaus sind zahlreiche Erinnerungsstücke und Fotografien ausgestellt.

In **North Bennington** können Sie das komplett eingerichtete viktorianische Herrenhaus „**Park-McCullough House**" besichtigen, das im Jahr 1865 gebaut wurde und einen guten Eindruck vom Reichtum und luxuriösen Lebensstil der wohlhabenden Familien jener Zeit vermittelt. Nach der Besichtigung des Hauses können Sie noch die weitläufigen Gartenanlagen besuchen und sich im alten Kutschenhaus Kutschen und Schlitten ansehen.

Brattleboro (ⓘ S. 151)

Die Fahrt von Wilmington nach Brattleboro ist landschaftlich sehr reizvoll und bietet sehr schöne Ausblicke auf den Hogback Mountain, ein beliebtes Skigebiet im Winter. Bevor Sie Brattleboro erreichen, sehen Sie „Creamery Bridge", eine der vielen, häufig restaurierten Holzbrücken Vermonts.

6. Die Neuengland-Staaten – Vermont

Abstecher zu einem Weingut

Wenn Sie von Bennington dem VT-9 in Richtung Brattleboro folgen, können Sie hinter **Wilmington** nach Süden auf den VT-100 abbiegen und von dort einen Abstecher zu einem Weingut machen. Bei Jacksonville am VT-112 liegt in einer schönen Umgebung am Ufer des North River das Weingut **North River Winery**; bei einer Führung können Sie das aus dem Jahr 1850 stammende Farmhaus und die Scheune, in der die Kellerei untergebracht ist, besichtigen und anschließend an einer Weinprobe teilnehmen. ☎ 802-368-7557, Ende Mai-Ende Dez. tgl. 10-17 Uhr, Jan.-Mai Fr-So 11-17 Uhr, Eintritt frei.

Besuch auf einem Weingut

Der 1724 gegründete Ort Brattleboro liegt am Ufer des Connecticut River; das nahe gelegene Fort Dummer war die erste dauerhafte europäische Siedlung in Vermont. Heute hat der Ort etwa 10.000 Einwohner und ist das Handels- und Industriezentrum der Region. Das **Brattleboro Museum and Art Center**, Old Union Railroad Station, zeigt Ausstellungen zur Geschichte und Kunst Neuenglands. Vom Zentrum aus erreichen Sie auf einem kurzen Spaziergang die **Marina**; dort startet in den Sommermonaten mehrmals täglich die „The Belle of Brattleboro", Putney Rd., zu einer Fahrt auf dem Connecticut River.

Nördlich von Brattleboro liegt der kleine Ort **Dummerston**, wo *Rudyard Kipling* ein Haus für seine Braut baute, einige Jahre lebte und am „Dschungelbuch" arbeitete.

Von Rutland über Springfield nach Brattleboro

Sehenswertes zwischen Rutland und Brattleboro

Vormittags können Sie in der ältesten Käserei der USA, der **Crowley Cheese Factory** in Healdville, Healdville Rd., aus dem Jahr 1882 zuschauen, wie der Käse noch wie im 19. Jh. handgemacht wird.

Das **Eureka Schoolhouse** am VT-11, Charleston Rd. in Springfield, ist das älteste Schulgebäude von Vermont. Es wurde im Jahr 1785 gebaut und bis zum Beginn des 20. Jh. als Schulhaus benutzt. Nach seiner Restaurierung wurde eine kleine Ausstellung mit alten Schulbüchern und Schulmaterial eingerichtet; außerdem findet man hier Informationen über alte Mühlen aus dem 18. und 19. Jh.

Hinweis zur Route

Entfernung: 77 mi/123 km
Von Rutland aus fahren Sie über den US-7 bis zur Kreuzung mit dem VT-103. Diesem folgen Sie bis nach Gassetts, wo Sie auf den nach North Springfield führenden VT-10 treffen. Von North Springfield aus fahren Sie auf dem VT-106 über Springfield zum I-91. Diesem folgen Sie bis nach Brattleboro.

Der kleine Ort **Weston**, am VT-100, versetzt den Besucher mit seinem historischen Ortskern, alten Walnussbäumen und dem nostalgischen „Vermont Country Store" ins 19. Jh. zurück. Das **Weston Playhouse**, gehört zu den ältesten Theatern von Vermont und ist in einem restaurierten Gotteshaus untergebracht.

Krämerladen

Ein echter Dorfladen des späten 19. Jh. ist der **Vermont Country Store** in Rockingham, tgl. 9-17 Uhr. In dem bekannten Laden reicht das Warenangebot von karierten Kattunstoffen über Tee und Kerzen bis zu großem, hölzernem Hausrat und füllt das Haus bis zum Dachboden.

Das **Historic Grafton Village**, Townshend Rd., Grafton, am VT-35/VT-121, ist ein restauriertes Dorf des 19. Jh. mit schönen Beispielen der ländlichen Architektur Neuenglands.

Wasserfälle

Der kleine Ort **Bellows Falls** (S. 151) liegt am Connecticut River. Die Wasserfälle, die dem Ort den Namen gaben, sind nicht mehr so spektakulär, weil ein Großteil des Wassers heute für industrielle Zwecke und zur Energieerzeugung abgezweigt wird. Im **Adams Old Stone Gristmill Museum** erfahren Sie im Juli/August Wissenswertes über Landwirtschaft, Schiffs- und Eisenbahnverkehr und Holztransport in früheren Zeiten auf dem Connecticut River. In der Nähe der Wasserfälle sehen Sie **indianische Felszeichnungen**.

Schöne Eisenbahnfahrt

Zwischen Bellows Falls und Chester verkehrt die **historische Eisenbahn Green Mountains Flyer Railroad**. Auf der 26 mi/41 km langen Strecke sehen Sie breite Flusstäler, alte, überdachte Holzbrücken, fruchtbares Bauernland mit großen Farmen; Sie genießen den Blick auf die eindrucksvolle Brockway-Mills-Schlucht und auf die prächtig gefärbten Wälder Vermonts im Indian Summer.

Korbwaren aller Art finden Sie in dem seit 150 Jahren bestehenden Familienbetrieb **Basketville** bei Putney, am VT-5. Ein weiterer Anziehungspunkt ist „**Santa's Land**", 655 Bellows Falls Rd., wo Sie auch im Hochsommer ein „Weihnachtsdorf" finden, außerdem Rentiere und einen Streichelzoo.

Von Brattleboro durch Massachusetts nach Hartford/CT

Hinweis zur Route

Entfernung: 91 mi/146 km
Von Brattleboro aus führen die beiden parallel verlaufenden Straßen, der I-91 und der US-5, über die historische Ortschaft Deerfield und Springfield/Massachusetts nach Hartford/Connecticut.

7. AUF DEM WEG ZU DEN NIAGARAFÄLLEN – NEW YORK STATE

Überblick

Der Bundesstaat New York erstreckt sich von der Atlantikküste bis nach Kanada und zu den Großen Seen. Er grenzt
- im Norden an die kanadischen Provinzen Ontario und Québec,
- im Osten an Vermont, Massachusetts und Connecticut,
- im Süden an New Jersey und Pennsylvania und
- im Westen an den Erie-See und den Ontario-See.

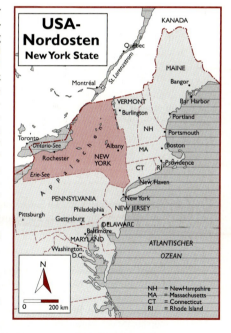

Die Geschichte New Yorks beginnt im Jahr 1609 mit der ersten Erkundung durch *Samuel de Champlain* und mit der Besiedlung des Landes durch Holländer, die dem Land den Namen Neu-Niederland gaben. 1625 wurde New Amsterdam, die heutige Stadt New York, gegründet. 1664 verloren die Holländer ihren Besitz, der nach der Abtrennung von New Jersey in New York umbenannt wurde. Wegen seiner geografischen Lage war New York für die Engländer während des Unabhängigkeitskrieges sehr wichtig: Es sollte die Revolutionszentren in Neuengland und Virginia voneinander trennen. Dieser Plan scheiterte jedoch mit der englischen Niederlage bei Saratoga im Jahr 1777. Im selben Jahr nahm New York die erste amerikanische Verfassung an und trat als 11. Bundesstaat der Union bei.

Die Erschließung des Landes durch neue Verkehrswege ermöglichte den Ausbau des Handels; die Ausnutzung der Wasserkraft förderte Entstehung und Wachstum der Industrie. Aufgrund seiner Bevölkerungsstärke und großen Wirtschaftskraft spielte New York immer eine führende Rolle innerhalb der amerikanischen Bundesstaaten. Dabei bestand jedoch von Beginn an ein großer Unterschied zwischen der Metropole New York City und dem Hinterland.

New York City ist die größte Stadt der USA. Die günstige Lage am Hudson River und die planmäßige Ausnutzung der topografischen Gegebenheiten machten New

New York State auf einen Blick

Fläche	128.399 km²
Einwohner	18.976.457
Hauptstadt	Albany, 101.727 Einwohner
Staatsmotto	Excelsior
Staatsbaum	Zuckerahorn
Staatsblume	Rose
Staatsvogel	Bachstelze
Wirtschaft	Das Wirtschaftsleben des Bundesstaates wird durch New York City mit seiner vielseitigen Industrie bestimmt. In Produktionswert und Gesamtvolumen ist die Industrie von New York führend unter allen amerikanischen Staaten. Dabei liegen die Schwerpunkte in der Druckerei-, Bekleidungs-, Chemie-, Maschinenbau-, Elektrogeräte- und Metallindustrie. In der Landwirtschaft, die im Vergleich zur Industrie aber nur von untergeordneter Bedeutung ist, herrscht Milchwirtschaft vor.
Zeitzone	In New York gilt die Eastern Standard Time (= MEZ -6 Stunden)
Städte	New York City (ca. 7 Mio. Einwohner), Buffalo (357.000 Einwohner) und Syracuse (147.306 Einwohner), Albany (95.670 Einwohner)
Information	New York State Division of Tourism, One Commerce Plaza, Albany, NY 10019, ☏ 518-474-4416 und gebührenfrei 1-800-225-5697, 🖥 www.iloveny.state.ny.us

York zum größten Aus- und Einfuhrhafen und zu einem bedeutenden Handels- und Finanzplatz der Neuen Welt. Der Hudson River mit seinen Nebenflüssen bildet das wichtigste Flusssystem des Landes; in den Flusstälern entstanden bedeutende Städte.

Hauptanziehungspunkte des Fremdenverkehrs sind der Großraum New York City und die berühmten Niagarafälle. Der Staat New York bietet aber in seinen ländlichen Bereichen noch viel mehr:
• In der **Hudson River Valley Region**, wo der Hudson River die Bergketten durchschneidet, liegen Obst- und Weingärten eingebettet in eine fruchtbare Landschaft; es gibt historische Herrenhäuser, gemütliche Landgasthöfe, alte Mühlen und Weinkellereien.
• Die **Catskill Mountains** sind geprägt durch sanfte, dicht bewaldete Berghänge, klare Wasserfälle und fischreiche Bäche, Teiche und Flüsse. Die kleinen Ferienorte bieten Ruhe und Beschaulichkeit, aber auch ein breites Angebot abwechslungsreicher Freizeitaktivitäten.

- Die **Finger Lakes Region** lockt mit vielen großen und kleinen Seen, in die sich Flussläufe und Wasserfälle ergießen; hohe Bergketten umschließen die Seen, dahinter breiten sich Felder, Wälder und Weingärten aus, aus deren Trauben in zahlreichen Kellereien ein guter Tropfen gekeltert wird.
- Die **Adirondack Mountains** sind neben Alaska das größte Wildnisgebiet der USA, ein Paradies für Wanderer, Wassersportler und Naturfreunde.
- Die **Thousand Islands** und der **St. Lorenz-Strom** im Norden des Bundesstaates laden ein zu Schiffsfahrten und Bootstouren aller Art, zu Besichtigungsausflügen, und die langen Küstenabschnitte am **Ontario-See** und **Erie-See** bieten zudem die besten Wassersportmöglichkeiten.

Die Fülle der Sehenswürdigkeiten von New York State, die Weite und Vielfalt der Landschaften sind beeindruckend; deshalb sollten Sie sich Zeit lassen, um den Bundesstaat New York in seiner Vielfalt kennen zu lernen.

Redaktionstipps

Sehens- und Erlebenswertes
- Eines der weltberühmten **Museen** von **New York City** (S. 329 ff.) besuchen
- Die **Skyline** von **New York City** genießen
- Die tosenden Wasser der **Niagarafälle** hautnah erleben (S. 598 ff.)
- Mit der Eisenbahn durch die **Catskill Mountains** fahren (S. 578)
- Die historischen Herrenhäuser im **Hudson River Valley** (S. 577) besuchen
- Eine Aufführung in der „Glimmerglass Opera" in **Springfield** miterleben (S. 581)
- Eine Bootsfahrt durch die Schlucht von **Ausable Chasm** (S. 588) wagen
- Auf den Gipfel des **Whiteface Mountain** (S. 589) fahren
- Die Welt der „**Thousand Islands**" (S. 594) an Bord eines Raddampfers kennen lernen

Essen und Trinken, Übernachten und Einkaufen
- Die kulinarische Vielfalt der **New Yorker Restaurants** nutzen
- Im „Beekman Arms", dem ältesten Gasthaus der USA, in **Rhinebeck** ein Abendessen einnehmen
- Auf einem der Weingüter an den **Fingerlakes** an einer Weinprobe teilnehmen
- In einem schönen B&B-Haus übernachten, z. B. im *Leatherstocking Trails* in **Gilbertsville**

Durch den Bundesstaat New York

In Nord-Süd-Richtung durchqueren der I-81 und der I-87 den Bundesstaat, parallel dazu verlaufen der US-11 bzw. der US-9.

In Ost-West-Richtung führt der I-90 von Albany nach Buffalo, der I-88 verbindet Albany mit Binghamton, und der NY-3 führt von Plattsburgh nach Watertown, der NY-8 vom Lake George nach Utica.

Im Südteil des Bundesstaates dominiert New York City; der Norden ist geprägt durch die Adirondack Mountains und den Adirondack Park, die u. a. von NY-28 und NY-30 durchzogen werden.

Drei Routenvorschläge durch den Bundesstaat New York: von Burlington/VT zu den Niagarafällen

> **Hinweis zur Route**
>
> Um von Vermont/New Hampshire zu den Niagarafällen zu kommen, muss der große Bundesstaat New York in seiner ganzen Ost-West-Ausdehnung durchfahren werden. Dafür gibt es mehrere Alternativstrecken mit jeweils besonderem Schwerpunkt.

Die drei Alternativen:

1. Alternative: die schnelle Verbindung

Entfernung	465 mi/744 km
Benötigte Zeit	2-3 Tage

Routenverlauf
Von Burlington/VT nach Süden am Lake George entlang bis nach Albany, der Hauptstadt des Bundesstaates New York, von dort weiter über den I-90 über Utica, Syracuse und Buffalo nach Niagara Falls.

2. Alternative: durch die Berg- und Seenwelt der Adirondacks

Entfernung	432 mi/691 km
Benötigte Zeit	2-4 Tage

Routenverlauf
Von Burlington/VT über Lake Placid durch die Adirondack Mountains und weiter über Syracuse zu den Niagarafällen.
Sie durchqueren die eindrucksvolle Berg- und Seenlandschaft der Adirondacks und fahren über Utica und Syracuse nach Niagara Falls.

3. Alternative: „Thousand Islands" und Badefreuden am Ontario-See

Entfernung	ca. 470 mi/750 km
Dauer	2-4 Tage

Routenverlauf
Von Burlington/VT über Lake Placid zum St. Lorenz-Strom, von dort aus können Sie die „Thousand Islands" und die kanadischen Städte Ottawa und Kingston besuchen. Sie fahren zunächst am St. Lorenz-Strom, später dann am Südufer des Ontario-Sees entlang über Rochester nach Niagara Falls.

Erster Routenvorschlag: von Burlington/VT am Lake George entlang nach Albany und zu den Niagarafällen

An dieser landschaftlich sehr schönen Strecke liegen einige historische Stätten:

- **Crown Point State Historic Site** (ⓘ S. 151)
Das Fort liegt 7,5 mi/12 km nordöstlich von Crown Point und macht mit den Überresten der Befestigungsanlagen deutlich, wie heftig die Festung von Franzosen, Engländern und Amerikanern im 18. Jh. umkämpft war. Im Museum können Sie sich zur Einführung einen Film anschauen.

- **Ticonderoga** (ⓘ S. 151)
1 mi/1,6 km nordöstlich von Ticonderoga am NY-74.
Das Fort, das während des amerikanischen Unabhängigkeitskrieges eine bedeutende Rolle spielte, wurde 1755 von den Franzosen erbaut und Fort Carillon genannt. Es wurde bereits 1759 von den Engländern erobert, aber 1775 stürmten *Ethan Allen* und seine *Green Mountain Boys* erfolgreich die Festung. Schon 1777 gelangte sie wieder in den Besitz der Engländer, die die Befestigungen niederbrannten. Das Fort wurde nach den Originalplänen der Franzosen rekonstruiert. Die Erinnerung an den amerikanischen Befreiungskampf wird wach gehalten durch Ausstellungen im Museum, Paraden, Umzüge und Böllerschüsse in den Monaten Juli und August.
Von Ticonderoga aus führt der NY-9N zu kleinen Ortschaften am westlichen Ufer des Lake George, z. B. nach **Bolton Landing** mit schönen Sommerhäusern wohlhabender Familien oder nach Diamond Point.

> **Hinweis zur Route**
>
> Von Burlington fahren Sie auf dem US-7 südwärts bis **Charlotte**, wo Sie mit der Fähre über den Lake Champlain nach **Essex** übersetzen. Sie folgen zuerst dem NY-22, dann dem NY-9N, die zunächst am Westufer des Lake Champlain und weiter am Westufer des Lake George entlangführen. Nördlich von **Glen Falls** fahren Sie auf den I-87, der Sie nach Albany führt.

Lake George Village (ⓘ S. 151)

Touristisches Zentrum dieser Region ist Lake George Village, ein beliebter, viel besuchter Ferienort am südlichen Ende des Lake George mit ausgezeichneten Wassersport- und Freizeitmöglichkeiten. Der fast 40 km lange See mit 365 Inseln unterschiedlichster Größe ist ein Paradies für Wassersportler. Auch wenn Sie nicht mit dem eigenen Boot oder Surfbrett unterwegs sind, können Sie auf einer mehrstündigen Schifffahrt herrliche Ausblicke auf den See und seine Küste genießen. Oder Sie steigen in eine der traditionellen Pferdekutschen, die vor dem Fort William Henry warten und gemütlich am Lake George entlangfahren.

Paradies für Wassersportler

Sehenswertes in der Umgebung des Lake George
Fort William Henry Museum, Canada St.
Im restaurierten Fort, das zwischen 1755 und 1757 errichtet wurde, gibt es eine Sammlung historischer Uniformen und Waffen, Paraden und militärische Vorführungen sowie eine Ausstellung zur Rekonstruktion des Forts, das der Schauplatz im Roman „Der letzte Mohikaner" von *J. F. Cooper* war; in den Sommermonaten wird der gleichnamige Film vorgeführt.

7. Auf dem Weg zu den Niagarafällen – New York State
Drei Routenvorschläge

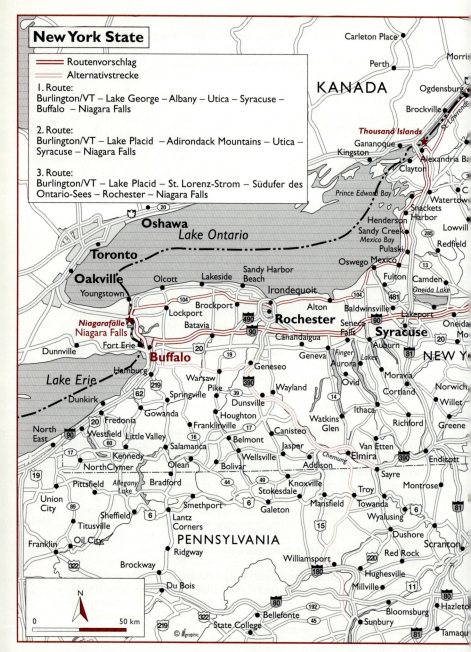

7. Auf dem Weg zu den Niagarafällen – New York State
Drei Routenvorschläge

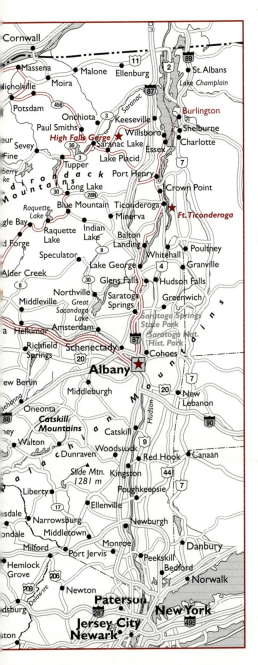

Folgen Sie dem I-87 weiter nach **Glen Falls**, das 1759 gegründet wurde. Da die Wasserkraft des Hudson schon frühzeitig genutzt werden konnte, entstand hier im 19. Jh. ein industrielles Zentrum.

Das **Hyde Collection Art Museum**, 161 Warren St., besitzt eine sehenswerte Kunstsammlung mit Werken europäischer Maler des 15.-20. Jh., die in den Räumen einer im Renaissancestil gebauten Villa besondere Wirkung zeigen.

Saratoga Springs (ⓘ S. 151)

Saratoga Springs, ein ganzjährig beliebter Ferienort mit ausgezeichneten Sommer- und Wintersportmöglichkeiten, ist ein hübscher Ort mit historischen Vierteln und ungewöhnlich vielen, schön restaurierten viktorianischen Häusern. Schon im 19. Jh. war Saratoga Springs ein wegen seiner Heilquellen bekannter Kurort. Über die Geschichte der Stadt informiert eine Ausstellung im 1870 gebauten Kasino im Congress Park, der wegen der dort aufgestellten Skulpturen von *Daniel Chester French*, dem Bildhauer der *Lincoln*-Statue in Washington, einen Besuch lohnt.

Sehenswerter Ortskern

Zum **Saratoga National Historical Park**, der 8 mi/12,8 km östlich von Schuylerville am US-4 liegt, führt eine knapp 16 km lange Straße. Hier fand im Jahr 1777 die für die amerikanische Geschichte wichtige Schlacht statt, die die Wende im Unabhängigkeitskrieg brachte. Nachdem es den Amerikanern gelungen

Schlacht im Unabhängigkeitskrieg

war, eine weit überlegene britische Armee zu besiegen, trennten sich die 13 amerikanischen Kolonien vom Mutterland. An zehn Stellen im Park geben kostümierte Führer Auskunft über den Verlauf der Schlacht. Die Zufahrtstraße ist von Mitte November bis Anfang April gesperrt.

Rund um den Reitsport

Die jährlich stattfindenden **Reit- und Poloturniere** sind von internationalem Rang und zählen zu den ältesten des Landes. Im **National Museum of Racing** und in der **Hall of Fame**, 191 Union Ave./Ludlow St., können sich Freunde des Reitsports über die Geschichte des Sports, Trainingsmethoden und berühmte Jockeys, Trainer und Züchter informieren.

Ein beliebtes Ausflugsziel ist der **Saratoga Spa State Park**, am I-87, mit Mineralquellen, hoch aufschießenden Sprudeln, Swimmingpools, Golfplätzen und ausgedehnten Spazier- und Wanderwegen. Auf dem Gelände liegen das *Saratoga Performing Arts Centre* und das *Spa Little Theatre*, wo jeweils im Juli und August das **Lake George Opera Festival** mit jungen, aufstrebenden Künstlern stattfindet.

Albany (ⓘ S. 151)

Hauptstadt von New York State

Albany ist seit 1797 die Hauptstadt des Bundesstaates New York und gilt zugleich als die älteste Stadt in den 13 Gründerstaaten. Nachdem Franzosen schon 1540 ein kleines Fort auf der im Hudson River liegenden Insel Westerlo errichtet hatten, ließ Henry Hudson sich dort 1609 nieder. In der Nähe des 1614 gebauten neuen Forts, das als Handelsstation diente, siedelten sich ab 1624 vor allem Holländer an. Als diese Siedlungen 1664 von den Engländern in Besitz genommen wurden, erhielten sie den Namen Albany.

Die günstige Lage machte die Siedlung frühzeitig zu einem wichtigen Handels- und Verkehrszentrum, was sie bis heute geblieben ist. In den Bauwerken Albanys sind Vergangenheit und Gegenwart eng verbunden, wie sich leicht am Stadtbild ablesen lässt: restaurierte Stadthäuser des 19. Jh. an breiten Alleen, das State Capitol im Stil eines französischen Schlosses und die modernen, fast futuristischen Bauwerke der Empire State Plaza. Zu den bekanntesten Bürgern von Albany gehörten *Theodore* und *Franklin Roosevelt* und die Schriftsteller *Herman Melville* und *Henry James*. Die bereits 1962 begonnenen umfassenden Arbeiten zur Sanierung und Umgestaltung der Stadt sind noch nicht abgeschlossen, sodass weiterhin Sanierungsarbeiten und Baustellen das Stadtbild bestimmen.

Tower Building Observation Deck

Ausblick

Im 42. Stock des Corner Tower Building können Sie von der Aussichtsplattform einen Gesamteindruck von der Stadt gewinnen und bei günstigem Wetter bis nach Vermont, Massachusetts, bis zu den Adirondacks und auf das Hudson Valley schauen.

Governor Nelson Rockefeller Empire State Plaza

Zwischen Madison Ave. und State St. Das Regierungs-, Kongress- und Kulturzentrum der Stadt entstand während der Amtszeit von Gouverneur *Nelson A. Rockefeller*. Sie können die elf Gebäude mit ihren ganz unterschiedlichen Marmor-, Glas- oder Alu-

7. Auf dem Weg zu den Niagarafällen – New York State
Drei Routenvorschläge

Blick auf Albany, die Hauptstadt des Bundesstaates New York

miniumfassaden und ihren Kunstsammlungen am besten bei einer der Führungen kennen lernen.

New York State Capitol
State St. Das Kapitol wurde 1867-98 im Stil eines französischen Renaissanceschlosses mit Garten und Wasserspielen erbaut. Eindrucksvoll ist das große Treppenhaus mit Darstellungen großer Persönlichkeiten der amerikanischen Geschichte.

Renaissanceschloss

New York State Museum
Empire State Plaza. Das Museum zeigt Ausstellungen zur Natur der Airondacks, zur Geschichte der indianischen Bevölkerung und zu New York City.

Albany Institute of History and Art
125 Washington Ave. Das Albany Institute informiert in mehreren Ausstellungen über Geschichte, Kunst und Kultur der Stadt und des Hudson Valley.

Die **historischen Häuser Cherry Hill** (1787), **Schuyler Mansion** (1761) und **Arbor Hill** (auch Ten Broeck Mansion genannt, 1798) verdeutlichen mit ihren zeitgemäßen Einrichtungen und Sammlungen jeweils ein Stück Stadtgeschichte.

Bei einer **Bootsfahrt** auf dem Hudson River sehen Sie die interessantesten Gebäude der Stadt einmal aus einer anderen Perspektive. Dutch Apple Cruises, 141 Broadway/Madison Ave., bietet von Mai bis Oktober zweistündige Bootsfahrten an.

Von Albany durch das Hudson River Valley nach New York City

Das Hudson River Valley ist nur ca. 50 mi/90 km vom Zentrum von New York City entfernt und für einen Tagesausflug ebenso geeignet wie für einen längeren Aufenthalt. Häufig wird das Hudson River Valley mit dem Rheintal verglichen: Wie die Burgen am Rhein liegen am Hudson prächtige Herrenhäuser inmitten großer Parkanlagen, aber der Hudson River hat amerikanische Maße und ist breiter, länger und mächtiger als der Rhein. Er ist so groß, dass der Forscher *Henry Hudson* bei seiner Ankunft glaubte, eine Westpassage gefunden zu haben.

Da der Hudson schiffbar ist, wurde er sehr früh zu einer wichtigen Handelsstraße, die wesentlich zu der Entwicklung New York Citys zu einem wichtigen, internationalen Hafen beitrug. Heute wird der Hudson nicht mehr als Handelsstraße benutzt, sondern dient ausschließlich der Freizeitschifffahrt.

> **Hinweis zur Route**
>
> Von Albany führt der gebührenpflichtige I-87 direkt nach New York City. Reizvoller ist die Fahrt über den US-9 W (Palisade Interstate Pkwy.), der am Westufer des Hudson River parallel zum Fluss verläuft, oder über den US-9 (Henry Hudson Pkwy.) am Ostufer entlang, die ebenfalls nach New York City führen.

7. Auf dem Weg zu den Niagarafällen – New York State
Drei Routenvorschläge

An der Strecke von Albany nach New York City liegen zahlreiche besuchenswerte Ausflugsziele:

Catskill und Catskill Mountains (ⓘ S. 151)

Der kleine nur knapp 5.000 Einwohner zählende Ort **Catskill** ist ein geeigneter Ausgangspunkt für Fahrten und Wanderungen in die westlich gelegenen **Catskills Mountains**. Sie dehnen sich vom Hudson River weit nach Westen aus. Die Indianer gaben dem dicht bewaldeten Gebiet, das Teil des Appalachen-Plateaus ist, den Namen „Land im Himmel". Große Teile der Catskill Mountains und des Catskill Forest Preserve stehen schon seit 1904 unter Naturschutz. Die Landschaft wird geprägt durch Gebirgszüge, die bis zu 1.280 m ansteigen, sanfte Hügellandschaften, tosende Wasserfälle, zahlreiche Seen und Flüsse und liebenswerte Dörfer. In den Catskills befindet sich ein wichtiges Trinkwasserreservoir für New York City, und auch als Naherholungsgebiet für die New Yorker sind sie von großer Bedeutung.

Naherholungsgebiet der New Yorker

Die Catskills sind durch ein gut ausgebautes Straßennetz erschlossen. Im Sommer laden gut gekennzeichnete Wanderwege zu Spaziergängen und Wanderungen ein, im Winter gut gebahnte Loipen zum Skilanglauf. Die **Catskill Game Farm**, am NY-32, ist ein großer Tierpark mit Tieren aus aller Welt, einem Streichelzoo und Zuchtstationen zum Schutz bedrohter Arten; mehrmals täglich finden Vorführungen statt. Am NY-28 bei Mount Pleasant liegt die Bahnstation der **Catskill Mountain Railroad**. Steigen Sie ein zu einer 14 mi/22,4 km langen Eisenbahnfahrt durch die Catskill Mountains und nach Phoenicia mit einer Bahnstation aus der Zeit um 1900 oder fahren Sie am Esopus Creek entlang. Die Züge verkehren an Wochenenden von Ende Mai bis Anfang Oktober. In Tannersville, am NY-23A, können Sie im **Mountain Top Arboretum** einheimische Bäume, Wildblumen, Kräuter neben exotischen Pflanzen anschauen.

Geschichte des Rip van Winkle

Literarisch sind die Catskills mit dem Namen „Rip van Winkle" verbunden. Der vor allem durch seine Kurzgeschichten bekannte Schriftsteller *Washington Irving* (1783-1859) veröffentlichte 1819 die Essay- und Kurzgeschichtensammlung „Das Skizzenbuch", deren bekannteste Kurzgeschichte „Rip Van Winkle" ist. Die auf einer deutschen Sage beruhende Geschichte erzählt von dem holländischen Siedler *Rip van Winkle*, der auf der Flucht vor seiner herrschsüchtigen Frau in den Catskills durch einen Zaubertrank einschläft und erst nach zwanzig Jahren wieder aufwacht. Als er in sein Dorf zurückkehrt, muss er feststellen, dass seine Frau und die meisten seiner Freunde gestorben sind und dass Amerika seine Unabhängigkeit errungen hat.

Kingston (ⓘ S. 151)

Kingston wurde schon 1614 als Handelsstation gegründet. Ab 1652 ließen sich die ersten Siedler nieder, und 1777 wurde Kingston die erste Hauptstadt New Yorks. Sehenswürdigkeiten der Stadt sind der restaurierte, historische **Rondout Distrikt**, das **Hudson River Maritime Museum** und das **Senate House**, 312 Fair St. Das Gebäude, das dem ersten Senat als Versammlungsort diente, ist im Stil des ausgehenden 18. Jh. eingerichtet und zeigt eine Ausstellung einheimischer Künstler. Im **Volunteer Firemen's Hall and Museum of Kingston**, 265 Fair St., sind historische Feuerwehrwagen und -geräte ausgestellt.

7. Auf dem Weg zu den Niagarafällen – New York State
Drei Routenvorschläge

Hudson River Cruises, Rondout Landing, Abfahrtszeiten Mai-Okt. Di-So ein- bis zweimal tgl. Auf den zweistündigen Bootsfahrten mit der „Rip van Winkle" kommen Sie an mehreren Leuchttürmen und einigen der stattlichen Herrenhäuser vorbei.

> **Tipp für Besucher**
>
> Nördlich von Kingston können Sie den Hudson River überqueren und am Ostufer einige der bemerkenswerten Herrenhäuser besuchen.

Rhinebeck ((i) S. 151)
In dem kleinen, gepflegten Ort gibt es das älteste, noch bewirtschaftete Gasthaus von Amerika. Das **Beekman Arms** stammt aus dem Jahr 1766 und ist ein beliebtes Ausflugsziel. Im **Old Rhinebeck Aerodrome**, Church Rd., sind alte Flugzeuge aus der Zeit von 1908 bis 1937 zu besichtigen. Von Mitte Juni bis Mitte Oktober finden an den Wochenenden Schauflüge und anschließend 15-minütige Rundflüge statt.

Hyde Park ((i) S. 151)
Nicht nur die historischen Herrenhäuser ziehen Besucher an, sondern auch die Restaurants des weithin bekannten „Culinary Institutes of America", das seit 1946 angehende Küchenchefs ausbildet.

Zwischen Rhinebeck und Hyde Park liegen einige der prächtigsten **Herrenhäuser**:

• **Vanderbilt Mansion National Historic Site** (am US-9)
Das 1898 erbaute Herrenhaus ist von einer großen Parkanlage umgeben und bietet herrliche Ausblicke auf den Hudson River. Die Räume sind mit französischen und italienischen Möbeln, wertvollen Orientteppichen und flämischen und französischen Wandteppichen eingerichtet.

Das Herrenhaus der Vanderbilts

• **Franklin D. Roosevelt National Historic Site** (am US-9)
Das Wohnhaus des Präsidenten, das 1826 gebaut wurde, blieb seit seinem Tod 1945 weitgehend unverändert. Wege führen durch das weitläufige Gelände und zum **Rosengarten**, wo sich die Gräber des Präsidenten und seiner Frau befinden.

• **Franklin D. Roosevelt Museum and Library** (am US-9)
Neben dem Wohnhaus befindet sich die Bibliothek des Präsidenten. Das Museum dokumentiert in interessanten Ausstellungen das Leben und Werk des Präsidenten *Franklin D. Roosevelt*.

Roosevelt-Haus

• **Eleanor Roosevelt National Historic Site** (am NY-9 G)
Das Haus Val-Kill diente *Eleanor Roosevelt* während der Amtszeit des Präsidenten zunächst nur als Wochenend- und Ferienhaus, aber nach dem Tode ihres Mannes zog

7. Auf dem Weg zu den Niagarafällen – New York State
Drei Routenvorschläge

sie sich ganz dorthin zurück. Es ist umgeben von einer großen Gartenanlage mit Fußwegen und einem Teich.

Poughkeepsie (S. 151)

Erfinder des Morseapparats

Die von Holländern gegründete Stadt war wie Kingston zeitweilig die Hauptstadt von New York. Hier lebte *Samuel F. B. Morse*, an dessen Leben und Erfindungen die Ausstellungen im **Locust Grove, The Samuel Morse Historic Site**, 2683 South Rd. (am US-9), erinnern.

Kunstinteressierte können das **Frances Lehman Loeb Art Center**, 124 Raymond Ave., besuchen. Das zum College gehörende Museum besitzt eine große Sammlung asiatischer Kunst sowie Kunstwerke von *Pieter Breughel d. J., Paul Cezanne* und *Jackson Pollock*.

Westpoint (S. 151)

Berühmte Militärakademie

Unites States Military Academy, am US-9W. Amerikas berühmte Militärakademie am Westufer des Hudson River kann auf einer Bustour besichtigt werden. Die geführten Touren beginnen am Besucherzentrum, wo es einen Film und verschiedene Ausstellungen zur Einführung gibt. Das Gelände und die Gebäude sind außerhalb der Tour nicht zugänglich. Die Termine der Paraden sind vom Wetter abhängig.

Parks am Hudson River

Zwischen Westpoint und New York City gibt es am Hudson River zahlreiche **Parks** mit guten Erholungsmöglichkeiten, z. B.
- **Bear Mountain State Park**, 5 mi/8 km südlich am US-9W. Sie fahren über den George W. Perkins Memorial Drive hinauf zum Gipfel des Bear Mountain und genießen dort oben den schönen Ausblick auf den Hudson River und das Hudson River Valley.
- **Harriman State Park**, am NY-210, mit schönen Wanderwegen, Naturpfaden und guten Langlaufmöglichkeiten im Winter.
- **Rockland Lake Park**, am NY-9W, mit Wanderwegen, Lehrpfaden und schönen Ausblicken.
- **Nyack Beach State Park**, am NY-303, mit Wanderwegen und guten Bademöglichkeiten.

Von Albany über Utica, Syracuse und Buffalo zu den Niagarafällen

Hinweis zur Route

Die direkte Strecke von Albany zu den Niagarafällen führt über den I-90 nach Utica, Syracuse und Buffalo. Am Exit 50 verlassen Sie den I-90, fahren auf den I-290, den Sie am Exit N16 verlassen. Hier fahren Sie auf den I-190, der Sie bei Exit N21 auf den ins Zentrum führenden Robert-Moses-Pkwy. bringt.

Als **Streckenalternative** zum schnellen I-90 bietet sich von Albany nach Utica die Fahrt durch das schöne **Otsego County** an. Sie folgen zunächst von Albany dem I-90 und wechseln bei Exit 25A auf den I-88, der nach Oneonta führt. Zwischen dem I-88 und dem US-20 liegt das Otsego County mit freundlichen Dörfern, vielen State Parks, interessanten Sehenswürdigkeiten und schönen Übernachtungsmöglichkeiten in historischen Häusern. Abseits der großen Straßen sehen Sie Wochenmärkte mit frischen Produkten aus der Region, Souvenirläden, Töpfereien, und Bauernhöfe, in deren Scheunen Antiquitäten zum Kauf angeboten werden.

7. Auf dem Weg zu den Niagarafällen – New York State
Drei Routenvorschläge

Oneonta (ⓘ S. 151)

Oneonta ist eine kleine Stadt mit ca. 13.000 Einwohnern, die am Westrand der Catskills Mountains inmitten einer schönen Hügellandschaft liegt. Auf die Bedeutung Oneontas im 19. Jh., als der Ort durch den Bau von Eisenbahnwagen zu Wohlstand gelangte, weisen die sorgfältig restaurierten viktorianischen Häuser hin. Heute ist es vor allem der Fußball, der Besucher nach Oneonta zieht. In der 1981 gebauten **National Soccer Hall of Fame**, 5-11 Ford Ave., gibt es eine Ausstellung zur Geschichte des Fußballs mit Filmen von großen nationalen und internationalen Spielen, Trophäen und Pokale. In der Ruhmeshalle sind die in sieben Reihen angeordneten beleuchteten Porträts der größten Fußballspieler der Welt zu sehen, z. B. von *Pelé*, *Alberto Carlos* und *Franz Beckenbauer*. Im Sommer werden am Wochenende Turniere für Kinder und Jugendliche auf dem *Wright National Soccer Campus* ausgetragen. Im **Science Discovery Center of Oneonta**, Ravine Pkwy., im Physical Science Building der Universität, können naturwissenschaftliche und technische Probleme spielerisch gelöst werden.

Ausflugsziel für Fußballfreunde

Cooperstown (ⓘ S. 151)

Zu den ersten Einwohnern des kleinen, 1786 gegründeten Ortes Cooperstown gehörte der Vater des Schriftstellers *James Fenimore Cooper*, der vor allem durch seine „Lederstrumpf"-Romane bekannt wurde. Der Ort am südlichen Ende des ca. 15 km langen Otsego Lake ist geprägt durch historische Häuser, nette Geschäfte und Restaurants in der Ortsmitte. Vor allem für amerikanische Touristen ist die **National Baseball Hall of Fame and Museum**, 25 Main St., der Grund ihres Besuches. Begeisterte Fans erfahren hier alles Wissenswerte über den Nationalsport Baseball und die berühmtesten Spiele und Spieler; Fanartikel werden in vielen Läden angeboten.

Das **Farmer's Museum**, Lake Rd./SR 80, auf dem ehemaligen Besitz von *J. F. Cooper* veranschaulicht das Leben einer Kleinstadt um 1845. Sie können Bäuerinnen und Handwerkern, einem Apotheker, einem Schmied und dem Wirt einer Taverne bei der Arbeit zuschauen und im Bauerngarten nach Heilkräutern sehen. Eine Farm aus dem Jahr 1918 mit Wohnhaus, Ställen und Scheunen wird noch bewirtschaftet. Eine Ausstellung informiert über Leben und Kultur der hier ansässigen Indianer. Das **Fenimore Art Museum**, Lake Rd./SR 80, zeigt neben Erinnerungsstücken an *J. F. Cooper* und Kunstgegenständen des 19. Jh. die interessante *Thaw*-Ausstellung, die sehr anschaulich über die Kultur der nordamerikanischen Indianer informiert.

Ausflug in die Vergangenheit

Auf Einwanderer aus Belgien geht die Bierbraukunst in dieser Region zurück. Im 19. Jh. wurden 80 % des in Amerika angebauten Hopfens im Otsego County geerntet. In der **Brewery Omnegang**, 656 CR 33, können Sie an einem geführten Rundgang mit anschließender Bierprobe teilnehmen.

Springfield/NY

Springfield/NY mit der berühmten „Glimmerglass Opera" liegt direkt am nördlichen Ausläufer des Lake Otsego. Um den Blick auf die schöne Umgebung nicht zu verstellen, wurde das **Alice Bush Opera Theater**, ☎ 607-547-2255, mit beweglichen Seitenwänden gebaut. Opernaufführungen finden im Juli und August statt, im August werden Samstags um 11 Uhr Führungen durch das Opernhaus angeboten.

Für Opernfreunde

7. Auf dem Weg zu den Niagarafällen – New York State
Drei Routenvorschläge

Utica (ⓘ S. 151)
Die ca. 60.000 Einwohner zählende Stadt entwickelte sich seit dem 18. Jh. zu einem Handelszentrum der Region, aber erst mit der Fertigstellung des Erie-Kanals im Jahr 1825 erreichte Utica große wirtschaftliche Bedeutung. 1879 wurde in Utica das erste „Woolworth-Kaufhaus" eröffnet. Nach wirtschaftlichem Niedergang befindet sich die Stadt nun in einem Sanierungsprozess.

Sehenswertes in Utica
Im **Utica Zoo**, 99 Steele Hill Rd., leben Tiere von allen Kontinenten. Besonders beliebt sind das Affenhaus, der Streichelzoo und die Seelöwenfütterung, zu den besonderen Attraktionen gehören Grizzlybären und Tiger. Interessant für Kinder ist das **Children Museum**, 311 Main St., mit vielen Spiel- und Forschungsangeboten zu den Themen Raumfahrt, Technik, Wetter, Archäologie u. a. In der **Matt Brewing Company**, Court/Varick Sts., wird schon seit dem Ende des 19. Jh. Bier gebraut. Geführte Touren werden Mo-Sa 10-16 Uhr angeboten. Zwischen Utica und Old Forge/Thendara verkehrt eine historische Eisenbahn, die **Adirondack Scenic Railroad**.

Rome (ⓘ S. 151)
Auf der Weiterfahrt von Utica nach Syracuse können Sie einen Abstecher über den NY-49 nach Rome machen. Die Stadt mit ca. 35.000 Einwohnern liegt nur 15 mi/24 km von Utica entfernt. Im Zentrum des Ortes steht das **Fort Stanwix National Monument**, das während des Französischen Krieges gebaut, im Unabhängigkeitskrieg von amerikanischen Rebellen neu befestigt wurde und dann einer dreiwöchigen Belagerung standhielt. Kostümierte Schauspieler stellen das Leben der frühen Pioniere und den Tagesablauf in einem Militärposten des 18. Jh. dar.

Fahrt mit dem Treidelboot
Das **Erie Canal Village**, 5789 New London Rd., liegt 3 mi/4,8 km westlich am NY-49. Es ist die Nachbildung eines Dorfes und zeigt, wie die Menschen um 1840 in dieser Gegend gelebt haben. Besonders interessant sind die halbstündige Fahrt mit einem Treidelboot auf einem restaurierten Abschnitt des Erie-Kanals und eine 8 km lange Fahrt mit einer historischen Bahn. Für Kinder interessant ist der **Fort Rickey Children's Discovery Zoo**, am NY-46 und NY-49, mit einem Streichelzoo, Ponyreiten, Tretbooten, Spielplatz und Wasserbecken.

Syracuse (ⓘ S. 151)
Wo sich bereits um 1570 *Onondaga*-Indianer unter ihrem Stammesführer *Hiawatha* aufhielten, gründeten 1656 Jesuiten eine Missionsstation. Später ließen sich auch Händler dort nieder, die von den Indianern das an den Küsten des Onondaga-Sees gewonnene kostbare Salz erwarben. Seit 1788 entwickelte sich Syracuse aus dieser Handelsstation an der Mündung des Onondaga Creek zu einer zentralen Handels-, Industrie- und Universitätsstadt mit ca. 150.000 Einwohnern.

Zu den Sehenswürdigkeiten der Stadt zählen u. a. die 1870 gegründete **Syracuse Universität** mit ca. 17.000 Studenten, University St.; das **Onondaga Historical Association Museum**, 321 Montgomery St., mit wechselnden Ausstellungen zur Geschichte der *Onondaga*-Indianer, und das **„Salz-Museum"** im Onondaga Lake Park, wo die Entwicklung der heimischen Salzindustrie veranschaulicht wird. Bedeutsam für den wirtschaftlichen Aufschwung der Stadt war die Eröffnung des Erie-

7. Auf dem Weg zu den Niagarafällen – New York State
Drei Routenvorschläge

Kanals am Anfang des 19. Jh. Der Erie-Kanal steht deshalb im Mittelpunkt des **Erie Canal Museum**, Weighlock Building, 318 Erie Blvd./Montgomery St. Der Besucher kann die Konstruktion und die technischen Vorgänge von einem rekonstruierten Boot aus kennen lernen. Zum Museum gehört auch das 4 mi/6,4 km östlich gelegene **Canal Center** im Erie Canal State Park. Im Besucherzentrum erhalten Sie eine Broschüre für einen Stadtrundgang durch die Innenstadt.

Südlich der Stadt, bei Nedrow, liegt das **Onondaga-Indianerreservat** mit dem Sitz der Irokesen-Konföderation.

Ausflug zum Beaver Lake
Beaver Lake Nature Center, East Mud Lake Rd., 12 mi/19,2 km nordwestlich in Baldwinsville, großes Naturreservat am Beaver Lake, mit Wanderwegen, Naturlehrpfaden und einem Vogelschutzgebiet, das im Frühjahr und Herbst von kanadischen Wildgänsen aufgesucht wird. Im modernen Besucherzentrum können Sie sich über geführte Wanderungen, Kanutouren, naturgeschichtliche Vorträge und Workshops informieren; Diashows, Filme und Ausstellungen geben anschaulich Auskunft. Im Winter bietet das Reservat gute Möglichkeiten zum Skilanglauf. Ganzjährig bis zum Einbruch der Dunkelheit geöffnet.

Vogelbeobachtung

Finger Lakes (ⓘ S. 151)
Das beliebte Feriengebiet der Finger Lakes erstreckt sich im Norden zwischen Syracuse und Rochester bis zum I-90 und im Süden fast bis zu den Ortschaften Watkins Glen und Ithaca. Die Finger Lakes sind eine Region, die aus 13 Seen besteht, die während der Eiszeit in Urstromtälern von Gletschern geschaffen wurden. Die fünf größten Seen gaben der Region ihren Namen, denn Größe und Lage dieser fünf Seen erinnern auf einer Landkarte an das Aussehen der Finger einer Hand. Indianische Legenden erzählen, dass die Finger Lakes entstanden, als Gott seinen Handabdruck hinterließ, nachdem er eine der schönsten Landschaften geschaffen hatte.

Weite Seenlandschaft

INFO Die Amischen (Amish People)

Die *Amischen* sind eine Religionsgemeinschaft, die ihre Wurzeln in der Wiedertäuferbewegung des 16. Jh. hat. Viele stammen von Deutschen oder Deutschschweizern ab. Im Jahr 1683 spalteten sich die *Amischen* von der Gruppe der *Mennoniten* ab. Sie leben in 26 Staaten der USA in 1.204 Siedlungen, von denen die meisten in Pennsylvania liegen. Einige Familien leben auch in den kleinen Dörfern in der Finger Lakes Region. Sie haben strenge Wertmaßstäbe und legen großen Wert auf Traditionen und den Zusammenhalt von Familie und Glaubensgemeinschaft. Ihr Glaube beruht auf einer strengen Bibelauslegung und auf der mündlich überlieferten „Amish Ordnung". Sie führen ein meist bäuerliches Leben, das im Einklang mit der Natur steht, und lehnen den technischen Fortschritt auch in vielen Bereichen des Alltagslebens ab. Ihre landwirtschaftlichen Produkte, z. B. Milch, Käse, Honig, Kartoffeln, Obst und selbst gebackenes Brot sind ebenso begehrt wie ihre kunsthandwerklichen Arbeiten, z. B. Quilts und Korbwaren, die sie auf Bauernmärkten und Festen anbieten.

7. Auf dem Weg zu den Niagarafällen – New York State
Drei Routenvorschläge

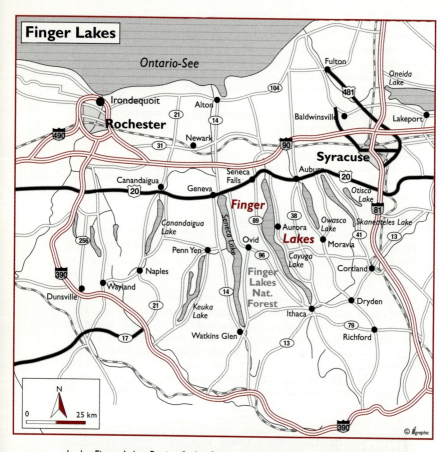

Beliebtes Feriengebiet

In der Finger Lakes Region finden Sie beschauliche Dörfer und kleine Städte, umgeben von Obstplantagen und Bauernhöfen, stille Seen, gepflegte State Parks mit idyllischen „natural pools", die unterhalb von Wasserfällen zum Baden einladen, weite Wanderwege, schöne Landgasthäuser, Weinkellereien mit gemütlichen Probierstuben und behagliche Hotels sowie gute Erholungs- und Sportmöglichkeiten. Gelegentlich werden Ihnen unterwegs altertümliche Pferdewagen begegnen, die von Männern der *Amish People* gelenkt werden. Im Sommer bieten sich beste Voraussetzungen für alle Wassersportarten, und im Winter, der oft bis zum April anhält, gibt es gut gebahnte Loipen und Skipisten, wie z. B. auf dem Greek Peak.

Die größten Seen sind der **Seneca Lake** und der **Cayuga Lake**, zwischen denen sich der **Finger Lakes National Forest** ausdehnt. Die wichtigsten Ortschaften sind **Auburn** mit schönen viktorianischen Häusern und der **Willard Memorial Chapel**, 17 Nelson St., mit Glasarbeiten von *Louis Comfort Tiffany*, **Seneca Falls**,

7. Auf dem Weg zu den Niagarafällen – New York State
Drei Routenvorschläge

 Besuch auf den Weingütern

Auf Ihrer Fahrt durch den Bundesstaat New York, der die zweitgrößte Weinanbaufläche der USA hat, können Sie einige Weingüter besuchen. In New York werden vier große Weinanbaugebiete unterschieden: die Hamptons und North Fork auf Long Island, die Hudson-River-Region, die Region Lake Erie und die Region der Finger Lakes. Es werden Führungen durch die Weingärten, Besichtigungen, Weinproben und Weinverkauf angeboten, z. B. bei:
- **Canandaigua Wine Company**, 116 Buffalo St., Canandaigua, ☏ 1-888-659-7900
- **Dr. Konstantin Frank's Vinifera Wine Cellars**, 9749 Middle Rd., Hammondsport, ☏ 1-800-320-0735
- **Glenora Wine Cellars**, am NY-14, Dundee, ☏ 1-800-243-5513
- **Pleasant Valley Wine**, 8260 Pleasant Valley Rd., ☏ 607-569-6111

Heimat der amerikanischen Frauenrechtsbewegung, **Geneva** mit schönen Herrenhäusern und **Canandaigua** mit einer Pferderennbahn, einem Kutschenmuseum und Schiffstouren auf dem Canandaigua Lake.

Viel besucht ist der **Windmill Farm & Craft Market** am NY-14A auf dem Weg nach **Dundee**, der von Ende April bis Mitte Dezember an jedem Samstag von 8 bis 16.30 Uhr stattfindet. Hier bieten *Amische* (ⓘ Info-Kasten, S. 583) und *Mennoniten* ihre Waren an.

An vier der fünf großen Seen wird Wein angebaut. Die Anbaugebiete am Canandaigua, Cayuga, Keuka und Seneca Lake zählen zu den bekanntesten Weinanbauregionen Nordamerikas. Mehr als 50 Weingüter bauen auf einer Fläche von ca. 4.200 ha Land Wein an und produzieren damit jährlich fast 1 Mio. Hektoliter Wein. Die meisten Weingüter liegen an den Highways Nr. 14, 54 und 89, die an den Seeufern entlang führen. Schilder weisen auf „Wine Trails" und Weingüter hin, auf denen Besucher während des ganzen Jahres willkommen sind.

Weinanbaugebiet

Buffalo (ⓘ S. 151)

Bereits im 17. Jh. entstand ein kleines Dorf an der Stelle, an der sich heute die Peace Bridge über den Niagara River spannt. 1679 segelte von hier aus der französische Entdecker *Robert La Salle* als erster Weißer über die Großen Seen. Der Ausbau der Stadt orientierte sich an der Stadtplanung von Washington. Trotz großer Zerstörungen im Englisch-Amerikanischen Krieg florierte der Handel nach der Eröffnung des Erie-Kanals im Jahr 1825. Nach dem Ersten Weltkrieg entwickelte sich Buffalo durch die Ansiedlung von Schwerindustrie zu einer der bedeutendsten Stahlstädte der USA. 1958 begann mit der Eröffnung des St. Lawrence Seaways der wirtschaftliche Niedergang der Stadt; erst seit Anfang der 1990er Jahre zeichnet sich wieder eine positive Entwicklung ab. Buffalo präsentiert heute ein sehenswertes kulturelles, architektonisches und historisches Erbe. Eindrucksvoll sind u. a. die sehenswerten Gebäude der berühmten Architekten *H. H. Richardson*, *Louis Sullivan* und *Frank Lloyd Wright* sowie das Parksystem des Landschaftsarchitekten *Frederick Law Olmstedt*.

Zweitgrößte Stadt in New York

Mit ca. 1,2 Mio. Einwohnern ist Buffalo die zweitgrößte Stadt im Bundesstaat New York. Es ist mit einer vielseitigen Kulturszene mit ausgezeichneten Museen, Theatern

7. Auf dem Weg zu den Niagarafällen – New York State
Drei Routenvorschläge

> **Tipp für Besucher**
>
> Buffalo kann auch **Übernachtungsalternative** zu der nur 22 mi/35,2 km entfernten Stadt Niagara Falls sein, da sich von hier aus sowohl die berühmten Wasserfälle als auch die Forts Erie und Niagara, der Erie-Kanal und das nahe gelegene Weinanbaugebiet bequem besuchen lassen.

und Off-Broadway-Shows, mit originellen Restaurants und Kneipen und zahlreichen Sehenswürdigkeiten ein interessantes Ausflugsziel. An der Uferpromenade wurde eine Bronzetafel mit der englischen Übersetzung des Gedichtes „John Maynard" von *Theodor Fontane* angebracht.

Stadtbesichtigung

Machen Sie zuerst einen kurzen **Rundgang durch die Innenstadt** (z. B. „Walk Buffalo – Self Guided Tour") mit alten und neuen Hochhausbauten und den vielen Kirchen dazwischen. Beginnen Sie Ihre Tour am **Convention & Visitors Bureau**, 617 Main St. Historische Stadtführungen finden von Mai bis Oktober statt, es werden ebenfalls thematische Touren angeboten. Informationen direkt im Office.

Am **Niagara Square** steht die eindrucksvolle 30-stöckige **City Hall**, die 1931 im Art-déco-Stil errichtet worden ist. Im 28. Stockwerk befindet sich eine Aussichtsplattform, die Mo-Fr 9-17 Uhr geöffnet ist. Von oben gewinnen Sie einen guten Überblick über die Stadt. Direkt vor der City Hall beeindruckt das **McKinley Monument**, eine Säule, die an das Attentat auf Präsident *McKinley* erinnern soll.

Architektur und Stadtgeschichte

Möchten Sie sich näher mit der Stadtgeschichte und der Architektur beschäftigen, sollten Sie die **Buffalo & Erie County Historical Society**, 25 Nottingham Court, aufsuchen, wo ein Museum und eine Bibliothek näheren Einblick gewähren; am Museum beginnen auch Architekturführungen. Anschließend können Sie das Marinemuseum besuchen: **Buffalo & Erie County Naval & Military Park**, 1 Naval Park Cove. Zwei Schiffe aus dem Zweiten Weltkrieg können hier besichtigt werden: das U-Boot „USS Croaker" und der Zerstörer „USS Sullivan", zudem der modernere Lenkwaffenzerstörer „USS Little Rock". Gleich nebenan beginnen die **Hafenrundfahrten** auf dem Buffalo River (Juni-Sept.).

Nördlich der Innenstadt lohnt ein kurzer Abstecher in die **Allentown** zwischen Main, North, Richmond, Cottage und Edward Sts. Zahlreiche Villen aus dem 19. Jh. zeugen von dem großen Reichtum der Stadt zu dieser Zeit. Einige Boutiquen laden zudem zum Schaufensterbummel ein.

Roosevelt-Gedenkstätte

In der Wilcox Mansion, 641 Delaware Ave., einer hochherrschaftlichen Villa, die 1837 im Greek-Revival-Stil erbaut worden ist, befindet sich heute die **Theodore Roosevelt Inaugural National Historic Society**. Hier legte Präsident *Theodore Roosevelt* 1901 seinen Amtseid ab, nachdem sein Vorgänger in Buffalo einem Attentat zum Opfer gefallen war. Die Villa und die Gartenanlage, eingerichtet mit viktorianischen Antiquitäten, können Sie selbständig besichtigen. Ein Film erinnert an das Attentat und seine politischen Folgen.

Die **Albright-Knox Art Gallery**, 1285 Elmwood Ave., zeigt in erster Linie Werke der letzten 120 Jahre. Neben bekannten Impressionisten wie *Renoir, Matisse, Monet* und *Cézanne* finden Sie auch Bilder von *Dalí* und *Chagall*. Die moderne Kunst ist u. a.

7. Auf dem Weg zu den Niagarafällen – New York State
Drei Routenvorschläge

Touren auf dem Erie-Kanal

Sollten Sie Interesse an einer Tour auf dem Erie-Kanal haben, wenden Sie sich an: **Lockport Locks & Erie Canal Cruises**, 210 Market St., Lockport NY 14094, ☏ 716-322-6155 und 1-800-378-0352, 2-stündige Kanaltouren mit Erklärungen. Zu Fuß und per Boot geht es auf eine unterirdische Entdeckungstour mit: **Lockport Cave and Underground Boat Ride**, 2 Pine St., ☏ 716-438-0174, 🖥 www.lockportcave.com. Ein kleines Museum gibt Einblick in die Geschichte des Kanals: 80, Richmond Ave. (at lock 34), ☏ 716-434-3140.
Falls Sie nähere Infos über den gesamten Kanalverlauf benötigen bzw. ein Boot mieten möchten, mit dem Sie den Kanal entlangfahren können, wenden Sie sich an: **Niagara County**, ☏ 1-800-338-7890, 🖥 www.niagara-usa.com. Dort erhalten Sie auch Informationen zu den Niagarafällen.

durch Pop-Art von *Andy Warhol* vertreten, während die wenigen ganz alten Werke bis in die Zeit der Mesopotamier (1000 v. Chr.) zurückführen. Skulpturen von *Rodin*, *Arp* und *Moore* sind auch zu sehen.

Die naturwissenschaftliche Ausstellung im **Buffalo Museum of Science**, 1020 Humbold Pkwy., besonders auch für Kinder interessant, führt zurück bis in die Zeit der Dinosaurier, und die technische Abteilung bietet zahlreiche „Hands-on"-Versuche, die physikalische Gesetze hervorragend verdeutlichen.

Interaktives Museum

Informationen zum 524 mi langen **Erie-Kanal**, der 1825 eröffnet wurde, zur Schifffahrtsgeschichte auf dem Erie-See sowie zu den Schiffsbauaktivitäten in Buffalo erhalten Sie in der **Lower Lakes Marine Historical Society**, 66 Erie St. 1903-18 wurde das Kanalsystem im Staat New York erweitert, der Erie-Kanal wurde Teil des New York State Barge Canal. Als 1957 die Verbindung zwischen Erie-See und Ontario-See ausgebaut wurde, verlor der mittlerweile zu kleine Erie-Kanal an Bedeutung. Heute wird er ausschließlich für touristische Zwecke genutzt.

Hinweis zur Route
*Von der Innenstadt Buffalos aus benutzen Sie für die Weiterfahrt nach Niagara Falls den I-190, der Sie direkt nach **Niagara Falls** führt.*

Zweiter Routenvorschlag: von Burlington/VT durch die Adirondacks nach Utica und weiter zu den Niagarafällen

Hinweis zur Route

*Mit der Fähre fahren Sie von Burlington/VT über den Lake Champlain nach **Port Kent**. Sie fahren über den NY-373 nach **Ausable Chasm** und weiter auf dem US-9 nach Norden zur Schlucht von Ausable Chasm. Nach der Besichtigung von Ausable Chasm folgen Sie dem US-9 nach **Keeseville**.
Von Keeseville folgen Sie dem NY-9N über **Au Sable Forks** nach **Jay**. Dort fahren Sie auf den landschaftlich sehr reizvollen NY-86, der Sie über Wilmington und **Lake Placid** zum Saranac Lake führt.
Von Saranac Lake folgen Sie dem NY 3, der Sie zunächst am Lower **Saranac Lake**, später am Upper Saranac Lake entlangführt und Ihnen einen guten Eindruck vom Wald- und Wasserreichtum der Adirondacks vermittelt. Sie erreichen dann nach 21 mi/34 km **Tupper Lake**.
Fähre: Stündlich Abfahrt von Burlington nach Port Kent am King Street Dock; Dauer: ca. 1 Std.*

7. Auf dem Weg zu den Niagarafällen – New York State
Drei Routenvorschläge

Adirondack Mountains (ⓘ S. 151)

Auf dieser Fahrt lernen Sie das landschaftlich sehr reizvolle Gebiet der Adirondack Mountains kennen, die zur Gebirgsgruppe der Appalachen gehören. Die höchste Erhebung der Adirondacks ist der 1.629 m hohe Mount Marcy. Seit 1885 stehen die Adirondack Mountains unter Naturschutz; seit 1892 gelten die Bestimmungen zum Schutz der Wälder und der Unberührtheit der Natur auch für den Adirondack Park. Der **Adirondack Park** reicht im Norden bis zum St. Lorenz-Strom, im Süden bis zum Mohawk River Valley, im Osten bis zum Lake Champlain und im Westen bis zum Black River. Damit entspricht die Größe dieses Naturschutzgebietes etwa der Fläche des ganzen Staates Vermont!

Unerschlossene Wildnis

Der Adirondack Park: Das sind mehr als 2.000 steile Felsen und schroffe Berggipfel, rund 2.300 klare, fischreiche Seen und zahllose Flüsse und Bäche, die das Land durchziehen. Der Park wird von Straßen durchquert, an denen kleine verträumte Dörfer und lebhafte Ortschaften liegen, dennoch ist fast die Hälfte des Gebietes unerschlossene Wildnis. Ihren Namen erhielten die Adirondacks um 1857 durch *Ebenezer Emmons*, der das Land erforschte und diesen Namen zur Erinnerung an einen hier lebenden Indianerstamm vorschlug.

Die Adirondacks und der Adirondack Park sind mit ihren eindrucksvollen Naturschönheiten in erster Linie ein Reisegebiet für Naturfreunde. Sie sollten deshalb einige Tage zum Wandern, Bootsfahren, Fischen oder Ausruhen einplanen. Es gibt ein gut angelegtes und ausgeschildertes **Wanderwegenetz** von ca. 1.200 km Länge. Für Wassersportler interessant ist die ca. 220 km lange **Kanuroute**, die von Old Forge zum Saranac Lake führt.

📖 Buchtipp

*J. F. Cooper, „**Der letzte Mohikaner**". Die Adirondacks sind der Schauplatz der Jagdzüge der Indianer.*

Ausable Chasm (ⓘ S. 151)

Ausable Chasm, 1 mi/1,6 km nördlich von Keeseville am US-9, ist die wildromantische Schlucht an der Stelle, an der der Ausable River in den Lake Champlain fließt. Da schon seit 1870 Besucher durch die Bergwasserschlucht geführt werden, gehört Ausable Chasm zu den ältesten organisierten Touristenattraktionen der USA. Festes Schuhwerk ist auf jeden Fall erforderlich!

Tour durch die Bergwasserschlucht

Bootsfahrt durch die Schlucht von Ausable Chasm

Ein Fußweg führt Sie über steinerne Stufen, hölzerne Treppen und Brücken durch die Schlucht bis zum Table Rock, vorbei an massiven Felsformationen, die einem Elefantenkopf, einer Kathedrale oder der Jakobsleiter ähneln. Von dort können Sie an einer eindrucksvollen, ca. 2 km langen Bootsfahrt teilnehmen: Bootsfahrer lenken die schmalen Boote durch die enge Schlucht, die auf beiden Seiten von hoch aufragenden Sandsteinwänden begrenzt ist. Nach dem Anlegen der Boote bringt ein Bus Sie zurück zum Eingang.

7. Auf dem Weg zu den Niagarafällen – New York State
Drei Routenvorschläge

Wilmington (ⓘ S. 151)

Wilmington ist ein ganzjährig beliebter Ferienort, der sich gut als Ausgangsort für Fahrten durch die Adirondacks eignet und im Sommer wie auch im Winter gute Erholungsmöglichkeiten bietet.

Ein eindrucksvoller Ausflug führt auf den 1.053 m hohen **Whiteface Mountain**, den Sie über eine Straße oder mit dem Sessellift erreichen. Der Whiteface Mountain ist der einzige Gipfel der Adirondacks, zu dem eine Autostraße hinaufführt. Der **Whiteface Mountain Veterans' Memorial Highway**, 3 mi/4,8 km westlich auf dem NY-431, ist eine gebührenpflichtige Straße, die sich 9 km zum Berggipfel hoch windet. Vom Parkplatz am Ende der Straße können Sie entweder durch einen Tunnel bis zum Aufzug gehen, der Sie hinauf zur Berghöhe bringt, oder zu Fuß weiter bis zum Gipfel laufen. Von der Berghöhe reicht die Sicht bei klarem Wetter über die Adirondacks bis zum St. Lorenz-Strom. Besonders eindrucksvoll ist der Besuch zur Zeit der Laubfärbung, wenn die Wälder ringsum in bunten Farben leuchten und der Berggipfel schon vom ersten Schnee bedeckt ist. Auch im Sommer sind feste Schuhe und eine warme Jacke empfehlenswert. Auf der Höhe gibt es einen Souvenirshop und ein Restaurant. Die Straße ist von Mai bis Mitte Juni tgl. 9-16 Uhr geöffnet, ab Mitte Juni bis Mitte Sept. tgl. 8-18 Uhr; ab Mitte Sept. werden die Öffnungszeiten den Wetterverhältnissen angepasst.

Mit dem Auto oder Sessellift zum Gipfel

Der Zugang zum **Whiteface Mountain Sessellift**, liegt am NY-86 zwischen Wilmington und Lake Placid. Der Lift verkehrt bei gutem Wetter von Juni bis Mitte Okt. tgl. 9-16 Uhr. Das **Whiteface Mountain Ski Center** liegt 3 mi/4,8 km südlich am NY-86. Von Mitte Nov. bis Mitte April fahren die Lifte tgl. 8.30-16 Uhr.

Skigebiet

Die Schlucht **High Falls Gorge**, 4,5 mi/7,2 km südlich von Wilmington am NY-86, entstand durch den Ausable River, der sich mit großer Kraft, über Stromschnellen und Wasserfälle, seinen Weg durch den Whiteface Mountain bahnte. Über schmale Stege und Brücken können Sie durch die Schlucht laufen und von kleinen Aussichtsplattformen in die Tiefe blicken. Im Eingangsgebäude gibt es eine Mineraliensammlung aus den Adirondacks.

Eine ganz andere Attraktion ist **Santa's Workshop**, 2 km westlich von Wilmington auf dem NY-431 in North Pole. Im Dorf des Weihnachtsmannes gibt es Souvenirshops, Rentierschlittenfahrten, Paraden und Shows. Es existieren mehrere dieser „Weihnachtsmannläden", die bei den Amerikanern während des ganzen Jahres sehr beliebt, uns mit ihrer Betriebsamkeit und Buntheit jedoch recht fremd sind. Zum Kennenlernen lohnt sich ein Besuch.

Beim Weihnachtsmann

Lake Placid (ⓘ S. 151)

Lake Placid liegt sehr malerisch an den beiden Seen Lake Placid und Mirror Lake. Hinter der Ortschaft erhebt sich der Mount Marcy, der höchste Berg des Staates New York. Der hübsche Ort hat ganzjährig Saison und zählt zu den bekanntesten Fremdenverkehrsorten der Oststaaten. Lake Placid, Austragungsort der olympi-

7. Auf dem Weg zu den Niagarafällen – New York State
Drei Routenvorschläge

schen Winterspiele von 1932 und 1980, steht ganz im Zeichen des Sports, denn der Ort ist das offizielle olympische Trainingszentrum für Wintersportler.

Olympia-Gelände

Das Olympia-Gelände, Main St., mit allen Einrichtungen können Sie auch auf einer „selbst geführten" Tour (Ende Mai-Mitte Okt. 9-17 Uhr) kennen lernen. In den vier Eislaufhallen des **Olympic Center**, das bei den Olympischen Spielen von 1980 als Austragungsstätte für die Wettbewerbe im Eislaufen diente, finden jetzt Eishockeyspiele, Eisrevuen und Konzerte statt; für Besucher sind die Flächen tagsüber zum Eislaufen freigegeben. Im **1932 & 1980 Lake Placid Winter Olympic Museum**, 218 Main St., können Sie historische Sportausrüstungen, Kostüme und Erinnerungsstücke anschauen.

2 mi/3,2 km südöstlich der Stadt am NY-73 liegt der **MacKenzie-Intervale Ski Jumping Complex**, das Skisprung-Trainingszentrum für das amerikanische Olympiateam. Der Kodak-Sportpark ist ein Freistil-Skitrainingszentrum, das dank Kunstschnee auch im Sommer genutzt werden kann. Im Winter dient das Gelände sowohl internationalen Wettbewerben als auch Trainingszwecken. Ein 90 m hoher Turm mit Glasaufzügen bietet einen schönen Ausblick auf den Mount Marcy.

7 mi/11,2 km südlich der Stadt, am NY-73, erstreckt sich die **Mt. Van Hoevenberg Recreation Area**. Auf 50 km gebahnten Loipen können Sie im Winter Ski laufen, außerdem gibt es Biathlonstrecken und Schlittenabfahrten. In der **Nordic Lodge** werden Filme und Diavorführungen gezeigt.

Herstellung von Ahornsirup

Für weniger Sportbegeisterte ist die **Uihlein Sugar Maple Research-Extension Field Station**, Bear Cub Rd., interessant. Der Betrieb steht unter der Leitung des New York State College für Landwirtschaft an der Cornell-Universität. Hier können Sie bei der Herstellung des in den USA hoch geschätzten Ahornsirups zuschauen. Das restaurierte Farmhaus der **John Brown Farm Historic Site**, John Brown Rd., 2 mi/3,2 km am NY-73, erinnert an *John Brown*, der auf der Farm zusammen mit zwei Söhnen und zehn Mitkämpfern für die Abschaffung der Sklaverei die letzte Ruhestätte fand.

Saranac Lake (ⓘ S. 151)

Der Ort, 1819 gegründet, wird seit vielen Jahren wegen seiner klaren Gebirgsluft und der ruhigen Landschaft als Erholungs- und Ferienort sehr geschätzt. Auf einem Spaziergang durch den Ort sehen Sie noch einige alte Wohn- und Gasthäuser aus der Zeit des ausgehenden 19. Jh. Um seine Tuberkulose auszuheilen, kam *Stevenson*, der Verfasser des Abenteuerromans „Die Schatzinsel", in den Jahren 1887/88 nach Saranac Lake. Sein Wohnhaus, heute **Robert Louis Stevenson Memorial Cottage**, 11 Stevenson Lane, zeigt noch die Originaleinrichtung und eine große Sammlung von Erinnerungsstücken.

Indianer-Museum

Ein Abstecher führt zum **Six Nations Indian Museum** in Onchiota, Buck Pond Rd., über den NY-3. Die Ausstellungen verdeutlichen Lebensformen, Sitten und Gebräuche der früher hier ansässigen Indianerstämme.

7. Auf dem Weg zu den Niagarafällen – New York State
Drei Routenvorschläge

Tupper Lake (ⓘ S. 151)

Seen, Flüsse und Berge bestimmen das Landschaftsbild; Jagen, Fischen, Bootsfahrten, Wandern, Bergsteigen, Tennis und Golf sind die beliebtesten Ferienaktivitäten; im Winter ist das Gebiet am Tupper Lake ein ideales Skigebiet. Die Anfänge der Ortschaft gehen auf die 1890er Jahre zurück; zunächst verdienten die Bewohner sich ihren Lebensunterhalt in der Holzwirtschaft, aber schon bald wurde auch der Fremdenverkehr zu einer wichtigen Einnahmequelle. Heute ist Tupper Lake mit knapp 4.000 Einwohnern ein beliebter Ferienort.

> **Hinweis zur Route**
>
> Falls Sie von Tupper Lake direkt nach **Watertown** fahren wollen, folgen Sie dem NY-3; Sie erreichen Watertown dann nach 73 mi/117 km.

Von Tupper Lake durch die Adirondacks nach Utica und weiter zu den Niagarafällen

Auf dieser Fahrt erleben Sie die eindrucksvolle, unverfälschte, teilweise unberührte Berglandschaft der Adirondacks, stille, fischreiche Flüsse und Seen und freundliche kleine Ferienorte. Zum Kennenlernen sollten Sie sich ausreichend Zeit für Wanderungen, Bootsfahrten und Besichtigungen nehmen.

Am NY-30, 1 mi/1,6 km nördlich vom Blue Mountain Lake, ist das **Adirondack Museum**. Auf dem weiten Gelände liegen mehrere Gebäude mit Sammlungen und Ausstellungen über die Geschichte und Kultur der Adirondacks; es gibt Informationen zum Bootsbau, Bootsausflüge, einen Naturlehrpfad, Kutschfahrten und Führungen bis zum „Colonial Garden" mit seinen kunstvoll angelegten Beeten.

> **Hinweis zur Route**
>
> Von Tupper Lake fahren Sie über den NY-30 bis zum Blue Mountain Lake, biegen dort ab auf den NY-28, dem Sie bis Alder Creek folgen. Dort treffen NY-28 und NY-12 zusammen; der NY-12 führt Sie nach Utica (90 mi/144 km bis Utica). Von Utica aus fahren Sie über Syracuse zu den Niagarafällen.

Old Forge (ⓘ S. 151)

Die Fahrt über den NY-28, eine landschaftlich sehr schöne Strecke zwischen Blue Mountain Lake und Alder Creek, können Sie in Old Forge unterbrechen. Wie andere kleine Ortschaften der Adirondacks bietet auch Old Forge einige ansprechende Übernachtungsmöglichkeiten und Restaurants für einen längeren Aufenthalt. Antiquitätengeschäfte laden zum Stöbern ein; vor allem aber sind es die ausgezeichneten Wassersportbedingungen, die die Feriengäste anziehen. Für Kanufahrer gibt es ideale Bedingungen auf der „Fulton Chain of Lakes", einer Kette von acht Seen, zu der u. a. der Raquette Lake, der Forked Lake und der Long Lake gehören.

Kanufahrten

Auf diesen Seen haben Sie Gelegenheit, bei den Old Forge Lake Cruises an **Bootsausflügen** (2 Std.) und Fahrten mit einem Postboot (3 Std.) teilzunehmen. Auch für Eisenbahnfreunde lohnt sich eine Fahrtunterbrechung in Old Forge. An der Thendara Station, 1 mi/1,6 km südlich am NY-28, beginnt die Fahrt mit der **Adirondack Scenic Railroad**. Auf der 20 mi/32 km langen Rundfahrt mit dem „Thenadara Timber Train" fahren Sie 90 Minuten durch die Moose River Region zum Otter Lake. In den Sommermonaten werden an Samstagen auch „Eco Tours" angeboten, die noch eine Wanderung unter der Führung eines Rangers einschließen. Auch als Ausgangs-

Rundfahrt mit der Eisenbahn

7. Auf dem Weg zu den Niagarafällen – New York State
Drei Routenvorschläge

Hinweis zur Route

Von Old Forge fahren Sie weiter über den NY-28/12 nach Utica, von dort auf den I-90 nach Syracuse und weiter nach Niagara Falls (s. S. 580 ff.).

ort für **Wanderungen** bietet Old Forge sich an. Ein kurzer Spaziergang führt hinauf zum Bald Mountain, wo Sie einen schönen Blick auf die Adirondacks genießen können.

Ein Erlebnis für Kinder ist ein Besuch des **Enchanted Forest/Water Safari Parks**, 3183 State Rte. NY.-28. Zum Erlebnispark gehören die unterschiedlichsten Wasserrutschen, Schwimmbecken, Boote, Fahrgeschäfte und Shows.

Dritter Routenvorschlag:
von Burlington/VT nach Kanada und am Südufer des Ontario-Sees entlang zu den Niagarafällen

Hinweis zur Route

Sie fahren von Burlington zunächst über Lake Placid zum Tupper Lake (s. Routenvorschlag 2, S. 587 ff.) und folgen dann dem NY-3 bis hinter Childwold, biegen dort auf den NY-56 ab, der Sie über Potsdam nach Massena am St. Lorenz-Strom führt. Von Massena folgen Sie dem NY-37/12 bis zur Kreuzung mit dem I-81, der Sie nach 24 mi/40 km nach Watertown bringt. Von dort führen der NY-3 und der NY-104 Sie am Südufer des Ontario-Sees entlang nach Niagara Falls.

Massena (ⓘ S. 151)

In Massena können Sie den St. Lawrence Seaway besichtigen, der als eine technische Meisterleistung gilt.

INFO St. Lorenz-Strom und St. Lawrence Seaway

Der 3000 km lange St. Lorenz-Strom bildet vom Ontario-See bis nach Montréal die Grenze zwischen den USA und Kanada. Er ist der Abfluss der großen nordamerikanischen Seen. Nach dem Ausfluss aus dem Ontario-See erweitert sich der St. Lorenz-Strom zu dem von vielen kleinen Inseln durchsetzten „Lake of the Thousand Islands". Obwohl der St. Lorenz-Strom in den Wintermonaten von dicken Eisschichten bedeckt ist und nur von April bis Dezember befahren werden kann, ist er einer der verkehrsreichsten Binnenwasserstraßen der Welt. Dazu trägt wesentlich der St. Lawrence Seaway bei. 1951 initiierte Kanada den „St. Lawrence Seaway Autority Act", obwohl zu der Zeit in den Vereinigten Staaten gegen das Projekt noch eine starke Opposition bestand. 1954 wurde auch in Washington der entsprechende „St. Lawrence Seaway Act" erlassen, wenig später wurde mit dem Bau begonnen.

Problembereiche des Projekts waren vor allem die großen Höhenunterschiede, die z. B. an den Niagarafällen und bei Sault Ste.-Marie überwunden werden mussten. Zu den erforderlichen Maßnahmen gehörten die Anlage von Seitenkanälen und leistungsfähigen Schleu-

7. Auf dem Weg zu den Niagarafällen – New York State
Drei Routenvorschläge

sen sowie der Straßen- und Brückenbau; zu den begleitenden Maßnahmen zählten der Ausbau von Häfen und Industrieanlagen und die Energiegewinnung durch Wasserkraftwerke, die neu errichtet wurden oder deren Leistungen erhöht werden sollten. Schwierigkeiten ergaben sich im Zuge der Arbeiten an vielen Orten durch Überschwemmungen, die das Kulturland zerstörten. Mehrere Dörfer mussten aufgegeben und rund 6.500 Menschen umgesiedelt werden. Der St. Lorenz-Seeweg wurde schon 1959 fertig gestellt und offiziell von Königin *Elizabeth II.* von England und dem amerikanischen Präsidenten *Dwight D. Eisenhower* eingeweiht. Es ist ein ausgebautes Kanalsystem mit einer Fahrwassertiefe von 8,23 m und einer Fahrwasserbreite von 61 m zwischen den Großen Seen und Montréal.

Auf dem rund 300 km langen Streckenabschnitt zwischen Montréal und dem Ontario-See wurden sieben große Schleusen anstelle der bisherigen 22 kleineren eingebaut, da auf 70 km ein Gefälle von 70 m ausgeglichen werden muss; auf der 43 km langen Strecke zwischen dem Ontario-See und dem Erie-See wird durch acht Schleusen eine Höhendifferenz von 100 m überwunden.

Der Seeweg ermöglicht auch großen Schiffen bis 15.000 t die Einfahrt in die Großen Seen; dadurch erübrigt sich das bis dahin notwendige Umladen der Fracht auf kleinere Schiffe, sodass ein durchgehender Verkehr vom Atlantik über 3.650 km bis zum Westende des Oberen Sees möglich ist.

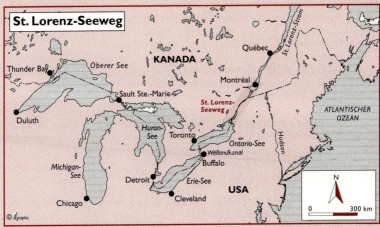

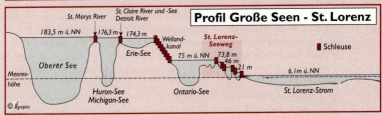

7. Auf dem Weg zu den Niagarafällen – New York State
Drei Routenvorschläge

Viele Häfen und Industriegebiete entlang des Seeweges verzeichneten nach der Fertigstellung einen großen wirtschaftlichen Aufschwung, wie z. B. die Industriestadt Chicago, die durch den St. Lawrence Seaway einen Hochseeanschluss bekam. Die allgemeine wirtschaftliche Bedeutung des Seeweges liegt in der direkten Verschiffbarkeit der Güter, zu denen vor allem Weizen, Eisenerze, Eisen und Stahl gehören.

Für Besucher wurden mehrere Besichtigungspunkte eingerichtet:
- das **Visitor Center am Eisenhower Lock**, am NY-37 in Massena, ☏ 315-769-2422, Mai-Okt. geöffnet. Hier können Sie die Passage der Schiffe vom Besucherdeck aus beobachten. Öffnungszeiten des Besucherzentrums: Mitte Mai bis Anfang Okt. tgl. 9.30-18 Uhr, sonst 9-16.30 Uhr,
- der **Robert Moses State Park**, 2 mi/4,8 km nordöstlich am NY-3. Vom Park aus kann man die Arbeit an den Schleusen beobachten und zum Moses-Saunders Power Dam gehen. Im Informationszentrum, ☏ 315-769-8663, erhalten Sie Broschüren über den St. Lorenz-Seeweg; es ist Mai-Okt. tgl. bis Sonnenuntergang geöffnet. Im Park gibt es Gelegenheit zum Schwimmen und einen Bootsverleih.

Während der Fahrt über den NY-37, der fast parallel zum St. Lorenz-Strom verläuft, können Sie auf dem Fluss immer wieder Ozeanschiffe zwischen kleinen Sport- und Segelbooten entdecken. Die Ortschaften am NY-37 sind auf Fremdenverkehr gut eingerichtet. Eine Fahrtunterbrechung lohnt sich für folgende Sehenswürdigkeiten:

Ogdensburg (ⓘ S. 151)

Brücke zwischen USA und Kanada

Die **Ogdensburg International Bridge** verbindet seit 1960 die USA mit Kanada und überspannt in 35 m Höhe den St. Lorenz-Strom. Von der Brücke haben Sie einen schönen Blick auf den viel befahrenen Strom.

Im **Frederic Remington Art Museum**, 303 Washington St., finden Sie die größte Sammlung der Werke *Frederic Remingtons*, eines bekannten amerikanischen Naturalisten.

Alexandria Bay (ⓘ S. 151)

„Thousand Islands"

Alexandria Bay ist ein beliebter Ferienort, der sich bestens für Ausflugsfahrten zu den **„Thousand Islands"** eignet. Die „Tausend Inseln" liegen versprenkelt im Ausfluss des Ontario-Sees und im Oberlauf des St. Lorenz-Stroms. Der heutige Name „Thousand Islands" stammt von den ersten französischen Einwanderern – heute wird die Zahl der Inseln mit 1.753 angegeben, von denen etwa zwei Drittel zu Kanada gehören. Inseln aller Größen zählen dazu, und unter der Wasseroberfläche liegen nochmals Hunderte als Sandbänke oder Riffe verborgen. Die Inseln sind mit Pinien, Fichten, Birken oder Zedern bewachsen, viele von ihnen sind bewohnt.

Wenn Sie die „Thousand Islands" aus der Höhe betrachten wollen, können Sie zum **1000 Islands Skydeck** fahren, das auf Hill Island zwischen den Spannseiten der In-

7. Auf dem Weg zu den Niagarafällen – New York State
Drei Routenvorschläge

ternational Bridge steht. Ein Aufzug bringt Sie auf das 122 m hohe Aussichtsdeck, wo Sie einen großartigen Blick auf den St. Lorenz-Strom und die Inseln genießen können.

Alexandria Bay ist der Ausgangsort für verschiedene Ausflugsfahrten durch die Inselwelt der „Thousand Islands". Ob Ausflugsboot, kleine Fähre oder Raddampfer – fast alle Schiffe fahren auch nach Heart Island, wo die Besucher **Boldt Castle** besichtigen können. Das Schloss erinnert mit seinen spitzen Giebeln, den wehrhaften Rundtürmen und der Burgmauer an die Burgen am Rhein. *George C. Boldt*, der als Junge in Deutschland aufwuchs, mittellos nach Amerika auswanderte und dort erfolgreicher Besitzer berühmter Hotels wie z. B. des Waldorf Astoria in New York wurde, war der Bauherr dieses Schlosses. Er ließ es als Zeichen seiner Liebe für seine Frau bauen, jedoch starb diese, bevor das Haus bezugsfertig war. *Boldt* ließ alle Bauarbeiten abbrechen, verließ die Insel für immer und ließ das Schloss unbewohnt auf Heart Island zurück. Fähren bringen im 30-Minuten-Takt Besucher von Heart Island hinüber nach Wellesley Island, wo im restaurierten **Boldt Yacht House** eine Sammlung alter Holzboote zu sehen ist.

Schloss Boldt auf Heart Island

Schlossbesuch

> ### 👉 Hinweis zur Route
>
> *Die schnellste Verbindung von Alexandria Bay zu den Niagarafällen führt über den I-81 und den I-90 über die Städte Watertown, Syracuse und Buffalo nach Niagara Falls (s. Routenvorschlag 1, S. 573 ff.).*
>
> *Falls Sie mehr Zeit zur Verfügung haben, können Sie geruhsam am Südufer des Ontario-Sees entlangfahren und die kilometerlangen Sandstrände und ausgezeichneten Bademöglichkeiten in den State Parks genießen.*

Von Alexandria Bay aus können Sie auf das kanadische Ufer des St. Lorenz-Stroms fahren und z. B. einen Ausflug nach **Ottawa** und **Kingston/ Ontario** machen (s. S. 554 ff.). Kingston erreichen Sie auch vom ca. 20 mi/32 km entfernten Cape Vincent aus. Von dort bringen Sie Fähren nach Wolfe Island und von dort weiter nach Kingston.

Ausflug nach Kanada

Watertown (ⓘ S. 151)

Wasser ist, wie der Name sagt, das bestimmende Merkmal der 1799 gegründeten Stadt, in der heute etwa 27.000 Menschen leben. Die Stadt hat einige schöne Parkanlagen mit guten Sporteinrichtungen wie z. B. den Thompson Park, östlich vom NY-12 mit Tennisplätzen und Badegelegenheit; außerdem ist Watertown Ausgangspunkt für Schlauchbootfahrten. Ein bekannter Bürger der Stadt war *Frank Winfield Woolworth*, der gegen Ende des 19. Jh. als junger Mann als Aushilfsverkäufer arbeitete. Er hatte eine Idee, die das damals übliche Geschäftsgebaren entscheidend veränderte. Er eröffnete einen Laden und führte den „5-Cent-Ladentisch" ein, bei dem unterschiedlichste Waren auf einem Verkaufstisch ausgestellt und jeweils zum Einheitspreis von 5 Cent verkauft wurden. Die Kunden reagierten begeistert auf dieses Angebot, und *Frank Woolworth* beschloss, nach diesem Prinzip in Utica/NY im Februar 1879 einen eigenen Laden zu eröffnen. Dies war der Beginn der großen Warenhauskette, die heute Niederlassungen auf allen Kontinenten hat.

Hinweis zur Route

Von Watertown folgen Sie dem NY-3, der parallel zum Ontario-See durch eine schöne Gegend mit kleinen Ortschaften, großen Farmen und lichten Wäldern verläuft. Kleine Stichstraßen führen direkt an den See und zu vielen State Parks mit ausgezeichneten Möglichkeiten zum Picknick, Schwimmen, Kanufahren, Surfen, Segeln und Wandern.

Die **Jefferson County Historical Society**, 228 Washington St., zeigt in einem alten Herrenhaus Möbel, Bilder und Porzellan aus viktorianischer Zeit sowie indianisches Handwerk, alte landwirtschaftliche Geräte und einen schönen, neu angelegten viktorianischen Garten.

Sackets Harbor und Oswego (ⓘ S. 151)

Das Gebiet zwischen Sackets Harbor und Oswego war während des Englisch-Amerikanischen Krieges um 1812 Schauplatz mehrerer Gefechte, deren Verlauf und Bedeutung im Besucherzentrum der **Sackets Harbor Battlefield State Historic Site** erläutert werden. Sackets Harbor ist heute ein kleiner Ferienort. Interessant ist das **Seaway Trail Discovery Center**, 401 West Main St., das über den 500 mi langen Seaway Trail informiert, der sich vom Erie-See bis zum St. Lorenz-Strom hinzieht.

Nachdem Sie bei der Ortschaft Mexico auf den NY-104 gewechselt sind, erreichen Sie **Oswego**, eine wichtige Hafenstadt mit 18 000 Einwohnern. Sehenswert ist das **Fort Ontario State Historic Site**, E. Fourth St., das 1755 von den Engländern gebaut wurde. An die Zeit um 1860 erinnern die Wachhäuser, Kasernen, das Pulvermagazin und die Offiziersquartiere. Im **H. Lee White Marine Museum**, West 1st Street Pier, am Westufer des Oswego River, sehen Sie Ausstellungen zur frühen Geschichte der Großen Seen.

Rochester (ⓘ S. 151)

Kulturelles Zentrum

Rochester ist mit ca. 220.000 Einwohnern (1,1 Mio. im Großraum Rochester) die drittgrößte Stadt des Bundesstaates New York, eine wichtige Industriestadt, aber auch eine Stadt mit einem vielseitigen Kunst- und Kulturangebot. Die Stadt liegt am südlichen Ufer des Ontario-Sees, ist Sitz der weltweit bekannten Firmen *Eastman Kodak* und *Xerox* und Standort von elf angesehenen Colleges und Universitäten. Theater, Musik, Kunst und Film haben in Rochester eine lange Tradition; international bekannt sind das städtische Sinfonieorchester und das Orchester der Musikhochschule. Bei einem Rundgang durch die Stadt können Sie Bauelemente aus allen Epochen entdecken. Seit einiger Zeit wird der alte Fabrik- und Lagerhausdistrikt

7. Auf dem Weg zu den Niagarafällen – New York State
Drei Routenvorschläge

Browns Race/High Falls District in ein historisches Kulturviertel umgestaltet mit Restaurants, Cafés, Geschäften und Konzerträumen. Auch als Einkaufsstadt hat Rochester sich mit einer großen Auswahl an Geschäften rund um den Marktplatz, kleinen Läden entlang des Erie-Kanals, modernen Einkaufsmalls und Outlet-Geschäften in den Vororten einen Namen gemacht.

Das Umland von Rochester eignet sich bestens zum Wandern und Radfahren. Ein beliebter **Radwanderweg** führt am Erie-Kanal entlang über den *Erie Canal Heritage Trail* mit seinen historischen Schleusen. Wassersportler aller Art finden rund um Rochester lange Sandstrände und ausgezeichnete Badeplätze in den State Parks am Ontario-See und im Bereich der Finger Lakes, sie können Kanus, Ruder- und Segelboote mieten, Wildwasserfahrten auf dem Genesee River machen oder an einem Schiffsausflug auf dem Erie-Kanal teilnehmen.

Radwandern

Einen guten Überblick über die Stadt bieten die **Aussichtspunkte** am Manhattan Square Park, Ecke Chestnut/Broad Sts., und „Upper Falls Park" am Genesee River. Im **Center at High Falls**, 60 Browns Race, einem ehemaligen Mühlenviertel, gibt es Ausstellungen zur Stadtgeschichte und -entwicklung und eine schöne Aussicht auf den Genesee River und die Wasserfälle.

Das **George Eastman House**, 900 East Ave., wurde von *George Eastman*, dem Erfinder des Rollfilms, am Anfang des 20. Jh. gebaut. Er lebte in dem prächtigen 50-Zimmer-Herrenhaus mit dem schön angelegten Garten von 1905 bis zu seinem Tode im Jahr 1932. Für Fotofreunde ist vor allem das angeschlossene **International Museum of Photography** interessant, das in sehenswerten Ausstellungen die Geschichte der Fotografie von ihren Anfängen bis zur Gegenwart dokumentiert.

Fotomuseum

Das **Rochester Museum & Science Center**, 657 East Ave., zeigt historische, naturgeschichtliche und technische Ausstellungen, eine große Sammlung von Kunst- und Gebrauchsgegenständen der *Seneca*-Indianer und ist Standort des Strasenburgh-Planetariums mit dem ersten Zeiss-Teleskop und eindrucksvollen Filmvorführungen.

Das **Strong Museum**, 1 Manhattan Square, mit dem Untertitel „Museum of Play" besitzt eine sehr bekannte Puppensammlung mit 5.000 Puppen, Spielzeugminiaturen, Modelle verschiedener Transportmittel und viele Spiel- und Experimentierstationen für Kinder. Die **Memorial Art Gallery**, 500 University Ave., besitzt über 11.000 Ausstellungsstücke aus allen Epochen.

Das **Susan B. Anthony House**, 17 Madison St., ist das ehemalige Wohnhaus der Frauenrechtlerin *Susan B. Anthony*, die in der zweiten Hälfte des 19. Jh. für das Wahlrecht der Frauen kämpfte und sich nach dem Ende des Bürgerkrieges auch für die Rechte der Schwarzen einsetzte. 1866 beteiligte sie sich an der Gründung der „American Equal Rights Association"; 1872 wurde sie verhaftet, weil sie bei den Präsidentschaftswahlen 1872 ihre Stimme abgab, obwohl Frauen noch kein Wahlrecht besaßen. Dieses wurde erst 1920, 14 Jahre nach ihrem Tode, eingeführt. 1979 wurde sie geehrt, als sie als erste Amerikanerin auf einer neuen Dollarmünze abgebildet wurde.

Die Frauenrechtlerin Susan B. Anthony

Niagara Falls/NY (ⓘ S. 151)

Überblick

Großartiges Naturschauspiel

Die Niagarafälle zählen zu den bekanntesten Natursehenswürdigkeiten im Nordosten der USA. Da sie aber nicht wie viele andere Naturwunder in großer Abgeschiedenheit, sondern mitten in einer Stadt liegen und leicht erreichbar sind, gehören sie auch zu den meist besuchten Sehenswürdigkeiten. Mehr als 12 Mio. Besucher kommen jährlich nach Niagara Falls, um die eindrucksvollen Wasserfälle zu erleben: der amerikanische Wasserfall ist 328 m breit und stürzt in zwei Stufen 55 m tief; sein südlicher Teil wird *Bridal Veil Falls*, „Brautschleier-Fälle", genannt; die kanadischen *Horseshoe Falls*, die „Hufeisen-Fälle", die den Namen ihrer Form verdanken, sind 640 m breit und stürzen 54 m tief.

Doppelstadt

Aber Niagara Falls ist nicht nur der Name der Wasserfälle, sondern auch der Name der beiden Städte, die an den Ufern des Niagara River, jeweils auf amerikanischer und kanadischer Seite, liegen. Die Städte sind durch die Rainbow Bridge und die Whirlpool Rapids Bridge miteinander verbunden. Die **amerikanische Stadt** (ca. 70.000 Einwohner) am Ostufer gehört zur Metropolitan Area von Buffalo; sie hat Wasserkraftwerke und eine ausgeprägte elektrizitätsabhängige Industrie. Der Fremdenverkehr konzentriert sich auf die nähere Umgebung der Wasserfälle. Die **kanadische Stadt** (ca. 76.900 Einwohner) am Westufer des Niagara River ist wegen ihrer spektakulären Ausblicke auf die Wasserfälle ein bedeutendes Touristenzentrum mit gepflegten Parkanlagen, sehr guten touristischen Einrichtungen und vielen interessanten Sehenswürdigkeiten.

Von beiden Städten hat der Tourismus vollständig Besitz ergriffen; sowohl auf der amerikanischen als auch auf der kanadischen Seite des Niagara River gibt es viele Hotels aller Kategorien, Restaurants, Geschäfte, Freizeitparks und Attraktionen wie Wachsmuseum, Kasino, Kinos, Shows und die abendliche Illumination der Wasserfälle. Vor allem in den Sommermonaten scheint ganz Niagara Falls ein großer Jahrmarkt voller Trubel zu sein. Vor den Sehenswürdigkeiten bilden sich lange Warteschlangen, die Straßen sind mit Autos verstopft und voller Lärm, die Restaurants sind überfüllt – aber das alles zählt nicht mehr, wenn Sie sich den Wasserfällen zu Fuß, mit Booten, Jet-Boats oder Hubschraubern nähern und das tosende Schauspiel der herabstürzenden Wasserfälle hautnah erleben.

 Hinweis für Besucher

*Sie sollten auf jeden Fall die Wasserfälle auf der amerikanischen **und** der kanadischen Seite besuchen! Dazu können Sie über die Rainbow Bridge nach Kanada fahren. Leider wird die Besichtigung der Wasserfälle durch die Grenzformalitäten etwas erschwert. Auch Besucher, die nur einen kurzen Ausflug nach Kanada machen, müssen sich bei der Rückkehr der umständlichen Pass- und Einreisekontrolle unterziehen. Besucher, auch solche mit US-Einreisevisum, müssen bei der Einreise in die USA über Kanada eine Gebühr bezahlen; dabei werden kanadische Dollar und Kreditkarten **nicht** akzeptiert – man muss deshalb unbedingt über amerikanisches Geld verfügen. Auf Warteschlangen und lange Wartezeiten muss man sich, nicht nur im Sommer, einstellen.*

7. Auf dem Weg zu den Niagarafällen – New York State
Niagara Falls

 Reise- und Zeitplanung

Die Niagarafälle sind zu jeder Jahreszeit einen Besuch wert. Die Sommermonate haben den Vorteil, dass alle Attraktionen rund um die Fälle geöffnet sind und den Nachteil, dass aufgrund der hohen Besucherzahlen mit langen Wartezeiten gerechnet werden muss, vor allem an den Wochenenden. In den Wintermonaten geht es ruhiger zu in Niagara Falls. In besonders kalten Wintern friert der Fluss auch schon einmal unterhalb der Fälle zu und die Gischt vereist zu bizarren Gebilden Dann sucht sich der Fluss seinen Weg durch die hoch aufgetürmten Eisschollen.

Planung für einen zweitägigen Aufenthalt

1. Tag: Besuch der Sehenswürdigkeiten auf der amerikanischen Seite
- Überblick über die Wasserfälle von der Höhe des Observation Tower
- Spaziergang oder *Viewmobile*-Fahrt über die Pedestrian Bridge zu den *Bridal Veil Falls*, zur Windhöhle *Cave of the Winds* und zum *Terrapin Point* mit großartigem Blick auf die kanadischen *Horseshoe Falls*

2. Tag: Besuch der Sehenswürdigkeiten auf der kanadischen Seite
- Fahrt auf den Skylon Tower
- Bootsfahrt mit der „Maid of the Mist" zu den *Horseshoe Falls*
- Spaziergang zu den *Table Rock Tunnels* („Journey behind the Falls") und Aufzugfahrt in die Tiefe der *Horseshoe Falls*
- Fahrt mit dem Niagara Whirlpool Aero Car über den *Whirlpool*
- Besuch der illuminierten Wasserfälle am Abend

Planung für einen drei- bis viertägigen Aufenthalt

1. und 2. Tag: wie vorher beschrieben

3. Tag
- Spaziergang durch den Victoria Park
- Bummel durch Clifton Hill
- Besuch der Museen und Kuriositäten im Clifton-Hill-Viertel
- Besuch des Botanischen Gartens und des Butterfly Conservatory
- Fahrt zum Marineland Park
- Besuch des Spielkasinos

4. Tag
- Fahrt nach Niagara-on-the-Lake und Rundfahrt durch das „Niagara County"

Winter in Niagara Falls

7. Auf dem Weg zu den Niagarafällen – New York State
Niagara Falls

Geschichtlicher Überblick

Indianer, französische Entdecker, Forscher und Missionare erkundeten zuerst das Land bei den Wasserfällen. Nach den amerikanischen Freiheitskriegen wurde bei Niagara-on the-Lake das Fort George angelegt, um die Niagara-Region vor den Angriffen der amerikanischen Truppen zu schützen, die sich von der englischen Vorherrschaft befreit hatten. 1812 kam es zur entscheidenden Schlacht, 1814 wurde durch den Vertrag von Gent die Grenzlinie festgelegt, womit die Geschichte der amerikanischen und kanadischen Schwesterstädte begann.

Der Bau der Eisenbahn brachte um 1840 die ersten Touristen zu den Wasserfällen, deren Zahl schnell anstieg. 1846 gab es die ersten Bootsausflüge mit der „Maid of the Mist". 1885 wurde die Niagara Parks Commission zum Schutz der Natur und der Wasserfälle gegründet, 1888 wurden die Niagara Parklands für die Öffentlichkeit freigegeben.

Zweifelhafte Mutproben

Zu Beginn des 20. Jh. wagten „Daredevils", wagemutige, tollkühne und sensationslüsterne Männer und Frauen, immer wieder, sich die Niagarafälle hinunterzustürzen oder den *Whirlpool* zu durchschwimmen. Nicht alle überlebten! Heute sind solche Versuche verboten! 1941 wurde der Bau der Rainbow Bridge beendet; 1951 wurde der Vertrag „Niagara Diversion Treaty" zwischen den USA und Kanada geschlossen, der die gemeinsame Nutzung der Wasserfälle zur Stromerzeugung beinhaltet.

Die Niagarafälle und ihre Entstehungsgeschichte

Die Wasserfälle entstanden als Folge einer Eiszeit, während der vor etwa 50.000 Jahren riesige Gletscher den amerikanischen Kontinent bedeckten. Als durch die fortschreitende Erwärmung die Eismassen schmolzen, blieb ein großes Binnenmeer zurück. Seine Überreste sind die fünf Großen Seen zwischen den USA und Kanada, von denen der Erie-See und der Ontario-See durch den Niagara River miteinander verbunden sind.

Die „Maid of the Mist" bringt Sie ganz dicht an die Wasserfälle heran

In seinem Verlauf zwischen Erie- und Ontario-See muss der Niagara River einen Höhenunterschied von 109 m überwinden. Auf hal-

7. Auf dem Weg zu den Niagarafällen – New York State
Niagara Falls

bem Weg liegt eine Felsbarriere, über die der Fluss in die Tiefe stürzt – das sind die Niagara Falls, die „donnernden Wasser".

Die Entstehung der Niagara Falls gleicht der anderer Wasserfälle, bei denen eine härtere und eine weichere Gesteinsschicht aneinander stoßen. Das Wasser gräbt sich in das weichere Gestein ein tiefes Tal, sodass sich eine Stufe zwischen den beiden Gesteinsschichten bildet. Über diese Stufe stürzt das Wasser in die Tiefe.

Redaktionstipps

Sehens- und Erlebenswertes
- Das Auto in der Nähe des Visitor Center parken und zu Fuß zu den Wasserfällen gehen oder mit dem *Viewmobile* dorthin fahren
- Machen Sie eine Bootsfahrt mit der „Maid of the Mist" zu den *Horseshoe Falls*
- Besuchen Sie die „Windhöhle" und das „Hurricane Deck" am *Bridal Veil Fall*
- Besichtigen Sie auch die Wasserfälle auf der kanadischen Seite
- Schauen Sie sich die Niagarafälle bei Nacht an

Der Niagara River strömt bei seinem Ablauf aus dem Erie-See zunächst über hartes Kalkgestein, bis er bei der Mündung in den Ontario-See auf weichen Sandstein und Mergel trifft. An dieser Stelle entstand einst auch der Wasserfall; im Laufe der Zeit aber schritten die Wasserfälle durch die Auswaschung der weichen Mergelschicht von ihrer ursprünglichen Lage zurück. Gegenwärtig beträgt dieser „Rückzug" jährlich ca. 107 cm.

Unterhalb der Wasserfälle hat sich der Niagara River bei diesem Zurückschreiten in eine mehr als 11 km lange Schlucht zwischen über 100 m hohen Felswänden eingegraben; dabei hat er bei den *Whirlpool Rapids* ein sehr starkes Gefälle.

Von der Gesamtwasserkraft der Niagarafälle werden etwa 30 % für industrielle Zwecke genutzt; das „Niagara Power Project" ist das größte Wasserkraftwerk der westlichen Welt.

Wasserkraft

Der **Niagara River** wird nach dem Austritt aus dem Erie-See durch die Ziegeninsel, Goat Island, in zwei Flussarme geteilt:
- zwischen Goat Island und der amerikanischen Stadt liegen der **American Fall** und nahe dabei der kleinere **Bridal Veil**, der „Brautschleier-Fall";
- zwischen Goat Island und der kanadischen Stadt liegt der mächtige **Horseshoe Fall**, der „Hufeisen-Fall", über den etwa 90 % der Wassermassen in die Tiefe stürzen.

Sehenswürdigkeiten auf der amerikanischen Seite von Niagara Falls

Der **Niagara Reservation State Park** umfasst das ganze Gelände der amerikanischen Wasserfälle mit allen Sehenswürdigkeiten, den besten Aussichtspunkten, mit Parkanlagen, Spazier- und Wanderwegen, Restaurants und Informationszentren. Er gilt als der älteste Park Amerikas, da er schon 1885 gegründet wurde.

Amerikanische Wasserfälle

7. Auf dem Weg zu den Niagarafällen – New York State
Niagara Falls

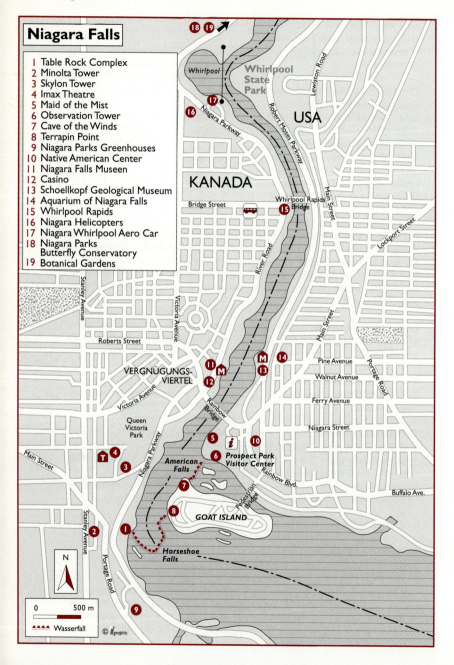

Sehenswürdigkeiten südlich der Rainbow Bridge

Im Niagara Reservation State Park liegen die folgenden Sehenswürdigkeiten und Attraktionen:
- Im **Prospect Park Visitor Center** erhalten Sie Informations- und Kartenmaterial; beliebt und interessant sind die Wasserspiele im Inneren und vor dem Eingang des Visitor Center.
- Der **Prospect Point Observation Tower** (**6**), ein Aussichtsturm aus Aluminium und Glas, erhebt sich 86 m hoch am Fuß der Niagarafälle und überragt diese um 30 m. Sie können mit dem Aufzug hinauffahren und einen ersten Eindruck von den amerikanischen und kanadischen Wasserfällen gewinnen.

Die Fahrt mit der **„Maid of the Mist"** (**5**) ist ein Erlebnis, das Sie sich auf keinen Fall entgehen lassen sollten! Seit 1846 findet diese Fahrt statt; der Kapitän steuert das Schiff am *American Fall* und am *Bridal Veil Fall* vorbei. Es nähert sich dem Halbrund der *Horseshoe Falls* mit seinen tosenden Fluten und der hoch aufschäumenden Gischt, die bis zu den Passagieren hinaufspritzt. Durch Wasserschleier sehen Sie, wie der Kapitän das Schiff sicher durch das brodelnde Wasser wieder hinaussteuert. Zum Schutz vor den Wasserspritzern bekommen Sie bei Antritt der Fahrt wasserfeste Ölmäntel. Abfahrtszeiten: tgl. ab 9.15 Uhr. Am Fuß des Prospect Point Observation Tower ist eine der Bootsanlegestellen der „Maid of the Mist"; ein Aufzug bringt Sie dorthin. Meist ist die Wartezeit am Observation Tower am kürzesten.

Fahrt mit der „Maid of the Mist"

Goat Island, die Insel im Niagara River, trennt die amerikanischen und kanadischen Fälle. Auf der Insel, zu der Sie über eine Fußgängerbrücke oder mit dem *Viewmobile* gelangen, gehen Sie durch gepflegte Parkanlagen bis zur Nordspitze der Insel. So kommem Sie ganz nah an die Wasserfälle und die Stromschnellen heran. Zu den Three Sister Islands und zu Luna Island führen wiederum Fußgängerbrücken.

Nicht versäumen sollten Sie den Besuch der „Windhöhle" an den amerikanischen Wasserfällen Bridal Veil Falls. Bevor Sie mit einem Aufzug zur „Windhöhle", **Cave of the Winds** (**7**), fahren, erhalten Sie am Eingang wasserfestes Ölzeug und Filzschuhe, denn in der Tiefe ist es recht nass und rutschig. Unten angekommen, gehen Sie durch einen Tunnel und weiter über Holztreppen und -planken bis zum **Hurricane Deck** unter dem donnernd herabstürzenden Wasserfall. Hier sind Sie ganz dicht an diesem grandiosen Naturereignis: Es herrscht ein ohrenbetäubender Lärm, das Wasser spritzt hoch – Sie spüren ganz eindringlich die Allgewalt der Natur!

Unter dem Wasserfall

Der **Terrapin Point** (**8**) liegt an der Westspitze von Goat Island. Von hier aus haben Sie einen großartigen Blick auf den kanadischen Wasserfall, auf die sehr eindrucksvollen *Horseshoe Falls*, über die 90 % des Wassers stürzen.

Sehenswürdigkeiten nördlich der Rainbow Bridge

Im **Schoellkopf Geological Museum** (**13**) lernen Sie durch eine audiovisuelle Show Entstehung und Geschichte der Niagarafälle kennen. Vom Museum können Sie über einen knapp 3 km langen **Naturlehrpfad** bis zu den *Whirlpool Rapids* gehen.

7. Auf dem Weg zu den Niagarafällen – New York State
Niagara Falls

Im **Niagara Power Project Visitor Center**, 5777 Lewiston Rd. (NY-104), erfahren Sie durch interessante Filme, Diavorführungen und Demonstrationen, wie aus den Wassermassen elektrische Energie gewonnen wird. Vom Aussichtsplatz „Power Vista" haben Sie einen großartigen Ausblick auf den Niagara River und die *Lower Rapids*.

Museum für indianische Kultur

Native American Center for the Living Arts (10), 25 Rainbow Mall. Das dreistöckige Gebäude wird „The Turtle" genannt, weil es in seiner Konstruktion unverkennbar einer Schildkröte ähnelt. Diese Form wurde für das interessante Museum für indianische Kunst und Kultur gewählt, da nach indianischer Überlieferung die Schildkröte das Symbol für alles Leben auf der Erde ist.

Im **Aquarium of Niagara Falls** (14), 701 Whirlpool St./Pine Ave., leben mehr als 1.500 Meerestiere, u. a. Seelöwen, Delfine und Haie. Besonders viele Besucher ziehen die Pinguin-Kolonie und die Seehunde an.

Sehenswürdigkeiten auf der kanadischen Seite von Niagara Falls

Ausblicke und Illuminationen

Das touristische Zentrum der Stadt mit vielen interessanten Sehenswürdigkeiten und Attraktionen liegt zwischen der „Regenbogenbrücke" und den „Hufeisen-Fällen". Der gepflegte Ferienort Niagara Falls bietet eine ganze Palette von eindrucksvollen und ungewöhnlichen Ausblicken auf die Wasserfälle, die an Sommerabenden zwischen 21 und 24 Uhr angestrahlt werden und dann in allen Farben des Regenbogens leuchten. In den Wintermonaten setzt die Beleuchtung schon um 17 Uhr ein. Der **Niagara Parkway** und der „Niagara River Recreation Trail" verlaufen parallel zum Niagara River.

Hinweis

Sie können über die Rainbow Bridge nach Kanada fahren. Am Grenzübergang müssen Sie nur Ihren Reisepass vorzeigen; wegen des starken Besucherverkehrs sollten Sie in der Hochsaison jedoch mit Wartezeiten an der Grenze rechnen.

Parken und Busse

Während der Sommermonate ist der Verkehr so dicht, dass sich oft lange Autoschlangen auf dem Niagara Pkwy. und der Victoria Ave. bilden. Entsprechend schwer ist es, einen Parkplatz zu finden.
Südlich der Fälle gibt es drei große gebührenpflichtige **Parkplätze** am Niagara Pkwy., deren Kapazität in den Sommermonaten allerdings nicht immer ausreicht:
- „Falls Parking Lot", gegenüber dem Table Rock Complex, wo Sie den ganzen Tag den Wagen stehen lassen können;
- Greenhouse Parking, stundenweises Parken an den Gewächshäusern,
- Rapids View Parking Lot, 3 km südlich der Rainbow Bridge.

Zwischen den Parkplätzen und den Sehenswürdigkeiten verkehren täglich von Mitte Mai bis Mitte Oktober Shuttlebusse zwischen 9 und 23 Uhr im 20-Minuten-Takt, in den Wintermonaten nur am Wochenende.

7. Auf dem Weg zu den Niagarafällen – New York State
Niagara Falls

Sehenswürdigkeiten südlich der Rainbow Bridge

Beginnen Sie Ihren Besuch im **Besucherzentrum** im **Table Rock Complex (1)**, ca. 1,5 km südlich der Rainbow Bridge am Niagara Pkwy., der an einem Felsvorsprung an den *Horseshoe Falls* gebaut wurde. Hier werden Sie ausführlich, anschaulich und anregend über die Stadt und ihre Sehenswürdigkeiten informiert und erhalten auch Karten, Veranstaltungshinweise und die Informationsbroschüre „Visitor's Guide". Von der Terrasse haben Sie einen großartigen Blick auf die Wasserfälle.

Dichter an die Fälle heran kommen Sie bei der „**Journey behind the Falls**". In Regenmäntel gehüllt, können Sie im Besucherzentrum mit einem Aufzug 38 m in die Tiefe der Hufeisen-Fälle hinunterfahren. Dort führen drei Tunnels zu drei verschiedenen Aussichtspunkten: das Observation Deck liegt nur knapp 8 m über dem Niagara River, fast greifbar nahe. Die beiden anderen Tunnel führen Sie **hinter** die Wasserfälle, und auch hier können Sie die Fälle aus nächster Nähe fotografieren. An den Wochenenden im Juli und August ist ein uniformierter Mountie am Fuß der Fälle postiert.

Lohnende Fahrt in die Tiefe

Das **Minolta Tower Centre (2)**, 6732 Oakes Dr., liegt in der Nähe der „Hufeisen-Fälle". Der 99 m hohe Turm besitzt drei Restaurants, eine Fotoausstellung und drei Aussichtsterrassen mit herrlichem Rundblick. Zwischen dem Table Rock Complex und dem Minolta Tower Centre verkehrt die Seilbahn **Falls Incline Railway**. Abfahrt: Mitte Juni-Anfang Sept. tgl. 9 Uhr bis Mitternacht, sonst 10-19 Uhr.

Fahrt mit der Seilbahn

Die Rainbow Bridge verbindet die USA mit Kanada

Der **Skylon Tower (3)**, 5200 Robinson St., liegt am Rande der sehr schönen Queen-Victoria-Parkanlagen, den Wasserfällen direkt gegenüber. Auf den unteren Ebenen des Turms finden Sie zahlreiche Geschäfte, Ausstellungen, kleine Restaurants und ein großes, lautes und meist sehr volles Vergnügungszentrum mit Spielautomaten aller Art. Es ist ein Erlebnis, zu den Aussichtsterrassen mit einem der drei gelben Aufzüge („Yellow Bugs") hochzufahren, die in 52 Sekunden **außen** am 236 m hohen Turm in die Höhe steigen. Von der Höhe haben Sie einen großartigen Blick auf die Wasserfälle, den Niagara River und die Stadt; bei gutem Wetter können Sie fast 130 km weit schauen.

Blick aus der Höhe

Angrenzend an die Parkplätze des Skylon Tower liegt das **Niagara Falls Imax Theatre & Daredevil Adventure (4)**, 6170 Buchanan Ave. Auf einer sechs Stockwerke hohen Leinwand können Sie den mitreißenden Film „*Niagara: Miracles, Myths*

7. Auf dem Weg zu den Niagarafällen – New York State
Niagara Falls

Tipp für Besucher

Jeden Abend werden die Wasserfälle mit weißen und farbigen Lichtern im Abstand von jeweils 15 Minuten angestrahlt; von Mai bis September 19-22 Uhr, im Herbst und Winter zwischen 19 und 21.30 Uhr. Außerdem findet jeden Freitag um 22.30 Uhr ein Feuerwerk statt.

and Magic" erleben. Die Ausstellung der „Daredevils" zeigt die größte Sammlung von Fässern und anderen Gerätschaften, mit denen Todesmutige versucht haben, die Fälle zu überwinden.

Vom Skylon Tower können Sie einen schönen etwa 1,5 km langen Spaziergang durch den **Queen Victoria Park** am Fluss entlang zu einer der Anlegestellen der „Maid of the Mist" machen. Der schöne Park wurde bereits 1887 angelegt und bietet immer wieder reizvolle Ausblicke auf die Wasserfälle; am Abend wird der Park illuminiert.

Vergnügungsviertel
Auf dem Weg zur Rainbow Bridge können Sie das Getümmel in der **Clifton Hill Street** und den angrenzenden Straßen kennen lernen. Nicht umsonst trägt die Straße den Beinamen „*Clifton Hill – where the action is*"! Auf engem Raum drängen sich hier Geschäfte, Restaurants, Bars und Hotels, aber auch Vergnügungsstätten sowie originelle und interessante **Museen** (11). Dazu gehören u. a.:

- das **Guinness World of Records**, 4943 Clifton Hill St., mit nachgebildeten oder originalen Ausstellungsstücken aus dem „Guinness-Buch der Rekorde".
- das **Louis Tussaud's Waxworks Museum**, Clifton Hill St./Falls Ave., zeigt bekannte Persönlichkeiten als lebensgroße Wachsfiguren.
- **Ripley's Believe it or not! Museum**, 4960 Clifton Hill. Ein Museum mit mehr als 550 „unglaublichen" Ausstellungsstücken.
- **Ride Niagara**, 5755 River Rd. Im Aktionskino können Sie per Simulator einen Sturz durch die Wasserfälle nacherleben.
- Zu einer besonderen Touristenattraktion hat sich das neue **Casino Niagara** (12), 5705 Falls Ave., ☎ 905-374-5964, entwickelt, das oberhalb der Fälle liegt. Es ist 24 Stunden am Tag geöffnet.

Kasino

Wer für kurze Zeit der Großstadthektik entfliehen will, kann einen Spaziergang machen zu den **Niagara Parks Commission Greenhouses** (9), die nur 500 m südlich der kanadischen *Horseshoe Falls* liegen. Hier finden Sie Ruhe und Schatten zwischen Blumenbeeten und unter Palmen; mehr als 70 tropische Vogelarten fühlen sich hier heimisch.

Sehenswürdigkeiten nördlich der Rainbow Bridge (Karte S. 602)

Starke Stromschnellen
Die Fahrt über den Niagara Pkwy. weiter nach Norden führt am Niagara River entlang, der unterhalb der Fälle zunächst recht gemächlich durch eine tiefe Schlucht fließt. Wo diese sich verengt, nach etwa 3 km, stürzen die Wassermassen nun in heftigen Stromschnellen, den **Whirlpool Rapids** (15), weiter dem Ontario-See entgegen. An der schmalsten Stelle des Niagara River können Sie das „**Great Gorge Adventure**" erleben, wenn Sie mit dem Aufzug vom oberen Rand der Schlucht zu den *Whirlpool Rapids* hinunterfahren. Ein Pfad führt Sie über Holzstege und Stufen ein Stück an den Stromschnellen entlang. Eine kleine Ausstellung informiert darüber, wie immer wieder versucht wurde, die *Whirlpool Rapids* zu durchqueren.

Nach weiteren 2 km über den Niagara Pkwy. erreichen Sie den **Whirlpool**. Hier werden die *Whirlpool Rapids* zu einem tosenden, kreisrunden Strudel. Etwa 400 m Durchmesser hat der gewaltige *Whirlpool*, der von 90 m hohen Felswänden umschlossen ist.

Niagara Helicopters (16), 3731 Victoria Ave., bietet Rundflüge über die Stadt und die Wasserfälle an. Die Hubschrauber starten bei gutem Wetter ganzjährig tgl. zwischen 9 Uhr und Sonnenuntergang. Die

> **Tipp für Besucher**
>
> Preisgünstig ist der **Explorer's Passport**, mit dem Sie ermäßigten Zutritt zu den drei Sehenswürdigkeiten „Great Gorge Adventure", „Journey behind the Falls" und „Niagara Whirlpool Aero Car" haben. Der Pass ist von Mitte Mai bis Mitte Oktober in den Informationszentren erhältlich und zeitlich nicht begrenzt. Außerdem können Sie mit diesem Pass den ganzen Tag über kostenlos den „People Mover" benutzen und zu allen Sehenswürdigkeiten fahren.

Niagara Whirlpool Aero Car (17), eine Seilbahn, überquert mit ihrer offenen Gondel den *Whirlpool* in luftiger Höhe. Auf der etwa zehnminütigen Fahrt über das Wasser können Sie noch einmal die tosenden *Whirlpool Rapids* sehen und gut fotografieren. Fahrzeiten: Mitte März bis Ende Okt. tgl. von 9 Uhr bis zur Dämmerung.

Eine weitere Attraktion ist das **Niagara Parks Butterfly Conservatory** (18), 2565 Niagara Pkwy. Die große Anlage ist dem tropischen Regenwald nachgestaltet und beheimatet eine der weltweit größten Ausstellungen von farbenprächtigen und schön gemusterten Schmetterlingen. Genießen Sie auch den schön gestalteten angrenzenden Botanischen Garten.

Schmetterlinge und Blumen

The **Niagara Parks Botanical Gardens** (19), 2565 Niagara Pkwy., ist eine schöne Anlage, die von den Studenten der namhaften Gartenbauschule „Niagara Park School of Horticulture" gepflegt wird.

Dem Parkway folgend, kommen Sie nach ca. 2 km bei der „Sir Adam Beck Niagara Gernerating Station" zur **Floral Clock**, einer im Durchmesser 12 m großen Blumenuhr, die mit fast 20.000 Pflanzen gestaltet wurde. Ganz in der Nähe liegt Queenston Heights, eine gepflegte Parkanlage mit Wanderwegen und Picknickplätzen und schönem Blick auf den Fluss. Von Ende Juni bis Ende August finden am Sonntag Konzerte im Freien statt. Weiter nach Norden fließt der Niagara River dann über die *Lower Rapids* in den Ontario-See.

Schöne Parkanlage

Sehenswürdigkeiten in der Umgebung von Niagara Falls

Ein schöner Ausflug führt Sie von Niagara Falls nach Norden zum Ontario-See und nach Niagara-on-the-Lake auf der kanadischen Seite des Niagara River. Die kanadische Metropole Toronto ist nur ca. 150 km entfernt.

Ausflüge

In **Lewiston** wurde 1974 der 80 ha große **Earl W. Brydges Artpark** mit Wanderwegen, Strand- und Picknickplätzen eingerichtet. In den Sommermonaten können nen 2.400 Besucher Konzerte, Opern-, Ballett- und Schauspielaufführungen im Freilichttheater besuchen.

7. Auf dem Weg zu den Niagarafällen – New York State
Niagara Falls

Bei **Youngstown** bewacht seit 1726 das inzwischen restaurierte **Old Fort Niagara** die Mündung des Niagara River in den Ontario-See. In allen Kriegen war es eine strategisch wichtige, von Engländern, Franzosen und Amerikanern heftig umkämpfte Festung. In den Sommermonaten führen Soldaten in historischen Kostümen Paraden und militärische Übungen vor und informieren über die Geschichte des Forts.

Niagara-on-the-Lake (S. 151)

Gepflegter Ferienort

Niagara-on-the-Lake liegt im Norden der Niagarafälle, an der Mündung des Niagara River in den Ontario-See. Es ist ein beschaulicher, gepflegter Ort mit schönen Parkanlagen und stattlichen Häusern aus dem 19. Jh., dessen Ruhe man nach der Großstadthektik von Niagara Falls besonders genießt. Von 1791 bis 1796 war Niagara-on-the-Lake die erste Hauptstadt von Upper Canada, der heutigen Provinz Ontario, und entwickelte sich aufgrund seiner verkehrsgünstigen Lage bald zu einer geschäftigen Hafenstadt und zu einem Zentrum des Schiffsbaus. Der heutige Ort ist mit kleinen Boutiquen, Galerien, Restaurants, Hotels und Bed&Breakfast-Häusern auf den Fremdenverkehr eingerichtet.

Besondere Anziehungskraft hat der Ort heute durch das **Shaw Festival**, das alljährlich von Ende April bis Mitte November stattfindet; dabei werden u. a. Stücke von *George Bernard Shaw*, *Oscar Wilde* und *Agatha Christie* aufgeführt.

Zu den Sehenswürdigkeiten zählt das 1797-99 von den Engländern zum Schutz gegen die aufständischen Amerikaner errichtete **Fort George National Historic Site**, das heftig umkämpft und bis 1820 mehrfach zerstört wurde. Nach der Restaurierung sind die Offiziersquartiere, einige Soldatenunterkünfte, die Küche und ein Handwerksladen geöffnet. In den Sommermonaten führen Soldaten in historischen Kostümen Übungen vor und informieren über die Geschichte des Forts. Das **Niagara Historical Society Museum**, 43 Castlereagh St., zeigt Ausstellungen zur Geschichte der Stadt von der Zeit der Indianer bis zum Ende des 19. Jh.

> ### 🍷 Weinprobe
>
> Auf kanadischer Seite gibt es die ausgeschilderte „**Niagara Wine Route**". Informationen erhalten Sie unter ☎ 905-984-3626. Hier können Sie einige der Weingüter besuchen und an einer Weinprobe teilnehmen.

Über den 56 km langen, schön angelegten **Niagara Parkway** fahren Sie am Niagara River entlang zurück nach Niagara Falls. Unterwegs können Sie auf einem der zahlreichen Rastplätze, die direkt am Fluss liegen, eine kleine Rast einlegen oder sich inmitten von Wein- und Obstgärten ein wenig vom Trubel in Niagara Falls ausruhen.

> **Abstecher zur kanadischen Metropole Toronto**
>
> *Entfernung: 97,5 mi/156 km*
> *Ein kurzer Abstecher führt von Niagara Falls über den QEW (Queen Elizabeth Hwy.) nach Hamilton und weiter zur kanadischen Metropole Toronto.*

Toronto (ⓘ S. 151)

Toronto, die Metropole am Ontario-See, ist eine der lebendigsten Städte Nordamerikas mit einem reichen Kulturleben und vielen touristischen Attraktionen, die der Bedeutung ihres indianischen Namens „Treff- und Sammelpunkt" durchaus gerecht wird. Die Hauptstadt der Provinz Ontario liegt am Nordufer des Ontario-Sees, durch den die Grenze zwischen Kanada und den USA verläuft. Der Großraum Toronto ist mit ca. 3 Mio. Einwohnern die größte Stadt Kanadas und nach New York, Chicago, Los Angeles und Mexiko City die fünftgrößte Stadt Nordamerikas.

Metropole am Ontario-See

Toronto ist ein bedeutendes Industrie-, Handels- und Wirtschaftszentrum mit der viertgrößten Börse Nordamerikas und einem hochmodernen Banken- und Versicherungsviertel, aber Toronto ist auch eine kulturelle Metropole mit zwei hervorragenden Universitäten, mehreren sehr guten Hochschulen, ausgezeichneten Museen, Galerien, Orchestern und Theatern; dabei zählt die Stadt mit 125 professionellen Theaterensembles und über 10.000 Aufführungen zu den führenden Theaterzentren der englischsprachigen Welt. Mehrfach wurde Toronto von der UNO zur multikulturellsten Stadt der Welt erklärt, in der jede Kultur ihre eigene Identität bewahren kann. Torontos internationale Gastronomie und die ganz unterschiedlichen Wohnbezirke, die noch die Herkunftsländer der Menschen erkennen lassen, sind ein Beweis dafür.

Wirtschafts- und Kulturzentrum

Toronto bietet eine hervorragende Lebensqualität und ist sehr touristenfreundlich; die Stadt verfügt über zahlreiche Sehenswürdigkeiten, gute Hotels, vielfältige Restaurants und Straßencafés, elegante Boutiquen, große Einkaufszentren und die berühmte unterirdische Einkaufsstadt „Underground Toronto". Alle wichtigen Einrichtungen sind mit öffentlichen Verkehrsmitteln sehr gut zu erreichen; ein gut ausgebautes Verkehrsnetz verbindet alle Gemeinden mit der Innenstadt. Zu den besonderen Vorzügen zählen die auffallende Sauberkeit und die geringe Kriminalitätsrate, die deutlich niedriger ist als in anderen Städten dieser Größenordnung.

Ein Einkaufsbummel in Toronto ist ein besonderes Vergnügen; die riesigen, gläsernen und glitzernden Einkaufszentren wie das **Eaton Centre** und das **First Canadian Place Center** laden mit vielen Geschäften zum Bummeln, Schauen, Staunen, Aussuchen und Kaufen ein. Besonders exklusive Geschäfte finden Sie in Yorkville und in den **Hazelton Lanes**.

Rund um den CN-Tower

Beginnen Sie die Stadtbesichtigung mit dem Besuch des **CN-Tower** (1), 301 Front St. W. Der 1972-76 gebaute Turm ist mit 553,35 m das höchste frei stehende Gebäude der Erde. Während der Treppengang über 1.760 Stufen nach oben führt, bringt ein gläserner Aufzug Sie in nur 58 Sekunden hinauf zum 342 m hohen *Skypod* mit einer Außen- und einer Innenaussichtsplattform, sechs Fernseh- und acht Radiosendeanlagen, einer Ausstellung zur Baugeschichte des Turms und dem Restaurant „Top of Toronto", dem größten und höchsten Drehrestaurant der Welt. Hier können Sie in 90 Minuten das ganze Stadtpanorama an sich vorbeiziehen lassen.

Stadtpanorama

7. Auf dem Weg zu den Niagarafällen – New York State
Abstecher nach Kanada – Toronto

7. Auf dem Weg zu den Niagarafällen – New York State
Abstecher nach Kanada – Toronto

1 CN-Tower
2 Skydome
3 Union Station
4 Air Canada Centre
5 Convention Centre
6 Roy Thomson Hall
7 Old Fort York
8 Harbourfront
9 Exhibition Park
10 Ontario Place
11 Old City Hall
12 New City Hall
13 Textilmuseum
14 Art Gallery of Ontario
15 The Grange
16 Toronto Eaton Place
17 Parlament
18 Universität
19 Royal Ontario Museum
20 Kindermuseum
21 Bata Schuhmuseum
22 Kensington Market
23 Chinatown
24 Queen's Quay Terminal

Von der Innenplattform können Sie noch einmal einen Aufzug besteigen, der Sie zum 447 m hohen Space Deck bringt. Von hier aus können Sie sich mit Hilfe der Hinweistafeln einen guten Überblick über die Stadt am Ontario-See verschaffen und bei klarem Wetter sogar nach Süden bis zu den Niagarafällen und nach Norden bis zum Lake Simcoe schauen. Um lange Wartezeiten zu vermeiden, sollten Sie schon frühmorgens zum CN-Tower gehen.

Am Fuß des CN-Tower wurde der **Skydome** (2) 1989 eingeweiht, eine riesige Sportarena mit einem beweglichen Kuppeldach. Seit Februar 2005 hat der riesige, mehrfach preisgekrönte Sportpalast nun einen neuen Namen: **Rogers Centre**. Es ist weiterhin das Heimatstadion der Baseballmannschaft *Toronto Blue Jays* und des *Toronto Argonauts*

Sportarena

Football Teams, aber hier finden auch große Konzerte und Events statt. Mehrmals täglich ab 10 Uhr finden einstündige Führungen statt. Sie beginnen mit einem interessanten Film über das Bauwerk und ermöglichen einen Blick hinter die Kulissen.

Torontos Hauptbahnhof

Torontos Hauptbahnhof, die **Union Station** (3), ist einen Besuch wert. 1927 weihte der *Prinz von Wales* das Gebäude mit der riesigen, lichtdurchfluteten Halle auf 22 Pfeilern feierlich ein. Südlich der Union Station wurde 1999 das **Air Canada Centre** (4), ein Stadion für das Eishockeyteam *Toronto Maple Leaf* und für die Basketballmannschaft *Toronto Raptors*, eröffnet. Das Stadion bietet Platz für 19.800 Sportfans, kann aber auch zur Konzerthalle umfunktioniert werden. Das **Convention Centre** (5) ist Kanadas größtes Kongresszentrum.

Zwei Straßenblöcke vom CN-Tower entfernt liegt die **Roy Thomson Hall** (6), 60 Simcoe St./King St.W. Diese Konzerthalle wurde 1982 nach Plänen des bekannten Architekten *Arthur Erickson* errichtet und ist wegen ihrer kreisrunden Form ebenso berühmt wie wegen ihrer außergewöhnlich guten Akustik. Künstler und Orchester von internationalem Ruf sind häufig zu Gast.

Westlich des CN-Tower liegt **Old Fort York** (7), Garrison Rd., die älteste noch bestehende Verteidigungsanlage Kanadas. Ein kleines Museum informiert über die Militärgeschichte von Upper Canada. In den Sommermonaten paradieren Soldaten in den historischen Uniformen des 8. Königlichen Regiments.

Der CN-Tower und der Skydome sind die herausragenden Projekte bei der Neugestaltung der **Harbourfront** (8). Im Laufe der Jahre wurden die alten Schuppen und Lagerhäuser abgerissen und an ihrer Stelle Sport- und Parkanlagen, Theater und Hochhäuser gebaut. Torontos **Harbourfront Park** präsentiert sich jetzt auf einer 38 ha großen Fläche mit modernen Hotels, teuren Wohn- und Apartmenthäusern, Kunstgalerien und Theatern, eleganten Boutiquen, Restaurants und Cafés, einem Yachthafen, einem Eisenbahnmuseum und dem französischen Kulturzentrum.

An den modernen Harbourfront Park schließt sich nach Westen das riesige Messegelände, **Exhibition Park** (9), an; hier findet bereits seit 1879 in jedem Jahr eine der größten Industriemessen der Welt statt. Dem Gelände ist der Vergnügungspark **Ontario Place** (10) vorgelagert, der auf drei künstlichen Inseln im Ontario-See gebaut wurde.

Im Zentrum der Stadt

Das Herz der Stadt liegt in dem Viereck zwischen Yonge St. im Osten und Spadina Av. im Westen, zwischen College St. im Norden und Front St. im Süden. Dieser Bereich wird von den modernen Wolkenkratzern dominiert, die zwischen 28 und 76 Stockwerke hoch aufragen. Hier spielt

„Underground Toronto"

7. Auf dem Weg zu den Niagarafällen – New York State
Abstecher nach Kanada – Toronto

sich das Leben auf drei Ebenen ab: Während die oberen Stockwerke von Handels-, Finanz- und Dienstleistungsunternehmen genutzt werden, finden Sie in den unteren Geschossen Geschäfte aller Art, Banken, Arztpraxen, Cafés und Restaurants; unter der Erde liegen nicht nur die U-Bahnstationen und zahlreiche Parkhäuser, sondern auch ein großes Geschäftsviertel mit zahllosen Geschäften, Boutiquen und den größten Kaufhäusern Torontos.

„**Underground Toronto**" hat für Einheimische und Touristen gleichermaßen große Anziehungskraft. Das Tunnelnetz mit mehr als 12 km Länge durchzieht die gesamte Innenstadt und verbindet die Bürokomplexe miteinander, sodass die Menschen auch bei schlechtem Wetter oder in den kalten Wintermonaten in den mehr als 1.100 Geschäften bequem ihre Einkäufe machen, Ämter, Ärzte oder Banken aufsuchen, in den zahllosen Restaurants essen oder sich in einem der vielen Kinos und Theater unterhalten lassen können. Zur Orientierung hilft die bei der Touristeninformation erhältliche Karte „Toronto Underground".

Zu ebener Erde haben die Straßen ein ganz unterschiedliches Gesicht. Die wichtigste Nord-Süd-Achse ist seit Bestehen der Stadt die **Yonge Street**, die mit 170 km Länge als „die längste Straße der Welt" gilt. Auf dem 3 km langen Abschnitt zwischen der Bloor St. im Norden und der Hafenfront im Süden herrscht bei Tag und Nacht reges Treiben. Ein ganz anderes Gesicht hat die **Queen Street** in ihrem westlichen Abschnitt zwischen der Universität und Spadina St. mit ihren Antiquitätenläden, Antiquariaten, Buchhandlungen, Boutiquen und Galerien. An dem Straßenblock Queen/Bay Sts. steht am Nathan Philips Square vor den Gebäuden der Stadtverwaltung die Bronzeskulptur „Der Bogenschütze" von *Henry Moore*. Neben **Old City Hall** (11), 60 Queen St. W., dem Rathaus von 1891 mit Giebeln und Türmchen, wurde 1965 die **New City Hall** (12), Nathan Philips Square, gebaut. Dieses bemerkenswerte Bauwerk entstand nach den Plänen des berühmten finnischen Architekten *Viljo Revell*: Zwischen zwei halbrunden Hochhäusern mit 20 und 27 Stockwerken liegt ein flacher Kuppelbau, in dem das Parlament der Stadt und des Großraums Toronto tagt.

Yonge und Queen Street

Altes und neues Rathaus

Das sehenswerte **Textilmuseum** (13), 55 Centre St., liegt recht versteckt. Hier finden Sie eine Sammlung einzigartiger Textilien und Wandbehänge aus aller Welt. Besonders schön sind die Ausstellungsstücke aus Tibet und Indonesien. Die **Art Gallery of Ontario (14)**, 317 Dundas St. W., ist eine der wichtigsten Kunstsammlungen Kanadas mit über 17.000 Ausstellungsstücken. Gleich neben dem Museum liegt das sorgfältig restaurierte, ehemalige Galeriegebäude **The Grange (15)**, das aus dem Jahr 1817 stammt und das älteste Ziegelsteingebäude Torontos ist.

Einkaufszentrum

Bevor Sie zur Yonge St. zurückkehren, sollten Sie unbedingt einen Bummel durch das Einkaufszentrum **Toronto Eaton Place (16)** machen! In dem Straßenviereck zwischen Yonge, Queen, Bay und Dundas Sts. dehnt sich über und unter der Erde eine riesige Einkaufslandschaft aus, zu der die beiden großen kanadischen Warenhausketten „The Bay" und „Sears" sowie mehrere hundert Einzelhandelsgeschäfte gehören.

Old Town

> **Hinweis**
> Den Stadtplan finden Sie S. 610.

Nördlich des Central Business District liegen **Queen's Park, Universität** und **Royal Ontario Museum**. Am nördlichen Rand der Innenstadt erstreckt sich am Ende der University Av. der gepflegte Queen's Park mit dem Regierungssitz der Provinz Ontario und den Regierungsgebäuden. Das **Parliament Building (17)** wurde zwischen 1885 und 1892 im neugotischen Stil erbaut. In den Sommermonaten werden Führungen angeboten. Westlich des Queen's Parks liegt seit 1827 die traditionsreiche **Universität (18)** von Toronto, an der zurzeit etwa 50.000 Studenten eingeschrieben sind.

Eines der wichtigsten Museen Kanadas

Nur wenige Schritte weiter liegt das **Royal Ontario Museum (19)**, 100 Queen's Park, Bloor St./Avenue Rd., eines der interessantesten Museen Kanadas mit archäologischen, geologischen, mineralogischen und paläontologischen Ausstellungen. Mehr als 6 Mio. Exponate besitzt das Museum, das damit eines der größten Museen der Welt ist. Zum Museumskomplex gehört auch das **George R. Gardiner Museum of Ceramic Art** mit einer international bekannten Sammlung mit Keramiken aus vier Jahrhunderten, dazu gehören u. a. englisches Porzellan, italienische Majolika oder präkolumbianische Töpfereien.

Im ehemaligen McLaughlin Planetarium wurde das **Children's Own Museum (20)**, 90 Queen's Park Circle, eröffnet. In diesem Museum gibt es für Kinder im Alter von 1 bis 8 Jahren viel zum Entdecken, Ausprobieren, Spielen und Lachen. Nur fünf Gehminuten entfernt ist das **Bata Schuhmuseum (21)**, 327 Bloor St. W., ein reizvoll gestaltetes Museum, das in interessanten Ausstellungen mit über 10.000 Schuhen die Geschichte der Fußbekleidungen von den Anfängen bis zur Gegenwart in der ganzen Welt deutlich macht.

Yorkville

Sie brauchen nur die Bloor St. zu überqueren, um in das sehenswerte Viertel Yorkville zu gelangen. Vor etwa 25 Jahren wurde mit der mustergültigen Renovierung des Stadtteils begonnen, sodass sich Yorkville heute mit seinen viktorianischen Häusern, blumengeschmückten Innenhöfen, gepflegten Gärten und den zahlreichen Straßen-

7. Auf dem Weg zu den Niagarafällen – New York State
Abstecher nach Kanada – Toronto

cafés als eleganter, beliebter und attraktiver Bezirk präsentiert. Yorkville ist eines der teuersten Einkaufsviertel Torontos; hier finden Sie vor allem exklusive Boutiquen, teure Pelzgeschäfte, Juweliere, Antiquitätenläden und Galerien, aber auch die angesehenen Ladenkomplexe Hazelton Lanes und Cumberland Court.

Im Osten wird Yorkville durch die Yonge St. begrenzt, wo Sie an der Kreuzung mit der Bloor St. das große Kaufhaus der bekannten Kaufhauskette Hudson's Bay finden; im Westen Yorkvilles verläuft die Spadina Av., an der in einem gepflegten Park die viel besuchte Sehenswürdigkeit Casa Loma liegt.

Kensington Market und Chinatown

Westlich der Spadina Av., zwischen Queen St. W. und College St., liegen der Kensington Market und Torontos Chinatown. Im **Kensington Market (22)** können Sie das multikulturelle Toronto mit seiner ethnischen Vielfalt am besten kennen lernen; hier treffen Sie Menschen aller Rassen, Hautfarben und Nationalitäten, die in allen Sprachen der Welt alle nur denkbaren Waren, vom lebenden Kaninchen bis zum Computer, kaufen und verkaufen.

Multikulturelles Toronto

Südlich vom Kensington Market, nur durch die Dundas St. W. getrennt, breitet sich in den kleinen Straßen zwischen Beverley und Bathurst Sts. Torontos **Chinatown (23)** aus. Heute leben hier zwischen 80.000 und 100.000 Chinesen; hinzu kommen noch Einwanderer aus anderen Ländern Südostasiens, darunter auch viele Vietnamesen, die alle auf engem Raum zusammenleben.

Toronto Islands

Nur 3 km vom Hafen entfernt liegen die Toronto Islands, das beliebteste Ausflugsziel der Einheimischen. Bevor Sie mit der Fähre hinüberfahren, sollten Sie sich Zeit nehmen, um sich im **Queen's Quay Terminal (24)** mit über 100 Geschäften und Boutiquen, Cafés, Restaurants, Wasserspielen, Marktbuden und einem Tanztheater umzuschauen oder an der Promenade das bunte Treiben zu genießen.

Toronto Islands

Vom Queen's Quay Island Ferries Terminal, am Beginn der Bay St., setzen die Fähren in wenigen Minuten über zu den **Toronto Islands**, einem schönen Naherholungsgebiet mit Schwimmbädern, Wasserrädern, Stränden, Dünen, Lagunen, Spiel-, Sport- und Picknickplätzen, Wander- und Fahrradwegen. Im Sommer locken Folk-, Jazz- und Reggae-Festivals noch mehr Besucher an, die dann im Schein der untergehenden Sonne den prächtigen Blick auf die Skyline von Toronto genießen. Höhepunkt des Jahres ist die Anfang August stattfindende „Caribana" mit Musik, Tänzen und Paraden aus der Karibik.

Buchtipp

Leonie Senne, **Reise-Handbuch Kanada Osten**, Aktuelle Informationen und Tipps für individuelle Entdecker für bekannte und unbekannte Gebiete zwischen Niagara und Neufundland, Iwanowski's Reisebuchverlag.

8. VON NIAGARA FALLS ZU DEN METROPOLEN IM OSTEN

> **Hinweis zur Route**

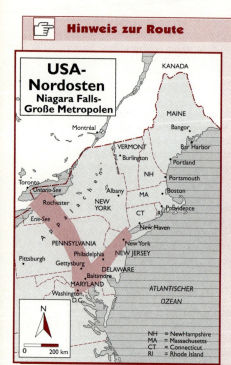

Entfernung: ca. 650 mi/970 km
Sie können die große Rundfahrt durch den Nordosten der USA fortsetzen, wenn Sie von Niagara Falls durch den Bundesstaat Pennsylvania nach Washington, D. C. und von dort über Philadelphia zurück nach New York City fahren. Von Niagara Falls fahren Sie zurück nach Buffalo. Ab Buffalo folgen Sie dem I-90 nach Süden bis Exit 54. Dort fahren Sie auf den NY-400, der Sie über den NY-20A auf den I-390, den späteren NY-17 nach Corning führt. Von Corning aus fahren Sie auf dem US-15 über Williamsport, Harrisburg und Gettysburg nach Frederic. Von dort aus fahren Sie über den I-270/I-270-Spur auf den I-495. Diesen verlassen Sie am Exit 41 und folgen nun dem George Washington Memorial Parkway nach Washington, D. C.

Nach dem Besuch Washingtons folgen Sie ab Washington dem I-95 über Baltimore und Philadelphia nach New York City.

Von Niagara Falls über Williamsport nach Washington, D. C.

Auf der Strecke von Niagara Falls nach Washington, D. C. lohnen folgende Sehenswürdigkeiten kleine Abstecher und eine Unterbrechung der Fahrt:

Geneseo (ⓘ S. 151)

National Warplane Museum
Big Tree Lane. Im Museum sind Flugzeuge des Zweiten Weltkrieges, Modellflugzeuge und Informationstafeln zur Geschichte der Luftfahrt ausgestellt.

**8. Von Niagara Falls zu den Metropolen im Osten –
Von Niagara Falls über Williamsport nach Washington, D. C.**

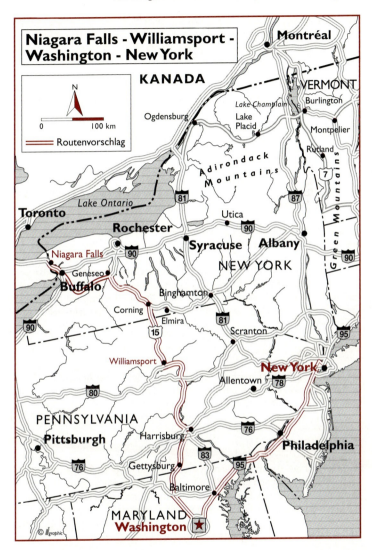

Corning (ⓘ S. 151)

Das Stadtzentrum in der Umgebung der Market St. wurde aufwändig restauriert und wirkt nun mit den baumbestandenen Gehwegen, den handgearbeiteten Straßenschildern und den alten Häusern, in denen Geschäfte und Restaurants eingerichtet wurden, sehr freundlich und einladend.

Glasmuseum

Corning wird das „Glaszentrum der Welt" genannt. Besonders sehenswert ist das **Corning Museum of Glass**, 1 Museum Way. Im Museum gewinnen Sie durch Werksführungen, audiovisuelle Einführungen, Demonstrationen der Glasbläserkunst und sehr gut präsentierte Ausstellungen einen Eindruck von der 3.500-jährigen Geschichte der Glasherstellung, die von der Pfeilspitze über Trinkgefäße und Leuchten bis zur zeitgenössischen Glaskunst reicht. In Corning wird auch das berühmte „Steuben-Glas" hergestellt. Im interessanten **The Rockwell Museum**, 111 Cedar St., gibt es vielfältige Ausstellungen: eine Sammlung von frühem „Steuben-Glas", antikes Spielzeug und eine Ausstellung zur Kunst der *Navajo*-Indianer.

Elmira (ⓘ S. 151)

In der Gegend von Elmira ließen sich die ersten Siedler Ende des 18. Jh. nieder. 1808 erhielt der Ort den Namen Elmira.

Mark Twain

Auf dem Gelände des Elmira College steht das „**Mark Twain Study**". Viele Jahre lang verbrachte *Mark Twain*, dessen eigentlicher Name *Samuel Clemens* war, hier die Sommermonate und arbeitete an seinen Romanen „Huckleberry Finn" und „Tom Sawyer". Das Haus hat die Form eines Ruderhauses auf einem Mississippidampfer. Das Grab *Mark Twains* befindet sich auf dem Woodlawn Cemetery am Nordende der Walnut St. In den Aufführungen von „**Mark Twain The Musical**" im Murray Center Domes werden das Leben und das Werk von *Mark Twain* dargestellt.

Williamsport (ⓘ S. 151)

Die Stadt mit ca. 34.000 Einwohnern liegt sehr schön am Fuß der Appalachian Mountains und am Susquehanna River. Etwa 10 mi/16 km südlich der Stadt liegt **Reptiland**, ein besuchenswerter Reptilienzoo.

Harrisburg (ⓘ S. 151)

Harrisburg ist die Hauptstadt Pennsylvanias. Die Stadt liegt am Susquehanna River, an einer Furt, die erst von den Indianern, später auch von den Siedlern als Handelsplatz genutzt wurde. Der Engländer *John Harris* richtete hier einen Handelsposten und einen Fährdienst ein. Die kleine Ansiedlung entwickelte sich rasch und wurde schon 1812 die Hauptstadt von Pennsylvania, in der heute etwa 55.000 Einwohner leben.

Sehenswert ist das 1906 im Stil der italienischen Renaissance gebaute **Capitol** mit seiner Kuppel, die der Kuppel des Petersdoms in Rom nachgebaut wurde.

John Harris Mansion, das Wohnhaus des Stadtgründers, kann in 219 South Front St. besichtigt werden.

Hinweis

*Bei Ihrer Fahrt durch Pennsylvania kommen Sie auch in das **Amish County**, wo die Nachfahren deutscher Siedler des 16. Jh. noch im Glauben und in der Tradition jener Zeit leben.*

Gettysburg (ⓘ S. 151)

Gettysburg gehört zu den bedeutendsten historischen Gedenkstätten der Vereinigten Staaten. In der Nähe des Ortes fand während des Sezessionskrieges im Jahr 1863 die entscheidende Schlacht statt, in deren Verlauf die Armee der Konföderierten unter General *Lee* vom Unionsheer zum Rückzug gezwungen wurde.

In Gettysburg können Sie den **Gettysburg National Military Park** besuchen und im **Soldier's National Museum**, im **Battle Theatre** und im **National Civil War Wax Museum** mit seinen lebensgroßen Wachsfiguren dieses für die amerikanische Geschichte so bedeutsame Ereignis nachvollziehen. Das Schlachtfeld wurde 1895 zum militärischen Nationalpark erklärt; ein Teil davon ist der 1863 eingeweihte Nationalfriedhof. Die Einweihungsrede, bekannt geworden als „Gettysburg Address", hielt *Abraham Lincoln*; darin bekannte er: „... diese Toten sollen ihr Leben nicht umsonst verloren haben ..." Erste Station sollte das **Visitor Center** (Washington St.) sein, dann das **Cyclorama Center**, wo der Verlauf der Schlacht in einer Licht-und Ton-Präsentation in der Rotunde dargestellt wird. Eine ca. 30 km lange markierte Rundfahrt führt zu 16 Stationen der Schlacht.

„*Gettysburg Address*"

Die Hauptstadt Washington, D. C. (ⓘ S. 151)

Die US-Bundeshauptstadt **Washington, D. C.**, mit ihren gut 560.000 Einwohnern (ca. 4,5 Mio. im Großraum), in der Mehrzahl Afroamerikaner, ist Schaltzentrale der Weltpolitik, einzigartiges Kulturzentrum und „Mekka" der Demokratie. Washington ist jedoch keine typisch amerikanische Stadt: Es gibt hier **keine Hochhäuser** – Bauten mit mehr als 13 Etagen sind untersagt –, sondern stattdessen eine Unmenge von funktionalen Verwaltungsbauten, teils im klassizistischen Stil, teils modern und insgesamt architektonisch wenig aufregend. Dazwischen „gestreut" fallen immer wieder prächtige Repräsentationsbauten ins Auge. Rund 300.000 Staatsbeschäftigte (inklusive Militär), die im Großraum leben, gehen hier ein und aus. Auffallend sind die **ausgedehnten Grünflächen**, die breiten Alleen und die Ballung von Museen und Monumenten rings um eine großzügige Freifläche, die **Mall**.

Keine Hochhäuser

Überblick

Verwaltung, Geografie und Wirtschaft

Washington ist verwaltungstechnisch ein Unikum, denn Stadt und Bundesbezirk, „District of Columbia", sind identisch. Erst seit 1964 dürfen die bis dahin einen Sonderstatus unterliegenden Bewohner von **D. C.** an den Präsidentschaftswahlen teilnehmen, seit 1970 auch an den Kongresswahlen, allerdings sitzt bis heute kein Vertreter der Stadt im Senat. Seit 1974 verfügt Washington über eine eigenständige Verwaltung mit einem Bürgermeister, der zusammen mit dem 13-köpfigen Stadtrat

8. Von Niagara Falls zu den Metropolen im Osten – Die Hauptstadt Washington, D. C.

direkt gewählt wird. Das **Staatsgebiet** bildet ein Karree von rund 16 km Seitenlänge und rund 160 km² Fläche und wird von Maryland und Virginia umschlossen.

Washington, kurz „DC" genannt, liegt am Ostufer des **Potomac River**, der rund 30 km südöstlich in die gigantische *Chesapeake Bay* mündet. Als Industriestandort spielt die Stadt keine Rolle, wohl aber sind Forschungsinstitute und Laboratorien, die im Auftrag der Regierung arbeiten, zahlreich vertreten, außerdem große Rüstungs- und Telekommunikationsfirmen. Daneben spielt der Tourismus eine wichtige wirtschaftliche Rolle, vor allem auf nationaler Ebene.

Stadtplanung und Geschichte

Im Jahr der Unabhängigkeitserklärung verfügten die 13 Unionsstaaten noch über keine permanente Hauptstadt. Man tagte einmal in Baltimore, einmal in Philadelphia, insgesamt an acht verschiedenen Orten. Als in Philadelphia 1783 die Truppen wegen ihres Solds meuterten, entschlossen sich die schutzlos ausgelieferten Kongressmitglieder, eine „richtige" Hauptstadt zu gründen, die sich durch ihre zentrale Lage zu den 13 Gründerstaaten auszeichnen sollte.

Washington war eine **Notlösung**, denn die Gründerväter der USA konnten sich auf keine Stadt einigen. Daher wählte schließlich *George Washington* höchstpersönlich ein Stück bis dato weitgehend unbesiedeltes Land am Potomac River aus, das man „District of Columbia" nannte. Maryland stellte dafür insgesamt 179 km², Virginia 80 km² zur Verfügung.

1791 beauftragte man den auf der Seite der Revolutionstruppen kampfbewährten, aus Frankreich stammenden Offizier und gelernten Architekten *Pierre L'Enfant* mit der Stadtplanung. Er entwarf eine weitläufige Stadt für 100.000 Einwohner, obwohl um 1800 gerade einmal rund 3.000 Menschen in der neuen Hauptstadt lebten.

Der Plan sah ein rechtwinkliges Straßennetz – ein Gitterraster mit klar gekennzeichneten Straßen, eingeteilt in vier Quadranten – vor. Hauptachse, Prachtmeile und Aushängeschild sollte die 500 m breite Grand Ave., vom Kapitol zum Potomac, genannt „The National Mall", sein. Ursprünglich nur als grüne Erholungsoase vorgesehen, wurde sie im Laufe der Zeit von Museen und Monumenten gesäumt. Zwischen Kapitol und Weißem Haus als Ankerpunkten entstand die Pennsylvania Ave., eine von mehreren Diagonalstraßen, die nach den 13 Gründerstaaten benannt wurden.

Redaktionstipps

Sehens- und Erlebenswertes
- Ein Rundgang über die Mall ist ein Muss: hier befinden sich das **Weiße Haus** (S. 624), das **US Capitol** (S. 631) und eine Reihe von sehenswerten **Museen**, z. B. The National Museum of the American Indian (S. 633), das Hirshhorn Museum (S. 634), das US Holocaust Memorial Museum (S. 630), das National Museum of American History (S. 631) oder die National Gallery of Art (S. 631)
- Die **Monumente** an der Mall, neben denjenigen für die Präsidenten beeindrucken das Korean und das Vietnam Memorial (S. 627-629) und bei schönem Wetter lohnt der Aufstieg zum **Washington Monument** (S. 630)
- Ein Spaziergang durch **Georgetown**, das „alte" Washington (S. 637)
- Auf dem Militärfriedhof **Arlington** (S. 638) einen Wachwechsel erleben

8. Von Niagara Falls zu den Metropolen im Osten – Die Hauptstadt Washington, D. C.

Um 1800 standen die ersten Gebäude, das Weiße Haus und das Kongressgebäude waren fertig, sodass im November 1800 hier zum ersten Mal der Kongress tagen konnte. Die Realisierung schritt voran, bis 1814 die Briten die Hauptstadt zu großen Teilen niederbrannten. In den folgenden Jahren ging der Wiederaufbau nur zögerlich voran und löste sich immer mehr von den ursprünglichen Plänen. Als dann auch noch der Bundesstaat Virginia monierte, dass die Union den zur Verfügung gestellten Virginia-Teil vernachlässige, gab der Kongress 1846 nach und verzichtete auf dieses Stück Land (heute Arlington/VA).

In den 1860er Jahren erlebte die Stadt während des Bürgerkrieges dank der florierenden Rüstungsindustrie und als Armeestützpunkt einen neuerlichen Aufschwung. Nach Kriegsende zogen viele befreite Sklaven nach Washington. **Um 1900** erinnerte man sich wieder der Originalpläne, realisierte Mall- und Regierungsbereich wie vorgesehen und riss dafür eine quer durch die Mall verlaufende Eisenbahnlinie wieder ab. **1974** erhielt DC **Stadtrecht**, nachdem es vorher nur ein von Beamten verwalteter „Federal District" war. Erst seitdem gibt es einen eigenen Bürgermeister und Stadtrat.

 Orientierung

Das touristische Zentrum Washingtons liegt **um die Mall zwischen Capitol/Union Station (Capitol Hill) und Potomac River**; außerdem von Interesse ist **Georgetown**. In der Innenstadt ist das Zurechtfinden leicht: Die wesentlichen touristischen Besichtigungspunkte liegen zentral an der Mall mit dem **Kapitol** im Osten und dem **Lincoln Memorial** im Westen. Dazwischen befinden sich das Washington Monument, das Weiße Haus und mehrere hochkarätige Museen.

Downtown schließt sich östlich an das Weiße Haus an und reicht bis zum Bahnhof, der *Union Station*. **Capitol Hill** bezeichnet das Wohnareal hinter Capitol und Union Station, wo außer Regierungsbauten und Eastern Market viele alte *town houses*, kleine Geschäfte und nette Lokale zu finden sind.

Das Viertel **Adams Morgan** (Columbia Rd. NW/18th St./Florida Ave.) ist bekannt für seine zahlreichen internationalen Läden und Restaurants sowie sein Nachtleben. Der Zugang zu **Chinatown** (6th/8th bzw. G/H Sts.) erfolgt durch ein monumentales Tor hinter der Sporthalle, dem *MCI Center*.

Die **Waterfront** (v. a. Maine Ave. SW) am Washington Channel bietet Piers, Yachten, Fischerboote, Fischmärkte und Restaurants. Das historische **Georgetown** schließlich liegt rund 5 km im Nordwesten der Innenstadt.

Die Nord-Süd-Achse **Capitol Street** und die **Mall** als Ost-West-Achse gliedern die Stadt in **vier Sektoren**: NW, NO, SO und SW, Bezeichnungen, die als Zusatz den Straßennamen beigefügt werden. **Straßen in Ost-West-Richtung** tragen Buchstaben, jene in **Nord-Süd-Richtung** sind von der Capitol St. aus durchnummeriert. Ferner gibt es diagonal verlaufende Avenues, benannt nach den 13 Gründerstaaten.

8. Von Niagara Falls zu den Metropolen im Osten – Die Hauptstadt Washington, D. C.

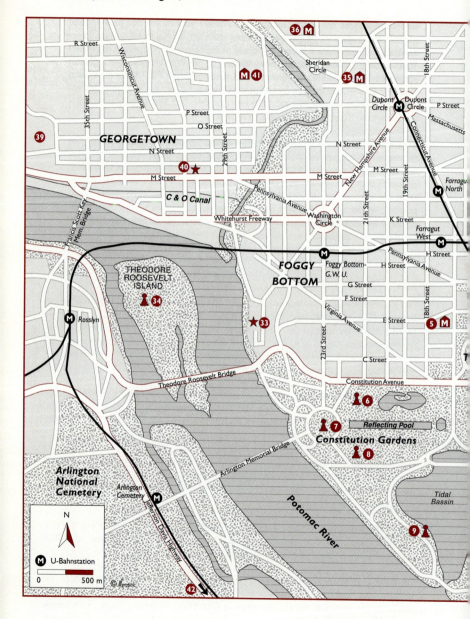

8. Von Niagara Falls zu den Metropolen im Osten – Die Hauptstadt Washington, D. C.

8. Von Niagara Falls zu den Metropolen im Osten – Die Hauptstadt Washington, D. C.

1. White House
2. LaFayette Square
3. Hay-Adams Hotel
4. St. John's Church
5. Corcoran Gallery of Art
6. Vietnam Veterans Memorial
7. Lincoln Memorial
8. Korean War Veterans Memorial
9. Franklin D. Roosevelt Memorial
10. Jefferson Memorial
11. US Holocaust Memorial Museum
12. Washington Monument
13. National Museum of Natural History
14. National Museum of American History
15. National Archives
16. National Gallery of Art West Building
17. National Gallery of Art East Building
18. United States Capitol
19. United States Supreme Court
20. Library of Congress
21. National Museum of the American Indian
22. National Air and Space Museum
23. Hirshhorn Museum
24. Arts & Industries Building
25. National Museum of African Art
26. Arthur M. Sackler Gallery
27. Freer Gallery of Art
28. National Postal Museum
29. MCI Center
30. National Museum of American Art & National Portrait Gallery
31. Ford's Theater
32. National Museum of Women in the Arts
33. John F. Kennedy Center for the Performing Arts
34. Theodore Roosevelt Memorial
35. Phillips Collection
36. Woodrow Wilson House Museum
37. Anacostia Museum and Center for African American History and Culture
38. Frederick Douglass National Historic Site
39. Georgetown University
40. Old Stone House
41. Dumbarton Oaks Garden and Museum
42. Pentagon

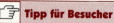

Tipp für Besucher

Ein Mietwagen ist in Washington überflüssig, da das Nahverkehrssystem hervorragend ausgebaut ist. Wer auf der Durchreise ist, sollte das Auto besser am Hotel stehen lassen, da **Parken in der Innenstadt** *zum Problem werden kann und Parkhäuser sehr teuer sind.*

Weißes Haus und Umgebung

„1600 Pennsylvania Avenue, Washington D. C." ist die wohl berühmteste Adresse der Welt. Hier befindet sich das **White House (1)**, seit 1800 Sitz der Präsidenten, die Schaltzentrale der Nation und neben dem Kapitol die Hauptattraktion Washingtons. **Exekutive** (White House), **Legislative** (US Capitol) und **Oberster Bundesgerichtshof** (US Supreme Court) liegen keine halbe Stunde zu Fuß voneinander entfernt. Obwohl bereits *George Washington* 1792 den Grundstein für den Präsidentensitz gelegt hat, residierte er selbst nie hier. Erst sein Amtsnachfolger, *John Adams* (1797-1801), regierte von hier aus, gefolgt von *Thomas Jefferson* (1801-09).

8. Von Niagara Falls zu den Metropolen im Osten – Die Hauptstadt Washington, D. C.

Im August 1814 besetzten die Briten Washington und brannten das Weiße Haus nieder. Nur die äußeren Sandsteinmauern sowie die inneren Ziegelwände überstanden das Feuer, nicht aber das Mobiliar. 1815 begann der Wiederaufbau, in dessen Verlauf man u. a. die Außenwände weiß strich und damit dem Gebäude seinen Namen gab. Im September 1817 konnte Präsident *James Monroe* (1817-25) wieder einziehen. 1902-03 erfolgten ein Umbau sowie eine Erweiterung. Unter

Das Weiße Haus

Harry S. Truman wurde 1948-52 das Weiße Haus einer gründlichen Renovierung unterzogen. Für eine Erneuerung der Inneneinrichtung setzte sich dann *J. F. Kennedy* (1961-63) ein, und auch während der Regierung folgender Präsidenten kam es immer wieder zu kleineren Umgestaltungen und Neuerungen.

Beschreibung des Weißen Hauses

Das Weiße Haus ist ein zweistöckiges Gebäude mit vorgelagerter Portikus und verfügt über insgesamt 132 Räume. Obwohl Touren (ⓘ Regionale Reisetipps) seit dem 11. September 2001 für ausländische Besucher nicht mehr angeboten werden, nachfolgend eine kurze Beschreibung der normal öffentlich zugänglichen Teile des Hauses.

Im **Untergeschoss** befinden sich Library, Vermeil Room, China Room, Map Room und Diplomatic Reception Room. Im Hauptgeschoss, dem **State Floor**, befinden sich die repräsentativen Säle: East, Green und Blue Room mit South Portico, Red Room, State Dining und Family Dining Room sowie die Entrance Hall. Die Räume sind wegen ihrer einheitlichen Farbgebung – daher auch die Namen – und aufgrund ihrer Ausstattung und Größe beeindruckend. Unmengen von antiquarischen Bänden in der **Library**, Kartenwerke im **Map Room**, kostbares Geschirr und wertvolle Gemälde. Der **East Room** ist der größte Raum des Weißen Hauses (24 m lang und 7 m hoch). Er dient in erster Linie als Ballsaal, wird aber auch zu Trauerfeierlichkeiten genutzt. Sehenswert sind die Gemälde von *George Washington* und *Dolley Madison*, der Gattin des von 1809 bis 1817 regierenden 4. US-Präsidenten *James Madison*. Beide Bilder stammen von *Gilbert Stuart*, und beide konnte *Dolley Madison* beim Brand des Weißen Hauses 1814 in Sicherheit bringen.

Rundgang im Weißen Haus

Im **Green Room** kann man teilweise noch die typische Einrichtung des 18. Jh. sehen, im **Blue Room**, mit blauem Bodenbelag, hängen die Porträts der ersten acht Präsidenten der USA. Im anschließenden **Red Room** werden auch heute noch kleine Empfänge gegeben. Der **State Dining Room** ist das zweitgrößte Zimmer im Weißen Haus, in dem bis zu 140 Gäste bewirtet werden können. Unter dem Porträt von *Abraham Lincoln* von *G. P. A. Healy* (1869) ist ein Zitat von *John Adams*, dem

8. Von Niagara Falls zu den Metropolen im Osten – Die Hauptstadt Washington, D. C.

2. US-Präsidenten, zu lesen: „Möge Gott dieses Haus segnen und alle, die es später bewohnen werden. Mögen stets ehrenhafte und weise Männer unter diesem Dach regieren."

🔖 Buchtipp

Washingtons Frühzeit mit einem noch nicht vollendetem White House, die Zeit während des Krieges zwischen dem jungen Staat und den Briten (1812-16) schildert die bekannte Südstaatenautorin Rita Mae Brown in ihrem Buch „**Dolley. Das Leben einer First Lady**" *(Rowohlt, 1995).*

LaFayette Square

Verlässt man das Weiße Haus und überquert die Pennsylvania Ave. im Norden, erreicht man den parkähnlichen **LaFayette Square (2)**. In der Mitte steht das 1853 geschaffene Reiterdenkmal, das *Andrew Jackson*, den 7. Präsidenten der USA (1829-37), zeigt, der 1815 die letzte große Schlacht gegen die Engländer gewann. An den vier Platzecken erinnern vier Statuen an jene Europäer, die sich im Verlauf des Unabhängigkeitskrieges gegen England verdient gemacht hatten: *Friedrich Wilhelm von Steuben*, der 1730 in Magdeburg geboren wurde, hatte unter *George Washington* in Valley Forge die Armee neu organisiert und war maßgeblich am Sieg gegen die Briten beteiligt gewesen. Er befehligte die Armee bei der großen Entscheidungsschlacht bei Yorktown (1781). Später lebte *von Steuben* als amerikanischer Staatsbürger in New York, wo er 1794 verstarb. Ihm zu Ehren findet alljährlich im Herbst die Steuben-Parade in New York statt. Der Pole *Tadeusz Kosciusko* (1746-1817) verbesserte die Ausbildung der Streitkräfte. *Marquis de La Fayette* (1757-1834) nahm ab 1777 am Unabhängigkeitskampf der 13 Kolonien teil und trug entscheidend zur Kapitulation der Briten bei Yorktown 1781 bei. Er galt als leidenschaftlicher Verfechter des Freiheitsgedankens und legte 1789 der französischen Nationalversammlung einen Entwurf zur Erklärung der Menschenrechte vor. Auch *Comte de Rochambeau* war Franzose und Truppenoberbefehlshaber und auch er half im Oktober 1781 *George Washington*, die Briten bei Yorktown zu schlagen.

Statuen über Statuen

Das **Blair House** zwischen Jackson Place und 17th St. fungiert als das offizielle Gästehaus für die Staatsgäste der US-Regierung. Beinahe ebenso gediegen lässt es sich im **Hay-Adams Hotel (3)**, 16th/H St. NW, gegenüber dem White House, nächtigen. Gegenüber dem Hotel liegt die **St. John's Church (4)** aus dem Jahr 1815, die wegen ihrer Nähe zum Weißen Haus auch „Church of the Presidents" genannte Hauskirche der Präsidenten. Ein Platz in Reihe 54 gehört dem jeweils amtierenden Staatsoberhaupt. Wie beim Wiederaufbau von Kapitol und Weißem Haus nach dem Brand 1814 war auch hier *Benjamin Henry Latrobe*, der berühmte Schöpfer großer Revolutionsarchitektur, beteiligt. Berühmt sind die Glasfenster, die teilweise von der Bauhütte der Kathedrale von Chartres hergestellt wurden.

Kirche der Präsidenten

Nun geht man um das Weiße Haus herum. Auf dessen Südseite liegt nicht nur der Garten, in den man nur über den Zaun einen Blick werfen kann, sondern auch **The Ellipse**, ein großer Park, der das White-House-Areal mit der National Mall verbindet. An der Westseite des Parks liegt gleich die **Corcoran Gallery of Art (5)**, 500 17th/E Sts. Hier sind neben Beispielen amerikanischer Malerei und Skulptur des 18. Jh. bis zur Gegenwart auch Werke europäischer Maler zu sehen.

Attraktionen an der National Mall

Das Zentrum der Stadt bildet zwischen dem US Capitol im Osten und dem Lincoln Monument im Westen, die **National Mall**, ein knapp 2 km langer, breiter Grünstreifen. An ihrer Längsseite liegen, vom Washington Memorial ostwärts, mehrere Museumsbauten, während auf der zum Fluss gelegenen Seite viele Denkmäler stehen.

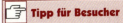

Tipp für Besucher

Je nach Interesse, Kondition und Dauer der Museumsbesuche sind für die Besichtigung der Mall mit ihren Bauten allein **mindestens zwei Tage** nötig. Berücksichtigt man die sonstigen Sehenswürdigkeiten, ist ein Aufenthalt unter drei Tagen für Washington gar nicht sinnvoll. Die einzelnen Sehenswürdigkeiten an der Mall sind leicht zu Fuß zu bewältigen, zumal man sich in der Grünanlage immer wieder ausruhen kann.

Es bietet sich an, zunächst den **Westteil der Mall** – „Constitution Gardens" genannt, mit See und Reflecting Pool – zu besichtigen. Hier erinnern mehrere Denkmäler an den Vietnam- und Koreakrieg und an vier der bedeutendsten Präsidenten, *Lincoln*, *Roosevelt*, *Jefferson* und *Washington*. Der Rundgang führt vom Weißen Haus Richtung Lincoln Memorial, dann mit Abstechern zum Roosevelt Memorial und Jefferson-Denkmal zum Washington Monument, wieder auf Höhe des Weißen Hauses. Der zweite Teil des Rundgangs führt in den **östlichen Bereich der National Mall**. Dazu folgt man am besten der Mall zunächst entlang der Nordseite Richtung Capitol, um auf der Südseite wieder zum Washington Monument zurückzukehren.

Albert Einstein Memorial

Am Nordwestrand der National Mall, Constitution Ave./21st St., ein wenig versteckt im Grünen, steht vor der Akademie der Wissenschaften eine interessante Statue von *Albert Einstein*. Die etwa 2 m große Bronze stammt von *Robert Berks*, einem renommierten Porträtbildhauer, der auch *M. L. King*, *E. Hemingway*, *J. F. Kennedy* und *A. Lincoln* abgebildet hat. Der Wissenschaftler sitzt entspannt auf drei Stufen und hält ein Blatt, auf dem seine wichtigsten Erkenntnisse aufgeschrieben sind.

Vietnam Veterans Memorial (6)

Die 1982 eingeweihte Gedenkstätte auf der Mall gegenüber der Akademie der Wissenschaften erinnert an ein besonders trauriges Kapitel der amerikanischen Geschichte. Es handelt sich um ein schlichtes, aber eindrucksvolles **Denkmal** von *Maya Ying Lin*. Schwarze Granitplatten bilden eine ca. 75 m lange, sanft geschwungene Linie Richtung Lincoln Memorial sowie Washington Monument. Die Platten tragen über 58.000 Namen von im Krieg gefallenen oder vermissten US-Bürgern, nach Sterbedaten geordnet. In nächster Nähe, südlich, sind **zwei Skulpturengruppen**, die Teil des Memorials sind, zu sehen: eine mit drei Soldaten, einem Latino, einem Weißen und einem Afroamerikaner von *Frederick E. Hart* (1984); eine zweite mit Frauenfiguren von *Glenna Goodacre* (1993), die an den Dienst von Frauen in der Armee erinnert.

Gedenkstätte für Kriegsopfer

INFO Abraham Lincoln

Abraham Lincoln wurde am 12. Februar 1809 in Hardin/Kentucky als Sohn einer armen Grenzerfamilie geboren. Er verbrachte den größten Teil seiner Jugend in Kentucky und Indiana. Schon seine jungen Jahre waren geprägt von harter Arbeit und dem Willen, sich fortzubilden, obwohl er nie eine ordentliche Schulausbildung genoss. Nachdem er sich 1831 in New Salem (Illinois) niedergelassen hatte, wurde er nicht nur politisch aktiv, sondern widmete sich gleichzeitig seinem Rechtsanwalt-Studium. Der belesene, offenherzige, schlacksige Riese, der seine Zeitgenossen um Kopfeslänge überragte, war überall als Geschichtenerzähler, Witzbold und brillanter Redner beliebt, besonders nachdem er 1837 nach Springfield (Illinois) übergesiedelt war.

Wegen seiner Überzeugung, dass die Sklaverei unvereinbar mit den Grundsätzen von Gleichheit und Freiheit sei, trat er 1856 der neu gegründeten Republikanischen Partei bei und machte schnell Karriere: 1860 wurde er in Chicago zum Präsidentschaftskandidaten nominiert und ein Jahr später überraschend zum 16. US-Präsidenten gewählt. Seine Wahl löste den Sezessionskrieg aus, den er im Sinne der nationalen Einheit – „*A House divided against itself cannot stand!*" – führte. In seiner berühmten *Gettysburg Address* auf dem Schlachtfeld von Gettysburg bekräftigte er die Grundsätze seiner Politik, indem er für eine „Regierung des Volkes durch das Volk und für das Volk" eintrat.

Nachdem der Bürgerkrieg durch die Nordstaaten gewonnen und alle Sklaven als frei erklärt worden waren, wollte Lincoln eine rasche Aussöhnung und eine Wiedereingliederung der Südstaaten, was jedoch der fanatische Südstaatler *John Wilkes Booth* am 14. April 1865 verhinderte. Er erschoss *Lincoln* im Washingtoner Ford's Theater.

Die Amerikaner haben *Lincoln* ein ehrenvolles Andenken bewahrt, denn seine politischen Tugenden sind zeitlos. Seine große politische Bedeutung liegt in der Abschaffung der Sklaverei (seit 1865 durch die 13. Verfassungsnovelle gesetzlich verankert) sowie im steten Eintreten für die Einheit der Union begründet. Lincoln ist in Springfield/Illinois bestattet.

Lincoln Memorial

Athener Parthenon als Vorbild

An prominenter Stelle, am Potomac River, genau auf einer Achse mit Washington Monument und Kapitol und nur wenige Schritte südwestlich vom Vietnam Veterans Memorial, steht, einem riesigen Tempel gleich, das **Lincoln Memorial (7)**. Schon 1867 geplant, begann 1914 der New Yorker Architekt *Henry Bacon* mit der Ausführung. Er orientierte sich dabei am Athener Parthenon und verwendete eine Vielzahl unterschiedlicher amerikanischer Marmorsorten bei der Ausführung. Hinauf zum **Marmorbau** führen 58 Stufen, stellvertretend für *Lincolns* Alter. Die 36 gut 13 m hohen dorischen Säulen stehen für die 36 Bundesstaaten, die es zur Zeit *Lincolns* gab. Bei Vollendung des Baus 1922 waren es bereits 48 und man entschloss sich, die Namen der 48 Unionsstaaten in die Treppenwangen einzuritzen. Die letzten beiden – Alaska und Hawaii – stehen auf einer Extraplatte am Fuß der Treppe.

Im Inneren befindet sich das 6 m hohe und fast ebenso ausladende Sitzbild von *Abraham Lincoln* von *Daniel Chester French*, außerdem eine kleine Ausstellung. Das Präsidenten-Monument setzt sich aus insgesamt 28 nahtlos aneinander gefügten Blöcken von weißem Tennessee-Marmor zusammen, die in vierjähriger Arbeit von den Bildhauer-Brüdern *Piccirilli* aus New York behauen wurden. Die Figur wird gerahmt von **Wandgemälden** mit den Haupttugenden Freiheit, Gerechtigkeit, Einigkeit, Brüderlichkeit und Fürsorge. Außerdem sind auf zwei großen Steintischen Inschriften zu finden: auf der linken Seite der Text der berühmten *Gettysburg Address* von 1864, dem Wendepunkt im amerikanischen Bürgerkrieg, und Auszüge aus seiner Antrittsrede 1865, als er zum zweiten Mal Präsident wurde, auf der rechten Seite. Kurz danach wurde *Lincoln* im Ford's Theater erschossen. Auf dieselbe Weise kam *Martin Luther King Jr.* um, der genau hier 1963 vor über 250.000 Zuhörern seine berühmte Rede „*I have a dream*" hielt, die die Vision einer emanzipierten amerikanischen Gesellschaft ohne Rassenschranken entwarf.

Lincoln Memorial

Korean War Veterans Memorial (8)

Bill Clinton und *Kim Young Sam*, der damalige Präsident von Südkorea, weihten 1995 die nur wenige Schritte südöstlich des Lincoln Memorial gelegene Gedenkstätte ein. Im Zentrum der runden Anlage schuf der Bildhauer *Frank Gaylord* **19 Bronze-Statuen**, die auf Patrouille durch ein Minenfeld dargestellt sind und sich durch überraschend große Individualität auszeichnen. Sie spiegeln sich in der **Granitwand**, die die Künstlerin *Louis Nelson* mit sandgestrahlten Kriegsszenen und den Namen der 22 UN-Nationen, die am Krieg beteiligt waren, versehen hat.

Franklin D. Roosevelt Memorial

Südöstlich des Korea Memorial und damit südlich der Mall liegt das **Tidal Basin**, eine Bucht des Potomac River. Der Rundgang führt um das Tidal Basin herum. Zwischen Tidal Basin und Potomac River beginnt südlich des Lincoln Memorial der **Potomac Park**. Hier liegt das besonders beeindruckende, 1997 erbaute **Roosevelt Memorial (9)**. Es ist kein gewöhnliches Denkmal, sondern ein Konglomerat einzelner Bauteile. Jeder der „Four Rooms" beschäftigt sich mit einer Präsidentschaftsperiode des insgesamt zwölf Jahre, von 1933 bis 1945 regierenden *Franklin D. Roosevelt* (1882-1945) und zeichnet sein Leben und Wirken nach.

Roosevelts „Räume"

Jefferson Memorial

Am Südufer des Tidal Basin, wenige Schritte östlich des Roosevelt Memorial, erhebt sich das **Jefferson Memorial (10)**. Es steht in engem Bezug zum Weißen Haus und zum Lincoln Memorial und bildet eine Ecke eines zwischen diesen Punkten geschla-

8. Von Niagara Falls zu den Metropolen im Osten – Die Hauptstadt Washington, D. C.

genen gleichschenkligen Dreiecks. Besonders schön präsentiert sich das Areal, wenn im Frühjahr die 650 Kirschbäume, ein Geschenk der Stadt Tokio von 1912, zartrosa blühen. Das **weiße Marmormonument** – auf den ersten Blick eine architektonische Mischung aus Athener Parthenon und römischem Pantheon – wurde zum 200. Geburtstag des 3. US-Präsidenten am 13. April 1943 eingeweiht, vier Jahre nach Grundsteinlegung durch *Franklin D. Roosevelt*. *John Russell Pope* hatte sich bewusst an *Jeffersons* architektonischen Vorlieben orientiert und die vom Präsidenten erstmals in Monticello eingesetzte Rotunde als Bauform gewählt. Der Präsident (1743-1826, Amtszeit 1801-09), Multitalent und Philosoph, Politiker, Architekt, Musiker, Literat, Naturwissenschaftler, Diplomat, Erfinder und Farmer in einer Person, ist im Inneren mit einer überlebensgroßen **Bronzestatue** auf schwarzem Granitsockel verewigt.

Multitalent Jefferson

US Holocaust Memorial Museum

Bevor man mit dem Washington Monument den ersten Teil des Rundgangs beendet, lohnt ein Besuch des **US Holocaust Memorial Museums (11)**, 100 Raoul Wallenberg Place SW, Zugang: 14th St./Independence Ave. Schon allein die Architektur des Museums, das 1993 nach Plänen von *James Ingo Freed* errichtet wurde, ist außergewöhnlich, zum einen wegen der Farb- und Materialkontraste, zum anderen aufgrund der nachempfundenen Wachttürme eines Konzentrationslagers. Mindestens ebenso eindrucksvoll werden im Inneren auf fünf Etagen unter Einsatz verschiedenster Medien die Stationen der systematischen Judenausrottung nachgezeichnet.

Washington Monument (12)

Der fast im Zentrum der National Mall gelegene und weithin sichtbare, 169 m hohe **Obelisk** aus weißem Maryland-Marmor ist dem ersten Präsidenten der USA, *George Washington*, gewidmet. Obwohl das Monument 1833 vom Kongress bewilligt wurde und *Thomas Mills* bereits 1848 mit dem Bau begonnen hatte, wurde das Bauwerk erst 1884 vollendet, da während des Bürgerkrieges das Geld ausgegangen war. Seit 1888 ist das Denkmal für die Öffentlichkeit zugänglich – 897 Stufen führen hinauf zur 153 m hohen Aussichtsplattform (auch per Aufzug).

National World War II Memorial

Neue Gedenkstätte

Im Mai 2004 wurde westlich vom Washington Memorial das **National World War II Memorial** eingeweiht. Konzipiert von dem aus Österreich stammenden Architekten *Friedrich St. Florian*, besteht es aus einer kreisförmigen Wasserfläche von ca. 100 m Durchmesser, die von Säulen, zwei Pavillons und den beiden „Freedom Walls" umgeben wird. Es erinnert an die 400.000 US-Soldaten, die im Zweiten Weltkrieg in Europa und im Pazifik getötet wurden.

National Museum of Natural History

Entlang der National Mall gibt es gleich mehrere, äußerst sehenswerte Museen. Wenige Schritte nordwestlich des Washington Monument liegt das **National Museum of Natural History (13)**, 10th St./Constitution Ave. NW, mit über 120 Mio. naturwissenschaftlichen Objekten aus den Gebieten der Geologie, Biologie, Anthropologie und Archäologie. Es gibt hier einen afrikanischen Elefanten, den berühmten Hope-Diamanten, Modelle von Walen, Dinosauriern und anderen prähistorischen Lebewesen, nachgestellte Meeresökosysteme und einen *Discovery Room* für Kinder.

National Museum of American History

Benachbart liegt das **National Museum of American History (14)**, 12-14th Sts./ Constitution Ave. NW, eines der meistbesuchten Museen an der Mall. Es zeigt eine bunte Vielfalt an Ausstellungsstücken – Möbel, Haushaltwaren, Silber, Porzellan, Münzen u. a. –, die Zeugnis über die sozialen, kulturellen, wissenschaftlichen und technischen Errungenschaften in der über 200-jährigen US-Geschichte ablegen. Das Spektrum reicht von einem Kompass der *Lewis&Clark-Expedition* (1804-06) über eine *Duke-Ellington*-Sammlung bis hin zu einer Abteilung mit Roben der „First Ladies". Im ersten Stock findet sich eine der ältesten Flaggen, ein *Star Spangled Banner* mit 15 Sternen (13 für die Gründerstaaten sowie je einer für Kentucky und Vermont).

Viel besuchtes Museum

National Archives

Die **National Archives (15)** liegen etwas zurückversetzt an der Constitution Ave. (7-9th Sts.) und zeigen in der Exhibition Hall u. a. die Unabhängigkeitserklärung, die Verfassung, die *Bill of Rights* und eine Kopie der Magna Charta von 1297. Für alle zugänglich sind die *Research Rooms*. Das in Arlington gegründete **Newseum** soll 2007 gegenüber, an der Ecke Pennsylvania Ave./6th St. NW, neu eröffnen. Das Multimediamuseum widmet sich der Geschichte der Presse, inklusive dem „Freedom Forum", das sich der Presse-, Rede- und Meinungsfreiheit in aller Welt verschrieben hat.

National Gallery of Art

Diese sehenswerte Kunstsammlung verteilt sich auf zwei durch einen Tunnel verbundene Gebäude zwischen 7th und 3rd St. und zählt mit ihren rund 40.000 Ausstellungsstücken zu den bedeutendsten der Welt. Den Kern der Sammlungen bildete eine Schenkung des Bankiers *Andrew W. Mellon*, darunter Werke von *Raffael* und *Tizian*. In dem älteren **West Building (16)** befinden sich die europäischen Sammlungen – Renaissance-Bilder, Werke holländischer Maler und französischer Impressionisten sowie amerikanische Kunst bis zum 19. Jh. –, während im Neubau, dem **East Building (17)**, moderne Kunst ausgestellt ist und viel beachtete und besuchte Wechselausstellungen stattfinden.

Kostenloser Kunstgenuss

> **Hinweis**
> Den Stadtplan finden Sie S. 622.

United States Capitol

Das **United States Capitol (18)**, zwischen Constitution Ave. und Independence Ave., der Sitz des amerikanischen Kongresses, erhebt sich unübersehbar auf dem etwa 30 m hohen Capitol Hill. Das Kapitol wirkt imposant mit seinen 229 m Länge, 107 m Breite und 82 m Höhe sowie einer mächtigen Kuppel, die von einer 6 m hohen Freiheitsstatue gekrönt wird. Der imposante Bau, dessen Grundstein *George Washington* legte, wurde zwischen 1793 und 1812 gebaut, doch bereits 1814 von den

8. Von Niagara Falls zu den Metropolen im Osten – Die Hauptstadt Washington, D. C.

United States Capitol – die Schaltzentrale der Macht

Briten niedergebrannt. Bis 1829 gelang der Wiederaufbau aus weiß getünchtem Sandstein, allerdings zunächst mit einer kleinen Holzkuppel, die erst 1863 durch eine gusseiserne, dem Petersdom nachgeahmte Kuppel ersetzt wurde.

Die **Hauptfront** des Kapitols liegt **im Osten**. Auf den 35 Stufen, die zum Haupteingang führen, legt jeder neu gewählte Präsident den Amtseid ab. Als mit dem Bau begonnen wurde, gingen die Stadtväter davon aus, dass sich die Stadt nach Osten ausdehnen würde, daher hier die Hauptfassade. Als sich diese Erwartung jedoch nicht bestätigte, baute man später an der Westseite zusätzlich eine 269 m lange Marmorterrasse mit zwei ausladenden Freitreppen an.

Sitz des Kongresses

Im Kapitol tagt der **United State Congress**, der aus dem Senat und dem Repräsentantenhaus, die gemeinsam die Legislative bilden, besteht. Das Repräsentantenhaus ist im südlichen Gebäudeflügel, der Senat im nördlichen Flügel untergebracht, jeweils mit Besuchertribüne. Der **Senat** besteht aus 100 für jeweils sechs Jahre gewählten Senatoren, zwei pro Bundesstaat. Ihnen obliegt die Abstimmung über außenpolitische Angelegenheiten, die Zustimmung bei der Ernennung wichtiger Amtspersonen und überregionale Belange. Den Vorsitz führt der Vizepräsident. Das **Repräsentantenhaus** besteht aus 435 auf vier Jahre vom Volk gewählten Abgeordneten, wobei die Zahl der Abgeordneten der einzelnen Bundesstaaten von deren jeweiliger Bevölkerungsdichte abhängt. Den Vorsitz hat der *Speaker*; die Hauptressorts sind Staatsfinanzen und einzelstaatliche Interessen.

Geführte Touren

Die geführten Touren (ⓘ Regionale Reisetipps) starten an der **South Visitor Receiving Facility** im Süden nach strengen Sicherheitskontrollen. Besucher gelangen zuerst in die **Rotunda**, die von einer großen, 1863 fertig gestellten Kuppel überspannt wird. Die Halle hat einen Durchmesser von etwa 30 m und ist 55 m hoch. In ihrem Zentrum befindet sich der vom ersten Stadtplaner *L'Enfant* angelegte Schnittpunkt aller Hauptstraßen in westlicher, östlicher, nördlicher und südlicher Richtung. Die über 400-jährige Geschichte Nordamerikas wird eindrucksvoll dargestellt durch einen Rundfries mit Fresken, Malereien in der Kuppel, **Skulpturen**, **Statuen**, **Gemälde**, **Friese** und **Wandbilder**.

Über den **vier großen Durchgängen**, die von der Rotunda in die anderen Räumlichkeiten führen, sieht man 1. die Ankunft der Pilgerväter mit der „Mayflower"; 2. *William Penn*, den Gründer von Philadelphia; 3. *Pocahontas* als Retterin von *John Smith* und 4. *Daniel Boone* im Kampf gegen Indianer. Auch unterhalb des **Rotundenfensters** finden sich wichtige historische Szenen von *Kolumbus* über Pilger und große Entdecker, Unabhängigkeitskrieg, Goldrausch und Bürgerkrieg bis hin zur Moderne. Die **Kuppel** zeigt eine beeindruckende Darstellung der Apotheose von *George*

8. Von Niagara Falls zu den Metropolen im Osten – Die Hauptstadt Washington, D. C.

Washington, der neben Victoria und Liberty sitzt und von Repräsentanten der 13 Gründerstaaten umgeben ist. **Statuen** erinnern an die großen Präsidenten, z. B. George Washington, Thomas Jefferson, Andrew Jackson, James A. Garfield, Abraham Lincoln, Ulysses S. Grant, Alexander Hamilton oder Marquis de La Fayette.

Halle der Statuen

Im **Alten Senat** (Old Senat Chamber) konnte nur bis 1859 getagt werden, da der Saal nur die Vertreter von 32 Staaten aufnehmen konnte. Der im Nordosten an die Rotunda angrenzende Saal wird auch „**Flüsterkabinett**" genannt, denn die erstaunlich gute Akustik machte es möglich, Flüstergespräche der Gegenpartei mitzuhören. In der **National Statuary Hall**, einem halbrunden Saal im Süden der Rotunda, der einst als Sitzungssaal des Repräsentantenhauses diente, ist heute die „National Statuary Hall Collection" aufgestellt. Seit 1870 werden von einzelnen Staaten in Erinnerung an bedeutende Persönlichkeiten Statuen gestiftet. Inzwischen reicht der Platz allerdings nicht mehr aus. 38 Statuen stehen in der Hall, der Rest wurde auf andere Gebäudeteile verteilt, wie z. B. die *Hall of Columns* im Erdgeschoss des südlichen Teils.

Sehenswert sind außerdem das **Old Supreme Court Chamber** (Oberstes Verfassungsgericht), die **Brumidi Corridors** im nördlichen Teil des Baus mit Wandgemälden von *Constantino Brumidi* (1805-80) sowie das **House Chamber** und das **Senate Chamber**, die Sitzungssäle des Repräsentantenhauses und des Senats, zu deren Sitzungen Besucher zugelassen sind.

Library of Congress

Gegenüber dem Kapitol liegen östlich der **United States Supreme Court (19)**, Sitz des Obersten Gerichtshofes, und die **Library of Congress (20)** von 1897. Letztere ist zweifelsohne eine der eindrucksvollsten Bibliotheken, angeblich die größte der Welt, die sich auf mehrere Gebäude verteilt. Kernbau ist das Thomas Jefferson Building, in dessen Great Hall kostenlose Führungen beginnen (ⓘ Regionale Reisetipps). Bis 1814 hatte sich die 1800 von *John Adams* gegründete Bibliothek im Capitol befunden. Nach der Zerstörung der Bestände durch die Briten stiftete *Jefferson* dann seine Privatbibliothek. Die 6.387 Bände, die er für $ 23.950 übergab, bilden bis heute den Kern des über 100 Mio. (!) Bände umfassenden Bestandes, der jährlich wächst. Dazu kommen mehrere Millionen Manuskripte und Fotos, Grafiken, Karten und Atlanten, knapp 100.000 Zeitschriften und Zeitungen, die bis ins 17. Jh. zurückreichen.

Bibliothek von Weltrang

The National Museum of the American Indian (NMAI)

Nach dem Kapitol bietet der erste Stopp an der Südseite der Mall (4th St./Independence Ave. SW) gleich ein Highlight: Das im September 2004 neu eröffnete **National Museum of the American Indian (21)** (NMAI) ist das größte Indianermuseum der Welt. In einem spektakulären Bau ist die umfassende Sammlung des New Yorkers *George Gustav Heye* (1874-1957) untergebracht, die von den Hinterlassenschaften der *Plains Indianer* über die *Navajos* bis hin zu den Volksgruppen Mittel- und Südamerikas sowie der Karibik reicht und verschiedenste Genres – Kleidung, Tonkunst, Korbwaren, Holzschnitzereien, Federschmuck etc. – abdeckt.

Weltgrößtes Indianermuseum

8. Von Niagara Falls zu den Metropolen im Osten – Die Hauptstadt Washington, D. C.

> **James Smithson und die Museen der Smithsonian Institution**
>
> Den Südteil der National Mall zwischen US Capitol und Washington Monument dominieren sieben Museen der **Smithsonian Institution**. Die Organisation geht auf eine Spende des britischen Chemikers und Gelehrten *James Smithson* zurück, der bei seinem Tod 1829 den USA Geld für die Erweiterung und Verbreitung von Wissen testamentarisch vermachte. 1846 wurde die Smithsonian Institution offiziell gegründet. Sie umfasst heute neben 16 Museen und Galerien mehrere Forschungseinrichtungen, Bibliotheken und Archive in Washington, New York und auch andernorts und finanziert sich bis heute über ihre Mitglieder und aus Spenden. Dennoch ist der **Eintritt zu allen Museen frei**.

National Air and Space Museum (22)

Das Museum, Independence Ave. SW/7th St., hat sich der Luft- und Raumfahrt verschrieben und beschäftigt sich in 23 Ausstellungsräumen mit der Entwicklung des Fliegens. Mit über 10 Mio. Gästen im Jahr gilt es als das meistbesuchte Museum der Welt. Ein Highlight ist das erste Motorflugzeug der Gebrüder *Wright* (1903), *Charles Lindberghs* „Spirit of St. Louis", mit der er 1927 erstmals den Atlantik überquerte, zudem gibt es moderne Jets, Satelliten und Raumkapseln wie „Voyager" oder „Gemini". Ergänzt wird das Museum um eine Filiale am Dulles International Airport, das **Hazy Center**, wo 81 Flugzeuge von der Frühgeschichte bis zur „Concorde" und 65 Raumfahrtobjekte (wie das Space Shuttle „Enterprise") zu sehen sind.

Hirshhorn Museum (23)

Hochkarätige Kunstsammlung

Die hochkarätige Kunstsammlung des Finanziers *Joseph H. Hirshhorn* (1899-1981) – über 4.000 Gemälde und 2.000 Skulpturen – ist in einem auffälligen Marmor-Rundbau von 70 m Durchmesser auf Säulen untergebracht (Independence Ave. SW/7th St.). Es geht im Inneren rundherum an den einzelnen Ausstellungssälen vorbei, in denen schwerpunktmäßig Malerei und Skulptur des 19. Jh. und vor allem des 20. Jh. – von *Picasso, Degas, Dali, Margritte, Calder, Rodin* u. a. – gezeigt werden. Im vorgelagerten Skulpturengarten sind Werke von *Rodin, Moore, Calder, Hopper, de Kooning, Dubuffet, Matisse* oder *Warhol* zu sehen.

Arts & Industries Building (24)

Das zweitälteste Museum an der Mall, von 1880, ist das **Arts & Industries Building**, 900 Jefferson Drive SW, das sich in erster Linie der Weltausstellung 1876 in Philadelphia widmet und in wechselnden Ausstellungen Maschinen und Erfindungen zeigt, die damals Neuerungen darstellten.

Smithsonian Institution Building

> **Hinweis**
> Den Stadtplan finden Sie S. 622.

Dieser auffällige rote Sandsteinbau mit seinen Türmchen ist das älteste Gebäude an der Mall. Es wurde 1855 von *James Renwick Jr.* erbaut und aus offensichtlichen Gründen „The Castle" genannt. Im Inneren untergebracht ist außer der Smithsonian-

Verwaltung ein **Besucherzentrum**, wo Auskünfte zu den einzelnen Museen, aber auch zur Stadt allgemein eingeholt werden können. Eine schöne Gartenanlage lädt zum Ausruhen ein.

National Museum of African Art, Sackler und Freer Gallery

Vorbei am **National Museum of African Art (25)**, 950 Independence Ave. SW, mit einer sehenswerten Sammlung afrikanischer Kunst und Kultur, geht es zur **Arthur M. Sackler Gallery (26)**, 1050 Independence Ave. SW – eine eindrucksvolle Sammlung asiatischer Kunst und Kultur mit spektakulären Wechselausstellungen und empfehlenswertem Museumsshop. Direkt damit verbunden ist die **Freer Gallery of Art (27)**, wo neben orientalischer Kunst aus dem Nahen und Fernen Osten amerikanische Kunst des 19. und 20. Jh., darunter die größte Sammlung von Werken von James McNeill Whistler (1834-1903), ausgestellt ist.

Kunst aus aller Welt

Weitere Sehenswürdigkeiten in Downtown Washington

Das Zentrum der Stadt erstreckt sich nördlich der National Mall, etwa zwischen der Union Station und dem Potomac River; wenige Schritte nördlich vom US Capitol erhebt sich die **Union Station**. Der prachtvolle historische Bahnhof wurde 1909 im klassizistischen Stil erbaut und gilt heute als Musterbeispiel gelungener Restaurierung. Nahverkehrszüge, *Amtrak*-Fernzüge und die Metro fahren hier ab; es gibt Einkaufsarkaden, Restaurants und im Untergeschoss einen großen Food Circle. Direkt neben der Union Station, im **National Postal Museum (28)** (Zugang: 1st St.) befindet sich die größte philatelistische Sammlung der Welt.

Die Union Station ist ein prächtiger Bahnhof

Nächste Station, etwas weiter im Westen, ist die neue Sporthalle der Stadt, das **MCI Center (29)**, 601 F St. NW. Das Stadion ist die Heimat der Eishockeymannschaft *Washington Capitals*, der Basketballer *Washington Wizards*, der Frauenprofi-Basketballmannschaft *Washington Mystics* sowie der Basketballer der *Georgetown University*.

Gegenüber der Sporthalle steht das empfehlenswerte **National Museum of American Art (30)**, 8th St./G St. NW, eine Sammlung von rund 40.000 Werken amerikanischer Künstler, darunter große Namen wie *Bierstadt, Homer, Cassatt, Rauschenberg* oder *Hopper*. Es kooperiert mit der **Renwick Gallery**, Pennsylvania Ave./17th St. NW, in der vor allem Kunsthandwerk des 19.-21. Jh. und Wechselausstellungen zu sehen sind. Im selben Bau (Zugang: 8th St./F St. NW) kann man in der **National Portrait Gallery** im historischen Patent Office Building die Porträts der

Amerikanische Kunst

8. Von Niagara Falls zu den Metropolen im Osten – Die Hauptstadt Washington, D. C.

US-Präsidenten bewundern, so *George Washington* von *Gilbert Stuart*, daneben auch Darstellungen von *Martin Luther King*, von *Marilyn Monroe* oder *Babe Ruth*.

Das **Ford's Theater** (**31**), 511 10th St. NW, erlangte zweifelhaften Ruhm, wurde doch hier am 14. April 1865 *Abraham Lincoln* erschossen. Das altehrwürdige Theater erstrahlt heute wieder im Glanz der 1860er Jahre und steht zur Besichtigung (mit kleinem Museum im Untergeschoss) sowie Aufführungen offen.

Frauen in der Kunst

Gegenüber fällt der Blick auf die **FBI Headquarters,** 935 Pennsylvania Ave. N. Ein paar Blocks nordwestlich davon ein ungewöhnliches Museum: das **National Museum of Women in the Arts** (**32**), 1250 New York Ave. NW (13th/H Sts.). Hier sind ausschließlich Künstlerinnen aus aller Welt mit über 1.500 Werken vertreten.

Kennedy Center for the Performing Arts und Theodore Roosevelt Island

Westlich des Weißen Hauses liegt das Viertel **Foggy Bottom**, Heimat der *George Washington University*, einer Reihe von Ministerien, wie dem *Department of State*, und dem **John F. Kennedy Center for the Performing Arts** (**33**), Rock Creek Pkwy., dem größten Kulturzentrum der Stadt und zugleich *Kennedy*-Gedenkstätte.

Das legendäre **Watergate Building** nördlich des Kennedy Center ist untrennbar verbunden mit der gleichnamigen Affäre, die Präsident *Richard Nixon* 1974 zum Abdanken zwang. Vom Kennedy Center fällt der Blick auf eine Insel im Potomac River: **Theodore Roosevelt Island**. Hier ehrte man mit dem **Theodore Roosevelt Memorial** (**34**) *Teddy Roosevelt*, den Schöpfer der Nationalparks. Die Insel ist nur über eine Fußgängerbrücke von Westen (Arlington) her erreichbar.

Am Dupont Circle

Stadtviertel zum Bummeln

Am **Dupont Circle** – zugleich ein beliebtes Viertel – im Nordwesten der Stadt (Metro Red Line) treffen sich mehrere Avenues, darunter die **Massachusetts Ave**. An dieser Prachtallee liegen rund 100 monumentale Botschaftsgebäude – weshalb man die Straße auch „Embassy Row" nennt – und wohnen viele Politiker und wohlhabende Leute. Im Umkreis des Platzes befindet sich Interessantes für Kunstliebhaber: Zwei Blocks westlich liegt die **Phillips Collection** (**35**) (1600 21st St. NW) mit Werken des 19. und 20. Jh., u. a. von *Renoir, Klee* und *Rodin*. Das erste amerikanische Museum für moderne Kunst ist berühmt für seine Sammlung impressionistischer und nachimpressionistischer Werke und für sein vielseitiges Veranstaltungsprogramm.

Nordwestlich davon befindet sich das **Woodrow Wilson House Museum** (**36**) (2340 S St. NW). In dem äußerlich eher unscheinbaren Haus im Georgian Style lebte der 28. Präsident der USA, im Amt von 1913 bis 1921. *Woodrow Wilson*, geboren 1856 in Staunton, Virginia, nutzte das Haus als Altersruhesitz, den er sich für $ 150.000, das Geld für den Friedensnobelpreis plus einem Darlehen von Freunden, 1920 gekauft hatte. Von 1921 bis zu seinem Tod, drei Jahre später, wohnte er hier mit seiner Frau *Edith*.

Ausflug nach Anacostia

Diesen Ausflug in den Südosten könnte man mit dem Auto auf dem Weg stadtauswärts einplanen oder aber mit der Metro (Metro Green Line bis „Anacostia") unternehmen. Das wenig bekannte **Anacostia Museum and Center for African American History and Culture** (**37**), 1901 Fort Place SE, ist Teil der Smithsonian Institution und widmet sich der afroamerikanischen Bevölkerung, ihrer Geschichte, Kunst und Kultur. Ebenfalls kaum bekannt ist die **Frederick Douglass National Historic Site** (**38**), W St./13th-14th Sts., nahe Metro-Station „Anacostia"), die an den ehemaligen Sklaven Douglas (1817-95) erinnert, der sein Leben literarisch verarbeitet hat und als vehementer Gegner der Sklaverei besonders in Neuengland berühmt wurde.

Spaziergang durch Georgetown

Entweder vom Dupont Circle (Metro-Station „Dupont Circle") über die P St. oder vom Washington Circle (Metro-Station „George Washington University") über die Pennsylvania Ave. ist es nur ein Katzensprung in das alte nordwestliche Stadtviertel **Georgetown**, das einen völlig eigenständigen und andersartigen Charakter aufweist. Das ist nicht verwunderlich: Georgetown ist viel älter als Washington und entstand bereits 1789 als Universitätssitz und Hafenumschlagplatz für Getreide und Tabak. Die angesehene **Georgetown University** (**39**), 37th/O Sts., war im selben Jahr gegründet worden und gilt als älteste katholische Hochschule der USA mit sehenswertem Campus. Als es in der Folge des amerikanischen Bürgerkrieges mit Georgetown wirtschaftlich bergab ging und die Hauptstadt wuchs, schwand die Bedeutung Georgetowns. Erst in den 1930er Jahren entdeckte die Washingtoner Elite den Ort als bevorzugte Wohnadresse wieder.

Das „alte" Washington

Nach Jahren des Niedergangs und etlichen Sanierungs- und Restaurierungsprojekten präsentiert sich Georgetown heute mit seinen grünen Alleen und engen Gassen mit Kopfsteinpflaster wieder sehr attraktiv und lädt zum Bummel ein, z. B. durch das geschäftige Zentrum um die Kreuzung von M St. und Wisconsin Ave. Einige hübsche Häuschen aus der Kolonialzeit – wie das **Old Stone House** (**40**), 3051 M St., von 1765 – bringen den alten Glanz zurück, und auch am Hafen, am schmalen **Chesapeake & Ohio Canal**, der vom Potomac River abgezweigt wurde, hat man die alten Lagerhallen renoviert, sodass Läden und Apartments, Kneipen und Cafés einziehen konnten.

Im Norden von Georgetown liegt **Dumbarton Oaks Garden and Museum** (**41**), Lovers' Lane/1703 32nd St. NW/R-S Sts., ursprünglich das Landgut eines Schotten aus der Stadt Dumbarton. 1801 war ein prächtiges Herrenhaus mit Garten entstanden, das auf Geheiß der Besitzer als **Zentrum für Byzantistik und Frühes Christentum** genutzt wird. *Robert Bliss*, ein ehemaliger US-Botschafter in Schweden und Argentinien, hat im Verlauf seines Lebens eine beachtliche Sammlung präkolumbianischer, byzantinischer und hellenistischer Kunst zusammengetragen; dazu gibt es eine Bibliothek mit rund 80.000 Bänden.

8. Von Niagara Falls zu den Metropolen im Osten – Die Hauptstadt Washington, D. C.

Arlington (ⓘ s. Washington, D. C, S. 151)

Jenseits des Potomac River liegt, bereits in Virginia, die Stadt **Arlington** (Metro Orange und Blue Line), dort sind die einzigen Wolkenkratzer im Umkreis der Hauptstadt zu sehen. Im Grunde genommen ist die einzige Sehenswürdigkeit hier der gleichnamige Soldatenfriedhof, die letzte Ruhestätte vieler berühmter amerikanischer Persönlichkeiten. Der **Arlington National Cemetery** (Metro Blue Line) wurde 1864 auf dem Grund der *Custis-Lee*-Familie angelegt, zu der auch der Oberbefehlshaber der Südstaatenarmee, *Robert E. Lee*, gehörte. Das *Curtis-Lee*-Mansion ist zur Besichtigung geöffnet. Erste Soldatengräber entstanden ab 1863, während des Bürgerkrieges, danach zählte man bereits 16.000, und heute verteilen sich rund 250.000 Gräber auf 250 ha Fläche – eine fast unüberschaubare Totenstadt (Plan im Besucherzentrum). Es sind in erster Linie Soldaten und deren Angehörige, die auf dem nationalen Gedenkfriedhof der USA ihre letzte Ruhe fanden und finden. Auch Militärs, die 20 Jahre gedient und ehrenvoll entlassen worden sind, werden hier beigesetzt. Dazu kommen Verstorbene anderer Nationen (u. a. ein deutscher Kriegsgefangener) sowie nichtmilitärische Persönlichkeiten wie *Joe Louis* oder *Lee Marvin*. Am Grab des **Unbekannten Soldaten**, das 1921 unter *Woodrow Wilson* entstanden ist, findet von April bis September regelmäßig ein eindrucksvoll exakter Wachwechsel statt. Die *3rd United States Infantry* – „The Old Guard" – mit rund 1.300 Soldaten begleitet jährlich etwa 3.500 offizielle Zeremonien.

Soldatenfriedhof

Hauptanziehungspunkt auf dem Friedhof ist das schlichte, mit einem ewigen Licht geschmückte **Grab von John F. Kennedy** (*1917), der 1963 einem Attentat zum Opfer fiel. Vor dem Aufgang zum Grab sind wichtige Zitate von *Kennedy* auf einer geschwungenen Mauer zu lesen. Neben *John F. Kennedy* sind zwei seiner Kinder begraben: ein Junge, der nur ein paar Stunden alt wurde, und ein Mädchen, das tot zur Welt kam. Außerdem liegt hier sein Bruder *Robert Francis Kennedy* (1925-68), der ebenfalls ermordet wurde.

Kennedys Grabstätte

In unmittelbarer Nähe, etwas nördlich des Friedhofs, befindet sich das **Iwo-Jima-Denkmal**, ein recht eindrucksvolles Monument für die Eliteeinheit *US Marines*, die von *George Washington* 1775 ins Leben gerufenen „Ledernacken". Von den hier dargestellten sechs Soldaten sind drei während des Zweiten Weltkrieges gefallen. Bei der Person im Hintergrund handelt es sich um einen *Pima*-Indianer, der stellvertretend für die Ureinwohner und ihre wichtige Rolle bei der Nachrichtenübermittlung im Kampf gegen die Japaner – diese konnten die Indianersprache nicht entschlüsseln – steht. Auf der Achse zur Friedhofszufahrt liegt die **Arlington Memorial Bridge** von *Joseph Baermann Strauss* (1870-1938), dem Erbauer der Golden Gate Bridge in San Francisco.

Südlich des Friedhofs in einem burgartigen Fünfecksbau befindet sich das **Pentagon** (**42**), das Verteidigungsministerium. Es wurde 1941-43 gebaut und zählt mit rund 23.000 Angestellten zu den größten Bürohäusern der Welt.

Pentagon

Baltimore (ⓘ S. 151)

„Charm City" wird Baltimore mit seinen rund 675.000 Einwohnern, 56 km nördlich Washington und 160 km südlich Philadelphia gelegen, auch genannt. Die Stadt verfügt über den fünftgrößten Hafen der USA – einen Naturhafen an der Chesapeake Bay – und fungiert als wichtiger Verkehrsknotenpunkt. Einerseits zeichnet das reiche maritime Erbe die Stadt aus, andererseits ist man stolz auf die afroamerikanischen Wurzeln.

Charm City

Historisches

Das am 8. August 1729 gegründete Baltimore blühte zunächst als Agrargemeinde auf, dank des Naturhafens auch als Handelsmetropole, vor allem als Umschlagplatz von Getreide und Tabak. Die englischen Restriktionen in den 1760/70er Jahren trafen den Handelsort hart, weswegen auch die Beteiligung an den Befreiungskriegen besonders rege war. In Fort McHenry, ganz an der Spitze der Landzunge im Süden des Hafens, unterlagen bei einem Angriff auf Baltimore 1814 im „War of 1812" die Briten den Amerikanern.

Orientierung

Baltimore kennzeichnet ein weit gehend rechtwinkliges Straßensystem und die **Historic Charles Street** als dominante Nord-Süd-Achse. Herz der Stadt ist der **Inner Harbor** mit seiner vielseitigen Infrastruktur und etlichen Sehenswürdigkeiten. Baltimores Innenstadt lässt sich gut zu Fuß besichtigen, wobei man sich am besten einen ersten Überblick vom **Federal Hill**, Warren Ave./Key Hwy., auf der Südseite des Inner Harbor verschafft.

„Inner Harbor" ist zugleich die Bezeichnung für ein ganzes Stadtviertel, an das sich nach Osten **Inner Harbor East** (an der Kreuzung President/Aliceanna) anschließt. „Landeinwärts" liegen **Little Italy** (um die Pratt, östlich President St.) und **Historic Jonestown**. **Fell's Point**, noch weiter im Osten, ist das alte Hafenviertel Baltimores, historisch „aufgemotzt" und ideal für Nachtschwärmer. Downtown Baltimore – „**City Center**" mit dem Rathaus und Museen – erstreckt sich nördlich des *Convention Center* (Pratt St.) und geht nach Westen in die **Westside** über, die zum Großteil vom Campus der **University of Maryland** eingenommen und von der Howard St. als Hauptachse durchzogen wird. Hier liegt außerdem der **Lexington Market**.

Westlich des Inner Harbor: **Camden Yards**, interessant für Sportfans, da hier die beiden Sportstadien der Stadt stehen. Weiter nach Norden folgt das Viertel **Mount Vernon** mit dem *Washington Monument* als markantestem und der *Walters Art Gallery* als lohnendstem Sight. Es handelt sich um den „Kultur-Strip" der Stadt, wo sich im 18./19. Jh. die besten Adressen befanden. Ganz im Norden, wo sich auch die Amtrak Penn Station befindet, erstreckt sich der Campus der renommierten **John Hopkins Universität**. Der **Druid Hill Park** von 1688 im Nordwesten ist der zweitgrößte Park der USA und die **grüne Lunge** der Stadt.

8. Von Niagara Falls zu den Metropolen im Osten – Baltimore

Blühende Hafenstadt

Baltimore blieb ein bedeutender Handelspunkt, vor allem der Warenumschlag mit den Karibischen Inseln und Südamerika florierte und Mehl war ein wichtiges Handelsgut: 1825 gab es an die 60 Mühlen im Großraum Baltimore, das zur zweitgrößten Stadt in den USA aufgerückt war. Doch auch das Streben westwärts ließ nicht nach: Erst wurde der *Chesapeake & Ohio Canal* als Verbindung zwischen Potomac und Ohio River Valley eingeweiht, dann entstand die *B&O (Baltimore & Ohio) Railroad*, die 1842 Cumberland und 1874 Chicago erreichte. Nach dem Bürgerkrieg avancierte Baltimore zum zweitwichtigsten Einwandererhafen nach New York.

Ein verheerender Brand am 7./8. Februar 1904 – „Baltimore Ablaze" – zerstörte 86 Häuserblocks vom Hafen nördlich bis zur Lexington und östlich der Liberty St., d. h. fast die komplette Innenstadt. Allerdings gab es keine Toten, und es kam zum schnellen Wiederaufbau, der nur kurzzeitig durch Depression und Zweiten Weltkrieg gebremst wurde. Seit den 1970ern wurden **Programme zur städtischen Erneuerung** entwickelt und Revitalisierungsprogramme der Innenstadt in Angriff genommen. Werften und Lagerhäuser wurden zu Entertainment-Komplexen umfunktioniert, und der *Harborplace* öffnete 1980; andere Attraktionen und die beiden Sportstadien folgten.

Um den Inner Harbor

Der Distrikt **Inner Harbor** wird durch Pratt (N) und Light Sts. (W) begrenzt. Rings um das Hafenbecken reihen sich Geschäfte, Restaurants, Hotels, das Convention Center und viele Attraktionen und Museen auf. Hier ist dank Straßenmusikanten, Open-Air-Konzerten und einer Eisbahn immer etwas los, hier verkehren Wassertaxis, und Boote starten zu Rundfahrten, wie die „Pride of Baltimore II" von 1812.

 Tipp für Besucher

Den besten Ausblick hat man vom Park auf **Federal Hill**, Warren Ave./Key Hwy. Das alte Stadtviertel in South Baltimore ist eine beliebte Adresse. Die schmalen mehrstöckigen Reihenhäuschen wurden seit den 1960er Jahren, als der Abriss drohte, mehr und mehr renoviert und befinden sich oft seit langem in Familienbesitz. 1608 hat Captain John Smith bei der Erkundung der Chesapeake Bay den Hügel entdeckt, den Namen erhielt er 1788, wenig später wurde ein Observatorium zur Schiffsbeobachtung errichtet.

1 Maryland Science Center
2 Harborplace
3 Maritime Museum
4 Top of the World Observation Level
5 National Aquarium
6 The Power Plant
7 National Historic Seaport of Baltimore
8 Reginald F. Lewis Museum of Maryland African American History
9 Phoenix Shot Tower
10 Historic Charles Street
11 Babe Ruth Birthplace and Museum at Camden Yards
12 Lexington Market
13 B&O Railroad Museum
14 City Hall
15 Basilica of the Assumption
16 Washington Monument
17 Walters Art Gallery
18 Maryland Historical Society
19 Eubie Blake National Jazz Institute & Cultural Center
20 John Hopkins University
21 Baltimore Museum of Art
22 Lacrosse Museum & National Hall of Fame

8. Von Niagara Falls zu den Metropolen im Osten –
Baltimore

Die neue **Baltimore Waterfront Promenade**, ein Ziegelweg, folgt von Süden (Key Hwy.) der Kontur des Inner Harbor, führt nach Little Italy, durch Inner Harbor East, nach Fell's Point und Canton im Osten, Letzteres mit der O'Donnell St. als Hauptachse und bekannt für Restaurants und Nightlife.

In nächster Nähe zum **Federal Hill** liegt gleich eine der Hauptsehenswürdigkeiten der Stadt, das **Maryland Science Center** (1), 601 Light St., ein naturwissenschaftliches Museum mit IMAX-Kino und Planetarium. Besonders sehenswert sind der Dinosaurier-Saal und die neue Chesapeake-Bay-Abteilung. Zum Komplex gehören ferner das *Davis Planetarium* und das *National Visitors' Center for the Hubble Space Telescope*. Ein kleines Stück weiter um das Hafenbecken, vorbei an den durch einen Übergang verbundenen Einkaufszentren **Harborplace & The Gallery at Harborplace** (2), 200 E Pratt St., liegt das **Baltimore Maritime Museum** (3) mit der

Interessantes Museum

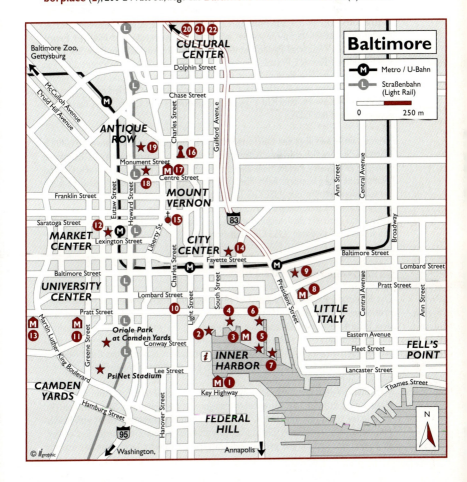

8. Von Niagara Falls zu den Metropolen im Osten – Baltimore

Das Herz Baltimores: der Inner Harbor

an Pier 1 verankerten „USS Constellation". Dazu gehört das U-Boot „USS Torsk" an Pier 3.

Von April bis Ende Oktober genießt man den Ausblick vom benachbarten **Top of the World Observation Level** (**4**) im 27. Stock des World Trade Center, 401 E Pratt St., erbaut von dem Stararchitekten I. M. Pei.

Ein wenig weiter folgt eine weitere Attraktion der Stadt, das **National Aquarium** (**5**), Pier 3/4, 501 Pratt St., eines der faszinierendsten Aquarien der USA, das für seine Delfin-Vorführungen bekannt ist. Die Erweiterung zum **Harbor Front Park** mit dem Wasserfall-Pavillon ist die neueste Errungenschaft. Im **Pier Six Concert Pavilion**, Pier 6, E Pratt St., finden im Sommer verschiedenste Veranstaltungen statt, während in **The Power Plant** (**6**), 601 E Pratt St., Cafés und Läden eingezogen sind. Im ehemaligen **Baltimore Fishmarket Building**, 35 Market Place, wurde das **Port Discovery, the Kid-Powered Museum**, eingerichtet, eines der besten Kindermuseen der USA.

National Historic Seaport

Wieder am Hafen liegt der **National Historic Seaport of Baltimore** (**7**), 802 S Caroline St., der 15 maritime Attraktionen umfasst. Dazu gehören das Baltimore Museum of Industry, Federal Hill, die Fireboat Base, Fort McHenry, Historic Canton Waterfront oder Historic Fell's Point. Zu diesem „Freiluftmuseum" gehören auch verschiedene Schiffe: die „USCGC Taney", zwischen Pier 4-5, das *Lightship* „Chesapeake" oder das schon erwähnte U-Boot „USS Torsk" (Pier 3). Im Eintrittspreis enthalten sind auch die Besichtigung von Seven-Foot Knoll Lighthouse, dem *Steam Tug* „SS Baltimore" und der „USS Constellation".

Unterwegs nach Fell's Point

Das **Reginald F. Lewis Museum of Maryland African American History** (**8**), President/Pratt Sts., ist ein Museum, das sich ausschließlich mit der Geschichte und dem Erbe Amerikaner afrikanischer Herkunft über die letzten 350 Jahre beschäftigt. Baltimore ist stolz auf seine afroamerikanischen Wurzeln, es gibt eine eigene Broschüre über afroamerikanische Marksteine und Bauten, darunter das *Great Blacks in Wax Museum*, 1601-3 E North Ave., und interessante *Black Heritage Tours*.

Markantes Wahrzeichen der Stadt an der Ecke Fayette/Front Sts., nahe dem Inner Harbor und in **Historic Jonestown** gelegen, ist der **Phoenix Shot Tower** (**9**). 1782 hatte ein Engländer namens *William Watt* den Herstellungsprozess von Bleikugeln rationalisiert, indem er Blei durch Röhren eines hohen Ziegelturms fließen ließ. Abgekühlt wurden daraus perfekt geformte runde Kugeln. Der Ziegelbau stammt von 1828 und misst knapp 72 m in der Höhe. Er dient seit kurzem als Museum zur Stadtgeschichte, mit Fotos und Informationen zu den hier hergestellten Bleikugeln.

Das sich an den Inner Harbor östlich anschließende **Fell's Point** gilt als eines der ältesten Viertel Baltimores. Auf den alten Pflasterstraßen des ehemaligen Hafenviertels, das um 1730 entstand, gibt es noch Gebäude aus dem 18. Jh. Pubs, Galerien und Kneipen locken zum Bummeln, Einkaufen und Essen und Trinken.

City Center, Camden Yards und Westside

Die Innenstadt Baltimores schließt sich nördlich an den Inner Harbor an. Hauptachse ist die **Historic Charles Street (10)** mit ihrer teils alten Architektur. Hier reihen sich Geschäfte, Restaurants, Galerien, Museen und Kirchen aneinander. Südwestlich liegen die beiden gigantischen Sportstadien der Stadt: *Oriole Park at Camden Yards* – die Heimat der Profibaseballer – und das Stadion der American Footballer Baltimore Ravens, das *M&T Bank Stadium*.

Sportstadien

Babe Ruth Birthplace and Museum at Camden Yards (11), 216 Emory St., würdigt einen der berühmtesten Baseballspieler aller Zeiten. Er wird im Museum zusammen mit dem lokalen Footballstar *Johnny Unitas* und den beiden lokalen Sportteams anhand von Fotos, Memorabilien, interaktiven Stücken und Videos präsentiert.

Ein Stück weiter nördlich im Stadtviertel **Westside** befindet sich seit 1782 der **Lexington Market (12)**, 400 W Lexington St., ein Wochenmarkt mit rund 140 Ständen. Er bildet das Zentrum des so genannten Market Center zwischen Franklin, Liberty, Baltimore und Greene Sts., mit Geschäften und Imbissständen verschiedenster Art.

An der Pratt St. liegt in einem alten Bahnhofsgebäude das **B&O Railroad Museum (13)**, 901 W Pratt St., eine Ausstellung zur Geschichte der amerikanischen Eisenbahn. 2002 wurde hier der 175. Geburtstag der Eisenbahn in Amerika gebührend gewurdigt. Es handelt sich um eine große Sammlung von Eisenbahnreliquien, die die Geschichte der *B&O Railroad* schildert.

Eisenbahnmuseum

Das eigentliche Stadtzentrum markiert die **City Hall (14)**, 100 N Holliday St., mit einer sehenswerten, über 30 m hohen Kuppel und Ausstellungen zur Stadtgeschichte. Ein Stück weiter, bereits in Mount Vernon, erhebt sich die **Basilica of the Assumption (15)**, Franklin/Mulberry Sts., die erste katholische Kirche in den USA, erbaut nach Plänen von *Benjamin Henry Latrobe*.

Mount Vernon

Das **Washington Monument (16)**, N Charles St./Mount Vernon Place, markiert das Stadtviertel **Mount Vernon**. Über 228 Stufen gelangt man zur Spitze der rund 60 m hohen Säule. Damit ist sie niedriger als ihr 169 m hohes Pendant in Washington, D. C., das vom selben Erbauer, *Robert Mills*, stammt – das Denkmal in Baltimore wurde allerdings früher, nämlich bereits 1815 gebaut.

Renommiertes Museum

Die **Walters Art Gallery (17)**, 600 N Charles St., gilt unter Kunsthistorikern und Archäologen als eines der renommiertesten Museen der USA und ist für spektakuläre Wechselausstellungen bekannt. Es umfasst auf fünf Stockwerken über 20.000 Kunstwerke, darunter Werke der Ur- und Frühgeschichte (Ägypten, Griechen, Römer, Byzantiner u. a.), des Mittelalters, der Renaissance und des Barock, außerdem asiatische Kunst, französische Gemälde des 19. Jh. und moderne Kunst des 20. Jh.

Zwei Blocks westlich der Walters Art Gallery liegt das Gebäude der **Maryland Historical Society (18)**, 201 W Monument St. Es beherbergt das neue *Carey Center for Maryland Life* sowie eine Gemäldegalerie mit Bildern von Maryland im Laufe der Jahrhunderte sowie sehenswertem Kunsthandwerk, Möbeln und Americana aller Art.

George Washington Monument im Stadtteil Mount Vernon

Für Jazzfans

An der nördlich gelegenen Antique Row informiert das **Eubie Blake National Jazz Institute & Cultural Center (19)**, 847 N Howard St., auf vier Etagen nicht nur über den großen Jazzpianisten *Eubie Blake*, sondern auch über andere Jazzlegenden der Stadt, z. B. *Billie Holiday* oder *Chick Webb*. Fast noch wichtiger sind die verschiedenen Studios und Werkstätten, Workshops und Kurse und nicht zuletzt die Konzerte.

John Hopkins University

> **Hinweis**
> *Den Stadtplan finden Sie S. 641.*

Die im Norden der Stadt gelegene **John Hopkins University (20)**, Charles St., wurde 1876 gegründet und ist zeitweilige Heimat von rund 3.600 Studenten. Sie unterhält Auslandsfilialen in China, Italien und Singapur und ist besonders in den Bereichen Schulpädagogik, Krankenpflege und Entdeckungen führend.

Auf dem Campus bzw. in dessen Umkreis befindet sich das wegen seiner modernen Kunstsammlung mit Werken von *Matisse*, *Picasso*, *Monet*, *van Gogh*, *Cézanne* u. a. berühmte **Baltimore Museum of Art (21)**, Art Museum Drive, N Charles/31st Sts. Einmalig und ungewöhnlich ist außerdem das **Lacrosse Museum & National Hall of Fame (22)**, 113 W University Pkwy. Es ist eine Würdigung an die älteste Sportart Nordamerikas, Lacrosse, und die Bedeutung Baltimores als ihrer Hochburg.

… 8. Von Niagara Falls zu den Metropolen im Osten – Philadelphia

Philadelphia, die „Stadt der brüderlichen Liebe" (ⓘ S. 151)

Philadelphia ist mit seinen knapp 1,5 Mio. Einwohnern im Stadtgebiet bzw. 5 Mio. im Großraum nach New York, L. A., Chicago und Houston die fünftgrößte Stadt der USA. Vor allem aber ist sie die „Wiege der Nation", da hier 1776 die Unabhängigkeitserklärung der Vereinigten Staaten ausgearbeitet, unterzeichnet und verkündet wurde. Anders als Boston, das aktiv mit der *Boston Tea Party* am Freiheitskampf teilnahm, war Philadelphia sozusagen das geistige Zentrum der Unabhängigkeit. Zwischen 1790 und 1800, als Washington neu gebaut wurde, fungierte Philadelphia kurzzeitig als US-Hauptstadt.

Doch Philadelphia lebt nicht allein von der Vergangenheit, es bietet vielmehr ein interessantes Nebeneinander von Alt und Neu und ist eine bunte, lebendige und kulturell vielseitige Stadt, bietet historische Gebäude, hübsch restaurierte Wohnviertel, z. B. Society Hill, und ultramoderne Wolkenkratzer, Märkte und Shoppingcenter, Spitzenrestaurants und *Brew Pubs*. An die 50 Museen verschiedenster Genres sowie das weltberühmte *Philadelphia Orchestra* sind hier zu Hause. Philadelphia ist aber auch eine Stadt der Kirchen, in denen die unterschiedlichsten Gruppen ihre Religionen frei ausüben durften – ganz nach *William Penns* Vorstellung von religiöser Toleranz. „*City of Brotherly Love*", die „Stadt der brüderlichen Liebe", wird Philadelphia ebenfalls genannt – nach den beiden griechischen Wörtern *philos* (Liebe) und *adelphos* (Bruder).

Religiöse Toleranz

Philadelphia liegt an zwei Flüssen: dem Delaware River, der die Grenze zu New Jersey bildet und wo sich der größte Süßwasserhafen der USA befindet, und dem Schuylkill River. Dank des Hafens am Delaware ist der Warenumschlag in der Stadt ein wichtiger Wirtschaftsfaktor. Daneben spielen vor allem Erdölraffinerien, Schiffsbau und Metallverarbeitung eine Rolle, und natürlich der Tourismus, der dank kräftiger Vermarktung durch große Reiseveranstalter in den letzten Jahren stetig anstieg.

Ein Blick zurück

1681 hatte König *Charles II.* dem 37-jährigen *William Penn* (1644-1718) eine Landparzelle von rund 520 ha zugestanden, um damit seine 16.000 Pfund Schulden, die er bei *Penns* Vater hatte, zu begleichen. Das Grundstück, für das *Penn* später die *Susquehanna*-Indianer am Delaware River entschädigte, wurde „Penn's Woodland" genannt und war faktisch eine britische Kolonie. *Penn* war **Quäker**, Anhänger jener Religionsgemeinschaft, die sich offiziell *Religious Society of Friends* nannte und die in England verfolgt worden war. 1701 arbeitete *Penn* deshalb die *Charter of Priviledges* aus, die allen Gruppen religiöse Freiheit garantieren sollte. Penns „**Holy Experiment**", seine Vision vom Staat nach revolutionären Prinzipien, in dem Menschen unterschiedlicher Herkunft und Religion friedlich zusammenleben und in dem jeder Steuerzahler Wahlrecht hat, führte 1682 zur Gründung von Philadelphia am Zusammenfluss vom Schuylkill und Delaware River. 1701 erlangte die damals 4.500 Ein-

„Holy Experiment"

8. Von Niagara Falls zu den Metropolen im Osten – Philadelphia

wohner, darunter rund ein Drittel Deutsche, zählende Gemeinde Stadtrecht. Fortan stand der Entwicklung der geografisch begünstigten Stadt nichts mehr im Weg: Philadelphia stieg zum wirtschaftlichen, politischen und militärischen Zentrum unter den englischen Kolonien auf und genoss den Ruf als *Athens of the Americas*, als tolerantes Kulturzentrum des Kontinents und als zweitgrößte englischsprachige Stadt der Welt nach London. *Benjamin Franklin*, der als 17-Jähriger 1723 aus Boston hergezogen war, hatte wesentlich zu diesem Ansehen beigetragen: Nicht nur die Universitätsgründung 1740 ist sein Verdienst, sondern auch die erste Bibliothek des Landes (1731) und die erste Zeitung der USA (1728) sind ihm zu verdanken.

Im 17. und 18. Jh. kamen zuhauf Einwanderer aus Europa, vor allem Religionsflüchtlinge aus England, der Schweiz und den Niederlanden, aus der Pfalz und dem Rheinland nach Pennsylvanien. 1683 war *Franz Daniel Pastorius* aus Franken als Anführer von 13 Quäker-Familien aus Krefeld hierher gekommen und hatte größere Ländereien erworben, die er per Los verteilte. „**Germantown**", heute 10 km vom Stadtzentrum Philadelphias entfernt, entstand damals als erste deutsche Ansiedlung in Amerika. Bei der Mehrzahl der deutschen Zuwanderer handelte es sich zunächst um Mitglieder der **Wiedertäufer-Gemeinschaften** der **Mennoniten** und **Amischen**, die noch heute die „pennsylfaanische Sprache", einen altpfälzischen Dialekt mit amerikanischen Einschlägen pflegen und ihre Gottesdienste in (altem) Deutsch abhalten. 1848 schwappte als Folge der Unruhen in Europa eine neue Welle deutscher Auswanderer nach Philadelphia über, doch dieses Mal waren es keine religiösen, sondern politische Flüchtlinge, die sich in und um Philadelphia ansiedelten.

Im September 1774 kam in der Carpenters' Hall der 1. Kontinentalkongress zusammen, und zwei Jahre später, am 4. Juli, erklärten im damaligen State House beim 3. Kontinentalkongress die 13 amerikanischen Kolonien ihre Unabhängigkeit vom britischen Mutterland und verlasen die **Declaration of Independence**.

Folge war zwischen 1776 und 1783 ein erbitterter Krieg gegen die Engländer, in dem der ehemalige preußische Offizier *Friedrich Wilhelm von Steuben* eine Schlüsselrolle als Ausbilder der US-Armee innehatte. Bis zum Frühjahr 1778 besetzten Briten die Stadt, doch dann spielte Philadelphia eine tragende Rolle in der politischen Entwicklung der jungen Nation: Vom 25. Mai bis zum 17. September 1778 trat in der Independence Hall die **Constitutional Convention** zu Beratungen zusammen und arbeitete unter der Ägide *Thomas Jeffersons* eine demokratische Verfassung aus. 1787 wurde diese im Kern

Redaktionstipps

Sehens- und Erlebenswertes
- Rundgang durch den **Independence National Historical Park** (S. 650)
- Einen **Museumstag** einlegen und unbedingt neben dem Philadelphia Museum of Art (S. 658) das Atwater Kent Museum (S. 655) und die Pennsylvania Academy of the Fine Arts (S. 656) besuchen
- Den Turm der **City Hall** (S. 655) erklimmen und *William Penn* grüßen

Essen und Trinken, Unterhaltung
- Am First Friday den **Old City Cultural District** unsicher machen
- Historisch speisen in der **City Tavern** (S. 652) und einen Martini im **Continental** schlürfen
- Ein Eis bei Bassett's, ein *Philly Cheese Steak* oder die Spezialitäten der *Amish* im **Redding Terminal Market** probieren

8. Von Niagara Falls zu den Metropolen im Osten – Philadelphia

bis heute gültige Verfassung der Vereinigten Staaten, nachdem sie alle 13 Kolonien unterzeichnet hatten, verabschiedet.

Der englisch-französische Krieg von 1812 und vor allem der Bürgerkrieg, 1861-65, warfen den Staat in seiner Entwicklung zurück. Philadelphia hatte die Sklaverei abgelehnt und viele Afroamerikaner aus dem Süden suchten hier Zuflucht. Bei Ende des Bürgerkrieges war die Stadt enorm angewachsen und durch Eingemeindungen brachte es Philadelphia bereits 1876 auf über 600.000 Einwohner. Zur Zeit der Depression in den 1920/30er Jahren ging es in Philadelphia zunächst bergab, die Innenstadt verkam zum Slum. Erste Sanierungsprogramme setzten nach Ende des Zweiten Weltkrieges ein. So wurde der Historic District restauriert und weitere Revitalisierungsprogramme der Innenstadt eingeleitet.

Orientierung und Charakterisierung der Viertel

Die **Center City** (Innenstadt) wird begrenzt durch den Delaware River im Osten, den Schuylkill River im Westen, die Vine St. im Norden und die South St. im Süden. Sie ist dank rechtwinkliger Anlage und Blocksystem mit durchnummerierten Nord-Süd-Achsen leicht überschaubar. Den Kern der Stadt – markiert durch eine stattliche Anzahl moderner Wolkenkratzer, wie dem One Liberty Place von *Helmut Jahn* – bildet der Penn Square mit der City Hall und dem Reading Terminal Market. Nördlich angrenzend an diesen einst bedeutenden Bahnhof und heutigen Markt befinden sich das Convention Center, dann Chinatown. Ringsum liegen vier weitere Plätze, die die Innenstadt als Quadrat einschließen: der Franklin Square im NO, der Logan Square im NW, der Rittenhouse Square im SW und der Washington Square im SO.

Die Innenstadt unterteilt sich in mehrere Stadtviertel, die z. T. sehr unterschiedlich sind: Als **Historic** oder auch **Waterfront District** wird das Areal östlich der Independence Mall bzw. 6th St. bis hinunter zum Fluss/Penn's Landing und südwärts bis zur South St. bezeichnet. Nördlich der Market St. liegt der alte Kern der Stadt, **Old City Cultural District**, einst das Handelszentrum mit historischen Häusern, alten Kirchen und engen Straßen, heute Vergnügungsviertel mit zahlreichen Restaurants, Cafés und Clubs, Theatern und Studios. Ebenfalls dem Bummeln, Nachtleben und Genuss haben sich **Society Hill** und **South St.** (Front-10th St.) verschrieben. Der eigentliche geschäftige **Business District**, das Downtown von Philadelphia, erstreckt sich rings um die City Hall, das Rathaus, und nordöstlich davon im Bereich von Convention Center und Reading Terminal Market. Wolkenkratzer, Kaufhäuser, Theater und Hotels sind charakteristisch für dieses Viertel.

Die **Avenue of the Arts**, Broad St., ist bekannt für ihr Nachtleben mit mehreren Theatern und Kultureinrichtungen. Weiter im Westen bis zum Schuykill River erstreckt sich das Viertel um den **Rittenhouse Square**, dank seiner hochklassigen Lokale und ausgefallenen Shops vor allem beliebt zum Bummeln. Gegenüber dem Schuykill River liegt der **University City District**. Nördlich des Rittenhouse Square Districts erstreckt sich der **Parkway/Museum District** mit dem Benjamin Franklin Parkway als Hauptachse – besuchenswert wegen der Museen. Von hier zieht sich der Fairmount Park nordwestwärts entlang dem Flussufer in Richtung Chestnut Hill, Manayunk und Germantown.

8. Von Niagara Falls zu den Metropolen im Osten – Philadelphia

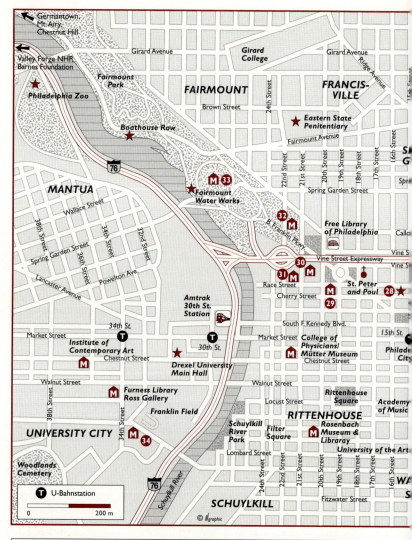

1 Independence Visitor Center
2 Independence Hall
3 American Philosophical Hall
4 Liberty Bell Center
5 Second Bank of U.S.
6 National Liberty Museum
7 Franklin Court
8 New Hall Military Museum
9 Bishop White House
10 Todd House
11 City Tavern
12 AME Church
13 Old Pine Street Presbyterian Church
14 St. Peter's Church
15 Independence Seaport Museum
16 Christ Church
17 Elfreth's Alley
18 Fireman's Hall

8. Von Niagara Falls zu den Metropolen im Osten – Philadelphia

19 Betsy Ross House
20 Arch Street Meeting House
21 Christ Church Burial Ground
22 Free Quaker Meeting House
23 National Constitution Center
24 Graff House
25 Atwater Kent Museum
26 African American Museum
27 Pennsylvania Academy of the Fine Arts
28 Quaker Information Center
29 Academy of Natural Sciences
30 Franklin Institute Science Museum
31 Please Touch Museum
32 Rodin Museum
33 Philadelphia Museum of Art
34 Museum of Archaeology and Anthropology

Independence National Historical Park (INHP)

Im Zentrum des Rundgangs durch „America's most historic square mile" steht der neu gestaltete **Independence National Historical Park**. Erster Anlauf- und Ausgangspunkt für die Stadtbesichtigung ist das **Independence Visitor Center** (1), 6th/Market Sts. Hier gibt es eine Vielzahl von Informationen über Stadt und Umland, werden Unterkünfte und Veranstaltungstickets vermittelt, Reservierungen vorgenommen und können Fahrkarten für den öffentlichen Nahverkehr erworben werden. Außerdem erhält man hier die Gratistickets für Independence-Hall-Touren. Der Independence National Historical Park umfasst den gesamten Bereich von der 6th bis zur 2nd St., d. h. fast bis zum Delaware River, und von der Walnut (S) bis zur Race St. Dreh- und Angelpunkte sind jedoch die 6th und Chestnut Sts.

> **Tipp für Besucher**
>
> Der erste Gang am Morgen sollte dem **Visitor Center** gelten, um ein „frühes" Ticket (Zeitaufdruck!) für eine Tour durch die Independence Hall zu bekommen. Das ist in der Hauptsaison und an Feiertagen nicht unbedingt einfach. Hinzu kommt, dass die Areale um Liberty Bell Center und Independence Hall als „Sicherheitszonen" ausgewiesen sind und die Kontrollen durch Park Ranger erstens streng und zweitens Zeit raubend sind.

Meist gibt es zwischen Sicherheitskontrolle und Einlass in die **Independence Hall** eine Wartezeit. Diese kann man sinnvoll überbrücken, indem man sich im **West Wing der Independence Hall** (eigener Zugang) historische Dokumente und Druckausgaben der *Declaration of Independence* und der *Constitution* anschaut; die handschriftlichen Manuskripte befinden sich in den National Archives in Washington, D. C. Ein paar Schritte weiter steht die ebenso frei zugängliche **Congress Hall**. Hier kamen während der Zeit, als Philadelphia Hauptstadt war (1790-1800), die Vertreter der Staaten im Repräsentantenhaus im Erdgeschoss bzw. im luxuriöser ausgestatteten Senatssaal im Obergeschoss zusammen. Am anderen Ende des Areals, im Osten, bietet sich ein Blick in die **Old City Hall** an, das Rathaus, das während der zehn Jahre als Hauptstadt als Sitz des **US Supreme Court** fungierte.

Independence Hall

Park Ranger geben in einem Vorraum der **Independence Hall** (2) zunächst eine kurze Einführung, ehe die Tour durch das Erdgeschoss beginnt. Da hier am 4. Juli 1776 die Unabhängigkeitserklärung der Vereinigten Staaten ausgearbeitet wurde und 1787 die verfassungsgebende Versammlung tagte, handelt es sich um einen „nationalen Pilgerort". Der Bau war zwischen 1732 und 1748 als Parlamentsgebäude (*State House*) der Kolonie Pennsylvania errichtet und ab 1735 von der Legislative Pennsylvanias genutzt worden. In den Jahren 1750 bis 1753 kam ein Glockenturm hinzu, in dem ursprünglich die legendäre **Bell of Liberty** hing.

Ein nationaler Pilgerort

Im Erdgeschoss betritt man zunächst den Obersten Gerichtshof Pennsylvanias, **Supreme Court Chamber**. Historisch bedeutender ist der anschließende **Assembly Room**, wo am 4. Juli 1776 Abgesandte der 13 Kolonien – die Mitglieder des 2. Kontinentalkongresses – über die von *Thomas Jefferson* entworfene **Declaration of Independence** abstimmten. Nach ihrer öffentlichen Verkündung am 8. Juli wurde sie hier am 2. August unterzeichnet. 1787 trafen sich erneut Abgesandte – die **Con-**

stitutional Convention –, um die Verfassung auszuarbeiten. Die 13 Tische, die im Halbkreis stehen, repräsentieren die 13 Kolonien (später Staaten).

American Philosophical Hall

Die **American Philosophical Hall** (3) ist von der 5th St. zugänglich. Die Society war 1743 von *Benjamin Franklin* gegründet worden. Er hatte den renommierten Porträtmaler *Charles Willson Peale* (1731-1827) beauftragt, hier ein Museum einzurichten – das erste in den USA. *Franklin* wollte seine vormals in der *Long Gallery* (im OG der Independence Hall) untergebrachten Kunst- und naturkundlichen Schätze adäquat ausstellen. Heute finden hier vor allem Wechselausstellungen statt. Die zugehörige **Library** liegt im Bau gegenüber, und ein Blick in den Zugangsbereich lohnt wegen der kleinen Ausstellung von Originalmanuskripten – wie *William Penn's Charter*, einem der *Lewis&Clark*-Tagebücher oder einem Entwurf der *Declaration of Independence* von *Jefferson*.

Wo alles begann ... die Independence Hall

Liberty Bell Center

Im Herbst 2003 wurde das neue **Liberty Bell Center** (4) eröffnet – genau an jener Stelle, wo sich zur Zeit, als Philadelphia Landeshauptstadt war, das Wohnhaus der ersten beiden US-Präsidenten, *George Washington* und *John Adams*, befunden hatte. Auf dem Weg zu der berühmten Glocke – dem wohl meist verehrten Freiheitssymbol der Welt – erhalten Besucher ausführliche Erläuterungen zu ihrer Geschichte und Bedeutung. In England gegossen, war sie 1752 nach Philadelphia gelangt, bekam allerdings schon während des Probeläutens einen Sprung, einen weiteren vermutlich, als sie 1786 zum Geburtstag von *George Washington* ertönte. 1753, zum 50. Jahrestag der Verfassung von Pennsylvania, hängte man sie im Turm des damaligen Pennsylvania State House (der späteren Independence Hall) auf. Das auf der Glocke eingravierte Zitat aus dem 3. Buch Mose – „Verkündet die Unabhängigkeit im ganzen Land allen Bewohnern" – sollte sich bewahrheiten: Am 8. Juli 1776 begleitete ihr Geläut die erste öffentliche Verlesung der Unabhängigkeitserklärung. 1835 sprang die Glocke während der Beisetzungsfeierlichkeiten vom Obersten Bundesrichter *John Marshall* erneut – und ist seither verstummt. Der Zugang liegt gegenüber der Independence Hall, 5th St., mit Sicherheitskontrollen im alten Bau.

Eine Glocke mit Symbolcharakter

Weitere Attraktionen im und um den INHP

An der 5th St., gegenüber der Liberty Bell, erhebt sich die **Bourse**, die erste Börse der USA, heute ein Einkaufszentrum. Einen Block nördlich davon soll ein neues **Jewish Museum** entstehen. Doch zurück zur Chestnut St.: Hier liegt zwischen 5th

8. Von Niagara Falls zu den Metropolen im Osten – Philadelphia

Franklins Wohnhaus

und 4th St. die im Greek-Revival-Stil erbaute **Second Bank of U.S.** (**5**) mit ihrer *Portrait Gallery*, die sich berühmten Amerikanern und Ausländern widmet. Schräg gegenüber folgt das **National Liberty Museum** (**6**), 321 Chestnut/4th Sts., das „*Home for Heroes*". Anhand von rund tausend „Helden", d. h. ungewöhnlichen Persönlichkeiten verschiedener Ethnien, wird hier in acht Ausstellungssälen Amerikas Freiheitsgedanke mit interaktiven Ausstellungsstücken und Videos nachgezeichnet. Hinter dem Museum liegt **Franklin Court** (**7**), Zugang über die Market St., wo *Benjamin Franklins* Wohnhaus stand, das nicht mehr erhalten ist. Der Grundriss ist in Gestalt einer Art modernen Skulptur angedeutet.

Wieder auf der Chestnut St. führt der Rundgang vorbei am **New Hall Military Museum** (**8**), wo 1791/92 das Verteidigungsministerium saß und heute eine Ausstellung über die frühe Geschichte des US-Militärs informiert, und der **First Bank of the US**, 1791 von *Alexander Hamilton* gegründet. Hinter der Bank liegt die **Carpenters' Hall**. In diesem 1770-74 von der Zimmermannszunft errichteten Bau tagte 1774 der 1. Kontinentalkongress. Daneben – an der Walnut St. – liegen das **Bishop White House** (**9**) und das **Todd House** (**10**). Das östliche Ende des INHP markiert die **City Tavern** (**11**), 138 S 2nd/Walnut Sts., ein „historisches" Restaurant, in dessen Vorgängerbau schon die Gründungsväter der USA speisten.

Society Hill und South Street

Hinweis
Den Stadtplan finden Sie S. 648.

Sehenswertes Altstadtviertel

Ein Spaziergang durch **Society Hill** – südlich der City Tavern – und die South St. bedeutet, ein Stück „altes Amerika" zu erleben. Essen, Entertainment, Bummeln machen Spaß in diesem alten Wohnviertel mit seinen Ziegelhäusern und Pflasterstraßen und verhalfen ihm zudem zu dem Ruf, das Pendant zum Old City Cultural District zu sein. Die **South Street** – die „*hippest street in Philadelphia*" – begrenzt das Viertel nach Süden, und im Zentrum liegt die **DeLancey Street**.

Die Namensgebung des Viertels hat nichts mit „High Society" zu tun, obwohl diese die Gegend schon vor 200 Jahren zum Wohnen bevorzugte. Vielmehr geht die Bezeichnung auf die *Free Society of Traders* zurück, eine Gruppe von Geschäftsleuten, die sich auf Anraten von *William Penn* hier niederließ und bis 1725 bestand. Die Häuser waren und sind eng und klein, da aber schon den ersten Siedlern genügend Lehm und Ton aus dem Delaware-Tal zur Verfügung stand, sind alle massiv aus Ziegeln erbaut. Viele wurden vor 1750 im Georgian Style mit meist nur eineinhalb Stockwerken errichtet. Erst ab Mitte des 18. Jh. entstanden größere Bauten im Federal Style mit zwei bis drei Etagen und attraktiveren Eingängen. Auf den Greek-Revival-Stil folgten Anfang des 19. Jh. viktorianische Stile.

Einen Eindruck von der herrschenden religiösen Freiheit erhält man hier in Gestalt der zahlreich erhaltenen historischen **Kirchen**, z. B. die **AME Church** (**12**), Lombard/6th Sts., **Old Pine Street Presbyterian Church** (**13**), Pine/4th Sts., die zentrale **St. Peter's Church** (**14**), Lombard/3rd Sts., die *Society Hill Holy Trinity Church* von 1789, die erste katholische deutsche Kirche *Holy Trinity* von 1789, Spruce/6th Sts., oder die *Society Hill Synagogue* von 1830, 418 Spruce St.

Old City und Waterfront

Im Zentrum von Old City liegt die **Market Street**. Sie gilt dank ihrer Geschäfte, Restaurants, Cafés und Bars, vor allem im Bereich von Old Town, als Treff für Nachteulen und Gourmets. Die Straße endet am Delaware River bzw. bei Penn's Landing, wohin man über einen Walkway gelangt. Nahe der City Tavern führt ebenfalls ein Fußgängerüberweg hinüber.

Penn's Landing ist jener Ort, an dem *William Penn* im Jahr 1682 angelegt haben soll. Der Blick wird jedoch zunächst angezogen von der **Benjamin Franklin Bridge** aus dem Jahr 1926, der ersten Hängebrücke der Welt, die bis zur Eröffnung der Golden Gate Bridge 1937 auch die längste war. Entlang dem Flussufer zieht sich **Penn's Landing Festival Pier** hin, ein eigentlich nur am Wochenende lebhaftes Vergnügungsviertel mit Geschäften, Restaurants und Marina in alten Piergebäuden.

Penn's Landing

Das **Independence Seaport Museum (15)**, 211 Columbus Blvd./Walnut St., vereint unter einem Dach interaktive Ausstellungen mit Modellen und zahlreichen Ausstellungsstücken und zeigt im Freien überdies den Cruiser „Olympia" und das U-Boot „Becuuna". Nördlich davon befindet sich der Anlegeplatz der „RiverLink Ferry" hinüber nach New Jersey; das Boot hält vor dem **New Jersey State Aquarium**, 1 Riverside Drive, an der **Camden Waterfront**.

Kommt man von Penn's Landing über den Walkway an der Market St. zurück in die Old City, stößt man zunächst auf die **Christ Church (16)**, Market/2nd Sts. Sie wurde 1727-54 im Georgian Style erbaut und diente der bereits 1695 in Philadelphia gegründeten anglikanischen Gemeinde als Gebetsort. Im Jahr 1789 wurde in der Christ Church die *Protestant Episcopal Church* als Nachfolgerkirche gegründet, nachdem man sich der britischen Vorherrschaft entledigt hatte. Der Kirchengemeinde gehörten 15 Unterzeichner der Unabhängigkeitserklärung an, wovon sieben auf den beiden zugehörigen Friedhöfen bestattet sind. In „The Nation's Church" beteten schon *Betsy Ross*, *Benjamin Franklin*, *George Washington* und *Thomas Jefferson*.

Ein Stück weiter auf der 2nd St. gilt es aufzupassen, denn die nur knapp 5 m breite **Elfreth's Alley (17)**, zwischen Arch und Race Sts., ist leicht zu übersehen. Das kopfsteingepflasterte Gässchen ist nach dem Schmied *Jeremiah Elfreth* benannt und gilt, da seit über 200 Jahren permanent bewohnt, als älteste Wohnstraße in den USA. Die 32 kleinen Häuschen im Colonial und Federal Style, die in den 1930er Jahren gerade noch vor dem Abriss bewahrt werden konnten, gelten heute als Topadresse. Das

In der Old City

8. Von Niagara Falls zu den Metropolen im Osten – Philadelphia

älteste Gebäude ist das Doppelhaus Nr. 120/122 (Südseite), das um die Jahre 1724 bis 1728 erbaut wurde, die meisten anderen stammen aus der zweiten Hälfte des 18. Jh. Sie sind allesamt sehr schmal und zwei- bis dreistöckig. Wie es im Inneren der meist aus Werkstatt oder Laden im Erdgeschoss und Wohnung im Obergeschoss bestehenden Häuschen aussah, kann man in den **Museumshäusern Nr. 124-126** nachvollziehen.

Elfreth's Alley – die älteste Wohnstraße der USA

Ein kleines Stück weiter, an der 2nd St. steht mit der **Fireman's Hall (18)** ein Relikt der ältesten Feuerwehr der USA, von *Benjamin Franklin* gegründet. An der Ecke Arch/3rd Sts. ist ein historisches Haus fast immer von Besuchern umringt: das **Betsy Ross House (19)**, die Wohnung jener Quäkerin, die die erste amerikanische Flagge genäht haben soll.

Quäker-Versamm-lungshaus

Ein wenig zurückversetzt, gleich an der nächsten Straßenkreuzung stadteinwärts, steht ein weiterer historischer Bau von 1804: Das **Arch Street Meeting House (20)** – ein bis heute aktives Quäker-Versammlungshaus. Wenige Schritte weiter: ein Friedhof, der Teil der Christ Church ist, aber wegen der Flussnähe stadteinwärts verlegt wurde. Hier auf dem **Christ Church Burial Ground (21)** liegt *Benjamin Franklin* begraben. Sein schlichtes Grab befindet sich am Zaun Ecke Market/5th Sts. und die Grabplatte ist ständig von Pennies bedeckt, denn *Franklins* Motto lautete: „*A penny saved is a penny earned*".

Jenseits der 6th St. blickt man auf einen weiteren Quäker-Bau, das derzeit geschlossene **Free Quaker Meeting House (22)**. Wer sich für die rund 12.000 in Pennsylvania lebenden Quäker interessiert, sollte das **Quaker Information Center (28)**, Cherry/15th Sts. (s. unten), besuchen.

Das neue **National Constitution Center (23)**, in der 525 Arch St., ist mit rund $ 130 Mio. Baukosten das teuerste und architektonisch auffälligste Projekt im Independence National Historical Park. Vorbei an den üblichen Serviceeinrichtungen (Shop und Café) im Erdgeschoss, gelangt man ins kreisrunde **Kimmel Theater**, wo es jede halbe Stunde eine Multimedia-Liveshow namens „*Freedom Rising*" gibt. Mithilfe von Dias und einem/einer Schauspieler/in wird „*The Story of ‚We the People'*" erzählt, werden Besucher zurück ins Jahr 1787 versetzt und mit der Bedeutung der Unabhängigkeitserklärung für die Menschheit vertraut gemacht.

Geschichte der amerikanischen Verfassung

Vom Theater geht es direkt in die Ausstellung „**The American Experience**", die sich in einzelnen Abteilungen und mit interaktiven Ausstellungsstücken mit der Geschichte der Verfassung von der amerikanischen Revolution bis heute beschäftigt. In der **Signers' Hall** schließlich stehen die 42 lebensgroßen Bronzen jener Männer, die am 17. September 1787 die Verfassung unterzeichneten.

City Center – „Downtown" Philadelphia

Auf der **Market Street**, an der Richtung Westen die kulinarischen Topspots, edlen Boutiquen und Galerien abnehmen und durch eher ramschige Shops und Imbissbuden, aber auch Kaufhäuser ersetzt werden, gelangt man ins Stadtzentrum. Dabei streift man an der 7th St. das **Graff House** (**24**), den Nachbau jenes Hauses, in dem *Thomas Jefferson* den Entwurf der *Declaration of Independence* verfasste.

Schräg gegenüber befindet sich in einem Greek-Revival-Bau von 1826 das wenig bekannte, aber sehenswerte Stadtmuseum, das **Atwater Kent Museum** (**25**), 15 S 7th St. Es beschäftigt sich in mehreren interessanten Abteilungen mit der Stadtgeschichte. Besonderen Ruf genießt das Museum auch wegen der kompletten Sammlung von Titelbildern der *„Saturday Evening Post"*, die *Norman Rockwell* (1898-1978) schuf. Das Magazin war 1728 von *Franklin* als „Pennsylvania Gazette" gegründet worden, 1821 umbenannt und ab 1898 als Wochenmagazin publiziert worden. Von 1916 bis zur Einstellung der Zeitschrift 1963 schuf *Rockwell* alle Titelbilder.

Interessantes Stadtmuseum

An der Ecke Market/8th Sts. gibt es Gelegenheit zu einem Abstecher nach Norden, zum **African American Museum** (**26**), 701 Arch St., – einem Ableger der Smithsonian Institution, in dem vor allem Wechselausstellungen zu „schwarzen" Themen stattfinden – und nach **Chinatown**, mit dem auffälligen Friendship Gate, an der Ecke Arch/10th Sts.

Wer den Rundgang auf der Market St. fortsetzt, erhält Gelegenheit zum Einkaufen: bei **Strawbridge's**, einem altehrwürdigen Kaufhaus, oder angrenzend in **The Gallery**, einem modernen Einkaufszentrum, oder – am besten – im **Reading Terminal Market** (Zugang Arch/Filbert Sts. oder durch das Convention Center). Dieser täglich stattfindende Markt in einer großen quadratischen Halle mit Obst, Gemüse, Backwaren, Fleisch, Wurst, Käse, aber auch Feinkost, Geschenkartikeln und Imbissständen gilt als einer der bestsortierten Märkte der USA. Besonders begehrt sind die Spezialitäten der *Amish People* aus dem Dutch County, die hier an vier Tagen in der Woche ihre Produkte verkaufen. Nicht versäumen sollte man, bei **„Bassett's"**, einem 1861 in Philadelphia gegründeten Milchladen, ein Eis zu genießen.

Ein „Muss", die Markthalle

City Hall und Umgebung

Im Zentrum zwischen Franklin, Washington, Rittenhouse und Logan Square, am Schnittpunkt der verschiedenen Stadtviertel und an der Kreuzung der beiden Hauptachsen Market und Broad Sts., steht einer Festung gleich die **City Hall**. Der weithin sichtbare Rathausturm – er kann bestiegen werden – wird von einer über 10 m hohen Bronzestatue des Stadtgründers *William Penn* aus der Werkstatt von *Alexander Calder* gekrönt. Zwischen 1871 und 1901 erbaut, war es das größte Rathaus im Lande, reich ausgestattet mit über 100 Statuen, und zugleich der höchste Bau der Stadt, mit 167 m sogar höher als das Washingtoner Capitol! Zwischen 1984 und 1987 wuchsen dann erst **Liberty Place 1**, dann **Nr. 2**, Chestnut/16-17th Sts., von Stararchitekt *Helmut Jahn* in den Himmel und überragten *Penn*.

Rathaus

Die Region um die Broad Street

„Avenue der Künste"

Die **Broad Street** ist mit etwa 30 km die längste schnurgerade Straße in einer Stadt. In ihrem Südabschnitt trägt sie wegen zahlreicher Kultureinrichtungen und Theater den Beinamen **„Avenue of the Arts"**: die *Academy of Music*, Broad/Locust Sts. – Sitz des Balletts und der Oper –, das *Wilma Theater*, 265 S Broad St., das *Kimmel Center for the Performing Arts*, 260 S Broad St. – Heimat des Philadelphia Orchestra u. a. Ensembles –, oder die *University of the Arts*, um nur einige zu nennen.

Die Broad St. trennt (bzw. verbindet) zwei Stadtviertel: Washington Square District und Rittenhouse Row. Der **Washington Square District** ist benannt nach dem gleichnamigen Platz, an dessen Ostrand das „Grab des Unbekannten Soldaten" zu sehen ist und an dessen Nordwestecke, Sansom/7-9th Sts., die **Jeweler's Row** ihrem Namen als Schmuckzentrum gerecht wird. Im Süden, an der Pine St., lädt die Antique Row zum Bummel durch Antiquitätenläden ein und im Zentrum liegt die *Thomas Jefferson University*.

Westlich der Broad St., bis zum Schuykill River, erstreckt sich der Rittenhouse Square District oder kurz die **„Rittenhouse Row"**. Der Platz erhielt seinen Namen nach dem deutschstämmigen *Wilhelm Rittenhausen*, der 1690 bei Wissahickon Creek die erste Papiermühle in den USA gegründet hat. Rings um den Anfang des 20. Jh. nach französischen Vorbildern angelegten Platz mit kleinen Grünanlagen stehen große alte Häuser.

„Gesamtkunstwerk"

Am DeLancey Place (Nr. 2008) ist in einem bescheidenen Stadthäuschen von 1865 das **Rosenbach Museum and Library** untergebracht. Dieses wenig bekannte, aber als „Gesamtkunstwerk" mit historischer Möblierung und Innenausstattung umso besuchenswertere Museum basiert auf der Privatsammlung des Buchhändlers und Sammlers *Dr. A. S. W. Rosenbach* und seines Bruders *Philip*. Seltene Bücher, alte Manuskripte u. a. „Ulysses" von *James Joyce*, und verschiedenes Kunsthandwerk, aber auch bedeutende Wechselausstellungen sind zu sehen.

Im Nordwesten des Viertels befindet sich das **College of Physicians of Philadelphia** mit dem *Mütter Museum*, 19 S 22nd/Chesnut Sts., auf dem Grund des gleichnamigen Colleges von 1787. Zu sehen sind mehr als 20.000 Objekte vor allem aus dem anatomischen und pathologischen Bereich, medizinische Instrumente, anatomische Modelle, persönliche Memorabilien, Dokumente und Fotos von 1750 bis heute.

Tipp für Besucher

*Philadelphia gilt als **„Mural Capital of the World"**: Derzeit sind rund 2.500 Wandbilder das Resultat einer vom Museum of Art 1984 ins Leben gerufenen Aktion namens „Mural Arts Program". Beispiele finden sich an der Ecke 13th/Locust, 22nd/Walnut oder 12th/Vine und Broad/Vine Sts.*

Von der City Hall zum Logan Square – Museum District

Nördlich der City Hall geht es vorbei am **Masonic Temple**, dem 1873 eingeweihten Haus der Freimaurer, zur altehrwürdigen **Pennsylvania Academy of the Fine Arts (27)**,

8. Von Niagara Falls zu den Metropolen im Osten – Philadelphia

Broad/Cherry Sts., eine 1805 gegründete, herausragende und vor allem überschaubare Sammlung amerikanischer Kunst vom 18. Jh. bis zur Moderne. In dem 1876 anlässlich der Centennial Exhibition eröffneten Bau konzentriert man sich auf einheimische Künstler.

Vom Kunstmuseum aus, das formal schon zum Museum District gehört, lässt sich der Weg leicht nach Nordwesten fortsetzen, wo im Umkreis des **Logan Square** weitere Museen warten. Der Weg führt vorbei am **Quaker Information Center (28)** und an der monumentalen **Cathedral of St. Peter & Paul,** 18th St./Franklin Pkwy., einer 1864 erbauten katholischen Kirche. Hier befindet sich an der Westseite der **National Shrine of Saint John Neumann**, der an *Johann Nepomuk Neumann*, den ersten Heiligen der USA, erinnert.

Am Logan Square angelangt, gilt es, Entscheidungen zu treffen: Nur wer viel Zeit hat, kann sämtliche hier versammelten Museen besuchen. Südwestlich vom Platz sollte man zunächst zwischen zwei naturkundlichen Museen wählen: der **Academy of Natural Sciences (29)**, 1900 Franklin Pkwy., – interessant besonders die *Dinosaur Hall* – und dem **Franklin Institute Science Museum (30)**, 222 N 20th St./Franklin Pkwy, eines der besten Technikmuseen an der Ostküste. 1824 gegründet, wurde das Museum zu Ehren *Franklins* benannt, an den in der Lobby des 1934 eröffneten Baus eine gut 6 m hohe Marmorstatue erinnert.

Klein aber fein: das Rodin Museum

Einen Steinwurf entfernt liegt das **Please Touch Museum (31)**, 210 N 21st St., genau das richtige Museum für Kinder. Es gibt interaktive Ausstellungsobjekte und Abteilungen wie „*Alice's Adventures in Wonderland*", „*Move It!*" „*Story Garden*" oder – sehr beliebt – „*The Supermarket*".

Auf der nördlichen Seite des alleeartigen Franklin Pkwy. geht es vorbei am imposanten Bau der **Free Library of Pennsylvania**, der Stadtbücherei, zum **Rodin Museum (32)**, 22nd St./Franklin Pkwy. Es birgt die größte Sammlung von Skulpturen des französischen Bildhauers *Auguste Rodin* außerhalb von Paris, in verschiedenen Herstellungsstadien bzw. Ausführungen, darunter Hauptwerke wie „Die drei Grazien", „Johannes der Täufer", „Der Denker" (vor dem Eingang), „Adam und Eva" oder „Die Bürger von Calais". Das kleine Museum ist ein Geschenk des philadelphischen Geschäftsmanns *Jules E. Mastbaum* und wurde nach dessen Tod im Jahr 1926 eröffnet.

Philadelphia Museum of Art

Kunstsammlung der Extraklasse

Die meistbesuchte Attraktion im **Fairmount Park**, der am Rodin Museum beginnt, ist das **Philadelphia Museum of Art (33)**, mit über 300.000 Objekten die drittgrößte Kunstsammlung in den USA. Der mit rund 3.600 ha größte städtische Park der Welt verfügt über mehrere spezielle Gartenanlagen, über Museen, den ältesten Zoo der USA (3400 W Girard Ave.) und zahlreiche historische Häuser entlang dem ausgeschilderten **River Drives Recreation Loop**. Die etwa 15 km lange Rundfahrt erstreckt sich wie der gesamte Park entlang dem Ost- und Westufer des Schuylkill River und beginnt nordwestlich des Kunstmuseums.

Zahlreiche Wechselausstellungen finden jedes Jahr im **Philadelphia Museum of Art** statt, dazu zahlreiche Veranstaltungen. Der mächtige Bau im Stil eines griechischen Tempels mit zwei Seitenflügeln erhebt sich im Grünen, in der Achse des Franklin Pkwy., hinter dem Eakins Oval (mit Parkplatz). Die Gründung des Museums hängt mit der Weltausstellung 1876 zusammen: Damals wurde die Memorial Hall im Fairmount Park als Ausstellungshalle erbaut. Schenkungen vergrößerten die Sammlung, und 1924 wurde mit einem neuen Museumsbau begonnen, der sich aufgrund der Wirtschaftskrise jedoch bis 1928 hinzog. Den Schwerpunkt der Sammlung bildet die europäische Malerei vom 14. bis 19. Jh., Bildhauerei und Kunsthandwerk sowie architektonische Entwürfe aus Europa, Asien und Amerika. Deutsche Kunst der Auswanderer gibt es in der *German Gallery* (American Wing) zu sehen.

Sonstige Sehenswürdigkeiten

Wer genügend Zeit hat, kann im Nordosten der Stadt der **German Society of Pennsylvania**, 611 Spring Garden St., einen Besuch abstatten. Dieser 1764 gegründete gemeinnützige Hilfsverein für deutsche Einwanderer ist die älteste deutsche Organisation in den USA und bietet ein vielseitiges Sprach-, Informations- und Kulturprogramm sowie eine sehenswerte alte Bibliothek.

In Sichtweite der Deutschen Gesellschaft steht das Haus, in dem der 1809 in Boston geborene *Edgar Allan Poe* von 1842 oder 1843 bis 1844 lebte, die **Edgar Allan Poe National Historical Site**, 530 N 7th St. Der gezeigte Film gibt einen guten Einblick in sein Leben, während man beim Haus selbst, das komplett unmöbliert ist, etwas Fantasie benötigt.

Bunter Stadtteil

West Philadelphia ist ein bunter Stadtteil mit vielen Lokalen und Shops. Mehrere Museen wie das Institute of Contemporary Art (118 S. 36th/Sansom Sts.) oder das **Museum of Archaeology and Anthropology (34)** (1887) als beeindruckendste, sind Teil der Universität. Im archäologischen Museum sind abgesehen von einer mehrere Tonnen schweren Sphinx und ägyptischer Architektur, Mumien und sumerischen Texten auch die griechischen und römischen Antiken sehenswert. Für Naturfreunde das Richtige sind **Morris Arboretum&Gardens of the University of Pennsylvania** (100 Northwestern Ave., Stenton-Germantown Ave.) – viktorianische Gärten mit seltenen Pflanzen, Rosengarten, Teich, Farnen u. a.

9. ANHANG

Weiterführende Literatur

Im Folgenden kann nur eine kleine Auswahl an weiterführender Literatur gegeben werden. Die Bücher sollen auch als Anregung dazu verstanden werden, sich mit verschiedenen Aspekten des Nordostens der USA zu beschäftigen.

Reiseführer

Für zusätzliche Informationen sei auf weitere Reiseführer des Verlages hingewiesen, die in regelmäßigen Zeitabständen aktualisiert werden:

- Margit Brinke/Peter Kränzle/Michael Iwanowski, Reise-Handbuch USA Ostküste
- Dirk Kruse-Etzbach, Reise-Handbuch USA Nordwesten
- Dirk Kruse-Etzbach, Stadtführer New York
- Leonie Senne, Reise-Handbuch Kanada Osten
- Karl-Wilhelm Berger, Reise-Handbuch Kanada Westen

Reiseliteratur

- **Atkinson/Brooks and Olson**. New England's White Mountains. Geographic Society, New York 1978.
- **Baxter**, Constance. Greatest Mountain: Katahdin's Wilderness. 2003.
- **Daniel/Burroughs**. White Mountains Guide. AMC Guides, 2002.
- **Dietz**, Lew. The Allagash. Holt, Rinhehart and Winston, 1968.
- **Engel**, Elmar. Blackfoot, Cree, Mohawky ... Zur Geschichte der Indianer im Norden Amerikas. Göttingen 1994. Informationen zu den Indianerstämmen im Nordosten.
- **Faul**, Stephanie. Die Amerikaner – Pauschal. Fischer Taschenbuch, Frankfurt. Vorurteile, Klischees, Anekdoten über das Leben in Amerika und über die Amerikaner werden in amüsanter Weise dargestellt.
- **Guide Book of the Long Trail**, Green Mountains Club, 2003.
- **Kronzucker**, Dieter. Unser Amerika. Reinbek 1989. Interessante Artikel über „die Amerikaner" und ihre Lebensweise.
- **Luxenburg**, Larry. Walking the Appalachian Trail. Mechanicsburg 2000.
- **Raeithel**, Gert. Geschichte der nordamerikanischen Kultur. 3 Bände, Zweitausendeins, Frankfurt 1997. Umfassender Überblick über die Geschichte und die gesellschaftliche Entwicklung der USA.
- **Schulz**, Dieter. Ralph Waldo Emerson, Henry David Thoreau, Margaret Fuller. Amerikanischer Transzendentalismus. Darmstadt 1997. Eine gute Einführung in dieses nicht ganz leichte Thema mit Informationen zu den frühen Literaten Neuenglands.

- **Tocqueville**, Alexis de. Über die Demokratie in Amerika (1935-40). u. a. Reclam (UB 8077). Lesenswerte Einführung in die amerikanische Politik und Gesellschaft aus der Feder eines französischen Gesandten im 19. Jh. – immer noch aktuell.
- **Watzlawik**, Paul. Gebrauchsanweisung für Amerika. Neuauflage München 2002. Ein immer noch lesenswertes, „respektloses" Buch über den amerikanischen Alltag.

Belletristik

- **Alcott**, Louisa May. Little Woman. 1868/69. Geschichten aus dem Leben von drei Schwestern im Neuengland des 19. Jh.
- **Beecher-Stowe**, Harriet. Onkel Toms Hütte. 1852. Ein wichtiger Beitrag zur Problematisierung der Sklavenfrage.
- **Cooper**, James Fenimore. Lederstrumpf. Fünf Bände 1826-1841. Schauplätze der Erzählungen liegen u. a. in Neuengland.
- **Cunningham**, Michael. Land's End. 2005. Ein Spaziergang in Provincetown. Cunningham schrieb diesen ungewöhnlichen Reiseführer über den Ort, den er seit mehr als 20 Jahren kennt und liebt.
- **Dos Passos**, John. Manhattan Transfer. 1925. Gilt als einer der großen Großstadtromane der literarischen Moderne. 1930-1936 erschien die Romantrilogie U.S.A., die ein groß angelegtes Sittenbild der amerikanischen Gesellschaft in den Jahren 1890-1930 darstellt.
- **Emerson**, Ralph Waldo. Die 1836 unter dem Titel „Nature" veröffentlichte Sammlung von Essays beeinflusste maßgeblich die Gruppe der Transzendentalisten.
- **Fitzgerald**, F. Scott. Der Große Gatsby. 1925. Ein gesellschaftskritischer Roman, der im New York der 1920er Jahre spielt.
- **Hawthorne**, Nathaniel. 1850 erschien der Roman „Der scharlachrote Buchstabe", der im 17. Jh. im puritanischen Neuengland spielt; „Das Haus der sieben Giebel" (1851), eine Geschichte um Schuld und Sühne, ist eine kritische Auseinandersetzung mit dem puritanischen Glauben.
- **Heinrich**, Bernd. Ein Jahr in den Wäldern von Maine. 1997. Der Autor beschreibt seinen einjährigen Aufenthalt in der Einsamkeit von Maine.
- **Irving**, John. Mit „Garp und wie er die Welt sah" schaffte er 1978 den Durchbruch; es folgten u. a. Das „Hotel New Hampshire" (1981), „Gottes Werk und Teufels Beitrag" (1985), „Die vierte Hand" (2001) und „Until I find you" (2005), zu dem noch keine deutsche Übersetzung vorliegt. In Irvings Büchern tauchen New Hampshire und Maine als Motive immer wieder auf.
- **Landesman**, Peter. The Raven (1995, dt. Meereswunden, 1997); spielt an der zerklüfteten Küste Maines.
- **Longfellow**, Henry Wadsworth. „Das Lied von Hiawatha" (1855) beschreibt das Leben des Indianer-Häuptlings *Hiawatha*; das Gedicht „Paul Revers Ride" schildert eine Begebenheit aus dem amerikanischen Unabhängigkeitskrieg.
- **Melville**, Herman. Moby Dick. 1851. Der Hawthorne gewidmete Roman erzählt die Geschichte des Walfangschiffes „Pequod" und seines Kapitäns *Ahab* auf der Jagd nach dem weißen Pottwal.
- **Proulx**, E. Anne. Schiffsmeldungen. 1993. Der Roman der in Connecticut geborenen Schriftstellerin ist eine „Liebeserklärung" an Neufundland; „Das grüne Akkor-

deon", 1996, erzählt von der Geschichte Amerikas und vom Schicksal der Menschen, in deren Besitz das Akkordeon ist.
- **Thoreau**, Henry David. Walden oder das Leben in den Wäldern. 1854. Thoreau beschreibt sein einfaches Leben in einer Blockhütte am See und setzt sich dabei mit Natur, Geschichte und Gesellschaft auseinander.
- **Twain**, Mark. Die „Abenteuer des Tom Sawyer" (1876) und „Huckleberry Finn" (1884) sind nicht nur Klassiker der Jugendliteratur, sondern auch eine kritische Auseinandersetzung mit der amerikanischen Gesellschaft.
- **Updike**, John. Rabbit. 1960. Die vierbändige Reihe um Harry „Rabbit" Angstrom beschreibt und analysiert das Leben in den USA zwischen den 1950er Jahren und der Jahrtausendwende; die „Hexen von Eastwick" (1984) wurden erfolgreich verfilmt.
- **Whitman**, Walt. Grashalme. 1855. Eine Sammlung von Gedichten, die Whitman im Laufe von 36 Jahren stetig erweiterte.

Tipp

Zahlreiche Werke historischer Autoren sind als **preiswerte Taschenbuchausgaben** – als **Dover Thrift Editions** – *(Dover Publications New York)* in den USA zu erwerben.

Stichwortverzeichnis

A
Acadia National Park/ME 500 ff.
- Park Loop Road 503 ff.
- Redaktionstipps 503
- Tier- und Pflanzenwelt 503
- Zeitplanung 502

Adams, John 31
Adirondack Mountains 571, **588** ff.
Adirondack Park/NY 588
Adirondack Scenic Railroad 591
Afroamerikaner 61 f.
Ahornsaft 545, 563
Albany/NY 576 f.
Alcott, Louisa May 86, 464
Alexandria Bay/NY 594
Algonkin-Indianer 60, 403
Allagash Wilderness Waterway/ME 508
Allen, Ethan 401, 540, 547, 573
Alton Bay/NH 535
America's Stonehenge/NH 537
Amerikanische Küche 74
Amische (Amish People) 583, 646
Appalachen 49, 524, 558, 588
Appalachian Trail 516, 558
Arbeitsbedingungen 56
Arbeitsmentalität 56
Architektur 78 ff.
Arlington/VA 638
Atlantikebene 48
Auburn/NY 584
Augusta/ME 519 f.
Ausable Chasm/NY 588
Außenhandel 56
Avon/CT 401

B
Bald Mountain/ME 517
Baltimore/MD 27, **639** ff.
- B&O Railroad Museum 643
- Babe Ruth Birthplace and Museum 643
- Baltimore Museum of Art 644
- Basilica of the Assumption 643
- City Hall 643
- Eubie Blake National Jazz Institute 644
- Federal Hill 640 f.
- Fell's Point 643
- Fort McHenry 639
- Harborplace 641
- Historic Charles Street 643
- Historisches 639
- Inner Harbor 640 ff.
- John Hopkins University 644
- Lacrosse Museum & National Hall of Fame 644
- Lexington Market 643
- Maritime Museum 641
- Maryland Historical Society 644
- Maryland Science Center 641
- Mount Vernon 643
- National Aquarium 642
- National Historic Seaport of Baltimore 642
- Orientierung 639
- Phoenix Shot Tower 642
- Reginald F. Lewis Museum of Maryland African American History 642
- Walters Art Gallery 644
- Washington Monument 643
- Westside 643

Bangor/ME 509
Bar Harbor/ME 499 f.
Barnum, Phineas Taylor 381, 382
Barre/VT 543
Barrier Islands 48
Baseball 77
Bath/ME 494
Baxter State Park/ME 508
Beaver Lake/NY 583
Bean, Leon Leonwood 492
Beecher-Stowe, Harriet 72, 86, 400, 401, **493**
Belfast/ME 497
Belgrade Lakes/ME 519
Bell, Alexander Graham 38
Bellow Falls/VT 568
Bennington/VT 565
Berkshire Hills 465 f.
Berkshires 467
Berlin/CT 395
Bethel/ME 517
Biddeford/ME 487
Bildungswesen 65 f.
Bill of Rights 31, 405
Block Island/RI 409 f.
Block, Adriaen 405, 409
Blue Mountain Lake/NY 591
Bodenschätze 55
Bolton Landing/NY 573
Boothbay Harbor/ME 494 f.
Boston/MA 27, 418, **436** ff.
- Back Bay Area 453
- Beacon Hill 449 f.
- Black Heritage Hill 450
- Boston Common 442
- Boston Tea Party 29, 446
- Boston Tea Party-Schiff 445, 456
- Bostoner Massaker 445
- Bunker Hill Monument 449
- Charlesbank Park 453
- Chinatown 456
- Christ Church 448
- Christian Science Center 454
- Copley Square 454
- Copp's Hill Burying Ground 448
- Faneuil Hall 447
- Fenway Park 457
- Freedom Trail 442 ff.
- Geschichte 438 ff.
- Government Center 447
- Granary Burying Ground 443
- Isabella Stewart Gardner Museum 457
- John F. Kennedy Museum 457
- John Hancock Tower 455
- King's Chapel 443

9. Anhang – Stichwortverzeichnis

- Museum of Fine Arts 457
- New England Aquarium 456
- North End 447
- Old City Hall 444
- Old Corner Book Store 445
- Old North Church 448
- Old South Meeting House 445
- Old State House 445
- Orientierung 440
- Park Street Church 443
- Paul Revere House 447
- Prudential Tower 453
- Public Garden 442
- Public Library 455
- Quincy Market 447
- Redaktionstipps 436
- Shaw-Denkmal 443
- State House 443
- USS Constitution Museum 449
- Waterfont 455
- Zeitplanung 440

Brandon/VT 563
Brattleboro/VT 566
Bretton Woods/NH 530
Bridgeport/CT 381
Bristol/CT 395
Bristol/RI 415
Brunswick/ME 493
Bucksport/ME 498
Buffalo/NY 585 ff.
Bürgerkrieg 36
Burlington/VT 547
Bush, George Jun. 46
Bush, George Sen. 45
Caboto, Giovanni 23

C

Calendar Islands 490
Cambridge/MA 458 ff.
- Arthur M. Sackler Museum 460
- Bush-Reisinger Museum 460
- Fogg Art Museum 460
- Harvard Square 458
- Harvard University 27, 459 ff.

- Harvard University Museum 459
- Longfellow House 459
- Massachusetts Institute of Technology (MIT) 461
- Museum of Science 461
- Stadtrundgang 458 f.

Camden/ME 496 f.
Canandaigua/NY 585
Canterbury Shaker Village/NH 539
Cape Ann/MA 477
Cape Cod/MA 424 ff.
- Bourne 431
- Cape Cod National Seashore 428
- Chatham 430
- Provincetown 429
- Rundfahrt 427 ff.
- Hyannis 430

Cape Elizabeth/ME 489
Cape Neddick 485
Cartier, Jacques 24
Casco Islands 490
Castine/ME 498
Castle in the Clouds/NH 534
Catskill Mountains/NY 570, 578
Catskill/NY 578
Cayuga Lake/NY 584
Centerport/NY 383
Champlain, Samuel de 25, 499, 501, 509, 511, 513, 540
Charles I. 27
Charles II. 28
Charleston/RI 408
Charlotte/VT 562
Charter Oak 398
Chester/VT 568
Chesterwood 469
Chimney Point/VT 562
Clinton, Bill 45
Colt, Samuel 386
Concord/MA 462 ff.
Concord/NH 538 f.
Connecticut 27, **377** ff.
- Redaktionstipps 378

Connecticut River 390, 568
Coolidge, Calvin 40

Cooper, James Fenimore 87, 403
Cooperstown/NY 581
Corning/NY 617
Cortez, Hernando 23
Cranberries 423
Cranston/RI 406
Crawford Notch State Park/NH 530
Crazy Horse 22
Cromwell, Oliver 28

D

Dalton/MA 471
Damariscotta/ME 495
Dartmouth/NH 535
Deer Isle 498
Deerfield River 473
Deerfield/MA 473
Delaware 27
Derry/NH 537
Desert of Maine 492
Dickinson, Emily 86
Dover-Foxcroft/ME 509
Dummerston/VT 567
Dundee/NY 585
Dunlop, John B. 38

E

Echo Lake State Park/NH 530
Echo Lake/NH 532
Edison, Thomas A. 38
Einwanderung 28
Eisenbahn 34, 54
Elche 510
Ellsworth/ME 498
Elmira/NY 618
Emerson, Ralph Waldo 71, 85, 383, 463, 464
Erfindungen 55
Erie-Kanal 34, 54, 587
Eriksson, Leif 22
Essex National Heritage Area 474
Essex/CT 390

F

Fall River/MA 422
Farmington/CT 396

Finger Lakes National Forest/NY 584
Finger Lakes Region/NY 57, 583 f.
Fire Island National Seashore/NY 383
Fischfang 58
Ford, Henry 38
Foxwoods Casino 403, 404
Franconia Notch State Park/NH 531
Franconia/NH 531
Franklin, Benjamin 28, **444**, 533, 646, 652, 654
Franklin/NH 533
Freeport/ME 491
Frieden von Gent 33
Frieden von Paris 31, 39
Frieden von Utrecht 25
Frost, Robert 531, 534, **537**

G

Geneseo/NY 616
Geneva/NY 585
Gesellschaft 59
Gettysburg/PA 36, 619
Gilette Castle/CT 390
Glastonbury/CT 400
Glen Falls/NY 575
Glendale/MA 469
Gloucester/MA 478
Goodyear, Charles 386
Grafton/NH 535
Grafton/VT 568
Grandma Moses 566
Graniteville/VT 544
Grant, Ulysses Simpson 36, 370
Great Barrington/MA 469
Great North Region 524 f.
Green Mountains Flyer Railroad 568
Green Mountains National Forest/VT 541, 559 f.
Green Mountains/VT 558
Greenfield/MA 473
Greenville/ME 510
Greenwich/CT 379 f.

Groton/CT 392
Guildford/CT 388

H

Hamptons/NY 384
Hanover/NH 535
Harrisburg/PA 618
Hartford/CT 396 ff.
• Harriet Beecher-Stowe House 400
• Mark Twain House 399
• Nook Farm 399
• Old State House 398
• State Capitol 397
• Wadworth Atheneum 398
Hawthorne, Nathaniel 72, 86, 464, 470
Healdville/VT 567
Hexenprozesse 477
High Falls Gorge/NY 589
Hiroshima 42
Historischer Überblick 20
Hoover, Herbert Clark 41
Hudson River 24, 577
Hudson River School 84
Hudson River Valley/NY 570, **577 ff.**
Hudson, Henry 25, 577
Hull/Gatineau/Que 557
Hulls Cove/ME 499
Hummer 488, 504
Hutchinson, Anne 405
Hyde Park/NY 579 f.

I

Indian Burial Grounds 404
Indian Leap 404
Indian Summer 559, **560**
Indianer **20** ff., 33, 60 f., 404
Ipswich/MA 479
Isle au Haut/ME 500, 507
Isles of Shoals/ME 480

J

Jamestown/PA 26
Jackson, Andrew 21, 626
Jefferson, Thomas 30, 31, 629 f., 646, 650, 655

K

Kancamagus-Highway/NH 528 f.
Keene/NH 536
Kennebec River 516
Kennebunk/ME 486
Kennebunkport/ME 486
Kennedy, John F. 43, 415, 428, 430, 457, 636, 638
King, Martin Luther 44, 629
Kingston/NY 578
Kipling, Rudyard 567
Kittery/ME 485
Klima 51 f.
Klu-Klux-Klan 37
Kolumbus, Christoph 20, 22
Konquistadoren 23
Krankenversicherung 64
Kubakrise 44

L

La Salle, Robert 585
Laconia/NH 534
Lake George Village/NY 573
Lake Placid/NY 589
Lake Sunapee/NH 535
Lakes Region/NH 532 f.
Landwirtschaft 55 f.
Lateinamerikaner 62
Lee, Ann 471
Lee, Robert E. 36
Lee/MA 469
Lennon, John 367
Lenox/MA 469, 470
Léon, Ponce de 23
Lewiston/ME 520
Lewiston/NY 607
Lexington/MA 30, **461** ff.
Lincoln, Abraham 36, 37, 619, **628**, 636
Lincoln/NH 527
Litchfield/CT 401
Literatur 85 ff.
Lobster s. Hummer
Long Island/NY **382** ff.
Long Trail/VT 558
Longfellow, Henry Wadsworth 86, 448, 459, 489

Lowell/MA 465
Ludwig XIV. 25

M
Madison/CT 389
Maine 481 ff.
- Maine Lobster Festival 495
- Redaktionstipps 484
Malerei 83 ff.
Manchester Center/VT 564
Manchester-by-the-Sea/MA 478
Manchester/NH 537 f.
Manchester/VT 564
Marblehead/MA 477
Marconi, Guglielmo 428
Marshall-Plan 43
Martha's Vineyard/MA **431** ff.
Mashantucket Pequot Museum 404
Massachusetts 26, 418 ff.
- Redaktionstipps 420
Massena/NY 592
„Mayflower" 26, 426, 429, 434, 435
Melville, Herman 86, 423, 471
Meredith/NH 534
Meriden/CT 395
Merrimack River 536
Merrimack Valley/NH 536 f.
Merrimack/NH 537
Middlebury/VT 563
Middletown/CT 395
Milchwirtschaft 56
Millinocket/ME 508
Minute Man National Historic Park 462, 464
Minute Men 30
„Moby Dick" 423, 471
Mohawk Trail 472
Mohegan Sun Casino 404
Mohikaner 403
Monadnock Region/NH 536
Monroe, James 38 f.
Monroe-Doktrin 38 f.
Montpelier/VT 544
Montréal/Que 548 ff.
- Basilique Notre Dame 548
- Biodôme 552
- Botanischer Garten 553
- Cathédrale Marie-Reine-du-Monde 549
- Château Ramezay Museum 548
- Le Vieux-Port 549
- Musée des Beaux-Arts 549
- Musée McCord d'histoire canadienne 550
- Notre-Dame, Insel 553
- Notre-Dame-de-Bonsecours 549
- Olympiapark 552
- Parc Maisonneuve 552
- Parc Mont Royal 552
- Sainte-Hélène, Insel 553
- Vieux-Montréal 548 f.
- Ville-Marie 549
Moosehead Lake/ME 509 f.
Morgan Horse 563
Morgenthau, Henry 42
Mormonen 71
Morse, Samuel F. B. 38
Moultonborough/NH 534
Mount Bromley/VT 565
Mount Desert Island/ME 499, 500
Mount Equinox/VT 565
Mount Katahdin/ME 508
Mount Mansfield/VT 546
Mount Monadnock/NH 536
Mount Washington/NH **525** ff.
Moxie Falls/ME 516
Mystic/CT 393 f.
- Marinelife Aquarium 394
- Mystic Seaport 393
- Olde Mystic Village 394

N
Nagasaki 42
Nantucket Island/MA 432
Narragansett Bay 406
Narragansett/RI 409
Nashua/NH 536
National Historic Sites 51
National Park Service 50
Nationalparks 49 f.
New Bedford/MA 423
New Britain/CT 395
New Hampshire 27, 521 ff.
- Redaktionstipps 524
- Zeitplanung 525
New Haven/CT **385** ff.
New Jersey 27
New London/CT 390 ff.
New York City/NY 329 ff.
- American Folk Art Museum 358
- American Museum of Natural History 367 f.
- Apollo Theater 371
- Astoria 374
- Battery Park 338
- Besichtigungsvorschläge 331
- Bloomingdale's 366
- Bowling Green 341
- Brighton Beach 374
- Broadway 353
- Bronx 375
- Brooklyn 372 f.
- Brooklyn Bridge 343, 373
- Brooklyn Heights 373
- Brooklyn Museum 373
- Carnegie Hall 366
- Castle Clinton 338
- Central Park 362
- Chelsea 350
- Chinatown 344
- Christopher Street Day Parade 347
- Chrysler Building 354
- City Hall 334
- Columbia University 368
- Columbus Circle 366
- Coney Island 374
- Cooper-Hewitt National Design Museum 365
- Cunard Building 341
- Dahesh Museum of Art
- Diamond Row 355
- East Village 347
- Ellis Island 339 f.
- Empire State Building 352, 356
- Esplanade 338
- Federal Hall 341

- Fifth Avenue 358 f.
- Flatiron Building 350, 356
- Flushing Meadow/Shea Stadium (*New York Mets*) 375
- Fraunces Tavern 340
- Frick Collection 363
- Fulton Fish Market 342
- Garment District 351
- Grace Church 347
- Gracie Mansion 364
- Gramercy 348
- Gramercy Park 350
- Grand Central Terminal 353
- Grant's Tomb 370
- Greenwich Village 346
- Guggenheim Museum 365
- Harlem 370 f.
- Historisches 332
- Hudson River 353
- Intrepid 353
- Jewish Museum 365
- Liberty Island 339
- Lincoln Center 366
- Little Italy 345
- Lower East Side 344
- Lower East Side Tenement Museum 345
- Lower Manhattan 343 f.
- Macy's 351
- Madison Square Garden 351
- Madison Square Park 350
- MetLife Building 354
- Metropolitan Museum of Art 363 f.
- Metropolitan Opera House 366
- Midtown 351
- Murray Hill 352
- Museo del Barrio 365
- Museum Mile 362
- Museum of Arts and Design 358
- Museum of Chinese in the Americas 344
- Museum of Jewish Heritage 338
- Museum of Modern Art (MoMA) 358
- Museum of Sex 350
- Museum of Television and Radio 358
- Museum of the City of New York 365
- National Museum of the American Indian 341
- Neue Galerie, Museum for German and Austrian Art 364
- New York Botanical Garden 375
- New York City Police Museum 340
- New York Historical Society 367
- New York Public Library 352
- New York Stock Exchange (NYSE) 342
- New York Transit Museum 354, 373
- New York University 346
- Old St. Patrick's Cathedral 345
- Orientierung 335
- P.S.1 374
- Park Avenue 359
- Penn Station 351
- Pierpont Morgan Library 352
- Queens 374 f.
- Radio City Music Hall 355
- Redaktionstipps 330
- Riverside Church 370
- Rockefeller Center 355
- Roosevelt Island 366
- Shrine of Mother Seton 340
- Skyscraper Museum 338
- SoHo 345
- Sony Building 358
- South Street Seaport 342
- St. John the Devine 368 f.
- St. Mark's in the Bowery 347
- St. Patrick's Cathedral 358
- St. Paul's Chapel 335
- St. Peter's Church 335
- Stadtviertel 335
- Staten Island 375
- Statue of Liberty 339
- The Cloisters 372
- Theater District 353
- Times Square 352 f.
- TriBeCa 345
- Trinity Church 341
- Trump Tower 366
- Tudor City 354
- United Nations 354
- Upper East Side 365
- Upper Manhattan 368
- Upper West Side 364
- Uptown 361
- Wall Street 341
- Washington Heights 371 f.
- Washington Square 346
- West Village 346 f.
- Whitney Museum of American Art 365
- Williamsburg Bridge 343
- Wolkenkratzer 356 f.
- Woolworth Building 334, 356
- World Financial Center 338
- World Trade Center Site 337
- Yankee Stadium (*New York Yankees*) 375
- Yorkville 364

New York State 27, 569 ff.
- Redaktionstipps 571
- Routenvorschläge 573

Newburyport/MA 479
Newcastle/ME 495

Newport/RI 410 ff.
- Newport Mansions 413 f.
- Museum of Newport History 412
- Ocean Drive 414
- Old Stone Mill 412
- Redaktionstipps 410
- Sommerhäuser 413 f.
- Tennis Hall of Fame 412
- The Breakers 413
- Touro Synagoue 412

Niagara Falls/NY 598 ff.
- Aquarium 604
- Cave of the Winds 603
- Clifton Hill 606
- Goat Island 601, 603
- Hurricane Deck 603
- Journey behind the Falls 605

- Maid of the Mist 603
- Minolta Tower Centre 605
- Niagara Parks Botanical Gardens 607
- Niagara Parks Butterfly Conservatory 607
- Niagara Parkway 604
- Niagara Reservation State Park 601
- Niagarafälle 598, **600** f.
- Prospect Park Visitor Center 603
- Queen Victoria Park 606
- Redaktionstipps 601
- Schoellkopf Geological Museum 603
- Skylon Tower 605
- Table Rock Complex 605
- Terrapin Point 603
- Whirlpool Rapids 606
- Zeitplanung 599

Niagara Parkway 608
Niagara-on-the-Lake/Ont 608
Nine Eleven 45, 337
Nixon, Richard 45
North Adams/MA 472
North Conway/NH 529
North Woodstock/NH 527
Norwalk/CT 380
Norwich/CT 402
Nunez de Balboa, Vasco 23

O

O'Neill, Eugene 391
Ogdensburg/NY 594
Oglethorpe, James 27
Ogunquit/ME 486
Old Forge/NY 591
Old Man of the Mountain/NH 531
Old Orchard Beach/ME 489
Old Saybrook/CT 389
Olmsted, Frederic Law 362
Oneonta/NY 581
Organic Farming 72 f.
Oswego/NY 596
Otsego County 580

Ottawa/Ont 554 ff.
- Basilika Notre Dame 557
- Bytown Museum 556
- Byward Market 557
- Canadian Museum of Civilization 558
- Changing the Guard 555
- Château Laurier Hotel 556
- Major's Hill Park 556
- National Gallery of Canada 557
- Ottawa City Hall 557
- Parliament Hill 555
- Rideau-Kanal 556
- Rideau-Wasserfall 557
- Rockcliffe Park 557
- Royal Canadian Mint 557

P

Pawcauck River 408
Pawtucket/RI 406, 417
Pearl Harbor 41
Pemaquid Point/ME 495
Penn, William 27
Pennsylvania 27, 618 f., 645 ff.
Pequot-Indianer 403
Peterborough/NH 536
Philadelphia/PA 27, **645** ff.
- Academy of Natural Sciences 657
- African American Museum 655
- American Philosophical Hall 651
- Arch Street Meeting House 654
- Atwater Kent Museum 655
- Betsy Ross House 654
- Bishop White House 652
- Broad Street 656
- Chinatown 655
- Christ Church 653
- Christ Church Burial Ground 654
- City Hall 655
- City Tavern 652
- College of Physicians of Philadelphia (Mütter Museum) 656

- Congress Hall 650
- Edgar Allen Poe National Historic Site 658
- Elfreth's Alley 653
- Fairmount Park 658
- Franklin Court 652
- Franklin Institute Science Museum 657
- Free Quaker Meeting House 654
- German Society of Pennsylvania 658
- Graff House 655
- Historisches 645 ff.
- Independence Hall 650
- Independence National Historical Park 650
- Independence Seaport Museum 653
- Jewish Museum 651
- Liberty Bell Center 651
- Market Street 653, 655
- Masonic Temple 656
- Museum of Archeology and Anthropology 658
- National Constitution Center 654
- National Liberty Museum 652
- New Jersey State Aquarium 653
- Old City 653
- Old City Hall 650
- Orientierung 647
- Penn's Landing 653
- Pennsylvania Academy of the Fine Arts 656
- Philadelphia Museum of Art 658
- Please Touch Museum 657
- Quaker Information Center 654
- Reading Terminal Market 655
- Redaktionstipps 646
- Rittenhouse Square 656
- Rodin Museum 657
- Rosenbach Museum and Library 656
- Second Bank of U.S. 652

- Society Hill 652
- South Street 652
- University of Pennsylvania 658
- West Philadelphia 658

Pilgerväter 26, 435
Pittsfield/MA 471
Pittsford/VT 563
Pizarro, Franzisco 23
Plimoth Plantation/MA 433 f.
Plymouth/MA 26, 418, 434
Plymouth/NH 533
Poe, Edgar Allen 87
Polar Caves/NH 533
Port Jefferson/NY 383
Portland/ME 489 f.
- Museum of Art 490
- Old Port Exchange 489
- Wadsworth-Longfellow House 489

Portsmouth/NH 27, 479 f.
Portsmouth/RI 415
Poughkeepsie/NY 580
Presidential Range 524
Proctor/VT 564
Providence River 416
Providence/RI 416 f.
- Brown University 416
- Rhode Island State House 416
- Roger Williams National Memorial 416
- Waterplace Park 416

Puritaner 27
Putney/VT 568

Q
Québec City/Que 25, 511 ff.
- Château Frontenac 513
- Vieux-Québec, Oberstadt 511, 513 f.
- Vieux-Québec, Unterstadt 515 f.

R
Raleigh, Walter 26
Rangeley/ME 516
Rassenunruhen 44

Religion 69 ff.
Religionsfreiheit 69
Religionszugehörigkeit 70
Removal Act 21
Rentenversicherung 64
Revere, Paul 448
Rhinebeck/NY 579
Rhode Island 27, 405 ff.
- Redaktionstipps 408

Richmond/VA 37
Rochester/NY 596 f.
Rockingham/VT 568
Rockland/ME 496
Rockport/MA 478
Rockwell, Norman 468, 469, 564, 655
Rockwood/ME 510
Rome/NY 582
Roosevelt, Franklin Delano 41, 576, 579, 629, 636
Roosevelt, Theodore 39, 350, 367, 576, 586
Routenvorschläge 321 ff.
Rumford/ME 517
Rutland/VT 564

S
Sackets Harbor/NY 596
Saco/ME 487
Saddleback Mountains/ME 516
Sag Harbor/NY 384
Salem/MA 27, 418, 474 ff.
- Heritage Trail 476
- Peabody Essex Museum 476
- Pioneer Village 477
- Salem Maritime National Historic Site 476
- Salem Witch Museum 477
- The House of the Seven Gables 476

Saltbox houses 389
Saranac Lake/NY 590
Saratoga National Historic Park/NY 575
Saratoga Springs/NY 575
Schiffsbau 58
Schmelztiegel 59
Schoodic Peninsula/ME 500

Schulen 65
Searsport/ME 497
Sebago Lake/ME 520
Seneca Falls/NY 584
Seneca Lake/NY 584
Sezessionskrieg 36 f.
Shaker 471, 520, 539
Shaker Village/ME 520
Sheffield Island/CT 380
Shelburne Falls/MA 473
Shelburne Farms/VT 561
Shelburne/VT 561
Sherman, William T. 37
Siedlungsstruktur 59
Sitting Bull 22
Sklavenfrage 34
Sklaverei 35
Skowhegan/ME 517
Smith, John 26
Smithson, James 634
Smuggler's Notch State Park/VT 546
South Carver/MA 423
South Huntington/NY 383
Southport/CT 381
Southwest Harbor/ME 507
Sozialhilfe 65
Sport 75
Springfield/MA 467
Springfield/NY 581
Springfield/VT 567
St. Johnsbury/VT 543
St. Lawrence Seaway 592 f.
St. Lorenz-Strom 571, **592** f.
Staatsorgane 32
Stamford/CT 380
Steuben, Friedrich Wilhelm von 30, 626, 646
Stockbridge/MA 467 ff.
Stonington/CT 394
Stonington/ME 498
Stony Brook/NY 383
Stowe/VT 545 f.
Stratford/CT 384
Sturbridge/MA 467
Stuyvesant, Peter 25, 332, 347
Sugarloaf Mountain/ME 516
Syracuse/NY 582

T

Tanglewood/MA 470
Tantaquidgeon Indian Museum 404
Thanksgiving Day 27
Thomaston/CT 396
Thomaston/ME 495
Thoreau, Henry David 72, 86, 463
Thousand Islands/NY 594 f.
Ticonderoga/NY 573
Toronto/Ont 608 ff.
- Art Gallery of Ontario 614
- Chinatown 615
- CN-Tower 609
- Eaton Place 614
- Harbour Front 612
- Kensington Market 615
- New City Hall 613
- Old City Hall 613
- Old Fort York 612
- Rogers Centre 611
- Roy Thomson Hall 612
- Royal Ontario Museum 614
- Skydome 611
- Toronto Islands 615
- Union Station 612
- Unterground Toronto 613
- Yorkville 614

Transzendentalismus 70, 463 f.
Truman, Harry S. 42
Truman-Doktrin 43
Tupper Lake/NY 591
Twain, Mark 86, **399**, 400, 618

U

Unabhängigkeitserklärung 30
Unabhängigkeitskrieg 29, 30
Universitäten 66 ff.
Utica/NY 582

V

Vásquez de Coronado, Franzisco 23
Verfassung 31
Vergennes/VT 562
Vermont 540 ff.
- Redaktionstipps 543

Verrazano, Giovanni da 24, 332, 405
Vertrag von Tordesillas 23
Vespucci, Amerigo 23
Vietnamkrieg 44
Waldeboro/ME 495
Waldseemüller, Martin 23
Warwick/RI 406

W

Washington, D. C. 31, **619** ff.
- Albert Einstein Memorial 627
- Anacostia Museum 637
- Arthur M. Sackler Gallery 635
- Arts & Industries Building 634
- Dupont Circle 636
- Ford's Theater 636
- Franklin D. Roosevelt Memorial 629
- Freer Gallery of Art 635
- Georgetown 637
- Georgetown University 637
- Geschichte 620
- Hirshhorn Museum 634
- Jefferson Memorial 629
- John F. Kennedy Center 636
- Korean War Veterans Memorial 629
- LaFayette Square 626
- Library of Congress 633
- Lincoln Memorial 628
- MCI Center 635
- National Air and Space Museum 634
- National Archives 631
- National Gallery of Art 631
- National Mall 627 ff.
- National Museum of African Art 635
- National Museum of American Art 635
- National Museum of American History 631
- National Museum of Natural History 630
- National Museum of the American Indian 633
- National Museum of Women in the Arts 636
- National Postal Museum 635
- National World War II Memorial 630
- Orientierung 621
- Phillips Collection 636
- Potomac River 620
- Redaktionstipps 620
- Smithsonian Institution 634
- Smithsonian Institution Building 634
- St. John's Church 626
- Theodore Roosevelt Memorial 636
- Union Station 635
- United States Capitol 631 f.
- United States Supreme Court 624
- US Holocaust Memorial Museum 630
- Vietnam Veterans Memorial 627
- Washington Monument 630
- Weißes Haus 624 ff.
- Woodrow Wilson House Museum 636

Washington, George 30, 31, 332, 340, 341, 346, 459, 620, 630, 651
Waterbury/VT 544
Watergate-Affäre 45
Watertown/NY 595
Waterville/ME 519
Webster, Daniel 480, 533
Weirs Beach/NH 534
Wells/ME 486
West Forks/ME 516
Westerly/RI 408
Weston/VT 567
Westpoint/NY 580
Westport/CT 381
Wethersfield/CT 400
Weybridge/VT 562
Wharton, Edith 469, 470
White Mountains 524 f, **527** ff.
White Mountains National Forest **524**, 527

White Mountains Trail 527
Whiteface Mountain/NY 589
Whitman, Walt 383
Whitney, Eli 386
Wikinger 22
Williams, Roger 405, 416
Williamsport/PA 818
Williamstown/MA 472
Wilmington/NY 589
Wilmington/VT 567
Wilson, Woodrow 39, 636
Wilton/ME 517
Winnipesaukee-See/NH 533, **534**
Wirtschaft 53 ff.
Wiscasset/ME 494
Wolfeboro/NH 535
Woonsocket/RI 406
Worcester/MA 466

Y
Yale-Universität 27, 387
Yarmouth/ME 491
York/MW 485
Yorktown 31, 626
Youngstown/NY 608

Abbildungsnachweis

S. 21 Bob Halloran, MPMRC
S. 29 Hampton/VA CVB
S. 33 Eric Stenbakken, Nebraska Div. of Tourism
S. 49 Asheville CVB
S. 58 Amelia Island Tourist Dev. Council
S. 61 Cherokee Tribal Prom. Office
S. 76 Memphis CVB
S. 83 Brandywine River Museum
S. 625 Washington, D.C. CVA
S. 642 BACVA, R. Nowitz
S. 644 BACVA, R. Nowitz

Margit Brinke und Peter Kränzle: S. 26, 30, 37, 40, 46, 52, 54, 61, 62, 67, 70, 73, 74, 78, 81, 86, 108, 115, 120, 124, 140, 148, 176, 244, 269, 310, 340, 343, 346, 350, 355, 356, 358, 363, 365, 370, 374, 430, 480, 538, 629, 632, 635, 651, 653, 654, 657

Leonie und Alexander Senne: S. 204, 206, 209, 296, 387, 392, 400, 401, 412, 422, 433, 434, 438, 443, 446, 450, 455, 461, 473, 476, 487, 492, 496, 500, 505, 510, 513, 516, 526, 532, 544, 547, 553, 561, 562, 566, 577, 579, 595, 599, 600, 605, 612

Historische Abbildungen: S. 391, 399, 423, 428, 444, 468, 566

Farbabbildungen: Leonie Senne, außer
S. 92: Dirk Kruse-Etzbach
S. 96 (oben): The Massachusetts Office of Travel & Tourism
S. 96 (unten): Vermont Department of Travel & Tourism
S. 97 Indian Summer, Quelle: Vermont Department of Travel & Tourism
S. 98: Margit Brinke und Peter Kränzle

AMERIKA

nur

vom

Spezialisten

MESO Reisen GmbH

✉ Wilmersdorfer Str. 94
D-10629 Berlin
✆ (030) 212 34 19 - 0
📠 (030) 212 34 19 27
🌐 **www.MESO-Berlin.de**
@ info@Alternativ-Tours.de

101 Inseln & 101 Safaris

101 Inseln: Geheimtipps für Entdecker
ISBN 978-3-933041-60-9

„Das Buch ist fürwahr eine Insel unter
den Reiseführern." Kölner Stadt-Anzeiger
„Mit diesem Reisehandbuch findet
bestimmt jeder ein Inselchen fast ganz
für sich allein." Brigitte Balance

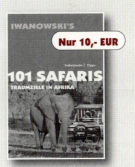

101 Safaris: Traumziele in Afrika
ISBN 978-3-933041-70-8

101 Safaris und Lodges an den
schönsten Plätzen Afrikas mit vielen
Farbfotos, Safari-Berater, Tier
beobachtungskalender und vielen
Reisetipps von Michael Iwanowski

Amerika

Sie möchten interessante Destinationen in Amerika entdecken?

Reisehandbuch Kanada-Osten
688 Seiten
inkl. Reisekarte
ISBN 978-3-923975-40-2
Euro 25,95 (D)

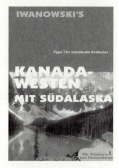

Reisehandbuch Kanada Westen
736 Seiten
inkl. Reisekarte
ISBN 978-3-923975-41-9
Euro 25,95 (D)

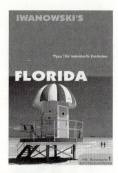

Reisehandbuch Florida
584 Seiten
inkl. Reisekarte
ISBN 978-3-933041-68-5
Euro 25,95 (D)
durchgehend vierfarbig

Reisehandbuch Hawaii
536 Seiten
inkl. Reisekarte
ISBN 978-3-923975-58-7
Euro 25,95 (D)

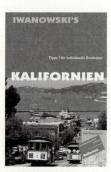

Reisehandbuch Kalifornien
480 Seiten
inkl. Reisekarte
ISBN 978-3-933041-57-9
Euro 25,95 (D)

Reisehandbuch New York
604 Seiten
mit 45 Detailkarten
ISBN 978-3-933041-06-7
Euro 19,95 (D)

"Fakten, Fakten, Fakten – große Informationsfülle zu den beschriebenen Zielgebieten. Die Bücher sind einfach und verständlich strukturiert. Eine Reisekarte zum Herausnehmen hilft insbesondere zur Übersicht und bei der Planung. Individualreisende schätzen die ausführlichen praktischen Reisetipps."

www.focus.de

Amerika

"Individualreisende mit Drang nach möglichst vielen und genauen Service-Infos werden ihre Freude haben." focus.de

**Reisehandbuch
USA-Grosse Seen**
650 Seiten
inkl. Reisekarte
ISBN 978-3-933041-48-7
Euro 25,95 (D)

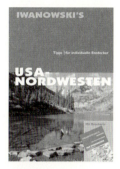

**Reisehandbuch
USA-Nordwesten**
682 Seiten
inkl. Reisekarte
ISBN 978-3-933041-49-4
Euro 25,95 (D)

**Reisehandbuch
USA-Ostküste**
696 Seiten
inkl. Reisekarte
ISBN 978-3-923975-23-5
Euro 25,95 (D)

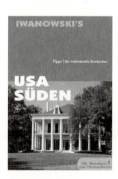

**Reisehandbuch
USA Süden**
656 Seiten
inkl. Reisekarte
ISBN 978-3-923975-49-5
Euro 25,95 (D)

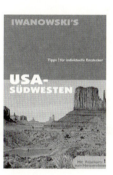

**Reisehandbuch
USA-Südwesten**
740 Seiten
inkl. Reisekarte
ISBN 978-3-923975-45-7
Euro 25,95 (D)

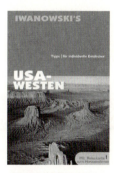

**Reisehandbuch
USA-Westen**
736 Seiten
inkl. Reisekarte
ISBN 978-3-923975-94-5
Euro 25,95 (D)

Weitere Reisehandbücher und Kulturführer finden Sie unter:
www.iwanowski.de

Amerika individuell

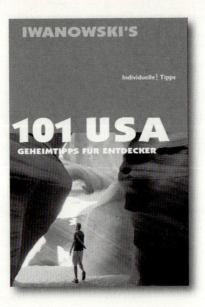

Die USA sind ein Traumreiseziel vieler Menschen. Doch wohin in diesem weiten „Land der unbegrenzten Möglichkeiten"? Auch beim Wie und Was kann die Wahl schon schwerfallen.

101 USA: Geheimtipps für Entdecker zeigt eine Auswahl bekannter und weniger bekannter Reiseziele, die ideale Anregungen für eine eigene Amerikareise sind. Möchten Sie mit dem Hausboot auf dem St. John's River in Florida kreuzen, auf Barack Obamas Spuren in Washington, Chicago und Hawaii wandeln oder dem Freedom Trail in Boston folgen?

Faszinierende Berichte zu Architektur & Landschaft, Naturparks & Kultur, Stars & Shows sowie vielfältige Tipps zu Sport & Strand, Essen & Trinken zeigen das ganze Spektrum einer USA-Reise.

Wie plane ich eine Tour per Greyhound-Bus, mit dem Motorrad, dem Mietwagen oder dem Wohnmobil? Was zeichnet die einzelnen Staaten aus? Was gilt es bei der Einreise zu beachten? Praktische Reisetipps sowie Steckbriefe zu jedem Bundesstaat runden diesen Sonderband ab.

Das komplette Verlagsprogramm unter:
w w w . i w a n o w s k i . d e